K. Hengesbach
F. Koch
G. Pyzalla
W. Quadflieg
W. Schilke
J. Schmidt

Fachwissen Metall

Grundstufe und Fachstufe 1

5. völlig neu bearbeitete Auflage

Prüftechnik

Fertigungstechnik

Werkstofftechnik

Maschinen- und Gerätetechnik

Informationstechnik

Grundlagen der CNC-Technik

Steuerungstechnik

Elektrotechnik

Übungen

Stam 0330

Stam Verlag Köln · München

Hinweise für den Benutzer dieses Buches

In diesem Lehrbuch wird der Unterrichtsstoff für das 1. und 2. Ausbildungsjahr für industrielle Metallberufe in folgenden Fächern behandelt:

- Prüftechnik (mit einer Einführung zum Qualitätsmanagement)
- Fertigungstechnik
- Werkstofftechnik
- Maschinen- und Gerätetechnik
- Informationstechnik
- CNC-Technik
- Steuerungs- und Regelungstechnik
- Elektrotechnik

Jedes Fach ist durch ein Symbol am rechten Buchrand gekennzeichnet.
Am Endes des Lehrbuches sind komplexe Übungsaufgaben eingefügt. Diese Übungsaufgaben können eingesetzt werden

- zu Beginn einer Unterrichtsreihe als motivierende Problemstellung. Die Lösung einer Aufgabe kann dann schrittweise entsprechend dem Unterrichtsfortschritt erfolgen;
- am Ende einer Unterrichtsreihe, um die Lerninhalte zu wiederholen und projektartig anzuwenden.

Die mathematischen Inhalte innerhalb der einzelnen Kapitel sind im Inhaltsverzeichnis mit dem Buchstaben M gekennzeichnet.
Zu diesem Lehrbuch gehört ein Aufgabenband mit Fragen, Aufgaben und Vorschlägen für die Durchführung von Unterrichtsprojekten.
Der Aufgabenband ist so gegliedert und gekennzeichnet wie das Lehrbuch.
Zum leichteren Auffinden der Übungsaufgaben, z.B. **Übungsaufgaben 1/1; 1/2,** sind diese auf jeder Seite des Lehrbuches mit der jeweiligen Aufgabennummer aufgeführt. Bei der Numerierung der Aufgaben gibt die Ziffer vor dem Schrägstrich die Kapitelnummer innerhalb des Faches an. Die folgende Ziffer ist die fortlaufende Aufgabennummer innerhalb des Kapitels.

Zu dem vorliegenden Lehrbuch erhalten Sie unter der Bestell-Nr. 0332 den **Aufgabenband „Fragen, Aufgaben, Projekte".**

Wir Autoren danken den Lektoren, Frau C. Portmann und Herrn U. Jettkant, im technischen Lektorat des Verlages für ihre fachliche Beratung und ihren außerordentlichen Einsatz bei der Erstellung des Lehrbuches.

Stam Verlag
Fuggerstraße 7 · 51149 Köln

ISBN 3-8237-**0330**-7

Inhaltsverzeichnis

Werkstofftechnik

Maschinen- und Gerätetechnik

Informationstechnik

Grundlagen der CNC-Technik

Steuerungstechnik

Elektrotechnik

Übungen

Einleitung

Entwicklung und Fertigung technischer Produkte

Der Mensch versucht ständig seine Lebensbedingungen zu verbessern. Daraus entstehen vielfältige Wünsche. Diese Wünsche veranlassen den Menschen im technischen Bereich zur Entwicklung und Verbesserung technischer Produkte. An diese Produkte werden vielfältige Anforderungen gestellt.

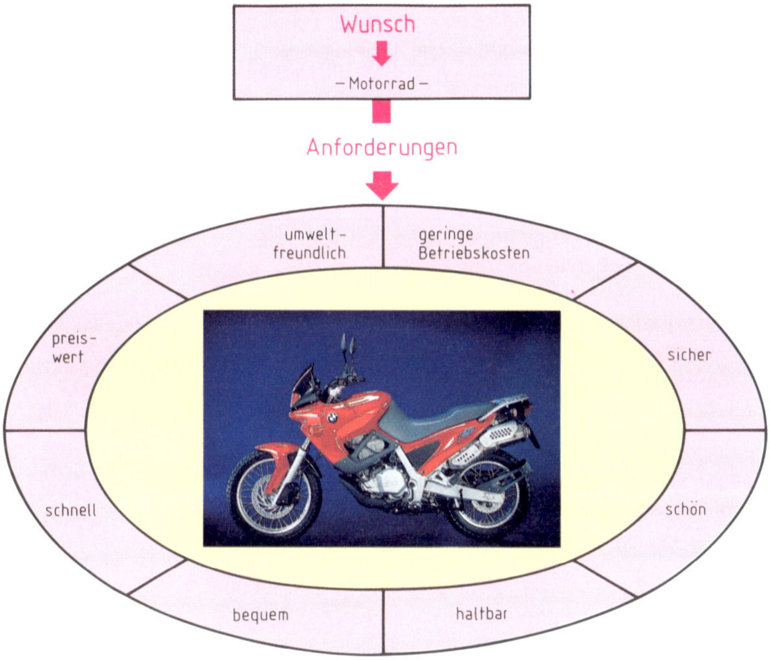

Ein technisches Produkt besteht meist aus vielen einzelnen Baueinheiten (Einrichtungen). Eine wichtige Baueinheit eines Motorrades ist der Motor. Dieser Motor besteht wiederum aus Einzelteilen (Elementen). Jedes Einzelteil hat besondere Funktionen zu erfüllen.

Motorradmotor

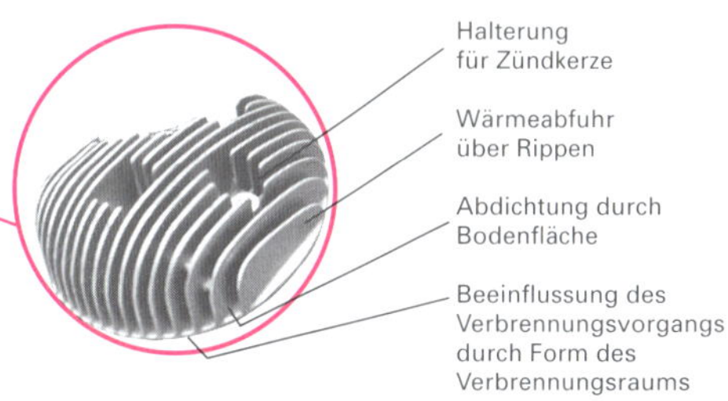

Funktionen des Zylinderkopfes

So erfüllt zum Beispiel der Zylinderkopf eines Motorrades die folgenden technischen Funktionen:

- Abdichten des Zylinders,
- Beeinflussung des Verbrennungsvorganges,
- Aufnehmen der Zündkerze,
- Ableiten von Verbrennungswärme.

Diese Funktionen eines Zylinderkopfes können durch sehr unterschiedliche Formen und mit verschiedenen Werkstoffen erfüllt werden. In jeder Neuentwicklung wird eine bessere Lösung angestrebt.

Aus den Funktionen eines Bauteils ergeben sich technische, wirtschaftliche und gesellschaftliche Anforderungen an die Konstruktion. Durch diese Anforderungen wird die Auswahl von Werkstoffen und Fertigungsverfahren bestimmt.

Wirtschaftliche Anforderungen sind in der Regel niedrige Kosten. Technische Anforderungen beziehen sich auf die Erfüllung der technischen Funktion. Gesellschaftlich wird vom Produkt geringe Belästigung und Gefährdung der Umwelt gefordert. Diese Anforderungen lassen sich bei einer Konstruktion selten gleichzeitig optimal erfüllen. Daher ist eine Konstruktion stets ein Kompromiß aus diesen Anforderungen.

Der Zylinderkopf hat unter anderem die Aufgabe, die Verbrennungswärme an die umgebende Luft abzuleiten. Seine Berührungsfläche mit der Luft muß daher sehr groß sein. Diese Anforderung wird durch eine Rippenkonstruktion verwirklicht. So entsteht eine komplizierte Werkstückform, die sich bei höheren Stückzahlen nur durch Gießen wirtschaftlich verwirklichen läßt.

Aus der Forderung der guten Wärmeleitung und aus dem notwendigen Fertigungsverfahren Gießen ergibt sich der Werkstoff Aluminium.

Aluminium ist zwar teurer als Gußeisen, es weist jedoch mehrere Vorzüge auf:

- bessere Wärmeleitfähigkeit,
- geringeres Gewicht,
- bessere Korrosionsbeständigkeit.

technische Funktionen

- Abdichten des Zylinders
- Aufnahme der Zündkerze
- Beeinflussung des Verbrennungsvorgangs
- Ableiten der Verbrennungswärme

Anforderungen

wirtschaftliche	technische	gesellschaftliche
• niedrige Herstellungskosten • geringe Energieverluste im Betrieb	• geringes Gewicht • ausreichende Festigkeit • hohe Temperaturbeständigkeit	• umweltfreundliche Beeinflussung der Verbrennungsgase • keine Verletzungsgefahr • schönes Aussehen

Konstruktion

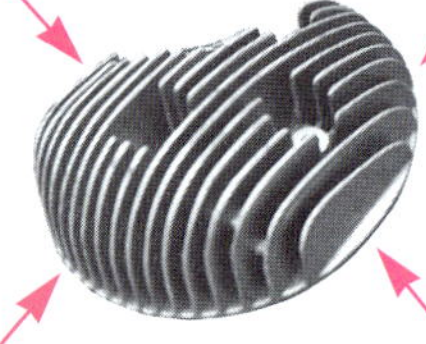

Auswahl des Fertigungsverfahrens

- komplizierte Werkstückform
- wirtschaftliche Herstellung

↓ **Gießen**

Auswahl des Werkstoffes

- wärmeleitend
- leicht
- gießbar
- fest

↓ **Aluminium-Gußlegierung**

Die Konstruktion eines technischen Produktes wird bestimmt durch

- Anforderungen (technisch, wirtschaftlich, gesellschaftlich)
- Fertigungsverfahren
- Werkstoffe

Entsprechend der Entscheidung für Werkstoff und Fertigungsverfahren wird das Werkstück – hier der Zylinderkopf – im Konstruktionsbüro entwickelt, berechnet und dargestellt. Die technischen Informationen aus dem Konstruktionsbüro übernimmt die Arbeitsplanung. Hier werden der zeitliche Ablauf der Fertigung und der Einsatz von Personal, Werkstoffen und Maschinen bestimmt und bereitgestellt.

Die Arbeitsplanung gibt ihre Ergebnisse an die Fertigung weiter. Im Beispiel erfolgt zunächst die Herstellung eines Rohgußteiles in der Gießerei.

Der gegossene Zylinderkopf muß seiner Funktion entsprechend noch spanend bearbeitet werden. Die hierzu notwendigen Informationen werden von der Arbeitsplanung an die entsprechenden Produktionsstellen geleitet. Auf Werkzeugmaschinen wird das Rohteil dann fertig bearbeitet.

Um Produkte mit optimalen Eigenschaften zielsicher zu erzeugen, werden Planung und Fertigung durch das Qualitätsmanagement begleitet. Dazu gehören auch fortlaufende Prüfung von Werkstück und Werkstoff.

Zum Verständnis der Herstellung selbst einfacher technischer Produkte sind – wie das Beispiel zeigt – umfassende Kenntnisse in der Werkstofftechnik, der Maschinen- und Gerätetechnik, der Steuerungs- und Informationstechnik, der Fertigungs- und Prüftechnik sowie der technischen Kommunikation erforderlich.

Vom Auftrag zum Fertigteil

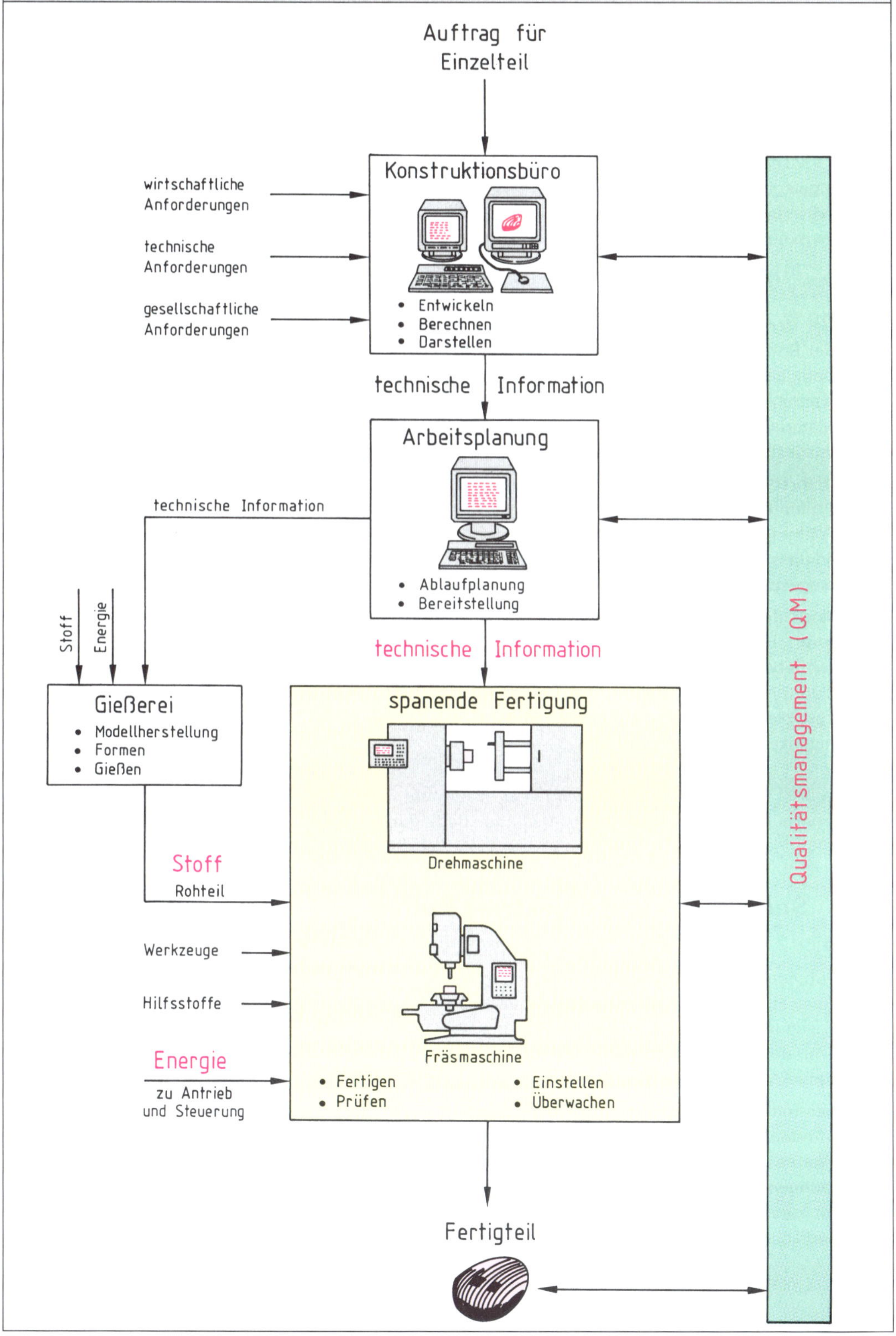

Prüftechnik, Qualitätsmanagement

1 Grundbegriffe

1.1 Bedeutung des Prüfens in der Fertigung

Bei der Konstruktion von Werkstücken werden die Maße, der Werkstoff, die Oberflächenbeschaffenheit u. a. festgelegt. Der Arbeitsablauf wird organisiert und dokumentiert, eine hinreichende Anzahl von Kontrollen wird zugeordnet. Die Prüfung erfolgt durch:

- Eingangskontrolle
- Zwischenkontrolle
- Endkontrolle

Beispiele **für die Prüfung von Maßen an einer Welle**

Vor der Fertigung beginnen die Prüfungen der Rohteile mit der Kontrolle der Rohmaße und der Untersuchung der Werkstoffe. Damit werden zu kleine Rohteile und unbrauchbare Materialien schon vor Beginn der Fertigung ausgeschieden.

Während der Fertigung finden wiederholt Prüfungen am Werkstück statt, um Teile mit Fehlern aus dem Fertigungsprozeß auszusondern. Dadurch werden Fertigungskosten eingespart.

Nach der Fertigung wird das Erzeugnis geprüft. Es wird festgestellt, ob die vorgeschriebenen Bedingungen, die sogenannten *Sollwerte* – wie Maße, Oberflächengüte, Festigkeit, Farbe u.a. –, mit hinreichender Genauigkeit eingehalten wurden.

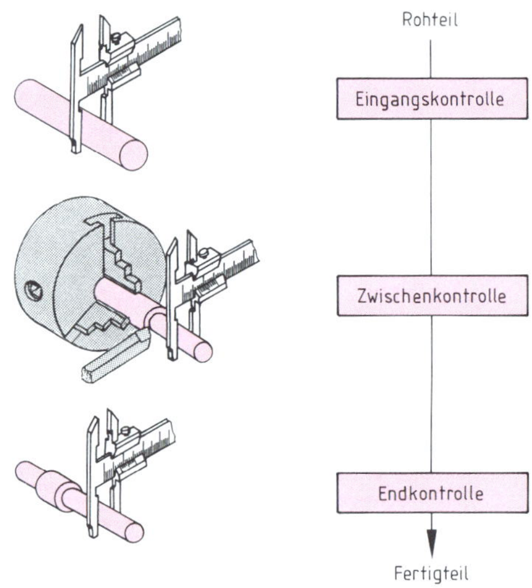

Prüfen (DIN 1319) heißt feststellen, ob eine bestimmte Größe des Prüfgegenstandes – also z.B. die Länge eines Werkstücks – die vorgeschriebenen Bedingungen erfüllt.

1.2 Subjektives und objektives Prüfen

Prüfen kann man mit den Sinnen und durch Prüfgeräte. Prüfungen durch Sinneswahrnehmung sind vom Prüfer abhängig. Sie werden **subjektive Prüfungen** genannt. Eine solche subjektive Prüfung ist z.B. die mit den Fingern durchgeführte Prüfung der Rauheit einer Werkstückoberfläche.

Prüfungen mit Geräten erlauben genaue Aussagen über auftretende Abweichungen von vorgeschriebenen Werten. Solche Prüfungen werden als **objektive Prüfungen** bezeichnet. Mit einem Oberflächenprüfgerät kann man z.B. die Rauheit einer Werkstückoberfläche objektiv prüfen.

Subjektive Prüfung

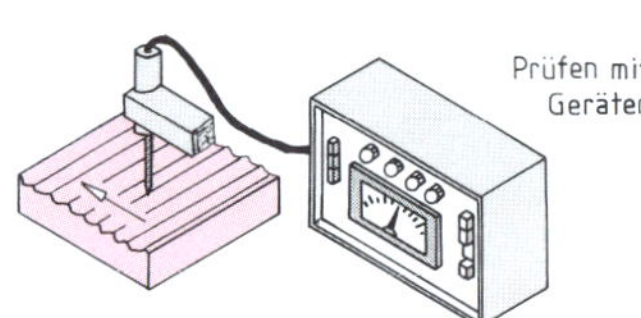

Objektive Prüfung

Subjektives Prüfen – Prüfen durch Sinneswahrnehmung
Objektives Prüfen – Prüfen mit Geräten

1.3 Grundgrößen (Basisgrößen) und ihre Einheiten (Basisheinheiten)

Grundlage des objektiven Prüfens sind die im internationalen Einheitensystem (SI-System) festgelegten physikalischen Grundgrößen und ihre Einheiten.

Die in der Metalltechnik wichtigen Größen
- Länge,
- Masse,
- Zeit und
- Stromstärke

sind in DIN 1301 genormt.

Grundgröße	Einheiten der Grundgröße Name	Zeichen
Länge	Meter	m
Masse	Kilogramm	kg
Zeit	Sekunde	s
Stromstärke	Ampere	A

Wichtige Grundgrößen und ihre Einheiten sind:
- Länge mit Einheit Meter,
- Masse mit Einheit Kilogramm
- Zeit mit Einheit Sekunde,
- Stromstärke mit Einheit Ampere.

Häufig entstehen bei Verwendung der Basiseinheiten sehr große oder kleine Zahlenwerte. Es wird zum Beispiel kaum jemand von einer 0,0001 m dicken Rasierklinge oder von einer 50 000 m langen Wegstrecke sprechen, sondern von einer 0,1 Millimeter dicken Rasierklinge und einem Weg von 50 km.

Man bildet also *Vielfache* oder *Teile* der Größen und kennzeichnet dies durch **Vorsatzzeichen**.

Ausnahmen von diesen Regeln:

Weil Gramm als Basiseinheit der Masse zu klein ist, wählte man das Kilogramm als Einheit der Grundgröße.

Bei der Angabe der Zeit geht man aus Tradition beim Vielfachen auf Minuten, Stunden usw.

	Faktor Bedeutung	Zehnerpotenz	Vorsatz	Vorsatzzeichen
Vielfache ↑	Tausendfache	10^3	Kilo	k
	Hunderfache	10^2	Hekto	h
	Zehnfache	10^1	Deka	da
	Basisheinheit	$10^0 = 1$		
Teile ↓	Zehntel	10^{-1}	Dezi	d
	Hundertstel	10^{-2}	Zenti	c
	Tausendstel	10^{-3}	MIli	m
	Millionstel	10^{-6}	Mikro	µ

Durch die Wahl von Teilen oder Vielfachen von Einheiten werden Maßangaben anschaulicher.

Die Angabe einer Größe erfolgt *stets* durch Zahlenwert *und* Einheit. Soweit eine Einheit nicht verbindlich vorgeschrieben ist, soll sie so gewählt werden, daß kleine und übersichtliche Zahlenwerte entstehen.

Beispiele **für die Angaben und Umrechnungen von Größen**

50 000 m = 50 · 10^3 m = 50 km
0,0001 m = 0,1 · 10^{-3} m = 0,1 mm

0,05 kg = 0,05 · 10^3 g = 50 g
6 000 ms = 6 000 · 10^{-3} 6 s = 0,1 min

Die Angabe einer Größe erfolgt stets durch Zahlenwert und Einheit. Die Einheit soll so gewählt werden, daß ein übersichtlicher Zahlenwert entsteht.

1.4 Formelzeichen

Durch Formelzeichen werden Größen übersichtlich in Kurzschreibweise dargestellt. Die verschiedenen Bedeutungen einer Grundgröße drückt man durch unterschiedliche Formelzeichen aus.

Beispiele **für Formelzeichen und ihre Bedeutung**

Grundgröße	Formelzeichen und ihre spezielle Bedeutung		Einheit
Länge	*l* Länge ***b*** Breite ***h*** Höhe	***d*** Durchmesser ***r*** Radius ***s*** Wegstrecke	Meter

Übungsaufgaben 1/2 bis 1/5

1.5 Prüfverfahren: Messen und Lehren

Das Prüfen von Längen, Winkeln, Formen u.a. kann grundsätzlich durch zwei unterschiedliche Verfahren erfolgen: durch Messen oder durch Lehren.

Messen	Lehren
Beim Messen wird die zu prüfende Größe mit der auf dem Meßgerät festgelegten Maßeinheit verglichen. Der **Meßwert** ist eine Zahlenangabe mal der zugehörigen Maßeinheit. Durch Messen wird der Zahlenwert der Prüfgröße ermittelt. Der tatsächliche Wert der Prüfgröße wird **Istmaß** genannt.	Beim Lehren vergleicht man die zu prüfende Größe mit einer nicht veränderbaren Maß- oder Formverkörperung – der **Lehre.** Hierbei wird festgestellt, ob Abweichungen von Sollwert oder vorgeschriebenen Grenzen vorliegen. Der Zahlenwert der Abweichung wird nicht ermittelt.
Beispiele **für Messen**	**Beispiele** **für Lehren**
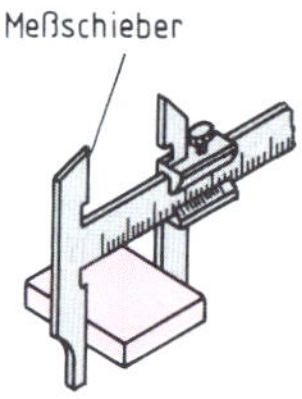 **Messen einer Länge** 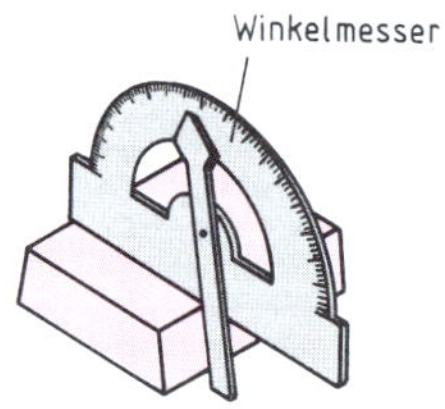 **Messen eines Winkels**	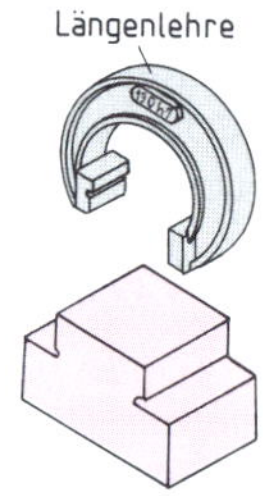 **Lehren einer Länge** 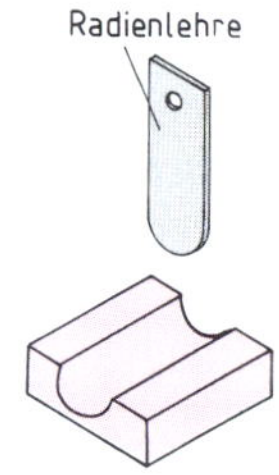 **Lehren eines Radiuses**

Messen ist ein Prüfen, bei dem das Istmaß einer Meßgröße als Zahlenwert ermittelt wird.
Lehren ist ein Prüfen, bei dem festgestellt wird, ob eine Meßgröße mit einer Maß- oder Formverkörperung übereinstimmt.

2 Prüfen von Längen

2.1 Maßsysteme und Einheiten

Die international festgelegte und gesetzlich vorgeschriebene Einheit für die Länge ist das Meter (Einheitenzeichen: m). Man nennt dieses System auch **metrisches Maßsystem.**

Neben dem Meter als gesetzlicher Einheit für die Länge sind dezimale Teile und dezimale Vielfache des Meters zugelassen. Festgelegte Vorsilben geben dabei das dezimale Vielfache oder den dezimalen Teil des Meters an. In der Metallverarbeitung werden Maße in der Regel in Millimeter angegeben. Bei sehr genauen Maßangaben benutzt man auch die Einheit Mikrometer.

Vom Meter abgeleitete Längeneinheiten

$1\,000 \cdot 1$ m =	1 000 m = 1 km	**Kilo**meter
$1 \cdot 1$ m =	1 m = 1 m	Meter
$\frac{1}{10} \cdot 1$ m =	0,1 m = 1 dm	**Dezi**meter
$\frac{1}{100} \cdot 1$ m =	0,01 m = 1 cm	**Zenti**meter
$\frac{1}{1\,000} \cdot 1$ m =	0,001 m = 1 mm	**Milli**meter
$\frac{1}{1\,000\,000} \cdot 1$ m =	0,000001 m = 1 µm	**Mikro**meter

Die Basiseinheit der Länge ist das Meter.
In der Metalltechnik werden Längemaße in Millimeter angegeben.

In einigen Ländern wird noch die Einheit Zoll für die Längenmessung benutzt – **Zollmaßsystem.** Auch in Deutschland ist diese Einheit bei Rohrgewinden und teilweise im Fahrzeugbau noch üblich.
Für die Umrechnung gilt:

$$1 \text{ Zoll} = 1'' = 25{,}400 \text{ mm}$$

Übungsaufgaben 2/1 bis 2/6

2.2 Höchstmaß – Mindestmaß – Toleranz

Werkstücke können in der Fertigung nie genau mit dem in der Zeichnung angegebenen Maß, dem **Nennmaß** *N*, hergestellt werden. Daher werden je nach Anforderung mehr oder weniger große Abweichungen vom Nennmaß zugelassen. Das größte zulässige Maß des Werkstückes ist das **Höchstmaß** G_o. Das kleinste zulässige Maß ist das **Mindestmaß** G_u. Den Unterschied zwischen Höchst- und Mindestmaß nennt man die **Toleranz** *T*.

Die obere zulässige Abweichung vom Nennmaß ist das **obere Abmaß** *ES*[1), 2)] bei Bohrungen, (*es* bei Wellen). Die untere zulässige Abweichung ist das **untere Abmaß** *EI*[1), 3)] bei Bohrungen, (*ei* bei Wellen).

Die Größe der Toleranz richtet sich nach dem Verwendungszweck.

Der Außendurchmesser eines Wasserrohres kann mit größerer Toleranz gefertigt werden, weil die Funktion dadurch nicht beeinträchtigt wird.

Die Zapfen einer Kurbelwelle müssen hingegen mit kleinerer Toleranz gefertigt werden, weil sonst eine einwandfreie Montage und ein ruhiger Lauf nicht gewährleistet sind.

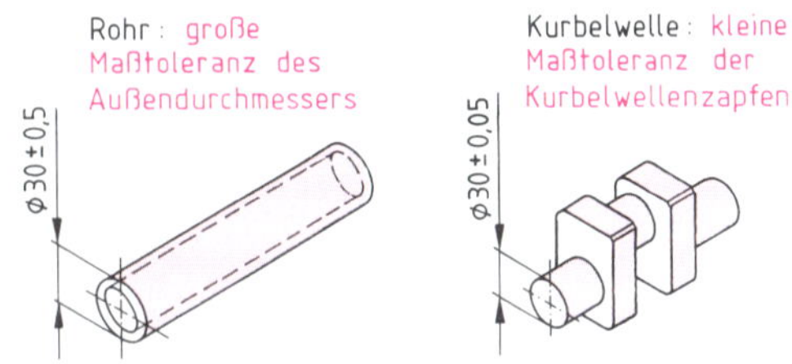

Auswahl der Toleranz nach dem Verwendungszweck

Damit Werkstücke wirtschaftlich gefertigt werden können, gilt der Grundsatz:
„Toleranzen so groß wie möglich und nur so klein wie notwendig wählen."

Beispiel für die Grenzen der zulässigen Abweichungen vom Nennmaß

Zeichnung mit **Nennmaß** und **Grenzabmaßen**

Werkstück mit **Mindestmaß**

Werkstück mit **Höchstmaß**

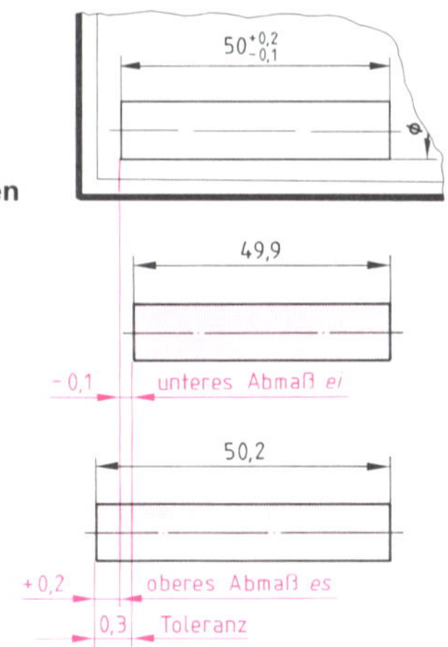

Nennmaß *N*:
$N = 50$ mm

Grenzabmaße:
$es = +0{,}2$ mm
$ei = -0{,}1$ mm

Mindestmaß G_u:
$G_u = N + ei$
$G_u = 50\text{ mm} + (-0{,}1\text{ mm}) = \mathbf{49{,}9\text{ mm}}$

Höchstmaß G_o:
$G_o = N + es$
$G_o = 50\text{ mm} + (+0{,}2\text{ mm}) = \mathbf{50{,}2\text{ mm}}$

Toleranz *T*:
$T = G_o - G_u$
$T = 50{,}2\text{ mm} - 49{,}9\text{ mm} = 0{,}3\text{ mm}$

Bohrungen: Höchstmaß $G_o = N + ES$
Mindestmaß $G_u = N + EI$
Toleranz $T = G_o - G_u$

Wellen: Höchstmaß $G_o = N + es$
Mindestmaß $G_u = N + ei$
Toleranz $T = G_o - G_u$

Grenzabmaße für Längenmaße (DIN ISO 2768)

Toleranzklasse	Grenzabmaße in mm für Nennmaßbereich in mm							
	0,5 bis 3	über 3 bis 6	über 6 bis 30	über 30 bis 120	über 120 bis 400	über 400 bis 1 000	über 1 000 bis 2 000	über 2 000 bis 4 000
f (fein)	± 0,05	± 0,05	± 0,1	± 0,15	± 0,2	± 0,3	± 0,5	–
m (mittel)	± 0,1	± 0,1	± 0,2	± 0,3	± 0,5	± 0,8	± 1,2	± 2
c (grob)	± 0,2	± 0,3	± 0,5	± 0,8	± 1,2	± 2	± 3	± 4
v (sehr grob)	–	± 0,5	± 1	± 1,5	± 2,5	± 4	± 6	± 8

1) *E, e* von franz. écart = Abmaß
2) *S, s* von franz. superior = oberes
3) *I, i* von franz. inferieur = unteres

Übungsaufgaben 2/7; 2/8; 2/9

2.3 Begriffe der Längenmeßtechnik

- **Begriffe zum Meßvorgang**

Um den Meßvorgang beschreiben zu können, ist es notwendig, einige Begriffe der Meßtechnik zu kennen.

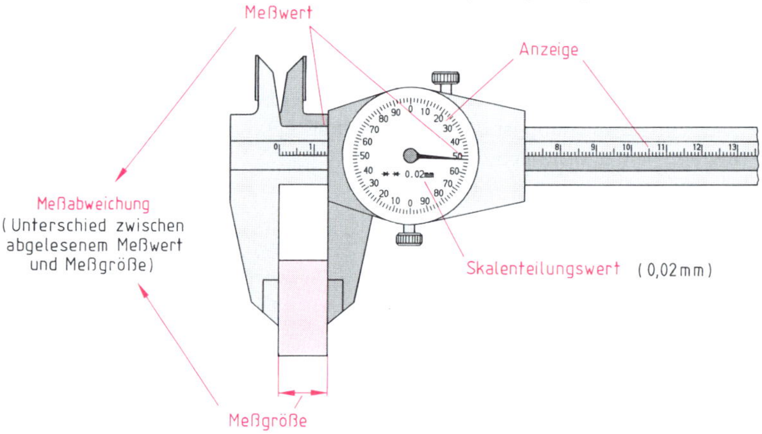

Begriffe der Meßtechnik

<table>
<tr><th>Begriffe</th><th colspan="2">Erläuterungen</th></tr>
<tr><td rowspan="2">Anzeige</td><td>analog
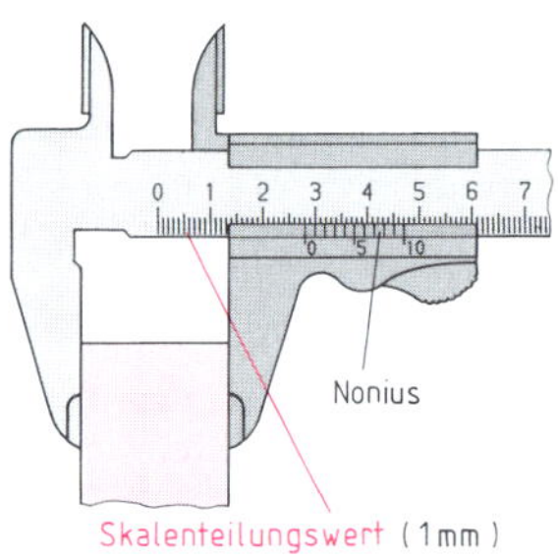

Bei einem analogen Meßgerät wird der Meßwert durch Ablesen einer Markierung auf einer Hauptskala ermittelt. Die Ablesegenauigkeit kann durch eine Zusatzskala, wie z.B. durch den Nonius beim Meßschieber, verfeinert werden.</td><td>digital
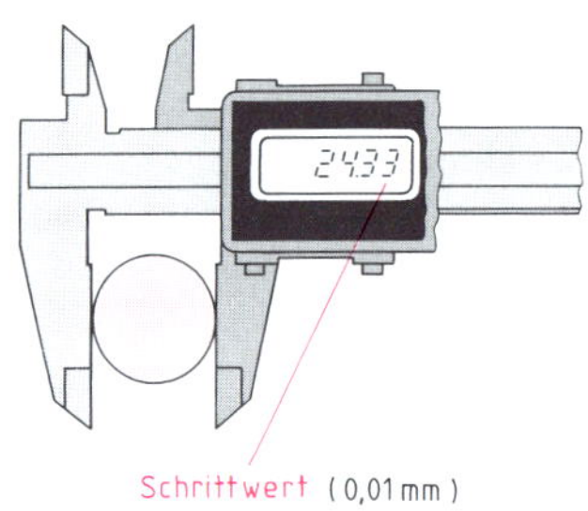

Bei einer digitalen Meßanzeige wird der Meßwert als Ziffernwert angezeigt, wobei die Genauigkeit vom Schrittwert des Meßgerätes abhängig ist.</td></tr>
<tr><td colspan="2">Die Anzeige ist die vom Meßgerät ausgegebene Information über die Größe des Meßwertes. Sie kann optisch – in analoger oder digitaler Form – vermittelt werden.</td></tr>
<tr><td>Meßwert</td><td colspan="2">Der Meßwert ist das Ergebnis des Vergleichs zwischen der Meßgröße und der auf dem Meßgerät festgelegten Maßeinheit.
Meßwert = Zahlenwert · Maßeinheit</td></tr>
<tr><td>Meßgröße</td><td colspan="2">Die Meßgröße ist die zu messende Größe an einem Werkstück.</td></tr>
<tr><td>Skalenteilungswert bzw. Schrittwert</td><td colspan="2">Der Skalenteilungswert bzw. Schrittwert entspricht der Differenz zweier benachbarter Teilungsmarken auf einer Strichskala bzw. einem Ziffernschritt auf einer Ziffernskala.</td></tr>
<tr><td>Meßabweichung</td><td colspan="2">Eine Meßabweichung ist die Differenz zwischen dem gemessenen Wert (Meßwert) und dem tatsächlichen Wert (Meßgröße).</td></tr>
<tr><td>Bezugstemperatur</td><td colspan="2">Die Bezugstemperatur ist die Temperatur, bei der Meßgeräte genau anzeigen. Sie beträgt 20 °C. Sie muß für Meßzeuge und Werkstücke eingehalten werden.</td></tr>
</table>

- **Begriffe zum Meßverfahren**

Grundlagen aller Prüfgeräte sind **Maßverkörperungen.**

Die Verkörperung von Längenmaßen kann erfolgen:

- durch den Abstand von Teilstrichen auf Linealen,
- durch den festen Abstand von parallelen Flächen bei Parallelendmaßen.

Meßverfahren, in denen das zu prüfende Maß unmittelbar mit einer Maßverkörperung verglichen wird, nennt man **direkte Meßverfahren.**

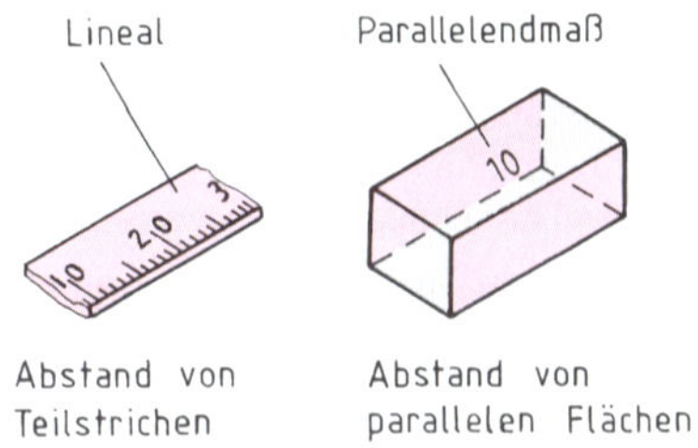

Verkörperung von Maßen zum direkten Messen

Durch das Meßverfahren stellt man das Istmaß eines Werkstückes fest. Beim Messen von Längen erfolgt ein zahlenmäßiger Vergleich mit Maßverkörperungen.
Direktes Messen ist unmittelbares Vergleichen des zu prüfenden Maßes mit einer Maßverkörperung.

Wird die zu prüfende Länge *x* aus einer anderen physikalischen Größe, z.B. der Druckänderung von Druckluft oder der Änderung einer elektrischen Spannung abgeleitet, dann spricht man von einem **indirekten Meßverfahren.**

Eine Änderung des Abstandes *l* bewirkt z.B. bei einer Längenmessung mit Druckluft eine Druckänderung; diese erlaubt Rückschlüsse auf das Maß *x*.

Bei Messungen in der Serienfertigung werden indirekte Meßverfahren bevorzugt, weil sie eine schnelle und sichere Meßwerterfassung ermöglichen.

Indirektes Messen mit Druckluft

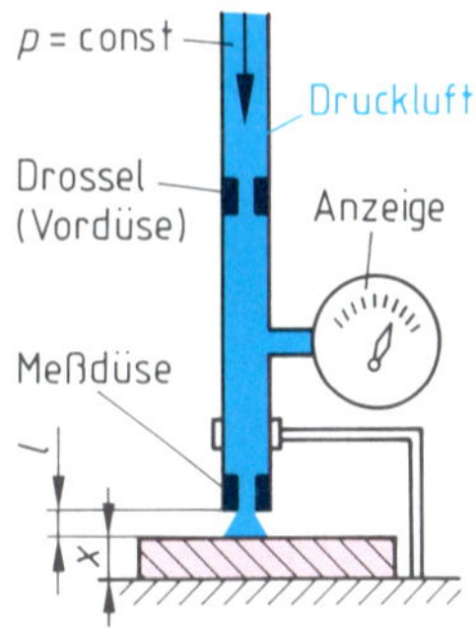

Beim indirekten Messen wird das Längenmaß aus einer anderen physikalischen Größe abgeleitet.

2.4 Direkte Längenmessung

2.4.1 Messen mit Strichmaßen

Bei Strichmaßen werden Maße durch den Abstand der Teilstriche verkörpert. Strichmaße sind starre oder flexible einteilige oder mehrteilige gelenkig verbundene Stäbe oder Bänder von unterschiedlicher Länge. Die Maßverkörperung durch Teilstriche erstreckt sich über die gesamte Länge des Strichmaßes.

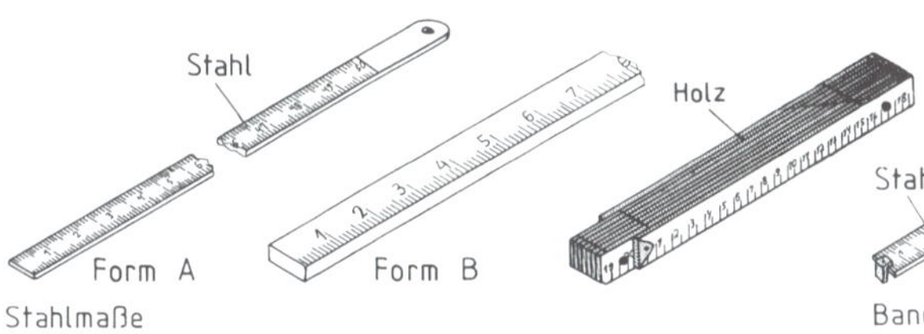

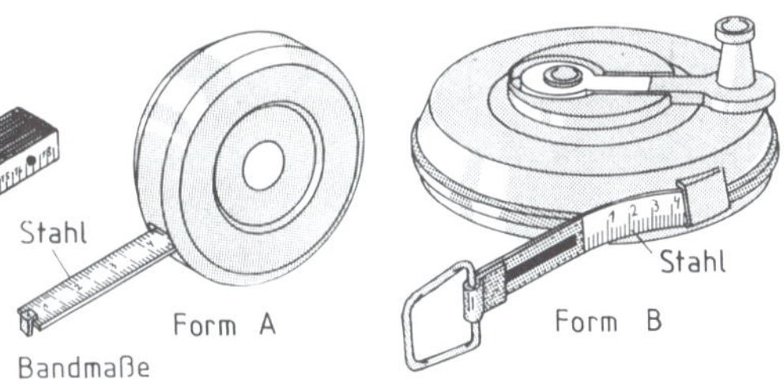

Strichmaße	Stahlmaße Form A	Stahlmaße Form B	Gliedermaßstab	Bandmaße Form A	Bandmaße Form B
Meßbereich	bis 0,5 m	bis 2 m	bis 2 m	bis 2 m	bis 50 m
Ablesegenauigkeit	0,5 mm	1 mm	1 mm	1 mm	1 mm

Strichmaße werden für Messungen mit Ablesegenauigkeiten bis zu 0,5 mm und für Anreißarbeiten eingesetzt.

2.4.2 Messen mit Meßschiebern

Der Meßschieber ist ein häufig verwendetes Längenmeßgerät. Mit ihm lassen sich schnell Außen-, Innen- und Tiefenmessungen durchführen. Die Ablesegenauigkeit ist höher als bei einfachen Strichmaßen, weil durch eine zusätzliche **Ablesehilfe,** den **Nonius,** ein genaueres Ablesen möglich ist.
Je nach Aufbau der Nonien können Meßwerte auf 1/10 mm oder 1/20 mm Genauigkeit abgelesen werden.

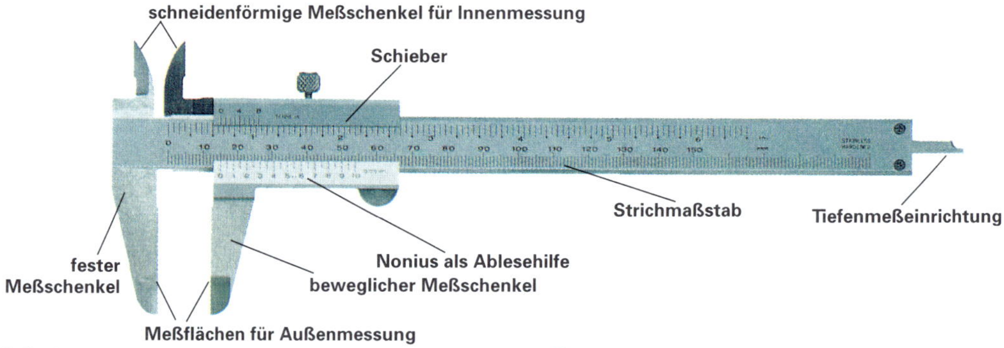

Meßschieber

Der Zehntel-Nonius ist im einfachsten Falle 9 mm lang und in zehn gleiche Abschnitte geteilt. Der Abstand zweier Striche auf der Noniusskala ist daher 9 mm : 10 = 0,9 mm. Damit ist ein Skalenteil auf dem Nonius um 0,1 mm kleiner als auf dem Strichmaßstab.

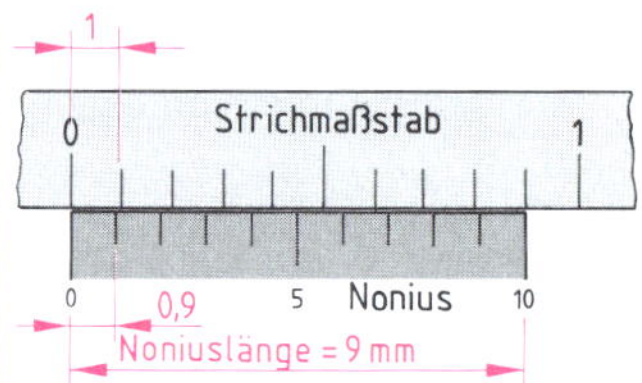

Zehntel-Nonius

Strichmaßstab:
1 Skalenteil = 1 mm

Nonius:
1 Skalenteil =
9 mm : 10 = 0,9 mm

Ablesegenauigkeit:
0,1 mm

Für das Arbeiten mit dem Meßschieber ergeben sich aus den Beispielen folgende Ableseregeln:
- Ganze Millimeter werden auf dem Strichmaßstab links vom Nullstrich des Nonius abgelesen.
- Die zehntel Millimeter werden an dem Teilstrich des Nonius abgelesen, der mit einem Strich des Strichmaßstabs übereinstimmt.

Beispiel **für das Ablesen eines Maßes**

Wird der Meßschieber mehr als einen Millimeter geöffnet, so erhält man den Ablesewert aus der Addition der ganzen und der zehntel Millimeter.

Ablesewert = 4 mm + 0,7 mm = **4,7 mm**

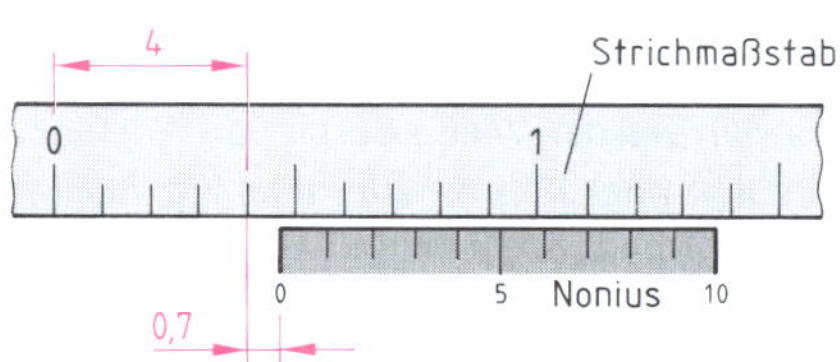

Ablesung von ganzen und zehntel Millimetern

Da die Striche beim 9 mm langen Nonius sehr dicht zusammenliegen, wird der Nonius zur Erhöhung der Ablesesicherheit z.B. um 10, 20 oder 30 mm auf 19, 29 bzw. 39 mm Länge gestreckt.
Zur Verbesserung der Meßgenauigkeit verwendet man gelegentlich den Zwanzigstel-Nonius.

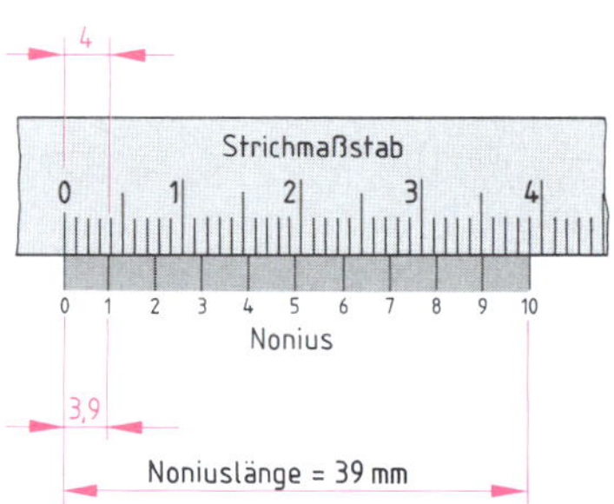

Gestreckter Zehntel-Nonius

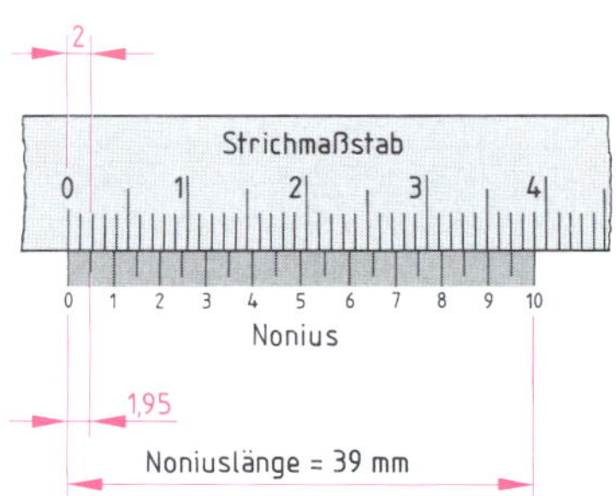

Gestreckter Zwanzigstel-Nonius

Übungsaufgaben 2/10 bis 2/15

- **Tiefenmeßschieber**

Der Tiefenmeßschieber dient zum Messen der Tiefen von Nuten und Ausarbeitungen sowie zum Messen von Längen stufenförmig abgesetzter Werkstücke.

Zur Auflage auf das Werkstück ist der Meßschenkel des Schiebers beidseitig als sogenannte Meßbrücke ausgeführt. In ihr wird der Strichmaßstab verschoben. Die Meßflächen von Brücke und Strichmaß liegen bei der Nullstellung in einer Ebene.

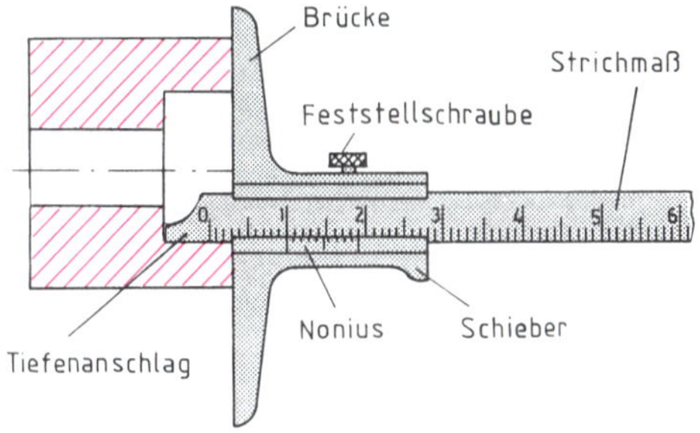

Messen mit einem Tiefenmeßschieber

- **Meßschieber mit größerem Meßbereich**

Meßschieber mit einem größeren Meßbereich besitzen meist keine Meßzunge für Tiefenmessungen. Außenmessungen können mit den üblicherweise verwendeten breiten Meßschenkeln oder mit den schneidenförmigen Meßschenkeln ausgeführt werden.

Für Innenmessungen besitzen die Meßschenkel am Ende gewölbte Meßflächen, mit denen man Bohrungen oder Nuten ab 10 mm messen kann. Jeder Meßschenkel endet mit einem 5 mm breiten Schnabel zur Innenmessung, so daß zum abgelesenen Wert 10 mm addiert werden müssen.

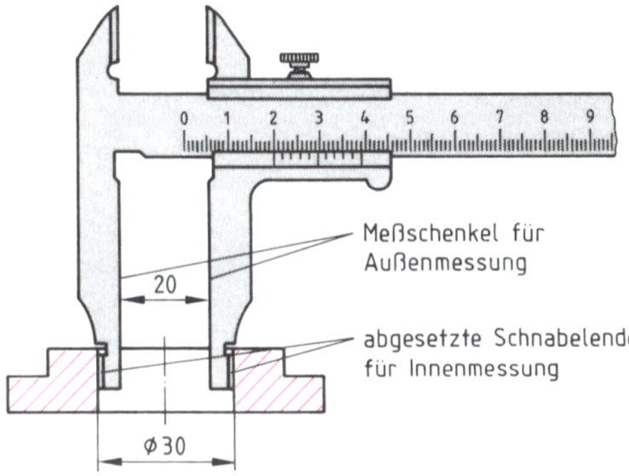

Berücksichtigung der Meßschenkelbreite beim Innenmessen

Bei Innenmessung mit abgesetzten Schnabelenden müssen 10 mm zum abgelesenen Wert addiert werden.

- **Meßschieber mit höherer Ablesegenauigkeit**

Meßschieber mit Rundskala besitzen statt des Nonius eine Meßuhr. Bei diesen Meßschiebern werden auf dem Strichmaßstab die ganzen Millimeter und auf der Meßuhr die Bruchteile der Millimeter abgelesen. Je nach Ausführung der Meßuhr beträgt die Ablesegenauigkeit ein Zehntel- bis ein Hundertstelmillimeter.

Meßschieber mit Rundskala

Digitalanzeigende Meßschieber zeigen auf einer LCD-Anzeige (Flüssigkristallanzeige) den Meßwert unmittelbar an. Dadurch werden Ablesefehler weitgehend ausgeschlossen. Diese Meßschieber erleichtern auch die Durchführung von Unterschiedsmessungen, da die Nullstellung beliebig einstellbar ist.

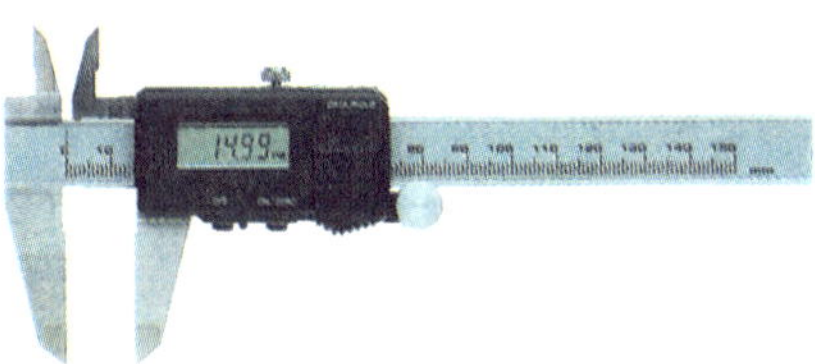

Digitalanzeigender Meßschieber

Meßschieber mit Rundskala und digitalanzeigende Meßschieber besitzen eine Ablesegenauigkeit von 1/100 mm.

Übungsaufgaben 2/16 bis 2/19

2.4.3 Messen mit Meßschrauben

Für Längenmessungen mit einer Ablesegenauigkeit von 0,01 mm werden Meßschrauben benutzt. Bei Meßschrauben wird mit Hilfe eines Gewindes die Längenmessung durchgeführt. Die Gewindesteigung stellt die Maßverkörperung dar. Je nach Ausführung sind Außen-, Innen- oder Tiefenmessungen möglich.

- **Meßprinzip**

Bei Meßschrauben wird das Maß durch den Abstand zwischen zwei Meßflächen verkörpert. Dieser Abstand kann durch Hinein- oder Herausdrehen einer Gewindespindel aus einer Mutter verändert werden.

Beispiel für den Aufbau einer Meßschraube

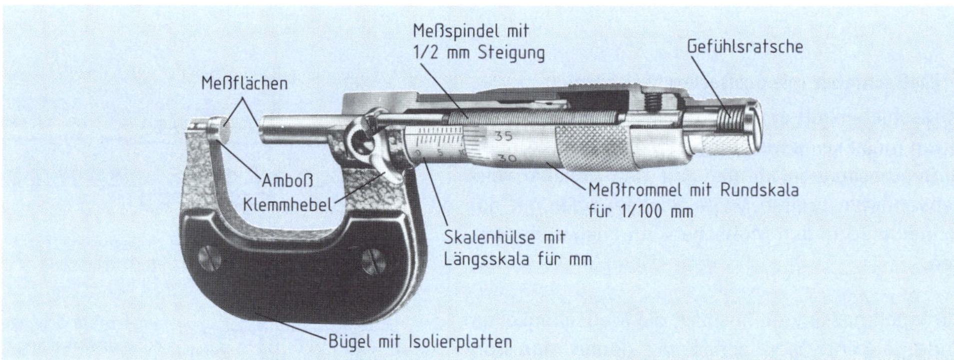

Die Steigung des Meßspindelgewindes beträgt meist 0,5 mm. Eine Umdrehung dieser Meßtrommel bewirkt daher eine Längsverschiebung der Meßspindel von 0,5 mm. Um diese Verschiebung der Meßspindel anzuzeigen, sind auf der Längsskala der Skalenhülse unterhalb des durchgehenden Längsstrichs Teilstriche aufgebracht, welche die halben Millimeter markieren.

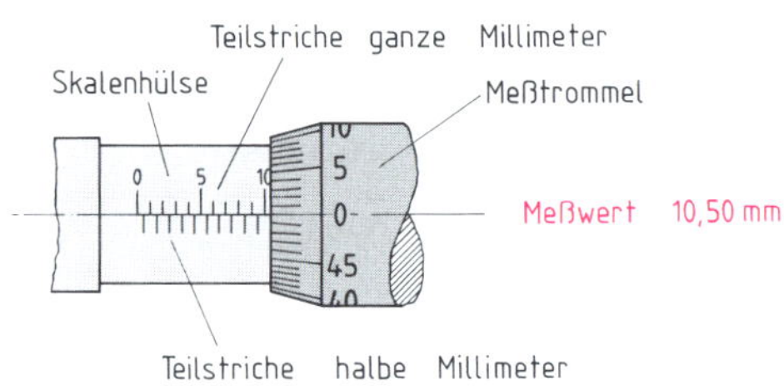

Ablesung ganzer und halber Millimeter

Bei Meßspindeln mit einer Steigung von 0,5 mm ist der Umfang der Meßtrommel in 50 gleiche Skalenteile aufgeteilt. Öffnet man die Außenmeßschraube um einen Skalenteil der Meßtrommel, so bewegen sich Meßgtrommel mit Meßspindel in Achsrichtung um 1/50 von 0,5 mm weiter. 1/50 von 0,5 mm sind 0,01 mm.

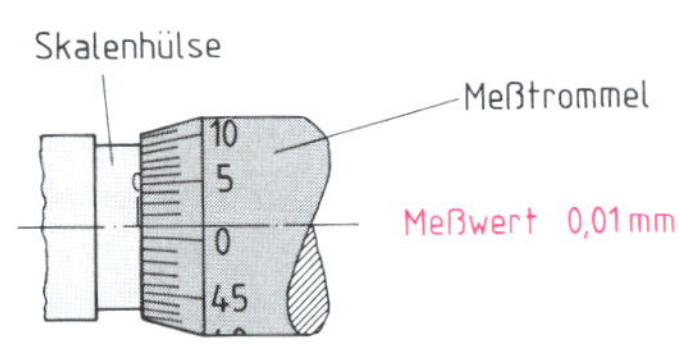

Ablesung eines hundertstel Millimeters

Beim Ablesen des Meßwertes bestimmt man zunächst auf der Skalenhülse die ganzen und halben Millimeter. Hinzu kommen die hundertstel Millimeter, die auf der Meßtrommel angezeigt werden.

Meßwert: 16,0 mm + 0,42 mm = **16,42 mm**

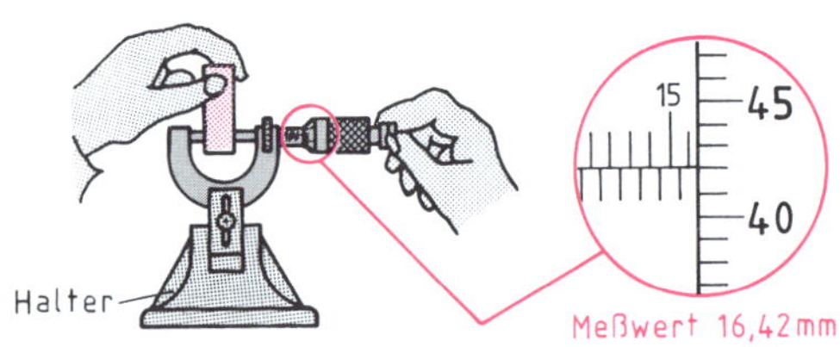

Messen mit der Bügelmeßschraube

Für das Arbeiten mit Meßschrauben ergeben sich folgende Ableseregeln:

- Ganze und halbe Millimeter werden auf der Skalenhülse abgelesen.
- Die hundertstel Millimeter werden auf der Meßtrommel abgelesen.
- Beide Ableseergebnisse werden addiert und ergeben den Meßwert.

Übungsaufgaben 2/20 bis 2/23

- **Meßschrauben für Innenmessungen**

Für Innenmessungen verwendet man Innenmeßschrauben.

Die einfachste Bauform besteht aus:

- Haltegriff mit feststehendem Meßbolzen und Innengewinde,
- Meßtrommel mit Meßspindel und Außengewinde.

Beim Messen von Bohrungsdurchmessern ist darauf zu achten, daß Innenmeßschrauben genau durch den Bohrungsmittelpunkt und außerdem senkrecht zur Bohrungsachse gehalten werden.

Einfacher und genauer können Bohrungsdurchmesser mit einer **Innenmeßschraube mit Dreipunktauflage** gemessen werden. Die drei um 120° versetzten Tastbolzen werden beim Drehen der Meßtrommel gleichmäßig in radialer Richtung bewegt. Beim Anliegen der Taststifte auf der Bohrungswand befindet sich die Meßgeräteachse an der Meßstelle genau in der Bohrungsmitte. Während des Meßvorgangs ist darauf zu achten, daß die Meßgeräteachse und die Bohrungsachse übereinstimmen.

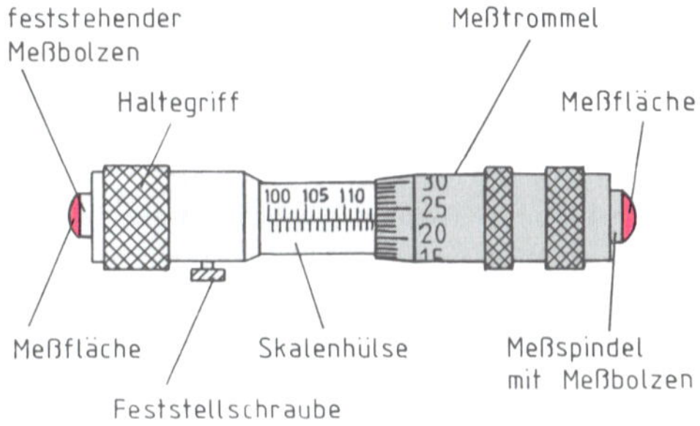

Innenmeßschraube

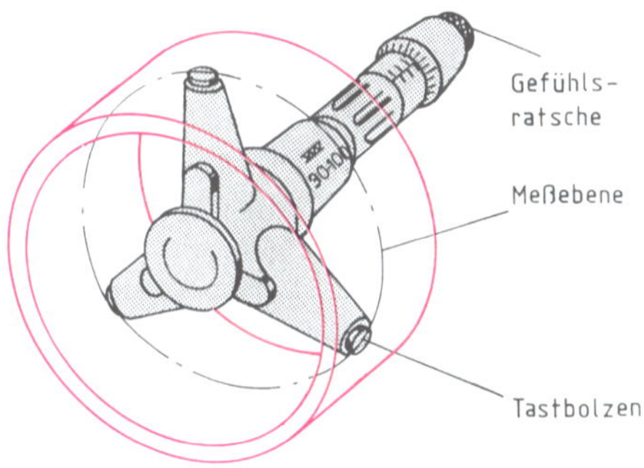

Messen mit einer Innenmeßschraube mit Dreipunktauflage

- **Meßschrauben für Tiefenmessungen**

Genaue Tiefenmessungen werden mit Tiefenmeßschrauben vorgenommen.

Sie bestehen aus folgenden Teilen:

- Meßbrücke mit Skalenhülse und Innengewinde,
- Meßspindel mit Tiefenanschlag, Meßtrommel, Außengewinde und Gefühlsratsche.

Bei der Tiefenmeßschraube steigen die Zahlen der Skalenhülse von oben nach unten an.
Der Meßbereich kann durch verschiedene Tiefenanschläge verändert werden.

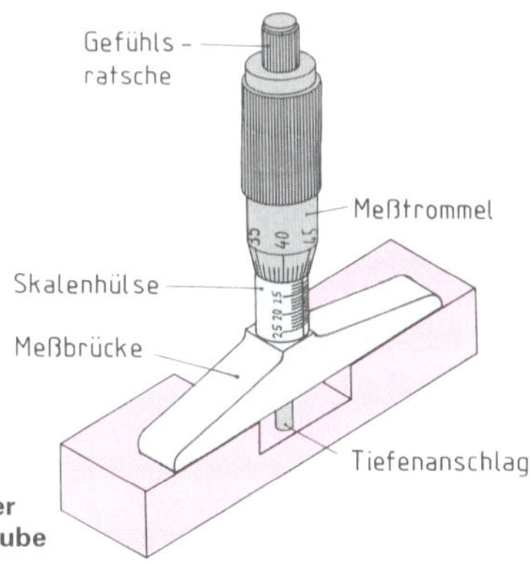

Messen mit einer Tiefenmeßschraube

- **Meßschrauben mit digitaler Anzeige**

Fehler beim Ablesen des Meßwertes werden auch bei Meßschrauben durch digitale Anzeige erheblich verringert. Häufig sind diese Meßschrauben neben der Digitalanzeige noch mit einer Skalen- und einer Meßtrommelteilung ausgerüstet, damit der Meßwert zur Sicherheit auch in herkömmlicher Weise ermittelt werden kann.

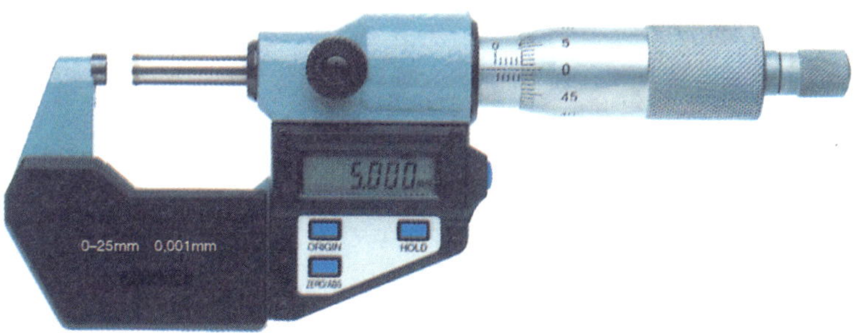

Meßschraube mit digitaler Anzeige

Übungsaufgaben 2/24; 2/25; 2/26

2.4.4 Messen mit Meßuhren und Feinzeigern

• Aufbau

Maßdifferenzen von 1/100 mm und geringer sind mit **Meßuhren** feststellbar. Meßuhren sind Längenmeßgeräte, bei denen der Weg des Meßbolzens über ein geeignetes System auf einen Zeiger übertragen wird, wobei sich der Zeiger um mindestens 360° vor einem runden Skalenblatt bewegt.

Feinzeiger sind Längenmeßwerkzeuge, in denen der Winkelausschlag des Zeigers kleiner als 360° ist. Sie weisen sehr hohe Genauigkeit auf, haben aber wegen ihres Aufbaues nur einen begrenzten Meßbereich. Die Übersetzung, das Verhältnis von Zeigerausschlag zum Weg des Tastbolzens, kann bis 1 000 : 1 betragen. Die Übersetzung kann auf verschiedene Weise bewirkt werden, zum Beispiel durch Hebelsysteme, Hebel-Zahnradsysteme oder Kombinationen von mechanischen und optischen Einrichtungen.

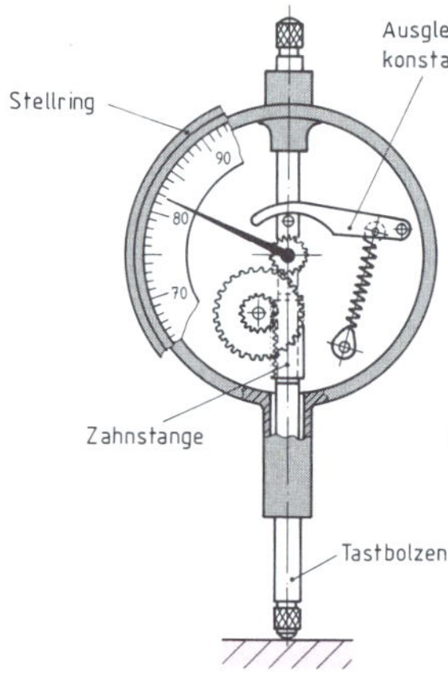

Meßuhr

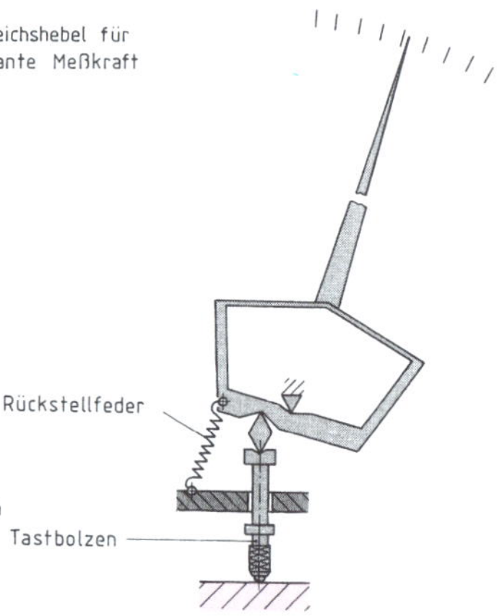

Feinzeiger mit Hebelübersetzung

Meßuhren zeigen ganze und 1/100 Millimeter an. Der Zeigerausschlag ist mindestens 360°.
Feinzeiger haben einen sehr begrenzten Anzeigebereich unter 1 mm. Sie zeigen nur hundertstel oder tausendstel Millimeter an.

In digital anzeigenden Meßuhren wird der Meßwert nicht mechanisch sondern durch Veränderung elektrischer Größen ermittelt.

Meßuhren mit digitaler Anzeige erlauben höhere Ablesegenauigkeit als solche mit Skalenanzeige.

Die Meßunsicherheit beträgt aber ± 1 Schritt und ist damit größer als bei analog anzeigenden Meßuhren.

• Einsatz von Meßuhren zur Ermittlung von Istmaßen

Werden Meßuhren zur Ermittlung von Istmaßen eingesetzt, so muß die Nullstellung durch Endmaße festgelegt werden. Das Istmaß ergibt sich aus dem eingestellten Maß plus der Maßdifferenz, welche die Meßuhr anzeigt. Bei der Einrichtung ist darauf zu achten, daß die Nullstellung der Meßuhr so vorgenommen wird, daß positive und negative Abweichungen erfaßt werden können.

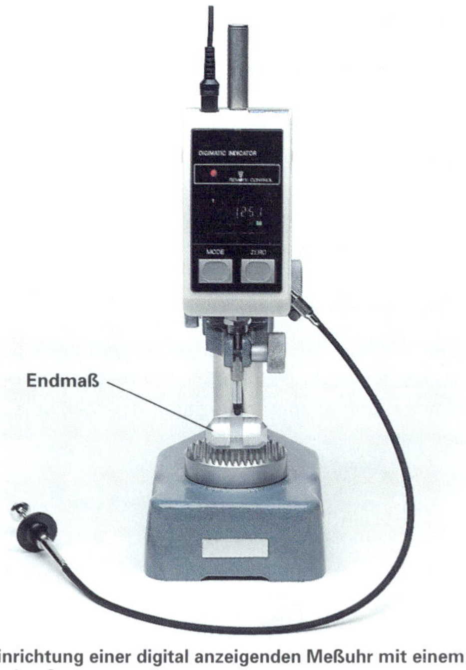

Einrichtung einer digital anzeigenden Meßuhr mit einem Endmaß

Zur Ermittlung von Istmaßen wird die Nullstellung der Meßuhr durch Endmaße festgelegt.

Übungsaufgaben 2/27; 2/28; 2/29

2.4.5 Messen mit Endmaßen

Maßverkörperungen, die ein bestimmtes Maß durch den Abstand zweier Endflächen darstellen, werden Endmaße genannt. Die Meßflächen von Endmaßen können eben, zylindrisch oder kugelig sein. Endmaße sind aus Stahl, Hartmetall oder Keramik gefertigt.

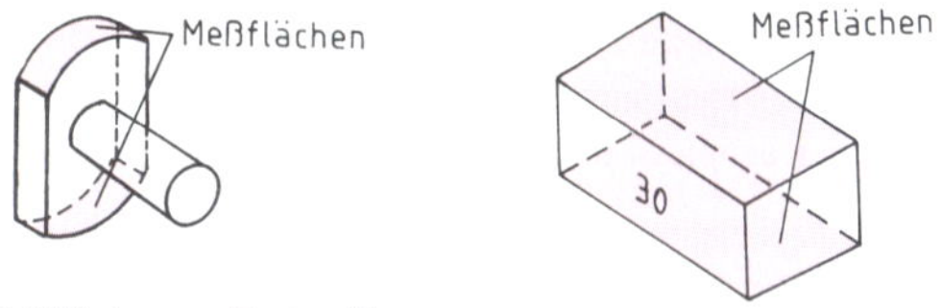

Meßflächen an Endmaßen

Endmaße sind sehr genaue Maßverkörperungen, die Maße werden durch den Abstand zweier Meßflächen dargestgellt.

Endmaße dürfen nur im gesäuberten Zustand aneinandergeschoben werden. Die Meßflächen sind so eben, daß sie ohne äußeren Kraftaufwand infolge Adhäsion aneinander haften. Durch das Anschieben mehrerer Endmaßblöcke können beliebige Maße zusammengestellt werden.

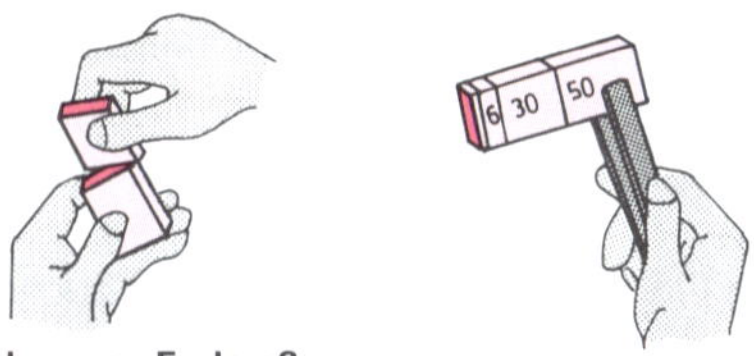

Anschieben von Endmaßen

Endmaßsätze werden mit einer Vielzahl sinnvoll gestufter Einzelendmaße angeboten. Ein Endmaßnormalsatz besteht aus Endmaßen mit fünf unterschiedlichen Maßbildungsreihen. Jede Reihe hat neun Maßblöcke. Innerhalb der Reihe ist die Stufung gleich; so beträgt z.B. in der Reihe 2 die Stufung von Endmaß zu Endmaß 0,01 mm.

Maßbildungsreihe	Stufung innerhalb der Reihe	Größe der Endmaße
Reihe 1	0,001 mm	1,001 mm bis 1,009 mm
Reihe 2	0,01 mm	1,01 mm bis 1,09 mm
Reihe 3	0,1 mm	1,1 mm bis 1,9 mm
Reihe 4	1 mm	1 mm bis 9 mm
Reihe 5	10 mm	10 mm bis 90 mm

Endmaße kann man in vier *Genauigkeitsgraden* von 0 bis III erhalten. Sätze mit dem Genauigkeitsgrad 0 haben dabei die höchste Genauigkeit.

Mit dem Normalsatz können neben vielen anderen Maßen über 100 mm alle Maße von 1 mm bis 102,999 mm von tausendstel zu tausendstel Millimeter gebildet werden. Beim Zusammensetzen der Endmaße zu einem bestimmten Maß beginnt man zweckmäßigerweise mit der niedrigsten erforderlichen Maßbildungsreihe.

Beispiel **für das Zusammenstellen von Endmaßen zur Maßverkörperung 76,452 mm**

Maßbildung	Reihe 1	1,002 mm
	Reihe 2	1,05 mm
	Reihe 3	1,4 mm
	Reihe 4	3 mm
	Reihe 5	70 mm
	Kontrolle	76,452 mm

Endmaße werden für verschiedene Aufgaben verwendet:

- Prüfen von anzeigenden Meßgeräten,
- Prüfen von Lehren,
- Messen von Werkstücken,
- Einstellen von anzeigenden Meßgeräten,
- Einstellen von Anreißspitzen,
- Einstellen von Werkzeugmaschinen.

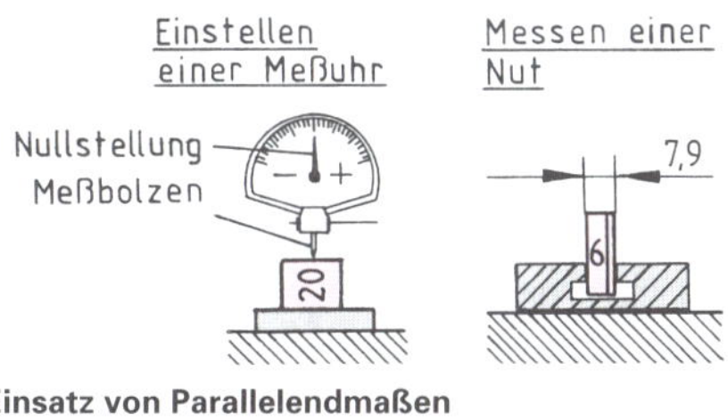

Einsatz von Parallelendmaßen

Endmaße werden für Messungen mit Ablesegenauigkeiten bis zu 0,001 mm eingesetzt.

Übungsaufgaben 2/30; 2/31

2.5 Indirekte Längemessung

Bei der indirekten Längenmessung wird die Länge aus einer anderen physikalischen Größe abgeleitet. Zur indirekten Längenmessung benötigt man stets Meßsysteme, welche die Länge aufnehmen, umwandeln, verarbeiten und anzeigen.

Meßgröße (Länge) → Aufnehmer → Wandler → Rechner → Übertragung → Anzeige → **Meßwert**

2.5.1 Pneumatische Längenmessung

Pneumatische Längenmessung eignet sich besonders für die Feinstmessung in der Serienfertigung. Da der Meßbereich pneumatischer Längenmeßgeräte sehr klein ist, werden diese Meßgeräte nur zur Unterschiedsmessung benutzt.

Messen mit pneumatischen Meßgeräten hat Vorteile:

- Es wird nahezu berührungslos gemessen, damit werden Kratzspuren und Abnutzung von Meßwertaufnehmern vermieden.
- Die ausströmende Luft hält die Meßstelle von Verunreinigungen (z.B. Öl) frei.
- Es wird eine hohe Meßgenauigkeit (± 0,2 bis 1 µm) erreicht.

Die Verfahren pneumatischer Längenmessung beruhen darauf, daß Änderungen an der Ausströmöffnung in einem Druckluftstrom Druck- und Geschwindigkeitsänderungen hervorrufen. Daraus ergeben sich als Meßmethode für die Längenmessung am Werkstück zwei Verfahren, das **Durchflußmeßverfahren** und das **Differenzdruckmeßverfahren**.

- **Unterscheidung der Meßverfahren**

Längenmessung nach dem Durchflußmeßverfahren

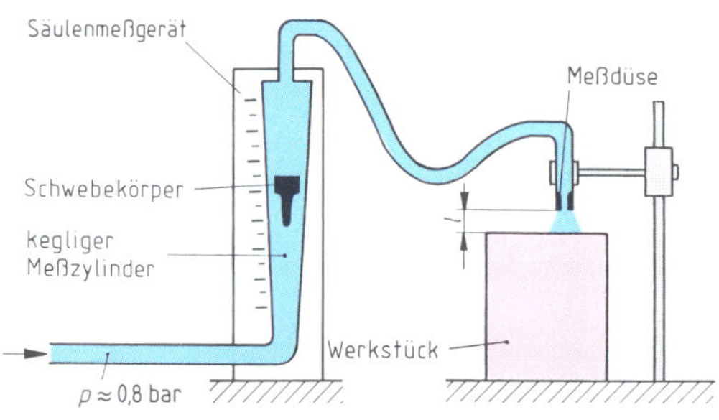

Die Durchflußmessung wird mit Säulenmeßgeräten durchgeführt. Säulenmeßgeräte werden bevorzugt für gleichzeitige Messungen an mehreren Meßstellen an einem Werkstück eingesetzt.

Längenmessung nach dem Differenzdruckmeßverfahren

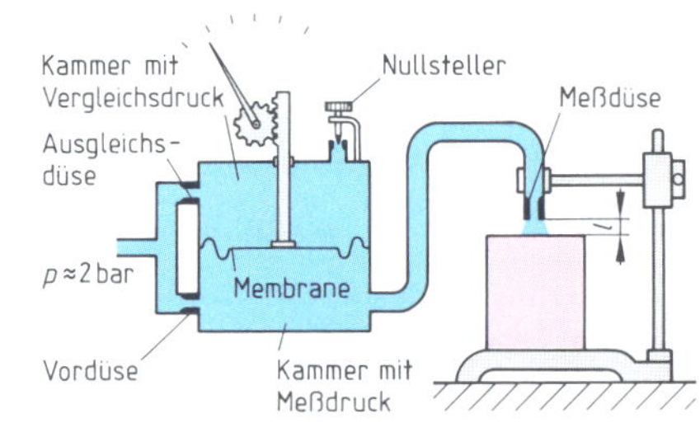

Pneumatische Längenmessung nach dem Differenzdruckverfahren geschieht meist mit Zeigergeräten.
Das Differenzdruckverfahren setzt man ein, wenn höherer Meßdruck und größerer Meßbereich (bis 0,2 mm) gefordert sind.

Bei der pneumatischen Längenmessung wird die Länge durch eine Druckdifferenz oder ein durchfließendes Volumen erfaßt.
Das Durchflußmeßverfahren wendet man bei Serienmessung und bei gleichzeitiger Messung an mehreren Meßstellen an.
Das Differenzdruckmeßverfahren wird angewendet, wenn größere Meßbereiche und höhere Meßdrücke gefordert sind.

Übungsaufgaben 2/32; 2/33

- **Auswahl der Meßgrößenaufnehmer**

Wegen der kleinen Meßbereiche bei den pneumatischen Meßgeräten sind für die verschiedenen Messungen unterschiedliche Meßgrößenaufnehmer erforderlich.
Bis zu einer Rauhtiefe von 3 µm kann berührungslos gemessen werden. Bei größeren Rauhtiefen wählt man mechanisch berührende Taster.

Beispiele für berührungslose und mechanisch berührende Taster

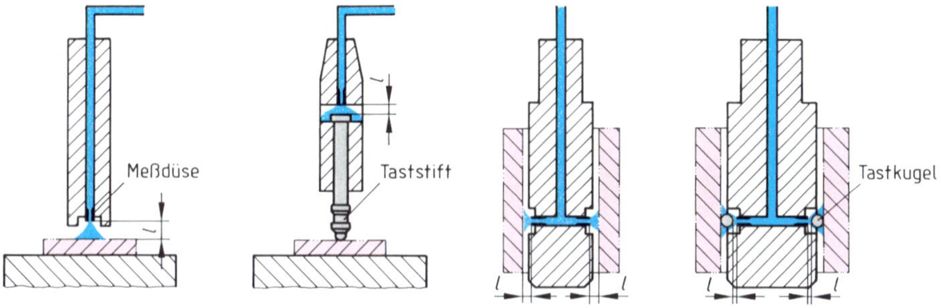

berührungslos — mechanisch berührend
Taster für Dickenmessung

berührungslos — mechanisch berührend
Taster für Durchmessermessung

Entsprechend der Oberflächenrauheit wählt man bis 3 µm Rauheit berührungslose Taster, über 3 µm Rauheit mechanisch berührende Taster.

2.5.2 Elektrische Längenmessung

Längen beziehungsweise Längenänderungen können durch elektrische Meßwertumformer in elektrische Größen wie Strom, Spannung, Widerstand überführt werden. Die aufgenommenen elektrischen Größen können durch Schaltungen wesentlich verstärkt werden, so daß eine hohe Empfindlichkeit gegeben ist.

Zur Umwandlung der Längenänderung in elektrische Größen werden wegen ihrer geringen Baugröße vorwiegend **induktive Taster** verwendet. Diese Taster verkörpern einen kleinen Transformator mit einer Primär- und zwei Sekundärwicklungen. Die Sekundärwicklungen sind so geschaltet, daß im Ausgang die Spannung Null ist. Der Taststift ist mit einem Eisenkern verbunden. Bei einer Verschiebung des Taststiftes steigt die Spannung in einer Sekundärwicklung, während sie in der anderen abnimmt. Aus der Spannungsdifferenz wird dann der Meßwert ermittelt und angezeigt.

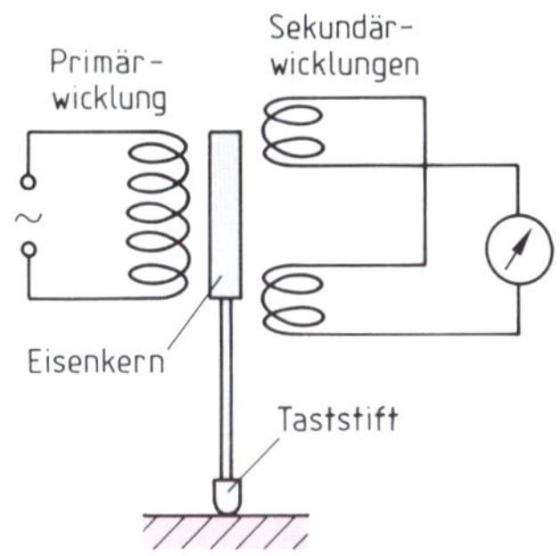

Induktiver Taster (Schema)

Die Vorteile der induktiven Längenmessung sind
- großer Meßbereich (im Gegensatz zur pneumatischen Längenmessung),
- hohe Meßgenauigkeit, z.B. ± 1 µm bei 1 mm Meßbereich, ± 0,02 µm bei 3 mm Meßbereich,
- einfache Weiterleitung und Verarbeitung der Meßwerte in Datenverarbeitungsanlagen.

Induktive Meßtaster formen Längenänderungen in Änderungen der magnetischen Eigenschaften von Spulen um.

In seltenen Fällen werden auch **kapazitive Meßtaster** eingesetzt. In diesen bewirkt eine Längenänderung eine Verschiebung des Abstandes zwischen Kondensatorplatten. Die dabei auftretende Kapazitätsänderung wird zur Ermittlung des Meßwertes genutzt. Wegen ihrer großen Bauweise werden kapazitive Taster weniger verwendet.
Größere Längen mißt man durch Abtasten von Strichgittern (siehe *„Kapitel Grundlagen der CNC-Technik“)* mit Fotozellen.

Übungsaufgaben 2/34 bis 2/38

2.6 Lehren

Durch Lehren wird festgestellt, ob bestimmte Längen, Winkel oder Profile eines Werkstückes erreicht worden sind. Ein Meßwert wird nicht ermittelt.

2.6.1 Formlehren

Mit Hilfe von Formlehren wird festgestellt, ob eine bestimmte geforderte Form, ein Radius oder ein Profil dem Sollzustand entspricht.

Beispiele **für Formlehren**

Radienlehre

Schleiflehre für Bohrer

Formlehren verkörpern die Sollkontur.

2.6.2 Maßlehren

Maßlehren dienen zur Überprüfung von Maßen. Man kann mit Maßlehren nur die Grenzen feststellen, zwischen denen ein Maß liegt. Paßt zum Beispiel die Nadel einer Düsenlehre mit 1,25 mm Durchmesser in eine Bohrung und die Nadel mit 1,30 mm Durchmesser nicht, so liegt das Maß der Bohrung zwischen 1,25 mm und 1,30 mm Durchmesser.

Beispiele **für Maßlehren**

Fühlerlehre

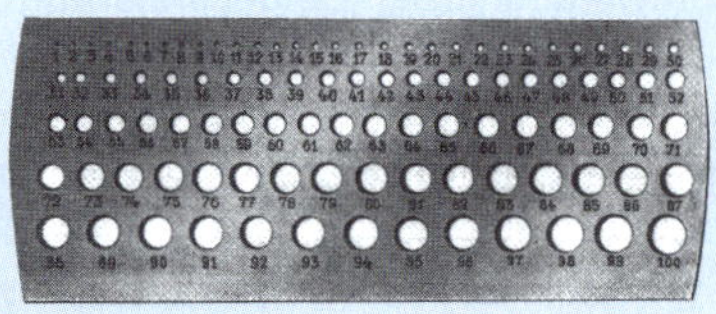

Lochlehre

Maßlehren dienen zur Überprüfung von Maßen.

2.6.3 Grenzlehren

Grenzlehren dienen zum Feststellen, ob die vorgeschriebenen Grenzmaße am Werkstück eingehalten sind. Die Grenzlehre hat deshalb zwei feste Maße: das Höchstmaß und das Mindestmaß.
Grenzrachenlehren dienen zum Lehren von Wellen, *Grenzlehrdorne* zum Lehren von Bohrungen.

Beispiele **für Grenzlehren**

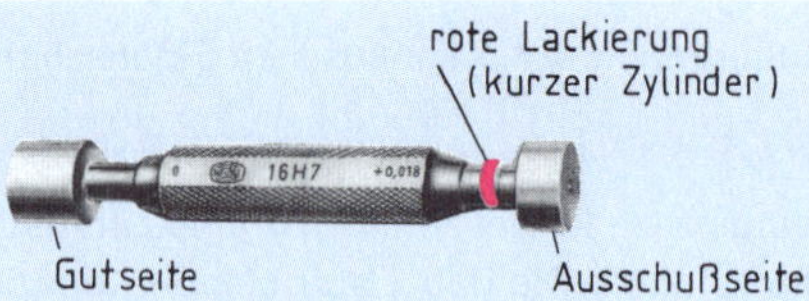

Grenzlehrdorn

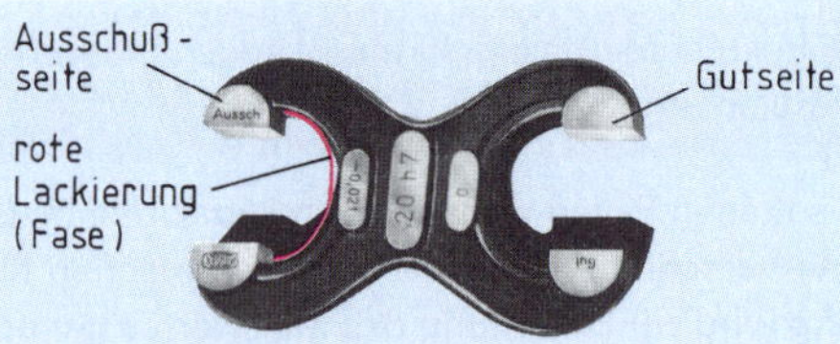

Grenzrachenlehre

Grenzlehren verkörpern das Höchst- und Mindestmaß.

Übungsaufgaben 2/39; 2/40

3 Prüfen von Winkeln

3.1 Messen von Winkeln

Der Vollkreis hat einen Winkel von 360°. Der Winkel von 1° wird unterteilt in 60 Minuten oder 3 600 Sekunden. 1° = 60' = 3 600 ".

- **Messen mit Winkelmessern**

Einfacher Winkelmesser

Der einfache Winkelmesser hat einen festen Meßschenkel mit einer Kreisskala in Gradeinteilung von 0° bis 180°. Ein beweglicher Meßschenkel schwenkt um den Kreismittelpunkt. Der Zeiger am beweglichen Meßschenkel dient zur Anzeige des Winkels auf der Kreisskala. Der angezeigte Wert entspricht nicht in jedem Fall der Winkelgröße am Werkstück. Die Größe des gemessenen Winkels wird entweder sofort abgelesen, oder sie muß berechnet werden.

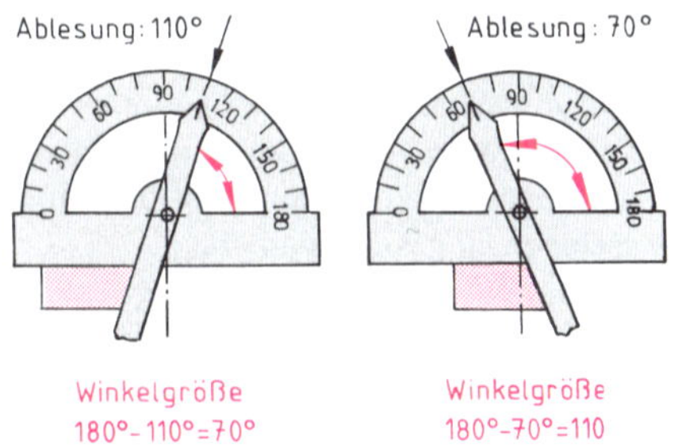

Einfacher Winkelmesser mit Ablesebeispielen

Einfache Winkelmesser haben einen Meßbereich von 0° bis 180°. Die Ablesegenauigkeit beträgt 1°.

Universalwinkelmesser

Der Universalwinkelmesser ist vielseitiger verwendbar als der einfache Winkelmesser. Der Universalwinkelmesser hat zwei feste Schenkel, die unter einem Winkel von 90° zueinander stehen. Ein weiterer Schenkel ist um eine Vollkreisskala schwenkbar. Die Vollkreisskala ist in 4 mal 90° eingeteilt. Sie bildet mit den beiden festen Schenkeln eine starre Einheit. Mit dem beweglichen Schenkel verbunden ist eine Nebenskala. Sie besteht aus je einem Nonius rechts und links vom Nullstrich.

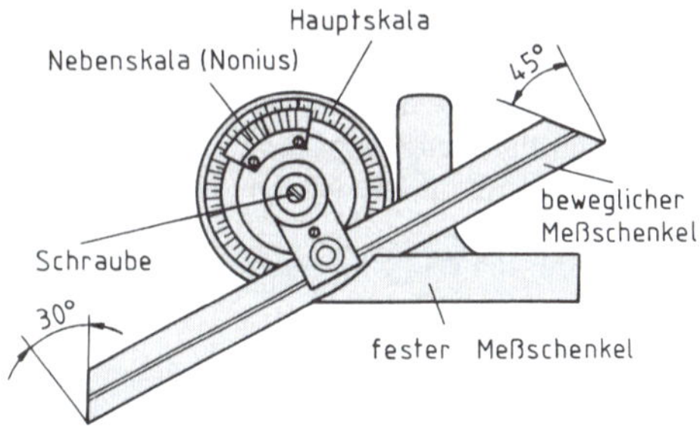

Universalwinkelmesser

Jeder Nonius ist in 12 Teile aufgeteilt und erstreckt sich auf 23°. Der Winkel zwischen zwei Teilstrichen auf dem Nonius ist daher 23°/12 = 1°55'. Die Ablesegenauigkeit beträgt 5'.

Das Ablesen erfordert eine Zusammenfassung der Werte von Hauptskala und Nonius. Der Winkelnonius muß von der Null zweiseitig vorhanden sein. Daher ist zu beachten, daß Hauptskala und Nonius **stets** in gleicher Richtung abgelesen werden.

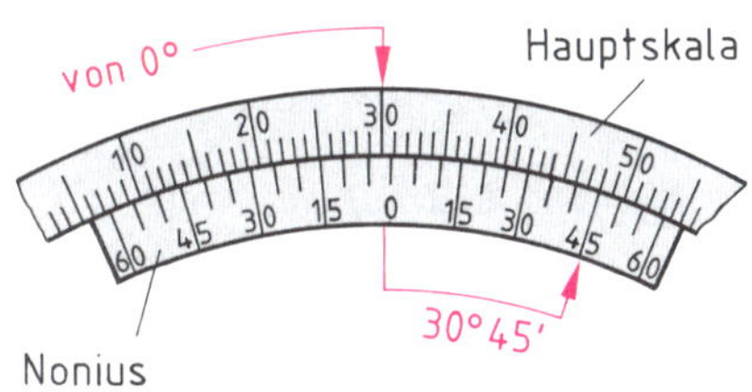

Ermittlung der Winkelgröße

Der bewegliche Meßschenkel des Universalwinkelmessers kann seiner Längsrichtung verschoben und um 360° gedreht werden. Daher ist der Universalwinkelmesser sehr vielseitig einsetzbar.

Auch beim Universalwinkelmesser entspricht der angezeigte Wert nicht in jedem Fall der Winkelgröße am Werkstück. Die Winkelgröße muß gegebenenfalls unter Berücksichtigung der Stellung der Meßschenkel errechnet werden.

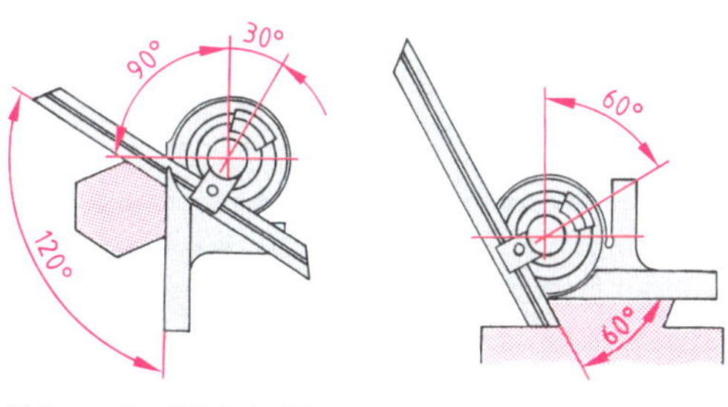

Ablesen der Winkelgröße

Universalwinkelmesser haben einen Meßbereich von 0° bis 360°. Die Ablesegenauigkeit beträgt 5'. Nonius und Hauptskala müssen stets in gleicher Richtung abgelesen werden.

Übungsaufgaben 3/1 bis 3/6

• Messen mit Winkelendmaßen

Winkelendmaße sind sehr genaue Maßverkörperungen von Winkeln. Die geneigte Stellung zweier Meßflächen zueinander verkörpert den einzelenen Winkel. Die Größe des Winkels ist seitlich auf dem Endmaß aufgetragen. Zusätzlich trägt jedes Winkelendmaß am dünneren Ende das Minuszeichen und am dickeren Ende das Pluszeichen. Durch Zusammensetzen von Winkelendmaßen können sie zum Messen von Winkeln verwendet werden. Daneben können sie auch zum Einstellen von Vorrichtungen oder Maschinen eingesetzt werden.

Winkelendmaße werden ähnlich dem Parallelendmaßen in Sätzen geliefert. Ein solcher Satz enthält z.B. 14 Winkelendmaße in drei Maßbildungsreihen für Grade, Minuten und Sekunden. Mit diesem Satz kann jeder Winkel zwischen 0° und 90° in Stufen von 10″ dargestellt werden.

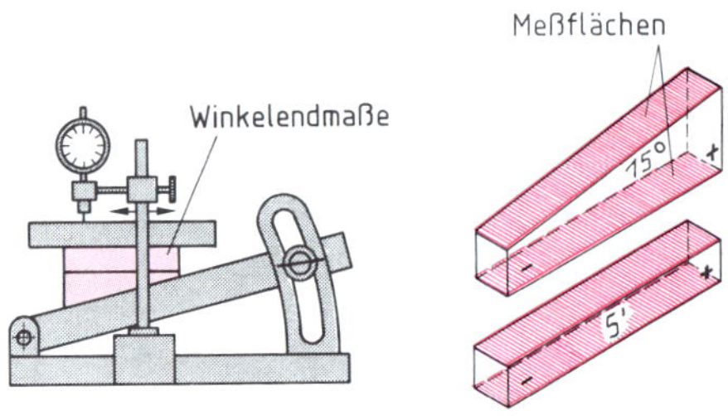

Einstellen mittels Winkelendmaßen

Stufungen von Winkelendmaßen

Winkelbildung in Stufen von	Größe der Winkelendmaße	Anzahl
10″	20″; 30″	2
1′	1′; 3′; 5′; 10′; 25′; 40′	6
1°	1°; 3°; 5°; 15°; 30°; 45°	6

Winkelendmaße werden für Messungen mit Ablesegenauigkeiten bis zu 10″ eingesetzt.

Zum Aufbau der Maße werden Winkelendmaße wie Parallelendmaße aneinandergeschoben. Das Winkelmaß baut sich dann entweder durch Addition oder Subtraktion der Einzelblöcke auf. Wählt man z.B. die Winkelendmaße 15° und 3° aus, so kann man nach zwei Verfahren Winkel bilden.

Beispiele für die Winkelbildung mit Endmaßen

18° = 15° + 3°

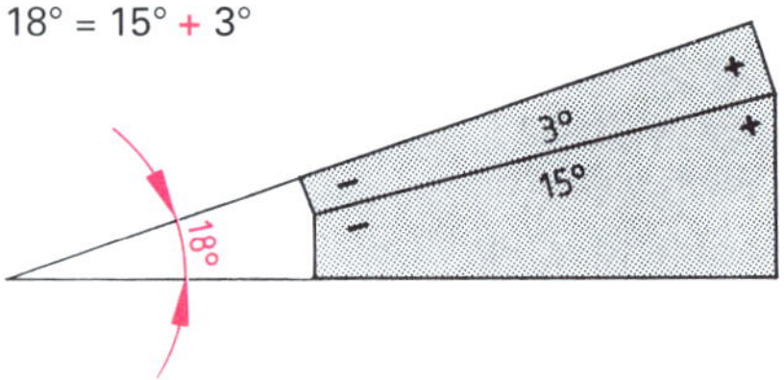

Winkelbildung durch Addition

12° = 15° − 3°

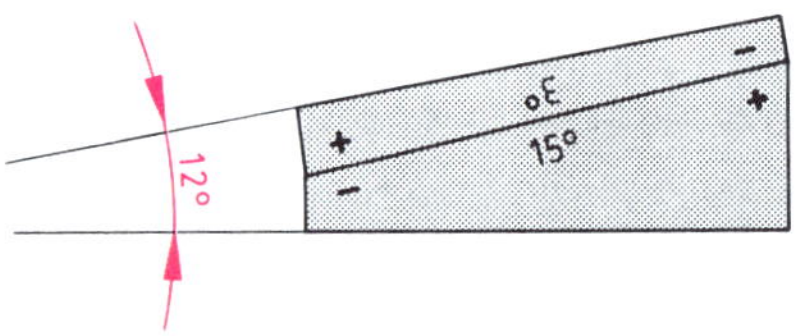

Winkelbildung durch Subtraktion

Das Winkelmaß wird durch Kombination von mehreren Winkelendmaßen gebildet. Ein Winkel ergibt sich durch Addition oder Subtraktion der Einzelwinkel.

3.2 Lehren von Winkeln

Winkel werden auch mit Lehren geprüft. Dies sind meistens feste Winkel, die einen bestimmten Winkel verkörpern. Zum Prüfen wird die Winkellehre mit ihren Prüfflächen an das Werkstück angelegt. Tritt ein Lichtspalt zwischen Prüfgegenstand und Lehre auf, so weicht der vorhandene Winkel vom geforderten Winkel ab. Der Istwert des Winkels wird dabei nicht festgestellt.

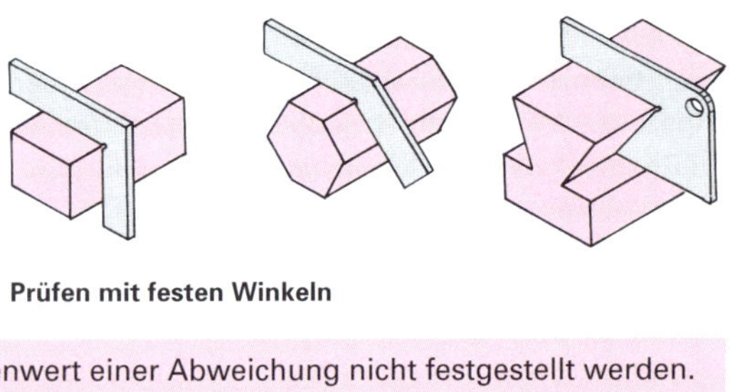

Prüfen mit festen Winkeln

Beim Prüfen von Winkeln mit Lehren kann der Zahlenwert einer Abweichung nicht festgestellt werden.

Übungsaufgaben 3/7; 3/8

4 Prüfung der Rauheit von Oberflächen

Die Rauheit technischer Oberflächen hängt außer vom Werkstoff von den Bedingungen des Fertigungsverfahrens ab. Sie wird z.B. beim Gießen und Umformen von der formgebenden Oberfläche und beim Spanen von Werkzeugschneide und Schnittdaten bestimmt.
Die Oberflächenrauheit beeinflußt am einzelnen Werkstück das Aussehen, die Haftung von Anstrichen und anderen Beschichtungen, das Korrosionsverhalten und die Anfälligkeit gegen Ermüdungsbrüche.
Bei gefügten Bauteilen, die gegeneinander bewegt werden (z.B. Wellenzapfen in Lagern), werden auch Verschleiß und Reibung beeinflußt.

Die Oberflächenrauheit hängt wesentlich vom Fertigungsverfahren ab.
Die Oberflächenrauheit beeinflußt u.a. Aussehen, Haftung von Beschichtungen, Reibung, Verschleiß und Empfindlichkeit gegen Ermüdungsbruch.

4.1 Rauheitskenngrößen

Meßgeräte zur Prüfung der Rauheit von Werkstückoberflächen tasten die Oberfläche ab, zeichnen über einen Diagrammschreiber ein stark vergrößertes Profil der Oberfläche auf und errechnen Kennwerte.
Bei spanend bearbeiteten Oberflächen prüft man meist quer zur Bearbeitungsrichtung.

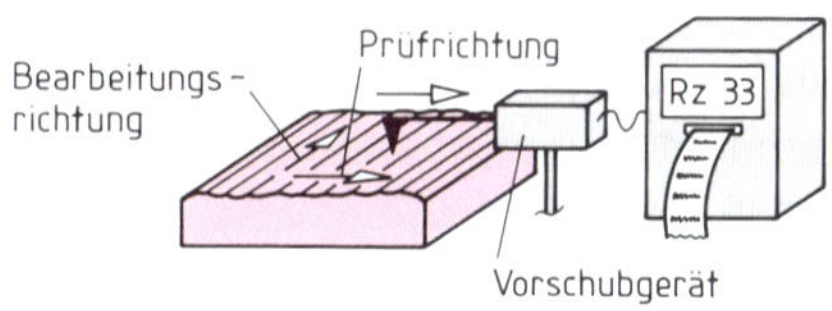

Rauheitsprüfung (Schema)

Die Beschaffenheit der Oberflächengüte wird durch unterschiedliche Rauheitskenngrößen nach DIN 4768 gekennzeichnet.

Wichtige Rauheitskenngrößen sind:
- gemittelte Rauhtiefe R_z
- Mittenrauhwert R_a
- maximale Rauhtiefe R_{max}

4.1.1 Gemittelte Rauhtiefe R_z

Zur Bestimmung der gemittelten Rauhtiefe R_z unterteilt man die Auswertelänge l in fünf gleiche Einzelmeßstrecken l_e. Innerhalb jeder Einzelmeßstrecke mißt man den Abstand zwischen der höchsten und tiefsten Profilspitze. Diesen Abstand bezeichnet man als Einzelrauhtiefe Z. Den Mittelwert aus **fünf** aufeinanderfolgenden Einzelrauhtiefen Z_1 bis Z_5 bezeichnet man als gemittelte Rauhtiefe R_z.
Man berechnet die gemittelte Rauhtiefe nach der Formel:

$$R_z = \frac{1}{5} \cdot (Z_1 + Z_2 + Z_3 + Z_4 + Z_5)$$

Bei der Angabe der Oberflächenbeschaffenheit wird in Deutschland die gemittelte Rauhtiefe R_z bevorzugt verwendet.
Die größte der fünf Einzelrauhtiefen bezeichnet man als maximale Rauhtiefe R_{max}.

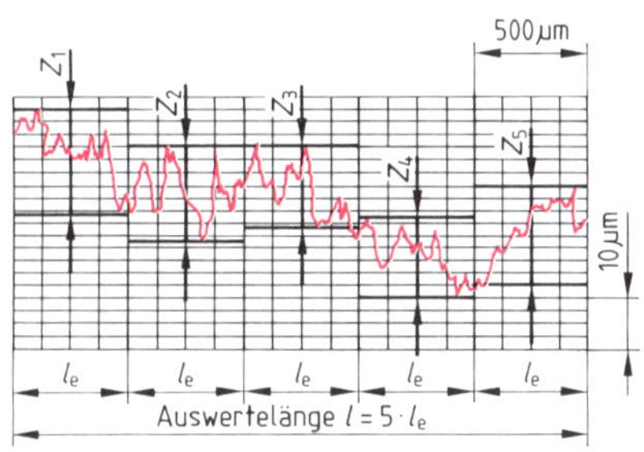

Meßwerte:
Z_1 = 20 µm
Z_2 = 20 µm
Z_3 = 16 µm
Z_4 = 14 µm
Z_5 = 21 µm

Rauheitsprofil mit Einzelrauhtiefe

Beispiel für die Berechnung der gemittelten Rauhtiefe

$$R_z = \frac{1}{5} \cdot (20\ \mu m + 20\ \mu m + 16\ \mu m + 14\ \mu m + 21\ \mu m)$$

$$R_z = \mathbf{18\ \mu m}$$

Die gemittelte Rauhtiefe R_z ist der Mittelwert der Einzelrauhtiefen von fünf aufeinanderfolgenden Einzelmeßstrecken.

Übungsaufgaben 4/1; 4/2; 4/3

4.1.2 Mittenrauhwert R_a

Den Mittenrauhwert R_a kann man sich als Höhe eines Rechteckes vorstellen, dessen Grundseite die Auswertelänge ist. Dieses Rechteck muß flächengleich mit der unregelmäßigen Fläche zwischen Rauhheitsprofil und Mittellinie sein. Damit stellt die Höhe des Rechtecks einen Mittelwert aller Profilabstände von der Mittellinie dar. Der errechnete Mittenrauhwert R_a wird in Mikrometer angegeben.

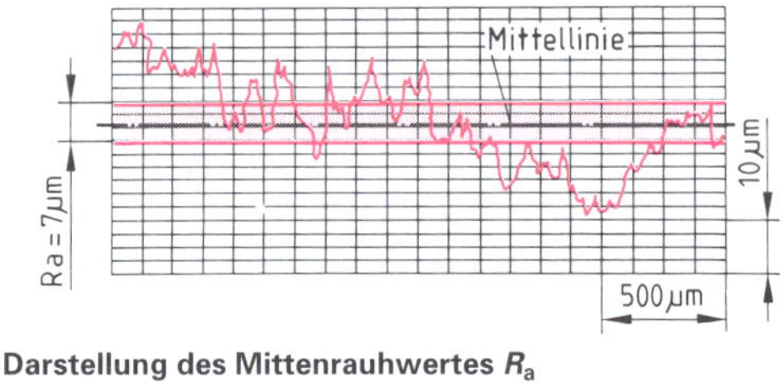

Darstellung des Mittenrauhwertes R_a

Der Mittenrauhwert R_a ist der Mittelwert aller Abweichungen des Rauhheitsprofils von der Mittellinie.

4.2 Verfahren zur Prüfung der Rauhheit

4.2.1 Prüfen mit Tastschnittgeräten

Bei Tastschnittgeräten tastet eine Diamantspitze mechanisch das Oberflächenprofil auf einer einstellbaren Meßstrecke ab. Die entstehenden Höhenbewegungen der Tastspitze werden in elektrische Signale umgeformt und auf einen Rechner mit angeschlossenem Oberflächenprofilschreiber übertragen. Die Meßstrecke und die Höhenbewegung können von dem Profilschreiber mit unterschiedlichen Vergrößerungen auf Diagrammpapier aufgezeichnet werden.

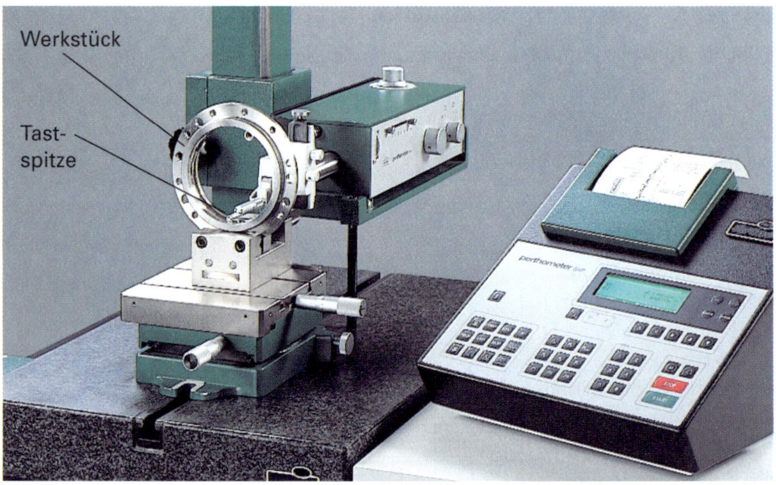

Prüfen von Oberflächen mit Tastschnittgeräten

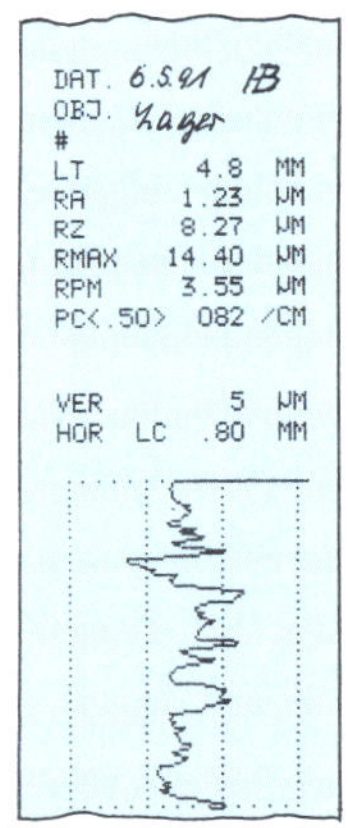

Meßprotokoll mit Profilaufzeichnung (Auszug)

4.2.2 Prüfen durch Vergleich mit Oberflächenmustern

Jedes Fertigungsverfahren führt zu typischen Oberflächen. Zur Beurteilung der Oberflächenbeschaffenheit werden für die wichtigsten Fertigungsverfahren entsprechende Oberflächenmuster geliefert.

Durch abwechselndes Abtasten der Werkstückoberflächen und des Oberflächenmusters mit der Fingerkuppe kann die Oberflächenbeschaffenheit recht genau bestimmt werden. Dieser Vergleich zweier Oberflächen zählt zu den subjektiven Prüfverfahren, da das Ergebnis vom Feingefühl des Prüfers abhängig ist.

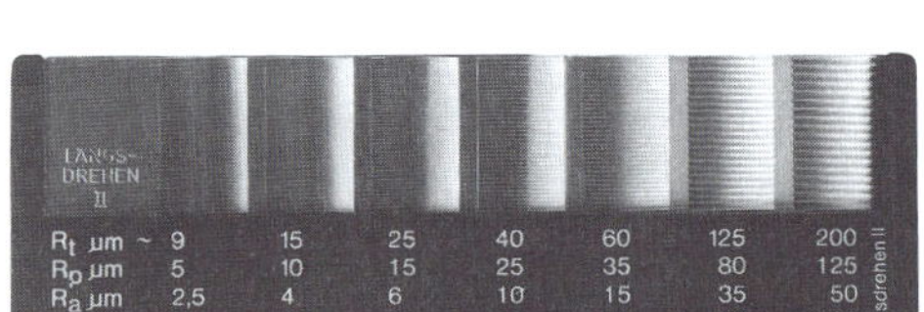

Oberflächenmuster für Drehteile

4.3 Angabe der Oberflächenbeschaffenheit in Zeichnungen

Wenn die Funktionstauglichkeit eines Werkstückes von der Oberflächenrauheit abhängt, wird diese in die Zeichnung eingetragen.

Werte für die Kennzeichnung der Oberflächenbeschaffenheit

Oberflächen-beschaffenheit	**Oberflächenangaben** nach DIN ISO 1302 R_z in µm				R_a in µm			
	R 1	R 2	R 3	R 4	R 1	R 2	R 3	R 4
geschruppt Riefen fühlbar und mit bloßem Auge sichtbar	160	100	63	25	25	12,5	6,3	3,2
geschlichtet Riefen mit bloßem Auge noch sichtbar	40	25	16	10	6,3	3,2	1,6	0,8
feingeschlichtet Riefen mit bloßem Auge nicht mehr sichtbar	16	6,3	4	2,5	1,6	0,8	0,4	0,2
feinstgeschlichtet	–	1	1	0,4	–	0,1	0,1	0,025

R 2 ist zu bevorzugen

Die Rauheitskenngrößen werden durch Symbole nach DIN ISO 1302 mit den Größenangaben in Zeichnungen eingetragen. Jede Rauheitskenngröße hat einen festgelegten Platz am Symbol.

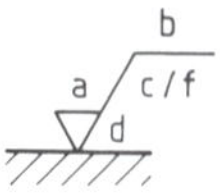

Lage der Oberflächenangaben am Symbol

a Mittenrauhwert R_a
b Fertigungsverfahren, Oberflächenbehandlung
c Welligkeit, Bezugsstrecke
d Rillenrichtung
f Rauheitskenngrößen R_z bzw. R_{max}

Beispiele für die Eintragung der Oberflächenkenngrößen in Zeichnungen

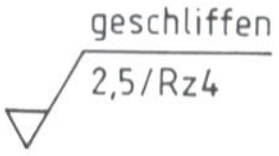

Geschliffene Oberfläche mit der größtmöglichen gemittelten Rauhtiefe R_z = 4 µm, Bezugsstrecke 2,5 mm

Gefräste Oberfläche mit dem größten zulässigen Mittenrauhwert R_a = 3,2 µm

4.4 Fertigungsverfahren und Oberflächenbeschaffenheit

Oberflächenbeschaffenheit

feinstgeschlichtet (0,4 – 1)
feingeschlichtet (2,5 – 16)
geschlichtet (10 – 40)
geschruppt (25 – 160)

gemittelte Rauhtiefe R_z in µm		0,04	0,06	0,1	0,16	0,25	0,4	0,63	1	1,6	2,5	4	6,3	10	16	25	40	63	100	160	250	400	630	1000
Urformen	Sandformgießen																							
	Kokillengießen																							
Umformen	Schmieden																							
	Ziehen																							
Trennen	Feilen																							
	Schaben																							
	Bohren																							
	Reiben																							
	Längsdrehen																							
	Fräsen																							
	Flach-Stirnschleifen																							
	Honen																							
	Läppen																							

Zeichenerklärung: Rauheitswert bei sorgfältiger Fertigung — Rauheitswert bei grober Fertigung

Übungsaufgaben 4/5; 4/6

5 Prüfen von Gewinden

5.1 Lehren von Gewinden

Mit Gewindelehren lassen sich Gewinde in einem Arbeitsgang überprüfen.

- **Prüfen mit Gewindeschablonen**

Mit Gewindeschablonen kann man auf einfache Art durch Lichtspaltverfahren die Profilgrößen eines Gewindes feststellen. Dabei vergleicht man in einem Vorgang Steigung, Gewindetiefe und Flankenwinkel von Lehre und Prüfgegenstand miteinander.

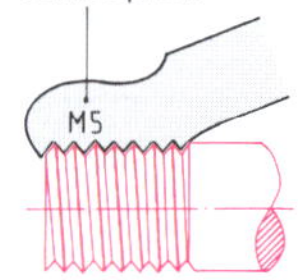

Prüfen mit Gewindeschablonen

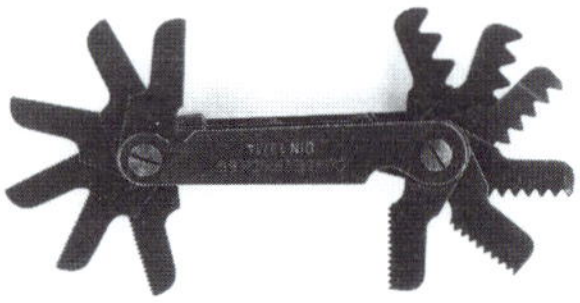
Satz Gewindeschablonen

Mit Gewindeschablonen prüft man das Profil eines Gewindes.

- **Prüfen mit Gewindegrenzlehren**

Zum Lehren von Innengewinden dienen **Gewindegrenzlehrdorne**. Die Gutseite des Lehrdorns hat das volle Gewindeprofil mit mehreren Gewindegängen. Die Gutseite muß sich in das zu prüfende Gewinde einschrauben lassen. Die Ausschußseite des Lehrdorns hat verkürzte Flanken und nur wenige Gewindegänge. Die Ausschußseite darf sich nicht einschrauben lassen.

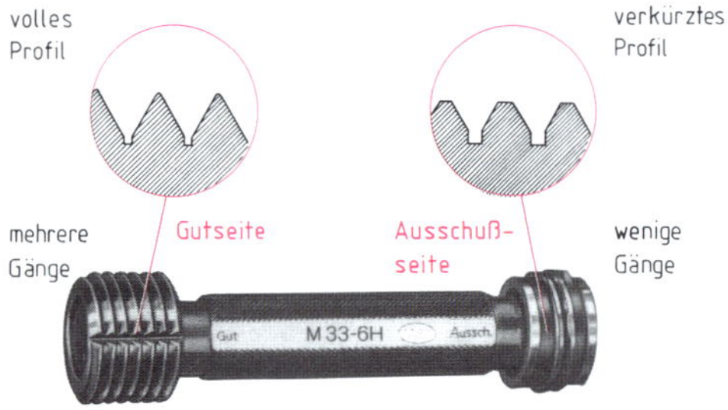

Gewindegrenzlehrdorn

Außengewinde prüft man mit Gewindelehrringen oder Grenzrollenlehren.

Gewindelehrringe entsprechen in ihrem Gewindeaufbau und ihrer Handhabung den Gewindegrenzlehrdornen. Für die Gut- und Ausschußlehrung gibt es jedoch getrennte Lehrringe. Da die Gutlehrringe durch das häufige Einschrauben stark verschleißen, verwendet man Lehrringe vorwiegend zum Prüfen von kurzen Außengewinden.

Ausschußlehrring

Gutlehrring

Gewindelehrringe

Längere Außengewinde prüft man mit **Grenzrollenlehren.** Grenzrollenlehren für Gewinde sind wie Rachenlehren aufgebaut. Im gleichen Rachen ist je ein Rollenpaar für die Gutlehrung und für die Ausschußlehrung angeordnet. Das vordere Rollenpaar hat mehrere Gewindegänge des vollen Profils. Diese Rollen stellen die Gutseite der Lehre dar und müssen durch ihr Eigengewicht über das zu prüfende Gewinde rollen. Die Abnutzung der Rollen ist dabei sehr gering. Das hintere Rollenpaar hat nur wenige nicht voll ausgebildete Gewindegänge und dient zur Ausschußlehrung. Dieses Rollenpaar darf sich nicht über das zu prüfende Gewinde bewegen lassen.

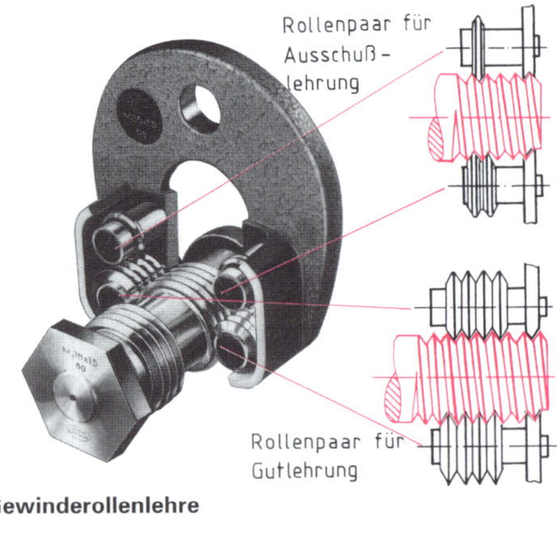

Gewinderollenlehre

Mit Gewindegrenzlehren überprüft man die Funktionsfähigkeit eines Gewindes.

Übungsaufgaben 5/1 bis 5/5

5.2 Messen von Gewinden

- **Meßgrößen am Gewinde**

Der Flankendurchmesser, die Steigung und der Flankenwinkel in seiner Größe und Lage zur Achse sind entscheidend für die Genauigkeit eines Gewindes. Durch die geometrische Zuordnung dieser drei Größen ist das Gewinde bestimmt. Sie werden mit unterschiedlichen Meßgeräten gemessen.

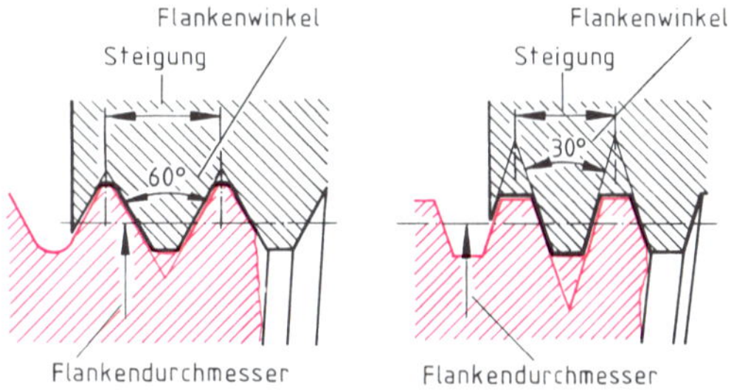

Meßgrößen bei genormten Gewinden

- **Messen der Steigung**

Das einfachste Gerät zum Messen der Gewindesteigung ist der Meßschieber. Man ermittelt die Steigung, indem man den Abstand mehrerer Gewindegänge mit den Meßspitzen mißt und den Meßwert durch die Anzahl der Gewindegänge teilt. Durch Steigungsschnäbel mit eingeschobenen Endmaßen ergeben sich genauere Meßwerte. Auch bei diesem Verfahren ist der Meßwert ein Vielfaches der Steigung.

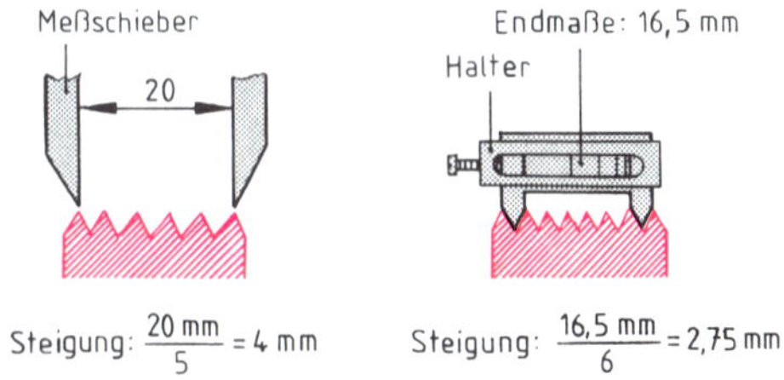

Messen der Steigung

Die Steigung bestimmt man bei eingängigen Gewinden aus dem Abstand mehrerer Gewindegänge.

- **Messen des Flankendurchmessers**

Der Flankendurchmesser kann bei Innen- und Außengewinden mit Meßschrauben gemessen werden, die mit besonderen Einsätzen versehen sind. Diese Einsätze bezeichnet man als Kegel und Kimme. Sie sind beweglich, damit sie sich beim Prüfen in Richtung der Steigung einstellen können. Kegel und Kimme müssen der jeweiligen Gewindesteigung entsprechen.

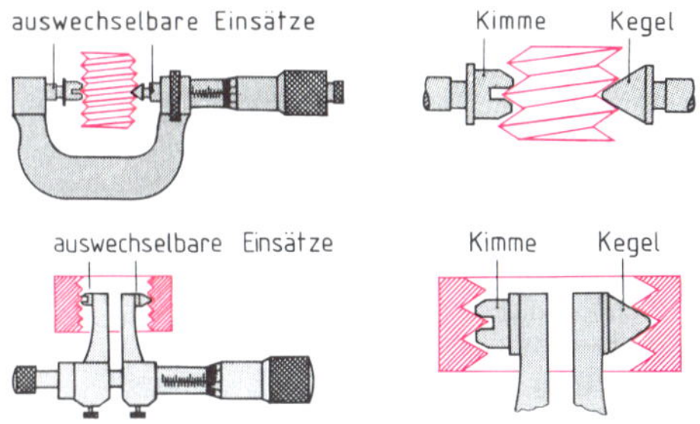

Messen des Flankendurchmessers mit Kegel und Kimme

Ein sehr genaues Meßverfahren zur Bestimmung des Flankendurchmessers bei Außengewinden ist das Dreidraht-Meßverfahren. Dabei verwendet man drei gleichdicke Meßdrähte. Zwei Drähte werden in benachbarte Gewindelücken, der dritte in die gegenüberliegene Lücke des Gewindes eingelegt. Mit einer Meßschraube ermittelt man den Abstand zwischen den Drähten. Der entsprechende Flankendurchmesser wird unter Berücksichtigung der Drahtdurchmesser errechnet oder Tabellen entnommen.

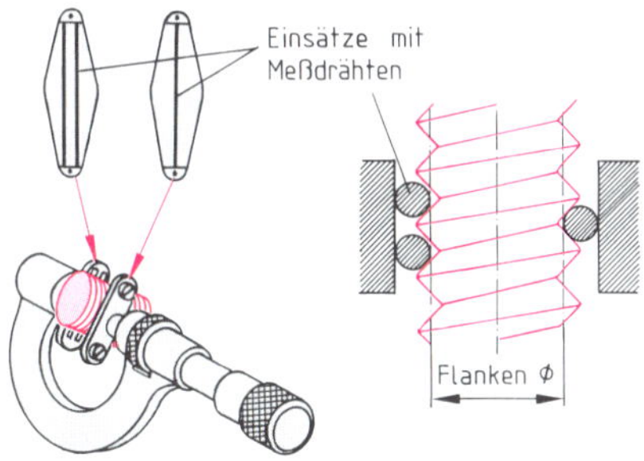

Messen des Flankendurchmessers mit Dreidraht-Meßverfahren.

Den Flankendurchmesser bestimmt man mit Hilfe von Meßschrauben aus dem Maß, das sich mit ins Gewinde eingelegten Kegeln oder Drähten ergibt.

Übungsaufgaben 5/6; 5/7; 5/8

6 Meßabweichungen

6.1 Größe der Meßabweichung

Die Abweichung des Prüfergebnisses von der tatsächlichen Größe des zu prüfenden Gegenstandes nennt man Prüf- oder Meßabweichung.

Beispiel für eine Meßabweichung

gemessener Wert – tatsächlicher Wert = Meßabweichung
20,1 mm – 20,076 = + 0,024 mm

Meßabweichung = gemessener Wert – tatsächlicher Wert

6.2 Arten von Meßabweichungen

- **Systematische Meßabweichung**

Bestimmte Meßabweichungen treten regelmäßig auf. Mißt man z.B. mit einer Meßschraube, die im Gewinde ein Spiel von 1/100 mm aufweist, so weicht der Meßwert stets um 1/100 mm vom tatsächlichen Wert ab. Diese Meßabweichung tritt bei jeder Messung mit dieser Meßschraube auf, sie wird daher als **systematische Meßabweichung** bezeichnet. Man kann sie also bei jeder Messung berücksichtigen.

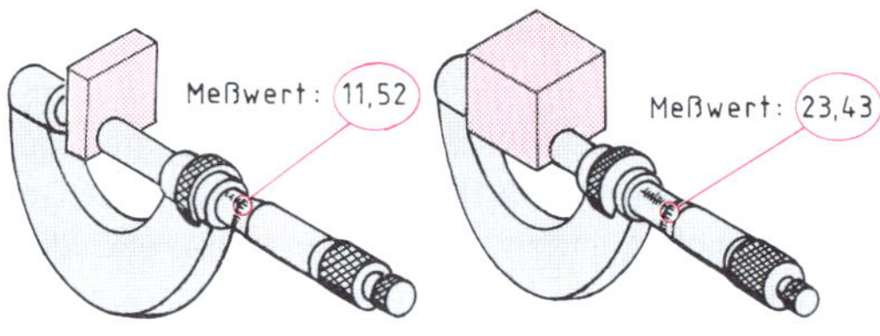

Systematische Meßabweichung durch Gewindespiel

- Meßabweichungen, die regelmäßig auftreten, bezeichnet man als systematische Meßabweichungen.
- Systematische Meßabweichungen können beim Prüfen berücksichtigt werden.

- **Zufällige Meßabweichung**

Andere Abweichungen treten unregelmäßig auf. Preßt man z.B. die Meßschenkel eines Meßschiebers unterschiedlich stark an das Werkstück an, so ergeben sich Abweichungen, die bei jeder Messung anders sind. Man bezeichnet sie als **zufällige Meßabweichungen.** Solche Abweichungen kann man beim Prüfen nicht berücksichtigen.

Zufällige Abweichungen versucht man dadurch auszugleichen, daß man mehrere Messungen am gleichen Werkstück durchführt und aus ihnen einen Mittelwert errechnet. Der Mittelwert kommt dann dem tatsächlichen Wert sehr nahe.

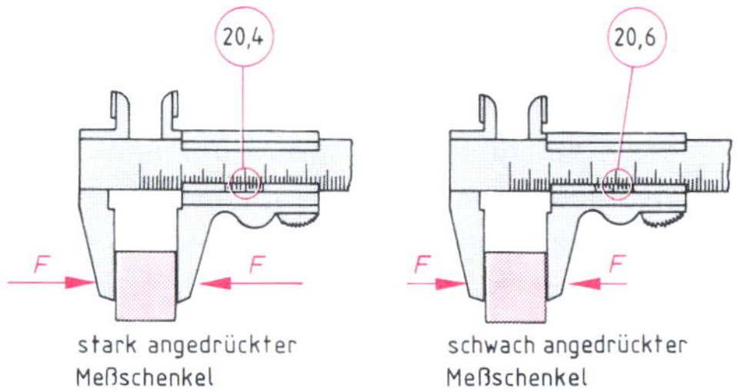

Zufällige Abweichung durch unterschiedliche Anpreßkraft

1. Messung 20,4 mm
2. Messung 20,5 mm
3. Messung 20,5 mm
4. Messung 20,6 mm
} **Mittelwert 20,5 mm**

Bildung eines Mittelwertes

- Meßabweichungen, die unregelmäßig auftreten, bezeichnet man als zufällige Meßabweichungen.
- Zufällige Meßabweichungen können beim Prüfen nicht berücksichtigt werden.

6.3 Ursachen von Meßabweichungen

- **Unvollkommenheit am Prüfgegenstand**

Form und Oberfläche des Prüfgegenstandes können ebenfalls zu Meßabweichungen führen. Wird z.B. ein nichtparalleles oder unrundes Werkstück nur an einer Stelle gemessen, führt dies zu einer Meßabweichung. Ebenso verursacht eine ungenügende Qualität der Oberfläche Meßabweichungen.

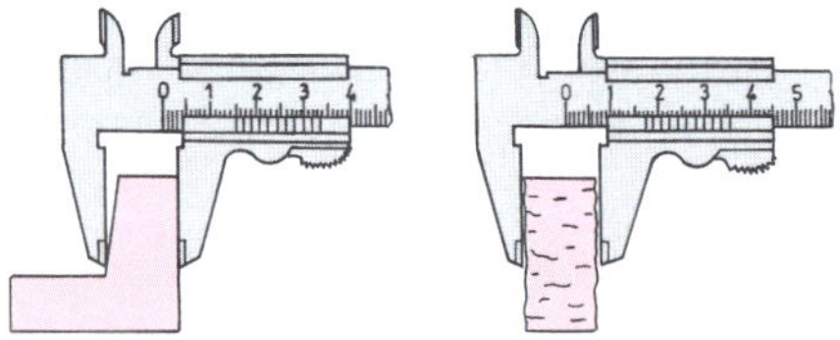
Meßabweichung durch ungenügende Qualität des Prüfgegenstandes in Form der Oberfläche

Übungsaufgaben 6/1; 6/2

Unvollkommenheiten bei Meßgeräten und Lehren

Prüfmittel, deren Meßflächen durch Gebrauch abgenutzt oder gar beschädigt sind, führen zu ständig wiederkehrenden Abweichungen. Deshalb müssen Prüfgeräte von Zeit zu Zeit auf ihre Genauigkeit überprüft werden. So prüft man z.B. Meßschrauben und Grenzrachenlehren mit Endmaßen.

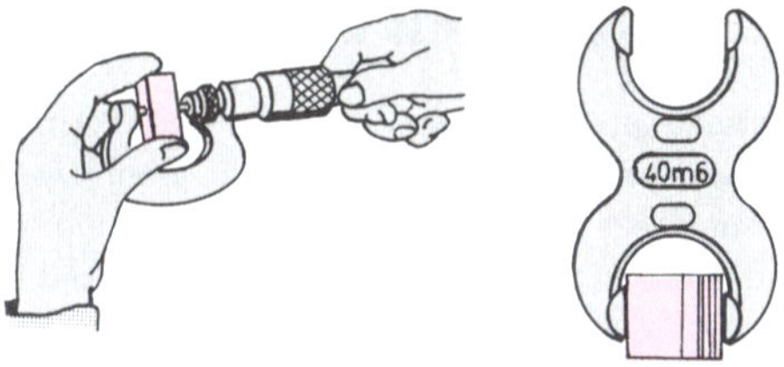

Überprüfung von Meßschraube und Grenzrachenlehre

Die Genauigkeit von Meßschiebern überprüft man, indem die Meßflächen der beiden Meßschenkel leicht zusammengedrückt werden. In geschlossener Stellung müssen Nullstrich des Schiebers und Nullstrich des Strichmaßstabes übereinstimmen. Mit dem Lichtspaltverfahren kann man erkennen, ob sich die Meßflächen auf der ganzen Länge berühren.

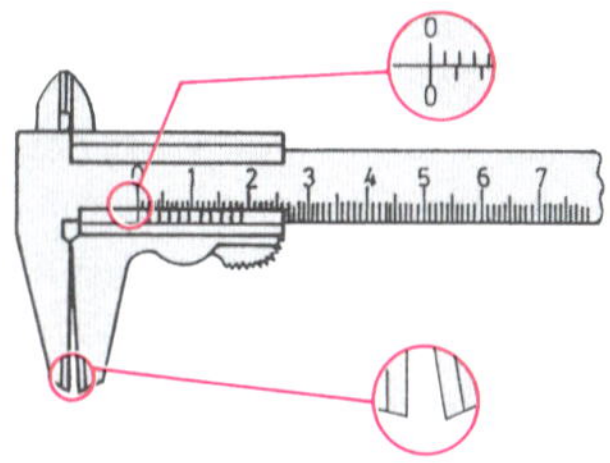
Überprüfung eines abgenutzten Meßschiebers

Ungenaue Prüfgeräte verursachen systematische Meßabweichungen. Daher muß die Genauigkeit der Prüfmittel ständig überprüft werden.

Unvollkommenheit in den Umweltbedingungen

Die Bezugstemperatur für genaue Messungen beträgt 20° Celsius. Zu hohe oder tiefe Temperaturen verändern die Längen an Werkstücken und anderen Prüfmitteln. Das Nichteinhalten der Bezugstemperatur führt zu Meßabweichungen. Diese Abweichungen sind bei gleichen Bedingungen stets regelmäßig.

Meßabweichungen durch Nichteinhalten der Bezugstemperatur

Abweichungen des Werkstücks oder des Prüfmittels von der festgelegten Bezugstemperatur von 20° Celsius verursachen Meßabweichungen.

Persönliche Fehler des Prüfers

Ein häufiger Fehler des Prüfers besteht darin, daß beim Ablesen von Strichmaßen und Zeigerinstrumenten die Blickrichtung nicht senkrecht zur Stricheinteilung ist. Die Maßebene am Werkstück und die Teilungsebene am Meßinstrument liegen in einem Abstand parallel zueinander.
Der Abstand der Skala des Strichmaßes vom Werkstück oder der Abstand des Zeigers von der Skala führen durch das schräge Aufblicken zu einem mehr oder weniger großen Ablesefehler. Blickt man senkrecht auf anzeigende Prüfgeräte, vermeidet man diesen Fehler.

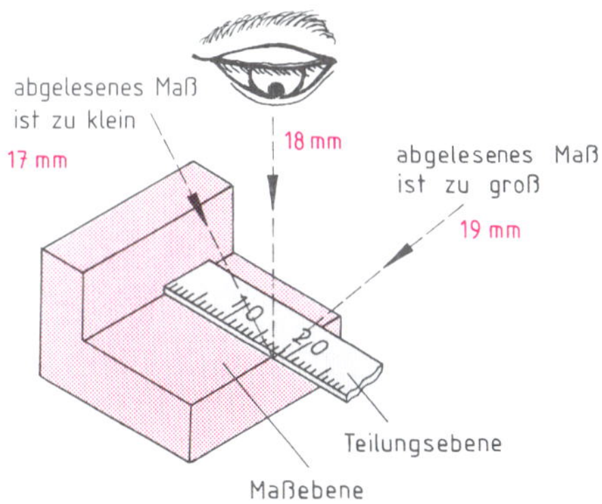

Ablesefehler durch schräge Blickrichtung

Persönliche Fehler des Prüfenden können durch gezielte Meßübungen weitgehend verringert werden.

Übungsaufgaben 6/3 bis 6/7

7 Auswahl von Prüfverfahren und Prüfgeräten

Messen wendet man zur Ermittlung von Istmaßen an, z.B. Messen eines Bohrerdurchmessers mit dem Meßschieber. Messen ist notwendig, wenn Maße protokolliert werden müssen.
Lehren wendet man an, wenn festgestellt werden soll, ob eine Form oder ein Maß innerhalb festgelegter Grenzen liegt, z.B. Prüfen der Rechtwinkligkeit zweier Flächen mit dem Flachwinkel.

Nach der Entscheidung, ob Messen oder Lehren, wird das entsprechende Prüfgerät ausgewählt. Die Prüfbedingungen erfordern bestimmte Merkmale des Prüfgerätes:

- Die Prüfgröße bestimmt die Art des Prüfgerätes,
  z.B. verwendet man für Winkelmessungen Winkelmesser.
- Die Größe des zu prüfenden Maßes bestimmt den Arbeitsbereich des Prüfgerätes,
  z.B. mißt man eine Gebäudelänge mit dem Bandmaß.
- Die geforderte Meßgenauigkeit bestimmt die Ablesegenauigkeit des Meßgerätes,
  z.B. erfordert die Prüfung des Maßes 30 ± 0,05 mm eine Meßschraube, Meßuhr, o.ä.
- Die Anzahl der zu prüfenden Teile bestimmt die besonderen Merkmale des Prüfgerätes,
  z.B. setzt man zur Kurbelwellenprüfung in der Autoindustrie automatisierte Prüfeinrichtungen ein.
- Die Qualifikation des Prüfers bestimmt die Handhabung und Art der Ablesung,
  z.B. setzt man bei geringer Qualifikation des Prüfers bei Serienprüfungen Lehren mit akustischer Anzeige von Toleranzüberschreitungen ein.
- Die Arbeitsbedingungen bestimmen die Unempfindlichkeit des Prüfgerätes,
  z.B. werden Messungen an umlaufenden Teilen am günstigsten berührungslos durchgeführt.

Beispiele **für die Auswahl von Prüfgeräten, Prüfverfahren und Hilfsmitteln**

Situation	ausgewählte Prüfverfahren	Begründung der Entscheidung
In einer Werkstatt sind Stahlprofile von 350 mm bis 1910 mm Länge für eine Schweißkonstruktion zu messen.	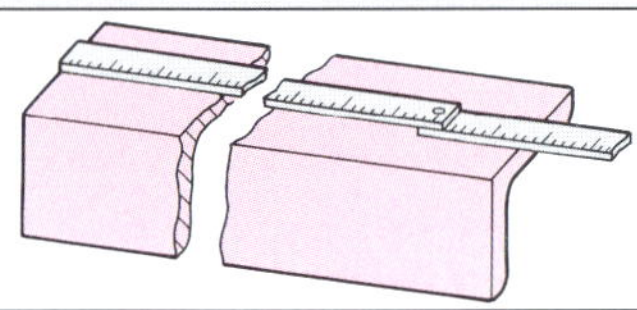	Die Messung kann mit einem Rollmaß oder einem Gliedermaßstab vorgenommen werden. Der Meßbereich von 2 m ist erforderlich, die Ablesegenauigkeit von 1 mm ist ausreichend.
An 20 Bolzen ∅ 50 x 160 soll an einem Ende jeweils ein Zapfen mit ∅ 30 und 40 mm Länge gedreht werden, Maßtoleranz 0,1 mm.	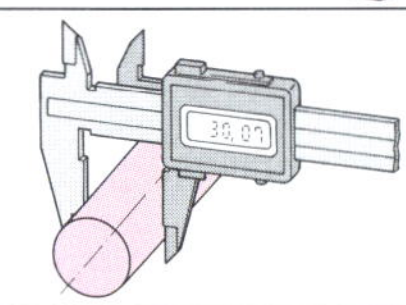	Die Messung des Zapfendurchmessers und der Zapfenlänge wird mit einem Meßschieber mit Tiefenmeßeinrichtung vorgenommen. Meßbereich und Ablesegenauigkeit erfüllen die Anforderungen.
In einem Brenner ist wahrscheinlich eine falsche Düse eingesetzt worden. Die Bohrung der Düse ist zu prüfen.	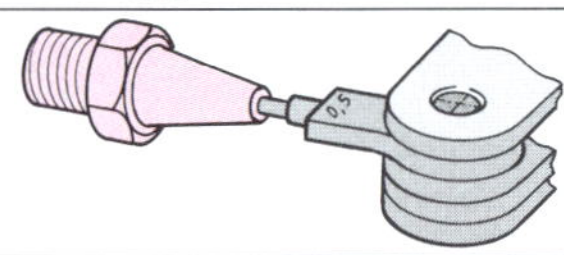	Die Prüfung mit der Fühlerlehre ist einfach und sicher. Eine Prüfung mit einer kegligen Lochlehre würde nur den Durchmesser am Düsenaustritt erfassen.
Eine Exzenterscheibe soll 5 ± 0,5 mm außermittig sein. Es sind 50 Scheiben zu prüfen.	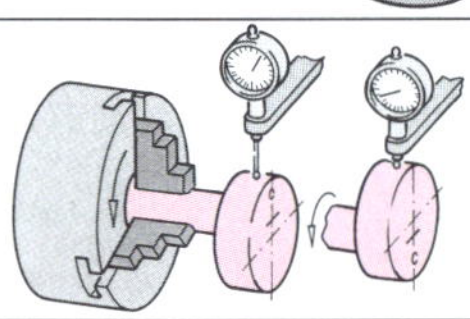	Trotz der großen Toleranz ist die Prüfung mit einer Meßuhr sinnvoll, weil nach einmaliger Einstellung der Meßuhr die Exzentrizität jeweils mit einer Umdrehung der Werkstücke geprüft werden kann.
Der Abstand einer Gewindebohrung von einer Paßbohrung soll 100 ± 0,2 mm betragen. Das Maß ist zu prüfen.	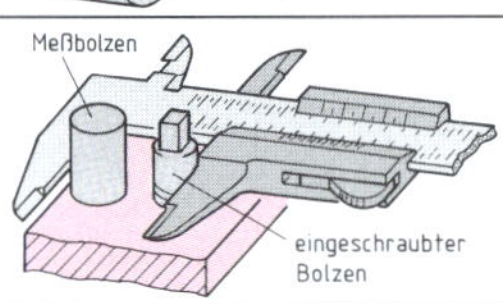	Die große Toleranz erlaubt die Messung mit dem Meßschieber. Der Einsatz von Meßbolzen ermöglicht eine genauere Erfassung des Maßes als die Messung über die Gewindespitzen.

Die Wahl der Hilfsmittel, z.B. Spannzeuge, Unterlagen, richtet sich nach ähnlichen Gesichtspunkten wie die Auswahl der Prüfverfahren.
Zum wirtschaftlichen Prüfen ist der kleinstmögliche Aufwand anzustreben.

Übungsaufgabe 7/1

8 Passungen und Prüfen von Paßmaßen

8.1 Bedeutung der Passungen

Wie Bauteile zueinander passen sollen, ergibt sich aus der gewünschen Funktion und wird in Zeichnungen durch besondere Maßangaben festgehalten.
Die Normung von Maßen für den Zusammenbau ermöglicht den Austauschbau und die Arbeitsteilung. Damit werden Herstellungskosten in der Massenfertigung gesenkt.

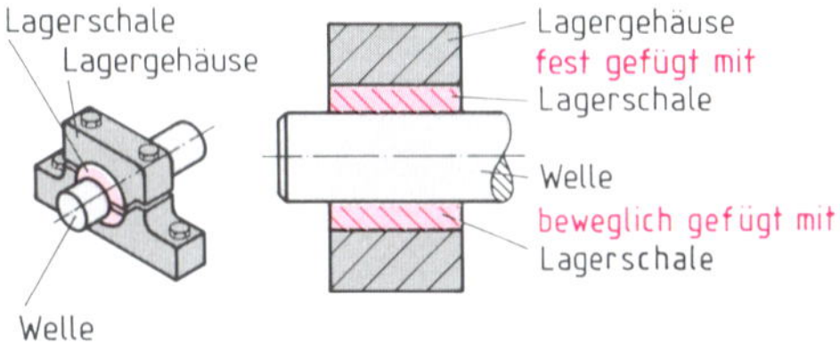

Fest und beweglich gefügte Bauteile

Die Normung von Zusammenbaumaßen erlaubt Austauschbau und Massenfertigung.

8.2 Begriffe und Maße bei Passungen

- **Paßflächen**

Beim Zusammenpassen zweier Bauteile wird ein Außenteil mit einem Innenteil gepaart. Die Berührungsflächen zwischen den Teilen nennt man **Paßflächen.** Bei kreisförmigen Paßflächen bezeichnet man das Außenteil als „Bohrung“ und das Innenteil als „Welle“.
Sind die Paßflächen der Paarungsteile eben, so spricht man von einer Passung zwischen zwei Paaren paralleler Paßflächen.

Beispiele **für Passungen**

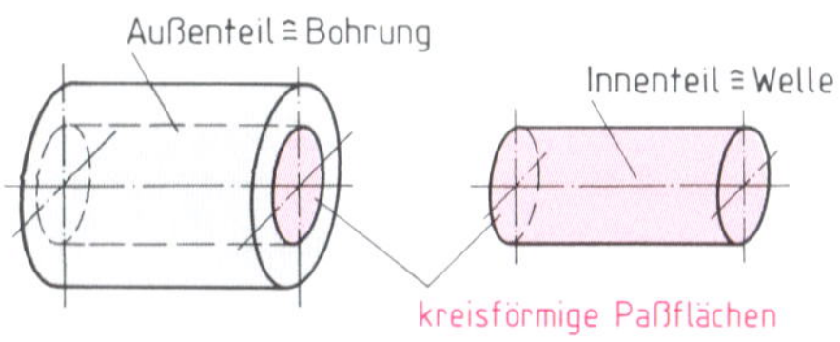

Kreiszylinderpassung (Rundpassung)

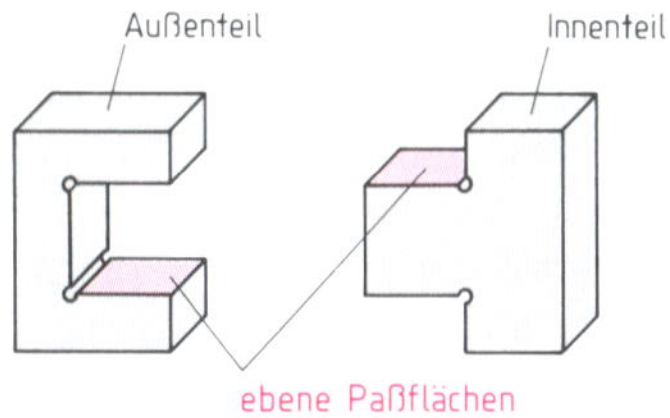

Passung zwischen zwei Werkstücken mit je zwei parallelen Paßflächen (Flachpassung)

Passungen bestehen zwischen Bohrung und Welle oder zwischen ebenen Paßflächen.
Für beide Passungsarten gelten gleiche Begriffe.

- **Höchstmaß und Mindestmaß**

Aus dem Nennmaß, das für gefügte Teile gleich ist, und den Abmaßen ergeben sich die übrigen Maße.

gewählte Maßbuchstaben	genormte Maßbuchstaben
N Nennmaß	ES Oberes Abmaß (Bohrung)
G_o Höchstmaß	EI Unteres Abmaß (Bohrung)
G_u Mindestmaß	es Oberes Abmaß (Welle)
T Maßtoleranz	ei Unteres Abmaß (Welle)

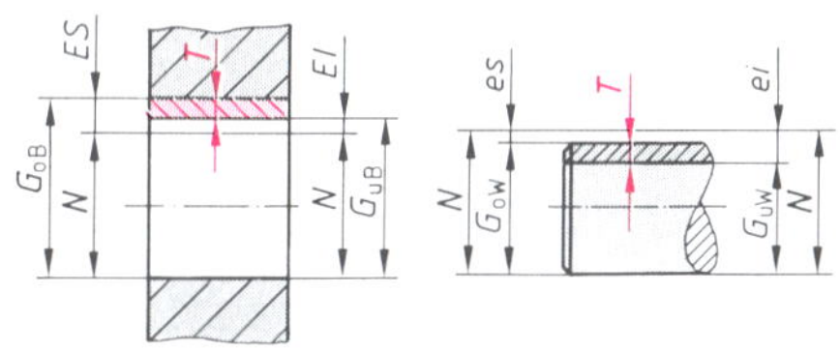

Höchstmaß und Mindestmaß

Bohrung

Höchstmaß = Nennmaß + oberes Abmaß

$$G_{oB} = N + ES$$

Mindestmaß = Nennmaß + unteres Abmaß

$$G_{uB} = N + EI$$

Welle

Höchstmaß = Nennmaß + oberes Abmaß

$$G_{oB} = N + es$$

Mindestmaß = Nennmaß + unteres Abmaß

$$G_{uB} = N + ei$$

Übungsaufgaben 8/1 bis 8/4

- **Maßtoleranz**

Der Unterschied zwischen Höchstmaß und Mindestmaß bzw. zwischen oberem und unterem Abmaß wird **Maßtoleranz** genannt. Die Toleranz ist stets ein positiver Betrag, da das Höchstmaß immer größer als das Mindestmaß ist.

Maßtoleranz = Höchstmaß – Mindestmaß
$T = G_o - G_u$

oder

Maßtoleranz = Oberes Abmaß – Unteres Abmaß
$T = ES - EI$ *für Bohrungen*
$T = es - ei$ *für Wellen*

Nullinie

Die Grenzabmaße einer Passungsangabe beziehen sich auf das Nennmaß. Das Nennmaß dient als Bezugsgröße. In bildlichen Darstellungen von Grenzabmaßen benutzt man **eine Begrenzungslinie** des Nennmaßes als Bezugslinie. Diese Linie wird Nulllinie genannt.

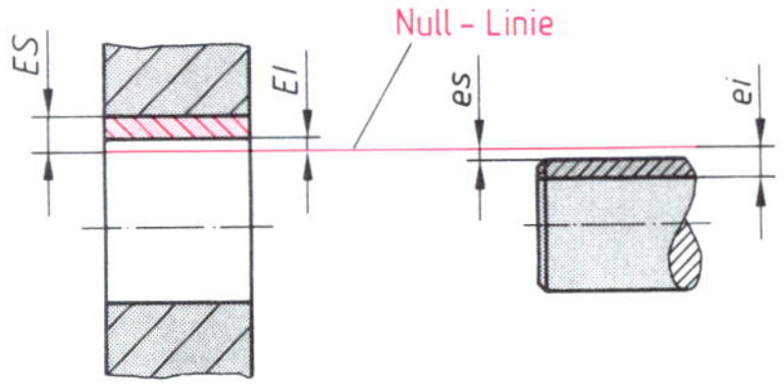

Nullinie als Bezugslinie

Toleranzfeld

Bei der Darstellung der Grenzabmaße wählt man einen entsprechenden Vergrößerungsmaßstab. Für das obere und untere Abmaß zeichnet man in einem entsprechenden Abstand parallele Linien zur Nullinie. Der Abstand zwischen diesen beiden Linien entspricht der Größe der Maßtoleranz.

Das Abmaß, das der Nullinie am nächsten liegt, wird üblicherweise als **Grundabmaß** bezeichnet. Durch das Grundabmaß wird die Lage des Toleranzfeldes zur Nullinie festgelegt. Als Toleranzfeld wird der Bereich bezeichnet, den die Linien für das Höchstmaß und Mindestmaß begrenzen.

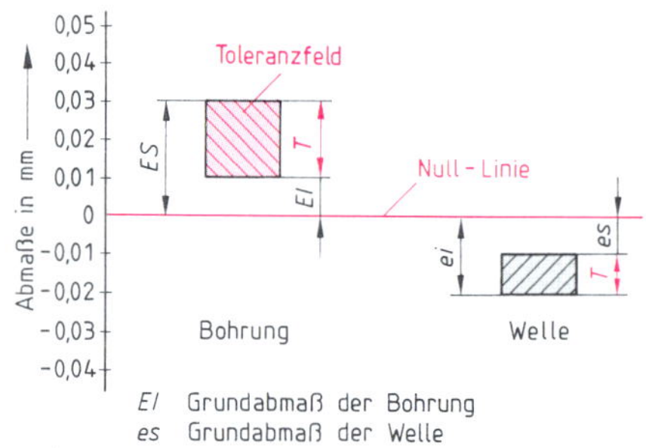

Lage von Toleranzfeldern zur Nullinie

Das Toleranzfeld ist das Feld zwischen zwei Linien, die das Höchstmaß und Mindestmaß darstellen.

8.3 ISO-Normen für Maß- und Passungsangaben

Ein toleriertes Maß wird nach ISO-Norm verschlüsselt angegeben. Es setzt sich aus dem Nennmaß und der geforderten **Toleranzklasse** zusammen. Die Bezeichnung der Toleranzklasse besteht aus:

- einem Buchstaben für das **Grundmaß** und
- der Zahl des **Grundtoleranzgrades.**

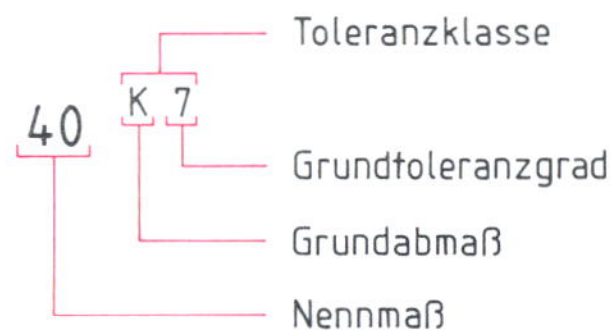

Angaben eines tolerierten Maßes nach ISO-Norm

Mit Hilfe von Tabellen für Grenzabmaße können die Toleranzklassen entschlüsselt werden. So sind z.B. für das Maß 40^{K7} das obere Abmaß mit + 0,007 mm und das untere Abmaß mit – 0,018 mm festgelegt.

Tabellenauszug für Grenzabmaße (*ES, EI* bzw. *es, ei*) nach DIN ISO 286

Nennmaß-bereich über ... bis ... mm	Bohrungen Grenzabmaße in µm (= 0,001 mm)									Wellen Grenzabmaße in µm				
	S 7	R 7	N 7	M 7	K 7	J 7	H 7	G 7	F 7	s 6	r 6	n 6	m 6	k 6
30 ... 50	– 34 – 59	– 25 – 50	– 8 – 33	0 – 25	+ 7 – 18	+ 14 – 11	+ 25 0	+ 34 + 9	+ 50 + 25	+ 59 + 43	+ 50 + 34	+ 33 + 17	+ 25 + 9	+ 18 + 2

Übungsaufgaben 8/5; 8/6

• Lage von Grundabmaßen

Die Buchstaben geben verschlüsselt die Lage der Grundabmaße zur Nullinie an. Dabei kennzeichnen die Buchstaben den Abstand zwischen der Nullinie und den Grundabmaßen.

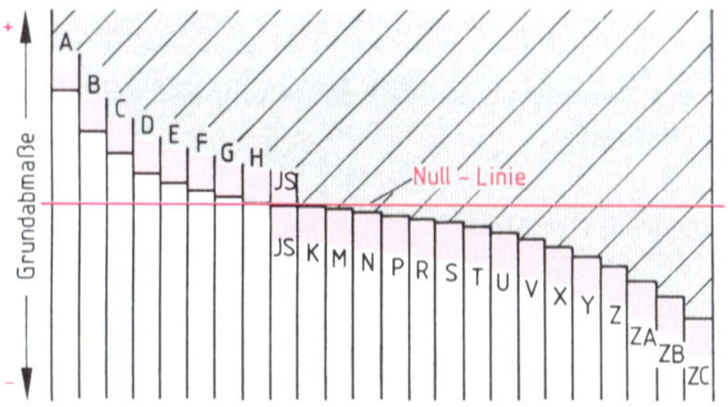

Lage der Grundabmaße für Bohrungen

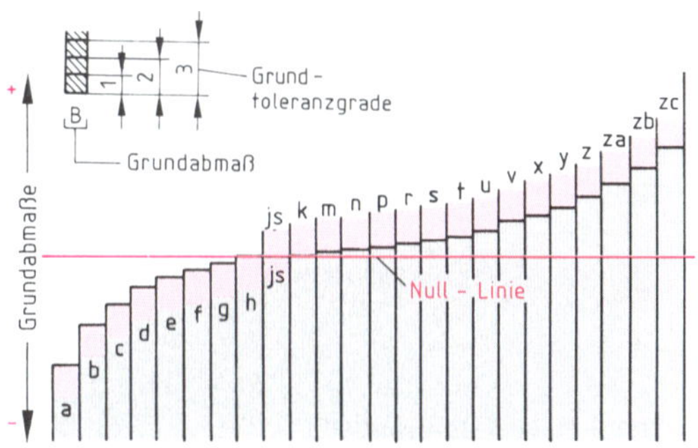

Lage der Grundabmaße für Wellen

Grundabmaße für **Bohrungen** haben große Buchstaben von **A bis Z**. Grundabmaße für **Wellen** werden mit kleinen Buchstaben von **a bis z** gekennzeichnet. Um Verwechslungen mit Zahlen zu vermeiden, werden die Buchstaben I, L, O, Q, W in der großen und kleinen Schreibweise nicht benutzt. Zur Vergrößerung des Toleranzbereiches wurden die Z-Toleranzen um die Toleranzfelder ZA, ZB, ZC bzw. za, zb, zc erweitert.

ISO-Paßmaße kennzeichnen die Lage des Grundabmaßes zur Nullinie durch Buchstaben:
- große Buchstaben für Bohrungstoleranzen,
- kleine Buchstaben für Wellentoleranzen.

• Grundtoleranzgrade und Grundtoleranzen

In den Kurzzeichen für die Toleranzklassen nach ISO stehen hinter den Buchstaben Zahlen. Diese Zahlen geben den Grundtoleranzgrad an. Der Grundtoleranzgrad und das Nennmaß bestimmen den Wert der Grundtoleranz. Es stehen 20 Grundtoleranzgrade zur Verfügung, die mit den Buchstaben IT und einer Zahl gekennzeichnet werden (z.B. IT 9). Im Zusammenhang mit einem Grundabmaß entfallen die Buchstaben IT (z.B. h 9 statt IT 9). Die Zahl allein wird als **Toleranzgrad** bezeichnet.

Grundtoleranzen in Mikrometer für den Nennmaßbereich von 30 mm bis 50 mm

Grundtoleranzgrad	IT01	IT0	IT1	...	IT4	IT5	IT6	IT7	IT8	IT9	IT10	IT11	IT12	IT13	IT14	...	IT18
Grundtoleranz in µm	0,6	1	1,5	...	7	11	16	25	39	62	100	160	250	390	620	...	3900

Bei gleichem Toleranzgrad vergrößert sich die Grundtoleranz mit größer werdendem Nennmaß. Jedoch erhält nicht jedes Nennmaß eine andere Grundtoleranzgröße. Man teilt die Nennmaße bis 500 mm in Bereiche mit jeweils gleicher Toleranz ein.

Grundtoleranzgröße in Abhängigkeit vom Nennmaß

Nennmaßbereich	Toleranz bei Toleranzgrad 7
über 6 bis 10 mm	15 µm
über 10 bis 18 mm	18 µm
über 18 bis 30 mm	21 µm

Der Grundtoleranzgrad wird entsprechend der Verwendung gewählt.
Bei gleichem Toleranzgrad wächst die Toleranz mit dem Nennmaß.

Übungsaufgaben 8/7; 8/8

8.4 Passung, Spiel und Übermaß

Beim Fügen durch Zusammenpassen werden zwei Bauteile gepaart. Dabei bestimmen die Istmaße der Einzelteile, ob die Bauteile fest oder lose zusammengepaßt sind.

- **Passung P**

Die Passung (gewählter Maßbuchstabe = P) ist die Differenz zwischen dem Maß der Innenpaßfläche (Bohrung) und dem Maß der Außenpaßfläche (Welle) vor der Paarung.

Passung = Maß der Innenpaßflächen – Maß der Außenpaßflächen

- **Spiel P_S und Übermaß $P_Ü$**

Bei Spiel ist die Bohrung größer als die Welle. Die Passung ist positiv.
Bei Übermaß ist die Welle größer als die Bohrung. Die Passung ist negativ.

Beispiel für Spiel und Übermaß

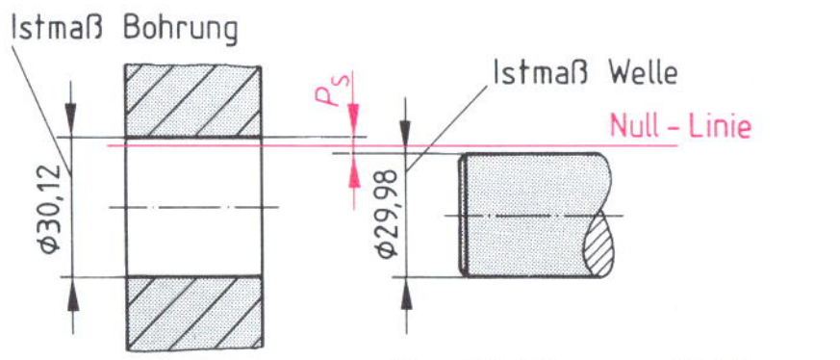

P_S = 30,12 mm – 29,98 mm
P_S = + 0,14 mm

Spiel zwischen Bohrung und Welle
(gewählter Maßbuchstabe = P_S)

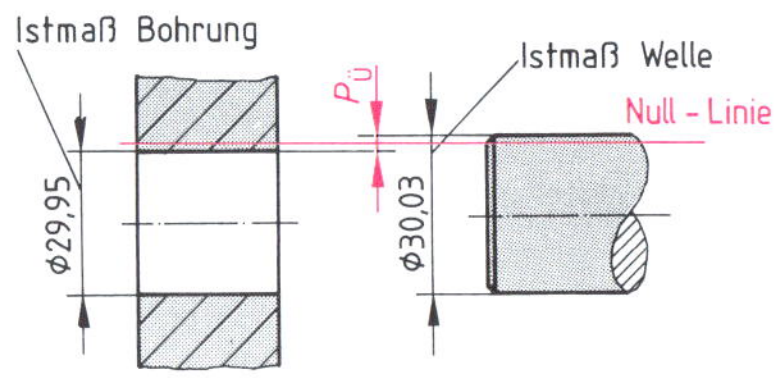

$P_Ü$ = 29,95 mm – 30,03 mm
$P_Ü$ = – 0,08 mm

Übermaß zwischen Bohrung und Welle
(gewählter Maßbuchstabe = $P_Ü$)

Bei Spiel ist die Passung positiv, bei Übermaß dagegen negativ.

8.5 Einteilung der Passungen

- **Spielpassung**

Die Passung, bei der beim Fügen von Bohrung und Welle immer ein Spiel entsteht, wird als Spielpassung bezeichnet.

Höchstspiel P_{So} entsteht, wenn eine Bohrung mit Höchstmaß und eine Welle mit Mindestmaß gefügt werden.

Mindestspiel P_{Su} tritt bei einer Kombination von Bohrung mit Mindestmaß und Welle mit Höchstmaß auf.

Höchstspiel: P_{So} = 40,016 mm – 39,980 mm = 0,036 mm
Mindestspiel: P_{Su} = 40,000 mm – 39,991 mm = 0,009 mm

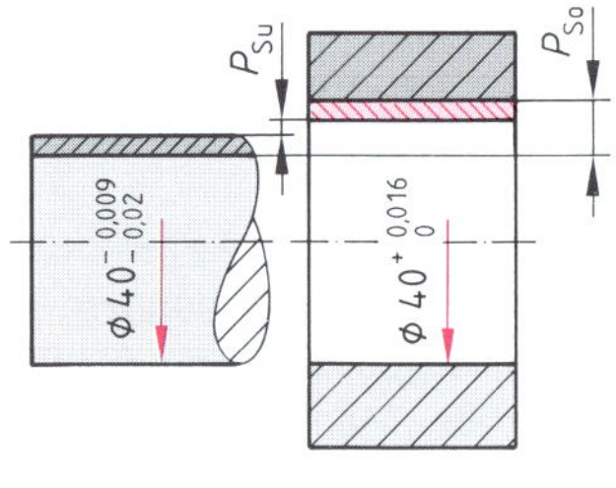

Spielpassung

Bei einer Spielpassung werden Bohrung und Welle mit einem Spiel gefügt.
Höchstspiel = Bohrung mit Höchstmaß – Welle mit Mindestmaß $P_{So} = G_{oB} - G_{uW}$
Mindestspiel = Bohrung mit Mindestmaß – Welle mit Höchstmaß $P_{Su} = G_{uB} - G_{oW}$

Übungsaufgabe 8/9

- **Übermaßpassung**

Die Passung, bei der beim Fügen von Bohrung und Welle immer ein Übermaß entsteht, wird als Übermaßpassung bezeichnet.

Höchstübermaß $P_{Üo}$ entsteht, wenn eine Bohrung mit Mindestmaß und eine Welle mit Höchstmaß gefügt werden.

Mindestübermaß $P_{Üu}$ tritt bei einer Kombination von Bohrung mit Höchstmaß und Welle mit Mindestmaß auf.

Höchstübermaß: $P_{Üo}$ = 40,000 mm – 40,059 mm = – 0,059 mm
Mindestübermaß: $P_{Üu}$ = 40,016 mm – 40,048 mm = – 0,032 mm

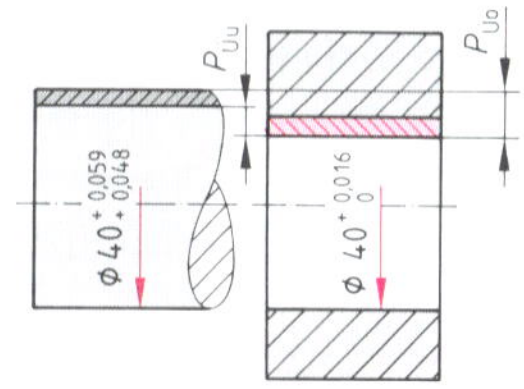

Übermaßpassung

Bei einer Übermaßpassung werden Bohrung und Welle mit einem Übermaß gefügt.
Höchstübermaß = Bohrung mit Mindestmaß – Welle mit Höchstmaß
Mindestübermaß = Bohrung mit Höchstmaß – Welle mit Mindestmaß.

- **Übergangspassung**

Die Passung, bei der beim Fügen von Bohrung und Welle entweder ein Spiel oder ein Übermaß entsteht, wird als Übergangspassung bezeichnet. Ob ein Spiel oder ein Übermaß entsteht, hängt vom Istmaß der Bohrung und der Welle ab.

Höchstspiel: P_{So} = 40,016 mm – 40,002 mm = + 0,014 mm
Höchstübermaß: $P_{Üo}$ = 40,000 mm – 40,048 mm = – 0,018 mm

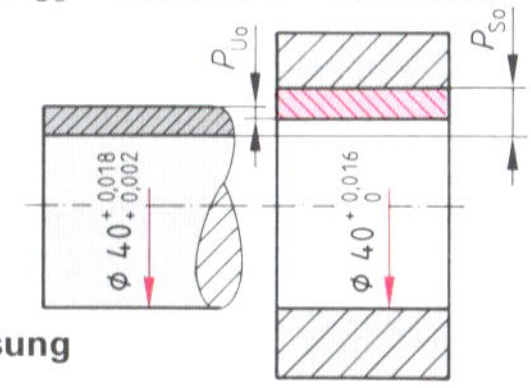

Übergangspassung

Je nach Istmaß von Bohrung und Welle kann sich bei einer Übergangspassung nach dem Fügen der beiden Teile sowohl ein Spiel als auch ein Übermaß ergeben.

- **Paßtoleranz**

Die Paßtoleranz (gewählter Maßbuchstabe = P_T) ist die Summe der Toleranzen von Bohrung und Welle, die zu einer Passung gehören. Die Paßtoleranz hat kein Vorzeichen.

Beispiel für die Berechnung der Paßtoleranz

Bohrung (B)		**Welle (W)**		$P_T = T_B + T_W$
	0,059 mm		0,016 mm	0,011 mm
$\varnothing 40^{+0,059}_{+0,048}$	– 0,048 mm	$\varnothing 40^{+0,016}_{0}$	– 0,000 mm	+ 0,016 mm
	T_B = 0,011 mm		T_W = 0,016 mm	**P_T = 0,027 mm**

8.6 Passungssysteme

ISO-Passungsnormen nach DIN ISO 286 bieten viele Möglichkeiten, gewünschte Paarungen auszuwählen. Um die Zahl der benötigten Werkzeuge und Prüfmittel gering zu halten, beschränkt man sich auf eine Auswahl von Passungen.

- **Passungssystem Einheitsbohrung**

Bei der Auswahl von Passungen hat man sich darauf beschränkt , daß die **Bohrungen** stets das **Grundabmaß H** erhalten, d.h. das Mindestmaß der Bohrung ist gleich dem Nennmaß. Die gewünschte Passung erreicht man durch die Auswahl geeigneter Grundabmaße für die Wellen.

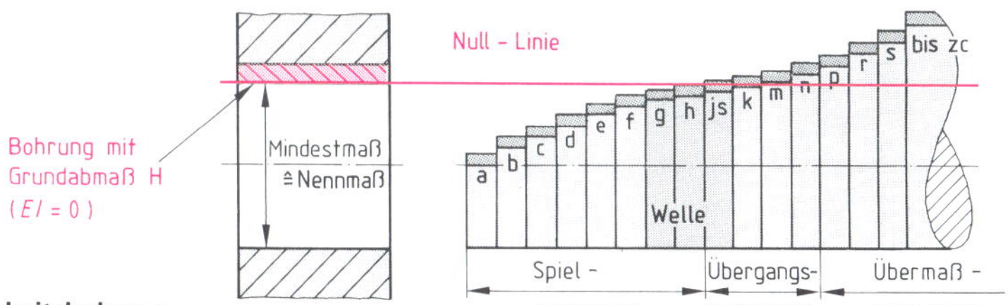

Passungssystem Einheitsbohrung

Beim Passungssystem Einheitsbohrung hat die Bohrung immer das Grundabmaß H.
Gewünschte Passungen erreicht man durch die Auswahl von Grundabmaßen für die Wellen.

Übungsaufgaben 8/10; 8/11

Anwendung findet das System Einheitsbohrung im Maschinen-, Kraftfahrzeug- und Elektromaschinenbau, weil dort Wellen mit Absätzen und verschiedenen Durchmessern eingebaut werden.

- **Passungssystem Einheitswelle**

Bei der Auswahl von Passungen hat man sich darauf beschränkt, daß die **Wellen** stets das **Grundabmaß h** erhalten, d.h. das Höchstmaß der Welle ist gleich dem Nennmaß. Die gewünschte Passung erreicht man durch die Auswahl geeigneter Grundabmaße für die Bohrungen.

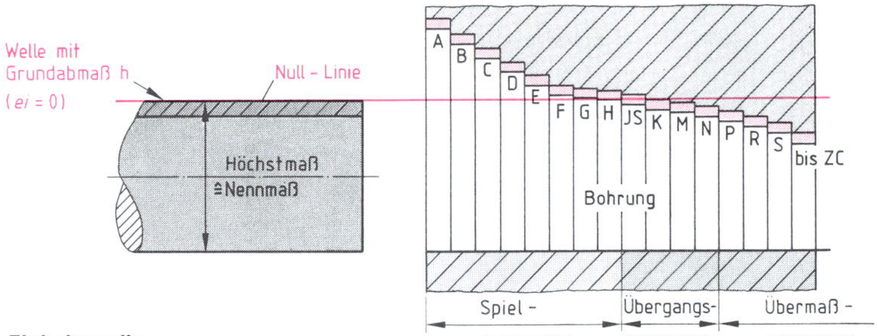

Passungssystem Einheitswelle

> Beim Passungssystem Einheitswelle hat die Welle immer das Grundabmaß h.
> Gewünschte Passungen erreicht man durch die Auswahl von Grundabmaßen für die Bohrungen.

Angewendet wird das Passungssystem Einheitswelle dort, wo man gezogene oder geschliffene Wellen ohne wesentliche Nacharbeit einsetzt. Das Passungssystem Einheitswelle wird bevorzugt in der Feinmechanik sowie im Textil- und Landmaschinenbau angewandt.

8.7 Passungsnormen

- **Passungssystem Einheitsbohrung (Auszug)**

Nennmaßbereich mm	Reihe I (Grenzabmaße in µm)									Reihe II (Grenzabmaße in µm)								
	H7	r6	n6	h6	f7	H8	x8/u8[1]	h9	f7	H7						H8		
											s6	m6	k6	j6	g6		e8	d9
über 6	+15	+28	+19	0	−13	+22	+ 56	0	−13	+15	+32	+15	+10	+ 7	− 5	+22	−25	− 40
bis 10	0	+19	+10	− 9	−28	0	+ 34	−36	−28	0	+23	+ 6	+ 1	− 2	−14	0	−47	− 76
über 10	+18	+34	+23	0	−16	+27	+ 67	0	−16	+18	+39	+18	+12	+ 8	− 6	+27	−32	− 50
bis 14	0	+23	+12	−11	−34	0	+ 40	+43	−34	0	+28		+ 1	− 3	−17	0	−59	− 93
über 14							+ 72					+ 7						
bis 18							+ 45											
über 18							+ 87											
bis 24	+21	+41	+28	0	−20	+33	+ 54	0	−20	+21	+48	+21	+15	+ 9	− 7	+33	−40	− 65
über 24	0	+28	+15	−13	−41	0	+ 81	−52	−41	0	+35	+ 8	+ 2	− 4	−20	0	−73	−117
bis 30							+ 48											
über 30							+ 99											
bis 40	+25	+50	+33	0	−25	+39	+ 60	0	−25	+25	+59	+25	+18	+11	− 9	+39	−50	− 80
über 40	0	+34	+17	−16	−50	0	+109	−62	−50	0	+43	+ 9	+ 2	− 5	−25	0	−89	−142
bis 50							+ 70											

- **Passungssystem Einheitswelle (Auszug)**

Nennmaßbereich mm	Reihe I (Grenzabmaße in µm)									Reihe II (Grenzabmaße in µm)									
	h6	H7	F8	h9	H8	F8	E9	D10	C11	h11			h6		h9		h11		
											D10	C11		G7		H11		H11	A11
über 6	0	+15	+35	0	+22	+35	+ 61	+ 98	+170	0	+ 98	+170	0	+20	0	+ 90	0	+ 90	+370
bis 10	− 9	0	+13	−36	0	+13	+ 25	+ 40	+ 80	− 90	+ 40	+ 80	− 9	+ 5	−36	0	− 90	0	+280
über 10	0	+18	+43	0	+27	+43	+ 75	+120	+205	0	+120	+205	0	+24	0	+110	0	+110	+400
bis 18	−11	0	+16	−43	0	+16	+ 32	+ 50	+ 95	−110	+ 50	+ 95	−11	+ 6	−43	0	−110	0	+290
über 18																			
bis 24	0	+21	+53	0	+33	+53	+ 92	+149	+240	0	+149	+240	0	+28	0	+130	0	+130	+430
über 24	− 13	0	+20	−52	0	+20	+ 40	+ 65	+110	−130	+ 65	+110	−13	+ 7	−52	0	−130	0	+300
bis 30																			
über 30									+280			+290							+470
bis 40	0	+25	+64	0	+39	+64	+112	+180	+120	0	+180	+120	0	+34	0	+160	0	+160	+310
über 40	−16	0	+25	−62	0	+25	+ 50	+ 80	+290	−160	+ 80	+280	−16	+ 9	−62	0	−160	0	+480
bis 50									+130			+130							+320

[1] bis 24 mm x8; über 24 mm u8

Übungsaufgaben 8/12 bis 8/17

8.8 Auswahl von Passungen

Die Auswahl von Passungen geschieht entsprechend der Funktion der Bauteile.
Es haben sich dabei bestimmte Passungen als vorteilhaft erwiesen.

Beispiele für häufig gewählte Passungen

	Einheitsbohrung	Einheitswelle	Eigenschaft	Anwendungsbeispiele
Spielpassung	H7/h6; H8/h9	H7/h6; H8/h9	noch gleitfähig durch Handkraft	Führungen an Werkzeugmaschinen
	H8/f7	F8/h6	geringes Spiel, leicht verschiebbar	Gleitlager, Kolben, Schieberäder
		C11/h9	großes Spiel	Baumaschinen
Übergangspassung	H7/n6		fügbar mit geringer Preßkraft, Verdrehsicherung nötig	Zahnräder, Lagerbuchsen, Kupplungen
	H7/m6		Fügen und Lösen möglich, Verdrehsicherung nötig	Paßstifte, Kugellagerringe
Übermaßpassung	H8/x8; H8/n8		fügbar mit sehr großer Preßkraft, schrumpfbar	Kurbeln auf Wellen, Laufringe auf Radkörpern
	H7/r6		fügbar mit großer Preßkraft	Buchsen in Radnaben, Lagerbuchsen

Für einen bestimmten Fall wählt man aus diesen Kombinationen nach folgenden Schritten eine geeignete Passung aus:

Schritt	Entscheidungskriterien	Ergebnis
1. Auswahl des Passungssystems	Anwendungsgebiet	Passungssystem
2. Festlegung der Lage der Grundabmaße	Passungssystem Verwendungszweck	Grundabmaße
3. Bestimmungen der Grundtoleranzgrade	Nennmaß Anwendungsgebiet	Grundtoleranzgrade (Grundtoleranzen)
4. Angabe der tolerierten Maße	Einzelteile	tolerierte Maße
5. Angabe der Passung	Zusammenbau	Passungsangabe

Beispiel für die Auswahl und Darstellung einer Passung

Aufgabe

Eine Buchse soll in ein Gehäuse gefügt werden. Die Verbindung muß ohne zusätzliche Sicherung gegen axiales Verschieben oder Verdrehen auskommen. Zu bestimmen ist die für diesen Einsatz notwendige Passung. Das Nennmaß beträgt ∅ 40 mm.

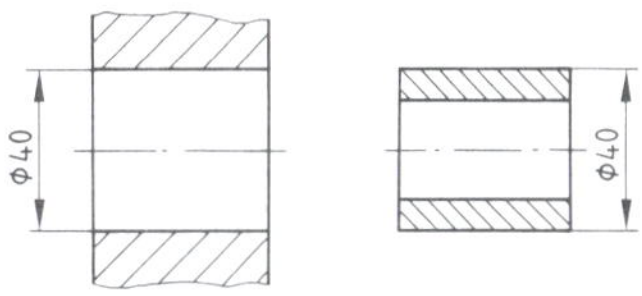

Lösung

1. Schritt	Auswahl des Passungssystems	**Entscheidung** →	Einheitsbohrung
2. Schritt	Festlegung der Lage der Grundabmaße	**Entscheidung** →	Gehäuse H Buchse r
3. Schritt	Bestimmung der Grundtoleranzgrade	**Entscheidung** →	Gehäuse IT7 (25 μm) Buchse IT6 (16 μm)
4. Schritt	Angabe der tolerierten Maße	**Angabe** →	Gehäuse ∅40 H7 Buchse ∅40 r6
5. Schritt	Angabe der Passung	**Angabe** →	∅40 H7/r6

Übungsaufgaben 8/18; 8/19

8.9 Lehren von Paßmaßen

In der Fertigung ist nur zu prüfen, ob das Istmaß innerhalb des Höchst- und Mindestmaßes liegt. Aus diesem Grunde müssen nur die **Grenzmaße** überprüft werden. Dies geschieht sehr einfach durch Prüfen mit Grenzlehren.

• Grenzlehren für Innenmaße

Innnemaße werden mit Grenzlehrdornen geprüft. Dabei sind meist die Gutlehre und die Ausschußlehre zu einem Prüfgerät vereinigt.

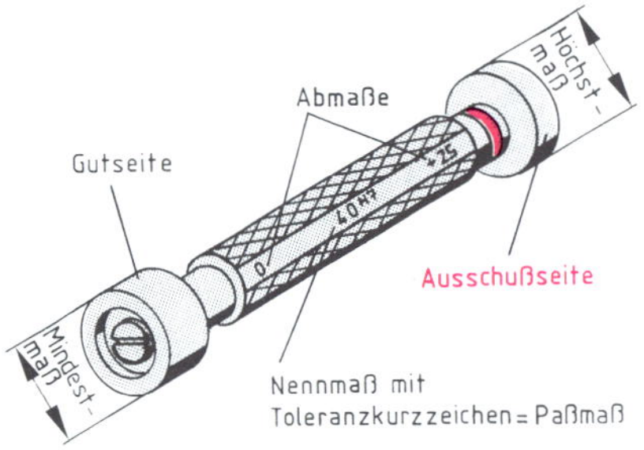

Grenzlehrdorn

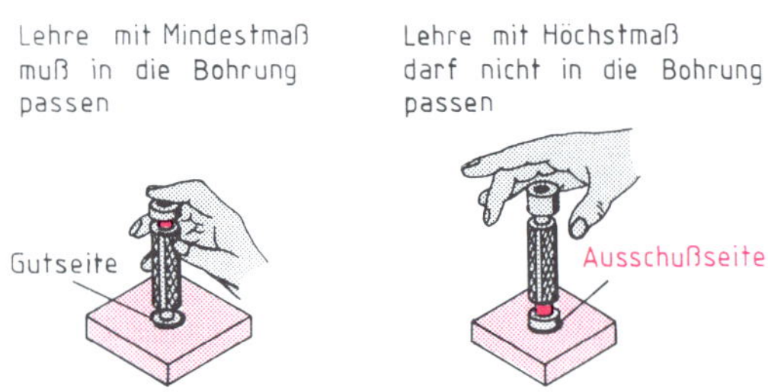

Prüfen mit Grenzlehrdorn

Mit der Gutseite des Lehrdorns wird ermittelt, ob die Bohrung nicht zu klein ist. Die Gutseite verkörpert das Mindestmaß. Sie muß in die Bohrung eingeführt werden können.
Mit der Ausschußseite des Lehrdornes wird geprüft, ob die Bohrung nicht zu groß ist. Die Ausschußseite verkörpert das Höchstmaß. Sie darf nicht in die Bohrung passen, andernfalls ist die Bohrung zu groß. Das Werkstück ist Ausschuß. Die Ausschußlehrdorne haben verkürzte Meßzylinder und rote Farbmarkierungen.

Die Gutseite des Grenzlehrdorns verkörpert das Mindestmaß, die Ausschußseite das Höchstmaß.
Kennzeichnung der Ausschußseite: Kurzer Prüfzylinder und rote Markierung.

• Grenzlehren für Außenmaße

Außenmaße, z.B. von Wellen, werden mit Grenzrachenlehren überprüft. Auch Grenzrachenlehren vereinigen meist eine Gutlehre und eine Ausschußlehre zu einem Prüfgerät.

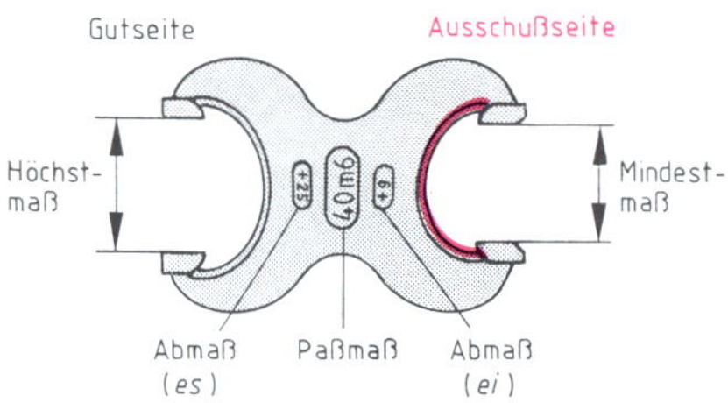

Grenzrachenlehre

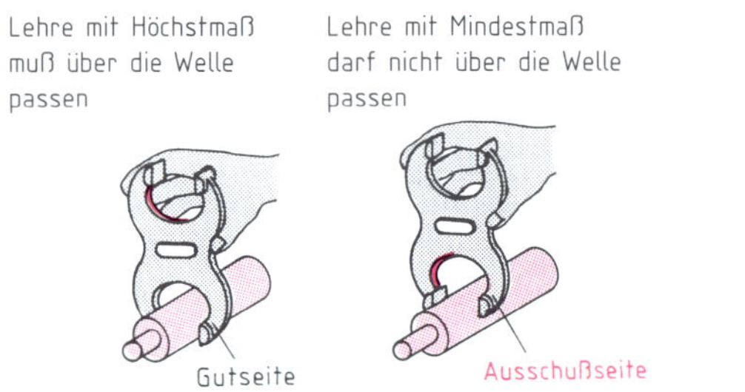

Prüfen mit Grenzrachenlehre

Mit der Gutseite der Rachenlehre wird festgestellt, ob die Welle nicht zu groß ist. Die Gutseite der Rachenlehre verkörpert das Höchstmaß. Die Gutseite muß durch Eigengewicht über die Welle gleiten.
Mit der Ausschußseite der Rachenlehre wird geprüft, ob die Welle nicht zu klein ist. Die Ausschußseite verkörpert das Mindestmaß. Sie darf nicht über die Welle gehen, sonst ist die Welle zu dünn. Das Werkstück ist Ausschuß. Die Ausschußseiten von Grenzrachenlehren haben Abschrägungen des Meßrachens und eine rote Farbmarkierung im Rachen.

Die Gutseite der Grenzrachenlehre verkörpert Höchstmaß und die Ausschußseite Mindestmaß. Kennzeichnung der Ausschußseite: Angefaste Prüfflächen und rote Markierung.

Übungsaufgaben 8/20; 8/21

9 Form- und Lagetoleranzen und ihre Prüfung

Jedes Werkstück besteht aus vielen einzelnen Grundkörpern – z.B. Zylinder, Kegel, Prisma –, die entsprechend der angestrebten Funktion zusammengesetzt sind. Jeder Grundkörper beinhaltet Elemente wie Flächen, Achsen, Kanten u.a. Das Werkstück wird durch die Abmessungen der Grundkörper und die Lage der Grundkörper und deren Elemente zueinander exakt beschrieben.

Beispiel **für die Zusammensetzung eines Werkstückes aus Grundkörpern**

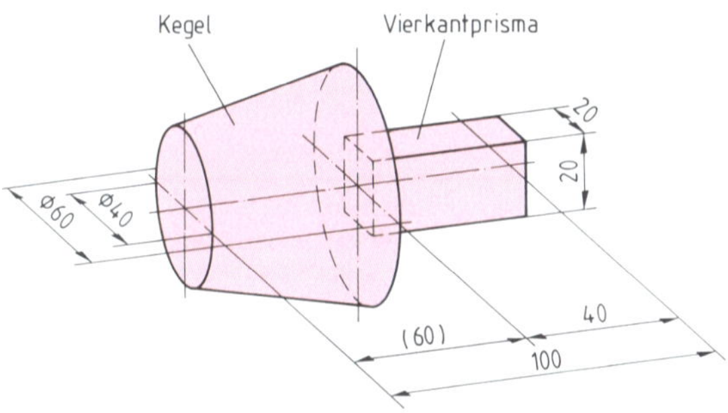

Maße der Grundkörper
Kantenlängenmaße
Durchmessermaße

Form der Grundkörper
Kegelstumpf mit Mantelfläche, Stirnflächen und Achse;
Vierkantprisma mit Flächen, Kanten, Mittelachse

Lage der Grundkörper zueinander
Mitten von Kegelstumpf und Vierkantprisma liegen auf einer Achse;
Flächen des Vierkantprismas liegen rechtwinklig bzw. parallel zueinander

Es ist weder möglich noch wirtschaftlich, maßlich genaue und geometrisch ideale Körper herzustellen und aneinanderzureihen. Darum weichen alle Werkstücke vom Idealzustand in den Maßen der Grundkörper, in der Form der Grundkörper und in der Lage der Grundkörper ab.

Um die Funktion und die Austauschbarkeit von Werkstücken und Baugruppen zu gewährleisten, müssen darum die zulässigen Abweichungen vom Idealzustand angegeben werden. Neben den Maßtoleranzen benötigt man darum auch Formtoleranzen und Lagetoleranzen.

Formtoleranzen beschreiben die zulässige Abweichung eines Grundkörpers des Werkstücks von seiner geometrischen Idealform.
Lagetoleranzen beschreiben die zulässige Abweichung von Grundkörpern oder deren Elemente in ihrer Lage zueinander.

9.1 Toleranzzone

Zur Beurteilung von Form- und Lageabweichungen benötigt man die Beschreibung der zulässigen Abweichung von der Idealform. Man nennt den Bereich, innerhalb dem alle Punkte der tolerierten Form oder Lage liegen müssen, die **Toleranzzone**.

Beispiel **für eine Toleranzzone**

Die tolerierte Achse des Kurbelzapfens muß innerhalb eines Zylinders von 0,05 mm Durchmesser liegen, der parallel zur Bezugsachse A-B (Achse der Kurbelwelle) liegt.

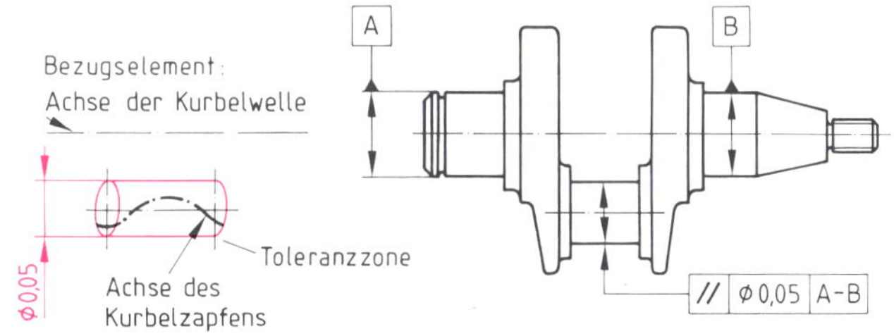

Die Toleranzzone gibt den Raum oder die Fläche an, in der alle Punkte des tolerierten Elementes liegen müssen.

9.2 Formtoleranzen

Formtoleranzen beschreiben die zulässigen Abweichungen eines Grundkörpers des Werkstückes von seiner geometrisch idealen Form.

In der technischen Zeichnung enthält die Eintragung einer Formtoleranz folgende Angaben:

- Symbol für die tolerierte Eigenschaft
- Hinweispfeil auf das tolerierte Element
- Maßangabe für die Größe der Toleranzzone

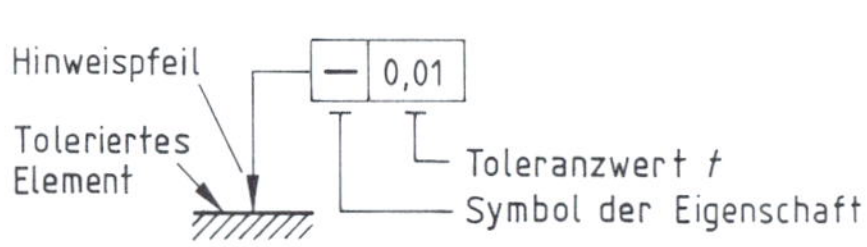

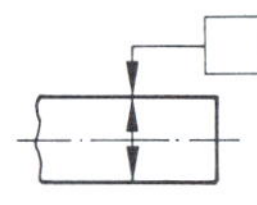

Bezug auf Achse

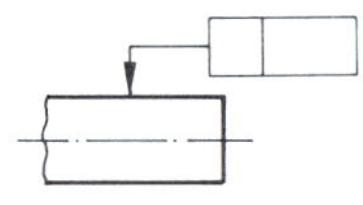

Bezug auf Mantellinie

Formtoleranzen nach DIN ISO 1101 (Auszug)

Eigenschaft	Toleranzzone	Beispiele	
Geradheit —	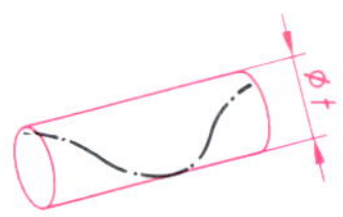	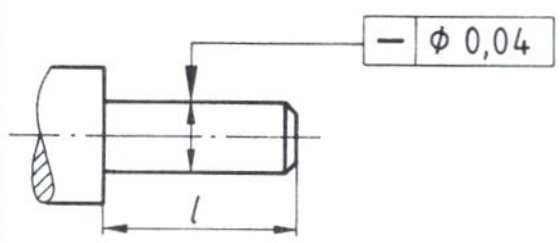	Die Achse des Bolzens muß auf der Länge *l* innerhalb eines Zylinders vom Durchmesser *t* = 0,04 mm liegen.
Ebenheit ▱	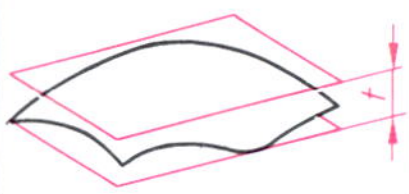	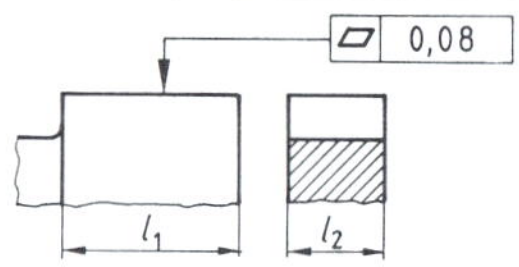	Die gekennzeichnete Fläche mit den Maßen l_1 und l_2 muß zwischen zwei parallelen Ebenen vom Abstand *t* = 0,08 mm liegen.
Rundheit ○	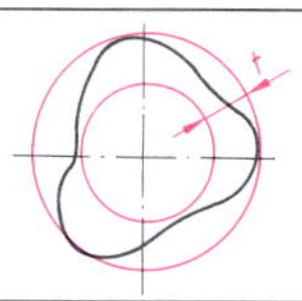	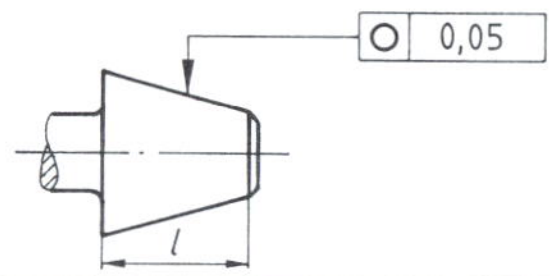	Die Umfangslinie muß auf der Länge *l* in jedem Querschnitt innerhalb eines Kreisringes von *t* = 0,05 mm Breite liegen.
Zylinderform ⌭	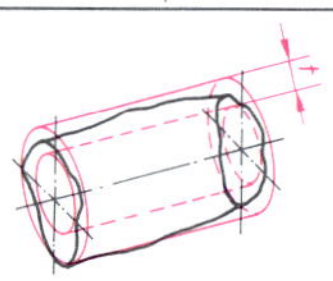	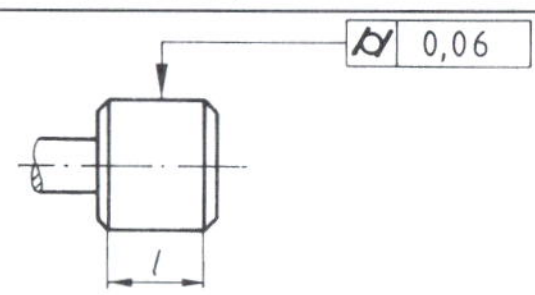	Die Zylinderoberfläche muß auf der Länge *l* innerhalb eines Zylindermantels von *t* = 0,06 mm Wanddicke liegen.

9.3 Lagetoleranzen

Lagetoleranzen beschreiben die zulässigen Abweichungen von Elementen eines Bauteiles zueinander. Dabei ist es notwendig, ein Element zum Bezugselement zu erklären. Als Bezugselement wird das Element gewählt, welches bei der Funktion des Bauteiles von besonderer Bedeutung ist. In der Zeichnung ist das Bezugselement durch das Bezugsdreieck und den Bezugsbuchstaben besonders gekennzeichnet.

In der technischen Zeichnung enthält die Eintragung einer Lagetoleranz folgende Angaben:

- Symbol für die tolerierte Eigenschaft,
- Maßangabe für die Größe der Toleranzzone,
- Bezugsbuchstabe für die Kennzeichnung des Bezugselementes,
- Hinweispfeil an das tolerierte Element.

Bei den Lagetoleranzen unterscheidet man Richtungs-, Lauf- und Ortstoleranzen.

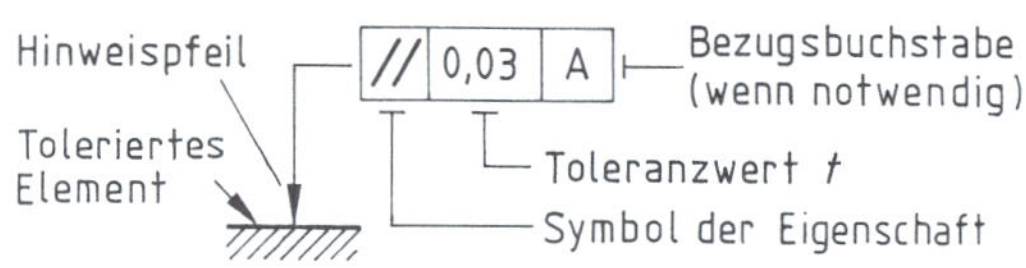

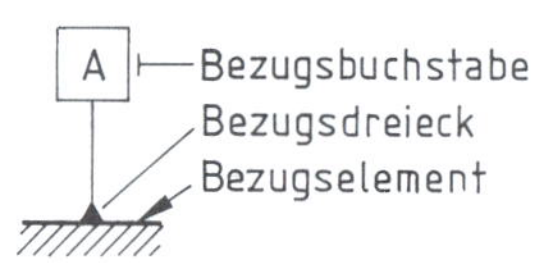

Übungsaufgabe 9/1

Lagetoleranzen nach DIN ISO 1101

	Eigenschaft	Toleranzzone	Beispiele
Richtungstoleranzen	**Parallelität** //	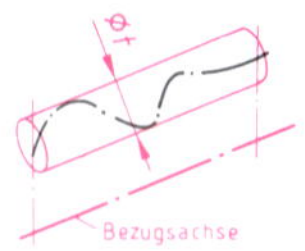	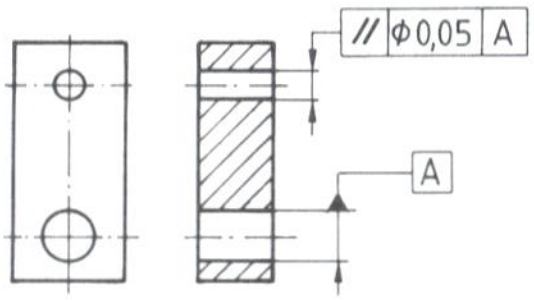 Die tolerierte Achse der kleinen Bohrung muß innerhalb eines zur Bezugsachse parallelliegenden Zylinders vom Durchmesser $t = 0{,}05$ mm liegen.
			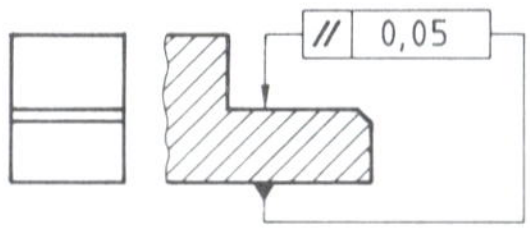 Die tolerierte Fläche muß zwischen zwei zur Bezugsfläche parallelen Ebenen liegen. Abstand $t = 0{,}05$ mm.
	Rechtwinkligkeit ⊥	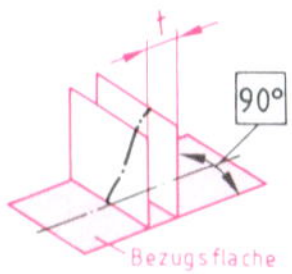	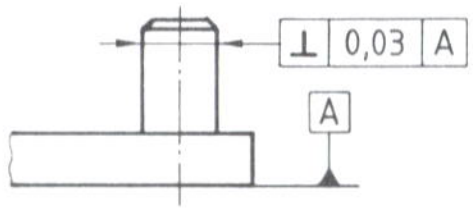 Die tolerierte Achse muß innerhalb von zwei parallelen Ebenen im Abstand $t = 0{,}03$ mm liegen. Die Ebenen stehen rechtwinklig zur Bezugsfläche.
	Neigung ∠	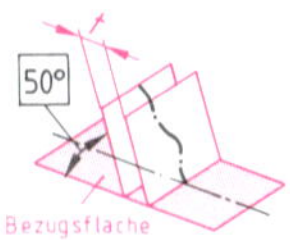	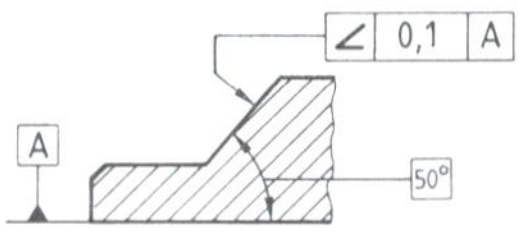 Die tolerierte Fläche muß zwischen zwei parallelen Ebenen (Winkel 50°) im Abstand von $t = 0{,}1$ mm liegen.
Lauftoleranzen	**Planlauf** ↗	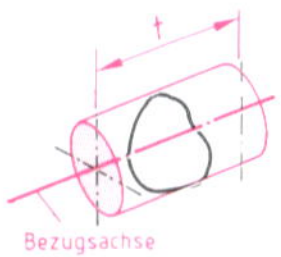	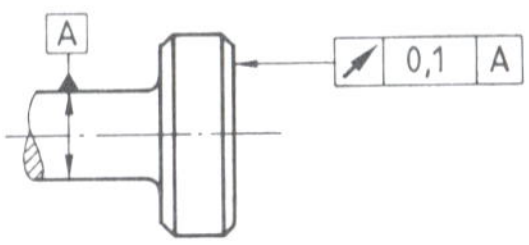 Die Planlaufabweichung, bezogen auf die gekennzeichnete Achse A, darf $t = 0{,}10$ mm nicht überschreiten.
	Rundlauf		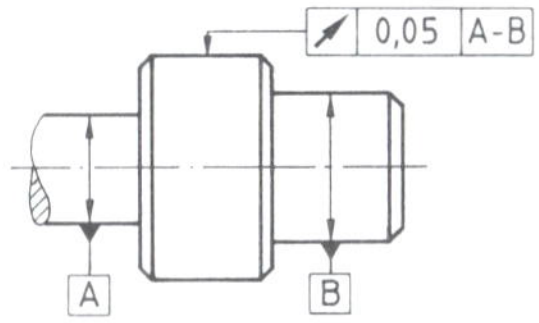 Die Rundlaufabweichung, bezogen auf die Achse A-B, darf $t = 0{,}05$ mm nicht überschreiten.
Ortstoleranzen	**Position** ⌖	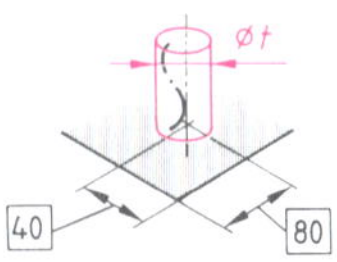	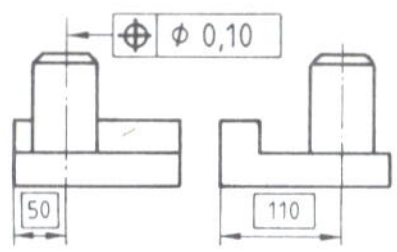 Die Achse des Bolzens muß innerhalb eines Zylinders von $t = 0{,}10$ mm Durchmesser liegen.
	Symmetrie ≡	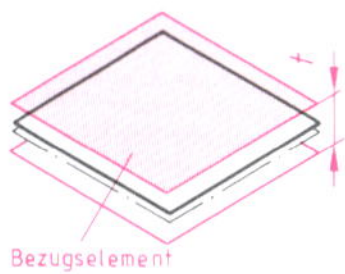	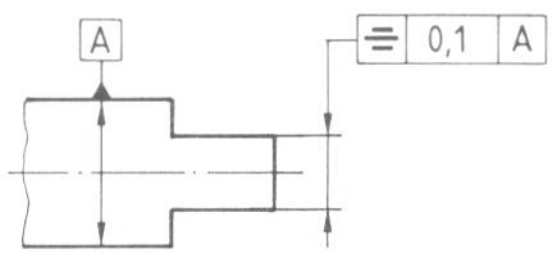 Die Mittelebene des Ansatzes muß zwischen zwei parallelen Ebenen liegen, die $t = 0{,}1$ mm Abstand haben und parallel zur Bezugsebene liegen.
	Koaxialität Konzentrizität ◎	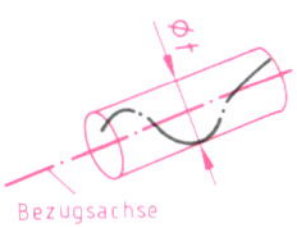	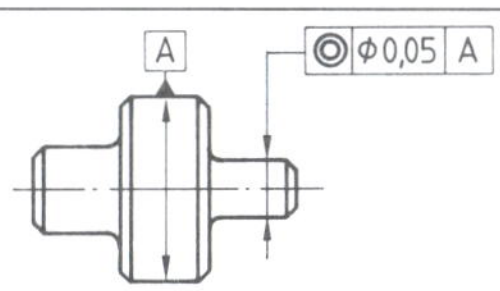 Die Achse des tolerierten Zapfens muß innerhalb eines Zylinders von $t = 0{,}05$ mm liegen. Dieser Zylinder muß mit der Achse des mit A gekennzeichneten Elements fluchten.

Übungsaufgaben 9/2; 9/3; 9/4

9.4 Messen von Form- und Lageabweichungen

9.4.1 Symbolische Darstellung von Prüfeinrichtungen

Das Messen von Form und Lage ist aufwendiger als das Messen von Längen. Meist müssen zum Prüfen von Form und Lage Meßgeräte und Hilfsmittel zum Positionieren zu einer Meßeinrichtung kombiniert werden. Zur Verdeutlichung des Aufbaus solcher Einrichtungen verwendet man Symbole.

Grafische Symbole in der Längenprüftechnik nach DIN 2258 (Auszug)

Symbol	Erklärung	Symbol	Erklärung	Symbol	Erklärung
	Meßstelle		Sinuslineal	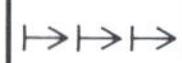	geradlinige Verschiebung in definierter Schrittweite
	Meßständer mit anzeigendem Längenmeßgerät (Meßuhr)		Parallelendmaß(e)	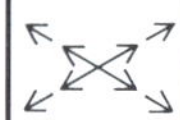	schrittweise Verschiebung in beliebige Positionen in einer Ebene
	Prüfplatte		Prüfprisma		schrittweise Drehung in beliebige Winkellagen
	Anschlag		geradlinige Verschiebung		genau eine Umdrehung
	Auflager fest bzw. höhenverstellbar		schrittweise geradlinige Verschiebung in beliebige Positionen		Rundtisch kippbar

9.4.2 Meßverfahren zum Messen von Form- und Lageabweichungen

Die Messung von Form- und Lageabweichungen bezieht sich stets auf ein angemessen genaues **Hilfsbezugselement,** wie z.B. eine Prüfplatte, einen Prüfdorn.

Der Meßvorgang bei der Messung von Form- und Lageabweichung erfolgt in mehreren Schritten:
1. Ausrichten des Prüflings, **2.** Messungen, **3.** Auswertung der Messungen.

Beispiele für Meßverfahren zur Ermittlung von Formabweichungen

Prüfauftrag	Meßverfahren	Auswertung
Geradheit 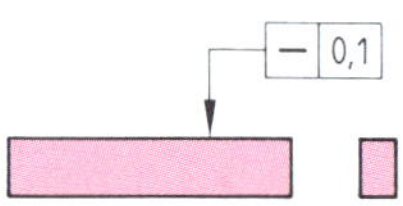	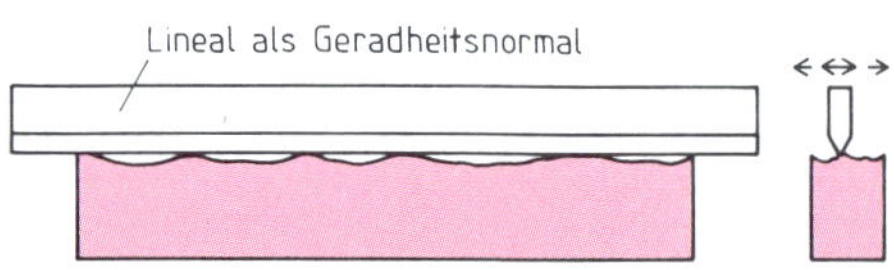 Durch Einschieben von Fühlerlehren wird die Spaltbreite ermittelt.	Die Geradheitsabweichung f_G ist das Maß der größten einschiebbaren Fühlerlehre.
Geradheit 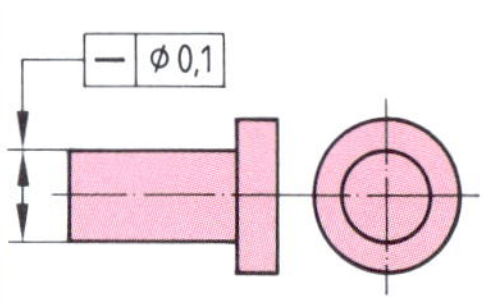	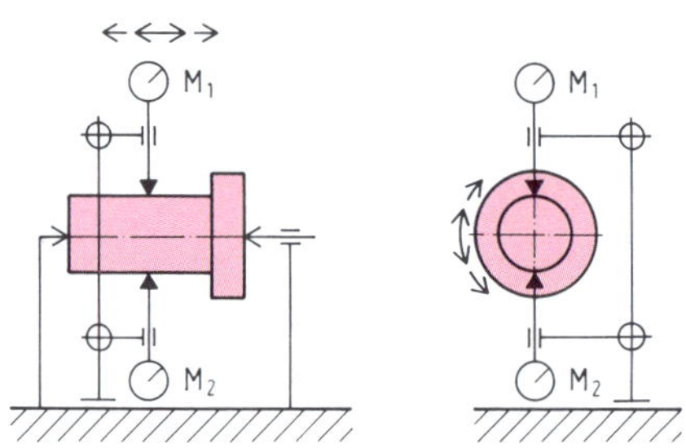	Die Geradheitsabweichung f_G der Achse ist die Hälfte des größten Unterschieds zwischen Meßwert M_1 und Meßwert M_2. $$f_G = \frac{M_1 - M_2}{2}$$

Prüfauftrag	Meßverfahren	Auswertung
Ebenheit 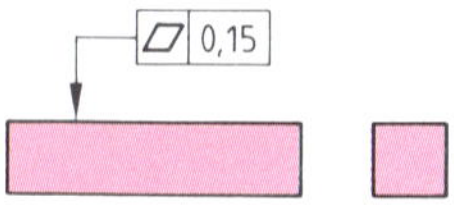	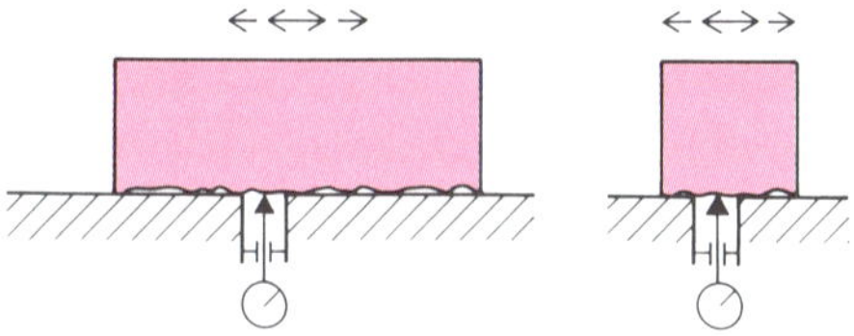	Die Ebenheitsabweichung f_e ist die größte Differenz zwischen den Meßwerten. $f_e = M_{max} - M_{min}$
Rundheit 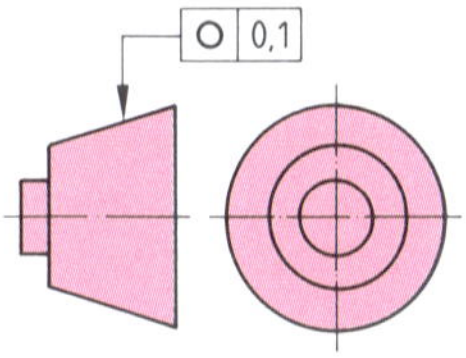	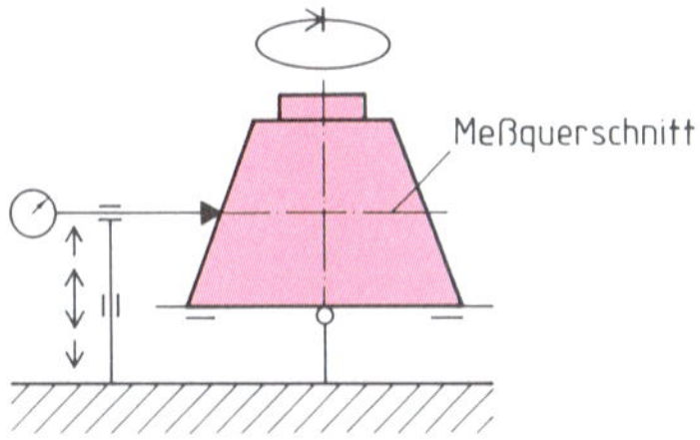	Für jeden Meßquerschnitt wird aus einzelnen Meßwerten das Profil dargestellt. Die Rundheitsabweichung im einzelnen Querschnitt ist die Radiendifferenz zum kleinsten Kreisring, der das Profil einschließt. Die Rundheitsabweichung ist die größte auftretende Radiendifferenz.

Beispiele für Meßverfahren zur Ermittlung von Lageabweichungen

Prüfauftrag	Meßverfahren	Auswertung
Parallelität 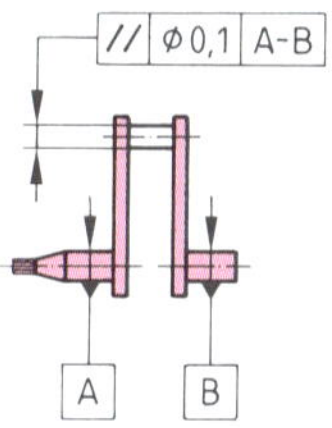	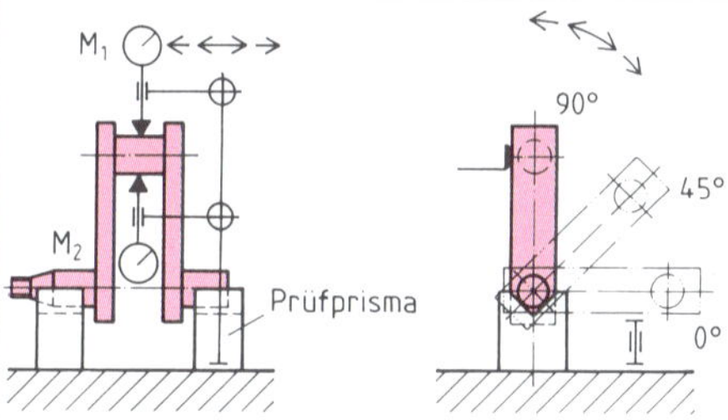	Die Parallelitätsabweichung f_P in einer Winkellage ist die halbe Differenz der Meßwerte M_1 und M_2. $f_P = \frac{M_1 - M_2}{2}$ Die Parallelitätsabweichung des Werkstücks ist der größte der in den einzelnen Winkellagen ermittelte Wert der Abweichung.
Rechtwinkligkeit 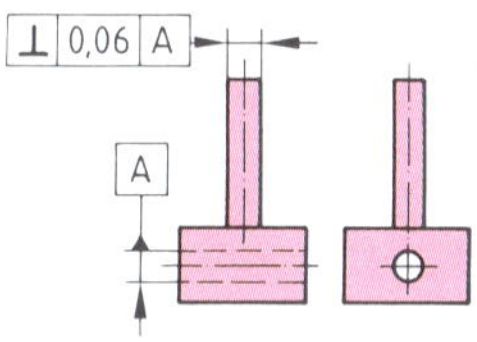	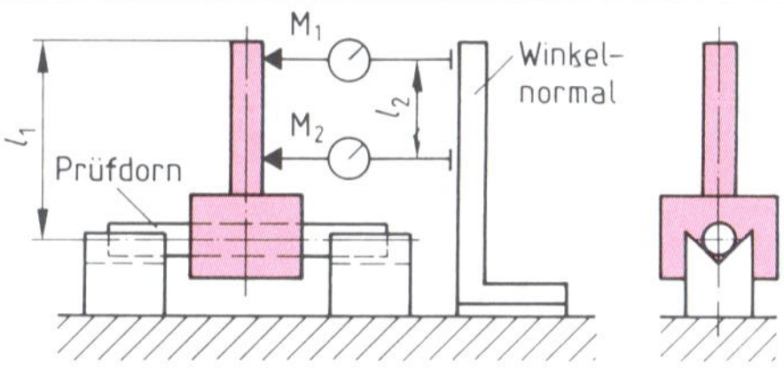	Die Rechtwinkligkeitsabweichung f_R wird aus der Differenz der Meßwerte M_1 und M_2 und dem Verhältnis l_1/l_2 berechnet. $f_R = (M_1 - M_2) \cdot \frac{l_1}{l_2}$
Rundlauf 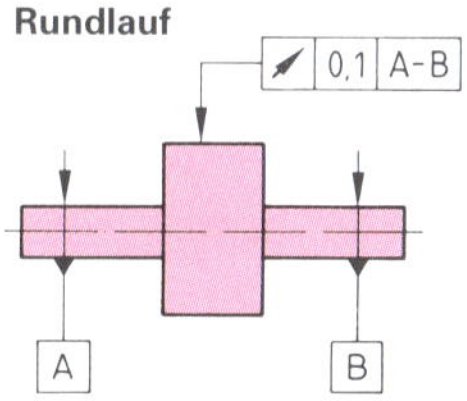	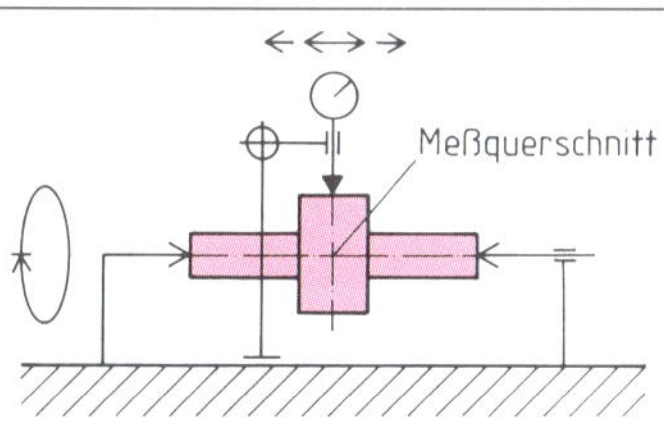	Die Rundlaufabweichung f_L ist die Differenz zwischen der größten und kleinsten Anzeige bei einer Umdrehung. $f_L = M_{max} - M_{min}$
Planlauf 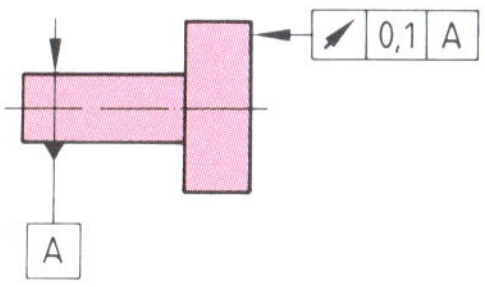	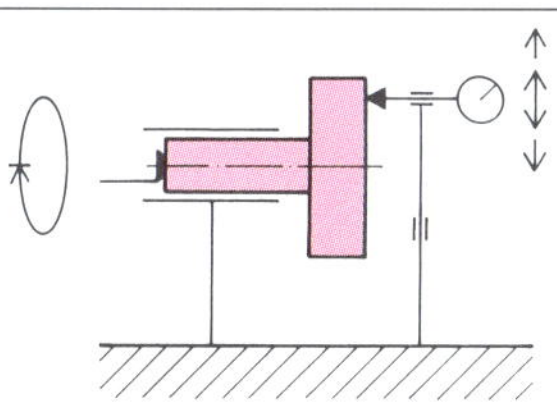	Die Planlaufabweichung f_L ist die Differenz zwischen der größten und kleinsten Anzeige bei einer Umdrehung. $f_L = M_{max} - M_{min}$ Bei einer Prüfung ist der größte Radius zu wählen.

Übungsaufgaben 9/5 bis 9/8

10 Qualitätsmanagement

10.1 Einleitung

Von jedem Produkt, das ein Kunde kauft und von jeder Arbeit, die zu verrichten ist, wird **Qualität** verlangt. Was der Einzelne unter Qualität versteht, ist schwer genau zu beschreiben – man spürt fehlende Qualität erst, wenn Mängel erkennbar werden. Qualität kann man in Abwandlung der etwas komplizierten DIN-Definition etwa so beschreiben:

> „Ein Produkt oder eine Arbeit besitzen Qualität, wenn sie in Hinblick auf ihre Eignung festgelegte und vorausgesetzte Erfordernisse erfüllen."

Unter dem Begriff **Qualitätsmanagement** werden darum alle Maßnahmen verstanden, die im Laufe einer Produktentstehung und -anwendung auf allen Ebenen zu treffen sind, damit ein Produkt entsteht, daß alle vorausgesetzten Erfordernisse erfüllt. Qualitätsmanagement hat also den gesamten Lebensweg eines Produktes im Blick.

Beispiel **für den Lebensweg eines Produktes**

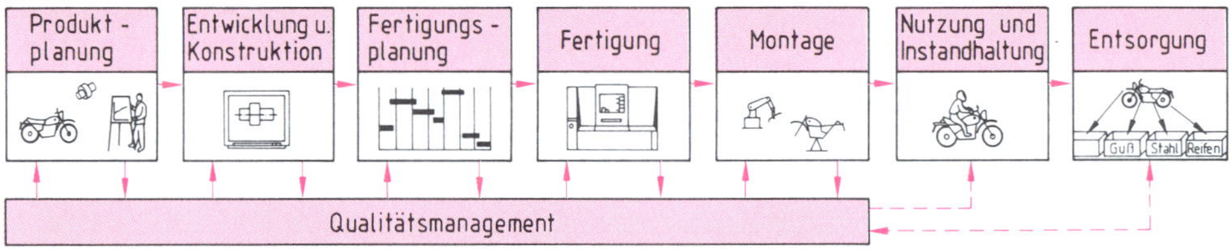

Das Qualitätsmanagement ist demnach etwas ganz anderes als eine reine Endkontrolle, in der die Qualität eines Produktes erst vor der Auslieferung bzw. Weitergabe geprüft wird. Qualitätsmanagement handelt gemäß dem Grundsatz: „Qualität ist zu erzeugen – nicht zu erprüfen."

> Unter Qualitätsmanagement versteht man alle Maßnahmen im Laufe von Produktentstehung, Anwendung und Recycling, die notwendig sind, um Produkte zu erzeugen, welche die vorausgesetzten Erfordernisse erfüllen.

Dem Qualitätsmanagement kommt eine besondere Bedeutung in der Phase der Planung und Entwicklung zu, denn 75% der Fehler eines Produktes entstehen dort. Sie werden aber häufig erst im Laufe der Fertigung oder beim Einsatz erkannt und verursachen dann extreme Kosten zur Fehlerbeseitigung. Es gilt für die Kosten etwa die *Zehnerregel*. Sie besagt, daß die Kosten zur Beseitigung eines Fehlers aus der Stufe zuvor in der folgenden etwa das Zehnfache an Kosten verursacht.

Beispiel **für die Zehnerregel der Fehlerkosten**

Bei der Planung eines Motorrades wurde an einer Mutter die Sicherung vergessen.
Hätte man bei der Planung daran gedacht und dies notiert, wäre der zeitliche Aufwand eine halbe Minute gewesen, die 1,00 DM gekostet hätte.
Wäre der Fehler bei der Zeichnungserstellung aufgefallen, hätte das Einarbeiten in die Zeichnung etwa 5 Minuten gedauert und damit 10,00 DM gekostet, usw.
Eine Rückrufaktion wegen fehlender Schraubensicherung würde um 100 000,00 DM Kosten verursachen.

Produktplanung →	Entwicklung und Konstruktion →	Fertigungsplanung →	Fertigung und Montage →	Endkontrolle →	Nutzung durch Kunden
Entstehung eines Fehlers dessen Beseitigung 1,00 DM kosten würde.	Kosten der Fehlerbeseitigung des Planungsfehlers 10,00 DM	Fehlerkosten 100,00 DM	Fehlerkosten 1 000,00 DM	Fehlerkosten 10 000,00 DM	Fehlerkosten bei Rückrufaktion 100 000,00 DM

> Die Fehlerbeseitigung kostet bei einer Entdeckung in der jeweils nächsten Verarbeitungsstufe etwa das Zehnfache (Zehnerregel der Fehlerkosten).

 Übungsaufgabe 10/1; 10/2

Vielfach hatte man vor intensivem Einsatz von Qualitätsmanagement die Vorstellung, daß die Produktion für die Menge zuständig ist und allein die Endkontrolle für Qualität. Diese Einstellung hat erhebliche Nachteile:

- Ausschußteile werden nicht am Ort der Entstehung erkannt. Sie durchwandern die gesamte weitere Produktion, bis sie schließlich in der Endkontrolle auffallen. Fachleute nennen dieses „Schrottveredelung".
- In der Endkontrolle fallen Produkte mit unterschiedlichsten Fehlern an. Darum ist die Wahrscheinlichkeit, daß alle Fehler entdeckt werden geringer als bei ständig überwachter Produktion. Eine heute von Großabnehmern, wie z.B. der Automobilindustrie, verlangte „Null-Fehler-Zulieferung" ist darum beim Zulieferer nicht mehr allein durch Prüfen, sondern nur noch mit einem geeigneten Qualitätsmanagement zu erzielen.

Bei einer komplexen Fertigung ist nur mit einer Endkontrolle keine Null-Fehler-Produktion möglich.

10.2 Einflußgrößen auf Qualität

Qualität entsteht durch funktionsgerechtes Zusammenwirken unterschiedlicher Faktoren, die man merkwirksam unter den „7 M" zusammenfaßt:

Mensch, **M**ethode, **M**aschine, **M**aterial, **M**itwelt, **M**anagement und **M**eßbarkeit.

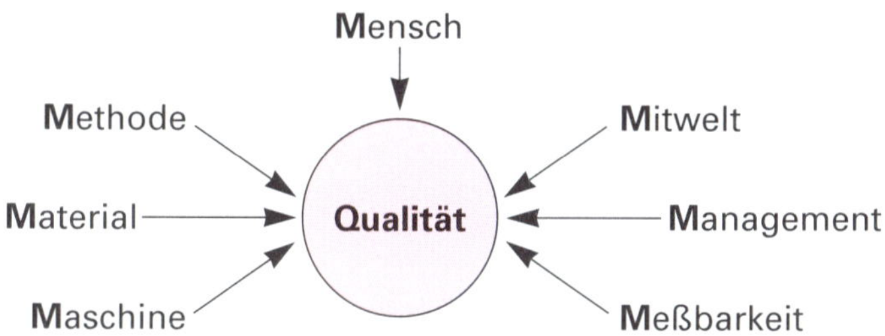

Einflußgrößen auf Qualität

Am wichtigsten ist hier der **Mensch.** Er muß Qualität planen und erzeugen. Er muß an jeder Stelle der Produktentstehung den gesamten Ablauf, besonders aber die an seine Tätigkeit anschließende Stufe im Auge haben.
Dazu benötigt er

- technisches Fachwissen,
- Kenntnis von Qualitätssicherungsmethoden,
- Bereitschaft und Fähigkeit, sein Wissen anzuwenden und
- Innovationsbereitschaft und Kreativität.

Die **Methoden** zur Erzeugung und Sicherung von Qualität müssen in jeder Stufe der Produktentstehung sinnvoll ausgewählt und eingesetzt werden.

Das **Material,** dies sind alle Werk- und Hilfsstoffe, Vorprodukte und Komponenten, die meist von Zulieferern dem Prozeß zugeführt werden, muß der geforderten Produktqualität entsprechen.

Die **Maschinen** stehen für alle Fertigungs-, Handhabungs- und Prüfmittel. Sie müssen fähig sein, Qualität zu erzeugen.

Die **Mitwelt** (Umwelt), wird nicht nur in Form des richtig ausgestatteten Arbeitsplatzes gesehen, sondern meint das gesamte betriebliche Sozialgefüge, das Qualität und Qaulitätsbewußtsein bestimmt.

Übungsaufgaben 10/3; 10/4

Das **Management** mit seinem Führungsstil, z.B. seinem Umgang mit Mitarbeitervorschlägen, seiner Offenheit in der Entscheidungsfindung und seiner Bewertung von Mitarbeiterleistungen, trägt wesentlich zur Qualität bei.

Die **Meßbarkeit** von Eigenschaften ist entscheidend für die Beurteilung von Qualität. Mit Meßbarkeit sind nicht nur die physikalisch und chemisch erfaßbaren Größen eines Produktes angesprochen, sondern auch alle zahlenmäßig erfaßbaren Merkmale des Produktes und der Produktentstehung.

Qualität entsteht nur durch richtiges Zusammenwirken von Mensch, Methode, Maschine, Material, Mitwelt, Management und Meßbarkeit.

Zur Unterstützung der systematischen Fehlerquellensuche verwendet man das *Fischgräten-Diagramm* **(Ishikawa-Diagramm)**. Man trägt in diesem Diagramm die Einflüsse der sogenannten „7M" der Qualitätssicherung ein.

Je nach Bedarf können diese 7M auf 5M reduziert werden. Falls Fehlerzuordnungen bei der Aufstellung eines Diagrammes strittig sind, z.B. ob eine Fehlerquelle der Methode oder dem Mensch zuzuordnen ist, kann willkürlich zugeordnet werden. Wichtig ist jedoch, daß die Fehlerquelle aufgelistet wird.

Beispiel **für die Auflistung der Fehlerquellen beim Drehen einer gestuften Welle**

An die Welle werden Anforderungen hinsichtlich ihrer Maße und Form sowie an die Lage der Zylinder zueinander gestellt. Die an der Produktion Beteiligten haben Stichworte zu möglichen Fehlerquellen zusammengetragen. Diese werden nun entsprechend den 5M (ohne Meßbarkeit und Management) geordnet.

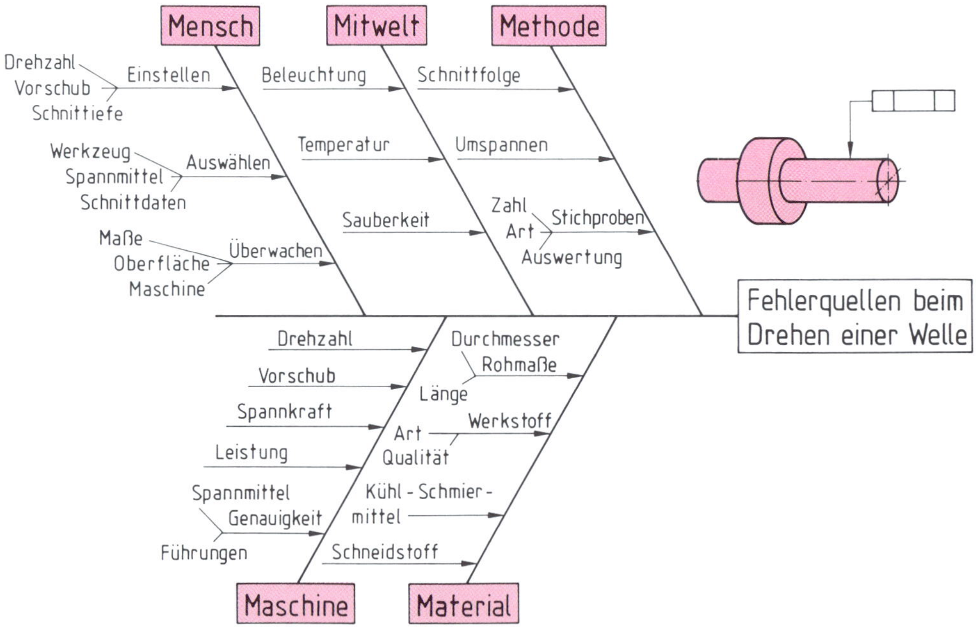

Übungsaufgabe 10/5

10.3 Qualitätssicherungsnormen

Jedes Produkt unterliegt anderen spezifischen Anforderungen und ist demnach nur unter individuellen Qualitätssicherungsmaßnahmen zu erzeugen. Trotzdem haben alle Systeme einer Qualitätssicherung ähnlichen Aufbau und sind ähnlich organisiert.

Mit DIN ISO 9000 bis 9004 ist ein Regelwerk geschaffen worden, das einen Leitfaden für Maßnahmen zur Qualitätssicherung gibt und so einen gewissen Modellcharakter hat.

Die Normen haben folgenden Inhalt:

DIN ISO 9000 gibt einen Leitfaden zur Anwendung der Normreihe DIN ISO 9001 bis 9004.

DIN ISO 9001 legt modellhaft die gesamte Qualitätssicherung von der Entwicklung über Produktion und Montage bis zum Kundendienst fest. Diese Norm ist Basis für ein umfassendes Qualitätsmanagement.

DIN ISO 9002 betrachtet nur einen Ausschnitt aus dem Entstehungsprozeß eines, Produktes indem sie nur Produktion und Montage im Blick hat, also die Bereiche, in denen Zulieferer ihre Teilaufgaben erfüllen.

DIN ISO 9003 macht Aussagen zur Qualitätssicherung im Bereich von Verantwortlichkeit, Fehlerkorrektur u.a. Diese Norm ist zwischen *Zulieferer* und *Abnehmer* anwendbar, wenn beim Zulieferer ein bewährtes Qualitätssicherungssystem besteht.

DIN ISO 9004 gibt Anregungen für den Aufbau eines Qualitätssicherungssystems im einzelnen Betrieb.

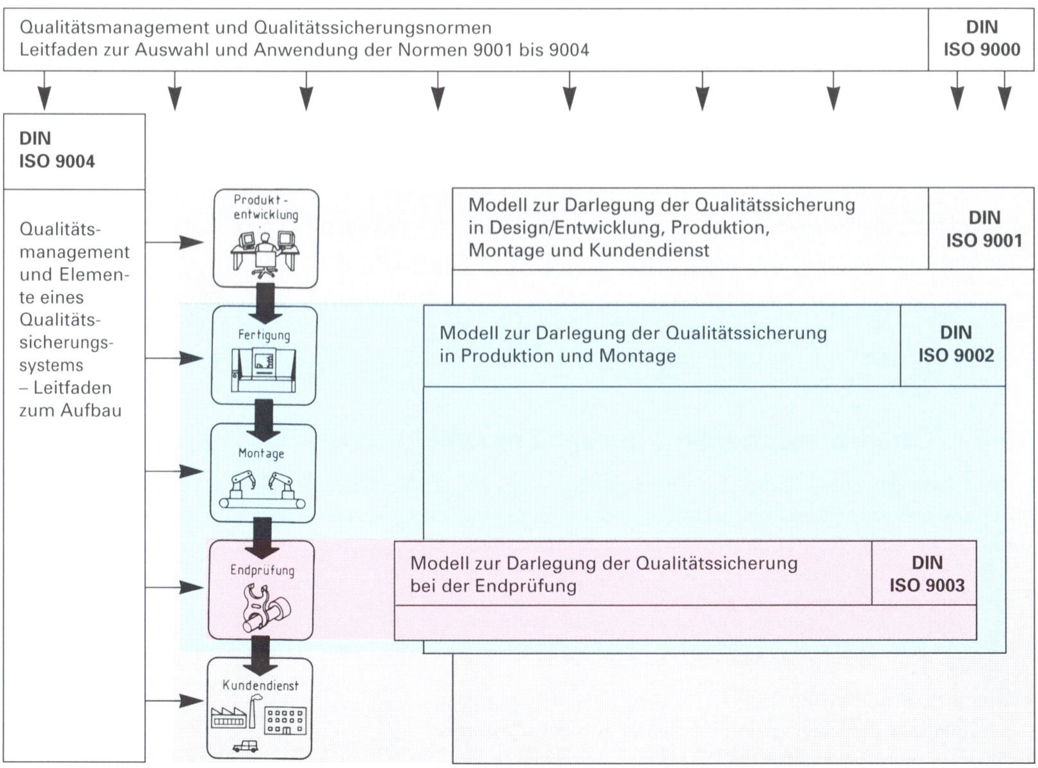

Zusammenhang der Qualitätssicherungsnormen

Übungsaufgaben 10/6

10.4 Qualitätssicherung in der Produktplanung

Vor einer Produktionsabsicht steht eine Marktanalyse, bei der zunächst einmal festgestellt werden muß, ob ein Produkt überhaupt auf dem Markt abzusetzen ist, welche Größenordnung die Produktion wahrscheinlich haben muß und in welchem Bereich sich der Preis bewegen darf.
Nach der Entscheidung für ein Produkt folgt die Planung. In der ersten Phase sucht man unter verschiedenen Fragestellungen nach Planungsgrundlagen.

In Gesprächsrunden (Workshops) mit etwa 6 bis 8 Kunden und den Entwicklern der eigenen Firma werden die Anforderungen an das Produkt geklärt:

- *Technische und funktionelle Anforderungen* (z.B. physikalische, chemische und technologische Eigenschaften, Handhabung, Wartung),
- *Kundenanforderungen* (z.B. Aussehen, Zubehör, Garantiezeit),
- *sicherheits- und umwelttechnische Anforderungen* (z.B. Handhabungssicherheit, Recyclebarkeit).

In Gesprächsrunden mit Mitgliedern aller beteiligten Betriebsabteilungen und des Projektteams werden die betrieblichen Anforderungen und die Qualitätssicherungsmaßnahmen geklärt.

- Betriebliche Anforderungen

- Gestaltung des Produkts entsprechend dem Kundenwunsch (z.B. Vorentscheidung für Form, Farbe und Abmessungen),
- Maschinen- und Anlagenbedarf (z.B. Art der Maschinen, Fähigkeiten der Maschinen),
- Personalbedarf (z.B. Anzahl, Qualifikation),
- Zeitbedarf (z.B. Maschinenbelegung),
- Zulieferungen (z.B. notwendige Qualität der Vorprodukte).

- Qualitätssicherungsmaßnahmen

- Organisation der Qualitätssicherung (z.B. Verantwortlichkeit),
- Einsatzstellen von Qualitätssicherungsmaßnahmen,
- Methoden der Qualitätssicherung,
- Nachweise der Qualitätssicherungsmaßnahmen,
- Vorschriften für Zulieferer.

In der Planungsphase werden die Kundenwünsche und die Möglichkeiten ihrer Umsetzung geklärt.

10.5 Qualitätssicherung in der Entwicklung und Konstruktion

In der Phase der Entwicklung und Konstruktion ist die Möglichkeit zur Vermeidung späterer Fertigungsprobleme und Produktmängel besonders hoch und der dazu notwendige Aufwand noch sehr gering.
Unter den verschiedenen Methoden des Qualitätsmanagements in dieser Phase wird besonders häufig die ***F****ehler-****M****öglichkeits- und* ***E****influß****a****nalyse* **(FMEA)** angewendet. Sie wird nach der Fertigstellung der Konstruktionsunterlagen durchgeführt.

Aufgaben einer Konstruktions-FMEA sind es,

- mögliche Produktfehler bei der Produktentwicklung aufzudecken,
- Maßnahmen zum Vermeiden möglicher Fehler aufzuzeigen,
- die Verantwortlichkeit für die Durchführung qualitätssichernder Maßnahmen festzulegen und
- das vorliegende Erfahrungswissen über Einflüsse auf Qualität zu sammeln, zu systematisieren und für zukünftige Aufgaben bereitzuhalten.

Übungsaufgabe 10/7

Ziel der Konstruktions-FMEA ist ein konstruktiv einwandfreier Entwurf, der keine Fehlermöglichkeiten enthält und zu einem einwandfreien Produkt führen kann. Ihre Aufstellung geschieht in Teamarbeit zwischen Konstruktionsabteilung und Mitgliedern der Planungs-, Fertigungs- und Montageabteilung, um alle Fehlermöglichkeiten zu erfassen.

Beispiel **für eine Konstruktions-FMEA eines Fahrradherstellers (Auszug)**

Fehler-Möglichkeits- und Einfluß-Analyse

Konstruktions-FMEA ☒ Prozeß-FMEA ☐

Systeme/Merkmale	Potentielle Fehler	Potentielle Folgen des Fehlers	Potentielle Fehlerursachen	**Derzeitiger Zustand**					Empfohlene Abstellmaßnahmen	Verantwortlichkeit
				Vorgesehene Prüfmaßnahmen	Auftreten	Bedeutung	Entdeckung	Risiko-Prioritätszahl (RPZ)		
Fahrrad-Sattelstütze	Materialermüdung	Bruch der Stütze Sturz des Fahrers	Scharfe Biegekanten an Aufnahmelasche		5	8	5	200[1]	Kantenrundung vorsehen	Produkt-Entwicklung

Wahrscheinlichkeit des Auftretens (Fehler kann vorkommen)
unwahrscheinlich = 1
sehr gering = 2– 3
gering = 4– 6
mäßig = 7– 8
hoch = 9–10

Bedeutung (Auswirkungen auf den Kunden)
kaum wahrnehmbare Auswirkungen = 1
unbedeutender Fehler, geringe Belästigung des Kunden = 2–3
mäßig schwerer Fehler = 4–6
schwerer Fehler, Verärgerung des Kunden = 7–8

Wahrscheinlichkeit der Entdeckung (vor Auslieferung an Kunden)
hoch = 1
mäßig = 2–5
gering = 6–8
sehr gering = 9
unwahrscheinlich = 10

Priorität (RPZ)
hoch = 1000
mittel = 125
keine = 1

[1] Die Risiko-Prioritätszahl ergibt sich aus dem Produkt der einzelnen Bewertungszahlen RPZ = $5 \cdot 8 \cdot 5 = 200$

10.6 Qualitätssicherung in der Prozeßplanung

10.6.1 Fertigungsplanung

In der Phase der Prozeßplanung stehen für einen Betrieb sowohl die eigene Fertigung als auch die Beschaffung von Fremdprodukten im Vordergrund.

Fertigungsplanung befaßt sich mit
- Auswahl geeigneter Maschinen, Anlagen, Werkzeugen, Transportmitteln u.a.,
- Festlegung von Einstelldaten,
- Bereitstellung von Werk- und Hilfsstoffen,
- Einsatzplanung geeigneter Fachleute,
- Zeitplanung.

Mit Hilfe einer Prozeß-FMEA (Fehler-Möglichkeits- und Einflußanalyse), die in ähnlicher Weise wie die Konstruktions-FMEA aufgestellt wird, können mögliche Fehlerquellen bei der Herstellung und Montage aufgedeckt, hinsichtlich ihres Risikos bewertet und Maßnahmen zur Fehlervermeidung erarbeitet werden. An einer Prozeß-FMEA werden neben den Mitgliedern der Arbeitsvorbereitung und der Qualitätssicherung meist auch einige der später zuständigen Facharbeiter beteiligt.

Mit Hilfe von Prozeß-Fehler-Möglichkeits- und Einflußanalysen sollen vorbeugend Prozeßfehler erkannt und vermieden werden.

Übungsaufgaben 10/8

Fehler-Möglichkeits- und Einfluß-Analyse (Prozeß-FMEA)

Blatt 1 von 6

Teile- oder Prozeß-Name/Nr.: Linke Vordertür, 93 BB 20215AA
Betroffene Lieferanten und Werke:
Erstellt durch: Müller, NY/FN-2311

Konstruktions-Fertigungs-Verantwortung: Karosserieentwicklung/Gruppenstab BAO
Modell/Jahr/Typ: PKW, 1994, 4türig, Stufenheck
FMEA-Datum (Orig.): 06.02.92 (geänd.)

Andere betroffene Bereiche: Qualität, Produktion, Instandhaltung
Konstruktions-Freigabe-Datum: 01.09.1991
Produktions-Serienbeginn: 15.08.1993

Prozeß-Beschreibung / Prozeß-Zweck	Möglicher Fehler	Mögliche Folge(n) des Fehlers	Bedeutung	V	Mögliche Ursache(n) des Fehlers	Auftreten	Prozeßsicherungs-Methoden	Entdeckung	RPZ	Empfohlene Abstell-Maßnahme(n)	Verantwortl. Bereich/Ing. + Termin	Durchgeführte Maßnahme(n)	Bedeutung	Auftreten	Entdeckung	RPZ
Einbringen von Wachs in den Tür-Innenbereich mit manuell geführtem Sprühkopf	Unzureichender Wachsfilm auf der vorgesehenen Fläche, zu dünn und nicht im vorgesehenen Bereich	Verkürzte Lebensdauer der Tür führt zu: ● Schlechtem Aussehen wegen Durchrostung ● Wassereintritt ● Beeinträchtigung der Funktion der Türinnenteile	7		● Manuell geführter Sprühkopf nicht tief genug eingeführt	8	Sichtprüfung jede Std 1 mal pro Schicht Dickenmessung (Meßgerät)	5	280	● Hinzufügen eines Tiefenanschlags Automatische Sprüheinrichtung	Fabr.-Technik NY/FN-2311 III/90	– Anschlag hinzu – Erprobung am Band ist erfolgt – Abgelehnt wegen der Vielfalt der Türen	7	2	5	70
Tür-Innenbereich mit Mindestwachsschicht versehen zum Schutz gegen Korrosion					● Sprühköpfe verstopfen, weil: – Viskosität zu hoch – Temperatur zu tief – Sprühdruck zu klein	5	Prüfung des Sprühkopfs bei Schichtbeginn und nach Unterbrechung und zusätzlich vorbeugende Instandhaltung	3	105	● Testprogramm (DOE) mit Variation – Viskosität – Temperatur – Druck	Fabr.-Technik NY/FN-2311 IX/90	Temperatur und Druck sind festgelegt und Kontrolleinrichtungen installiert worden Prozeß ist fähig $c_{pk} = 1{,}60$				
					● Sprühkopf wird beschädigt beim Einführen in Tür	2	Vorbeugendes Instandhaltungs-Programm	2	28	Keine						
					● Nicht ausreichende Sprühzeit	8	Arbeitsanweisung und Stichprobenprüfung (10 Türen/Schicht) auf ausreichenden Film an den kritischen Stellen	7	392	● Installieren einer zeitgesteuerten Sprüheinrichtung (ECO-Timer)	Werktechnik NY/FN-34 X/90	Zeitgesteuerte Prüfeinrichtung ist installiert. Bei Beachtung von – Beginn des Sprühens – Ende des Sprühens – Regelkarten zeigen $c_{pK} = 2{,}05$	7	1	7	49

Bedeutung (Auswirkungen auf den Kunden)

kaum wahrnehmbare Auswirkungen	= 1
unbedeutender Fehler, geringe Belästigung des Kunden	= 2– 3
mäßig schwerer Fehler	= 4– 6
schwerer Fehler, Verärgerung des Kunden	= 7– 8
äußerst schwerwiegender Fehler	= 9–10

Wahrscheinlichkeit des Auftretens (Fehler kann vorkommen)

unwahrscheinlich	= 1
sehr gering	= 2– 3
gering	= 4– 6
mäßig	= 7– 8
hoch	= 9–10

Wahrscheinlichkeit der Entdeckung (vor Auslieferung an Kunden)

hoch	= 1
mäßig	= 2–5
gering	= 6–8
sehr gering	= 9
unwahrscheinlich	= 10

Priorität (RPZ)

hoch	= 1000
mittel	= 125
keine	= 1

Im Rahmen der Fertigung beeinflussen Einstelldaten von Maschinen und Apparaten, z.B. Schnittgeschwindigkeiten, Vorschübe, häufig wesentlich die Qualität des Produktes. Darum kommt der Auswahl dieser Daten entscheidende Bedeutung zu. Meist werden die Daten Empfehlungen der Maschinen-, Werkzeug- oder Werkstoffherstellern entnommen. Die Einhaltung dieser Daten garantiert nicht immer genügende Produktqualität und optimale Fertigungsbedingungen. Darum sind bei der Produktion höherer Stückzahlen Versuchsreihen durchzuführen, in denen die wichtigsten Einflußgrößen zu erfassen sind. Vielfach ist die Erfahrung von Facharbeitern am Arbeitsplatz eine besonders wichtige Quelle für optimale Einstellwerte.

Wichtige Voraussetzung für Qualitätssicherung ist die Auswahl und spätere Einhaltung der Einstelldaten für Maschinen und Apparate.

Das Qualitätsmanagement gewinnt im Zusammenhang mit der Beschaffung fremdgefertigter Bauteile und Baugruppen zunehmend größere Bedeutung, da

- die Betriebe aufgrund des Kostendruckes nicht mehr alle Teile selbst fertigen, sondern sie von Spezialisten zuliefern lassen und
- die Betriebe ihre Lagerhaltung und die damit verbundene Kapitalbindung zurückschrauben, indem sie gerade rechtzeitige Lieferung – *just in time* – verlangen. Dies erfordert die Null-Fehler-Lieferung seitens des Zulieferers.

Viele Großabnehmer, z.B. die Automobilindustrie, fordern von Ihren Zulieferern Nachweise über ihr Qualitätssicherungssystem. Diese werden durch sogenannte **Audits** erbracht (Auditor = Revisor).
In diesen Audits untersuchen Spezialisten von Prüfinstitutionen (z.B. TÜV) alle Bestandteile des betrieblichen Qualitätssicherungssystems und bewerten diese.

Im Falle der erfolgreichen Untersuchung durch eine unabhängige Prüfinstitution werden zeitlich begrenzte Zertifikate vergeben. Eine solche Zertifizierung wird häufig von Großabnehmern zur Bedingung einer Auftragserteilung gemacht.

Firmen erbringen Nachweise für ein geeignetes Qualitätssicherungssystem, indem sie sich von unabhängigen Institutionen überprüfen und bewerten lassen (Auditierung).

10.6.2 Prüfplanung

Die Planung der Prüfvorgänge im Rahmen der Fertigung bezieht sich auf das Produkt, die einzusetzenden Betriebsmittel (Maschinen, Werkzeuge, Vorrichtungen u.a.) sowie die zu verwendenden Prüfmittel.

Aufgaben der Prüfplanung sind

- Festlegung der zu prüfenden Merkmale und ihrer Grenzwerte,
- Beschreibung der Prüfmethode,
- Auswahl der Prüfmittel,
- Einordnung der Prüfungen in den Produktionsprozeß,
- Bestimmung des Prüfumfangs (z.B. Stichprobe, 100%-Prüfung),
- Festlegung der Art der Auswertung (z.B. gut – schlecht, zahlenmäßige Meßwerterfassung, statistische Auswertung)
- Festlegung der Konsequenzen der Auswertung (z.B. Ausschuß, Nacharbeit),
- Festlegung der Prüfmittelüberwachung,
- Bestimmung der Form der Dokumentation und der Datenverwaltung,
- Festlegung der Prüfer und der Verantwortlichkeit.

Prüfungen in der Fertigung bedeuten erhöhten Aufwand. Darum versucht man einerseits die Zahl der Prüfungen zu minimieren, andererseits die Prüfungen so zu legen, daß möglichst keine fehlerhaften Werkstücke in die folgende Fertigungsstufe gelangen.

Übungsaufgaben 10/10

Vorrangig ist darum die Prüfung von Werkstücken durch den Facharbeiter unmittelbar am Arbeitsplatz. Viele der Prüfungen am Arbeitsplatz sind ohne Hilfsmittel durchführbar, wie

- optische Prüfung auf sichtbare Fehler, z.B. Kratzer, Risse, Riefen,
- Prüfungen durch Tasten, z.B. auf Grate in Bohrungen bei Kunststoffgehäusen, auf lockere Teile bei der Montage,
- Prüfungen durch Hören, z.B. Abhören von Schleifgeräuschen oder von klappernden Teilen nach der Montage.

Beispiel für einen Prüfplan an einem Arbeitsplatz (Rasenmähermontage)

Arbeitsplatz Messermontage

Vorprüfung

- Durch Rütteln am Motorgehäuse ① ist die Motorbefestigung zu prüfen – bei lockerem Motor Gerät zur Nacharbeit geben.
- Durch Drehen und seitliches Bewegen der Welle ② sind Spiel und Leichtgängigkeit zu prüfen – bei Spiel oder schwer drehbarer Welle Gerät zur Nacharbeit geben.

Montageanweisung

1. Lüfterrad ③ mit Schaufel zum Gehäuse hin

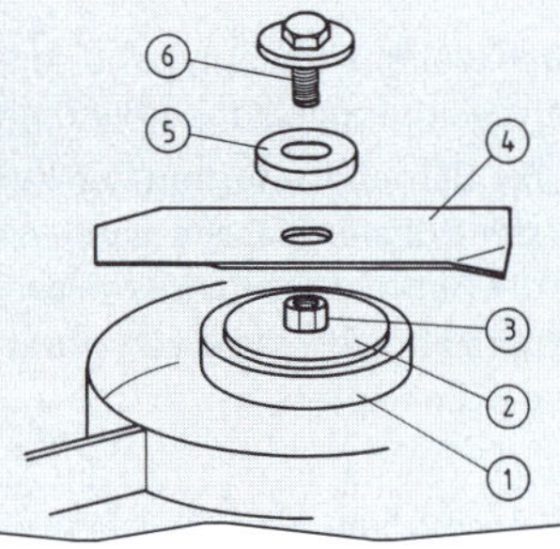

Prüfung nach der Montage

- Sichtprüfung der Messerlage – die Abschrägung der Schneide muß zum Gehäuse weisen – andernfalls demontieren und neu montieren.
- Messer mit Holzstab zwei Umdrehungen drehen – bei Schleifgeräuschen Gerät zur Nachbearbeitung aussortieren.

Häufig ist bei diesen Prüfungen mit Hilfe der Sinne auch ein Trend zur Fehlerentstehung festzustellen, der es erlaubt, schon vor dem Auftreten eines Fehlers in den Prozeß einzugreifen. So erkennt ein geübter Facharbeiter das Stumpfwerden eines Bohrers bei der Serienfertigung am Bohrgeräusch und an der Form der Späne.

Besonders in der mechanischen Fertigung geschieht das Prüfen am Arbeitsplatz mit entsprechenden Prüfgeräten. Dies können sein:

- einfache mechanische Prüfmittel, mit denen nur eine Eigenschaft zu prüfen ist, z.B. Grenzlehrdorne für Bohrungsdurchmesser,
- komplexe Prüfmittel, die gleichzeitig mehrere Eigenschaften erfassen, z.B. Lehren zum Prüfen von Kurbelwellen.

Numerisch gesteuerte Meßmaschinen, die entsprechend einem vorgegebenen Programm Prüfungen vornehmen, werden meist als selbständige Arbeitsplätze in den Fertigungsprozeß eingebunden.

Laborprüfungen, z.B. chemische Analysen, Werkstoffprüfungen, bedingen entweder hohe Totzeiten, in denen die Produktion bis zum Eintreffen des Laborergebnisses ruht, oder sind mit dem Risiko der Weiterverarbeitung von Ausschuß verbunden, wenn ohne Abwarten des Prüfergebnisses weitergearbeitet wird.

Die Kontrolle des Produktes durch den Facharbeiter am Arbeitsplatz kann die Weiterverarbeitung von fehlerhaften Werkstücken nach plötzlich auftretenden Fehlern verhindern.

Übungsaufgabe 10/11

10.7 Qualitätssicherung in der Fertigung

In der Serienfertigung sind Maßnahmen zur Qualitätssicherung besonders wichtig, damit die Neigung zum Auftreten von Fehlern schon in Ansätzen erkannt wird und Fehler so vermieden werden. Trotzdem sind Fehler möglich und wahrscheinlich.
Fehler entstehen in der Serienfertigung an der Einzelmaschine und Anlage sowie in deren Zusammenwirken im Fertigungsablauf.

10.7.1 Maschinen- und Prozeßfähigkeit

- **Maschinenfähigkeit**

Mit Hilfe der Statistik hat man im Bereich der Serienfertigung festgelegt, daß eine Fertigung eben noch als geeignet gilt, wenn bei 1000 gefertigten Teilen 3 Teile fehlerhaft sind, d.h. nicht mehr innerhalb der vorgegebenen Toleranzen liegen. Für eine Serienfertigung untersucht man darum zunächst die Einzelmaschinen und Anlagen, ob sie fähig sind, diese Forderungen zu erfüllen. Man nennt die notwendigen Untersuchungen **Maschinenfähigkeitsuntersuchungen (MFU)**.

◦ gut ◦ fehlerhaft

Veranschaulichung von 99,7 % fehlerfrei

In Maschinenfähigkeitsuntersuchungen stellt man fest, ob eine Maschine fähig ist, 99,7% aller Teile innerhalb der vorgegebenen Toleranzen zu fertigen.

- **Prozeßfähigkeit**

In einer Serienfertigung können alle verwendeten Maschinen fähig sein, aber trotzdem können im Prozeß Fehler auftreten. So können z.B. an einem Gehäuse Fräs-, Dreh- und Bohrarbeiten durchgeführt werden. Obwohl jede Maschine für sich fähig ist, können Gehäuse, z.B. durch häufiges Umspannen, fehlerhaft werden. Aus diesem Grund muß auch der gesamte Prozeß untersucht werden, ob er fähig ist. Auch hier gilt, daß ein Prozeß fähig ist, wenn 99,7% aller Teile fehlerfrei gefertigt werden können. Man nennt die notwendigen Untersuchungen **Prozeßfähigkeitsuntersuchungen (PFU)**.

In Prozeßfähigkeitsuntersuchungen stellt man fest, ob ein Prozeß fähig ist, 99,7 % aller Teile innerhalb der vorgegebenen Toleranzen zu fertigen.

10.7.2 Prozeßüberwachung

- **Kontrollkarten**

Im laufenden Fertigungsprozeß müssen alle Arbeitsgänge überwacht werden, damit Abwanderungstendenzen von Meßgrößen (Trends) erkannt werden und Gegenmaßnahmen eingeleitet werden können. Zur Untersuchung solcher Trends kann man alle Werkstücke überprüfen. Da dieses meist sehr aufwendig ist, prüft man häufig mit **Stichproben**. Solche Stichproben kann man in regelmäßigen zeitlichen Abständen, z.B. stündlich, oder nach bestimmten Stückzahlen, z.B. aus jeweils 500 gefertigten Teilen, nehmen. Die Zahlenwerte aus diesen Prüfungen zeigen wenig anschaulich den Verlauf der Meßgröße. Darum versucht man durch grafische Darstellungen die Übersichtlichkeit zu verbessern. Die einfachste Darstellungsform geschieht in **Kontrollkarten**, die die Grenzwerte und die Stichprobennahme kennzeichnen. Ferner sind in den Karten Änderungen im Prozeß vermerkt.

Jede Firma erstellt solche Karten entsprechend ihren eigenen Bedürfnissen.

Übungsaufgaben 10/12

Beispiel	für eine einfache Kontrollkarte

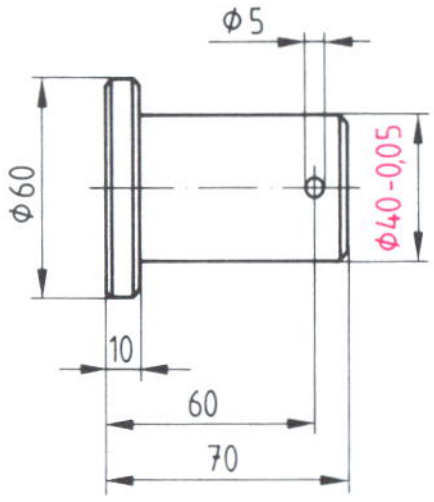

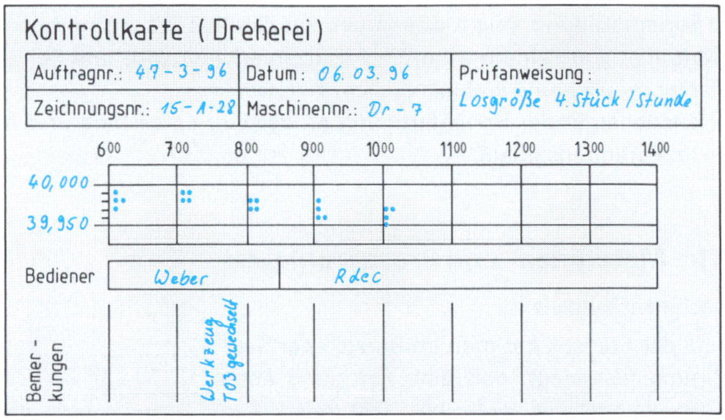

In einfachen Kontrollkarten werden die Ergebnisse von Prüfungen dargestellt. Als Grenzwerte dienen die vorgegebenen Toleranzen.

- **Qualitätsregelkarten**

Für Prozesse, die eine Nullfehlerproduktion erbringen sollen, genügen solche einfachen Kontrollkarten nicht mehr:

- Bei geringer Stichprobenzahl ist mit hoher Wahrscheinlichkeit schon fehlerhaft gefertigt worden, wenn die Stichprobenwerte dicht an den Toleranzgrenzen liegen.
- Bei mehreren Einflußgrößen, z.B. bei häufigem Umspannen, Werkzeugwechseln, Bedienerwechseln, ist die Wahrscheinlichkeit, daß Fehler auftreten erheblich größer als bei Fehlen dieser Einflüsse.

Aus diesen Gründen berechnen Statistiker **Eingriffsgrenzen.** Diese sind kleiner als die Toleranzgrenzen. Sie dürfen nicht überschritten werden. Davor stehen **Warngrenzen,** bei deren Erreichen der Prozeß genauer beobachtet werden muß. Man nennt Karten, die statistisch abgesicherte Warn- und Eingriffsgrenzen enthalten, **Qualitätsregelkarten.**

Beispiel	für das Arbeiten mit einer Qualitätsregelkarte

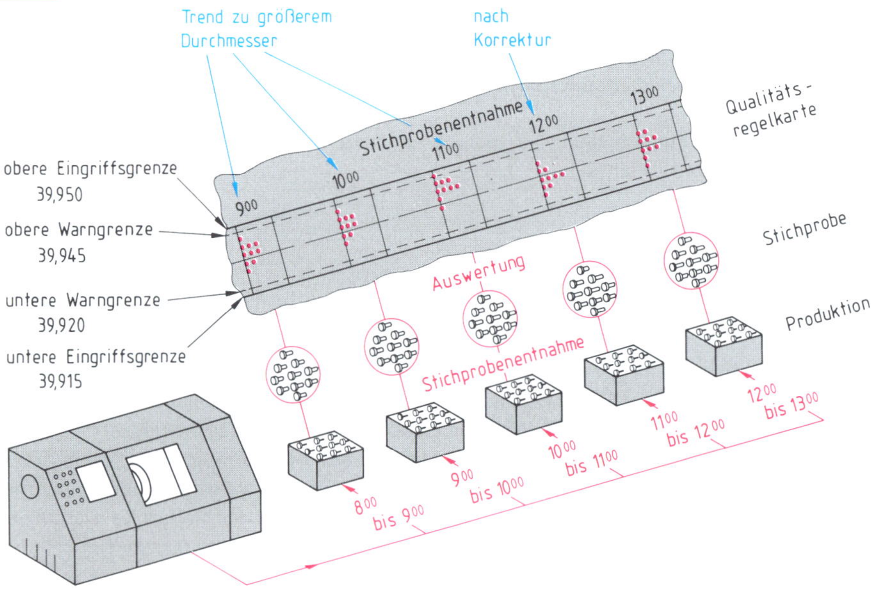

Qualitätsregelkarten enthalten statistisch ermittelte Eingriffsgrenzen und Warngrenzen. Die Eingriffsgrenzen sind kleiner als die Grenzen, die durch Toleranzen vorgegeben sind.

Übungsaufgabe 10/13

- **Qualitätsregelkreis**

Prüfungen mit Regelkarten können unmittelbar nach einzelnen Fertigungsstufen eingesetzt werden und sie erlauben nahezu sofortiges Reagieren. Damit wird der **Qualitätsregelkreis** innerhalb einer Fertigungsstufe geschlossen.

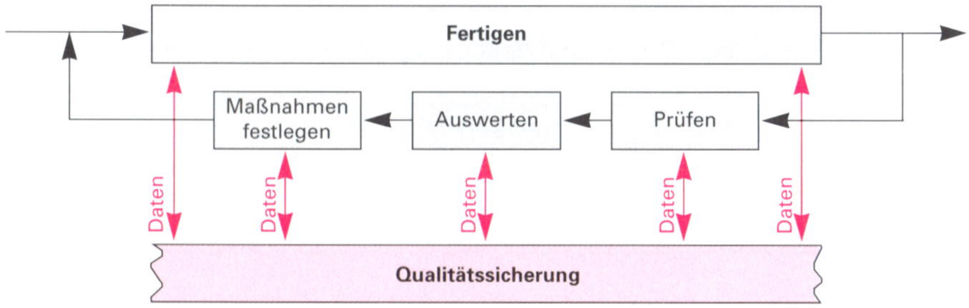

Qualitätsregelkreis

Prüfungen führen nur dann zu Qualität, wenn sie ausgewertet werden und das Ergebnis der Auswertung die weitere Produktion positiv beeinflußt (Qualitätsregelkreis).

10.7.3 Fehlerdatenerfassung

Nur mit optimal eingestellten Maschinen und Anlagen ist ein einwandfreies Produkt zu erzeugen. Es ist deshalb für eine Wiederholung der Produktion und die Beurteilung von auftretenden Fehlern wichtig, alle Prozeß- und Maschinendaten zu erfassen und zu dokumentieren, damit die Einstellungen, die sich als günstig erwiesen haben, wiederholbar sind.
Weiterhin kann eine systematische Fehlererfassung zusammen mit einer Auflistung getroffener Maßnahmen und deren Erfolgsquote zu einer Erleichterung der Entscheidungen beim erneuten Auftreten eines Fehlers beitragen. Eine einfache Regel sagt, daß 80% aller Fehler nur durch 20% aller möglichen Fehlerursachen hervorgerufen werden.

Beispiel **für eine Fehlerdatenanalyse**

In einer Fertigung tritt plötzlich der Fehler auf, daß Klebenähte erst nach 4,5 Minuten aushärten. Dies ist der Fehler E0045. In der Liste, in der Maßnahmen zur Beseitigung des Fehlers E0045 aufgeführt sind, findet man, daß bisher 17mal die Maßnahme M0066, 28 mal die Maßnahme M0064 und 3mal die Maßnahme M0063 geholfen hat. Man sollte also in diesem Fall die Maßnahme M0064 (Härteranteil um 0,1% erhöhen) in Betracht ziehen, um den Fehler zunächst zu beseitigen.

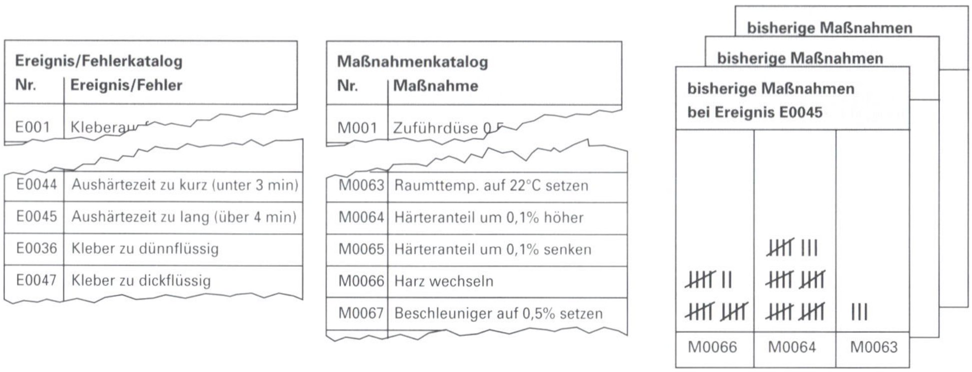

80% aller Fehler werden durch nur 20% aller möglichen Fehlerursachen hervorgerufen. Darum ist eine systematische Fehlererfassung Voraussetzung für eine schnelle und umfassende Fehlerbeseitigung.

Fertigungstechnik

1 Einteilung der Fertigungsverfahren

Bei der Fertigung von Maschinen, Geräten und Gebrauchsgütern werden viele unterschiedliche Verfahren angewendet. Fertigungsverfahren sind nach DIN 8580 in 6 Hauptgruppen eingeteilt:

Fertigungsverfahren

Urformen	Umformen	Trennen	Fügen	Beschichten	Stoffeigenschaftändern

Beispiel für die Fertigungsverfahren bei der Herstellung eines Schraubstocks

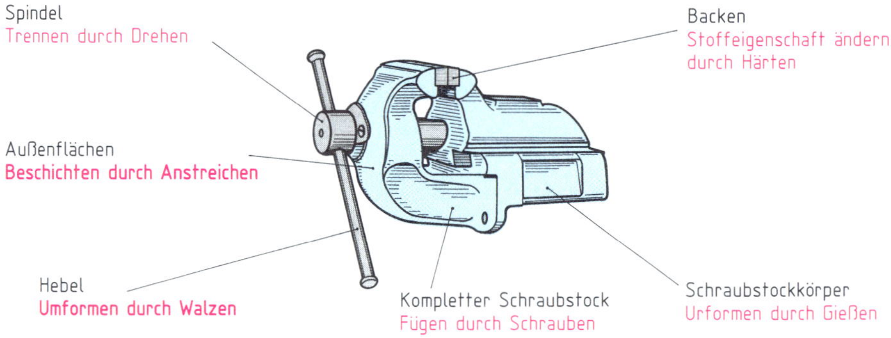

- **Urformen**

Alle Fertigungsverfahren, in denen aus formlosem Stoff ein Werkstück hergestellt wird, bezeichnet man als Urformverfahren. In diesem Verfahren wird der *Zusammenhalt* der Stoffteilchen *geschaffen.*

Schmelze (formloser Stoff) → Urformen → Werkstück

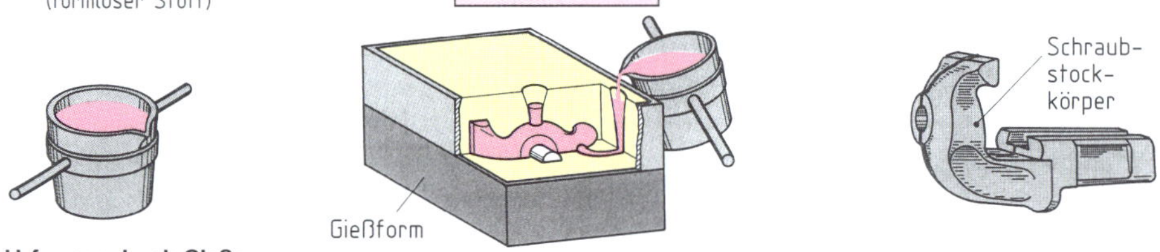

Urformen durch Gießen

Beim Urformen werden Werkstücke aus formlosen Stoffen, wie z.B. Schmelzen, erzeugt.

- **Umformen**

Man nennt alle Fertigungsverfahren, in denen Werkstücke aus festen Rohteilen durch bleibende Formänderung erzeugt werden, Umformverfahren. Das Volumen des Rohteils ist gleich dem Volumen des Fertigteils.

Rohteil → Umformen → Fertigteil

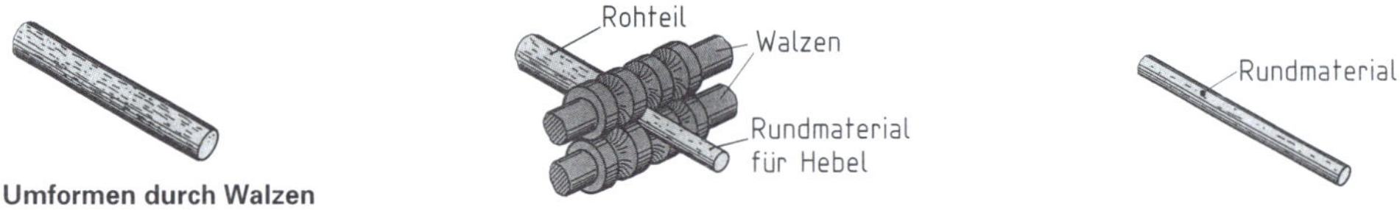

Umformen durch Walzen

Beim Umformen wird die Form eines festen Rohteils bleibend verändert, ohne daß Werkstoffteilchen abgetrennt werden.

- **Trennen**

Alle Verfahren, in denen die Form eines Werkstücks durch die *Aufhebung* des *Werkstoffzusammenhalts* an der Bearbeitungsstelle geändert wird, nennt man Trennverfahren.

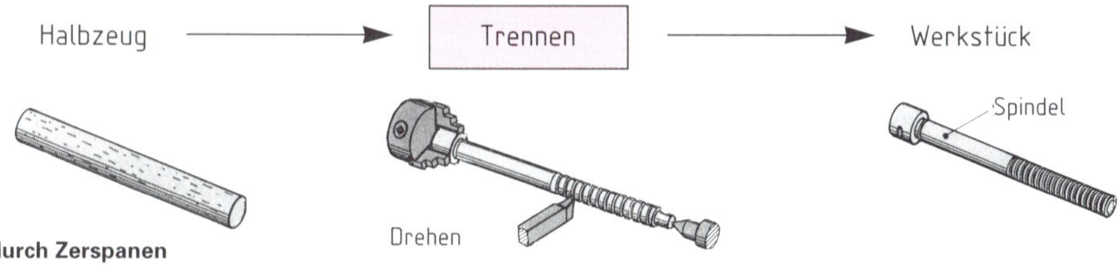

Trennen durch Zerspanen

Beim Trennen werden Werkstücke meist durch Zerteilen von Rohteilen oder durch Abtrennen von Spänen gefertigt.

- **Stoffeigenschaftändern**

Beim Härten der Schraubstockbacken werden Kohlenstoffatome im Stahl umgelagert. Dadurch werden die Eigenschaften des Stahls geändert. Alle Verfahren, in denen die *Eigenschaften* von Werkstoffen *geändert werden,* bezeichnet man als Stoffeigenschaftändern.

Beim Stoffeigenschaftändern erhalten Werkstücke veränderte Stoffeigenschaften.

- **Beschichten**

Alle Verfahren, in denen man auf Oberflächen von Werkstücken *Schichten aufträgt,* bezeichnet man als Beschichtungsverfahren.

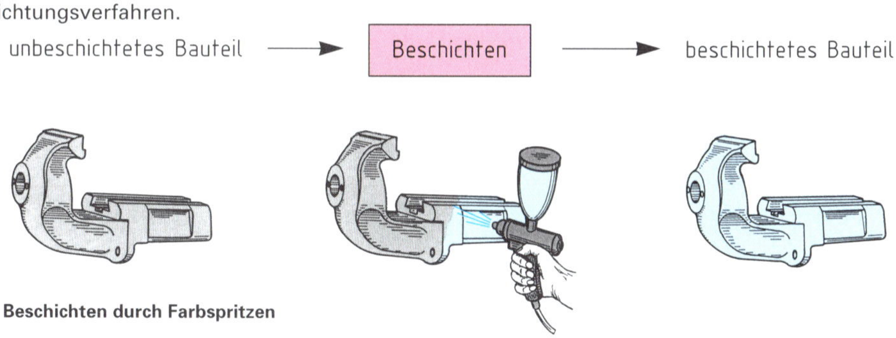

Beschichten durch Farbspritzen

Beim Beschichten wird auf Werkstücke eine festhaftende Schicht aus anderen Stoffen aufgetragen.

- **Fügen**

Alle Fertigungsverfahren, bei denen *aus Einzelteilen größere Baueinheiten* zusammengebaut oder verbunden werden, bezeichnet man als Fügeverfahren.

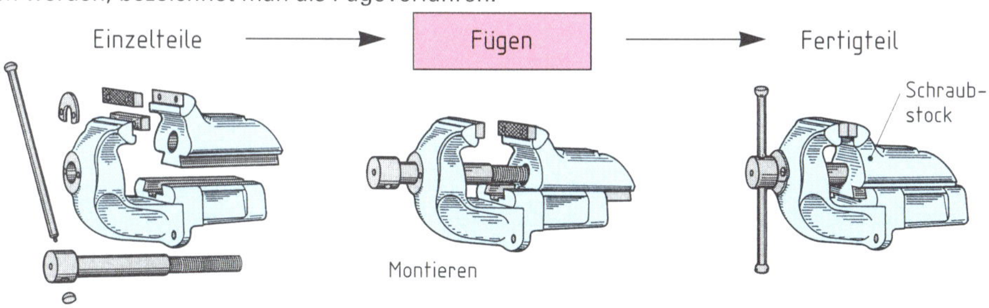

Fügen durch Schrauben

Beim Fügen werden Werkstücke miteinander verbunden.

Übungsaufgaben 1/1 bis 1/4

2 Vorbereitende Arbeiten zur Fertigung von Werkstücken

Zur Herstellung einzelner Werkstücke werden bei handwerklicher Fertigung Werkstückumrisse, Durchbrüche und Bohrungsmitten auf dem Rohteil markiert. Diese Übertragung von Maßen und Konturen bezeichnet man als **Anreißen**.

Beispiel für das Anreißen im Rahmen der Herstellung einer Lasche

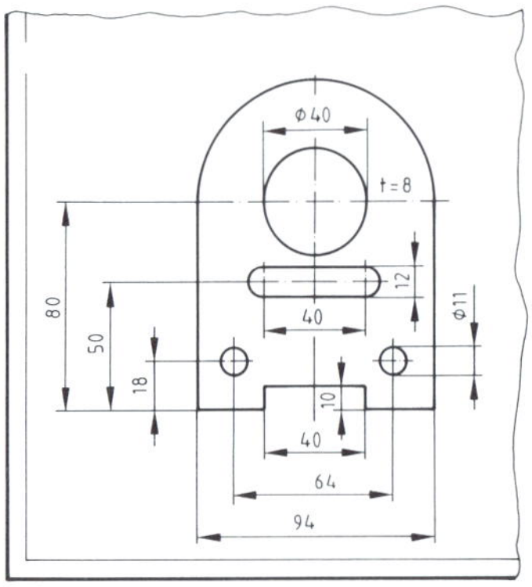

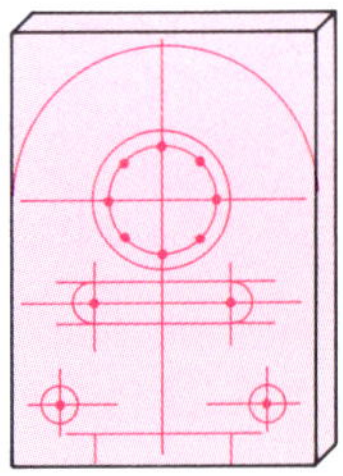

Rohteil mit Anrißlinien und Körnungen

Fertigteil

2.1 Anreißen

- **Vorbereiten der Werkstücke zum Anreißen**

Das Übertragen der Maße auf das Rohteil erfolgt von zwei oder drei Ebenen aus. Diese Ebenen bezeichnet man **Maßbezugsebenen**. Zweckmäßigerweise werden äußere Flächen als Maßbezugsebenen gewählt. Meist werden diese Flächen vor dem Anreißen so bearbeitet, daß sie eben und winklig sind. Bei symmetrischen Werkstücken legt man auch Maßbezugsebenen in die Werkstückmitte.

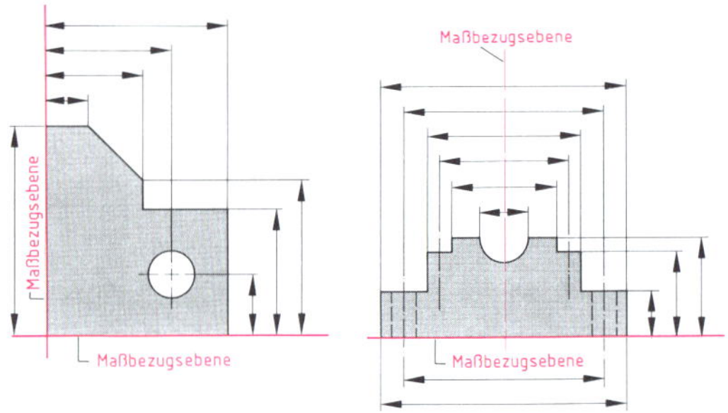

Maßbezugsebenen

Auf die Anreißfläche trägt man oft vor dem Anreißen eine **Farbschicht** auf, damit die Rißlinien gut sichtbar werden. Man verwendet

- Schlämmkreide für Guß- und Schmiedestücke,
- Kupfervitriol zum Verkupfern oder
- Anreißfarbe für vorgearbeitete oder blanke Flächen.

- **Anreißwerkzeuge**

Beim Anreißen werden mit Reißnadeln Rißlinien auf den Werkstücken erzeugt. Dazu verwendet man meist gehärtete Stahlreißnadeln bzw. Reißnadeln mit Hartmetallspitzen. Die genannten Reißnadeln sind härter als das Werkstück und ritzen die Werkstückoberfläche ein. Vielfach sind solche Einkerbungen unerwünscht, weil sie das Aussehen und die Festigkeit eines Bauteils beeinträchtigen. Zur Vermeidung von Beschädigungen der Werkstückoberfläche verwendet man auch Messingreißnadeln oder Bleistifte.

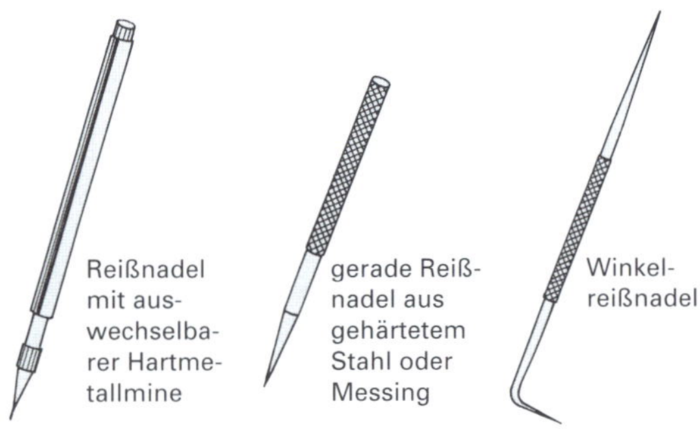

Reißnadelarten

Anreißwerkzeuge sind so auszuwählen, daß möglichst keine Beschädigung der Oberfläche eintritt, die Festigkeit und Aussehen beeinträchtigt.

Übungsaufgaben 2/1; 2/2

• Anreißverfahren

Anreißen von Parallelrissen auf der Anreißplatte

Anreißarbeiten werden vorwiegend auf der Anreißplatte ausgeführt. Ihre Oberfläche muß eben, glatt und verschleißfest sein. Durch Hilfsmittel wie Stütz- oder Aufspannwinkel, Prismen mit oder ohne Spannbügel u.ä. werden Werkstücke auf der Anreißplatte sicher plaziert.

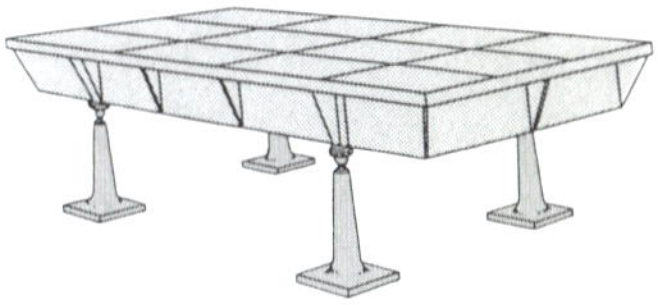

Anreißplatte

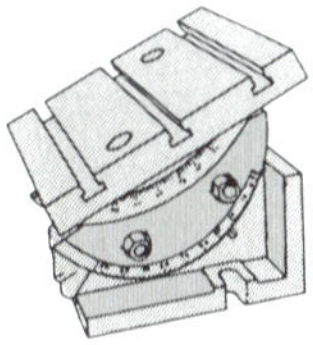

Winkel-Aufspannplatte

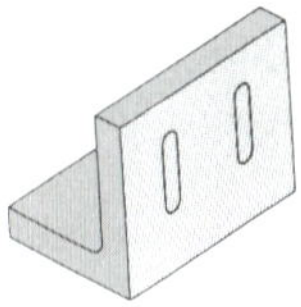

Spannwinkel

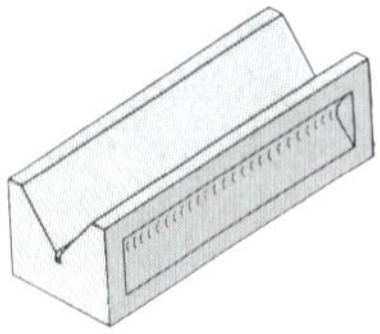

Prisma

Beim Anreißen auf der Anreißplatte werden Risse, die parallel zur Plattenoberfläche verlaufen, mit Parallelreißern ausgeführt. Man erzielt hohe Genauigkeiten, weil das Werkstück mit seiner Bezugsebene auf der Anreißplatte bleibt.

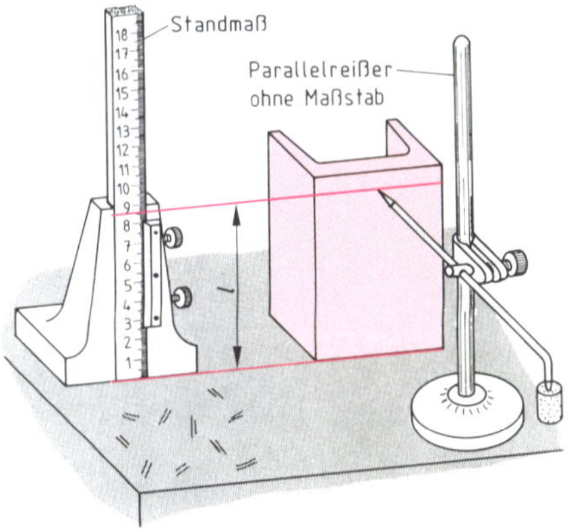

Anreißen von Parallelen

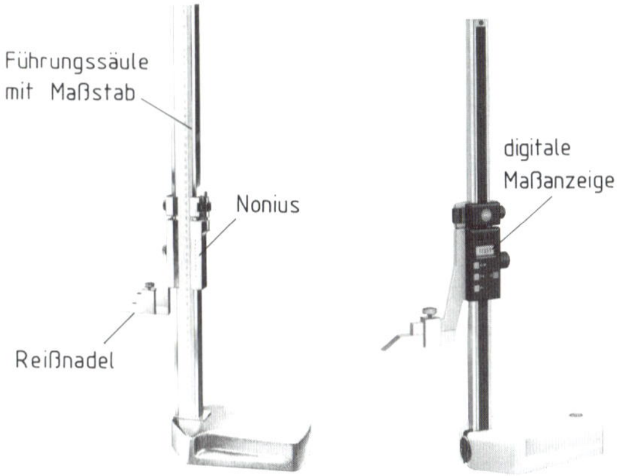

Parallelreißer

Parallelreißer verwendet man auf der Anreißplatte zum Anreißen kantenparalleler Linien.

Anreißen von Profilstäben und Blechen

Große Werkstücke aus Profilstäben und Blechen werden meist nicht auf der Anreißplatte angerissen. Bei solchen Werkstücken benutzt man eine Längskante als Anlage für die Anreißwerkzeuge. Parallel zu dieser Werkstückkante verlaufende Längsrisse können mit einem **Streichmaß** angerissen werden. Das Streichmaß wird mit seinem Anschlag an einer Werkstückfläche entlanggeführt. Auf dem verschiebbaren Stabmaß wird der Abstand vom Anschlag bis zur eingespannten Reißnadel direkt eingestellt. Die rechtwinklig verlaufenden Risse werden mit Hilfe eines **Anschlagwinkels** angerissen. Bohrungsabstände trägt man von einer Maßbezugslinie aus mit einem Stahlmaßstab o.ä. ab.

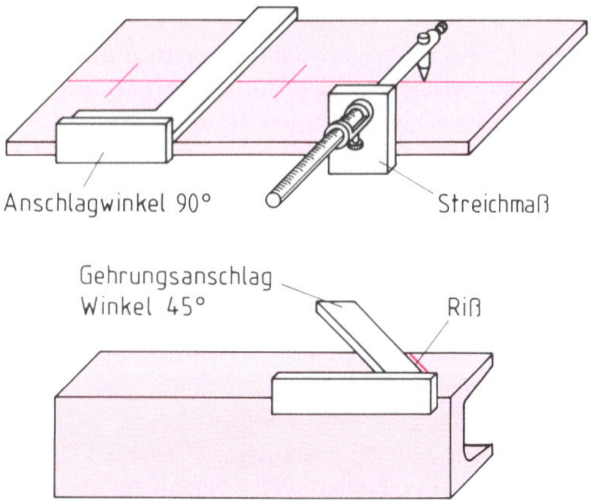

Anreißen mit Anschlagwinkel und Streichmaß

Parallelrisse zu Längskanten erzeugt man mit einem Streichmaß. Querrisse und Schrägrisse erzeugt man mit Hilfe von festen Anschlagwinkeln oder Winkelmessern.

Übungsaufgaben 2/3 bis 2/6

Bestimmen von Kreismitten mit Zentrierwinkel

Das Anreißen von Kreismittelpunkten an Wellen, Nocken u.a. kann mit einem Zentrierwinkel ausgeführt werden. Der **Zentrierwinkel** besteht aus Winkel und Lineal. Der Winkel wird zum Anreißen gegen den Kreisumfang gedrückt. Die Anreißkante des Lineals halbiert den Winkel.

Auf der Winkelhalbierenden liegen die Mittelpunkte aller Kreise, die an den Schenkeln eines Winkels anliegen. Deshalb geht die Anreißkante des Zentrierwinkels durch den Kreismittelpunkt. Durch zwei verschiedene Risse mit dem Zentrierwinkel ist der Kreismittelpunkt bestimmt.

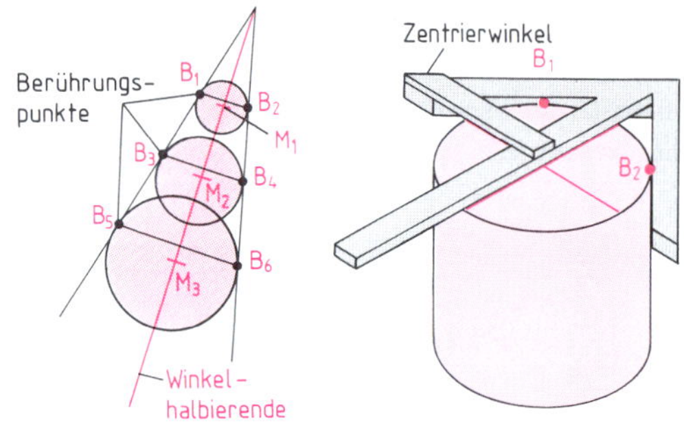

Anreißen von Kreismitten

An Wellenenden werden Mittelpunkte mit Zentrierwinkeln angerissen.

Anreißen von Kreislinien

Zum Anreißen von Kreisen, Radien oder Lochabständen auf Werkstücken werden Zirkel mit zwei Metallspitzen verwendet. Der Mittelpunkt wird angekörnt. Eine Spitze des Zirkels wird im Körner geführt, mit der zweiten erzeugt man den Riß.

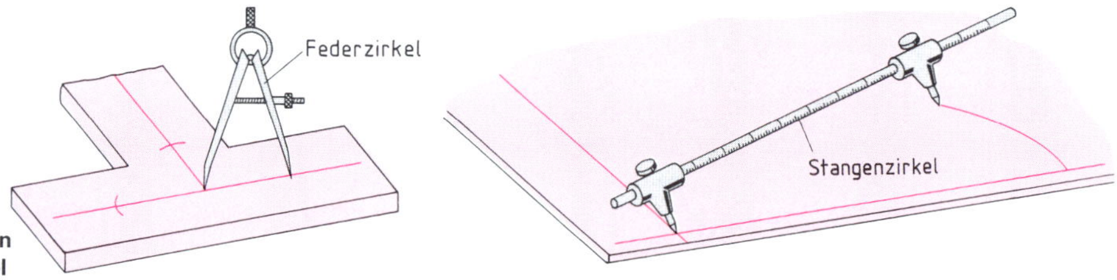

Anreißarbeiten mit dem Zirkel

Anreißen mit Schablonen

Mit Anreißschablonen werden bei der Fertigung mittlerer Stückzahlen Werkstückumrisse oder Bohrungsmitten angerissen. Die Umrisse flacher Teile werden vorteilhaft mit einer Schablone angerissen, wenn sie viel Anreißarbeit erfordern würden.

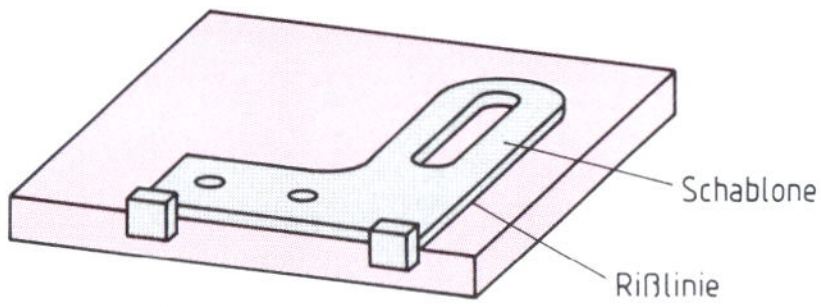

Anreißen mit Schablone

2.2 Körnen

Die beim Anreißen auf dem Werkstück erzeugten Rißlinien werden meist durch Körnen ergänzt. Beim Körnen werden durch Hammerschläge mittels Körner kleine kegelförmige Vertiefungen in die Werkstückoberfläche geschlagen.

Werkstücke werden gekörnt:

- in einer Bohrungsmitte, um der Bohrerspitze beim Anbohren eine erste Führung zu geben,
- auf Kontrollkreisen, um die Lage von Bohrungen zu prüfen,
- auf Rißlinien, um deren Verlauf bei der weiteren Bearbeitung deutlich sichtbar zu erhalten. Dies ist besonders bei unebener Oberfläche notwendig.

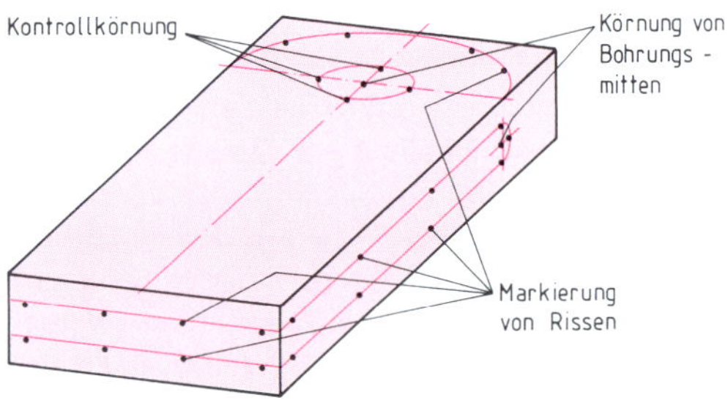

Körnungen an einem Werkstück

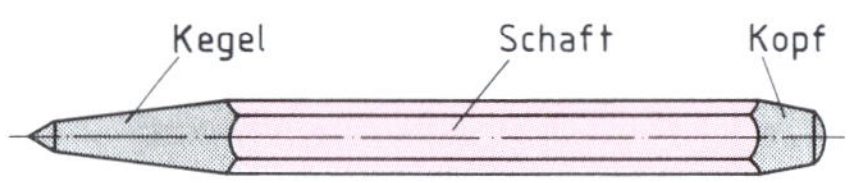

Körner

Körnungen werden ausgeführt, um

- ein sicheres Ansetzen des Bohrers in der Bohrmitte zu gewährleisten,
- Rißlinien bei der Bearbeitung deutlich zu markieren.

Übungsaufgaben 2/7; 2/8

3 Fertigungsverfahren des Trennens

Die Fertigung von Werkstücken, Maschinen und Werkzeugen erfolgt zu einem großen Teil durch die Verfahren des Trennens. Sie werden nach DIN 8580 in sechs Gruppen eingeteilt, die in der Übersicht dargestellt sind. Von allen Trennverfahren haben das Zerteilen, das Spanen und das Abtragen die größte Bedeutung, da sie an den meisten Fertigungsprozessen beteiligt sind.

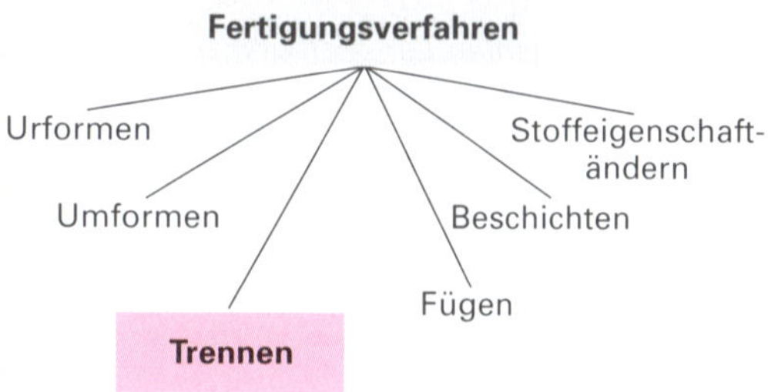

Zerteilen

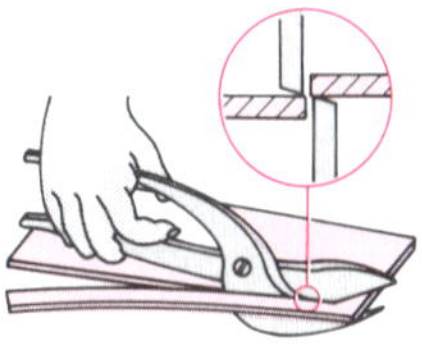

Spanloses Trennen

Spanen mit *geometrisch bestimmten* Schneiden

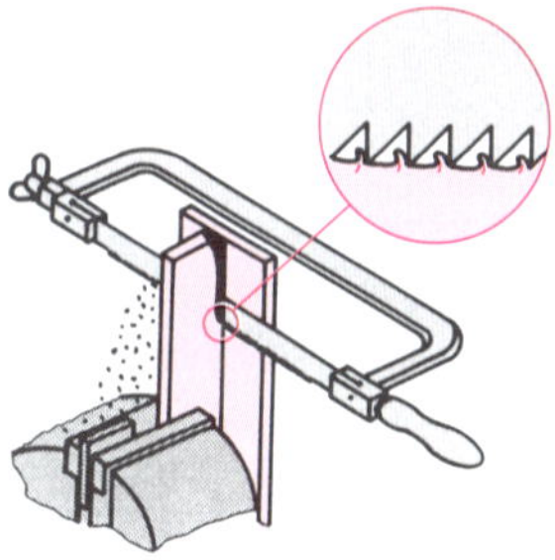

Spanabhebendes Bearbeiten

Spanen mit *geometrisch unbestimmten* Schneiden

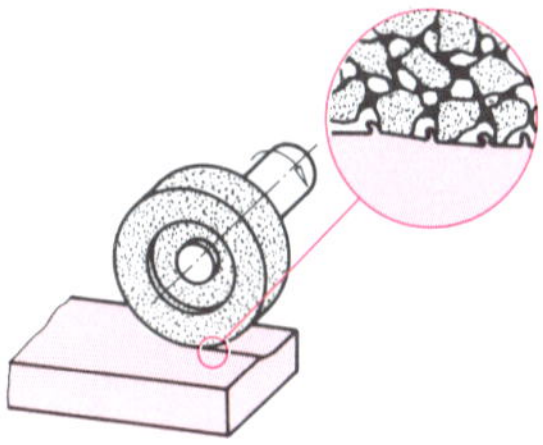

Spanabhebendes Bearbeiten

Trennen

Abtragen

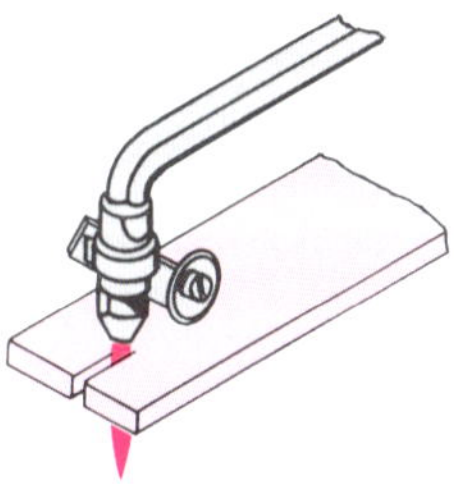

Physikalisch-chemisches Bearbeiten

Zerlegen

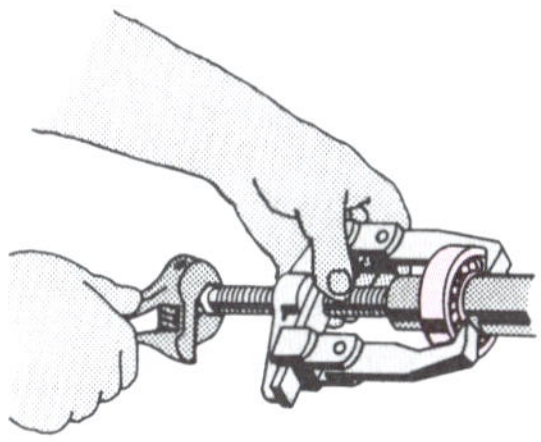

Auseinandernehmen von zusammengebauten Teilen

Reinigen

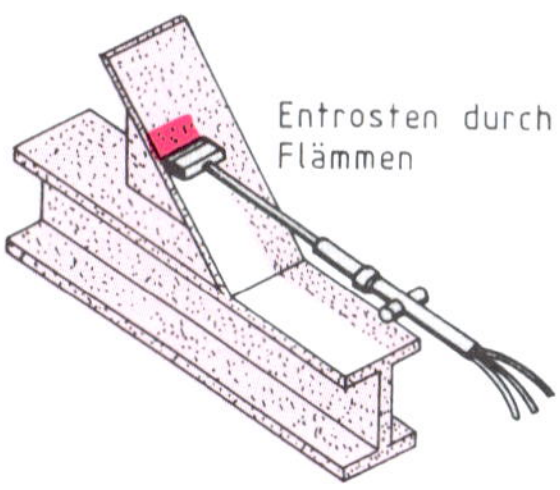

Entfernen unerwünschter Stoffteilchen

Bei dem Verfahren des Trennens wird an der Bearbeitungsstelle der Zusammenhalt von Werkstoffteilchen aufgehoben.

Übungsaufgabe 3/1

3.1 Grundbegriffe zum Zerteilen und Spanen

3.1.1 Keil als Werkzeugschneide

Für die Trennverfahren Zerteilen und Spanen benötigt man Werkzeuge mit keilförmigen Schneiden. Das Werkzeug kann nur *eine* Schneide haben wie der Meißel oder *mehrere* Schneiden tragen wie der Bohrer oder das Sägeblatt.

Sind die Schneiden eines Werkzeuges in ihrer Form und Lage genau bestimmt, dann spricht man von **geometrisch bestimmten** Schneiden.

Haben die Schneiden eines Werkzeugs alle unterschiedliche Formen, wie z.B. die Körner einer Schleifscheibe, so spricht man von **geometrisch unbestimmten** Schneiden.

Beispiele **für Schneidenzahl und Schneidenform bei Werkzeugen zum Zerteilen und Spanen**

Verfahren	Meißeln	Bohren	Sägen	Schleifen
Schema	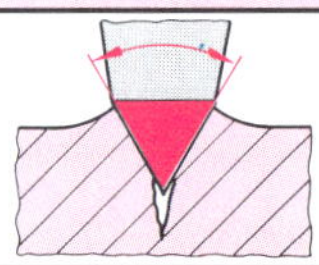	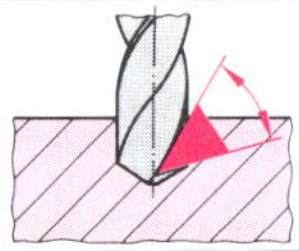	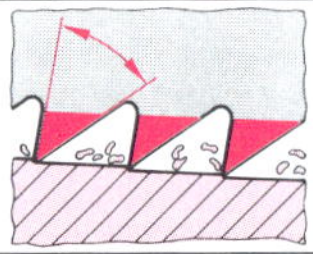	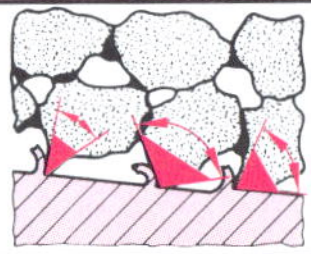
Anzahl der Schneiden	eine	zwei	mehrere	viele
Form und Lage der Schneiden	bestimmt	bestimmt	bestimmt	unbestimmt

Alle Werkzeuge zum Zerteilen und Spanen haben keilförmige Schneiden.

Damit Werkzeuge mit ihren Schneiden beim Zerteilen und Spanen auf Rohteile Wirkungen erzielen, sind immer Kräfte erforderlich.

3.1.2 Kraft

- **Kraftwirkungen**

Kräfte sind nicht sichtbar, man erkennt sie nur an den Auswirkungen.

- Durch die Wirkung der Muskelkraft wird z.B. Flachmaterial gebogen.
  Kräfte bewirken **Formänderungen**.
- Durch die Wirkung der Muskelkraft wird z.B. ein Hammer aus der Ruhe in eine schnelle Bewegung versetzt.
  Kräfte bewirken **Bewegungsänderungen**.

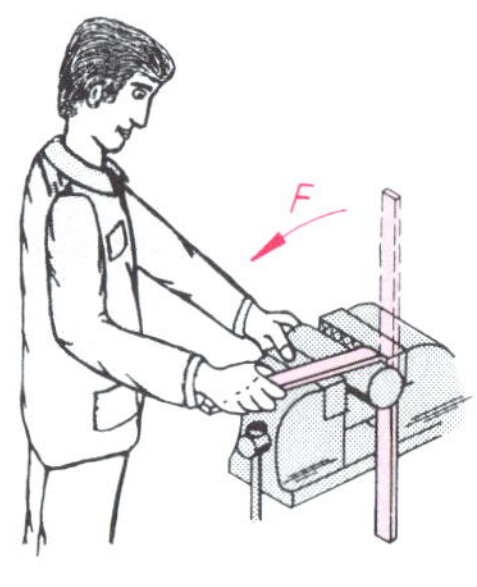

Formänderung

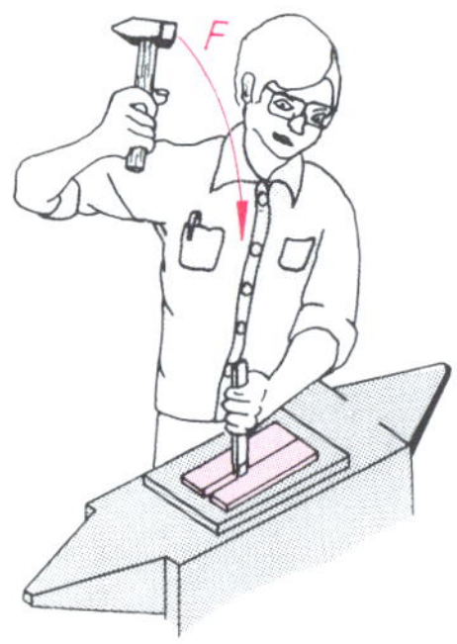

Bewegungsänderung

Kräfte können die Form oder den Bewegungszustand von Körpern ändern.

- **Maßeinheit der Kraft**

Die **Maßeinheit der Kraft** ist das Newton N (sprich: njutn). Auf einen Körper mit der Masse m = 1 kg wirkt am 45. Breitengrad in Meereshöhe eine Gewichtskraft von F_G = 9,81 Newton.

Für die Technik ist in vielen Fällen bei der Gewichtskraftberechnung eine etwa 2%ige Ungenauigkeit von untergeordneter Bedeutung, so daß für die Masse m = 1 kg auf der Erdoberfläche näherungsweise eine Gewichtskraft von F_G = 10 N angenommen werden kann.

Auf einem Körper mit der Masse m = 1 kg wirkt am 45. Breitengrad in Meereshöhe eine Gewichtskraft von F_G = 9,81 Newton (näherungsweise F_G = 10 N).

Zeichnerische Darstellung von Kräften

Da eine Kraft durch Größe und Richtung festgelegt ist, läßt sie sich als Pfeil anschaulich darstellen.

Bei der zeichnerischen Darstellung entspricht
- die Richtung des Pfeils der Richtung der Kraft,
- die Länge des Pfeils der Größe der Kraft.

Dazu legt man einen **Kräftemaßstab** fest, der angibt, welche Kraft der Pfeillänge von 1 cm entspricht.

Beispiel für die Festlegung eines Kräftemaßstabes

Will man eine Kraft von 500 N durch einen Pfeil von 2 cm Länge darstellen, so entspricht die Länge von 1 cm der Kraft von 250 N.
Damit ist der Kräftemaßstab wie folgt festgelegt:
1 cm ≙ 250 N (≙ lies „entspricht").

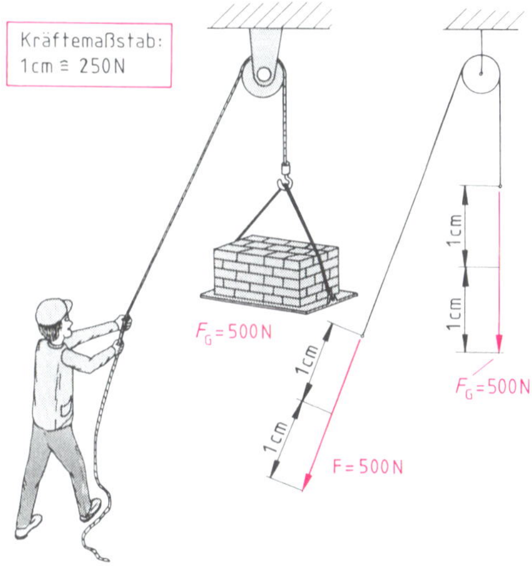

Darstellung von Kräften

Kräfte werden als Pfeile dargestellt.

Verschiebung von Kräften

Ein Getriebekasten mit der Gewichtskraft F_G = 2 000 N hängt an einem Kranhaken. Für die Belastung des Kranhakens ist es bei Vernachlässigung des Seilgewichts bedeutungslos, ob der Getriebekasten mit einem kurzen oder langen Seil aufgehängt ist. Beide Gewichtskräfte wirken in Seilrichtung, sie sind lediglich auf ihrer Wirkungslinie verschoben.
Die Richtung, in die eine Kraft wirkt, bezeichnet man als **Wirkrichtung**. Die Wirkung einer Kraft ändert sich nicht, wenn man sie entlang ihrer Wirkrichtung verschiebt.

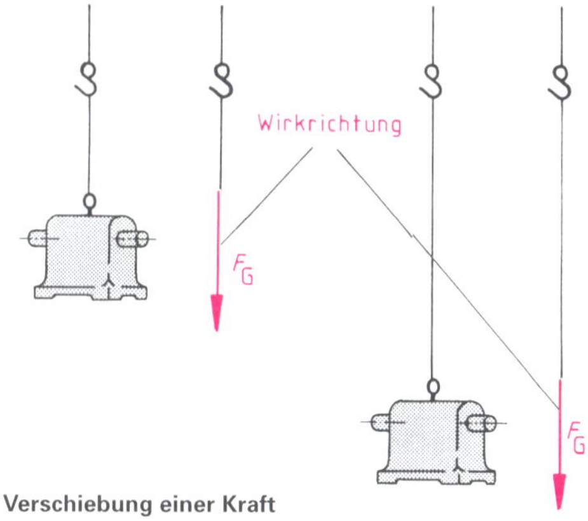

Verschiebung einer Kraft

Kräfte dürfen entlang ihrer Wirkrichtung verschoben werden.

Kraft und Gegenkraft

Eine an einem Seil hängende Kiste zieht mit ihrer Gewichtskraft F_G senkrecht nach unten. Damit die Last gehalten werden kann, müssen der Haken und das Seil eine Gegenkraft aufbringen. Die hervorgerufene Gegenkraft F ist so groß wie die wirkende Gewichtskraft F_G, aber entgegengesetzt gerichtet.

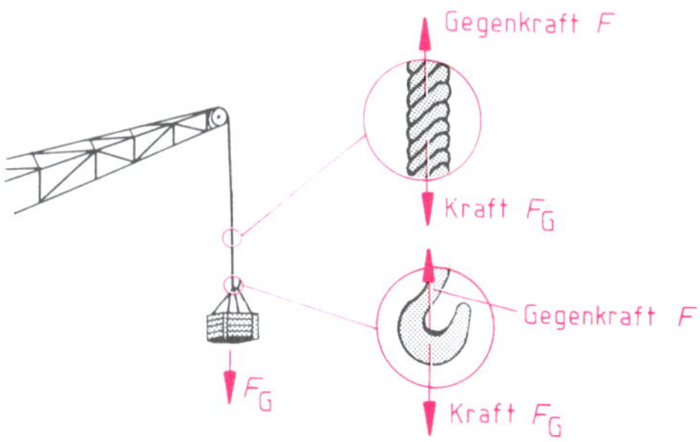

Kraft gleich Gegenkraft

Jede auf einen Körper wirkende Kraft ruft eine Gegenkraft hervor. Kraft und Gegenkraft sind gleich groß, aber entgegengesetzt gerichtet.

Übungsaufgaben 3/8 bis 3/11

3.1.3 Kräftezerlegung am Keil

- **Kräfteparallelogramm**

Wirkt eine Kraft auf einen Keil, so wird sie in Seitenkräfte zerlegt, die senkrecht auf den Wangen des Keiles stehen. Im Versuch kann man die Größe der Seitenkräfte messen.

Beispiel für die Ermittlung von Kräften am Keilmodell

Auf einen verstellbaren Keil können verschieden große Kräfte wirken. An den senkrecht zu den Keilflächen angebrachten Kraftmeßuhren werden die wirkenden Seitenkräfte F_1 und F_2 abgelesen.

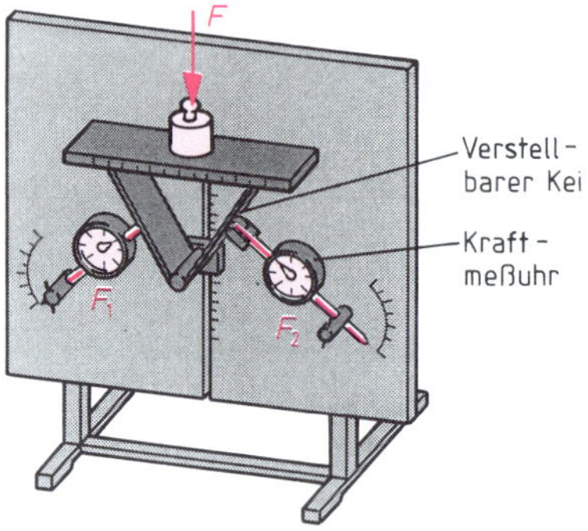

Versuchsmodell

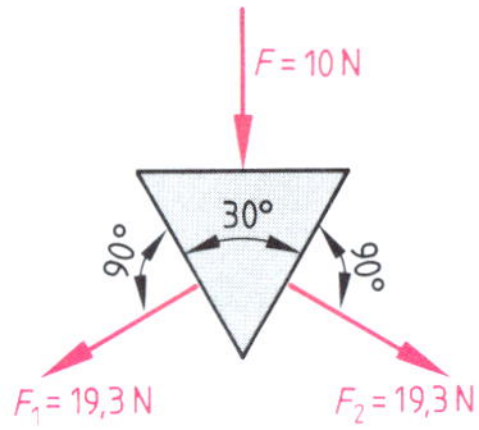

Schema

Stellt man einen Keilwinkel von $\beta = 30°$ ein und läßt eine Kraft von $F = 10$ N wirken, so liest man an den Kraftmeßuhren die Seitenkräfte $F_1 = 19{,}3$ N und $F_2 = 19{,}3$ N ab.
(Stellt man am Keilmodell andere Keilwinkel ein, dann mißt man auch andere Seitenkräfte.)

Die Größe der Seitenkräfte kann auch zeichnerisch mit Hilfe des Kräfteparallelogrammes ermittelt werden. Zur Ermittlung der Seitenkräfte mit dem Kräfteparallelogramm geht man in folgenden Schritten vor:

1. Schritt
Der Keil wird mit dem vorgegebenen Keilwinkel gezeichnet. Der Angriffspunkt der Kraft, welche auf den Keil wirkt, wird etwa in der Mitte des Keiles verschoben. Dort wird die Kraft dann maßstäblich dargestellt.

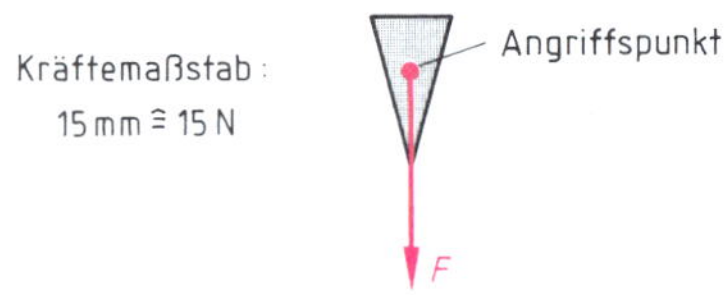

2. Schritt
Vom Angriffspunkt ausgehend werden senkrecht zu den Wangen die Richtungen der Seitenkräfte angetragen. Man erhält die Wirkungslinien 1 und 2.

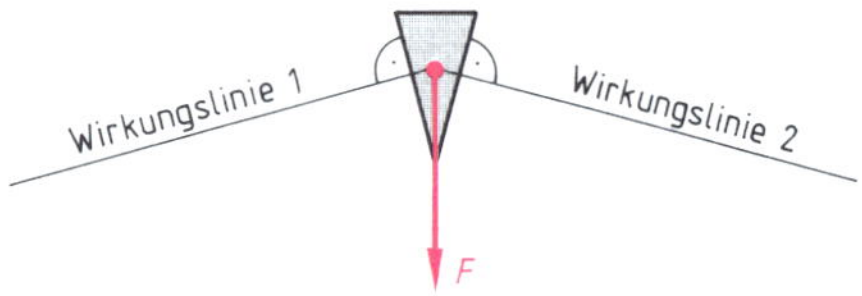

3. Schritt
Durch das Ende der Kraft, die Pfeilspitze, werden Parallelen zu den Wirkungslinien gezogen. Dadurch entsteht ein Parallelogramm. Die Seiten des Parallelogramms ergeben nach Umrechnung mit dem Kräftemaßstab die Seitenkräfte F_1 und F_2.

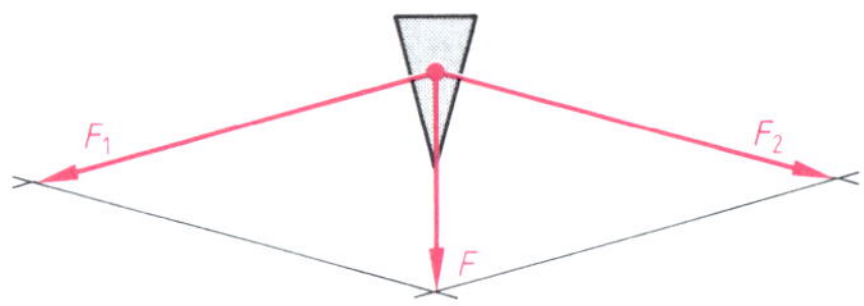

Eine Kraft F kann mit Hilfe des Kräfteparallelogramms in die Teilkräfte F_1 und F_2 zerlegt werden. Die Kraft F bildet die Diagonale, die Teilkräfte F_1 und F_2 findet man als die Seiten des Parallelogramms.

Übungsaufgabe 3/12

- **Einfluß des Keilwinkels auf die Seitenkräfte**

Eine Änderung des Keilwinkels bewirkt auch eine Änderung der Seitenkräfte.

Beispiele für die Änderung der Seitenkräfte bei gleicher Kraft F = 10 N, aber unterschiedlichen Keilwinkeln β_0

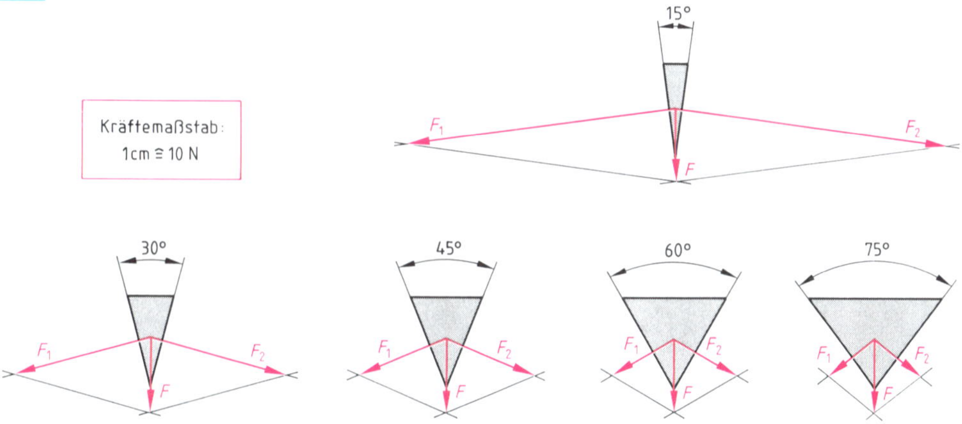

Keilwinkel β_0 Grad	Seitenkraft F_1 N	Seitenkraft F_2 N
15	38,3	38,3
30	19,3	19,3
45	13,1	13,1
60	10,0	10,0
75	8,3	8,3

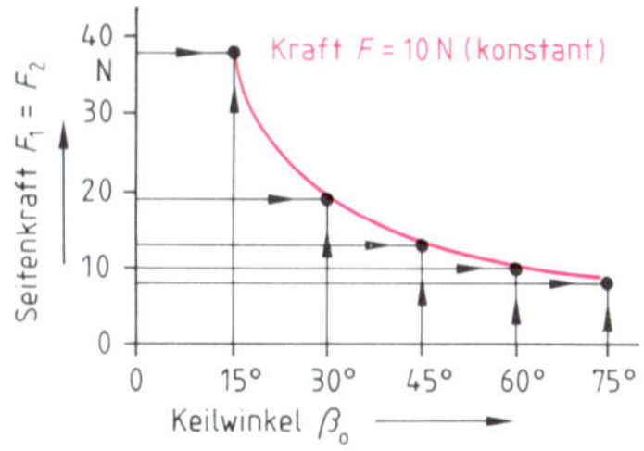

Bei gleichem Kraftaufwand erzielt man
- bei kleinen Keilwinkeln große Seitenkräfte,
- bei großen Keilwinkeln kleine Seitenkräfte.

3.1.4 Keilwinkel für Werkzeuge

Die Festlegung eines geeigneten Keilwinkels wird durch widersprüchliche Gesichtspunkte problematisch:
- Geringer Kraftaufwand erfordert einen kleinen Keilwinkel.
- Große Schneidenstabilität und große Schneidhaltigkeit erfordern einen großen Keilwinkel.

Es kann daher nur ein Kompromiß bei der Festlegung der Keilwinkelgröße geschlossen werden. Nur weiche Werkstoffe erlauben die Verwendung eines kleinen Keilwinkels. Harte Werkstoffe erfordern wegen der hohen Schneidenbeanspruchung einen großen Keilwinkel.

Die angegebenen Keilwinkel sind mittlere Werte für Werkzeuge zum Zerteilen. Da auch der Ablauf eines Fertigungsverfahrens Einfluß auf den Keilwinkel hat, können weitere Angaben nur bei den Verfahren gemacht werden.

Gebräuchliche Keilwinkel

Keilwinkel	Werkstoff
15°	Holz, Blei
30°	Aluminium, Kupfer
60°	Stahl mittlerer Festigkeit, Messing
80°	Stahl hoher Festigkeit

Für die Wahl des Keilwinkels gilt:
harter Werkstoff → großer Keilwinkel,
weicher Werkstoff → kleiner Keilwinkel.
Keilwinkel β_0 so klein wie möglich, aber so groß wie nötig.

3.2 Zerteilen

Beim Zerteilen unterscheidet man nach der Anzahl und Anordnung der Schneiden und nach der Art des Zerteilvorganges drei Gruppen.

Zerteilen

Messerschneiden	Beißschneiden	Scherschneiden
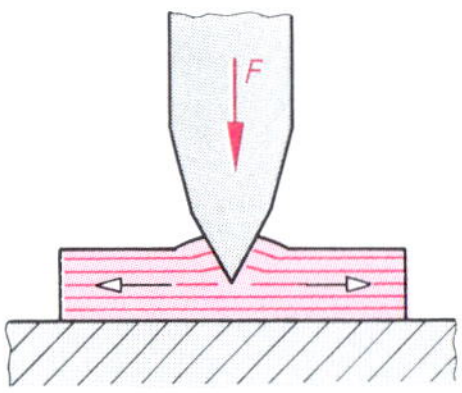	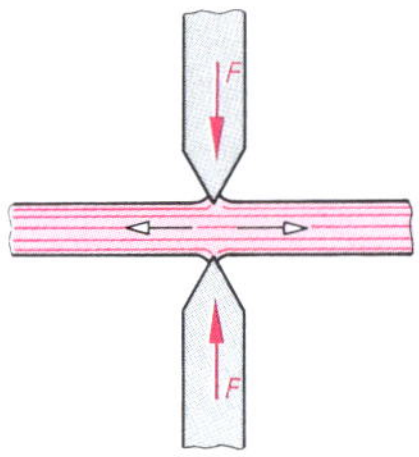	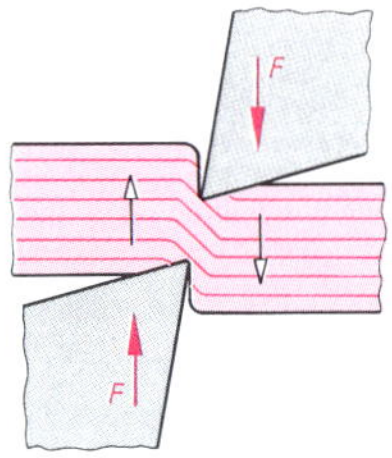
Teile werden durch einen Keil auseinandergedrängt.	Teile werden durch zwei Keile auseinandergedrängt; die Keile bewegen sich aufeinander zu.	Teile werden durch zwei Keile gegeneinander verschoben; die Keile bewegen sich aneinander vorbei.

Die Verfahren des Zerteilens sind spanlose Trennverfahren, die eine Werkstofftrennung in kurzer Fertigungszeit ermöglichen. Besonders bei der Weiterverarbeitung von Halbzeugen wie Blechen, Bandmaterial und Profilstäben wird sehr häufig die Grob- und Fertigform des Werkstücks durch ein Verfahren des Zerteilens hergestellt.

Zerteilen wird unterschieden in Messerschneiden, Beißschneiden und Scherschneiden.

3.2.1 Zerteilen durch Messerschneiden

- **Zerteilende Wirkung des Keils**

Beim Zerteilen durch Messerschneiden dringt eine keilförmige Schneide wie ein Messer in den Werkstoff ein. Die Schneide drängt den Werkstoff auseinander.

1. Einkerben durch Keilwirkung	2. Spalten durch Keilwirkung	3. Bruch durch Keilwirkung
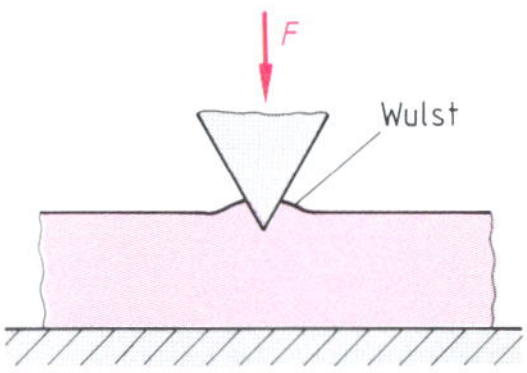	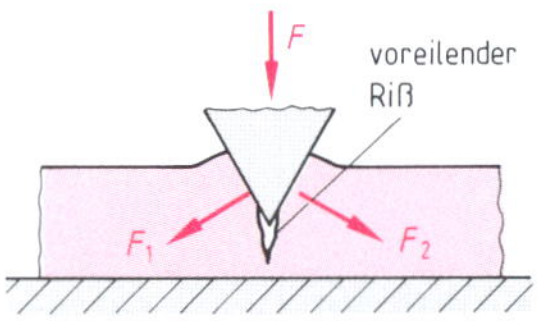	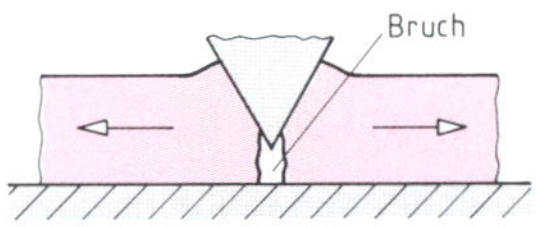
Die Kraft *F* wirkt auf die Schneide und überwindet die Zusammenhaltkräfte (Kohäsionskräfte) der Werkstoffteilchen. Diese werden vom eindringenden Keil verdrängt und bilden einen Wulst.	Mit zunehmender Eindringtiefe wächst der Widerstand gegen die Werkstoffverdrängung. Durch die Wirkung der Seitenkräfte entsteht bei spröden Werkstoffen ein der Schneide voreilender Riß.	Bei tieferem Eindringen des Keils werden die Kohäsionskräfte im Restquerschnitt kleiner. Schließlich drängen die Seitenkräfte das Werkstück schlagartig auseinander.

Eine keilförmige Werkzeugschneide trennt den Werkstoff durch Kerben, Spalten und Auseinanderdrängen.

Übungsaufgaben 3/17; 3/18; 3/19

- **Schnittlinienverlauf und Werkzeuge beim Messerschneiden**

Der Verlauf der Schnittlinie erfordert unterschiedliche messerschneidende Werkzeuge:

Flachmeißel (DIN 6453)	Aushaumeißel	Locheisen (DIN 7200)	Rohrschneider
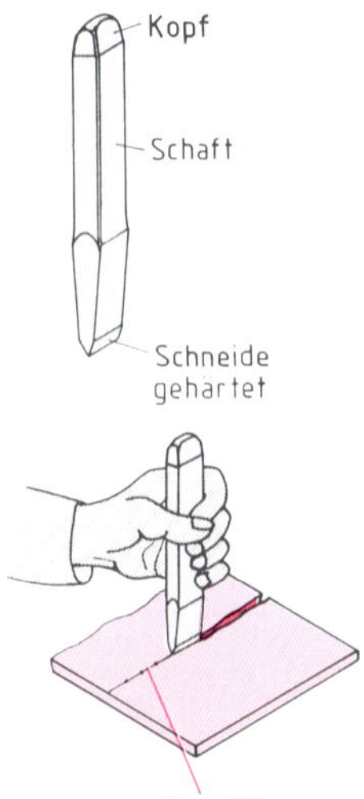	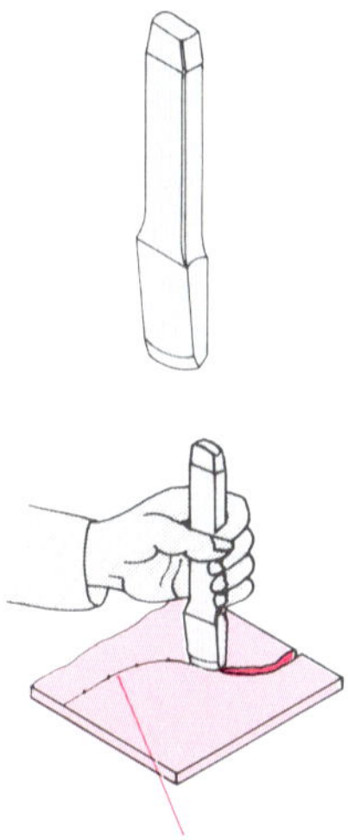	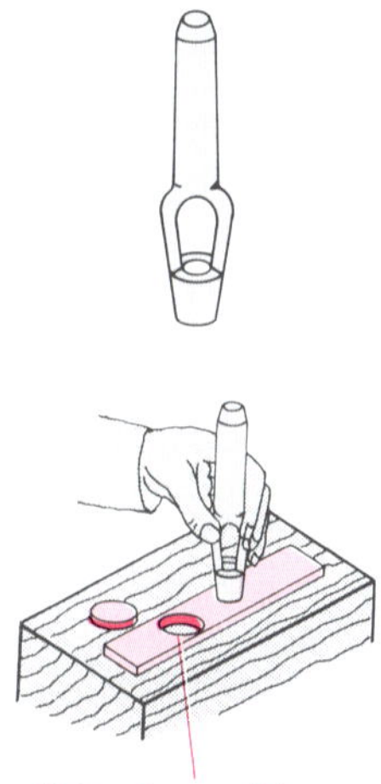	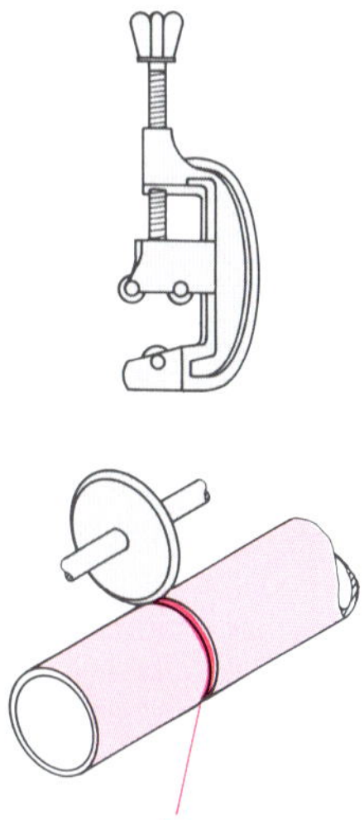
gerade, offene Schnittlinie	gekrümmte, offene Schnittlinie	gekrümmte, geschlossene Schnittlinie	geschlossene Schnittlinie

3.2.2 Zerteilen durch Beißschneiden

Wenn ein Bauteil durch das Zusammenführen von zwei Schneiden zerteilt wird, bezeichnet man dieses Trennverfahren als Beißschneiden. Beim Aufeinandertreffen der Schneiden ist der Trennvorgang beendet.

Beim Zerteilen mit Zangen, wie Kneifzange und Hebelvornschneider, werden Drähte und ähnliche Teile durch die beiden keilförmigen Schneiden getrennt. Die Handkraft wird durch einfache oder doppelte Hebelübersetzung vergrößert, so daß mit kleinen Kräften auch größere Querschnitte zerteilt werden können. Eine maximale Querschnittsgröße läßt sich nicht angeben, da der Widerstand gegen ein Zerteilen bei verschiedenen Werkstoffen unterschiedlich ist.

In Schmiedebetrieben verwendet man zum Zerteilen von Werkstücken in kaltem Zustand den *Kaltschroter.* Zum Zerteilen eines auf Schmiedetemperatur erhitzten Werkstücks setzt man den *Warmschroter* ein. Da die Festigkeit des glühenden Werkstoffs niedriger ist als bei Raumtemperatur, kann der Keilwinkel β_0 beim Warmschroten kleiner sein.

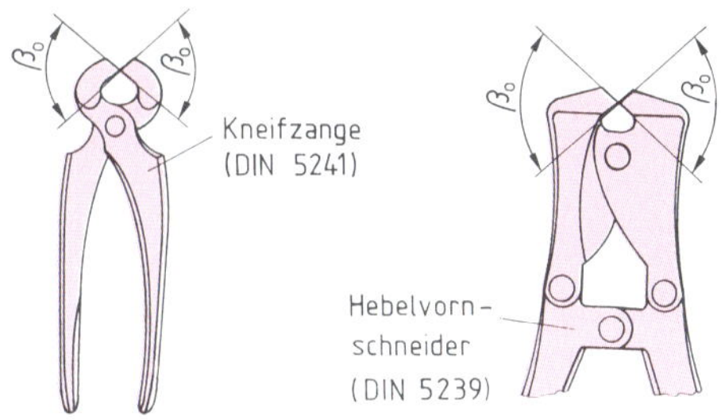

Beißschneidwerkzeug

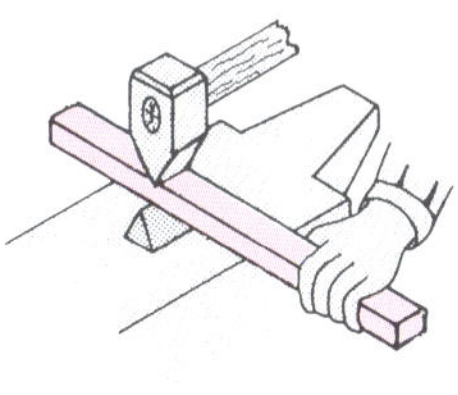

Abschroten durch Beißschneiden

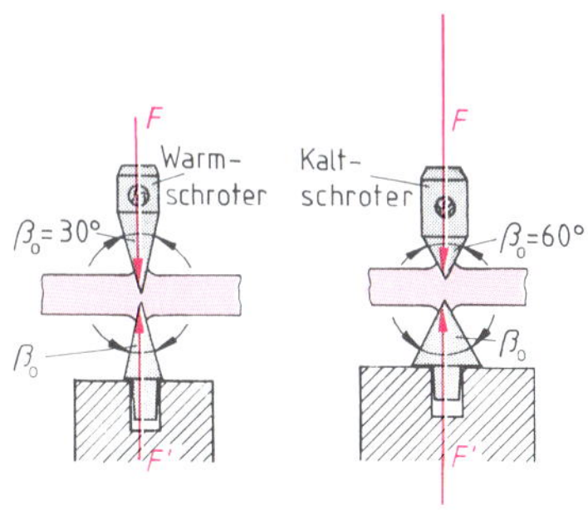

Warm- und Kaltschroter

Beißschneiden ist Trennen mit zwei keilförmigen Schneiden, die sich aufeinander zubewegen.

3.2.3 Zerteilen durch Scherschneiden

3.2.3.1 Grundlagen

- **Schervorgang**

Beim Zerteilen durch Scherschneiden bewegen sich zwei Schneiden aneinander vorbei und verschieben Werkstoffteilchen bis zur vollständigen Trennung gegeneinander.

1. Verformungs-Phase	2. Schnitt-Phase	3. Bruch-Phase
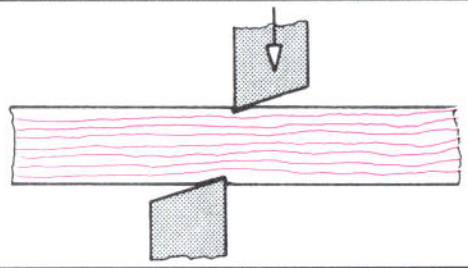	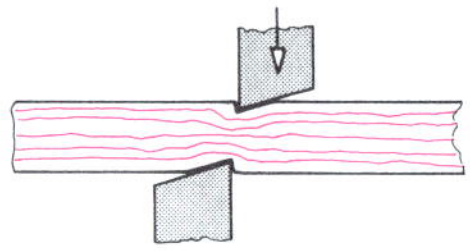	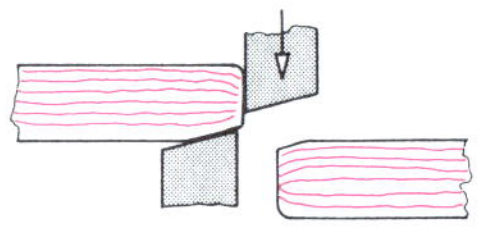

Um eine Werkstofftrennung zu begünstigen, erhalten die Schermesser die dargestellte Form. Die Druckfläche wird um einen Winkel von etwa 5° geneigt. Dadurch dringt die Innenkante des Schermessers als Schneide in den Werkstoff ein. Damit die beiden inneren Seitenflächen der Schermesser nicht unnötig Reibung verursachen, wird ein Freiwinkel α_0 von 1,5° bis 3° angeschliffen. Für den Keilwinkel ergeben sich somit Werte von 82° bis 83,5°.

Der Ablauf des Schervorganges ist aus der Schnittfläche deutlich zu erkennen. Sie zeigt die drei Bereiche *Verformung, Schnittfläche* und *Bruchfläche.* Der Anteil der drei Bereiche wird durch die Sprödigkeit des Werkstoffes beeinflußt. Bei spröden Werkstoffen wird der Anteil der Bruchfläche größer und der Anteil der Schnittfläche kleiner.

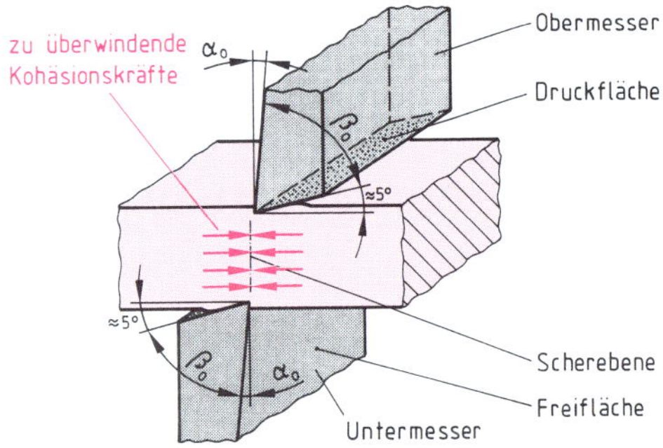

Winkel an den Schneiden einer Blechschere

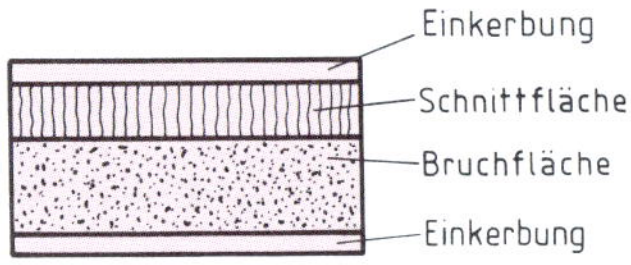

Trennfläche beim Scherschneiden

Beim Scherschneiden erfolgt die Trennung durch zwei Schneiden, welche die Werkstoffteilchen gegeneinander verschieben.
Die Trennfläche zeigt Verformung durch Einkerbung, eine Schnittfläche und eine Bruchfläche.

- **Stellung der Scherschneiden**

Je nach Stellung der Scherschneiden ergeben sich unterschiedlich große Schnittkräfte und Schneidenwege. Eine Vergrößerung des Schneidenweges verringert die Schnittkraft.

Vollkantiger Schnitt	Kreuzender Schnitt
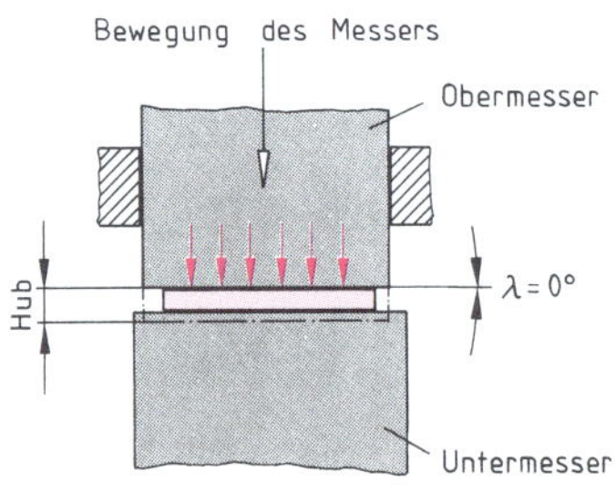	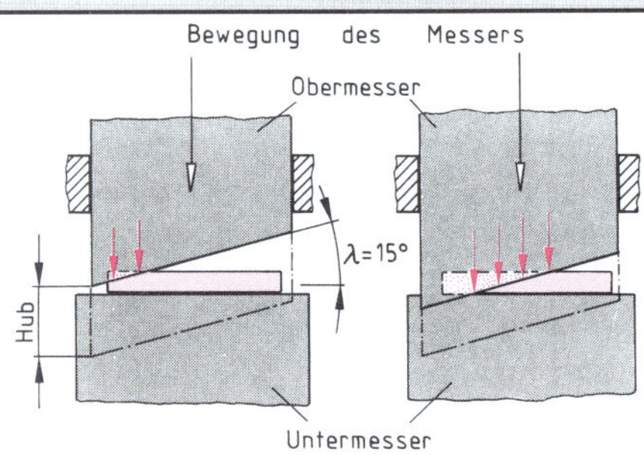

Vollkantiger Schnitt bewirkt Trennung mit schlagartig beginnender und endender Höchstschnittkraft.
Kreuzender Schnitt bewirkt allmählich ansteigende und abschwellende Schnittkraft.

Übungsaufgaben 3/25; 3/26; 3/27

- **Schneidspalt**

Die Schermesser müssen so geführt werden, daß zwischen den beiden Schneiden ein geringer Abstand vorhanden ist. Diesen Abstand nennt man Schneidspalt. Die Größe des Schneidspalts ist von der Werkstückdicke abhängig. Mit zunehmender Werkstückdicke nimmt die Größe des Schneidpalts zu.

- Ein zu enger Schneidspalt verursacht Reibung zwischen den Messern. Eine starke Abnutzung ist die Folge. Ein gegenseitiges Aufsetzen der Schermesser muß vermieden werden.
- Ein zu großer Schneidspalt führt zur Gradbildung am Werkstück.

Bei Maschinenscheren wird der Schneidspalt in Abhängigkeit von der Blechdicke eingestellt.

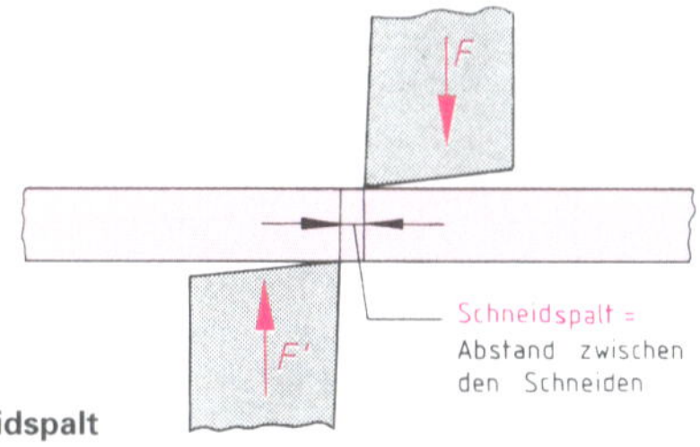

Schneidspalt

Bei Handblechscheren soll der Schneidspalt möglichst klein gehalten werden, da sonst die Bleche verkanten. Allerdings unterliegen Handscheren einem stärkeren Verschleiß.

Der Abstand zwischen den Schneiden wird Schneidspalt genannt. Der Schneidspalt soll möglichst klein sein. Mit zunehmender Werkstoffdicke wird er größer eingestellt.

- **Schnittlinienverlauf**

Nach dem Verlauf der Schnittlinie und der Lage zum Werkstück ergeben sich unterschiedliche Scherschneidverfahren, wie z.B. Ausschneiden, Lochen, Einschneiden.

Geschlossener Schnitt		Offener Schnitt		
Ausschneiden	**Lochen**	**Einschneiden**	**Ausklinken**	**Zerschneiden**
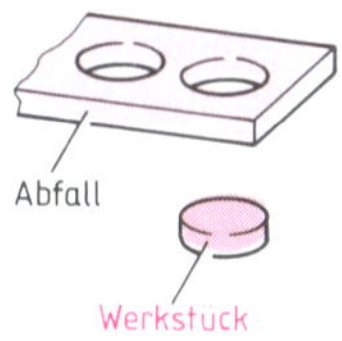	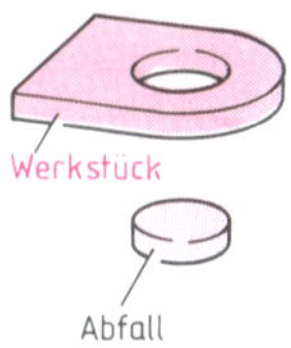		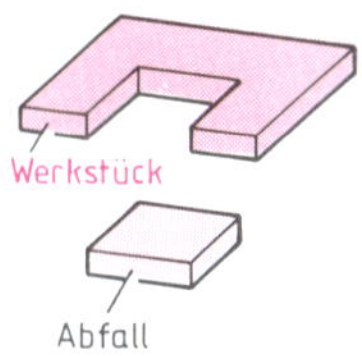	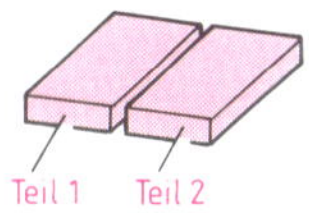

3.2.3.2 Blechscheren

- **Handblechscheren**

Alle Handblechscheren arbeiten nach dem Prinzip des kreuzenden Schnittes. Die beiden Schermesser bewegen sich um einen Drehpunkt und dringen allmählich in den Werkstoff ein. Als Folge des kreuzenden Schnittes sind die Schnitteile stark gekrümmt. Da die Handkraft des Menschen begrenzt ist, bestimmen Dicke und Festigkeit des Werkstoffes die Anwendungsmöglichkeit der Handblechscheren.

Blechschere	Durchlaufblechschere	Elektro-Handblechschere
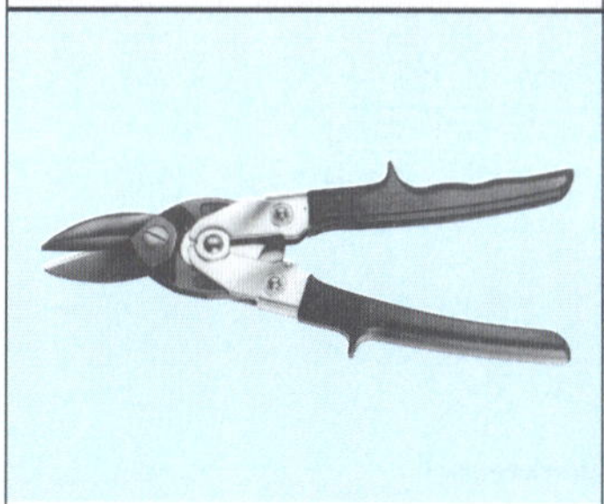	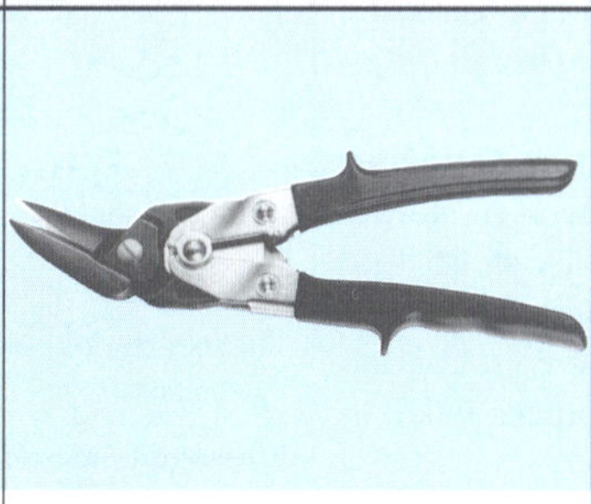	
Anwendung: Für gerade Außenschnittlinien	*Anwendung:* Für lange durchgehende Schnittlinien	*Anwendung:* Für gerade und gebogene Schnitte an Blechen bis 2 mm Dicke

Übungsaufgaben 3/28; 3/29; 3/30

- **Handhebelschere**

Die mehrfache Hebelübersetzung der Handhebelschere vervielfacht die aufgewandte Muskelkraft und erlaubt somit das Trennen größerer Querschnitte. Mit der Handhebelschere können Schnitte bis etwa 200 mm Länge ohne Nachschieben ausgeführt werden.

Bewegt sich das Obermesser um einen Drehpunkt, so erreicht man mit einer bogenförmigen Schneide einen gleichbleibenden Öffnungswinkel zwischen den Schermessern.

Die Messerführung der Handhebelschere führt zu einem kreuzenden Schnitt. Dabei wird der unter dem Obermesser liegende Teil gekrümmt. Je dünner das Blech, desto stärker die Krümmung.

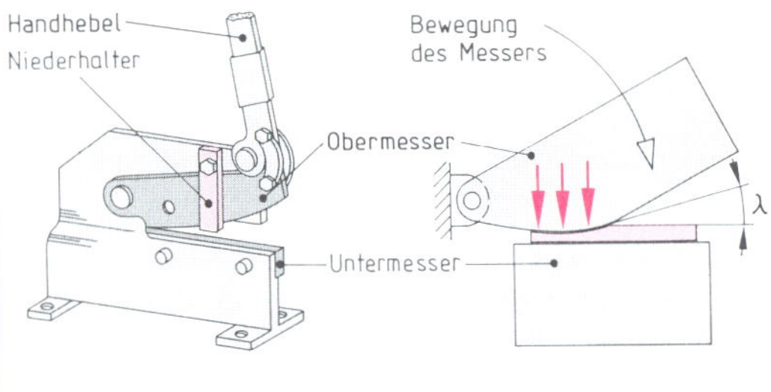

Handhebelschere

- **Hydraulische Tafelscheren**

Größere Tafelscheren schneiden Bleche bis 25 mm Dicke und Schnittlängen bis ca. 4 m.

- Der bewegliche Obermesserbalken wird hydraulisch angetrieben. Das Obermesser ist um einen Winkel von 5° bis 10° zur Blechoberfläche schräggestellt. Dadurch ergibt sich ein schwach kreuzender Schnitt.
- Der Schneidspalt muß in Abhängigkeit von Blechdicke und Werkstoffestigkeit eingestellt werden.
- Die Niederhaltkraft wird hydraulisch, abhängig von der Schnittkraft, aufgebracht.
- Der Parallelanschlag für das Blech wird mit Hilfe von Elektromotoren verfahren und genau positioniert.

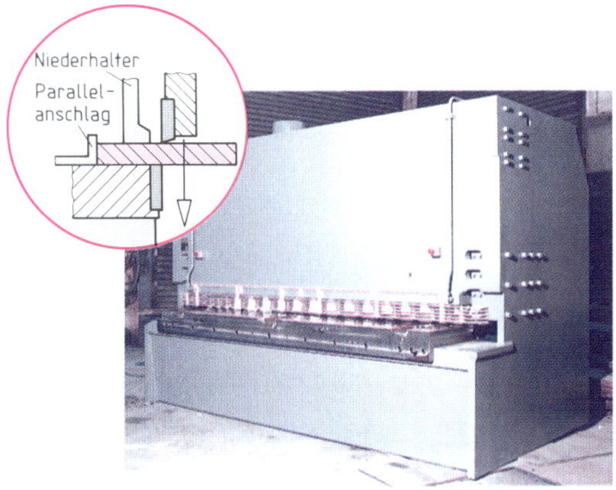

Hydraulische Tafelschere

3.2.3.3 Schneidwerkzeuge

Für die Herstellung von Flachteilen in großen Stückzahlen bei gleichbleibender Form- und Maßgenauigkeit verwendet man Schneidwerkzeuge, die maschinell betätigt werden.

Schneidwerkzeuge bestehen aus dem Stempel (Oberteil) und der Schneidplatte (Unterteil). Der Verlauf der Werkzeugschneiden entspricht der Form des Werkstückes.

Die Schneiden des Stempels führen die Werkstofftrennung herbei, indem sie sich an den Schneiden der Schneidplatte vorbeibewegen. Deshalb werden diese Trennvorgänge dem Scherschneiden zugeordnet.

Die erforderliche Schnittkraft wird von Exzenterpressen oder von hydraulischen Pressen aufgebracht. Der Stempel wird im Pressenstößel gespannt. Dieser führt den für das Schneiden notwendigen Hub aus. Die Schneidplatte wird auf den Pressentisch aufgespannt. Die Werkstücke fallen in einen Sammelbehälter.

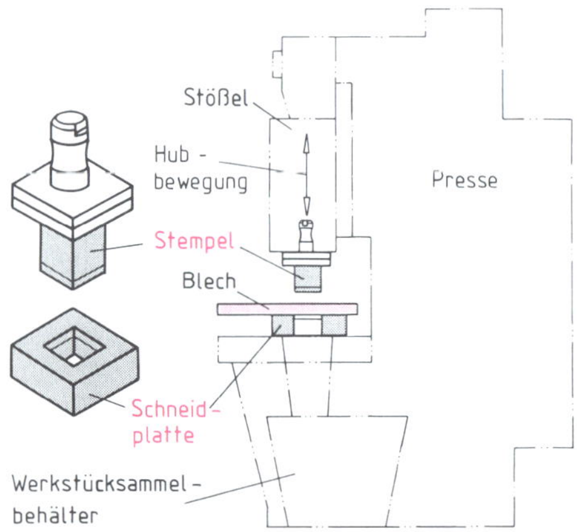

Presse mit Schneidwerkzeug

Formgenauigkeit und Maßhaltigkeit der Werkstücke werden umso besser, je geringer das Spiel zwischen Stempel und Schneidplatte ist. Darum unterscheidet man die Schneidwerkzeuge nach der Art der Werkzeugführung.

Übungsaufgaben 3/31 bis 3/34

Schneidwerkzeug ohne Führung (Freischneidwerkzeug)

Wird der Stempel allein vom Pressenstößel geführt, so spricht man von Freischneiden.

Die Freischneidwerkzeuge bestehen im wesentlichen aus Stempel und Schneidplatte; beide Teile können ausgewechselt werden.

Der Schneidspalt hängt vom Spiel in der Stößelführung ab. Die Werkzeuge sind kostengünstig.

Das Freischneiden ist nur bei geringen Anforderungen an das Werkstück und bei kleinen Stückzahlen geeignet.

Schneidwerkzeug ohne Führung

Plattengeführtes Schneidwerkzeug

Befindet sich über der Schneidplatte eine fest mit ihr und der Grundplatte verbundene besondere Stempelführungsplatte, so spricht man von einem plattengeführten Schneidwerkzeug. Zwischen Schneidplatte und Führungsplatte stellt man durch Zwischenlagen einen Kanal zur Führung des zu schneidenden Bleches her. Der Stempel führt in einem Hub entlang der Schnittlinie die Werkstofftrennung herbei. Beim Rückhub verhindert die Führungsplatte ein Abheben des Bleches und dient so gleichzeitig als Abstreifer.

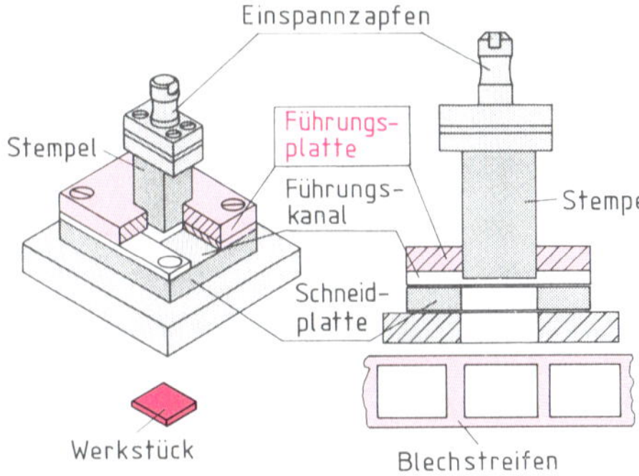

Plattengeführtes Schneidwerkzeug

Säulengeführtes Schneidwerkzeug

Beim säulengeführten Schneidwerkzeug werden Stempel und Schneidplatte in vorgefertigte, genormte Säulenführungsgestelle eingebaut. Dabei wird der Stempel am Oberteil und die Schneidplatte am Unterteil des Führungsgestells verschraubt. Die präzise Führung erfolgt durch Säulen.

Bei Schneidwerkzeugen mit Säulenführung wird die Werkzeugherstellung ähnlich einfach wie bei Freischneidwerkzeugen.

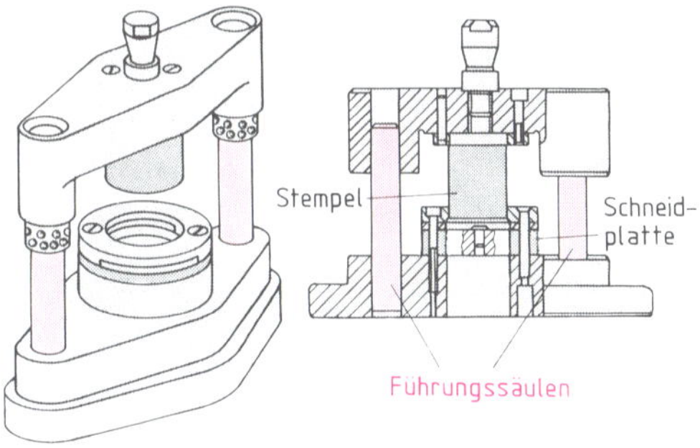

Säulengeführtes Schneidwerkzeug

3.2.3.4 Schneidverfahren

- **Gesamtschneiden**

Beim Gesamtschneiden wird ein Werkstück in Umriß und Durchbrüchen mit einem einzigen Hub der Presse ausgeschnitten. Die so gefertigten Teile sind von hoher Maß- und Formgenauigkeit.

Beispiel für Gesamtschneiden (Schema)

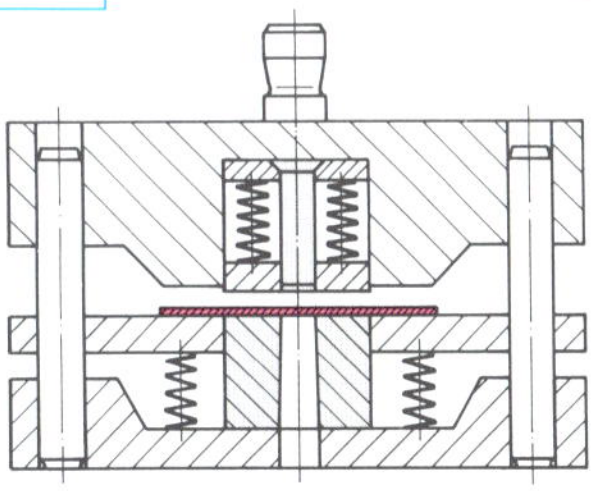

Vor dem Schneidvorgang

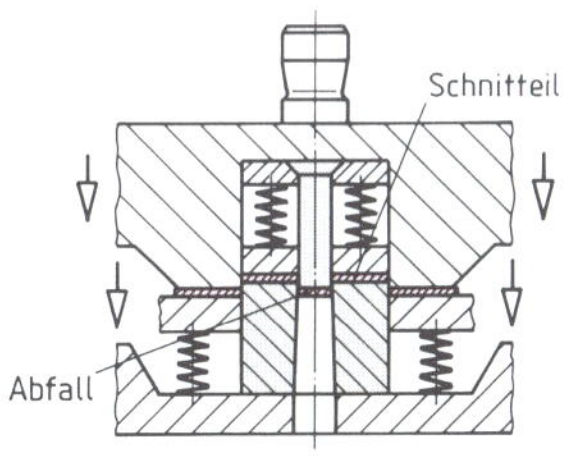

Während des Schneidvorganges

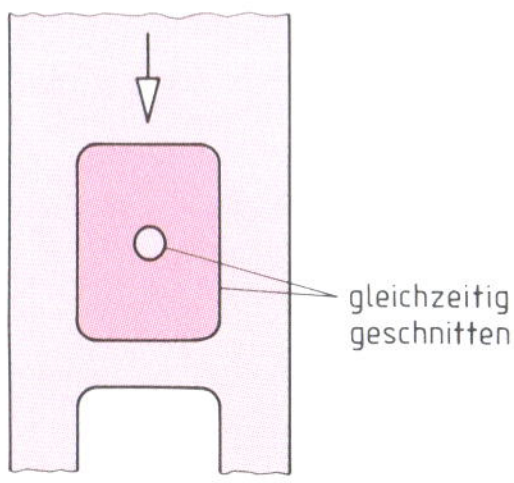

Schnittstreifen

Übungsaufgabe 3/35

- **Folgeschneiden**

Beim Folgeschneiden werden die einzelnen Arbeitsschritte in mehreren aufeinanderfolgenden Pressenhüben gefertigt. Dadurch lassen sich komplizierte Werkstücke in mehreren Folgen mit verhältnismäßig einfachen Schneidwerkzeugen herrstellen.

Beispiel für Folgeschneiden (Schema)

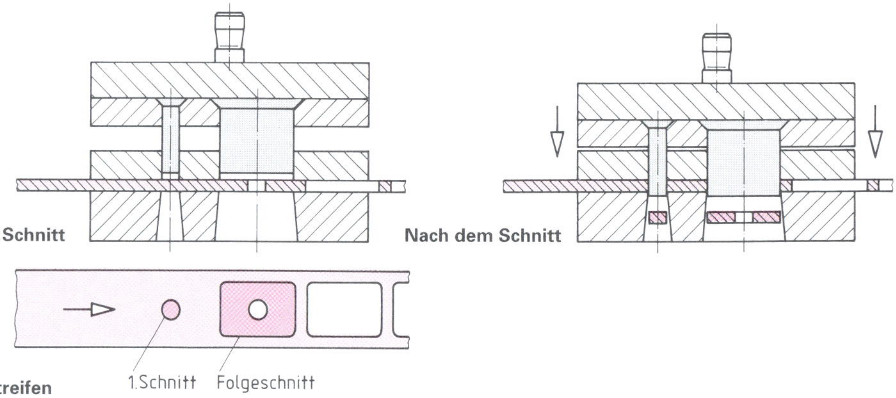

Vor dem Schnitt **Nach dem Schnitt**

Schnittstreifen

3.2.3.5 Scherkraft

Der Werkstoff setzt dem Trennen eine Widerstandskraft entgegen, die durch die Scherkraft überwunden wird. Bezieht man die Scherkraft auf einen Quadratmillimeter Querschnittsfläche, so ist der Quotient aus Scherkraft und Scherfläche die **Scherfestigkeit.** Die Scherfestigkeit hat das Formelzeichen τ_B (τ lies „tau") und wird in N/mm² angegeben.

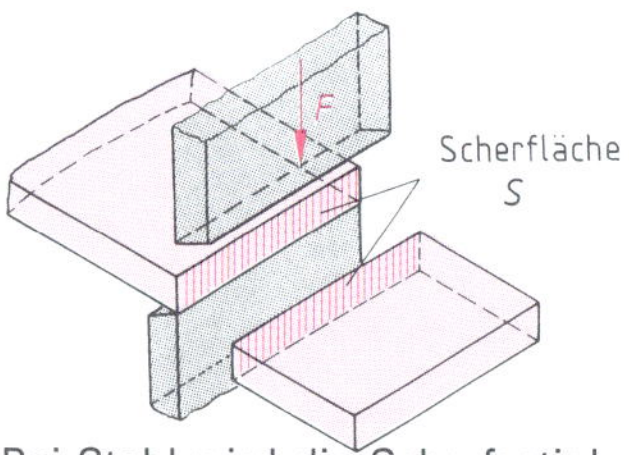

$$\text{Scherfestigkeit} = \frac{\text{Scherkraft}}{\text{Scherfläche}}$$

$$\tau_B = \frac{F}{S}$$

Erforderliche Scherkraft:

$$F = \tau_B \cdot S$$

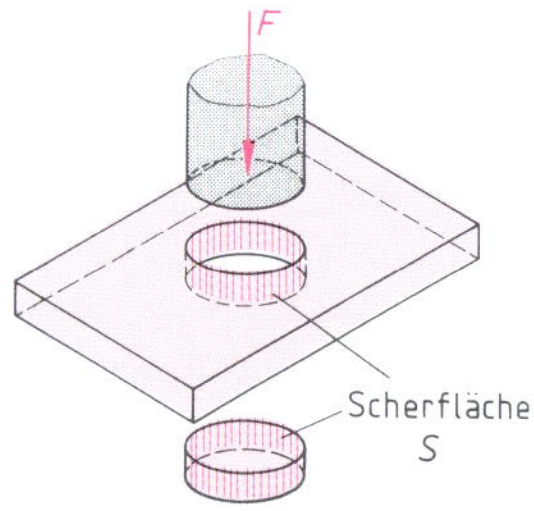

Bei Stahl wird die Scherfestigkeit näherungsweise aus der Mindestzugfestigkeit R_m ermittelt:

Bei Stahl:
Scherfestigkeit = 0,8 · Zugfestigkeit

$$\tau_B = 0{,}8 \cdot R_m$$

Beispiel für die Berechnung der Scherkraft

Aufgaben

Die Kraft zum Abtrennen eines Bleches von 55 mm Breite und 2 mm Dicke aus S235 (St37) ist zu berechnen.

Gegeben: R_m = 370 N/mm²; b = 50 mm; s = 2 mm

Gesucht: F = ?

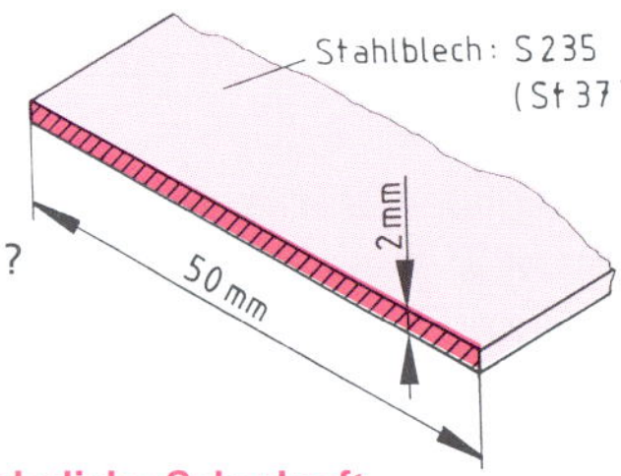

Lösung

Scherfläche	Scherfestigkeit	erforderliche Scherkraft
$S = b \cdot s$	$\tau_B = 0{,}8 \cdot R_m$	$F = \tau_B \cdot S$
S = 50 mm · 2 mm	τ_B = 0,8 · 370 N/mm²	F = 296 N/mm² · 100 mm²
S = **100 mm²**	τ_B = **296 N/mm²**	F = **29600 N**

Übungsaufgaben 3/36 bis 3/40

3.3 Spanen

Für die Herstellung von Maschinen, Werkzeugen und Vorrichtungen sind viele Einzelteile erforderlich. Diese Teile können ihre Form durch Gießen, Schmieden, Walzen, Zerteilen und eine anschließende spanabhebende Bearbeitung erhalten. Aus wirtschaftlichen Gründen werden Werkstücke möglichst durch spanlose Fertigungsverfahren soweit vorgearbeitet, daß gegebenenfalls nur eine geringe Werkstoffmenge durch Spanen abgetrennt werden muß. Durch diese spanabhebende Bearbeitung kann eine große Form- und Maßgenauigkeit und gute Oberflächenbeschaffenheit erzielt werden.

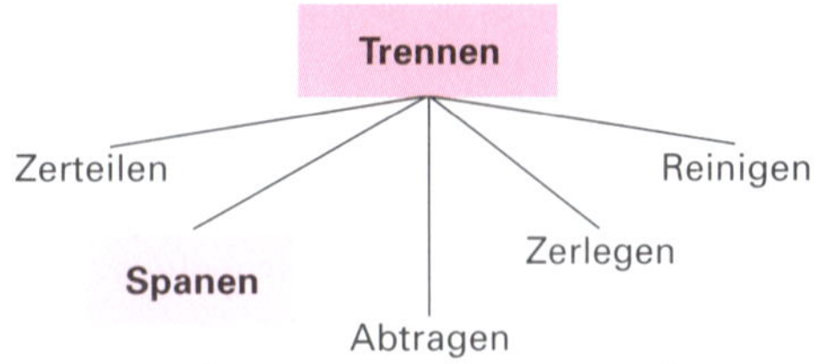

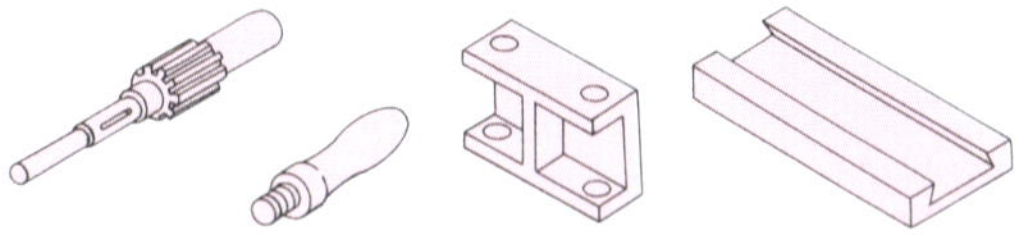

Spanend bearbeitete Werkstücke

Das Spanen kann mit unterschiedlichen Verfahren erfolgen, wie z.B. Meißeln, Sägen und Drehen. Diese Verfahren erfordern unterschiedliche Werkzeuge, deren Schneiden alle als Keile ausgebildet sind.

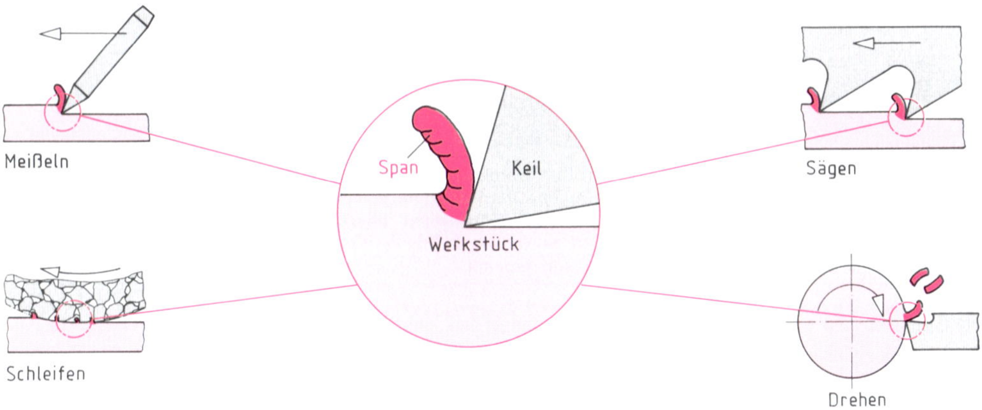

Der Keil als spanende Werkzeugschneide

Der Keil ist die Grundform jeder Werkzeugschneide.

Beim Spanen trennen keilförmige Schneiden schichtweise den überschüssigen Werkstoff in Form von Spänen ab. Der Zusammenhalt der Werkstoffteilchen muß durch das eindringende Werkzeug überwunden werden. Die dazu erforderliche **Schnittkraft** F_c kann durch Muskel- oder Maschinenkraft aufgebracht werden.

Bei der Spanabnahme findet eine Bewegung zwischen Werkzeug und Werkstück statt. Bei spanenden Fertigungsverfahren von Hand führt das Werkzeug diese **Schnittbewegung** aus.
Bei maschineller Fertigung kann die Schnittbewegung durch das Werkzeug oder das Werkstück erfolgen.

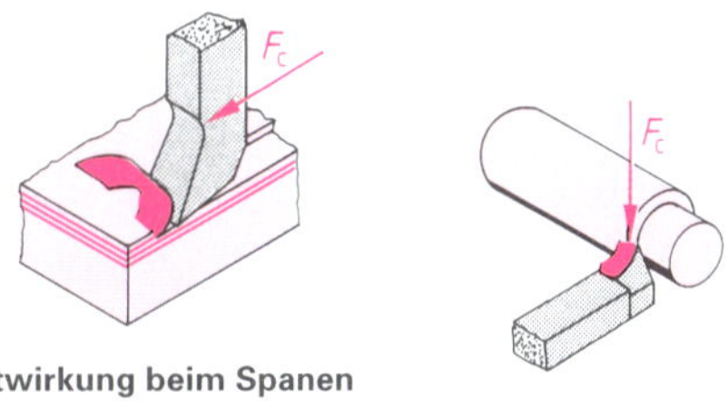

Kraftwirkung beim Spanen

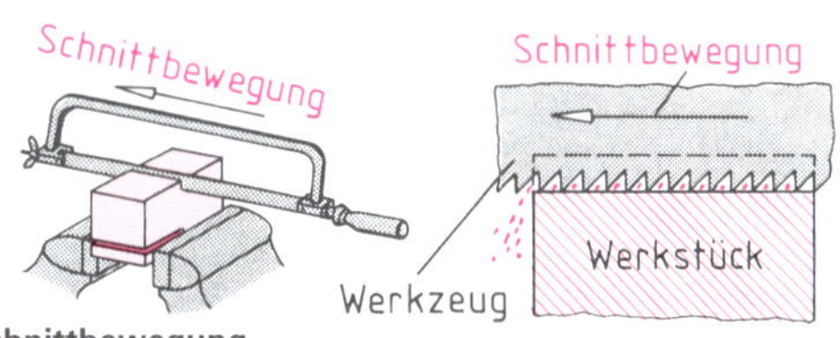

Schnittbewegung

Spanen ist ein Abtrennen von Werkstoffteilchen (Spänen) unter Einwirkung äußerer Kräfte mit Hilfe von keilförmigen Werkzeugschneiden. Die Spanabnahme erfolgt durch die Schnittbewegung zwischen Werkzeugschneide und Werkstück.

Übungsaufgabe 3/41

3.3.1 Spanabhebende Wirkung des Keils

Der Schneidkeil dringt parallel zur Werkstückoberfläche in das Werkstück ein. An der vorderen Keilfläche bildet sich ein Span, der an dieser **„Spanfläche"** des Schneidkeils hochgeschoben wird. Dabei können bei weichen Werkstoffen folgende **Phasen** der Spanbildung unterschieden werden:

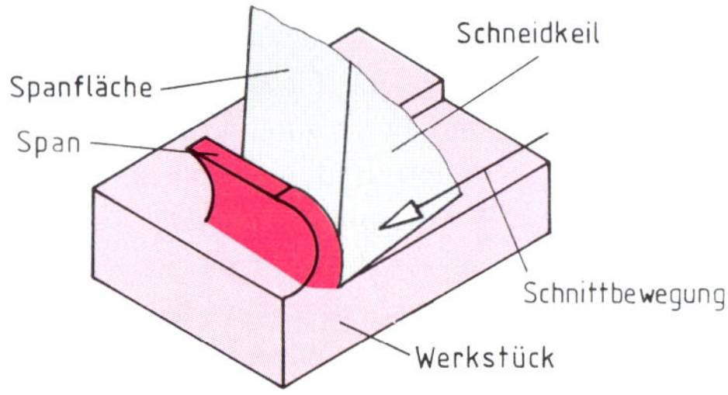

Spanbildung bei einem weichen Stahl

Strauchen des Werkstoffs	Scheren des Werkstoffs	Hochgleiten des Werkstoffs
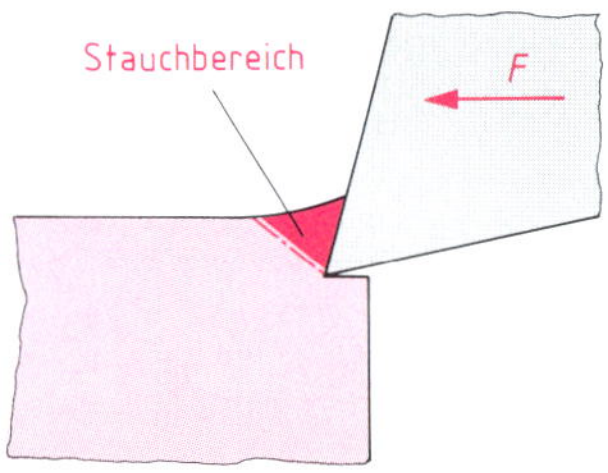	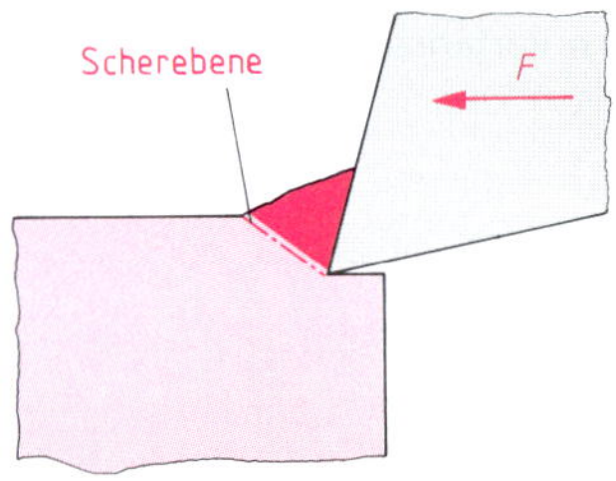	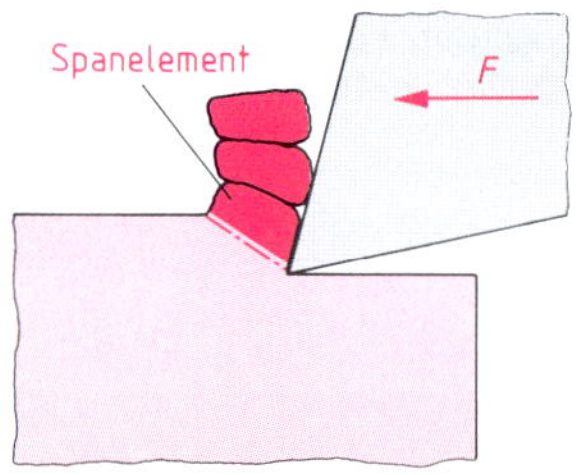
Durch den eindringenden Werkzeugkeil wird der Werkstoff vor der Spanfläche gestaucht. Unter der Einwirkung der Stauchkraft wird der Werkstoff plastisch verformt.	Die größer werdende Stauchkraft verformt das Werkstoffgefüge, bis der Werkstoff längs einer Ebene geschert wird. Diese Ebene wird Scherebene genannt.	Weitere nachfolgende Spanelemente werden an der Scherebene hochgeschoben und bilden so einen Span.

Die Spanbildung erfolgt in 3 Phasen:
1. Stauchen des Werkstoffs mit plastischer Verformung.
2. Scheren des Spanelements längs der Scherebene.
3. Hochgleiten des Spanelements an der Spanfläche.

3.3.2 Winkel an der Werkzeugschneide

Die Spanbildung wird wesentlich vom Schneidkeil und seiner Stellung zum Werkstück beeinflußt. Winkel an der Werkzeugschneide werden nach DIN 6581 gekennzeichnet.

Keilwinkel β_o	Freiwinkel α_o	Spanwinkel γ_o
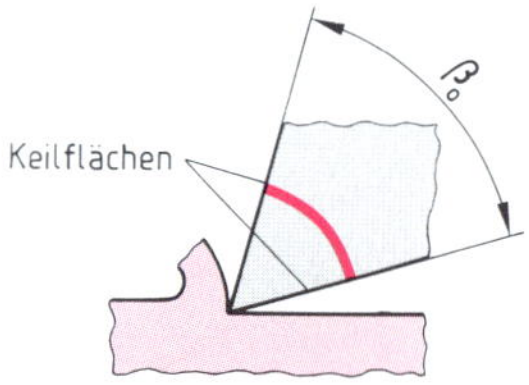	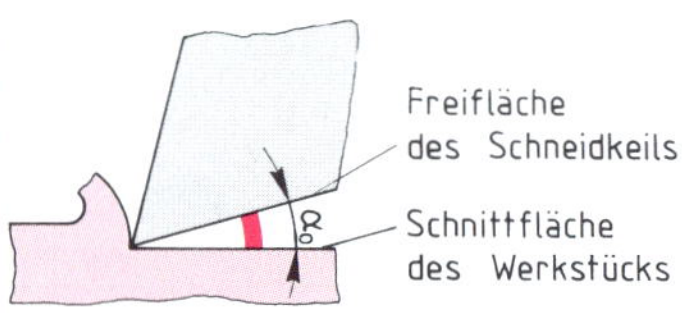	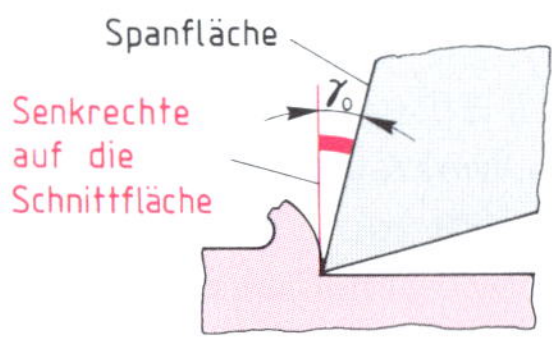
Der Winkel zwischen den von der Schneide ausgehenden Keilflächen ist der **Keilwinkel** β_o (beta).	Der Winkel zwischen der Schnittfläche des Werkstücks und der Freifläche des Schneidkeils wird **Freiwinkel** α_o (alpha) genannt.	Der Winkel zwischen Spanfläche des Schneidkeils und der Senkrechten auf die Schnittfläche des Werkstücks nennt man **Spanwinkel** γ_o (gamma).

Die Größe von Keil- und Spanwinkel wird hauptsächlich entsprechend dem zu bearbeitenden Werkstoff festgelegt. Der Freiwinkel bleibt bei allen Werkstoffen nahezu unverändert.

Übungsaufgaben 3/42; 3/43

Frei-, Keil- und Spanwinkel ergeben zusammen einen rechten Winkel. Wenn Freiwinkel und Keilwinkel zusammen mehr als 90° betragen, wird der Spanwinkel negativ.

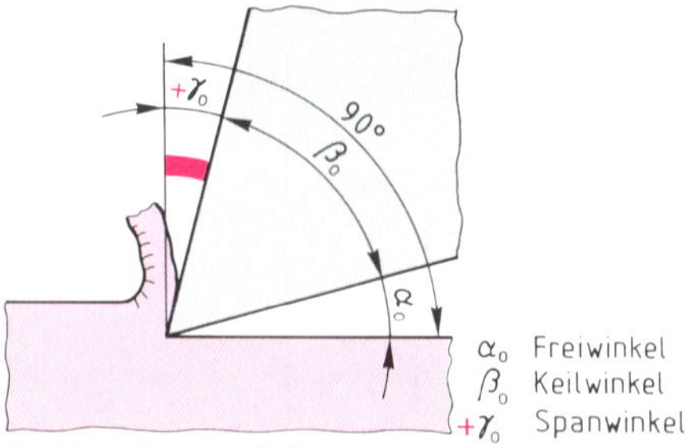

Positiver Spanwinkel

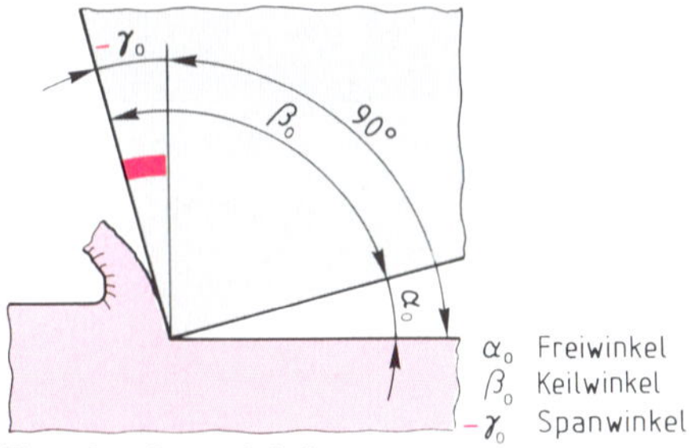

Negativer Spanwinkel

Freiwinkel	+	Keilwinkel	+	Spanwinkel	=	90°
α_0	+	β_0	+	γ_0	=	90°

Die Winkel einer Werkzeugschneide werden so ausgewählt, daß die Schneide möglichst lange hält. Darum richtet sich die Auswahl nach folgenden Gesichtspunkten:

- Härte und Zähigkeit des Schneidenwerkstoffs,
- Härte des zu bearbeitenden Werkstoffs,
- Abfuhr der Wärme, die durch Reibung entsteht,
- Führung des Werkzeugs auf Maschinen oder von Hand.

3.3.3 Spanen mit dem Meißel

- **Verfahren**

Bei der Spanabnahme wird der schräg angesetzte Meißel durch Hammerschläge in den Werkstoff eingetrieben. Dabei muß der Meißel so geführt werden, daß ein gleichmäßig dicker Span abgetrennt wird. Beim Meißeln ist der Freiwinkel und damit der Spanwinkel durch die Meißelhaltung regulierbar.

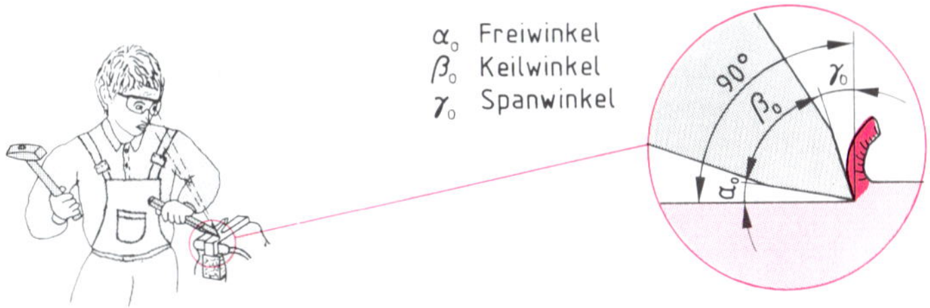

Beobachten der Spandicke beim Meißeln

Die Meißelhaltung bestimmt die Größe des Freiwinkels. Beim Meißeln muß die Spandicke ständig beobachtet werden, um den Freiwinkel der Spandicke anzupassen.

- **Meißelarten und ihre Verwendung**

Als Werkstoff für Meißel werden unlegierte oder legierte Werkzeugstähle verwendet. Der Schneidkeil wird gehärtet, da die Schneide härter als der zu spanende Werkstoff sein muß. Zum Meißelschaft hin nimmt die Härte ab. Nach einem Übergangsbereich sind der ungehärtete Meißelschaft und der Meißelkopf fest und zäh.

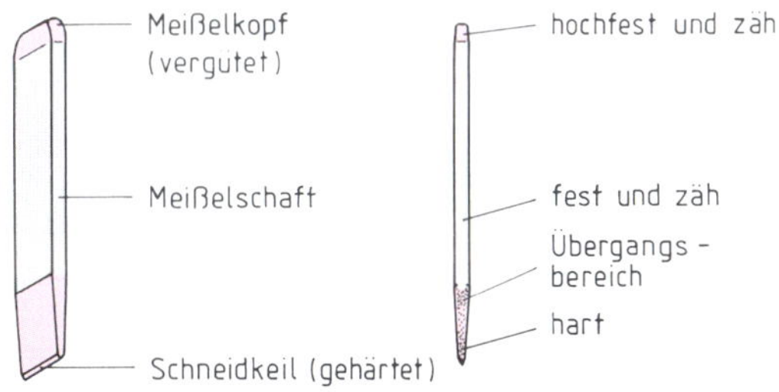

Unterschiedliche Härte am Meißel

Für verschiedene Arbeiten werden unterschiedliche Meißelarten benutzt.

Flachmeißel DIN 6453	Kreuzmeißel DIN 6451	Stegmeißel (Trennstemmer)	Nutenmeißel DIN 6455
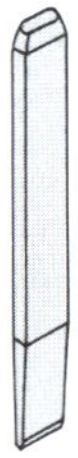 lange gerade Schneide	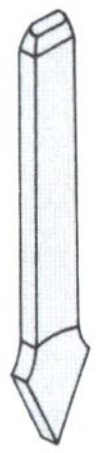 kurze gerade Schneide	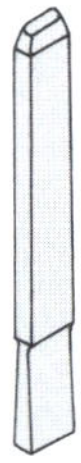 vier gerade Schneiden	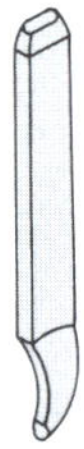 halbrunde Schneide
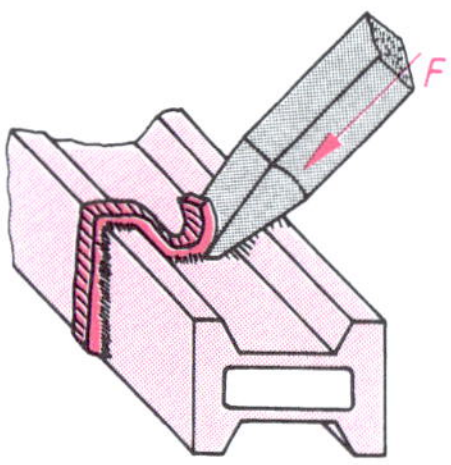 Entfernen des Grates und Einebnen von Schweißnähten	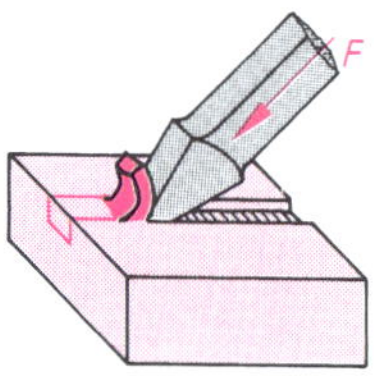 Einarbeiten von schmalen ebenen Nuten	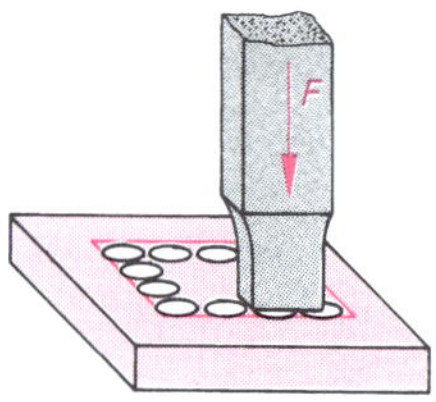 Ausmeißeln der Stege zwischen Bohrungen für Durchbrüche	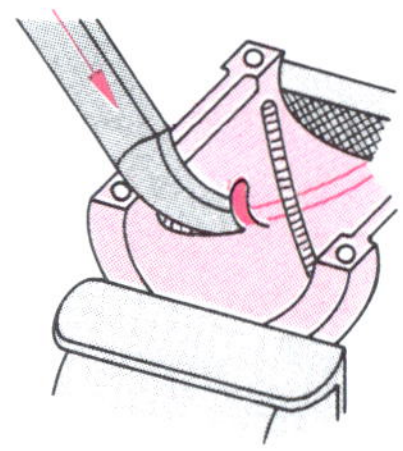 Einarbeiten von Schmiernuten

Zur Erleichterung und Beschleunigung der Arbeit werden Meißel in Druckluft- oder Elektrohämmer eingespannt. Diese treiben mit 1 000 bis 5 000 Schläge pro Minute den Meißel in das Material. In der Metallbearbeitung werden Maschinenmeißel vorwiegend beim Entgraten von Gußteilen und beim Verputzen von Schweißnähten eingesetzt.
Wegen der hohen Schlagzahl und der Schlagkraft verursachen maschinelle Hämmer großen Lärm, der zu Gesundheitsschäden führt. Darum ist stets Gehörschutz zu tragen.

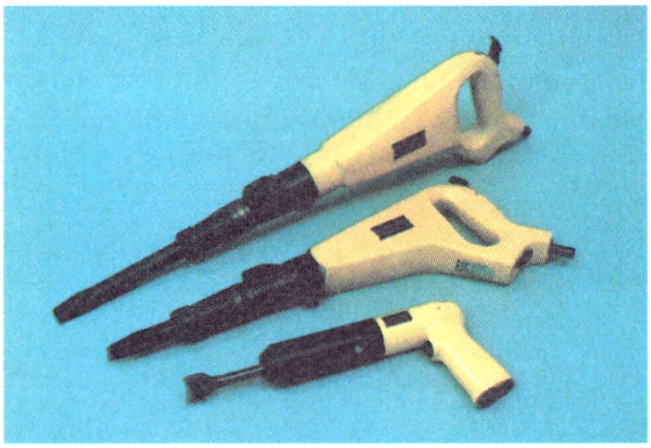

Drucklufthämmer

- **Auswahl des Keilwinkels**

Für die Auswahl eines günstigen Keilwinkels sind zwei Gesichtspunkte zu beachten.
Zum einen soll der Keilwinkel möglichst klein sein, damit die Schneide gut in das Werkstück eindringt.
Zum anderen soll der Keilwinkel möglichst groß sein, damit das Werkzeug stabil ist und lange schneidhaltig bleibt.
Diese Forderungen widersprechen sich.
Darum hat man aus Erfahrung für verschiedene Werkstoffgruppen günstige Keilwinkel ermittelt.

Werkstoffe der Werkstücke	Keilwinkel der Meißel
Aluminium, Kupfer	40°–50°
Baustahl, weiche Bronze	50°–65°
hochfester Stahl, harte Bronze, Hartmessing	65°–75°

Die Festigkeit des Werkstoffs des zu meißelnden Werkstücks bestimmt den Keilwinkel des Meißels. Je höher die Festigkeit, desto größer der Keilwinkel.

Übungsaufgaben 3/47 bis 3/50

3.3.4 Sägen

Profilstäbe und Rohre werden häufig auf Roh- oder Fertiglänge gesägt. Das Trennverfahren Sägen wird vorwiegend dann angewandt, wenn eine ebene Schnittfläche ohne Verformung des Werkstücks verlangt wird.

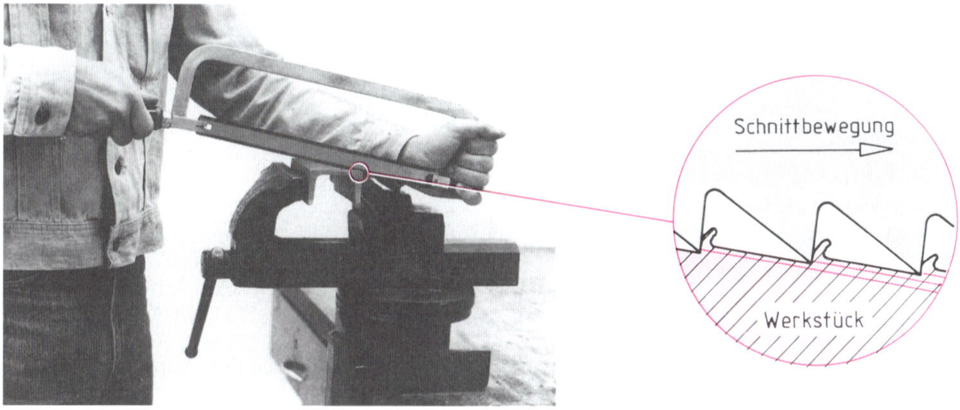

Ablängen mit der Handsäge

Von dem zum Trennen verwendeten Werkzeug, dem Sägeblatt, werden kleine Späne durch eine Vielzahl hintereinander angeordneter Schneidkeile abgetrennt. Dabei wird der Werkstoff in der Schnittfuge durch die hintereinander liegenden Zähne gleichzeitig in mehreren Schichten zerspant.

Sägen ist ein Trennverfahren, bei dem durch eine Vielzahl hintereinander angeordneter Keile kleine Späne abgetrennt werden.

- **Schneidenwinkel**

Die Winkel am Schneidkeil werden möglichst entsprechend der Werkstoffestigkeit gewählt, um mit geringem Kraftaufwand und geringem Werkzeugverschleiß große Trennleistung zu erreichen.

Schneidenwinkel an Sägeblättern

gerade Sägeblätter

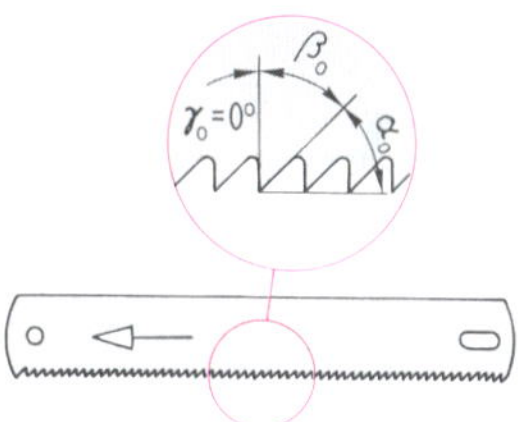

Handsägeblatt

Wegen des vielseitigen Einsatzes sind die Schneidenwinkel unabhängig vom Werkstoff bei allen Handsägeblättern gleich.

Freiwinkel $\alpha_0 = 40°$
Keilwinkel $\beta_0 = 50°$
Spanwinkel $\gamma_0 = 0°$

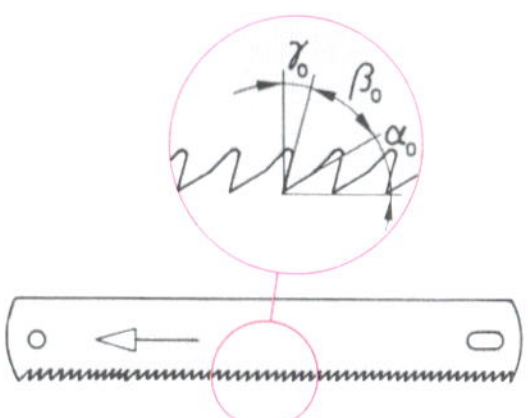

Maschinensägeblatt

Kreissägeblätter

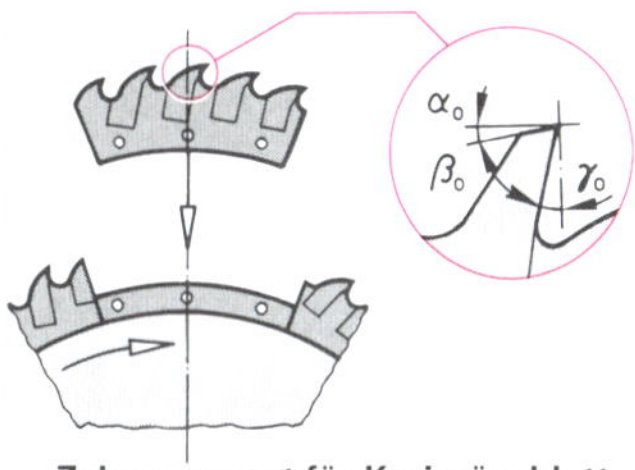

Zahnsegment für Kreissägeblatt

Zum Trennen bestimmter Werkstoffe werden die günstigsten Schneidenwinkel ausgewählt.

Werkstoff	Freiwinkel α_0	Spanwinkel γ_0
Stahl	8°	15°–18°
Messing	8°	10°–12°
Alu-Kupfer	10°	22°–25°

Alle Handsägeblätter haben gleiche Schneidenwinkel. Die Auswahl des Schneidenwinkels eines Maschinensägeblattes richet sich nach dem zu sägenden Werkstoff.

Übungsaufgabe 3/51

- **Zahnteilung**

Die Trennleistung eines Sägeblattes wird vorwiegend durch den Abstand zwischen den Zähnen beeinflußt. Diese **Zahnteilung *t*** wird zwischen den Schneiden zweier benachbarter Zähne gemessen.

In der Sägeblattkennzeichnung von geraden Sägen wird die Zähnezahl auf 25,4 mm = 1" angegeben. Die Auswahl der geeigneten Zahnteilung hängt in erster Linie von der Festigkeit des zu sägenden Werkstoffs ab, z.B. erfordern harte Materialien eine feine Zahnteilung.

Mit kleiner werdender Zahnteilung verringert sich bei gleichen Winkeln an der Schneide auch die **Zahnlücke**. Im Sägeschnitt müssen die Zahnlücken die anfallende Spanmenge aufnehmen. Da bei weichen Werkstoffen eine größere Spanmenge anfällt als bei harten, ist auch eine größere Zahnlücke notwendig.

Zahnteilung *t*		Werkstoff
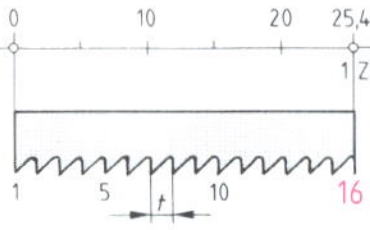 16 Zähne	**grob** t = 1,7 mm	Aluminium Kupfer Preßstoff Holz
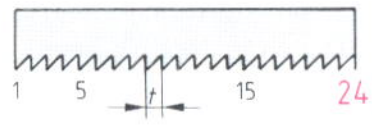 24 Zähne	**mittel** t = 1,1 mm	Baustahl Messing Gußeisen
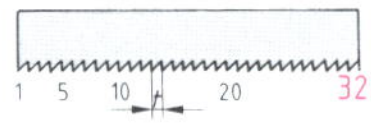 32 Zähne	**fein** t = 0,8 mm	Werkzeugstahl Stahlguß

Bei *dünnwandigen* Werkstücken ist immer ein Sägeblatt mit *feiner* Zahnteilung zu benutzen, damit mehrere Zähne im Eingriff sind. Das Sägeblatt hakt nicht und bricht nicht aus.

Die aufgezeigten Abhängigkeiten gelten für Handsägeblätter wie für Maschinensägeblätter.
Beim maschinellen Sägen wird die Wahl der Zahnteilung eines Sägeblattes sowohl nach der Festigkeit des zu sägenden Werkstoffes als auch nach der Werkstoffdicke vorgenommen; so müssen dünnwandige Hohlprofile stets mit feiner Zahnteilung gesägt werden.

Die Auswahl der Zahnteilung richtet sich nach dem Werkstoff und der Werkstückdicke.
Feine Zahnteilungen wählt man bei hartem Werkstoff und geringer Werkstückdicke.

- **Freischnitt**

Beim Sägen muß die Schnittfuge *a* breiter sein als die Sägeblattdicke *b*, um ein Klemmen des Sägeblattes zu verhindern. Die Sägeblätter werden deshalb so gestaltet, daß sie sich seitlich *selbst freischneiden* und damit die unerwünschte Reibung herabgesetzt wird. Die Verbreiterung der Schnittfuge heißt Freischnitt. Der Freischnitt kann auf unterschiedliche Weise erzeugt werden.

Erzeugen des Freischnitts

Wellen	Schränken	Hohlschleifen	Einsetzen breiter Zähne
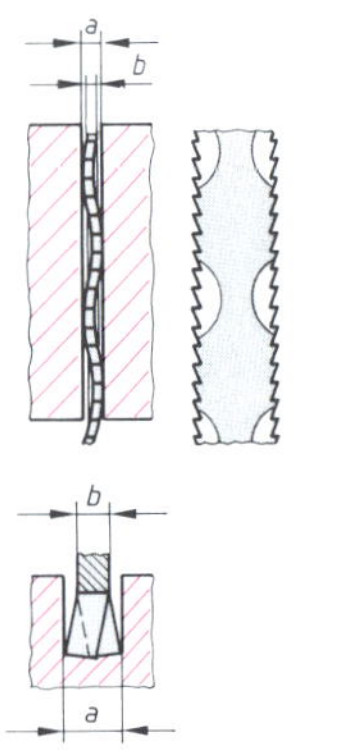	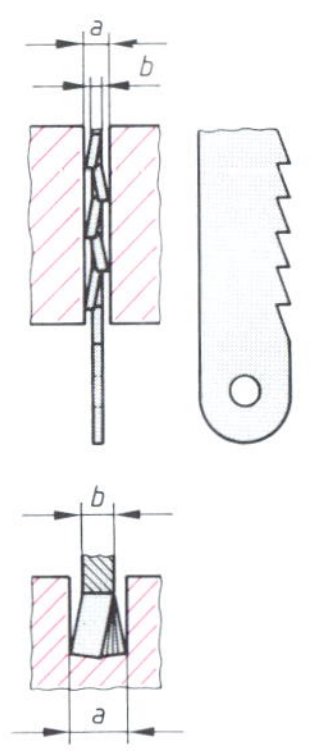	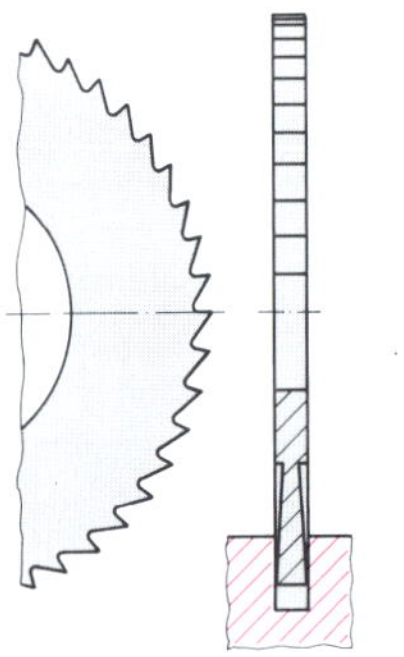	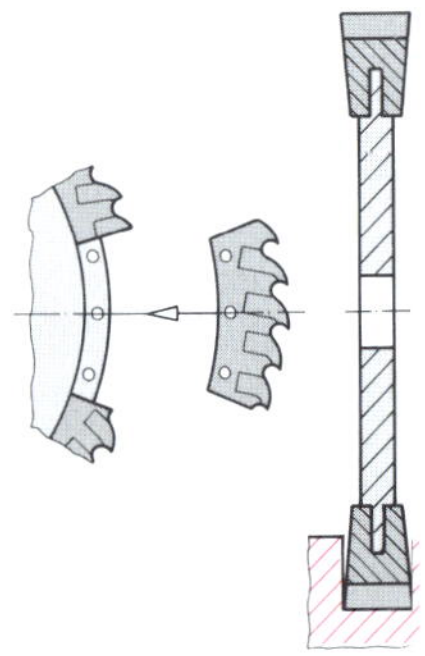
Handsägeblätter	Maschinensägeblätter	kleine Kreissägeblätter	große Kreissägeblätter

Handsägeblätter Maschinensägeblätter kleine Kreissägeblätter große Kreissägeblätter
Ein Sägeblatt schneidet frei, wenn die Schnittfuge breiter als die Sägeblattdicke ist.

Übungsaufgaben 3/52 bis 3/55

- **Sägemaschinen**

Bügelsägemaschine	Kreissägemaschine
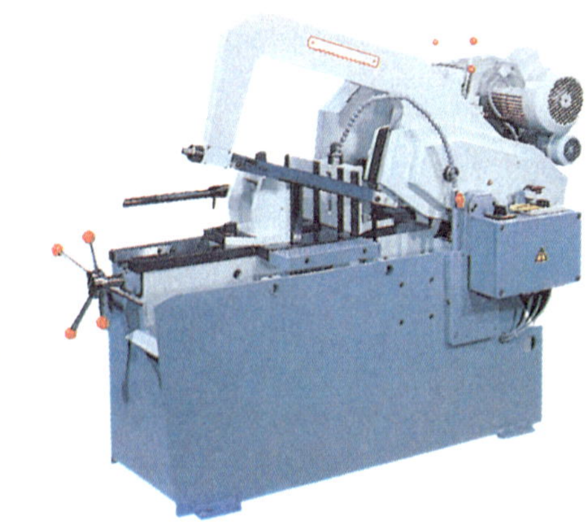	
– Unterbrochener Schnitt – Geringe Schnittleistung	– Kontinuierlicher Schnitt – Hohe Schnittleistung

Zum Trennen von Metallen werden Bandsägen mit Endlossägeblättern in zunehmenden Maße eingesetzt. Man erzielt durch den kontinuierlichen Schnitt hohe Schnittleistungen. Bandsägeblätter sind preiswerter als Kreissägeblätter für gleiche Sägequerschnittbereiche.

3.3.5 Feilen

- **Feilarbeiten**

Bei der Herstellung von Werkstücken in Einzelfertigung ist es vielfach günstiger, vorgearbeitete Werkstücke durch Feilen fertigzustellen. Dadurch kann aufwendige Maschinenarbeit vermieden werden.

Beispiele für Feilarbeiten

Entgraten:
Bei Rohteilen, die durch Sägen oder Scheren abgetrennt wurden, wird vor einer weiteren Bearbeitung der entstandene Grat durch Feilen entfernt.

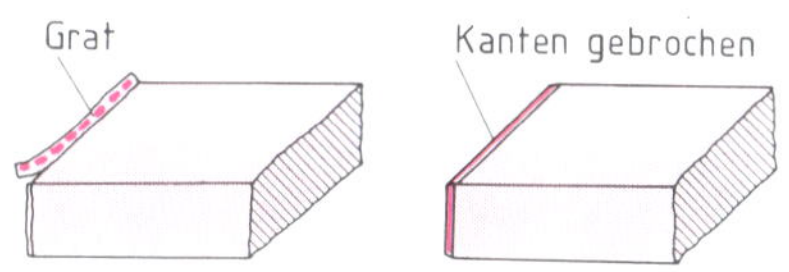

Einpassen:
Werkstücke wie die abgebildete Paßfeder erfahren durch Feilen geringfügige Maß- und Formänderungen, um mit einem anderen Werkstück gefügt werden zu können.

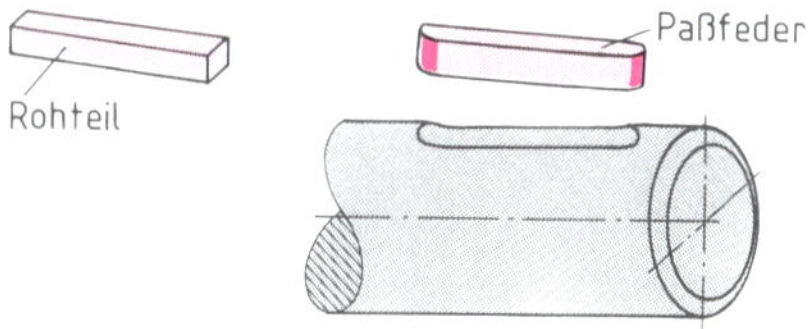

- **Aufbau und Wirkungsweise der Feile**

Bei der Feile sind keilförmige Schneiden hintereinander auf dem **Feilenblatt** angeordnet. Das ausgeschmiedete spitze Ende der Feile nennt man **Angel**. Sie dient zum Befestigen eines hölzernen Griffes – dem **Feilenheft**. Dadurch kann man mit der Feile handlich und gefahrlos arbeiten.

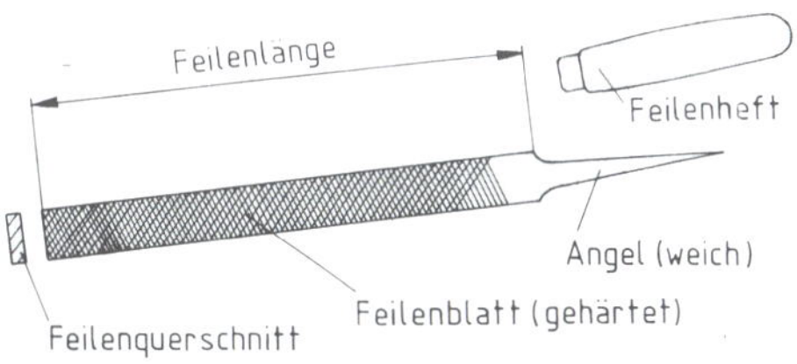

Bestandteile einer Feile

Die Schneiden der Feilen können durch Hauen oder Fräsen hergestellt werden.

Bei einer **gehauenen Feile** ist die Spanfläche gegen die Schnittrichtung geneigt. Der Spanwinkel liegt zwischen der Spanfläche und einer Senkrechten zur Werkstückoberfläche. Dadurch wird der *Spanwinkel* negativ.

Bei einem Schneidkeil mit negativem Spanwinkel entstehen nur kleine Späne, da der stumpfe Keil vorwiegend eine schabende Trennwirkung hat. Der große Keilwinkel ergibt eine stabile Schneide. Darum werden gehauene Feilen zur Bearbeitung von Werkstoffen wie z.B. Stahl oder Gußeisen eingesetzt.

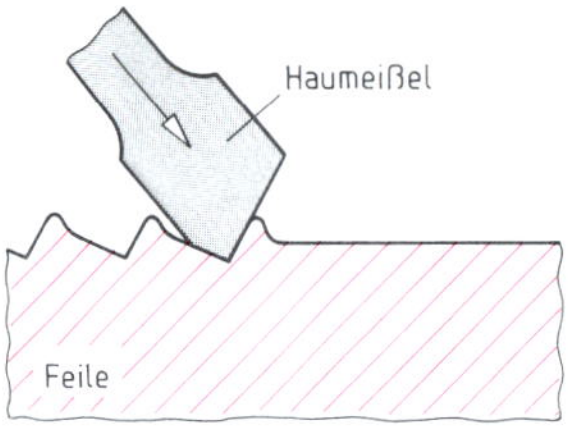

Hauen einer Feile

$$\alpha_o + \beta_o + \gamma_o = 90°$$

$$36° + 70° + (-16°) = 90°$$

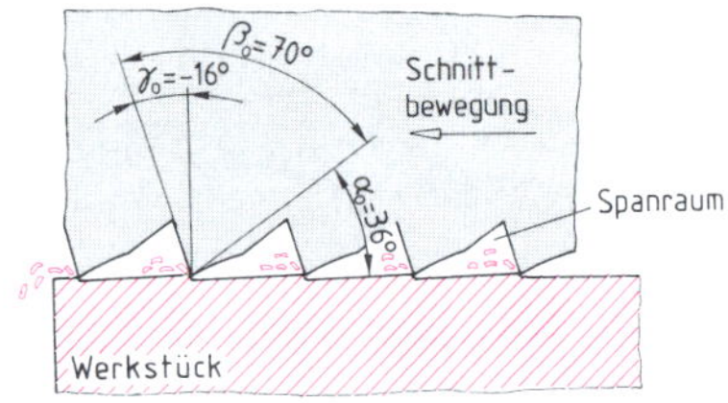

Spanabnahme durch gehauene Feile

Gehauene Feilen haben negative Spanwinkel.
Mit gehauenen Feilen bearbeitet man relativ harte Werkstoffe.

Gefräste Feilen haben *positive Spanwinkel.* Darum schneiden diese Feilen besser als gehauene Feilen. Da jedoch der Keilwinkel kleiner als bei gehauenen Feilen ist, eignen sich gefräste Feilen nur für weiche Werkstoffe wie Holz, Aluminium und Kunststoff. Aufgrund der günstigen Schnittbedingungen fallen bei gefrästen Feilen große Spanmengen an. Die erforderlichen großen Spanräume entstehen durch tiefes Einfräsen.

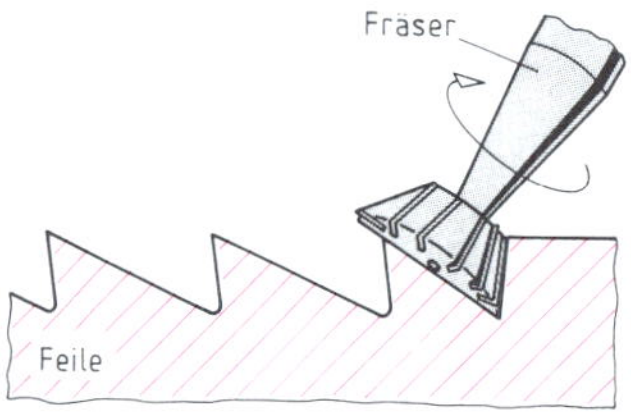

Fräsen einer Feile

$$\alpha_o + \beta_o + \gamma_o = 90°$$

$$37° + 48° + 5° = 90°$$

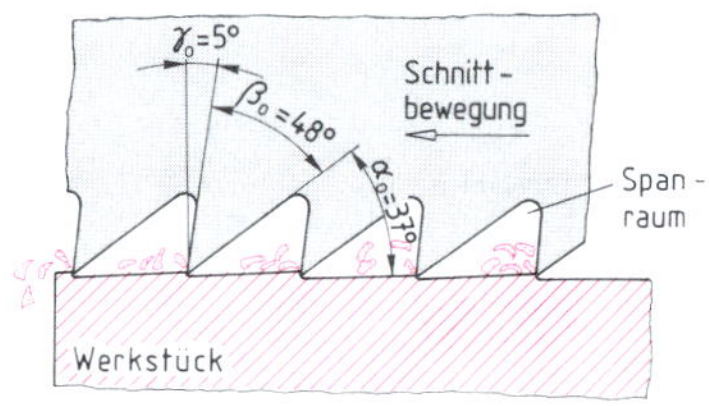

Spanabnahme durch gefräste Feile

Gefräste Feilen haben positive Spanwinkel.
Mit gefrästen Feilen bearbeitet man weiche Werkstoffe.

Durch Form und Anordnung des Hiebes zur Feilrichtung kann die **Abfuhr der Späne** aus den Spanräumen zwischen den Zähnen begünstigt werden. Bei geraden, rechtwinklig zur Längsachse verlaufenden Schneiden stauen sich die Späne in den Spanräumen und beeinträchtigen die Schneidwirkung.

Bei schrägen und bogenförmigen Schneiden werden die Späne zu einer bzw. zu zwei Seiten abgeführt.

Verläuft die Feilenschneide ohne Unterbrechung über die Breite der Feile, so liegt eine Feile mit Einhieb vor. **Einhiebfeilen** sind meist gefräst. Mit ihnen bearbeitet man weiche Werkstoffe, z.B. Aluminium. Die entstehenden Späne sind verhältnismäßig lang. Kürzere Späne entstehen, indem man die Feilenzähne durch **Spanbrechernuten** unterteilt.

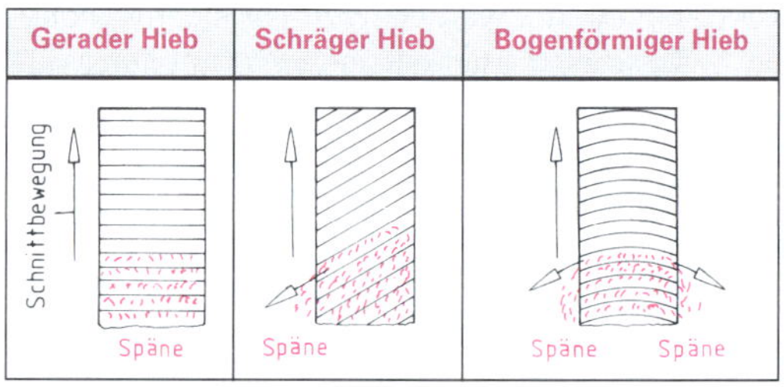

Hiebanordnungen

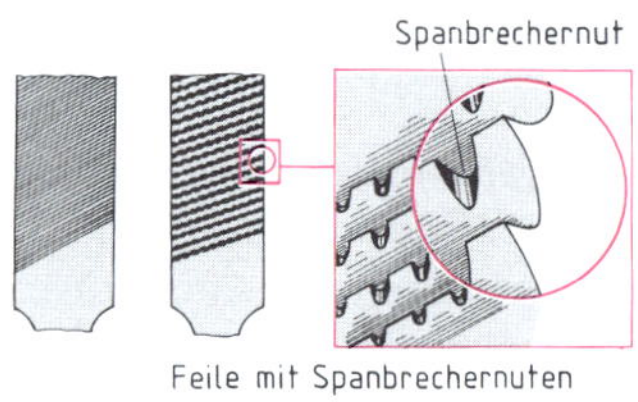

Einhiebfeilen

Übungsaufgaben 3/59; 3/60; 3/61

Bei den für härtere Werkstoffe verwendeten Feilen entsteht durch das Einschlagen eines zweiten Hiebes – schräg zum ersten – ein **Kreuzhieb.** Den zuerst aufgebrachten Hieb nennt man *Unterhieb,* den darauf geschlagenen bezeichnet man als *Oberhieb.* Durch die gekreuzten Hiebe entstehen Zähne.

Ober- und Unterhieb können unter verschiedenen Winkeln oder mit unterschiedlicher Teilung gehauen werden. Meist hat der Unterhieb eine größere Teilung als der Oberhieb. Dadurch stehen hintereinander folgende Zähne zur Feilrichtung versetzt. Diesen seitlichen Versatz bezeichnet man als **Schnürung.** Durch Schürung wird eine Riefenbildung auf dem Werkstück vermieden.

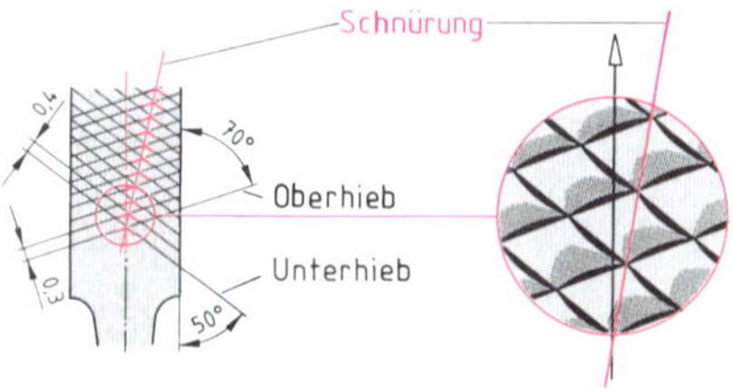

Anordnung von Ober- und Unterhieb bei Kreuzhiebfeilen

Als Schnürung bezeichnet man den seitlichen Versatz der Feilenzähne.
Durch Schnürung vermeidet man Riefenbildung beim Feilen.

Den Abstand zweier aufeinander folgender Zähne nennt man Hiebteilung. Normgerecht wird die Hiebteilung durch die Anzahl der Zähne je Zentimeter Feilenlänge angegeben.

Grobe Feilen haben weniger Hiebe auf 1 cm Feilenlänge als Feilen mit feiner Hiebteilung.

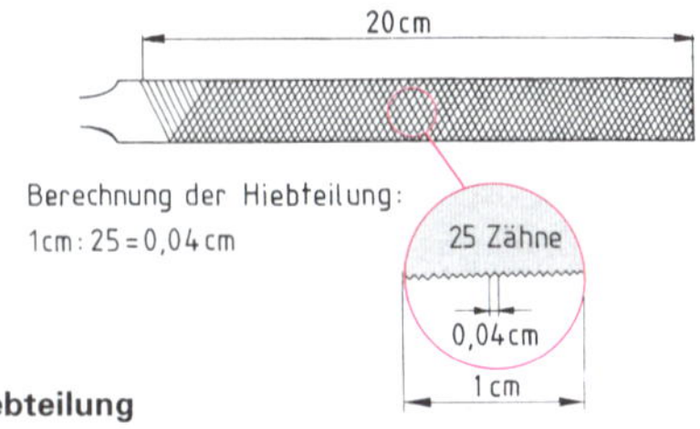

Hiebteilung

Feilen unterteilt man nach der Zahl der Hiebe je cm Feilenlänge in verschiedene **Hiebnummern.** Eine Hiebnummer umfaßt einen bestimmten Bereich von Zähnen auf einem cm Feilenlänge. So haben z.B. Feilen mit der Hiebnummer 2 zwischen 10 und 25 Hieben auf 1 cm Feilenlänge.

Lange Feilen – mit Hieb 2 – erhalten die geringere Zähnezahl dieses Bereichs, laut Tabelle 10 Hiebe je Zentimeter.

Kurze Feilen – mit Hieb 2 – erhalten die höhere Zähnezahl des Bereichs, laut Tabelle 25 Hiebe je Zentimeter.

Bei der Auswahl der Feilen für bestimmte Arbeiten orientiert man sich an der abzutragenden Werkstoffmenge und an der verlangten Oberflächengüte.

Hiebnummern und Hiebzahlen

Hieb-nummer	Hiebzahl je cm lange Feilen	Hiebzahl je cm kurze Feilen	Werkstatt-übliche Hiebbe-zeichnung	Erreichbare Oberflächengüte
0	4,5 ...	10	Grob	**Geschruppt:** Riefen dürfen fühlbar und mit bloßem Auge sichtbar sein
1	5,3 ...	16	Bastard	
2	10 ...	25	Halb-schlicht	**Geschlichtet:** Riefen dürfen mit bloßem Auge noch sichtbar sein
3	14 ...	35	Schlicht	
4	25 ...	50	Doppel-schlicht	**Fein geschlichtet:** Riefen dürfen mit bloßem Auge nicht mehr sichtbar sein
5	40 ...	71	Fein-schlicht	

- **Feilenformen**

Für Feilarbeiten gibt es eine Vielzahl von Feilenquerschnitten. Jede Feilenform ist genormt.

Bei Werkstattfeilen werden bestimmte Querschnittsformen angeboten, bei anderen Feilenarten gibt es entsprechende Feilenformen, z.B. Löffelfeilen, gebogene Feilen.

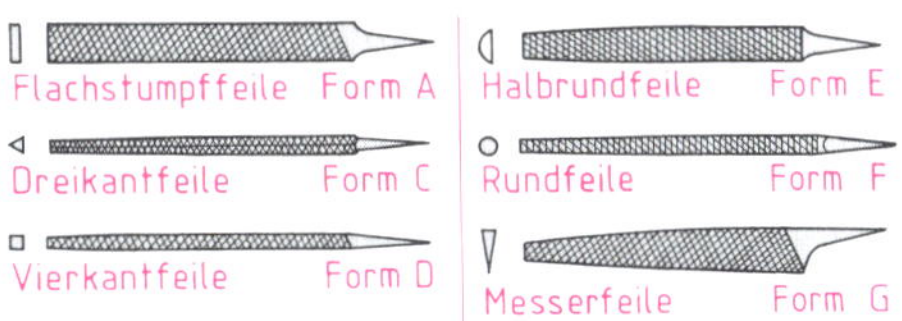

Querschnittsformen von Werkstattfeilen

Die Feilenform wird entsprechend dem zu bearbeitenden Profil ausgewählt.

Übungsaufgaben 3/62; 3/63; 3/64

- **Normgerechte Bezeichnung einer Werkstattfeile**

Die normgerechte Bezeichnung einer Feile gibt Hinweise auf Form, Länge und Hiebnummer.

Beispiel für die Bezeichnung einer Werkstattfeile

Werkstattfeile E 250 – 3 DIN 7261

- Werkstattfeile: Name (Art)
- E: Feilenform (Querschnitt)
- 250: Feilenlänge
- 3: Hiebnummer
- DIN 7261: DIN Blatt

3.3.6 Bohren

Ein Bohrer trennt während der Drehbewegung Späne ab, wenn gleichzeitig eine geradlinige Bewegung in Werkstückrichtung erfolgt.

- Die Drehbewegung des Bohrers nennt man **Schnittbewegung.**
- Die zur Spanabnahme notwendige geradlinige Bewegung des Bohrers wird **Vorschubbewegung** genannt.

Die Überlagerung der Bewegungen ergibt eine wendelförmige Bewegung der Schneidecken.

Bohrvorgänge werden mit Handbohrmaschinen und ortsfesten Bohrmaschinen ausgeführt. Die Schnittbewegung wird bei beiden Maschinenarten durch den Antrieb erzeugt. Die Vorschubbewegung wird bei der Handbohrmaschine immer durch Muskelkraft, bei ortsfesten Bohrmaschinen durch Muskelkraft oder einen Maschinenantrieb aufgebracht.

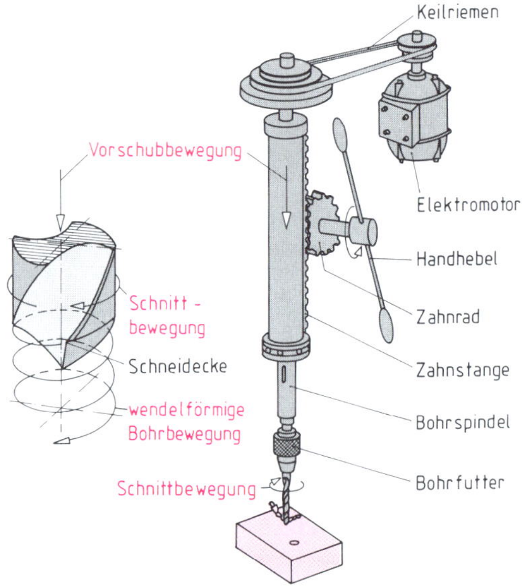

Arbeitsbewegungen beim Bohren

Die Spanabnahme beim Bohren erfolgt durch das Zusammenwirken einer kreisförmigen Schnittbewegung und einer geradlinigen Vorschubbewegung.

- **Spiralbohrer: Aufbau und Winkel**

Spiralbohrer sind die am häufigsten verwendeten Bohrwerkzeuge. Die Vielseitigkeit des Einsatzes bei der Bearbeitung unterschiedlicher Werkstoffe erfordert eine genauere Betrachtung der Bohrerform und seines Anschliffs.

Im Schneidteil des Bohrers befinden sich zwei gegenüberliegende, wendelförmig aufsteigende **Spannuten.** Beim Bohren werden die Späne durch die Spannuten aus der Bohrung transportiert. Der Winkel zwischen Spannut und Bohrerachse wird **Drallwinkel** genannt. Der Drallwinkel entspricht in seiner Größe dem γ_o des Schneidkeils am Bohrer.

Die Größe des Drallwinkels richtet sich nach dem zu bearbeitenden Werkstoff.

Die Hauptschneiden des Bohrers werden hinterschliffen, damit sie in den Werkstoff eindringen können. Durch diesen Hinterschliff sind die Freiflächen um den **Freiwinkel** α_o geneigt.

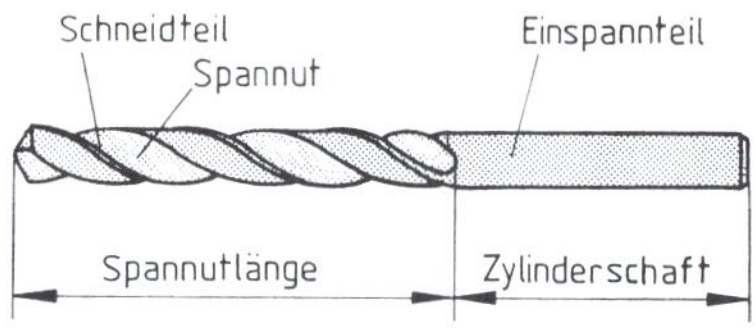

Spiralbohrer

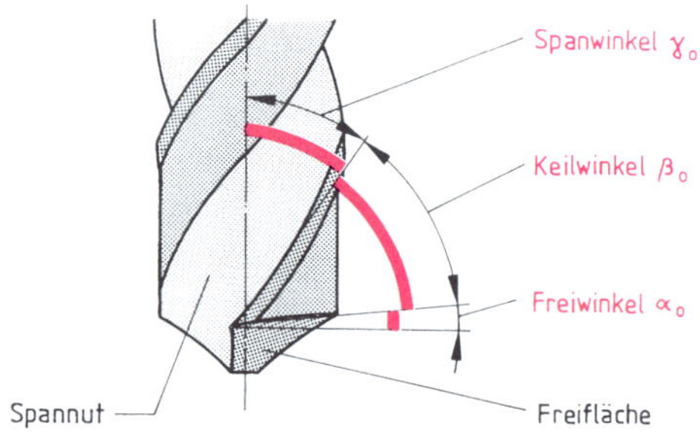

Freiwinkel	+ Keilwinkel	+ Spanwinkel	= 90°
α_o	+ β_o	+ γ_o	= 90°

Winkel an den Bohrerschneiden

Übungsaufgaben 3/65; 3/66

Die Bohrerspitze wird kegelförmig angeschliffen, dadurch entstehen zwei Hauptschneiden am Bohrer. Die Hauptschneiden schließen den **Spitzenwinkel** σ ein.

An der Spitze des Bohrers entsteht durch das Hinterschleifen der Freiflächen die **Querschneide.** Diese verbindet die beiden Hauptschneiden miteinander. Die Länge der Querschneide ist von der Kerndicke des Bohrers und von dem Winkel zwischen Querschneide und Hauptschneide abhängig.

Die Querschneide behindert den Bohrvorgang. Der Werkstoff wird von der Querschneide nicht geschnitten, sondern nur geschabt und verdrängt. Für die schabende Wirkung der Querschneide werden beim Bohren ins Volle etwa 40% der gesamten Vorschubkraft benötigt.

Bei größeren Bohrern soll die Querschneide nicht zum Eingriff kommen. Die Löcher werden auf die Kerndicke des großen Bohrers vorgebohrt.

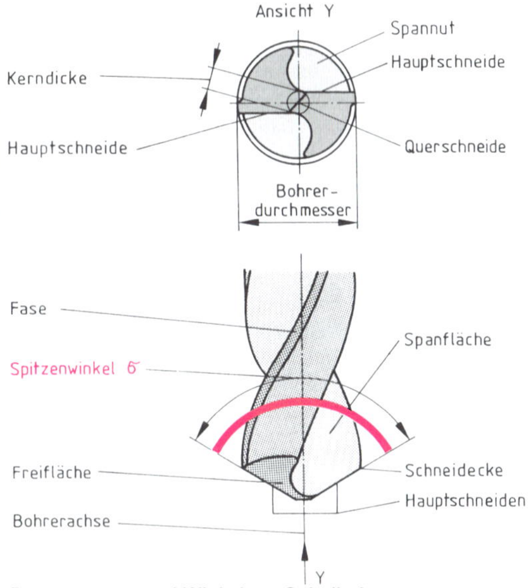

Benennungen und Winkel am Spiralbohrer

Beim Spiralbohrer bestimmt der Drallwinkel den Spanwinkel. Der Hinterschliff ergibt den Freiwinkel. Durch beide Winkel wird der Keilwinkel festgelegt. Die Bohrerfase dient der Führung.

• Spiralbohrertypen und Spitzenwinkel

Um die Bearbeitung verschiedenartiger Werkstoffe mit günstigen Schnittbedingungen ausführen zu können,
- muß ein Bohrer mit geeignetem Drallwinkel ausgewählt und
- ein günstiger Spitzenwinkel angeschliffen werden.

Übersicht über Spiralbohrertypen und Spitzenwinkel

Bohrertyp	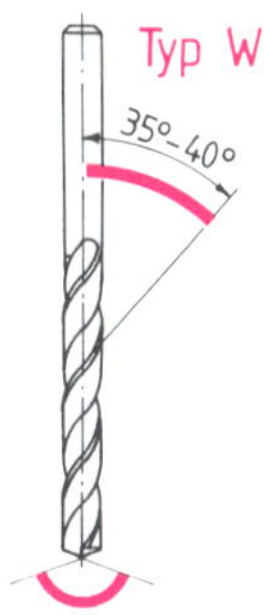	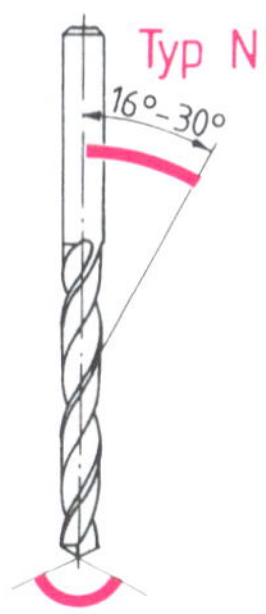		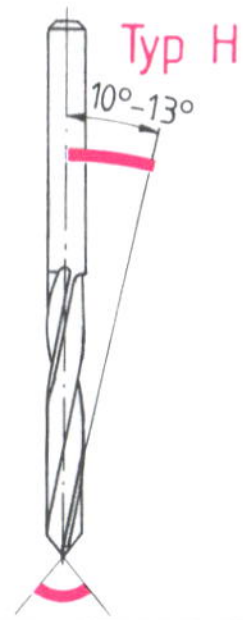		
Werkstoff	weiche Werkstoffe	normale Werkstoffe		harte Werkstoffe		
Drallwinkel	35° – 40°	16° – 30°		10° – 13°		
Spitzenwinkel	130°	118°	135°	80°	118°	135°
Beispiele von zu bohrenden Werkstoffen	Kupfer, Aluminium, Blei, Zinn, Lagermetall	Stahl und Stahlguß mit einer Zugfestigkeit von 400–700 N/mm², Gußeisen	700–1200 N/mm², nichtrostende Stähle	Kunststoffe, Preßstoffe, Hartgummi	Messing, Magnesiumlegierung	Stahl über 1200 N/mm² Zugfestigkeit, Hartguß

Übungsaufgaben 3/67 bis 3/70

Der Einsatz der drei genormten Spiralbohrertypen W (weich), N (normal) und H (hart) richtet sich nach der Festigkeit des zu bearbeitenden Werkstoffs. Mit steigender Festigkeit erhöhen sich die auftretenden Schnittkräfte, und diese erfordern einen größeren Keilwinkel. Mit zunehmendem Keilwinkel wird der Spanwinkel kleiner. Weil beim Bohrer der Spanwinkel dem **Drallwinkel** entspricht, ergibt sich der Einsatzbereich eines Bohrers aus der Größe des Drallwinkels.

Je härter der zu bohrende Werkstoff, desto kleiner der Drallwinkel des Bohrers.

Beim Zerspanen entsteht Wärme. Diese muß über das Werkstück und die Werkzeugschneide abgeleitet werden. Für Werkstoffe mit schlechter Wärmeleitfähigkeit, z.B. Kunststoffe, wählt man daher lange Hauptschneiden. Diese ergeben sich bei *kleinem Spitzenwinkel.*

Werkstoffe	Wärmeleitfähigkeit	Spitzenwinkel
Kunststoffe	schlecht	80°
Al, Cu	gut	130°

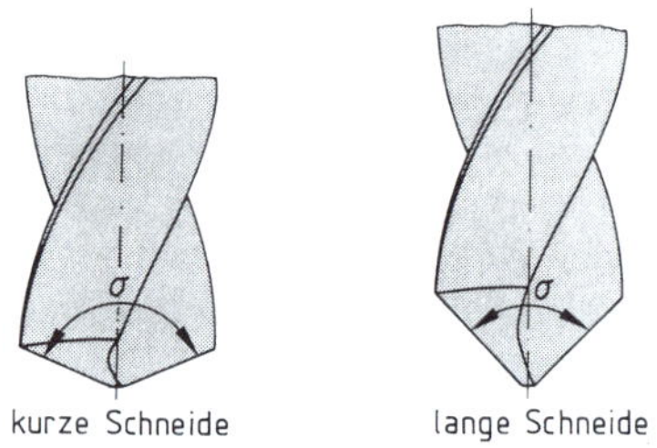

Abhängigkeit der Werkzeugschneide vom Spitzenwinkel

Je schlechter die Wärmeleitfähigkeit des zu bohrenden Werkstoffs, desto kleiner der Spitzenwinkel des Bohrers.

- **Bohreranschliff und Schleiffehler**

In Fertigungsbetrieben, in denen eine große Anzahl von zylindrischen Löchern gebohrt werden, schleift man in der Regel die Spiralbohrer mittels **Spiralbohrer-Schleifvorrichtungen** oder **Spiralbohrer-Schleifmaschinen** an.

Mit richtig angeschliffenen Bohrern können maßgenaue Bohrungen mit guter Oberflächenbeschaffenheit hergestellt werden. Bohrer und Bohrmaschinen werden dann wirtschaftlich voll genutzt.

Schleiffehler und ihre Auswirkungen

Schleiffehler	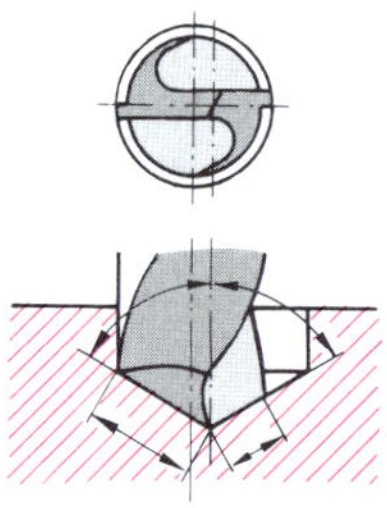 • Querschneide liegt außerhalb der Bohrerachse. • Hauptschneiden sind verschieden lang.	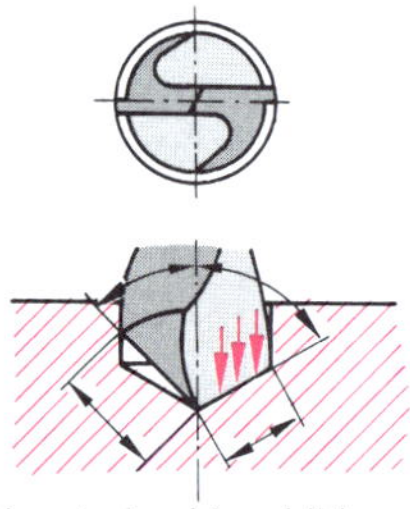 • Hauptschneiden bilden unterschiedliche Winkel mit Bohrerachse. • Hauptschneiden sind verschieden lang.	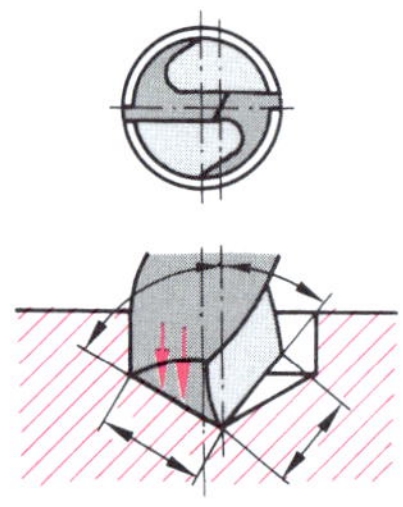 • Hauptschneiden bilden unterschiedliche Winkel mit Bohrerachse. • Querschneide liegt außerhalb der Bohrerachse.
Auswirkungen	Bohrung wird zu groß	Bohrer schneidet mit einer Schneide und wird einseitig belastet. Bohrer wird schnell stumpf.	Bohrung wird zu groß Bohrer schneidet mit einer Schneide und wird einseitig belastet. Bohrer wird schnell stumpf.

Ein einwandfreier Bohreranschliff erfordert einen symmetrischen Spitzenwinkel und einen Hinterschliff der Freiflächen. Für Spitzenwinkel und Freiwinkel muß eine dem Werkstoff angepaßte Größe eingehalten werden.

Übungsaufgaben 3/71; 3/72

- **Einspannen von Bohrern**

Die Mitnahme des Bohrers erfolgt bei allen Einspannverfahren durch Reibung.

<table>
<tr><th>Bohrer mit zylindrischem Schaft</th><th>Bohrer mit kegligem Schaft</th></tr>
<tr><td>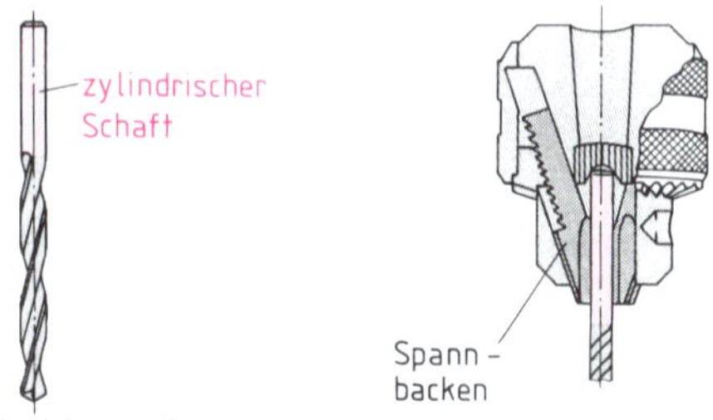

Zylindrische Schäfte für Bohrerdurchmesser bis 13 mm</td><td>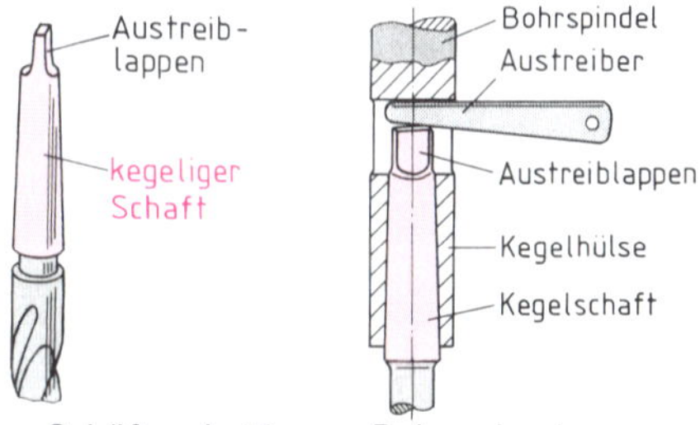

Keglige Schäfte ab 13 mm Bohrerdurchmesser Morsekegel MK0 bis MK6</td></tr>
</table>

- **Kühlung beim Bohren**

Die Verwendung von Kühlemulsionen beim Bohren bewirkt

- bessere Wärmeabfuhr,
- Verminderung der Reibung zwischen Werkstück und Bohrer und des Verschleißes,
- Senkung der Schneidentemperatur.

Bei kurzen Bohrungen wird die Kühlemulsion mittels einer Kanne oder über eine Pumpe zugeführt. Bei tiefen Bohrungen verwendet man Kühlkanalbohrer. Bei diesen wird die Kühlemulsion durch Kanäle im Bohrer bis zur Bohrerschneide geleitet.

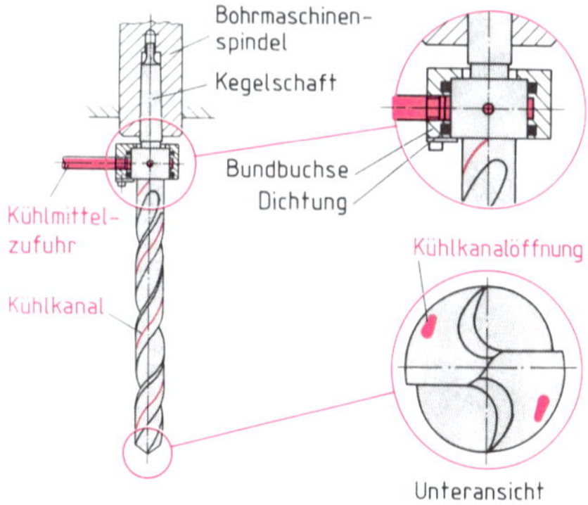

Kühlkanalbohrer mit Zuführvorrichtung

Die Zuführung von Kühl- und Schmiermittel bewirkt:
- Senkung der Schneidentemperatur
- Minderung des Verschleißes.

- **Bohrerwerkstoffe**

Wichtige Eigenschaften der Bohrerwerkstoffe sind:
- Härte und Verschleißfestigkeit
- Biegefestigkeit und Zähigkeit
- Warmstandfestigkeit

Schnellarbeitsstahl

Heute werden Bohrer aus Schnellarbeitsstahl (SS-Stahl) oder aus Hochleistungs-Schnellarbeitsstahl (HSS-Stahl) gefertigt. Schnellarbeitsstähle sind hochlegierte Edelstähle. Ferner fertigt man Vollhartmetallbohrer oder Bohrer mit eingesetzten Schneiden aus Hartmetall.

Die Warmstandfestigkeit bei Bohrern aus HSS-Stahl ist bis zu 550 °C gewährleistet.

Durch Beschichten der Werkzeuge mit einer Titannitrid-Schicht (TiN) von wenigen Mikrometern Dicke können die Schnittgeschwindigkeit und der Vorschub etwa verdoppelt werden. Die goldfarbene Schicht gibt dem Werkzeug eine Randschichthärte, die die von Hartmetall übertrifft. Sie erhöht die Warmstandfestigkeit und macht vielfach den Einsatz von Kühl- und Schmierstoffen überflüssig.

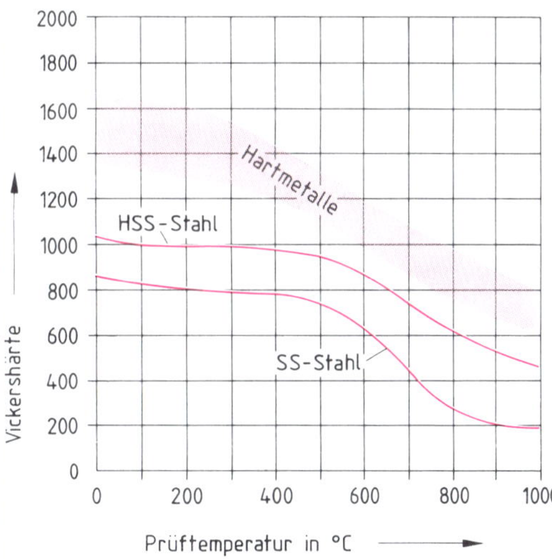

Warmstandfestigkeit von Schneidstoffen

Hartmetall

Diese Bohrer werden zur Bearbeitung von Stahl mit hoher Festigkeit, Gußeisen, Al- und Cu-Legierungen u.a. eingesetzt. Die Verschleißfestigkeit von Hartmetall ist sehr hoch und die Warmstandfestigkeit ist bis zu 850 °C gegeben.

Bei Hartmetallbohrern sind zwei Ausführungsformen üblich. Sie werden entweder als Vollhartmetallbohrer hergestellt oder man lötet oder klemmt in Bohrer aus Werkzeugstahl Hartmetallplatten ein.

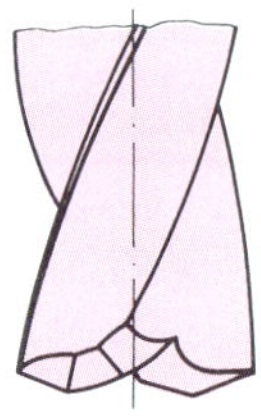

Vollhartmetall-bohrer

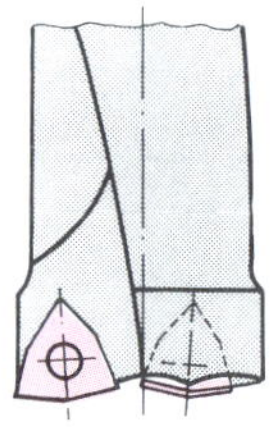

Wendeplatten-bohrer

3.3.7 Berechnung von Schnittdaten zum Bohren

• Schnittgeschwindigkeit beim Bohren

Die Geschwindigkeit, mit der der Trennvorgang erfolgt, wird **Schnittgeschwindigkeit** v_c genannt.

Der Bohrer führt eine kreisförmige Schnittbewegung aus. Die höchste Schnittgeschwindigkeit hat der Bohrer an der Schneidecke. Deshalb werden Schnittgeschwindigkeitsberechnungen für diesen Punkt ausgeführt.

Die Schnittgeschwindigkeit ist der Weg der Schneide pro Zeiteinheit.

$$v_c = d \cdot \pi \cdot n$$

v_c Schnittgeschwindigkeit
d Bohrerdurchmesser
n Umdrehungsfrequenz

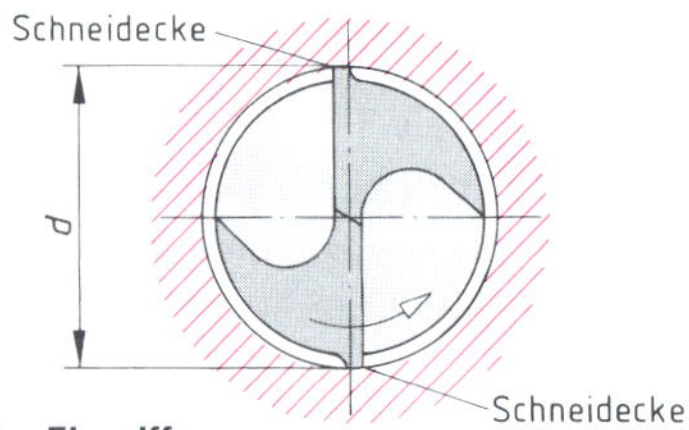

Bohrer im Eingriff

Die **zulässige Schnittgeschwindigkeit** ist von der Zerspanungseignung des Werkstücks und von der Warmstandfestigkeit der Bohrerschneide abhängig. Mit abnehmender Zerspanungseignung steigt der Widerstand gegen den Trennvorgang und damit auch die Erwärmung an den Schneiden. Durch Zugabe eines geeigneten Kühlschmiermittels wird die Zerspanungswärme von den Werkzeugschneiden schneller abgeführt. Dadurch kann mit einer höheren Schnittgeschwindigkeit gebohrt werden.

Für Hartmetall-Bohrer können wegen der höheren Warmstandfestigkeit 2 bis 3mal so große Schnittgeschwindigkeiten eingestellt werden, als es für HSS-Bohrer möglich ist.

Richtwerte für Schnittgeschwindigkeiten beim Bohren

Werkstoffe des Werkstücks (R_m)	Schnittgeschwindigkeit in m/min		Kühlschmiermittel
	HSS-Bohrer	Hartmetall-Bohrer	
Leichtmetalle	35–100	100–200	trocken, Bohrölemulsion
Messing	30– 80	60–125	trocken, Bohrölemulsion
Gußeisen bis 260 N/mm²	15– 25	40– 70	trocken, Bohrölemulsion
Stahl bis 700 N/mm²	20– 30	70–100	Bohrölemulsion

• Vorschub beim Bohren

Die Eindringtiefe des Bohrers in das Werkstück bei einer Bohrerumdrehung wird **Vorschub** f genannt. Er wird in Millimeter angegeben. Der Vorschub kann mit zunehmendem Bohrerdurchmesser und mit zunehmender Eignung des Werkstoffs zum Zerspanen erhöht werden.

Bei numerisch gesteuerten Maschinen wird die Vorschubgeschwindigkeit v_f eingesetzt:

$$v_f = n \cdot f$$

v_f Vorschubgeschwindigkeit
n Umdrehungsfrequenz
f Vorschub

Richtwerte für den Vorschub f für HSS-Bohrer

Bohrerdurchmesser in mm	Vorschub in mm für		
	Stahl bis 700 N/mm², Gußeisen bis 300 N/mm²	Stahl 700 bis 900 N/mm²	Messing
2	0,05	0,03	0,05
5	0,12	0,08	0,1
8	0,2	0,12	0,12
12	0,25	0,16	0,15
16	0,3	0,2	0,2
25	0,4	0,3	0,3

Übungsaufgaben 3/78 bis 3/83

- **Standzeit beim Bohren**

Der wirtschaftliche Einsatz von Schneidwerkzeugen ist von der Zeit abhängig, in der das Werkzeug vom Anschliff bis zum Stumpfwerden im Eingriff ist. Diese Zeitspanne wird **Standzeit *T*** genannt. Eine genaue Voraussage der Standzeit ist nicht möglich, da durch das Zusammenwirken der verschiedenen Einflußgrößen die Auswirkungen auf die Standzeit schlecht vorhersehbar sind.

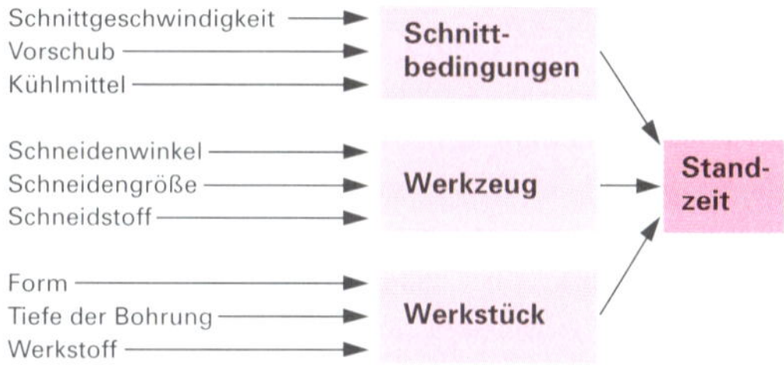

Beeinflussung der Standzeit

Die Standzeit ist die Zeit zwischen zwei Anschliffen, während der das Werkzeug schneidet.

3.3.8 Senken

Senken ist ein dem Bohren verwandtes spanendes Bearbeiten. Durch Senken erhalten zylindrische Löcher ihre zur Aufnahme von Verbindungselementen wie Schrauben, Niete, Stifte notwendige Form.

Damit beim Senken glatte Oberflächen erzielt werden, arbeitet man mit niedrigen Schnittgeschwindigkeiten. Diese sollen etwa halb so groß sein wie beim Bohren unter gleichen Bedingungen.

- **Entgraten**

Durch Entgraten werden scharfkantige Bohrungen gratfrei gemacht, damit sie einwandfreie Anlageflächen erhalten. Schnittverletzungen werden vermieden.
Zum Entgraten werden wegen der günstigen Schnittbedingungen meist die einschnittigen Kegelsenker (Entgrater) verwendet. Daneben werden für tiefere Ansenkungen die mehrschnittigen Kegelsenker mit 5 bis 12 Schneiden eingesetzt.

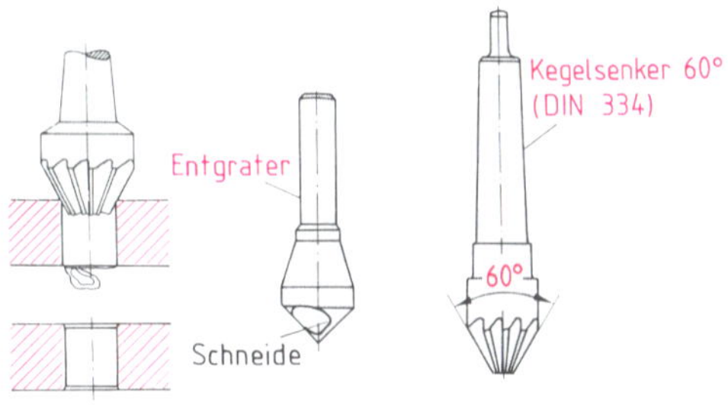

Entgraten

Zum Entgraten verwendet man meist einschnittige Kegelsenker 60° (Entgrater).

- **Einsenken**

Senken für Senkniete	Senken für Senkschrauben	Senken für zylindrische Schraubenköpfe

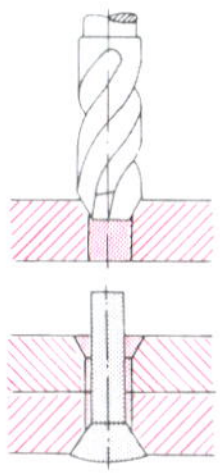

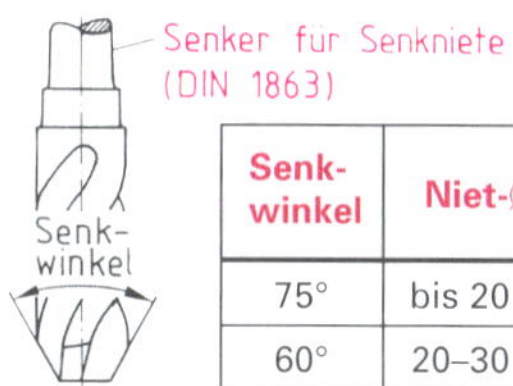

Senkwinkel	Niet-∅
75°	bis 20 mm
60°	20–30 mm
45°	30–36 mm

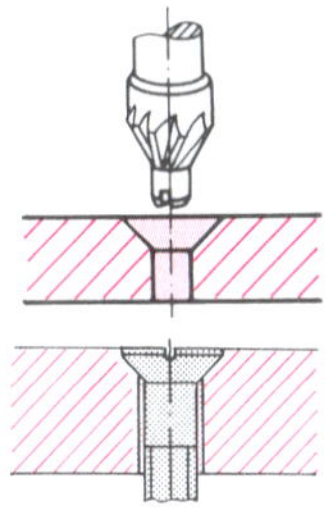

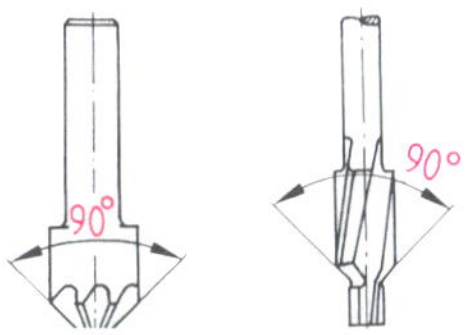

Kegelsenker 90° (DIN 335)

Kegelsenker 90° mit Führungszapfen (DIN 1866)

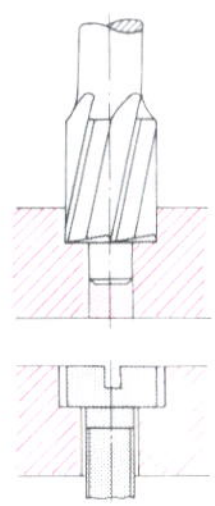

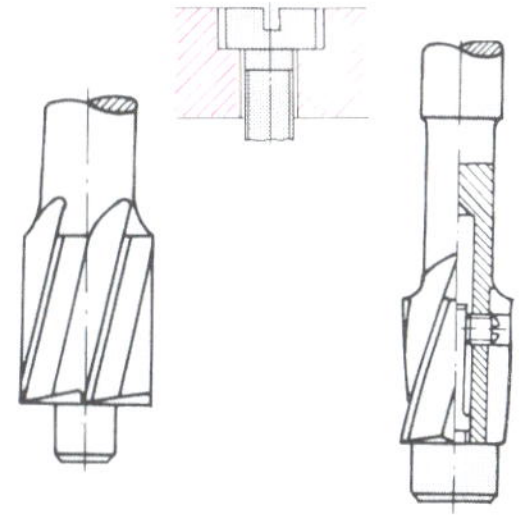

Flachsenker mit festem Führungszapfen (DIN 373)

Flachsenker mit auswechselbarem Führungszapfen (DIN 375)

3.3.9 Reiben

Beim Fügen von Bauteilen sind häufig Bohrungen mit geringer Maßtoleranz, hoher Formgenauigkeit und hoher Oberflächengüte zur Aufnahme von Stiften, Bolzen und Paßschrauben herzustellen. Dies geschieht durch Reiben mit Reibahlen.

- **Reibvorgang**

Die Bohrungen müssen um die Bearbeitungszugabe kleiner vorgebohrt werden. Die Bearbeitungszugabe ist vom Durchmesser der verlangten Bohrung abhängig.

Zur Erzielung der hohen Oberflächengüte muß der Werkstoff in kleinsten Spänchen abgetragen werden. Dies erreicht man einmal durch die Vielzahl der Schneiden. Außerdem wird der Spanwinkel so gewählt, daß eine vorwiegend schabende Wirkung erzielt wird.

Die Oberflächengüte kann durch Verwendung geeigneter Schmiermittel merklich verbessert werden. Beim Reiben ist die Schmierwirkung wichtiger als das Kühlen. Daher erzielt man bei Verwendung eines Schneidöls bessere Oberflächen als mit einer Schneidölemulsion.

Die Schnittgeschwindigkeit beim Reiben soll aus Erfahrung wesentlich kleiner als beim Bohren sein.

Bearbeitungszugaben zum Reiben

Bohrungsdurchmesser	bis 5 mm	5–10 mm	10–20 mm	über 20 mm
Bearbeitungszugabe	0,1 mm	0,1–0,2 mm	0,2–0,3 mm	0,3–0,5 mm

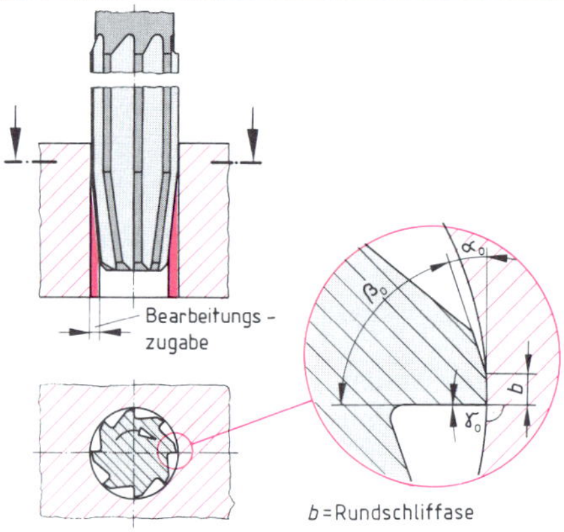

Spanabnahme beim Reiben

Beim Reiben erzielt man die hohe Oberflächengüte:

- durch Werkzeuge mit mehreren Schneiden,
- durch Schneidkeile mit schabender Wirkung,
- durch Zugabe von Schmiermittel,
- durch niedrige Schnittgeschwindigkeit

- **Reibwerkzeuge**

Reibahlen werden mit gerader Schneidenzahl und ungleicher Teilung gefertigt. Auf dem Umfang liegen sich jeweils zwei Schneiden gegenüber. Dadurch kann der Durchmesser der Reibahle mit Meßgeräten wie Meßschieber oder Bügelmeßschraube genau gemessen werden.

Die ungleiche Schneidenteilung bewirkt den Bruch der Späne an stets anderer Stelle. Dadurch entstehen beim Reiben keine *Rattermarken.*

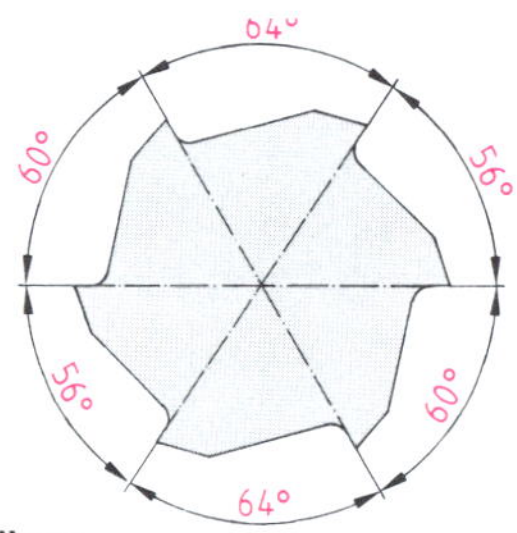

Schneidenteilung einer Reibahle

Reibahlen haben eine gerade Schneidenzahl und ungleiche Zahnteilung. Durch die ungleiche Teilung werden Rattermarken vermieden.

Beim Reiben von Bohrungen, die in Längsrichtung durch Nuten unterbrochen sind, benötigt man Reibahlen, deren Schneiden wendelförmig verlaufen. Solche drallgenuteten Reibahlen überbrücken eine Längsnut, da eine drallgenutete Schneide nicht achsparallel im Eingriff ist. Drallgenutete Reibahlen verhindern Rattermarken und erzeugen auch bei unterbrochenen Bohrungen hohe Oberflächengüte und große Formgenauigkeit.

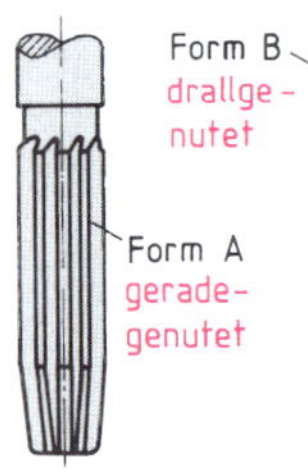

Reibahlen DIN 206

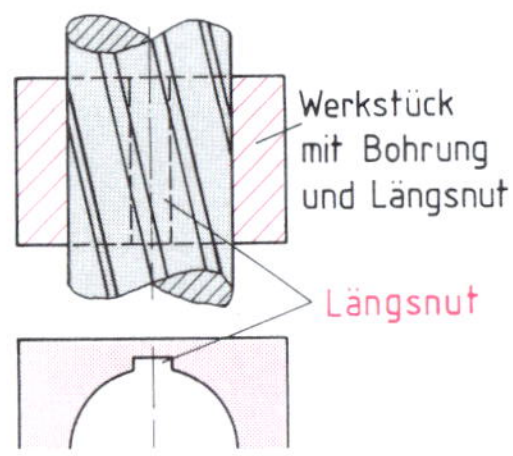

Drallgenutete Reibahle im Eingriff

Übungsaufgaben 3/92; 3/93; 3/94

• Auswahl von Reibahlen

Maschinelles Reiben ist dem Reiben von Hand vorzuziehen. Aufgrund der besseren Führung der Reibahlen sowie der gleichmäßigeren Schnittbedingungen ergeben sich kürzere Fertigungszeiten, höhere Form- und Lagegenauigkeit sowie höhere Oberflächengüte. Maschinenreibahlen sind leicht von Handreibahlen zu unterscheiden:

Handreibahlen erkennt man am längeren Anschnitt zur Führung und dem Vierkant zum Einspannen in das Windeisen.

Maschinenreibahlen haben kurzen Anschnitt und zylindrische Einspannenden bzw. Morsekegel.

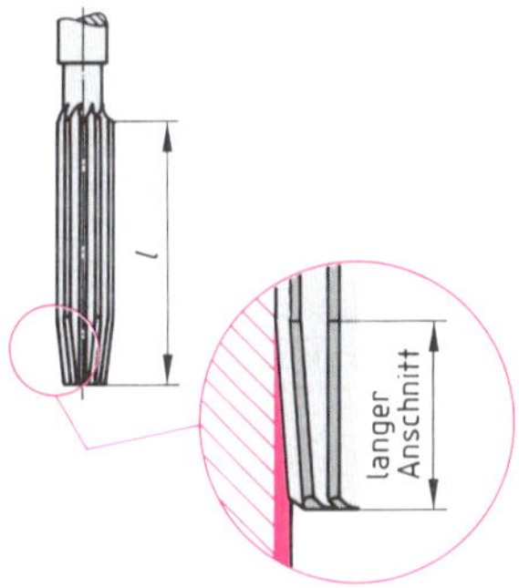

Handreibahle

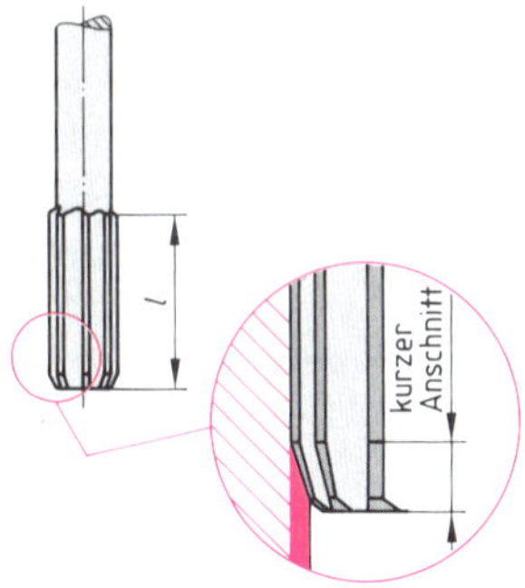

Maschinenreibahle

Je nach Form der Bohrung wählt man gerade, kegelige oder speziell geformte Reibahlen aus.

Geradgenutete Reibahlen wählt man für nichtunterbrochene Bohrungen.

Drallgenutete Reibahlen verwendet man für Bohrungen mit Unterbrechungen.

Reibahlen mit Rechtsdrall werden beim Reiben in die Bohrung gezogen – die Späne aber nach oben abgeführt. Reibahlen mit Linksdrall werden nicht in die Bohrung gezogen, fördern aber Späne nach unten.

Verstellbare Reibahlen haben eingesetzte Messer, die in Grenzen nachstellbar sind. Sie werden für große Durchmesseränderungen verwendet. Für Paßarbeiten können sie verstellt und nachgeschliffen werden.

Spreizbare Reibahlen werden für Korrektur- und Einpaßarbeiten gewählt. Bei ihnen wird über Spreizung durch einen Kegel eine geringe Durchmesserzunahme erzeugt.

Beispiele für verstellbare und spreizbare Reibahlen

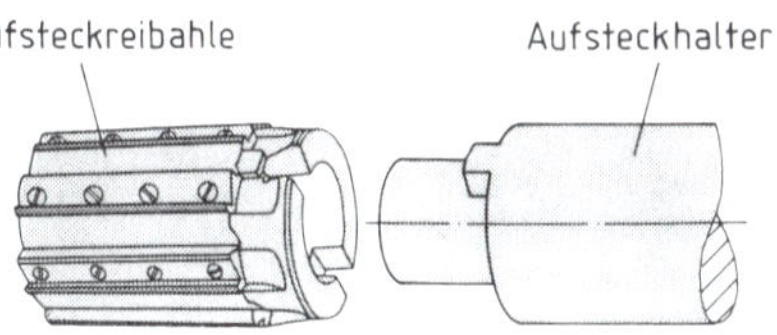

Aufsteckreibahle

Spreizbare Reibahle

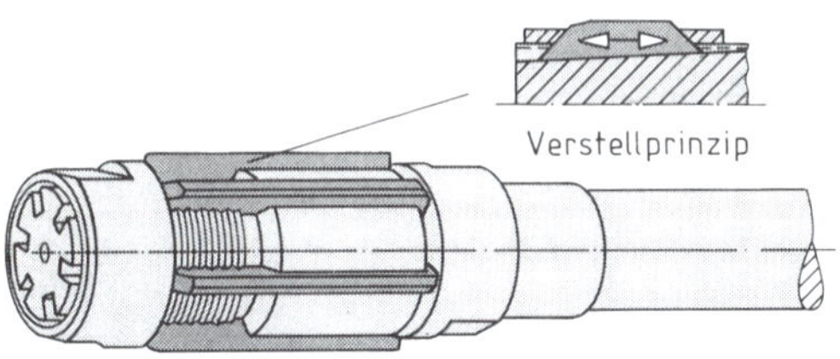

Verstellbare Reibahle

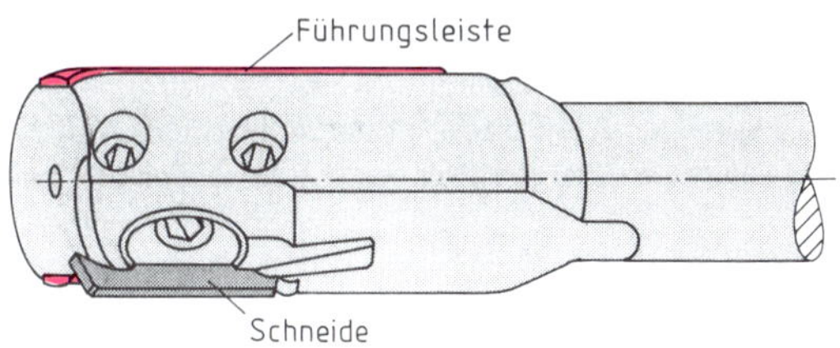

Einschneidenreibahle

Hand- und Maschinenreibahlen gibt es in fester und verstellbarer Ausführung. Zu den verstellbaren Reibahlen gehören:

- spreizbare Reibahlen mit wenigen Zehntelmillimetern Verstellbereich,
- verstellbare Reibahlen mit mehreren Millimetern Verstellbereich und
- Einschneidenreibahlen, deren Verstellbereich innerhalb eines Toleranzfeldes liegt.

Übungsaufgaben 3/95; 3/96; 3/97

3.3.10 Gewindeherstellung

• Aufbau von Gewinden

Eine in der Mantelfläche eines zylindrischen Körpers gleichmäßig ansteigende Linie wird Schraubenlinie genannt. Eine Schraubenlinie ist Grundlage aller Gewinde.

Die Abwicklung des Zylindermantels von der Grundfläche des Zylinders bis zur Schraubenlinie ergibt ein rechtwinkliges Dreieck. Die Höhe des Dreiecks ist gleich dem Anstieg bei einer Umdrehung und wird beim Gewinde **Steigung** genannt.

Aus Steigung und Umfang des zylindrischen Körpers ergibt sich der Verlauf der Schraubenlinie.

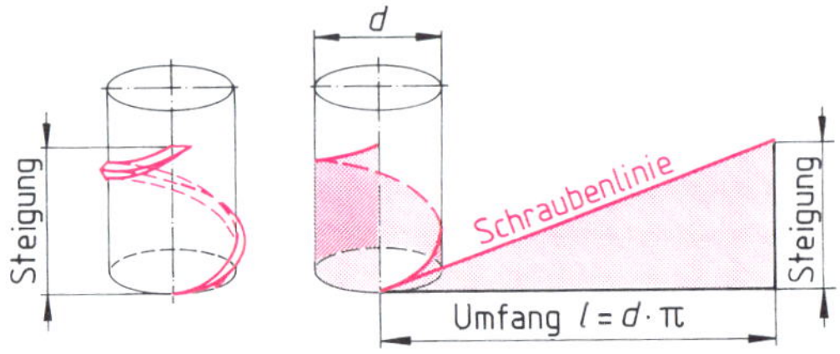

Abwicklung einer Schraubenlinie

Das rechtwinklige Dreieck aus Umfang, Steigung und Schraubenlinie wird Steigungsdreieck genannt. Bei der Gewindeherstellung wird entlang der Schraubenlinie eine fortlaufende Rille in das Werkstück eingearbeitet. Die Gewinderillen mit dem verbliebenen Werkstoff werden Gewindeprofil genannt.

• Gewindemaße des metrischen ISO-Gewindes

Bauteile mit Gewinden müssen austauschbar sein. Aus diesem Grund sind Gewinde in allen Einzelheiten genormt. Am häufigsten wird das metrische ISO-Regelgewinde verwendet. Seine Maße sind in DIN 13 festgelegt. Man benennt die

- Maße des Außengewindes mit **kleinen** Buchstaben,
- Maße des Innengewindes mit **großen** Buchstaben.

Nenndurchmesser (*D* und *d*)

Der Nenndurchmesser ist der äußere Gewindedurchmesser am Außengewinde. Das Maß für den Nenndurchmesser ist in den meisten genormten Gewindedarstellungen enthalten.

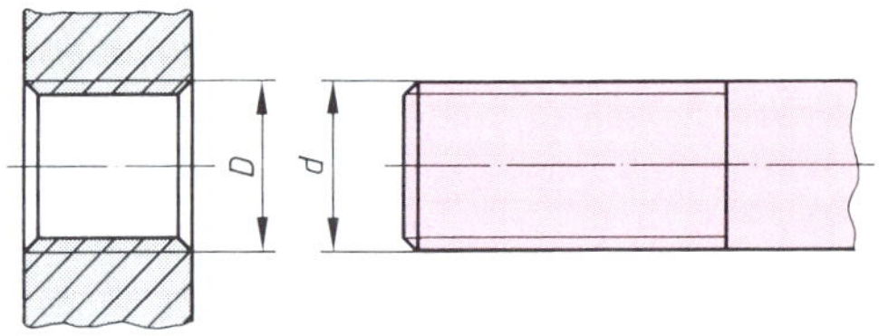

Gewinde-Nenndurchmesser

Der äußere Gewindedurchmesser wird Nenndurchmesser genannt.
Nach dem Nenndurchmesser werden Gewinde bezeichnet.

Kerndurchmesser (D_1 und d_3)

Bei Außengewinden wird der Durchmesser des noch vorhandenen Restquerschnittes als Kerndurchmesser bezeichnet. Beim Innengewinde entspricht der Kerndurchmesser etwa dem Durchmesser des herzustellenden Bohrloches.

Flankendurchmesser (D_2 und d_2)

Der Flankendurchmesser liegt etwa in der Mitte zwischen Gewinde- und Kerndurchmesser. Die Flankendurchmesser von Bolzen- und zugehörigem Muttergewinde sind gleich. Beim Prüfen genau herzustellender Gewinde wird der Flankendurchmesser gemessen.

Steigung (*P*)

Die Steigung ist bei eingängigen Gewinden der Abstand von Gewindegang zu Gewindegang.

Tragtiefe (H_1)

Die Tragtiefe gibt an, auf welcher Breite die Gewindeflanken tragen.

Flankenwinkel

Als Flankenwinkel bezeichnet man den Winkel zwischen den Gewindeflanken. Er beträgt bei metrischen ISO-Regelgewinden 60°.

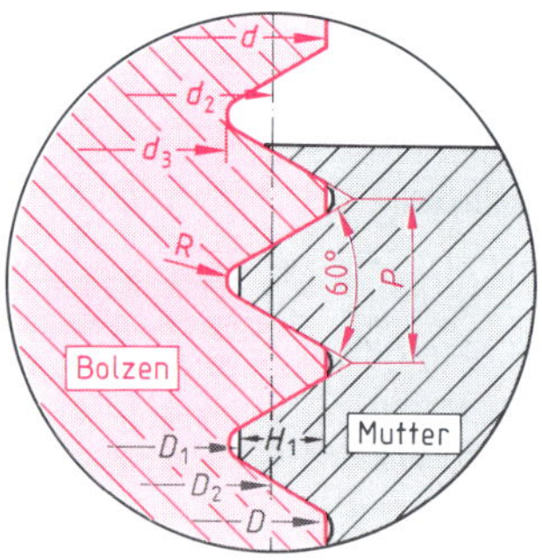

Metrisches ISO-Regelgewinde

Übungsaufgaben 3/98; 3/99

Abmessungen metrischer ISO-Gewinde nach DIN 13 (Auszug)

d mm	*P* mm	d_2 mm	d_3 mm	H_1 mm
4	0,7	3,545	3,141	0,379
6	1,0	5,350	4,773	0,541
8	1,25	7,188	6,466	0,677
10	1,5	9,026	8,160	0,812
12	1,75	10,863	9,853	0,947
16	2,0	14,701	13,546	1,083
20	2,5	18,376	16,933	1,353

- **Verfahren zur Fertigung von Gewinden**

Gewindeherstellung durch Umformen

Gewindeprofile lassen sich in gut plastisch formbaren Werkstoffen maschinell durch Umformen erzeugen. Das Gewindeprofil entsteht dabei durch Verschieben von Werkstoffteilchen. Es ist zu beachten:

- der Rohlingdurchmesser des Bolzens muß kleiner sein als der Nenndurchmesser des Gewindes,
- der Durchmesser der Bohrung muß größer sein als der Kerndurchmesser.

Da der Faserverlauf im Werkstück nicht getrennt wird, sind umgeformte Gewinde weniger empfindlich gegen schwingende Belastung als durch Spanen hergestellte Gewinde.
Bei der Serienfertigung von Schrauben und Muttern werden Gewinde meist durch Umformen hergestellt.

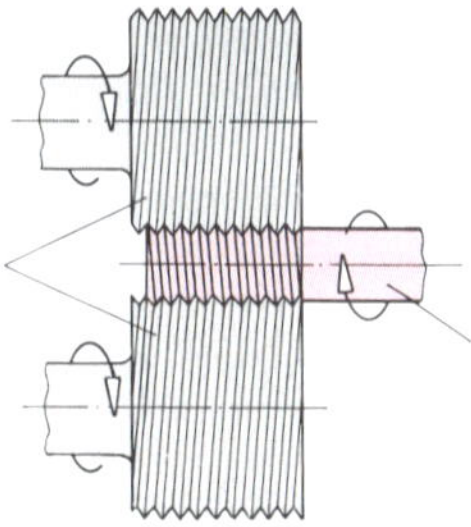

Gewindewalzen

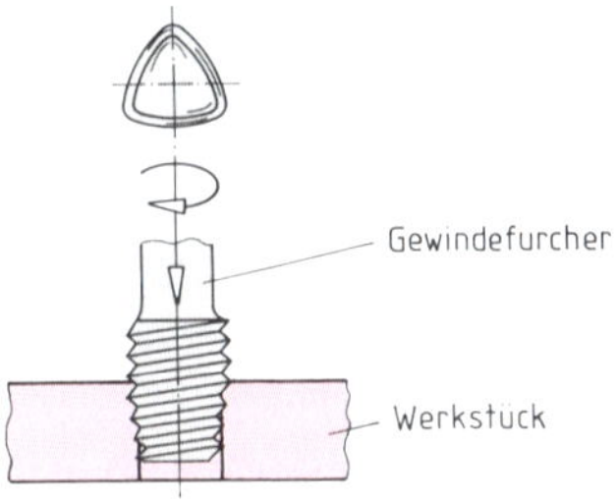

Gewindefurchen

Durch Umformen können Gewinde in plastisch umformbaren Werkstoffen erzeugt werden.

Gewindeherstellung durch Spanen

Bei der Gewindeherstellung durch Spanen wird das Gewindeprofil in das Werkstück eingeschnitten. Der Faserverlauf im Werkstück wird dabei unterbrochen. Das Gewindeprofil wirkt dabei wie Kerben. Darum sind diese Gewinde bei schwingender Belastung bruchempfindlicher als umgeformte Gewinde. Durch spanende Formgebung können jedoch geringe Toleranzen und höhere Oberflächengüten erreicht werden.

Bei der Gewindeherstellung durch Spanen tritt je nach Umformbarkeit des Werkstoffes und der Art des Herstellungsverfahrens auch eine geringe Umformung des Werkstoffes ein. Man bezeichnet diesen Umformanteil als **Aufschneiden**. Das Aufschneiden muß bei der Bolzen- und Bohrungsherstellung berücksichtigt werden.

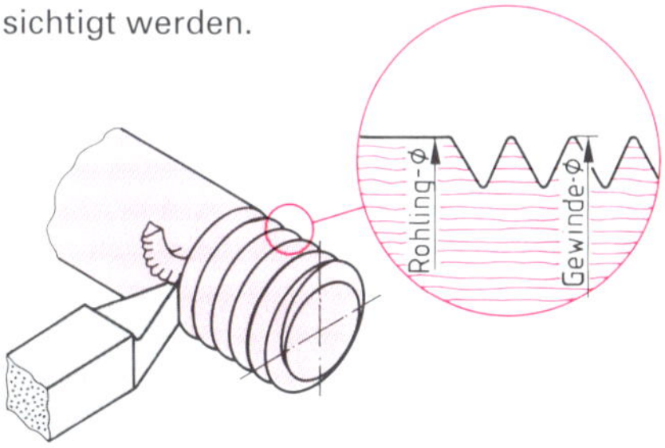

Faserverlauf bei gespantem Gewinde ohne Umformanteil

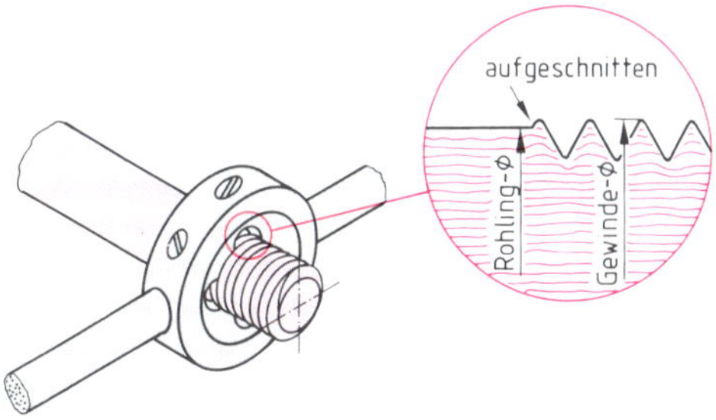

Faserverlauf bei gespantem Gewinde mit Umformanteil

Mit einigen Werkzeugen zur spanenden Gewindeherstellung ergibt sich auch eine Werkstoffumformung durch Aufschneiden.

Übungsaufgabe 3/100

- **Herstellen von Außengewinde von Hand**

Außengewinde werden auf Bolzen geschnitten. Da fast immer ein Aufschneiden des Werkstoffes erfolgt, werden bei Stahl die Bolzendurchmesser etwa um 1/10 der Steigung kleiner vorgefertigt als der spätere Außendurchmesser des Gewindes. Zum leichteren Anschneiden des Gewindes wird der Anfang des Bolzens unter 45° angefast. Die Anfasung muß mindestens bis zum Kerndurchmesser reichen.

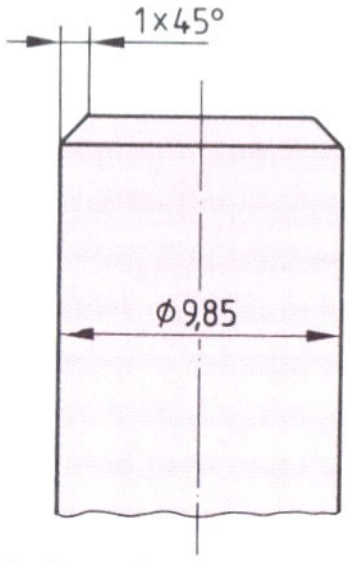

M10

$P = 1{,}5$ mm

$H_1 = 0{,}81$ mm

$d_{Bolzen} = 10 \text{ mm} - 0{,}1 \cdot 1{,}5 \text{ mm}$

$d_{Bolzen} = \mathbf{9{,}85\ mm}$

Bolzendurchmesser und Anfasung bei M10

Als Werkzeuge zum Gewindeschneiden von Hand werden **Schneideisen** verwendet. Kleine Gewinde werden mit *geschlossenen* Schneideisen geschnitten. Bei *geschlitzten* Schneideisen kann der Gewindedurchmesser geringfügig verändert werden. Schneideisen werden in einen Schneideisenhalter eingesetzt und von Hand durch Hebelwirkung gedreht.

Beispiele für Gewindeschneidwerkzeuge

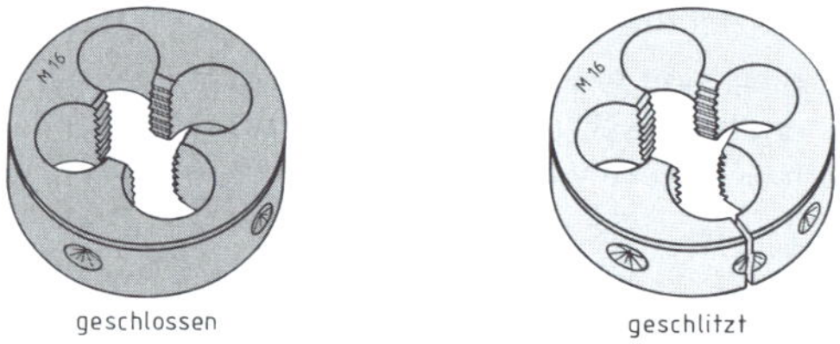

Schneideisen

Schneidkluppe

Für Außengewinde in Stahlbolzen gilt:

- Vordrehen des Bolzendurchmessers um 1/10 der Steigung kleiner.
- Anfasen unter 45° bis auf den Kerndurchmesser.

Außengewinde werden mit Schneideisen oder mit Schneidkluppen geschnitten.

- **Herstellen von Innengewinde mit Handgewindebohrer**

Zum Innengewindeschneiden muß zunächst gebohrt werden. Wegen des Aufschneidens des Werkstoffs muß der Bohrerdurchmesser geringfügig größer als der Kerndurchmesser des Gewindes gewählt werden. Nach dem Bohren werden die Bohrungen mit einem Kegelsenker von 90° auf den Nenndurchmesser des Gewindes angesenkt. Hierdurch wird der Anschnitt erleichtert und man erhält ein gratfreies Gewindeloch.

Die nutzbare Gewindelänge muß so groß sein, daß die Gewindegänge bei Belastung nicht ausreißen. Bei gleichem Werkstoff von Schraube und Mutter genügt als Gewindelänge das 0,8fache des Gewindedurchmessers.

Gewindelänge *l* bei Werkstoffen mit gleicher Festigkeit von Bolzen und Mutter

$l_{mindestens} = 0{,}8 \cdot D$

$l_{höchstens} = 1{,}5 \cdot D$

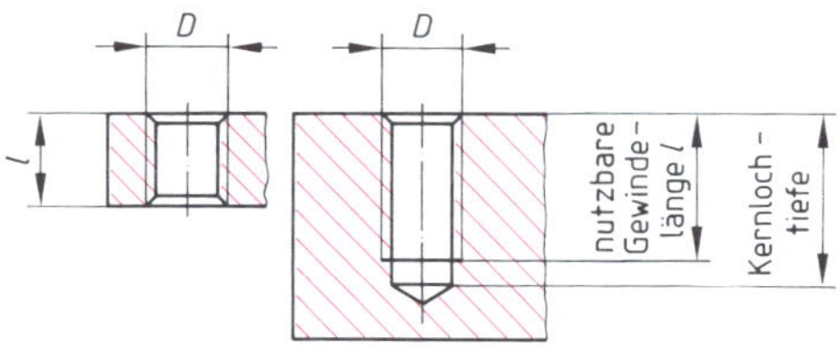

Durchgangs- und Grundlochgewinde

Bohrerdurchmesser für Gewindekernlöcher (DIN 336)

Gewinde	Kerndurchmesser D_1 (min)	Kernloch-bohrer-∅
M 5	4,134 mm	4,2 mm
M 6	4,917 mm	5,0 mm
M 8	6,647 mm	6,8 mm
M 10	8,376 mm	8,5 mm
M 12	10,106 mm	10,2 mm
M 24	20,752 mm	21,0 mm

Bei Gewindebohrungen soll die Gewindetiefe nach dem Gewindedurchmesser festgelegt werden: Gewindelänge ungefähr gleich Gewindedurchmesser.

Übungsaufgaben 3/101 bis 3/104

Gewindebohrer sind mehrschneidige Werkzeuge, die mit keilförmigen Schneiden das Gewindeprofil aus dem Werkstoff herausarbeiten.

Der Schneidvorgang wird am stärksten von der Größe des **Spanwinkels** beeinflußt. Die Wahl des geeigneten Spanwinkels richtet sich nach der Festigkeit und dem Zerspanverhalten des zu bearbeitenden Werkstoffes.

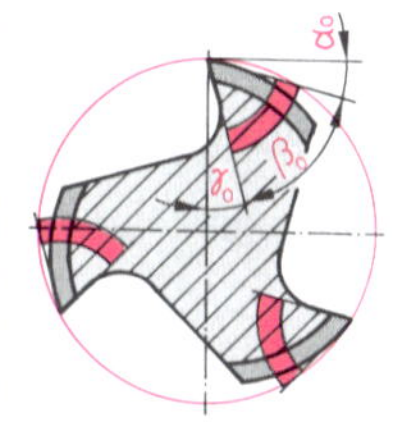

Winkel am Schneidkeil

Werkstoff	Spanwinkel γ_o
Aluminium	20° bis 25°
Baustahl	10° bis 15°
Gußeisen	4° bis 6°

Gewindebohrer für weiche Werkstoffe haben große Spanwinkel.

Die beim Gewindeschneiden anfallende Spanmenge kann meist nicht in einem Arbeitsgang mit einem Werkzeug abgetrennt werden. Dabei wäre eine große Schnittkraft erforderlich; die Gewindebohrer würden brechen. Deshalb wird das Gewindeprofil meist mit einem **Gewindebohrersatz** aus **Vor-, Mittel- und Fertigschneider** hergestellt. Die Trennarbeit verteilt sich auf 3 Werkzeuge mit unterschiedlichen Spananteilen.

Beim Gewindeschneiden auf Maschinen wird meist mit einem speziellen Gewindebohrer für Durchgangs- oder Grundlochgewinde gearbeitet.

Gewindebohrer sind mit einem kegeligen Anschnitt versehen. So wird das Einführen des Werkzeuges in das Bohrloch ermöglicht. Die ersten Schneiden eines Gewindebohrers müssen das Gewindeprofil allmählich in den Werkstoff einarbeiten. Da die Schneiden des Anschnittes fast allein die Zerspanarbeit übernehmen, bewirkt der kegelförmige Anschnitt auch eine Verteilung der Spanabnahme auf die Schneiden des Anschnitteils. Die nachfolgenden Schneiden sind kaum an der Spanabnahme beteiligt.

Vor-, Mittel- und Fertigschneider haben unterschiedliche Anschnittlängen und verschieden ausgestaltete Gewindeprofile. Der Vorschneider hat den längsten Anschnitt, aber noch kein vollständiges Gewindeprofil. Bei Mittel- und Fertigschneider wird der Anschnitt jeweils kürzer, das Gewindeprofil nähert sich der Endform. Dadurch wird die Spanabnahme auf alle drei Gewindebohrer verteilt.

Beim Schneiden von Feingewinde verwendet man wegen der geringeren Gewindetiefe zweiteilige Gewindebohrersätze; sie bestehen aus Vor- und Fertigschneider.

Zerspananteile biem Gewindebohrer-Satz

Vorschneider	Mittelschneider	Fertigschneider
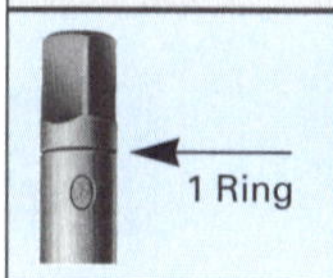 1 Ring	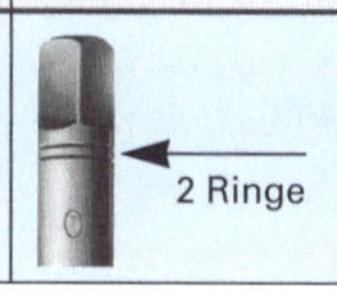 2 Ringe	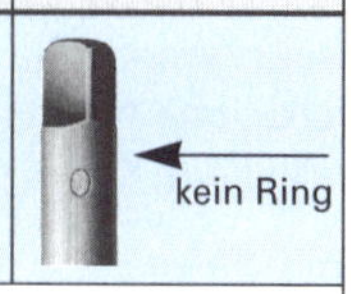 kein Ring
Handgewindebohrer-Satz		
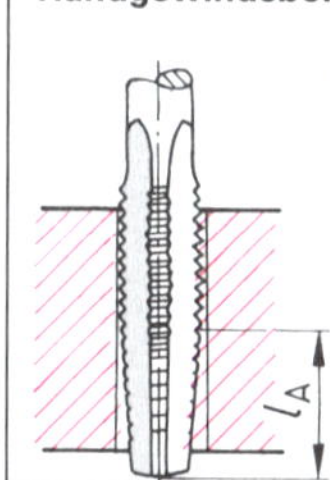 l_A	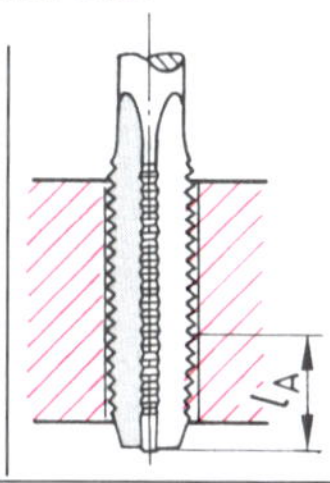 l_A	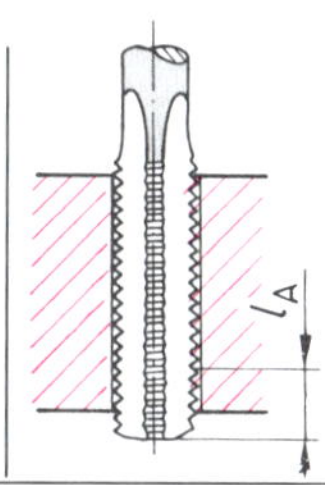 l_A
Anschnittlänge l_A		
5 Gänge	3½ Gänge	2 Gänge
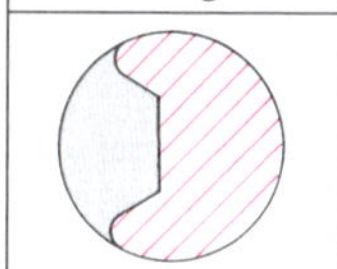	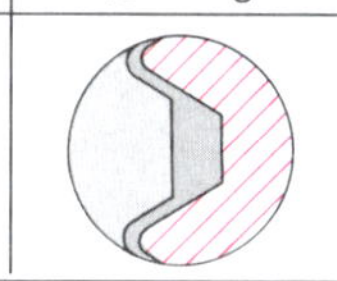	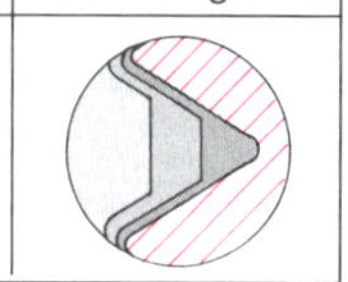
Spananteil		
ca. 50%	ca. 33%	ca. 17%

Bei einem Gewindebohrersatz wird

- vom Vorschneider ein großer Anteil der Späne abgetragen,
- vom Fertigschneider das vollständige Gewindeprofil geschnitten.

Bei geringen Gewindetiefen (bis $l \approx 1{,}5 \cdot d$), wie sie beim Schneiden von Durchgangsgewinden in Blechen und Profilen vorkommen, kann das Gewinde auch in einem Arbeitsgang mit einem sogenannten **Muttergewindebohrer** oder **Einschneider** gefertigt werden.

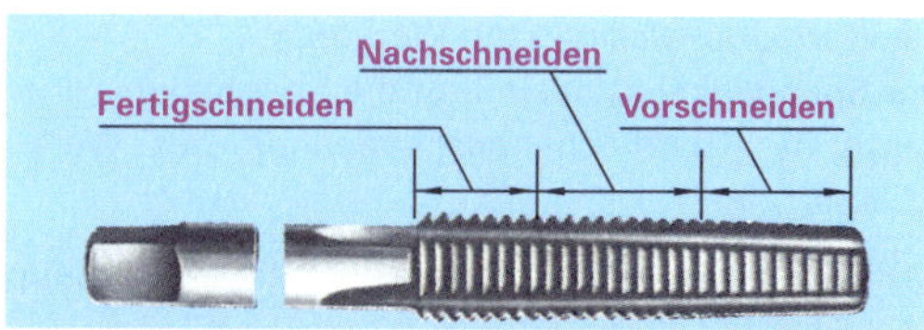

Muttergewindebohrer

Übungsaufgaben 3/105 bis 3/109

3.4 Fertigen mit Werkzeugmaschinen

3.4.1 Technologische Grundbegriffe

Spanen auf Werkzeugmaschinen hat gegenüber dem Spanen mit Handwerkzeugen erhebliche Vorteile. Das sind z.B.

- kürzere Fertigungszeiten,
- höhere Maßgenauigkeit,
- höhere Wiederholgenauigkeit.

Zur maschinellen, spanenden Fertigung eines Werkstückes muß der Mechaniker von der Zeichnung ausgehend eine geeignete Maschine sowie Werkzeuge, Spann- und Hilfsmittel auswählen und die zur Fertigung notwendigen Bewegungen von Werkzeug und Werkstück ermitteln und einstellen. Bei richtiger Eingabe dieser Größen in der Fertigungsprozeß und fachgerechter Durchführung der Arbeit soll ein maß- und formgerechtes Werkstück mit geforderter Oberflächenbeschaffenheit bei möglichst geringen Herstellkosten und geringer Umweltbelastung entstehen.

Elngang ⟶ **Fertigungsprozeß** ⟶ **Ausgang**

Vorgaben:
geforderte Werkstückform,
Maße, Werkstoff
kalkulierte Arbeitszeit
kalkulierte Kosten

Zu wählen:
Rohteil
Maschine
Werkzeug
Art
Schneidengeometrie
Schneidenradius
Schneidenwerkstoff
Technologiedaten
Schnittgeschwindigkeit
Vorschub
Schnittiefe
Spannmittel
Hilfsmittel

Zu beachten:
Arbeitssicherheit,
Umweltschutz

maschinelle spanende Fertigung

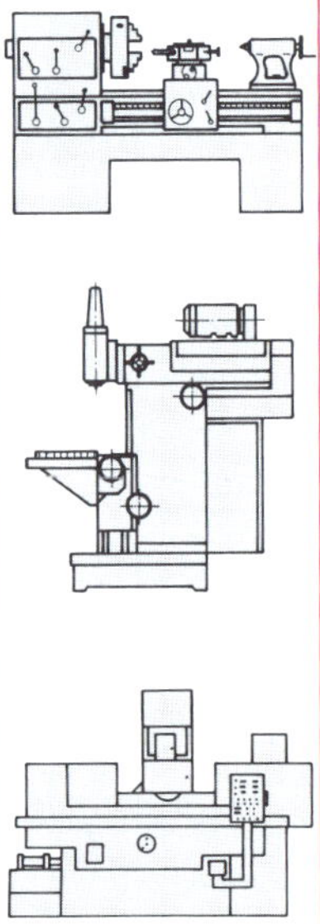

Fertigteile mit hinreichender
Maßgenauigkeit und
Oberflächenbeschaffenheit

tatsächliche Arbeitszeit
tatsächliche Kosten

Abnutzung von Maschine und Werkzeug

Reste
Späne
Spanarten
Spanformen
verbrauchte Hilfsstoffe
Abwärme

3.4.1.1 Eingangsgrößen

- **Schneidengeometrie**

Der **Keilwinkel** β_0 beeinflußt die Haltbarkeit des Werkzeuges. Für harte Werkstoffe wählt man deshalb größere Keilwinkel als für weiche Werkstoffe.

Der **Freiwinkel** α_0 vermindert die Reibung zwischen Werkstück und Werkzeug. Er vermindert dadurch die Wärmeentwicklung am Werkzeug.

Der **Spanwinkel** γ_0 beeinflußt die Spanbildung und damit die Oberflächenbeschaffenheit des Werkstückes.

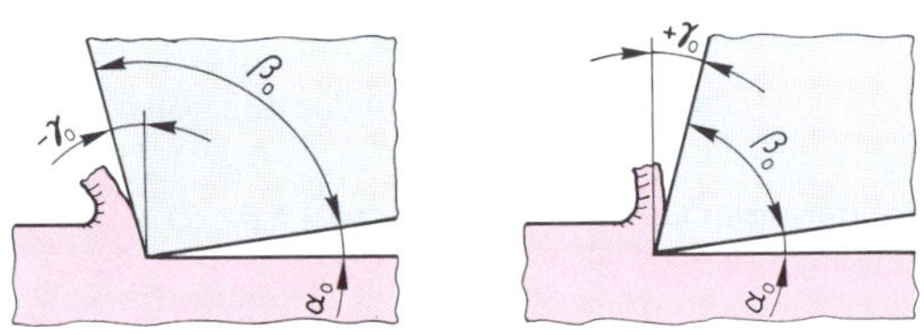

Winkel an der Werkzeugschneide

Die Winkel an der Werkzeugschneide sind hauptsächlich von der Festigkeit des zu bearbeitenden Werkstoffs abhängig.

Übungsaufgaben 3/110; 3/111

- **Schneidenradius**

Die Herstellung einer völlig spitzen Schneidenecke ist nicht möglich. Eine solche Schneidenecke hätte auch nur eine geringe Standzeit. Aus diesem Grunde rundet man die Schneidenecke ab. Der Radius der Schneidenecke hat Auswirkungen auf die Güte der Oberflächenbeschaffenheit.

Bei unverändertem Vorschub erzeugt ein größerer Schneidenradius eine bessere Oberfläche.

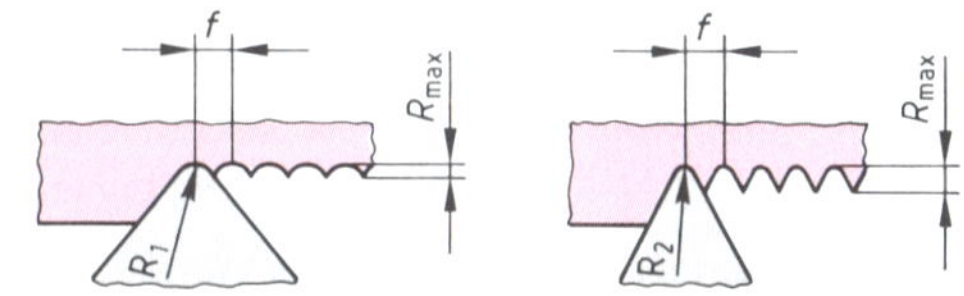

Einfluß des Schneidenradius auf die Oberflächengüte bei gleichem Vorschub

Größerer Schneidenradius ergibt bei gleichbleibendem Vorschub bessere Oberflächenbeschaffenheit.

- **Technologische Daten**

Werkzeugbewegung – Werkstückbewegung

Werkzeugmaschinen erleichtern die spanende Fertigung, weil die zur Spanabnahme notwendigen Bewegungen weitgehend durch die Maschine ausgeführt werden.

Die Spanabnahme ist von der Schnittbewegung, der Vorschubbewegung und der Zustellbewegung abhängig.

Beispiele für das Zusammenwirken der verschiedenen Bewegungen bei der Spanabnahme

Spanabnahme mit geradliniger Schnittbewegung	Spanabnahme mit kreisförmiger Schnittbewegung
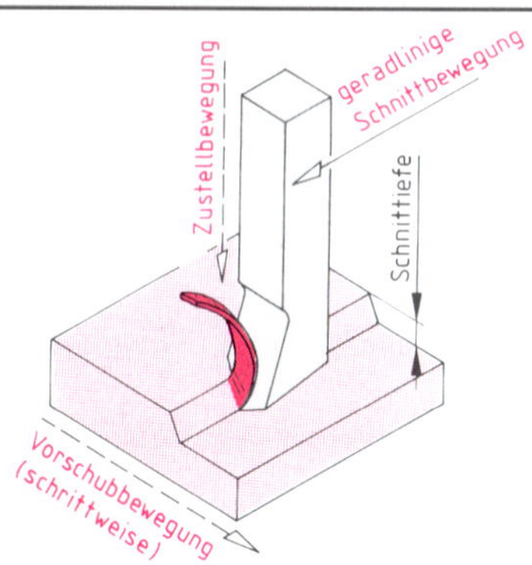	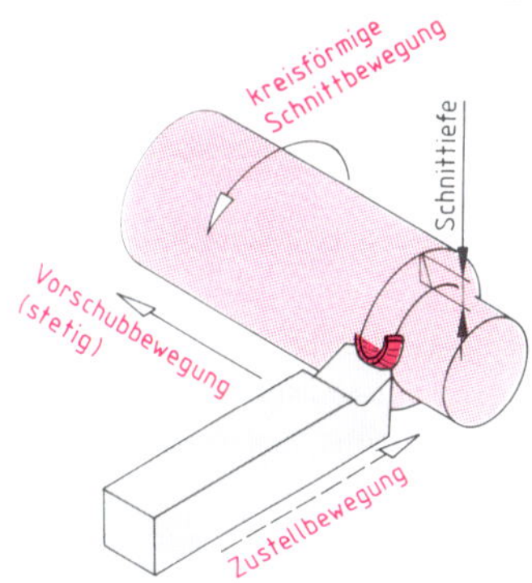

Schnittgeschwindigkeit

Die **Schnittbewegung** ist die Bewegung zwischen Werkzeug und Werkstück, welche ohne Vorschubbewegung nur eine einmalige Spanabnahme während eines Hubes oder einer Umdrehung bewirkt.

Es gibt Verfahren mit:
- geradliniger Schnittbewegung, z.B. Sägen, Räumen,
- kreisförmiger Schnittbewegung, z.B. Drehen, Fräsen.

Bei geradliniger Schnittbewegung führt das Werkzeug oder das Werkstück eine geradlinige hin- und hergehende Bewegung aus. Bei kreisförmiger Schnittbewegung führt das Werkzeug oder das Werkstück eine gleichförmige Drehbewegung aus. Die Schnittbewegung erfolgt mit Schnittgeschwindigkeit.

Die **Schnittgeschwindigkeit** wird entsprechend dem Fertigungsverfahren, dem Werkstoff des Werkstückes und dem Schneidenwerkstoff meist nach Angaben des Werkzeugherstellers gewählt.

Allgemein kann man feststellen, daß hohe Schnittgeschwindigkeiten gute Oberflächenbeschaffenheit, kurze Fertigungszeiten, aber auch geringere Standzeiten der Werkzeuge zur Folge haben.

Die Schnittgeschwindigkeit wird für einen bestimmten Fertigungsvorgang entsprechend den Werkstoffen von Werkstück und Werkzeug gewählt.

Übungsaufgabe 3/112

Vorschub

Die **Vorschubbewegung** ist die Bewegung zwischen Werkzeug und Werkstück. Sie bewirkt zusammen mit der Schnittbewegung eine mehrfache Spanabnahme während mehrerer Hübe bzw. eine stetige Spanabnahme während mehrerer Umdrehungen.

Die Vorschubbewegung erfolgt:
- schrittweise bei geradliniger Schnittbewegung,
- stetig bei kreisförmiger Schnittbewegung.

Der **Vorschub** *f* ist der Weg, den das Werkzeug bei einer Umdrehung oder einem Hub in der Vorschubrichtung zurücklegt. Der Vorschub wird in Millimeter angegeben.

Bei Fräsern und anderen mehrschneidigen Werkzeugen wird häufig der Vorschub je Zahn f_z angegeben. Ein großer Vorschub ergibt großen Rillenabstand und geringe Oberflächenbeschaffenheit.

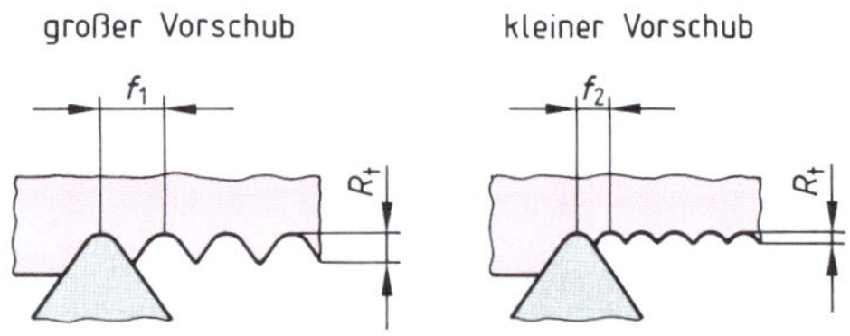

Vorschub und Oberflächenbeschaffenheit

> Der Vorschub ist der Werkzeugweg, der je Umdrehung oder Hub in Vorschubrichtung zurückgelegt wird. Großer Vorschub ergibt meist geringe Oberflächenbeschaffenheit.

Schnittiefe

Die **Zustellbewegung** zwischen Werkzeug und Werkstück bestimmt vor Schnittbeginn die Dicke der jeweils abzunehmenden Schicht.

Die **Schnittiefe** a_p ist der Betrag, um den die Schneide durch die Zustellbewegung in Eingriff gebracht wird. Zusammen mit dem Vorschub ergibt sie den **Spanungsquerschnitt** *S*.

> Spanungsquerschnitt = Schnittiefe · Vorschub
>
> $S = a_p \cdot f$

Das **Zeitspanungsvolumen** ist die je Zeiteinheit abgetrennte Spanmenge. Sie ist um so höher, je größer der Spanungsquerschnitt und die Schnittgeschwindigkeit sind.

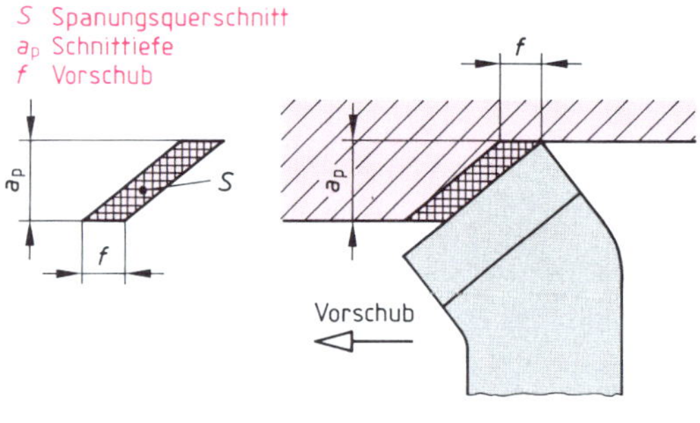

Spanungsquerschnitt

> Mit steigendem Spanungsquerschnitt und gleichbleibendem Vorschub wächst das Zeitspanungsvolumen – die Maschine erbringt eine höhere Leistung.

- **Art der Bearbeitung**

Schruppen	Schlichten
Zweck: Schnelles Abtrennen eines großen Werkstoffvolumens.	Zweck: Erzielung einer glatten Oberfläche mit hoher Maßgenauigkeit.
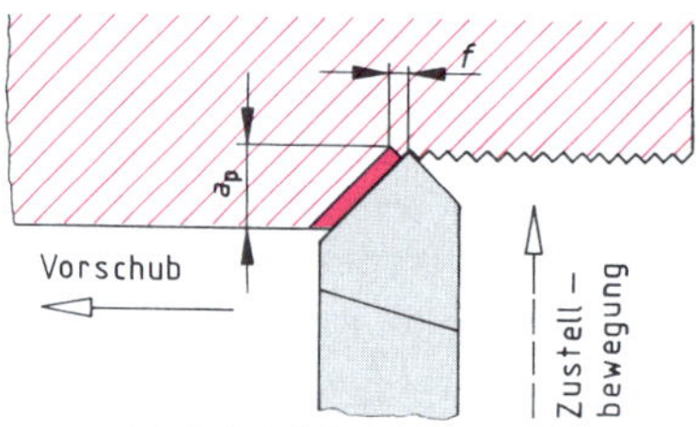	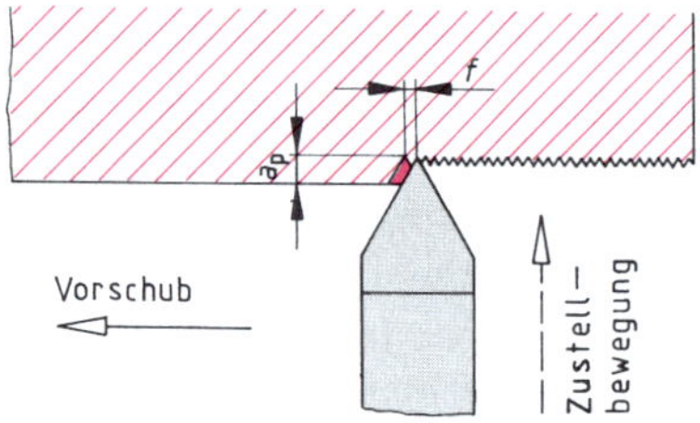
– große Schnittiefe a_p – großer Vorschub *f* – geringe Schnittgeschwindigkeit v_c	– geringe Schnittiefe a_p – kleiner Vorschub *f* – hohe Schnittgeschwindigkeit v_c

3.4.1.2 Ausgangsgrößen

- **Maßgenauigkeit**

Die **Maßgenauigkeit** der durch Spanen hergestellten Werkstücke hängt von vielen Faktoren ab.

Die Sorgfalt, mit welcher der Fachmann Einstellungen vornimmt und Maßkontrollen durchführt und auswertet, bestimmt wesentlich das Ergebnis. Sehr wichtig sind auch die Qualität der Maschine, sowie die Werkzeuge und die Umweltbedingungen.

Fachmann
z.B. – Maschineneinstellung
– Auswertung von Prüfungen
– Planung von Umspannen

Werkzeuge, Spannmittel u.a.
z.B. – Abnutzung
– Genauigkeit

Maß-genauig-keit

Maschine
z.B. – Qualität von Lagern und Führungen
– Präzision der Steuerung

Umweltbedingungen
z.B. – Temperaturschwankungen
– Beleuchtung am Arbeitsplatz

- **Oberflächenbeschaffenheit**

Das Produkt, welches durch Spanen hergestellt wird, soll möglichst gute Oberflächenbeschaffenheit aufweisen. Die Oberflächenbeschaffenheit wird verbessert durch:

- größeren Spanwinkel,
- größeren Schneidenradius,
- höhere Schnittgeschwindigkeit,
- geringeren Vorschub,
- Einsatz von Kühlschmiermitteln.

- **Spanarten und Spanformen**

Bei der spanenden Formgebung mit keilförmigen Schneidwerkzeugen bezeichnet man die abgetrennten Werkstoffteilchen als Späne. Diese Späne können auch aus mehr oder weniger zusammenhängenden Spanteilchen bestehen. Aus dem Zusammenwirken verschiedener Einflußgrößen, wie z.B. Spanwinkel und Werkstoff, ergeben sich unterschiedliche Späne.

Spanarten

Spanarten	Spanbildung		Schnittbedingungen	Auswirkungen
Fließspan  langer zusammenhängender Span	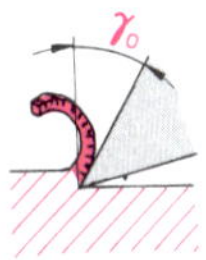	• geringe Werkstoffstauchung • kein voreilender Riß • schnelle Folge kleinster Schervorgänge • Spanteilchen bleiben zusammenhängend	• großer Spanwinkel • zäher Werkstoff • hohe Schnittgeschwindigkeit	• glatte saubere Oberfläche • kleine Schnittkraft • lange Späne behindern den Arbeitsvorgang
Scherspan  Stücke noch zusammenhängender Spanteilchen mit vielen Scherrissen	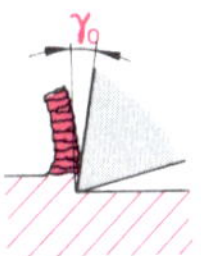	• stärkere Werkstoffstauchung • kurzer voreilender Riß • einzelne unregelmäßige Schervorgänge • Spanteilchen bleiben nur teilweise zusammenhängend	• kleiner bis mittlerer Spanwinkel • zähe und leicht spröde Werkstoffe • mittlere Schnittgeschwindigkeit	• nicht so glatte Werkstückoberfläche mit unregelmäßigem Aussehen • kurzer bröckliger Span behindert nicht den Arbeitsvorgang • nur wenig größere Schnittkraft
Reißspan  sehr kurzer unregelmäßiger Span	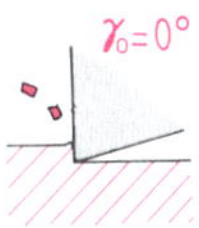	• geringe Werkstoffstauchung • bei spröden Werkstoffen • voreilender Riß, der auch in die Werkstückoberfläche eindringt • wenige unregelmäßige Schervorgänge	• kleiner Spanwinkel • vorwiegend bei spröden Werkstoffen • niedrige Schnittgeschwindigkeit	• rauhe Werkstückoberfläche • große Schnittkraft • kurzer Span behindert nicht den Arbeitsvorgang

Spanformen

Je nach eingestellten technologischen Bedingungen treten unterschiedliche Spanformen auf.
Der sich ergebende Span soll so kurz sein, daß eine Behinderung der Maschinenbedienung, Störungen des Fertigablaufs sowie eine Beschädigung von Arbeitsfläche und Werkzeug nicht auftreten.
Kurze Schraubenspäne, Schraubenbruchspäne und Sprialbruchspäne sind besonders günstig.

Übungsaufgaben 3/118; 3/119; 3/120

Beispiele für Spanformen

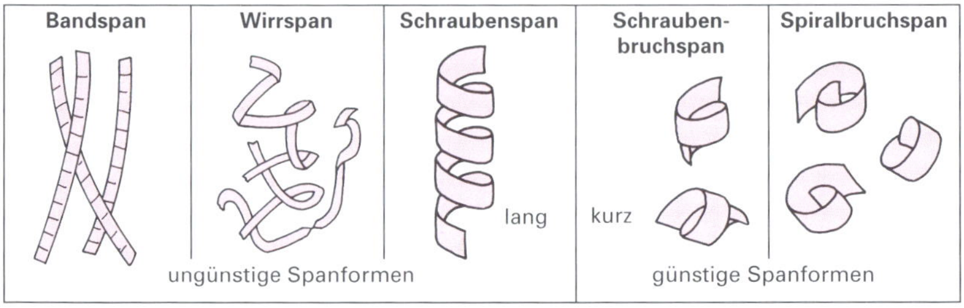

3.4.2 Schneidstoffe für maschinelles Spanen

Bei der maschinellen Bearbeitung werden die Werkstoffe der Schneiden sehr hohen mechanischen und thermischen Belastungen ausgesetzt. Von einem Schneidstoff werden erwartet:

- hohe Warmhärte,
- hohe Druckfestigkeit und Biegefestigkeit,
- geringe Neigung zum Oxidieren, Verschweißen und Ausdiffundieren von Schneidstoffteilchen,
- hohe Wärmeleitfähigkeit,
- hohe Temperaturwechselbeständigkeit.

Kein Schneidstoff erfüllt gleichzeitig alle diese Bedingungen. Darum muß für jeden Anwendungsfall der bestmögliche Schneidstoff ausgewählt werden.

3.4.2.1 Schnellarbeitsstähle

Schnellarbeitsstähle sind hochlegierte Stähle. Sie besitzen hohe Zähigkeit und Biegefestigkeit. Sie sind daher wenig empfindlich gegen wechselnde Schnittkräfte. Die Warmstandfestigkeit über 600 °C ist hingegen gering, so daß keine hohen Schnittleistungen möglich sind. Zur Erhöhung der Standzeit werden Schnellarbeitsstähle im Bereich der Schneiden häufig mit Titannitrid (goldfarbig) beschichtet.

Schnellarbeitsstähle werden besonders als profilgebende Werkzeuge, z.B. Profildrehmeißel, eingesetzt, wenn die Anschaffung von Werkzeugen mit Wendeschneidplatten oder aus Hartmetallen nicht wirtschaftlich ist.

(siehe „Werkstofftechnik", Kapitel „Schnellarbeitsstähle")

Beschichtete Werkzeuge aus Schnellarbeitsstahl

3.4.2.2 Hartmetalle

Hartmetalle sind Sinterwerkstoffe aus sehr harten Karbiden und Nitriden mit Kobalt, Nickel und anderen Metallen als Bindemittel.

Hartmetalle aus überwiegend Wolframkarbid mit Kobalt als Bindemittel sind die klassischen Hartmetalle und werden meist verwendet. Sie werden mit dem Kürzel **HW** gekennzeichnet.

(siehe auch „Werkstofftechnik", Kapitel „Hartmetalle)

Hartmetalle auf der Basis von wolframarmen Mischkarbiden, Nitriden und Karbonitriden werden auch als **Cermets** (**Cera**mics + **met**als) bezeichnet und mit dem Kürzel **HT** gekennzeichnet.

Hartmetall (HW)

Härteträger
Wolframkarbid
(+TiC, TaC u.a.)

Bindemittel
Kobalt

Cermets (HT)

Härteträger
Karbide und Nitride von
Ti, Ta, Nb, Mo, W

Bindemittel
Ni, Co, Mo

Übungsaufgabe 3/121

Cermets besitzen wegen der erheblich geringeren Dichte der Härteträger nur etwa 50% der Dichte von Hartmetallen auf Wolframkarbidbasis. Sie sind zudem härter und verschleißfester. Da Cermets erst bei höheren Temperaturen oxidieren, erlauben sie beim Einsatz als Schneidstoff erheblich höhere Schnittgeschwindigkeiten.

Hartmetalle auf Basis von Wolframkarbid (HW) hingegen leiten Wärme besser ab und haben geringere Wärmedehnung. Als Folge dieser Eigenschaften ist die Beständigkeit gegen schnelle Temperaturwechsel höher als bei den Cermets.

(Kennzeichnung und Auswahl der Hartmetalle siehe „Werkstofftechnik")

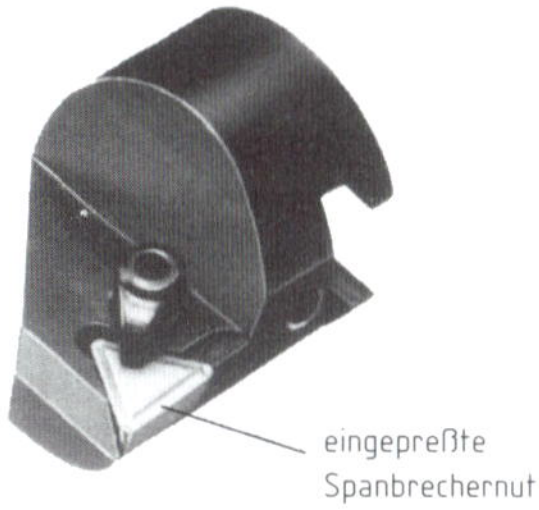

Wendeschneidplatte im Schneidenhalter

Hartmetalle auf Wolframkarbidbasis (HW) haben höhere Temperaturwechselbeständigkeit und Wärmeleitfähigkeit.
Hartmetalle mit vorwiegend Titan- und Tantalkarbiden (HT) und -nitriden sind härter und verschleißfester.

Hartmetalle werden meist als Schneidplatten verwendet, die auf Werkzeugträger aufgelötet oder geklemmt werden.

3.4.2.3 Polykristalliner Diamant (PKD)

Der Diamant ist der härteste in der Natur vorkommende Stoff. Als Einkristall sind seine Eigenschaften sehr richtungsabhängig. Darum verwendet man als Schneidstoff synthetisch erzeugte, vielkristalline Diamantpulver, deren Körnchen in alle Richtungen gleiche Eigenschaften haben. Sie werden in einer dünnen Schicht (ca. 0,5 mm) auf Hartmetallplatten aufgebracht.
Polykristalliner Diamant (PKD) erlaubt sehr hohe Schnittgeschwindigkeit und wird zum Zerspanen von NE-Metallen und glasfaserverstärkten Kunststoffen eingesetzt. Für die Zerspanung von Stahl ist er nicht geeignet, da der Diamant, der aus reinem Kohlenstoff besteht, bei den Zerspanungstemperaturen in den Stahl eindiffundiert und so die Schneidhaltigkeit verloren geht.

Polykristalliner Diamant auf Hartmetallträgerplatten kann zum Zerspanen von NE-Metallen und Kunststoffen (GfK) eingesetzt werden. Zur Zerspanung von Stahl ist er ungeeignet.

3.4.2.4 Keramische Schneidstoffe

Sinterwerkstoffe aus Aluminiumoxid (Al_2O_3) und Zusätzen aus weiteren Metallverbindungen (MgO; Cr_2O_3; TiC) bezeichnet man als oxidkeramische Schneidstoffe. Für sehr hohe Schnittleistungen werden Nitride, z.B. Siliciumnitrid (Si_3N_4) und kubisches Bornitrid (CBN) eingesetzt.
Oxidkeramische Werkstoffe sind äußerst temperaturbeständig und verschleißfest, jedoch sehr stoßempfindlich. Sie erlauben hohe Schnittgeschwindigkeiten, allerdings nur bei kleinen Spanungsquerschnitten und schwingungs- und stoßfreier Betriebsweise.
Siliciumnitrid (Si_3N_4) besitzt gegenüber den genannten keramischen Werkstoffen folgende besonderen Eigenschaften:

- extrem hohe Schlagzähigkeit,
- hohe Festigkeit bis ca. 1200 °C,
- hervorragende Temperaturwechselbeständigkeit.

Siliciumnitrid wird deshalb zum Spanen bei *unterbrochenen* Schnitten bei Gußeisen und Stählen verwendet.
Schneidkeramiken werden als quadratische, dreieckige oder runde Wendeschneidplatten geliefert.

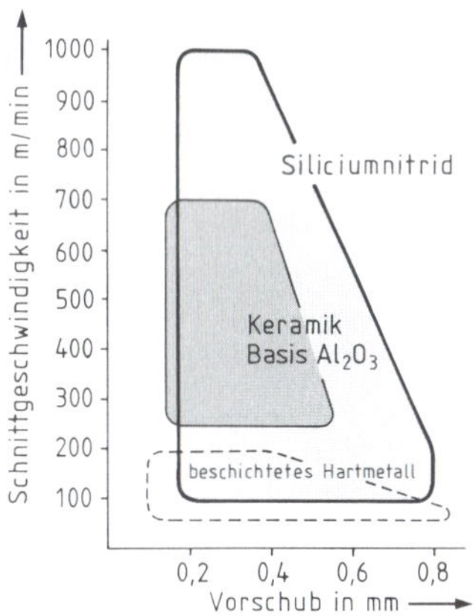

Schnittbedingungen beim Einsatz keramischer Werkstoffe

Oxidkeramische Schneidstoffe ermöglichen bei kleinen Spanungsquerschnitten eine Spanabnahme mit extrem hohen Schnittgeschwindigkeiten. Die Standzeit ist wegen der hohen Warmstandfestigkeit sehr gut.

Übungsaufgaben 3/122; 3;123

3.4.2.5 Normung von Wendeschneidplatten

Die in DIN 4987 erhaltenen Festlegungen gelten für Wendeschneidplatten aus Hartmetall, Schneidkeramik und anderen Schneidstoffen. Die Bezeichnung wird aus einer Kombination von Buchstaben und Zahlen gebildet, wobei jede Stelle dieser Kombination eine bestimmte Aussage beinhaltet.

Beispiel für die normgerechte Bezeichnung einer Wendeschneidplatte

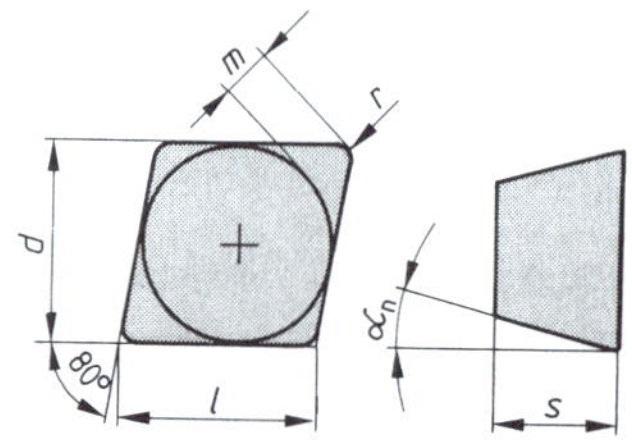

Abmessungen einer Wendeschneidplatte

Schneidplatte DIN 4987–C P M N 12 07 08 F N–P10

① ② ③ ④ ⑤ ⑥ ⑦ ⑧ ⑨ ⑩

Erklärung der Bezeichnung

① Grundformen von Wendeschneidplatten	A	C	D	L	K	R	S	T	V	W
	85°	80°	55°		55°				35°	80°

② Normal-Freiwinkel α_n der ungespannten Wendeschneidplatte	A	B	C	D	E	F	G	N	P	O
	3°	5°	7°	15°	20°	25°	30°	0°	11°	besondere Angaben

③ Toleranzklassen	
	Durch Toleranzklassen A, C, E, G, H, J, K, M und U werden verschlüsselt Maßabweichungen für Plattendicke *s*, Inkreis *d* und Prüfmaß *m* angegeben. Die höchste Qualitätsstufe beginnt bei A.

④ Ausführung der Spanfläche und Befestigungsmerkmale	A	F	G	M	N	R	X
							Besonderheiten nach Zeichnung

⑤ Plattengröße	**Schneidenlänge** *l* wird in Millimeter ohne Dezimalstellen angegeben. Bei einziffrigen Zahlen wird eine Null vorangestellt. Für ungleichseitige Platten gibt man die längere Schneide und für runde Platten den Durchmesser an.
⑥ Plattendicke	**Plattendicke** ***s*** wird in Millimeter ohne Dezimalstellen angegeben. Bei einziffrigen Zahlen wird eine Null vorangestellt.
⑦ Ausführung der Schneidenecke	Der **Radius** ***r*** der Schneidenecke wird in 1/10 mm angegeben. Bei einziffrigen Zahlen wird eine Null vorangestellt. Scharfkantige Schneidenecken werden mit 00 gekennzeichnet.

⑧ Schneide	E	F	S	T
	Schneiden gerundet	Schneiden scharf	Schneiden gefast und gerundet	Schneiden gefast

⑨ Schneidrichtung	R	rechts schneidend	L	links schneidend	N	rechts und links schneidend

⑩ Schneidstoff	
	Hartmetallsorte, siehe *„Werkstofftechnik“, Kapitel „Hartmetalle“*

Übungsaufgaben 3/124; 3/125

3.4.3 Übersicht über maschinelle Fertigungsverfahren

Die Übersicht über die grundlegenden maschinellen spanenden Fertigungsverfahren zeigt
- eine Gegenüberstellung und Zusammenfassung der Bewegung von Werkzeug und Werkstück,
- Werkzeuge und deren Winkel an der Schneide,
- einige typische Werkstücke.

Verfahren mit Werkstück- und Werkzeugbewegungen	Aufbau der Werkzeugmaschine	Werkzeuge und Winkel am Werkzeug	Beispiele von Werkstückformen
Bohren 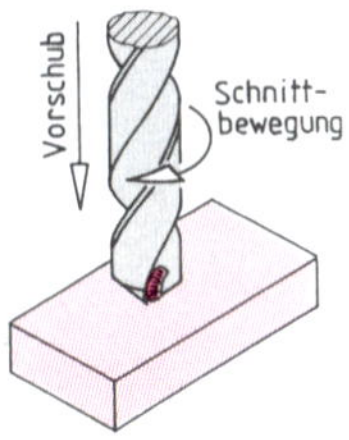	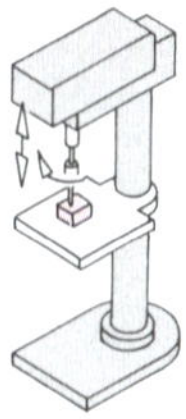 Säulenbohrmaschine	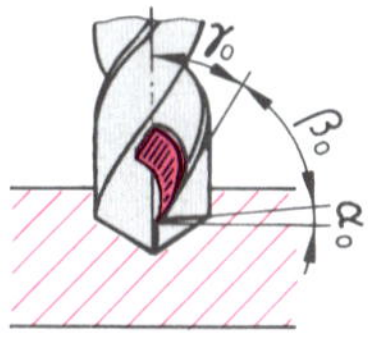	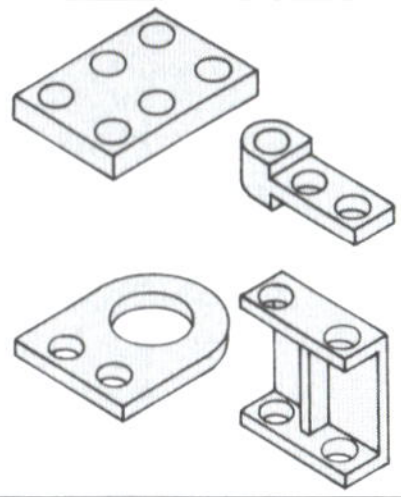
Drehen 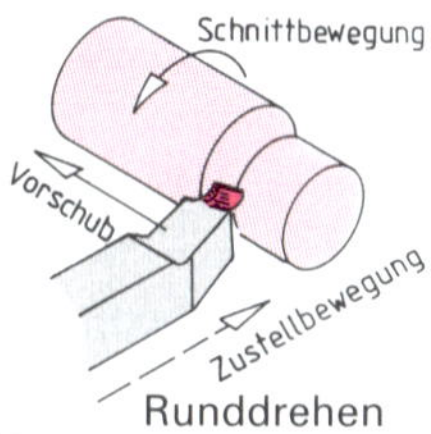 Runddrehen	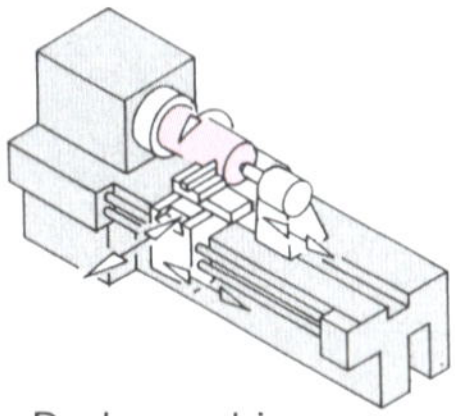 Drehmaschine	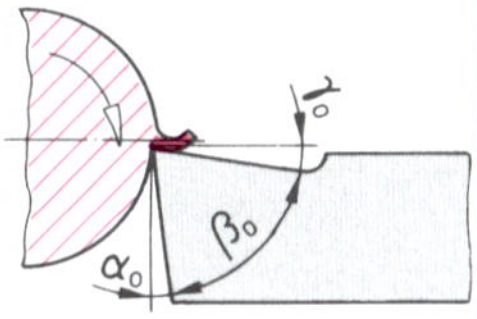	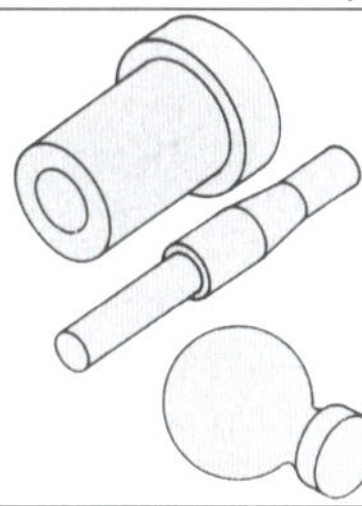
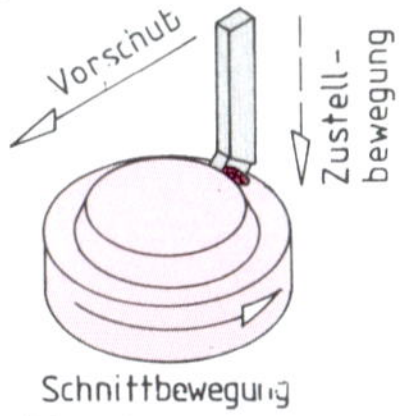 Plandrehen	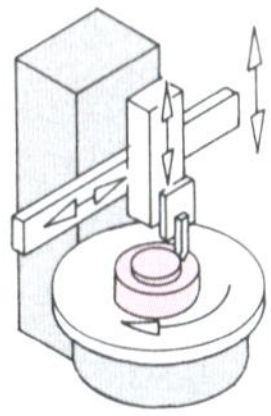 Karusseldrehmaschine	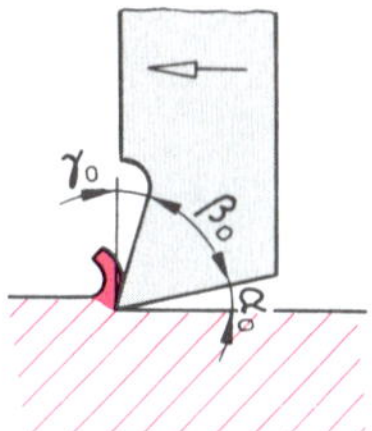	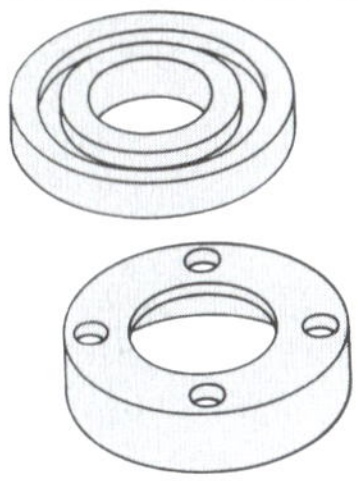
Fräsen 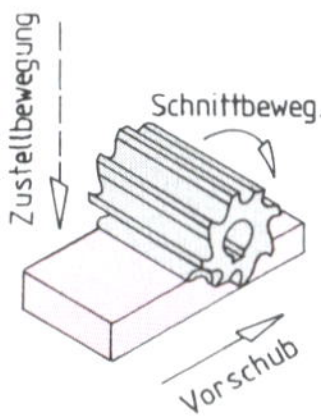 Umfangsfräsen	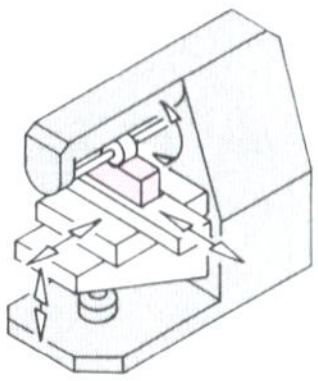 Universalfräsmaschine beim Umfangsfräsen	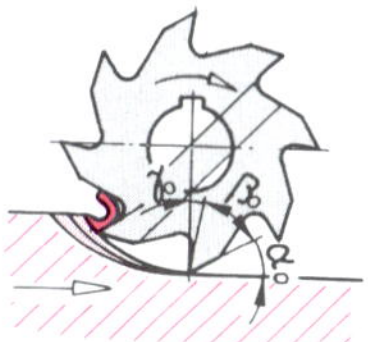	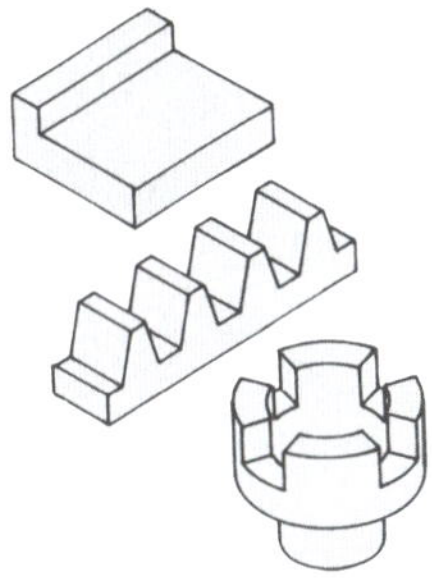
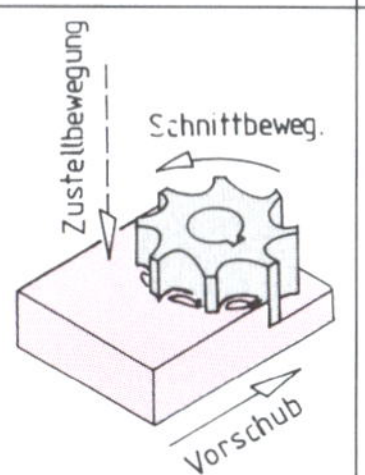 Stirn-Umfangsfräsen	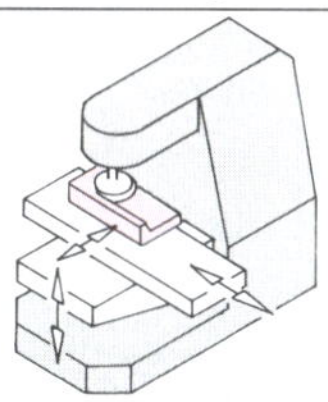 Universalfräsmaschine beim Stirn-Umfangs-fräsen	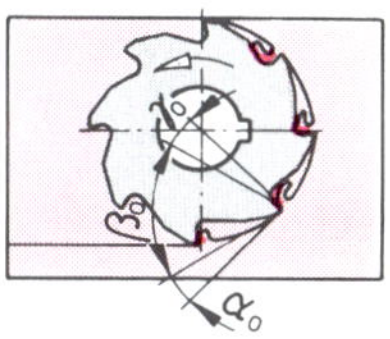	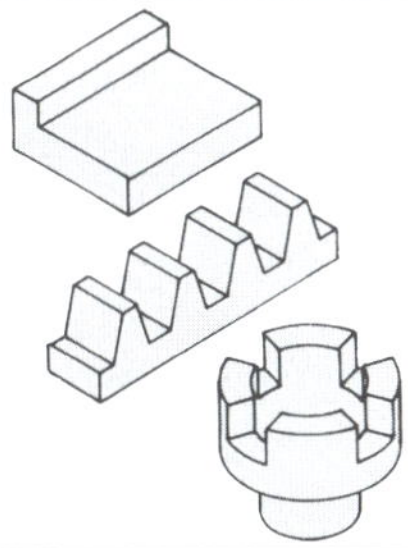

Verfahren mit Werkstück- und Werkzeugbewegungen	Aufbau der Werkzeugmaschine	Werkzeuge und Winkel am Werkzeug	Beispiele von Werkstückformen
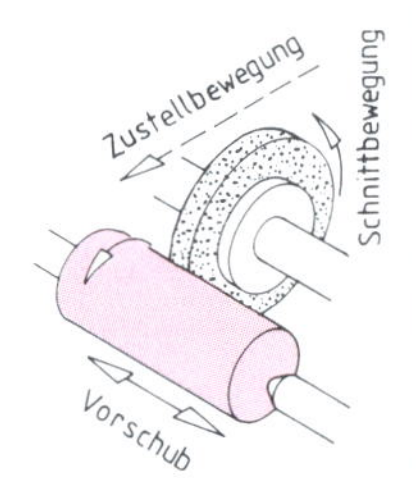 Umfangsschleifen **Schleifen**	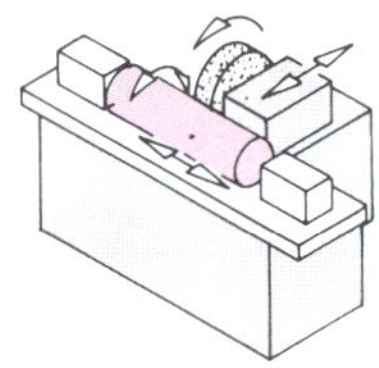 Rundschleifmaschine	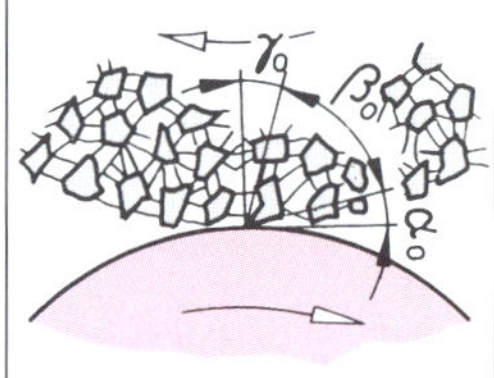	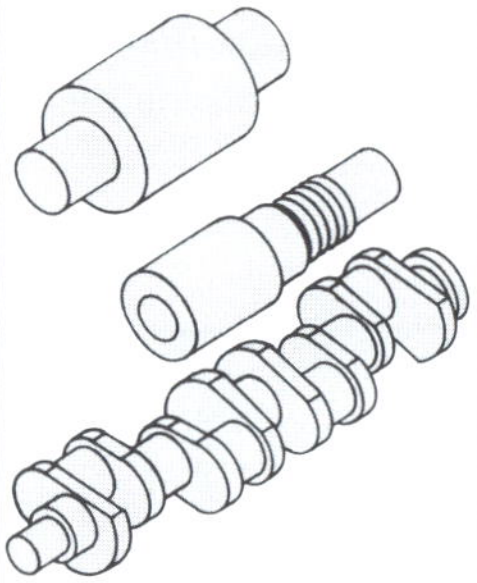
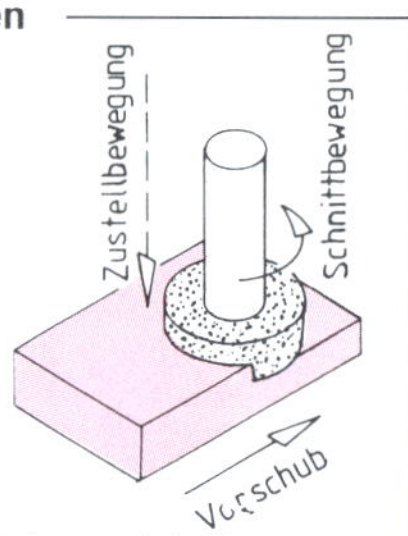 Seitenschleifen	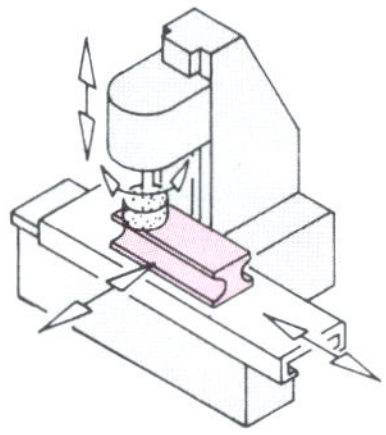 Planschleifmaschine	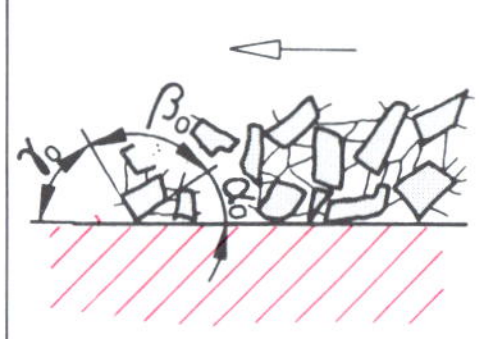	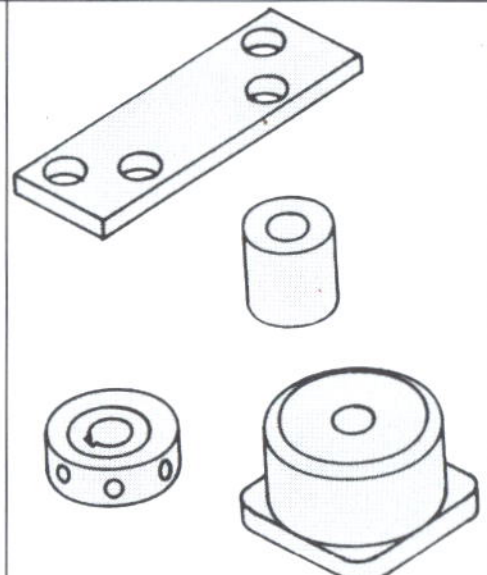
Räumen 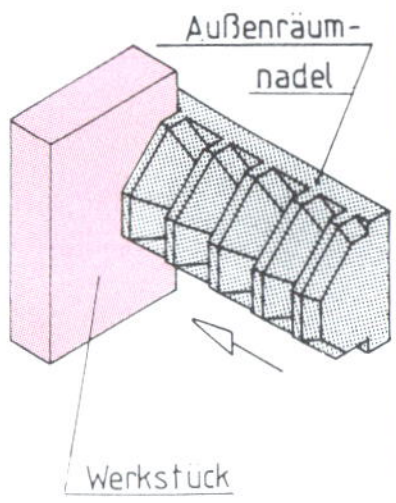	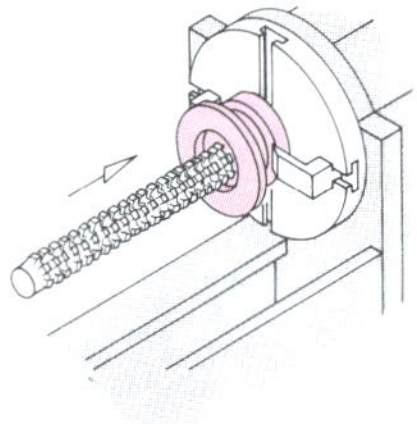 Waagerecht-Räummaschine	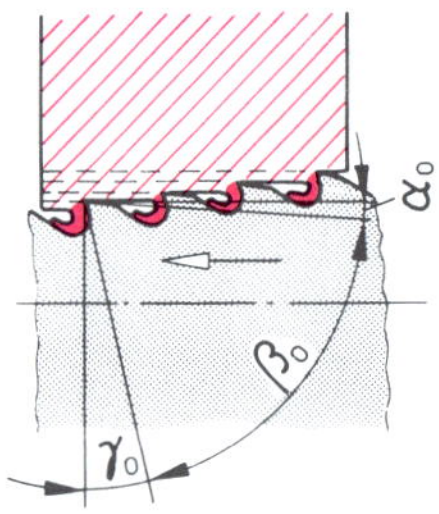	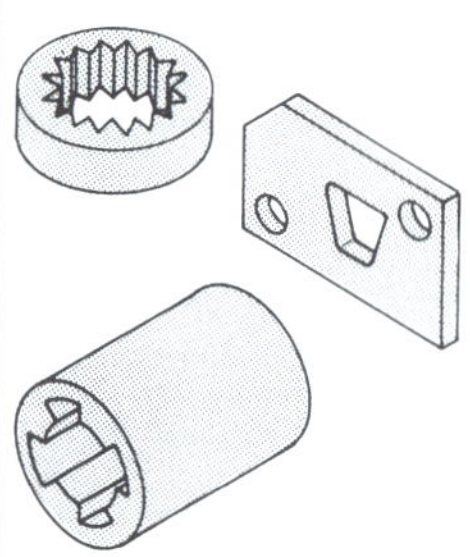
Hobeln 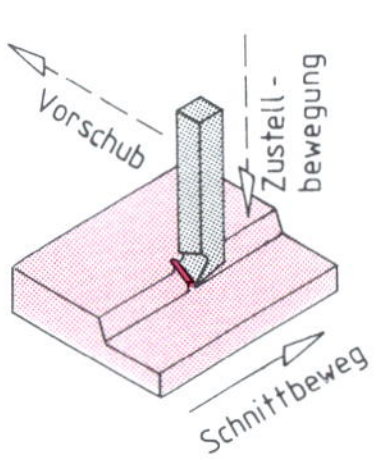	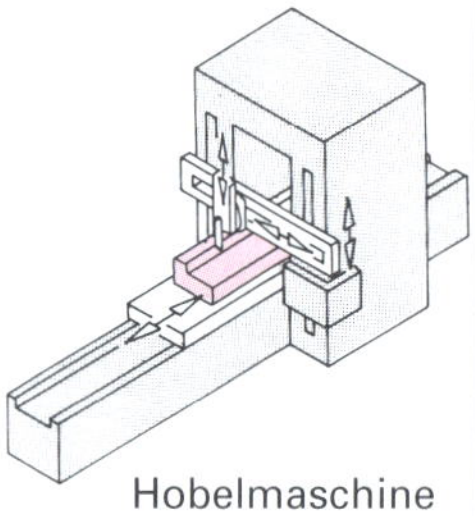 Hobelmaschine	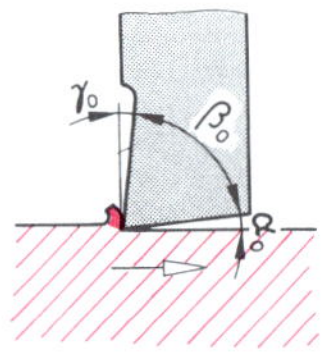	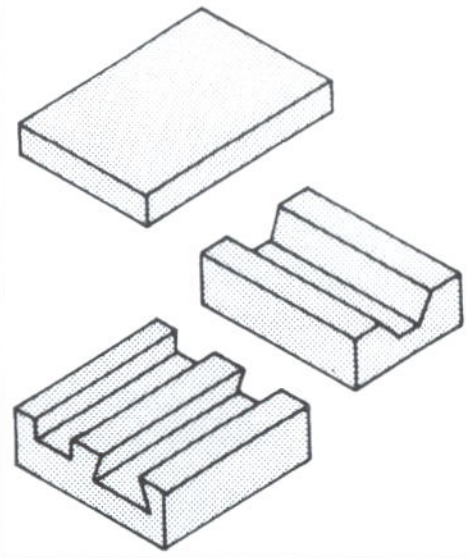
Stoßen 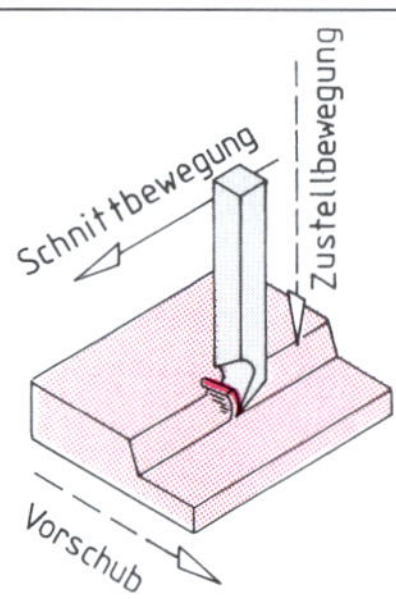	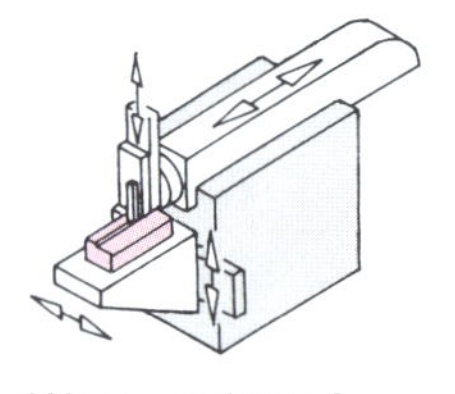 Waagerechtstoß-maschine	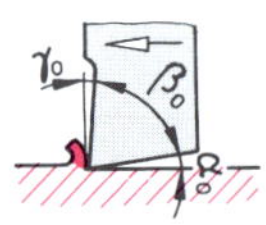 Waagerechtstoßen 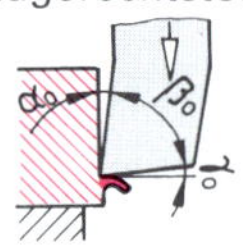 Senkrechtstoßen	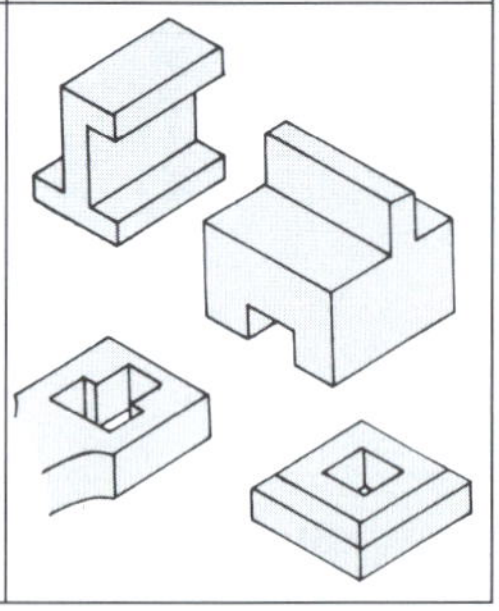

Übungsaufgaben 3/126; 3/127

3.4.4 Drehen

Durch Drehen werden vorwiegend zylindrische Rohlinge durch Spanabnahme in ihrer Form verändert. Das Werkzeug hat eine geometrisch bestimmte, keilförmige Schneide. Es wird Drehmeißel genannt.

Der Drehmeißel ist während der Spanabnahme ohne Unterbrechung im Eingriff. Die Spanabnahme erfolgt auf Drehmaschinen durch das Zusammenwirken zweier Bewegungen:

- Das *Werkstück* führt eine kreisförmige Schnittbewegung um die Drehachse aus.
- Das *Werkzeug* führt eine geradlinige und stetige Vorschubbewegung aus.

Die *Spandicke* wird durch die Zustellbewegung des Werkzeuges bestimmt.

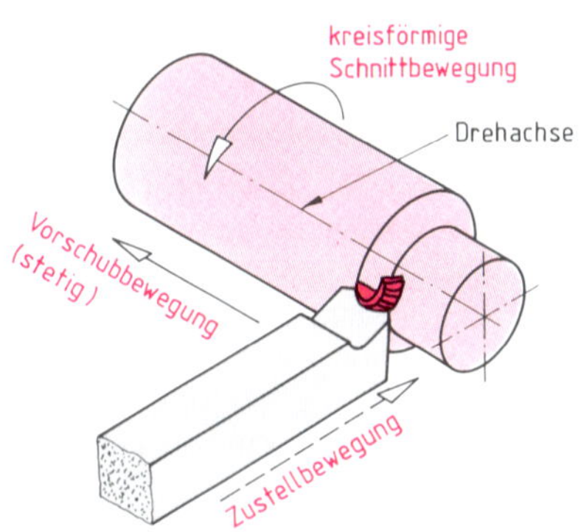

Werkzeug- und Werkstückbewegungen beim Längs-Runddrehen

Drehen ist ein spanendes Fertigen von Rundteilen. Als Werkzeug benutzt man einen einschnittigen Drehmeißel, der ständig im Eingriff ist.

3.4.4.1 Einteilung der Drehverfahren

- **Einteilung nach der Richtung der Vorschubbewegung**
  - **Längsdrehen**
    Vorschubrichtung in Richtung der Drehachse
  - **Querdrehen**
    Vorschubrichtung rechtwinklig zur Drehachse

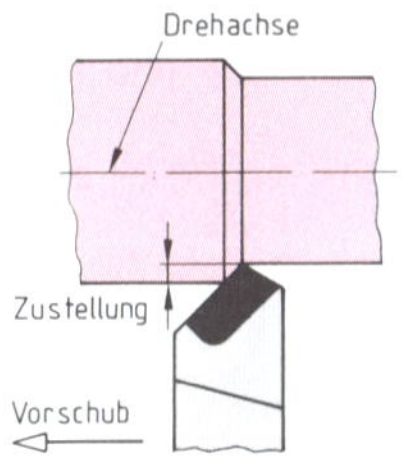

Längs-Runddrehen

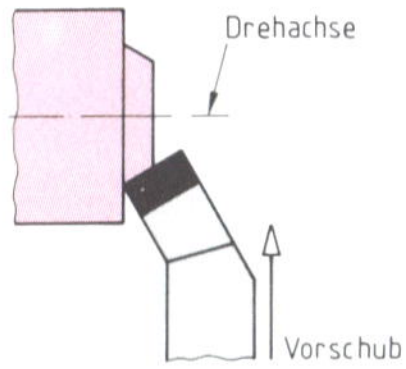

Quer-Plandrehen

- **Einteilung nach der Lage der Bearbeitungsstelle**
  - **Außendrehen**
    Drehbearbeitung an Außenflächen
  - **Innendrehen**
    Drehbearbeitung an Innenflächen

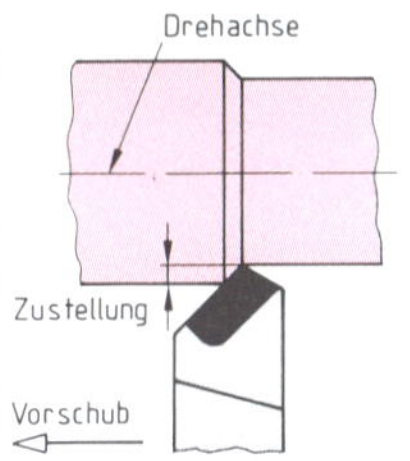

Außen-Runddrehen

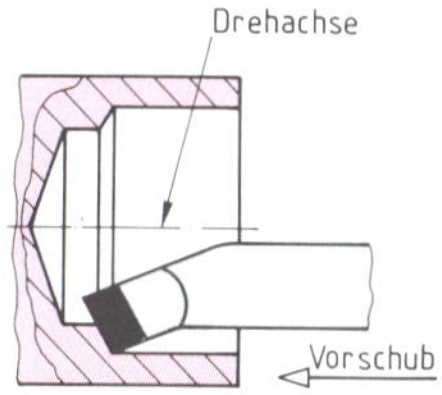

Innen-Runddrehen

- **Einteilung nach der Form der zu erzeugenden Fläche**

Runddrehen	Plandrehen	Profildrehen	Schraubdrehen	Formdrehen
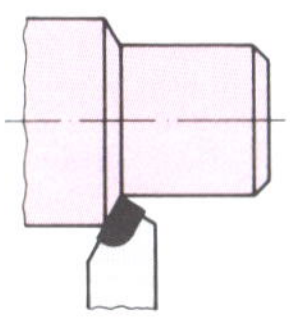	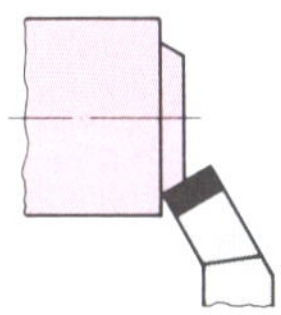	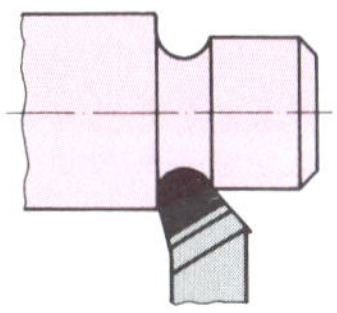	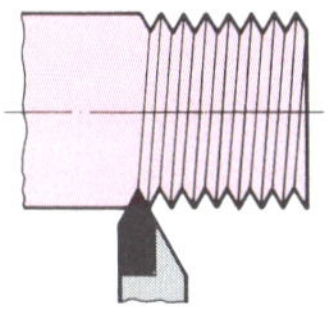	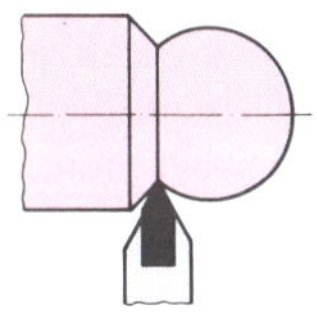
Erzeugen einer zylindrischen Außen- bzw. Innenfläche	Erzeugen einer ebenen Stirnfläche	Übertragen der Schneidenform auf die Mantelfläche	Erzeugen einer Schraubenlinie in der Mantelfläche	Erzeugen einer beliebig geformten Mantelfläche durch Werkzeugsteuerung

Übungsaufgabe 3/128

3.4.4.2 Drehmaschinen

Drehmaschinen unterteilt man nach der Art der Steuerung in mechanisch gesteuerte und numerisch gesteuerte Maschinen.

- **Numerisch gesteuerte Drehmaschinen**

Bei numerisch gesteuerten Drehmaschinen geschieht die Eingabe aller für den Fertigungsablauf notwendigen Angaben von einer Tastatur oder einem elektronischen Lesegerät aus. Die Maschinenbewegungen werden dann von einem Computer ausgelöst und kontrolliert.
(Numerisch gesteuerte Drehmaschinen siehe auch *„Grundlagen der CNC-Technik"*)

CNC-Drehmaschine

- **Leit- und Zugspindel-Drehmaschine**

Kenngrößen einer Leit- und Zugspindel-Drehmaschine

Bei mechanisch gesteuerten Drehmaschinen werden alle Bewegungen durch Hebel oder Kurbeleinstellungen sowie Maßverkörperungen (Schablonen, Nockenanschlägen) eingegeben, mechanisch ausgelöst und vom Bediener überwacht.

Bei mechanisch gesteuerten Universaldrehmaschinen wird der Vorschub zum Längs- und Querdrehen durch eine Zugspindel übertragen, während der Vorschub zum Gewindedrehen über eine Leitspindel erzeugt wird. Man spricht deshalb von **Leit- und Zugspindel-Drehmaschinen**.

Leit- und Zugspindel-Drehmaschine

Die Einsatzmöglichkeiten einer Drehmaschine ergeben sich aus den folgenden Kenngrößen:

- **Spitzenweite**
  Dies ist der maximale Abstand zwischen der Zentrierspitze in der Spindel und der Zentrierspitze im Reitstock.
  Die Spitzenweite bestimmt die größtmögliche Werkstücklänge, die auf der Maschine bearbeitet werden kann.
- **Spitzenhöhe**
  Dies ist der Abstand zwischen Drehachse und Maschinenbett.
  Die Spitzenhöhe bestimmt in etwa den größtmöglichen Drehdurchmesser d_{max}.
  ($d_{max} \approx$ 2 mal Spitzenhöhe)

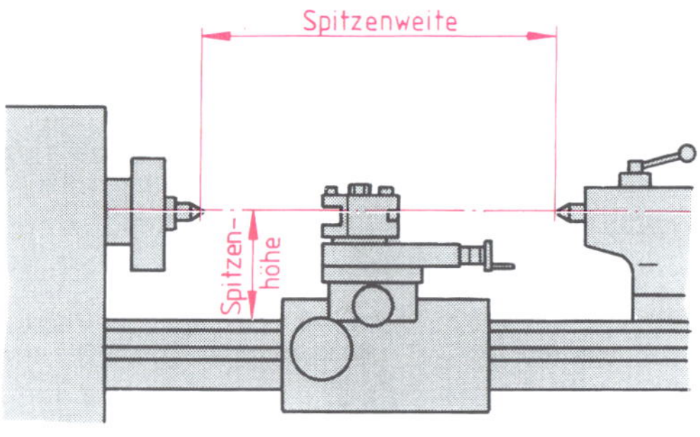

Spitzenhöhe und Spitzenweite

Übungsaufgaben 3/129; 3/130

- **Umdrehungsfrequenzbereich**

  Er gibt die niedrigste und höchste Umdrehungsfrequenz der Spindel an. Man unterscheidet zwischen stufenloser und gestufter Umdrehungsfrequenzeinstellung.

- **Vorschubbereich**

  Er gibt die einzustellenden Vorschübe und die Anzahl der Stufungen an. Dies ist besonders für die Möglichkeiten, unterschiedliche Gewinde zu schneiden, von Bedeutung.

- **Antriebsleistung**

  Sie ist die Nennleistung des Antriebsmotors. Die Antriebsleistung bestimmt wesentlich die größtmögliche Zerspanungsleistung der Maschine.

Energiefluß an einer Leit- und Zugspindel-Drehmaschine

Vom Motor wird die Energie meist über ein Riemengetriebe schwingungsarm auf ein mehrstufiges Hauptgetriebe und das Vorgelege auf die Arbeitsspindel übertragen. Hier verzweigt sich der Energiefluß:

- Ein Teil der Energie bewirkt die Drehbewegung des Werkstücks.
- Der zweite Teil wird zum Vorschubgetriebe geleitet und bewirkt dort den mechanischen Vorschub des Werkzeuges. Je nach Art des Vorschubes geschieht dies über unterschiedliche Baugruppen. Der Vorschub zum Gewindedrehen wird über eine Gewindespindel, die **Leitspindel,** erzeugt. Der Vorschub für Längs- und Plandrehen erfolgt über eine genutete Welle, die **Zugspindel**.

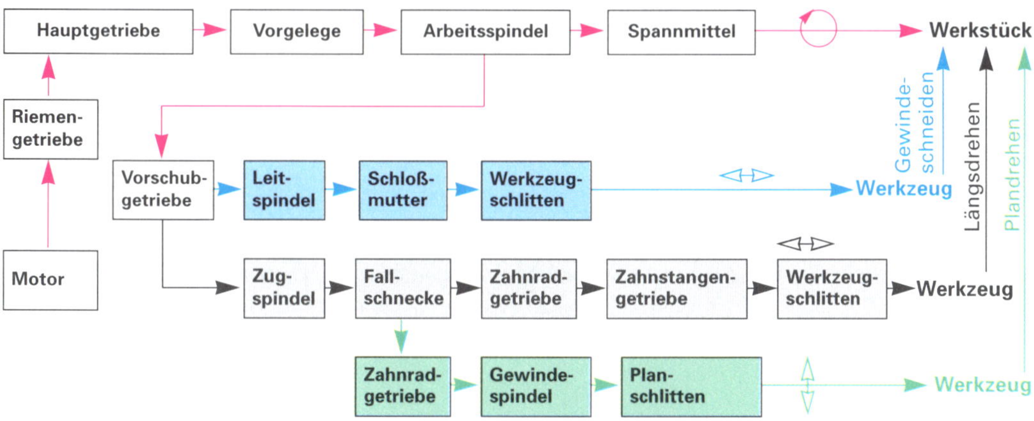

Schema des Energieflusses an einer Leit- und Zugspindel-Drehmaschine

Die Ankopplung der Zugspindel an den Werkzeugschlitten erfolgt durch eine schwenkbare Schnecke, welche zum Einschalten des Vorschubes mit einem Schneckenrad in Eingriff gebracht wird. Die Schnecke ist so gelagert, daß sie bei Überlastung selbsttätig aus dem Eingriff fällt. Sie wird deshalb auch als **Fallschnecke** bezeichnet.

Die Umformung der Drehbewegung des Schneckenrades in eine geradlinige Längsbewegung des Werkzeugschlittens erfolgt über ein Getriebe mit nachgeschaltetem Zahnstangentrieb.

Die Umformung der Drehbewegung des Schneckenrades in die geradlinige Bewegung für den Planvorschub erfolgt über ein Getriebe und eine Gewindespindel.

Übungsaufgabe 3/131

Beispiele für die Erzeugung des Längs- und des Planvorschubes

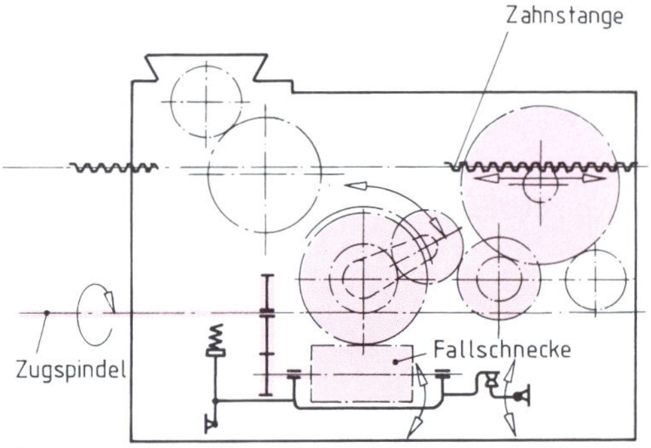

Längsvorschub

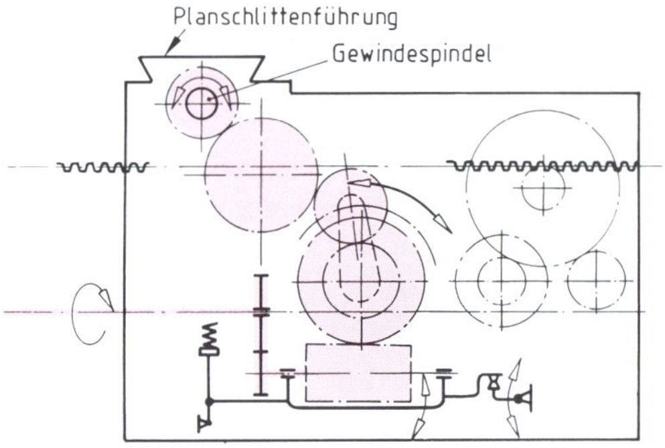

Planvorschub

Für Längsrund- und Querplandreharbeiten erfolgt der Vorschubantrieb über Zugspindel und Fallschnecke.

Zum Gewindedrehen erfolgt der Antrieb des Bettschlittens über die Leitspindel. Die Leitspindel bewegt den Bettschlitten über eine Mutter am Schloßkasten. Diese **Schloßmutter** ist geteilt und kann geöffnet werden. Nur in geschlossenem Zustand wird die Vorschubbewegung von der Leitspindel auf den Bettschlitten übertragen. Dabei sind alle Getriebeteile im Schloßkasten außer Eingriff. Die Drehbewegung der Leitspindel bewirkt eine Schlittenverstellung, indem sich das Trapezgewinde der Spindel durch die geschlossene Mutter am Werkzeugschlitten schraubt.

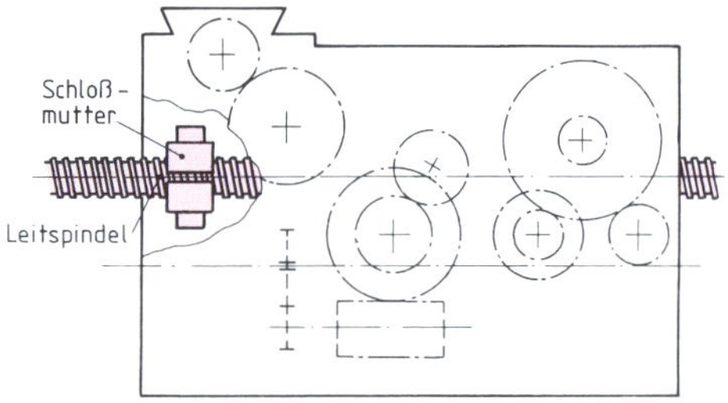

Werkzeugschlittenantrieb über die Leitspindel

Zum Gewindedrehen erfolgt der Vorschubantrieb über Leitspindel und Schloßmutter.

3.4.4.3 Drehwerkzeuge

• Winkel an der Meißelschneide

Der Drehmeißel ist ein einschnittiges Werkzeug mit keilförmiger Schneide. Die Winkel am Schneidkeil und die Stellung des Schneidkeils zum Werkstück beeinflussen stark die Kräfte zur Spanabnahme, die Standzeit der Werkzeuge und die Oberflächengüte des Werkstücks.

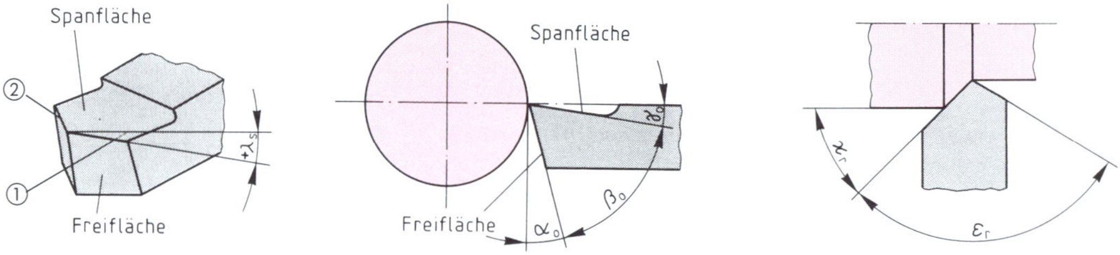

① **Hauptschneide**: Sie übernimmt hauptsächlich die Spanabnahme, sie weist in Vorschubrichtung.

② **Nebenschneide**: Sie ist geringfügig an der Spanabnahme mitbeteiligt.

β_o **Keilwinkel**: Er liegt zwischen Spanfläche und Freifläche.

γ_o **Spanwinkel**: Er liegt zwischen der Spanfläche und einer waagerechten Bezugsfläche.

α_o **Freiwinkel**: Er liegt zwischen Freifläche und einer senkrechten Bezugsfläche.

ε_r **Eckenwinkel**: Er liegt zwischen der Hauptschneide und der Nebenschneide.

$\varkappa_r$ **Einstellwinkel**: Er liegt zwischen der Hauptschneide und der Vorschubrichtung.

λ_s **Neigungswinkel**: Er ist der Winkel zwischen Hauptschneide und einer waagerechten Bezugsebene.

Übungsaufgaben 3/132 bis 3/136

Einfluß des Spanwinkels γ_o

Große Spanwinkel ergeben günstige Schnittkräfte und daher geringe Schneidenbelastungen. Deshalb können hohe Zerspanleistungen mit großen Spanwinkeln erreicht werden. Eine Vergrößerung ergibt jedoch eine Schwächung des Schneidkeils. Daher sind große Spanwinkel nur bei weichen und zähen Werkstoffen möglich. Bei Verkleinerung des Spanwinkels erhöht sich die Schneidenbelastung, die Zerspanleistung sinkt. Die Stabilität des Schneidkeils nimmt mit kleinerem Spanwinkel zu, so daß die Gefahr von Schneidenausbrüchen absinkt. Kleine oder negative Spanwinkel verwendet man für harte und spröde Werkstoffe und bei unterbrochenem Schnitt.

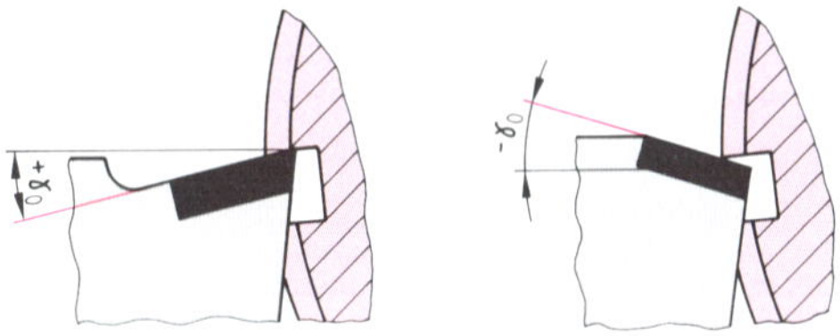

Beanspruchung der Schneide bei unterbrochenem Schnitt

Richtwerte für den Spanwinkel

Werkstoff des Werkstücks	Spanwinkel γ_o bei SS-Stahl	Spanwinkel γ_o bei Hartmetall
Messing, hartes Gußeisen	0° bis 8°	0° bis 5°
hochfeste Stähle, Stahlguß	12° bis 15°	10° bis 12°
Stahl mit R_m bis 700 N/mm², weiches Gußeisen	15° bis 20°	14° bis 18°
Al und Al-Legierungen	20° bis 40°	30° bis 35°

Für weiche, zähe Werkstoffe wählt man große Spanwinkel.
Für harte, spröde Werkstoffe wählt man kleine Spanwinkel.

Einfluß des Freiwinkels α_o

Eine Vergrößerung des Freiwinkels bewirkt eine Verringerung der Reibung zwischen Werkzeug und Werkstück. Dadurch wird jedoch nur eine unbedeutende Erhöhung der Standzeit des Meißels erreicht. Man wählt Freiwinkel zwischen 3° und 12°. Für härtere Werkstoffe verwendet man die kleineren Freiwinkel.

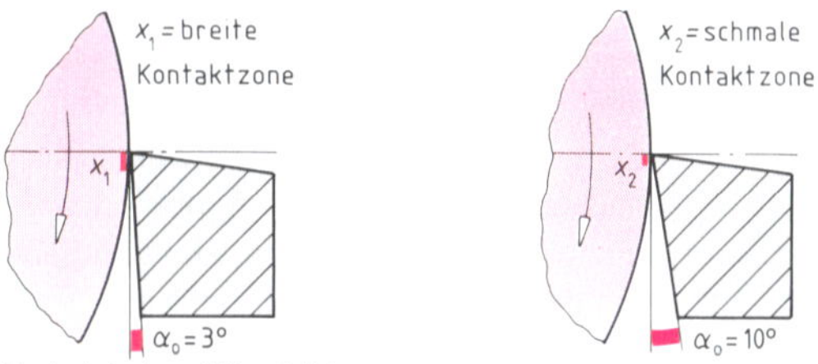

Freiwinkel und Kontaktzone

Veränderungen des Freiwinkels beeinflussen die Zerspanungsbedingungen kaum.

Einfluß des Einstellwinkels $\varkappa_r$

Der Einstellwinkel hat Einfluß auf die Länge des im Eingriff befindlichen Teils der Hauptschneide. Bei gleichem Vorschub und gleicher Schnittiefe ist bei allen Einstellwinkeln der Spanungsquerschnitt gleich groß. Mit kleinerem Einstellwinkel vergrößert sich das Schneidenstück, das die Spanabnahme vornimmt. Bei langen im Eingriff befindlichen Schneiden verteilt sich die Belastung, zudem wird die entstehende Wärme besser abgeführt. Daher wählt man für Schruppbearbeitungen kleine Einstellwinkel.

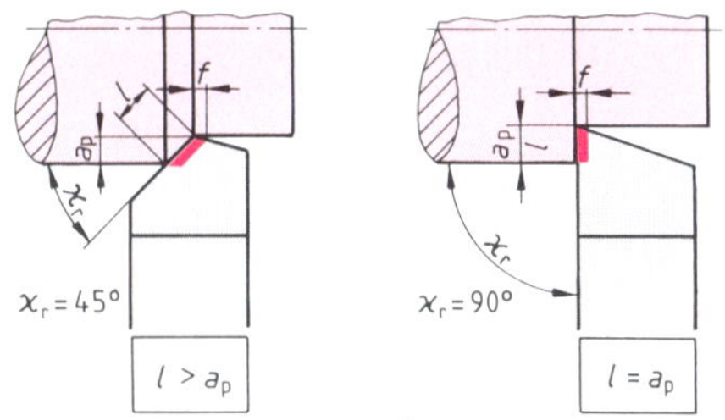

Einstellwinkel und Eingriffslänge

Die Gefahr der Durchbiegung beim Drehen langer, dünner Wellen wird bei einem großen Einstellwinkel verringert, weil dadurch die Kraft quer zur Drehachse (Passivkraft) verringert wird.

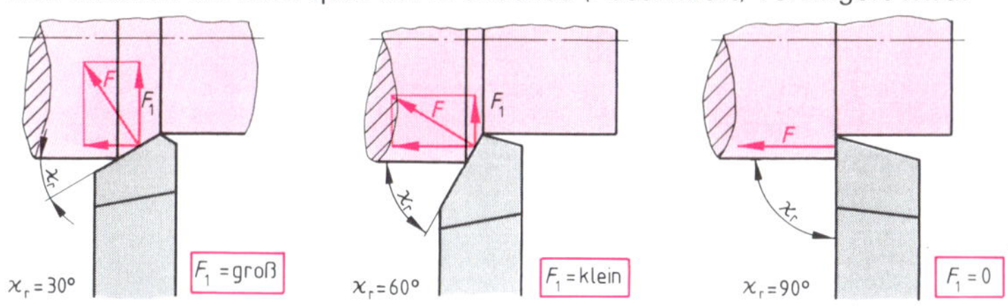

Einstellwinkel und Passivkraft

Zur Schruppbearbeitung wählt man kleine Einstellwinkel.
Zum Drehen von langen, dünnen Wellen wählt man den Einstellwinkel $\varkappa_r = 90°$.

Einfluß des Neigungswinkels λ_s

Ein Neigungswinkel wird als positiv bezeichnet, wenn die Hauptschneide von der Schneidenecke aus nach hinten abfällt. Der Neigungswinkel ist negativ, wenn die Hauptschneide von der Schneidenecke aus nach hinten ansteigt. Meist wird mit $\lambda_s = 0°$ oder mit kleinem positiven Neigungswinkel gedreht.

positiver Neigungswinkel	negativer Neigungswinkel
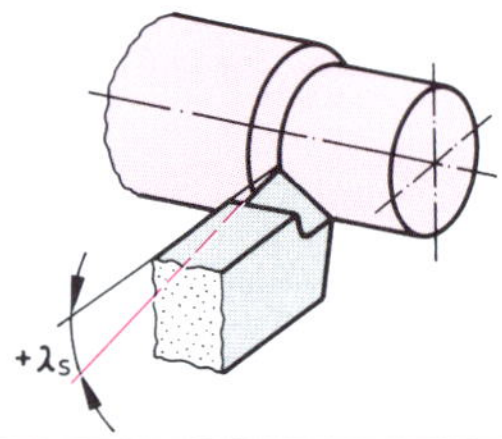 Einsatz bei – gut zerspanbaren Werkstoffen – ununterbrochenem Schnitt	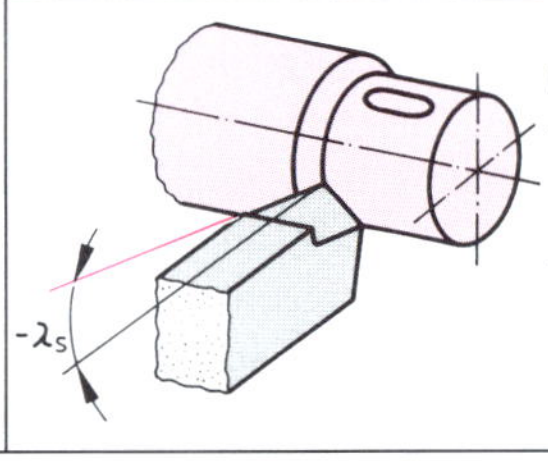 Einsatz bei – schwer zerspanbaren Werkstoffen und Grußoberflächen – unterbrochenem Schnitt

Beim Drehen ist der Neigungswinkel λ_s meist 0° oder positiv. Nur bei großen und stoßartigen Belastungen werden Drehmeißel mit negativem Neigungswinkel eingesetzt.

• Bauarten von Drehmeißeln

Grundformen der Drehmeißel

Drehmeißel haben häufig rechteckige oder quadratische Querschnitte. Für das Innendrehen werden auch runde Querschnitte verwendet. Der Querschnitt eines Drehmeißels soll möglichst groß gewählt werden, um elastische Verformungen und damit Maßabweichungen an Werkstücken einzuschränken.
In der Längsrichtung können Drehmeißel gerade, gebogen oder abgesetzt sein.

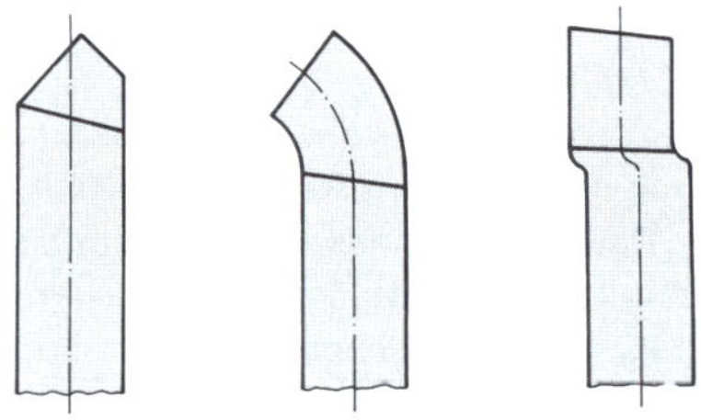

Gerader Drehmeißel **Gebogener Drehmeißel** **Abgesetzter Drehmeißel**

Linke und rechte Drehmeißel

Nach der Lage der Hauptschneide unterscheidet man rechte und linke Drehmeißel. Für die Klärung der normgerechten Bezeichnung sieht der Betrachter auf die Spanfläche des Meißels und dabei muß der Schaft von ihm fort gerichtet sein.

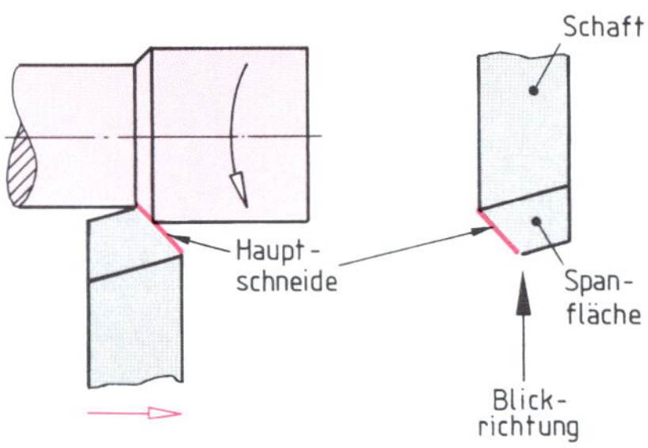

Linker Drehmeißel

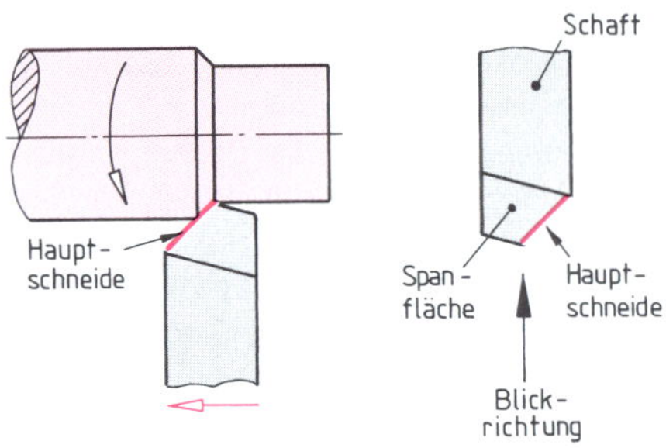

Rechter Drehmeißel

Sieht der Betrachter von der Schneide her in Schaftrichtung
- die Hauptschneide rechts, dann ist es ein rechter Drehmeißel, oder
- die Hauptschneide links, dann ist es ein linker Drehmeißel.

Ausführungsarten von Drehmeißeln

Einteilige Drehmeißel bestehen aus Schnellarbeitsstahl. Sie werden nach Bedarf aus Rohlingen (Drehlingen) geschliffen. Sie werden in der Einzelfertigung zum Profildrehen verwendet.
Drehmeißel aus unlegiertem Stahl mit eingelöteten Hartmetallplatten finden ähnliche Verwendung.
Zur Serienfertigung werden ausschließlich Drehmeißel mit auswechselbaren Schneidplatten eingesetzt.

Übungsaufgabe 3/143

Beispiele für Ausführungsarten von Drehmeißeln

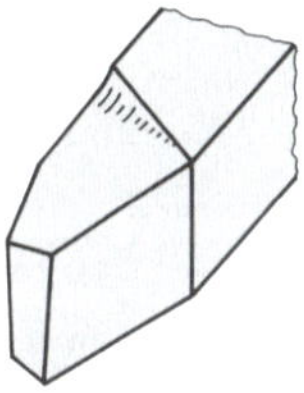

Drehmeißel aus HSS

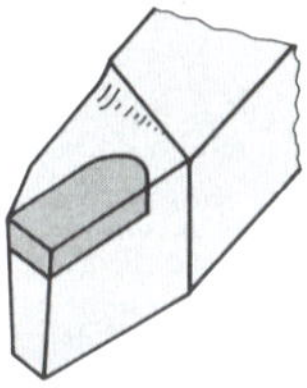

Drehmeißel mit eingelöteter Hartmetallschneidplatte

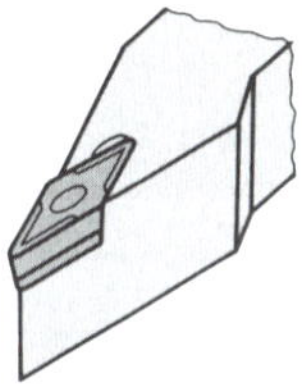

Drehmeißel mit eingeschraubter Schneidplatte

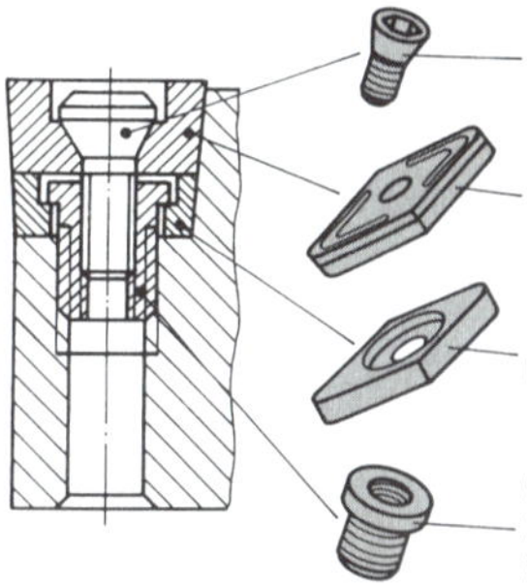

- **Gebräuchliche Drehmeißelformen**

In der folgenden Übersicht sind wichtige Drehmeißelformen mit typischen Bearbeitungsbeispielen dargestellt. Es sind die rechten Ausführungsformen der Drehmeißel gezeichnet, die linke Ausführungsform ist spiegelbildlich.

Beispiele für den Einsatz gebräuchlicher Drehmeißel

Längs-Runddrehen			Quer-Plandrehen
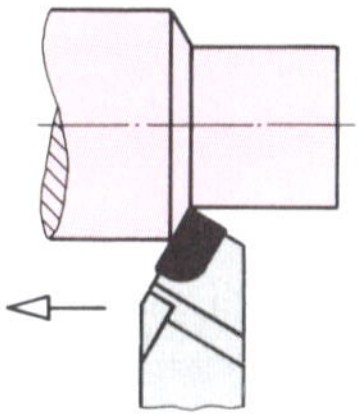 **gerader rechter Drehmeißel** DIN 4971/ISO 1	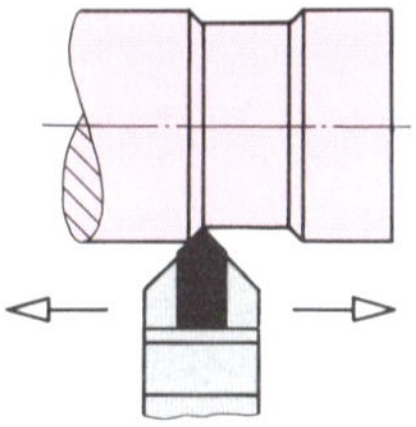 **spitzer Drehmeißel**	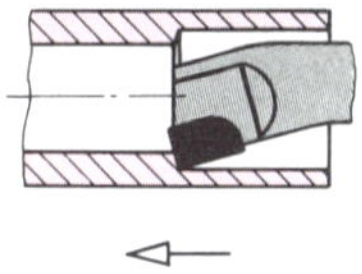 **rechter Innendrehmeißel** DIN 4973/ISO 8	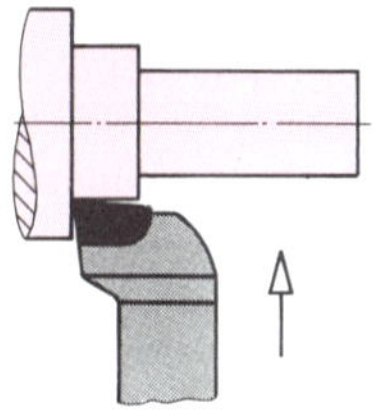 **abgesetzter rechter Stirndrehmeißel** DIN 4977/ISO 5
Längs-Rund- und Quer-Plandrehen		**Einstechdrehen**	
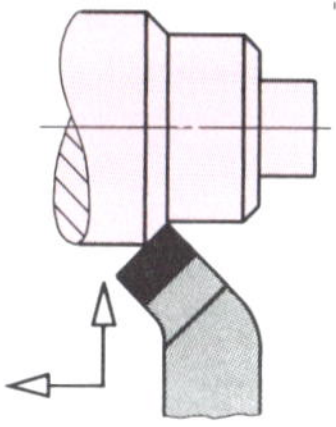 **gebogener rechter Drehmeißel** DIN 4972/ISO 2	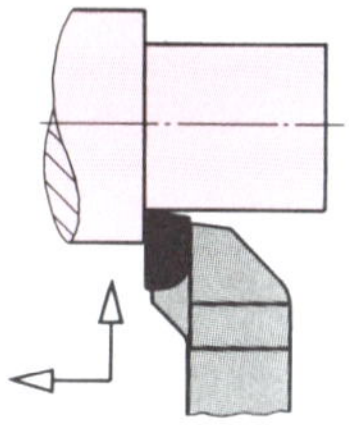 **abgesetzter rechter Drehmeißel** DIN 4978/ISO 3	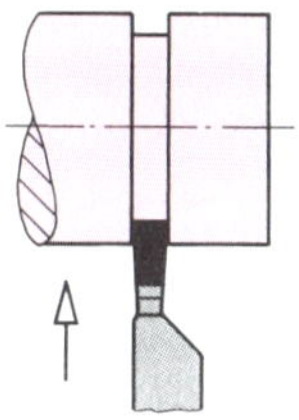 **Stechdrehmeißel** DIN 4981/ISO 7	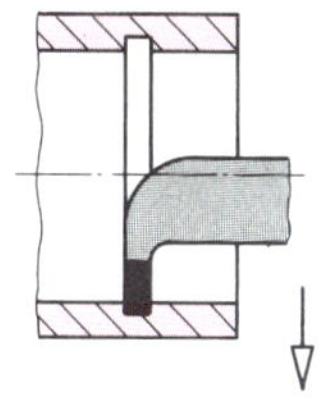 **rechter Innenstechdrehmeißel**
Profildrehen		**Schraubdrehen (Gewindedrehen)**	
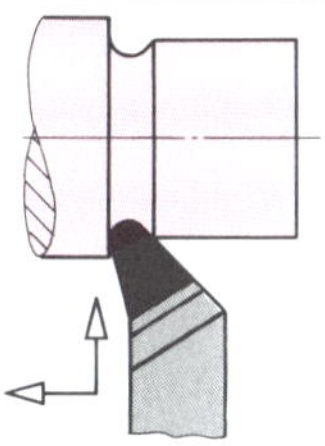 **gebogener rechter Drehmeißel für Radien**	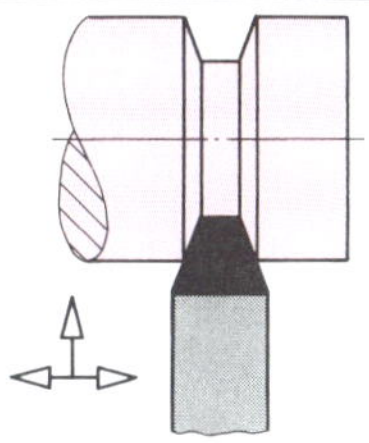 **Drehmeißel für Keilriemenprofile**	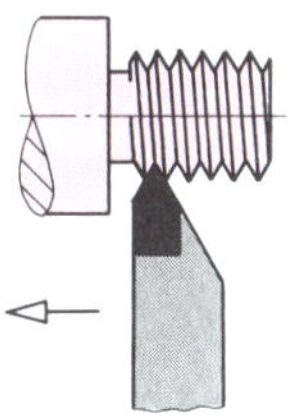 **gerader Drehmeißel für Außengewinde**	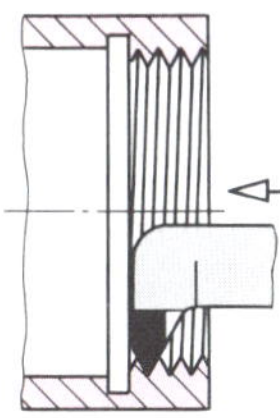 **gebogener rechter Drehmeißel für Innengewinde**

Übungsaufgaben 3/144; 3/145

3.4.4.4 Spannen der Werkstücke

Zum Drehen müssen die Werkstücke sicher, schnell und mit gutem Rundlauf eingespannt werden. Die Art der Werkstückeinspannung richtet sich nach

- der Form und Größe des Werkstückes und
- nach der Anzahl gleicher Werkstücke.

• Spannen im Spannfutter

Kurze Werkstücke, z.B. Rundteile verschiedener Durchmesser oder Sechskantprofile, werden in das **Dreibackenfutter** eingespannt. Zum Spannen der Vierkant- oder Achtkantprofile ist ein **Vierbackenfutter** erforderlich.

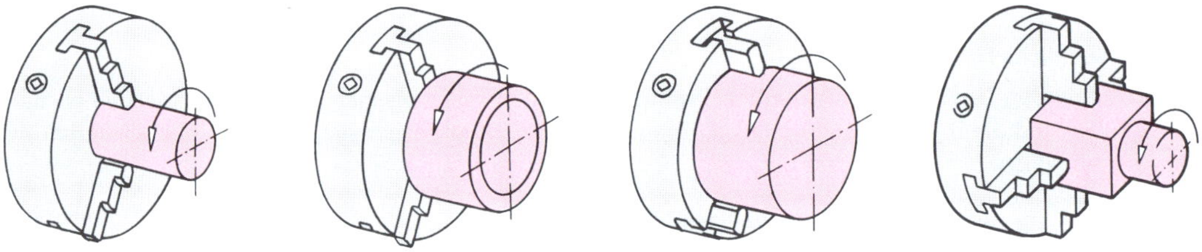

Spannmöglichkeiten in Spannfuttern

Kurze Drehteile spannt man in Spannfutter.

• Spannen in Spannzangen

Zum schnellen Einspannen von zylindrischen Werkstücken mit kleinem Durchmesser verwendet man bei mittleren und großen Stückzahlen Spannzangen. Eine Spannzange ist ein geschlitzter Hohlkörper, der beim Spannen etwas in die Drehspindel hineingezogen wird. Dabei wird der geschlitzte Kegel der Spannzange zusammengedrückt und hält das Werkstück durch Kraftschluß.

Die Spannzange wird entweder direkt in die kegelige Aufnahmebohrung der Arbeitsspindel eingesetzt oder wird in ein besonderes Schnellspannfutter für Spannzangen eingeschraubt. Zur Aufnahme des Werkstückes besitzt die Spannzange eine zentrische Bohrung, die nur das Spannen in einem *kleinen Durchmesserbereich* erlaubt, z.B. 10 ± 0,25.

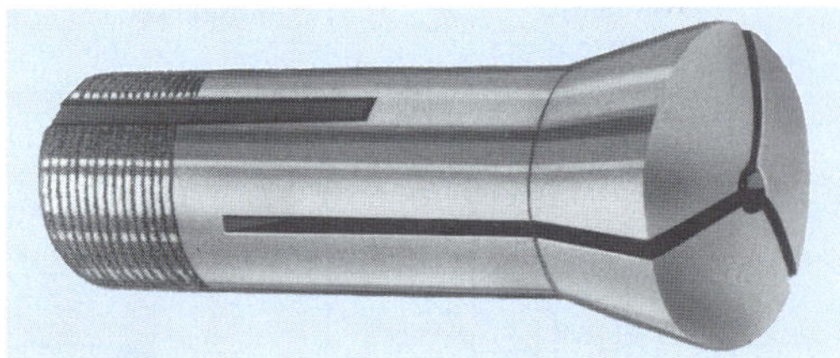

Spannzange

Mit Spannzangen können Drehteile mit kleinen Durchmessern gespannt werden.

• Spannen mit Dreh- und Schnellspanndornen

Zur Aufnahme von Werkstücken mit geriebenen Bohrungen, die außen so bearbeitet werden sollen, daß hohe Koaxialität entsteht, verwendet man **Drehdorne.** Diese Dorne werden für einzelne Paßmaße angefertigt. Sie sind einsatzgehärtet und leicht konisch geschliffen, ca. 0,05 mm/150 mm. Zum Spannen werden die Dorne mit Dornpressen in die Bohrung des Werkstückes gepreßt. Der Dorn wird dann zur Bearbeitung des Werkstücks auf der Drehmaschine zwischen Spitzen gespannt. Zum schnelleren und einfacheren Spannen verwendet man geschlitzte **Schnellspanndorne.** Sie haben einen größeren Spannbereich.

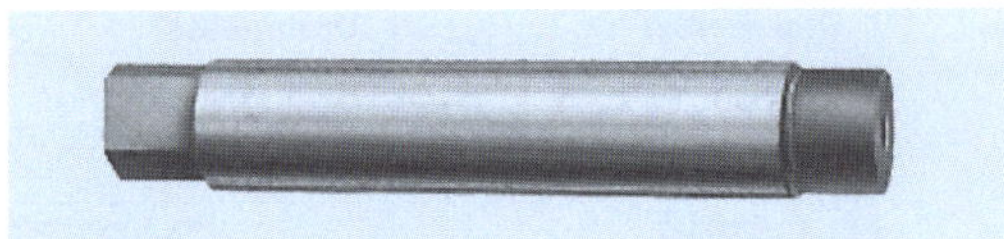

Drehdorn

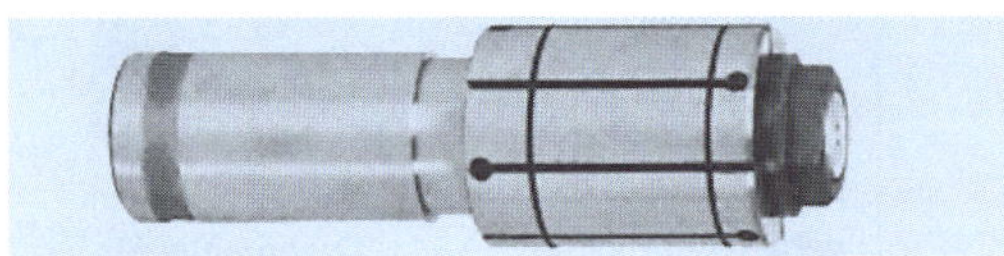

Schnellspanndorn

Übungsaufgaben 3/146; 3/147; 3/148

• Spannen mit Zentrierspitzen

Lange Werkstücke, die über einen großen Teil ihrer Länge zu bearbeiten sind, müssen weit aus der Einspannung im Spindelstock herausragen. Durch die beim Drehen auftretenden Schnittkräfte wird ein einseitig eingespanntes Werkstück weggedrückt. Daher wird das freie Ende langer Werkstücke zusätzlich geführt. Diese Führung erhält das Werkstück durch eine Zentrierspitze, die im Reitstock eingesetzt ist, Zentrierspitzen gibt es in feststehender oder mitlaufender Ausführung.

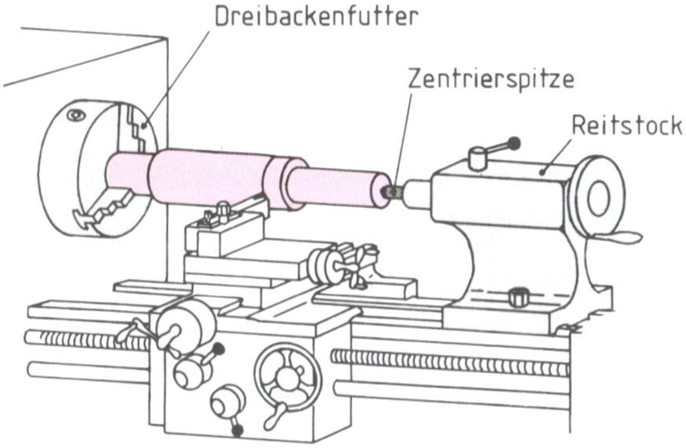

Spannen mit Zentrierspitze

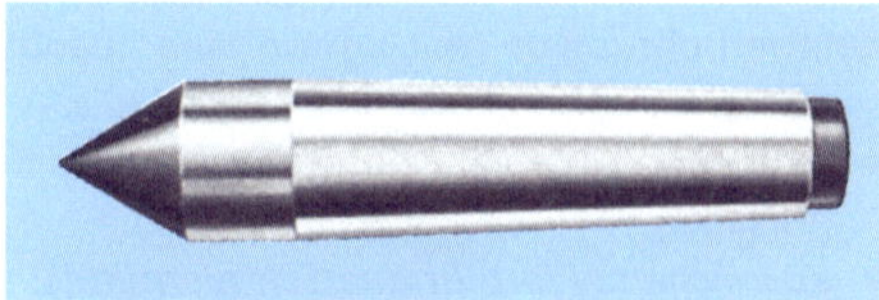

Feststehende Zentrierspitze

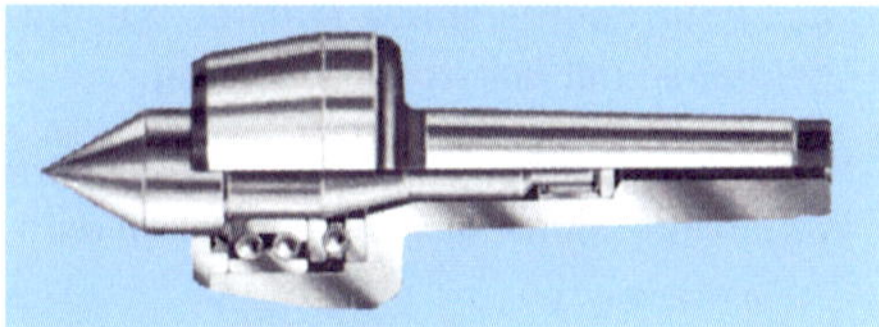

Mitlaufende Zentrierspitze

Schlanke Drehteile werden durch eine Zentrierspitze im Reitstock unterstützt.

Werkstücke können auch zwischen zwei Zentrierspitzen bearbeitet werden. Dies ist erforderlich, wenn ein Werkstück für verschiedene Arbeitsgänge umgespannt werden muß. Beim Drehen zwischen zwei Zentrierspitzen erzielt man stets einen guten Rundlauf.

Die Mitnahme kann über eine Mitnehmerscheibe auf der Arbeitsspindel erfolgen. Durch die Mitnehmerscheibe wird ein auf das Werkstück gespanntes Drehherz zwangsweise mitgenommen.

Das Drehteil kann im Spannbereich der Mitnehmerscheibe nicht bearbeitet werden, so daß bei einer Bearbeitung in ganzer Länge ein Umspannen erforderlich ist. Die Außenform der Mitnehmerscheibe schützt den Bediener vor Verletzungen durch die Drehbewegung der Mitnehmervorrichtung.

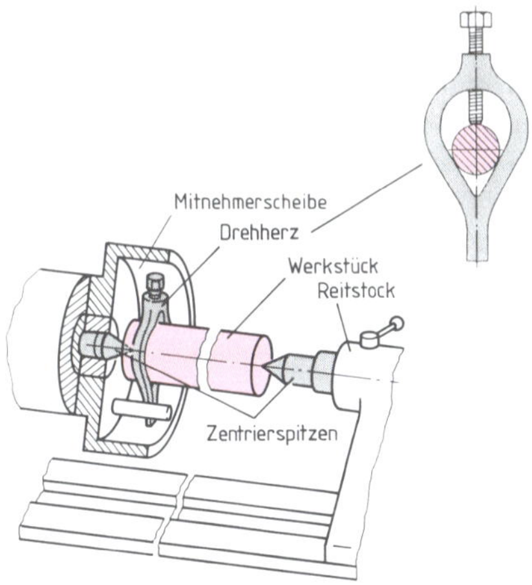

Drehen zwischen Zentrierspitzen mit Mitnehmerscheibe

Eine stirnseitige Mitnahme des Werkstücks durch die Schneiden eines Stirnseiten-Mitnehmers erlaubt ein Überdrehen der gesamten Werkstücklänge ohne Umspannen.

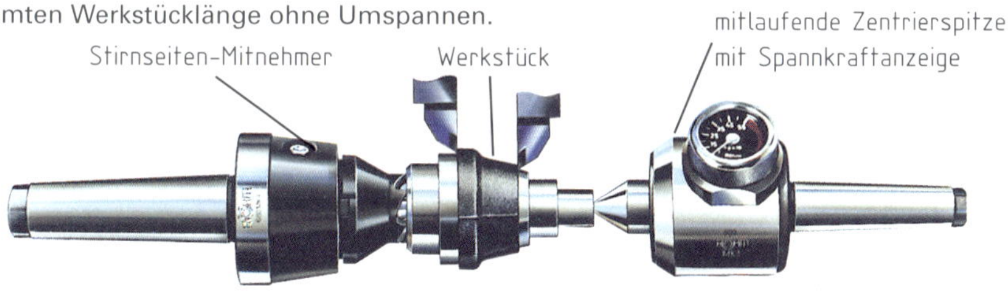

Spannen zwischen zwei Zentrierspitzen mit Stirnseiten-Mitnehmer

Beim Spannen von Drehteilen zwischen zwei Zentrierspitzen erfolgt die Mitnahme durch eine Mitnehmerscheibe mit einem Drehherz oder durch einen Stirnseiten-Mitnehmer.

Zentrierbohrungen

Bohrungen zur Aufnahme von Zentrierspitzen bezeichnet man als Zentrierbohrungen. Die Formen der Zentrierbohrungen sind nach DIN- und ISO-Normen festgelegt. Zentrierbohrungen unterscheiden sich durch gerade oder gewölbte Laufflächen, ferner können sie mit einer Schutzsenkung versehen sein.

Zentrierbohrungen mit gewölbten Laufflächen zeichnen sich durch folgende Vorteile aus:

- *eine nicht zu breite Kontaktfläche,* ohne Kantenpressung,
- *ausreichend Platz für das Schmiermittel,*
- *eine gute Führung,* auch wenn die Bohrung nicht zur Zentrierspitze fluchtet, z.B. beim Kegeldrehen mit Reitstockverstellung.

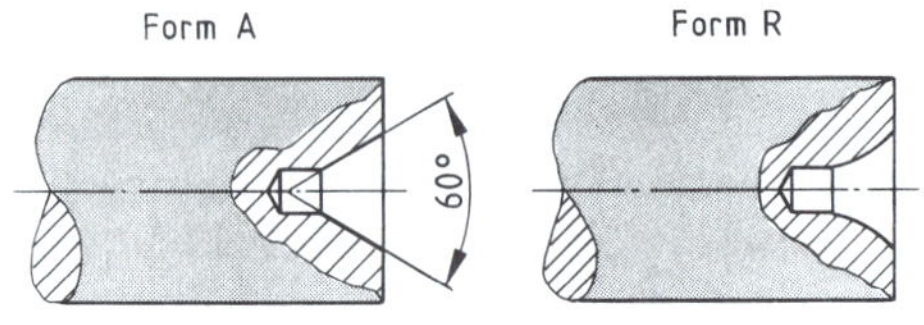

Gerade Lauffläche | Gewölbte Lauffläche

Zentrierbohrungen (DIN 332)

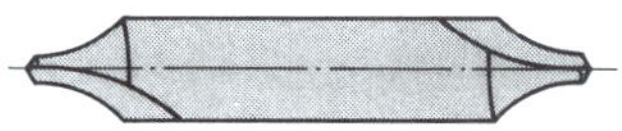

Zentrierbohrer Form R (DIN 333)

Werkstücke werden zur Aufnahme der Zentrierspitze mit Zentrierbohrungen versehen.
Wegen ihrer günstigen Eigenschaften wird die Form R mit gewölbten Laufflächen bevorzugt.

Setzstöcke

Bei langen und dünnen Werkstücken ist eine beidseitige Führung an den Werkstückenden unzureichend. Diese Drehteile müssen durch eine weitere Führung gegen ein Durchbiegen gesichert werden. Die dazu verwendeten Geräte werden Setzstock oder Lünette genannt. Setzstöcke werden in feststehender und mitlaufender Ausführung verwendet. Ein feststehender Setzstock wird auf das Maschinenbett gespannt, er führt das Werkstück unverändert an einer Stelle. Ein mitlaufender Setzstock wird am Bettschlitten befestigt, er führt beim Drehen das Werkstück in einem gleichbleibenden Abstand zur Schnittstelle.

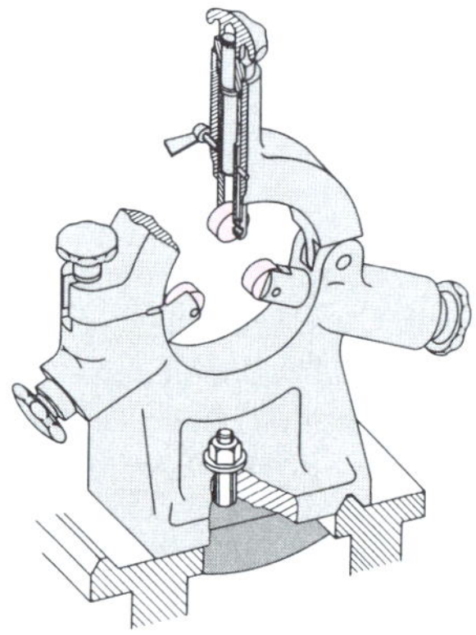

Feststehender Setzstock

Durch Setzstöcke werden lange, dünne Drehteile zusätzlich geführt.

- **Spannen auf der Planscheibe**

Um Werkstücke von unregelmäßiger Form auf Drehmaschinen bearbeiten zu können, verwendet man als Spannvorrichtung eine Planscheibe. Die Spannbacken einer Planscheibe sind einzeln verstellbar, dadurch ist ein Anpassen an die unregelmäßige Werkstückform gewährleistet.

Beim Drehen außermittig gespannter Werkstücke werden zur Vermeidung einer Unwucht Gegengewichte angebracht.

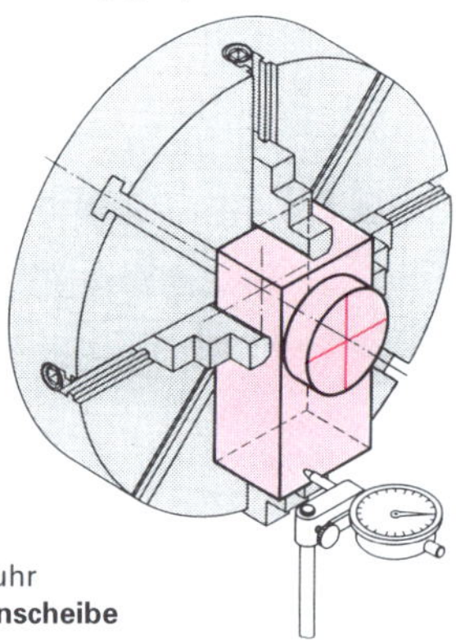

Ausrichten mit Meßuhr

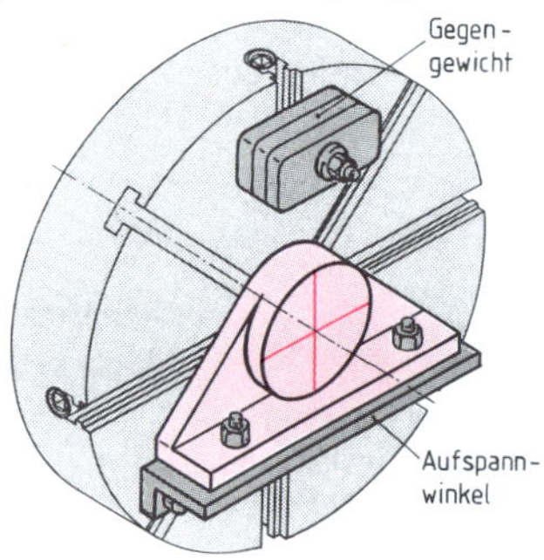

Ausgleich einer Unwucht

Spannen auf der Planscheibe

Übungsaufgaben 3/153 bis 3/156

3.4.4.5 Spezielle Drehverfahren

- **Kegeldrehen**

Beim Kegeldrehen muß eine gleichmäßige Durchmesseränderung in Längsrichtung des Werkstücks erfolgen. Kegel können nach verschiedenen Verfahren gedreht werden:

Kegeldrehen durch Oberschlittenverstellung

Der Oberschlitten wird um den halben Kegelwinkel verstellt, so daß die Bewegung des Oberschlittens entlang der zu fertigenden Mantellinie erfolgt. Die Vorschubbewegung wird meist von Hand ausgeführt. Mit diesem Verfahren können nur kurze Kegel gefertigt werden, da der Vorschubweg des Oberschlittens verhältnismäßig kurz ist. Den Verstellwinkel des Oberschlittens nennt man **Einstellwinkel** $\frac{\alpha}{2}$.

$$\text{Einstellwinkel} = \frac{\text{Kegelwinkel}}{2} = \frac{\alpha}{2}$$

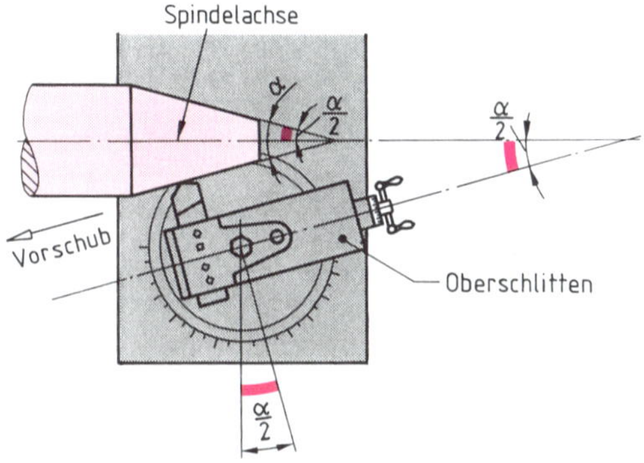

Kegeldrehen durch Oberschlittenverstellung

Kegeldrehen durch Reitstockverstellung

Das Werkstück wird zwischen zwei Spitzen gespannt. Die Reitstockspitze ist durch eine Querverstellung des Reitstockoberteiles um das Maß „s" aus der Spindelachse verschoben, so daß die Werkstückachse zur Spindelachse geneigt ist. Der Drehmeißel wird bei der Spanabnahme parallel zur Drehachse bewegt. Das Werkstück erhält dadurch die Form eines abgestumpften Kegels. Das Maß „s", die Reitstockverstellung, kann angenähert aus dem halben Unterschied der Werkstückdurchmesser ermittelt werden.
Die Reitstockverstellung s soll $1/50 \cdot L$ nicht überschreiten.

$$\text{Reitstockverstellung } s = \frac{D-d}{2}$$

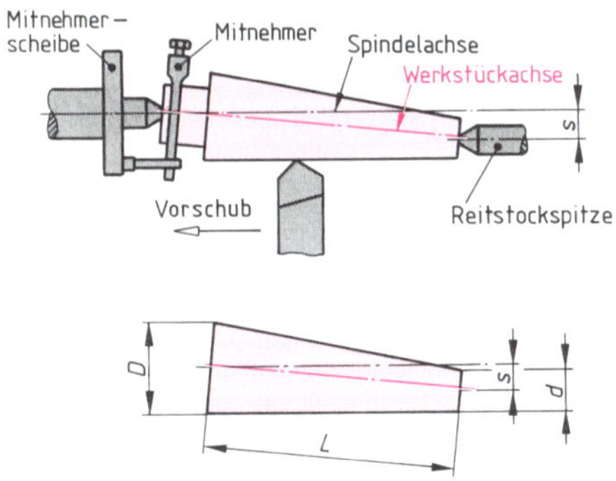

Kegeldrehen durch Reitstockverstellung

Kegeldrehen mit dem Leitlineal

Die Werkzeugschneide wird parallel zu einem schräggestellten Leitlineal geführt. Das am Maschinenbett angeschraubte Leitlineal ist um den halben Kegelwinkel verstellt.
Bei eingeschaltetem Längsvorschub erfolgt die Führung des Planschlittens zwangsläufig durch das Leitlineal. Bei rein mechanischer Führung längs des Leitlineals können nur schlanke Kegel gedreht werden.
Der Verstellwinkel des Leitlineals ist der **Einstellwinkel** $\frac{\alpha}{2}$.

$$\text{Einstellwinkel} = \frac{\text{Kegelwinkel}}{2} = \frac{\alpha}{2}$$

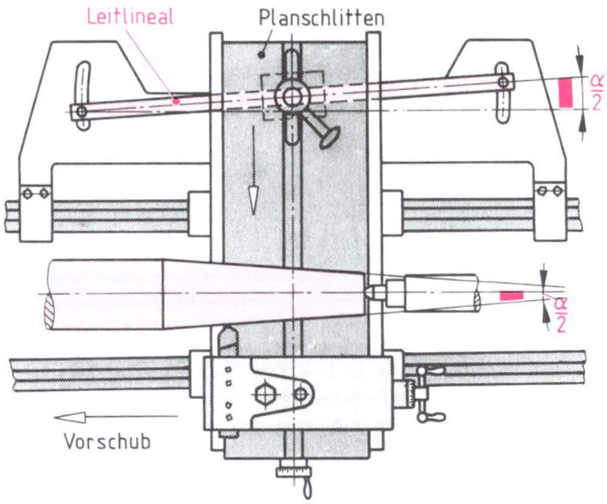

Kegeldrehen mit dem Leitlineal

Übungsaufgaben 3/157 bis 3/161

• Gewindedrehen

Beim Gewindedrehen werden in Wellen oder Bohrungen entlang einer Schraubenlinie Gewindegänge in den Werkstoff geschnitten. Die Schneidenform des Drehmeißels entspricht dem Gewindeprofil. Der Vorschub des Drehmeißels bei einer Umdrehung muß gleich der Gewindesteigung *P* sein.

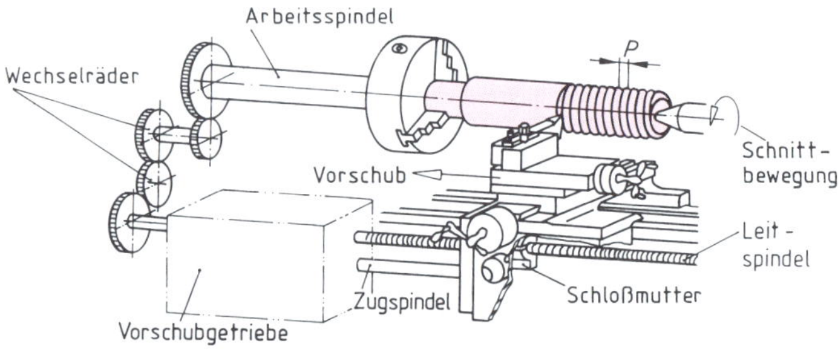

Gewindedrehen

Die Abstimmung der Schnittbewegung mit der Vorschubbewegung erfolgt über Zahnradgetriebe. Von der Arbeitsspindel wird die Drehbewegung über auswechselbare Zahnräder auf das Vorschubgetriebe übertragen. Mit Hilfe einer Gewindespindel – der Leitspindel – und einer Mutter – der Schloßmutter – wird die Drehbewegung in die Längsbewegung des Bettschlittens umgesetzt.

Häufig vorkommende Gewindesteigungen werden am Vorschubgetriebe der Drehmaschine eingestellt. Für selten verlangte Gewindesteigungen müssen Wechselräder entsprechend ausgetauscht werden.

Einspannung des Drehmeißels

Der Gewindedrehmeißel muß als Formmeißel so eingespannt werden, daß die Schneiden das gewünschte Gewindeprofil erzeugen. Dazu muß der Drehmeißel:

- *mittig eingespannt sein,*
- *einen Spanwinkel $\gamma_o = 0°$ haben,*
- *mit der Werkstückachse einen rechten Winkel bilden.*

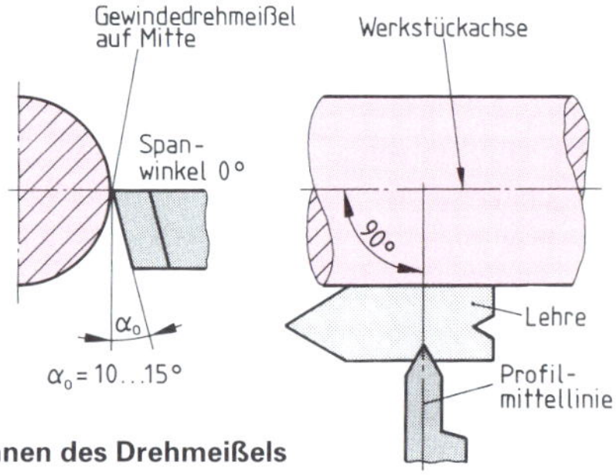

Einspannen des Drehmeißels

Zum Gewindeschneiden muß der Drehmeißel auf der Werkstückmitte und mit seiner Profilmittellinie senkrecht zur Werkstückachse eingestellt werden.

Schnittfolge beim Gewindedrehen

Gewindedrehen erfolgt in mehreren Arbeitsgängen. Bei der Schruppbearbeitung des Gewindes wird der Meißel so zugestellt, daß die Spanabnahme hauptsächlich von einer der beiden Meißelschneiden ausgeführt wird. Deshalb wird der Drehmeißel vom zweiten Schruppspan an quer und längs zur Drehachse zugestellt. Beim Schlichten wird mit beiden Schneiden gleichzeitig geschnitten, so daß das Gewinde die gewünschte Profilform erhält.

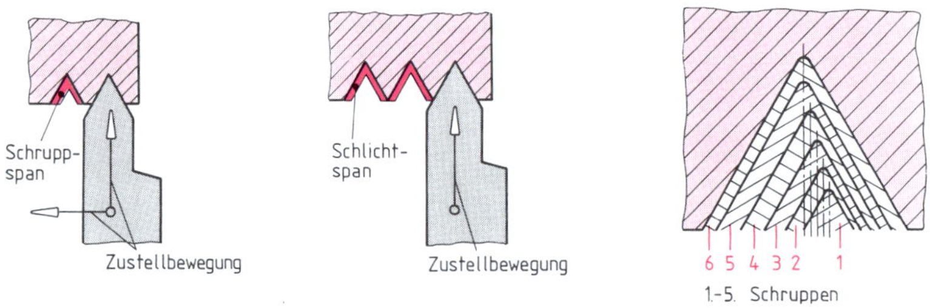

Schnittfolge beim Gewindedrehen

Beim Schruppen soll der Drehmeißel bevorzugt mit einer Schneide schneiden. Beim Schlichten sollen beide Schneiden gleichmäßig eingreifen.

Übungsaufgaben 3/161; 3/162; 3/163

3.4.4.6 Einflußgrößen auf die Oberflächenbeschaffenheit beim Drehen

Die Oberflächenbeschaffenheit beim Drehen wird bestimmt durch:

- die Schnittbedingungen,
- die Schneidengeometrie,
- den Schneidstoff und
- die Zerspanbarkeit des Werkstoffs.

Als Maß für die Oberflächengüte wird häufig die gemittelte Rauhtiefe R_z gewählt.

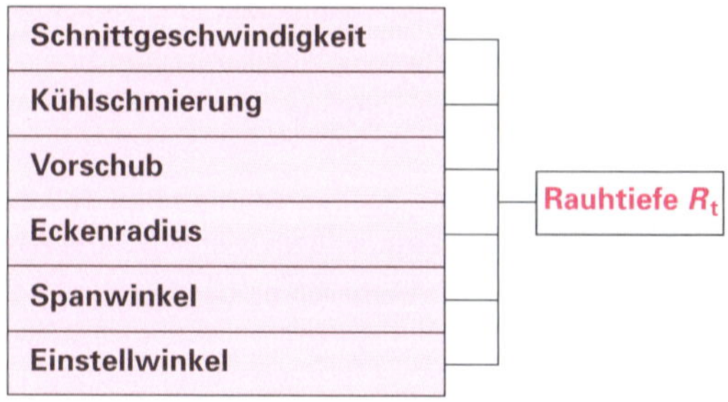

Die wichtigsten Einflußgrößen auf die Rauhtiefe

- **Schnittgeschwindigkeit und Kühlschmierung**

Je nach Größe der Schnittgeschwindigkeit ist eine unterschiedlich starke Aufbauschneidenbildung zu beobachten. Die **Aufbauschneide** entsteht durch Verschweißung kleiner Werkstoffteilchen auf der Spanfläche und wird

- *groß,* bei niedrigen bis mittleren Schnittgeschwindigkeiten und bleibt
- *sehr klein,* bei hohen Schnittgeschwindigkeiten.

Kleine Partikel der sich periodisch aufbauenden und wieder abreißenden Aufbauschneide gleiten zwischen Span- und Freifläche ab und verursachen so eine große Rauhtiefe.

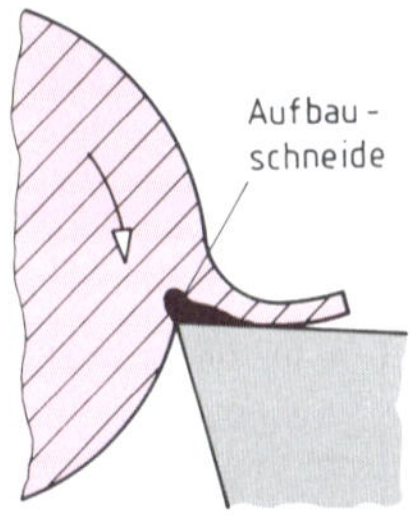

Bildung der Aufbauschneide

Abscherung der Aufbauschneide

Der Einfluß der **Kühlschmierung** auf die Oberflächenbeschaffenheit hängt von der Schmier- und Kühlwirkung des verwendeten Kühlschmierstoffs und der Schnittgeschwindigkeit ab. Eine Verbesserung der Oberflächenbeschaffenheit ist zu erreichen durch:

- eine gute Schmierung, bei niedrigen Schnittgeschwindigkeiten und
- eine gute Kühlung, bei hohen Schnittgeschwindigkeiten.

In beiden Fällen wirkt der Kühlschmierstoff verschleißmindernd und reduziert die Aufbauschneidenbildung.

Zu einer Verringerung der Rauhtiefe führen:

- die Erhöhung der Schnittgeschwindigkeit und
- ein angepaßter Kühlschmiermitteleinsatz.

- **Vorschub und Eckenradius**

Beim Drehen haben der Eckenradius und der Vorschub entscheidenden Einfluß auf die Oberflächenbeschaffenheit. Die zu erwartende Rauhtiefe R_t läßt sich überschlägig nach folgender Formel berechnen:

$$R_t = \frac{f^2}{8 \cdot R}$$

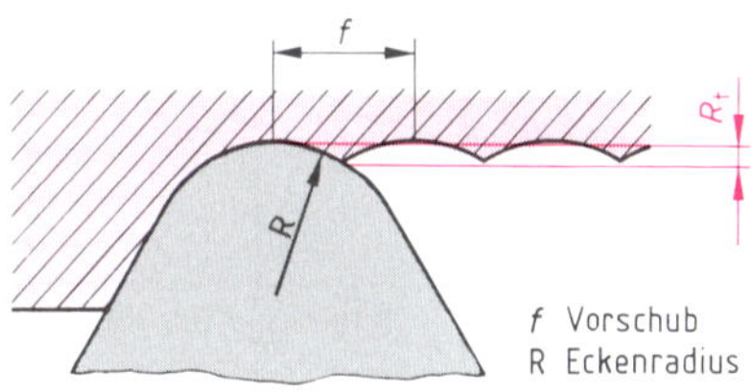

Rauhtiefe und Eckenradius

Je kleiner der Vorschub und je größer der Eckenradius, desto geringer wird die Rauhtiefe.

- **Span- und Einstellwinkel**

Mit zunehmendem positiven Spanwinkel verbessert sich der Spanablauf. Dabei nehmen die mechanischen und thermischen Belastungen ab, was zu einer Verbesserung der Oberflächenbeschaffenheit führt. Zu kleine Einstellwinkel erhöhen die Gefahr von Ratterschwingungen, welche die Oberflächenqualität beeinträchtigen.

Je größer der positive Spanwinkel, desto geringer die Rauhtiefe. Der Einstellwinkel darf dabei ein Mindestmaß nicht unterschreiten.

Übungsaufgaben 3/165; 3/166

3.4.4.7 Berechnungen zum Drehen

• Wahl der Schnittgeschwindigkeit und Berechnung der Umdrehungsfrequenz

Die Wahl der Schnittgeschwindigkeit richtet sich nach folgenden Faktoren:

- Schlichten oder Schruppen,
- Werkstoff des Werkstücks,
- Werkstoff der Werkzeugschneide,
- Standzeit des Werkzeugs.

Die genaue Bestimmung der Schnittdaten sollte nach den Angaben der Werkzeughersteller erfolgen. Diese haben für die unterschiedlichsten Schneidenwerkstoffe umfangreiche Tabellen erstellt.

Zum Einstellen der Drehmaschine bestimmt man Schnittiefe, Vorschub und Schnittgeschwindigkeit.

Richtwerte für das Zerspanen mit Hartmetall-Drehmeißeln (Standzeit 30 min)

Werkstoff des Werkstücks	Schruppen und unterbrochener Schnitt			Schlichten		
	HM-Sorte	Vorschub in mm	Schnittgeschwindigkeit in m/min	HM-Sorte	Vorschub in mm	Schnittgeschwindigkeit in m/min
Unlegierte Stähle bis 500 $\frac{N}{mm^2}$ Zugfestigkeit	**P20** **P30** **BK**[1]	0,4 – 0,8 0,5 – 1,2 0,3 – 0,5	120 – 70 90 – 60 200 – 150	**P01** **P10** **BK**[1]	bis 0,1 0,1 – 0,4 bis 0,1	300 – 250 220 – 160 300 – 250
Unlegierte Stähle über 500 – 700 $\frac{N}{mm^2}$ Zugfestigkeit	**P25** **P40** **BK**[1]	0,6 – 1,2 1,2 – 2,5 0,3 – 0,6	110 – 50 65 – 30 200 – 150	**P01** **P10** **BK**[1]	bis 0,1 0,1 – 0,4 bis 0,1	240 – 180 200 – 150 220 – 160
Niedriglegierte Stähle 850 – 1400 $\frac{N}{mm^2}$ Zugfestigkeit	**P25** **P30** **P40**	0,6 – 1,0 0,6 – 1,2 1,2 – 2,5	80 – 40 60 – 25 30 – 15	**P10** **M10** **BK**[1]	0,1 – 0,4 0,1 – 0,3 bis 0,1	140 – 70 110 – 60 300 – 200
Nichtrostende Stähle bis 700 $\frac{N}{mm^2}$ Zugfestigkeit	**M10** **P20**	0,2 – 0,5 0,1 – 0,4	80 – 60 70 – 50	**M10** **K20** **BK**[1]	0,1 – 0,3 0,2 – 0,4 0,1 – 0,2	100 – 50 80 – 40 150 – 120
Werkzeugstähle 1500 – 1900 $\frac{N}{mm^2}$ Zugfestigkeit	**K20** **P30**	0,2 – 0,6 0,3 – 0,8	40 – 25 30 – 15	**P10** **K10** **BK**[1]	0,1 – 0,3 0,1 – 0,5 bis 0,1	55 – 45 45 – 10 18 – 150
Gußeisen bis 200 $\frac{N}{mm^2}$ Zugfestigkeit	**K20**	0,3 – 1,2	70 – 30	**K10** **BK1**[2]	0,1 – 0,5 bis 0,3	80 – 40 180 – 160
Aluminiumlegierungen	**K10** **BK**[1]	0,3 – 0,6 0,3 – 0,6	450 – 250 450 – 250	**K10** **BK**[1]	0,1 – 0,3 bis 0,1	900 – 600 1200 – 900
Kupfer und Kupferlegierungen	**K10**	0,3 – 0,6	300 – 200	**K10**	bis 0,1 0,1 – 0,3	600 – 500 500 – 300
Duroplaste mit organischen Füllstoffen	**K10**	0,3 – 0,6	200 – 100	**K01**	bis 0,1 0,1 – 0,3	400 – 350 350 – 150
Duroplaste mit anorganischen Füllstoffen	**K01**	0,1 – 0,3	70 – 45	**K05**	bis 0,1	100 – 60

[1] BK-TiC-TiN-Mehrfachbeschichtung auf P25 Grundhartmetall

[2] BK1 Aluminiumoxid-Beschichtung (keramisch)

Übungsaufgaben 3/167; 3/168; 3/169

Aus der gewählten Schnittgeschwindigkeit wird für den zu bearbeitenden Werkstückdurchmesser die einzustellende Umdrehungsfrequenz berechnet.

$$n = \frac{v_c}{d \cdot \pi}$$

n Umdrehungsfrequenz
d Werkstückdurchmesser in m
v_c Schnittgeschwindigkeit in m/min

Die einzustellende Umdrehungsfrequenz kann auch aus Diagrammen ermittelt werden.

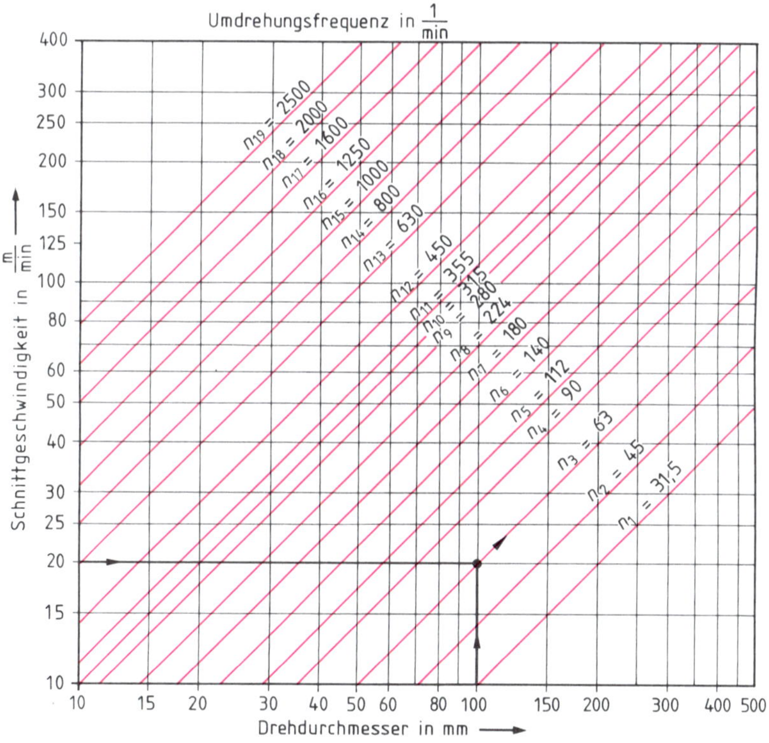

Diagramm zur Bestimmung der Umdrehungsfrequenz

Ablesebeispiel

Gegeben:
Schnittgeschwindigkeit
$v_c = 20\ \frac{m}{min}$
Drehdurchmesser
$d = 100$ mm

Lösung:
Gesuchte Umdrehungsfrequenz $n = 63\ \frac{1}{min}$

- **Berechnung des Spanungsquerschnittes *S***

Der Spanungsquerschnitt ist das Produkt aus Schnittiefe und Vorschub:

$$S = b \cdot h = a_p \cdot f$$

S Spanungsquerschnitt
a_p Schnittiefe
f Vorschub
b Spanbreite
h Spandicke

Als Vorschub wählt man beim Schruppen etwa ein achtel der Schnittiefe, beim Schlichten etwa ein fünftel der Schnittiefe.

Die für die Schnittkraftbestimmung erforderliche Spanungsdicke h errechnet man aus:

$$h = f \cdot \sin \varkappa_r$$

h Spanungsdicke
f Vorschub
$\varkappa_r$ Einstellwinkel

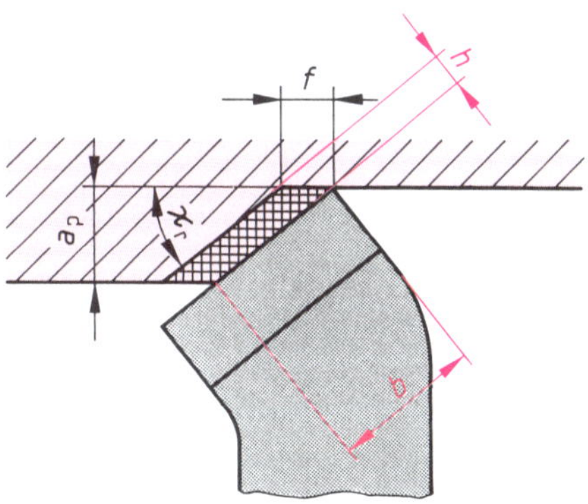

Vorschub und Schnittiefe

Schruppen $f = \frac{1}{8} \cdot a_p$ Schlichten $f = \frac{1}{5} \cdot a_p$

- **Berechnung der Hauptnutzungszeit t_h**

Die reine Nutzungszeit der Drehmaschine, also die Zeit, in der die Maschine das Werkstück bearbeitet, ist die Hauptnutzungszeit.

Vorschubweg beim Längsrunddrehen:

$$L = l + l_a$$

Vorschubweg beim Querplandrehen:

$$L = \frac{d}{2} + l_a$$

Hauptnutzungszeit:

$$t_h = \frac{L \cdot i}{n \cdot f}$$

- l Werkstücklänge
- l_a Anschnittlänge
- L Vorschubweg
- i Anzahl der Schnitte
- f Vorschub
- n Umdrehungsfrequenz
- t_h Hauptnutzungszeit

Beispiel **für die Berechnung der Hauptnutzungszeit**

Aufgabe:

Eine Welle aus E 295 (St 50) mit 60 mm Durchmesser und 220 mm Länge soll auf 50 mm Durchmesser abgedreht werden. Der Drehmeißel hat eine Schneidplatte aus Hartmetall P20. Die Oberflächengüte soll Schlichtqualität haben (R_z = 40 µm).

Gegeben:

d = 60 mm

l = 220 mm

l_a = 1 mm

Schrupppen v_{c1} = 120 m/min } laut Tabelle

Schlichten v_{c2} = 300 m/min } laut Tabelle

Gesucht:

Umdrehungsfrequenzen n_1 und n_2

Hauptnutzungszeit t_h

Lösung:

Planung der Schnittaufteilung

Durchmesseränderung beim Schruppen 9 mm erfordert eine Schnittiefe von a_{p1} = 4,5 mm

Durchmesseränderung beim Schlichten 1 mm erfordert eine Schnittiefe von a_{p2} = 0,5

Ermittlung der Vorschübe

Schruppen: $f_1 = 1/8 \cdot a_p$ $\quad f_1 = 1/8 \cdot 4{,}5$ mm $\quad f_1 = 0{,}56$ mm $\quad f_{1\,gew} = 0{,}5$ mm

Schlichten: $f_2 = 1/5 \cdot a_p$ $\quad f_2 = 1/5 \cdot 0{,}5$ mm $\quad f_2 = 0{,}10$ mm $\quad f_{2\,gew} = 0{,}1$ mm

Schruppen:

L = 220 mm + 1 mm $\qquad L$ = 221 mm

$$n_1 = \frac{v_{c1}}{d_1 \cdot \pi} \qquad n_1 = \frac{120\ \text{m}}{\text{min} \cdot 0{,}06\ \text{m} \cdot \pi}$$

$$\mathbf{n_1 = 636\ \frac{1}{min}}$$

$$t_{h1} = \frac{L \cdot i}{n_1 \cdot f_1} \qquad t_{h1} = \frac{221\ \text{mm} \cdot 1 \cdot \text{min}}{636 \cdot 0{,}5\ \text{mm}}$$

t_{h1} = 0,69 min

Schlichten:

$$n_2 = \frac{v_{c2}}{d_2 \cdot \pi} \qquad n_2 = \frac{300\ \text{m}}{\text{min} \cdot 0{,}051\ \text{m} \cdot \pi}$$

$$\mathbf{n_2 = 1872\ \frac{1}{min}}$$

$$t_{h2} = \frac{L \cdot i}{n_2 \cdot f_2} \qquad t_{h2} = \frac{221\ \text{mm} \cdot 1 \cdot \text{min}}{1872 \cdot 0{,}1\ \text{mm}}$$

t_{h2} = 1,18 min

Hauptnutzungszeit:

$t_h = t_{h1} + t_{h2}$ $\qquad t_h$ = 0,69 min + 1,18 min $\qquad t_h$ = **1,87 min**

Übungsaufgaben 3/172; 3/173

- **Berechnung der Schnittkraft**

Die beim Spanen auftretenden Kräfte bestimmen die Konstruktion der Werkzeugmaschine und ihre Leistung. Hohe Spankräfte dürfen nur geringe Verformungen der Maschine bewirken, da diese zwangsläufig zu Maßabweichungen am Werkstück führen. Schwankungen der Spankraft sind Ursache von Schwingungen, welche neben Maßabweichungen zu einer Minderung der Oberflächengüte beitragen.
Die **Zerspankraft *F*** ist die auf den Schneidkeil wirkende Gesamtkraft. Die Zerspankraft kann nach verschiedenen Richtungen räumlich zerlegt werden.

Die *Schnittkraft* ist der Anteil der Zerspankraft, welcher die Spanabnahme bewirkt.

Die Schnittkraft steigt mit
- zunehmender Festigkeit des zu bearbeitenden Werkstoffs
- zunehmendem Vorschub und der zunehmenden Schnittiefe
- abnehmendem Spanwinkel
- zunehmendem Verschleiß der Werkzeugschneide
- abnehmender Schmierwirkung des Kühl-Schmiermittels

Der Werkstoff geht in die Schnittkraftberechnung über seine spezifische Schnittkraft k_c ein. Da die spezifische Schnittkraft mit der Spanungsdicke h sinkt, muß sie für die einzelnen Werkstoffe in Abhängigkeit von h aus Tabellen oder Diagrammen ermittelt werden.

Die **Schnittkraft** errechnet sich dann:

$$F_c = k_c \cdot S$$

F_c Schnittkraft
k_c spezifische Schnittkraft
S Spanungsquerschnitt

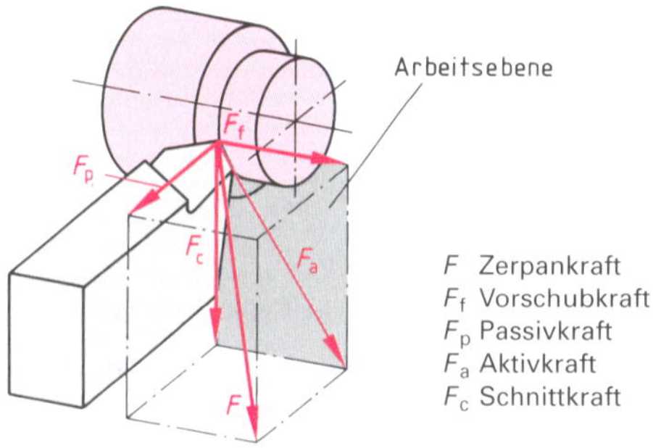

Zerlegung der Zerspankraft beim Drehen

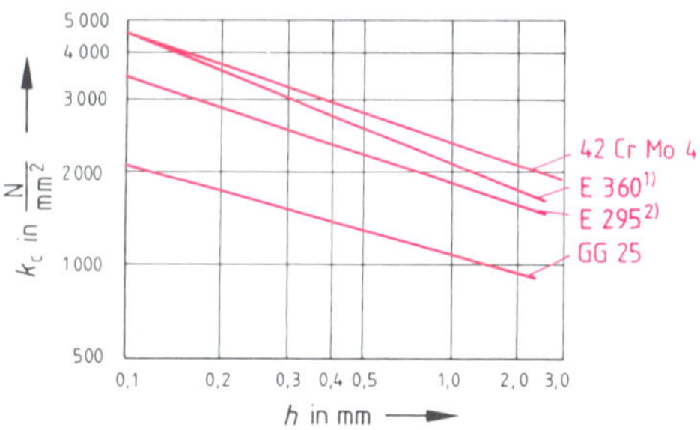

Diagramm zur Bestimmung der spezifischen Schnittkraft k_c in Abhängigkeit von der Spandicke *h*

- **Berechnung der Schnittleistung**

Aus der Schnittgeschwindigkeit, der Schnittkraft und dem Wirkungsgrad der Drehmaschine ergibt sich die für den Zerspanungsvorgang erforderliche Leistung.
Die erforderliche Motorleistung beim Wirkungsgrad η ist:

$$P_{zu} = \frac{F_c \cdot v_c}{\eta}$$

P_{zu} Leistungsaufnahme des Motors
F_c Schnittkraft
v_c Schnittgeschwindigkeit
η Wirkungsgrad

Beispiel für die Berechnung von Schnittkraft und Antriebsleistung

Aufgabe:
Ein Werkstück aus E 360[1)] soll mit einer Schnittgeschwindigkeit von 150 m/min (2,5m/sec) bearbeitet werden.
Wirkungsgrad der Maschine 0,6; Spandicke 0,2 mm; Spanbreite 3,5 mm.
Es sind die Schnittkraft F_c und die erforderliche Leistungsaufnahme P_{zu} in kW zu berechnen.

Lösung:

$F_c = k_c \cdot h \cdot b$; k_c laut Diagramm $3500 \frac{N}{mm^2}$

$$F_c = 3\,500 \frac{N}{mm^2} \cdot 0{,}2\ mm \cdot 3{,}5\ mm = 2\,450\ N$$

$$P_{zu} = \frac{F_c \cdot v_c}{n}$$

$$P_{zu} = \frac{2\,450\ N \cdot 2{,}5\ m}{0{,}6\ s} = 10\,208\ \frac{Nm}{s} = \mathbf{10{,}21\ kW}$$

1) E 360 entspricht etwa St 70 nach alter Norm.
2) E 295 entspricht etwa St 50 nach alter Norm.

Übungsaufgaben 3/174; 3/175; 3/176

3.4.5 Fräsen

Fräsen ist ein spanendes Bearbeiten mit einem meist mehrschnittigen Fräser, von dem an der Schnittstelle stets eine oder mehrere Schneiden im Eingriff sind. Der Fräser hat geometrisch bestimmte Schneiden.
Die Spanabnahme erfolgt auf der Fräsmaschine dadurch, daß
- der Fräser die Schnittbewegung und
- das Werkstück die stetige Vorschubbewegung ausführt.

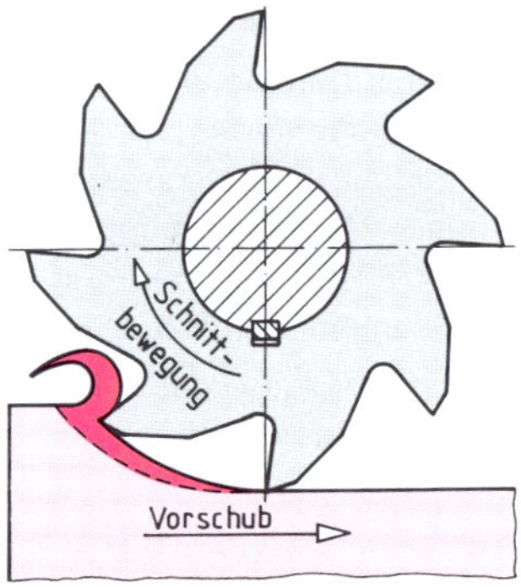

Vorschub und Schnittbewegung beim Fräsen

3.4.5.1 Einteilung der Fräsverfahren

Fräsverfahren werden nach der Form der zu erzeugenden Fläche, nach der Lage der Schneiden zur Vorschubbewegung und nach dem Zusammenwirken von Schnitt- und Vorschubbewegung unterschieden.

- **Einteilung nach der Vorschubbewegung und der Form der zu erzeugenden Fläche**

Nach der Form der zu erzeugenden Fläche unterscheidet man Planfräsen, Rundfräsen, Profilfräsen u.a.

Beispiele **für die Bezeichnung von Fräsverfahren nach Vorschub und Form der zu erzeugenden Fläche**

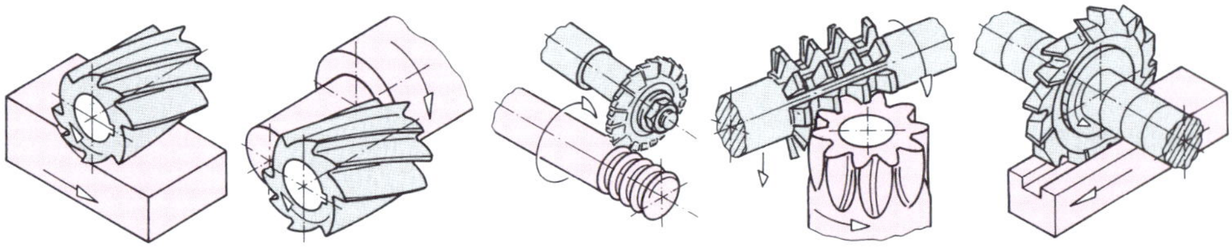
Planfräsen **Rundfräsen** **Schraubfräsen** **Zahnradfräsen** **Profilfräsen**

- **Einteilung nach der Lage der Schneiden zur Vorschubbewegung**

Als **Hauptschneiden** bezeichnet man die Schneiden, welche in Vorschubrichtung liegen. **Nebenschneiden** liegen nicht in Vorschubrichtung. Haupt- und Nebenschneiden bilden die **Schneidenecke.**
Nach der Lage der Schneiden am Fräser, durch welche die gewünschte Oberfläche erzeugt wird, unterscheidet man Umfangsfräsen, Stirnfräsen und Stirn-Umfangsfräsen.

Planfräsen durch Stirnfräsen	Planfräsen durch Umfangsfräsen	Planfräsen durch Stirn-Umfangsfräsen
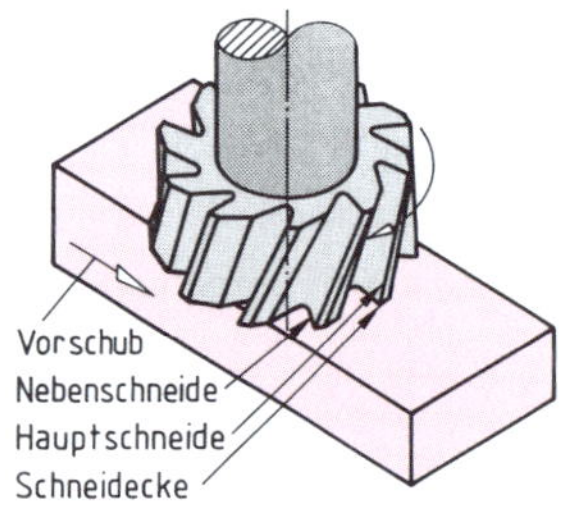 Die *Nebenschneiden* an der Stirnseite des Fräsers erzeugen die Werkstückoberfläche.	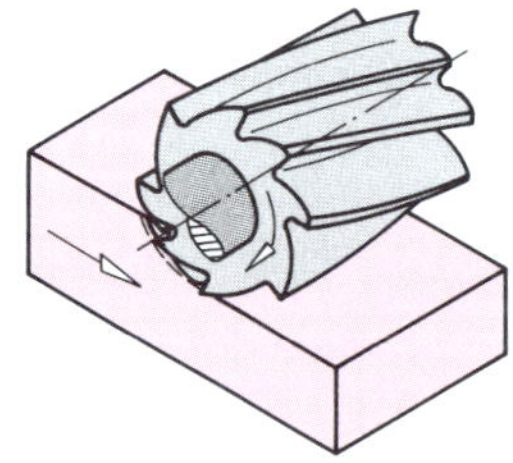 Die *Hauptschneiden* am Umfang des Fräsers erzeugen die Werkstückoberfläche.	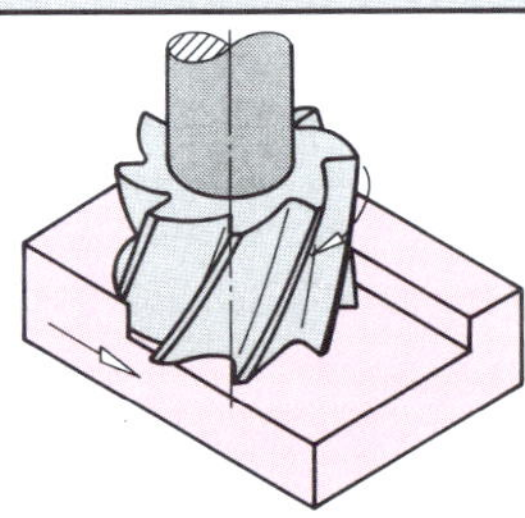 Die *Hauptschneiden* am Umfang und die *Nebenschneiden* an der Stirnseite des Fräsers erzeugen die Werkstückoberfläche

Übungsaufgaben 3/177; 3/178

- **Einteilung nach der Art des Zusammenwirkens von Schnitt- und Vorschubbewegung**

Entsprechend dem Zusammenwirken von Schnitt- und Vorschubbewegung unterscheidet man Gegenlauf- und Gleichlauffräsen.

Gegenlauffräsen	Gleichlauffräsen
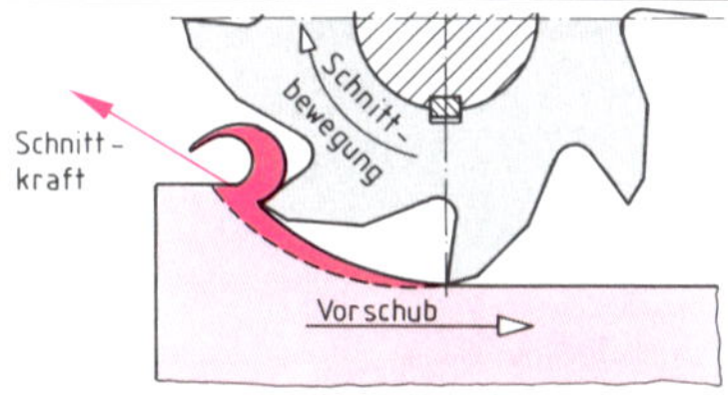	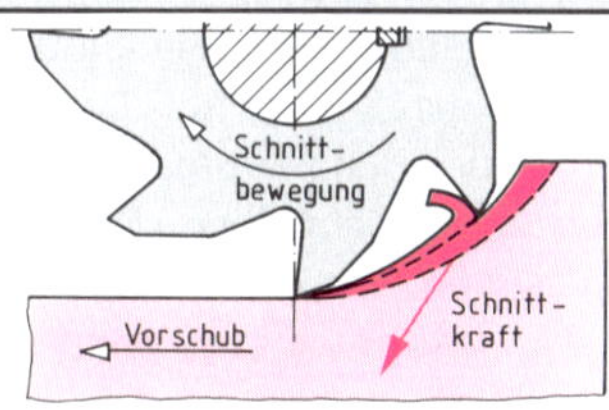
Beim Gegenlauffräsen wirken Schnittbewegung und Vorschub entgegengesetzt.	Beim Gleichlauffräsen wirken Schnittbewegung und Vorschub gleichgerichtet.

3.4.5.2 Vergleich wichtiger Fräsverfahren

- **Vergleich von Stirn- und Umfangsplanfräsen**

Beim Stirnplanfräsen ist die Schneidenbelastung sehr gleichmäßig, weil viele Zähne im Eingriff sind und der Spanungsquerschnitt gleichmäßig ist.
Die spezifische Schnittkraft ist aufgrund eines günstigeren Scherflächenverlaufs niedriger als beim Umfangsplanfräsen.

Die Oberflächengüte ist hoch, denn die relativ gleichmäßige Schneidenbelastung am Fräserumfang führt zu einem ruhigen Lauf des Fräsers. Durch die schabende Wirkung der Stirnschneiden ergibt sich auch auf den Planflächen eine sehr gute Oberflächengüte.

Das Zeitspanvolumen ist hoch, da durch den relativ gleichmäßigen Spanungsquerschnitt eine große mittlere Spanungsdicke erreicht wird.

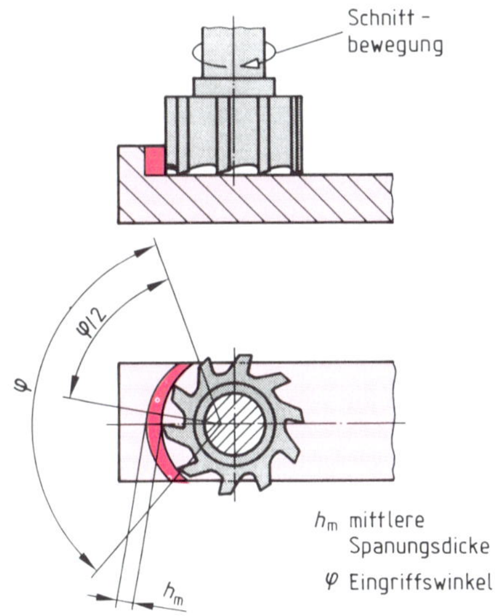

Stirnplanfräsen

Beim **Umfangsplanfräsen** ist die Schneidenbelastung ungleichmäßig, aufgrund der geringen, im Eingriff befindliche Schneidenzahl und des ungleichmäßigen **Spanungsquerschnitts** (Kommaspanbildung). Eine Verbesserung der Zerspanungsbedingungen wird durch den Einsatz von Walzenfräsen mit schraubenförmigen Schneidenverlauf erreicht.

Die Oberflächengüte ist niedriger, denn die ungleichmäßige Schneidenbelastung führt zu einem unruhigen Lauf des Fräsers. Eine Verbesserung der Oberflächengüte ist durch den Einsatz von Walzenfräsern mit schraubenförmigem Schneidenverlauf im Gleichlauffräsen zu erzielen.

Das Zeitspanvolumen ist gering, weil durch die Kommaspanbildung nur eine geringe mittlere **Spanungsdicke** erreicht wird.

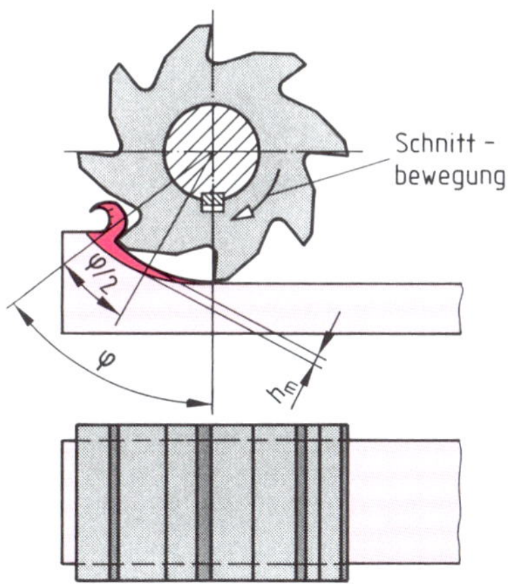

Umfangsplanfräsen

Stirnplanfräsen ist vorteilhafter als Umfangsplanfräsen.

Übungsaufgabe 3/179

- **Vergleich von Gegenlauffräsen und Gleichlauffräsen**

Beim **Gegenlauffräsen** dringt die Schneide allmählich in den Werkstoff ein. Am Ende des Schnittvorgangs ist der größte Spanungsquerschnitt abzutrennen. Die Schneide wird schlagartig von der maximalen Schnittkraft entlastet. Die starke Reibung zu Beginn des Schnittvorgangs führt zu hohem Verschleiß der Schneiden. Die Schnittkraft wirkt der Vorschubrichtung entgegen, daher wirkt sich ein Spiel im Vorschubantrieb nicht aus.

Als Folge der schräg nach oben gerichteten Schnittkraft droht das Werkstück bei jedem Span aus der Aufspannung gerissen zu werden und es entstehen häufig Rattermarken auf der Werkstückoberfläche.

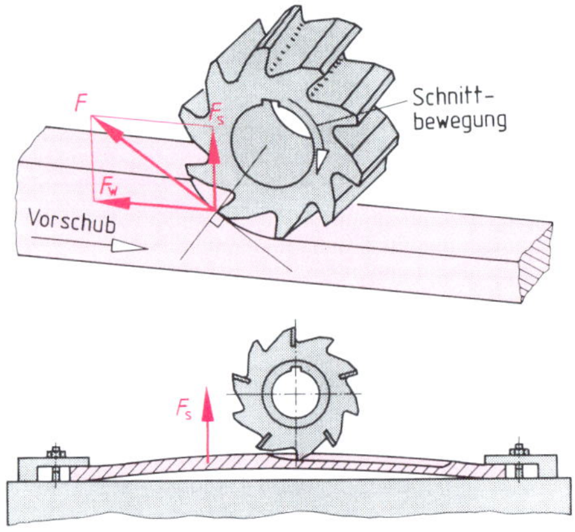

Kräfte beim Gegenlauffräsen

Zum Gegenlauffräsen muß das Werkstück besonders fest aufgespannt werden.
Beim Gegenlauffräsen entstehen leicht Rattermarken auf der Werkstückoberfläche.

Die Schneide dringt beim **Gleichlauffräsen** schlagartig in den Werkstoff ein. Der größte Spanungsquerschnitt wird am Anfang abgetrennt. Somit hat die Schnittkraft sofort ihren Höchstwert und nimmt allmählich ab.

Das schlagartige Auftreffen der Schneiden auf die Werkstückoberfläche – besonders bei Gußstücken mit harter Außenhaut – kann zum Bruch der Fräserschneiden führen. Die Schnittkraft wirkt in Vorschubrichtung. Durch die Schnittkraft kann das Werkstück bei einem vorhandenen Spiel im Vorschubantrieb unter den Fräser gezogen werden. Daher muß der Vorschubantrieb spielfrei und starr sein.

Während des gesamten Schnittvorganges ist die Schnittkraft schräg nach unten gerichtet. Hierbei wird das Werkstück fest auf den Tisch gedrückt.

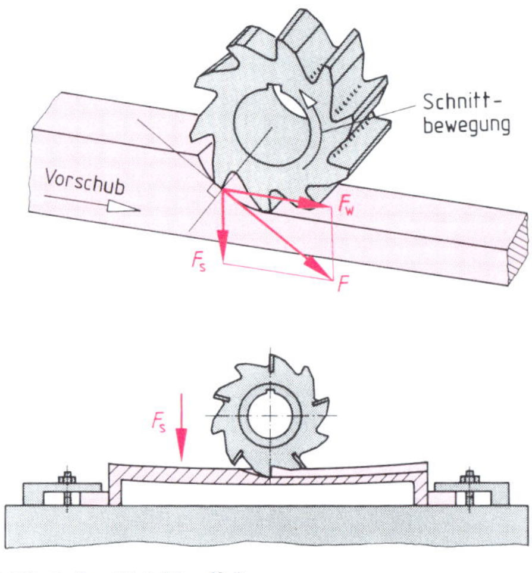

Kräfte beim Gleichlauffräsen

Beim Gleichlauffräsen kann bei einer geeigneten Fräsmaschine mit großen Schnittiefen gearbeitet werden. Das Gleichlauffräsen sollte nicht bei Gußteilen mit harter Außenschicht angewendet werden.

Beim Gleichlauffräsen muß der Vorschubantrieb der Fräsmaschine spielfrei sein, da sonst das Werkstück unter den Fräser gezogen wird. Gleichlauffräsen erlaubt größere Schnittiefen.

3.4.5.3 Fräswerkzeuge

- **Walzenfräser**

Walzenfräser werden zum Umfangsfräsen eingesetzt.

Zur Bestimmung der Werkzeugwinkel an einem Walzenfräser mit achsparallelen Schneiden benutzt man die Tangente an einer Schneide.

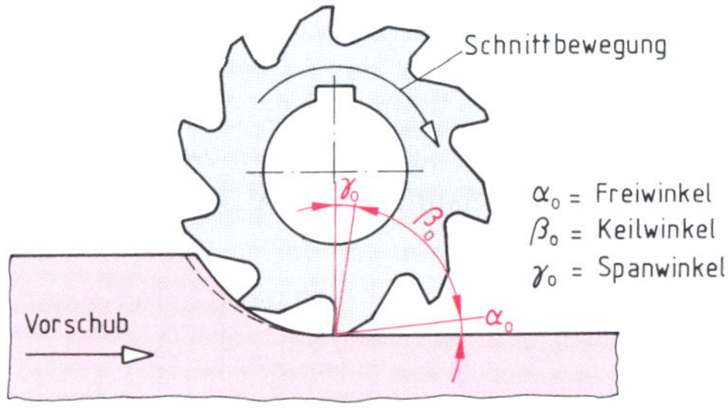

Schneidenwinkel am Walzenfäser

Übungsaufgaben 3/180; 3/181; 3/182

Die Größe des Freiwinkels, Keilwinkels und Spanwinkels richtet sich hauptsächlich nach dem Werkstoff des zu bearbeitenden Werkstücks. Aber auch die Größe der Spanräume und die Anzahl der Schneiden ist vom zu bearbeitenden Werkstoff abhängig. Danach sind drei Frästypen genormt:

Fräsertyp	**Typ H**	**Typ N**	**Typ W**
	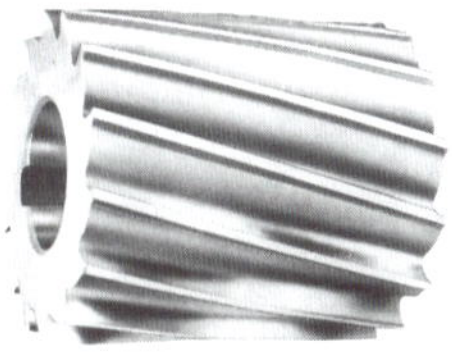	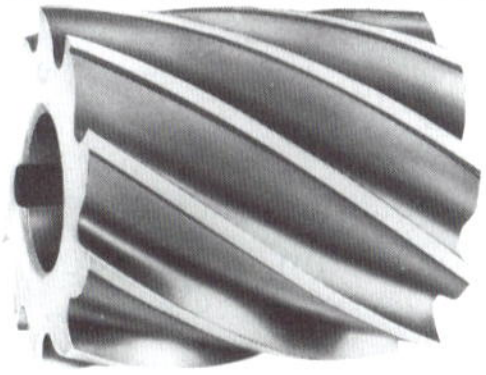	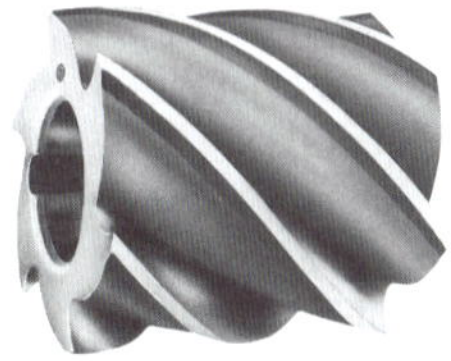
zu bearbeitender Werkstoff	harte und zähharte Werkstoffe, z.B. Werkzeugstahl	normalharte Werkstoffe, z.B. Baustahl und Stahlguß	weiche Werkstoffe, z.B. Aluminium
Keilwinkel	groß	mittel	klein
Spanwinkel	klein	mittel	groß
Anzahl der Schneiden	groß	mittel	klein
Spanraum	klein	mittel	groß

Bei Walzenfräsern wirkt die Gesamtschnittkraft immer senkrecht zur Schneide. Daher ergibt sich bei Fräsern mit Rechts- bzw. Linksdrall ein Anteil der Schnittkraft in Richtung der Frädornachse. Durch Kräftezerlegung läßt sich dieser axiale Kraftanteil F_{axial} ermitteln. Da die Schnittrichtung auf den Fräserdrall abgestimmt ist, wirkt die axiale Teilkraft immer in Richtung des Spindelkastens. Das weniger stabile Außenlager wird nicht belastet.

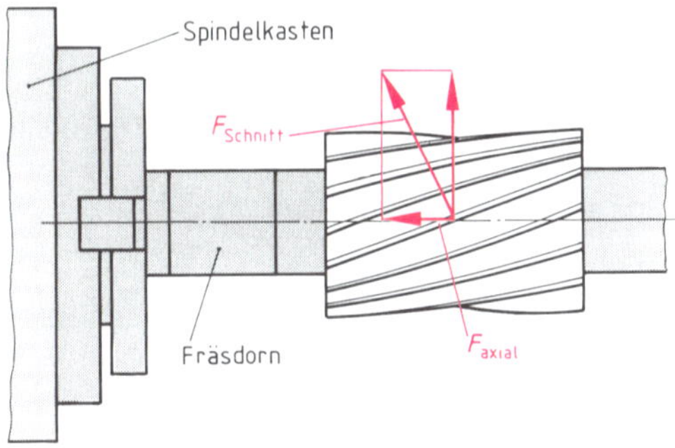

Zerlegung der Schnittkraft

Bei Walzenfräsern mit Rechtsdrall oder Linksdrall wirkt der axiale Anteil der Schnittkraft stets in Richtung des Spindelkastens.

- **Messerköpfe**

Zum Planfräsen harter Werkstoffe und zur Erzielung sehr hoher Zerspanleistungen und großer Oberflächengüten werden Messerköpfe verwendet.

Ein Messerkopf besteht aus einem Grundkörper, in dem eine Vielzahl von Wendeplatten aus Hartmetall eingespannt sind.

Die Zahl der Schneiden steigt
- mit dem Durchmesser des Messerkopfes,
- mit der Sprödigkeit des zu bearbeitenden Werkstoffs und
- mit der zu erzielenden Oberflächengüte.

Es gibt Standardmesserköpfe mit 6 bis 58 Werkzeugschneiden. Wendeschneidplatten und Fräsergrundkörper mit Halterung werden mit so hoher Genauigkeit gefertigt, daß für eine Feinstbearbeitung eine Einstellung der Schneiden innerhalb von 2 µm möglich ist.

Messerkopf mit Wendeschneidplatten

Übungsaufgaben 3/183; 3/184; 3/185

Beim **Schruppen mit Messerköpfen** werden Schneidplatten mit Eckenradien und Einstellwinkeln von 75° bei Stahl und 45° bei Grauguß eingesetzt. Mit kleineren Einstellwinkeln verteilt sich die Schnittbelastung auf einen längeren Schneidenanteil.

Für die Bearbeitung von Stahl, Stahlguß und Grauguß sind Spanwinkel von 0° oder negative Spanwinkel üblich.

Die Schneidengeometrie ist so gestaltet, daß wendelförmige Späne entstehen, die vom Werkzeug weggeführt werden. Die günstige Spanabfuhr ermöglicht einen hohen Vorschub und sehr hohe Zerspanungsleistungen.

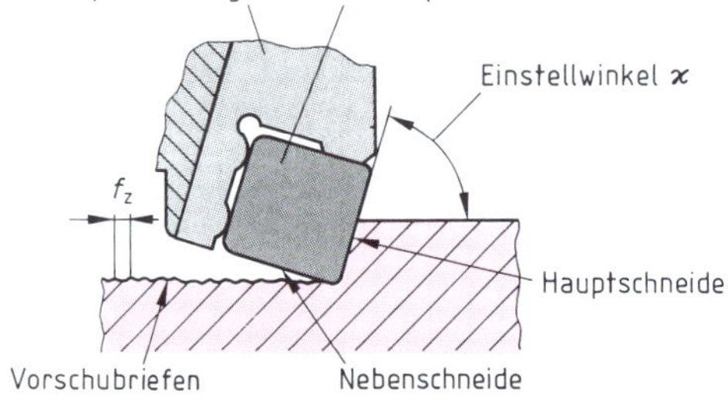

Radiusplatte mit Wendeplattenträger

Beim Schruppen mit Radiusplatten werden bei Spanwinkeln von 0° bzw. negativen Spanwinkeln und großem Vorschub sehr hohe Schnittleistungen erreicht. Der Einstellwinkel beträgt dabei je nach Werkstoff 45° bis 75°.

Beim **Schlichten mit Messerköpfen** werden Schneidplatten mit einer breiten Fase im Bereich der Nebenschneide verwendet. Der Einstellwinkel der Schlichtfase beträgt 0°.

Das Schlichten wird durchgeführt:
- mit Vorschüben kleiner als die Schlichtfaserbreite,
- mit hohen Schnittgeschwindigkeiten,
- mit sehr kleinen Schnittiefen.

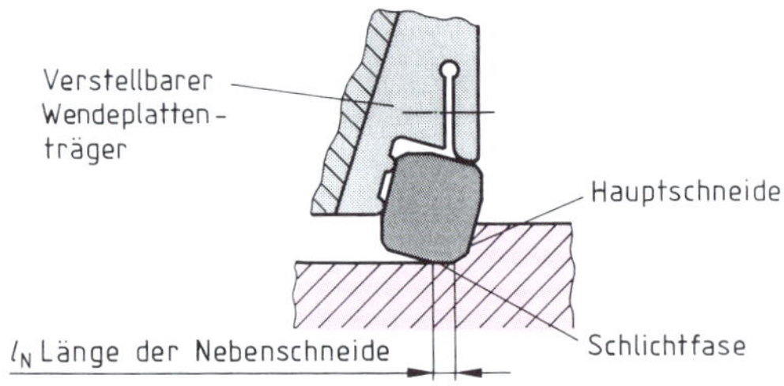

Schlichtplatte mit Wendeplattenträger

Die mit Schlichtplatten ausgerüsteten Messerköpfe erzeugen bei sehr hohen Schnittgeschwindigkeiten und geringen Schnittiefen sehr hohe Oberflächenqualitäten. Der Einstellwinkel der Schlichtfase beträgt dabei 0°.

• Schaftfräser

Schaftfräser werden vorwiegend zur Bearbeitung kleiner Flächen, Nuten, Langlöcher und Taschen verwendet. Diese Fräser haben entweder zylindrische Schäfte zur Aufnahme in Spannfutter, oder sie haben einen kegeligen Schaft, der in den Innenkegel der Frässpindel eingesetzt wird. Es gibt Fräser mit Schruppverzahnung oder Schruppschlichtverzahnung. Schaftfräser werden häufig mit Titannitrid beschichtet.

Beispiele für Schachtformen und Zahnformen bei Schaftfräsern

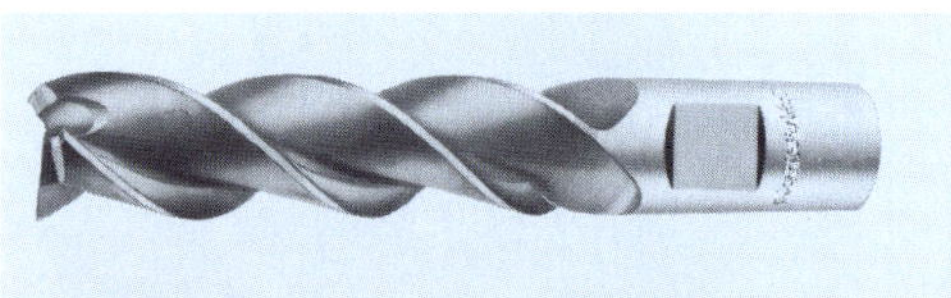
Zylinderschaft

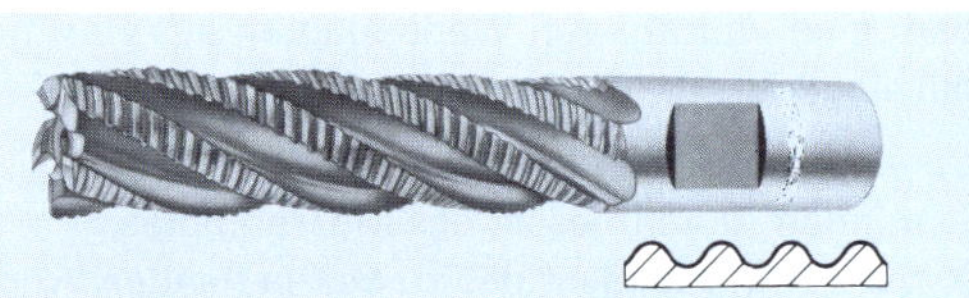
Schruppverzahnung

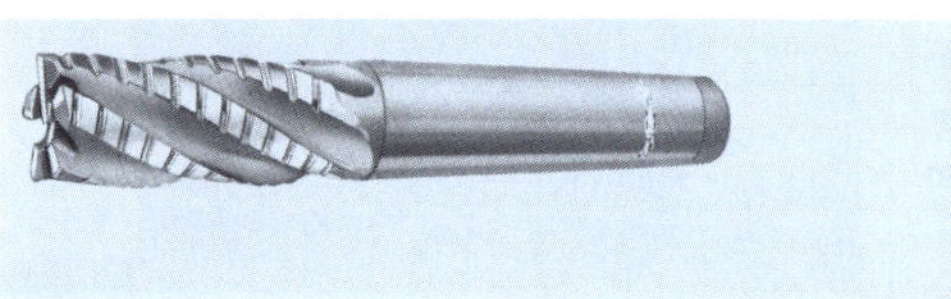
Kegelschaft

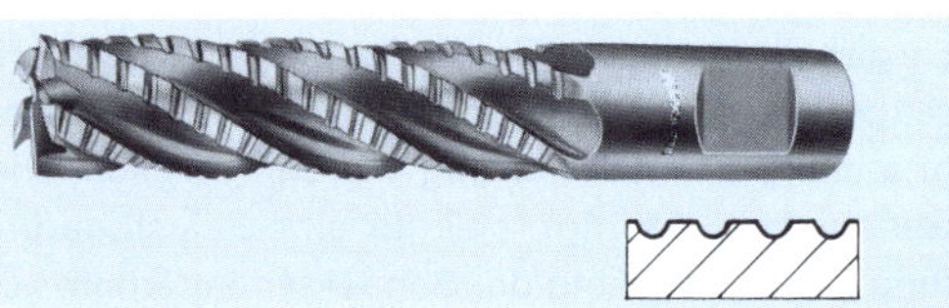
Schruppschlichtverzahnung

Übungsaufgaben 3/186; 3/187; 3/188

- **Formfräser**

Nuten, Rundungen und Langlöcher werden mit Formfräsern gefertigt, deren Form dem gewünschten Ausschnittprofil entspricht. Diese Fräser ermöglichen die Fertigung eines Ausschnitts in einem Arbeitsgang. Die Fräser für häufig wiederkehrende Formen sind genormt.

Beispiele für Formfräser

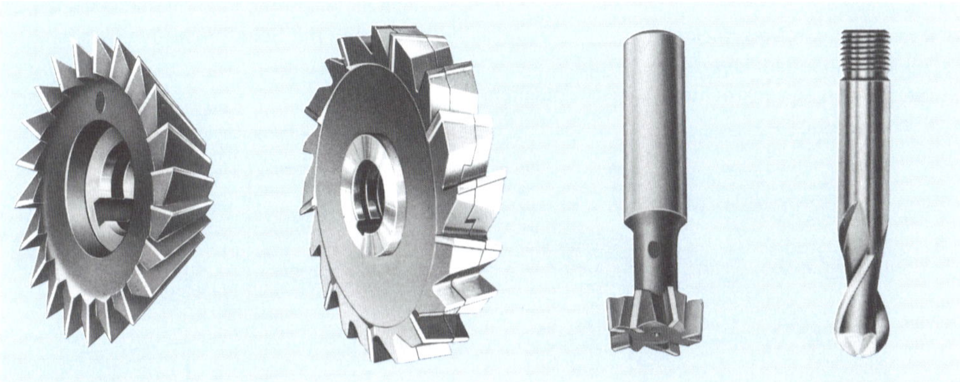

Winkelstirnfräser für Winkelführungen (DIN 842) | **Nutenfräser (DIN 1891)** | **Schaftfräser für T-Nuten (DIN 650) Typ N** | **Radius-Schaftfräser**

- **Einsatz von Fräsern in verschiedenen Fräsverfahren**

Beispiele für Fräsverfahren und Fräser

Planfräsen durch	
Stirnfräsen	**Umfangsfräsen**
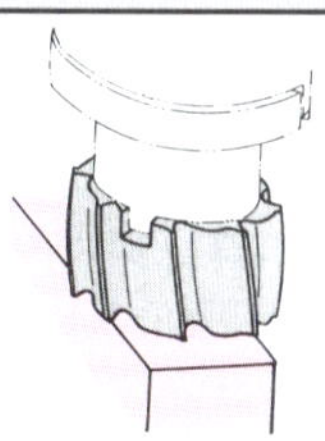 Walzenstirnfräser	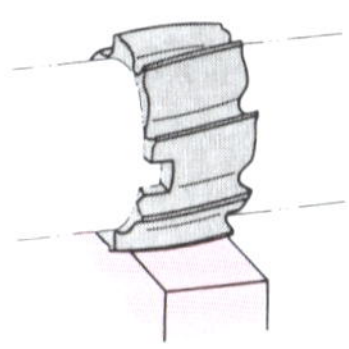 Umfangsfräser

Planfräsen und Eckfräsen mit Messerköpfen	
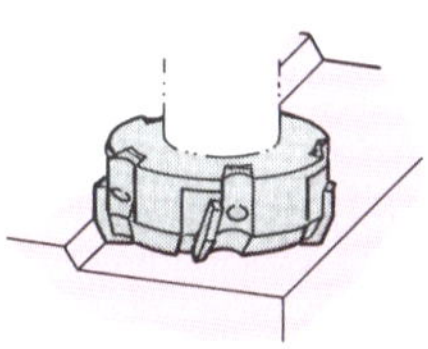 Planmesserkopf	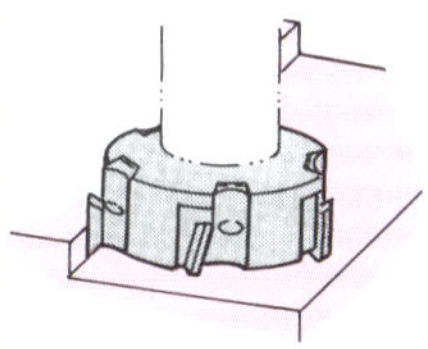 Eckmesserkopf

Profilfräsen mit	
Schaftfräsern	**Aufsteckfräsern**
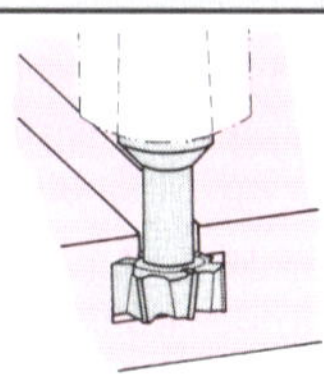 T-Nutenfräser	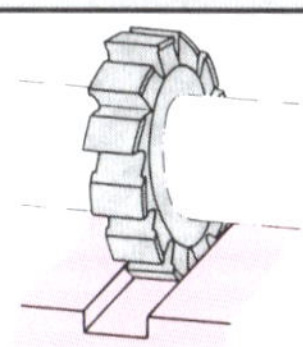 Nutenfräser
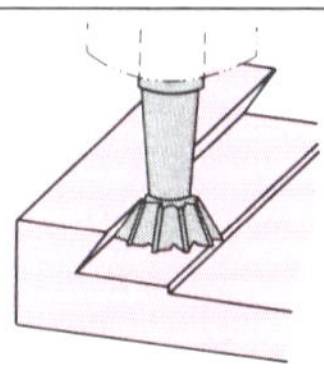 Winkelfräser	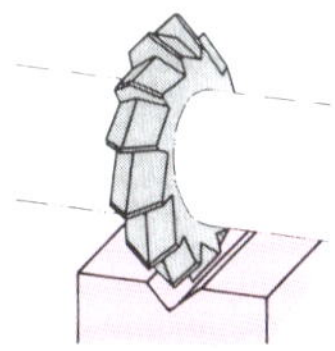 Prismenfräser
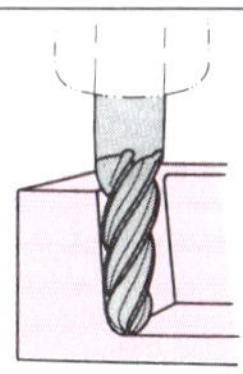 Gesenkfräser	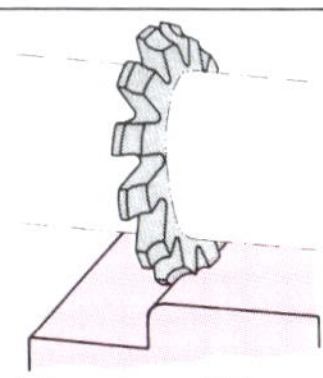 Viertelrundfräser

Übungsaufgaben 3/189; 3/190

3.4.5.4 Fräsmaschinen

- **Unterteilung der Fräsmaschinen nach der Lage der Frässpindel**

Waagerecht-Fräsmaschine	Senkrecht-Fräsmaschine
Einsatzbereich: – Umfangsfräsen an waagerechten Werkstückoberflächen, – Fräsen langer Werkstücke mit gleichbleibendem Oberflächenprofil, – Stirnfräsen an senkrechten Werkstückflächen. 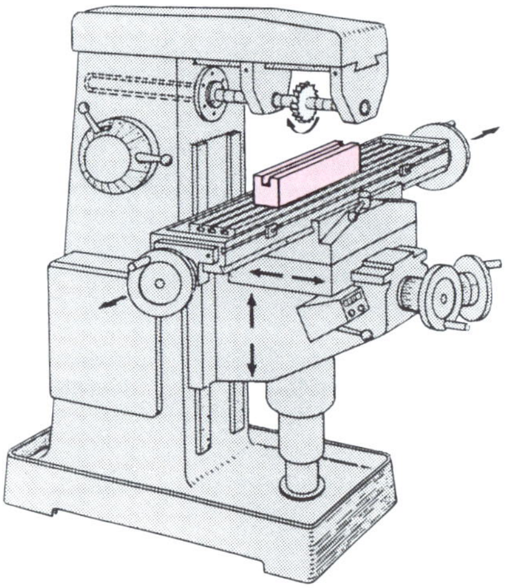 Die Frässpindel liegt waagerecht. Für bestimmte Fräsarbeiten wird die Frässpindel durch verstellbare Stützlager im Gegenhalter geführt.	**Einsatzbereich:** – Stirnfräsen mit Messerköpfen, Walzenstirnfräsen an waagerechten Werkstückflächen, – Arbeiten mit Schaftfräsern. 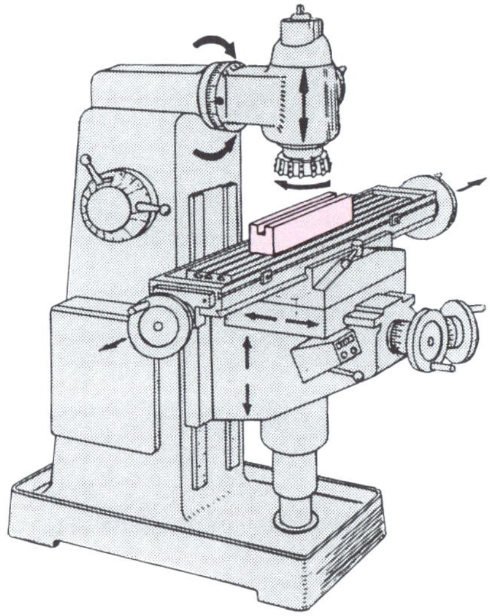 Die Frässpindel steht senkrecht. Der Fräskopf ist schwenkbar. Eine Höhenverstellung des Fräsers im Fräskopf ist möglich.

Der **Antrieb** der Frässpindel erfolgt von einem Elektromotor über das Hauptgetriebe. Am Hauptgetriebe können verschiedene Umdrehungsfrequenzen eingestellt werden. Als Hauptgetriebe dienen Schieberadgetriebe oder Zahnradgetriebe mit Magnetkupplung.

Der **Frästisch** wird in einem Winkeltisch geführt, der Konsole genannt wird. Die Konsole ist in senkrechter Richtung verstellbar. Innerhalb der Konsole wird der Frästisch in Längs- und Querrichtung geführt. Der Frästisch ist nicht schwenkbar.

Die **Vorschubbewegung** des Frästisches erfolgt unabhängig von der Schnittbewegung der Frässpindel von Hand oder über einen eigenen Antriebsmotor. Maschineller Vorschub kann in allen drei Bewegungsrichtungen erfolgen.

- **Unterteilung nach der Art der Steuerung**

Bei **mechanisch gesteuerten Fräsmaschinen** werden alle Bewegungen durch Hebel oder Kurbeleinstellungen sowie Maßverkörperungen (Schablonen, Nockenanschlägen) eingegeben, mechanisch ausgelöst und vom Bediener überwacht.

Bei **numerisch gesteuerten Fräsmaschinen** geschieht die Eingabe aller für den Fertigungsablauf notwendigen Angaben von einer Tastatur oder einem elektronischen Lesegerät aus. Die Maschinenbewegungen werden dann von einem Computer ausgelöst und kontrolliert.
CNC-Fräsmaschinen siehe *„Grundlagen der CNC-Technik,* Kapitel *„Programmieren zur Fertigung von Frästeilen"*.

3.4.5.5 Spannen der Werkstücke

Zum Spannen *kleinerer Werkstücke* verwendet man meist den Maschinenschraubstock. Zum Einspannen unterschiedlich geformter Werkstücke benutzt man Spannbacken und Hilfsmittel, wie zum Beispiel Unterlagen, die entsprechend der Werkstückform gestaltet sind.

Beim Einsatz eines Maschinenschraubstockes muß darauf geachtet werden, daß die Schnittkraft möglichst nicht auf die bewegliche Schraubstockbacke gerichtet ist.

Beispiele **für Spannen im Maschinenschraubstock**

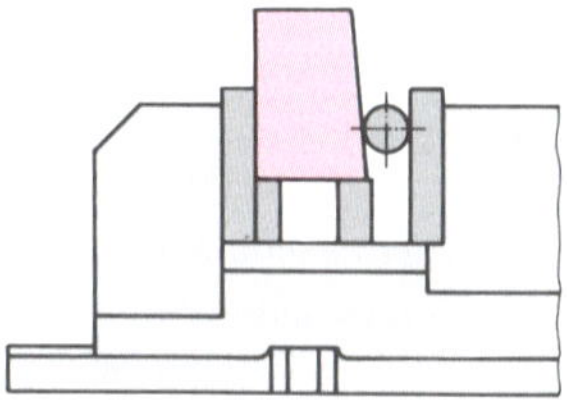

Spannen mit nicht-parallelen Anlageflächen

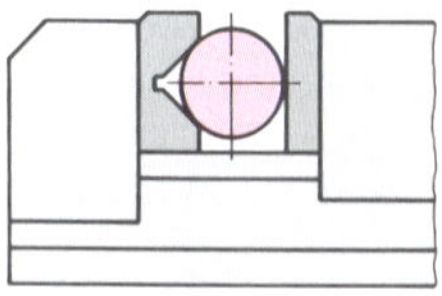

Waagerechtes Spannen eines runden Werkstücks

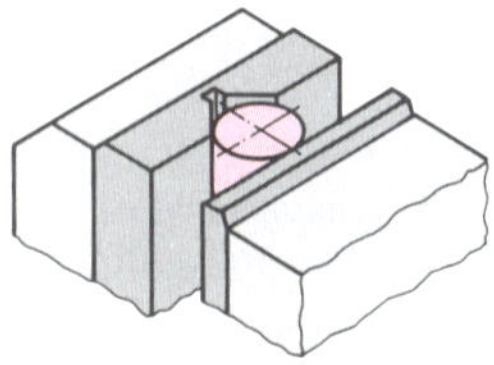

Senkrechtes Spannen eines runden Werkstücks

Im Maschinenschraubstock werden kleine Werkstücke gespannt.
Die Spannbacken sollen die Form des Werkstücks sicher aufnehmen.
Die Schnittkraft soll nicht auf die bewegliche Spannbacke gerichtet sein.

Größere Werkstücke werden von oben mit Spanneisen direkt gegen den Maschinentisch oder gegen aufgespannte Winkel u.ä. gespannt.

Beispiele **für Spanneisen**

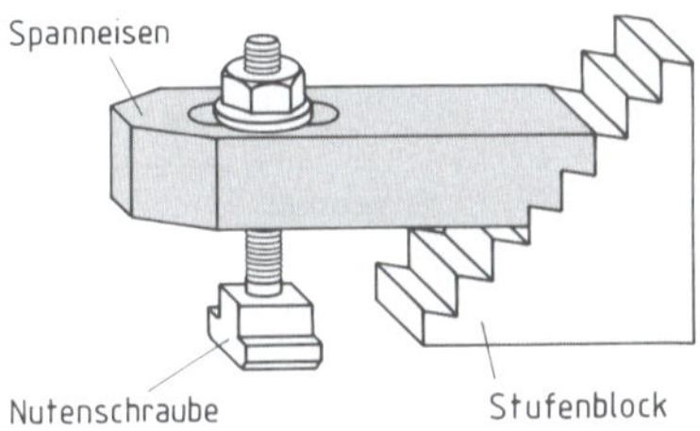

Spanneisen mit Stufenblock

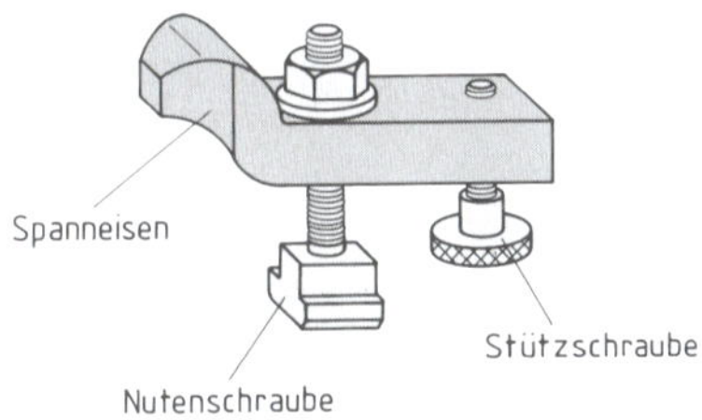

Gekröpftes Spanneisen

Zum Spannen von der Seite her werden Niederzugspanner eingesetzt. Diese pressen durch Keil- oder Hebelwirkung das Werkstück gleichzeitig gegen den Maschinentisch und einen festen Anschlag.

Beispiele **für Niederzugspanner**

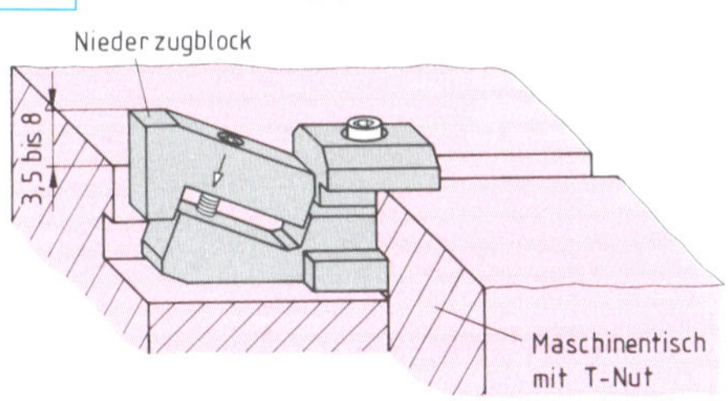

Niederzugspanner für flache Werkstücke

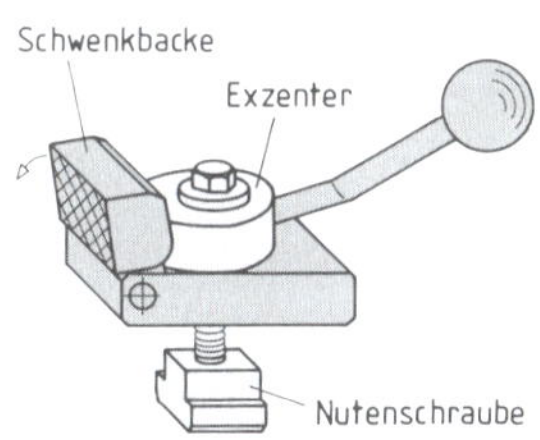

Niederzugspanner mit Schnellverstellung

Größere Werkstücke werden gegen den Maschinentisch gespannt. Spanneisen wirken von oben – Niederzugspanner wirken gleichzeitig horizontal und vertikal.

Spannvorrichtungen siehe *„Grundlagen der CNC-Technik"*, Kapitel *„Werkstückspannsysteme"*

Übungsaufgaben 3/192; 3/193

3.4.5.6 Auswahl von Fräsverfahren und Fräser

Bei der Auswahl von Fräsverfahren und Fräswerkzeug für einen bestimmten Bearbeitungsauftrag geht man zweckmäßig in folgenden Schritten vor:

1. Schritt: Analyse der Bearbeitungsaufgabe laut Arbeitsauftrag

abhängig von:
- Werkstückkontur
  - Form, Lage und Größe der Bearbeitungsfläche

Entscheidung → **Fräsverfahren** z.B. Planfräsen

2. Schritt: Auswahl der Fräsmaschine

abhängig von:
- Fräsverfahren
- Werkstückkontur
- Verfügbarkeit

Entscheidung → **Fräsmaschine** Waagerechtfräsmaschine, Senkrechtfräsmaschine

3. Schritt: Fräserauswahl

abhängig von:
- Fräsverfahren
- Werkstückkontur
- Fräsmaschine
- Werkzeugaufnahme

Entscheidung → **Fräserform, Fräserdurchmesser, Spannmöglichkeit,** z.B. Schaftfräser, Aufsteckfräser

- Werkstückwerkstoff

Entscheidung → **Schneidstoff**

- Zerspanungsergebnis
  - Zeitspanvolumen
  - Oberflächenqualität

Entscheidung → **Zähnezahl Zahnform**

Ergebnis: **Fräser**

Beispiel für die Auswahl von Fräsverfahren und -werkzeugen

Das dargestellte Profil aus Vergütungsstahl soll durch Fräsen der beiden Absätze aus Vollmaterial hergestellt werden. Es genügt Schruppen. Auszuwählen sind: Fräsverfahren und Fräswerkzeug

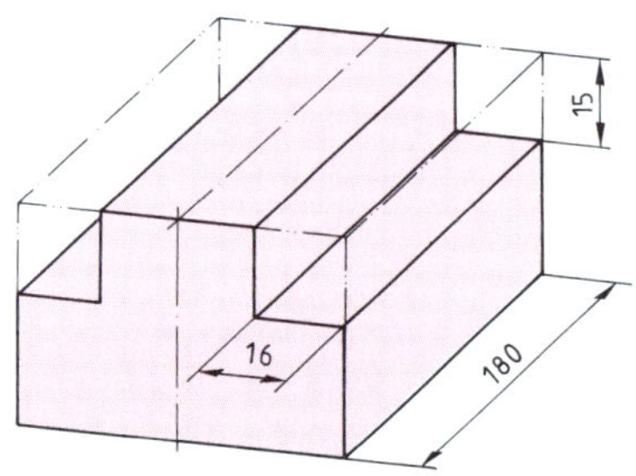

1. Schritt: Analyse der Bearbeitungsaufgabe

Es sind zwei schmale Absätze mit ebenen, rechtwinklig zueinander stehenden Flächen zu fräsen.

Entscheidung → **Stirnumfangsfräsen**

2. Schritt: Auswahl der Fräsmaschine

Die Kontur ist auf einer Senkrechtfräsmaschine herzustellen. Diese Maschine steht zur Verfügung

Entscheidung → **Senkrechtfräsmaschine**

Beispiel für die Auswahl von Fräsverfahren und -werkzeugen (Fortsetzung)

3. Schritt: Fräserauswahl

Auswahlmöglichkeiten für die Fräserform:

Schaftfräser	Walzenstirnfräser	Messerkopf

	übliche Durchmesserbereiche	
∅ 2 mm – ∅ 62 mm	∅ 30 mm – ∅ 160 mm	∅ 50 mm – ∅ 350 mm

- Senkrechtfräsmaschine
- Stirnumfangsfräsen
- langer, schmaler Absatz von 16 mm Breite und 15 mm Höhe

Entscheidung → **Schaftfräser Durchmesser 20 mm**

Auswahlmöglichkeiten für Schneidstoff:
Schnellarbeitsstahl (HSS)
Hartmetall (HM) sowie
HSS und HM mit TiN-Beschichtung

- Vergütungsstahl
- hohes Zeitspanvolumen beim Schruppen

Entscheidung → **HSS-Fräser TiN-beschichtet Typ N**

Auswahlmöglichkeit für Zähnezahl und Zahnform:

Schrupp-fräser	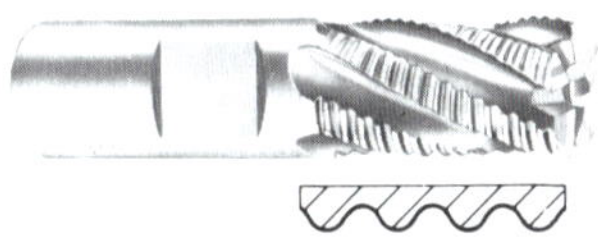	runde Spanteiler
Schrupp-schlichtfräser	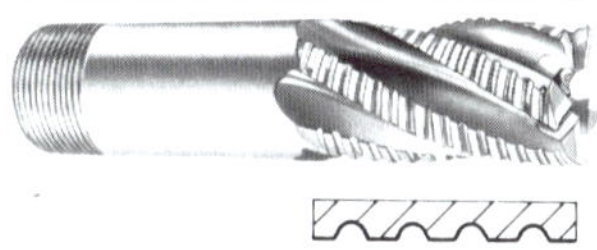	flache Spanteiler
Schlicht-fräser		ohne Spanteiler

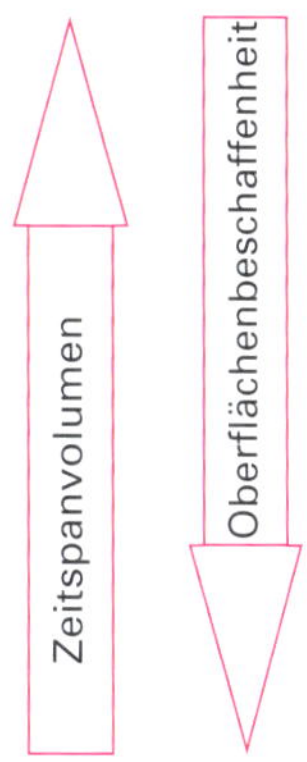

- hohes Zeitspanvolumen
- geringe Oberflächenbeschaffenheit

Entscheidung → **Schrupp-fräser**

Ergebnis: HSS-Schruppschaftfräser, 20 mm Durchmesser, TiN-beschichtet, Typ N.

Übungsaufgabe 3/194

3.4.5.7 Berechnungen zum Fräsen

- **Richtwerte für das Zerspanen mit Fräsern aus Schnellarbeitsstahl bzw. mit Hartmetall-Wendeschneidplatten**

Werkstoff des Werkstücks	Bearbeitungsart	Walzenstirnfräser HSS f_z in mm	Walzenstirnfräser HSS v_c in m/min	Walzenstirnfräser Hartmetall f_z in mm	Walzenstirnfräser Hartmetall v_c in m/min	Messerkopf Hartmetall f_z in mm	Messerkopf Hartmetall v_c in m/min	Scheibenfräser HSS f_z in mm	Scheibenfräser HSS v_c in m/min	Scheibenfräser Hartmetall f_z in mm	Scheibenfräser Hartmetall v_c in m/min
unlegierte Stähle	Schruppen Schlichten	0,1 – 0,2 0,05 – 0,1	40 – 30	0,1 – 0,45 0,1 – 0,2	150 – 80 280 – 100	0,2 – 0,5 0,1 – 0,2	180 – 00 200 – 100	0,1 – 0,2 0,05 – 0,1	80 – 40	0,1 – 0,4 0,05 – 0,2	160 – 80 180 – 100
niedrig leg. Stähle	Schruppen Schlichten	0,1 – 0,2 0,05 – 0,1	30 – 25	0,1 – 0,35 0,1 – 0,2	120 – 70 300 – 100	0,2 – 0,5 0,1 – 0,2	140 – 70 180 – 90	0,1 – 0,15 0,05 – 0,1	125 – 30	0,1 – 0,4 0,05 – 0,2	140 – 70 180 – 90
hochlegierte Stähle	Schruppen Schlichten	0,1 – 0,2 0,05 – 0,1	20 – 15	0,1 – 0,25 0,1 – 0,2	100 – 50 150 – 80	0,1 – 0,35 0,1 – 0,25	100 – 60 120 – 80	0,1 – 0,15 0,05 – 0,1	20 – 15	0,1 – 0,2 0,05 – 0,15	100 – 40 110 – 50
Stahlguß	Schruppen Schlichten	0,1 – 0,2 0,05 – 0,1	25 – 20	0,1 – 0,3 0,1 – 0,2	140 – 70 160 – 90	0,1 – 0,4 0,1 – 0,25	120 – 60 140 – 80	0,1 – 0,2 0,05 – 0,1	25 – 20	0,1 – 0,35 0,05 – 0,2	120 – 80 140 – 70
Gußeisen	Schruppen Schlichten	0,1 – 0,2 0,05 – 0,1	25 – 20	0,1 – 0,4 0,1 – 0,2	120 – 70 160 – 100	0,1 – 0,6 0,1 – 0,2	120 – 70 140 – 80	0,15 – 0,3 0,07 – 0,2	25 – 20	0,1 – 0,4 0,05 – 0,2	120 – 70 140 – 80
Messing	Schruppen Schlichten	0,2 – 0,3 0,1 – 0,2	150 – 60	0,1 – 0,35 0,05 – 0,1	150 – 80 360 – 140	0,2 – 0,4 0,1 – 0,3	140 – 80 160 – 90	0,2 – 0,3 0,07 – 0,2	150 – 60	0,1 – 0,4 0,05 – 0,2	140 – 70 180 – 80
Al-Knetlegierungen	Schruppen Schlichten	0,1 – 0,2 0,05 – 0,1	280 – 180	0,1 – 0,2 0,07 – 0,15	700 – 300 1000 – 400	0,1 – 0,6 0,05 – 0,2	1000 – 500 1400 – 800	0,2 – 0,3 0,07 – 0,2	280 – 150	0,1 – 0,3 0,05 – 0,15	1000 – 500 1400 – 700
Al-Gußlegierungen	Schruppen Schlichten	0,2 – 0,3 0,1 – 0,2	300 – 200	0,1 – 0,2 0,07 – 0,15	800 – 320 1200 – 400	0,05 – 0,4 0,05 – 0,2	700 – 300 900 – 400	0,2– 0,3 0,07 – 0,2	300 – 170	0,1– 0,3 0,05 – 0,15	600 – 300 800 – 400
Cu-Legierungen	Schruppen Schlichten	0,2 – 0,3 0,1 – 0,2	40 – 30 60 – 50	0,15 0,05	150 – 90 300 – 150	0,12 0,1	100 – 60 150 – 80	0,2 – 0,3 0,06 – 0,2	40 – 30 60 – 45	0,15 0,05	150 – 90 300 – 150
Duroplaste mit organischen Füllstoffen	Schruppen Schlichten	0,2 – 0,4 0,1 – 0,2	60 – 40 80 – 60	0,15 0,05	800 – 600 1000 – 800	– –	– –	– –	– –	– –	– –
Furoplaste mit anorganischen Füllstoffen	Schruppen Schlichten	0,2 – 0,4 0,1 – 0,2	30 – 20 40 – 30	0,15 0,05	800 – 600 1000– 800	– –	– –	– –	– –	– –	– –

Schnittgeschwindigkeit, Umdrehungsfrequenz und Vorschubgeschwindigkeit

Aus den Schnittwerttabellen ist die für den entsprechenden Werkstoff angegebene Schnittgeschwindigkeit zu ermitteln und mit Hilfe des Fräserdurchmessers daraus die einzustellenden Umdrehungsfrequenz zu berechnen:

$$n = \frac{v_c}{d \cdot \pi}$$

n Umdrehungsfrequenz in 1/min
d Fräserdurchmesser
v_c Schnittgeschwindigkeit in m/min

Neben der Umdrehungsfrequenz wird für den Zerspanungsprozeß die Vorschubgeschwindigkeit benötigt. Für ihre Berechnung ist der Vorschub je Fräserzahn aus den Schnittwerttabellen zu entnehmen. Unter der Berücksichtigung der Zähnezahl des eingesetzten Fräser ergibt sich:

$$v_f = f_z \cdot z \cdot n$$

v_f Vorschubgeschwindigkeit in mm/min
f_z Vorschub je Fräserzahn in mm
z Zähnezahl des Fräsers

Anlauf- und Überlaufweg beim Walzfräsen

Der Anlaufweg l_a des Fräsers wird beim Walzfräsen mit Hilfe des Lehrsatzes des Pythagoras errechnet.

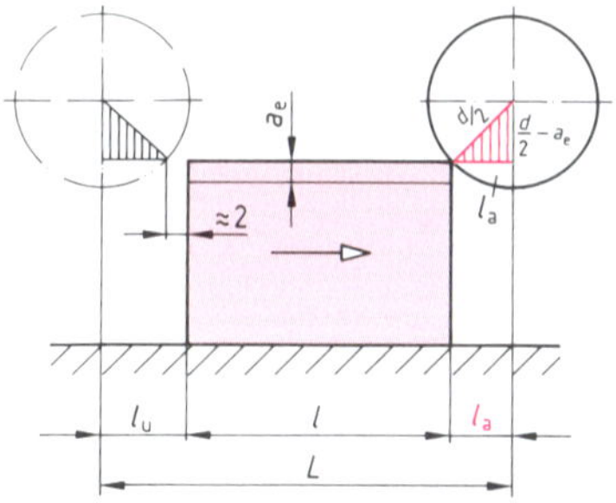

$$l_a^2 = \left(\frac{d}{2}\right)^2 - \left(\frac{d}{2} - a_e\right)^2$$

$$l_a^2 = \frac{d^2}{4} - \frac{d^2}{4} + 2 \cdot \frac{d}{2} \cdot a_e - a_e^2$$

$$l_a^2 = d \cdot a_e - a_e^2$$

$$l_a = \sqrt{d \cdot a_e - a_e^2}$$

Anlaufweg beim Walzfräsen: $l_a = \sqrt{d \cdot a_e - a_e^2}$

$$l_u = l_a + 2\ \text{mm}$$

Überlaufweg: $l_u = l_a + 2\ \text{mm}$

Hauptnutzungszeit beim Fräsen

Die reine Nutzungszeit der Fräsmaschine ist die Hauptnutzungszeit t_h.

$$t_h = \frac{L \cdot i}{v_f} = \frac{(l + l_a + l_u) \cdot i}{v_f}$$

t_h Hauptnutzungszeit
L Fräserweg ($L = l + l_a + l_u$)
i Anzahl der Schnitte

Beispiel **für die Berechnung der Hauptnutzungszeit beim Nutenfräsen**

Aufgabe

Mit einem Scheibenfräser aus HSS-Stahl, 100 mm Durchmesser, 10 mm Breite und 16 Zähnen, soll in eine 300 mm lange Schiene aus Vergütungsstahl 38 Cr 4 eine 10 mm Nut von 9 mm Tiefe in zwei Schnitten eingefräst werden.

Lösung

1. Berechnung der Umdrehungsfrequenz

v_c laut Tabelle 28 m/min

$$n = \frac{v_c}{d \cdot \pi} = \frac{28\ \text{m}}{\text{min} \cdot 0{,}1\ \text{m} \cdot \pi} = \mathbf{89\ \frac{1}{min}}$$

2. Berechnung der Vorschubgeschwindigkeit

f_z laut Tabelle 0,1 mm bis 0,15 mm (Schruppen)

$$v_f = z \cdot f_z \cdot n = 16 \cdot 0{,}15\ \text{mm} \cdot 89\ \frac{1}{\text{min}} = \mathbf{214\ \frac{mm}{min}}$$

3. Berechnung des Fräserwegs

$$l_a = \sqrt{d \cdot a_e - a_e^2}$$

$$l_a = \sqrt{100\ \text{mm} \cdot 4{,}5\ \text{mm} - (4{,}5\ \text{mm})^2} = 20{,}8\ \text{mm}$$

$$L = l + l_a + l_u$$

$$L = 300\ \text{mm} + 21\ \text{mm} + 23\ \text{mm} = \mathbf{344\ mm}$$

4. Berechnung der Hauptnutzungszeit

$$t_h = \frac{L \cdot i}{v_f}$$

$$t_h = \frac{344\ \text{mm} \cdot 2 \cdot \text{min}}{214\ \text{mm}} = \mathbf{3{,}21\ min}$$

Übungsaufgaben 3/195 bis 3/200

3.4.5.8 Teilen

Häufig sind bei Werkstücken auf einem Kreis in regelmäßigen Abständen Einfräsungen, Abflachungen oder Bohrungen anzubringen. Die sich so ergebenden Abstände nennt man Teilungen.

Beispiele für Werkstücke mit regelmäßigen Teilungen

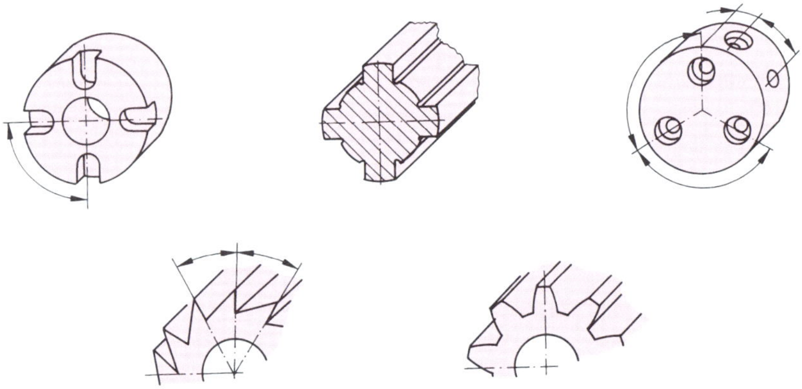

Teilungen fertigt man auf mechanisch gesteuerten Maschinen mit Hilfe von Teilapparaten, auf denen das Werkstück in Futtern, auf Planscheiben oder zwischen Spitzen gespannt wird.

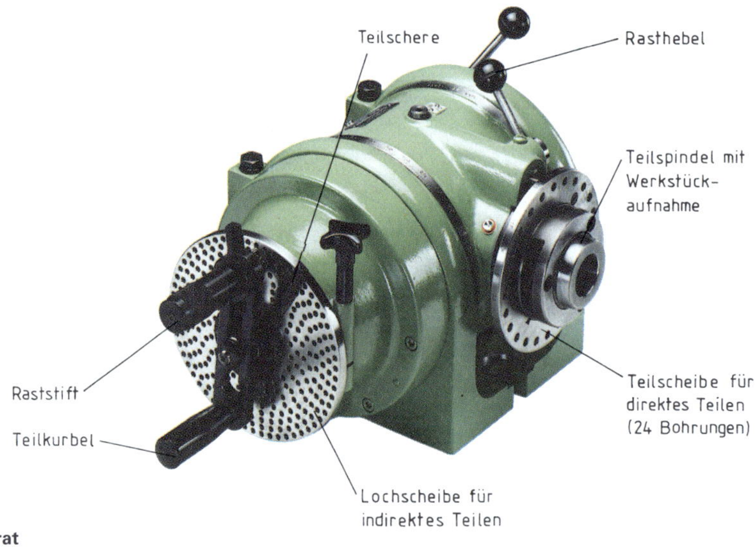

Universalteilapparat

Direktes Teilen

Zum direkten Teilen ist eine Teilscheibe mit z.B. 24 Bohrungen direkt auf der Teilspindel befestigt. Teilspindel mit Teilscheibe werden von Hand gedreht und mit einem Raststift festgestellt, der durch einen Rasthebel betätigt wird. Durch direktes Teilen kann man alle Teilungen herstellen, die als Teiler in 24 enthalten sind.

Direktes Teilen kann auch mit einfachen Teilapparaten durchgeführt werden.

Beim direkten Teilen wird die Werkstückteilung unmittelbar auf der Teilscheibe der Teilspindel eingestellt.

Übungsaufgaben 3/201; 3/202

Indirektes Teilen

Werkstückbearbeitungen, die durch direktes Teilen nicht durchgeführt werden können, werden mit dem indirekten Teilverfahren vorgenommen. Dazu wird der Gesamtaufbau des Universalteilapparates genutzt. Beim indirekten Teilen wird die Teilspindel über ein Schneckengetriebe gedreht. Dies besteht aus einem Schneckenrad auf der Teilspindel und einer Schneckenwelle, die über eine Teilkurbel gedreht wird.

Auf der Schneckenwelle werden auswechselbare Lochscheiben drehbar aufgesteckt und mit einem rückwärtigen Raststift fest mit dem Gehäuse verbunden. Die Teilkurbel wird mittels vorderem Raststift in der Lochscheibe festgestellt.

Das Getriebe besteht meist aus einer eingängigen Schnecke und einem Schneckenrad mit 40 Zähnen. Es hat ein **Übersetzungsverhältnis** von **40:1.** Damit sind durch ganze Umdrehungen der Teilkurbel alle Teilungen möglich, die selbst als Teiler in 40 enthalten sind.

Als auswechselbare Lochscheiben stehen meist drei Typen mit einer großen Anzahl von Teilungen zur Verfügung. Auf jedem Lochkreis ist eine bestimmte Anzahl von Bohrungen mit gleichen Abständen angeordnet.

Für Teilungen, die nicht durch ganze Umdrehungen der Teilkurbel einstellbar sind, errechnet man aus dem Übersetzungsverhältnis 40:1 und der Zahl der gewünschten Teilungen die Anzahl der Teilkurbelumdrehungen nach der folgenden Beziehung:

Anzahl der Teilkurbelumdrehungen	$N_k = \dfrac{40}{\text{Zahl der Teilungen}}$

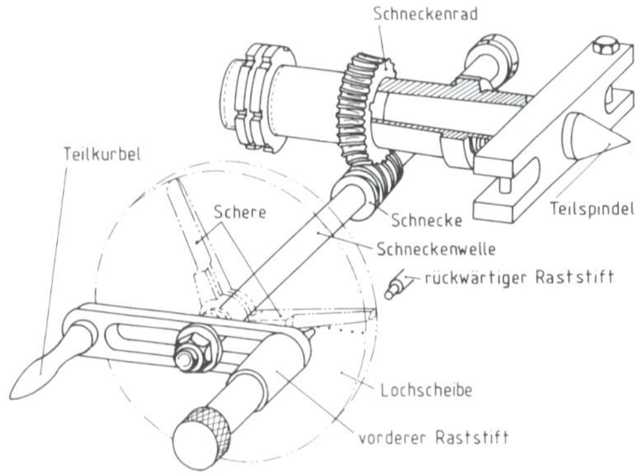

Universalteilapparat (Schema)

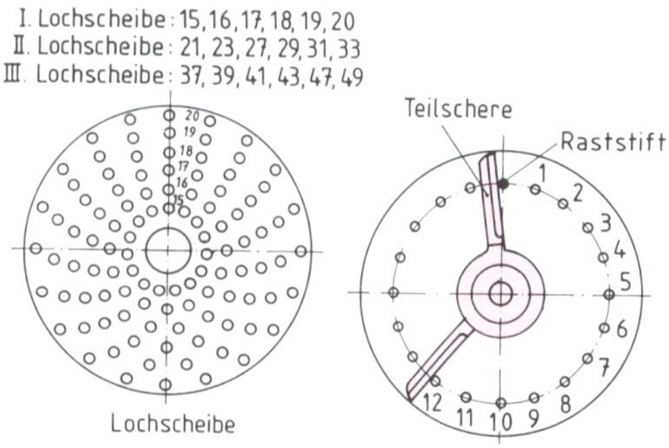

Auswechselbare Lochscheiben mit Teilschere

Falls die Berechnung keine ganze Zahl ergibt, so ist ein Lochkreis auszuwählen, in dem der Nenner des Bruches als Vielfaches enthalten ist. Zur Erleichterung des Abzählens der von einer vollen Kurbelumdrehung abweichenden Lochabstände verwendet man eine Teilschere.

Beim indirekten Teilen wird die Werkstückteilung über ein Schneckengetriebe mit dem Übersetzungsverhältnis 40:1 und mit Hilfe von Lochscheiben eingestellt.

Beispiel für die Berechnung von N_k und die Wahl der Lochscheibe

Aufgabe: Ein Zahnrad mit 25 Zähnen ist zu fertigen. Die Zahl der Teilkurbelumdrehungen ist zu berechnen und ein Lochkreis auszuwählen.

Lösung: Anzahl der Umdrehungen der Teilkurbel $N_k = \frac{40}{25}$; $\quad N_k = 1\frac{3}{5}$

Es ist eine Lochscheibe zu wählen, die einen durch 5 teilbaren Lochkreis besitzt. Es wird die Lochscheibe I mit 20 Bohrungen ausgewählt, weil sich mit dieser $\frac{3}{5}$ Umdrehungen einstellen lassen.

$\frac{3}{5} = \frac{12}{20} \Rightarrow$ 12 Lochabstände $\qquad N_k = 1$ Umdrehung $+ \frac{12}{20}$ Umdrehung

Übungsaufgaben 3/203 bis 3/206

3.4.6 Schleifen

Schleifen ist ein spanendes Fertigungsverfahren. Metallische Werkstücke werden durch Schleifen bearbeitet, um
- die Endform mit hoher Maßgenauigkeit und Oberflächengüte herzustellen,
- die Trennung von Werkstücken vorzunehmen,
- Schneidwerkzeuge zu schärfen.

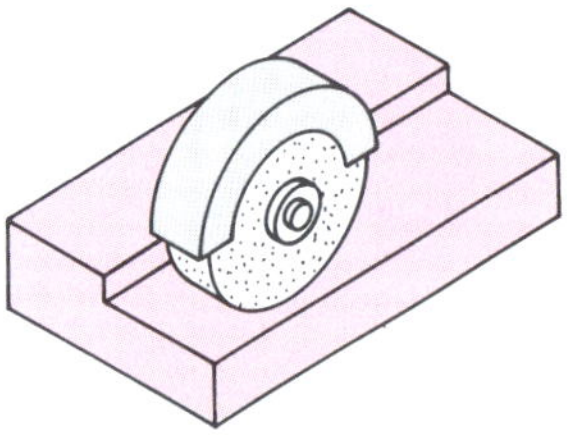

Formschleifen

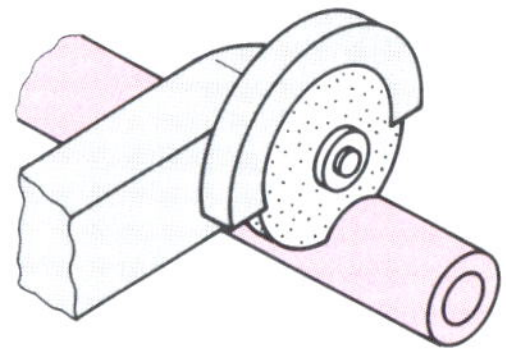

Trennschleifen

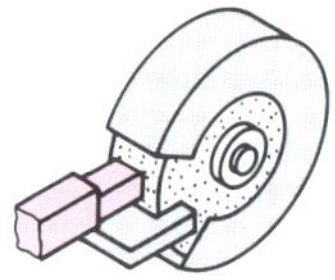

Werkzeugschleifen

An der Oberfläche der Schleifwerkzeuge bilden die Schleifkörner, welche durch ein Bindemittel zusammengehalten werden, eine große Anzahl von keilförmigen Schneiden. Die Form und die Lage der Schleifkörner ist zufällig und daher unbestimmt. Darum bezeichnet man die Schleifwerkzeuge als **vielschnittige Werkzeuge mit geometrisch unbestimmten Schneiden.**

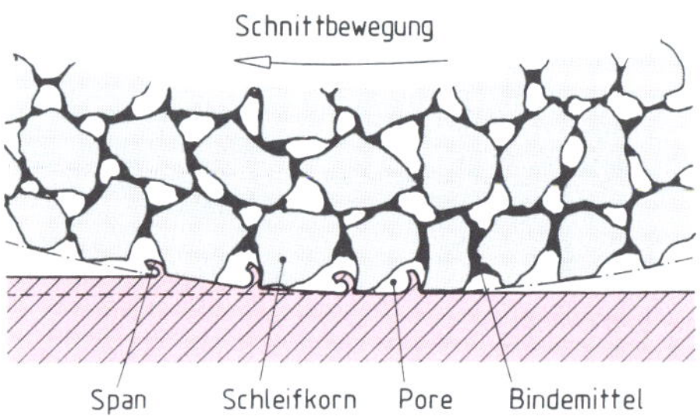

Spanabnahme beim Schleifen

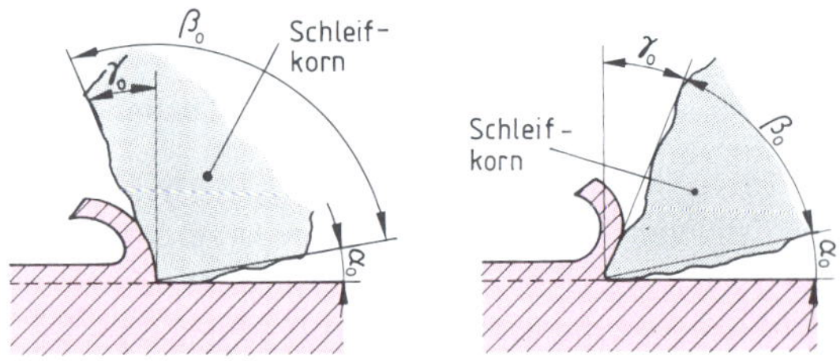

Winkel beim Schleifen

Schleifen ist ein spanendes Fertigungsverfahren, bei dem kleine Späne durch ein vielschnittiges Werkzeug mit geometrisch unbestimmten Schneiden abgetrennt werden.

3.4.6.1 Schleifwerkzeuge

- **Aufbau und Eigenschaften der Schleifwerkzeuge**

Schleifmittel

Die Schleifkörner eines Schleifwerkzeugs bestehen aus dem Schleifmittel. Dieses Schleifmittel muß stets härter als der zu bearbeitende Werkstoff sein.

Schleifmittel	Normbuchstabe (DIN 69 100)	Farbe des Schleifmittels	Eigenschaften	zu bearbeitende Werkstoffe
Edelkorund (im E-Ofen erschmolzenes Al_2O_3)	A	weiß oder rot	Ansteigende Härte und Sprödigkeit ↓	Baustähle, legierte Stähle, gehärtete Stähle, Titan
Siliziumkarbid (Karborundum SiC)	C	grün oder schwarz		Gußeisen, Hartguß, Messing, Bronze, Aluminium, keramische Werkstoffe, Hartmetalle
Bornitrid (BN)	B	schwarz		HSS-Stahl, Werkzeugstähle
Diamant	D	gelb		Hartmetalle, Keramik, Glas

Die Art des Schleifmittels wählt man nach dem zu schleifenden Werkstoff aus.

Übungsaufgaben 3/207 bis 3/211

Körnung

Die Größe der Schleifkörner wird als Körnung bezeichnet. Das Sortieren der Schleifkörner wird mit Hilfe von Sieben verschiedener Maschenweite durchgeführt. Daher kennzeichnet man die Körnung durch eine Zahl, die der Anzahl der Siebmaschen auf 1 Zoll Länge (25,4 mm) entspricht.

Für Diamant und Bornitrid als Schleifmittel wird die Körnung direkt durch die Dicke der Schleifkörner in Mikrometer angegeben. Diamantkörner werden in der Dicke von 0,5 µm bis 300 µm verwendet.

Körnungsnummer	Bezeichnung	Art der Bearbeitung
10 bis 24	**grob**	Schruppschleifen
30 bis 60	**mittel**	Schruppschleifen
70 bis 120	**fein**	Feinschleifen
150 bis 240	**sehr fein**	Feinschleifen
300 bis 1200	**staubfein**	Feinstschleifen

Korngröße	Bezeichnung
0,5 µm ... 300 µm	D 0,5 ... D 300

Die Körnung richtet sich nach der Art der Schleifarbeit.

- Grobe Körnung erzielt ein großes Spanvolumen mit geringer Oberflächengüte.
- Feine Körnung erzielt ein kleines Spanvolumen mit hoher Oberflächengüte.

Bindung

Die Schleifkörper werden durch ein Bindemittel zusammengehalten. Durch unterschiedliche Bindungen werden die Eigenschaften von Schleifwerkzeugen stark beeinflußt.

Bindung	Zeichen	Eigenschaften	Anwendung
Keramik	V	unelastisch, porös, unempfindlich gegen Wärme, Wasser und Öl, empfindlich gegen Schlag und Druck	gebräuchliche Bindung bei maschinellen Schleifverfahren, für alle Werkstoffe geeignet
Kunstharz	B	sehr elastische Bindung von hoher Festigkeit, geringe Empfindlichkeit gegen Stöße	Bindung für dünnere Schleifscheiben zum Feinstschleifen harter Werkstoffe
Kunstharz-faserverstärkt	BF	hohe Elastizität und hohe Zähigkeit	Bindung für Trennscheiben
Metall	M	sehr hohe Festigkeit, stoßunempfindlich, hohe Standzeit	Bindung für Diamantscheiben zum Schleifen von Hartmetallen

Die Bindung beeinflußt die Festigkeit, Elastizität und Wärmeempfindlichkeit von Schleifwerkzeugen.

Härte

Die Widerstandskraft, welche die Bindung dem Ausbrechen der Schleifkörner entgegengesetzt, bezeichnet man als Härte.

Kennbuchstabe	A bis D	E bis K	L bis O	P bis Z
Eigenschaft des Schleifwerkzeugs	äußerst weich	weich	mittel	hart bis äußerst hart

Bei *harten Werkstoffen* werden die Schleifkörner schnell stumpf. Die Härte des Schleifwerkzeugs muß daher gering sein, damit die stumpfen Körner schnell ausbrechen.
Bei *weichen Werkstoffen* werden die Schleifkörner langsam stumpf, und daher kann die Härte des Schleifwerkzeugs groß gewählt werden.

Härte nennt man bei Schleifscheiben den Widerstand des Bindemittels gegen das Ausbrechen der Körner.

- Harte Werkstoffe bearbeitet man mit weichen Schleifwerkzeugen.
- Weiche Werkstoffe bearbeitet man mit harten Schleifwerkzeugen.

Übungsaufgaben 3/212 bis 3/216

Gefüge

Der innere Aufbau des Schleifwerkzeugs ist von dem Anteil der Schleifkörner, des Bindemittels und der Poren abhängig. Er wird Gefüge genannt.
Die Poren haben die Aufgabe, die anfallenden Späne aufzunehmen und abzutransportieren. Daher muß der Porenanteil immer etwas größer als die Spanmenge sein.

Ein Gefüge mit kleinen Poren wird als *dicht* bezeichnet. Dichtes Gefüge wählt man
- zum Schleifen kurzspaniger Werkstoffe,
- zum Schlichten,
- bei kleinen Vorschüben und Zustellungen.

Ein Gefüge mit hohem Porenanteil wird als *offen* bezeichnet. Offenes Gefüge wählt man
- zum Bearbeiten langspaniger Werkstoffe und zum Schleifen von Werkstoffen, die zum Schmieren neigen (z.B. Kunststoffe, Leder),
- zum Schruppen,
- bei hohen Vorschüben und Zustellungen.

Das Gefüge wird durch eine Ziffer gekennzeichnet.

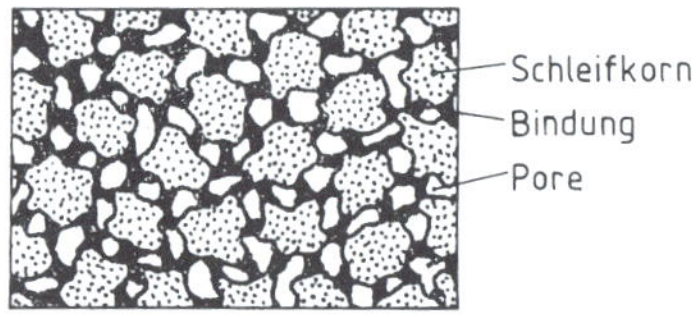

Dichtes Gefüge

Offenes Gefüge

Kennziffer	**0 – 3**	**4 u. 5**	**6 u. 7**	**8 – 14**
Gefüge	dicht	mittel	offen	sehr offen

Für ein Schleifwerkzeug ist die Auswahl des Gefüges abhängig von
● dem zu bearbeitenden Werkstoff, ● der geforderten Spanleistung, ● der geforderten Oberflächengüte.

● Form und Verwendungszweck von Schleifwerkzeugen

Die Auswahl des Schleifwerkzeuges hinsichtlich Form und Abmessung erfolgt nach der Werkstückform, dem Schleifverfahren und der Schleifmaschine.

Benennung	Schleifkörperform	Verwendungszweck
gerade Schleifscheibe	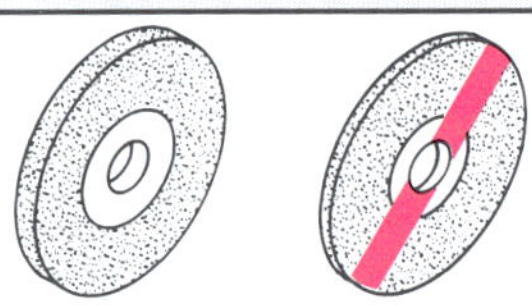	Diese vielseitigen Schleifscheiben werden zum Planschleifen, Rundschleifen, Schleifen auf Schleifböcken, Werkzeugschärfen und Trennschleifen eingesetzt.
Segment-Schleifscheibe	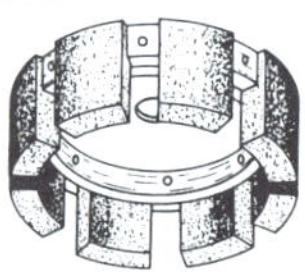	Schleifsegmentscheiben werden zur Bearbeitung großer Flächen mit hoher Abtragsleistung eingesetzt.
Topfschleifscheiben und Schleifteller	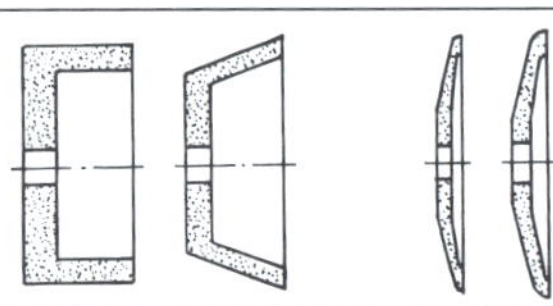	Diese Schleifscheiben werden zum Scharfschleifen von Trennwerkzeugen auf Universalschleifmaschinen verwendet. Sie sind in der Form den zu schleifenden Flächen an Bohrern, Senkern, Fräsern, Reibahlen angepaßt.
Schleifstifte	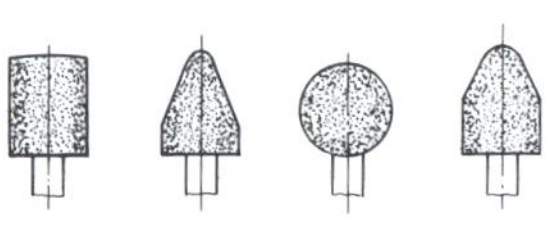	Schleifstifte werden im Werkzeug- und Formenbau verwendet. Sie werden mit dem zylindrischen Schaft meist in Handschleifmaschinen eingespannt. Mit ihnen werden vorgearbeitete Konturen fertigbearbeitet.

Übungsaufgaben 3/217; 3/218

Zulässige Umfangsgeschwindigkeit von Schleifscheiben

Für normale Schleifscheiben sind Schnittgeschwindigkeiten bis zu 30 m/s üblich. Für Sonderschleifverfahren wie das Trennschleifen werden Schnittgeschwindigkeiten bis zu 100 m/s empfohlen.

Richtwerte für Umfangsgeschwindigkeiten

Werkstoff	Planschleifen	Rundschleifen	Trennschleifen
Stahl, Gußeisen	25–35 m/s	25–40 m/s	45–100 m/s
Hartmetall	10 m/s	8 m/s	–
Messing	25–30 m/s	20–35 m/s	–
Leichtmetall	15–20 m/s	15–20 m/s	–

Bei allen Schleifverfahren treten hohe Umfangsgeschwindigkeiten an der Schleifscheibe auf. Bei zu hohen Umfangsgeschwindigkeiten können die auftretenden Fliehkräfte die Schleifscheibe zerreißen und schwere Unfälle verursachen. Es dürfen aus diesem Grunde zum Schleifen mit hohen Geschwindigkeiten nur Schleifkörper und Schutzvorrichtungen eingesetzt werden, die vom Deutschen Schleifscheiben-Ausschuß zugelassen sind.

Auf Schleifscheiben wird die höchste zulässige Umfangsgeschwindigkeit durch einen Farbstreifen über den gesamten Durchmesser gekennzeichnet.

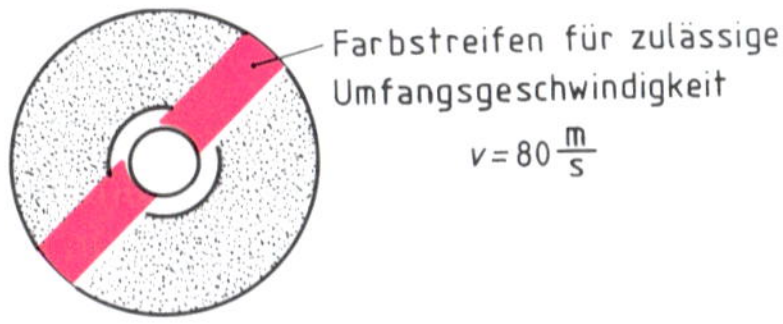

Trennschleifscheibe

Farbstreifen	blau	gelb	rot	grün
zulässige Umfangsgeschwindigkeit	45 m/s	60 m/s	80 m/s	100m/s

Farbcodierung der zulässigen Umfangsgeschwindigkeit

Die höchste zulässige Umfangsgeschwindigkeit wird auf Schleifscheiben durch eine Farbmarkierung gekennzeichnet.

Bezeichnung genormter Schleifscheiben

Eine wirtschaftliche Bearbeitung durch Schleifen kann nur erfolgen, wenn das geeignete Schleifwerkzeug ausgewählt wird. Die Bezeichnungen der Einflußgrößen für Schleifkörper sind genormt und durch Kennbuchstaben bzw. Kennzahlen verschlüsselt.

Beispiel für die Bezeichnung von Schleifscheiben

Gerade Schleifscheibe 400 × 40 × 127 DIN 69 120 – A 50 K 6 V 30

Form → Gerade Schleifscheibe
Außendurchmesser ...... **400 mm**
Scheibenbreite .... **40 mm**
Bohrungsdurchmesser .. **127 mm**
DIN-Blatt-Nr. .... **69 120** → für gerade Schleifscheibe
Schleifmittel .... **Korund** → für Baustähle mittlerer Festigkeit
Körnung .... **mittel** → für Schrupparbeitsgänge
Härte .... **weich** → für harte Werkstoffe bzw. für Schrupparbeiten
Gefüge .... **offen** → für große Spanabnahmen (Schruppen)
Bindung .... **keramisch** → zum maschinellen Schleifen
zulässige Umfangsgeschwindigkeit **30 m/s**

Übungsaufgaben 3/219; 3/220; 3/221

• Aufspannen und Auswuchten von Schleifscheiben

Schleifscheiben laufen mit hohen Drehzahlen, so daß fehlerhafte Schleifscheiben und unsachgemäß aufgespannte Schleifscheiben eine große Unfallgefahr darstellen.
Nach den **Unfallverhütungsvorschriften** sind folgende Arbeitsgänge einzuhalten:

- Klangprobe durchführen
  Die Schleifscheiben sind vor dem Aufspannen einer *Klangprobe* zu unterziehen, um Risse festzustellen.
- Schleifscheibe aufspannen
  Die Schleifscheibe wird auf der Schleifspindel mit *elastischen Zwischenlagen* zwischen Flansche gespannt.
- Schleifscheibe auswuchten
  Schleifscheiben werden auf Vorrichtungen ausgewuchtet, so daß sie in jeder Stellung in Ruhe bleiben. Dazu werden Ausgleichsgewichte in der Ringnut verschoben. Man spricht vom *statischen Auswuchten.*
  Hohe Anforderungen an die Schleifqualität machen ein Auswuchten auf der Schleifmaschine bei voller Drehzahl erforderlich. Dieses *dynamische Auswuchten* wird ebenfalls mit den Ausgleichsgewichten vorgenommen und auf Schleifscheiben-Auswuchteinrichtungen durchgeführt.
- Probelauf durchführen
  Jede neu aufgespannte Schleifscheibe muß bei voller Umfangsgeschwindigkeit mindestens *fünf Minuten probelaufen.*

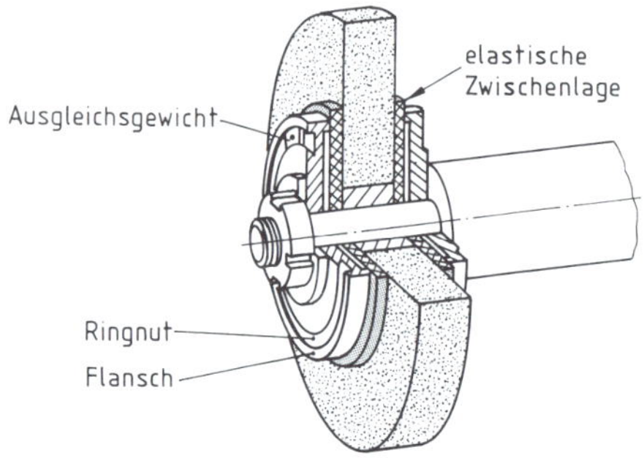

Aufspannen der Schleifscheibe

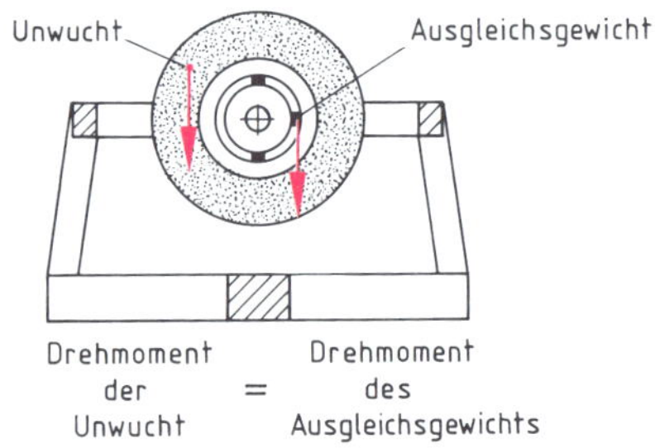

Vorrichtung zum statischen Auswuchten

Schleifscheiben müssen wegen ihrer hohen Umfangsgeschwindigkeit vor dem Einsatz
- durch Klangprobe auf Risse geprüft werden,
- sorgfältig aufgespannt werden,
- statisch und dynamisch ausgewuchtet werden,
- einen fünfminütigen Probelauf überstehen.

• Abrichten von Schleifscheiben

Schleifscheiben nutzen beim Schleifen unregelmäßig ab und werden unrund. Außerdem werden Schleifkörner stumpf, und die Poren setzen sich mit Spänchen zu. Daher ist es notwendig, die Schleifwerkzeuge mit Abrichtgeräten zu warten. Die ungleichmäßig abgenutzte Schicht wird abgetragen, bis die Schleiffläche wieder rund und formgenau ist und überall scharfe Schleifkörner freigelegt sind. Diesen Vorgang nennt man Abrichten.

Beim Abrichten von Hand werden als Abrichtgeräte gezahnte oder gewellte Stahlrädchen verwendet.
Für genaues Abrichten von Schleifwerkzeugen benutzt man Einzeldiamanten oder diamantbestückte Rollen, die vielfach bei Schleifmaschinen mit einer Abrichteinrichtung an der Schleifscheibe vorbeigeführt werden.

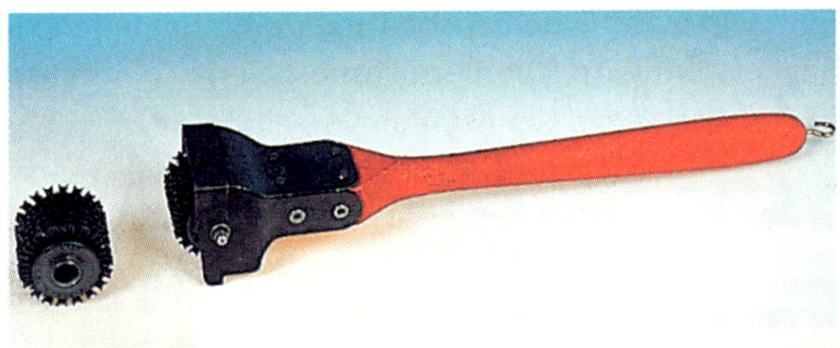

Abrichtrollen

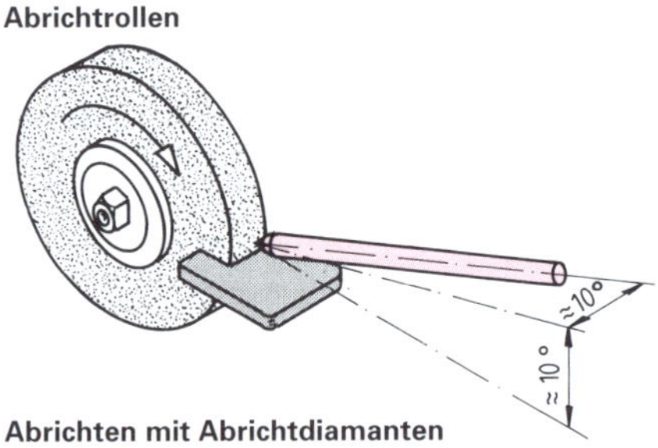

Abrichten mit Abrichtdiamanten

Schleifwerkzeuge werden an ihren Schleifflächen auf der Schleifmaschine formgenau nachgearbeitet, so daß der Rundlauf gewährleistet ist. Diese Nacharbeit nennt man Abrichten.

Übungsaufgaben 3/222 bis 3/226

3.4.6.2 Schleifverfahren

Von den Schleifverfahren sind **Plan-** und **Rundschleifverfahren** von besonderer Bedeutung. Spant bei diesen Verfahren die Schleifscheibe mit ihrem Umfang, so bezeichnet man das Verfahren als *Umfangsschleifen.* Wird die Seitenfläche zum Spanen eingesetzt, nennt man das Verfahren *Seitenschleifen.*

- **Planschleifen**

Werden *ebene Werkstückflächen* durch Schleifen bearbeitet, bezeichnet man dies als Planschleifen. Dazu werden die Werkstücke auf den ebenen Arbeitstisch der Schleifmaschine gespannt.

Umfangs-Planschleifen	Seiten-Planschleifen

- Auf *Langtischen* erfolgt die hin- und hergehende Längsbewegung mit schrittweisem Quervorschub.

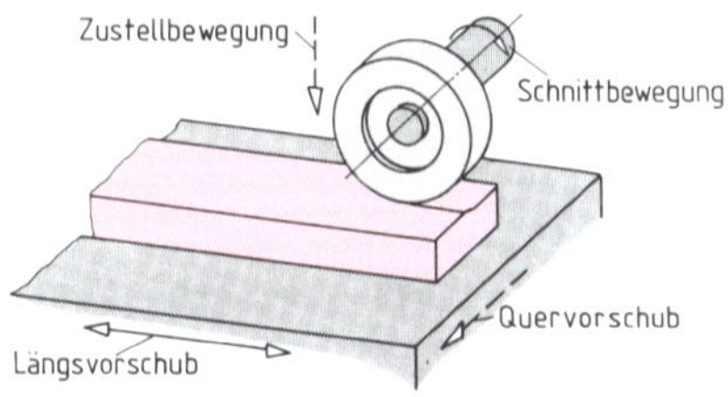

Umfangs-Planschleifen auf einem Langtisch

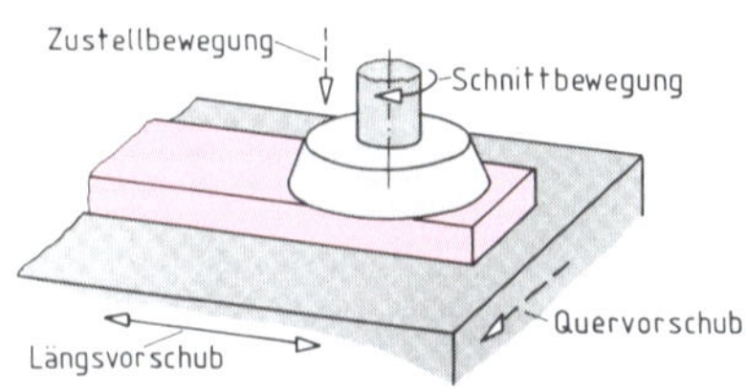

Seiten-Planschleifen auf einem Langtisch

- Auf *Rundtischen* erfolgt eine drehende Vorschubbewegung der Werkstücke. Gleichzeitig führt der Schleifstein eine stetige Vorschubbewegung in radialer Richtung aus.

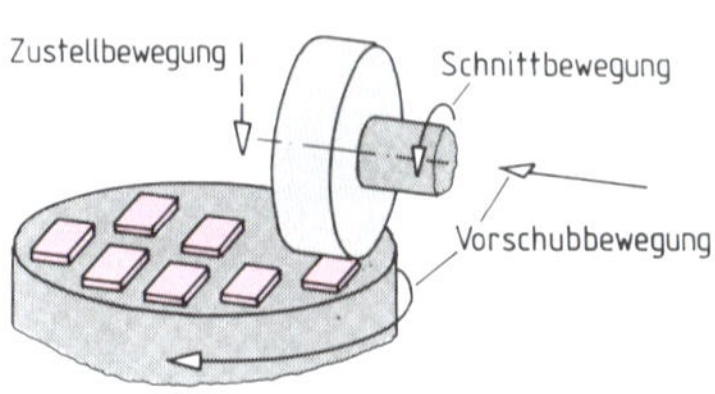

Umfangs-Planschleifen auf einem Rundtisch

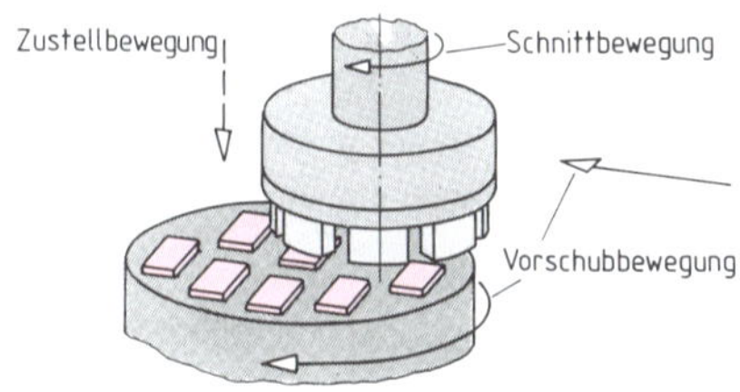

Seiten-Planschleifen auf einem Rundtisch

Beim Umfangs-Planschleifen erzielt man bei geringen Abtragleistungen eine besonders hochwertige Werkstückoberfläche.
Beim Seiten-Planschleifen erzielt man bei geringer Oberflächengüte eine hohe Abtragleistung.

- **Rundschleifen**

Die Verfahren des Rundschleifens unterteilt man danach, ob zylindrische Außenflächen oder Innenflächen bearbeitet werden.

Außen-Rundschleifen	Innen-Rundschleifen

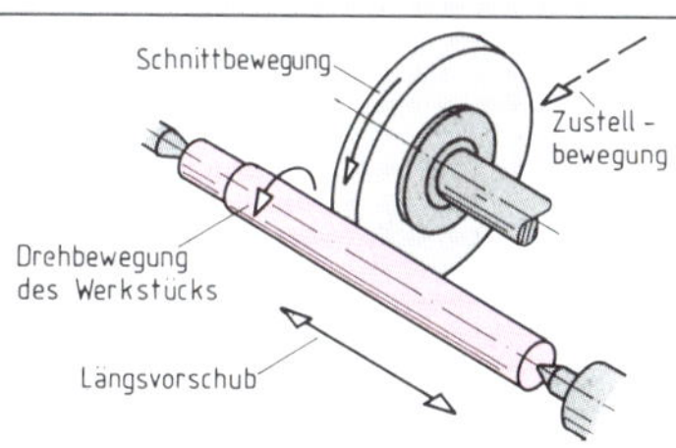

Längs-Umfangs-Außen-Rundschleifen

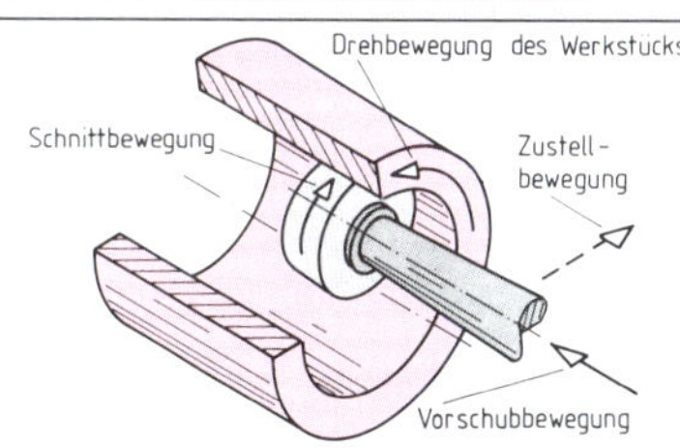

Längs-Umfangs-Innen-Rundschleifen

Übungsaufgaben 3/227 bis 3/231

Kleinere zylindrische Werkstücke mit gleichbleibendem Außendurchmesser werden in der Massenfertigung durch **spitzenloses Außenrundschleifen** bearbeitet.
Die kleinere weichere Regelscheibe läuft mit viel geringerer Geschwindigkeit als die Schleifscheibe. Sie bremst die Drehbewegung des Werkstücks und erteilt dem Werkstück durch ihre Neigung eine Vorschubbewegung.

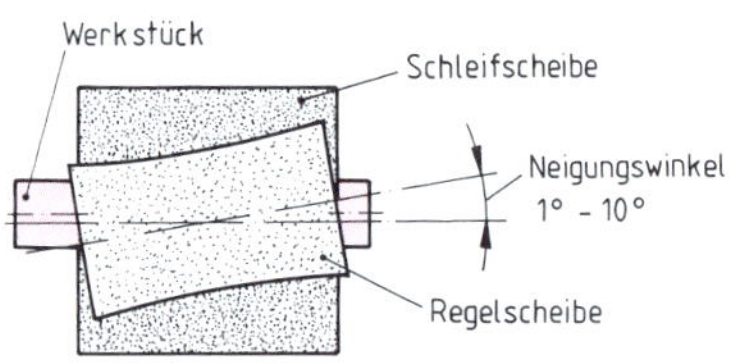

Spitzenloses Außenrundschleifen

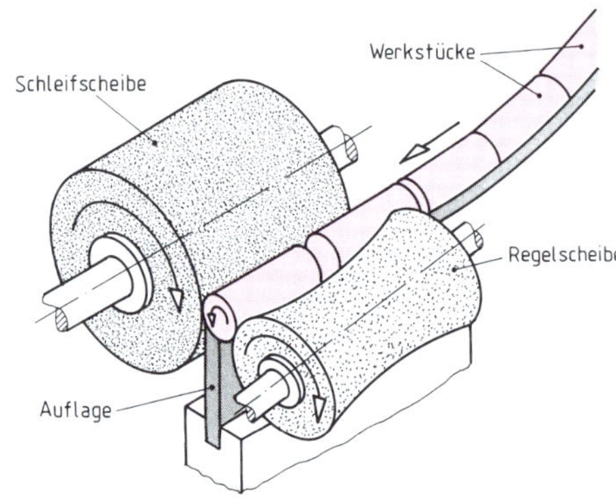

- **Profilschleifen**

Profilschleifen ist gekennzeichnet durch Einsatz von Schleifscheiben mit eingearbeiteten Profilen und das Fehlen einer hin- und hergehenden Vorschubbewegung.

Außen-Profilschleifen	Innen-Profilschleifen
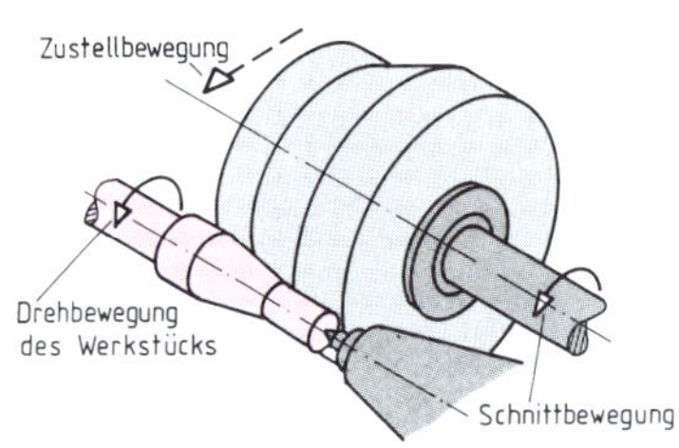 **Quer-Außen-Profilschleifen**	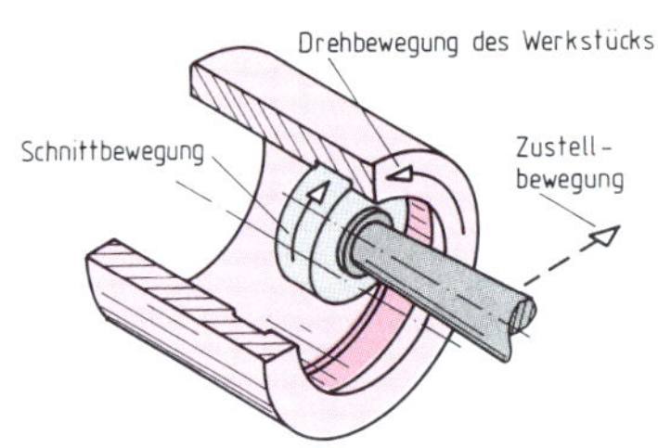 **Quer-Innen-Profilschleifen**

3.4.6.3 Schnittbedingungen und Oberflächenbeschaffenheit beim Schleifen

Zwischen Schnittbedingungen und Oberflächenbeschaffenheit bestehen folgende Zusammenhänge:

- **Körnung und Scheibenhärte**
  Je feiner die Körnung und je härter die Scheibe, desto geringer wird die Rauhtiefe.

- **Zustellung und Vorschubgeschwindigkeit**
  Zu einer Verbesserung der Oberflächenbeschaffenheit führen niedriges Zeitspanvolumen durch geringere Zustellung und eine niedrige Vorschubgeschwindigkeit.

- **Kühlschmierung**
  Der Einsatz von Kühlschmierstoffen mit guten Schmier- und Spüleigenschaften führt bei ausreichender Kühlung zu einer erhöhten Oberflächenbeschaffenheit.

- **Geschwindigkeitsverhältnis**
  Je größer das Geschwindigkeitsverhältnis v_c/v_f zwischen der Schnittgeschwindigkeit und der Vorschubgeschwindigkeit ist, desto geringer wird die mögliche Rauhtiefe und Kornbelastung.

Übungsaufgaben 3/232; 3/233; 3/234

3.4.6.4 Schleifmaschinen

Die verschiedenen Schleifverfahren erfordern eine ebenso große Zahl verschiedener Schleifmaschinen. Der grundsätzliche Aufbau und die Arbeitsweise sollen an zwei Beispielen erklärt werden.

- **Planschleifmaschine**

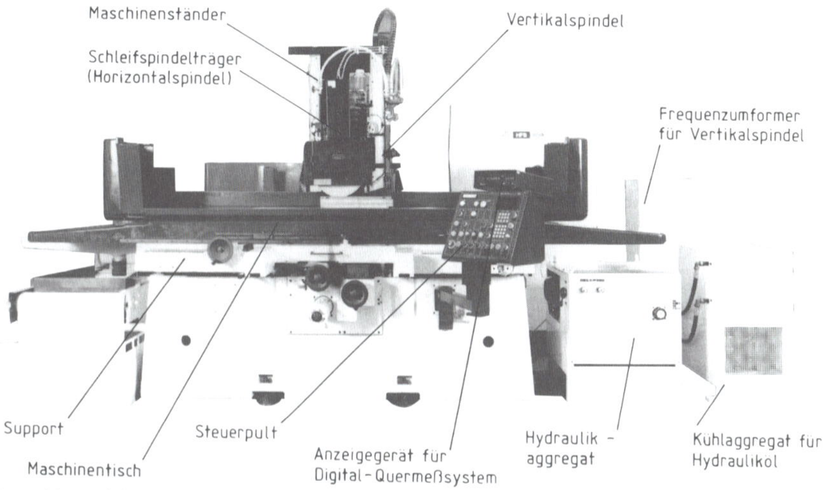

Planschleifmaschine mit Langtisch

Kennzeichen der abgebildeten Planschleifmaschine:

- horizontale Schleifspindel für Umfangsplanschleifen,
- hydraulischer Antrieb,
- automatische Kühlmittelzufuhr,
- Vorschub durch geradlinige, hin- und hergehende Tischbewegung,
- Zustellung durch Höhenverstellung des Schleifspindelträgers.

- **Rundschleifmaschine**

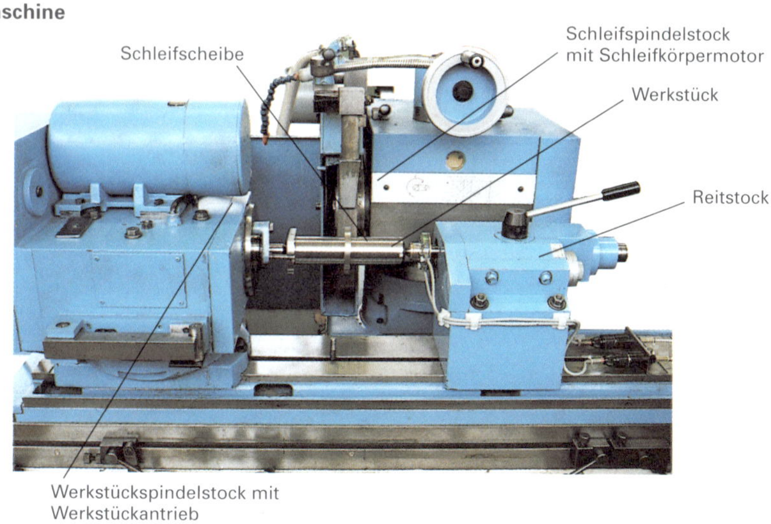

Rundschleifmaschine

Kennzeichen der abgebildeten Rundschleifmaschine:

- horizontale Schleifspindel für Außenrundschleifen,
- unabhängiger Antrieb für Werkstück und Schleifscheibe,
- Werkstückaufnahme zwischen Spitzen,
- Vorschub durch geradlinige, hin- und hergehende Tischbewegung,
- Zustellung durch Quervorschub des Schleifspindelstocks.

Übungsaufgabe 3/235 bis 3/238

3.4.7 Honen und Läppen

- **Honvorgang**

Das Honen ist ein spanendes Fertigungsverfahren, das zum Nacharbeiten von Bohrungen und Wellen, seltener für ebene Werkstücke eingesetzt wird. Honen zählt zu den Feinbearbeitungsverfahren.

Die Werkstoffabtragung erfolgt durch Honsteine. Diese bestehen – wie die zum Schleifen verwendeten Schleifkörper – aus einer großen Anzahl feiner Schleifkörner, die durch ein Bindemittel zusammengehalten werden.

Der Zerspanungsvorgang kommt durch die Überlagerung zweier Bewegungen zustande. Diese sind eine gleichförmige Drehbewegung und eine geradlinige Hubbewegung.

Meist werden beide Bewegungen vom Werkzeug ausgeführt. Dabei werden die Honsteine mit einem Anpreßdruck von 10 bis 100 N/cm^2 gegen die Werkstückoberfläche gedrückt.

Die abgetragenen Werkstoffteilchen und die stumpfen, ausgebrochenen Schleifkörner werden durch eine Spülflüssigkeit, dem Honöl, weggespült.

Honen

Honverfahren können nach zwei verschiedenen Gesichtspunkten eingeteilt werden:

- Nach der Lage der zu bearbeitenden Flächen am Werkstück unterscheidet man *Innenhonen* und *Außenhonen.*
- Nach der Länge des ausgeführten Arbeitshubs unterscheidet man *Langhubhonen* und *Kurzhubhonen.*

Innenhonen	Außenhonen
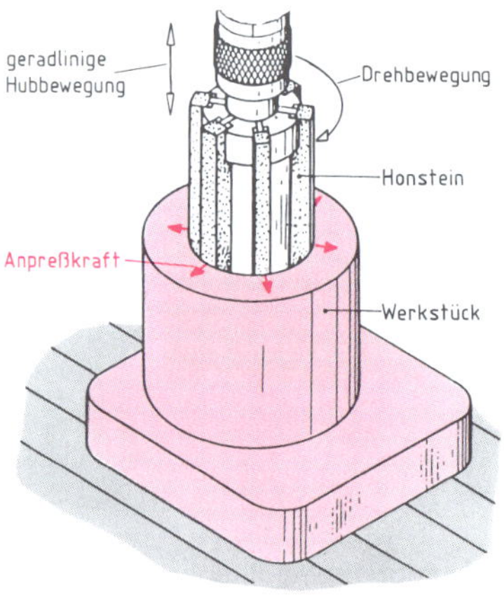	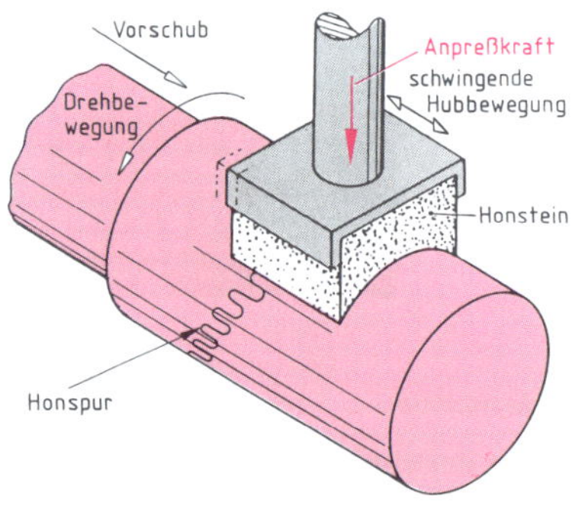
Gehont wird mit einer der Werkstücklänge angepaßten großen Hubbewegung.	Zum Honen wird zusätzlich zu den übrigen Bewegungen ein kurzer Schwinghub ausgeführt.

Übungsaufgabe 3/239

Langhubhonen	Kurzhubhonen
Erforderliche Bewegungen: • Gleichförmige Drehbewegung – von Werkzeug oder Werkstück – mit einer Geschwindigkeit von etwa 15 bis 40 m/min. • Geradlinige Hubbewegung – von Werkzeug oder Werkstück – mit einer Geschwindigkeit von etwa 12 bis 15 m/min.	Erforderliche Bewegungen: • Gleichförmige Drehbewegung – von Werkzeug oder Werkstück – mit einer Geschwindigkeit von etwa 15 bis 25 m/min. • Geradlinige Vorschubbewegung – von Werkzeug oder Werkstück – mit einer Geschwindigkeit von etwa 8 bis 12 m/min. • Schwingender Hub des Werkzeugs in einer Hublänge von 1 bis 6 mm bei ca. 700 bis 2 500 Schwingungen pro Minute

Beim Honen werden durch die leistenförmigen Honsteine kleinste Spänchen von der Werkstückoberfläche abgetragen und durch ein Spülmittel weggeschwemmt. Alle Honsteine sind gleichzeitig im Eingriff.

- **Läppvorgang**

Das Läppen ist ein Feinstbearbeitungsverfahren vorgearbeiteter Werkstücke zur Verbesserung der Form sowie der Maß- und Oberflächengüte. Zum Läppen werden lose feinkörnige Schleifmittel verwendet, die in Läppöl verteilt sind. Dieses Läppgemisch wird auf einem formübertragenden Gegenstück, welches Läppscheibe genannt wird, aufgetragen oder aufgespült. Die Abnahme kleinster Spänchen erfolgt durch eine vielfach überlagerte Gleitbewegung und leichten Anspreßdruck zwischen Werkstück und Läppscheibe.

Die Bewegung zwischen Werkstück und Läppscheibe erfolgt mit einer Geschwindigkeit von ca. 50 m/min bis etwa 120 m/min. Der Anpreßdruck bis ca. 30 N/cm² richtet sich nach der angestrebten Oberflächenrauheit. Je geringer die Oberflächenrauheit sein soll, desto geringer wird der Anpreßdruck gewählt. Die Oberflächenrauheit wird ferner von der Größe der Läppkörner bestimmt. Die Art des Läppmittels richtet sich nach der Härte des zu läppenden Werkstücks: Für Werkstücke aus weichen Metallen werden Oxide (z.B. Magnesiumoxid, Aluminiumoxid) eingesetzt, härtere Materialien bearbeitet man mit Karbiden (z.B. Siliziumkarbid, Borkarbid) oder Diamant. Die Läppscheiben müssen die Körner des Läppgemisches mitnehmen, darum verwendet man vorwiegend Gußeisen als Werkstoff für Läppscheiben, denn die Oberfläche des Gußeisens weist winzige Hohlräume durch herausgebrochene Graphitteilchen auf.

Läppen

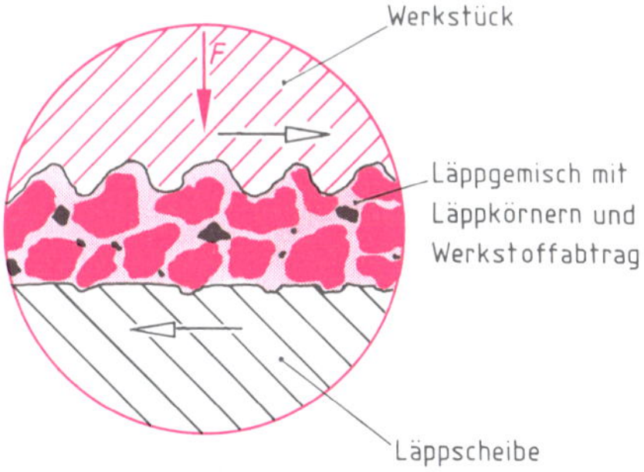

Läppvorgang

Beim Läppen werden kleinste Spänchen von einem lose in einem Läppöl verteilten feinkörnigen Schleifmittel von der Werkstückoberfläche abgetragen.

3.4.8 Abtragen

Das Fertigen von Werkstücken durch nichtmechanische Trennverfahren bezeichnet man als Abtragen.

Man unterscheidet
- thermisches Abtragen,
- chemisches Abtragen,
- elektrochemisches Abtragen.

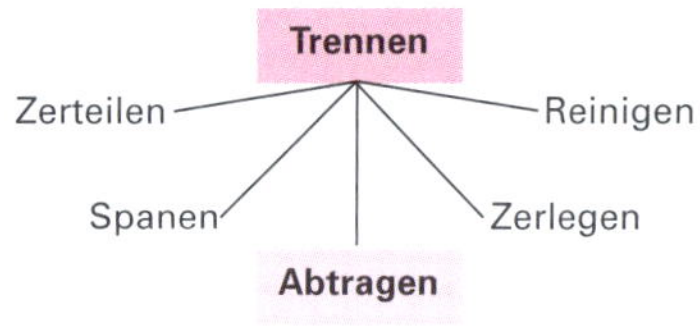

3.4.8.1 Thermisches Abtragen

Beim thermischen Abtragen wird der Werkstoff vorwiegend durch den Einfluß von Wärme getrennt. Die Wärme kann durch Verbrennung, elektrische Funkenentladung oder durch energiereiche Strahlung erzeugt werden.

- **Abtragen durch Gas**

Bei den Abtragverfahren durch Gas wird die zum Abtragen erforderliche Wärme durch Oxidation erzeugt.

Beispiel für ein Abtragverfahren durch Gas

Beim **Brennschneidverfahren** wird durch eine Heizflamme der Stahl auf die Reaktionstemperatur gebracht. Er oxidiert (verbrennt) dann im Schneidsauerstoffstrahl. Der Werkstoffabtrag wird als Schlacke aus der Fuge geblasen.

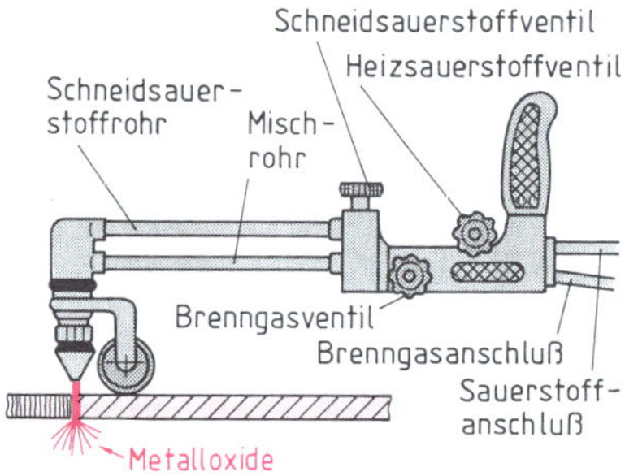

Brennschneiden

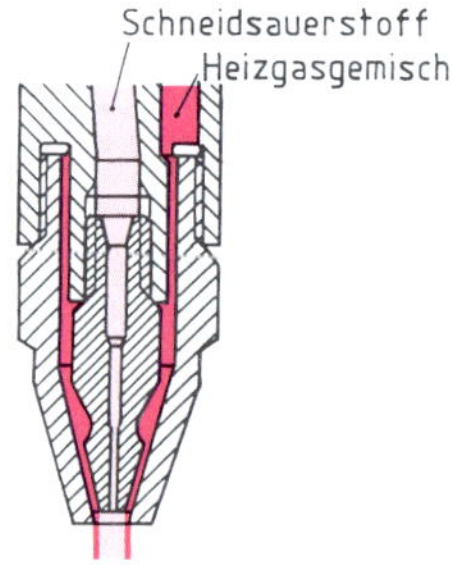

Schnitt durch die Brennschneiddüse

Anwendung:
Vorbereitung von Schweißfugen. Herstellen von Halbfertigteilen im Schiffs- und Anlagenbau, Zerkleinern von zu verschrottenden Stahlkonstruktionen.

- **Abtragen durch elektrische Gasentladung**

Beim Abtragen durch elektrische Gasentladung wird die Wärme durch Lichtbogen oder Funken erzeugt.

Beispiel für ein Abtragverfahren durch elektrische Gasentladung

Beim **Funkenerodieren** wird durch Funkenentladung örtlich der Werkstoff aufgeschmolzen und verdampft. Durch eine elektrisch nichtleitende Flüssigkeit wird der Werkstoffabtrag herausgespült.

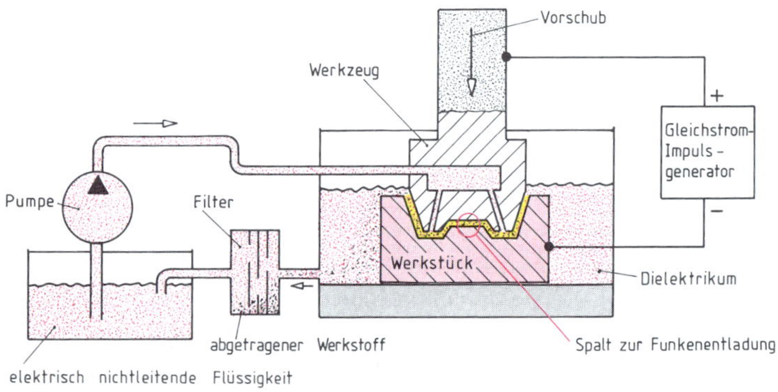

Funkenerodieren

Anwendung:
Werkzeug und Formenbau, Entfernen abgebrochener Bohrwerkzeuge aus Werkstücken.

Übungsaufgaben 3/243; 3/244; 3/245

- **Abtragen durch Strahl**

Durch energiereiche Strahlung wird je nach Verfahren örtlich der Werkstoff aufgeschmolzen, verdampft oder oxidiert. Für die Fertigung wichtige Strahlen sind Laserstrahl und Eletronenstrahl.

Beispiel **für ein Abtragverfahren durch Strahl**

Im Laser wird elektrische Energie in Energie von Licht- und Wärmestrahlung umgesetzt und verstärkt.
Beim **Laserstrahl-Schmelzschneiden** schmilzt der Laserstrahl den Werkstoff in der Trennfuge auf. Durch ein chemisch nicht reagierendes Gas wird der geschmolzene Werkstoff aus der Fuge geblasen.

Anwendung:
Trennung von Kunststoffen, Keramik, NE-Metallen.

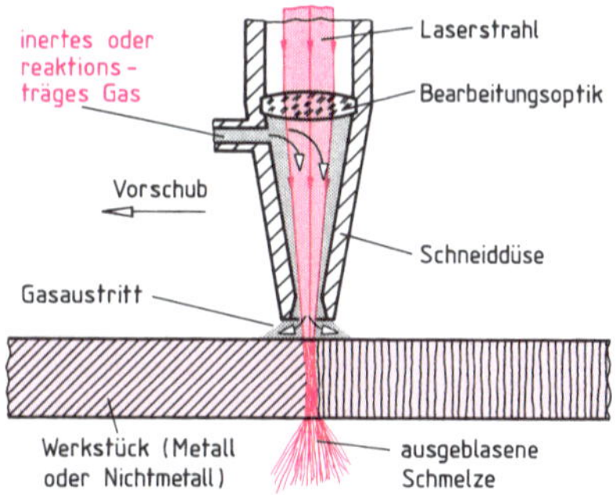

Laserstrahl-Schmelzschneiden

3.4.8.2 Chemisches Abtragen

Beim chemischen Abtragen werden Stoffteilchen durch chemische Reaktion mit dem umgebenden Medium entfernt.

Beispiele **für chemische Abtragverfahren**

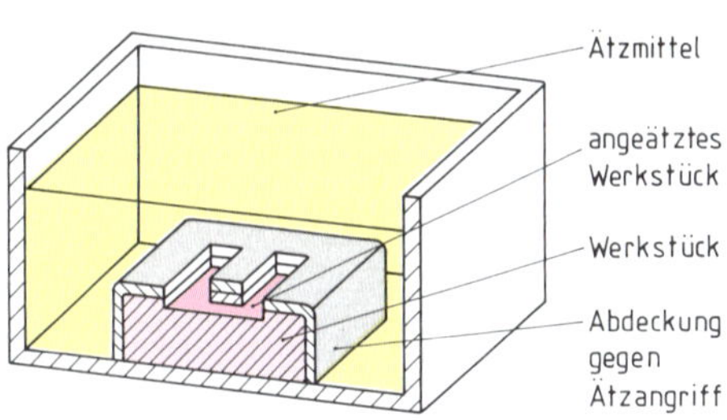

Ätzen

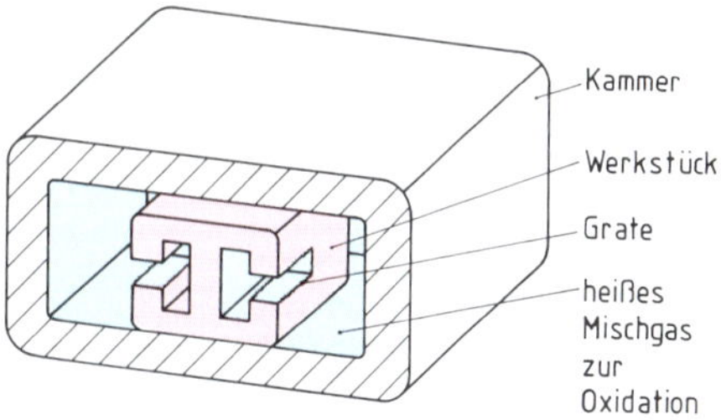

Grate heizen sich schneller auf und oxidieren nach kurzer Zeit

Entgraten durch Oxidieren

3.4.8.3 Elektrochemisches Abtragen

Beim elektrochemischen Abtragen wird das Werkstück als Anode in eine elektrisch leitende Flüssigkeit (Elektrolyt) gehängt. Bei Stromfluß wird der Werkstoff besonders in Katodennähe aufgelöst.

Beispiele **für elektrochemische Abtragverfahren**

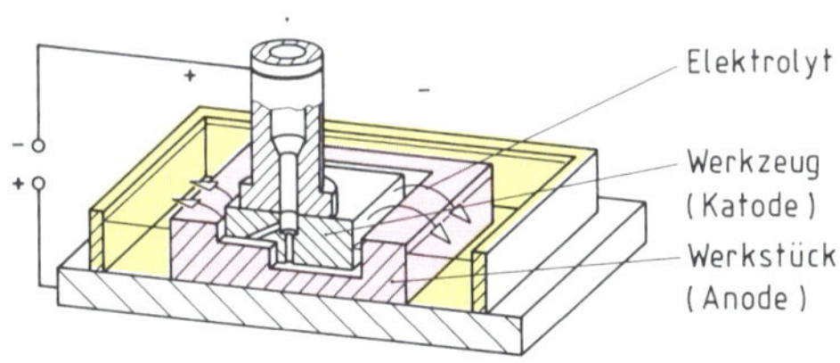

Elektrochemisches Senken (Elysieren)

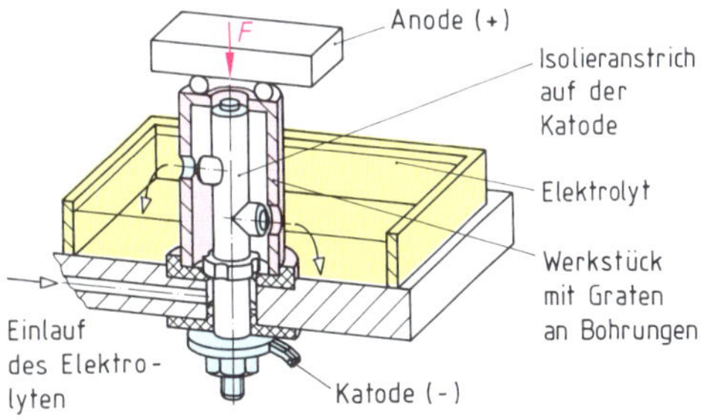

Elektrochemisches Formentgraten

3.4.9 Arbeitsplanung einer Einzelanfertigung auf einer Werkzeugmaschine

Auftrag

Analysieren des Auftrags

Aus dem Auftrag werden unmittelbar entnommen:
- Werkstückmaße, Werkstückform, Werkstückoberfläche
- Werkstoff

In einer Übersicht wird die Fertigung festgelegt:
- Abfolge der verschiedenen maschinellen Bearbeitungsvorgänge
- Art der Einspannung; Lage der Spannflächen

Planung der Rohteilfertigung

Die Rohteilmaße werden bestimmt unter Berücksichtigung von:
- Bearbeitungszugaben
- evtl. Zugaben für Einspannungen

Der Zuschnitt des Rohteils erfordert Überlegungen über folgende Faktoren:
- Lage des Rohteils im Halbzeug (geringster Verschnitt)
- bei Maschineneinsatz zum Zuschneiden
  Maschinenauswahl, Werkzeugauswahl, Spannmittelauswahl
- Meßzeuge zur Rohteilkontrolle

Planung vorbereitender Arbeiten

Es sind auszuwählen:
- Bezugsflächen für das Anreißen
- Anreißverfahren
  Evtl. ist die Bearbeitung von Maßbezugs- und Spannflächen zu planen

Planung der Fertigungsschritte an jeder erforderlichen Werkzeugmaschine

Es sind auszuwählen:
- Maschine
- Spannmittel
- Hilfsmittel
- Werkzeuge
- Meßzeuge

Es sind Daten festzulegen für:
- Schnittgeschwindigkeit und Umdrehungsfrequenz
- Vorschub
- Schnittiefen beim Schruppen und Schlichten

Es sind zu planen:
- Abfolge der Einzelbearbeitungen
- Werkzeugwechsel
- Umspannvorgänge
- Messungen

Es sind zu berücksichtigen:
- Arbeitssicherheit
- Umweltschutz

(Bei Fertigung auf CNC-Maschinen kommen hinzu:
- Programmerstellung
- Programmsimulation
- Programmdokumentation)

Planung der Kontrollmessungen am fertigen Werkstück

Es sind auszuwählen:
- Meßzeuge
- Hilfsmittel

Fertigung des Werkstückes

Übungsaufgabe 3/248

4 Fertigungsverfahren des Urformens

Bei der Einteilung der Fertigungsverfahren nach DIN 8580 wird das Urformen an erster Stelle genannt, denn in der Produktion beginnt die Fertigung mit dem Urformen. Jedes Werkstück erhält zunächst eine feste Gestalt aus formlosen Stoffen wie Flüssigkeiten oder Pulvern.

Fertigungsverfahren

- **Urformen**
- Umformen
- Trennen
- Fügen
- Beschichten
- Stoffeigenschaftändern

Gießen

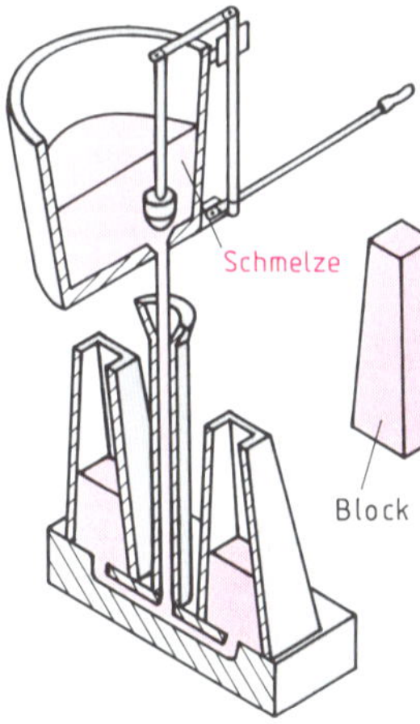

Gießen von Blöcken

Anwendung:
Herstellung von Rohblöcken, welche durch weitere Fertigungsverfahren zu Halbzeugen, z.B. zu Blechen, Trägern und anderen Profilen umgeformt werden.

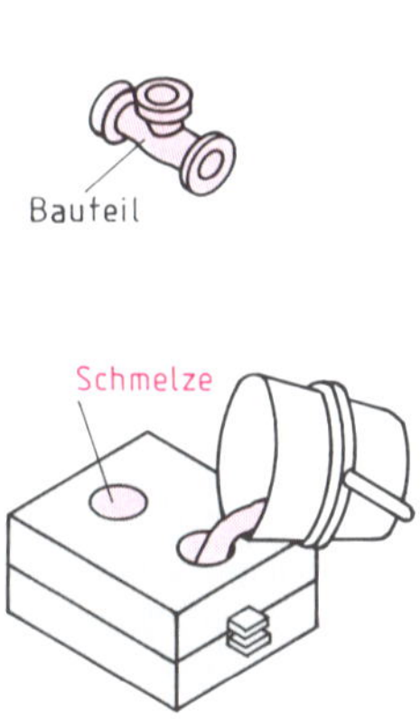

Gießen eines Bauteils

Sintern

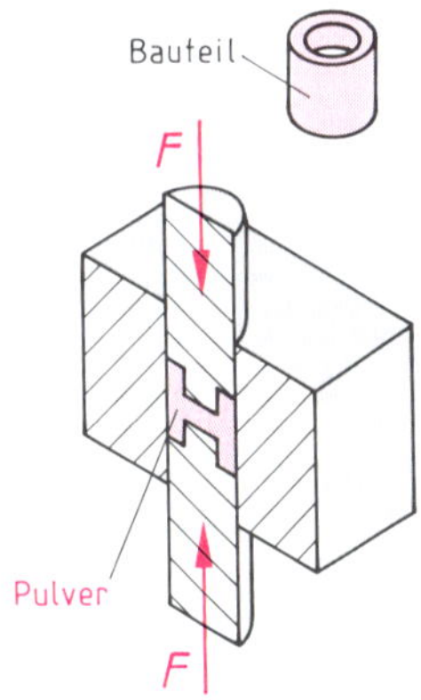

Pressen eines Bauteils aus Metallpulver vor der Sinterung

Anwendung:
Herstellen von Bauteilen, bei denen lediglich einzelne Stellen wie z.B. Paßflächen, Gleitflächen oder Anlageflächen nachgearbeitet werden.

Unter Urformen versteht man nach DIN 8580 Fertigungsverfahren, bei denen aus formlosen Stoffen feste Körper hergestellt werden.

Die wichtigsten formlosen Stoffe in der Fertigungstechnik sind Flüssigkeiten und Pulver.

Verwendet man Flüssigkeiten, meist geschmolzene Metalle oder flüssige Kunststoffe, dann erzeugt man die feste Gestalt durch das Urformverfahren Gießen.

Pulverförmige Stoffe, z.B. Metallpulver, werden durch das Urformverfahren Sintern zu festen Körpern verarbeitet.

formlose Stoffe

- Flüssigkeiten (z.B. Metallschmelzen) → **Urformen durch Gießen**
- Pulver (z.B. Metallpulver) → **Urformen durch Sintern**

Übungsaufgaben 4/1; 4/2

4.1 Gießen

Beim Gießen von Metallen wird der flüssige Gußwerkstoff in einen vorher gefertigten Hohlraum gegossen. Das flüssige Metall erstarrt in diesem Hohlraum und erhält damit seine erste Gestalt, seine Urform.

Kann durch Gießen die geforderte Form und Genauigkeit des Bauteils erreicht werden, und besitzt der Gußwerkstoff die gewünschten Eigenschaften, ist in vielen Fällen diese Art der Fertigung sehr wirtschaftlich.

Die wirtschaftlichen Vorteile des Gießens gegenüber anderen Fertigungsverfahren sind:

- Materialersparnis, da das verwendete Volumen annähernd dem Volumen des endgültigen Bauteils entspricht. Außerdem sind Gußwerkstoffe billiger als gewalzte Werkstoffe.
- Einsparung an Fertigungszeit, da besonders bei komplizierten Bauteilen teure Maschinenarbeit weitgehend oder ganz entfällt.

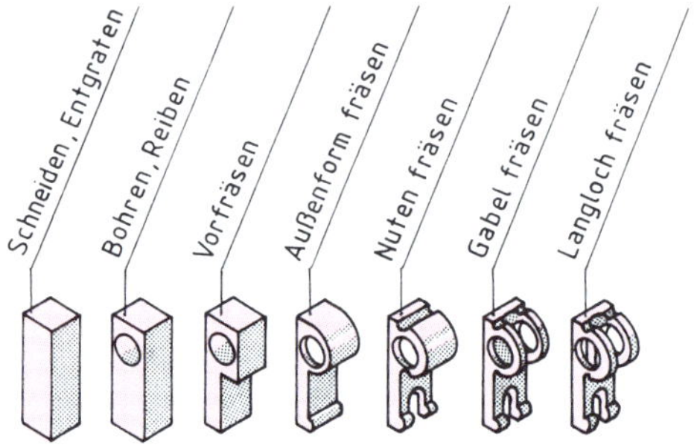

Fertigung eines Bauteils durch Trennen

Bauteil als Feingußteil hergestellt

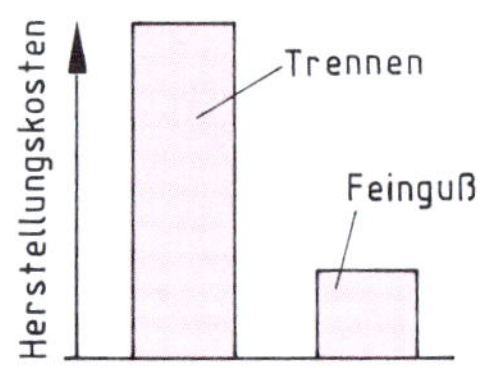

Kostenvergleich

4.1.1 Arten von Formen

- **Verlorene Formen**

Benötigt man für jedes Gußstück eine neue Form, so spricht man von verlorener Form; denn das Gußstück kann nur aus der Form genommen werden, wenn man sie zerstört. Werkstoffe für verlorene Formen sind Sand mit Bindemittel, tonhaltige Schamotte oder Lehm. In den meisten Fällen verwendet man als Formstoff Sand mit Bindemittel. Verlorene Formen werden mit Hilfe von Gießereimodellen hergestellt. Die Modelle werden in Formsand eingeformt. Sie müssen vor dem Gießen oder während des Gießvorgangs wieder entfernt werden.

Man unterscheidet:

- Modelle aus Holz, Metall oder Kunststoff. Sie werden vor dem Gießen aus der Form herausgehoben und können wieder verwendet werden.
- Modelle aus Wachs. Sie werden vor dem Gießen aus der Form ausgeschmolzen.
- Modelle aus Schaumstoff. Sie vergasen während des Gießens.

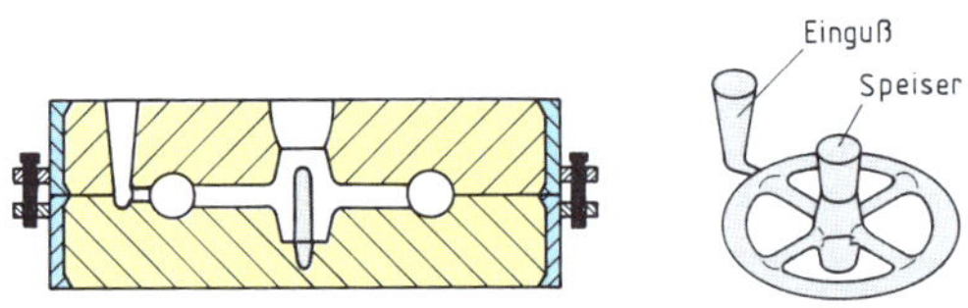

Verlorene Form aus Formsand

- **Dauerformen**

Lassen sich viele Gußstücke in einer Form herstellen, so spricht man von einer Dauerform. Dauerformen werden aus Stahl, Gußeisen oder anderen Metallen hergestellt. Die Form besteht aus mehreren Teilen. Beim Abgießen muß die Form geschlossen sein. Das Gußstück wird der geöffneten Form entnommen. Dauerformen verwendet man für Werkstücke aus Nichteisenmetallen, die einen Schmelzpunkt bis etwa 1 000° Celsius haben und in großen Stückzahlen hergestellt werden.

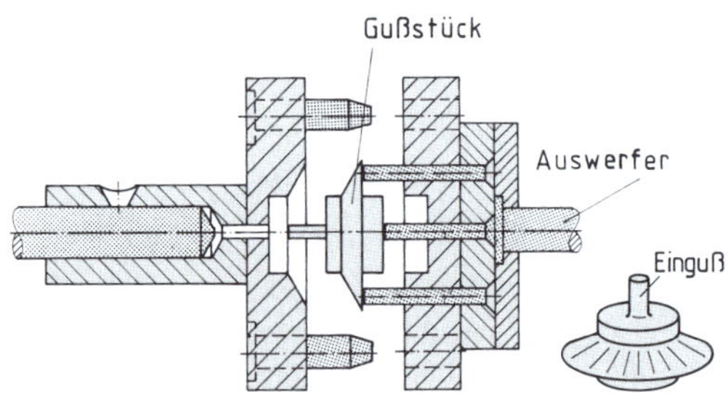

Dauerform für Druckguß (geöffnet)

In einer verlorenen Form kann nur ein Werkstück abgegossen werden. In einer Dauerform können sehr viele Werkstücke hergestellt werden.

Übungsaufgabe 4/3

4.1.2 Physikalische Grundlagen des Gießens

• Verhalten des flüssigen Gußwerkstoffes

Metallschmelzen verhalten sich wie andere Flüssigkeiten. Sie bestehen aus kleinsten Teilchen, die sich regellos mit hoher Geschwindigkeit bewegen. Zwischen diesen Teilchen wirken nur geringe Zusammenhangskräfte (Kohäsionskräfte). Wegen dieser geringen Kohäsionskräfte passen sich Flüssigkeiten beliebigen Hohlräumen an. Ein flüssiger Gußwerkstoff kann daher auch komplizierte Formhohlräume ausfüllen.

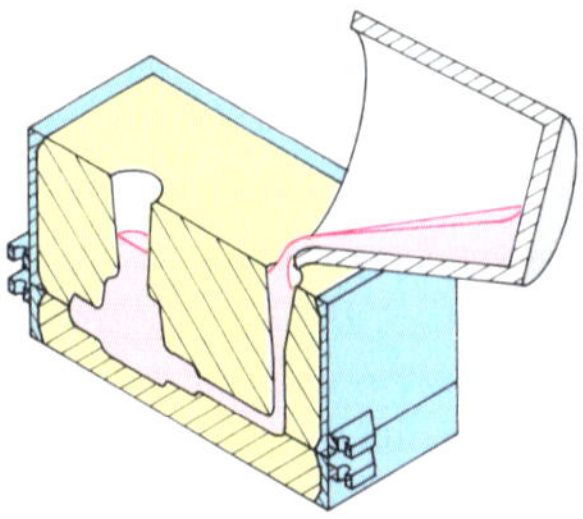

Anpassung der Flüssigkeit an die Gefäßform

Flüssigkeiten passen sich jeder Form eines Gefäßes an.

Die kleinen Teilchen einer Flüssigkeit befinden sich trotz ihrer Bewegung so eng beieinander, daß sie durch äußere Kräfte nicht näher zusammengebracht werden können. Unter Einwirkung äußerer Kräfte ändert sich das Volumen von Flüssigkeiten nicht.

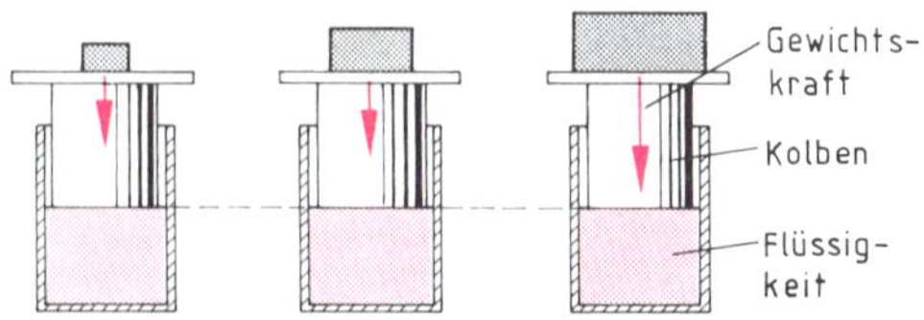

Wirkung äußerer Kräfte auf eine Flüssigkeit

Flüssigkeiten lassen sich durch äußere Kräfte nicht zusammendrücken.

• Druck auf Flüssigkeiten

Über einen Kolben wirkt eine Kraft gleichmäßig auf die eingeschlossene Flüssigkeit. Dadurch stehen die Flüssigkeitsteilchen unter Druck. Als Druck p bezeichnet man das Verhältnis zwischen einer wirkenden Kraft F und der belasteten Fläche A.

Meist wird der Druck in bar angegeben.

Es gilt die Beziehung: $1\ \text{bar} = 10\ \frac{\text{N}}{\text{cm}^2}$

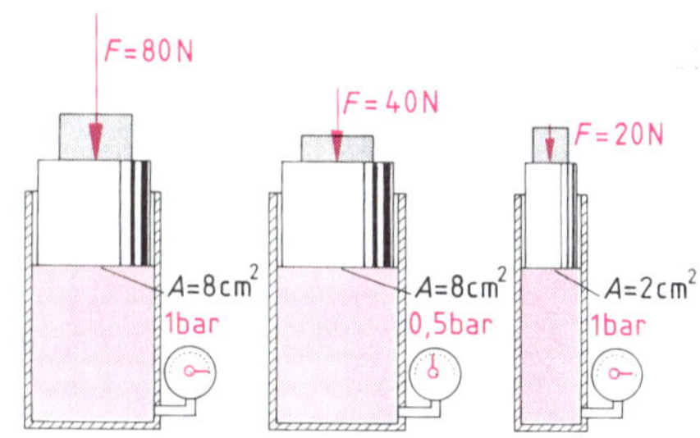

$p = \frac{80\ \text{N}}{8\ \text{cm}^2} = 10\ \frac{\text{N}}{\text{cm}^2}$ $p = \frac{40\ \text{N}}{8\ \text{cm}^2} = 5\ \frac{\text{N}}{\text{cm}^2}$ $p = \frac{20\ \text{N}}{2\ \text{cm}^2} = 10\ \frac{\text{N}}{\text{cm}^2}$

Druckerzeugung

Unter Druck versteht man das Verhältnis aus Druckkraft und Druckfläche.

$$\text{Druck} = \frac{\text{Druckkraft}}{\text{belastete Fläche}} \qquad p = \frac{F}{A}$$

Drückt man bei einem Versuch einen Kolben in eine Spritze mit mehreren Ausflußöffnungen, so spritzt die Flüssigkeit aus allen Öffnungen gleich weit. Dies beweist, daß der Druck von den beweglichen Flüssigkeitsteilchen nach allen Seiten gleichmäßig weitergeleitet wird.

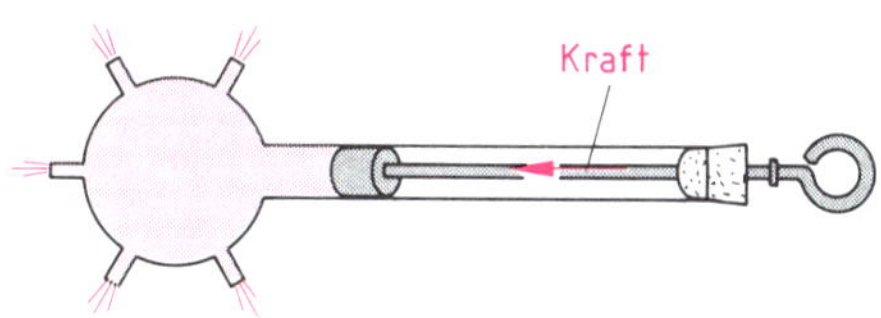

Druckverteilung in Flüssigkeiten

Ein von außen aufgebrachter Druck breitet sich in Flüssigkeiten nach allen Seiten gleichmäßig aus.

Übungsaufgaben 4/4 bis 4/7

Diese gleichmäßige Druckausbreitung in Flüssigkeiten wendet man beim **Druckguß** an. Die Metallschmelze wird von einem Druckstempel in die Form gepreßt. Dabei werden alle Bereiche des Formhohlraums sicher gefüllt.

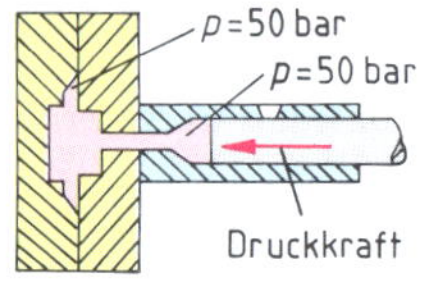

Druckguß

- **Schweredruck in Flüssigkeiten**

Die einzelnen Teilchen einer Flüssigkeit haben ein Eigengewicht. Die oberen Teilchen lasten daher auf den darunter liegenden. Dadurch entsteht von oben nach unten ein wachsender Druck. Der Druck, den eine Flüssigkeit aufgrund ihres Gewichtes ausübt, nennt man **Schweredruck** oder den **hydrostatischen Druck**. Der hydrostatische Druck in einer bestimmten Tiefe ist abhängig von der Höhe der darüber liegenden Flüssigkeitssäule und von der Dichte der Flüssigkeit.

Der hydrostatische Druck einer Flüssigkeit ergibt sich aus ihrer Dichte. Eine Gußeisenschmelze mit der Dichte ϱ = 6,5 g/cm³ übt daher bei gleicher Formhöhe einen größeren hydrostatischen Druck aus als eine Aluminiumschmelze mit der Dichte ϱ = 2,4 g/cm³.

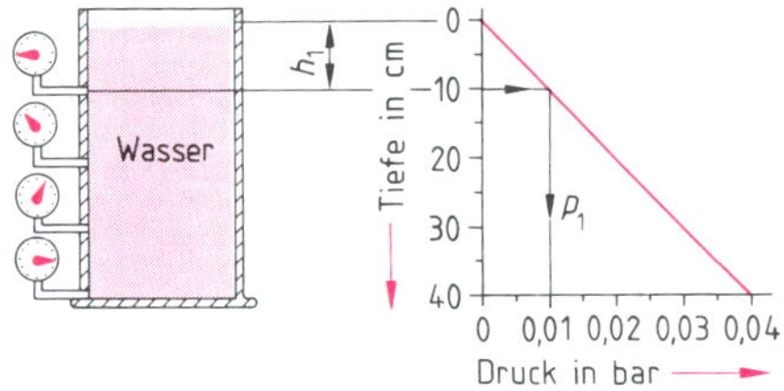

Abhängigkeit des Druckes von der Tiefe der Flüssigkeit

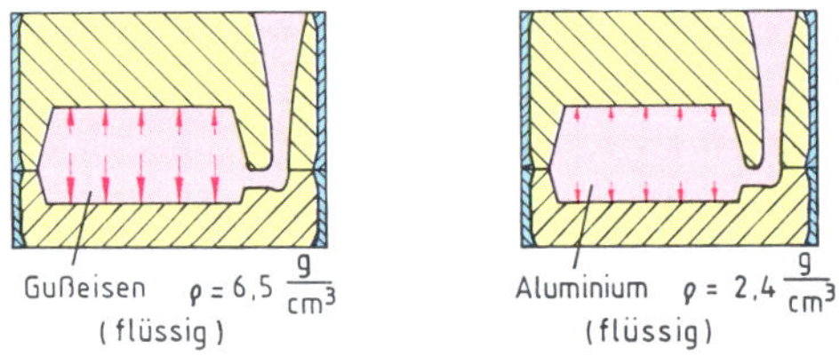

Abhängigkeit des Druckes von der Dichte des Gußwerkstoffes

Der hydrostatische Druck wird vom Eigengewicht einer Flüssigkeit hervorgerufen.

Er wächst mit
- der Höhe der Flüssigkeitssäule und
- der Dichte der Flüssigkeit.

In offenen Gefäßen, die miteinander verbunden sind, wirkt sich der hydrostatische Druck so aus, daß die Flüssigkeit überall gleich hoch steht; denn der hydrostatische Druck ist unabhängig von der Gestalt und dem Querschnitt der Gefäße. Ein solches System von verbundenen Gefäßen stellt eine offene Gießform dar. Beim Eingießen der Metallschmelze steigt das flüssige Gießmaterial überall gleichmäßig hoch, bis die gesamte Form gefüllt ist.

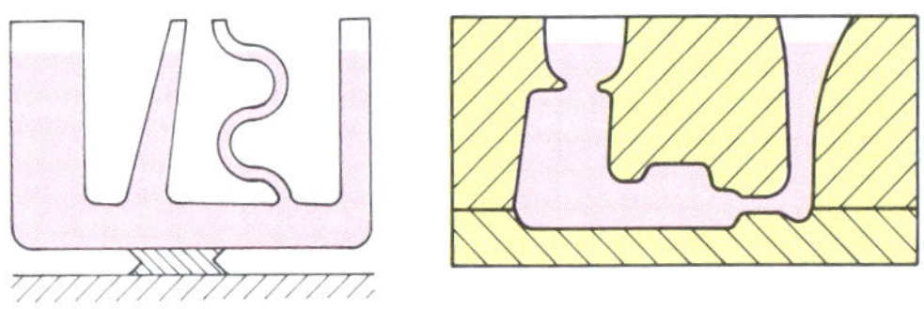

Verbundene Gefäße

In offenen und verbundenen Gefäßen stehen die Flüssigkeitsoberflächen stets in gleicher Höhe.

Hoher Druck im Gießmaterial verringert die Gefahr von Gußfehlern. Deshalb liegt der Flüssigkeitsspiegel in offenen Formen an der Eingußstelle stets höher als die höchste Stelle des abzugießenden Gußteils. Die Erhöhung des hydrostatischen Druckes kann man nur durch eine Erhöhung der Flüssigkeitssäule an der Eingußsstelle erreichen. Deshalb wird im Bedarfsfall die Eingußsstelle durch Aufsätze erhöht.

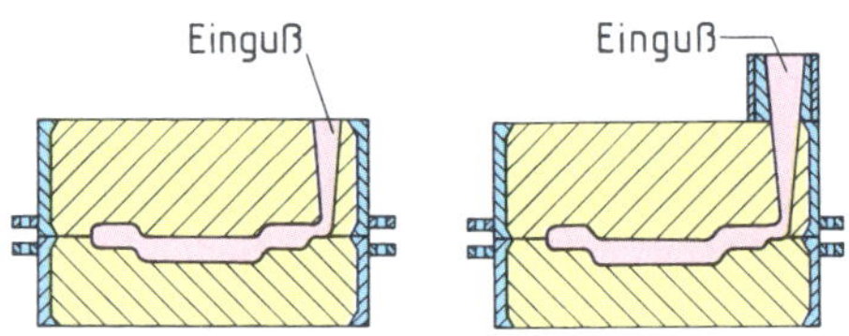

Druckerhöhung durch Verlängerung des Eingusses

Übungsaufgaben 4/8 bis 4/15

4.1.3 Handformverfahren zum Herstellen von Sandformen

Beim Urformen durch Gießen sind besondere technologische Probleme zu berücksichtigen. Diese Probleme werden am Beispiel der Fertigung eines Reitstockkörpers durch Gießen in einer **verlorenen Form** erklärt.

• Konstruktion des Gußteils

Der Konstrukteur hat den Reitstock so gestaltet, daß er seine Funktion als Bauelement der Drehmaschine erfüllt und durch Gießen leicht zu fertigen ist.

Wichtige Grundregeln der Konstruktion sind:

- Alle Wanddicken sollen möglichst gleich sein,
- Kanten und Ecken sollen abgerundet werden, damit das Werkstück gleichmäßig und spannungsfrei erstarren kann,
- Hinterschneidungen sollen vermieden werden, damit der Formhohlraum einfach herzustellen ist.

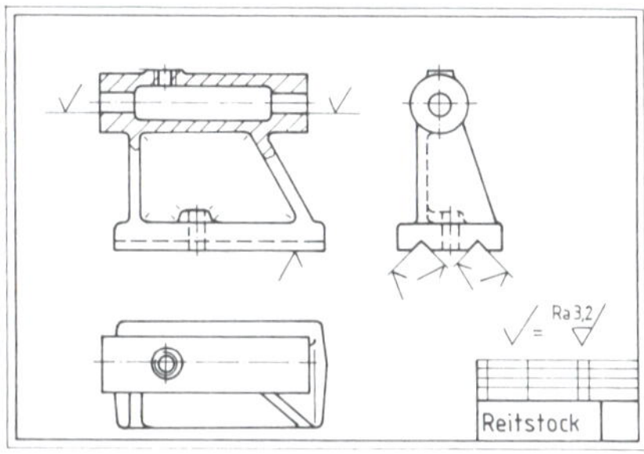

Zeichnung eines Reitstockoberteiles

• Herstellen einer Modelleinrichtung

Nach der Konstruktionszeichnung fertigt der Modellbauer eine neue Zeichnung an, den **Modellriß,** welche alle form- und gießtechnischen Gesichtspunkte berücksichtigt, d.h.

- alle Maße werden um das **Schwindmaß** vergrößert, da das Werkstück beim Erkalten schwindet. So beträgt die *Längenschwindung* bei:
  - Gußeißen 1%,
  - Messing 1,5%,
  - Aluminium 1,25%,
  - Stahlguß 2%.
- damit der Formvorgang vereinfacht wird, sieht man eine **Modellteilung** möglichst im größten Querschnitt vor.

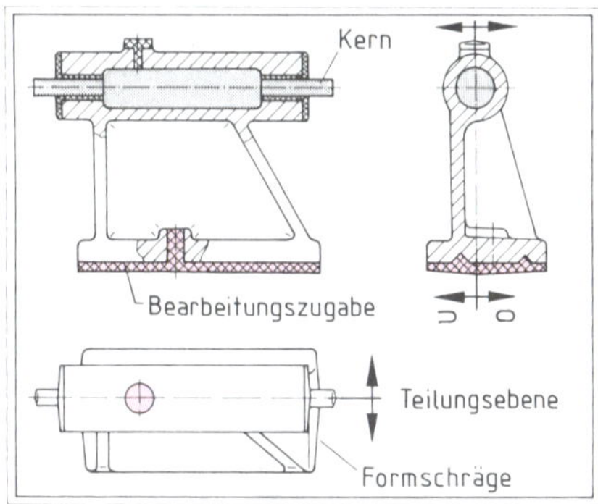

Modellriß eines Reitstockoberteiles

- alle Flächen, die in der Form senkrecht zur Teilung liegen, erhalten eine Schräge, damit das Modell leicht aus der Form zu heben ist. Bei kleinen Modellen beträgt die **Formschräge** 2°.
- alle Flächen, die später bearbeitet werden, erhalten eine **Bearbeitungszugabe**. Kleine Bohrungen werden voll gegossen. Bei kleinen Werkstücken beträgt die Bearbeitungszugabe etwa 2 mm.
- für hinterschnittene Konturen und Innenkonturen wird ein Kernkasten vorgesehen, in dem Sandteile (Kerne) gefertigt werden, die später die entsprechenden Hohlräume erzeugen. Die Lagerstellen des Kerns werden durch die Kernmarken am Modell erzeugt.

Entsprechend dem Modellriß wird die Modelleinrichtung gefertigt. Als Modellwerkstoff verwendet man je nach Zahl der geforderten Abgüsse Holz, Metall oder Kunststoff.

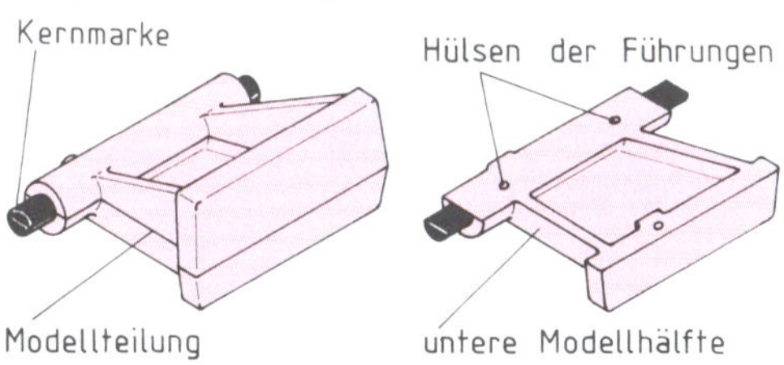

Modell

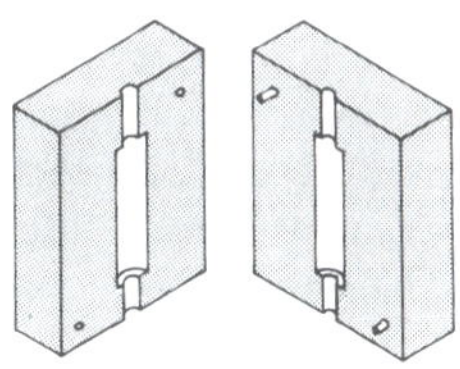
Kernkasten

Übungsaufgaben 4/16; 4/17

• Herstellen der gießfertigen Form in der Handformerei

In der Formerei fertigt man mit Hilfe des Modells die verlorene Sandform an.
Dies geschieht in folgenden Arbeitsschritten:

1. Einformen einer Modellhälfte im Unterkasten. Eine Modellhälfte wird auf eine Platte gelegt und mit Trennmittel eingepudert. Ein Formrahmen aus Metall wird darüber gesetzt, Formsand in den Kasten gefüllt und festgestampft. Der aufgestampfte Unterkasten wird umgedreht.

2. Einformen der zweiten Modellhälfte im Oberkasten
Die zweite Modellhälfte wird auf die erste, bereits eingeformte Hälfte gelegt und ist gegen seitliches Verschieben durch Dübel gesichert. Ein zweiter Formrahmen wird mit Führungen auf den ersten gestellt. Die Form muß eine Eingußöffnung und einen Steiger erhalten. Dazu werden Modelle für den Einguß und den Steiger aufgesetzt. Nun wird der Oberkasten ebenso mit Sand gefüllt wie der Unterkasten.

3. Ausheben der Modelle
Ober- und Unterkasten werden voneinander getrennt. Zwischen dem Einguß und dem Formhohlraum des Reitstockes wird in den Sand ein Verbindungskanal, der sogenannte Lauf, geschnitten. Alle Modellteile werden aus dem Formsand herausgehoben.

4. Vorbereiten der Form zum Gießen
Der Kern für die durchgehende Bohrung wird in die Kernmarken des Unterkastens eingelegt. Der Oberkasten wird auf den Unterkasten gesetzt. Die Führungen zwischen den beiden Kästen verhindern ein seitliches Verschieben. Zum Schluß beschwert man den Oberkasten, damit er durch das Gießmaterial nicht hochgedrückt werden kann. Die Form ist gießfertig.

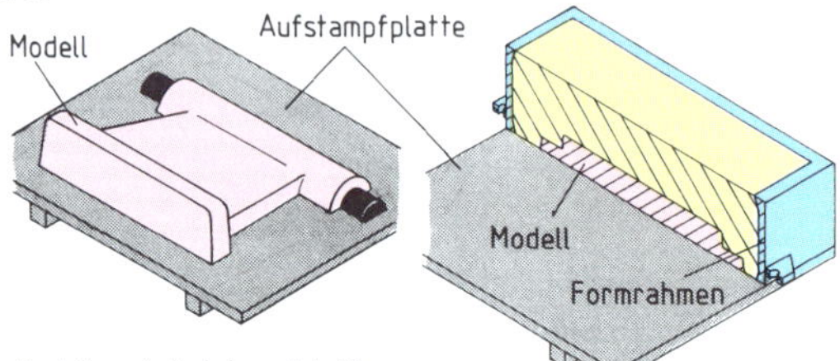

Modell auf Aufstampfplatte

Aufstampfen des Unterkastens

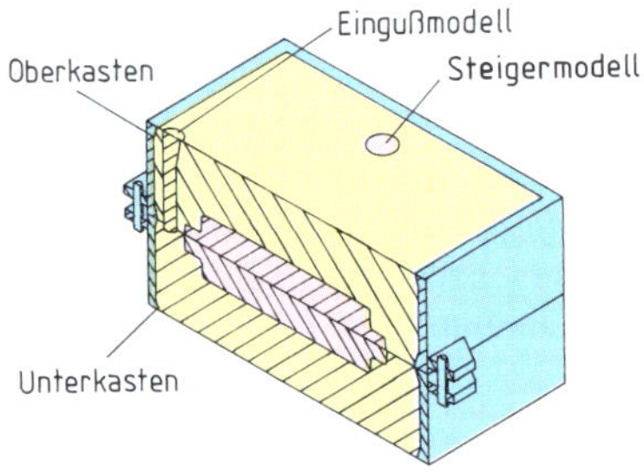

Aufstampfen des Oberkastens

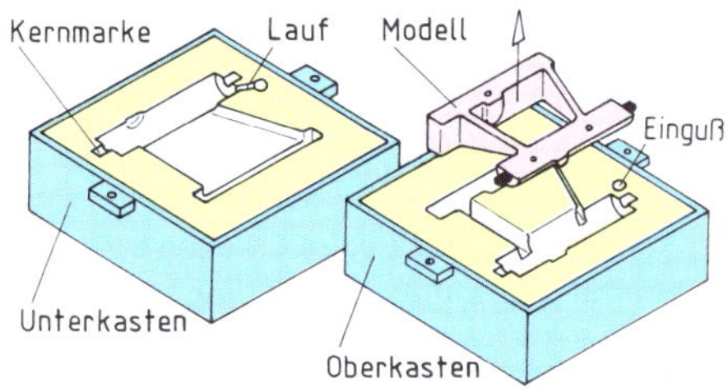

Ausheben der Modelle

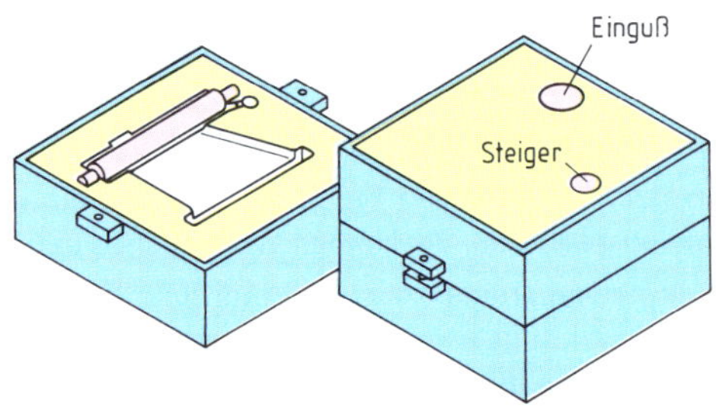

Unterkasten mit eingelegtem Kern **Zusammengelegte Form**

• Abgießen und Putzen des Gußstückes

Durch den Eingußtrichter wird der flüssige Gußwerkstoff in die Form gegossen. Nach dem Erstarren wird die Form zerschlagen und das Gußstück herausgenommen. Eingußtrichter, Lauf und Speisertrichter werden abgeschnitten und das Gußstück gesäubert. Abschließend werden Grate und andere Überstände abgeschliffen.

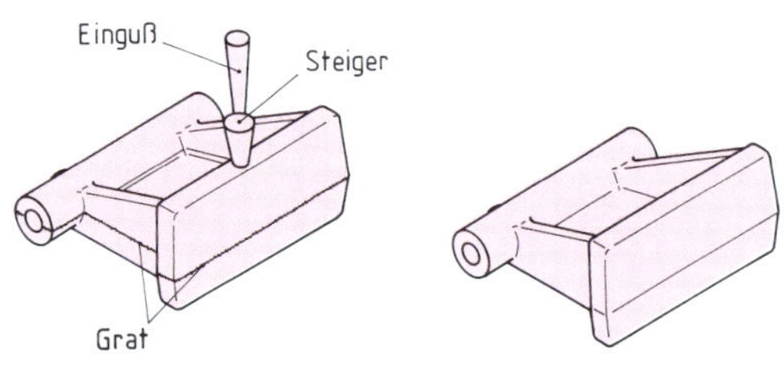

Gußstück mit Einguß und Steiger **Fertiges Gußstück**

Übungsaufgaben 4/18; 4/19

4.1.4 Vollformgießverfahren

Beim Vollformgießverfahren wird ein Modell aus thermoplastischem Hartschaum hergestellt. Dieses wird eingeformt und bleibt beim Gießen in der Form. Es verdampft durch die Hitze des auftreffenden Gießmaterials.
Anwendung findet das Verfahren zur Einzelteilherstellung für größere Gußstücke, an deren Oberflächen und Maße nur geringe Anforderungen gestellt werden.

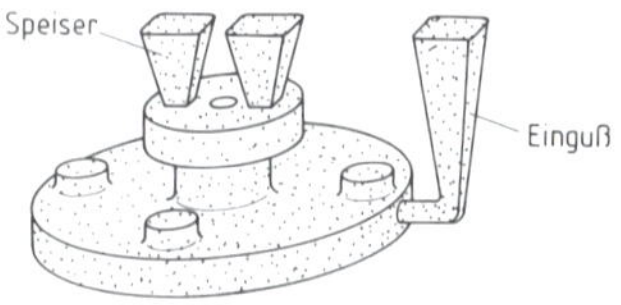

Modell aus Polystyrol-Hartschaum, z.B. Styropor®

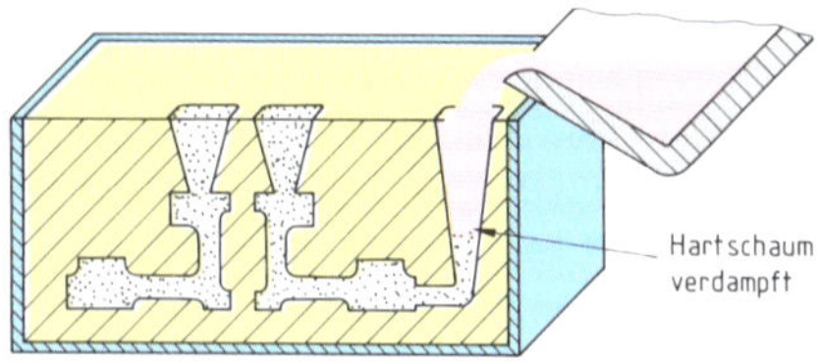

Eingeformtes Modell beim Abguß

4.1.5 Maskenformverfahren

Beim Maskenformverfahren wird der mit Kunstharz gemischte Formsand auf vorgeheizten Modellplatten in einer ca. 10 bis 20 mm dicken Schicht erhärtet. Nach Entfernen des nicht ausgehärteten Formstoffs und Härten der Rückseite erhält man schalenartige Formhälften. Diese werden zur fertigen Form zusammengeklebt oder verklammert.
Das Maskenformverfahren wird in der Serienfertigung für Werkstücke, die gute Maßgenauigkeit und Oberflächengüte besitzen müssen, angewendet.

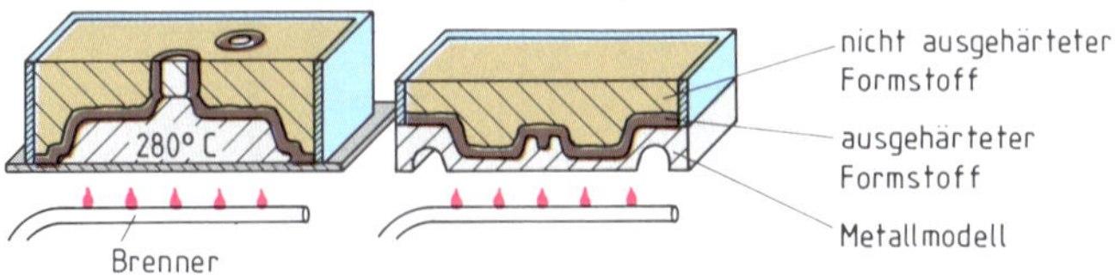

Erstarrung der Schale

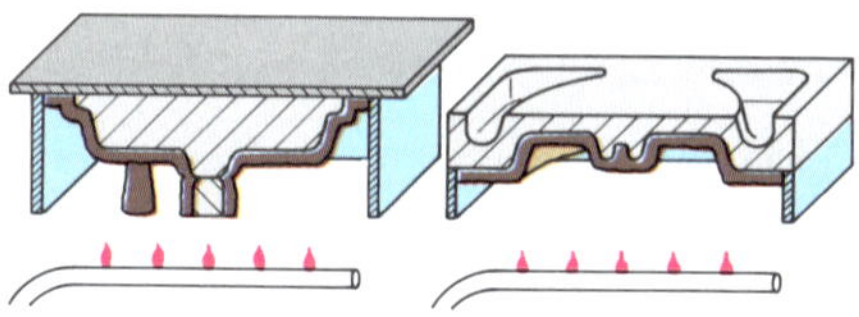

Härten der Außenseiten

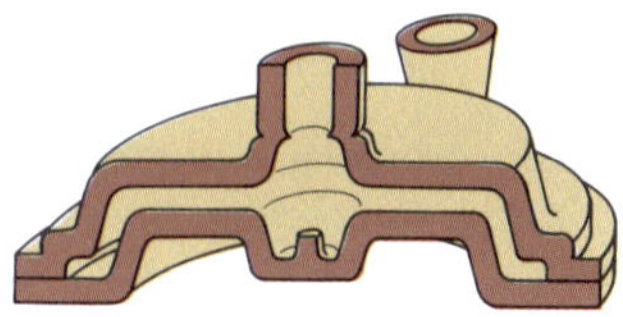

Schnitt durch die Formmaske

4.1.6 Feingußformverfahren (Wachsausschmelzverfahren)

Für jedes Werkstück wird beim Feinguß ein eigenes Modell aus Wachs durch Spritzgießen (siehe *„Urformverfahren für Kunststoffe"*) hergestellt. Die Modelle werden mit Eingußmodellen u.a. zu Trauben montiert. Diese werden mehrfach in aufgeschlämmten Formstoff getaucht und getrocknet, bis eine stabile Schale entstanden ist. Nach Ausschmelzen der Wachsmodelle entsteht eine gießfertige Form.
Das Feingußformverfahren findet Anwendung für Werkstücke, die sehr maßgenau sein müssen und hohe Oberflächenbeschaffenheit haben sollen.

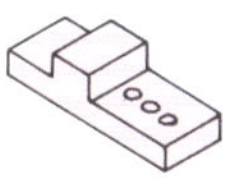

Modell aus Wachs

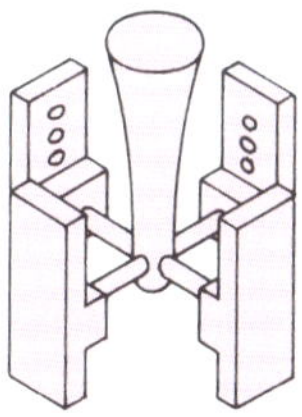

Traube aus vier Modellen mit Einguß

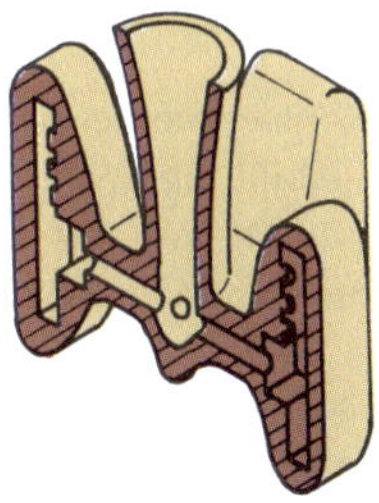

Gießfertige Feingußform im Schnitt

Übungsaufgaben 4/20; 4/21

4.1.7 Druckgießverfahren

Wird das flüssige Gießmaterial durch hohen äußeren Druck in die Druckgießform gepreßt, so spricht man von Druckgießen. Die verwendeten **Dauerformen** bestehen aus hochlegierten Stählen. Die Formen werden in aufwendiger Maschinen- und Handarbeit gefertigt. Die Flächen des Formhohlraumes sind hochglanzpoliert, damit das Gießmaterial nicht anhaftet. Bewegliche Teile der Form wie Kerne und Ausstoßstifte sind eingepaßt, damit am Gußteil möglichst kein Grat entsteht. Die beiden Formhälften müssen genau übereinanderpassen, damit das Gußstück keinen Versatz aufweist.

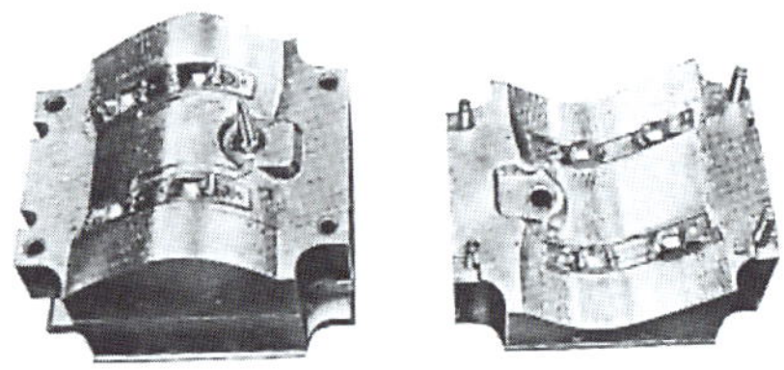

Druckgießform für Pkw-Rückleuchtengehäuse

Gußstücke mit Einguß

Druckgießen wird nur in der Massenfertigung eingesetzt, weil die benötigten Dauerformen sehr teuer sind. Druckgußteile können mit einer hohen Maß- und Formgenauigkeit hergestellt werden.
Beim Druckgießen unterscheidet man das **Warmkammerverfahren** und das **Kaltkammerverfahren.**

- **Warmkammerverfahren**

Beim Warmkammerverfahren besteht die gesamte Gießeinrichtung aus der Druckgießmaschine, dem mehrteiligen Druckgießwerkzeug und der **Gießgarnitur** mit dem **Gießbehälter**. Dabei bilden die Druckgießmaschine und die Gießgarnitur mit Gießbehälter eine Einheit.
Die Gießgarnitur besteht aus einer Einrichtung für die Aufnahme des flüssigen Metalls und seiner Zuführung zu dem Druckgießwerkzeug. Einige Teile der Gießgarnitur befinden sich beim Warmkammerverfahren ständig in der Metallschmelze. Die Schmelze wird im Gießbehälter bevorratet und beheizt.

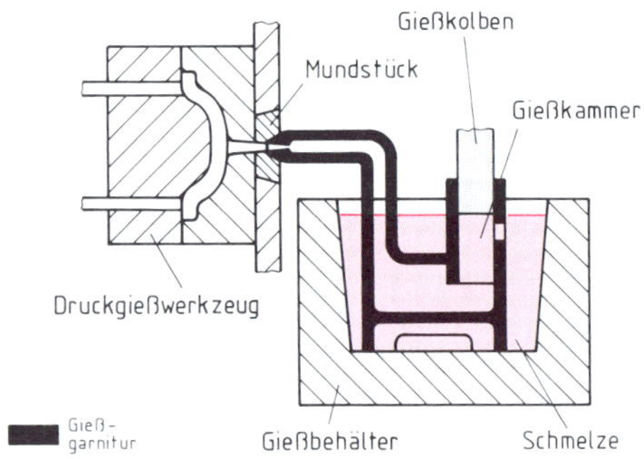

Warmkammerverfahren (Schema)

Beim Warmkammerverfahren bilden die Gießgarnitur und der Gießbehälter eine Einheit mit der Druckgießmaschine. Dabei sind Teile der Gießgarnitur ständig in der Metallschmelze.

- **Kaltkammerverfahren**

Beim Kaltkammerverfahren besteht die Gießeinrichtung ebenfalls aus der Druckgießmaschine, einem mehrteiligen Druckgießwerkzeug, der Gießgarnitur und dem Gießbehälter.
Alle Teile der Gießgarnitur befinden sich außerhalb des Gießbehälters, der mit flüssigem Metall gefüllt ist. Dadurch hat die Gießkammer eine niedrigere Temperatur als die Schmelze.

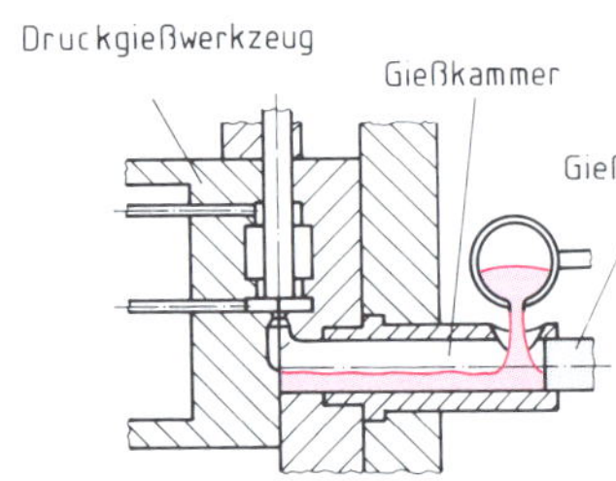

Kaltkammerverfahren (Schema)

Beim Kaltkammerverfahren ist die Verweilzeit des Gießmaterials in der Gießgarnitur so gering, daß die Legierungsbildung zwischen Kammer und Gießmaterial herabgesetzt wird. Deshalb können Metalle mit höheren Schmelztemperaturen vergossen werden. Als Gießmaterial setzt man hauptsächlich Aluminium-Legierungen, Magnesium-Legierungen und Kupfer-Legierungen ein.

Das Kaltkammerverfahren ist dadurch gekennzeichnet, daß die Gießgarnitur vollkommen vom Gießbehälter getrennt ist. Die Gießkammer und der Gießkolben haben deswegen eine niedrigere Temperatur als das Gießmaterial.

Übungsaufgaben 4/22; 4/23; 4/24

4.2 Urformverfahren für Kunststoffe

4.2.1 Spritzgießen

Granulate thermoplastischer Kunststoffe können durch Spritzgießen zu Formkörpern verarbeitet werden. Der Spritzgießvorgang erfolgt in mehreren Stufen:

- **Einspritzen des Kunststoffes**

- Das geschlossene Werkzeug und die Spritzeinheit werden zusammengepreßt.
- Mit Hilfe eines Druckkolbens wird die stillgesetzte Schnecke nach vorne geschoben, dadurch wird Formmasse aus dem Sammelraum unter hohem Druck in den Formhohlraum gespritzt.

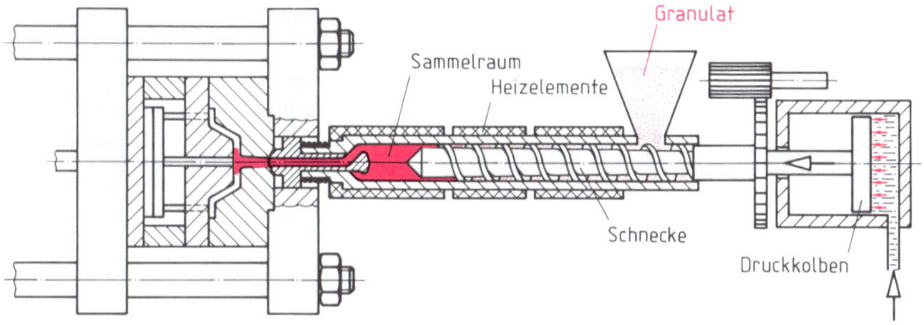

- **Nachdrücken und Plastifizieren**

- Der Nachdruck wird aufrechterhalten, indem die Schnecke wieder in Drehung versetzt wird.
- Die Schnecke fördert das Granulat aus dem Massetrichter durch den beheizten Spritzzylinder in den Sammelraum, der Kunststoff wird geschmolzen und gleichmäßig durchgeknetet.
- Im Sammelraum staut sich der nach vorn geförderte Kunststoff, dadurch wird die Förderschnecke nach hinten geschoben.

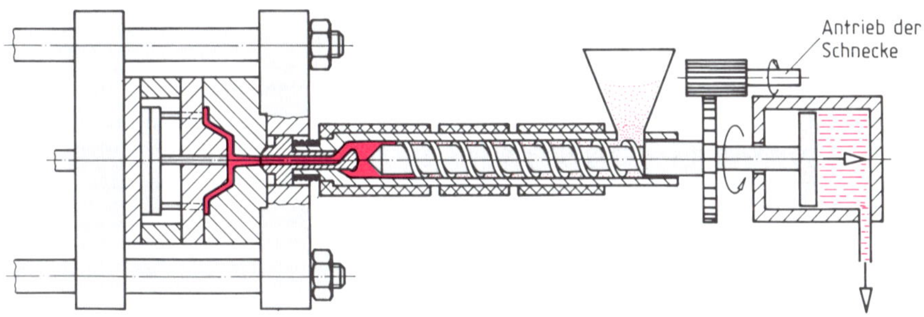

- **Entfernen des Formteiles**

- Das Werkzeug und die Spritzeinheit werden voneinander getrennt.
- Das abgekühlte Formteil wird ausgestoßen.

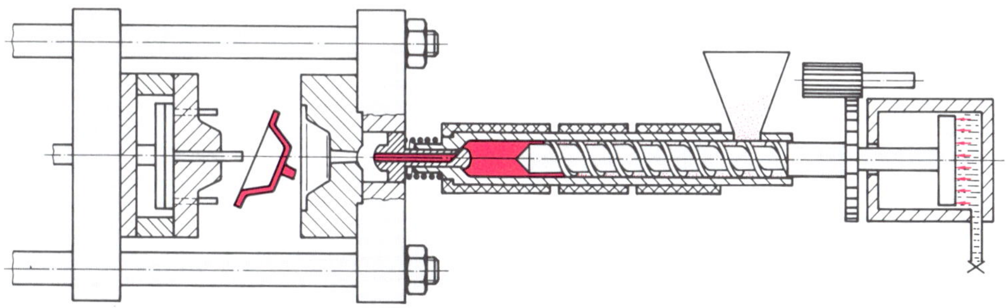

Durch Spritzgießen werden Formteile vor allem aus thermoplastischen Kunststoffen erzeugt.

4.2.2 Pressen

Durch Pressen werden Kunststoffpulver oder vorgeformte Preßmassen unter Druck zu duroplastischen Formkörpern gepreßt, die in der beheizten Form aushärten.
Um die Zeit bis zum Aushärten zu verkürzen und um Gefügelockerungen, wie sie bei der Polykondensation durch die Wasserbildung auftreten können, zu vermeiden, setzt man noch nicht voll vernetzte Vorprodukte ein, die dann aushärten.

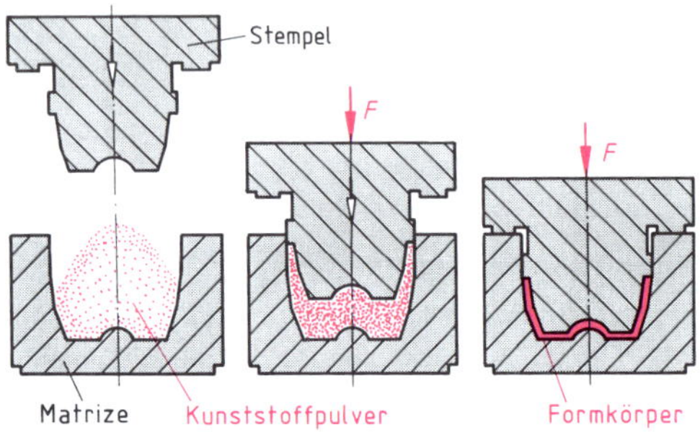

Pressen von Kunststoffpulver in einem Füllwerkzeug

4.2.3 Extrudieren

Mit Hilfe des Extruders werden stabförmige Profile und Rohre aus thermoplastischen Kunststoffen hergestellt. Der Extruder ist eine beheizte Schneckenpresse, in der das zu verarbeitende Material erwärmt, plastifiziert und *kontinuierlich* zum profilgebenden Werkzeug gefördert wird.

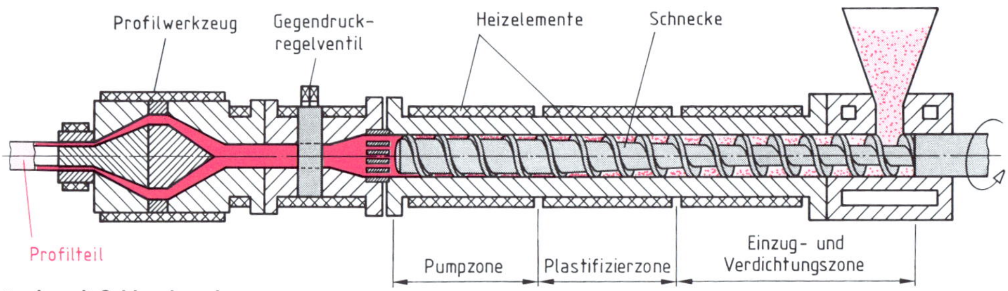

Extruder mit Schlauchwerkzeug

4.3 Urformen durch Sintern

Durch das Urformverfahren Sintern stellt man aus pulverförmigen Ausgangsstoffen feste Werkstücke in ihrer Endform her. Diese Werkstücke zeichnen sich durch hohe Form- und Maßgenauigkeit aus.
Die Fertigung von Werkstücken aus Metallpulver oder aus Pulver metallischer Verbindungen erfolgt meist in mehreren Arbeitsgängen. Siehe *„Werkstofftechnik“*, Kapitel *„Sinterwerkstoffe“*.

Arbeitsgänge beim Sintern

Pulverherstellung → Erzeugung des Formkörpers durch Pressen → Sintern des Formkörpers

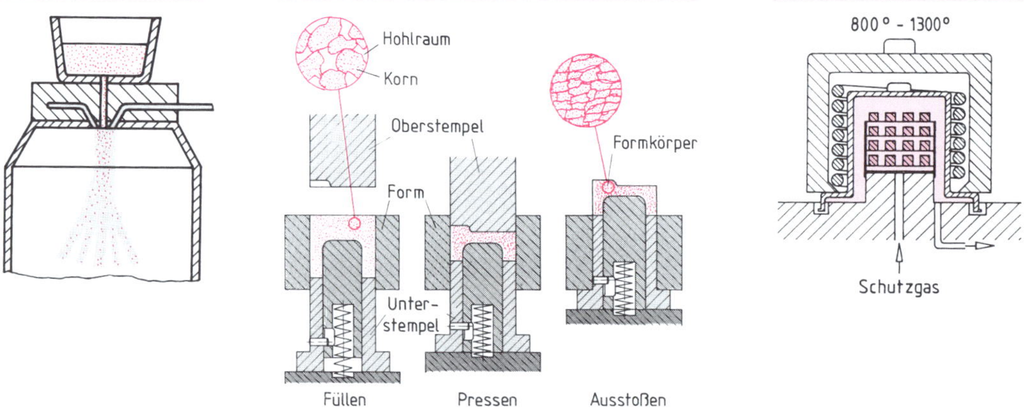

Beim Sintern wird aus metallischen Pulvern unter hohem Druck ein Rohling gepreßt und unter Wärmewirkung ein zusammenhängendes Werkstückgefüge geschaffen.

Übungsaufgaben 4/25 bis 4/31

5 Fertigungsverfahren des Umformens

In der Einteilung der Fertigungsverfahren nach DIN 8580 steht das Umformen an zweiter Stelle. Nach dem Urformen wird der größte Teil der Werkstoffe durch Umformen zu Blechen, Drähten und anderen Profilen weiterverarbeitet. Man nennt diese Produkte **Halbzeuge**. Für die Fertigung von Massenprodukten ist die weitere Umformung der Halbzeuge meist das wirtschaftlichste Verfahren.

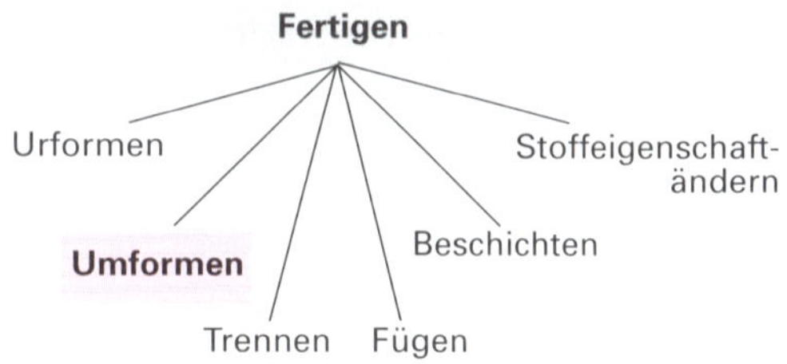

Beispiele für Umformteile an einem Fahrrad

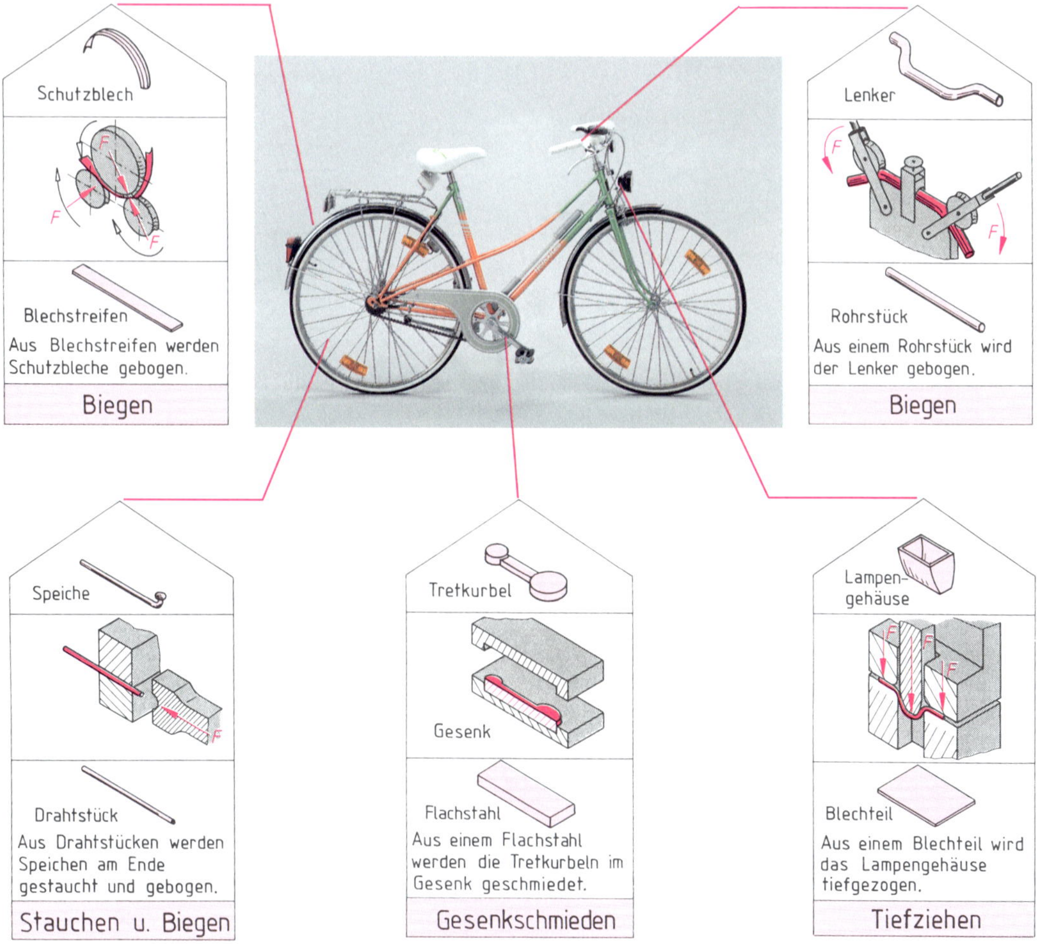

Beim Umformen wird die Formänderung von festen Körpern durch äußere Kräfte bewirkt. Nach Entlastung bleibt diese Formänderung weitgehend erhalten. Man spricht von einer **plastischen Formänderung**. Beim Umformen wird zwar die Form des Werkstücks geändert, jedoch bleiben das Volumen und der Zusammenhalt erhalten. Es können nur solche Werkstoffe umgeformt werden, die eine erhebliche plastische Formänderung ohne Zerstörung des Zusammenhalts ertragen.

Umformen ist Fertigen durch plastische Formänderung eines festen Körpers.

Übungsaufgaben 5/1; 5/2

5.1 Verhalten des Werkstoffs beim Umformen

Wird ein Werkstoff durch äußere Kräfte belastet, so treten Formänderungen ein. Zugkräfte bewirken eine Verlängerung, Druckkräfte bewirken eine Verkürzung des Werkstücks in Kraftrichtung.

Bei geringer Beanspruchung unterhalb der Streckgrenze werden in einem Metall die Atome nur geringfügig gegeneinander verschoben, ohne daß ein Platzwechsel auftritt. Bei Entlastung nehmen sie wieder die ursprünglichen Plätze ein – der Werkstoff wird **elastisch** verformt.

Beanspruchungen oberhalb der Streckgrenze bewirken das Abgleiten einzelner Atomebenen und damit eine bleibende Formänderung – der Werksstoff wird **plastisch** verformt.

Beispiel **für elastische und plastische Verformung eines zugbelasteten weichen Stahls**

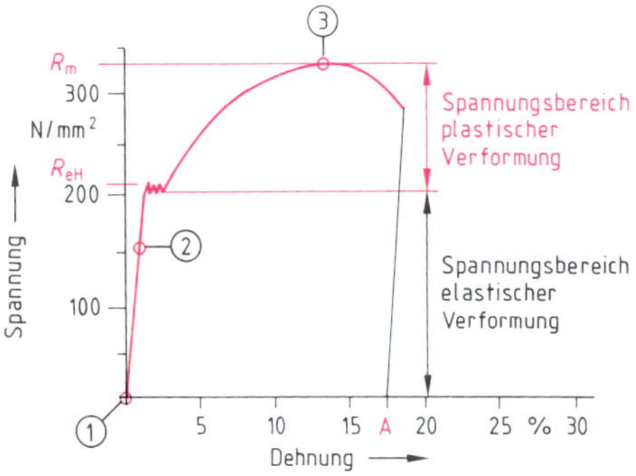

R_m Zugfestigkeit
R_{eH} Streckgrenze
A Bruchdehnung

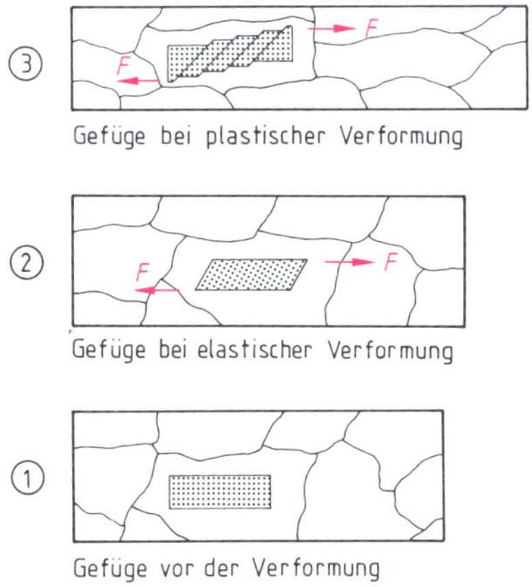

Je niedriger die Streckgrenze eines Werkstoffs ist, desto geringere Kräfte sind zu seiner Umformung notwendig.

Je größer die Bruchdehnung des Werkstoffes ist, desto größer ist seine Umformbarkeit.

Ein Werkstoff ist gut umformbar, wenn bei geringer Spannung eine starke bleibende Dehnung erfolgt. Die Bruchdehnung eines Werkstoffs ist ein Maß für seine Umformbarkeit.

- **Rekristallisation**

Die Verschiebung im Kristallgitter führt zu einer Formänderung der Körner im Gefüge. Wird das kalt umgeformte Werkstück geglüht, so tritt bei einer bestimmten Temperatur, die für jedes Metall verschieden ist, eine Kornneubildung ein. Diese Kornneubildung bezeichnet man als **Rekristallisation**. Die Temperatur, bei der die Kornneubildung eintritt, heißt Rekristallisationstemperatur.

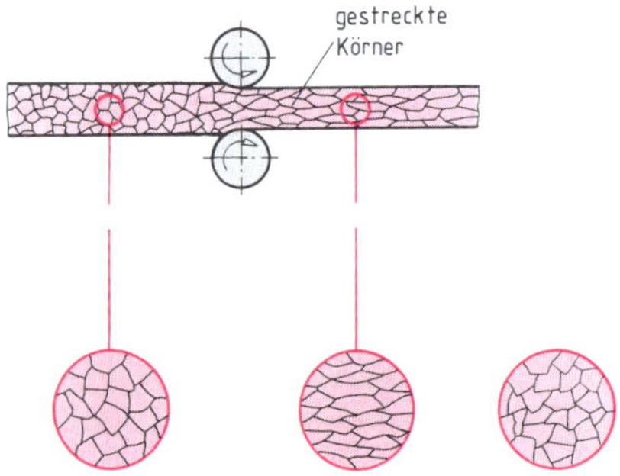

Gefüge vor der Umformung — Gefüge nach der Kaltumformung — Gefüge nach der Rekristallisation

Gefügeänderung durch Rekristallisation

Rekristallisationstemperaturen

Metall	Temperatur °C
Aluminium	150
Blei	0
Eisen	580
Kupfer	200
Magnesium	180
Nickel	600
Zink	150

Ein kalt umgeformtes Gefüge bildet durch Rekristallisation ein neues Gefüge.

Übungsaufgaben 5/3 bis 5/7

- **Warmumformen**

Die Kraft, die man zum Umformen eines Werkstückes benötigt, hängt von der Festigkeit des Werkstoffes ab. Die Festigkeit ändert sich mit der Temperatur. Mit zunehmender Temperatur nimmt die Festigkeit stark ab.
Warmumformen geschieht bei Temperaturen oberhalb der Raumtemperatur. Es wird angewendet
- bei Werkstücken mit großen Wandstärken,
- bei starken Formänderungen.

Warmumformen kann immer dann mit hohen Formänderungen durchgeführt werden, wenn die Umformtemperatur so hoch liegt, daß eine Kornneubildung stattfindet.

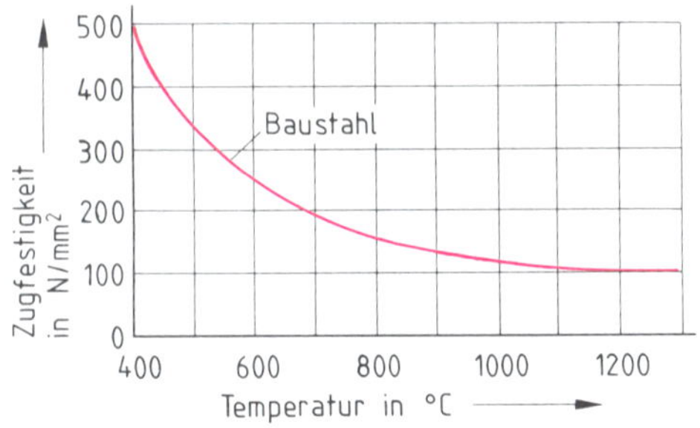

Festigkeitsänderung bei Erwärmung

Metalle lassen sich bei hohen Temperaturen leichter umformen als bei Raumtemperatur.

- **Kaltumformen**

Kaltumformen geschieht bei Raumtemperatur. Die notwendigen Umformkräfte sind darum recht hoch. Da bei den meisten Werkstoffen bei dieser Temperatur keine Kornneubildung stattfindet, ist nur eine begrenzte Umformung möglich.

Der Werkstoff verfestigt sich bei der Umformung, weil das Abgleiten innerhalb der Körner mit steigender Umformung immer mehr behindert wird. Man spricht von einer **Kaltverfestigung**. Mit zunehmender Festigkeit sinkt gleichzeitig die Dehnbarkeit des Werkstoffs.

Kaltumformen wird durchgeführt:
- bei dünnwandigen Werkstücken,
- zur Steigerung der Werkstoffestigkeit, z.B. bei Drahtseilen und Federn.

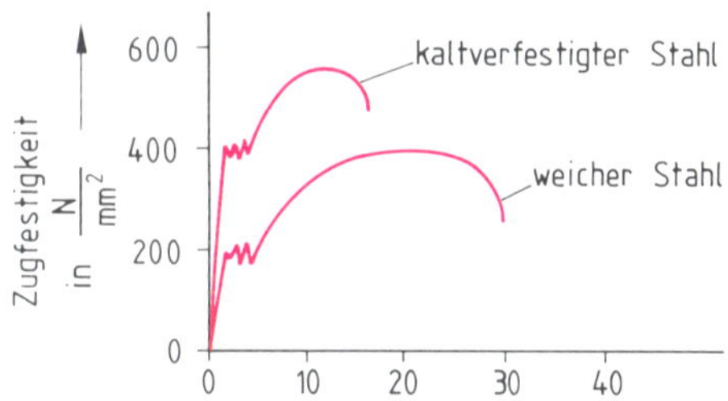

Festigkeitsänderung durch Kaltumformen

Eine Kaltumformung führt zu einer Verfestigung metallischer Werkstoffe. Die Festigkeit und Härte des umgeformten Werkstoffs steigen an, und die Umformbarkeit sinkt.

5.2 Übersicht über Umformverfahren

Ordnet man die Umformverfahren nach der Art der äußeren Krafteinwirkung, durch welche die Formänderung herbeigeführt wird, so unterscheidet man nach DIN 8582 fünf Hauptgruppen.

Druckumformen	Zugumformen	Zugdruckumformen	Biegeumformen	Schubumformen
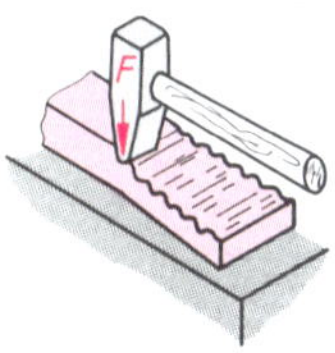	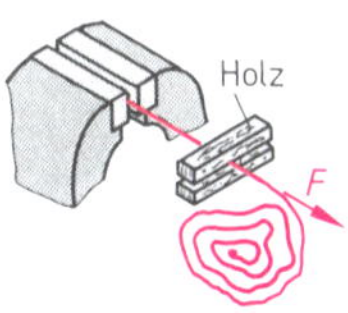	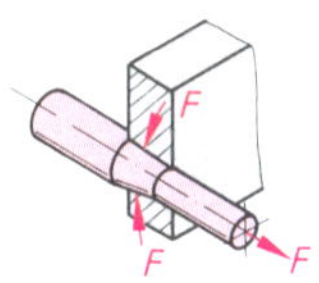	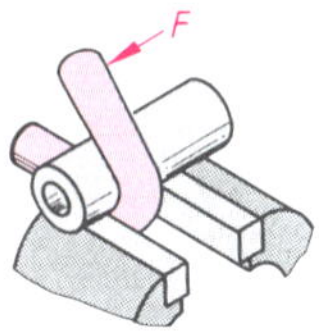	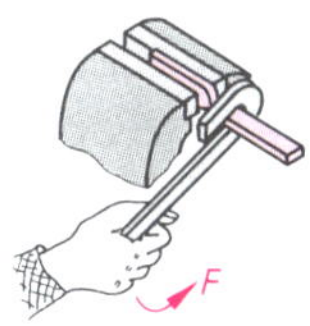
Freiformschmieden	Streckrichten	Drahtziehen	freies Biegen	Verdrehen
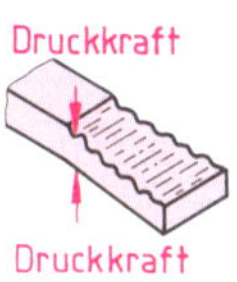	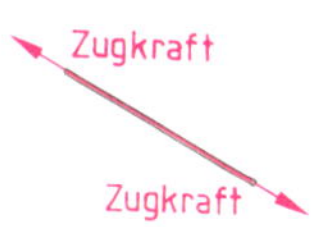	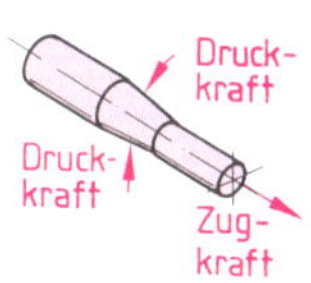	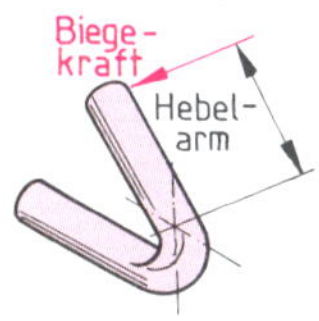	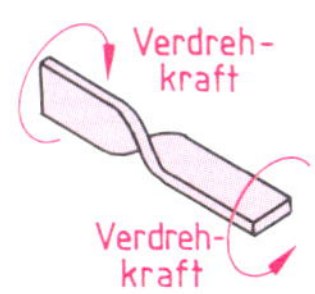

Übungsaufgaben 5/8 bis 5/11

Der überwiegende Teil der metallischen Werkstoffe wird zu Blechen, Rohren, Form- und Stabmaterial verarbeitet. Die Werkstoffe werden aus gegossenen Blöcken oder aus Strängen zu unterschiedlichen Profilen umgeformt. Diese Bleche und Profile sind Zwischenprodukte für die weitere Fertigung von Maschinen, Geräten und Gebrauchsgegenständen. Man bezeichnet sie als Halbzeuge, deren Herstellung meist durch Walzen, Strangpressen, Ziehen oder Biegen erfolgt.

Beispiele für die Halbzeugherstellung durch Umformen

Verfahren	Ablauf des Verfahrens	Erzeugnisse
Druckumformen durch Walzen	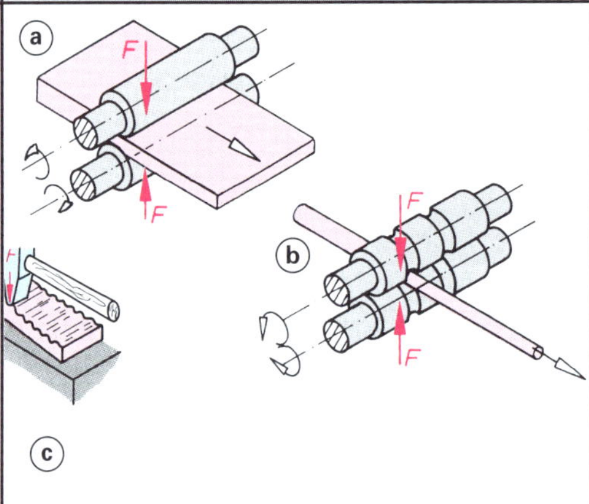	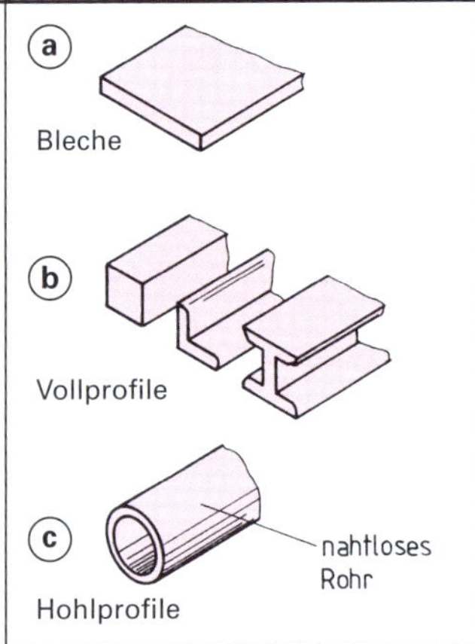
Druckumformen durch Strangpressen	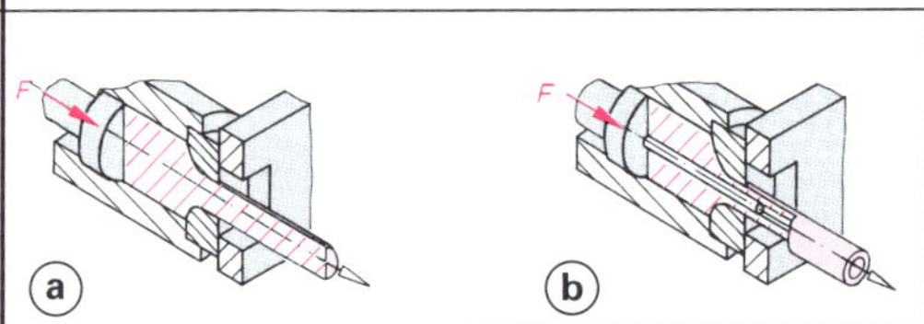	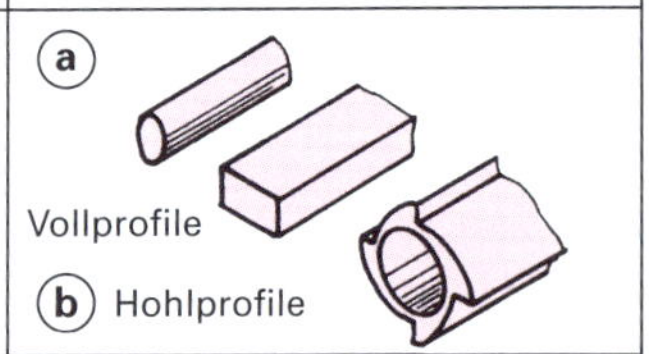
Zugdruckumformen durch Ziehen	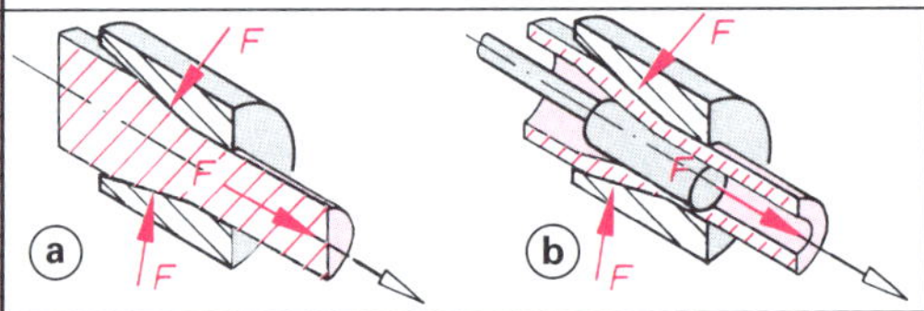	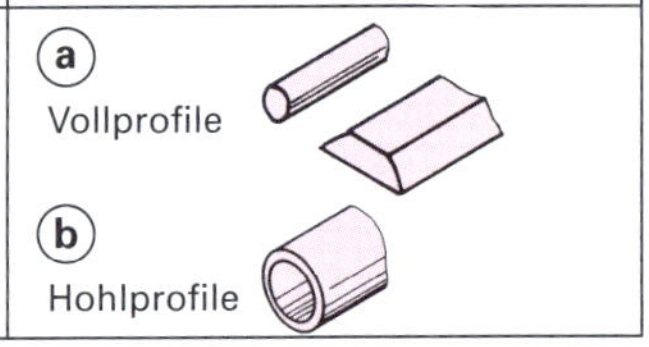

5.3 Biegen

5.3.1 Vorgänge beim Biegen

Beim Umformen durch Biegen wirkt stets von außen eine Kraft in einem Abstand von der Biegestelle. Die Entfernung der Kraft zum nächsten Auflagepunkt des Biegeteils bezeichnet man als Hebel. Die Biegewirkung wird größer mit

- zunehmender Biegekraft und
- zunehmender Länge des Hebelarms.

Die Biegewirkung wird durch das **Biegemoment** erfaßt. Das Biegemoment ist das Produkt aus der Biegekraft und dem zugehörigen Hebelarm.

$M_b = F \cdot l$

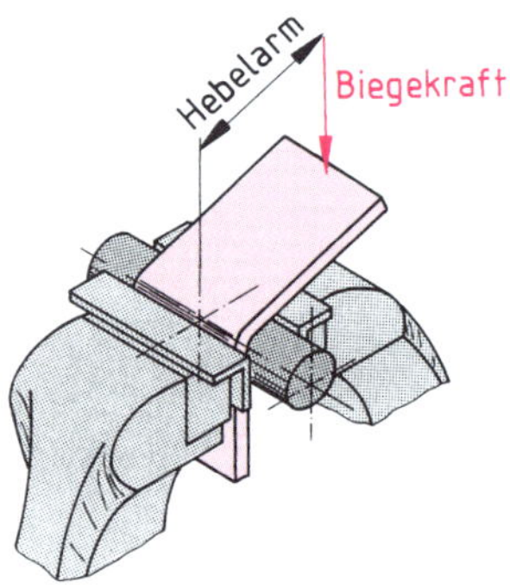

Wirkung des Biegemoments

Biegemoment = Biegekraft · Hebelarm

Übungsaufgaben 5/12; 5/13; 5/14

Beim Biegen eines Werkstücks erfolgt die Umformung unter der Wirkung eines Biegemomentes. Im äußeren Bereich erfolgt eine **Werkstoffstreckung** und im inneren Bereich eine **Werkstoffstauchung**. Zwischen beiden Bereichen liegt eine Ebene, in der der Werkstoff weder gestreckt noch gestaucht wird, sie wird **neutrale Faser** genannt.

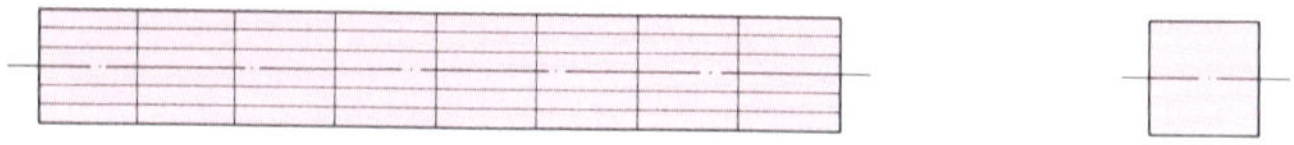

Werkstück vor dem Biegen

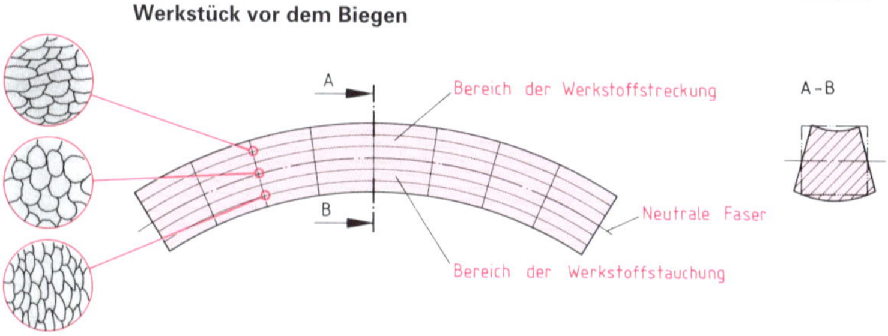

Werkstück nach dem Biegen

Beim Biegen wird der äußere Werkstoffbereich gestreckt und der innere gestaucht. Die mittlere Schicht behält ihre Ausgangslänge und wird neutrale Faser genannt.

5.3.2 Biegeradius

Auf der gestreckten Seite eines gebogenen Werkstücks treten Zugspannungen auf. Diese können bei falscher Wahl des Biegeradiuses zu Rissen bzw. bei Hohlprofilen zu unzulässigen Querschnittänderungen führen.

Diese Fehler lassen sich vermeiden, wenn die Werkstücke mit ausreichend großem Radius gebogen werden. Den Innenradius des gebogenen Teils bezeichnet man als **Biegeradius.**

Die Mindestgröße des Biegeradiuses hängt von der Dehnbarkeit des Werkstoffs und von der Dicke *s* des Werkstücks ab.

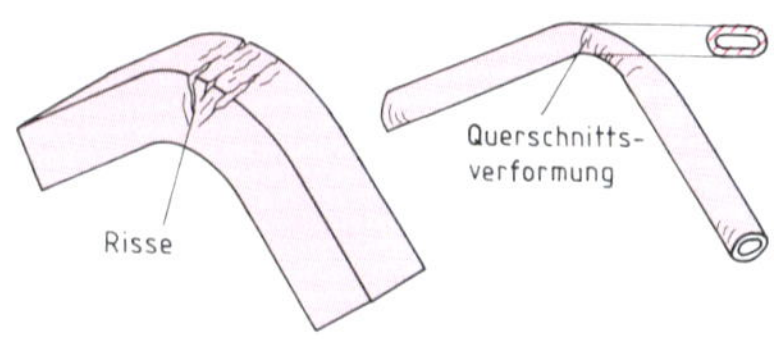

Fehlerhaft gebogene Werkstücke

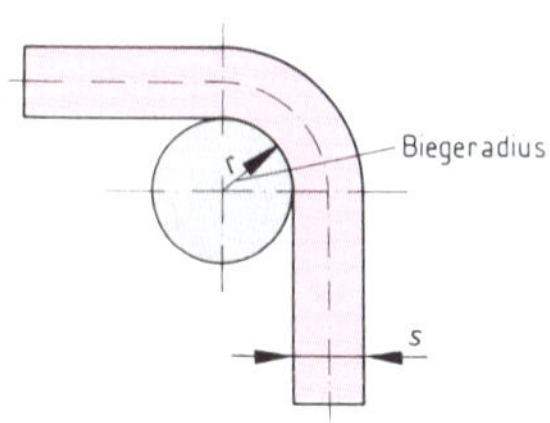

Biegeradius

Als Biegeradius bezeichnet man den Innenradius von Biegeteilen.

Bei kleinem Biegeradiuses wird die Zugseite stärker gedehnt als bei einem größeren Radius. Damit der Werkstoff nicht einreißt, muß bei schlecht dehnbaren Werkstoffen deshalb ein größerer Biegeradius gewählt werden als bei gut dehnbaren Werkstoffen.

Je größer die Dicke des Werkstücks, desto größer sind die Spannungen und Dehnungen bei gleichem Biegeradius. Damit an keiner Stelle der gestreckten Seite die Festigkeit überschritten wird, muß bei größerer Werkstückdicke ein größerer Biegeradius gewählt werden.

Werkstoff	Mindestbiegeradius *r*
Stahl (weich)	0,5 mal Werkstückdicke
Weichaluminium	0,6 mal Werkstückdicke
Harataluminium	1–3 mal Werkstückdicke
Messing	0,4 mal Werkstückdicke

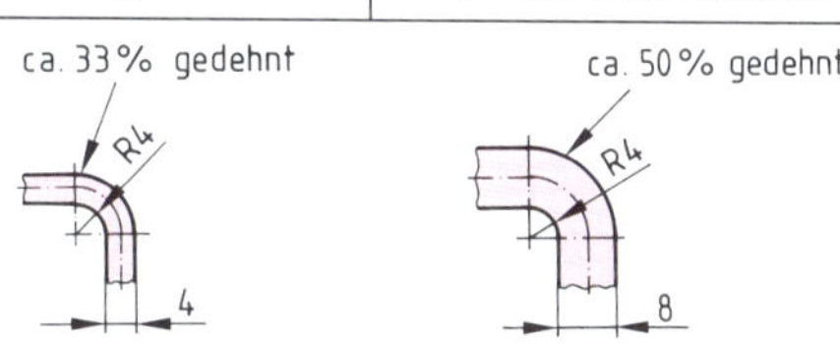

Dehnung in Abhängigkeit von der Weckstückdicke

Die Größe des Biegeradiuses ist abhängig von:
- der Dehnbarkeit des Werkstücks,
- der Dicke des Werkstücks.

Übungsaufgaben 5/15 bis 5/19

5.3.3 Biegen von Blech

Kleinere Blechteile werden in der Einzelfertigung im Schraubstock gebogen. Zum Schutz der Oberfläche werden Beilagen oder Spannvorrichtungen verwendet. Bei Verwendung von entsprechenden Spannvorrichtungen können Werkstücke auch dann exakt gebogen werden, wenn sie breiter sind als der Schraubstock.

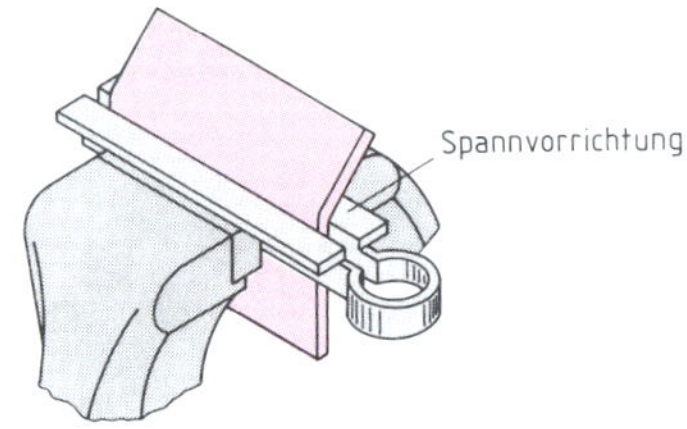

Biegen im Schraubstock

Längere Blechteile werden schnell und formgenau in **Schwenkbiegemaschinen** gebogen. Man spannt das Blech mit der Oberwange fest ein. Der herausragende Teil des Bleches wird durch Schwenken der Biegewange gegen die Biegeschiene gebogen. Man nennt das **Schwenkbiegen** auch **Abkanten**. Für unterschiedliche Biegeradien ist die Biegeschiene auswechselbar.

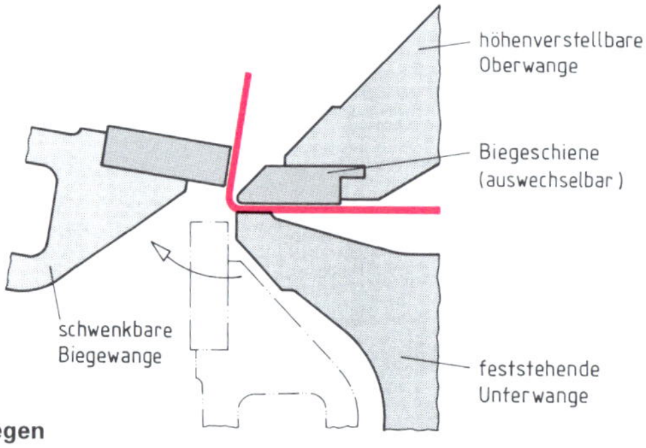

Schwenkbiegen

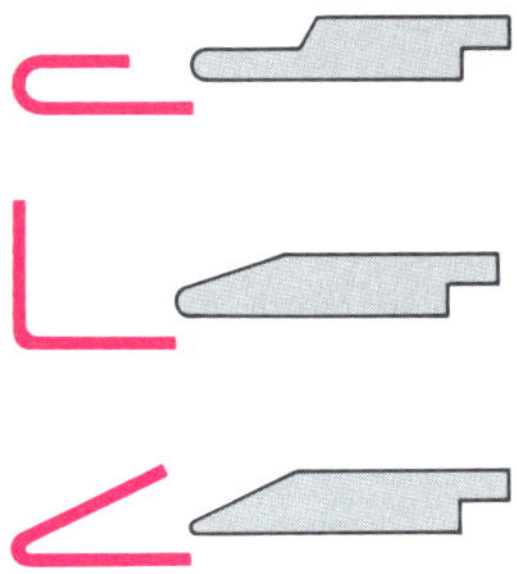
Profilformen (Beispiele)

Auf **Abkantpressen** können größere Bleche zwischen Ober- und Unterwange gebogen werden.

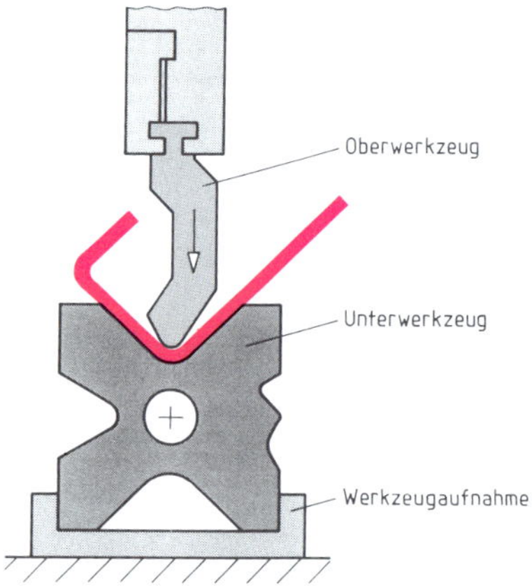

Biegen auf der Abkantpresse

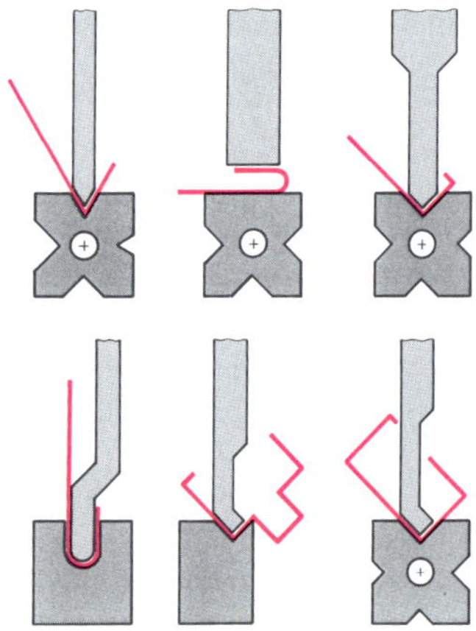
Profilformen (Beispiele)

Bogenförmige und rohrartige Werkstücke erzeugt man auf **Rundbiegemaschinen**. In diesen Maschinen wird das Werkstück von einer Biegewalze in Richtung der Führungswalzen gebogen. Je größer der Abstand zwischen Führungs- und Biegewalze ist, desto größer wird der Radius des gebogenen Werkstückes. Trichterförmige Werkstücke erzeugt man durch Schrägstellung der Biegewalze.

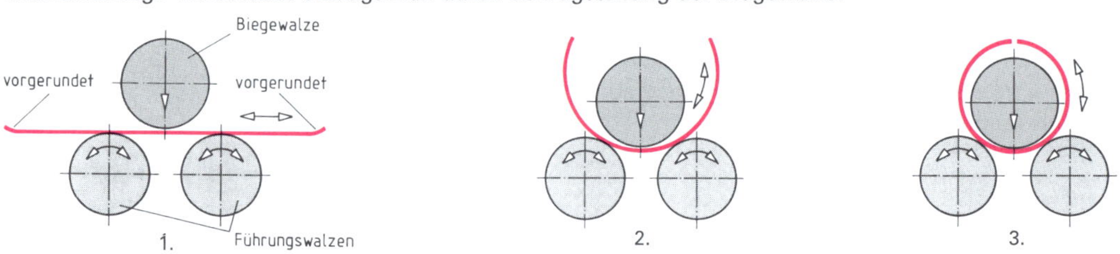

Rundbiegen

Übungsaufgaben 5/20 bis 5/24

5.3.4 Biegen von Rohren

Beim Biegen von Rohren ohne Hilfsmittel tritt in der Biegezone eine Querschnittsveränderung ein. Die Teile der Rohrwand mit hohen Zug- und Druckspannungen weichen der Belastung dadurch aus, daß sie sich der neutralen Faser nähern. Das Rohr flacht ab.

Die Abflachung ist um so größer

- je größer der Rohrdurchmesser,
- je dünner die Rohrwand,
- je kleiner der Biegeradius und
- je geringer die Dehnbarkeit des Werkstoffs ist.

Durch die Abflachung verringern sich der Durchflußquerschnitt und die Belastbarkeit des Rohres an der Biegestelle.

Beim **freien Biegen** von Rohren füllt man den Hohlraum aus, um Querschnittsveränderungen zu vermeiden.

Als Füllungen eignen sich trockener Sand, leicht schmelzbare Stoffe (Kolophonium, Blei) und Spiralfedern. In Kunststoffrohre werden häufig Gummischläche eingezogen.

Nach dem Biegevorgang werden die Füllungen wieder entfernt. Kolophonium und Blei müssen dazu ausgeschmolzen werden.

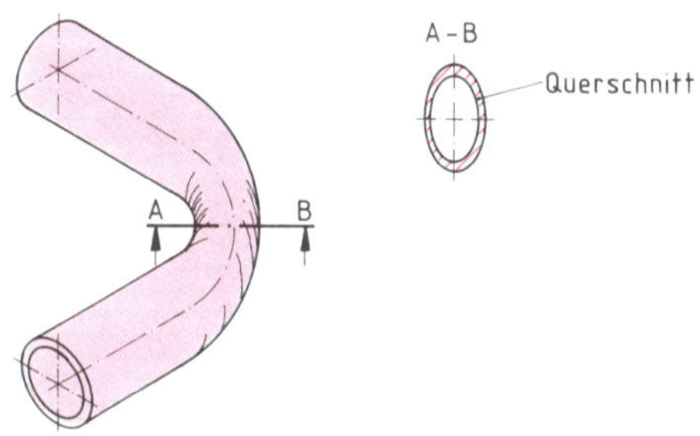

Querschnittsveränderung eines Rohres durch Biegen ohne Hilfsmittel

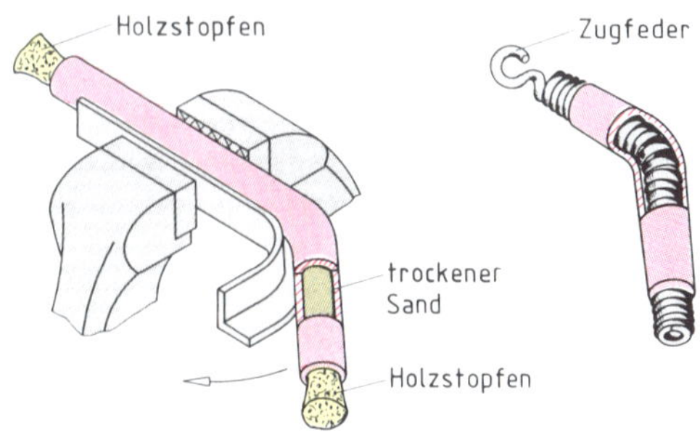

Freies Biegen von Rohren mit Füllung

In **Biegevorrichtungen** für Rohre verhindert eine an der Biegestelle dem Rohraußendurchmesser angepaßte Form jede Querschnittsveränderung.

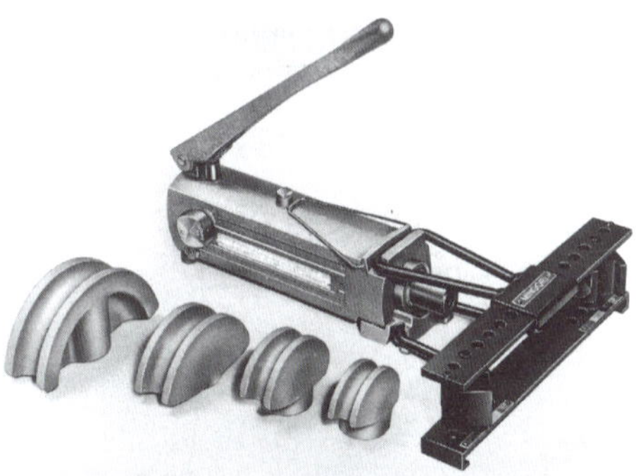

Biegevorrichtung für Rohre

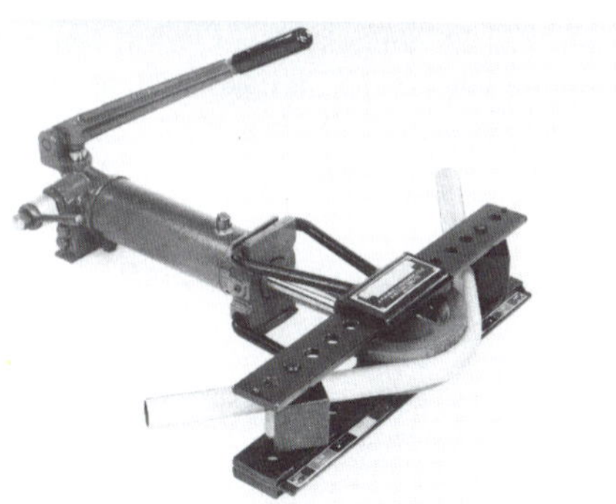

Biegen eines Rohres mit Biegevorrichtung

Auch beim Biegen von Rohren ist ein Mindestradius einzuhalten, damit keine Risse in der Rohrwand auftreten. Der Mindestradius ist 3 × Rohraußendurchmesser. Beim Biegen von geschweißten Rohren muß die Schweißnaht in die Ebene der neutralen Faser gelegt werden. Dadurch wird die Schweißnaht nur geringfügig durch Spannungen beansprucht.

Beim freien Biegen von Rohren werden Querschnittsveränderungen durch Füllungen vermieden.
Mindestradius ist 3 × Rohraußendurchmesser.

Übungsaufgaben 5/25; 5/26

5.4 Sicken, Bördeln, Falzen

• Sicken

Sicken ist ein Verfahren zur Formänderung dünnwandiger Blechteile. Dabei wird durch Umformen mit Hilfswerkzeugen auf einfachen Maschinen eine rinnenartige Vertiefung in die Blechteile gedrückt. Diese Formänderung bezeichnet man als eine **Sicke,** das Verfahren als **Sicken.**
Sicken können verschiedene Querschnittsformen erhalten, ihr Verlauf kann geradlinig oder bogenförmig sein.

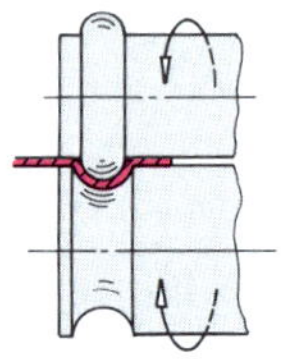

Sickwalzen

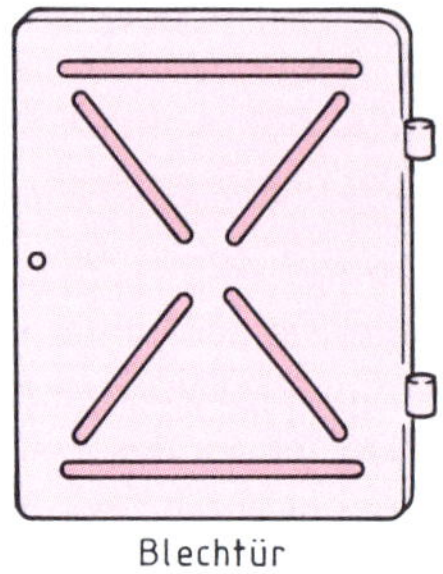

Sicken zur Versteifung

Sicken ist das Prägen von rinnenartigen Vertiefungen in dünnwandige Bleche.

• Bördeln

Unter **Bördeln** versteht man ein Umformverfahren, mit dem an Blechteilen schmale Ränder meist rechtwinklig umgebogen werden. Die hochgestellte Kante bezeichnet man als einen **Bördel.** Bleche erhalten Bördel als Randverstärkung oder zur Vorbereitung für ein nachfolgendes Fügen, wie z.B. Löten, Schweißen.
Die Höhe des Bördels beträgt etwa das 2- bis 4fache der Blechdicke.

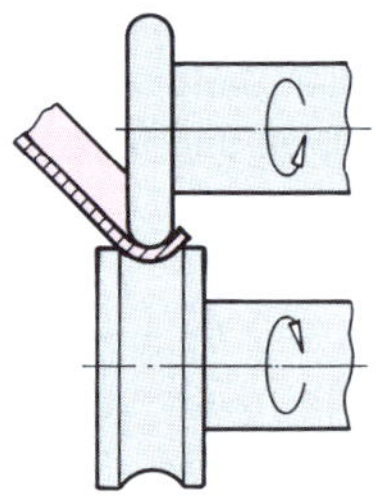

Bördelwalzen

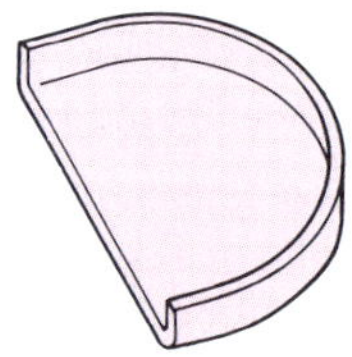

Fertigteil

Bördeln ist das Umkanten von Blechen zur Randverstärkung oder zum Fügen.

• Falzen

Unter **Falzen** versteht man ein unlösbares, formschlüssiges Fügen von Blechen. Zur Herstellung einer Falzverbindung werden die Blechränder wie beim Bördeln umgekantet, jedoch so weit, daß der Rand mehr als 90° umgeschlagen wird. Danach werden die Blechränder ineinander verhakt, und die Verbindung wird zusammengedrückt. Meist bringt man die Bleche neben der Falznaht in eine Ebene, dies bezeichnet man als Durchsetzen.

$$z_1 = b - 2 \cdot t$$
$$z_2 = 2 \cdot b + t$$

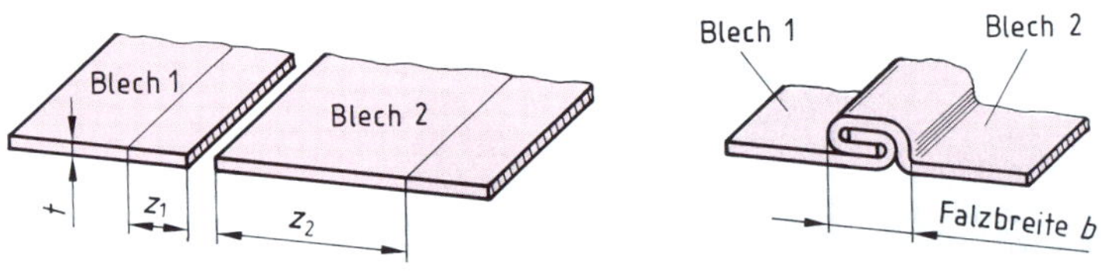

Ermittlung des Blechzuschnitts

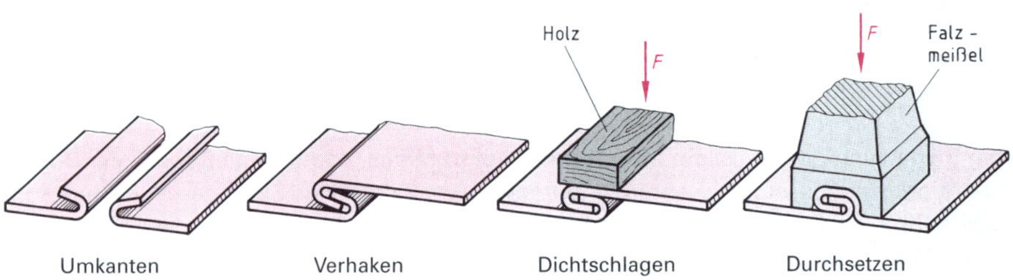

Arbeitsschritte beim Falzen

Falzen ist ein formschlüssiges, unlösbares Fügen von Blechteilen.

Übungsaufgaben 5/27; 5/28; 5/29

5.5 Richten

Bleche oder Profile können z.B. beim Transport, durch unsachgemäße Lagerung, bei der Bearbeitung oder bei ungleichmäßiger Erwärmung verbogen, verdreht oder verbeult werden. Solche Teile müssen vor der Weiterverarbeitung ihre gerade und ebene Form zurückerhalten. Diesen Arbeitsvorgang nennt man Richten.

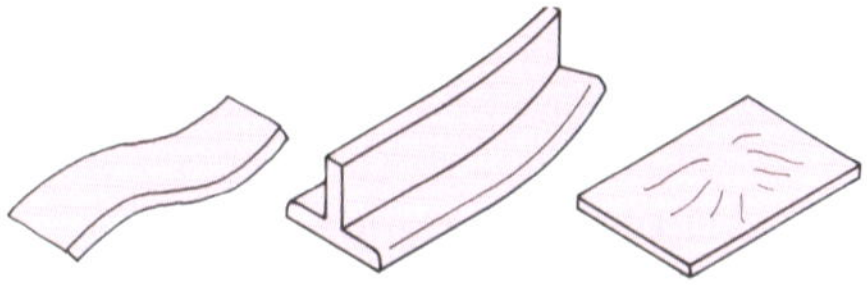

Verformte Halbzeuge

Durch Richten werden verformte Werkstücke verwendbar gemacht.

Verbogene Teile richtet man, indem verkürzte Fasern gelängt und gestreckte Fasern gestaucht werden. Damit keine Querschnittsveränderung eintritt, sollte dies möglichst gleichmäßig geschehen. Das Richtverfahren muß nach der Werkstoffdicke, der Profilform und der Art der Verformung gewählt werden.

Man unterscheidet:

- Richten durch äußere Krafteinwirkung,
- Richten durch Wärmewirkung.

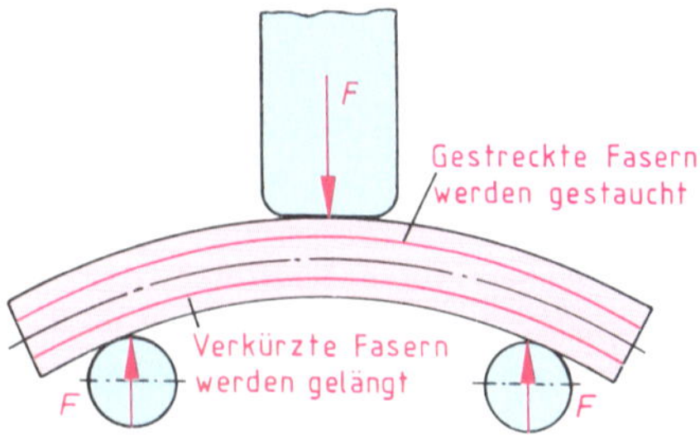

Vorgang beim Richten

5.5.1 Richten durch äußere Krafteinwirkung

Flachmaterial kann über die flache oder hohe Kante verbogen sein.
Flachkantig verbogenes Material wird mit Hammerschlägen auf einer Richtplatte gerichtet. Durch die Krafteinwirkung des Hammers auf die hohlliegenden Stellen werden die zu langen Faser gestaucht und die zu kurzen gestreckt.

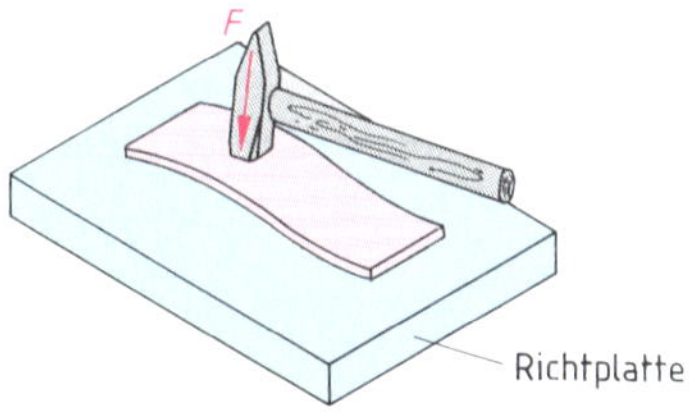

Richten eines flachkantig verbogenen Flachmaterials

Hochkantig verbogenes Material wird durch eng nebeneinander gesetzte Hammerschläge gerichtet. Die Hammerschläge strecken nur einseitig die verkürzten Fasern des Werkstücks. Die Werkstückdicke wird in diesem Bereich verringert.

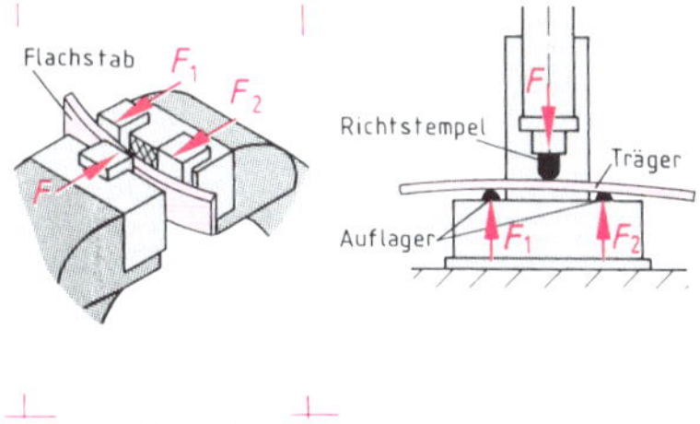

Richten eines hochkantig verbogenen Flachmaterials

Verbogene Flachstäbe und Profile können auch im Schraubstock oder in Pressen gerichtet werden. Das gezielte Aufbringen der Kräfte erfolgt über Beilagen an drei Stellen des verbogenen Werkstücks. Die Größe der Richtkräfte kann allmählich gesteigert und genau gesteuert werden. Dadurch wird die Werkstückoberfläche geschont und der Querschnitt verändert sich kaum.

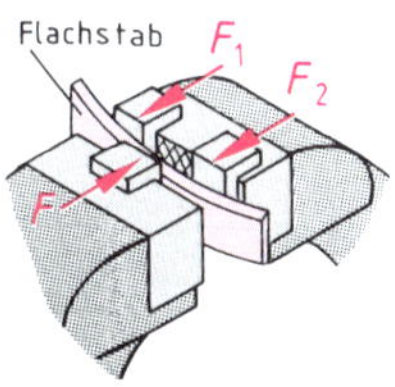

Richten im Schraubstock

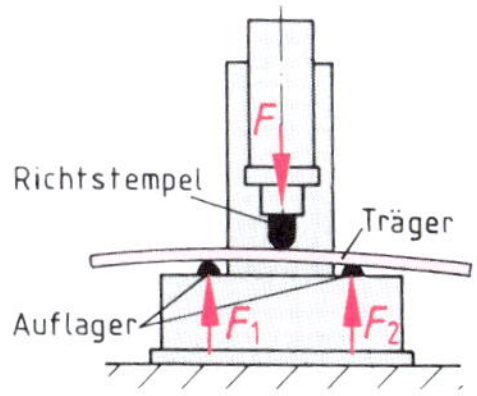

Richten in einer Presse

Beim Kaltrichten werden gestreckte Fasern durch äußere Krafteinwirkung gestaucht.

Übungsaufgabe 5/30

5.5.2 Richten durch Wärmewirkung

Sperrige Werkstücke und größere Profile lassen sich oft nur mit Hilfe der Wärmewirkung einer Schweißflamme richten.

Phasen des Richtens durch Wärmewirkung

1. Der verbogene Flachstahl wird an der zu langen Oberseite zunächst bis auf ungefähr 500° C erwärmt. Diese einseitige Erwärmung führt nur an der Oberseite zu einer Volumenvergrößerung. Dabei entstehen große Wärmespannungen. Der Flachstahl krümmt sich durch die Wärmespannungen noch stärker.
2. Die weitere Erwärmung über 500° C läßt die Wärmezone plastisch werden, während die kühlere Unterseite sich der Umformung widersetzt. Dadurch entstehen in der erwärmten Oberseite Druckspannungen. Sie stauchen den Werkstoff in der Wärmezone. Durch diese Werkstoffstauchung wird die zu lange Oberseite verkürzt.
3. Beim Abkühlen schrumpft die erwärmte Oberseite des Flachstahls stärker als die kältere Unterseite. Dadurch zieht sich das Werkstück gerade. Bei stark gekrümmten Werkstücken muß ein solcher Richtvorgang mehrfach wiederholt werden.

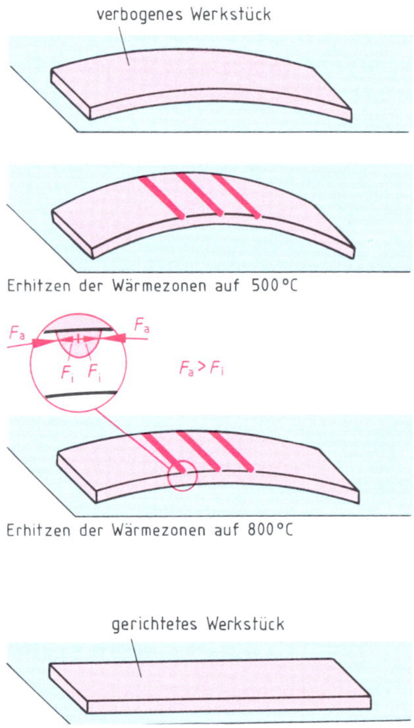

Richten durch Wärmewirkung

Verbogene Werkstücke können durch Wärmewirkung gerichtet werden.
Dabei werden gestreckte Fasern hauptsächlich durch Wärmespannungen gestaucht.

Beispiele für Richten durch Wärmeeinwirkung

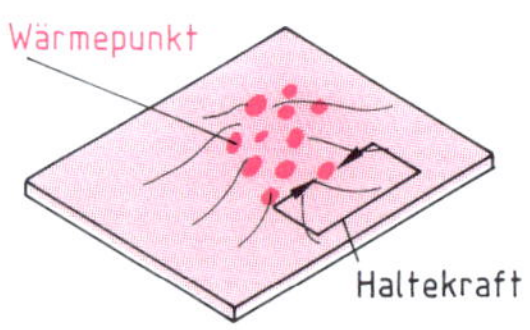

Richten eines Bleches durch Wärmepunkte

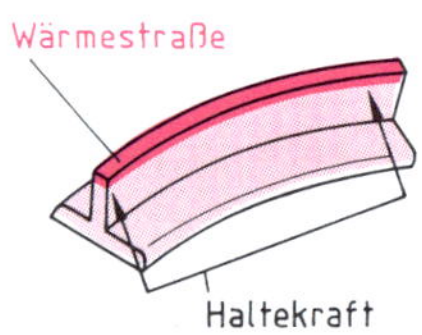

Richten eines Profiles durch eine erwärmte Strecke (Wärmestraße)

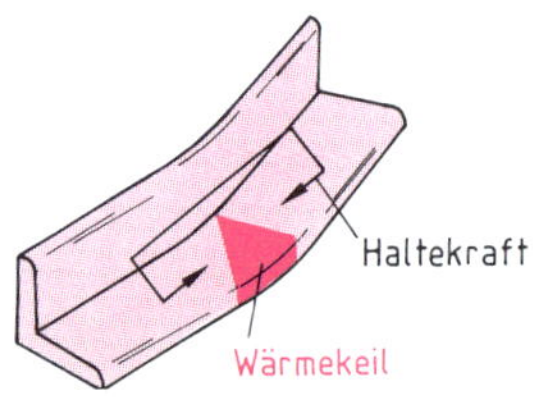

Richten eines Profiles durch einen Wärmekeil

Die Größe und die Geometrie des Werkstückes sowie die Art der Verformung bestimmen die Form der zu erwärmenden Fläche.

Übungsaufgaben 5/31; 5/32

5.6 Schmieden

Rohteile aus Stahl und Nichteisenmetalle können durch Schmieden ihre Halbfertig- oder Fertigform erhalten. Das Ausgangsmaterial wird erwärmt und durch Druckkräfte zum endgültigen Schmiedestück umgeformt.

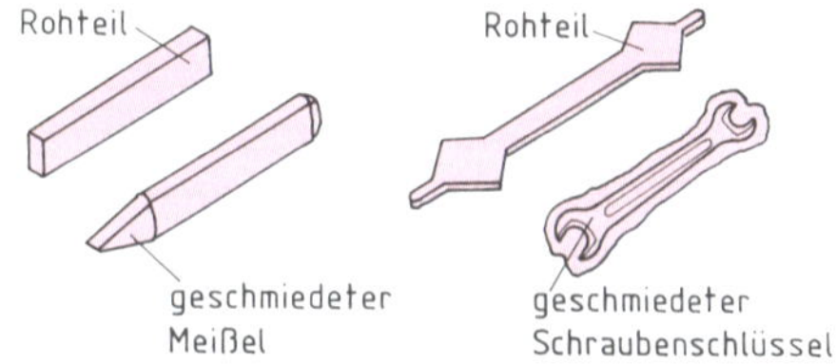

Schmiedeteile

5.6.1 Vorgänge beim Schmieden

Die beim Schmieden aufgebrachten Druckkräfte bewirken, daß sich die Form des Rohteils in Druckrichtung verkürzt und der Werkstoff seitlich ausweicht. Eine Volumenveränderung tritt dabei nicht ein. Der Gefügeaufbau wird jedoch verändert, da eine Verschiebung der Kristallkörner und eine Kornverfeinerung eintritt. Der Faserverlauf des gewalzten Ausgangsmaterials wird durch das Umformen nicht unterbrochen.

Wegen der Kornverfeinerung und des nicht unterbrochenen Faserverlaufs hat das Schmiedestück höhere Festigkeitseigenschaften als das Ausgangsmaterial. Deshalb werden z.B. Kurbelwellen geschmiedet und nicht aus dem vollen Material durch Spanabnahme herausgearbeitet. Es werden vor allem Werkstücke, die einer hohen Dauerbelastung durch wechselnde Kräfte ausgesetzt sind, geschmiedet.

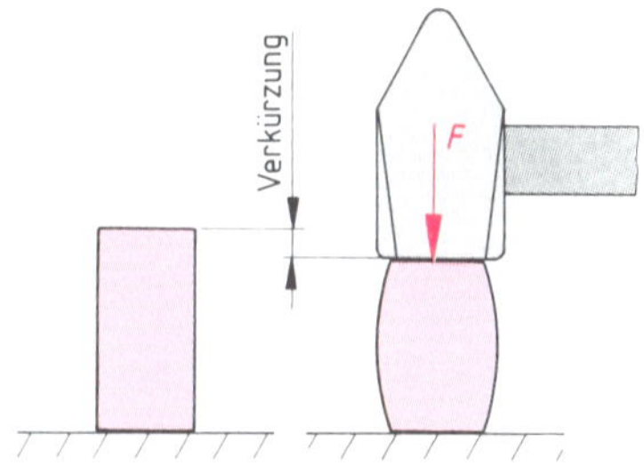

Formänderung beim Schmieden

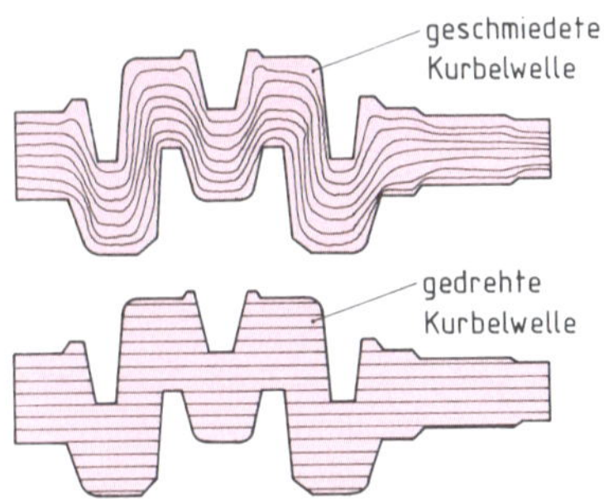

Faserverlauf an Kurbelwellen

Beim Schmieden werden metallische Werkstücke durch Durckkräfte umgeformt.
Dabei werden die Festigkeitseigenschaften des Schmiedestücks verbessert.

Schmieden gehört zu den **Warmumformverfahren**. Das Umformen wird oberhalb der Rekristallisationstemperatur durchgeführt. Die Temperatur, die das Rohteil zu Beginn des Schmiedens hat, wird Anfangstemperatur genannt. Die Anfangstemperatur ist so hoch wie möglich zu wählen, damit der Umformwiderstand möglichst klein wird und ein möglichst großer Bereich für die Abkühlung während der Schmiedevorgänge zur Verfügung steht. Die niedrigste Temperatur, bei der das Schmiedeteil noch geschmiedet werden darf, wird Endtemperatur genannt.

Der Temperaturbereich für das Schmieden von unlegierten Stählen ist vor allem vom Kohlenstoffgehalt abhängig.

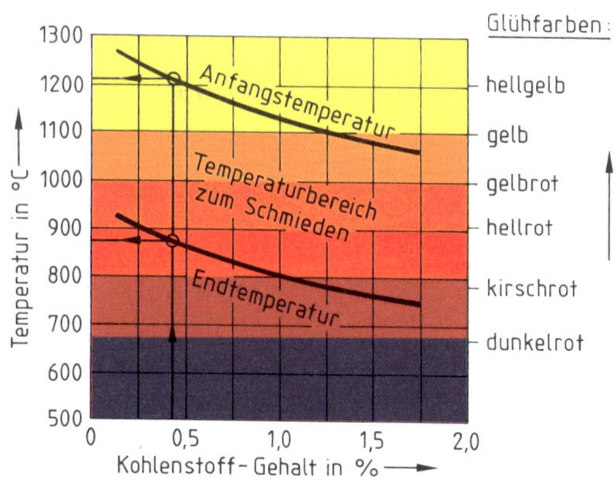

Schmiedetemperaturbereich bei unlegierten Stählen

Die Schmiedeanfangstemperatur ist hoch zu wählen, um
- den Umformwiderstand klein zu halten und
- einen großen Temperaturbereich zum Schmieden zu nutzen.

Übungsaufgaben 5/33; 5/34; 5/35

5.6.2 Schmiedeverfahren

- **Freiformschmieden**

Das erwärmte Schmiederohteil wird auf den Amboß gelegt und erhält durch Hammerschläge seine neue Form. Der Werkstoff kann zwischen den Wirkflächen des Hammers und des Amboßes frei ausweichen. Daher nennt man dieses Verfahren Freiformschmieden. Bei größeren Werkstücken wird die Umformkraft nicht von Hand, sondern durch maschinell betriebene Schmiedehämmer oder Schmiedepressen aufgebracht.

Übersicht über eine Auswahl von einfachen Schmiedearbeiten

Recken	Absetzen	Breiten	Stauchen
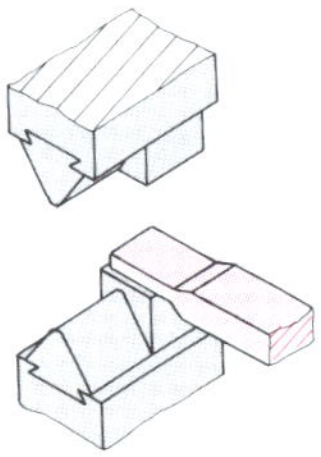		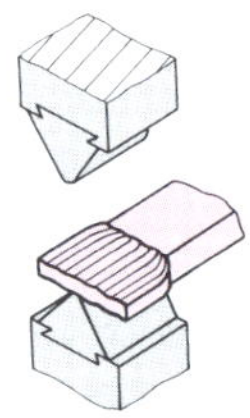	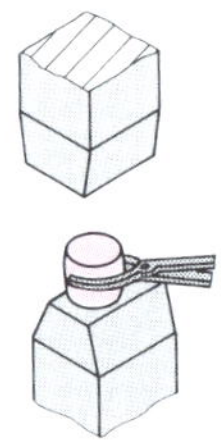

Beim Freiformschmieden kann der Werkstoff zwischen den Wirkflächen der Schmiedewerkzeuge frei ausweichen. Die Form des gewünschten Werkstücks ist nicht oder nur teilweise im Werkzeug eingearbeitet.

- **Gesenkschmieden**

Beim Gesenkschmieden werden Schmiedewerkzeuge aus hochwertigem Stahl eingesetzt, in die die Hohlräume eingearbeitet sind, die der äußeren Werkstückform entsprechen. Diese Schmiedewerkzeuge bezeichnet man als **Gesenke,** den Hohlraum im Gesenk nennt man **Gravur**.

Beispiel für das Schmieden eines Werkstücks im Gesenk

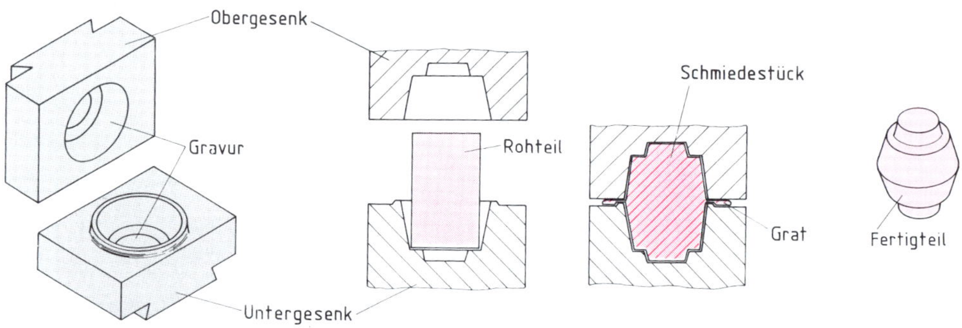

Das auf Schmiedetemperatur erwärmte Rohteil wird unter der Wirkung von Druckkräften in die Gravur des Gesenkes geschlagen oder gepreßt. Damit die Hohlform vollständig ausgefüllt wird, muß überschüssiger Werkstoff vorhanden sein. Dieser überschüssige Werkstoff wird in der Teilungsebene zwichen Ober- und Untergesenk herausgepreßt und bildet einen Grat. Der dünne Grat erkaltet schneller als der in der Hohlform befindliche Werkstoff. Der erkaltete Grat verhindert ein Ausweichen des Werkstoffs in die Trennfuge. Dies bewirkt, daß der vorhandene Werkstoff stets die Gravur vollständig füllt.

Gesenkschmieden ist ein Druckumformen mit Formwerkzeugen, die das Werkstück ganz oder zum größten Teil umschließen.

Übungsaufgaben 5/36 bis 5/39

Verfahren des Gesenkschmiedens

Nach den Ausgangsformen der Rohteile unterscheidet man beim Gesenkschmieden:

- das Schmieden von der Stange,
- das Schmieden vom Stück,
- das Schmieden vom Spaltstück

Beim **Schmieden von der Stange** werden meist Rund- oder Vierkantstangen auf eine Länge von 2 m zugeschnitten. Die Stangenenden werden im Ofen auf Schmiedetemperatur erwärmt. Bei kleinen Formänderungen kann das Werkstück in einem Arbeitsgang auf die gewünschte Endform geschmiedet werden. Bei größeren Formänderungen sind mehrere Arbeitsgänge erforderlich. Die Gravuren für die einzelnen Fertigungsstufen können in einem Gesenk eingearbeitet sein. Das Rohteil wird nacheinander in die einzelnen Gravuren gelegt und geschmiedet. Die Stange dient der besseren Handhabung.

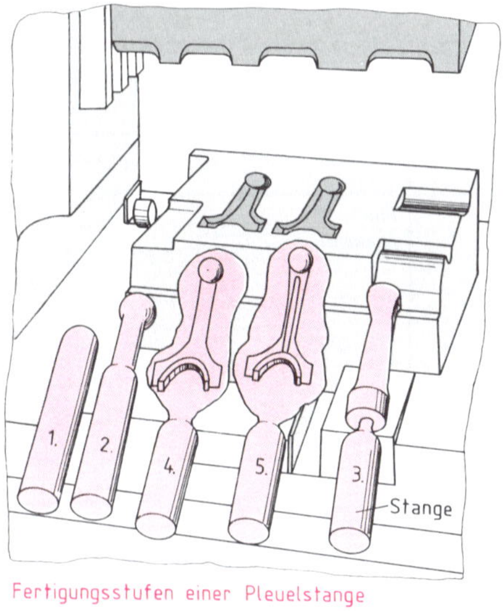

Schmieden von der Stange

Beim **Schmieden vom Stück** werden Rohteile von gleichem Gewicht auf Schmiedetemperatur erwärmt. Die Rohteile werden von Stangen oder Knüppeln abgeschert oder abgesägt. Der Arbeitsablauf ist wie beim Schmieden von der Stange. Transport und Einlegen der Teile erfolgen mit Zangen. In einem nachfolgenden Arbeitsgang wird der Grat in einem Schwerwerkzeug mit geschlossener Schnittlinie abgeschert.

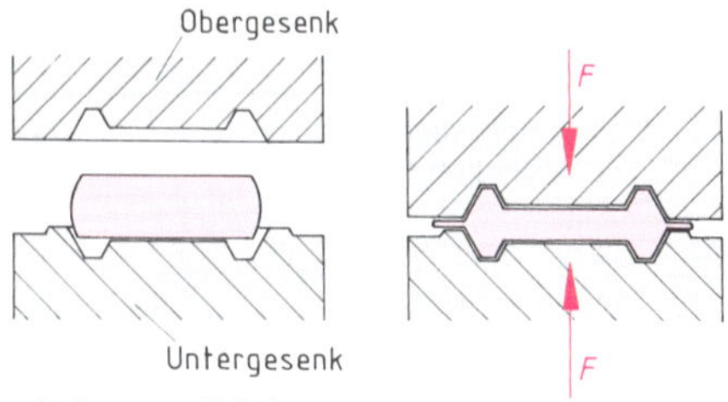

Schmieden vom Stück

Beim **Schmieden vom Spaltstück** werden von Blechen durch einen Formschnitt Rohteile abgeschert. Diese Rohteile entsprechen weitgehend der Form des Schmiedeteils. Man nennt sie Spaltstücke. Nach der Erwärmung werden sie fertiggeschmiedet. Diese sehr wirtschaftliche Ausnutzung des Werkstoffs wird besonders bei der Fertigung von Handwerkzeugen und Scheren angewendet.

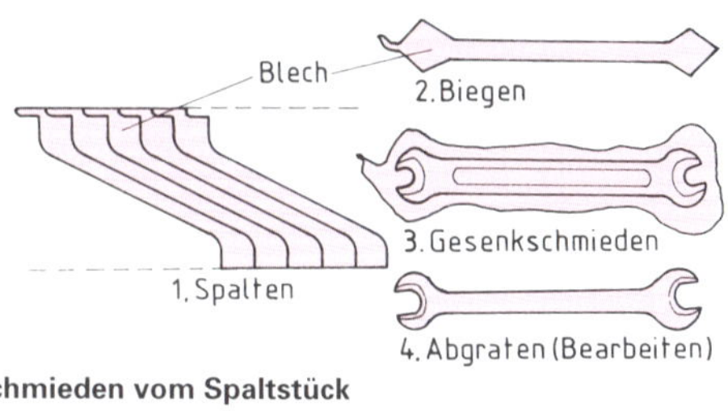

Schmieden vom Spaltstück

Die Herstellungskosten für die Gesenke sind hoch, daher ist nur die Fertigung von Werkstücken in großen Stückzahlen wirtschaftlich.

Das Gesenkschmieden zeichnet sich durch besondere Vorzüge aus:

- hohe Form- und Maßgenauigkeit der Schmiedeteile,
- Verbesserung der ursprünglichen Festigkeitseigenschaften des Werkstoffs,
- Werkstoff- und Arbeitszeitersparnis gegenüber der spanenden Fertigung.

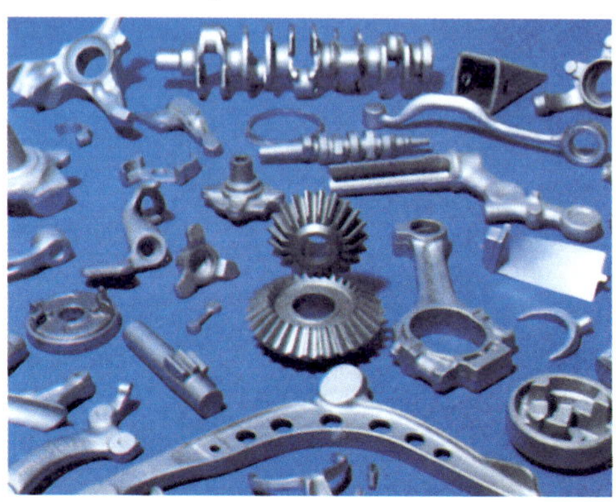

Gesenkschmiedestücke

Übungsaufgaben 5/40 bis 5/43

5.7 Übersicht über weitere Umformverfahren

In der Massenfertigung werden wegen technischer und wirtschaftlicher Vorteile immer mehr Fertigteile durch Umformen hergestellt. Die folgende Übersicht verdeutlicht ihre industrielle Bedeutung.

Verfahren	Ablauf des Verfahrens	Erzeugnisse
Druck-umformen	**Fließ-pressen** 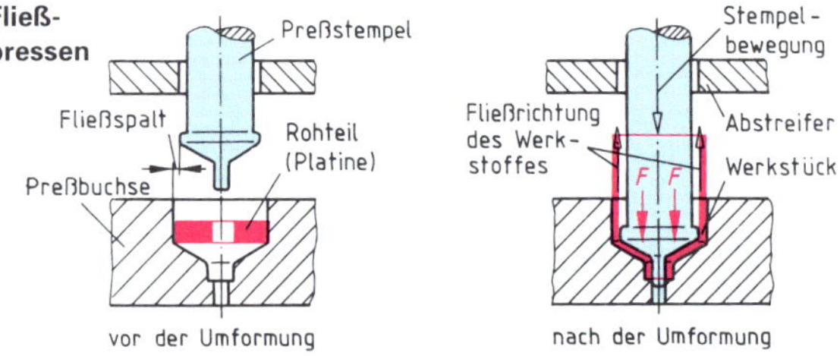 	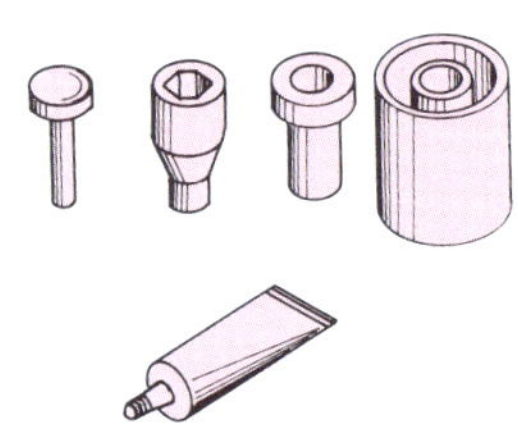
	Eindrücken 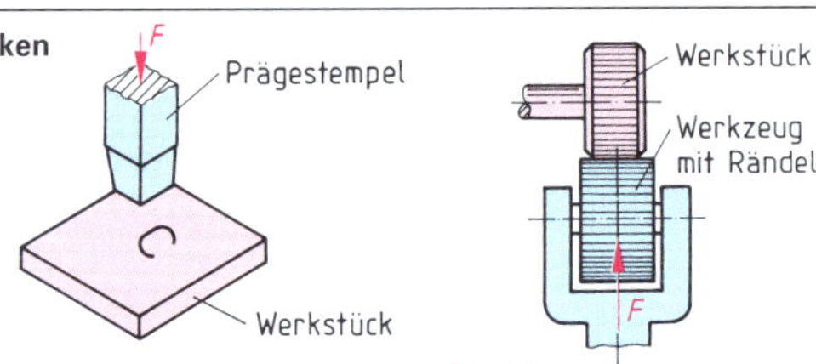 Prägen Rändeln	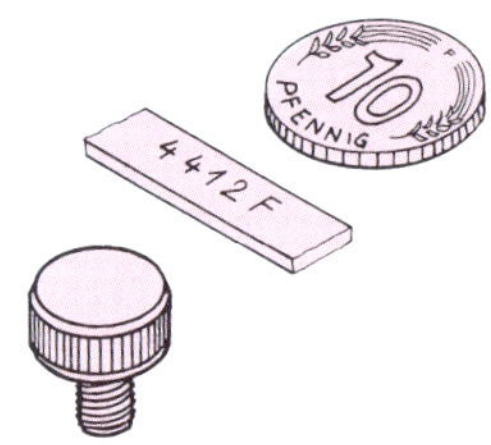
Zugdruck-umformen	**Tiefziehen mit Werkzeugen** 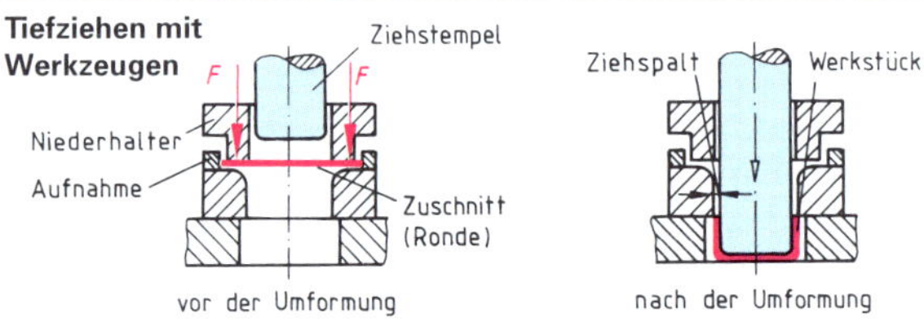 	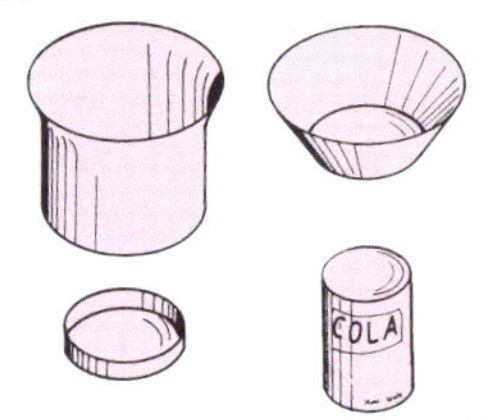
	Tiefziehen mit Wirkenergie 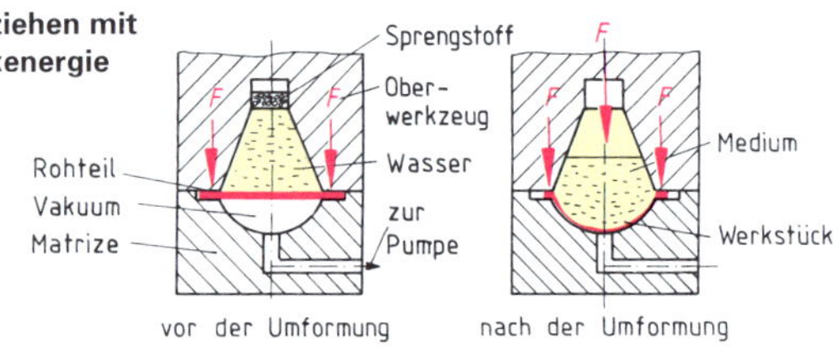 	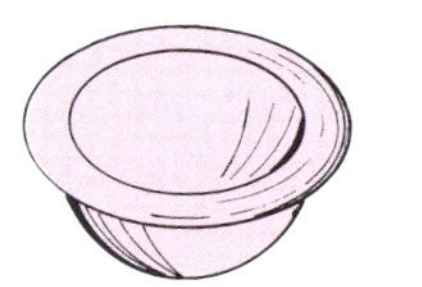
Zug-umformen	**Weiten mit Werkzeugen** 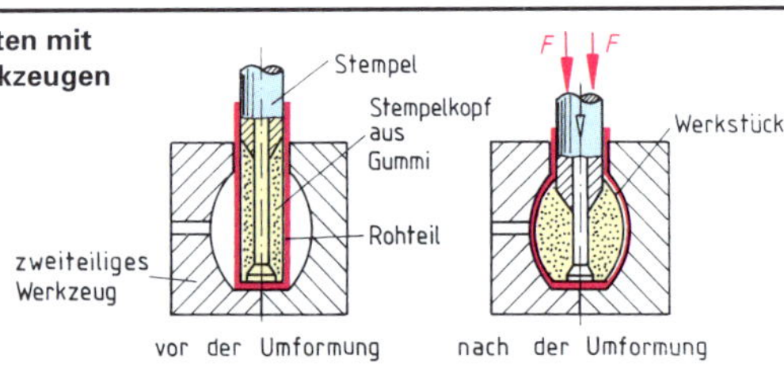 	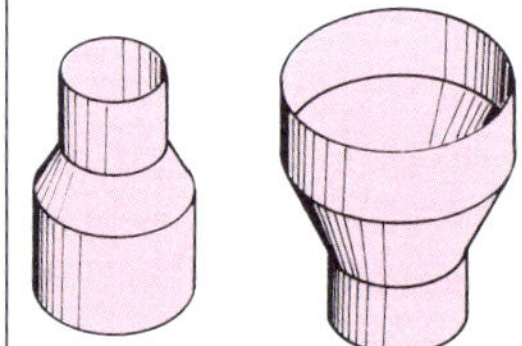
	Weiten mit Wirkmedien 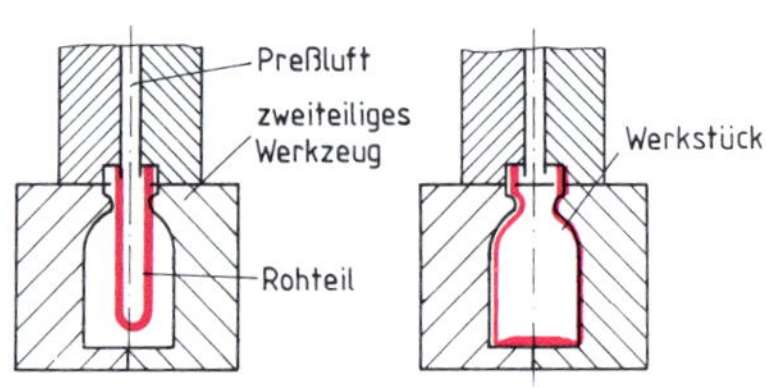 	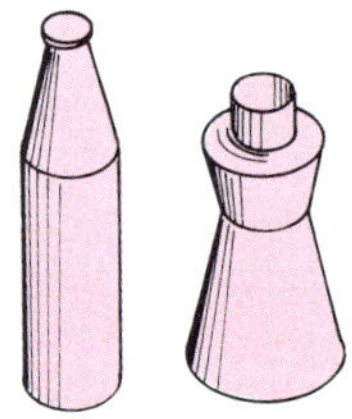

Übungsaufgaben 5/44 bis 5/47

5.8 Berechnungen zum Umformen

5.8.1 Längen von Biegeteilen

Bei dünnen Werkstücken, z.B. aus Blechen und Flachprofilen, und bei großen Biegeradien entspricht die gestreckte Länge etwa der Länge der neutralen Faser des Biegeteils.

Bei engen Biegeradien und dicken Werkstücken hingegen wird der Werkstoff auf der Druckseite stark gestaucht und es kommt zu einer Verschiebung der ungelängten Zone zur Druckseite. In diesen Fällen wird eine Berechnung der gestreckten Länge aus der neutralen Faser mit Hilfe von Korrekturfaktoren durchgeführt.

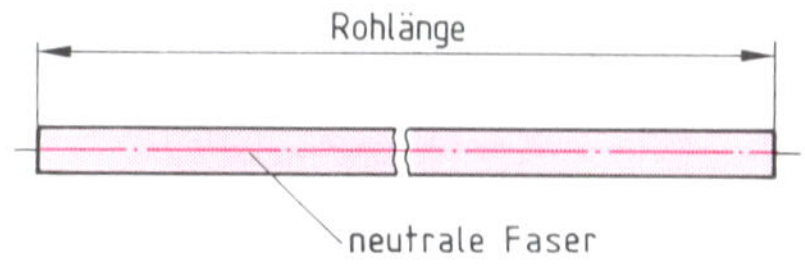

Gestreckte Länge (Rohlänge)

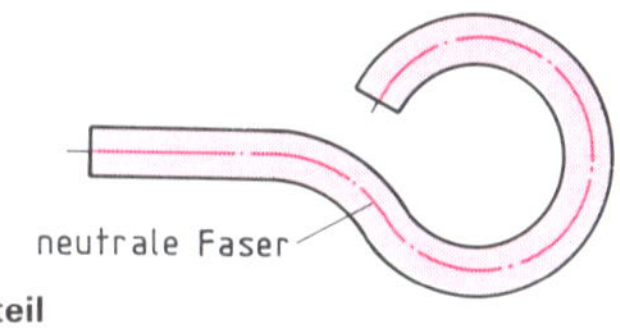

Fertigteil

Die Rohlänge entspricht etwa der Länge der neutralen Faser. Bei dicken Werkstücken und kleinen Biegeradien sind Korrekturen notwendig.

Zur Berechnung der gestreckten Länge geht man in folgenden Schritten vor:

1. Zeichnen der neutralen Faser
2. Zerlegen der neutralen Faser in einfach zu berechnende Teillängen und Bemaßen der Teillängen
3. Berechnen der Teillängen
4. Addition der Teillängen

- **Berechnung der gestreckten Länge ohne Korrektur**

Beispiel **zur Berechnung der gestreckten Länge eines dünnen Bauteils**

Aufgabe

Die gestreckte Länge des dargestellten Werkstückes ist zu berechnen.

Gegeben: Skizze

Gesucht: L

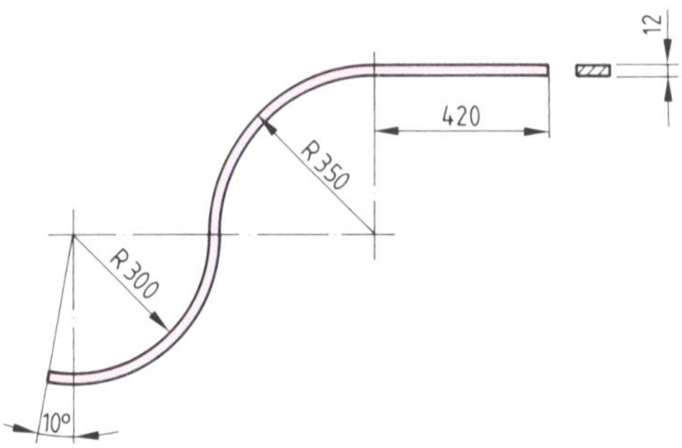

Lösung

1. und 2. Schritt

Skizze mit Bemaßung der neutralen Faser

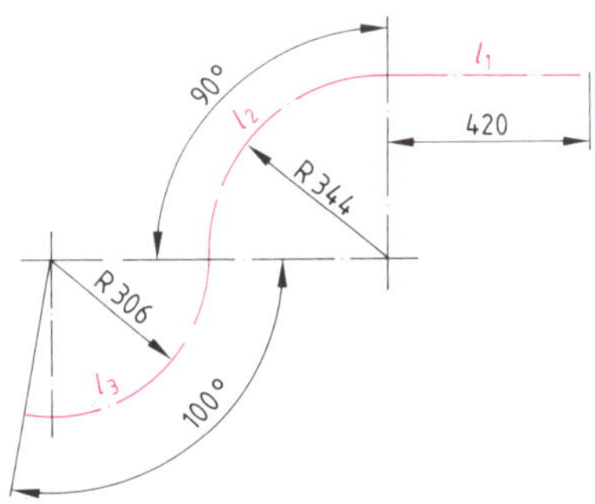

3. Schritt

Berechnung der Längen

$l_1 = 420\ \text{mm}$

$$l_{2/3} = \frac{d_m \cdot \pi \cdot \alpha}{360°}$$

$$l_2 = \frac{688\ \text{mm} \cdot \pi \cdot 90°}{360°} = 540\ \text{mm}$$

$$l_3 = \frac{612\ \text{mm} \cdot \pi \cdot 100°}{360°} = 534\ \text{mm}$$

4. Schritt

Addition der Teillängen

$L = l_1 + l_2 + l_3$

$L = 420\ \text{mm} + 540\ \text{mm} + 534\ \text{mm}$

$L = \mathbf{1\,494\ mm}$

Übungsaufgaben 5/48, 5/49; 5/50

• Ermittlung der gestreckten Länge mit Korrektur

In DIN 5935 wird die genaue Bestimmung der gestreckten Länge eines rundgebogenen Werkstückteils angegeben.

Die Biegelänge ist:

$$l_B = \frac{\alpha \cdot \pi \cdot r_x}{180°}$$

$$r_x = r + \frac{s \cdot x}{2}$$

l_B gestreckte Länge des rundgebogenen Werkstückteils

r_x Biegeradius unter Berücksichtigung der Verschiebung der neutralen Faser

r Biegeradius

s Materialdicke

α geforderter Biegewinkel

x Korrekturfaktor

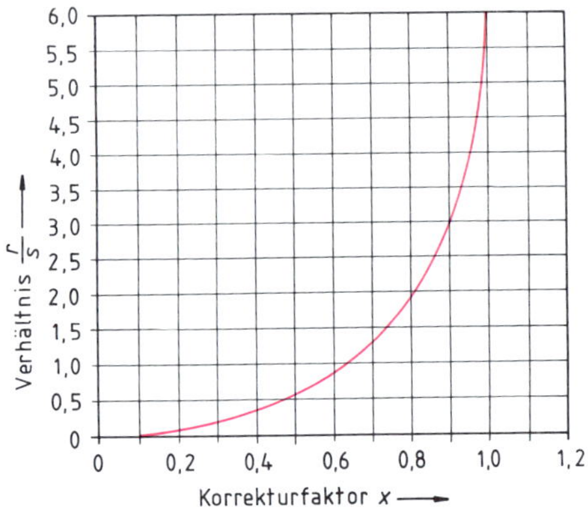

Diagramm zur Bestimmung des Korrekturfaktors

Der Korrekturfaktor x wird aus dem obigen Diagramm bestimmt, in dem das Verhältnis r/s aufgetragen ist.

Beispiel für die Bestimmung einer gestreckten Länge eines dicken Bauteils

Aufgabe

Für die Herstellung des skizzierten Werkstückes ist die gestreckte Länge unter Berücksichtigung der Korrektur zu berechnen. Der Korrekturfaktor x ist dem vorstehenden Diagramm zu entnehmen.

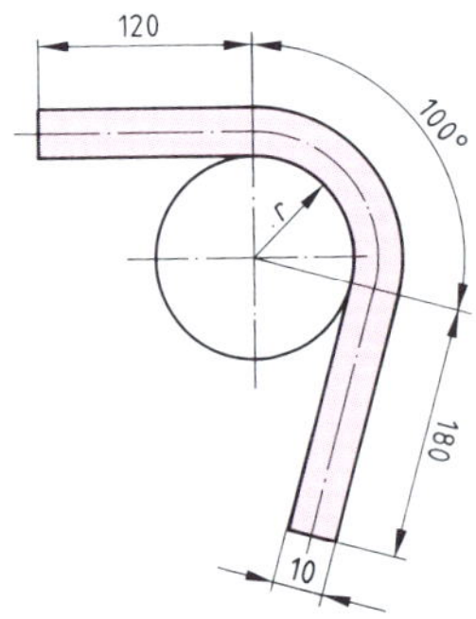

Gegeben l_1 = 120 mm α = 100° *Gesucht* r_x
l_2 = 180 mm s = 10 mm
r = 30 mm

Lösung

1. und 2. Schritt: Skizze u. Bemaßung der neutralen Faser

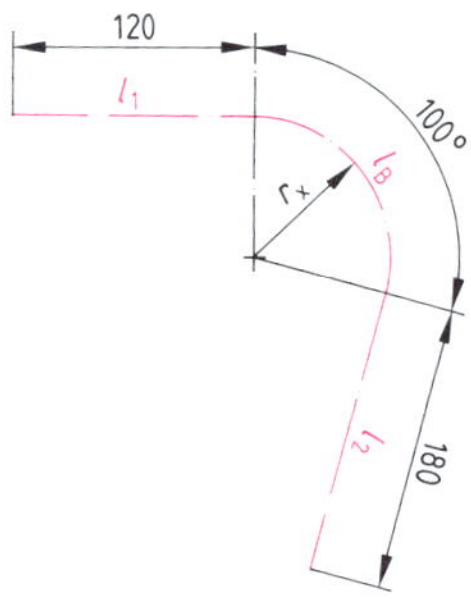

3. Schritt: Berechnung der längen
Ermittlung von l_B:

1. Bestimmung von $\frac{r}{s}$

$$\frac{r}{s} = \frac{30 \text{ mm}}{10 \text{ mm}} = 3$$

2. Ermittlung von x nach Diagramm
$x = 0{,}9$

3. Berechnung von r_x

$$r_x = r + \frac{s \cdot x}{2} = 30 \text{ mm} + \frac{10 \text{ mm} \cdot 0{,}9}{2}$$

r_x = **34,5 mm**

4. Berechnung der Biegelänge l_B

$$l_B = \frac{\alpha \cdot \pi \cdot r_x}{180°} = \frac{100° \cdot 3{,}14 \cdot 34{,}5 \text{ mm}}{180°}$$

l_B = **60,2 mm**

4. Schritt: Addition der Längen
$L = l_1 + l_2 + l_B$ = 120 mm + 180 mm + 60,2 mm
L = **360,2 mm**

Zur Herstellung des skizzierten Werkstücks wird ein Zuschnitt von 361 mm benötigt.

Übungsaufgabe 5/51

5.8.2 Blechbedarf und Verschnitt

Auf den Preis eines Werkstückes haben die Kosten für das Rohmaterial oft erheblichen Einfluß. Außer für die Fertigung ist es auch für die Kalkulation notwendig, den erforderlichen Materialbedarf und das Ausbringen zu ermitteln.

Zur Herstellung eines Werkstückes aus Blech muß das Rohteil mindestens die ebene Werkstückfläche der Abwicklung beinhalten. Die zur Erzeugung des Werkstücks vom Rohteil abzutrennenden Flächen bezeichnet man als Verschnitt.

Rohteilfläche (Blechbedarf) = Abwicklungsfläche + Verschnitt

Der Verschnitt wird in Prozent der Rohteilfläche angegeben.

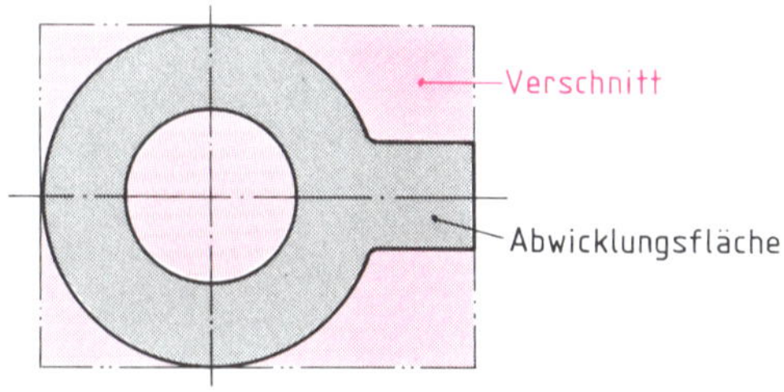

Rohteilfläche für ein Sicherungsblech

Rohteilfläche entspricht 100%

$$\text{Verschnitt (\%)} = \frac{\text{Rohteilfläche} - \text{Abwicklungsfläche}}{\text{Rohteilfläche}} \cdot 100\%$$

Beispiel für die Berechnung von Blechbedarf und Verschnitt

Aufgabe

Für den skizzierten Behälter sind Blechbedarf und Verschnitt zu berechnen.

Gegeben: Skizze

Gesucht: Verschnitt in %

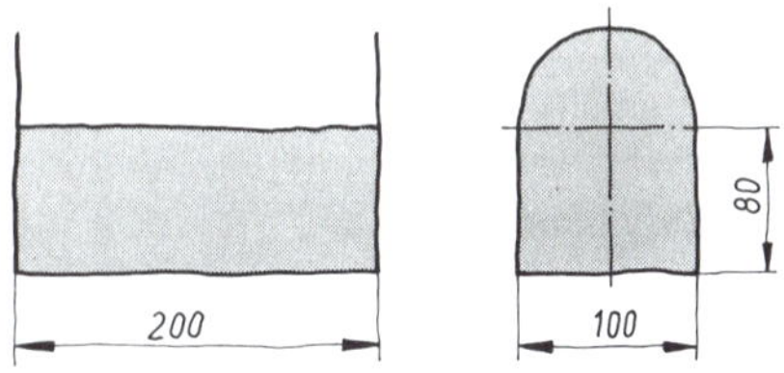

Lösung

1. Darstellung der Abwicklung

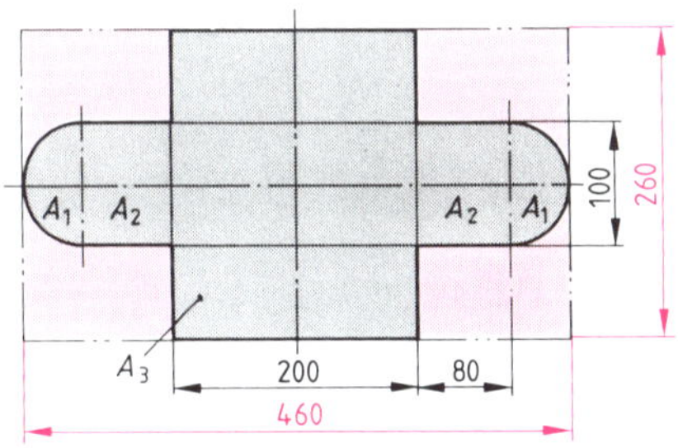

2. Berechnung der Rohteilfläche A_R (Blechbedarf)

$A_R = 460\ \text{mm} \cdot 260\ \text{mm}$

$A_R = \mathbf{119\,600\ mm^2}$

3. Berechnung der Abwicklungsfläche A_{ges}

$A_{ges} = 2 \cdot A_1 + 2 \cdot A_2 + A_3$

$2 \cdot A_1 = \frac{100^2\ \text{mm}^2 \cdot \pi}{4} = 7\,854\ \text{mm}^2$

$2 \cdot A_2 = 2 \cdot 100\ \text{mm} \cdot 80\ \text{mm} = 16\,000\ \text{mm}^2$

$A_3 = 200\ \text{mm} \cdot 260\ \text{mm} = 52\,000\ \text{mm}^2$

$A_{ges} = \mathbf{75\,854\ mm^2}$

4. Berechnung des Verschnitts x in Prozent

$$x = \frac{119\,600\ \text{mm}^2 - 75\,854\ \text{mm}^2}{119\,600\ \text{mm}^2} \cdot 100\%$$

$x = \mathbf{36{,}58\%}$

Übungsaufgaben 5/52; 5/53; 5/54

5.8.3 Volumen von Schmiedeteilen

Zur Herstellung von Schmiedeteilen ist die Berechnung der Rohlänge des umzuformenden Stückes erforderlich. Bei dieser Berechnung geht man davon aus, daß der Rohling und das zu fertigende Teil die gleiche Masse haben.

Da das Volumen von Metallen bei einer Umformung nicht verändert wird, kann man in diesen Fällen vom Volumen statt von der Masse ausgehen.

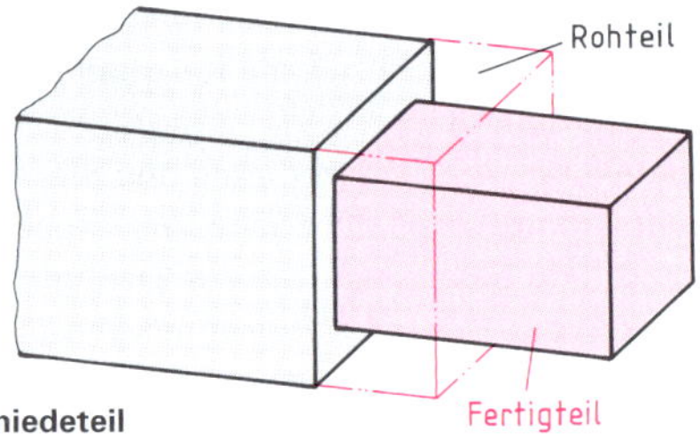

Schmiedeteil

Beim Umformen von Metallen haben Rohling und Werkstück gleiches Volumen.

Da beim Warmumformen Verluste infolge Abbrand, Grat u.a. entstehen, muß das Volumen des Rohteiles größer als das zu formende Werkstück sein. Diese Volumenzugabe wird meist in Prozent ausgedrückt. Das Volumen des Werkstückes ist dabei stets 100%.

Zur Berechnung von Rohlängen für Schmiedeteile geht man in folgenden Schritten vor:

1. Berechnung des Werkstückvolumens V_W (Volumen des Fertigteils).
2. Berechnung des Rohteilvolumens V_R durch Zuschlag der Volumenzugabe V_Z.
3. Errechnung der Länge des Rohlings L_R.

Beispiel für die Berechnung einer Rohlänge

Aufgabe

An ein Rundmaterial soll entsprechend der Skizze ein Vierkantkopf warm angestaucht werden. Als Verlust werden 12% des Werkstoffvolumens des Fertigteils angenommen. Die erforderliche Rohlänge des Rundmaterials ist zu berechnen.

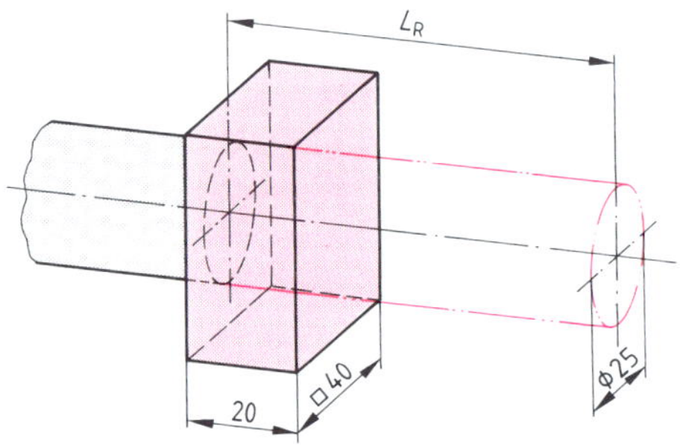

Gegeben: Skizze *Gesucht:* L_R

Lösung

1. Werkstückvolumen

$V_W = 40\text{ mm} \cdot 40\text{ mm} \cdot 20\text{ mm}$

$V_W = 32\,000\text{ mm}^3$

2. Berechnung des Rohteilvolumens durch Zuschlag der Volumenzugabe

$$V_Z = \frac{32\,000\text{ mm}^3 \cdot 12}{100} = 3\,840\text{ mm}^3$$

$V_R = 32\,000\text{ mm}^3 + 3\,840\text{ mm}^3 = 35\,840\text{ mm}^3$

3. Länge des Rohlings

$$L_R = \frac{V_R}{A_R} \qquad A_R = \frac{d^2 \cdot \pi}{4}$$

$$A_R = \frac{25^2\text{ mm}^2 \cdot \pi}{4} = 490{,}9\text{ mm}^2$$

$$L_R = \frac{35\,840\text{ mm}^3}{490{,}9\text{ mm}^2} = \mathbf{73\text{ mm}}$$

Übungsaufgaben 5/55; 5/56; 5/57

6 Fertigungsverfahren des Fügens

Durch die Fertigungsverfahren des Urformens, Umformens und Trennens werden Werkstücke als Einzelteile hergestellt. Fertigungsverfahren, die dazu dienen, zusammengesetzte Baugruppen, vollständige Geräte und Maschinen herzustellen, ordnet man nach DIN 8580 den Verfahren des Fügens zu.

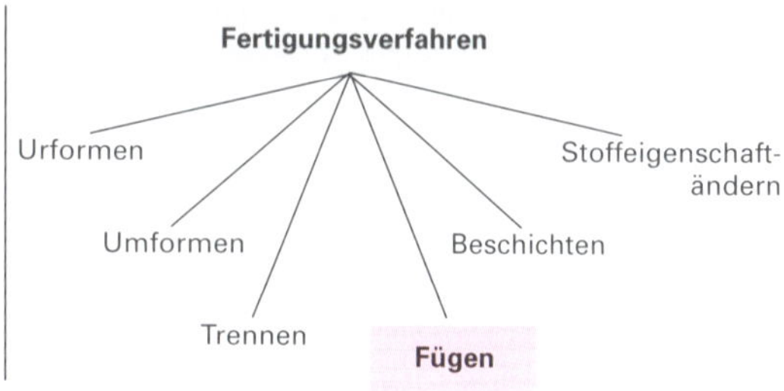

6.1 Grundbegriffe

6.1.1 Einteilung der Fügeverfahren

- **Unterscheidung nach dem Schaffen des Zusammenhalts**

Entsprechend der DIN-Norm werden die Fügeverfahren nach der Art und Weise, in der ein Zusammenhalt geschaffen wird, in Gruppen unterteilt.
Wichtige Fügeverfahren sind

- **Fügen durch Zusammensetzen,** z.B. durch Einlegen einer Feder,
- **Fügen durch An- und Einpressen,** z.B. durch Anpressen mit Schrauben,
- **Fügen durch Stoffvereinigen,** z.B. durch Schweißen oder Kleben,
- **Fügen durch Umformen,** z.B. durch Falzen,
- **Fürgen durch Urformen,** z.B. durch Eingießen.

Beispiele für Fügeverfahren bei der Montage eines Fußpedals

Einzelteile

Fügeverfahren

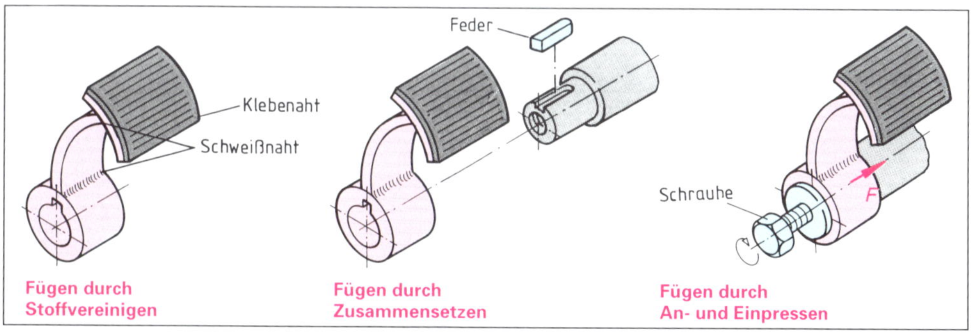

Baugruppe

Übungsaufgaben 6/1; 6/2

• Unterscheidung der Fügeverfahren nach Art der Kraftübertragung

Die Kraftübertragung von einem Bauelement auf das nächste kann unterschiedlich bewirkt werden:

- **Formschluß**: Gefügte Bauteile übertragen durch entsprechend gestaltete Bauelemente Kräfte.
- **Kraftschluß**: Reibungskräfte zwischen Bauelementen ermöglichen Kraftübertragung.
- **Stoffschluß**: Zusammenhaltskräfte zwischen den Werkstoffteilchen der gefügten Bauelemente übertragen Kräfte.

Beispiele für Form-, Kraft- und Stoffschluß beim Fügen einer Welle mit einer Nabe

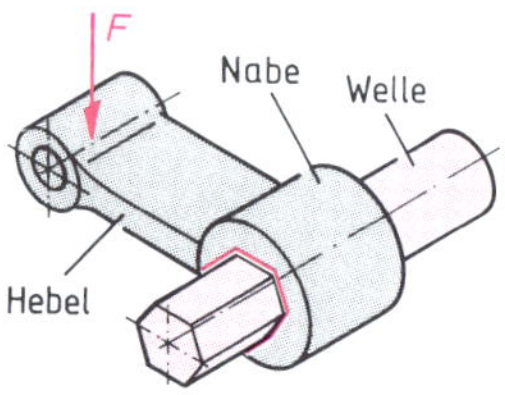

Nabe auf Sechskantwelle gesteckt
Gefügt durch Formschluß

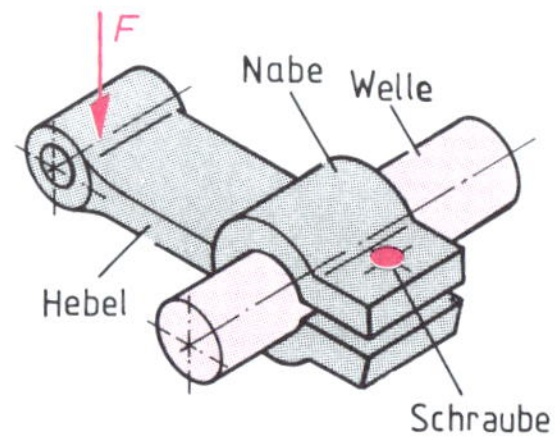

Nabe auf Welle geklemmt
Gefügt durch Kraftschluß

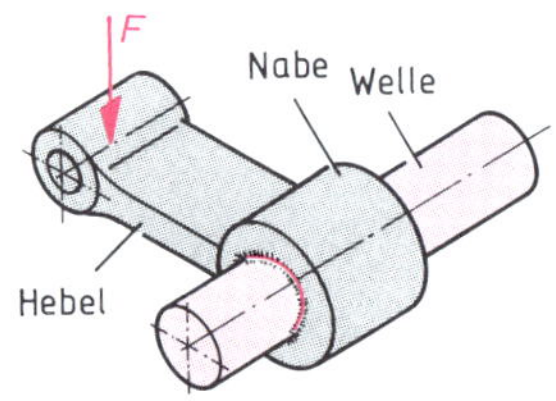

Welle und Nabe verschweißt
Gefügt durch Stoffschluß

Nach der Art der Kraftübertragung unterscheidet man:
- Formschluß
- Kraftschluß
- Stoffschluß

• Unterscheidung der Fügeverfahren nach der Beweglichkeit der gefügten Bauelemente

Durch Fügeverfahren können starre oder bewegliche Verbindungen zwischen Bauelementen entstehen.
Starre, unlösbare Verbindungen sind nur durch Zerstörung wieder lösbar.
Starre, lösbare Verbindungen hingegen können bei Bedarf einfach getrennt werden.
Bewegliche Verbindungen lassen an den gefügten Bauteilen vorbestimmte Bewegungen zu.

Beispiele für starre und bewegliche Verbindungen

Starre Verbindung		Bewegliche Verbindung
unlösbar	lösbar	
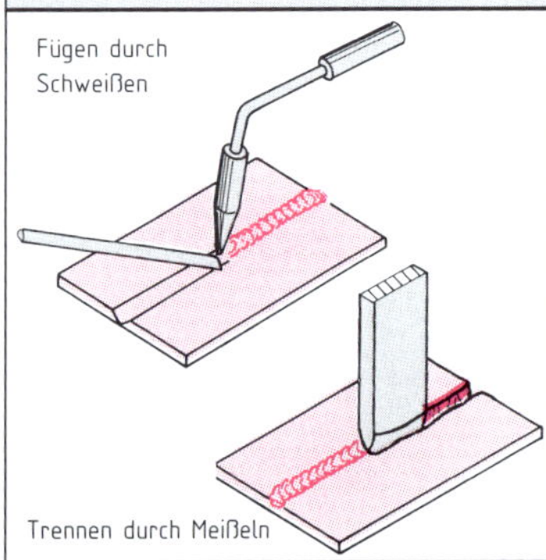	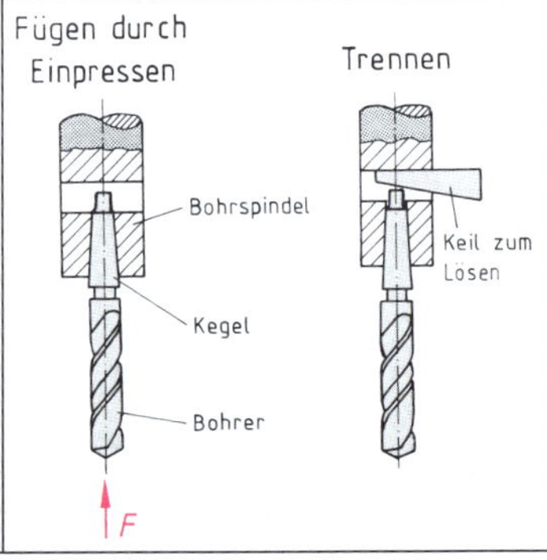	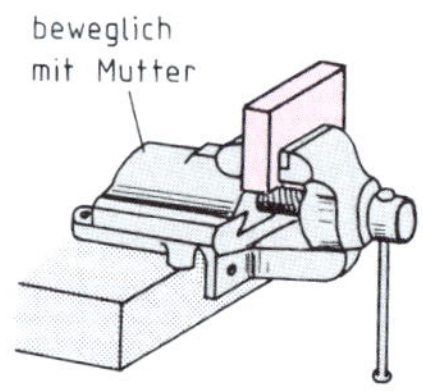

Nach der Beweglichkeit der verbundenen Bauelemente unterscheidet man:
- Starre, unlösbare Verbindungen,
- starre, lösbare Verbindungen,
- bewegliche Verbindungen.

Übungsaufgaben 6/3 bis 6/6

6.1.2 Reibung

- **Reibungskraft**

Versucht man aufeinandergepreßte Flächen gegeneinander zu bewegen, so entsteht ein Widerstand gegen diese Verschiebung. Dieser Widerstand ist die **Reibungskraft** F_R. Reibungskräfte sind unerwünscht, wenn Bauteile aufeinander gleiten sollen.
Reibungskräfte sind aber überall dort erwünscht, wo Bauteile durch Kraftschluß gefügt werden sollen.

Die Größe der Reibungskraft ist abhängig von

- der **Normalkraft** F_N. Diese ist die Kraft, welche senkrecht auf die Reibungsflächen wirkt.
- der Werkstoffkombination und der Beschaffenheit der aufeinandergepreßten Werkstückoberflächen.

Die Werkstoffkombination und die Beschaffenheit der Oberflächen werden mit der **Reibungszahl** μ erfaßt.

Die Reibungskraft ist von der Größe der Reibungsflächen unabhängig.
Die Reibungskraft wirkt immer der angestrebten Bewegung entgegen.
Mit steigender Normalkraft wächst im gleichen Verhältnis die Reibungskraft. Es gilt somit:

$$F_R = \mu \cdot F_N$$

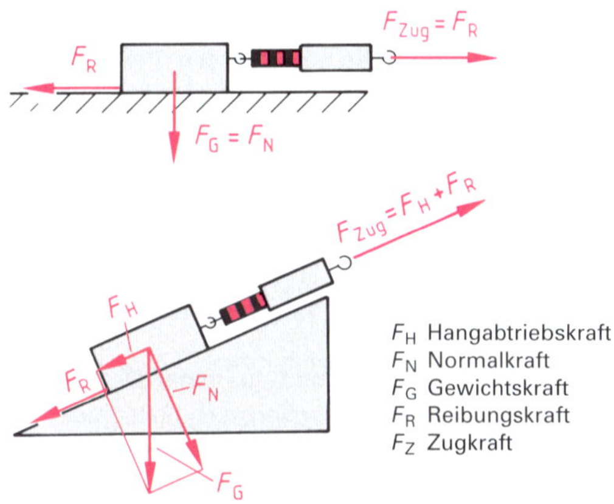

Reibungskraft an der geneigten Ebene

Die Reibungskraft ist von der Normalkraft und der Reibungszahl abhängig.
Die Reibungskraft wirkt einer entstehenden oder vorhandenen Bewegung immer entgegen.

- **Reibungsarten**

Haftreibung muß überwunden werden, wenn ein Bauteil aus dem Ruhezustand in Bewegung gesetzt werden soll.
Gleitreibung muß überwunden werden, um ein Bauteil in gleichförmiger Bewegung zu halten. Gleitreibung ist immer kleiner als Haftreibung.
Rollreibung tritt zwischen aufeinander rollenden Bauteilen auf. Sie ist erheblich kleiner als Gleitreibung.

Reibungskräfte können durch Schmierung verringert werden.

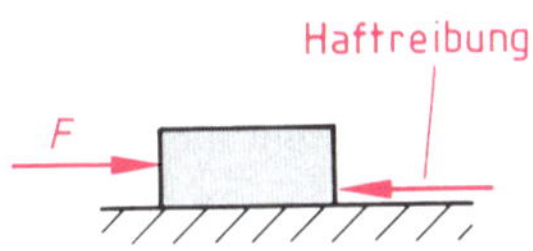

Körper eben noch in Ruhe

Körper in gleichförmiger Bewegung

- **Richtwerte für Reibungszahlen**

Werkstoffpaarung (Glatte Oberflächen)	Beispiel	Haftreibungszahl μ_0 trocken	Haftreibungszahl μ_0 geschmiert	Gleitreibungszahl μ trocken	Gleitreibungszahl μ geschmiert
Stahl/Stahl Gummi/Gußeisen Bremsbelag/Stahl	Schraubstockführung Riemen auf Riemenscheibe Scheibenbremse	0,18 0,55 –	0,1 0,3 –	0,13 0,4 0,3...0,5	0,05 0,2 0,15...0,3
		Rollreibungszahl μ_r			
Stahl/Stahl Gummi/Asphalt	Wälzlager Reifen auf Straße	je nach Bauart 0,0005...0,001, je nach Größe 0,015...0,025 0,03...0,04			

Reibung siehe auch *„Maschinen- und Gerätetechnik,* Kapitel *Lager"*

6.2 Fügen mit Gewinden

Einsatz von Gewinden

Bei Schrauben und Spindeln nutzt man Gewinde zum Fügen.

Schrauben mit **Befestigungsgewinde** setzt man dann ein, wenn

- die Verbindung häufiger gelöst werden muß, z.B. zur Befestigung von Radfelgen.
- genaue Anpreßkräfte gefordert werden, z.B. zum Aufpressen des Zylinderkopfes auf einen Motorblock.
- die Montage erleichtert werden soll, z.B. Verschrauben vorgefertigter Teile von Gittermasten.

Befestigungsgewinde sind meist Spitzgewinde.

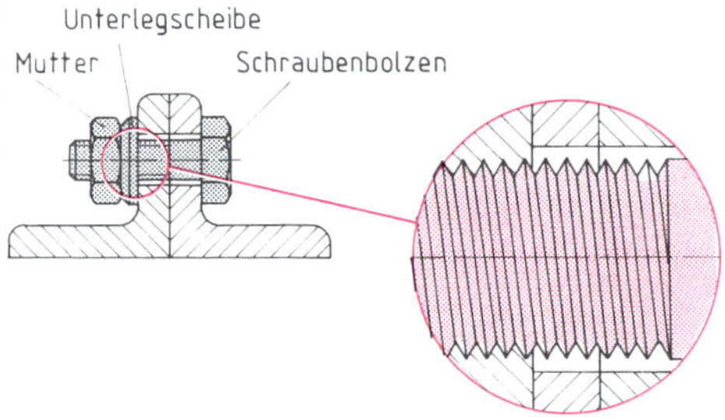

Befestigungsgewinde

Spindeln mit **Bewegungsgewinde** werden eingesetzt, wenn

- große Längsbewegungen aus einer Drehbewegung erzeugt werden sollen, z.B. Leitspindel an der Drehmaschine.
- große Längskräfte aus einer Drehbewegung erzeugt werden müssen, z.B. Spindel am Schraubstock.

Bewegungsgewinde sind meist Trapezgewinde.

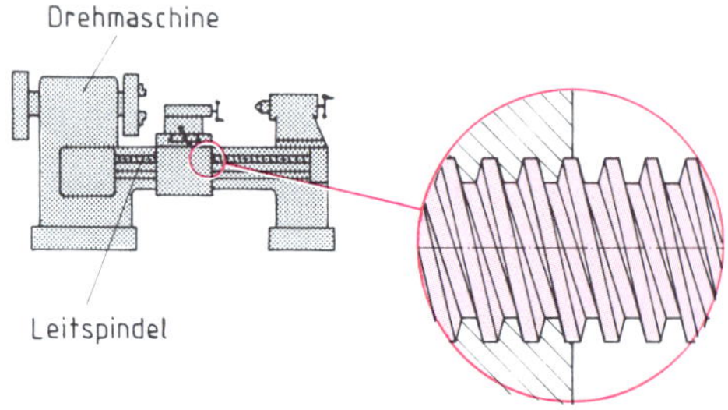

Bewegungsgewinde

6.1.2 Kräfte am Gewinde

• Kräfte in Schraubenverbindungen

Das Schrauben ist ein Fügeverfahren, bei dem die Bauelemente stark gegeneinander gepreßt werden. Dadurch wirken zwischen den Bauelementen große Reibungskräfte, und es entsteht eine kraftschlüssige Verbindung.

In Schraubenverbindungen erreicht man die zum Kraftschluß erforderlichen großen Kräfte:

- durch die Hebelübersetzung der Handkraft an einem Schraubenschlüssel und
- durch die Kraftverstärkung im Gewindegang.

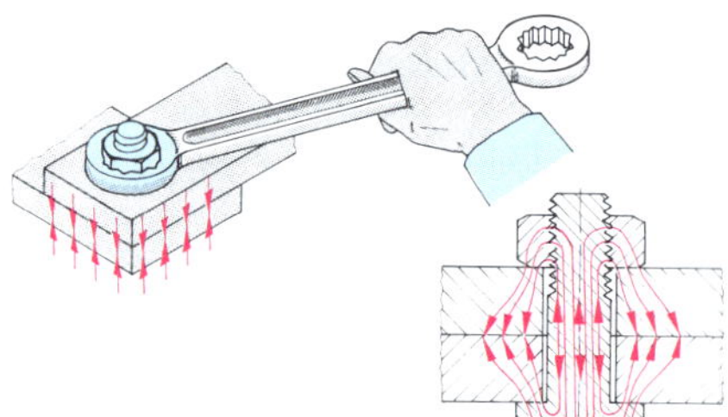

Kraftschluß in Schraubenverbindung

Kraftverstärkung durch Schraubenschlüssel

Mit Hilfe eines Schraubenschlüssels wird eine Schraube mit der Handkraft F angezogen. Diese Kraft wird wegen der Hebelübersetzung verstärkt im Gewinde wirksam. Sie tritt in den Gewindegängen als Umfangskraft F_u auf und greift am Flankendurchmesser d_2 an.

Benutzt man zur Berechnung der Umfangskraft F_u das **Hebelgesetz,** so kann man diese Umfangskraft aus der Handkraft F, der Länge des wirksamen Werkzeughebels l und dem Flankendurchmesser d_2 der Schraube ermitteln.

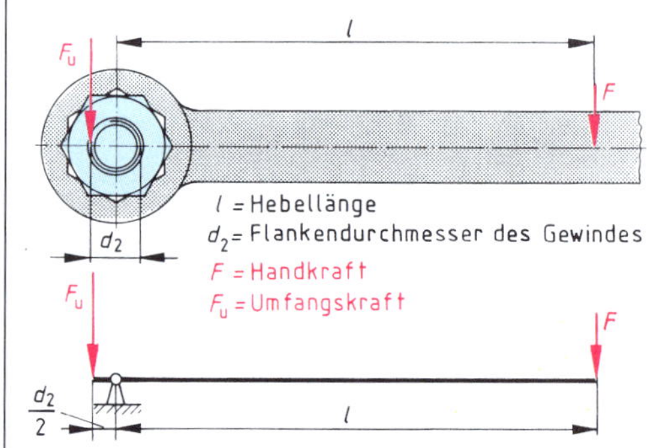

Schraubenschlüssel als Hebel

Beispiel für die Berechnung der Umfangskraft

Aufgabe

An einer Schraube M 16 (d_2 = 14,7 mm) wirkt eine Handkraft von 300 N an einem Schraubenschlüssel mit der wirksamen Hebellänge l = 200 mm.
Wie groß ist die Umfangskraft F_u?

Gegeben: F = 300 N; l = 200 mm; d_2 = 14,7 mm *Gesucht:* F_u

Lösung $F_u \cdot \frac{d_2}{2} = F \cdot l$ (Hebelgesetz)

$$F_u = \frac{2F \cdot l}{d_2} \qquad F_u = \frac{2 \cdot 300\ \text{N} \cdot 200\ \text{mm}}{14{,}7\ \text{mm}} \qquad F_u = \mathbf{8\,163\ N}$$

Kraftverstärkung durch den Gewindegang

Eine Schraubenverbindung kann in ihrer Wirkung auf die Bauelemente mit einer Keilverbindung verglichen werden. Dabei muß der Keil in seinen Maßen einem abgewickelten Gewindegang der Mutter entsprechen. Der Keil wird mit der Umfangskraft F_u in die Nut des Bolzens getrieben. Dadurch wird der Bolzen in der Nut und am Kopf durch äußere Kräfte beansprucht. Diese Kräfte sind aus der Umfangskraft entstanden.

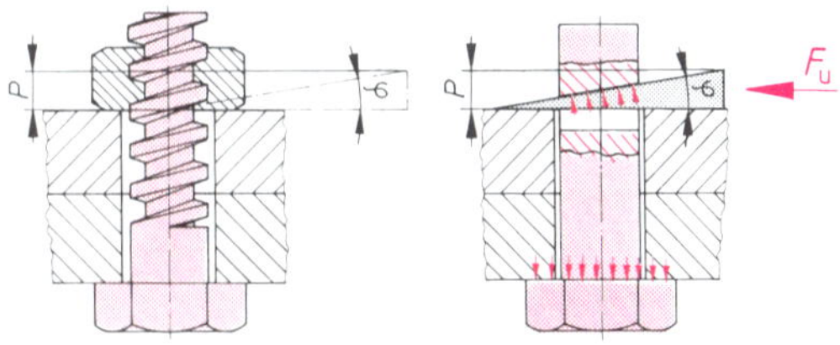

Vergleich zwischen Schraube und Keil

Die Umfangskraft wird durch das Gewinde in eine größere Kraft in Längsrichtung umgesetzt.
Die Verhältnisse der Kräfte am Gewinde und an einem Keil mit gleichem Steigungswinkel sind gleich. Darum können Kräfte im Gewinde über die Kräftezerlegung am Keil einfach ermittelt werden.
Die **Spannkraft** ist dabei die Längskraft in der Schraube oder Spindel. Bei gleicher Umfangskraft sinkt die Spannkraft mit wachsendem Steigungswinkel.
Die Normalkraft, welche Reibung an den Gewindeflanken verursacht, ändert sich in gleicher Weise.

Beispiele für Kräfte am Gewinde

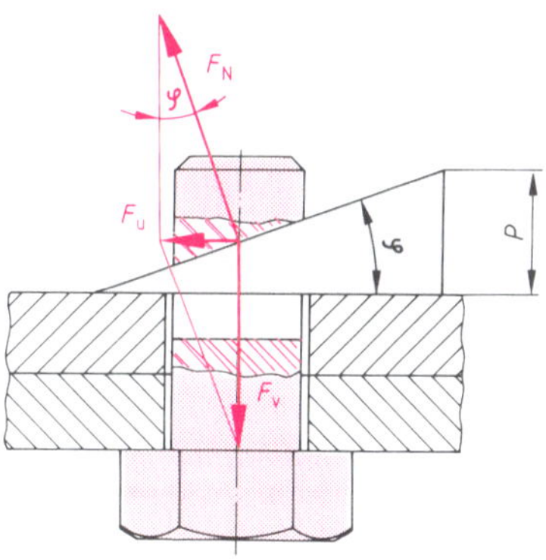

F_u Umfangskraft
F_N Normalkraft
F_v Spannkraft
φ Steigungswinkel
P Steigung

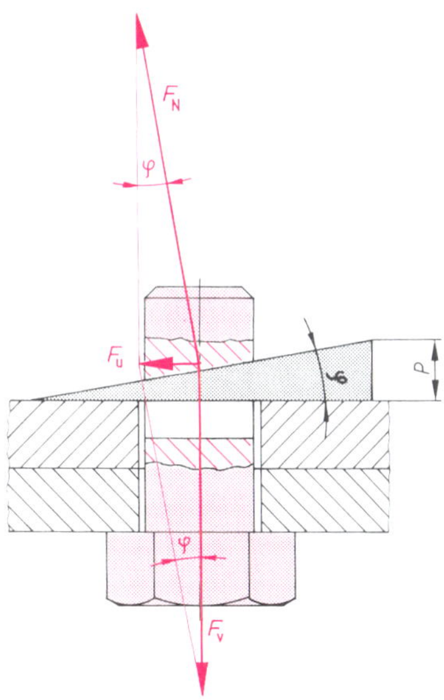

Die Längskraft in einem Gewinde steigt bei wachsender Umfangskraft und kleinerem Steigungswinkel.

• Selbsthemmung bei Gewinden

Die Größe des Steigungswinkels eines Gewindes ist entscheidend dafür, ob ein Gewinde als Befestigungs- oder als Bewegungsgewinde benutzt wird. Die Wirkung des Steigungswinkels erkennt man, wenn man zwei Gewinde mit unterschiedlichen Steigungswinkeln vergleicht. In beiden Gewinden wirkt die gleiche Spannkraft (F_V). Diese Spannkraft wird jeweils mit Hilfe des Parallelogrammes der Kräfte an den Schraubenlinien zerlegt. Die Kraftzerlegung erfolgt senkrecht und parallel zur Schraubenlinie. Die senkrechte Teilkraft ist die Normalkraft (F_N). Die Teilkraft in Richtung der Schraubenlinie nennt man die Hangabtriebskraft (F_H).

Gewinde mit kleinem Steigungswinkel

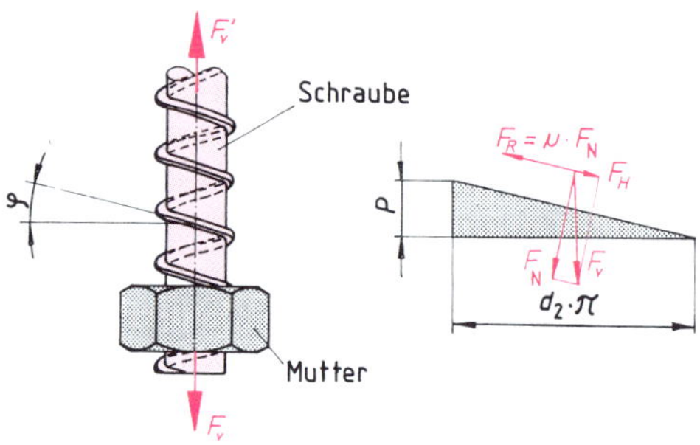

kleiner Steigungswinkel φ ergibt:

- kleine Hangabtriebskraft F_H
- große Normalkraft F_N
- große Reibungskraft F_R (weil $F_R = \mu \cdot F_N$)

Gewinde mit großem Steigungswinkel

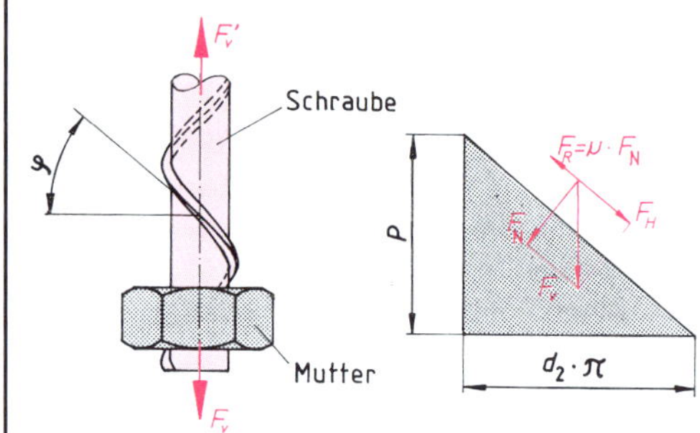

großer Steigungswinkel φ ergibt:

- große Hangabtriebskraft F_H
- kleine Normalkraft F_N
- kleine Reibungskraft F_R (weil $F_R = \mu \cdot F_N$)

Ohne Reibung würde die Hangabtriebskraft eine Abwärtsbewegung der Mutter bewirken. Die auftretende Reibungskraft hemmt jedoch die Abwärtsbewegung.

Selbsthemmendes Gewinde

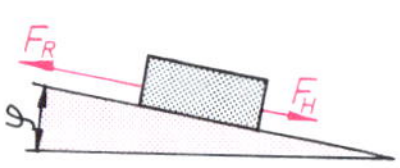

$F_R > F_H \Rightarrow$ keine Bewegung
Gewinde ist selbsthemmend

Ist die errechnete Reibungskraft F_R größer als die Hangabtriebskraft F_H, so tritt keine Bewegung ein. Man spricht dann von einem **selbsthemmenden** Gewinde.

Bei Gewinden mit einem Steigungswinkel von unter 6° tritt Selbsthemmung auf. Die Spannkraft erzeugt in solchen Gewinden eine sehr große Normalkraft und deswegen auch eine große Reibungskraft. Befestigungsschrauben tragen selbsthemmende Gewinde.

Nicht selbsthemmendes Gewinde

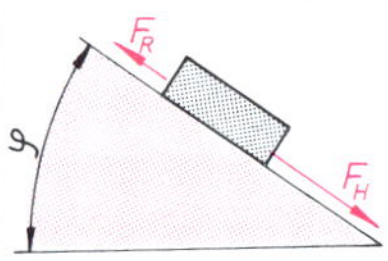

$F_R < F_H \Rightarrow$ Bewegung
Gewinde ist nicht selbsthemmend

Ist die Reibungskraft F_R kleiner als die Hangabtriebskraft F_H, so bewegt sich die Mutter von selbst. Das Gewinde wird **nicht selbsthemmend** genannt.

Der Steigungswinkel bei Bewegungsgewinden wird größer als bei Befestigungsgewinden gewählt. Liegt er über 6°, so ist das Bewegungsgewinde nicht selbsthemmend. In Spindelpressen z.B. werden Spindeln mit nicht selbsthemmenden Bewegungsgewinden verwendet.

> Befestigungsgewinde sind selbsthemmend.
> Bewegungsgewinde haben geringe oder keine Selbsthemmung.

Übungsaufgaben 6/23 bis 6/29

6.2.2 Gewindearten

- **Befestigungs- und Bewegungsgewinde**

Für Befestigungs- und Bewegungsgewinde sind unterschiedliche Gewindeprofile gebräuchlich. Übliche Gewindeprofile sind das Spitzgewinde, das Trapezgewinde, das Sägengewinde und das Rundgewinde. Eine Übersicht über die Gewindeformen und die Gewindebezeichnungen bietet die DIN 202.

Gewindeprofile

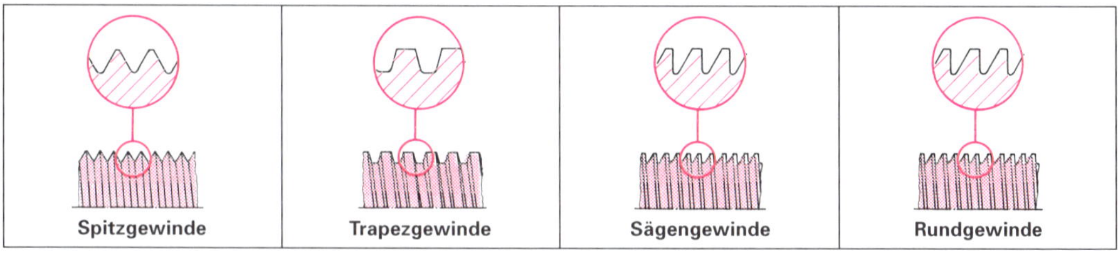

Als **Befestigungsgewinde** benutzt man vor allem Spitzgewinde.

Das Spitzgewinde verwendet man aus folgenden Gründen:

Spitzgewinde lassen sich mit geringen Steigungswinkeln bei genügend großer Gewindetiefe herstellen. Geringe Steigungswinkel führen zu großen Normalkräften und zur Selbsthemmung.

Spitzgewinde haben einen großen Flankenwinkel. An den stark geneigten Gewindeflanken tritt durch die Kraftzerlegung eine zusätzliche Verstärkung der Normalkraft auf, dadurch wächst die Selbsthemmung.

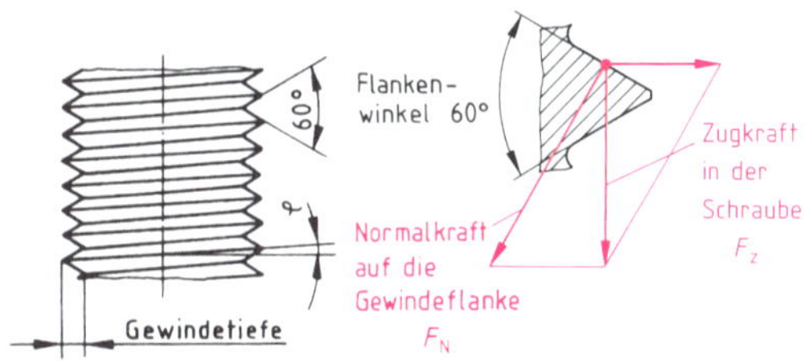

Spitzgewinde als Befestigungsgewinde

In Spitzgewinden treten wegen der kleinen Steigungswinkel und der großen Flankenwinkel große Reibungskräfte auf; Spitzgewinde sind daher als Befestigungsgewinde besonders geeignet.

Als **Bewegungsgewinde** gebraucht man vor allem Trapezgewinde, bei hohen Belastungen in einer Achsrichtung auch Sägengewinde.

Diese Gewindeprofile benutzt man aus folgenden Gründen:

Trapez- und Sägengewinde lassen sich mit großer Gewindesteigung bei nicht zu großer Gewindetiefe herstellen. Große Steigungwinkel führen zu geringen Normalkräften und dadurch zu kleinen Reibungskräften.

Trapez- und Sägengewinde haben kleine Flankenwinkel. An den schwach geneigten Gewindeflanken wird die Normalkraft nur gering verstärkt.

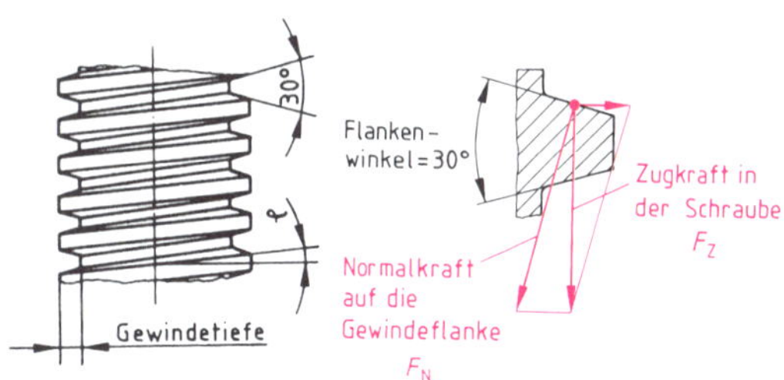

Trapezgewinde als Bewegungsgewinde

In Trapez- und Sägengewinden treten wegen der großen Steigungswinkel und der kleinen Flankenwinkel geringe Reibungskräfte auf; Trapez- und Sägengewinde sind daher als Bewegungsgewinde besonders geeignet.

Übungsaufgaben 6/30 bis 6/33

- **Rechts- und linksgängige Gewinde**

Die Normalausführung bei Gewinden ist rechtsgängig. Rechtsgängig ist ein Gewinde dann, wenn der Einschraubvorgang im Uhrzeigersinn erfolgt. Die Einschraubrichtung bei Linksgewinden ist entgegengesetzt dem Uhrzeigersinn. Eine Mutter mit Linksgewinde hat entweder eine Rille am Umfang oder ein großes L auf einer der Auflageflächen.

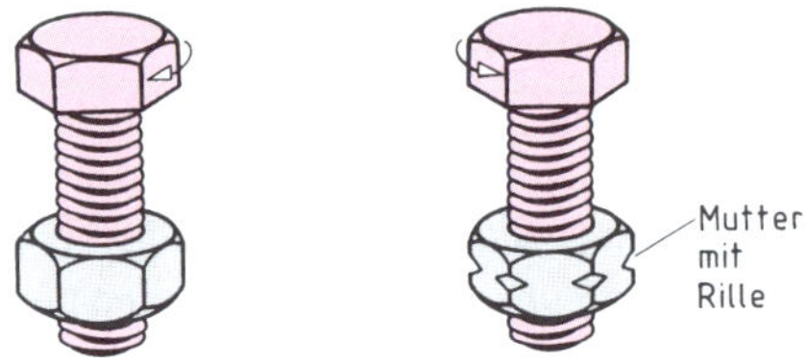

Linksgewinde   Rechtsgewinde

Beispiele für die Anwendung von Linksgewinden

Spannschlösser tragen Rechts- und Linksgewinde. Nur dadurch werden beim Rechtsdrehen der Spannmutter die Zugstangen gegeneinander geschraubt und gespannt.
Bei einem Doppelschleifbock muß eine Schleifscheibe mit Links- und die andere mit Rechtsgewinde befestigt werden, damit beim Anlauf kein Lösen erfolgt *(funktionsbedingtes Linksgewinde).*
An der Propangasflasche verhindert man durch Linksgewinde eine Verwechslung mit anderen Gasarmaturen *(sicherheitsbedingtes Linksgewinde).*

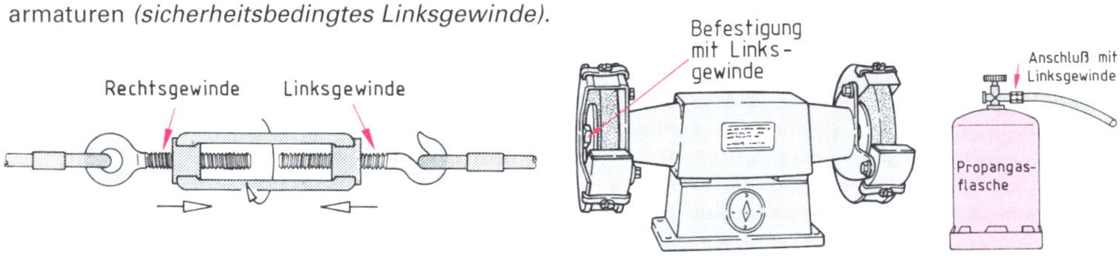

Linksgewinde kommen nur in Sonderfällen zum Einsatz. Man verwendet sie aus funktionsbedingten und sicherheitsbedingten Gründen.

- **Ein- und mehrgängige Gewinde**

Es gibt ein- und mehrgängige Gewinde. Die Zahl der Gewindegänge erkennt man an der Zahl der Gewindeanfänge.
Bei eingängigen Gewinden ist der Abstand von Gewindeflanke zu Gewindeflanke gleich der Steigung. Bei mehrgängigen Gewinden wird dieser Abstand **Teilung** genannt. Die Steigung entspricht dann je nach Gängigkeit einem Mehrfachen der Teilung.
Mehrgängige Gewinde werden dort verwendet, wo man bei geringen Drehbewegungen große Längsbewegungen verlangt. Mehrgängige Gewinde kann man mit großen Steigungen (P) bei kleinem Gewindeprofil ausführen. So werden z.B. die Verschlüsse von Füllhaltern und Schraubgläsern mit mehrgängigen Gewinden versehen.

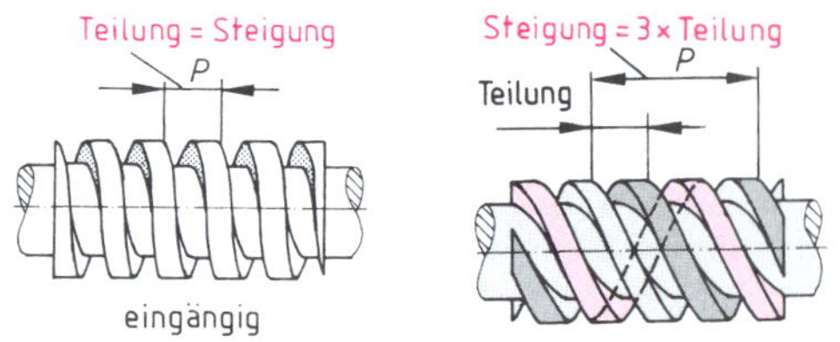

Gängigkeit bei Gewinden

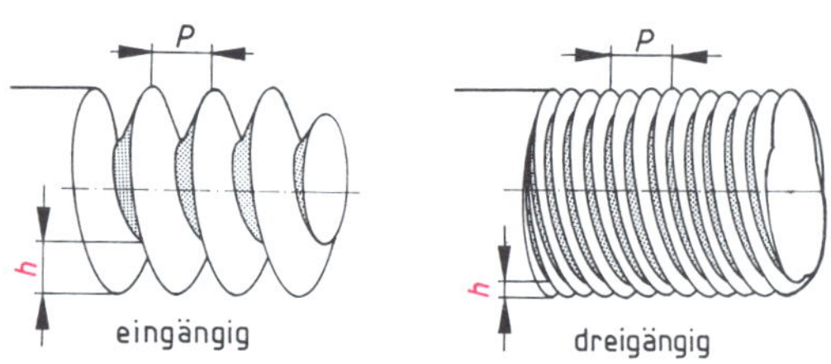

Gängigkeit und Gewindetiefe (h)

Mehrgängige Gewinde sind besonders als Bewegungsgewinde geeignet. Durch die Mehrgängigkeit erhöht sich die Anzahl der tragenden Gewindegänge bei gleichzeitiger Verringerung der Reibung. Spindeln von Pressen und Schnecken von Getrieben sind daher oft mit mehrgängigen Gewinden ausgerüstet.

Übungsaufgaben 6/34; 6/35

Eingängige Rechtsgewinde (DIN 202)

	Gewindeprofil	Benennung des Gewindes	Beispiel für Maßangabe	Verwendung
Befestigungsgewinde	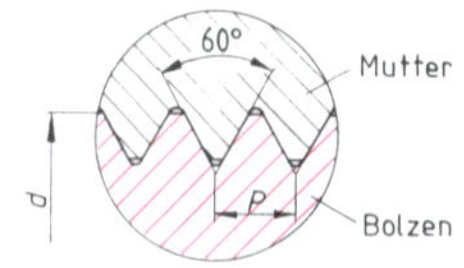	**Metrisches ISO-Regel-gewinde** (DIN 13)	**M 30** M – Zeichen für metrisches Gewinde 30 – Gewindenenndurchmesser „*d*" in mm	**Befestigungsgewinde** für Schrauben und andere Bauteile
	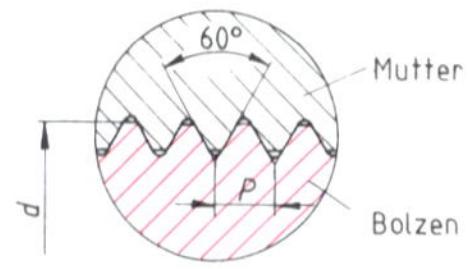	**Metrisches ISO-Fein-gewinde** (DIN 13)	**M 30 × 1,5** M – Zeichen für metrisches Gewinde 30 – Gewindenenndurchmesser „*d*" in mm 1,5 – Steigung „*P*" in mm	**Befestigungsgewinde** bei kurzen Einschraublängen, großen Nenndurchmessern, dünnwandigen Bauteilen. Stellgewinde bei Meßschrauben
	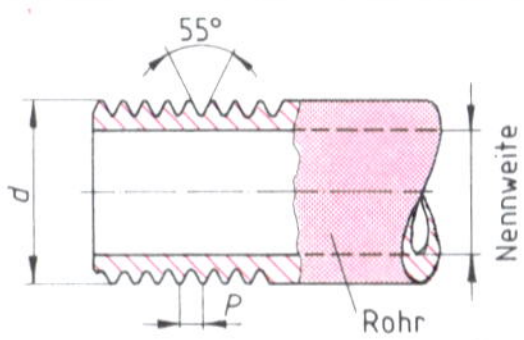	**Whitworth Rohrgewinde** (DIN ISO 228)	**G 3/4** G – Zeichen für zylindrisches Rohrgewinde 3/4 – Bezeichnung der Gewindegröße entspricht der Nennweite des benutzten Rohres in Zoll	**Befestigungsgewinde** für Rohre und Fittings im Installationsbau, nicht dichtend
Bewegungsgewinde	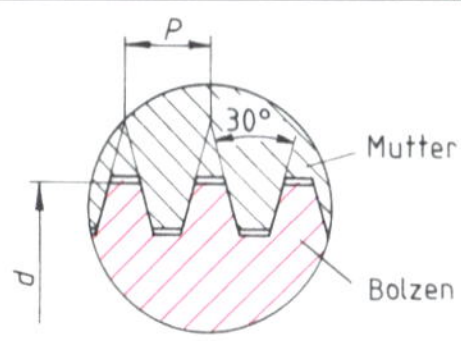	**Metrisches ISO-Trapez-gewinde** (DIN 103)	**Tr 32 × 6** Tr – Zeichen für Trapezgewinde 32 – Gewindenenndurchmesser „*d*" in mm 6 – Steigung „*P*" in mm	**Bewegungsgewinde** bei Spindeln für beidseitige Kraftübertragung
	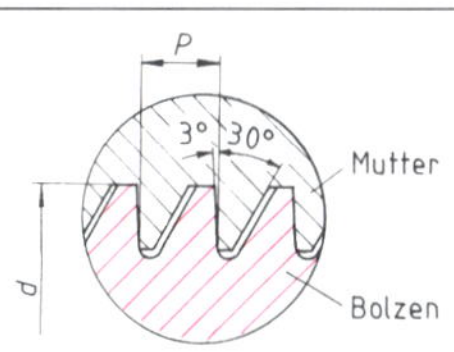	**Sägengewinde** (DIN 513)	**S 30 × 6** S – Zeichen für Sägengewinde 30 – Gewindenenndurchmesser „*d*" in mm 6 – Steigung „*P*" in mm	**Bewegungsgewinde** für einseitig axiale Übertragung großer Kräfte, z.B. bei Spindelpressen und Spannzangen
	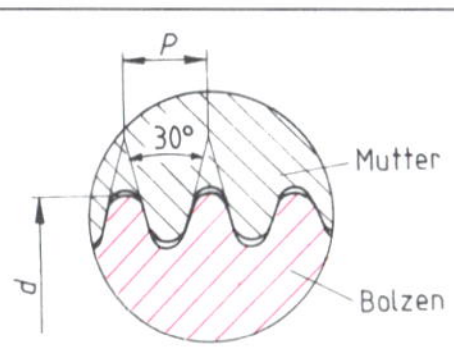	**Rundgewinde** (DIN 405)	**Rd 30 × 1/8** Rd – Zeichen für Rundgewinde 30 – Gewindenenndurchmesser „*d*" in mm 1/8 – Steigung „*P*" in Zoll; entspricht 8 Gewindegänge je ein Zoll Bolzenlänge	**Bewegungsgewinde** bei Verbindungen, die starken Verschmutzungen unterliegen, z.B. Waggonverbindungen, Kupplungen; Spindeln für Ventile; in seltenen Fällen auch als Befestigungsgewinde

Normangaben über zusätzliche Eigenschaften der Gewinde (DIN 202)

Zusätzliche Eigenschaften	Zusätzliche Angabe hinter der Maßangabe	Beispiel für Maßangabe	Hinweise
Gewindetoleranzen der nach Norm festgelegten Güteklasse	f = fein c = grob m = mittel oder Kurzzeichen der Gewindetoleranz	M 30f Tr32 × 6 m M 30-4h M 30-5h	
Linksgewinde	LH	M 30-LH Tr 32 × 6-4g-LH	Die Abkürzung LH kommt von Left Hand
Mehrgängige Gewinde	hinter dem Kurzzeichen und dem Gewindedurchmesser folgt die Steigung und die Teilung	Tr60 × 14 P7 Tr60 × 14 P7-8e Tr32 × 9 P3-LH	Die Teilung wird mit dem Buchstaben P hinter die Steigung gesetzt. $\text{Gangzahl} = \frac{\text{Steigung}}{\text{Teilung}}$

Übungsaufgaben 6/36 bis 6/40

6.2.3 Schrauben

Schrauben- und Mutternformen

Schrauben unterscheiden sich in ihren verschiedenen Ausführungsformen vor allem durch die Gestaltung des Kopfes, durch das benutzte Gewinde und durch die Ausführung des Bolzenendes.

Kopfschrauben		Stiftschrauben	Gewindestifte
Sechskantschraube	Sechskant-Paßschraube		

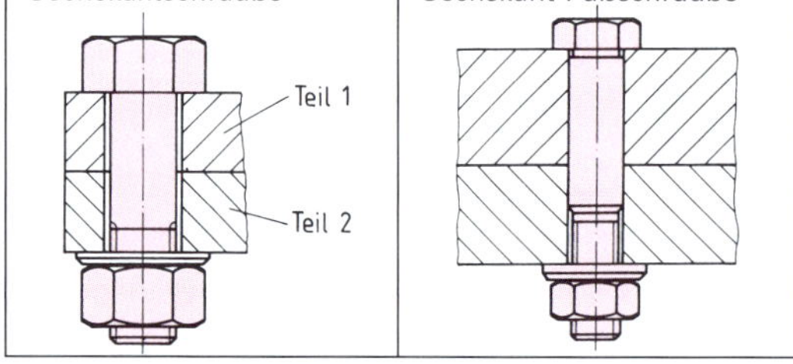

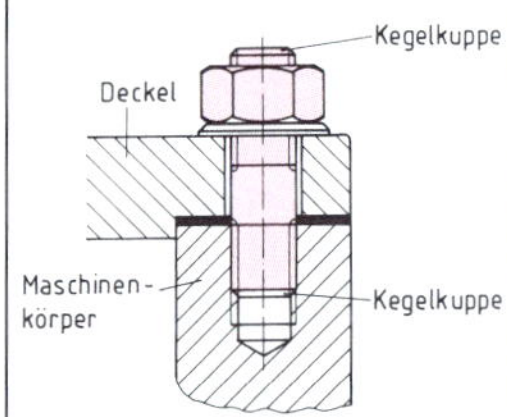

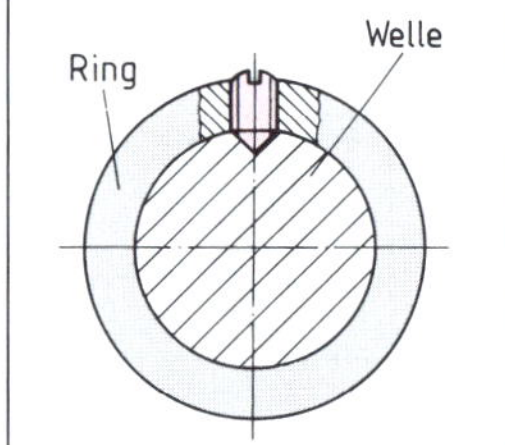

Ausführungen von Kopfformen für Schrauben

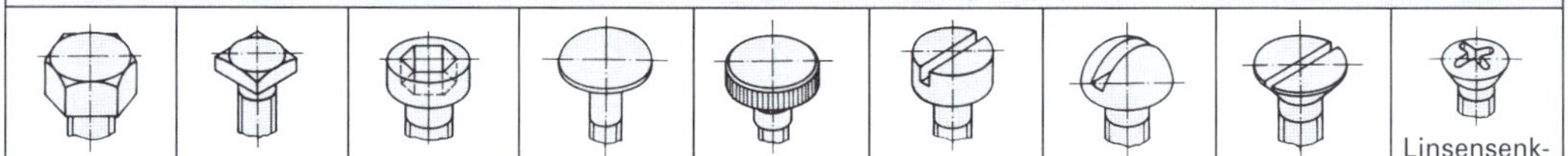

Sechskant-kopf	Vierkant-kopf	Innensechs-kantkopf	Flachrund-kopf	Rändelkopf	Zylinder-kopf	Halbrund-kopf	Senkkopf	Linsensenk-kopf mit Kreuzschlitz

Ausführungen von Gewinden für Schrauben

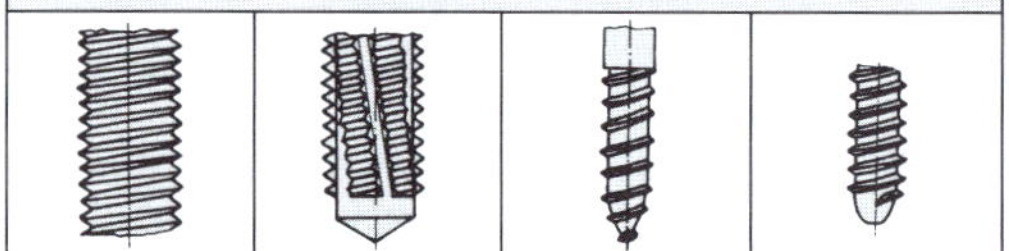

Spitzgewinde	Schneid-gewinde	Holzschrau-bengewinde	Blechschrau-bengewinde

Ausführungen von Bolzenenden für Schrauben

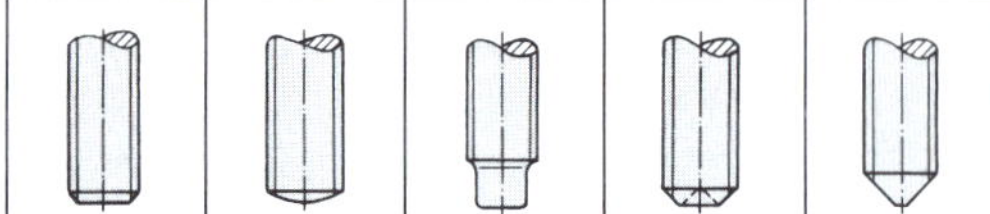

Kegel-kuppe	Linsen-kuppe	Zapfen	Ring-schneide	Spitze

Ausführungsformen von Muttern und ihr Verwendungszweck

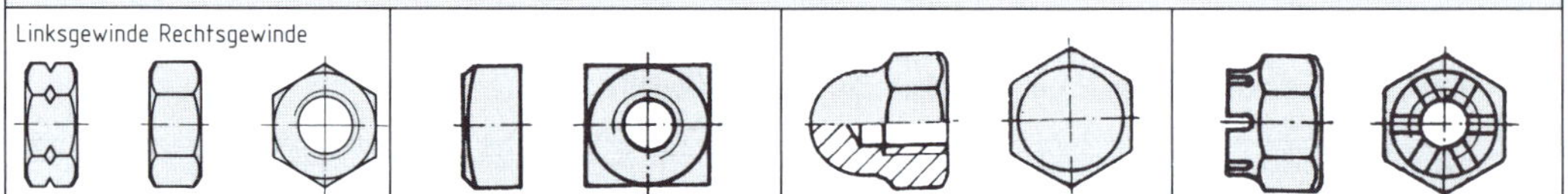

Sechskantmutter	**Vierkantmutter**	**Hutmutter**	**Kronenmutter**
Schraubenverbindung im Maschinenbau	preiswerte Mutter für untergeordnete Verbindungen	Schutz des Bolzenendes, Ziermutter	Schraubensicherung mit Splint

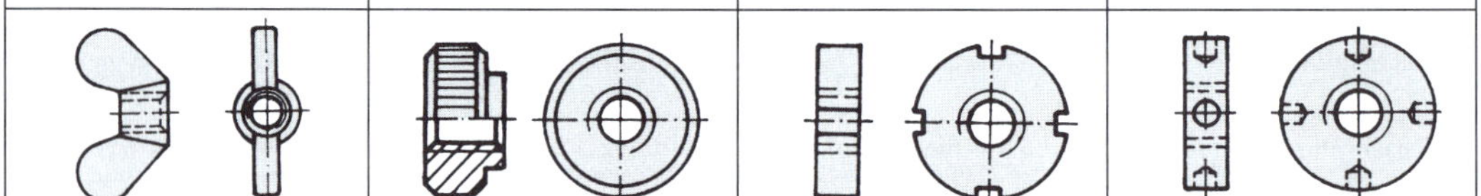

Flügelmutter	**Rändelmutter**	**Nutmutter**	**Kreuzlochmutter**
Anziehen und Lösen von Hand		Einstellarbeiten an Spindellagerungen	

- **Sicherungen von Schraubenverbindungen**

Schwingungen, Temperaturschwankungen und Lastwechsel können ein selbsttätiges Lösen von Schraubenverbindungen bewirken. Deswegen werden in solchen Fällen Schraubensicherungen verwendet. Man kann Schraubensicherungen nach Kraftschluß, Formschluß und Stoffschluß unterscheiden:

Kraftschlüssige Sicherungen

Sie verhindern weitgehend das Lockern der Verbindung. Die Sicherungselemente gleichen das Nachlassen der Spannung in der Verbindung durch Federkräfte aus.

Kraftschlüssige Schraubensicherungen				
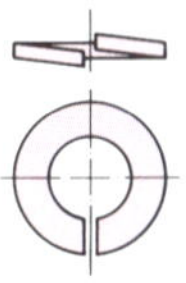	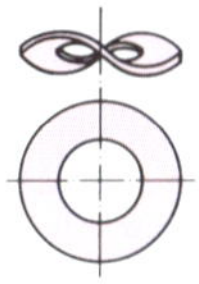	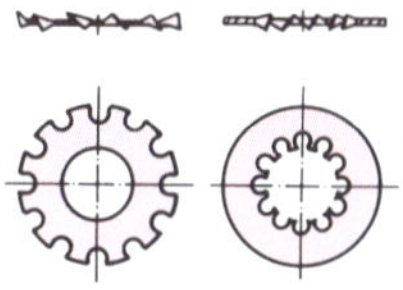	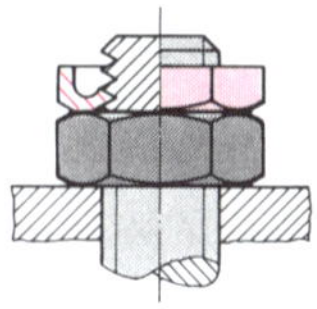	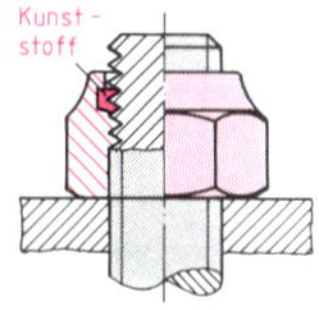
Federring Form B	Federscheibe	Zahnscheibe	Sicherungsmutter	selbstsichernde Mutter

Bei einigen kraftschlüssigen Schraubensicherungen, z.B. Federring, Zahnscheibe, ist auch ein Formschlußanteil durch Verkeilen der Sicherungselemente mit den Bauteilen wirksam.

Formschlüssige Sicherungen

Sie können zwar das Lockern der Verbindung nicht verhindern, sie dienen aber als Sicherung gegen das Losdrehen. Bei allen Betriebsbedingungen erfüllen die formschlüssigen Sicherungen den höchsten Anforderungen an die Sicherheit wie z.B. in Getrieben und Motoren.

Formschlüssige Schraubensicherungen		
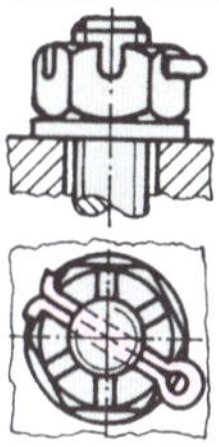	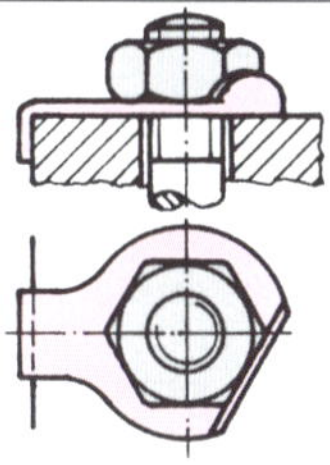	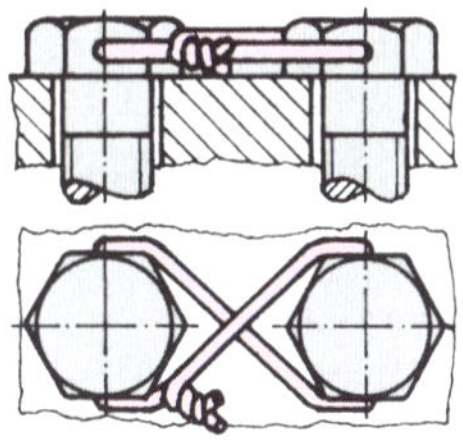
Kronenmutter mit Splint	Sicherungsblech mit Lappen	Drahtsicherung

Stoffschlüssige Sicherungen

Dabei werden die Zwischenräume von Bolzen- und Muttergewinde oder Bolzenende und Mutter durch Kunststoffkleber, Lack oder Lot ausgefüllt. Die Schraubensicherung kann dabei dann gleichzeitig dichtend wirken.
Eine Besonderheit sind Schrauben, die mit einem Klebstoff versehen geliefert werden. Dieser Klebstoff ist in winzigen Kapseln enthalten, die beim Einschrauben platzen. Der austretende Klebstoff verklebt dann Schrauben- und Muttergewinde.

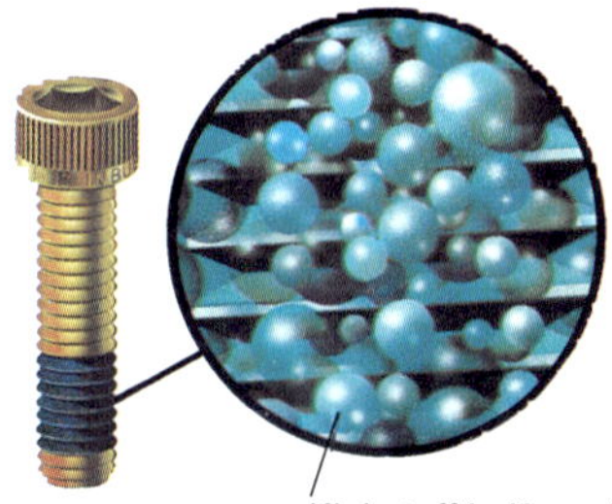

Schraube mit mikroverkapseltem Klebstoff

Schraubenverbindungen sollen durch richtiges Anziehen der Schraube gegen Lösen gesichert sein. Schraubensicherungen gewähren einen zusätzlichen Schutz.

• Festigkeit von Schrauben und Muttern

Schraubenfestigkeit

Die Festigkeitsklassen für Schrauben und Muttern aus Stahl sind genormt. Die Schrauben sind am Kopf meist durch zwei Zahlen, z.B. 12.9, gekennzeichnet, die durch einen Punkt getrennt sind. Diese Zahlenangabe wird Festigkeitskennzahl genannt. Aus dieser lassen sich Festigkeitskennwerte des Werkstoffs ermitteln.

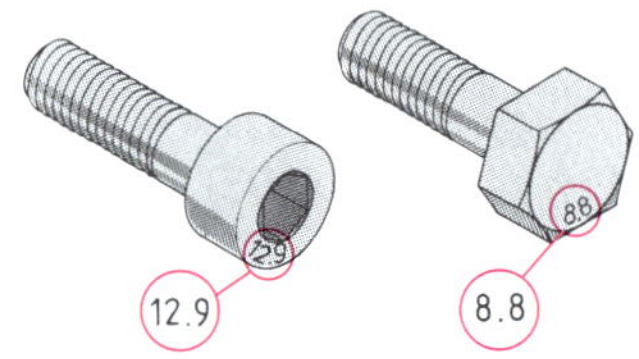

Festigkeitskennzahl bei Schrauben

Die erste Zahl ist die Kennzahl für die Zugfestigkeit R_m des Werkstoffes der Schraube. Zur Ermittlung der Zugfestigkeit aus der Kennzahl wird die erste Zahl mit 100 multipliziert. Man erhält die Zugfestigkeit in N/mm². Die Streckgrenze des Schraubenwerkstoffes läßt sich mit Hilfe der ersten und der zweiten Kennzahl ermitteln. Die erste Zahl mit dem 10fachen der zweiten Zahl multipliziert ergibt die Streckgrenze R_{eH} in N/mm².

Festigkeitskennzahlen bei Schrauben:

3.6	4.6	4.8	5.6	5.8	6.6	6.8	6.9	8.8	10.9	12.9	14.9

Bei Platzmangel auf dem Schraubenkopf werden anstelle der Kennzahl der Festigkeitsklasse Sinnbilder verwendet.

Sinnbilder für Festigkeitskennzahlen: 5.6:  8.8:  10.9:  12.9:  14.9: 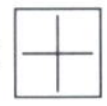

Beispiel **für die Ermittlung der Festigkeitskennwerte aus der Festigkeitskennzahl**

Aufgabe:
Es sind Zugfestigkeit R_m und Streckgrenze R_{eH} einer Schraube mit der Kennzeichnung 12.9 zu ermitteln.

Lösung: Zugfestigkeit: $R_m = 12 \cdot 100 \frac{\text{N}}{\text{mm}^2} = \mathbf{1200\ \frac{N}{mm^2}}$

Streckgrenze: $R_{eH} = 12 \cdot 9 \cdot 10 \frac{\text{N}}{\text{mm}^2} = \mathbf{1080\ \frac{N}{mm^2}}$

Mutternfestigkeit

Auch Muttern werden meist mit einer Festigkeitskennzahl versehen. Zulässig sind auch Markierungen durch Striche, die bestimmten Festigkeitskennzahlen zuzuordnen sind. Beim Fügen sollen Schrauben und Muttern die gleiche Festigkeitskennzahl aufweisen.

Festigkeitskennzahlen bei Muttern

Festigkeitskennzahl	6	8	10	12	14
bevorzugte Markierung					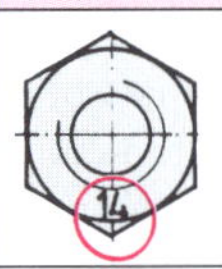
mögliche Markierung	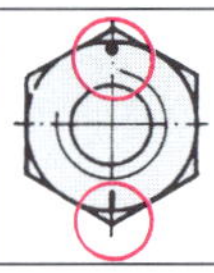	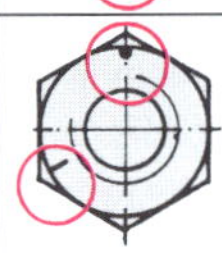	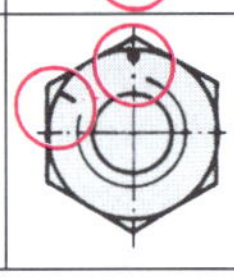	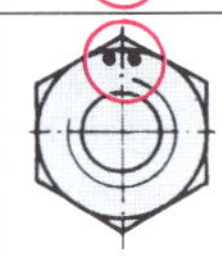	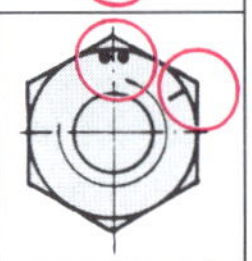

Die Zugfestigkeit R_m in $\frac{\text{N}}{\text{mm}^2}$ des Schrauben- und Mutternwerkstoffes errechnet sich aus der Multiplikation der Festigkeitskennzahl mit 100.

Übungsaufgaben 6/46; 6/47; 6/48

6.2.4 Berechnung des Drehmomentes zum Anziehen von Schrauben

Die Funktionsfähigkeit einer Schraubenverbindung ist häufig abhängig von der Kraft, mit der die Schraube beim Anziehen vorgespannt wird. So müssen z.B. die Schrauben des Deckels eines Druckbehälters so angezogen werden, daß sie auch bei Betrieb des Behälters die Dichtungen noch andrücken.

Man erreicht die notwendige Vorspannkraft in der Schraube dadurch, daß man die Drehwirkung beim Anziehen genau beschreibt. Die Drehwirkung drückt man durch das **Drehmoment** aus. Das Drehmoment M_d beim Anziehen der Schraube ist das Produkt aus der Handkraft F_H und dem Hebelarm l des Schraubenschlüssels.

$$M_d = F_H \cdot l$$

Zum genauen Anziehen einer Schraube verwendet man **Drehmomentschlüssel**.

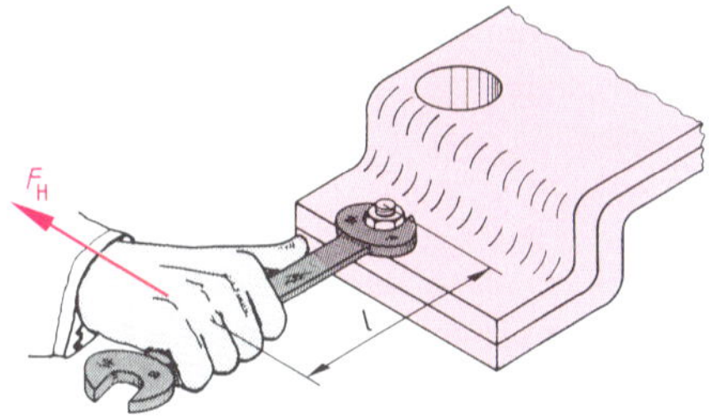

Drehmoment beim Anziehen einer Schraube

Durch das Drehmoment beim Anziehen der Schraube wird in der Schraube eine Spannkraft F_V bewirkt. Da die Spannkraft auch von der Steigung P des Gewindes und dem Wirkungsgrad der Schraubenverbindung abhängig ist, ergibt sich folgende Formel zu Bestimmung des aufzubringenden Drehmomentes:

Zugeführte Arbeit mit Berücksichtigung von Reibungsverlusten = Umgesetzte Arbeit im Gewindegang

$$F_H \cdot l \cdot 2 \cdot \pi \cdot \eta = F_V \cdot P$$

daraus folgt:

$$M_d = \frac{F_V \cdot P}{2 \cdot \pi \cdot \eta}$$

F_H = Handkraft
l = Hebelarm (wirksame Schlüssellänge)
M_d = Drehmoment
F_V = Spannkraft
P = Steigung des Gewindes
η = Wirkungsgrad (bei metrischem Spitzgewinde $\eta = 0{,}13$)

Beispiel **für die Berechnung von Drehmoment M_d und Handkraft F_H**

Aufgabe

Mit der dargestellten Schraubwinde soll ein Werkstück mit der Gewichtskraft von 28 kN angehoben werden. Der Hebel ist 500 mm lang, die Spindel hat ein Trapezgewinde Tr 52 × 8. Der Wirkungsgrad beträgt 0,35. Zu berechnen ist das aufzubringende Drehmoment M_d und die Handkraft F_H.

Gegeben: $F_G = 28$ kN; $l = 500$ mm; $P = 8$ mm; $\eta = 0{,}35$

Gesucht: F_v; M_d; F_H

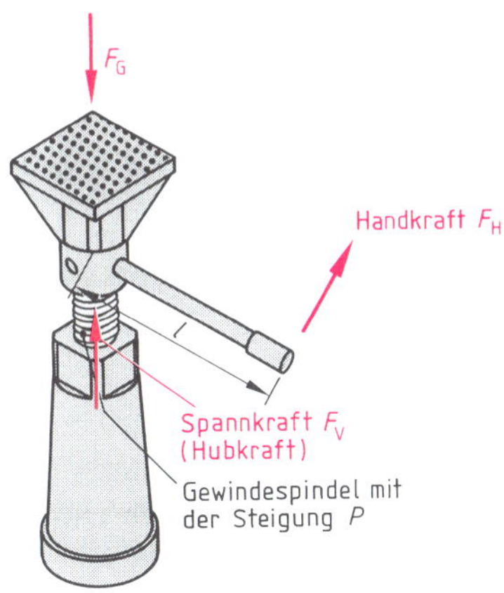

Lösung

Die Gewichtskraft F_G ist gleich der Spannkraft $F_v = 28$ kN.

$M_d = \frac{F_v \cdot P}{2 \cdot \pi \cdot \eta}$ $\quad$ $M_d = \frac{28\,000 \text{ N} \cdot 0{,}008 \text{ m}}{2 \cdot \pi \cdot 0{,}35}$ $\quad$ $M_d =$ **102 Nm**

$F_H = \frac{M_d}{l}$ $\quad$ $F_H = \frac{102 \text{ Nm}}{0{,}5 \text{ m}}$ $\quad$ $F_H =$ **204 N**

Übungsaufgaben 6/49 bis 6/53

6.3 Fügen mit Stiften und Bolzen

6.3.1 Stifte

Stifte dienen zum lösbaren Fügen von Bauelementen. Durch Stifte werden Kräfte vor allem durch Formschluß übertragen.

- **Verwendung von Stiften**

Nach der jeweiligen *Verwendung* werden Paßstifte, Befestigungsstifte, Sicherungsstifte und Abscherstifte unterschieden.

Paßstifte

Werden Stifte vor allem zur Lagesicherung von Teilen eingesetzt, so kennzeichnet man die benutzten Stifte als Paßstifte. Durch Paßstifte läßt sich die Montage von Bauelementen erleichtern und die genaue Lage von zusammengeschraubten Teilen sichern.

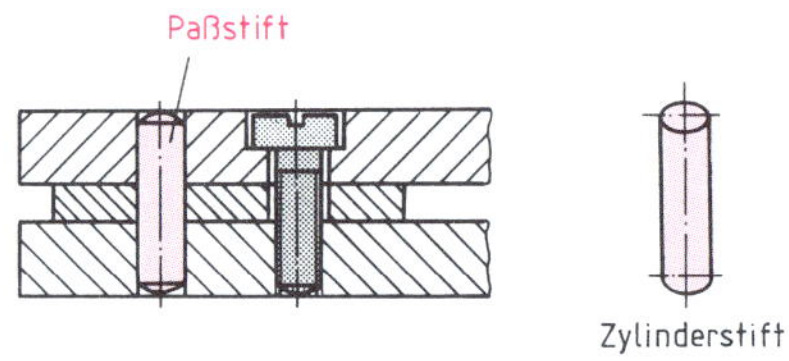

Lagesicherung von Bauteilen durch Paßstifte

Befestigungsstifte

Dienen Stifte in einer Verbindung von Bauelementen vor allem zur Befestigung, so bezeichnet man die benutzten Stifte als Befestigungsstifte. Mit Befestigungsstiften lassen sich auf einfache Art bewegliche und feste Verbindungen herstellen.

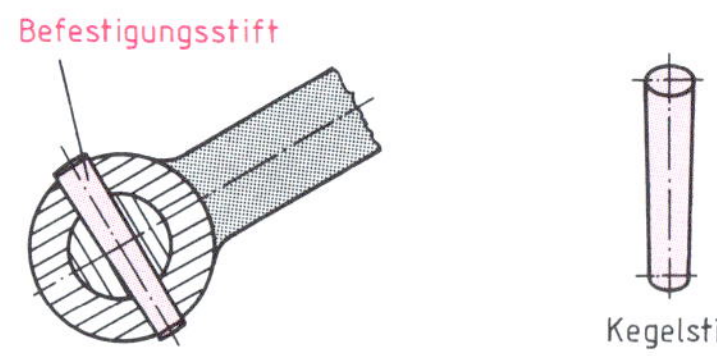

Befestigen von Bauteilen

Sicherungsstifte

Sollen Stifte das selbständige Lösen gefügter Bauelemente verhindern, so dienen sie zur Sicherung. Sicherungsstifte können gleichzeitig die Aufgabe von Befestigungs- oder Paßstiften übernehmen.

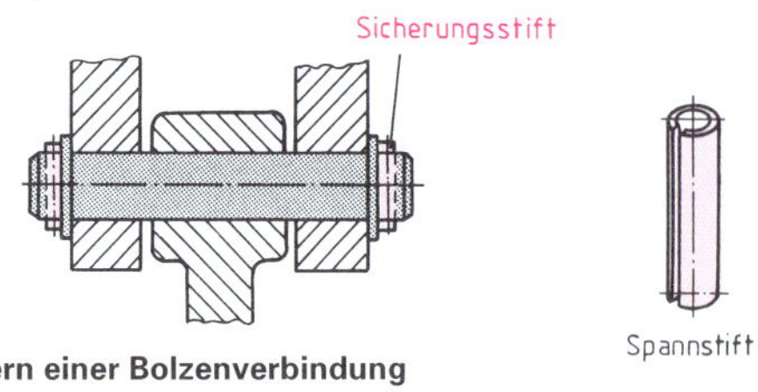

Sichern einer Bolzenverbindung

Abscherstifte

Soll an einer Maschine ein bestimmter Bereich vor Überlastung geschützt werden, so kann man zwischen der treibenden Spindel und dem angetriebenen Bauelement, z.B. Zahnrad auf einer Welle, einen Stift einbauen, der die Kräfte weiterleitet und bei Überbelastung abschert. Der Abscherstift wird nach der Beseitigung der Störung durch einen neuen ersetzt.

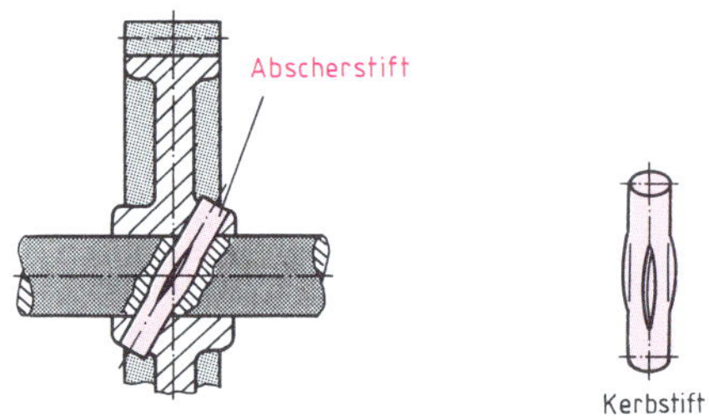

Überlastsicherung durch Abscherstift

- **Stiftformen**

Je nach *Form* der Stifte unterscheidet man: Zylinderstifte, Kegelstifte, Kerbstifte und Spannstifte.

Zylinderstifte

Ungehärtete Zylinderstifte nach DIN EN 22338 werden mit unterschiedlichen Toleranzfeldern ausgeführt. Die Toleranzfelder erkennt man an den Stiftenden.

- Linsenkuppe Form A – Toleranzfeld m 6
- Kegelkuppe Form B – Toleranzfeld h 8
- ebene Stirnfläche Form C – Toleranzfeld h 11

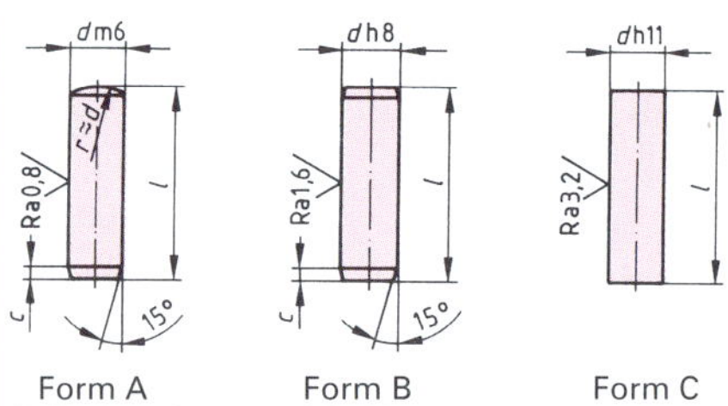

Zylinderstifte nach DIN EN 22338

Übungsaufgaben 6/54; 6/55

Zylinderstifte benutzt man vor allem als Paßstifte. Die Ausführungen h8 und h11 werden auch als Befestigungsstifte für bewegliche Verbindungen eingesetzt.

Zum Fügen von hochbeanspruchten und häufig zu lösenden Teilen an Vorrichtungen, Formen und Werkzeugen kommen vor allem gehärtete Zylinderstifte nach DIN EN 28734 in Frage. Zylinderstifte mit Innengewinde und Längsrille sind zum Eintreiben in Sacklöcher geeignet.
Bohrungen für Zylinderstifte müssen aufgerieben und entgratet werden.

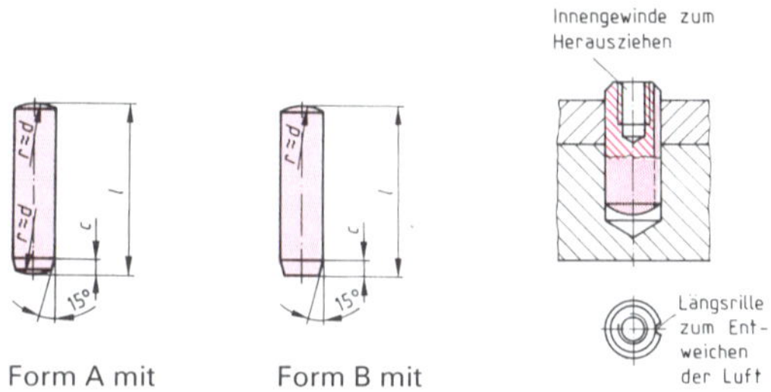

Form A mit Fase und Kuppe, durchgehärtet
Form B mit Fase, einsatzgehärtet

Sonderformen von Zylinderstiften

Zylinderstifte werden als Paßstifte, Befestigungsstifte und Abscherstifte eingesetzt. Ihr Toleranzfeld ist an der Form des Stiftendes zu erkennen.

Kegelstifte

Bei Kegelstiften nimmt der Durchmesser je 50 mm Kegellänge um 1 mm ab. Kegelstifte haben dadurch eine Kegelverjüngung von 1:50
Die einfachste Form sind Kegelstifte nach DIN EN 22339. Neben den einfachen Kegelstiften gibt es Kegelstifte mit Innen- oder Außengewinde. Mit Hilfe des Gewindes lassen sich solche Kegelstifte wieder aus der Bohrung herausziehen.

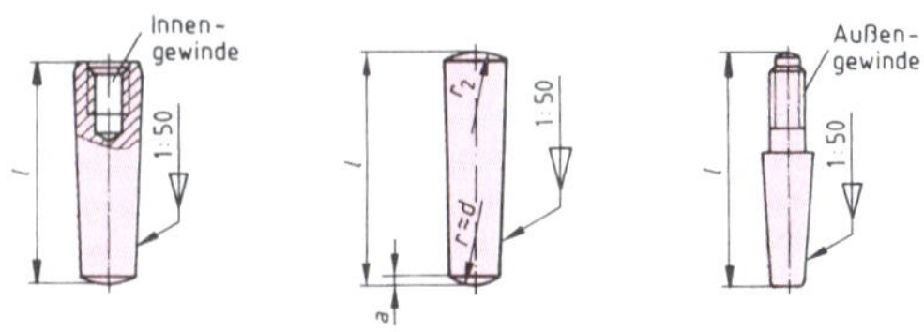

Formen von Kegelstiften

Kegelstifte werden in die Bohrung eingetrieben, wodurch große Normalkräfte entstehen. Diese sind die Ursache für große Reibungskräfte, welche einen sicheren Sitz des Kegelstiftes auch bei wechselnden Belastungen bewirken. Deshalb verwendet man Kegelstifte vor allem als Befestigungsstifte. Der Vorteil dieser Verbindungsart liegt darin, daß auch nach häufigerem Lösen die Bauteile wieder sehr fest und genau in ihre ursprüngliche Lage gebracht werden können.

Kegelstifte übertragen Kräfte durch Formschluß und Kraftschluß. Sie dienen als Befestigungsstifte und sind auch als Sicherungsstifte geeignet.

Kerbstifte

Kerbstifte tragen im Gegensatz zu den Zylinder- oder Kegelstiften auf ihrem Umfang in Längsrichtung drei Kerben mit wulstartigen Rändern. Beim Einschlagen des Kerbstiftes in die Bohrung sitzt er aufgrund der Verformung sehr fest.
Bohrungen für Kerbstifte brauchen nur mit dem Spiralbohrer hergestellt zu werden, ein Aufreiben entfällt.
Kerbstifte werden als Befestigungs- und Sicherungsstifte verwendet. Auch als Lager- oder Gelenkbolzen können sie eingesetzt werden.

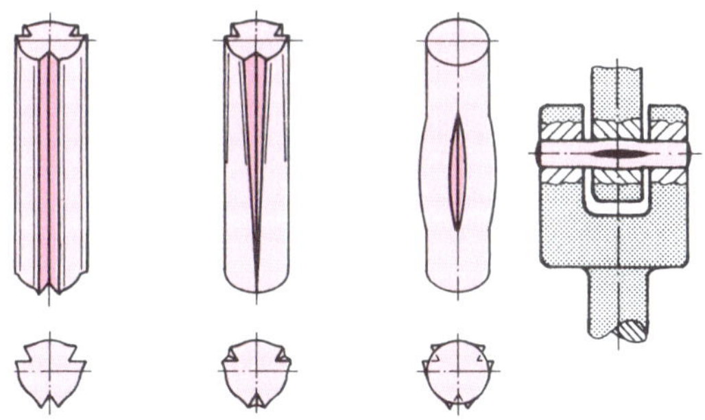
Kerbstifte mit Anwendungsbeispiel

Verbindungen durch Kerbstifte sind leicht herzustellen. Kerbstifte sollen nur einmal verwendet werden.

Übungsaufgaben 6/56 bis 6/59

Spannstifte

Spannstifte sind in Längsrichtung offene Hülsen aus Federstahl. Sie haben gegenüber dem Nenndurchmesser je nach Größe ein Übermaß von 0,2 mm bis 0,5 mm. Ein kegeliges Ende an den Spannstiften erleichtert ihr Eintreiben in Bohrungen. Die Bohrungen werden nicht aufgerieben, weil die Spannung der zusammengedrückten Stifte die erforderliche Anpressung gewährleistet.

Spannstifte dienen wie die Kerbstifte als Befestigungs- und Sicherungselemente. Müssen in Schraubenverbindungen Scherkräfte aufgenommen werden, so kann man Spannstifte als Schraubenhülsen einsetzen.

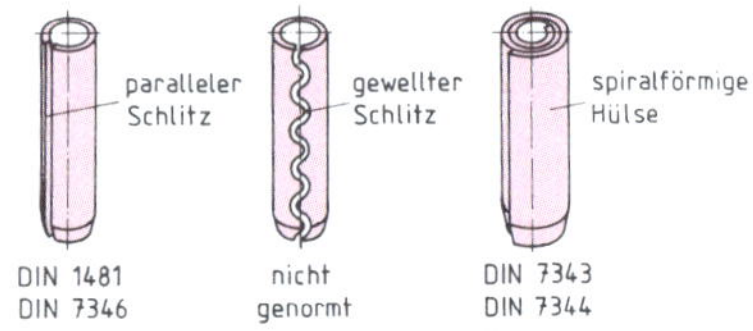

Ausführungsformen von Spannstiften

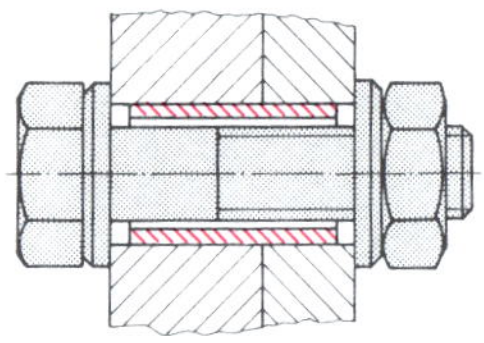

Spannstift als Schraubenhülse

Verbindungen mit Spannstiften sind preiswert. Spannstifte lassen sich ohne Beschädigung wieder austreiben und erneut verwenden.

6.3.2 Bolzen

Bolzen sind zylindrische Bauteile mit und ohne Kopf. Bolzen haben meist das Toleranzfeld h11 und werden vor allem als Gelenkbolzen wie z.B. in Stangenverbindungen oder Laschenketten eingesetzt. Als Verbindungselement in beweglichen Verbindungen müssen Bolzen durch Sicherungselemente wie Sicherungsringe oder Splinte gegen Verschieben gesichert werden.

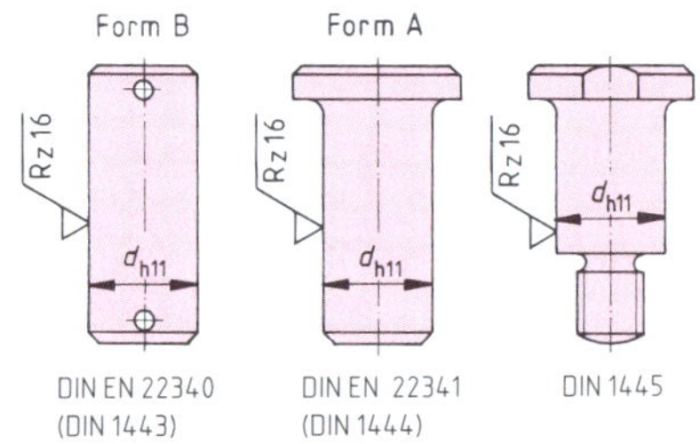

Genormte Bolzenformen

Bolzen werden zum Fügen von Gelenkverbindungen verwendet. Sie werden dabei vorwiegend auf Scherung beansprucht.

6.4 Fügen mit Paßfedern, Keilen und Profilformen

6.4.1 Vergleich zwischen Paßfeder- und Keilverbindung

Die Paßfederverbindung ist eine häufig angewendete Verbindung zum Fügen von Nabe und Welle. Die Paßfeder liegt in Naben- und Wellennut. Die Kraftübertragung erfolgt formschlüssig über die Seitenflächen der Paßfeder. Somit werden Paßfedern auf Abscheren beansprucht. In der Höhe besteht zwischen Paßfeder und Nabe Spiel.

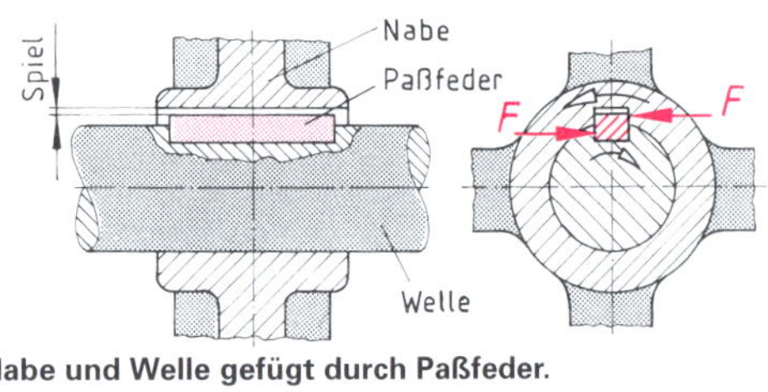

Nabe und Welle gefügt durch Paßfeder.

Paßfedern übertragen Kräfte durch Formschluß über ihre Seitenflächen.

Keile werden zwischen Nabe und Welle eingetrieben. Im Gegensatz zur Paßfeder trägt der Keil mit der oberen und unteren Fläche, die gegeneinander geneigt sind. Die Seitenflächen des Keiles haben geringes Spiel. Die Kräfte werden bei Keilverbindungen vor allem durch Kraftschluß übertragen.

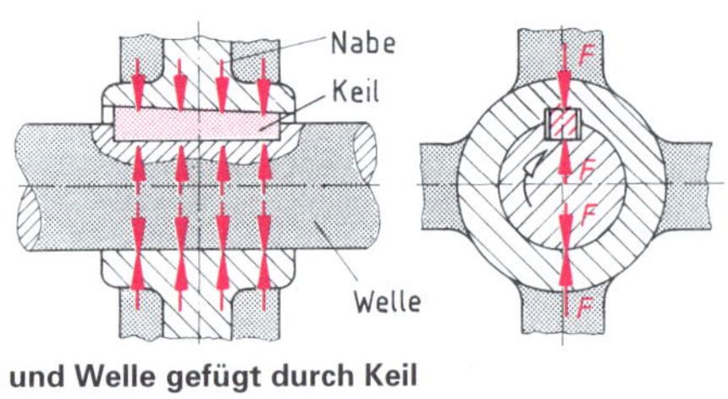

Nabe und Welle gefügt durch Keil

Keile übertragen Kräfte vorwiegend durch Kraftschluß über ihre obere und untere Fläche.

Übungsaufgaben 6/60; 6/61

	Paßfederverbindung	**Keilverbindung**
Vorteile	• einfacher Zusammenbau • leicht lösbar • zentrischer Sitz der Nabe ist gewährleistet	• unempfindlich gegen wechselnde, stoßartige Belastung • sicherer Sitz der Nabe in axialer Richtung
Nachteile	• axiale Sicherung der Nabe notwendig • empfindlich gegen wechselnde Belastung	• zusätzliche Kosten durch Arbeitsaufwand beim Einpassen • leichte Unwucht

6.4.2 Formen von Paßfedern

Je nach konstruktiven Anforderungen werden unterschiedliche Paßfederformen verwendet.
Meist benutzt man rundstirnige Paßfedern. Sie werden in entsprechend gefräste Wellennuten eingelegt. Flachstirnige Paßfedern müssen gegen axiales Verrutschen gesichert werden.

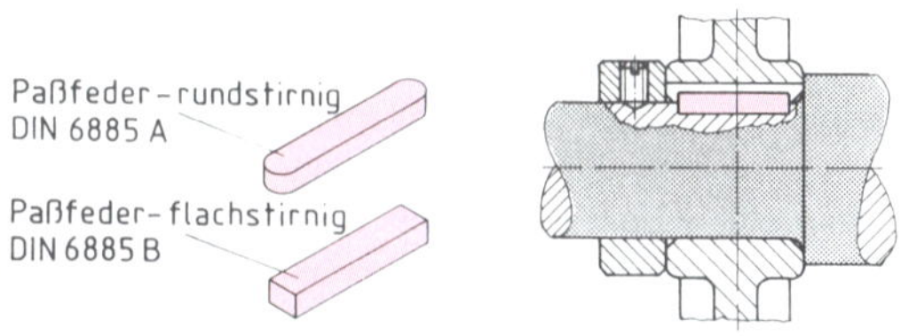

Paßfederverbindung

Für Naben von Verschieberädern benutzt man Paßfedern mit entsprechenden Toleranzen als **Gleitfedern.** Die Feder ist in der Wellennut befestigt, das Verschieberad kann in axialer Richtung über die Feder gleiten.

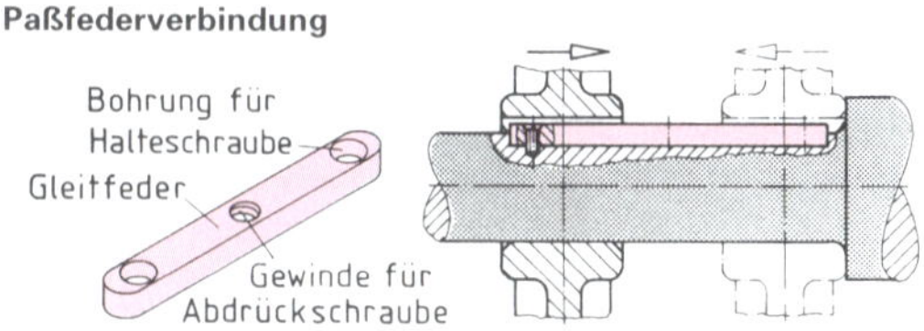

Gleitfederverbindung

Zapfenfedern haben einen einseitigen oder mittigen Zapfen. Sie sitzen mit diesem Zapfen fest in der Nabe. So hat z.B. das Antriebsrad für die Vorschubbewegung an der Drehmaschine eine Zapfenfeder. Die Feder gleitet in der Längsnut der Zugspindel und überträgt die Kräfte und Drehbewegungen.

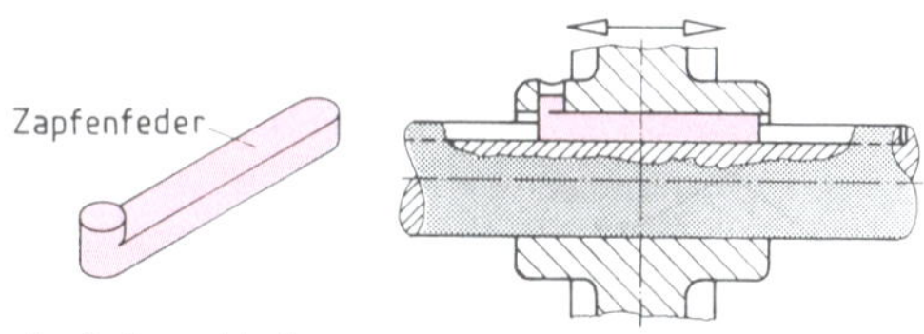

Zapfenfederverbindung

Verbindungen mit **Scheibenfedern** sind eine Sonderform der Federverbindungen. Sie sichern Kegelverbindungen, die durch Kraftschluß Drehmomente übertragen, zusätzlich formschlüssig.
Wegen ihrer Bogenform ist die Wellennut einfach herstellbar und die Feder stellt sich der Neigung entsprechend selbst ein.

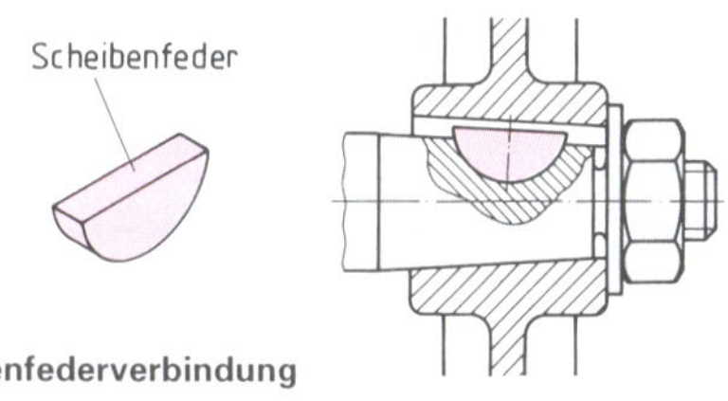

Scheibenfederverbindung

6.4.3 Formen von Keilen

Keile gibt es in unterschiedlichen Ausführungsformen. Die Breite und Höhe der Keile sind in Abhängigkeit vom Wellendurchmesser genormt. Bei genormten Keilen steigt die geneigte Fläche auf 100 mm Länge um 1 mm an. Der Keil hat eine Neigung von 1:100. Der Nutgrund der Nabe hat ebenfalls die Neigung 1:100.
(Symbol für Neigung: ◺)

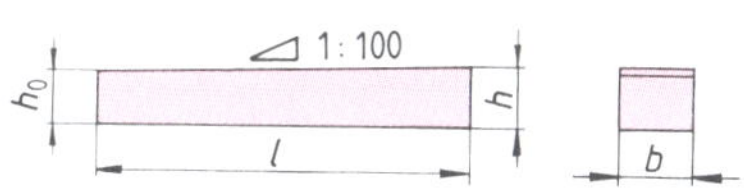

$$\text{Neigung} = \frac{h - h_0}{l}$$

Genormte Maße am Keil

Übungsaufgaben 6/62 bis 6/65

Einlegekeile haben runde Stirnflächen und liegen in der Wellennut. Bei Verbindungen mit Einlegekeilen muß die Nabe aufgetrieben werden.

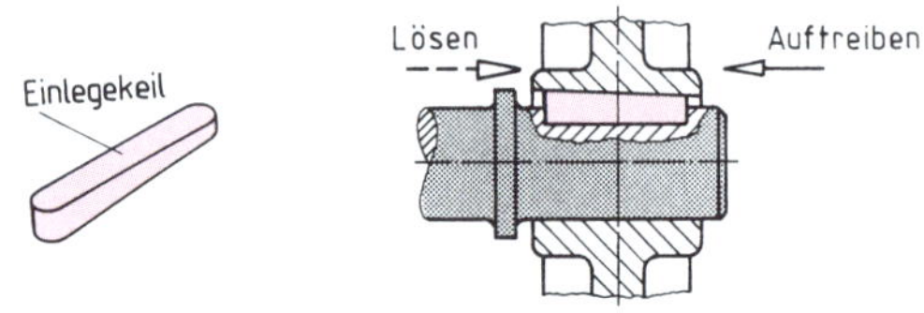

Einlegekeilverbindung

Treibkeile haben gerade Stirnflächen und werden verwendet, wenn die Verbindungsstelle von beiden Seiten zugänglich ist. Der Keil kann von einer Seite eingetrieben und von der anderen Seite gelöst werden.

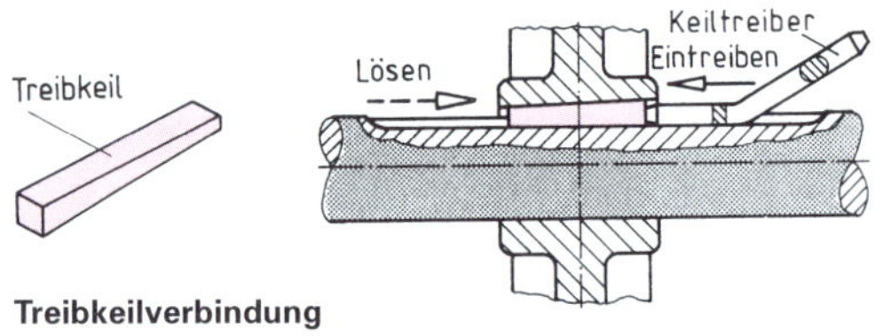

Treibkeilverbindung

Nasenkeile werden benutzt, wenn die Verbindungsstelle nur von einer Seite zugänglich ist. Die „Nase" dient zum Eintreiben und zum Lösen des Keiles. Wegen bestehender Unfallgefahr darf sie nie am Wellenende herausragen.

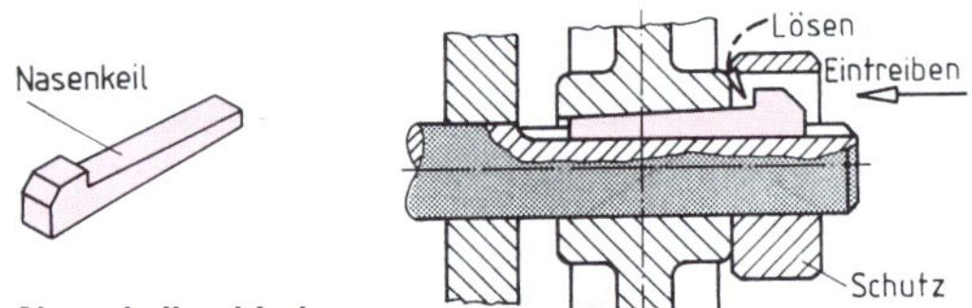

Nasenkeilverbindung

Tangentkeile verwendet man, wenn sehr große Kräfte übertragen werden müssen und die Belastungen stoßartig auftreten. Die Tangentkeile werden als zwei Keilpaare eingesetzt, die um 120° versetzt sind.

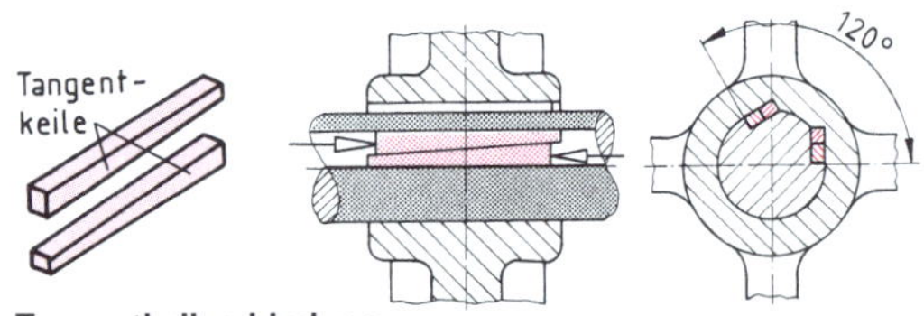

Tangentkeilverbindung

Querschnittsformen von Treib- und Nasenkeilen

Nutenkeil	Flachkeil	Hohlkeil
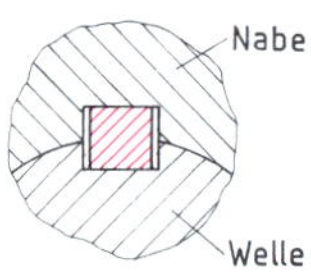	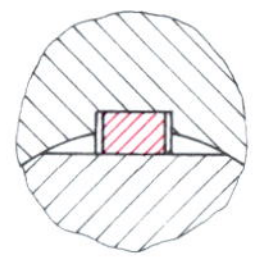	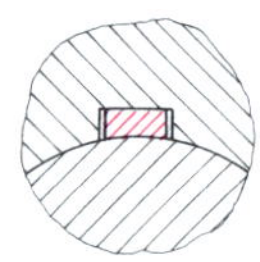
Welle und Naben haben eine Nut; geeignet zur Übertragung großer Kräfte.	Welle hat eine Abflachung. Nabe hat eine Nut; geeignet zur Übertragung mittlerer Kräfte.	Welle ist rund, nur die Nabe hat eine Nut; geeignet zur Übertragung kleiner Kräfte.

6.4.4 Fügen mit Profilformen

Werden Welle und Nabe mit einem besonderen Profil versehen, dann ist ebenfalls eine Verbindung beider Teile durch Formschluß gewährleistet. Die wichtigsten Profilformen sind das Keilwellenprofil, die Kerbverzahnung und das Polygonwellenprofil.

Beim **Keilwellenprofil** sind in die Welle und die Nabe Längsnuten gleichmäßig über den Umfang verteilt. Die Keilwellen haben keine Neigung. Richtiger müßte man daher von Federwellen sprechen.

Gegenüber der Paßfederverbindung haben Verbindungen mit Profilformen den Vorteil eines gleichmäßigeren Kraftflusses von Welle zu Nabe.

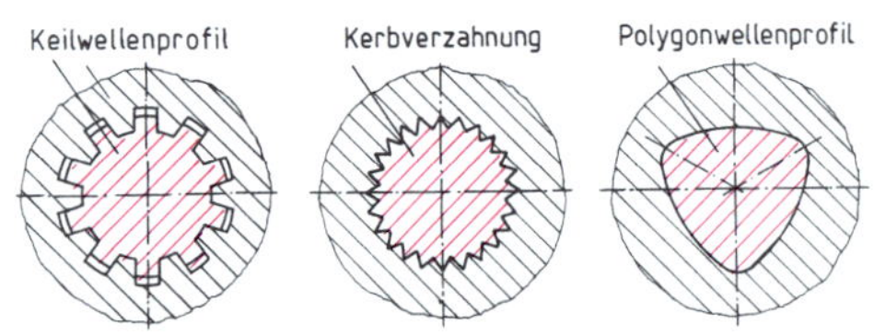

Profilformen von Nabe und Welle

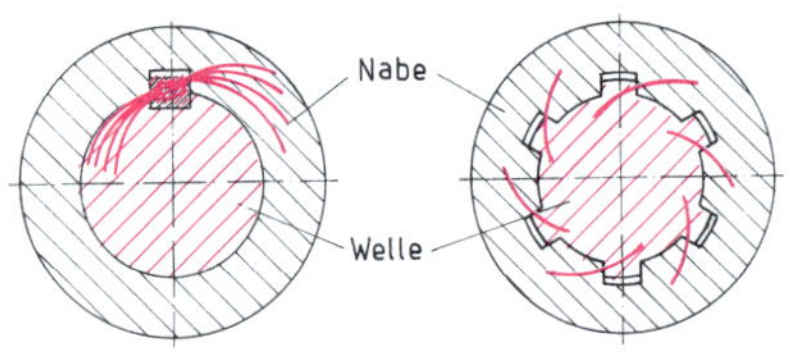

Kraftfluß in Nabenverbindungen

Übungsaufgaben 6/66; 6/67; 6/68

6.5 Fügen mit Nieten

Durch Nieten können Bauelemente aus gleichen und unterschiedlichen Werkstoffen verbunden werden. Die Nietverbindung ist im Bereich des Stahlbaus, des Kesselbaus und des Schiffsbaus weitgehend durch die Schweißtechnik verdrängt worden und wird dort nur noch zu Reparaturarbeiten an vorhandenen Konstruktionen eingesetzt.

Nieten wird aber eingesetzt, wenn

- die zu verarbeitenden Werkstoffe kein Einbringen von Schweißwärme ohne Gefügeänderung zulassen, z.B. bei der Verbindung ausgehärteter Aluminiumlegierungen,
- unterschiedliche Werkstoffe, die hoher Wärmebelastung ausgesetzt sind, verbunden werden müssen, z.B. bei der Befestigung von Kupplungsbelägen.

6.5.1 Nietverbindungen

Zum Nieten wird der Rohniet mit dem zylindrischen Schaft in die Bohrung der zu fügenden Bauelemente gesteckt. Der bereits angestauchte Kopf wird **Setzkopf** genannt und muß an der Oberfläche eines Bauelementes anliegen. Das herausragende Ende des Schaftes wird gestaucht oder umgeformt und bildet den **Schließkopf**.

Beispiel **für die Herstellung einer Nietverbindung**

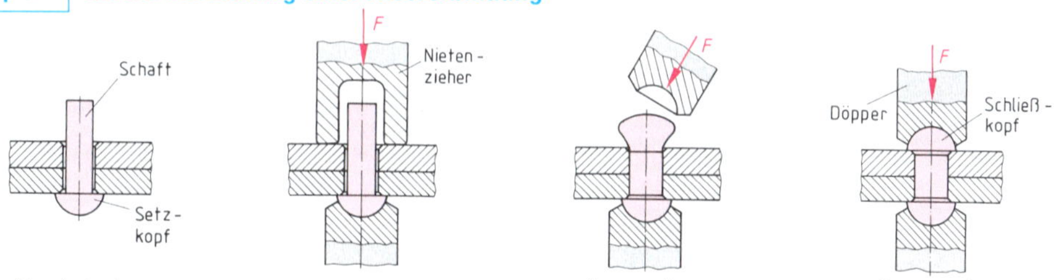

Durchstecken des Niets | **Einziehen des Niets** | **Anstauchen des Kopfes** | **Formen des Kopfes**

Je nach Temperatur, bei der genietet wird, unterscheidet man Kaltnietung und Warmnietung.

- **Kaltnietung**

Stahlniete bis zu einem Durchmesser von 10 mm sowie Niete aus Kupfer, Aluminium und entsprechenden Legierungen werden kaltgenietet.

Durch das Kaltnieten entsteht nur ein geringer Kraftschluß. Die in der Verbindung auftretenden Kräfte überträgt vor allem der Nietschaft durch Formschluß. Kaltgeschlagene Niete werden daher hauptsächlich auf Scherung beansprucht.

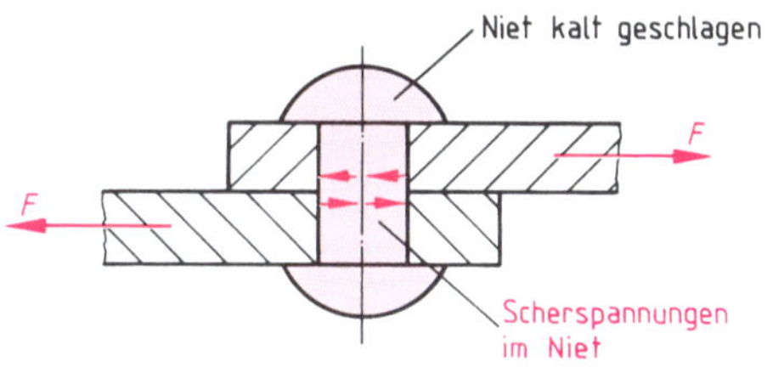

Formschluß durch Kaltnietung

Kaltgeschlagene Niete werden hauptsächlich auf Scherung beansprucht.

- **Warmnietung**

Stahlniete mit mehr als 10 mm Durchmesser, Niete im Stahlbau und Niete im Kesselbau werden warmgenietet. Die Niete werden bei Hellrotglut bis Weißglut geschlagen oder gepreßt. Beim Abkühlen schrumpfen die Niete zusammen. Die Bauelemente werden aufeinander gepreßt, so daß ein hoher Kraftschluß entsteht. Warmgeschlagene Niete werden in der Verbindung fast nur auf Zug und kaum auf Scherung beansprucht.

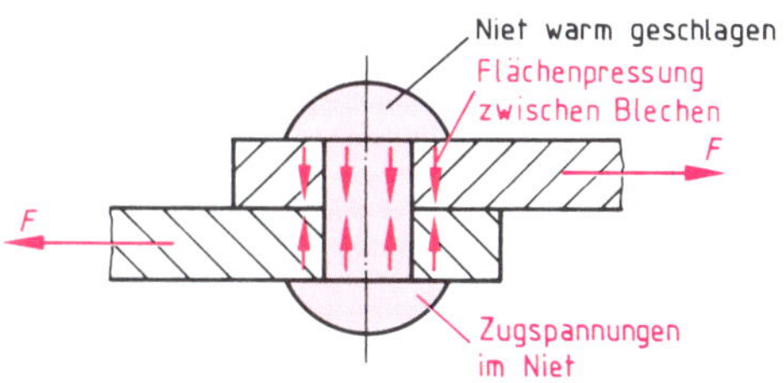

Kraftschluß durch Warmnietung

Warmniete werden hauptsächlich auf Zug beansprucht.

Übungsaufgaben 6/69 bis 6/72

- **Unterscheidung von Nietverbindungen nach der Zielsetzung**

Die zu fügenden Bauelemente werden durch Nieten unlösbar verbunden. Mit dieser Fügetechnik können unterschiedliche Ziele erreicht werden:

- **Lose Nietverbindungen**
  Die verbundenen Teile sind gegeneinander *beweglich,* z.B. Schenkel von Handscheren, Zangen.
- **Feste Nietverbindungen**
  Die verbundenen Teile sind gegeneinander nicht *beweglich,* z.B. Einzelteile einer schmiedeeiserner Tür, Winkeleisen auf einem Knotenblech.
- **Dichte Nietverbindungen**
  Die verbundenen Teile müssen *dicht* sein, z.B. Bleche im Behälterbau. Dichte Nietverbindungen werden meist warmgenietet.

6.5.2 Nietformen und Nietwerkstoffe

- **Nietformen**

Niete unterscheiden sich vor allem durch die Form des Setzkopfes und die Ausführungsform des Schaftes. Bis auf einige Sonderformen sind Niete genormt.

Nietformen mit Anwendung

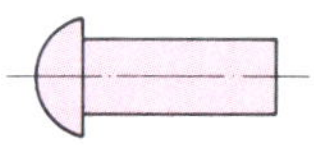	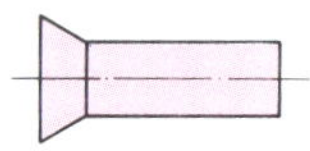	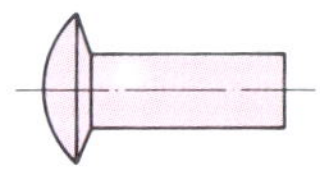	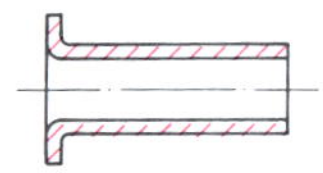
Halbrundniet DIN 660 Stahlbau Kesselbau	**Senkniet DIN 661** glatte Flächen im Stahl- und Kesselbau	**Linsenniet DIN 662** Stahlbau	**Rohrniet DIN 7340** Vernietung von Metall mit Kunststoff in Elektroindustrie

Blindniete

Zum Verbinden von dünnwandigen Werkstücken bei einseitig zugänglichen Nietstellen im Stahlbau, Maschinenbau, Karosseriebau und Flugzeugbau werden Blindnieten verwendet.

Beispiele für Blindniete

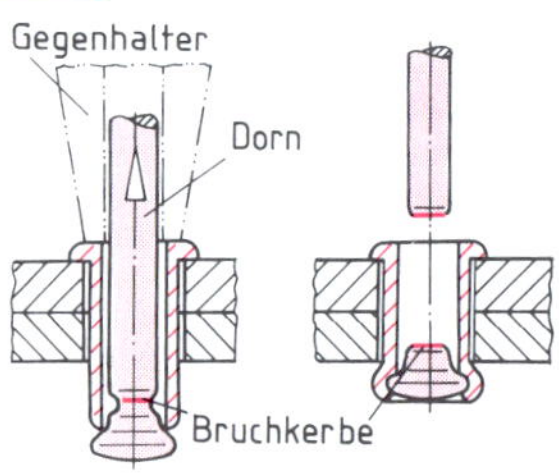

Dornniet

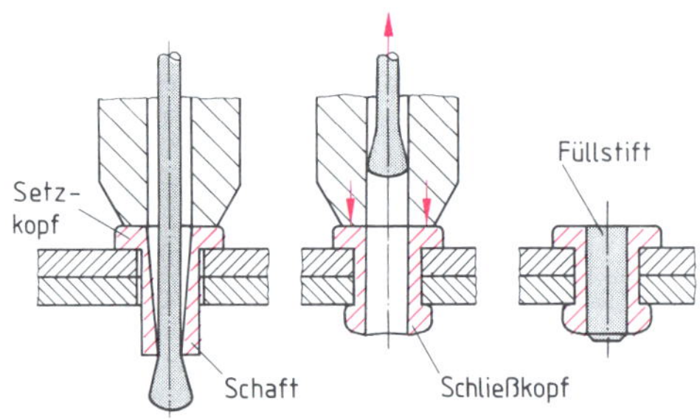

Durchzugniet

- **Nietwerkstoffe**

Niete müssen während ihrer Verarbeitung eine gute plastische Umformbarkeit und im Betriebszustand eine möglichst große Festigkeit und Dehnbarkeit aufweisen. Zudem sollen die zu verbindenden Werkstücke und die Niete aus dem gleichen Werkstoff sein, um elektrochemische Korrosion auszuschließen.

Werkstoffe für Werkstücke und Niete

Werkstücke aus	Niete aus
Stahl	S 185 St34
Aluminium	Al99,9
Kupfer	Cu99
Kupferlegierungen	CuZn37

Zur Vermeidung von elektrochemischer Korrosion sollen Niete möglichst aus dem gleichen Werkstoff wie die zufügenden Bauteile bestehen.

Übungsaufgaben 6/73; 6/74; 6/75

6.6 Fügen durch Schweißen

Durch Schweißen werden nicht lösbare Verbindungen hergestellt. Dabei werden die zu verbindenden Bauteile durch Wärme oder durch Druck und Wärme stoffschlüssig gefügt. Vielfach geschieht dies unter Zugabe eines Schweißzusatzwerkstoffes.

Schweißen ist häufig das wirtschaftlichste und technisch günstigste Fügeverfahren, weil

- der Fertigungsaufwand bei Einzelfertigung gering ist,
  z.B. keine Modellherstellung wie beim Gießen,
- der Materialeinsatz gering ist,
  z.B. keine Überlappung und keine Hilfsfügeteile wie beim Fügen durch Nieten oder Schrauben,
- die Fügestelle nahezu die gleiche Festigkeit und Temperaturbeständigkeit wie die zu fügenden Grundwerkstoffe erreicht,
  z.B. keine großen Fügeflächen und Temperaturbegrenzung wie beim Löten und Kleben,
- das Schweißen mechanisierbar ist und automatisiert werden kann und so einfach in den Fertigungsprozeß eingegliedert werden kann.

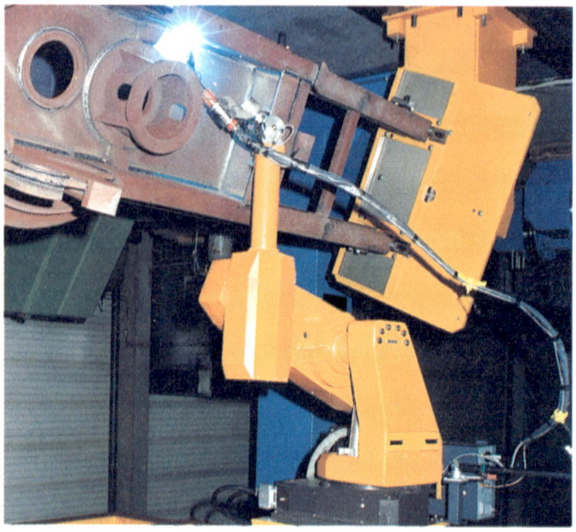
Schweißroboter beim Lichtbogenschmelzschweißen

Nachteile des Schweißens sind die starke Erwärmung an der Schweißsstelle, die zu Gefügeänderungen und Wärmespannungen führt. Ferner ist zu beachten, daß nur gleiche oder ähnliche Werkstoffe durch Schweißen gefügt werden können.

Durch Schweißen werden meist gleichartige Werkstoffe im flüssigen oder plastischen Zustand zu einem gemeinsamen Gefüge vereinigt. Schweißen ist ein unlösbares Fügen durch Stoffschluß.

6.6.1 Einteilung der Schweißverfahren

Die Schweißverfahren können unter verschiedenen Gesichtspunkten gegliedert werden.

Einteilung der Schweißverfahren

Nach der Art des Energieträgers	Nach der Art des Grundwerkstoffes	Nach dem Zweck des Schweißens	Nach dem Ablauf des Schweißens	Nach der Art der Fertigung
Beispiel: Gasschmelzschweißen, Lichtbogenschmelzschweißen	**Beispiel:** Metallschweißen, Kunststoffschweißen	**Beispiel:** Verbindungsschweißen, Auftragschweißen	**Beispiel:** Schmelzschweißen, Preßschweißen	**Beispiel:** Handschweißen, Automatisches Schweißen

Europaweit sind wichtige Schweißverfahren nach DIN EN 24 063 mit **Kennziffern** belegt worden, damit leichter internationale Vereinbarungen im Bereich Auftragsabwicklung eingehalten werden können.

Beispiele für Schweißverfahren

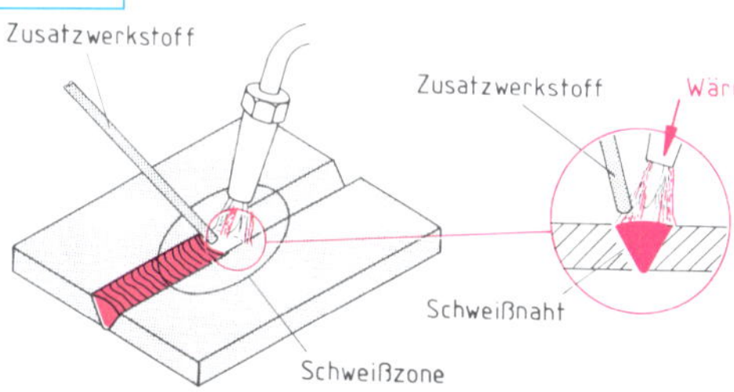

Gasschmelzschweißen, Kennziffer 311

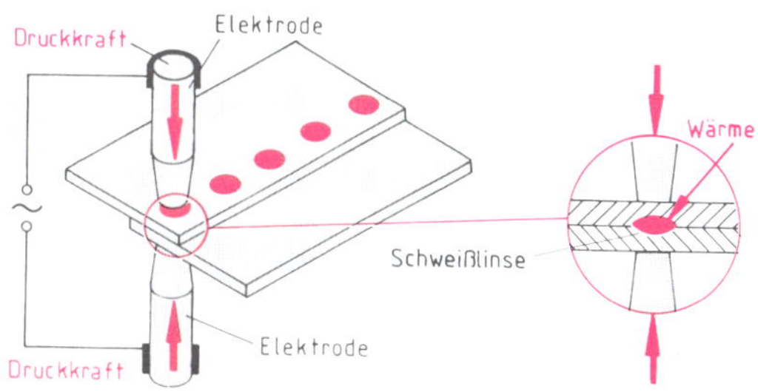

Widerstands-Punktschweißen, Kennziffer 21

Übungsaufgaben 6/76; 6/77

6.6.2 Schweißverbindungen

- **Schweißstöße**

Der Bereich, in dem Bauelemente durch Schweißen miteinander verbunden werden, wird Schweißstoß genannt. Die Bauelemente können an der Schweißstelle auf verschiedene Arten aufeinandertreffen. Man unterscheidet daher nach der Anordnung der zu fügenden Teile unterschiedliche Schweißstöße.

Beispiele für Schweißstöße

Stumpfstoß	Überlappstoß	T-Stoß	Mehrfachstoß
		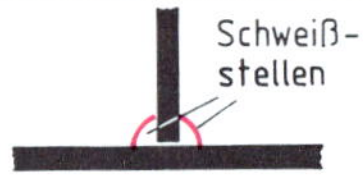	

- **Schweißnahtarten**

Beim Schweißen bezeichnet man die stoffschlüssige Verbindungsstelle der Bauelemente als Schweißnaht. Schweißnähte können durchgehend oder mit Unterbrechungen geschweißt werden. Auch einzelne Schweißpunkte sind üblich. Die Form einer Schweißnaht ergibt sich aus der Art des Schweißstoßes, aus der Werkstückdicke an der Schweißstelle und aus dem Schweißverfahren. Entsprechend der gewählten Nahtart werden die Werkstückkanten vorbereitet. Die Vorbereitung geschieht durch Fräsen, Schleifen oder durch Abtragen mittels Brennschneiden. Dünne Schweißnähte werden in einer Lage geschweißt, dickere Schweißnähte müssen in mehreren Lagen geschweißt werden.

Beispiele für Schweißnahtarten

Schweißnahtarten bei Stumpfstößen

Benennung	**V-Naht** (eine Lage)	**V-Naht** (mehrere Lagen)	**Doppel-V-Naht** (X-Naht)	**U-Naht**	**I-Naht**	**Bördelnaht**
Naht-querschnitt		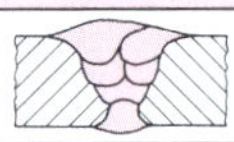	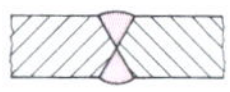	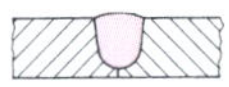	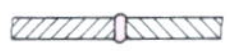	
Symbol	V	V	X	Y	‖	八

Schweißnahtarten bei T-Stößen

Benennung	**Kehlnaht** (eine Lage)	**Kehlnaht** (mehrere Lagen)	**Doppelkehlnaht**
Naht-querschnitt	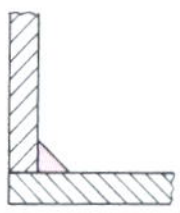	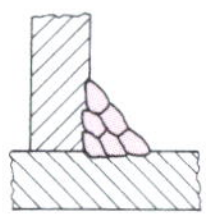	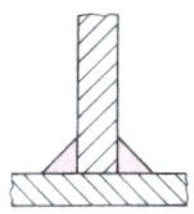
Symbol	◺	◺	△

- **Schweißpositionen**

Die Durchführung eines Schweißvorganges hängt u.a. von der Lage der zu verschweißenden Werkstückkanten beim Schweißen ab. Die Lage einer Schweißnaht beim Schweißen bezeichnet man als Schweißposition. Nach DIN EN 287 sind die folgenden Schweißpositionen festgelegt:

Position A	Position B	Position C	Position D	Position E	Position F	Position G
Wannen-position	**Horizontal-position**	**Querposition**	**Horizontal-/ Überkopfposition**	**Überkopf-position**	**Steigposition**	**Fallposition**
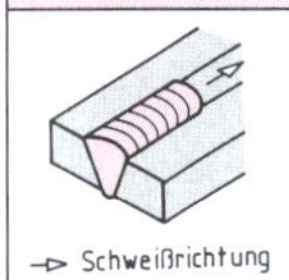	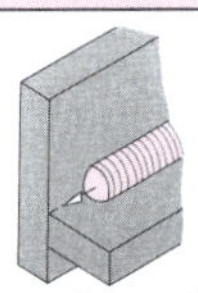	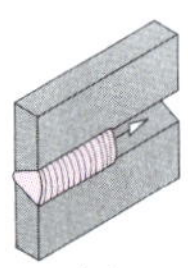	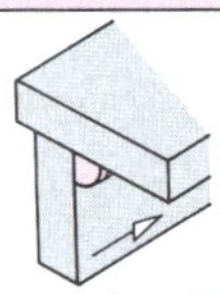	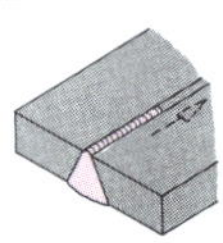	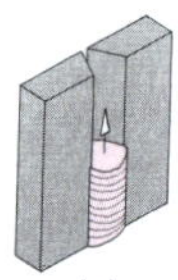	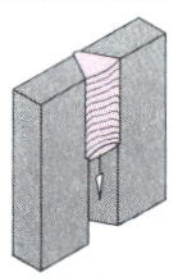
Kurzzeichen: PA (alt: w)	Kurzzeichen: PB (alt: h)	Kurzzeichen: PC (alt: q)	Kurzzeichen: PD (alt: hü)	Kurzzeichen: PE (alt: ü)	Kurzzeichen: PF (alt: s)	Kurzzeichen: PG (alt: f)

Übungsaufgaben 6/78; 6/79; 6/80

6.6.3 **Gasschmelzschweißen,** Kennziffer 311

Beim Gasschmelzschweißen – auch Autogenschweißen genannt – wird der Werkstoff der zu fügenden Bauteile an der Schweißstelle durch die Verbrennungswärme eines Gases geschmolzen.
Das Gasschmelzschweißen wird hauptsächlich in der Hausinstallationstechnik angewandt.

Die Vorteile des Verfahrens sind:

- Die Gasschmelzschweißanlage ist ortsunabhängig, benötigt keine weitere Energie und kann problemlos auf Baustellen eingesetzt werden.
- Die Gasschmelzschweißanlage ist auch für Hartlötarbeiten und zum Vorwärmen von Biegeteilen zu nutzen.
- Schweißen ist in allen Positionen möglich, da die Wärmezufuhr sehr gut dosierbar ist.

Nachteile des Verfahrens sind:

- Geringe Wärmekonzentration in der Flamme und damit niedrige Schweißleistung.
- Häufig großer Verzug in der Schweißverbindung.

Beispiel **für eine Gasschmelzschweißanlage**

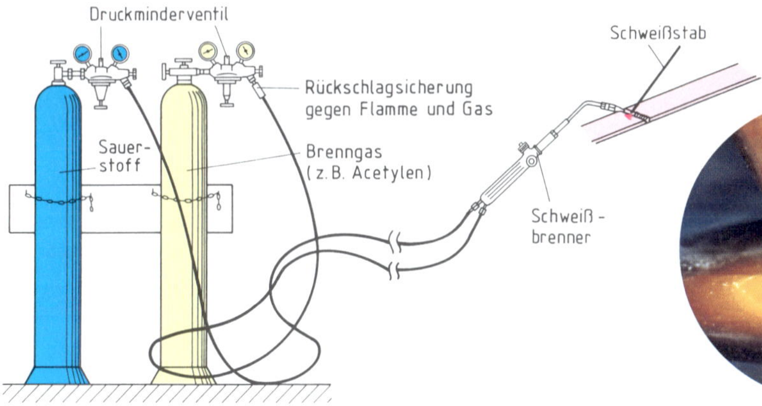

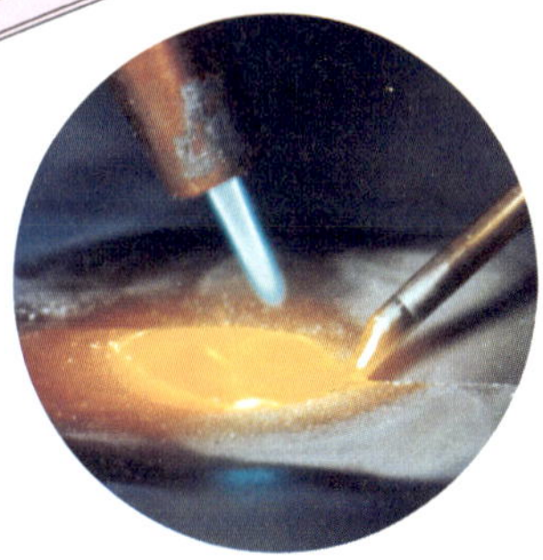

- **Gase für das Gasschmelzschweißen**

Zum Gasschmelzschweißen werden als Brenngase Acetylen, Propan oder Wasserstoff eingesetzt. Zur Erzielung hoher Temperaturen werden sie mit reinem Sauerstoff verbrannt.
Die Acetylen-Sauerstoff-Flamme liefert die höchste Flammtemperatur. Sie wird deshalb bevorzugt eingesetzt.

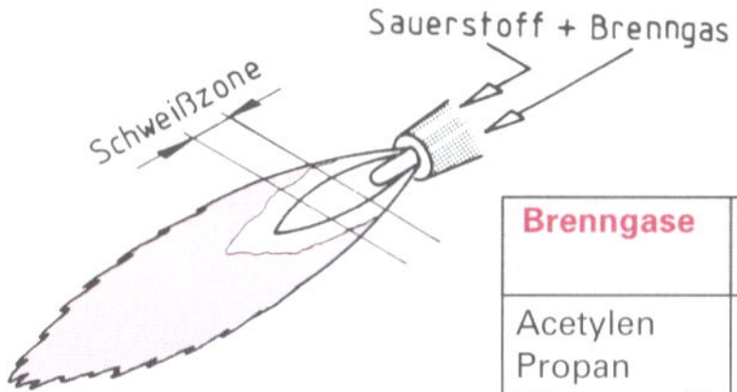

Brenngase	Flamm-temperatur
Acetylen	3 200°C
Propan	2 800°C
Wasserstoff	2 100°C

Gasflamme

Speicherung von Sauerstoff

Sauerstoff wird in Stahlflaschen abgefüllt.

Normalflasche (N): 40 l Volumen
150 bar Überdruck
6 000 l Entnahmemenge

Leichtflasche (L): 50 l Volumen
200 bar Überdruck
10 000 l Entnahmemenge

Ventile von Sauerstoffflaschen müssen öl- und fettfrei gehalten werden, weil Fette im Sauerstoffstrom leicht entzündlich sind.

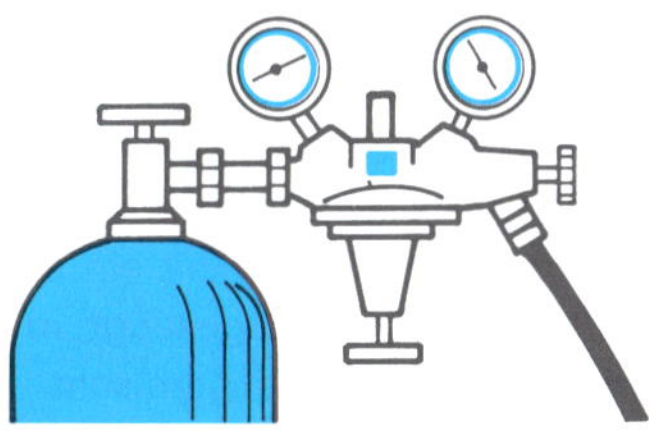

Kennzeichnung
Kennfarbe: blau
Anschluß des Druckminderers: Überwurfmutter mit R 3/4

Anschluß für Sauerstoff

Speicherung von Acetylen

Reines Acetylen (C_2H_2) explodiert bereits bei einem Überdruck von ca. 2 bar. Um diese Gefahr auszuschalten, ist in Flaschen und Leitungen nur ein Höchstdruck von 1,5 bar zulässig.

Um Acetylen in größeren Mengen in einer Stahlflasche zur Verfügung zu stellen, muß Acetylen in Aceton gelöst werden. Das Aceton wird in der Flasche von einer hochporösen Masse aufgenommen.

Flaschenvolumen:	40 l
Acetonmenge:	13 l
Inhaltsdruck:	18 bar Überdruck
Entnahmemenge:	ca. 6 000 l

Damit Aceton bei der Gasentnahme nicht mitgerissen wird, dürfen aus einer Acetylenflasche kurzzeitig nicht mehr als 1 000 l/h und im Dauerbetrieb nicht mehr als 350 l/h entnommen werden.

Bei höherem Verbrauch muß aus mehreren Flaschen gleichzeitig Acetylen entnommen werden.

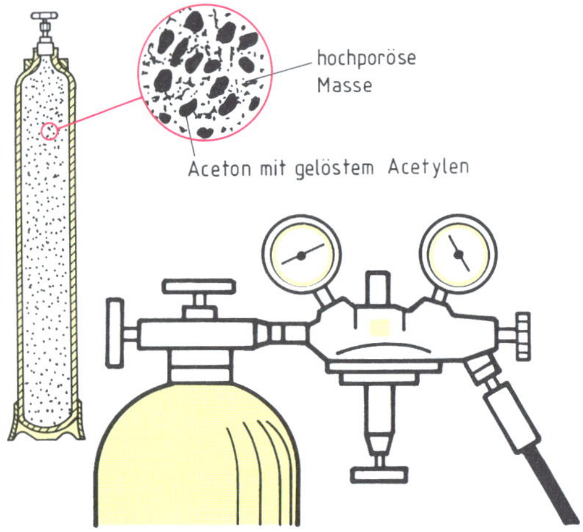

Kennzeichnung:

Kennfarbe:	gelb
Anschluß des Druckminderers:	Bügelanschluß

Flascheninhalt und Anschluß für Acetylen

• Schweißbrenner – Schweißflamme

Schweißbrenner

Der zum Schweißen benutzte Brenner besteht aus Griffstück und Schweißeinsatz. Am Griffstück befinden sich die Schlauchanschlüsse und die Absperrventile für Brenngas und Sauerstoff. Der auswechselbare Schweißeinsatz besteht aus Mischdüse, Mischrohr und Schweißdüse. Er wird mit einer Überwurfmutter am Griffstück befestigt.

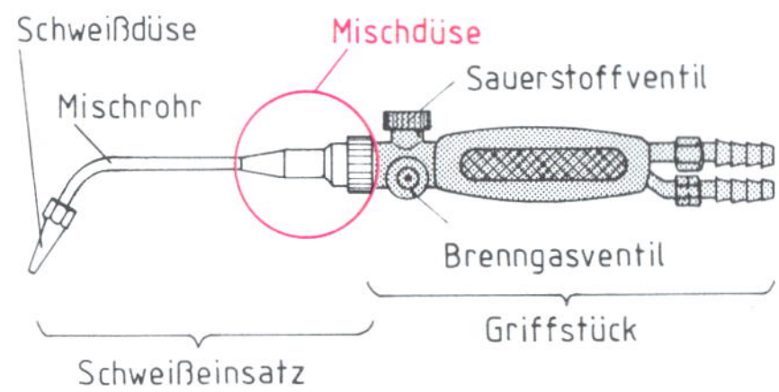

Schweißbrenner (Injektorbrenner = Saugbrenner)

Der Brenner dient zum

- Mischen von Sauerstoff und Acetylen,
- Einstellen des Gas-Sauerstoff-Gemisches,
- Anpassen der Schweißflamme an die Werkstückdicke.

Bei den am häufigsten verwendeten Saugbrennern (Injektorbrenner) strömt durch eine zentrische Düse Sauerstoff mit hoher Geschwindigkeit in die Mischdüse. In der Engstelle der Mischdüse entsteht als Folge der hohen Geschwindigkeit ein Unterdruck. Dadurch wird das Acetylen angesaugt, mitgerissen und intensiv mit Sauerstoff gemischt. Um eine genügende Saugwirkung sicherzustellen, muß daher beim Zünden das Sauerstoffventil zuerst geöffnet werden.

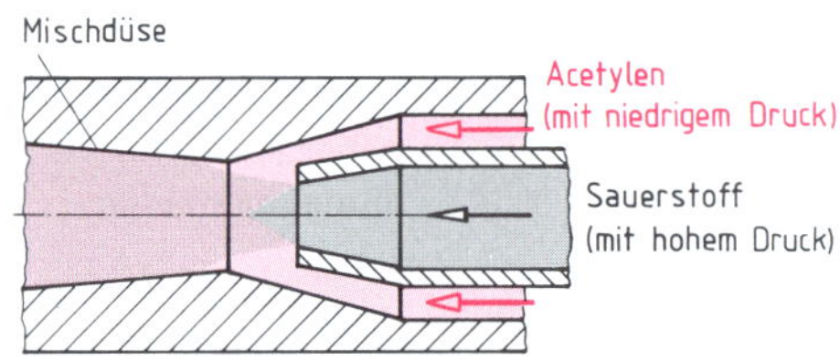

Saugwirkung beim Injektorbrenner

Beim Injektorbrenner wird das Brenngas vom Sauerstoff angesaugt.

Übungsaufgaben 6/84 bis 6/92

Den Schweißeinsatz wählt man entsprechend der Werkstückdicke. Zur Normalausrüstung gehören sechs Schweißeinsätze. Ihr Arbeitsbereich für Stahl entspricht einer Werkstoffdicke von 0,5 bis 14 mm. Für andere Werkstoffe werden abweichende Schweißeinsätze verwendet. Zum Beispiel nimmt man für Aluminium den Schweißeinsatz des höheren Nennbereichs, da dieser Werkstoff die Wärme schnell ableitet.

Einstellung der Schweißflamme

Eine gute Schweißnaht wird bei Stahl nur erzielt, wenn eine Flamme eingestellt wird, die weder Sauerstoff- noch Acetylenüberschuß hat. Dies ist bei einer **neutralen Flamme** der Fall.

Zur Einstellung der neutralen Flamme werden Sauerstoff und Acetylen im Verhältnis 1:1 gemischt. Das Gemisch verbrennt bei Temperaturen von etwa 3 200°C. In der Nähe der Schweißdüse verläuft die Verbrennung unvollständig, das ist der Schweißbereich. Zur vollständigen Verbrennung benötigt die Flamme noch Sauerstoff aus der Luft.

Die neutrale Flamme besteht aus:

- Flammkern mit unverbranntem Gas
- grell weißem Leuchtkegel, in dem Acetylen teilweise zerfällt und verbrennt
- Bereich der unvollständigen Verbrennung
- Streuflamme, in der unverbranntes Gas mit Luftsauerstoff verbrennt.

Bei Einstellung einer Flamme mit Acetylenüberschuß – **reduzierende Flamme** – kommt es bei Stahl zur Zufuhr von unverbranntem Kohlenstoff und damit zur Aufhärtung und Versprödung in der Naht.

Leichtmetalle werden mit Acetylenüberschuß geschweißt, da der freie Kohlenstoff zur Reduzierung der Metalloxide beiträgt.

Bei Einstellung einer Flamme mit Sauerstoffüberschuß – **oxidierende Flamme** – kommt es bei Stahl zur Entkohlung der Schweißnaht und zu Oxideinschlüssen.

Eine Flamme mit Sauerstoffüberschuß wird zum Schweißen von Kupfer-Zink-Legierungen (Messing) verwendet, um ein Verdampfen des Zinks zu verhindern.

- **Schweißzusatzwerkstoff**

Der Schweißzusatzwerkstoff muß entsprechend dem zu verschweißenden Grundwerkstoff ausgewählt werden. Für die Ausführung von Gasschmelzschweißarbeiten an unlegierten und niedriglegierten Stählen stehen sieben **Schweißstabklassen** zur Auswahl.

Am häufigsten werden Schweißstäbe der Klassen G III und G IV verwendet.

Schweißeinsatz Größe	Nennbereich (Werkstoffdicke für Stahl in mm)	Sauerstoffdruck in bar	Sauerstoffverbrauch = Acetylenverbrauch in l/h (bei 1 bar)
1	0,5 bis 1	2,5	ca. 80
2	1 bis 2	2,5	ca. 160
3	2 bis 4	2,5	ca. 315
4	4 bis 6	2,5	ca. 500
5	6 bis 9	2,5	ca. 800
6	9 bis 14	2,5	ca. 1 250

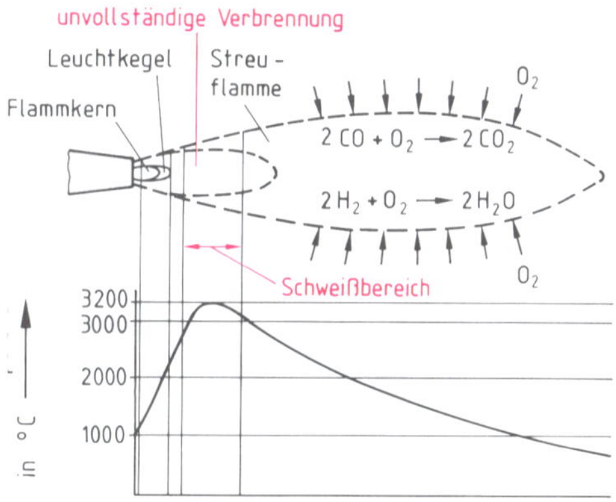

Normale Schweißflamme mit Temperaturverteilung

Flamme mit neutraler Einstellung

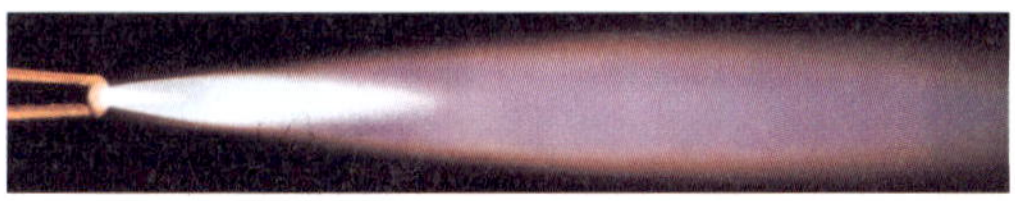

Flamme mit Acetylenüberschuß

Flamme mit Sauerstoffüberschuß

Grundwerkstoffe	Schweißstabklassen GI	GII	GIII	GIV	GV	GVI
...S235 (St37-2)	x	x	x	x		
...S275JR (St44-2)		x	x	x		
...S355JR (St52-2)			x	x		
16Mo3				x		
13CrMo4-5					x	
10CrMo9-10						x

Zuordnung der Schweißstabklassen zum Grundwerkstoff

Schweißstäbe sind durch Einprägung der Schweißstabklasse am oberen Ende des Schweißstabes dauerhaft gekennzeichnet.

Die Schweißstäbe der verschiedenen Klassen zeigen auch unterschiedliches Schweißverhalten.

Merkmale für das Schweißverhalten sind:

- Fließverhalten des Schweißzusatzwerkstoffes,
- Porenbildung im Schweißgut,
- Spritzer während der Schweißarbeit.

Schweißverhalten	Schweißstabklassen GI	GII	GIII	GIV	GV	GVI
Fließverhalten	dünnfließend		zähfließend			
Porenneigung	vorhanden		gering	keine		
Spritzer	viel	wenig	keine			

Schweißverhalten der Schweißstäbe nach DIN 8554

Der Schweißstabdurchmesser wird in Abhängigkeit von der Dicke des zu verschweißenden Bleches gewählt. Bevorzugt werden Schweißstäbe mit den Durchmessern 2; 2,5; 3; 4 und 5 mm benutzt.

Die Oberfläche der Stäbe muß frei von Rost, Fett und anderen Verunreinigungen sein. Meist sind die Stäbe zum Korrosionsschutz verkupfert.

Die Schweißstäbe der verschiedenen Schweißstabklassen unterscheiden sich in ihrem Schweißverhalten und sind den zu verschweißenden Grundwerkstoffen zugeordnet.

• Arbeitsverfahren

Beim Gasschmelzschweißen wird nach zwei Verfahren gearbeitet. In beiden Fällen wird der Brenner mit der rechten Hand und der Schweißdraht mit der linken Hand geführt.

Nachlinks-Schweißung

Bei der Nachlinks-Schweißung (NL) wird die Schweißnaht von rechts nach links gelegt. Der Schweißdraht befindet sich in Schweißrichtung vor der Flamme. Die Flamme ist von der Schweißstelle weg durch die noch offene Fuge gerichtet. Die geschweißte Naht kann schnell abkühlen. Dies ist erwünscht beim Schweißen dünnwandiger Werkstücke bis ca. 3 mm Dicke.

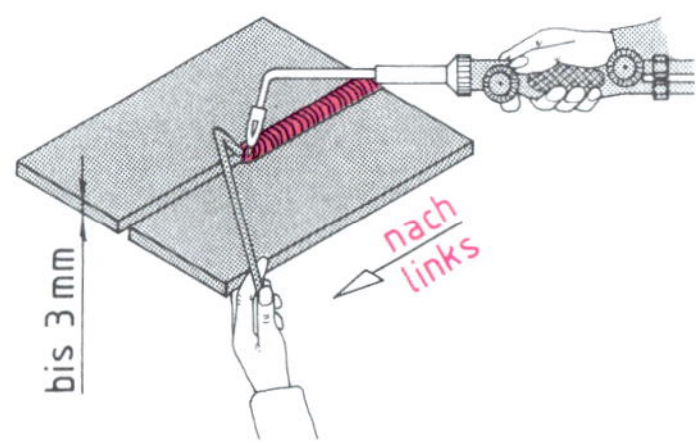

Nachlinks-Schweißen

Zum Verschweißen dünner Werkstücke bis ca. 3 mm Dicke wählt man das Nachlinks-Schweißen.

Nachrechts-Schweißung

Bei der Nachrechts-Schweißung (NR) wird die Schweißnaht von links nach rechts gelegt. Der Schweißdraht befindet sich in Schweißrichtung hinter dem Brenner. Die Flamme ist auf die Schweißstelle gerichtet. Hier entsteht ein Wärmestau. Ein gutes Durchschweißen ist gewährleistet. Die NR-Schweißung wird bei Werkstücken über 3 mm Dicke angewendet.

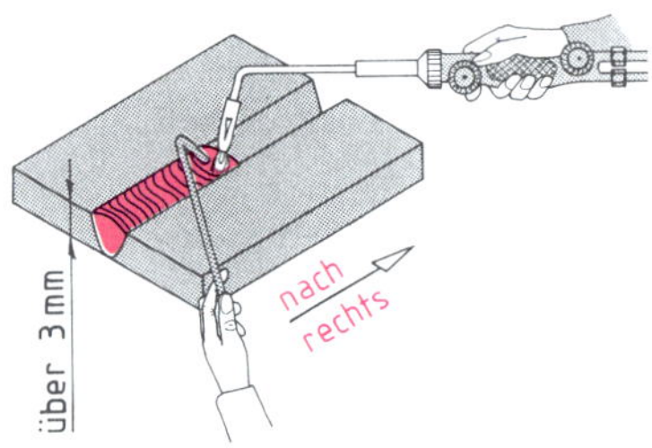

Nachrechts-Schweißen

Werkstücke mit mehr als 3 mm Dicke werden durch Nachrechts-Schweißen gefügt.

Regeln für das Gasschmelzschweißen von Stahl:

- Der Schweißeinsatz des Brenners ist entsprechend der Werkstückdicke zu wählen.
- Die Schweißflamme ist neutral einzustellen.
- Die Spitze des Leuchtkegels darf das Schweißbad und den Schweißdraht nicht berühren.
- Der Brenner muß in einem günstigen Winkel zum Werkstück gehalten werden: anfangs steil, später stärker zur Naht hin geneigt.
- Der Schweißdraht muß ins Schweißbad eintauchen, er darf nicht tropfen und nicht „kleben".
- Längere Schweißstöße sind zunächst zu heften.

Übungsaufgaben 6/96; 6/97; 6/98

6.6.4 Lichtbogenschmelzschweißen

Lichtbogenschmelzschweißverfahren haben in der Fügetechnik besondere Bedeutung. Sie gliedern sich in

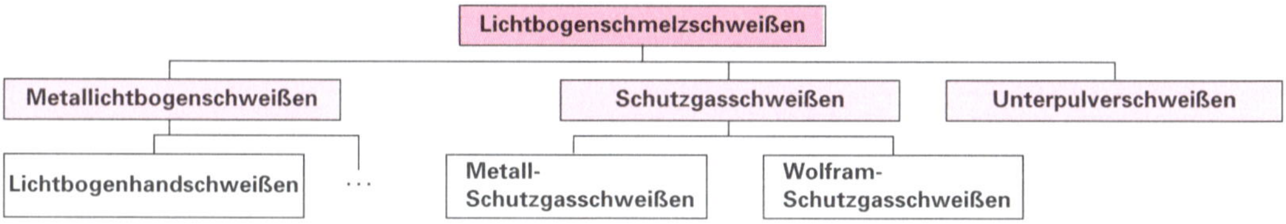

6.6.4.1 Schweißstrom

- **Stromkreis beim Lichtbogenschmelzschweißen**

Beim Lichtbogenschmelzschweißen wird mit Hilfe des elektrischen Stromes durch die Wirkung eines Lichtbogens die Schweißtemperatur erzeugt. Dabei bilden während des Schweißvorganges die Spannungsquelle, der Lichtbogen und das Werkstück einen Stromkreis.

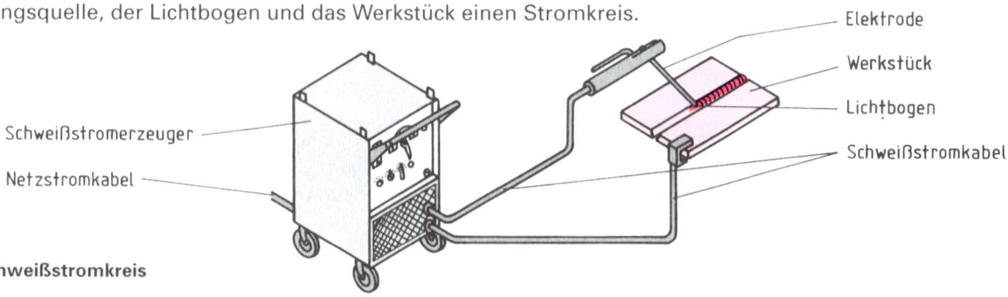

Schweißstromkreis

- **Stromfluß im Lichtbogen**

Wenn beim Heranführen der Elektrode an das Werkstück der Abstand genügend klein ist, oder gar ein Kurzschluß herbeigeführt wurde, zündet der Lichtbogen. Wird nun die Elektrode abgehoben, so bleibt der Lichtbogen über eine gewisse Länge erhalten, denn Atome der Umgebung werden in elektrisch positiv geladene Ionen und Elektronen aufgespalten und ermöglichen die bessere Leitung. Sie findet im violett leuchtenden Kern des Lichtbogens statt.

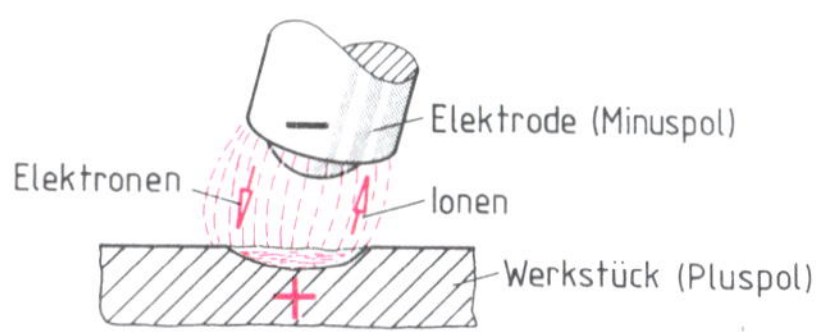

Bewegung der Ladungsträger im Lichtbogen

Durch Spaltung von Atomen entstehen im Lichtbogen Ionen und Elektronen. Diese Ladungsträger ermöglichen den Stromfluß.

Die Elektronen werden im Lichtbogen besonders hoch beschleunigt und geben beim Auftreffen auf den positiven Pol dort ihre Energie ab. Darum ist beim Schweißen mit Gleichstrom die Temperatur am Pluspol etwa 600 Grad höher als am Minuspol. Beim Schweißen mit Wechselstrom sind die Temperaturen an beiden Ausgangspunkten des Lichtbogens gleich.

Der Lichtbogen brennt beim Schweißen mit Gleichstrom außerdem ruhiger als beim Schweißen mit Wechselstrom.

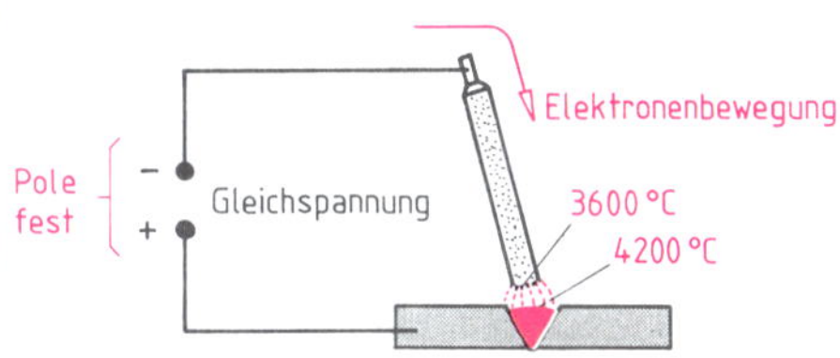

Temperaturen beim Schweißen mit Gleichstrom

Beim Schweißen mit Gleichstrom ist der Pluspol heißer.

Im Lichtbogen entstehen zusätzlich Wärmestrahlung und besonders UV-Strahlung. Haut und Augen müssen durch entsprechende Schutzgläser, Schutzhauben und Schutzkleidung vor dieser Strahlung geschützt werden.

Übungsaufgaben 6/99; 6/100

• Schweißstromquellen

Die gebräuchlichen Netzspannungen betragen 230 Volt bzw. 400 Volt. Solche hohen Spannungen sind lebensgefährlich. Zum Schweißen werden daher besondere Schweißstromquellen benötigt.

Schweißtransformator

Transformatoren benutzt man für das Wechselstromschweißen. Der Netzstrom mit hoher Spannung und geringer Stromstärke wird im Transformator in einen Wechselstrom von niedriger Spannung und hoher Stromstärke umgeformt.

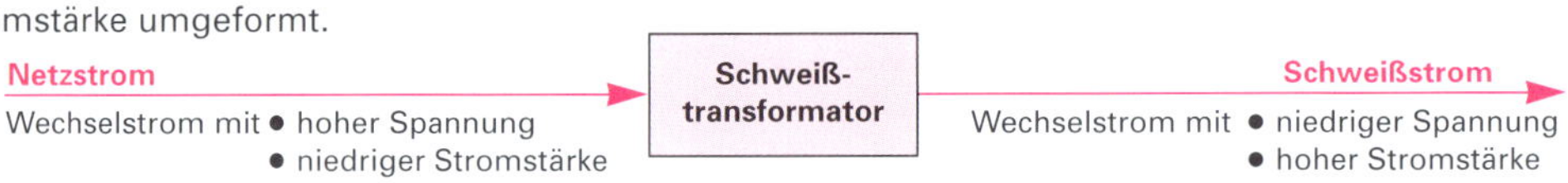

Der Schweißtransformator hat gegenüber anderen Schweißstromquellen folgende Vorteile:
Geringe Anlagekosten, geringere Stromverluste, kaum Wartungsaufwand.
Nachteilig beim Schweißen mit Strom aus dem Schweißtransformator ist die erhöhte Unfallgefahr, weil die Leerlaufspannung 70 Volt beträgt.
Für Schweißarbeiten in feuchten bzw. engen Räumen, wie etwa in Kesseln, ist der Schweißtransformator nicht zugelassen.

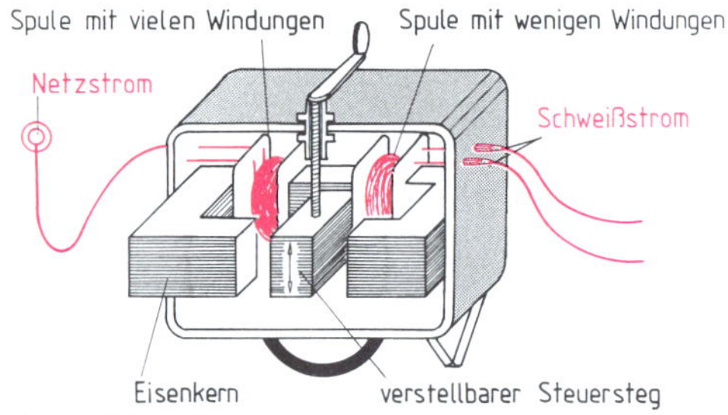

Schweißtransformator

Schweißgleichrichter

Der Schweißgleichrichter besteht aus einem Transformator mit nachgeschalteten Gleichrichtern. Im Transformator wird die Netzspannung in einen Wechselstrom mit geringerer Spannung und hoher Stromstärke umgewandelt. Im nachgeschalteten Gleichrichter wird der umgewandelte Wechselstrom in Gleichstrom umgewandelt.

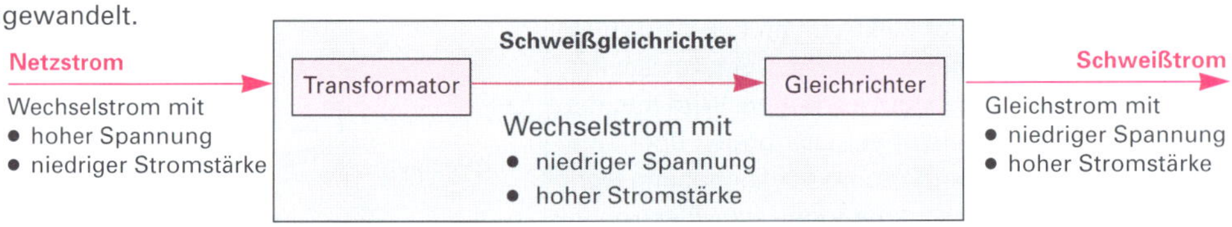

Schweißumformer

Der Schweißumformer besteht aus einem Motor und einem Generator. Sie haben eine gemeinsame Welle. Der Motor wird mit Netzspannung betrieben und treibt selbst den Generator an. Der Generator formt die mechanische Energie des Motors in elektrische Energie um. Er liefert in der Regel Gleichstrom mit einer Spannung bis etwa 42 Volt im Leerlauf.
Steht kein Netzstrom zur Verfügung, so dienen Verbrennungskraftmaschinen zum Antrieb.

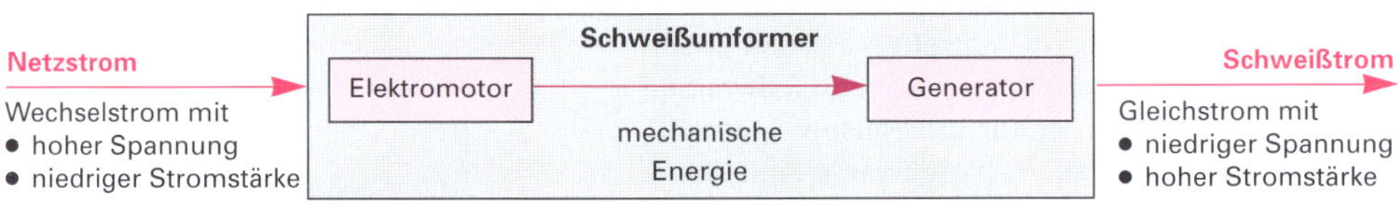

Gegenüberstellung der verschiedenen Schweißstromquellen

Schweißstromquellen	Stromart	Schweißeigenschaften	Zündeigenschaften	Schweißstromsteuerung	Einfluß von Netzschwankungen	Geräuschentwicklung	Kosten, Anschaffung, Wartung
Schweißgleichrichter	Gleichstrom	gut	gut	stufenlos	proportional	gering	günstig
Schweißumformer	Gleichstrom	gut	gut	stufenlos	gering	groß	sehr teuer
Schweißtransformator	Wechselstrom	befriedigend	befriedigend	in Stufen oder stufenlos	proportional	gering	günstig

 Übungsaufgabe 6/101

• Kennlinien für das Lichtbogenschmelzschweißen

Zur Erzielung einer gleichmäßigen Schweißnaht ist eine *gleichbleibende* Stromstärke in jeder Phase des Schweißablaufs erforderlich. Je nach Art der Schweißstromquelle und deren Kennlinie kann man sich dieser Forderung mehr oder weniger nähern.

Lichtbogenkennlinie

Die Schweißspannung bewirkt, daß durch den Widerstand des Lichtbogens der Schweißstrom fließt. Der elektrische Widerstand des Lichtbogens wächst mit seiner Länge.
Eine steigende Spannung läßt durch einen Lichtbogen mit konstanter Länge einen höheren Strom fließen. Dieser Zusammenhang zwischen Spannung und Strom bei verschiedenen Lichtbogenlängen wird durch Lichtbogenkennlinien dargestellt.

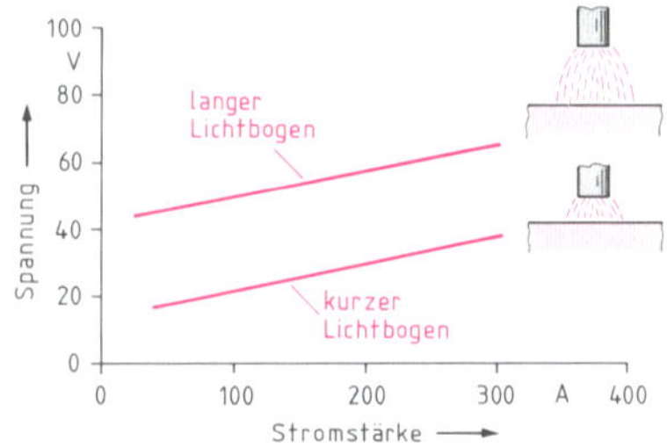

Lichtbogenkennlinien

Lichtbogenkennlinien kennzeichnen den Zusammenhang zwischen Spannung und Strom eines Lichtbogens.

Stromquellenkennlinien

Die Schweißstromquelle liefert unter Belastung den Schweißstrom in Abhängigkeit von der Schweißspannung. Diesen Zusammenhang stellt man in einer Stromquellenkennlinie dar. Durch elektrische bzw. elektronische Schaltungen lassen sich verschiedene Kennlinienformen erzeugen.
Für die verschiedenen Schweißverfahren werden Schweißstromquellen mit unterschiedlichen Stromquellenkennlinien eingesetzt. Den Schnittpunkt zwischen der jeweils eingestellten Stromquellenkennlinie und der Lichtbogenkennlinie nennt man den **Arbeitspunkt**.

Stromquellen mit steil fallender Kennlinie haben nur geringe Stromstärkenänderungen ΔI bei einer Änderung der Lichtbogenlänge.
Deswegen eignen sich Stromquellen mit steil fallender Kennlinie besonders zum Lichtbogenhandschweißen und zum Wolfram-Schutzgasschweißen, weil der Schweißende den Lichtbogen nicht ständig auf gleicher Länge halten kann.

Gerätesymbol: 

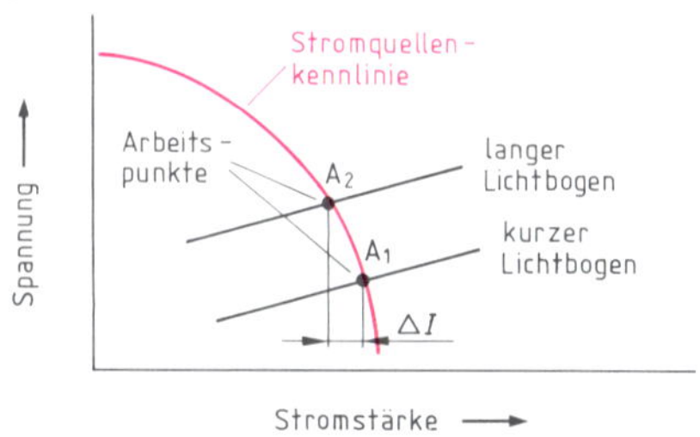

Schweißstromänderung bei steil fallender Stromquellenkennlinie

Für das Lichtbogenhandschweißen und das Wolfram-Schutzgasschweißen sind Schweißstromquellen mit steil fallender Kennlinie besonders geeignet.

Beim Metall-Schutzgasschweißen werden meist Stromquellen mit flach fallender Kennlinie (Konstantspannungskennlinie) eingesetzt.
Wird bei diesen Stromquellen beim Schweißen der Lichtbogen kürzer, so steigt der Strom stark an. Dadurch schmilzt *mehr* Werkstoff von der mechanisch gleichmäßig zugeführten Drahtelektrode ab, so daß der Lichtbogen wieder länger wird. Die Lichtbogenlänge regelt sich dadurch *selbsttätig* (innere Regelung).

Gerätesymbol: 

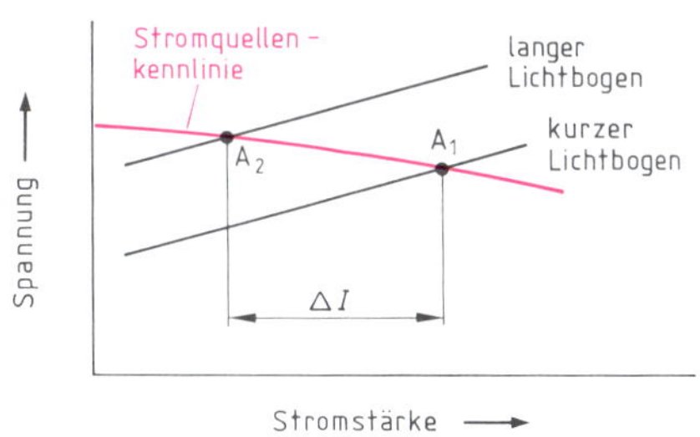

Schweißstromänderung bei flach fallender Stromquellenkennlinie

Zum Metallschutzgasschweißen sind Stromquellen mit flach fallender Kennlinie wegen der selbsttätigen Regelung der Lichtbogenlänge besonders geeignet.

Übungsaufgaben 6/102; 6/103; 6/104

6.6.4.2 **Lichtbogenhandschweißen,** Kennziffer 111

Beim Lichtbogenhandschweißen brennt der Lichtbogen zwischen einer abschmelzenden Elektrode und dem Werkstück. Lichtbogen und Schmelzbad werden vor dem Zutritt der Atmosphäre nur durch Gase und Schlacken abgeschirmt, die von der Elektrode stammen.

Zur einwandfreien Durchführung einer Lichtbogenhandschweißung muß der Schweißer die folgenden Hilfsmittel sachgerecht auswählen bzw. einstellen:

- Schweißstromquelle und Schweißstromkennlinie,
- Art der Schweißelektrode (Werkstoff, Umhüllung),
- Durchmesser der Schweißelektrode,
- Schweißstrom.

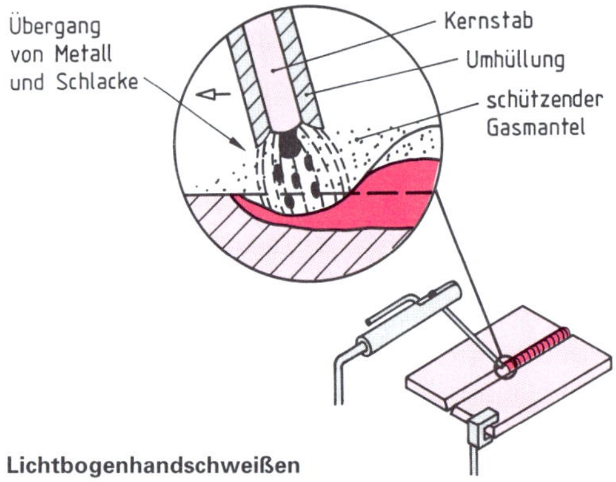

Lichtbogenhandschweißen

Wahl der Schweißstromquelle

Als Schweißstromquellen beim Lichtbogenhandschweißen kommen je nach Schweißaufgabe, Güteanforderungen und Fertigungsbedingungen Schweißtransformatoren, Schweißgleichrichter oder Schweißumformer mit *steil fallender Kennlinie* zum Einsatz.

Schweißstromquellen zum Lichtbogenhandschweißen müssen steil fallende Kennlinien aufweisen.

Wahl der Schweißelektrode

Bei der Auswahl der Elektroden sind folgende Gesichtspunkte zu berücksichtigen:

- Werkstoff der zu verbindenden Bauteile,
- Materialdicke,
- Art des Schweißstromes.
- Schweißpositionen,

Elektrodenwerkstoff

Der metallische Werkstoff der Elektrode muß etwa die gleiche Zusammensetzung haben wie der Werkstoff der zu verbindenden Bauteile.

Kernstabdurchmesser

Der Kernstabdurchmesser der Elektrode richtet sich nach der Dicke der zu fügenden Bauteile. Für Werkstücke bis 4 mm Dicke wählt man den Elektrodendurchmesser gleich der Materialdicke.

Bei dickeren Werkstücken nimmt der Elektrodendurchmesser nicht in gleichem Maße zu. Große Schweißnahtquerschnitte werden in mehreren Lagen geschweißt.

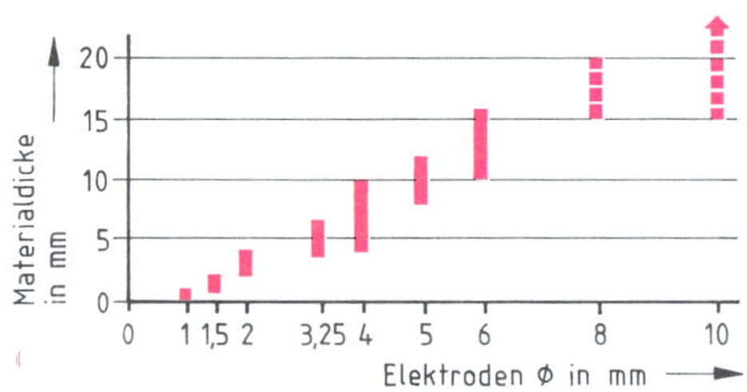

Einsatz der verschiedenen Elektrodendurchmesser

Umhüllung

Aufgabe der Umhüllung

Die Umhüllung erfüllt beim Schweißvorgang folgende Aufgaben:

- Schutz der Schweißstelle vor Lufteintritt durch Bildung einer Gashülle.
- Bildung einer Schlacke: Schlacke nimmt Verunreinigungen aus der Schmelze auf, schützt die Schweißnaht vor zu schneller Abkühlung und verhindert Lufteintritt.
- Stabilisierung des Lichtbogens durch zusätzliche Ladungsträger.
- Ersetzen oxidierter Elemente, wie z.B. C, Mn.

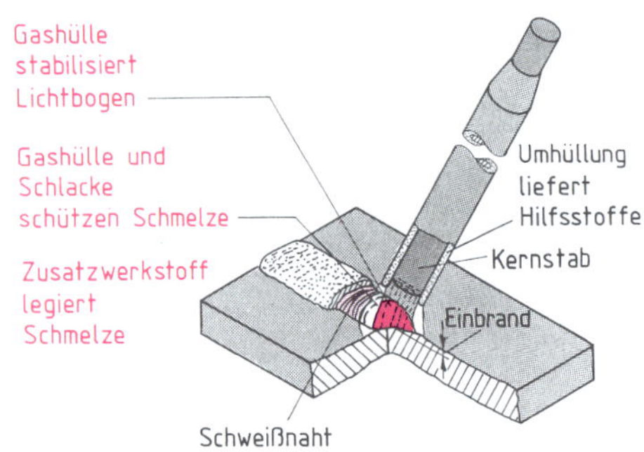

Aufgaben der Umhüllung

Übungsaufgaben 6/105; 6/106

Umhüllungsdicke

Die Umhüllungsdicke beeinflußt die Schweißeigenschaften. Je dicker die Umhüllung ist, desto feintropfiger wird der Werkstoffübergang. Dadurch wird das Nahtaussehen gleichmäßiger und die Einbrandtiefe erhöht.

Einfluß der Umhüllungsdicke bei Stabelektroden

Umhüllungsdurchmesser *D*	Werkstoffübergang	Spaltüberbrückbarkeit	Nahtaussehen	Einbrandtiefe
dünn 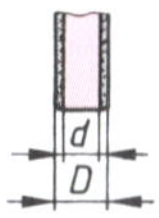 *D* bis 1,2 · *d*		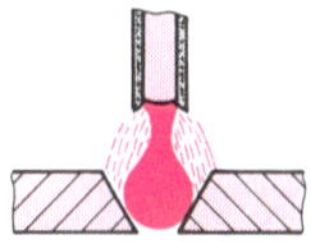	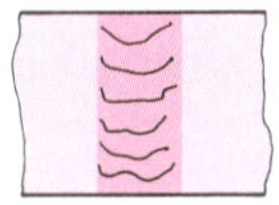	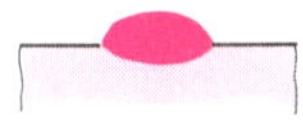
mitteldick 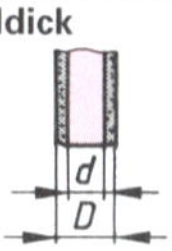 *D* über 1,2 bis 1,55 · *d*		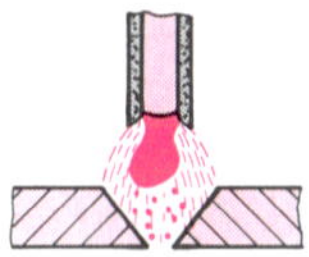	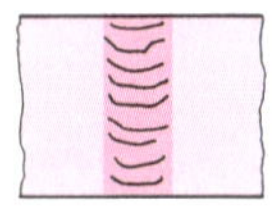	
dick 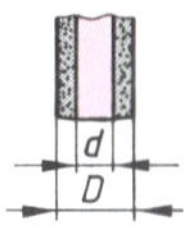 *D* über 1,55 · *d*	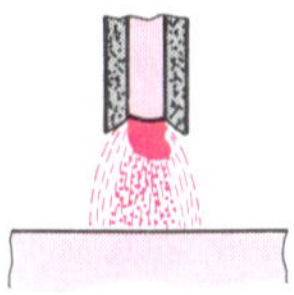	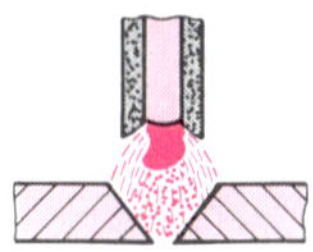	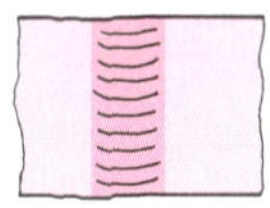	

Zunehmende Umhüllungsdicke bewirkt:
- feintropfigeren Werkstoffübergang,
- gleichmäßigeres Nahtaussehen,
- größere Einbrandtiefe.

Zusammensetzung der Umhüllung

Nach der Zusammensetzung der Umhüllung unterscheidet man folgende Umhüllungstypen:

- saure Elektroden (z.B. SiO_2-, Fe_3O_4-haltig): Umhüllungstyp **A**
- Rutil-Elektroden (TiO_2-haltig): Umhüllungstyp **R**
- basische Elektroden ($CaCO_3$-, MgO- und CaF_2-haltig): Umhüllungstyp **B**
- Cellulose-Elektroden: Umhüllungstyp **C**

Darüber hinaus sind Mischtypen, z.B. **AR** = Rutil- und sauer umhüllt, gebräuchlich.
Elektroden mit Celluloseumhüllung werden hauptsächlich zum Fallnahtschweißen verwendet.

Die verschiedenen Umhüllungstypen führen zu unterschiedlichen Schweißeigenschaften:

Umhüllungstyp (dick umhüllt)	Schlackeneigenschaften Erstarrungsintervall	Entfernbarkeit	Tropfenübergang	Positionsverschweißbarkeit	mechanische Kennwerte des Schweißgutes
sauer A	groß	platzt ab	feintropfig bis sprühregenartig	schlecht in Zwangslagen	mittel
rutil R	mittel	gut	mittel- bis feintropfig	alle Positionen	gut
basisch B	klein	schlecht	mittel- bis grobtropfig	alle Positionen	sehr gut

Die Zusammensetzung der Umhüllung beeinflußt Schlackeneigenschaften und Tropfenübergang und wirkt sich auf die Positionsverschweißbarkeit der Elektrode sowie auf die mechanischen Kennwerte des Schweißgutes aus.

Übungsaufgaben 6/107; 6/108

Klasseneinteilung der Stabelektroden

Für das Verbindungsschweißen von Stahl sind die Stabelektroden nach DIN 1913 in 11 Klassen eingeteilt. Die Klasseneinteilung richtet sich nach folgenden Gesichtspunkten:

- Eignung für bestimmte Schweißpositionen,
- Verschweißbarkeit an Wechsel- oder Gleichstrom,
- Art der Umhüllung und Umhüllungsdicke.

In der folgenden Tabelle sind Eigenschaften einiger gebräuchlicher Stabelektrodentypen und Empfehlungen für ihren Einsatz gegeben. In der Kennzeichnung bedeuten:

Buchstaben – Zusammensetzung der Umhüllung (——> Grundtypen A, R, B und C)
Zahlen – Dicke der Umhüllung (——> 2 = dünn, 3 = mittel, 4–12 = dick)

Stab-elektrodentyp	Umhüllung	Eigenschaften/Anwendung
A2	dünn	gute Spaltüberbrückbarkeit, Dünnblechelektrode
R3	mittel	gute Spaltüberbrückbarkeit, Elektrode zum Heften
C4	dick	kaum Schlacke, für Fallnähte und Pipelines
RR 6, RR 8	dick	wenig Spritzer, guter Schlackenabgang, gutes Wiederzünden, gut in Zwangslagen
RR (B) 7	dick	guter Schlackenabgang, sehr gut in Zwangslagen
B 9	dick	grober Tropfenübergang, alle Positionen, geeignet für schwer schweißbare Stähle
RR 12	dick	Hochleistungselektrode, guter Schlackenabgang, besonders für Kehlnähte

• Wahl der Schweißstromstärke

Die einzustellende Schweißstromstärke wird nach dem Kernstabdurchmesser festgelegt.
Als Richtwert für die benötigte Stromstärke kann man etwa 40 Ampere je Millimeter Elektrodendurchmesser annehmen.
Jeder Hersteller gibt für seine Elektroden den geeigneten Schweißstrombereich an.

• Arbeitstechnik beim Lichtbogenhandschweißen

Beim Lichtbogenhandschweißen wird die Elektrode senkrecht oder leicht schräg angestellt und in Schweißrichtung geneigt. Sie soll dabei eine leicht pendelnde Bewegung ausführen. Die Lichtbogenlänge soll etwa dem Kernstabdurchmesser entsprechen. Am Ende der Schweißnaht wird der Lichtbogen in Richtung der Schweißfuge geschleppt bis er abreißt. Dadurch wird Einbrand vermieden.

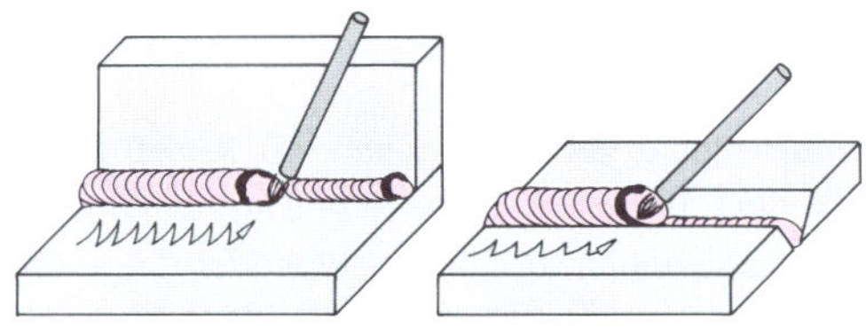

Elektrodenführung

Beim Schweißen mit Gleichstrom muß die **Blaswirkung** beachtet werden. Blaswirkung entsteht durch das Magnetfeld, das sich um einen stromdurchflossenen Leiter ausbildet und dort besonders stark ist, wo Feldlinien gebündelt werden.
Der Lichtbogen wird dabei

- vom Stromanschluß weggedrückt,
- zu großen Stahlmassen hingelenkt,
- an Kanten nach innen gezogen.

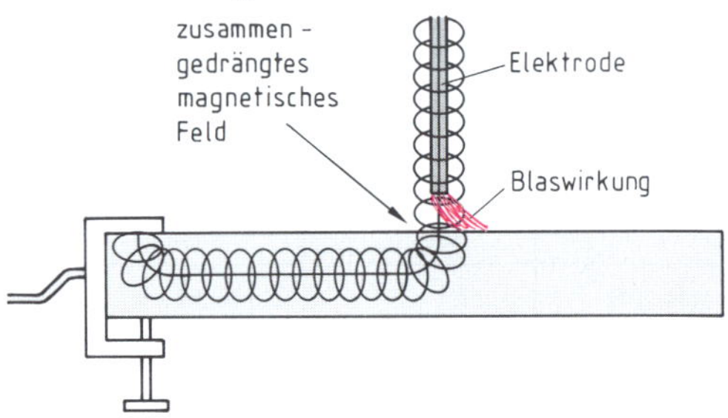

Blaswirkung

Entsprechendes Neigen der Elektrode, Verlegen des Masseanschlusses und Zulegen anderer Stahlmassen sind geeignete Gegenmaßnahmen.

Übungsaufgaben 6/109; 6/110; 6/111

6.6.4.3 Schutzgasschweißen

Beim Schutzgasschweißen wird die Schweißstelle durch Schutzgase vor schädlichem Luftzutritt abgeschirmt.

Als Schutzgase werden einerseits Edelgase, z.B. Argon und Helium, verwendet. Diese Gase sind als Schutzgase besonders geeignet, weil sie keine chemischen Verbindungen mit dem Schweißgut eingehen. Diese chemisch nicht reagierenden Gase werden als **„inerte"** Gase bezeichnet.

Zum anderen werden Kohlendioxid, Wasserstoff, Stickstoff und Gemische dieser Gase mit Edelgasen verwendet. Diese Gase können chemisch mit anderen Stoffen reagieren. Man bezeichnet sie deshalb als **„aktive"** Gase. Diese aktiven Schutzgase wirken nicht oxidierend auf die Schweißstelle.

Art der Schutzgase

- **Inerte Gase**: Argon, Helium
- **Aktive Gase**: Kohlendioxid, Stickstoff
- **Mischgase**: Gemische aus Argon + Kohlendioxid mit unterschiedlichen Argon-Anteilen

> Schutzgase schirmen die Schweißstelle vor Luftzutritt ab.
> Als Schutzgase verwendet man inerte Gase und aktive Gase.

Beim Schutzgasschweißen kann der Lichtbogen entweder zwischen

- einer abschmelzenden Metallelektrode und dem Werkstück oder
- einer nichtabschmelzenden Wolframelektrode und dem Werkstück brennen.

Art der Elektrode

- **Abschmelzende Metallelektrode**
- **Nichtabschmelzende Wolframelektrode**

Je nach verwendeter Elektrode und zugeführter Gasart unterscheidet man mehrere Schutzgasschweißverfahren.

Metall-Schutzgasschweißen		**Wolfram-Schutzgasschweißen**
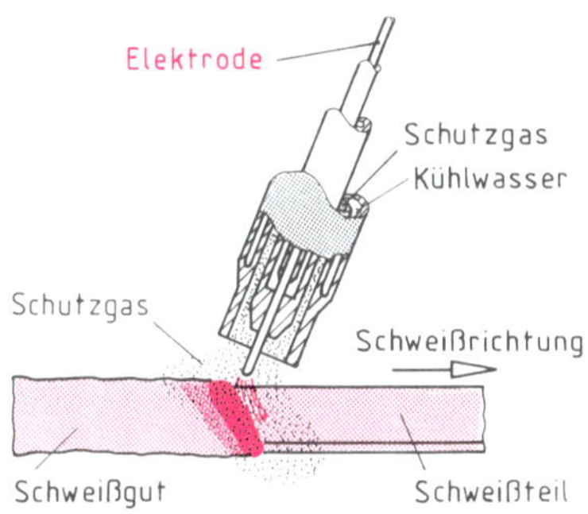		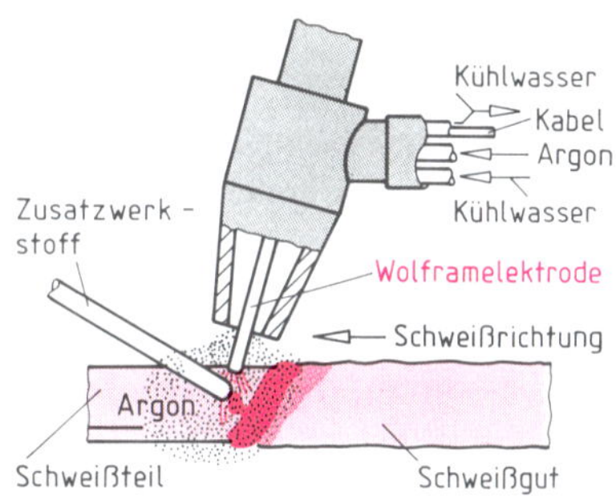
Merkmale: Der Lichtbogen brennt zwischen der abschmelzenden Metallelektrode und dem Werkstück. Die abschmelzende Elektrode liefert den Zusatzwerkstoff zur Bildung der Schweißnaht.		Merkmale: Der Lichtbogen brennt zwischen der nicht abschmelzenden Wolframelektrode und dem Werkstück. Schweißzusatzwerkstoffe werden stromlos zugeführt.
Als Schutzgase werden meist inerte Gase wie Argon, seltener Helium, eingesetzt	Als Schutzgase werden aktive Gase wie Kohlendioxid, Stickstoff sowie Mischgase verwendet.	Als Schutzgase werden meist inerte Gase wie Argon, seltener Helium, verwendet.
Metall-**I**nert-**G**as-Verfahren **MIG**-Verfahren	**M**etall-**A**ktiv-**G**as-Verfahren **MAG**-Verfahren	**W**olfram-**I**nert-**G**as-Verfahren **WIG**-Verfahren

Übungsaufgaben 6/112; 6/113

A. Metallschutzgasschweißen (MSG), Kennziffer 13

Beim Metall-Schutzgasschweißen brennt der Lichtbogen innerhalb einer Schutzgasglocke zwischen einer abschmelzenden Elektrode und dem Werkstück. Nach der Art der Schutzgase unterscheidet man die Verfahren

– Inerte Schutzgase ——> **MIG**-Schweißen (**M**etall-**I**nert**g**as-Schweißen, Kennziffer 131),
– Aktive Schutzgase ——> **MAG**-Schweißen (**M**etall-**A**ktiv**g**as-Schweißen, Kennziffer 135).

Beispiel **für eine Metall-Schutzgasschweißanlage**

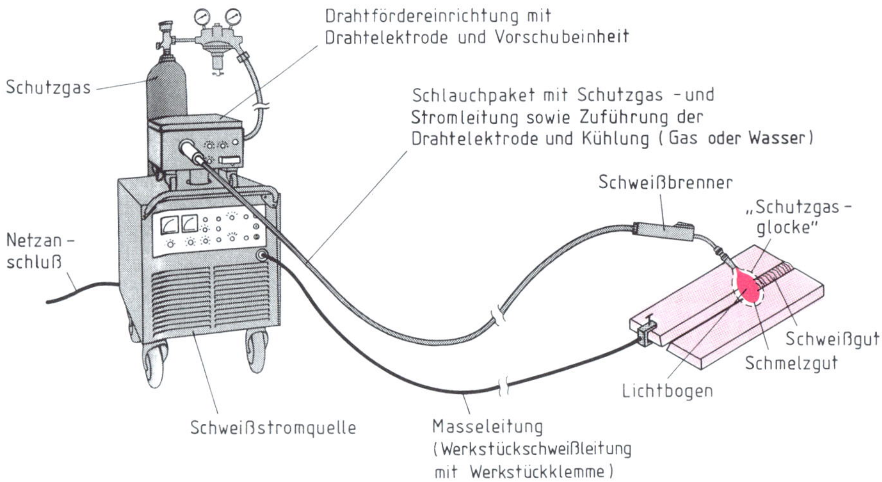

Bei beiden Verfahren, MIG- oder MAG-Schweißen, wird die Drahtelektrode mit eingestellter, gleichbleibender Geschwindigkeit von der Drahtfördereinrichtung transportiert.
Das Metall-Schutzgasschweißen ist bei Werkstückdicken ab 1 mm zum Verbindungsschweißen in allen Positionen sowie zum Auftragsschweißen einsetzbar. Es ist besonders wirtschaftlich wegen seiner hohen Abschmelzleistung und der Möglichkeit zur Mechanisierung.

Zur einwandfreien Durchführung einer Metall-Schutzgasschweißung muß der Industriemechaniker die folgenden Hilfsmittel sachgerecht auswählen bzw. einstellen:

- Schweißstromquelle und Schweißstromkennlinie,
- Spannungs- und Stromwerte,
- Schweißzusatzwerkstoff,
- Schutzgas.

• Auswahl der Schweißstromquellen

Beim Metall-Schutzgasschweißen kommen hauptsächlich Gleichrichter zum Einsatz. Die abschmelzende *Drahtelektrode* wird dabei *positiv* gepolt. Die Stromquelle für das MIG/MAG-Schweißen arbeitet mit nahezu konstanter Kennlinie. Der *Vorschub* für die Drahtelektrode erfolgt mit *konstanter* Geschwindigkeit.
Beim Schweißen paßt sich die Lichtbogenlänge selbständig an. Bei länger- oder kürzerwerdendem Lichtbogen ändern sich Schweißspannung und Schweißstrom. Es wird dann mehr oder weniger Schweißdraht abgeschmolzen.

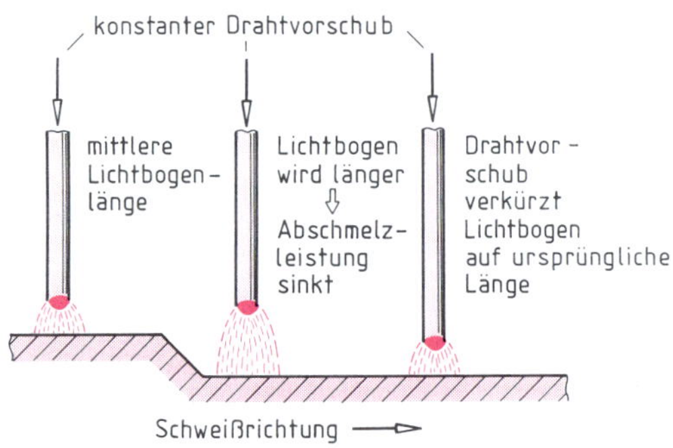

Prinzip der inneren Regelung

Beim Metall-Schutzgasschweißen werden Gleichstromquellen mit nahezu konstanter Kennlinie eingesetzt. Die Lichtbogenlänge regelt sich selbständig (innere Regelung).

Übungsaufgaben 6/114; 6/115

Bei der automatischen Fertigung werden **Impuls-Schweißstromquellen** eingesetzt. Bei diesen wird einem *Grundstrom* (einem Gleichstrom), der mindestens so hoch sein muß, daß der Lichtbogen nicht erlischt, ein *Stromimpuls* überlagert. Der Grundstrom hält das Schweißbad flüssig, und der Stromanstieg bei jedem Impuls bewirkt jeweils den Übergang eines Tropfens in das Schweißbad. Übliche Impulsfrequenzen sind 25; $33^{1}/_{3}$; 50 und 100 Hertz. Als Schutzgase werden inerte und argonreiche Gase verwendet.

Vorteile des Impuls-Lichtbogenschweißens sind:

- genaue Einstellung der abschmelzenden Metallmenge (dünne Bleche – niedrige Frequenz),
- geringe Wärmeeinbringung in die Umgebung der Schweißnaht,
- Einsatz dickerer Elektroden, die billiger und leichter förderbar sind,
- spritzarmer Tropfenübergang.

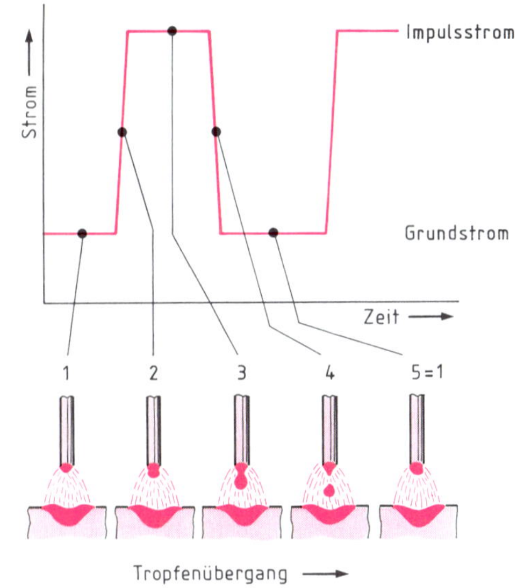

Tropfenübergang beim Impuls-Lichtbogen

Beim Schweißen mit Impuls-Schweißstromquellen wird durch die Stromimpulse ein im Rhythmus der Impulsfrequenz gesteuerter Tropfenübergang erreicht.

Auswahl der Drahtelektrode

Die Schweißzusatzwerkstoffe werden dem zu verschweißenden Grundwerkstoff angepaßt. Je nach der chemischen Zusammensetzung unterscheidet man die Schweißzusatztypen **SG1, SG2** und **SG3** sowie spezielle, dem Grundwerkstoff angepaßte Schweißzusätze (z.B. SG CrMo5).

Der Schweißzusatztyp wird bei der Bezeichnung einer Drahtelektrode angegeben.

Die Auswahl des Drahtelektrodendurchmessers erfolgt nach der Dicke der zu verschweißenden Bauteile. Besonders häufig werden Drähte mit den Durchmessern 0,8 mm, 1,0 mm und 1,2 mm angewendet.

Entsprechend dem Durchmesser wird die Stromstärke eingestellt.

Die Drähte sind verkupfert. Dadurch erreicht man nicht nur besseren Korrosionsschutz, sondern auch bessere Gleitfähigkeit in der Drahtvorschubeinrichtung und einen besseren Stromübergang.

Drahtelektrodentypen

Kurzzeichen	Chemische Zusammensetzung C in %	Si in %	Mn in %
SG1	0,06 – 0,12	0,5 – 0,7	1,0 – 1,3
SG2	0,06 – 0,13	0,7 – 1,0	1,3 – 1,6
SG3	0,06 – 0,13	0,8 – 1,2	1,6 – 1,9

Auswahl von Drahtelektrodendurchmesser und Stromstärke

Werkstückdicke in mm	bis 1	1 bis 7	7 bis 15
Genormter Drahtelektrodendurchmesser in mm	0,8	1,0	1,2
Empfohlene Stromstärke in A	bis 140	bis 220	bis 300

Die Auswahl der Drahtelektroden erfolgt entsprechend dem zu fügenden Grundwerkstoff und dem Schweißnahtvolumen.

- **Auswahl der Schutzgase**

Als Schutzgase verwendet man je nach Schweißaufgabe drei verschiedene Arten von Gasen:

- *Inerte Gase,* dies sind die Edelgase Argon und Helium, die chemisch nicht reagieren.
- *Aktivgase,* dies ist vor allem Kohlendioxid, das chemisch reaktionsfähig ist.
- *Mischgase,* dies sind Gemische aus aktiven und inerten Gasen.

Nichteisenmetalle werden unter Einsatz inerter Gase verschweißt. Zum Schweißen von Stählen werden Aktivgase und Mischgase eingesetzt.

Die Mischgase werden je nach Oxidationsgrad in drei Gruppen unterteilt Ar/O_2; Ar/CO_2; $Ar/CO_2/O_2$.

Zuordnung der Schutzgase zu Schweißverfahren und zu verschweißendem Werkstoff

Zu verschweißender Werkstoff		Schutzgase	Gruppe		Schweißverfahren
NE-Metalle		Ar, He, Mischgas Ar/He	I		**MIG**
Stähle	hochlegiert	Mischgase: Ar/O_2	M 1	steigende Oxidations-wirkung	**MAG M (1–3)**
	unlegiert und niedrig legiert	Mischgase: Ar/CO_2 $Ar/CO_2/O_2$	M 2 M 3		
Stähle	unlegiert und niedrig legiert	CO_2	C		**MAG C**

- **Werkstoffübergang**

Je nach Einstelldaten und Wahl des Schutzgases unterscheidet man vier Lichtbogenformen:

- Langlichtbogen,
- Kurzlichtbogen,
- Sprühlichtbogen,
- Impulslichtbogen.

Diese Lichtbogenformen ergeben unterschiedliche Ausbildung des Tropfenüberganges und damit des Anwendungsbereiches.

Formen des Werkstoffüberganges

Lichtbogen-form	**Langlichtbogen**	**Kurzlichtbogen**	**Sprühlichtbogen**	**Impulslichtbogen**
Prinzip	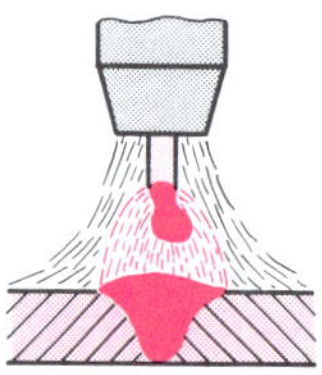	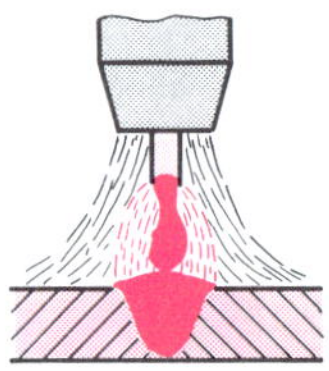	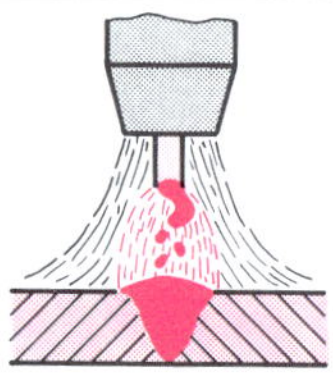	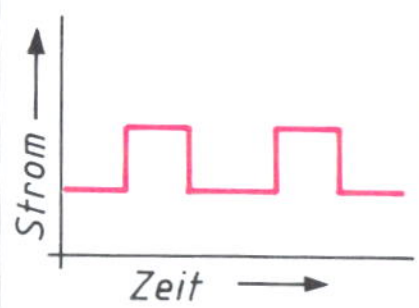
Schutzgas	CO_2	Mischgase	Argon oder Argon + CO_2	Argon oder argon-reiche Mischgase
Verfahren	MAG	MAG	MIG oder MAG	MIG oder MAG
Tropfen-übergang	grobtropfig nicht kurzschlußfrei	feintropfig im Kurzschluß	feinsttropfig kurzschlußfrei	impulsgesteuerter Tropfenübergang
Strom Spannung für d = 1 mm	180 A bis 250 A 24 V bis 30 V	70 A bis 160 A 16 V bis 19 V	180 A bis 250 A 24 V bis 30 V	–
Anwendung	Positionen PA[1] und PB[2] mittlere und dicke Bleche	Dünnbleche, mittlere und dicke Bleche in Zwangs-lagen	Positionen PA[1] und PB[2] mittlere und dicke Bleche	Zwangslagen, dünne Bleche mit dicken Drähten

[1] PA Wannenlage [2] PB Horizontallage

Übungsaufgaben 6/118; 6/119

B. Wolfram-Inertgas-Schweißen (WIG), Kennziffer 141

Beim Wolfram-Inertgas-Schweißen (WIG) brennt der Lichtbogen zwischen einer *nicht abschmelzenden* Wolframelektrode und dem Werkstück im Schutz eines Inertgases. Das Schutzgas verhindert eine Oxidation der Wolframelektrode und schützt das Schweißgut vor Einflüssen aus der Luft.
Der Schweißdraht wird nicht vom Strom durchflossen.

Beispiel **für eine Wolfram-Inertgasschweißanlage**

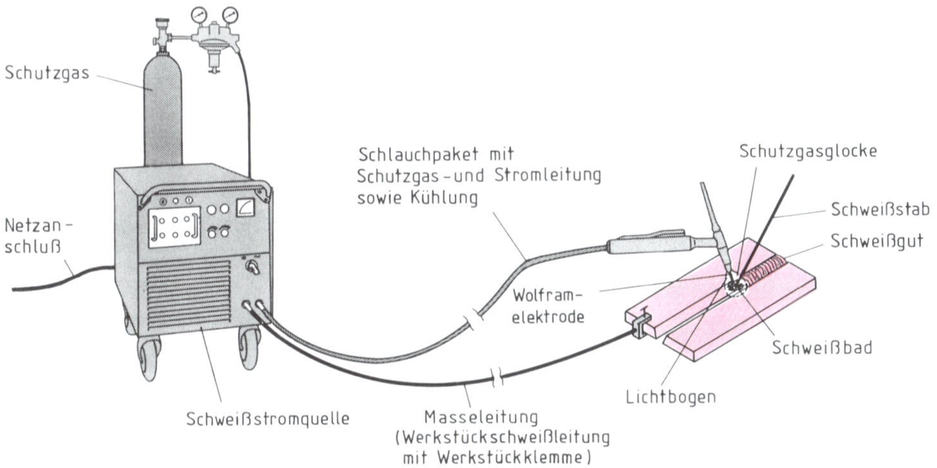

Das wirtschaftliche Einsatzgebiet für dieses Schweißverfahren liegt bei Werkstückdicken zwischen 0,5 mm und 4 mm.

Das Verfahren ist als Verbindungsschweißen geeignet für
- Schweißungen in allen Schweißpositionen,
- unlegierte, niedriglegierte und hochlegierte Stahlsorten,
- Nichteisenmetalle.

Schweißprobleme, z.B. das Schweißen sehr dünner, hochlegierter Stahlbleche, die sich schwer mit den üblichen Verfahren lösen lassen, sind am ehesten mit dem WIG-Verfahren zu bewältigen.
Die Schweißgeschwindigkeit ist relativ gering, die Qualität der Schweißnaht im allgemeinen sehr gut. Deshalb wird das WIG-Verfahren auch häufig zum Schweißen von *Wurzellagen* eingesetzt. Bei den *Zwischen- und Decklagen* werden dann leistungsfähigere Schweißverfahren angewendet.

Mit dem WIG-Schweißverfahren lassen sich schwierige werkstofftechnische Probleme am ehesten lösen. Hohe Abschmelzleistungen sind mit dem WIG-Schweißen nicht zu erzielen.

• Auswahl der Schweißstromart

Die anzuwendende Stromart ist werkstoffabhängig. Überwiegend wird mit Gleichstrom geschweißt. Da am Minus-Pol bei gleichbleibender Stromstärke eine niedrigere Temperatur auftritt als am Plus-Pol, wird die Wolframelektrode *negativ* gepolt. Metalle mit hochschmelzenden Oxidschichten, wie zum Beispiel Aluminium, werden mit Wechselstrom geschweißt. Ein Hochleistungszündgerät ermöglicht dabei ein berührungsfreies Zünden des Lichtbogens, und es verhindert beim Wechselstromschweißen das Erlöschen des Lichtbogens, wenn die Spannung auf Null zurückgeht.
WIG-Schweißstromquellen haben eine steil fallende Kennlinie.

Die Wahl der Stromart – Gleich- oder Wechselstrom – ist werkstoffabhängig.

Übungsaufgaben 6/120; 6/121

• Auswahl der Elektroden

Beim WIG-Schweißen werden zwei Elektrodenwerkstoffe verwendet. Derzeit werden Reinwolframelektroden W und Wolframelektroden mit Thoriumoxid WT mit Nenndurchmessern zwischen 0,5 mm und 8,0 mm in der Schweißtechnik eingesetzt.

Strombelastbarkeit der Wolframelektrode und Auswahl der Gasdüse

Elektroden-durchmesser in mm	Größe	Gasdüsendurchmesser in mm	Gleichstrom in A				Wechselstrom in A	
			Minuspol		Pluspol			
			W	WT	W	WT	W	WT
1,6	4 bis 6	6,5 bis 9,5	70	150	10	20	50 bis 100	70 bis 150
2,4	6 bis 8	9,5 bis 12,7	150	250	15	30	100 bis 160	140 bis 235
3,2	7 bis 8	11,2 bis 12,7	250	400	25	40	150 bis 210	225 bis 325
4,0	8 bis 10	12,7 bis 15,9	400	500	40	55	200 bis 275	300 bis 425

Beim WIG-Schweißen nutzen sich auch die Wolframelektroden geringfügig ab. Ursachen dieser Abnutzung sind

- die Wirkungen des Schweißstromes,
- Verunreinigungen infolge Schweißbad- oder Schweißstabberührung.

Die Wolframelektroden werden in der Regel durch Längsanschleifen angespitzt. Die richtige Stromeinstellung ist an der Veränderung der Elektrodenspitze beim Schweißen zu erkennen.
Wird die Spitze der Elektrode durch Berühren mit dem Schweißstab oder dem Schweißbad verunreinigt, so ist dieser Teil der Elektrode vollständig abzuarbeiten, denn die verunreinigten Teile schmelzen ab. Diese abgeschmolzenen Teile wirken später in der Schweißnaht wie Kerben.

Einfluß des Stromes auf die Elektrodenspitze

Stromart	Elektrode	Schweißstrom zu niedrig	richtig	zu hoch
Gleichstrom	WT	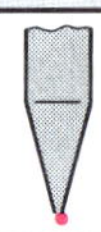	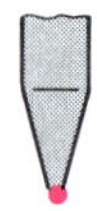	
Wechselstrom	WT			

• Auswahl des Schweißzusatzwerkstoffes

Der Schweißzusatzwerkstoff wird entsprechend dem zu verschweißenden Werkstoff ausgewählt. Die Einteilung und Kennzeichnung der Schweißstäbe wird mit den gleichen Kurzzeichen vorgenommen, wie bei den übrigen Schutzgasschweißverfahren.

• Richtwerte für das WIG-Schweißen

Werkstoff	Blechdicke in mm	Schweißstab-durchmesser in mm	Schutzgas-verbrauch in l/min	Stromstärke in A
Aluminium	2,0 5,0	2,4 3,2	12 16	130 bis 150 250 bis 320
Kupfer	2,0 5,0	2,4 3,2	9 12	130 bis 150 250 bis 320
Gußeisen	6,0 25,0	5,0 6,0	8 12	150 bis 170 310 bis 370
unlegierter Stahl	1,2 2,2	1,6 1,6	4 5	100 bis 125 140 bis 170
legierter Stahl	1,5 5,0	1,6 3,2	5 6	80 bis 120 150 bis 275

Übungsaufgaben 6/112; 6/123; 6/124

6.6.5 Gefügeänderungen beim Metallschweißen

Beim Schweißen bildet sich in der Schweißnaht ein neues Gefüge. Auch in der Schweißzone verändert sich wegen der örtlich unterschiedlichen Wärmewirkung das Gefüge mehr oder weniger stark. Die Schweißnaht und der aufgeschmolzene Grundwerkstoff bilden ein Gußgefüge.
Die angrenzenden stark erhitzten Zonen haben ein grobkörniges Gefüge, das mit zunehmender Entfernung von der Schweißnaht feinkörniger wird und schließlich in das unbeeinflußte Gefüge des Grundwerkstoffs übergeht.
Jede dieser Gefügezonen hat unterschiedliche Eigenschaften. Besonders Härte und Zähigkeit sind gegenüber dem Grundgefüge stark verändert.
Durch Normalglühen können die durch Schweißen hervorgerufenen Gefügeveränderungen weitgehend beseitigt werden.

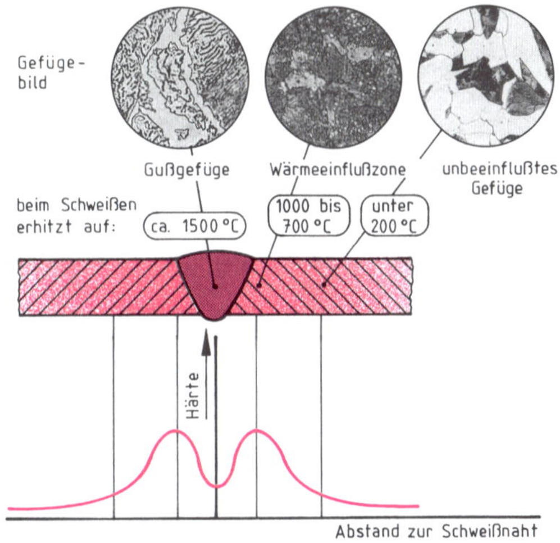

Gefügezonen und Eigenschaften einer Schweißnaht

Beim Schweißen treten Gefügeänderungen auf. Besonders Härte und Zähigkeit werden nachteilig verändert. Durch Normalglühen können die Gefügeänderungen weitgehend beseitigt werden.

6.6.6 Fehler beim Metallschweißen

Die Folgen einer nicht sorgfältig ausgeführten Schweißung sind Schweißfehler, die eine Schwächung der Fügestelle zur Folge haben.
Man unterscheidet bei den Schweißfehlern äußere und innere Fehler. Äußere Fehler können durch Sichtprüfung mit dem bloßen Auge, der Lupe oder Anwendung des Farbeindringverfahrens festgestellt werden. Innere Fehler sind an Proben durch zerstörende Prüfverfahren, z.B. Biegeversuch bis zum Bruch, zu erkennen. An fertigen Werkstücken sind sie durch zerstörungsfreie Fehlersuchverfahren, z.B. Röntgenprüfung oder Ultraschallverfahren, zu orten.

Beispiele für Schweißnahtfehler

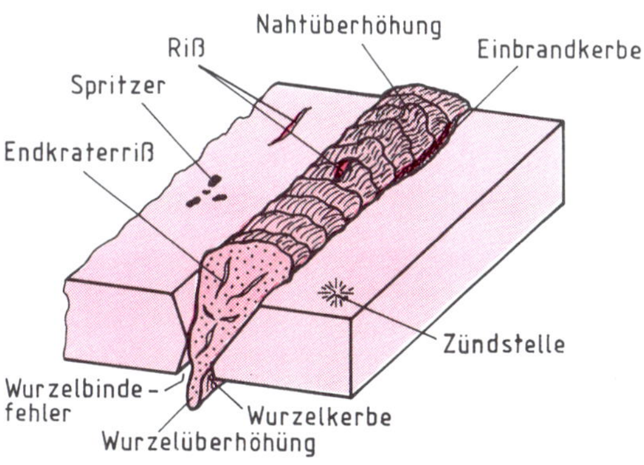

Äußere Fehler

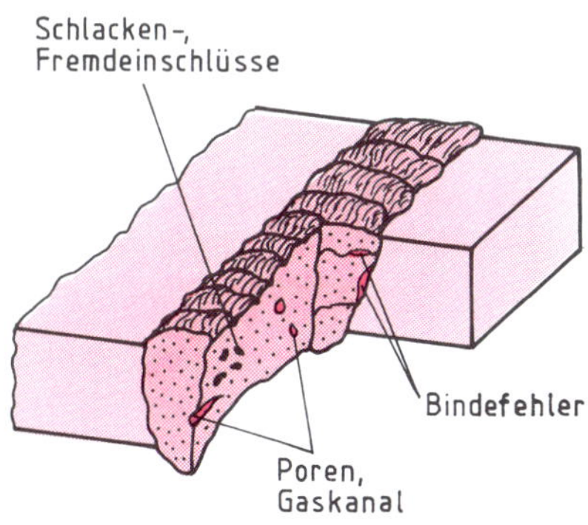

Innere Fehler

Übungsaufgaben 6/125 bis 6/128

• Fehler beim Gasschmelzschweißen

Fehler		mögliche Ursachen
Einbrandkerbe		ungenügendes Ausfüllen des Schmelzbades mit Schweißzusatzwerkstoff falsche Brennerneigung, harte Flamme
Poren		Luftsauerstoff im Schmelzbad Unsauberkeiten an Werkstück oder Schweißstab
Bindefehler	**einseitig**	falsche Brennerhaltung – einseitige Erwärmung zu großer Flammenabstand, weiche Flamme
	Lage	untere Lage nicht aufgeschmolzen Vorlaufen der Schmelze
Wurzelfehler	**ungenügend durchgeschweißt**	Nahtgrund nicht erfaßt, Stabdurchmesser zu groß Stegabstand zu gering
	durchhängend	zuviel Wärme, Schweißgeschwindigkeit zu gering zu steile Brennerhaltung, zu große Schweißdüse
Ansatzfehler („Kaltstellen“)		ungenügendes Aufschmelzen der Nahtabschnitte zu geringe Vorwärmung

• Fehler beim Lichtbogenhandschweißen

Fehler	mögliche Ursachen
Einbrandkerben	zu langer Lichtbogen, Stromstärke zu hoch Elektrode zu dick, falsche Elektrodenführung
Endkraterriß	Elektrode zu schnell weggezogen
Schlackeneinschluß	ungenügendes Entfernen der Schlacke beim Mehrlagenschweißen verunreinigte Fugen, Stromstärke zu gering Lichtbogen zu lang, falsche Elektrodenart Schweißgeschwindigkeit zu groß
Poren	Feuchtigkeit aus der Luft gelangte in das flüssige Schweißgut falscher Umhüllungstyp, ungenügende Trocknung basischer Elektroden
Bindefehler	ungenügendes Aufschmelzen der Flanken bzw. Lagen vorlaufendes Schweißbad, mangelhafte Nahtvorbereitung
Spritzer	Lichtbogen zu lang, Stromstärke zu hoch, Schweißstelle zu feucht
Zündstellen	Zünden außerhalb der Naht

• Fehler beim Metallschutzgasschweißen

Fehler	mögliche Ursachen
Poren	Schutzgasmenge zu groß oder zu gering Brennerneigung zu flach, Brennerabstand zu groß, Zugluft Gasdüse durch Spritzer verunreinigt, Werkstück verschmutzt
Bindefehler	mangelnde Nahtvorbereitung (kleiner Öffnungswinkel, große Steghöhe, Kantenversatz, überwölbte Raupen) vorlaufendes Schweißbad, fehlerhafte Brennerführung, Stromstärke zu gering

• Fehler beim Wolfram-Inertgas-Schweißen

Fehler	mögliche Ursachen
Poren	Werkstück verschmutzt, undichte Wasserkühlung zu große oder zu kleine Gasmenge, Zugluft zu kleine Gasdüse, zu großer Brennerabstand
Bindefehler	Nahtöffnungswinkel zu klein, Steghöhe zu groß Stegabstand zu gering, zu schnelles Schweißen ungünstige Schweißraupenanordnung
Endkraterrisse	Schweißstromstärke zu hoch, Schweißgeschwindigkeit zu niedrig Endkrater nicht ausreichend gefüllt
Wolframeinschlüsse	Stromüberlastung der Wolframelektrode Berührung der Elektrode mit Schweißstab oder Schweißbad
Oxideinschlüsse	Fuge nicht metallisch rein, oxidüberzogene Schweißstäbe ungenügendes Bürsten nach jeder Raupe Schweißstab außerhalb der Schutzgasströmung ungenügende Nahtvorbereitung

Übungsaufgaben 6/129 bis 6/132

6.6.7 Überblick über die Schweißverfahren zum Metallschweißen

Schmelzschweißverfahren (unterteilt nach der Art der Wärmeerzeugung)

Umwandlung chemischer Energie in Wärmeenergie

durch Reaktion fester Brennstoffe miteinander

Thermitschmelzschweißen

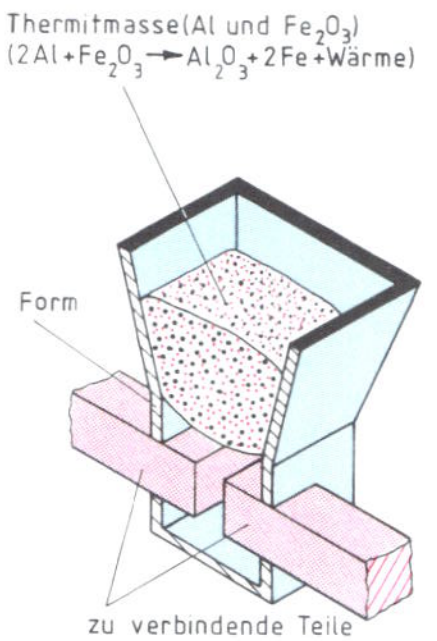

Anwendung:
Schweißen von Stahlschienen.

durch Reaktion von Brenngasen mit Sauerstoff

Gasschmelzschweißen

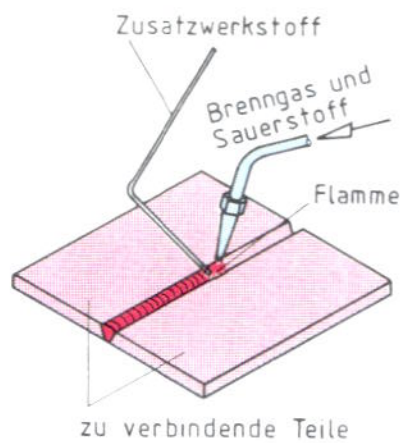

Anwendung:
Schweißen von Rohren und Dünnblechen.

Umwandlung elektrischer Energie in Wärmeenergie

im Lichtbogen

offener Lichtbogen

Lichtbogenschmelzschweißen mit umhüllten Elektroden

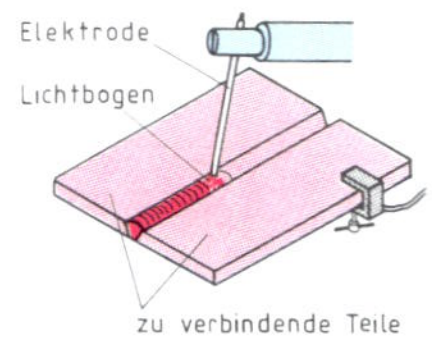

Anwendung:
Vorwiegend Schweißen niedrig legierter Stähle von Hand im Stahl- und Maschinenbau.

Lichtbogenschmelzschweißen mit Schutzgas

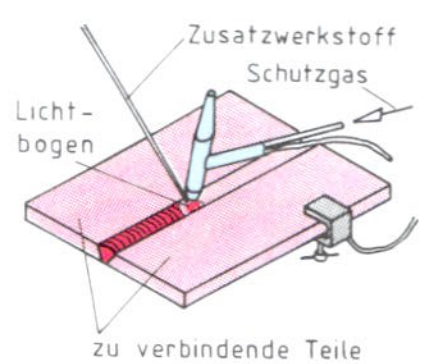

Anwendung:
Schweißen hochlegierter Stähle und NE-Metalle.

verdeckter Lichtbogen

Lichtbogenschmelzschweißen unter Pulver

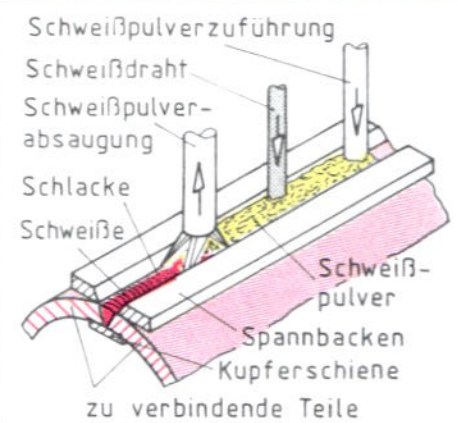

Anwendung:
Automatisches Verschweißen großer Stahlbleche im Schiffs- und Behälterbau.

Lichtbogenschmelzschweißen unter Schiene

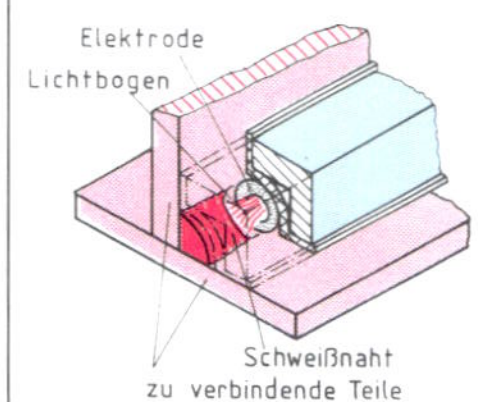

Anwendung:
Schweißen langer, gerader Schweißnähte z.B. im Schiffsbau.

im Plasma

Plasmaschweißen

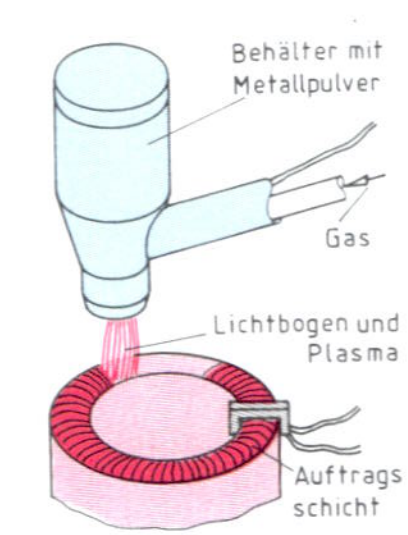

Anwendung:
Auftragsschweißen hochschmelzender Metalle und Metallverbindungen.

im Elektronenstrahl

Elektronenstrahlschweißen

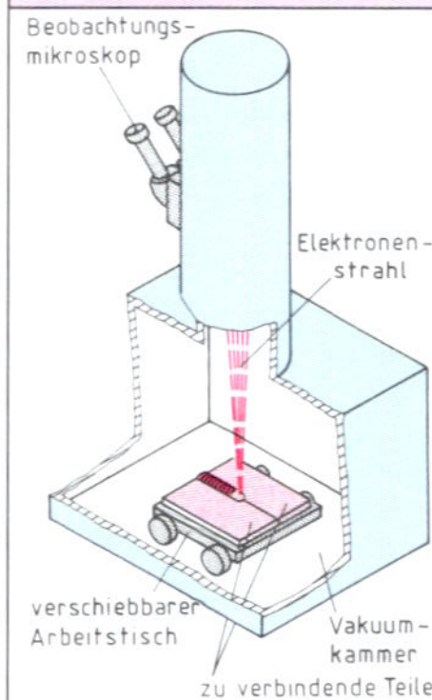

Anwendung:
Schweißen gasempfindlicher Werkstoffe im Vakuum.

Preßschweißverfahren (unterteilt nach der Art der Wärmeerzeugung)

Unwandlung mechanischer Energie in Wärmeenergie

Ultraschallschweißen

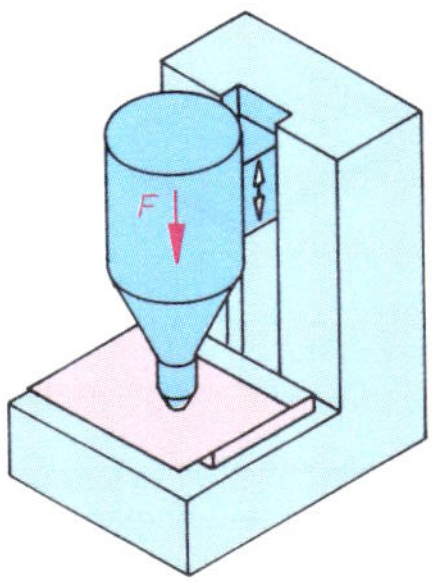

Schweißen unter Druckkraft mittels Ultraschall

Anwendung:
Verschweißen dünner Bleche und Drähte auf dicke Teile aus Stahl und NE-Metallen.

Reibschweißen

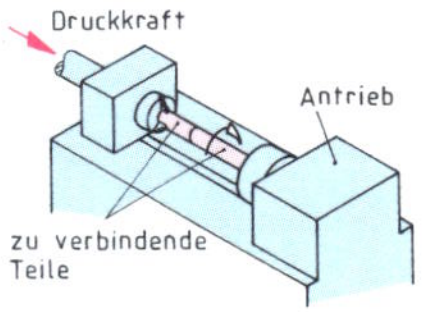

1. Erwärmen durch Reibung bei einer Drehbewegung

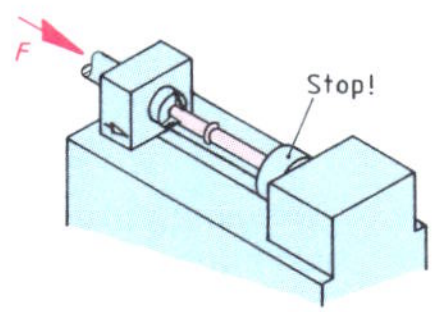

2. Verschweißen durch Druckkraft

Anwendung:
Stirnseitiges Verschweissen runder Teile aus meist unterschiedlichen Werkstoffen.

Unwandlung chemischer Energie in Wärmeenergie

durch Reaktion von festem Brennstoff mit Sauerstoff

Feuerschweißen

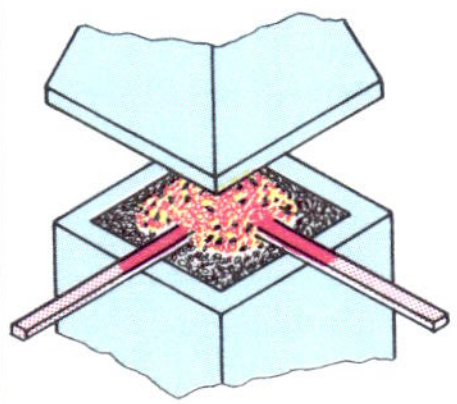

1. Erwärmen im Schmiedefeuer

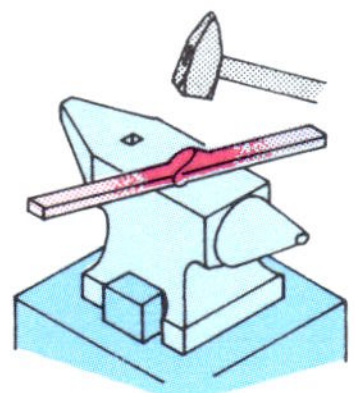

2. Verschweißen durch Druckkraft

Anwendung:
Verschweißen von Stählen bei Kunstschmiedeteilen.

durch Reaktion von Brenngasen mit Sauerstoff

Gaspreßschweißen

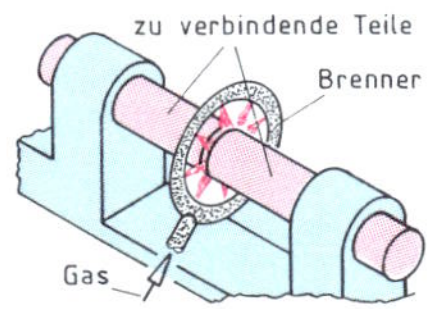

1. Erwärmen durch Gasflammen

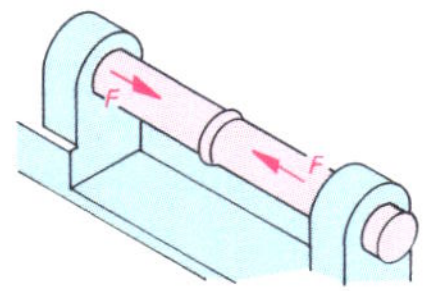

2. Verschweißen durch Druckkraft

Anwendung:
Stirnseitiges Verschweissen von Profilen geringer Querschnitte.

Unwandlung elektrischer Energie in Wärmeenergie

im elektrischen Lichtbogen

Lichtbogenpreßschweißen

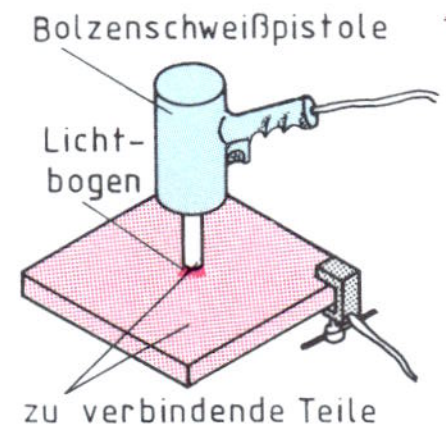

1. Erwärmen mit elektrischem Lichtbogen

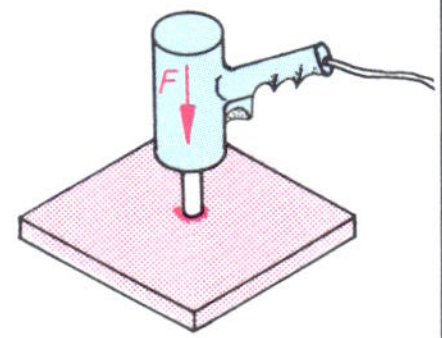

2. Verschweißen durch Druckkraft

Anwendung:
Aufschweißen von Bolzen auf Blechen.

durch elektrischen Widerstand

Widerstandspreßschweißen

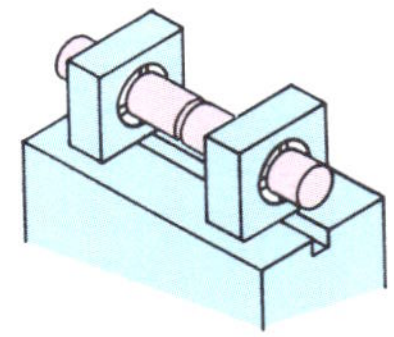

1. Erwärmen durch elektrischen Widerstand

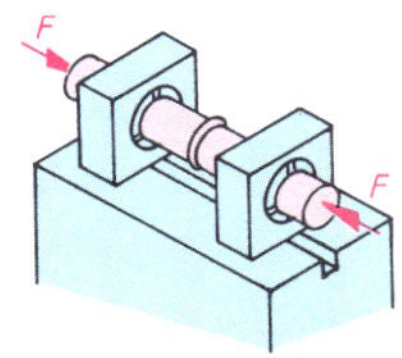

2. Verschweißen durch Druckkraft

Anwendung:
Stirnseitiges Verschweissen von Profilen.

6.7 Fügen durch Kleben

Metallische bzw. nichtmetallische Werkstoffe können mit Hilfe von Klebstoffen gefügt werden. Da die Verbindung durch den Zusatzwerkstoff – den Klebstoff – zustande kommt, ist Kleben ein stoffschlüssiges Fügen. Eine Klebeverbindung kann nur durch Zerstören der Kleberschicht oder der Bauteile gelöst werden, daher ist Kleben ein unlösbares Füge.

6.7.1 Vor- und Nachteile von Klebeverbindungen

- **Vorteile von Klebeverbindungen**

Bis auf einige wenige Werkstoffe, wie z.B. Polyethylen (PE) und Silikon, lassen sich alle Werkstoffe in beliebiger Kombination miteinander verkleben. Beim Kleben werden die Bauteile bis maximal 180 °C erwärmt. Daher treten keine Gefügeänderungen, kein Verzug der Bauteile und keine Wärmespannungen auf.

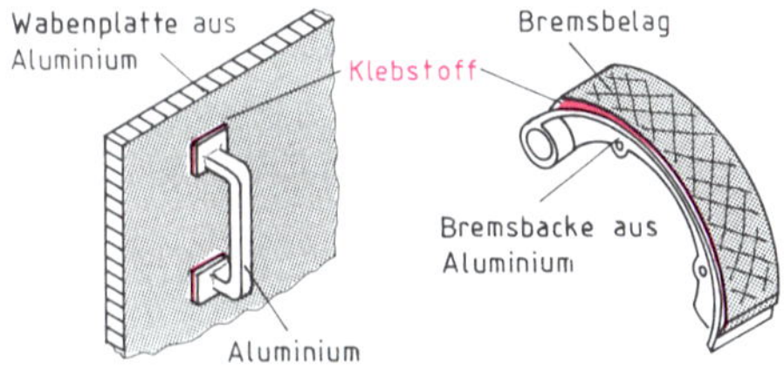

Kleben unterschiedlicher Werkstoffe

Bei Niet- und Schweißverbindungen treten an der Fügestelle unterschiedliche Spannungen auf. Geklebte Bauelemente dagegen haben an der Fügestelle eine gleichmäßige Spannungsverteilung.

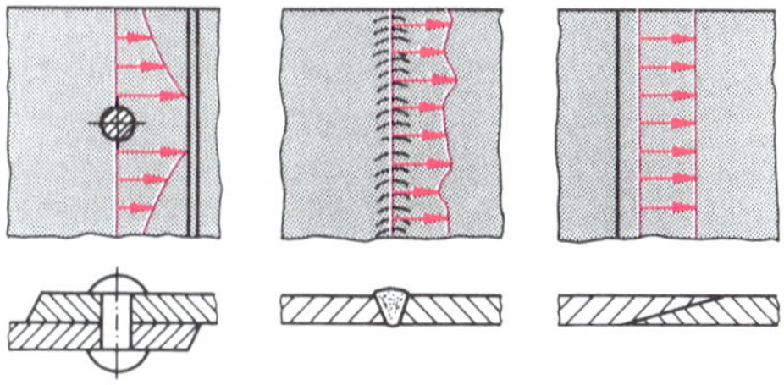

Spannungsverlauf bei gefügten Bauteilen

Klebstoffe leiten den elektrischen Strom nicht. Wegen ihrer Isolierfähigkeit werden sie in der Elektroindustrie als Fügestoffe eingesetzt. Weiterhin wird durch die isolierende Kleberschicht die Kontaktkorrosion verhindert, die sonst bei Verbindungen unterschiedlicher Metalle auftritt.

Durch Kleben gefügte Behälter sind dicht gegen den Austritt von Flüssigkeiten und Gasen.

Durch Kleben können sowohl verhältnismäßig dünne als auch sehr unterschiedlich dicke Bauelemente gefügt werden. Konstruktionen mit Klebeverbindungen können daher gewichts- und werkstoffsparend gestaltet werden. So wird in der Luft- und Raumfahrtindustrie das Metallkleben besonders häufig eingesetzt.

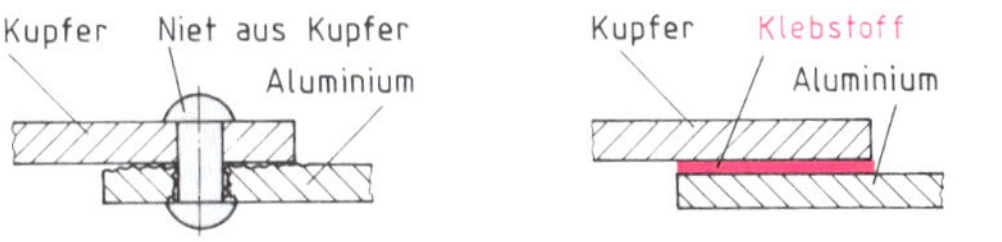

Kontaktkorrosion zerstört Bauteile

Korrosion wird durch Klebstoff verhindert

Klebstoff zur Isolierung

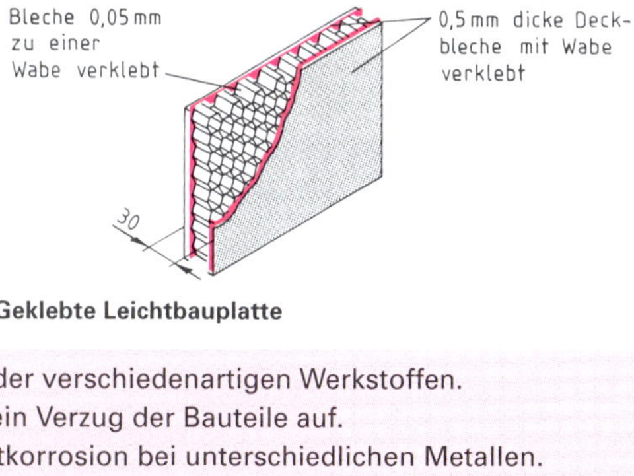

Geklebte Leichtbauplatte

Kleben ist ein stoffschlüssiges Fügen von gleichen oder verschiedenartigen Werkstoffen.
Durch Kleben treten keine Gefügeänderungen und kein Verzug der Bauteile auf.
Klebestoffe wirken isolierend und verhindern Kontaktkorrosion bei unterschiedlichen Metallen.
Kleben ermöglicht Leichtbauweise.

Übungsaufgaben 6/133; 6/134

- **Nachteile von Klebeverbindungen**

Klebstoffe weisen eine geringere Festigkeit auf als die Werkstoffe, die gefügt werden sollen. Daher sind Klebeverbindungen nicht so stark belastbar wie Löt- und Schweißverbindungen gleicher Abmessung.

Bei den meisten Klebstoffen beginnt im Bereich von 55 °C bis ca. 120 °C ein Absinken der Festigkeit. Die Temperatur, bei der die Festigkeit erheblich abnimmt, nennt man die Grenztemperatur des Klebers. Die Betriebstemperatur des Klebers muß stets unter der Grenztemperatur liegen.

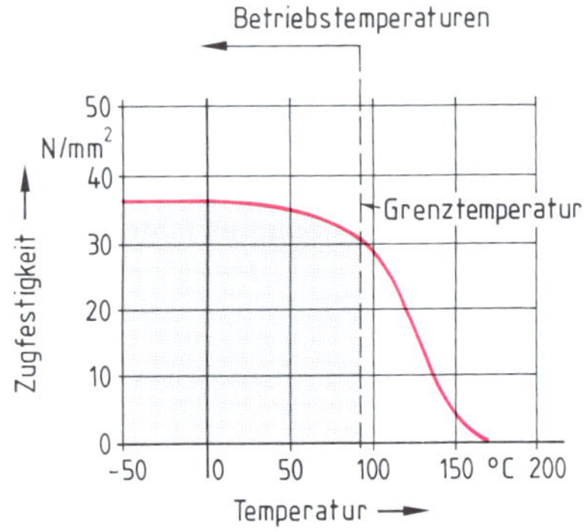

Wärmebeständigkeit eines Epoxidharzes

Klebstoffe haben meist eine geringere Festigkeit und Wärmebeständigkeit als die zu verbindenden Werkstoffe. Diese Nachteile müssen bei der Auswahl des Klebers und der Gestaltung der Klebeverbindung berücksichtigt werden.

6.7.2 Vorgänge beim Kleben

Die Festigkeit von Klebeverbindungen hängt im wesentlichen von der Größe der Adhäsionskräfte zwischen dem Klebstoff und den Oberflächen der zu verklebenden Werkstücke ab. Diese Adhäsionskräfte sind um so größer, je enger der Kontakt zwischen Klebstoff und Werkstückoberfläche ist. Schon kleinste Mengen an Verunreinigungen senken die Festigkeit einer Klebeverbindung. Darum müssen Klebestellen sehr sorgfältig gereinigt werden.

Zudem hängt die Festigkeit der Klebeverbindung von den Kohäsionskräften zwischen den Klebstoffmolekülen ab. Da die Festigkeit der Klebstoffe nicht sehr hoch ist, sollten dünne Kleberschichten angestrebt werden.

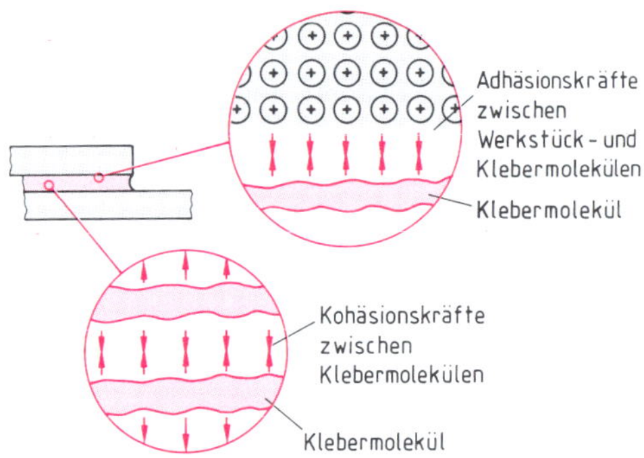

Kräfte in einer Klebeverbindung

Die Tragfähigkeit einer Klebeverbindung wird entscheidend durch die Sauberkeit der Klebeflächen bestimmt.

Klebstoffe erhärten nach unterschiedlichen Abbindemechanismen.

- **Physikalische Abbindemechanismen**

– Bei **Naßklebern** verdunstet das Lösungsmittel des Klebers, wenn es durch einen der zu verklebenden Werkstoffe diffundieren kann. Der Klebstoff haftet durch Adhäsion bzw. durch Verklammern mit der Oberfläche.

– Bei **Kontaktklebern** wird auf die Oberflächen der zu fügenden Bauteile getrennt eine Kleberschicht aufgetragen, die zunächst antrocknet. Nur die Oberfläche bleibt noch haftfähig. Nach Zusammendrücken der Bauteile entsteht zwischen den Kleberoberflächen eine feste Verbindung.

– Bei **Aktivierklebern** wird ein fester Kleber meist durch Wärme aktiviert, z.B. geschmolzen. Nach dem Verfestigen verbindet er die Werkstücke.

- **Chemische Abbindemechanismen**

Reaktionskleber härten durch chemische Reaktionen aus. Die meisten Metallkleber sind Reaktionskleber. Bei der Aushärtung können je nach Klebertyp entweder aus Vorprodukten Kunststoffmoleküle gebildet werden oder vorhandene Kunststoffmoleküle vernetzt werden.

Übungsaufgaben 6/135 bis 6/138

Reaktionskleber unterscheidet man nach der Zahl der Komponenten aus denen der Kleber gebildet wird.

- Bei **Einkomponentenklebern** erfolgt die Reaktion im Kleber durch Reaktion mit dem Luftsauerstoff, mit Luftfeuchtigkeit oder durch Wärme. Einige Einkomponentenkleber härten nur unter Druck von 10 bis 80 N/cm^2 aus.
- Bei **Zweikomponentenklebern** wird die Reaktion durch Vermischen der beiden Komponenten Binder und Härter unmittelbar eingeleitet.

Nach der Aushärtetemperatur unterscheidet man Kalt- und Warmkleber.

- **Kaltkleber** härten bei Raumtemperatur. Sie sind meist Zweikomponentenkleber.
- **Warmkleber** härten bei Temperaturen zwischen 120 °C und 180 °C aus. Die Temperatur muß über einen Zeitraum von 15 min bis 120 min gehalten werden. Nach dieser Zeit ist die Verbindung fest, aber der Kleber härtet auch in der Folgezeit noch nach. Die Festigkeit von Warmklebern ist höher als die von Kaltklebern.

6.7.3 Gestaltung von Klebeverbindungen

Bei der Gestaltung sind folgende Gesichtspunkte zu berücksichtigen:

- Da die vom Kleber aufzubringenden Adhäsionskräfte meist geringer sind als die Festigkeit der zu verklebenden Werkstoffe, ist eine *große Fügefläche* anzustreben, die häufig nur durch eine Überlappung zu erreichen ist. Die Überlappungslänge sollte etwa das 20fache bis 30fache der dünnsten Werkstückdicke der zu verklebenden Bauteile sein.

Überlappungslänge $l_ü = 20 \text{ bis } 30 \cdot s_{min}$

Einfachlaschen, Doppellaschen und besonders die Schäftung sind als Überlappungen geeignet. Bei Bauteilen aus Hohlprofilen wird die Überlappung meist durch Einlagen hergestellt.

- Die geringe Festigkeit des Klebers erfordert dünne Klebeflächen von etwa 0,1 mm bis 0,15 mm.
- Biegebeanspruchung, die bei einfachen Überlappungen dünnwandiger Werkstücke auftritt, und besonders Schälbeanspruchung müssen vermieden werden.
- Da Kleber bei dauernder statischer Belastung zum Kriechen neigen, sollte eine formschlüssige Sicherung in Verbindung mit der Verklebung vorgesehen werden.

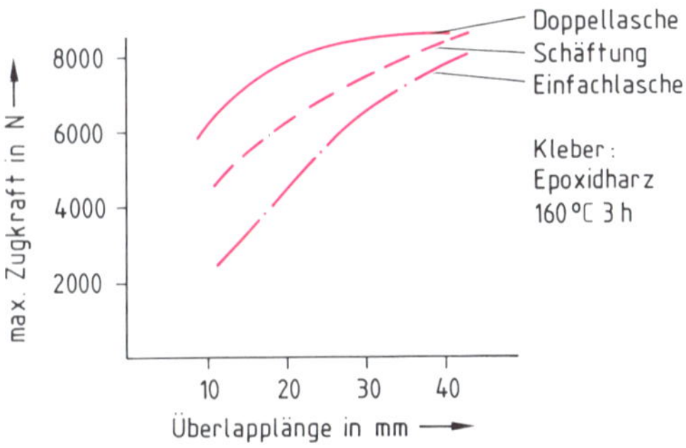

Max. Zugkraft bei verklebten Al-Blechen 12 × 2 mm

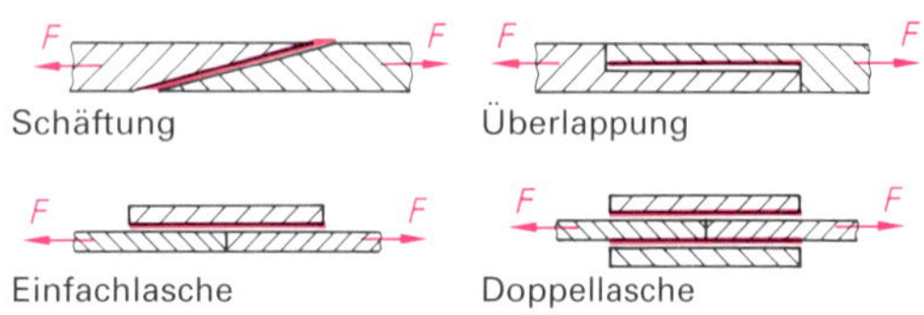

Verbindungen mit Überlappungen

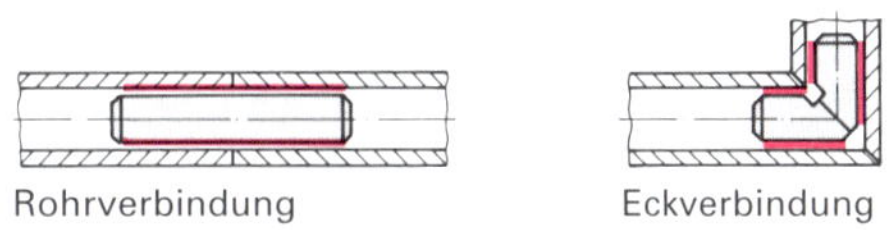

Verbindungen mit Einlagen

Biegung bei einfacher Überlappung

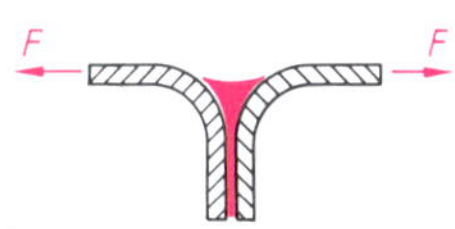

Schälbeanspruchung

Gestaltungsregeln für Klebenähte:

- Zug- und Schälbeanspruchung vermeiden,
- dünne Klebeschichten anstreben,
- großflächig verkleben, $l_ü = 20 \text{ bis } 30 \cdot s_{min}$.

6.7.4 Schutzmaßnahmen beim Kleben

Lösungsmittel zum Entfetten, Beizbäder und Klebstoffe im ungehärteten Zustand können gesundheitsschädliche Dämpfe verursachen. Auch ein Kontakt mit der Haut ist zu vermeiden, da manche Klebstoffe Hautverletzungen hervorrufen. Nachdrücklich sei auf die Feuergefährlichkeit von Lösungsmitteln und Lösungsmittelklebstoffen hingewiesen. Beim Kleben darf nicht mit offenen Flammen umgegangen werden, auch Rauchen ist verboten.

Beim Umgang mit Klebern und Lösungsmitteln sind zu beachten:
- Dämpfe nicht einatmen,
- Hautkontakt vermeiden,
- offenes Feuer fernhalten,
- Herstellerhinweise einhalten.

6.7.5 Übersicht über Klebstoffe

- **Kleben mit physikalisch abbindenden Klebstoffen**

Kleberart	Zusammensetzung	zu verklebende Werkstoffe	Abbindemechanismus	Beispiele
Naßkleber	Kunststoff in feinster Verteilung in Wasser z.B. Vinylacetat-Kunststoffe	• poröse Werkstoffe untereinander, z.B. Holz-Hartschaum • poröse Werkstoffe mit dichtem nichtmetallischen Werkstoff, z.B. Holz mit Phenolharz-Hartpapier	das Dispersionsmittel Wasser verdunstet, der Kunststoff haftet an den Bauteilen (Dispersionskleber)	Ponal® Bindulin® EM-Holz®
	Kunststoffe in organischem Lösungsmittel gelöst, z.B. PVC in Methylenchlorid, Zelluloseacetat in Aceton	• anlösbare Kunststoffe untereinander z.B. PVC mit PVC • anlösbare Kunststoffe mit porösen, nicht lösbaren Werkstoffen, z.B. PVC mit PU-Schaum	zu verklebende Flächen werden angelöst, der Kunststoff im Kleber überbrückt kleine Fugen, das Lösungsmittel verdampft (Lösungsmittelkleber)	Tangit® für PVC Gummilösung
Kontaktkleber	gummiartige Kunststoffe in organischen Lösungsmitteln gelöst	• poröse, nicht anlösbare plattenförmige Werkstoffe miteinander • poröse, nicht anlösbare plattenförmige Werkstoffe mit dichtem Werkstoff	zu verklebende Flächen werden beidseitig eingestrichen und nach einer Ablüftzeit werden die scheinbar trockenen Klebeflächen unter Druck vereinigt	Pattex®
Aktivierkleber	thermoplastischer Kunststoff, z.B. Polyamid	alle verklebbaren Werkstoffe einschließlich Metalle (nach guter Vorwärmung)	Erstarren des Klebers beim Abkühlen (Schmelzkleber)	

- **Kleben mit chemisch abbindenden Klebstoffen (Reaktionskleber)**

Kleberart	Zusammensetzung	zu verklebende Werkstoffe	Abbindemechanismus	Beispiele
Polymerisationskleber	Polyesterharze + Härter (Peroxide)	Metalle, Duroplaste, Keramik, Holz, Glas, keine weichelastischen Werkstoffe, wie z.B. PVC, Gummi	Vernetzen des Polyesters	Stabilit®
Polyadditionskleber	Epoxidharze + Härter		Kettenbildung und Vernetzung des Klebers	Araldit® Redux® UHU-plus®
	Polyurethanharze + Härter			Desmocol®

®eingetragenes Markenzeichen

Übungsaufgaben 6/142 bis 6/147

6.8 Fügen durch Löten

6.8.1 Anwendung des Lötens

Das Löten ist ein Fügeverfahren, bei dem metallische Bauteile unlösbar miteinander verbunden werden. Zwischen die zu fügenden Bauteile wird ein flüssiges Zusatzmetall, daß sogenannte **Lot**, eingebracht. Nach dem Erstarren des Lotes ist die Verbindung fest.

Der Schmelzpunkt des Lotes liegt immer unter den Schmelzpunkten der Fügeteile. Die Bauelemente können aus unterschiedlichen Metallen bestehen. So kann z.B. Stahl mit Hartmetall durch Löten verbunden werden.

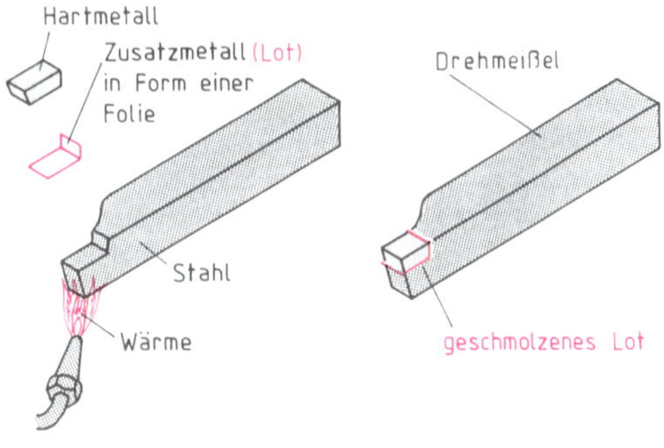

Einlöten einer Hartmetallplatte

Löten ist ein unlösbares Fügen metallischer Bauelemente durch ein geschmolzenes Zusatzmetall, das Lot. Die Schmelztemperatur des Lotes ist niedriger als die der gefügten Metalle.

Löten findet vorwiegend Anwendung:

- im Rohrleitungsbau, da sich dichte Verbindungen einfach herstellen lassen,
- in der Elektrotechnik, da Lötverbindungen elektrisch gut leiten,
- bei Blecharbeiten im Baugewerbe, da sich die dort verarbeiteten Werkstoffe Kupfer und Zink vor Ort sehr einfach löten lassen,
- im Leichtbau, da sich hochfeste Werkstoffe ohne Gefahr von Gefügeänderungen und Verzug bei verhältnismäßig niedrigen Temperaturen verbinden lassen.

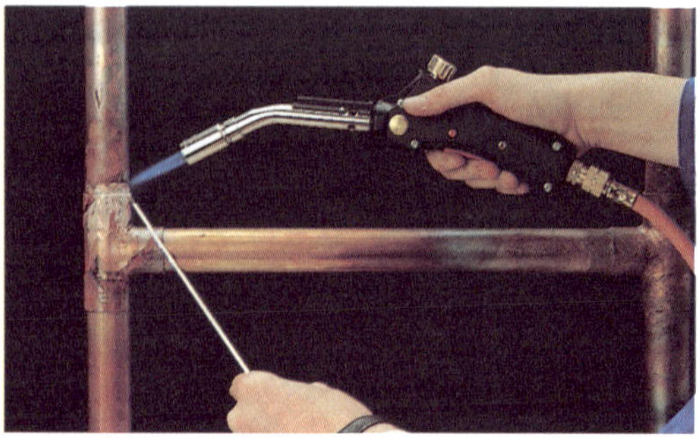
Löten einer Rohrleitung

Nachteilig ist die meist geringe Festigkeit der Lote im Vergleich zur Festigkeit der zu verbindenden Werkstoffe. Darum sollten Lötverbindungen stets überlappt werden – was höheren Materialaufwand bedeutet. Bei Loten auf der Basis von Blei-Zinn besteht die Gefahr des Kriechens unter Belastung. Lote können in aggressiven Medien korrodieren.

Durch Löten können unterschiedliche Metalle gefügt werden. In den Lötverbindungen treten kaum Gefügeänderungen und nur ein geringer Verzug auf. Sie sind dicht gegenüber Gasen und Flüssigkeiten. Die Fügestelle ist elektrisch gut leitend.

6.8.2 Vorgänge beim Löten

- **Legierungsbildung**

Beim Lötvorgang werden die Werkstücke erwärmt und das Lot zum Schmelzen gebracht. Dabei wandern Atome des Lotes in die Randschichten der zu verbindenden Bauelemente. Umgekehrt wandern auch Atome aus den Grenzflächen der Bauelemente in das Lot. So entsteht an den Grenzen zwischen Lot und Bauelement eine **Legierung**. Durch die Legierungsbildung ergibt sich an der Lötstelle eine dichte, feste und unlösbare Verbindung. Eine gelötete Verbindung überträgt Kräfte durch **Stoffschluß**.

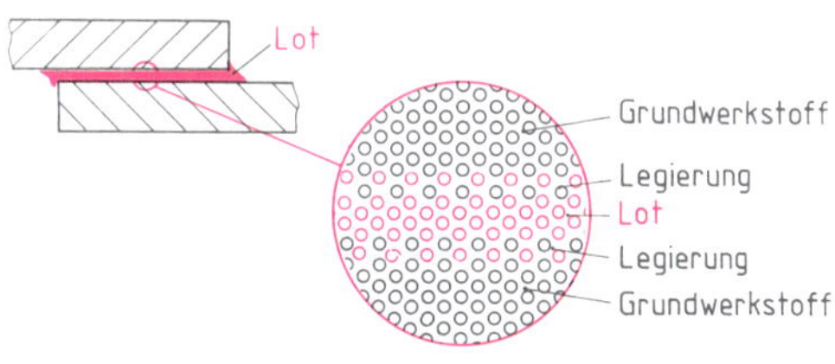

Legierungsbildung in der Lötstelle

Beim Löten legieren sich in den Randschichten die Werkstoffe von Lot und Bauelementen.

Übungsaufgaben 6/148; 6/149; 6/150

Vorbereitung der Oberflächen zum Löten

Die Legierungsbildung beim Löten ist nur möglich, wenn die Werkstückoberflächen an der Lötstelle sauber und metallisch blank sind. Metalloxide werden darum vor dem Löten von der Oberfläche abgetragen. Starke Oxidschichten – etwa Rost – entfernt man zunächst mechanisch. Restliche Oxide werden durch chemische Reaktionen mit sogenannten **Flußmitteln** in Verbindungen überführt, welche bei der Löttemperatur dünnflüssig und leichter als das Lot sind. Dadurch erhöht sich die Benetzbarkeit der Lötstelle mit dem Lot.

Während des Lötens schwimmen die Verbindungen von Oxiden und Flußmitteln auf dem Lot und verhindern eine neue Oxidbildung. Sie werden durch das Lot aus der Lötstelle gedrängt.

Der Temperaturbereich, in dem ein Flußmittel voll seine Wirkung entfaltet, wird Wirktemperaturbereich genannt. Der Schmelztemperaturbereich des Lotes muß innerhalb des Wirktemperaturbereichs des Flußmittels liegen.

Reste des Flußmittels müssen nach dem Löten entfernt werden, da sie korrodierend wirken.

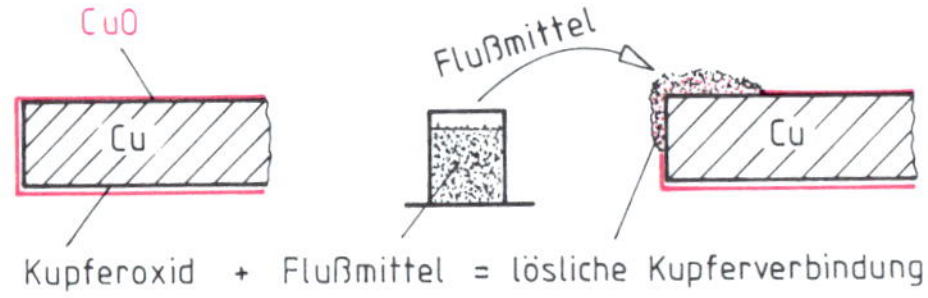

Flußmittel beseitigt Oxidschicht

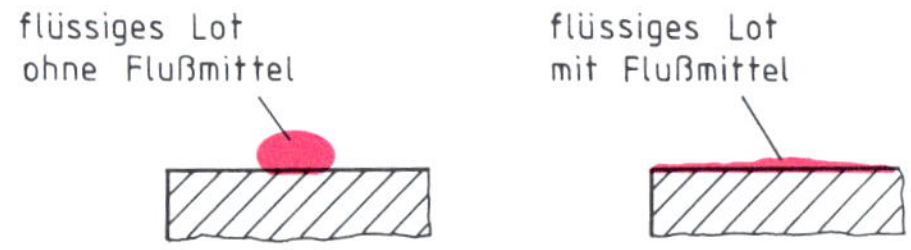

Flußmittel erhöht Benetzbarkeit

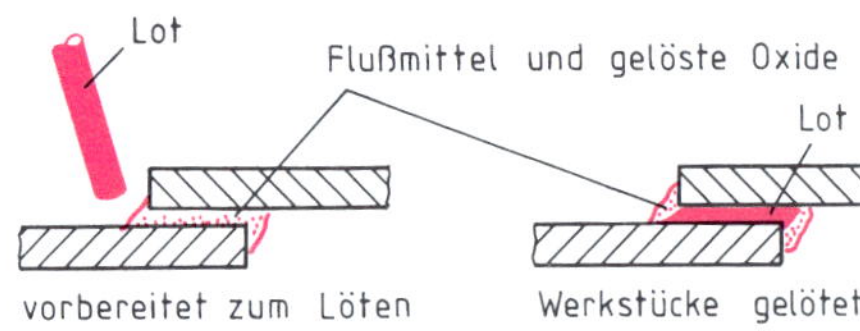

Lot verdrängt Flußmittel und Oxide

Werkstückflächen müssen zum Löten metallisch blank sein.
Flußmittel haben folgende Aufgaben:

- sie entfernen Metalloxide durch chemische Reaktionen,
- sie verhindern die Bildung neuer Metalloxide,
- sie erhöhen die Benetzbarkeit der Lötstelle mit Lot.

Einbringen des Lotes

Zur Erzeugung einer sicheren Lötung müssen Lötstelle und Lot auf die zur Legierungsbildung notwendige Temperatur gebracht werden.

Das Lot kann auf unterschiedliche Art an die Lötstelle gebracht werden.

- Als flüssiger Lottropfen kann das Lot vom Lötkolben unmittelbar an die Lötstelle herangeführt werden, wenn die zu verbindenden Werkstücke sehr dünn sind, wie z.B. bei Lötfahnen und Drähten in der Elektroindustrie. Der flüssige Lottropfen heizt dabei die Lötstelle auf und verbindet die Bauteile.
- Als Draht oder Stange kann Lot von außen an die erwärmte Lötstelle herangeführt werden. Es schmilzt dort ab. Diese Technik wird meist im Rohrleitungs- und Behälterbau angewendet.
- Als angepaßte Formteile kann Lot in die kalte Lötstelle eingelegt und mit dieser zusammen erwärmt werden. Dieses Verfahren wird häufig in der Serienfertigung eingesetzt.

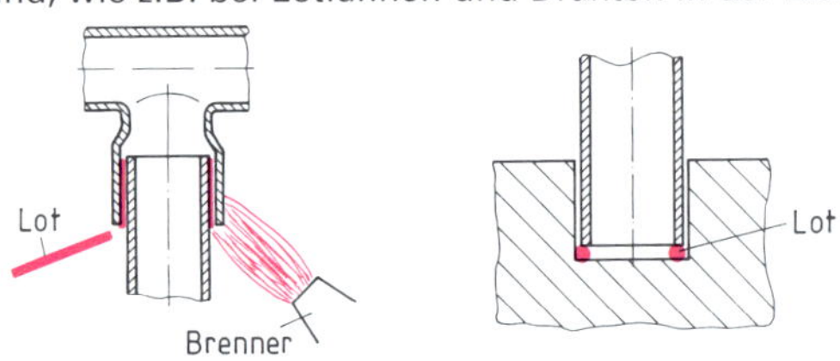

Lotzufuhr

Damit das Lot an die Lötstelle gelangen kann, muß der Spalt zwischen den Bauelementen möglichst eng sein. Je enger der Lötspalt ist, desto leichter und weiter saugt sich das Lot in den Spalt. Diese Sogwirkung nennt man **Kapillarwirkung.** Sie tritt in dünnen Rohren und engen Spalten auf.

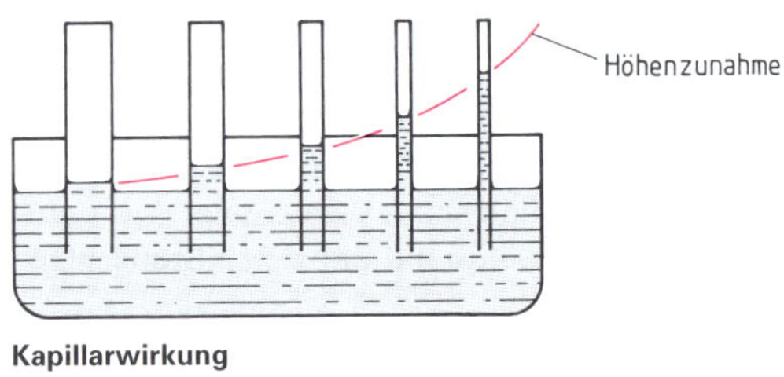

Kapillarwirkung

Übungsaufgaben 6/151; 6/152

Wegen der Kapillarwirkung hat sich für Lötverbindungen ein paralleler **Lötspalt** von 0,05 mm bis 0,2 mm als günstig erwiesen. Bei zu kleinem Spalt zwischen dem Bauelementen füllt das Lot wegen seiner Dickflüssigkeit den Lötspalt nicht voll aus. Ist er dagegen zu breit, tritt die Kapillarwirkung nur sehr schwach auf.
Außerdem vermindern sich bei zu breitem Lötspalt die Festigkeitseigenschaften der Lötstelle. Im zu breiten Lötspalt verbleibt nämlich in der Lötstelle zwischen den Bauelementen eine Schicht aus reinem Lot. Diese Schicht hat eine geringere Festigkeit als Legierung und Grundwerkstoff.

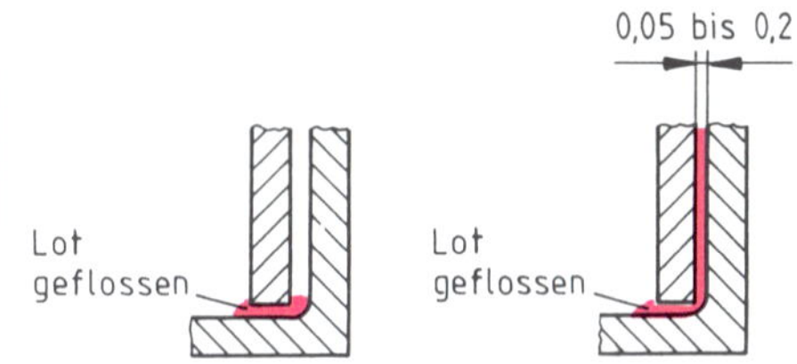

Kapillarwirkung im Lötspalt

Beim Löten soll das geschmolzene Lot durch die Kapillarwirkung in den Lötspalt gesaugt werden. Ein optimaler Lötspalt soll eine Breite von 0,05 – 0,2 mm haben.

- **Wahl der Löttemperatur**

Lote sind Legierungen, die Kristallgemenge bilden. Deshalb schmelzen und erstarren sie in einem Temperaturbereich. Lediglich eutektische Legierungen und reine Metalle, die als Lote verwendet werden, haben einen Schmelzpunkt. Siehe auch *„Werkstofftechnik"*, Kapitel *„Legierungen"*.
Die niedrigste Temperatur, bei der das Lot fließt und sich mit dem Grundwerkstoff verbindet, wird **Arbeitstemperatur** genannt. Sie liegt im Schmelzbereich des Lotes oder geringfügig darüber.
Bei der höchstzulässigen Löttemperatur darf noch keine Schädigung der beteiligten Werkstoffe erfolgen.
Nach dem Fließen des Lotes soll die Löttemperatur etwa 15 bis 60 Sekunden gehalten werden, damit der Legierungsvorgang stattfindet.

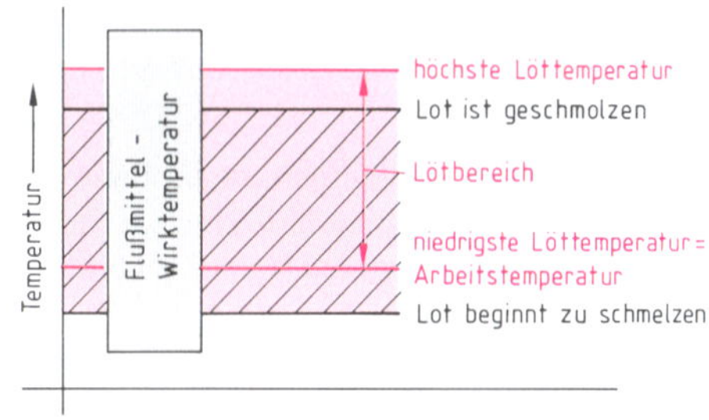

Temperaturen beim Löten

Die niedrigste Löttemperatur wird Arbeitstemperatur genannt. Der Lötvorgang muß im Temperaturbereich zwischen der Arbeitstemperatur und der höchsten Löttemperatur stattfinden.
Der Wirktemperaturbereich des Flußmittels muß größer sein als der Schmelztemperaturbereich des Lotes.

6.8.3 Lötverfahren

- **Einteilung der Lötverfahren**

Die Lötverfahren werden meist nach der Schmelztemperatur der Lote in Weich-, Hart- und Hochtemperaturlöten unterteilt. Für jedes Verfahren sind spezielle Lote und Flußmittel typisch.

Weichlöten	Hartlöten	Hochtemperaturlöten
– Schmelztemperatur der Lote **unter 450 °C** – Lote auf Blei-Zinn-Basis	– Schmelztemperatur der Lote **zwischen 450 °C und 900 °C** – Kupfer-Basislote oder silberhaltige Lote	– Schmelztemperatur der Lote **über 900 °C** – Nickelbasislote
– Flußmittel mit geeignetem Wirktemperaturbereich	– Flußmittel mit geeignetem Wirktemperaturbereich	– Flußmittelfrei im Vakuum oder unter Schutzgas

Die größte Bedeutung haben Weich- und Hartlöten. Das Hochtemperaturlöten findet hauptsächlich in der automatisierten Serienfertigung statt.

- **Wärmequellen**

Beim **Weichlöten** kann die Lötstelle wegen der niedrigen Temperaturen mit:
- Lötkolben,
- Lötbrenner,
- Lötlampe

erwärmt werden.
Die zum **Hartlöten** erforderlichen Temperaturen können mit folgenden Geräten erreicht werden:
- Schweißbrenner, betrieben mit Acetylen-Sauerstoffgemisch,
- Hartlötbrenner, betrieben mit Acetylen-Luftgemisch.

6.8.4 Gestaltung von Lötverbindungen

Bei der Gestaltung von Lötverbindungen ist folgendes zu berücksichtigen:

- Lote haben meist geringere Festigkeit als die zu verbindenden Werkstoffe.
- Das Lot sollte möglichst nicht auf Zug und keinesfalls auf Schälung beansprucht werden.

Lötverbindungen sollen als Überlappung gestaltet werden, weil dort eine Scherbeanspruchung vorliegt und die Lötfläche groß genug gestaltet werden kann. Sie soll das drei bis fünffache der Wanddicke des dünneren Fügeteils betragen. Lediglich beim Hartlöten und beim Hochtemperaturlöten können wenig belastete Bauteile durch Stumpfnähte verbunden werden.

Die Form der Überlappung richtet sich vornehmlich nach der Funktion der Bauteile. Es kann zwischen Einfachlasche, Doppellasche, Überplattung und Schäftung gewählt werden.

Besonders bei Weichlötungen ist es günstig, die Überlappung durch eine zusätzliche formschlüssige Verbindung zu sichern.

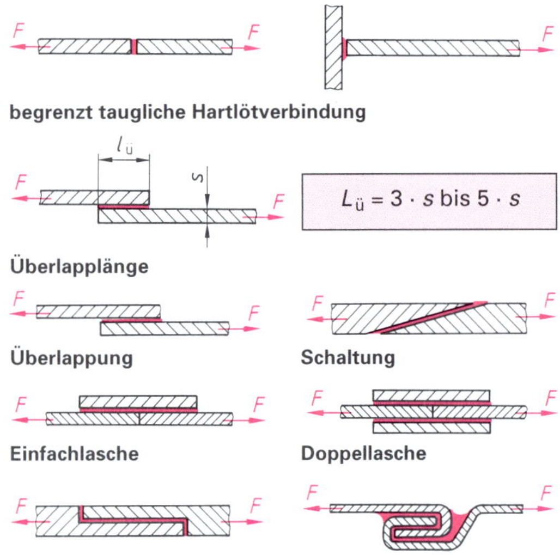

begrenzt taugliche Hartlötverbindung

$L_ü = 3 \cdot s$ bis $5 \cdot s$

Überlapplänge

Überlappung **Schaltung**

Einfachlasche **Doppellasche**

Überplattung **Formschluß durch Bördel**

Bei allen maßlichen Festlegungen ist die Breite des Lötspaltes zu berücksichtigen. Sie soll bei Stahl 0,1 mm betragen. Bearbeitungsriefen quer zur Flußrichtung des Lotes sind zu vermeiden. Die gemittelte Rauhtiefe R_z in Flußrichtung soll kleiner als 0,02 mm sein.

Lötverbindungen sollen als Überlappungen gestaltet werden. Schälbeanspruchung ist zu vermeiden.

6.8.5 Lote und Flußmittel

- **Lote**

Lote unterteilt man wie die Lötverfahren nach der Schmelztemperatur.

Weichlote sind hauptsächlich Legierungen aus Zinn (Sn) und Blei (Pb) in verschiedenen Mischungsverhältnissen. Zur Steigerung der Härte und Festigkeit der Lötstelle ist diesen Loten vielfach Antimon (Sb), Kupfer (Cu) oder Silber (Ag) in geringen Mengen zugegeben.

Hartlote sind in der Regel Kupfer-Zink-Legierungen (Kupferbasislote) oder silberhaltige Legierungen mit Silberanteilen von 2% bis 85%.

Durch die Auswahl der geeigneten Lote lassen sich alle Schwermetalle und deren Legierungen löten. Zum Weich- und Hartlöten von Aluminiumwerkstoffen sind besondere Lote entwickelt worden.

Nach DIN EN 29453 werden Weichlote mit dem Buchstaben S gekennzeichnet. Hinter jedem Legierungsbestandteil wird der jeweilige Prozentanteil angegeben.

Beispiel **für die Bezeichnung eines Weichlotes**

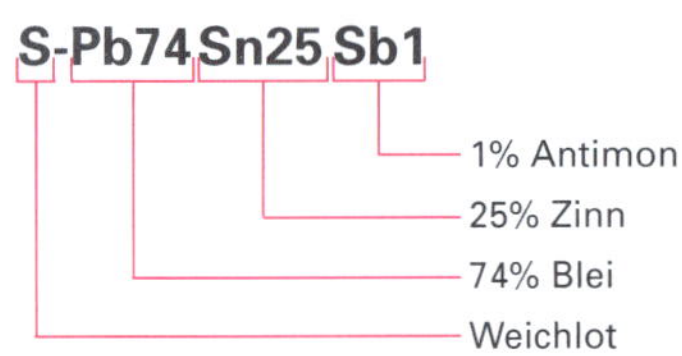

alte Bezeichnung: L-PbSn25Sb

Übungsaufgaben 6/156; 6/157

Übersicht über Weich- und Hartlote (Auswahl)

Art	Kurzzeichen	Zusammensetzung (ungefähr)	Arbeitstemperatur	zu verbindende Werkstoffe	Anwendungsbereich
Weichlote	S-Sn63Pb37 (L-Sn63Pb)	63% Zinn, 37% Blei	183 °C	Stahl Kupfer Cu-Legierungen Zn-Legierungen	Feinwerktechnik
	S-Pb60Sn40 (L-PbSn40)	60% Blei, 40% Zinn	190 °C		Metallwaren, Feinblechpackungen
	S-Sn60Pb36Ag4 (L-Sn60PbAg)	60% Zinn, 36% Blei 4% Silber	180 °C	Kupfer Kupfer-Legierungen	Elektrogeräte, gedruckte Schaltungen
	S-Pb74Sn25Sb1 (L-PbSn25Sb)	74% Blei, 25% Zinn, 1% Antimon	263 °C	Stahl, Kupfer Cu-Legierungen	Klempnerlot Schmierlot
Hartlote	L-Cu Zn 40 B Cu60Zn 890-900	60% Cu, 40% Zn	900 °C	Stahl, Gußeisen Cu, Cu-Legierungen Ni, Ni-Legierungen	Rohrleitungs- und Fahrzeugbau, Instandsetzungsarbeiten
	L-Ag 10 B Cu48ZnAg 800-830	48% Cu, 40% Zn, 12% Ag	830 °C	Stahl, Gußeisen Cu, Cu-Legierungen Ni, Ni-Legierungen	Maschinen, Geräte
	L-Ag 49 B Ag49CuZnMgNi 625-705	49% Ag, 16% Cu, 13% Zn, 7% Mn, 5% Ni	690 °C	Hartmetall auf Stahl	Werkzeugbau
	L-AlSi10 B Al90 575-595	90% Al, 10% Si	600 °C	Aluminium und Aluminiumlegierungen	Leichtmetallbau

- **Flußmittel**

Die wesentlichen Eigenschaften eines Flußmittels werden nach DIN EN 29454 durch eine Ziffernfolge gekennzeichnet. Nach DIN 8511 geschah dies durch eine Buchstabenfolge.

Beispiel für die Bezeichnung eines Flußmittels

Weichlötflußmittel 1. 1. 3. A

Harz (Typ) → 1.
Kolophonium (Basis) → 1.
ohne Halogene, z.B. Cl, aktiviert (Aktivator) → 3.
flüssig (Zustand) → A

Übersicht über die Flußmittelkennzeichnung für Weichlöten

Typ	Basis	Aktivator	Zustand
① Harz	① Kolophonium ② ohne Kolophonium	① ohne Aktivator ② mit Halogenen aktiviert ③ ohne Halogene aktiviert	Ⓐ flüssig Ⓑ fest Ⓒ Paste
② organisch	① wasserlöslich ② nicht wasserlöslich		
③ anorganisch	① Salze	① mit Aminoniumchlorid ② ohne Aminoniumchlorid	
	② Säuren	① Phosphorsäure ② andere Säuren	
	③ alkalisch	① Amine und/oder Ammoniak	

Übersicht über die Wirkung der Rückstände von Flußmitteln (Auswahl)

korrodierend		bedingt korrodierend		nicht korrodierend	
alt[2]	neu	alt	neu	alt	neu
F-SW 11	**3.2.2**	F-SW 21	**3.1.1**	F-SW 31	**1.1.1**
F-SW 12	**3.1.1**	F-SW 24	**2.1.3**	F-SW 33	**1.2.3**
F-SW 13	**3.2.1**	F-SW 28	**1.2.2**	F-SW 34	**2.2.3**

Als Flußmittel zum Hartlöten werden Bohrverbindungen, z.B. Borax (F-SH 2) verwendet.

1) alte Bezeichnung in Klammern.

2) Bedeutung der Buchstaben im Kennzeichen: F Flußmittel; S Schwermetall; W Weichlöten; H Hartlöten

Übungsaufgaben 6/158 bis 6/161

7 Beschichten

Durch die Fertigungsverfahren des Beschichtens werden Bauteile, z.B. Leitplanken, wirksam und wirtschaftlich gegen Korrosion geschützt. Darüber hinaus wird häufig durch die Beschichtung eine Verschönerung der Gegenstände, z.B. Lampenfuß, erreicht. In Sonderfällen, z.B. bei Fräswerkzeugen, erreicht man durch das Beschichten eine verschleißfeste Oberfläche.

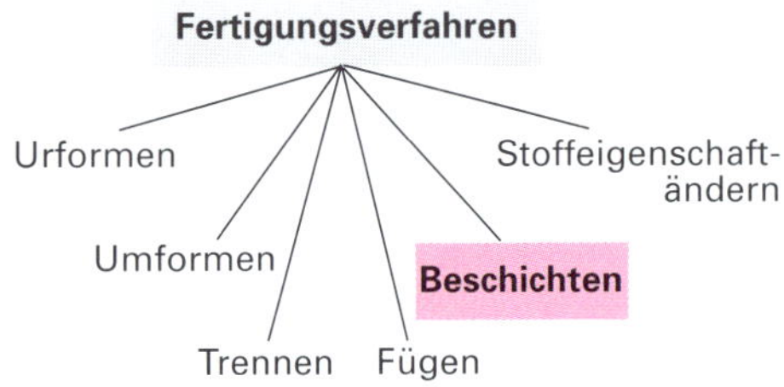

An Beschichtungen werden folgende Anforderungen gestellt:

- Die aufgebrachte Schutzschicht muß auf dem metallischen Untergrund gut haften.
- Die Schicht darf nicht reißen oder abplatzen, wenn das Bauelement sich verformt.
- Die Schicht muß porenfrei sein.
- Die aufgetragene Beschichtung soll an allen Stellen gleich dick sein.
- Die Beschichtung muß eine ausreichende Härte und Verschleißfestigkeit besitzen.

7.1 Beschichten durch Anstreichen

Das Beschichten durch Anstreichen ist ein wirtschaftliches Verfahren zur Erzielung eines guten Korrosionsschutzes. Vor dem Beschichten durch Anstreichen muß zunächst die Oberfläche der zu beschichtenden Bauelemente für den Anstrich vorbereitet werden: Bei Stahl muß der Untergrund von lose anhaftendem Zunder, Rost und noch anhaftendem alten Anstrich gereinigt werden. Dies geschieht mechanisch mit Drahtbürsten, Schmirgelleinen, Schabern oder durch Sandstrahlen.
Am Untergrund haftende Öl- und Fettreste sind mit entsprechenden Fettlösern zu beseitigen.

Auf den so vorbereiteten Untergrund wird der Grundanstrich aufgetragen. Dieser Anstrich enthält meist Zink-, Aluminium- oder Bleiverbindungen. Am bekanntesten ist Bleimennige (Pb_3O_4). Der Grundanstrich soll möglichst in zwei dünnen Schichten aufgetragen werden. Das Auftragen erfolgt mit Pinseln oder Spritzpistolen. Nachdem der Grundanstrich getrocknet ist, wird der Deckanstrich aufgetragen. Für den Deckanstrich kommen alle Anstrichstoffe in Frage, die genügend wetterfest sind. Es sind Ölfarben, Lacke, Kunstharzanstriche u.ä. Der Deckanstrich wird in mehreren dünnen Schichten aufgetragen.

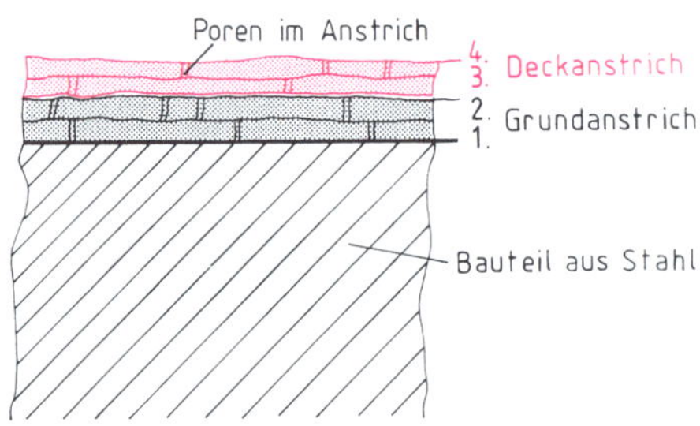

Aufbau eines Schutzanstriches auf Stahl

> Beschichten durch Anstreichen geschieht durch Aufbringen von Grund- und Deckanstrich in mehreren Schichten.

7.2 Beschichten durch Verzinken

Stahlkonstruktionen werden häufig mit einer Zinkschicht versehen. Man spricht von Verzinken. Diese Zinkschicht schützt vor Korrosion durch zwei Wirkungen:

Zink bildet an der Oberfläche mit Luftsauerstoff, Wasser und aggressiven Gasen **korrosionsbeständige Schichten,** die den übrigen Zinküberzug und damit die Konstruktion vor Korrosion schützen.

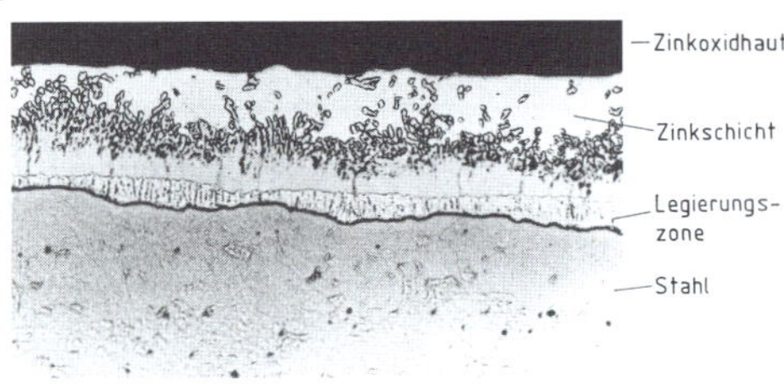

Aufbau einer Verzinkungsschicht auf Stahl

Übungsaufgaben 7/1 bis 7/5

Bei geringfügigen Beschädigungen dieser Schutzschicht baut sich aus dem darunter befindlichen Zink erneut eine Schutzschicht auf.

Bei teilweiser Zerstörung der Zinkschicht wirkt das Zink wie eine **Opferanode**. Zink löst sich als das unedlere Metall langsam auf und verhindert so die Korrosion der Stahlteile, die edler sind.

Schutzwirkung des Zinks

Das gebräuchlichste Verzinkungsverfahren ist das **Feuerverzinken**. Bei diesem Verfahren wird das zu verzinkende Bauelement in eine Zinkschmelze von etwa 450 °C eingetaucht und dabei mit einer Zinkschicht versehen. Die Voraussetzung für eine einwandfreie Verzinkung ist die gründliche Vorbehandlung der Stahloberfläche. Man geht bei der Feuerverzinkung wie folgt vor:

1. Durch Sandstrahlen werden evtl. vorhandene Anstriche beseitigt.
2. Mit Fettlösungsmitteln werden Fett- und Ölreste entfernt.
3. Durch Eintauchen in ca. 10%ige Salzsäure oder Schwefelsäure werden Rost und Walzzunder von der Oberfläche beseitigt. Man nennt diese Behandlung Beizen.
4. Spülen mit Wasser entfernt Säurereste und neu entstandene Eisenverbindungen.
5. Der zu verzinkende Gegenstand wird in eine Lösung aus Zinkchlorid und Ammoniumchlorid getaucht. Beide Salze dienen als Flußmittel. Sie entfernen restliche Oxidschichten und erhöhen die Benetzbarkeit der Stahloberfläche.
6. In einem Trockenofen wird das Werkstück getrocknet und aufgeheizt.
7. Durch Eintauchen in das Verzinkungsbad, eine Zinkschmelze von etwa 450 °C, wird ein Zinküberzug erzeugt. Dieser haftet infolge Legierungsbildung an der Stahloberfläche.
   Die Dicke des Zinküberzuges richtet sich nach der Stahlzusammensetzung, der Badtemperatur und der Tauchzeit.

Verzinkungsanlage

Außer dem Feuerverzinken gibt es Verzinkungsverfahren, in denen das Zink durch Metallspritzen, Galvanisieren oder Glühen in Zinkstaub aufgebracht wird.
Häufig wird Verzinken mit Anstreichen kombiniert. Diese Kombination ergibt besonders hohen Korrosionsschutz.

Beim Verzinken wird metallisches Zink auf die Werkstückoberfläche aufgebracht.
Zink schützt durch
- korrosionsbeständige Zinkoxidschicht,
- Wirkung als Opferanode.

7.3 Beschichten durch Galvanisieren

Beim Beschichten durch Galvanisieren werden mit Hilfe des elektrischen Stromes aus Salzlösungen dünne Metallschichten auf die Werkstückoberfläche aufgetragen. Diese Überzüge schützen das Bauteil vor Korrosion und verbessern das Aussehen. Deshalb wählt man als Überzugmetalle Chrom, Kupfer, Gold u.a.

Zum Galvanisieren wird das sorgfältig gereinigte Werkstück in eine Salzlösung gehängt und mit dem negativen Pol einer Spannungsquelle verbunden. An den positiven Pol der Spannungsquelle schließt man eine Platte aus dem Beschichtungsmetall an. Diese Platte hängt man ebenfalls in die Salzlösung. Beim Einschalten des Stromes überzieht sich das Werkstück mit einem Metallüberzug – die Zusatzplatte löst sich auf.

Dabei läuft ein elektrochemischer Vorgang ab:

In der Salzlösung liegt der Überzugswerkstoff als positiv geladene Ionen vor. Das Werkstück ist an den negativen Pol der Spannungsquelle angeschlossen.

Deshalb wandern die positiv geladenen Metallionen aus der Salzlösung zum Werkstück. Sie nehmen dort Elektronen auf und werden zu neutralen Metallatomen, die sich auf der Werkstückoberfläche ablagern und einen festen Metallüberzug bilden.
Damit die Salzlösung nicht an Metallionen verarmt, ist an den Pluspol der Spannungsquelle eine Platte, welche aus dem Beschichtungsmetall besteht, angeschlossen. Diese Platte nennt man Anode.
Diese Platte löst sich beim Galvanisieren im gleichen Maße auf, wie sich Metallionen am Werkstück abscheiden.

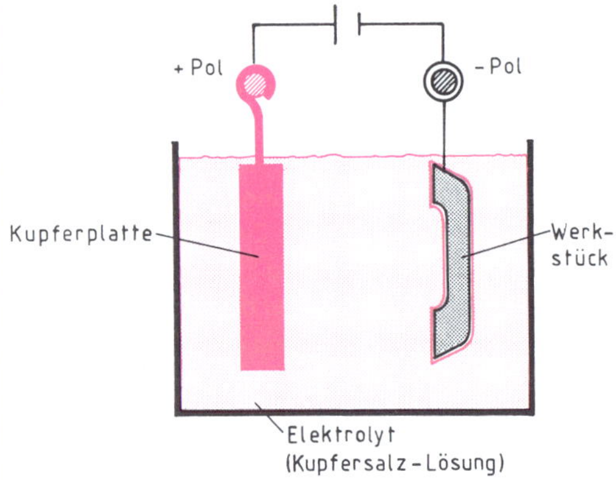

Elektrolyse zum Verkupfern

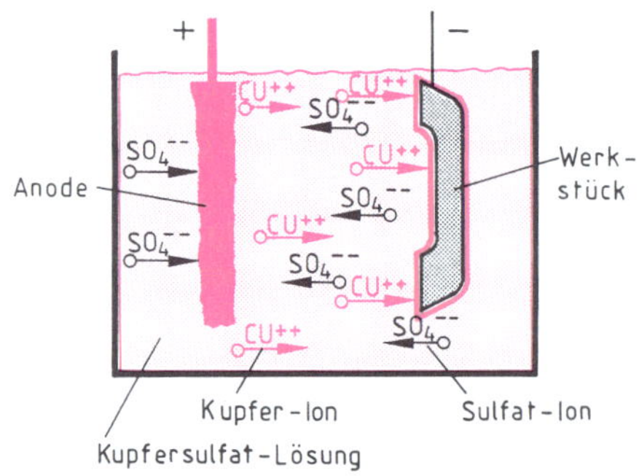

Wanderung von Ionen in einer Elektrolyse

Beim Galvanisieren wird das Werkstück auf elektrochemischem Wege beschichtet.

Beispiel **für beschichtete Gebrauchsgegenstände**

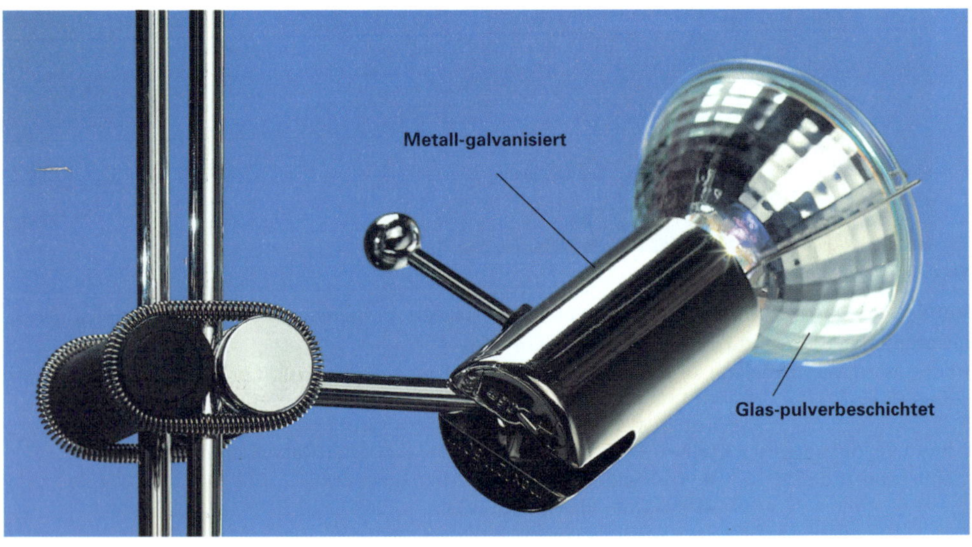

Übungsaufgaben 7/10; 7/11

7.4 Beschichten durch Metallspritzen

Beim Metallspritzen werden Metallpulver, Drähte oder Stäbe aufgeschmolzen und mit Druckluft auf die vorbereitete metallische Oberfläche der Bauelemente geschleudert.

Erfolgt die Verflüssigung des Auftragsmetalls in der Flamme eines Sauerstoff-Acetylen-Brenners, so spricht man vom **Flammspritzen**. Das geschmolzene Auftragsmetall wird in der Flamme zerstäubt und durch den Druck der ausströmenden Verbrennungsgase und der zusätzlichen Druckluft auf die Werkstückoberfläche geschleudert.

Beim Flammspritzen können wegen der relativ niedrigen Temperatur der Flamme nur niedrigschmelzende Auftragsmetalle verwendet werden. Die aufgebrachte Metallschicht ist schwach porös und haftet nur mechanisch auf dem Untergrund.

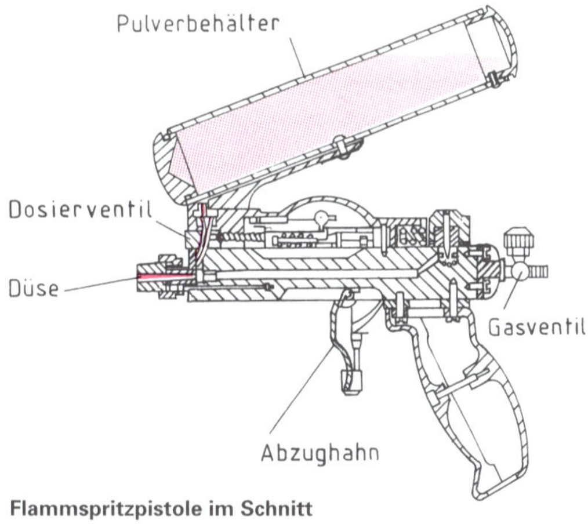

Flammspritzpistole im Schnitt

Beim Flammspritzen wird auf das Werkstück in der Flamme geschmolzenes Metall aufgespritzt.

Wird das Metall mit Hilfe eines Lichtbogens verflüssigt, so spricht man vom **Lichtbogenspritzen**. Metallüberzüge, die durch Lichtbogenspritzen aufgetragen sind, haften neben der mechanischen Verklammerung auch durch Verschweißung mit dem Untergrund.

Metallspritzen dient zum Beschichten von Bauelementen, die harte und verschleißfeste Oberflächen besitzen müssen, wie z.B. Schaufelräder, Förderschnecken oder Werkzeuge.

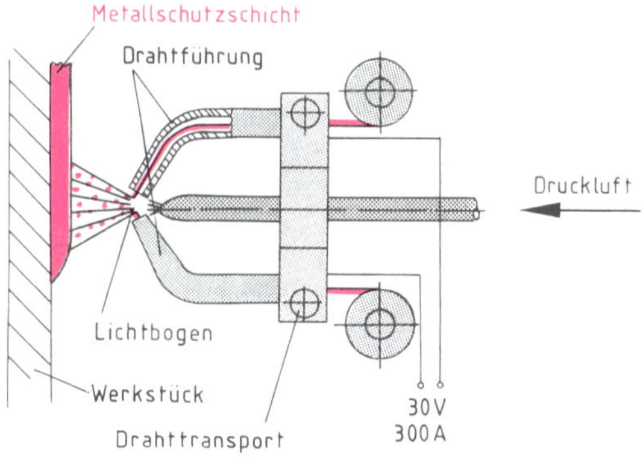

Lichtbogen-Metall-Spritzanlage

Beim Lichtbogenspritzen wird auf das Werkstück im Lichtbogen aufgeschmolzenes Metall aufgeschweißt.

Beispiel **für verschleißfest beschichtete Werkzeuge**

Übungsaufgabe 7/12

8 Arbeitssicherheit und Unfallschutz

8.1 Sicherheit beim Arbeiten an Werkzeugmaschinen

Jährlich erleidet in der Bundesrepublik Deutschland jeder sechzehnte Arbeitnehmer einen Arbeitsunfall, der eine zeitliche oder gar dauernde körperliche Schädigung verursacht. Von diesen Unfällen entfällt ein großer Teil auf den Umgang mit Werkzeugen und Werkzeugmaschinen. Die hohe Zahl der Unfälle kann durch strikte Einhaltung von Sicherheitsbestimmungen und Erweiterung von Schutzmaßnahmen erheblich gesenkt werden.

Arbeits- und Unfallschutz soll gewährleisten, daß

- *Gefahren nicht wirksam werden können,*
- *Gefährdungen rechtzeitig erkannt werden,*
- *Arbeitsschutzmaßnahmen rechtzeitig ergriffen werden.*

Gefährdungen an Werkzeugmaschinen

Gefährdung	Ursachen der Gefährdung durch ...		mögliche Auswirkungen
– Erfassen von Kleidungs- und Körperteilen – Berühren scharfer Werkzeugteile	*Maschinenbewegungen*	– Schnittbewegungen – Vorschubbewegungen – Spannzeugbewegungen – Transportbewegungen	– Schnittwunden, Quetschungen, Brüche – Verluste von Gliedmaßen
– Auftreffen abgeschleuderter Teile – Hautkontakt mit Schmier- und Kühlmitteln – Einatmen von Sprühnebeln und Stäuben	*unkontrollierte Bewegungen von Maschinen- und Werkzeugteilen, Werkstoff- und Hilfsteilchen*	– Abreißen von Werkzeugen, Werkstücken oder Teilen infolge von Bruch oder Überlastung – Abschleudern von heißen Spänen – Abschleudern und Versprühen von Kühl- und Schmiermitteln – Mitreißen und Fortschleudern herumliegender Teile – Herabfallen von Teilen aus Transporteinrichtungen	– Schnittwunden, Brüche, Verbrennungen, Hautschäden (z.B. Ölakne) – Augenschäden – Schädigung der Atmungsorgane
– Bestrahlung mit gefährlichen Strahlen	*Wärme- und Lichtstrahlung*	– Laserstrahlung – UV-Licht	– Verbrennungen – Augenschäden
– Berührung spannungführender Teile	*elektrische Energie*	– Elektroantriebe – elektrische Steuerungen – elektrische Meßsysteme	– Verbrennungen – Herz- oder Atemstillstand – Tod
– Einwirkung auf Gehör und Nervensystem	*Lärm*	– Lärm durch Antriebe – Lärm durch Arbeitsvorgänge – Lärm durch Transportvorgänge	– Schwerhörigkeit – Herz- und Kreislaufbeschwerden

8.1.1 Allgemeine Forderungen zum sicherheitsgerechten Verhalten

- Der Aufenthalt an Arbeitsplätzen ist nur befugten Personen erlaubt.
- Die Inbetriebnahme und Benutzung von Maschinen und Geräten ist nur den dafür ausgebildeten Personen erlaubt.
- Die Tätigkeiten sind so auszuführen, daß auch für andere Menschen keine Gefährdungen entstehen.
- Schutz- und Warneinrichtungen dürfen weder entfernt noch zweckentfremdet benutzt werden.
- Es ist eng anliegende Arbeitskleidung zu tragen. Gefährdende Schmuckgegenstände u.a. sind abzulegen. Vorgeschriebene Schutzkleidung ist anzulegen (z.B. Augenschutz, Handschutz, Sicherheitsschuhe).
- Vor Inbetriebnahme einer Maschine oder eines Geräts hat sich der Bediener von der Betriebssicherheit des entsprechenden Arbeitsmittels und seiner Umgebung zu überzeugen.

- Technologisch vorgegebene Daten wie Schnittgeschwindigkeiten und Vorschübe dürfen nicht überschritten werden.
- Arbeiten an oder in der Nähe bewegter Teile, z.B. Messen, Richten, Nachspannen, Säubern u.a. sind nur mit speziellen Vorrichtungen erlaubt. Falls diese nicht vorhanden sind, dürfen solche Arbeiten nur im Stillstand der Maschine vorgenommen werden.
- Maschinen und Anlagen dürfen in Betrieb nicht ohne die notwendige Aufsicht gelassen werden.
- Auftretende Störungen und Mängel sind unverzüglich der zuständigen Stelle zu melden.
- „NOT-AUS"-Schalter freihalten

Sicherheitskennzeichnung – Gebotszeichen

Augenschutz tragen | Kopfschutz tragen | Gehörschutz tragen | Handschutz tragen | Sicherheitsschuhe tragen

8.1.2 Arbeitssicherheit bei spanenden Fertigungsverfahren

- **Sicherheit beim Bohren**

- Vor Inbetriebnahme Maschine auf Betriebssicherheit überprüfen.
- Bohrer zentrisch und fest einspannen. Spannschlüssel sofort wieder entfernen und sicher ablegen – nicht an Kette oder Schnur befestigen.
- Werkstück ausrichten und so sicher einspannen, daß es gegen Mit- und Hochreißen gesichert ist.
- Beim Bohren dünner Werkstücke Unterlagen aus Holz oder Kunststoff verwenden.
- Enganliegende Ärmel tragen, bei langen Haaren Haarnetz benutzen, bei spröden Werkstoffen Schutzbrille tragen.
- Laufende Arbeitsspindel nach Abschalten der Maschine nicht mit der Hand abbremsen.
- Vorsicht vor Schnittverletzungen infolge Gratbildung.

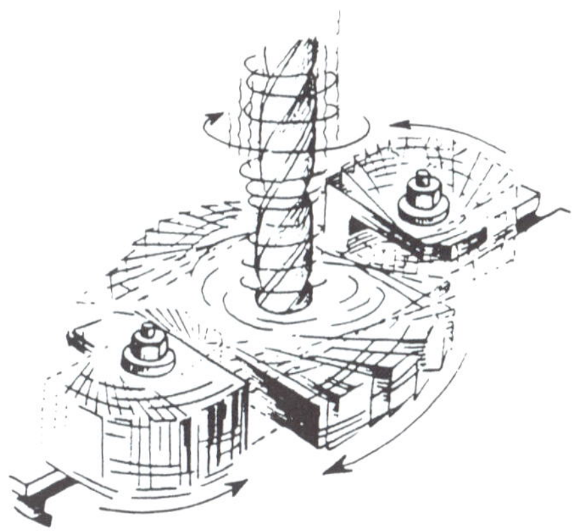

Bei Verwendung von Handbohrmaschinen ist zusätzlich zu beachten:
- Vor dem Anschließen prüfen, ob der Betriebsschalter auf „AUS" steht.
- Vor dem Anschließen Bohrer einspannen.
- Vor dem Einschalten sicheren Stand einnehmen.
- Vor dem Bohrerdurchtritt durch das Werkstück den Anpreßdruck verringern.
- Maschine nicht feucht werden lassen, selbst nicht im Wasser stehen, nasse Maschinen nicht anfassen.
- Maschinen nicht mit eingespanntem Bohrer ablegen.

- **Sicherheit beim Fräsen**

- Geeignete Spannzeuge auswählen und auf dem Frästisch sicher befestigen.
- Fräser unfallsicher ablegen und zum Werkzeugeinbau Schneidenschutz benutzen.
- Werkstücke und Werkzeuge sicher spannen.
- Fräserschutz richtig einstellen.
- Augen durch Schutzbrille vor Spänen und Kühlmittelspritzern schützen.
- Vorgegebene technologische Daten (Drehzahl, Vorschub, Kühlmittelzufuhr) einhalten.
- Späne nur mit geeigneten Hilfsmitteln entfernen.

Übungsaufgaben 8/1 bis 8/4

- **Sicherheit beim Drehen**

- Geeignete Spannzeuge auswählen, Werkzeuge und Werkstücke fest und sicher spannen, Spannschlüssel abziehen und sicher ablegen.
- Eng anliegende Kleidung tragen, keine Handschuhe anziehen, Augen gegen abspritzende Späne schützen.
- Rundlauf bei niedriger Umdrehungsfrequenz überprüfen und Unwucht ausgleichen.
- Vorschubweg durch Endschalter begrenzen.
- Vorschub und Umdrehungsfrequenz richtig einstellen.
- Maschine vor Fertigungsbeginn probelaufen lassen.
- Für geeigneten Spanablauf sorgen.
- Keine Messungen an laufenden Werkstücken vornehmen.
- Zur Beseitigung von Spänen Spanhaken verwenden.
- Backenfutter nicht mit der Hand abbremsen.

- **Sicherheit beim Schleifen**

- Wellenenden, die mehr als 1/4 ihres Durchmessers aus der Spannmutter herausragen, sind zu verkleiden.
- Der Spalt zwischen Schleifkörper und Werkstückauflage, darf höchstens 3 mm betragen.
- Die Schutzhaube darf höchstens 65° geöffnet sein.
- Bei Trockenschliff Schleifstaub absaugen.
- Die auf den Schleifkörpern angegebenen höchsten Umfangsgeschwindigkeiten (= Schnittgeschwindigkeit) dürfen nicht überschritten werden.
- Schleifkörper sind vor dem Aufspannen auf Risse zu überprüfen (Klangprobe bei keramischen Schleifscheiben).
- Schleifkörper spannungsfrei auf die Schleifspindel schieben, neue elastische Zwischenlagen verwenden, Spannflansch so wählen, daß die Scheibe biegefrei gespannt wird.
- Bei Scheiben für Naßschliff sind Zwischenlagen aus Papier oder Pappe ungeeignet.
- Nach dem Aufspannen Schleifkörper auf Unwucht prüfen.
- Nach jedem Neuaufspannen eines Schleifkörpers ist ein Probelauf von mindestens 5 Minuten bei der zulässigen Umfangsgeschwindigkeit durchzuführen.
- Schleifscheiben je nach Beanspruchung in regelmäßigen Abständen abrichten.
- Bei Schleifarbeiten ist eine geeignete Schutzbrille zu tragen. Eine normale Brille genügt nicht.

8.2 Sicherheit beim Schweißen

- **Lichtbogenschweißen**

- Schweißgerät und Anschlußleitungen auf sicheren Zustand überprüfen, beschädigte Elektrodenhalter und Leitungen auswechseln.
- Schweißstromrückleitung möglichst nah an der Schweißstelle am Werkstück anschließen.
- Augen- und Gesichtsschutz, Schweißerschutzhandschuhe mit Stulpen und Schweißerschürze verwenden.
- Sonderbestimmungen für Schweißarbeiten in engen Räumen und in brand- oder explosionsgefährdeten Bereichen beachten.

Übungsaufgaben 8/5 bis 8/10

- **Gasschmelzschweißen**
- Bei Arbeitsunterbrechung angeschlossene Brenner sachgemäß aufhängen.
- Gasschläuche gegen Beschädigung schützen.
- Armaturen und Schläuche an Flaschen sicher befestigen.
- Gasflaschen gegen Umfallen sichern, und nur aus stehenden Acetylenflaschen Gas entnehmen.
- Angeschlossene Brenner nie in geschlossenen Behältern ablegen.
- Zum Zünden zuerst Sauerstoffventil öffnen, dann erst das Acetylenventil. Beim Schließen ist umgekehrt zu verfahren.

8.3 Schutzmaßnahmen beim Umgang mit Kühlschmierstoffen

Hautschäden im Zusammenhang mit Schmierstoffkontakt gehören zu den häufigsten Berufskrankheiten in der metallverarbeitenden Industrie. Neben dem Einatmen der entstehenden Dämpfe birgt insbesondere der Hautkontakt mit Kühlschmierstoffen eine Reihe von Gefahren:

- Die Haut wird bei ständiger Berührung entfettet, verliert ihre Schutzschicht, wird rissig und anfällig gegenüber Krankheiten, z.B. Entzündungen, Akne und Ekzeme. Nicht selten treten diese Erkrankungen an Körperteilen auf, an denen ölverschmutzte Kleidung eng anliegt.
- Die in den Kühlschmierstoffen mitgeführten Fremdkörper wie kleine Metallspäne u.a. verursachen winzige Verletzungen, die ebenfalls zu Hautschäden führen können.

Einsatz von Kühlschmierstoffen beim Fräsen

Den beschriebenen Gefahren kann mit einer Reihe von **Schutzmaßnahmen** begegnet werden.

- Kontakt mit Kühlschmierstoffen möglichst vermeiden.
- Vor der Arbeit eine schützende Hautcreme auftragen.
- Nach dem Kontakt mit Kühlschmierstoffen die Hände mit **geeigneten** Mitteln, z.B. Emulsionsreinigern waschen. Auf keinen Fall die reinigende Wirkung der Kühlschmierstoffe selbst ausnutzen.
- Öldurchnäßte Arbeitskleidung **sofort** wechseln und nicht auf der Haut trocknen lassen.
- Neben der Haut sind auch die Augen durch spritzenden Kühlschmierstoff gefährdet. Gelangt ein Spritzer ins Auge, so ist als erste Hilfe **sofort** mit dem Ausspülen zu beginnen. Anschließend ist **in jedem Fall** ein Augenarzt aufzusuchen.

8.4 Maßnahmen bei Unfällen

Trotz Sicherheitseinrichtungen und sicherheitsbewußtem Verhalten kommt es zu Arbeitsunfällen. Damit in solchen Fällen zielgerichtet und schnell geholfen werden kann, ist es die Pflicht eines jeden Betriebsangehörigen, über die in seinem Betrieb vorhandenen Hilfs- und Meldeeinrichtungen informiert zu sein.

Sofortmaßnahmen nach einem Unfall:

- Maschinen und Geräte im unmittelbaren Gefahrenbereich abschalten.
- Verunglückte Personen aus dem Gefahrenbereich bergen.
- Verunglückte Personen sicher lagern.
- Hilfe herbeirufen.
- Verunglückten möglichst nicht allein lassen.
- Meldung des Unfalls nach betrieblichem Alarmplan.
- Soweit möglich erste Hilfe leisten.

Übungsaufgaben 8/11 bis 8/15

8.5 Sicherheitskennzeichnung

Arbeitsplätze, an denen gefährliche Arbeitsstoffe verarbeitet werden, müssen nach der Unfallverhütungsvorschrift „Sicherheitskennzeichnung am Arbeitsplatz" mit Sicherheitskennzeichen versehen sein.
Die Sicherheitskennzeichen werden mit genormten Farbtönen, den Sicherheits- und Kennzeichnungsfarben, erstellt.

Sicherheits- und Kennzeichnungsfarben	Bedeutung
Rot	**Halt! Verbot!**
Gelb	**Achtung! Gefahr!**
Blau	**Gebote, Hinweise**
Grün	**Sicherheit, Hilfe**

Als Kontrastfarben werden Weiß und Schwarz verwendet.

Die verschiedenen Sicherheitskennzeichen lassen sich in 4 Gruppen einteilen.

1. **Verbotszeichen** (Rot auf weißem Grund, schwarze Kontrastfarbe)

Rauchen verboten

Feuer, offenes Licht und Rauchen verboten

Verbot mit Wasser zu löschen

2. **Warnzeichen** (Schwarz auf gelbem Grund)

Warnung vor feuergefährlichen Stoffen

Warnung vor explosionsgefährlichen Stoffen

Warnung vor giftigen Stoffen

Warnung vor ätzenden Stoffen

3. **Gebotszeichen** (blaue Schilder mit weißen Zeichen)

Augenschutz tragen

Atemschutz tragen

Schutzschuhe tragen

Schutzhandschuhe tragen

4. **Rettungszeichen** (grüne Schilder mit weißen Zeichen)

Hinweis auf „Erste Hilfe"

Rettungsweg (Richtungsangabe für Rettungsweg)

Übungsaufgaben 8/16; 8/17; 8/18

9 Umweltschutz

- **Entsorgung von Schmier- und Kühlschmierstoffen**

Schmier- und Kühlschmierstoffe werden nach einer bestimmten Einsatzdauer unbrauchbar.
Da Öle und Emulsionen zu den wassergefährdenden Stoffen zählen, dürfen sie nicht in den Boden, ein Gewässer oder eine übliche Kläranlage geleitet werden. Die Entsorgung regeln Verordnungen, die aufgrund des Bundesabfallgesetzes erlassen wurden. So dürfen z.B. nur Unternehmen mit entsprechenden Genehmigungen die Entsorgung von Sonderabfällen (z.B. Kühlschmierstoffe usw.) vornehmen.
Entsorgungspflichtig ist in jedem Fall der Erzeuger von Sonderabfällen!

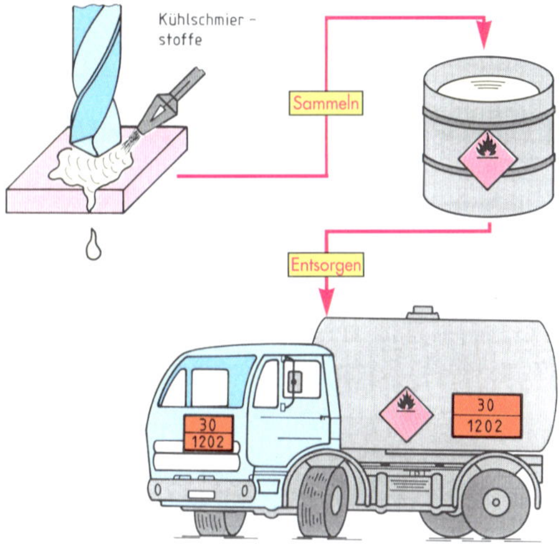

- **Produktion und Umwelt**

Jedes Produkt und auch das damit verbundene Herstellungsverfahren stellen einen Eingriff in die Umwelt dar. Inwieweit diese Eingriffe von einer Gemeinschaft getragen werden können, muß diese Gemeinschaft unter sich entscheiden. Beurteilungskriterien für solche Entscheidungen unter den Gesichtspunkten der Umwelt- und der Sozialverträglichkeit kann die folgende Übersicht geben.

Umweltverträglichkeit	– **Luftverträglichkeit** (Schutz der Atmosphäre durch emissionsarme Produktion, Nutzung und Entsorgung) – **Wasserverträglichkeit** (Gewässerreinhaltung) – **Bodenverträglichkeit** (Bodenschutz) – **Pflanzenverträglichkeit** (Schutz der Artenvielfalt)
Ressourcenschonung[1]	– Schonung der **Energiereserven** (Öl, Erdgas, Kohle, Uran) – Schonung mineralischer **Rohstoffe** (Erze usw.) – Schonung der **Waldbestände** – Schonung der **Wasserreserven,** insbes. des Trinkwassers – Schonung der **Bodenflächen** (nur unbedingt nötiger Wohnungsbau, Straßenbau, Bahntrassenbau usw.) – Schonung des **Bodens** (z.B. kein Treibstoff aus Zuckerrohr, kein Mais für Schweinezucht)
Abfallvermeidung und Abfallverwertung	– Regenerierbarkeit – Wiederverwendbarkeit – Verpackungsaufwand
Gesundheitsverträglichkeit	– keine gesundheitlichen Gefährdungen und Belastungen für Menschen und Tiere durch **Schadstoff-Freiheit, Sicherheitstauglichkeit** und **Lärmarmut** der Produkte
Gebrauchstauglichkeit	– **Funktionstüchtigkeit** – **Verschleißarmut/Langlebigkeit** – **Bedienungs-** und **Reparaturfreundlichkeit** – **Gebrauchsintensität** (Wie intensiv kann bzw. muß das Produkt genutzt werden? Blockiert es die Nutzung anderer Produkte?) – **Fehlerfreundlichkeit** (Fähigkeit eines Produkts, Fehler, z.B. Material- und Bedienungsfehler, zu tolerieren)
Sozialverträglichkeit	– Die Produkte sollen den Menschen und die Gesellschaft bereichern im Hinblick auf soziale Werte wie **Kommunikation, Kooperation, Qualifikation, Kreativität** – sie sollen den Besitzer nicht privilegieren, d.h. ihm keine **Prestige-** und **Machtvorteile** verschaffen (Kann das Produkt massenhaft verwendet werden?) – sie sollen nicht unter unzumutbaren **Arbeits-** und **Produktionsbedingungen** hergestellt worden sein (z.B. durch extreme Arbeitsteilung, Monotonie, Streß, psychische und physische Belastungen)

[1]) Ressource (franz.) = Hilfsmittel, Geldmittel

Übungsaufgaben 9/1; 9/2

1 Eigenschaften der Werkstoffe

Jeder Werkstoff besitzt viele Eigenschaften, die ihn von anderen Werkstoffen unterscheiden.
Man unterscheidet physikalische und chemische Eigenschaften. Aus diesen ergeben sich die technologischen Eigenschaften. Sie bestimmen die technische Verwendbarkeit von Werkstoffen.

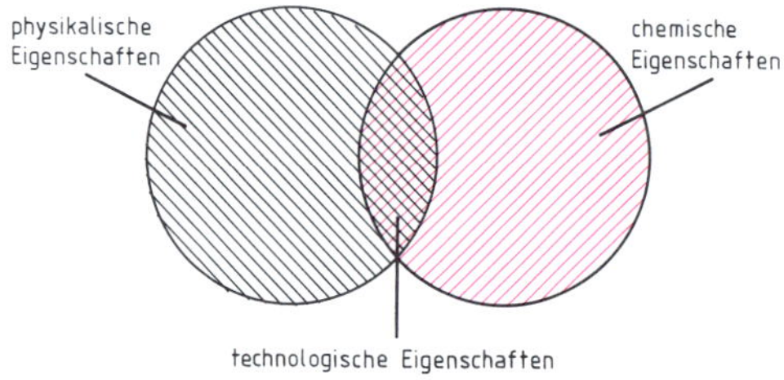

Eigenschaften der Werkstoffe

1.1 Physikalische Eigenschaften

1.1.1 Mechanische Eigenschaften

- **Dichte**

Jeder Körper besitzt eine Masse (Formelzeichen *m*). Die Einheit der Masse ist das Kilogramm (Einheitenzeichen kg).
Jeder Werkstoff hat eine für ihn kennzeichnende Massenkenngröße. Diese Massenkenngröße erhält man, wenn man die Masse eines Körpers durch sein Volumen dividiert. Die so ermittelte Kenngröße bezeichnet man als **Dichte** (Formelzeichen ϱ, gesprochen: rho).

$$\text{Dichte} = \frac{\text{Masse}}{\text{Volumen}}$$

$$\varrho = \frac{m}{V}$$

Einheiten der Dichte:
$\frac{\text{t}}{\text{m}^3}$; $\frac{\text{kg}}{\text{dm}^3}$; $\frac{\text{g}}{\text{cm}^3}$

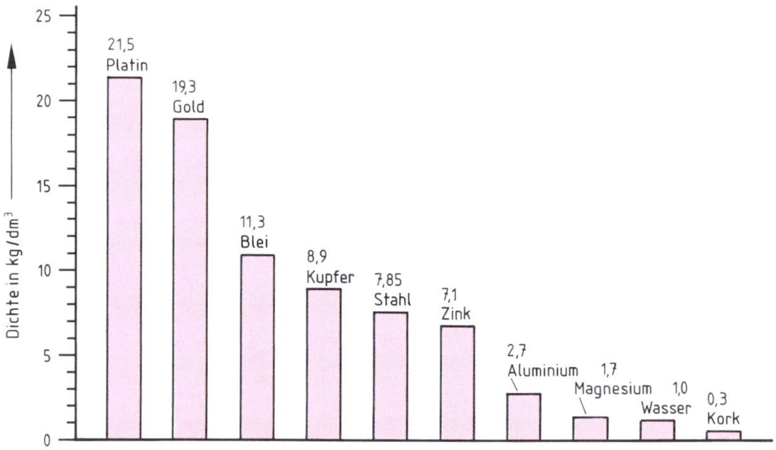

Dichte verschiedener Werkstoffe

Die Dichte ist bei der Auswahl von Werkstoffen z.B. für den Fahrzeug- und Flugzeugbau von Bedeutung. Um Gewicht zu sparen werden z.B. Flugzeugkonstruktionen aus Aluminiumlegierungen, Felgen für PKW aus Magnesiumlegierungen, Motor- und Getriebehäuse für PKW aus Aluminiumlegierungen gefertigt.

Die Dichte ist das Verhältnis von Masse zu Volumen.
In der Technik wird die Dichte eines Stoffes meist in kg/dm³ angegeben.

Übungsaufgaben 1/1; 1/2; 1/3

• Festigkeit

Die kleinsten Teilchen eines Werkstoffes werden untereinander durch Kräfte zusammengehalten. Diese Kräfte bezeichnet man als Zusammenhangskräfte oder **Kohäsionskräfte** eines Werkstoffes. Wird ein Werkstoff belastet, so verhindern die Kohäsionskräfte die Trennung der Werkstoffteilchen. Sobald jedoch die Belastung die Kohäsionskräfte übersteigt, werden die Werkstoffteilchen voneinander getrennt.

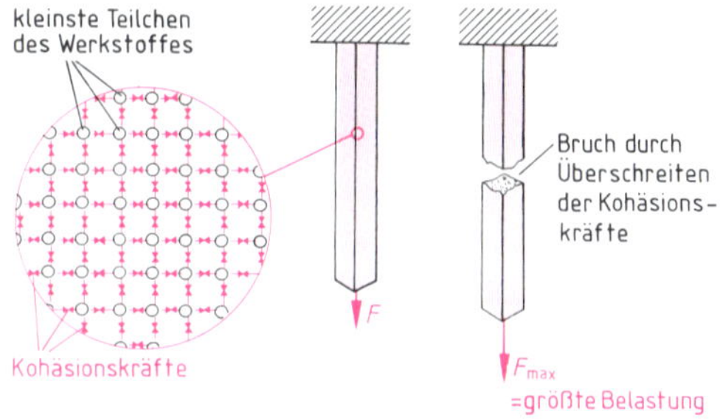

Kohäsionskräfte und Wirkung äußerer Kräfte

Die Kraft zur Überwindung der Kohäsionskräfte hängt vom Werkstoff und vom Querschnitt des belasteten Körpers ab. Mit größer werdendem Querschnitt kann ein Körper eine größere Belastung aufnehmen. Damit verschiedene Werkstoffe miteinander verglichen werden können, rechnet man die zur Überwindung der Kohäsionskräfte notwendige äußere Belastung auf einen Quadratmillimeter des Querschnitts um. Man spricht dann von der Festigkeit des Werkstoffes.

$$\text{Festigkeit} = \frac{\text{größtmögliche Belastung}}{\text{Querschnitt}}$$

Die Festigkeit ist ein Kennwert für die Belastbarkeit eines Werkstoffes. Die Festigkeit wird durch das Verhältnis von größtmöglicher Belastung zum Querschnitt ausgedrückt. Die Festigkeit wird meist in N/mm² angegeben.

Die Werkstoffe zeigen bei den einzelnen Beanspruchungen unterschiedlichen Widerstand gegen eine Trennung der kleinsten Teilchen. Man unterscheidet darum verschiedene **Festigkeitsarten**.

Zugfestigkeit

Wird ein Körper durch Zugkräfte beansprucht, so verlängert er sich. Die Festigkeit, die ein Werkstoff dem Zerreißen infolge Zugbeanspruchung entgegensetzt, nennt man seine Zugfestigkeit.
Die Zugfestigkeit des Werkstoffes ist besonders wichtig, z.B. bei Schrauben, Seilen, Ketten und Betonstahl.

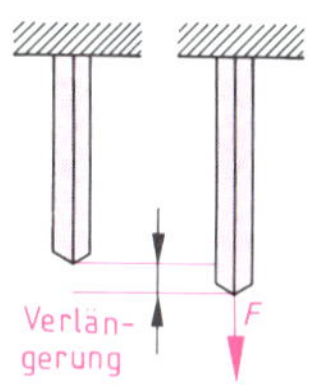

Zugbeanspruchung

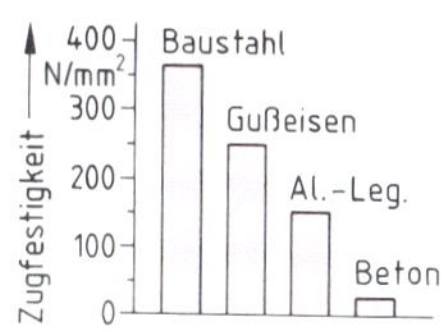

Scherfestigkeit

Wird ein Körper durch Scherkräfte beansprucht, so werden die Teilchen des Werkstoffes gegeneinander verschoben. Die Festigkeit, die ein Werkstoff dem Abscheren infolge Schubbeanspruchung entgegensetzt, nennt man seine Scherfestigkeit. Die Scherfestigkeit eines Werkstoffes ist von besonderer Wichtigkeit bei Bolzen und Nieten.

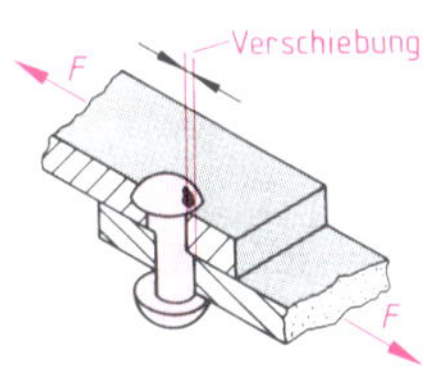

Scherbeanspruchung

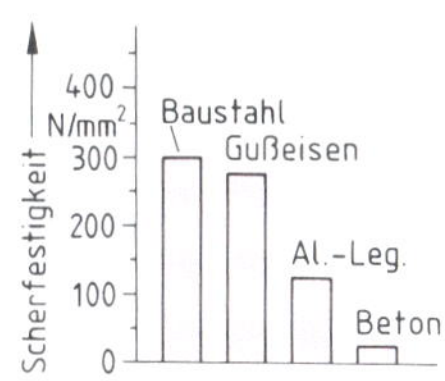

Weitere Festigkeitsarten sind:

- Bei Biegebeanspruchung: Biegefestigkeit,
- bei Knickbeanspruchung: Knickfestigkeit,
- bei Druckbeanspruchung: Druckfestigkeit,
- bei Verdrehbeanspruchung: Verdrehfestigkeit.

Festigkeitsarten:
- Zugfestigkeit,
- Biegefestigkeit,
- Druckfestigkeit,
- Knickfestigkeit,
- Scherfestigkeit,
- Verdrehfestigkeit.

Übungsaufgaben 1/4; 1/5

• Elastizität

Wirken Kräfte auf ein Werkstück, so werden die Abstände zwischen den Werkstoffteilchen um ein geringes Maß vergrößert oder verkleinert. Das Werkstück ändert dadurch seine äußere Form. Nach Entlastung gehen die Teilchen wieder auf ihre Ausgangsplätze zurück. Das Werkstück nimmt seine ursprüngliche äußere Form wieder ein. Diese Eigenschaft bezeichnet man als Elastizität.
Hohe Elastizität des Werkstoffes ist z.B. bei Blatt- und Wendelfedern besonders wichtig.

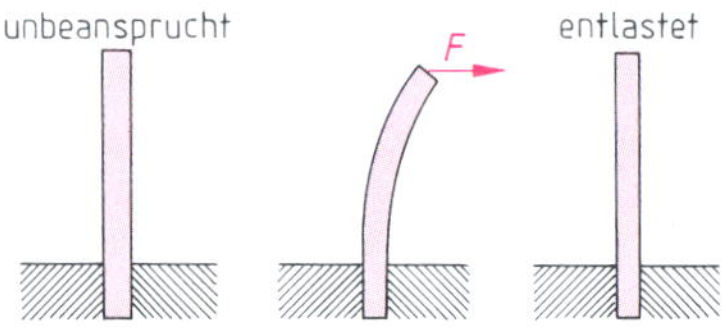

Elastischer Werkstoff

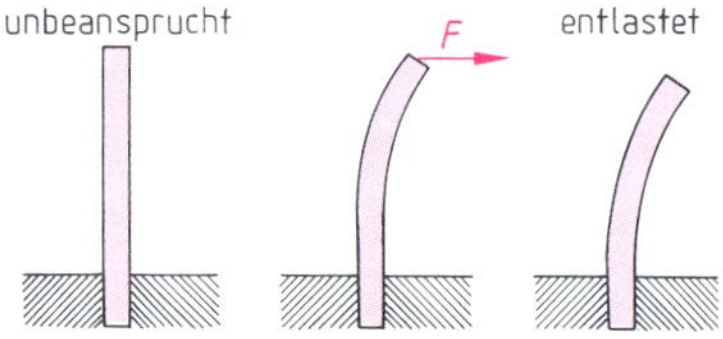

Unelastischer Werkstoff

Elastizität ist die Eigenschaft eines Werkstoffes, nach Entlasten seine Ausgangsform wieder einzunehmen.

• Plastizität

Wird ein Werkstoff so belastet, daß er nach Entlastung *nicht* in seine ursprüngliche Form zurückgeht, so ist er bleibend umgeformt. Man spricht von **plastischer Formänderung.** Werkstoffe mit hoher Plastizität lassen sich mit geringem Kräfteaufwand stark umformen.
Bei Metallen nimmt die Plastizität mit steigender Temperatur zu.
Werkstoffe, die bei Belastung ohne nennenswerte plastische Verformung zu Bruch gehen, bezeichnet man als spröde.
Hochelastische Werkstoffe sind ebenfalls nicht umformbar, weil sie nach Entlasten wieder in ihre Ausgangslage zurückgehen.
Für Werkstücke, die durch Umformen gefertigt werden, wie Profile, Bleche, Rohre, müssen Werkstoffe mit hoher Plastizität gewählt werden.

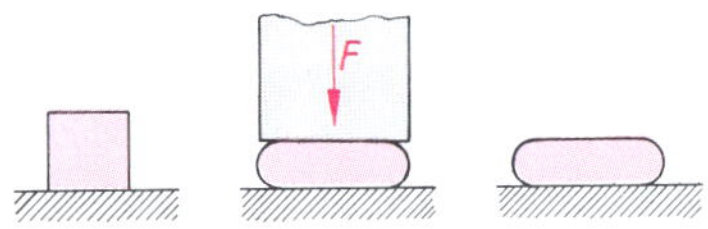

Plastischer Werkstoff, z.B. Blei

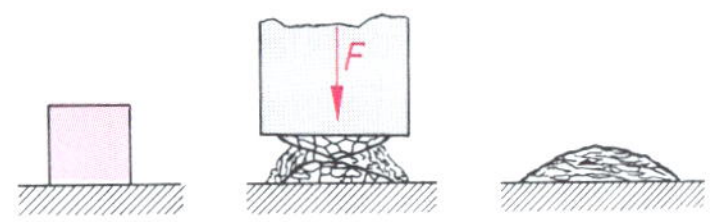

Spröder Werkstoff, z.B. Glas, Stein

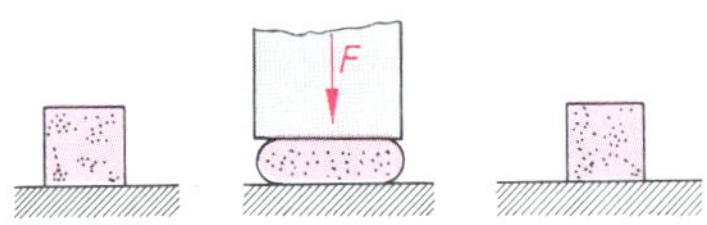

Hochelastischer Werkstoff, z.B. Gummi

Plastizität ist die Eigenschaft eines Werkstoffes, sich in bestimmten Grenzen bleibend umformen zu lassen.

• Härte

Werkstoffe können unterschiedlich hart sein. Diese Eigenschaft läßt sich nur durch Vergleich mehrerer Werkstoffe ermitteln. Harte Werkstoffe ritzen weiche. Den Widerstand, den ein Werkstoff dem Eindringen eines anderen in seine Oberfläche entgegensetzt, nennt man seine Härte. Bei der Auswahl von Werkstoffen für Werkzeugschneiden ist die Härte von besonderer Bedeutung.

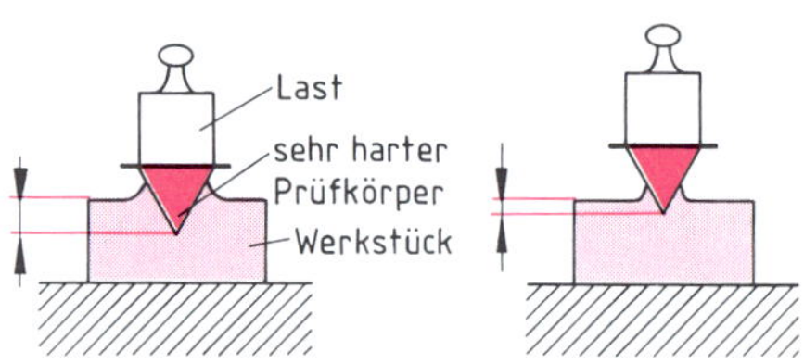

Weicher Werkstoff **Harter Werkstoff**

Härte ist der Widerstand, den ein Werkstoff dem Eindringen eines anderen Körpers entgegensetzt.

Übungsaufgaben 1/6; 1/7

1.1.2 Thermische Eigenschaften

• Wärmedehnung

Bei steigender Erwärmung eines Stoffes geraten seine kleinsten Teilchen in immer heftigere Bewegung. Sie benötigen dafür mehr Raum, das Volumen des Werkstoffes nimmt zu. Darum dehnen sich die Werkstoffe bei Erwärmung aus. Beim Abkühlen nimmt das Volumen ab, der Werkstoff schrumpft.
Bei Stahl beträgt die Wärmedehnung 0,012 mm je Meter Länge bei 1 Grad Temperaturänderung.

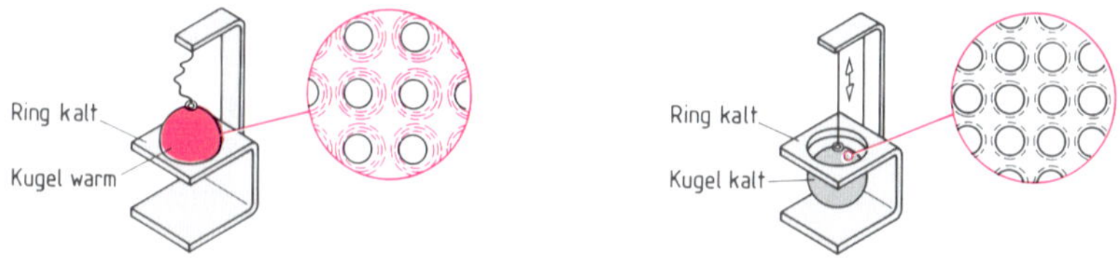

Versuch zur Wärmedehnung

Beim Fügen von Werkstücken muß die Wärmedehnung berücksichtigt werden, so werden z.B. Wellen und Achsen nur einseitig genau fixiert, während sie auf der anderen Seite verschiebbar gelagert werden.
Beim Fügen durch Eingießen muß darauf geachtet werden, daß nur Werkstoffe mit gleicher Wärmedehnung verbunden werden.
In der Praxis wird die Wärmedehnung als Verfahren zum Fügen – **Schrumpfverbindungen** – eingesetzt.

Längenausdehnung verschiedender Werkstoffe im Vergleich zur Längenausdehnung von Stahl

Kunststoffe: **Polyethylen (PE)** **Polyvinylchlorid (PVC)**	**16** fach **7** fach
Zink	**2,5** fach
Aluminium	**2** fach
Beton	**1** fach
Glas	**0,6** fach

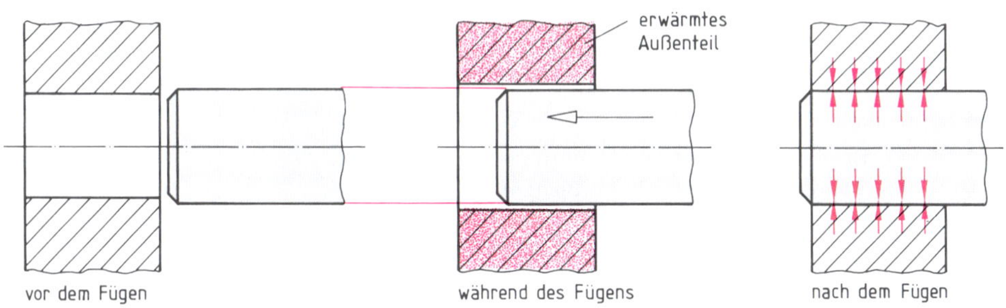

Herstellung einer Schrumpfverbindung

Wärmedehnung ist die Eigenschaft eines Werkstoffes, bei Temperaturänderung sein Volumen zu ändern. Angaben für die Wärmedehnung berücksichtigen meist nur die Längenausdehnung.

• Wärmeleitfähigkeit

Die Geschwindigkeit, mit der beim Erwärmen eines Stoffes die Wärmeenergie von einem Teilchen auf das nächste weitergeleitet wird, bestimmt die Wärmeleitfähigkeit.
Metalle sind Stoffe mit hoher Wärmeleitfähigkeit. Man verwendet sie darum als Werkstoffe für wärmeabgebende und wärmeaufnehmende Flächen z.B. in Heiz- oder Kühlanlagen. Schlechte Wärmeleiter sind Kunststoffe, Glas, Holz u.a. Man verwendet sie deshalb zum Isolieren.

Wärmeleitfähigkeit verschiedener Werkstoffe im Vergleich zur Wärmeleitfähigkeit von Glas

Kupfer	**320**fach	**Kesselstein**	**1** bis **3**fach
Stahl	**43**fach	**Styropor**	**0,02**fach

Die Wärmeleitfähigkeit gibt an, wie gut ein Werkstoff Wärmeenergie weiterleitet.

Übungsaufgaben 1/8 bis 1/11

1.2 Chemische Eigenschaften

- **Korrosionsbeständigkeit**

Durch chemische Vorgänge können metallische Werkstoffe von der Oberfläche her unter Einwirkung von Luft, Wasser, Säuren oder anderen Stoffen zerstört werden. Diese Zerstörung bezeichnet man als **Korrosion.** Metalle, die sich durch Einflüsse ihrer Umgebung chemisch nicht verändern, sind korrosionsbeständige Werkstoffe.

- **Giftigkeit**

Flüssige Metalle verdampfen geringfügig. Dämpfe von Blei, Quecksilber und Kadmium sind giftig.

1.3 Technologische Eigenschaften

Durch technologische Eigenschaften wird das Verhalten der Werkstoffe bei der Verarbeitung beschrieben.

- **Gießbarkeit**

Durch Gießen von flüssigem Werkstoff in Formen werden Werkstücke gefertigt.
Die Eignung eines Werkstoffes, durch Gießen in Formen eine vorgegebene Gestalt anzunehmen, bezeichnet man als Gießbarkeit. Gut gießbare Stoffe sind im flüssigen Zustand dünnflüssig und neigen bei der Erstarrung und Abkühlung nicht zu Fehlern wie z.B. zu Rissen und Blasen.

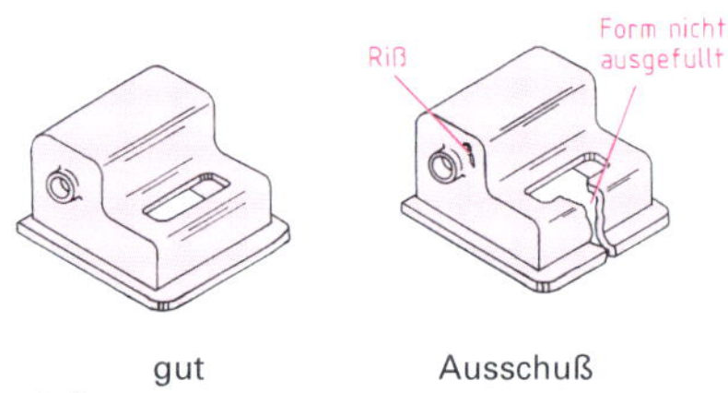

Gießbarkeit

Gießbarkeit ist die Eignung eines Werkstoffes zum Vergießen in Formen.

- **Umformbarkeit**

Durch Walzen, Schmieden und andere Umformverfahren werden Werkstücke in ihrer Form bleibend geändert. Die Eignung eines Werkstoffes, durch Umformen in eine andere Form gebracht zu werden, bezeichnet man als seine Umformbarkeit. Gut umformbare Werkstoffe sind leicht plastisch formbar.

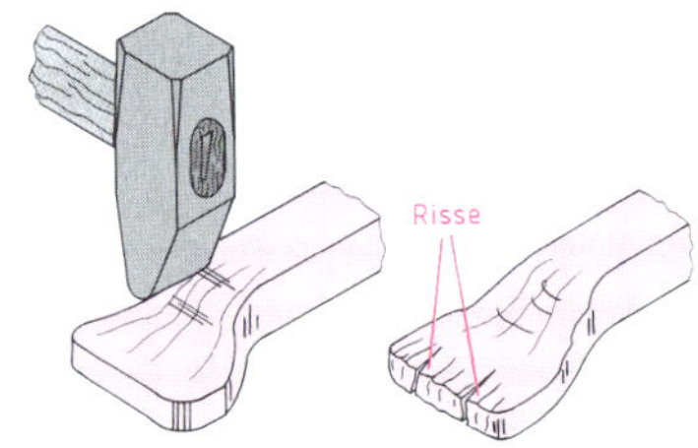

Umformbarkeit

Umformbarkeit ist die Eigenschaft eines Werkstoffes, durch äußere Beanspruchung bleibend umgeformt zu werden.

- **Zerspanbarkeit**

Durch spanende Bearbeitung, wie z.B. durch Drehen, Fräsen und Bohren, werden Werkstücke in ihrer Form geändert. Die Eignung eines Werkstoffes zum Zerspanen bezeichnet man als seine Zerspanbarkeit. Gut zerspanbare Werkstoffe zeigen glatte Oberflächen nach der Zerspanung und ergeben Späne, die den Fertigungsablauf nicht behindern.

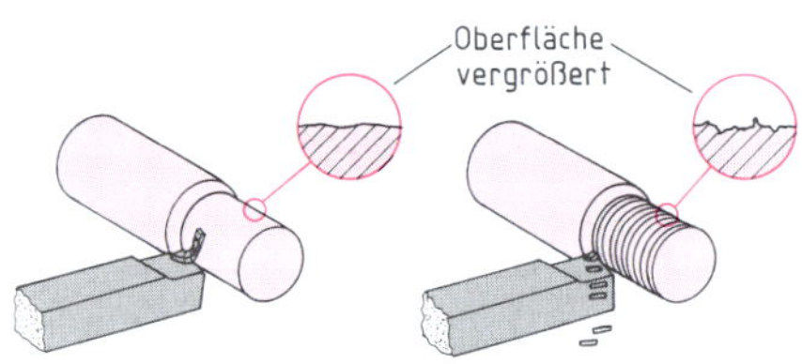

Zerspanbarkeit

Zerspanbarkeit ist die Eignung eines Werkstoffes zum Zerspanen.

Übungsaufgaben 1/12 bis 1/15

2 Aufbau metallischer Werkstoffe

2.1 Chemische Elemente

• Vorkommen und Einteilung

Alle Stoffe auf der Erde, z.B. Wasser, Stein, Holz, Stahl, Kunststoff, sind aus Grundstoffen aufgebaut. Diese Grundstoffe nennt man chemische Elemente. In der Natur gibt es 92 Elemente. Zu diesen kommen noch Elemente, die mit Mitteln der modernen Atomphysik erzeugt werden. Diese künstlich hergestellten Elemente sind bislang jedoch technisch bedeutungslos.

Auf der Erde sind die Elemente in sehr unterschiedlichen Mengen vorhanden. So bestehen z.B. 50% der Erdrinde aus dem Element Sauerstoff, während 83 andere Elemente einen Anteil von insgesamt nur 1,4% haben. Darunter befinden sich so wichtige Elemente wie Kupfer, Zink, Nickel, Kohlenstoff.

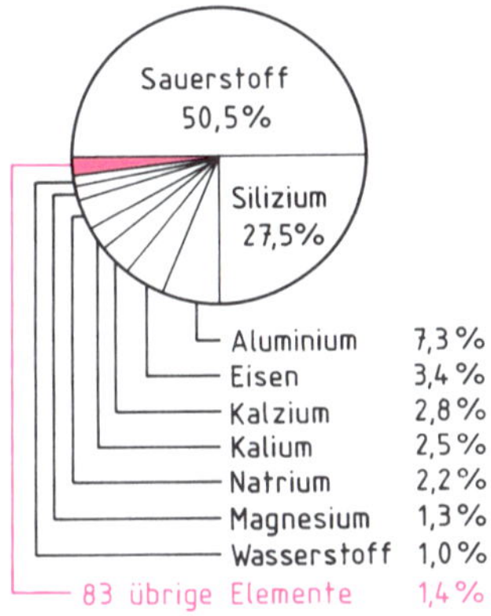

Verteilung der Elemente in der Erdrinde

Alle Stoffe bestehen aus Grundstoffen, den chemischen Elementen. Chemische Elemente lassen sich mit üblichen Trennverfahren nicht in einfachere Stoffe zerlegen.

Jedes Element hat einen Namen, der durch ein international gültiges Symbol abgekürzt wird. Das Symbol setzt sich aus Buchstaben des lateinischen Namens des Elementes zusammen.

Eisen	= **Fe**rrum	⇒	**Fe**
Sauerstoff	= **O**xygenium	⇒	**O**
Kohlenstoff	= **C**arboneum	⇒	**C**
Stickstoff	= **N**itrogenium	⇒	**N**

Etwa 70 Elemente zeigen als gemeinsame Merkmale besonderen Glanz, gute Wärmeleitfähigkeit, elektrische Leitfähigkeit und gute Umformbarkeit. Sie werden als **Metalle** bezeichnet. Die übrigen Elemente bezeichnet man als **Nichtmetalle**.

Kennzeichen der Metalle:

- glänzende Oberfläche,
- gute elektrische Leitfähigkeit,
- gute Wärmeleitfähigkeit,
- gute Umformbarkeit.

Die Metalle werden nach der Dichte in **Leichtmetalle** und **Schwermetalle** unterteilt. Leichtmetalle haben eine Dichte unter 4,5 g/cm³.

Von den Schwermetallen ist das Element Eisen das in der Technik am häufigsten verwendete Metall. Andere Schwermetalle sind als Legierungsmetalle des Eisens von Bedeutung, wie z.B. Mangan, Wolfram und Chrom.

Häufig verwendete Leichtmetalle sind die Elemente Aluminium, Magnesium und Titan.

Unter den Nichtmetallen nimmt das Element Kohlenstoff eine besondere Stellung ein. Kohlenstoff ist die Grundlage aller Stoffe der lebenden Natur und der Kunststoffe.

Schwermetalle:

Eisen	Fe	Kupfer	Cu	Zinn	Sn
Zink	Zn	Blei	Pb	Nickel	Ni
Mangan	Mn	Wolfram	W	Vanadium	V
Kobalt	Co	Molybdän	Mo	Chrom	Cr

Leichtmetalle:

Aluminium	Al	Magnesium	Mg	Titan	Ti

Nichtmetalle:

Kohlenstoff	C	Silizium	Si	Stickstoff	N
Schwefel	S	Wasserstoff	H	Chlor	Cl
Phospor	P	Sauerstoff	O	Argon	Ar

Übungsaufgaben 2/1; 2/2; 2/3

• Aufbau der Elemente

Das Atom ist das kleinste Teilchen eines chemischen Elementes. Jedes Element hat anders aufgebaute Atome.

Bausteine der Atome sind das **Proton,** das **Neutron** und das **Elektron.** Sie unterscheiden sich von einander durch ihre Masse, ihre elektrische Ladung und ihren Platz im Atom.

Protonen sind elektrisch positiv geladen. Elektronen sind elektrisch negativ geladen. Neutronen sind elektrisch neutral.

Protonen und Neutronen haben etwa gleiche Masse und bilden den Atomkern.

Das Elektron hat nur etwa 1/2000 der Masse eines Protons. Die Elektronen bilden die Hülle des Atoms.

Das erste brauchbare Atommodell wurde 1913 von E. Rutherford entworfen und von N. Bohr weiterentwickelt. Hiernach bewegen sich die Elektronen auf kreis- oder ellipsenförmigen Bahnen um den Atomkern.

Die Bahnen, auf denen sich die Elektronen bewegen, liegen schalenförmig um den Atomkern. Man spricht deshalb von Schalen, die unterschiedliche Abstände zum Kern haben.

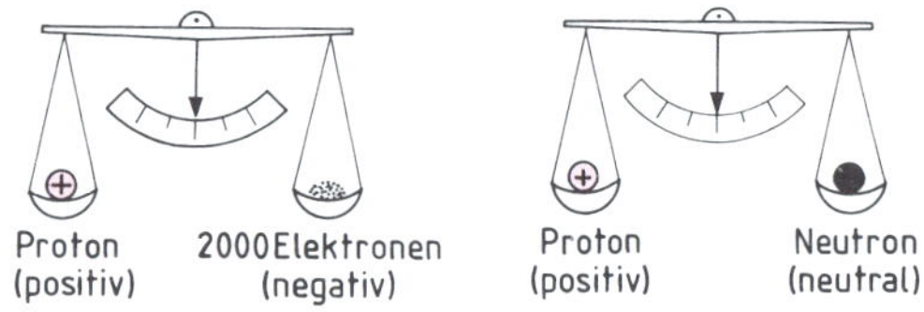

Massenvergleich der Atombausteine

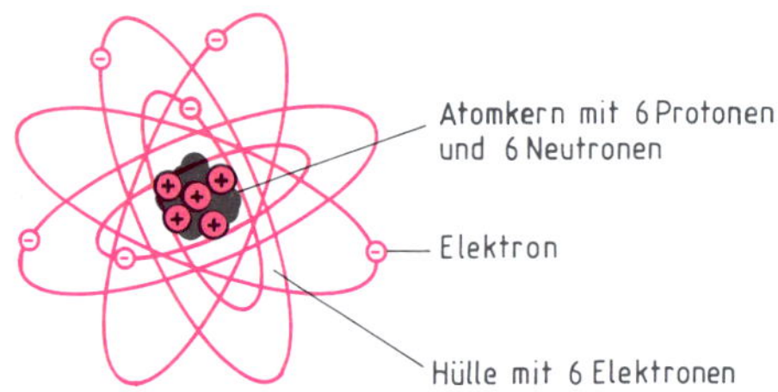

Kohlenstoffatom nach Bohr

Atombausteine:

Kernbausteine: • Protonen (elektrisch positiv) • Neutronen (ungeladen)

Bausteine der Hülle: • Elektronen (elektrisch negativ)

• Atomaufbau der Elemente 1 bis 18

(nach dem Atommodell von Bohr)

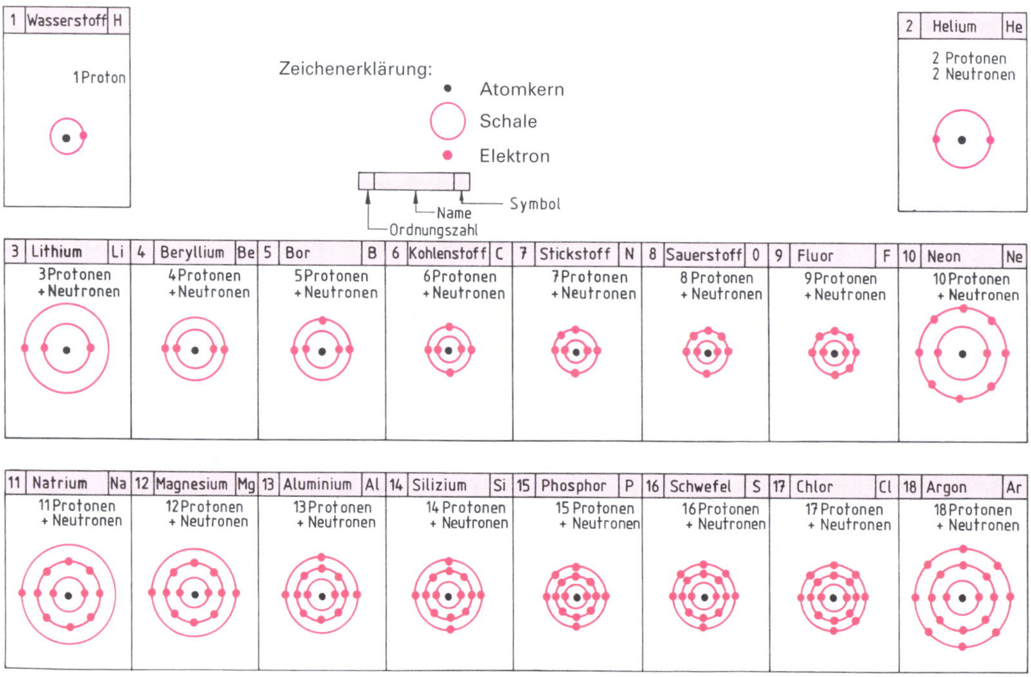

Übungsaufgaben 2/4; 2/5; 2/6

2.2 Aufbau von Metallen

2.2.1 Metallbindung

Metallatome geben die Elektronen der äußeren Schalen ab. Dadurch entstehen elektrisch positiv geladene Teilchen, die man als **Metallionen** bezeichnet.

Die abgegebenen Elektronen bleiben ungebunden und können sich zwischen den Metallionen frei bewegen. Durch ihre negative Ladung bewirken sie den Zusammenhalt der Metallionen. Es entsteht ein **kristalliner Aufbau** – ein Metallkristall.

Bei starker Vergrößerung ist an polierten Metallflächen die Kristallform erkennbar.

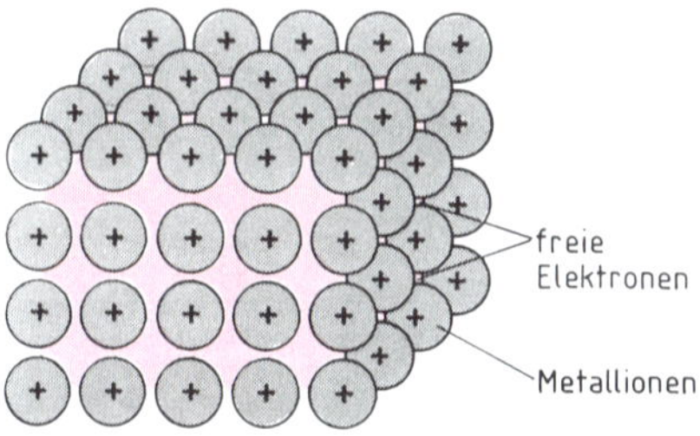

Schema eines Metallkristalls

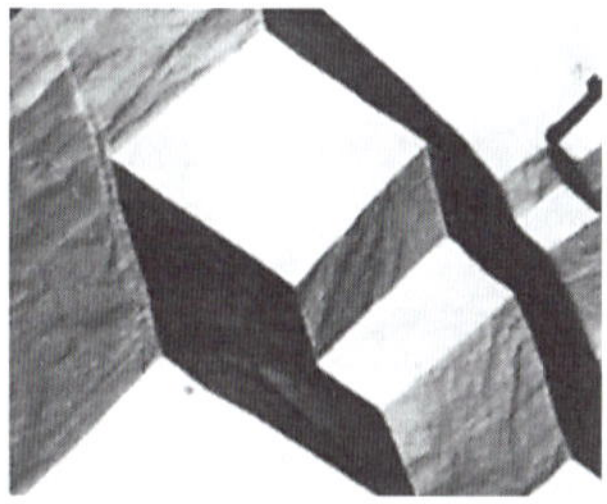

Foto einer Aluminiumoberfläche

10 000fache Vergrößerung

In Metallen werden die positiv geladenen Metallionen von freien Elektronen zusammengehalten. Metalle sind kristallin aufgebaut.

Wirken Kräfte auf einen Metallkristall, so können die Schichten innerhalb des Metallkristalls leicht gegeneinander verschoben werden, ohne daß der Gesamtzusammenhang verloren geht. Die Folge ist eine gute Umformbarkeit der Metalle.

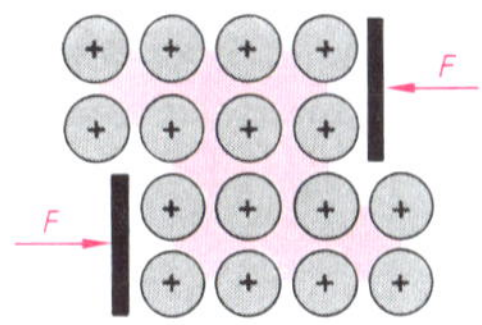

Metallkristall bei Umformung

Metalle sind leicht umformbar.

Bildet man mit einem metallenen Draht und einer Batterie einen geschlossenen Stromkreis, so fließen Elektronen. Die Elektronen strömen vom Minuspol durch den Draht zum Pluspol. Die leichte Verschiebbarkeit der freien Elektronen in Metallen ist die Ursache für die gute elektrische Leitfähigkeit der Metalle.

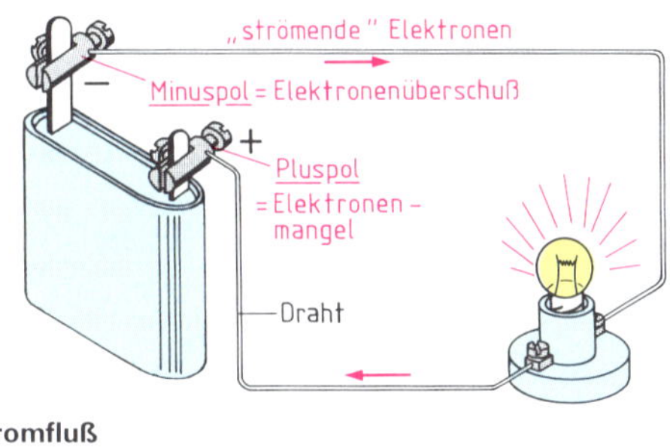

Stromfluß

Die freien Elektronen sind die Ursache für die elektrische Leitfähigkeit der Metalle.

2.2.2 Schmelzverhalten von reinem Metall

Erwärmt man reines Metall, so steigt die Temperatur im Werkstoff zunächst gleichmäßig an. Dabei behalten die kleinsten Teilchen des Metallgefüges ihre Plätze im Metallkristall bei. Sie werden jedoch mit steigender Temperatur in immer stärkere Schwingungen versetzt. Schließlich lösen sich nacheinander einige Teilchen aus dem Gitter und bewegen sich frei – das Metall beginnt flüssig zu werden.

Übungsaufgaben 2/7; 2/8; 2/9

Zum Übergang vom festen in den flüssigen Zustand benötigen die Teilchen sehr viel Wärme. Die Temperatur im Werkstoff steigt deswegen nicht weiter, obwohl ständig Wärme zugeführt wird. Erst wenn das ganze Metall geschmolzen ist, steigt die Temperatur wieder stetig an.

Beispiel für das Schmelzen eines reinen Metalles

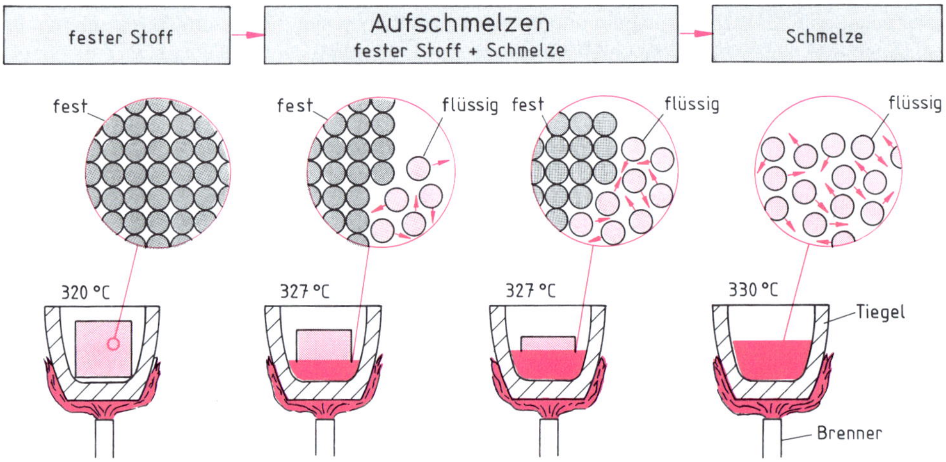

Schmelzen von reinem Blei

Mißt man beim Aufschmelzen eines Metalles in bestimmten Zeitabständen die Temperaturen und trägt zugehörige Temperaturen und Zeiten in ein Diagramm ein, so erhält man durch Verbinden der einzelnen Punkte einen Linienzug. Dieser Linienzug gibt das Verhalten des Metalles genau wieder. Zunächst verläuft der Linienzug steil nach oben. Während eines bestimmten Zeitraumes erfolgt kein weiterer Temperaturanstieg. Es tritt also keine Temperaturveränderung ein. Diese Temperatur bezeichnet man als **Schmelztemperatur** oder Schmelzpunkt. Man spricht auch von einem **Haltepunkt,** weil die Temperatur „anhält“. Anschließend verläuft die Kurve entsprechend der steigenden Temperatur wieder steil nach oben.

Beispiel für die Schmelzpunktbestimmung eines reinen Metalles

Schmelzpunktbestimmung bei Blei

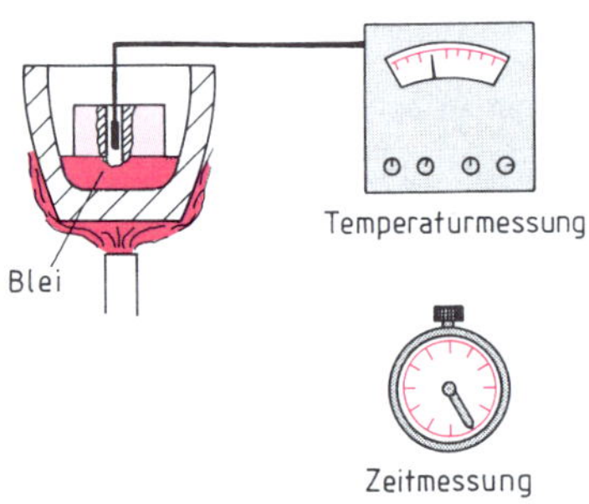

Versuchseinrichtung

Zeit in s	Temperatur in °C
20	315
30	321
40	327
50	327
60	327
70	327
80	345

Meßergebnisse

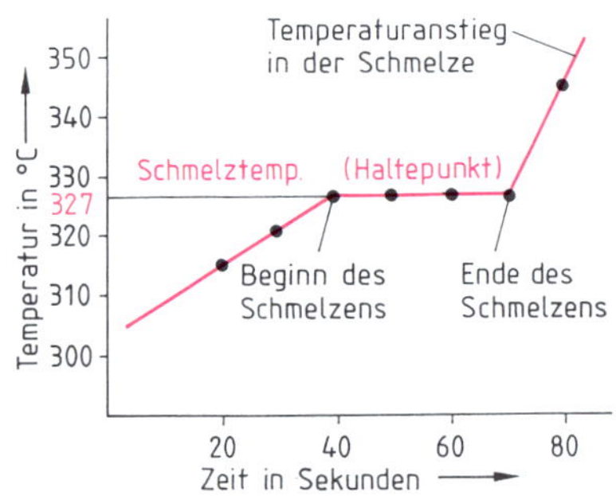

Aufheizkurve

Mißt man den zeitlichen Verlauf der Temperatur bei der Abkühlung, so ergibt sich bei der Umwandlung vom flüssigen in den festen Zustand ein Haltepunkt bei der gleichen Temperatur wie der Schmelzpunkt. Schmelz- und Erstarrungspunkt sind gleich.

Reine Metalle schmelzen und erstarren während eines Haltepunktes.
Schmelz- und Erstarrungstemperatur sind gleich. Darum können Umwandlungspunkte über den Aufheiz- oder Abkühlungsverlauf ermittelt werden.

Übungsaufgaben 2/10; 2/11

2.2.3 Metallgefüge

Die Entstehung des kristallinen Aufbaus eines Metalles läßt sich am besten am Erstarrungsvorgang einer Metallschmelze erklären.

In einer Metallschmelze bewegen sich Metallionen regellos mit hoher Geschwindigkeit durcheinander. Kühlt die Schmelze ab, so wird die Bewegung der Metallionen langsamer. Bei Erreichen der **Erstarrungstemperatur** lagern sich die Ionen gleichzeitig an vielen Stellen der Schmelze zusammen. Es entstehen viele einzelne Kristalle, die während des Erstarrungsvorganges wachsen.

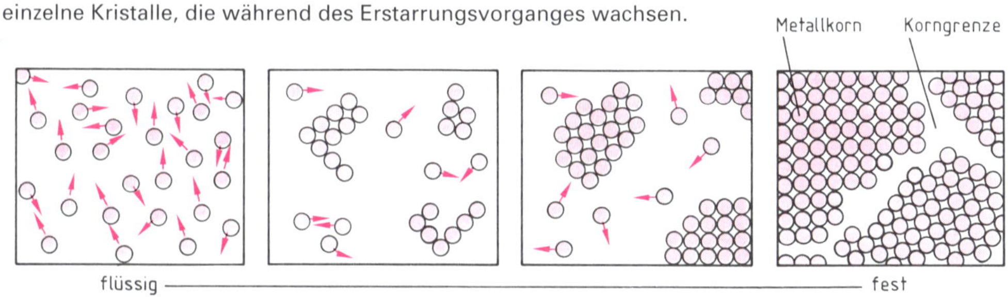

Entstehung des Metallgefüges

Bei der Erstarrung einer Metallschmelze lagern sich Metallionen zu Kristallen zusammen.

Gegen Ende der Erstarrung stoßen die Kristalle aneinander. Die so entstandenen und gegeneinander gewachsenen Kristalle nennt man **Körner.** Die Grenzen zwischen den Körnern werden als **Korngrenzen** bezeichnet. Körner und Korngrenzen sind an polierten und mit Säure behandelten Metallproben unter dem Mikroskop zu erkennen. Diesen unter dem Mikroskop sichtbaren Aufbau des Metalles nennt man **Metallgefüge.**

Die Größe der Körner beeinflußt die Eigenschaften eines Metalles:

- grobkörnige Gefüge sind leichter zerspanbar,
- feinkörnige Gefüge sind zäher.

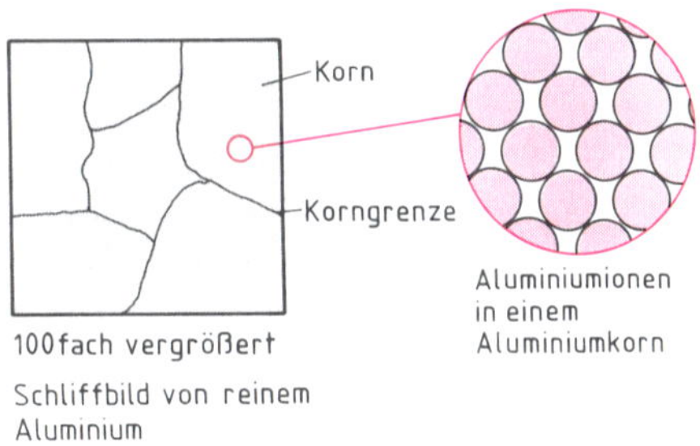

Gefüge von Aluminium

Das Metallgefüge besteht aus vielen gegeneinandergewachsenen Kristallen.
Man nennt diese Kristalle Körner.
Feinkörnige Gefüge sind zäher, grobkörnige Gefüge sind besser zerspanbar.

Die Art, wie die Metallionen innerhalb eines Kornes angeordnet sind, ist bei den einzelnen Metallen unterschiedlich. Zur Kennzeichnung dieser Ordnung denkt man sich die Mitten der nächsten benachbarten Metallionen miteinander verbunden. Man erkennt dann ein immer wiederkehrendes, räumliches Gebilde. Dieses räumliche Gebilde bezeichnet man als **Gitter**.

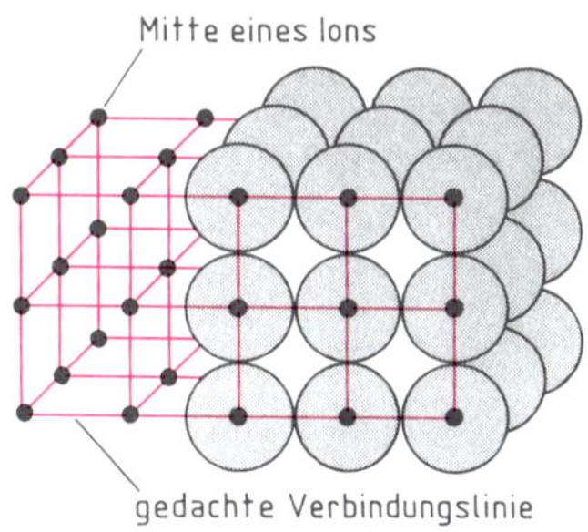

Gitteraufbau

Die Anordnung der Metallionen im Metallkristall wird durch das Gitter beschrieben.

Übungsaufgaben 2/12; 2/13; 2/14

2.2.4 Gittertypen

Kubisch-**r**aum**z**entriertes Gitter (krz-Gitter)

Beim kubisch-raumzentrierten Gitter sind acht Metallionen räumlich so angeordnet, daß die Verbindungen ihrer Mitten einen Würfel ergeben. Ein weiteres Metallion befindet sich in der Mitte – im Zentrum – des Würfels.
Metalle mit kubisch-raumzentriertem Gitteraufbau sind z.B. Chrom, Molybdän und Eisen (bei niedrigen Temperaturen).

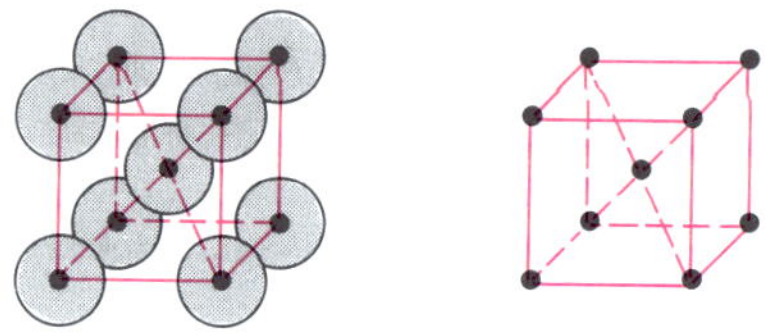

Kubisch-raumzentrierter Gitteraufbau

Kubisch-**f**lächen**z**entriertes Gitter (kfz-Gitter)

Beim kubisch-flächenzentrierten Gitter sind ebenfalls acht Metallionen räumlich so angeordnet, daß die Verbindungen ihrer Mitten einen Würfel bilden. Weitere sechs Metallionen befinden sich in den Mitten jeder Würfelfläche.
Metalle mit kubisch-flächenzentriertem Gitteraufbau sind z.B. Aluminium, Kupfer, Blei und Eisen (bei höheren Temperaturen).

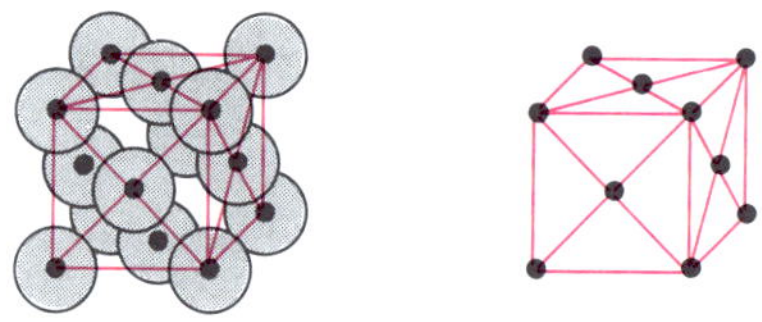

Kubisch-flächenzentrierter Gitteraufbau

Hexagonales Gitter (hex-Gitter)

Beim hexagonalen Gitter bilden die Verbindungslinien benachbarter Metallionen einen Körper mit sechseckiger Grundfläche und Deckfläche. In der Mitte dieser beiden Flächen befindet sich je ein weiteres Metallion. Zwischen Grund- und Deckfläche haben zusätzlich drei Metallionen Platz.
Metalle mit hexagonalem Gitteraufbau sind z.B. Magnesium, Titan und Zink.

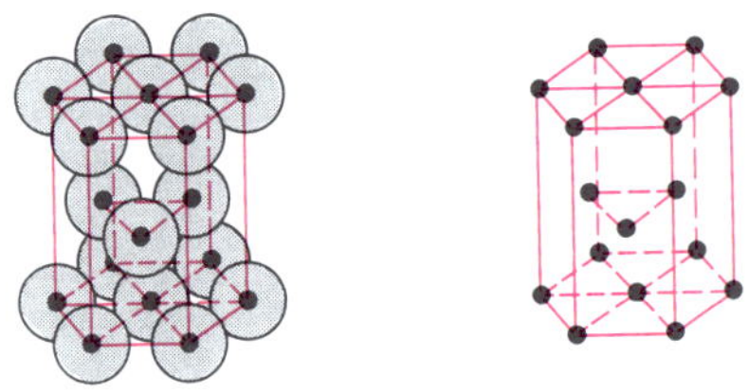

Hexagonaler Gitteraufbau

Metalle kristallisieren hauptsächlich in
- kubisch-flächenzentrierten Gittern,
- kubisch-raumzentrierten Gittern oder
- hexagonalen Gittern.

Aus den unterschiedlichen Gittertyen ergeben sich jeweils andere Eigenschaften:
Metalle mit hexagonalem Gitter – wie z.B. Magnesium – lassen sich schlechter umformen.
Metalle mit kubisch-flächenzentriertem Gitter – wie z.B. Blei – lassen sich gut umformen.

Auch für die Wärmebehandlung von Werkstoffen, z.B. beim Härten von Stahl, ist der Gittertyp von Bedeutung.

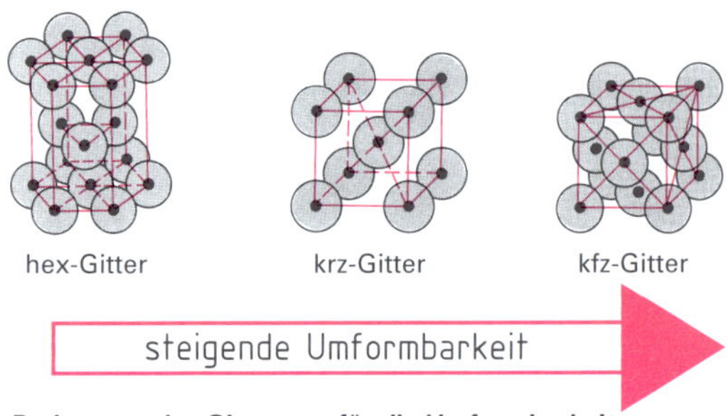

Bedeutung des Gittertyps für die Umformbarkeit

Am besten umformbar sind Metalle mit kfz-Gitter, am schlechtesten Metalle mit hex-Gitter.

Übungsaufgaben 2/15; 2/16

2.3 Legierungen

Reine Metalle haben im Maschinenbau und in der Fertigungstechnik nur geringe Bedeutung. Die reinen Metalle erfüllen nicht die vielseitigen Anforderungen, die an die Werkstoffe von Bauteilen gestellt werden. Zur Änderung der Eigenschaften werden darum Metalle mit anderen Metallen oder Nichtmetallen im flüssigen Zustand gemischt. Ein solches Gemisch ist eine **Legierung**.

Häufig verwendete Legierungen haben einen besonderen Namen wie z.B. Stahl, Gußeisen, Messing.
Stahl ist eine Sammelbezeichnung für schmiedbare Legierungen aus Eisen und höchstens 2,06% Kohlenstoff. Für besondere Anforderungen legiert man andere Elemente zu.
Gußeisen ist eine Sammelbezeichnung für nichtschmiedbare Legierungen aus Eisen und 3 bis 5% Kohlenstoff.
Messing ist eine Sammelbezeichnung für Legierungen aus Kupfer (mehr als 50%) und Zink.

Eine Legierung ist ein Gemisch von Metallen bzw. Metallen mit Nichtmetallen, das aus einer gemeinsamen Schmelze erstarrt.

An die einzelnen Bauelemente von Maschinen und Anlagen werden unterschiedliche Anforderungen gestellt, die für die Auswahl des Werkstoffes entscheidend sind.

Beispiel für verschiedene Legierungen in einem Getriebemotor

Bauelemente	Geforderte Eigenschaften	Werkstoff
① Gehäuse	mittlere Festigkeit, leicht herstellbar durch Gießen	**Gußeisen** mit 3,5% Kohlenstoff und 1,5% Silizium
② Welle	hohe Festigkeit und Zähigkeit	**Stahl** mit 0,42% Kohlenstoff, 4% Chrom, 0,5% Silizium und 0,4% Mangan
③ Zahnräder	hohe Zähigkeit mit harter Oberfläche	**Stahl** mit 0,2% Kohlenstoff, 1,3% Mangan und 0,5% Silizium (oberflächengehärtet)
④ Wälzlager	harte und verschleißfeste Oberfläche	**Stahl** mit 1,05% Kohlenstoff, 0,5% Chrom und 0,3% Silizium
⑤ Deckel	leicht herstellbar durch Gießen, sehr geringe Anforderungen	**Zinkdruckguß** mit 3,8% Aluminium
Wicklung	gute elektrische Leitfähigkeit	**reines Kupfer**
Kontaktschrauben	gute elektrische Leitfähigkeit, mittlere Festigkeit	**Messing** mit 65% Kupfer und 35% Zink

Übungsaufgaben 2/17; 2/18

Entscheidend für die Eigenschaften legierter Werkstoffe ist das Verhalten der Legierungsbestandteile zueinander im festen Zustand.
Man unterscheidet grundsätzlich zwei Legierungstypen, Legierungen mit *Kristallgemengen* und Legierungen mit *Mischkristallen.*

2.3.1 Legierungen mit Mischkristallen

- **Aufbau und Eigenschaften**

Sind die Bestandteile einer Legierung am Aufbau des Kristallgitters gemeinsam beteiligt, so spricht man von einem **Mischkristall.**
Die Legierungsbestandteile sind im Korn gemischt. Legierungen mit Mischkristallbildung sind unter dem Mikroskop von den reinen Metallen nicht zu unterscheiden, da man im einzelnen Korn die verschiedenen Elemente nicht erkennen kann.

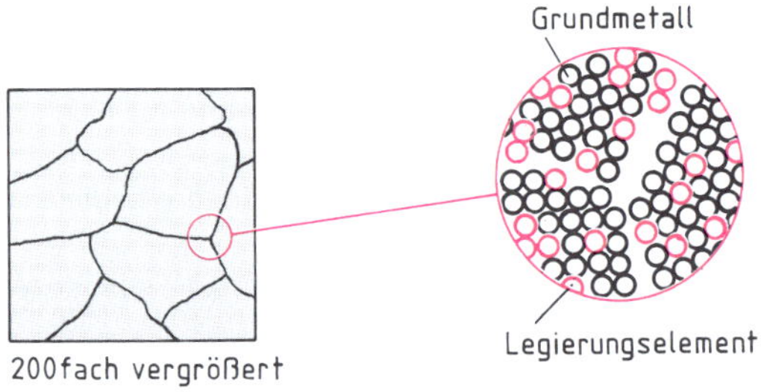

Gefüge von Mischkristallen

Legierungen bilden Mischkristalle, indem die Bestandteile gemeinsame Gitter bilden.

Legierungsbestandteile mit kleinen Atomdurchmessern können Mischkristalle bilden, indem sie sich in Gitterlücken des Grundwerkstoffes einlagern. Die Fremdatome müssen erheblich kleiner sein als die Atome des Grundmetalls.
Diese Art der Mischkristalle bezeichnet man als **Einlagerungsmischkristalle.**

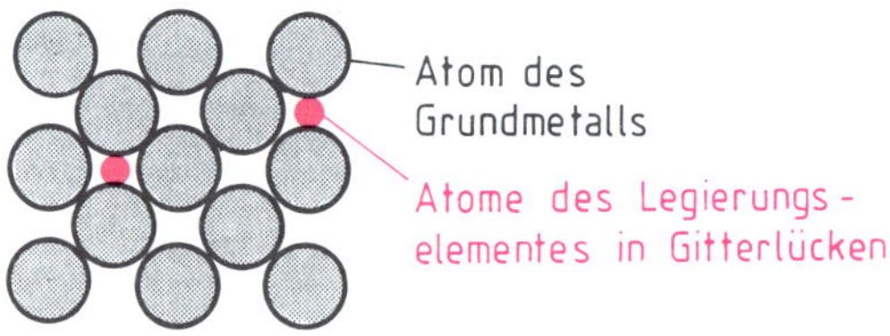

Einlagerungsmischkristall

Legierungsbestandteile mit etwa gleichem Atomdurchmesser wie das Grundmetall bilden Mischkristalle, indem die Atome des Legierungsbestandteils Atome des Grundwerkstoffes ersetzen. Diese Art der Mischkristalle bezeichnet man als **Austauschmischkristalle** (Substitutionsmischkristall).
Die Bildung von Austauschmischkristallen ist nur möglich, wenn die Ausgangsstoffe gleichen Gittertyp haben.

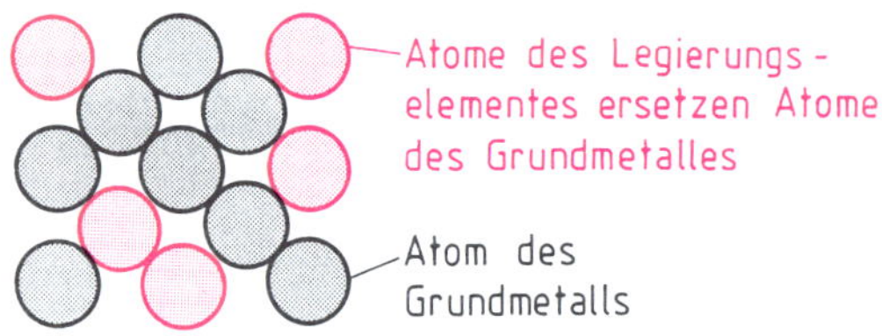

Austauschmischkristall

Bei den Legierungen mit Mischkristallbildung müssen zwei Arten unterschieden werden:
- Einlagerungsmischkristalle,
- Austauschmischkristalle.

Die Atome der Legierungsbestandteile in Mischkristallen behindern die Umformung des Grundwerkstoffes nur wenig. Deshalb sind Legierungen mit Mischkristallen leicht umformbar und zäh.

Wegen ihres einheitlichen Gefüges sind Mischkristalle verhältnismäßig korrosionsbeständig.

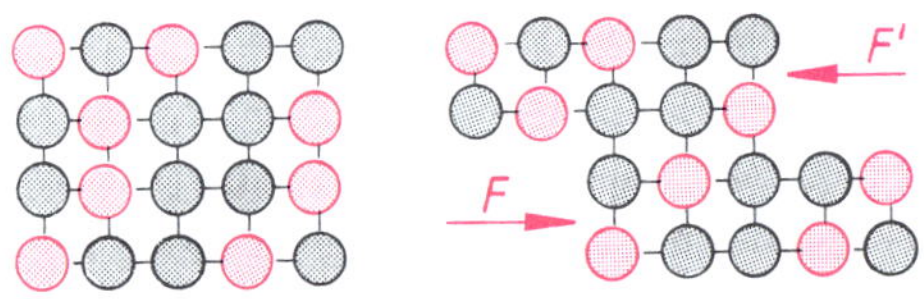

Umformung von Mischkristallen

Mischkristalle
- haben hohe Zähigkeit,
- sind leicht umformbar,
- sind meist korrosionsbeständig.

- **Schmelz- und Erstarrungsverhalten von Legierungen mit Mischkristallen**

Legierungen mit Mischkristallen zeigen ein anderes Aufheiz- und Abkühlungsverhalten als reine Metalle. Sie schmelzen und erstarren nicht bei einer bestimmten Temperatur, einem Haltepunkt, sondern in einem Temperaturbereich. Temperaturbereiche nennt man in der Fachsprache Temperaturintervalle, darum spricht man von einem **Schmelz-** bzw. **Erstarrungsintervall**.

Beispiel **für das unterschiedliche Erstarrungsverhalten von zwei reinen Metallen und einer daraus gebildeten Legierung**

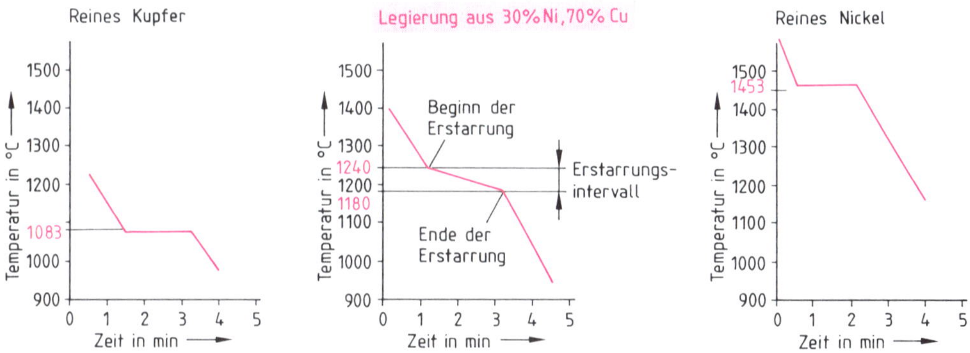

Legierungen mit Mischkristallen schmelzen und erstarren in einem Temperaturintervall.

Die Temperaturen von Erstarrungsbeginn und Erstarrungsende sind abhängig von der Zusammensetzung der Legierung. Zur besseren Übersicht über das Schmelz- und Erstarrungsverhalten von verschiedenen Legierungen trägt man Beginn und Ende der Erstarrungsintervalle von Legierungen in ein Diagramm mit den Achsen Temperatur und Zusammensetzung ein. Verbindet man die Punkte untereinander, so erhält man ein Diagramm, das man als **Zustandsdiagramm** der Legierung bezeichnet.

Beispiel **für die Entwicklung eines Zustandsdiagramms aus Abkühlungskurven**

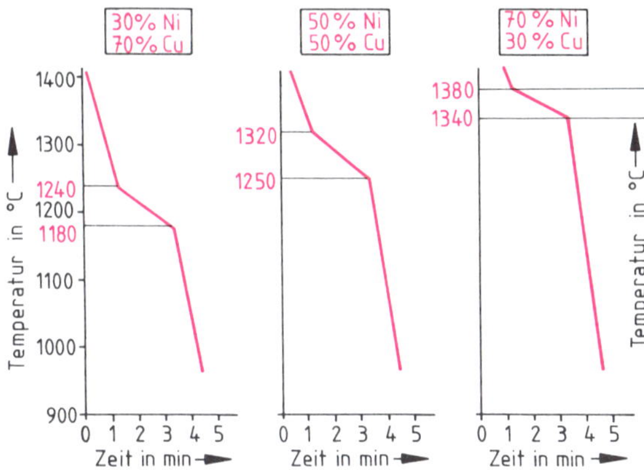

Abkühlungskurven von Cu-Ni-Legierungen

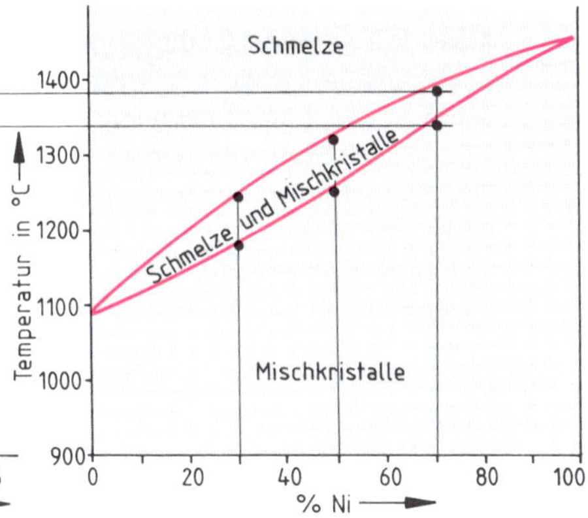

Zustandsdiagramm von Kupfer-Nickel-Legierungen

Aus diesem Zustandsdiagramm können Beginn und Ende des Schmelzens oder Erstarrens für jede beliebige Zusammensetzung abgelesen werden. Ferner kann man aus Zustandsdiagrammen die jeweils höchste Temperatur ablesen, auf die eine Legierung erhitzt werden darf, ohne daß sie zu schmelzen beginnt.

Zustandsdiagramm von Legierungen mit Mischkristallen haben die Form einer „Zigarre".

Übungsaufgaben 2/21; 2/22

2.3.2 Legierungen mit Kristallgemengen

- **Aufbau und Eigenschaften**

Liegen in einem Werkstoff die einzelnen Legierungsbestandteile im festen Zustand getrennt nebeneinander vor, so spricht man von **Kristallgemengen.**

Die verschiedenen Kristallarten sind auf Grund ihrer Größe nur unter dem Mikroskop deutlich zu erkennen. Weil sich die Atome von Grundmetall und Legierungselement bei Kristallgemengen meist im Durchmesser und im Gittertyp, in dem sie Kristalle bilden, unterscheiden, ist das Gefüge uneinheitlich.

Beispiel für das Gefüge einer Legierung mit Kristallgemenge

Aluminiumatome haben einen Durchmesser von $3 \cdot 10^{-10}$ m, Siliziumatome haben dagegen einen Durchmesser von $2{,}3 \cdot 10^{-10}$ m. Aluminium erstarrt im kfz-Gitter, Silizium nicht. In einer Legierung mit 12% Si ist Aluminium das Grundmetall, in das Siliziumkörner eingelagert sind.

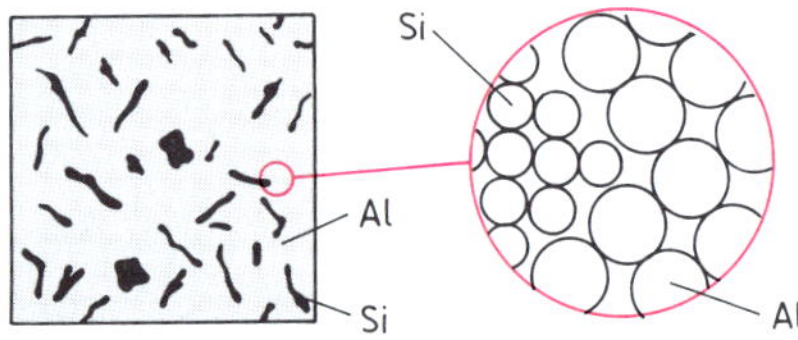

Gefüge einer schlecht umformbaren Al-Legierung mit 12% Silizium

Legierungen bilden Kristallgemenge, indem die Legierungsbestandteile nebeneinander eigene Kristalle bilden.

Die verschiedenen Atomdurchmesser und Gittertypen der einzelnen Bestandteile eines Kristallgemenges behindert die Umformung sehr. Darum verwendet man Werkstoffe mit Kristallgemenge möglichst nicht zum Umformen.

Legierungen mit Kristallgemengen sind schlecht umformbar.

Kristallgemenge haben bei bestimmten Zusammensetzungen besonders niedrige Schmelztemperaturen und sind besonders dünnflüssig. Deshalb lassen sich solche Legierungen gut gießen.

Beispiel für die Schmelzpunkterniedrigung in einer Legierung mit Kristallgemenge

Im Gußeisen mit Kugelgraphit liegt der Legierungsbestandteil Kohlenstoff getrennt neben Eisen in Form von Graphitkugeln vor. Eine Legierung mit etwa 4% Kohlenstoffgehalt schmilzt und erstarrt bei niedrigerer Temperatur als die Stoffe aus der sie besteht.

Der Schmelzpunkt beträgt für

– Eisen	1536 °C
– Graphit (Kohlenstoff)	3500 °C
– Legierung mit 4% Kohlenstoff	1123 °C

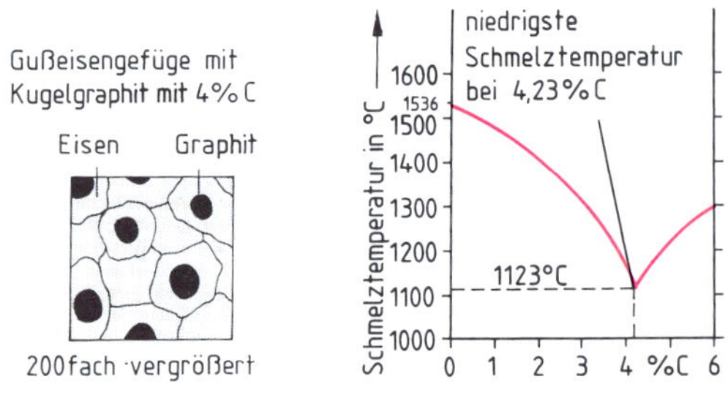

Schmelztemperatur von Fe-C-Gußlegierungen

Bilden Stoffe Legierungen mit Kristallgemenge, so ist darunter stets eine Legierung mit einer bestimmten Zusammensetzung, die bei tieferer Temperatur schmilzt und erstarrt als die Ausgangsstoffe. Die Legierung ist besonders gut gießbar.

Legierungen mit Kristallgemengen ergeben bei spanabhebender Bearbeitung, z.B. Drehen, kurze Späne, weil der Span an den unterschiedlichen Gefügebestandteilen bricht. Darum verwendet man solche Legierungen zum Zerspanen auf automatischen Bearbeitungsmaschinen.

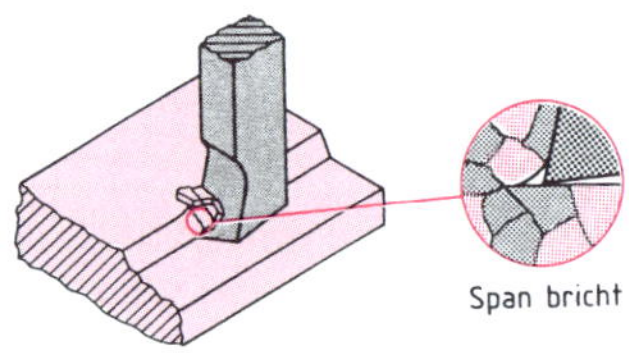

Kurze Späne beim Zerspanen von Kristallgemengen

Legierungen mit Kristallgemengen sind sehr gut spanbar.

Viele Legierungen mit Kristallgemengen sind gute Lagerwerkstoffe. Dabei tragen die Körper des härteren Legierungsbestandteils die Welle, während die weicheren Körner die Schmierung begünstigen.

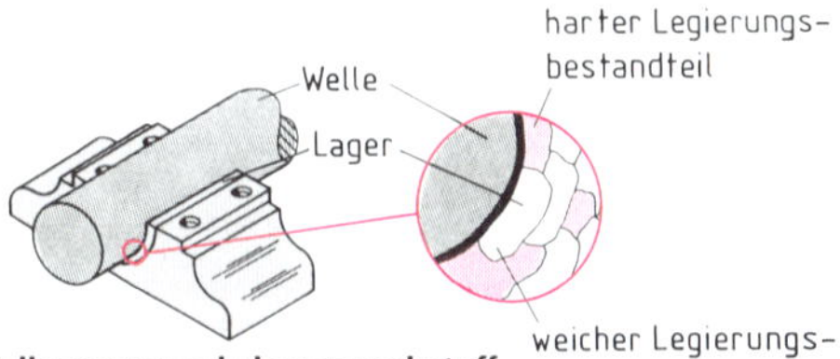

Kristallgemenge als Lagerwerkstoff

Lagermetalle sind meist Legierungen mit Kristallgemengen.

Schmelz- und Erstarrungsverhalten von Legierungen mit Kristallgemengen

Unter den möglichen Legierungen zweier Stoffe, die ein Kristallgemenge bilden, befindet sich ein Gemisch, das wie ein reines Metall bei einem Haltepunkt erstarrt. Diese Legierung weist eine besonders feine Verteilung der Bestandteile auf. Das Gefüge dieser Legierung nennt man **Eutektikum**. Der Schmelzpunkt des Eutektikums liegt stets tiefer als der Schmelzpunkt des niedrigst schmelzenden Bestandteiles.

Beispiel für das Erstarrungsverhalten und das Gefüge eines Eutektikums

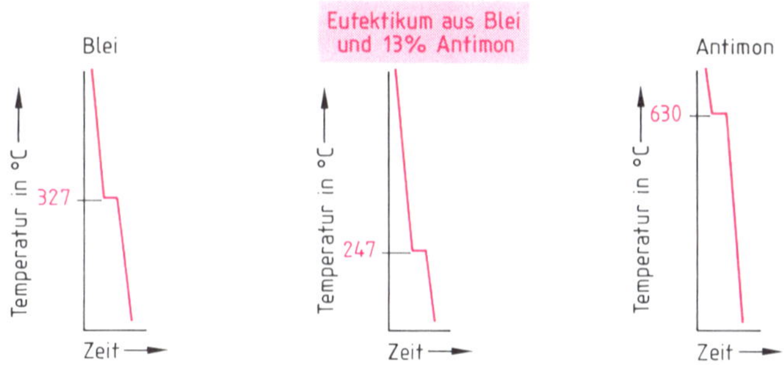

Abkühlungsverläufe der reinen Metalle und des Eutektikums

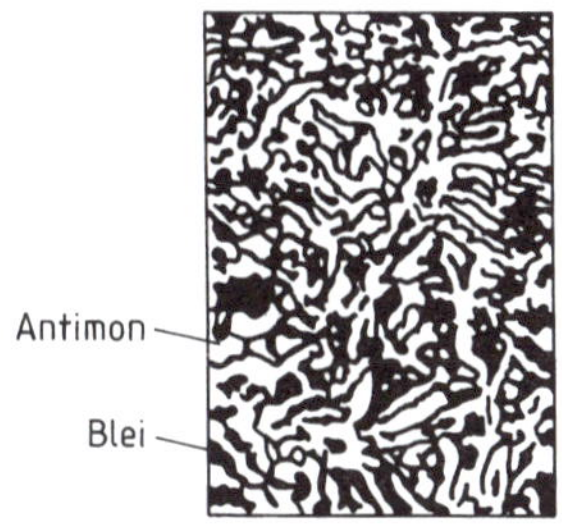

Gefüge des Eutektikums

Kennzeichen eines Eutektikums:
- feinstes Kristallgemenge,
- Erstarrung bei einem Haltepunkt,
- niedrigste Schmelztemperatur.

Legierungen, deren Zusammensetzung nicht eutektisch ist, scheiden zunächst in einem Erstarrungsintervall den gegenüber der eutektischen Zusammensetzung überschüssigen Bestandteil in Form kleiner Kristalle aus. Dadurch ändert sich die Zusammensetzung der Schmelze soweit, bis sie eutektische Zusammensetzung hat. Die restliche Schmelze erstarrt dann als Eutektikum.

Beispiel für das Erstarrungsverhalten und das Gefüge einer nichteutektischen Legierung

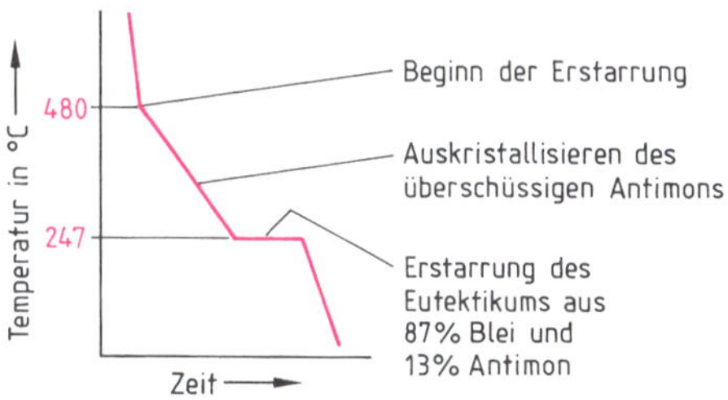

Abkühlungsverlauf einer Legierung mit 50% Antimon

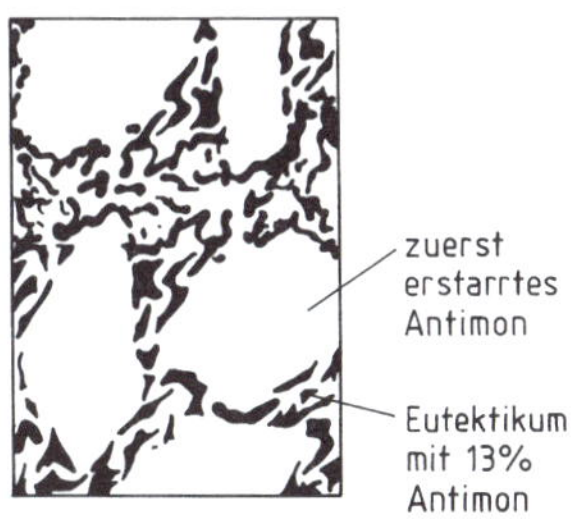

Gefüge einer Legierung mit 50% Antimon

In Legierungen mit Kristallgemengen, die nicht die eutektische Zusammensetzung haben, kristallisiert zunächst in einem Temperaturintervall der überflüssige Bestandteil aus. Die Restschmelze erstarrt eutektisch.

Übungsaufgabe 2/26; 2/27

Zur Erstellung des Zustandsdiagramms für ein Kristallgemenge trägt man auch den Beginn und das Ende der Erstarrung verschiedener Legierungen in ein Diagramm mit den Achsen Temperatur und Zusammensetzung ein. Hier entsteht ein V-förmiges Diagramm mit einer waagerechten Linie bei der Erstarrungstemperatur des Eutektikums.

Beispiel für das Zustandsdiagramm einer Legierung mit Kristallgemenge

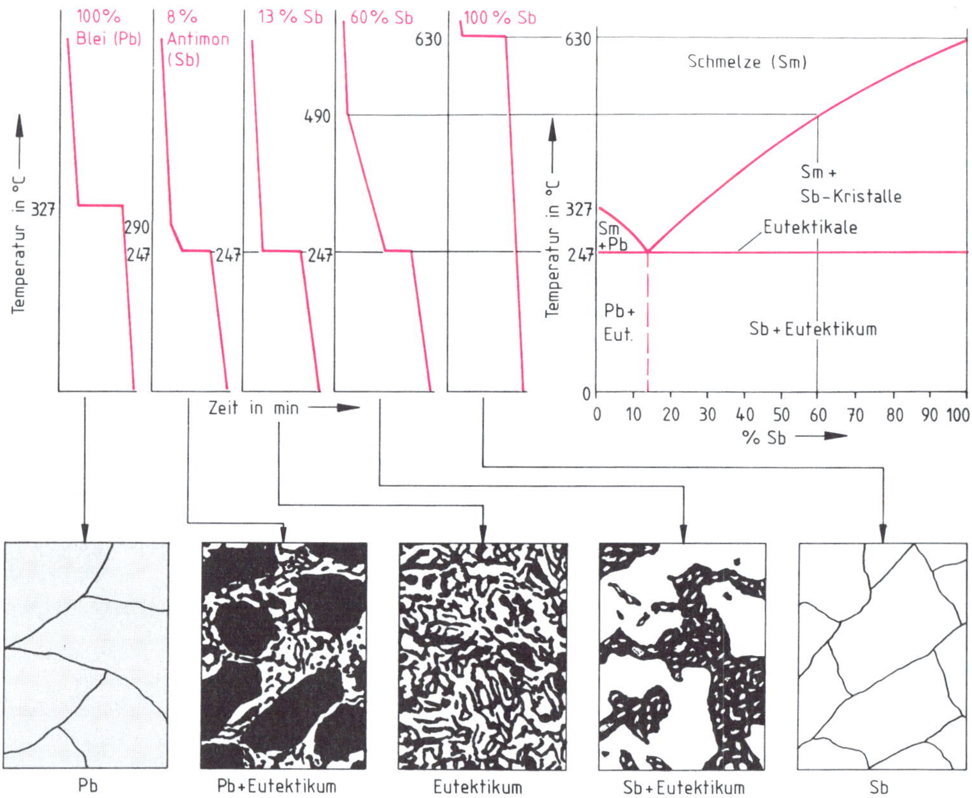

Gefügebilder von Blei, Antimon und deren Legierungen

In die verschiedenen Felder des Diagramms werden die jeweils vorliegenden Bestandteile eingetragen. Oberhalb der V-förmigen Kurve besteht eine Legierung nur aus Schmelze. Das Feld erhält die Beschriftung „Schmelze".

Zwischen der V-förmigen Kurve und der waagerechten Linie – **der Eutektikalen** – liegen die Bereiche, in denen der gegenüber dem Eutektikum überschüssige Bestandteil kristallisiert:

- Bei Legierungen, die mehr Blei als die eutektische Legierung enthalten, liegen Bleikristalle und Schmelze als Bestandteile vor.
- Bei Legierungen, die mehr Antimon als die eutektische Legierung enthalten, liegen Antimonkristalle und Schmelze vor.
- Unterhalb der eutektischen Temperatur ist alles fest. Als Bestandteile findet man hier die vorher ausgeschiedenen Kristalle und das Eutektikum. In die Felder trägt man demnach die Bezeichnungen der Gefügebestandteile „Blei + Eutektikum" und „Antimon + Eutektikum" ein.

Zustandsdiagramme von Legierungen mit Kristallgemengen haben die Form des Buchstaben V, der auf einer waagerechten Linie – der Eutektikalen – steht.

Übungsaufgaben 2/28; 2/29

3 Eisen und Stahl

3.1 Roheisen- und Stahlerzeugung

Der Weg vom Eisenerz zum Stahl führt über drei Stufen.

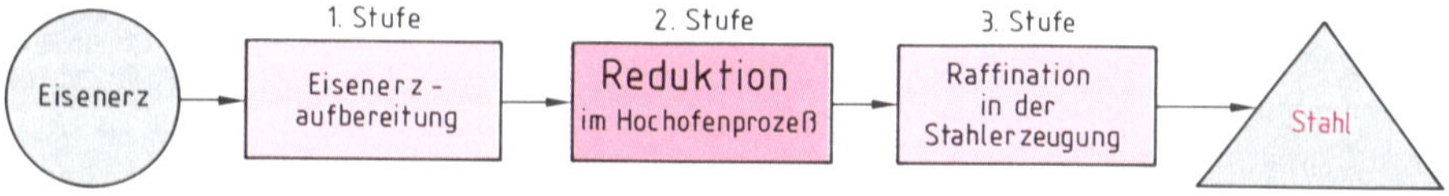

3.1.1 Roheisenerzeugung

- **Eisenerz**

Eisenerze sind Gemenge aus chemischen Verbindungen des Eisens mit nichteisenhaltigen Gesteinen (taubem Gestein). Die chemischen Verbindungen des Eisens im Eisenerz sind im wesentlichen Eisenoxide, d.h. chemische Verbindungen zwischen Eisen und Sauerstoff. In geringen Mengen werden auch Eisenerze verhüttet, in denen das Eisen mit Schwefel oder einigen anderen Elementen verbunden ist.

- **Aufbereitung der Eisenerze**

Nach der Förderung werden die Eisenerze in der ersten Stufe der Verarbeitung bereits an den Fundorten von dem größten Teil des tauben Gesteins getrennt. Dadurch werden die Kosten für den Transport und die Weiterverarbeitung erheblich gesenkt.

- **Reduktion der Eisenerze im Hochofen**

Im Hochofenprozeß wird dem Eisenoxid durch chemische Reaktion mit Kohlenstoff und Kohlenmonoxid der Sauerstoff entzogen. Man nennt diese Reaktion, bei der Sauerstoff entzogen wird, eine **Reduktion**.

Im Hochofen werden auch andere Oxide, z.B. Manganoxid und Siliziumoxid, reduziert. Ferner nimmt das Eisen Kohlenstoff auf. Darum entsteht im Hochofenprozeß kein reines Eisen, sondern **Roheisen,** das mit Kohlenstoff, Silizium, Mangan, Phosphor und Schwefel verunreinigt ist.

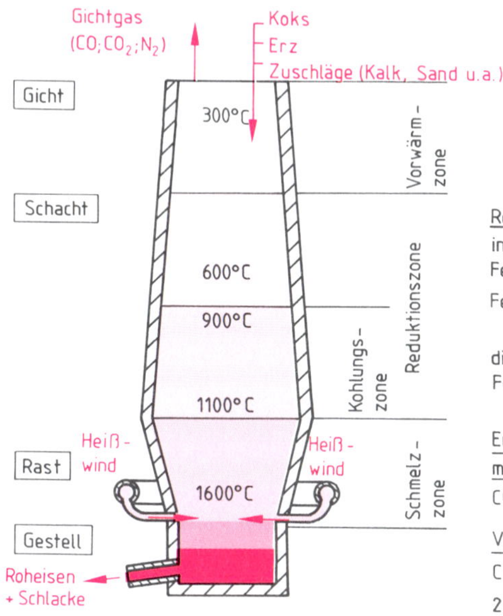

Hochofen

Reduktion:

indirekte Reduktion durch CO

$Fe_2O_3 + 3CO \rightarrow 2Fe + 3CO_2$

$Fe_3O_4 + 4CO \rightarrow 3Fe + 4CO_2$

direkte Reduktion durch C

$FeO + C \rightarrow Fe + CO$

Entstehung des Reduktionsmittels CO:

$CO_2 + C \rightarrow 2CO$

Verbrennung:

$C + O_2 \rightarrow CO_2$

$2C + O_2 \rightarrow 2CO$

3.1.2 Stahlerzeugung

Roheisen ist sehr spröde. Es ist nicht schmiedbar und nicht schweißbar. Aus diesem Grunde kann Roheisen nicht direkt verwendet werden. Hauptursache für diese ungünstigen Eigenschaften sind der hohe Kohlenstoffgehalt sowie die Verunreinigungen durch Silizium, Phosphor und Schwefel. Deshalb müssen diese Bestandteile aus dem Roheisen entfernt werden.

Die Verminderung des Kohlenstoffgehaltes und der Gehalte an Eisenbegleitern geschieht durch chemische Verbindung dieser Elemente mit Sauerstoff. Bei der Oxidation wird Wärme frei. Es entsteht Stahl.

Durch Oxidation der Eisenbegleiter wird Roheisen zu Stahl.

Übungsaufgaben 3/1 bis 3/5

- **Sauerstoffaufblasverfahren**

Das bekannteste Sauerstoffaufblasverfahren ist das **LD-Verfahren**. Es wurde von den Vereinigten Österreichischen Stahlwerken in **L**inz-**D**onawitz entwickelt.
Beim LD-Verfahren wird die Roheisenschmelze in einen schwenkbaren Tiegel mit einem Fassungsvermögen von etwa 300 t gegeben.

Von oben wird in diesen Tiegel ein wassergekühltes Rohr (Lanze) eingeführt. Durch das Rohr wird reiner Sauerstoff auf die Schmelze aufgeblasen. Dabei oxidieren die Eisenbegleiter, weil sie ein stärkeres Verbindungsbestreben zu Sauerstoff haben als Eisen. Die gasförmigen Oxide gehen über Filter in die Atmosphäre; die übrigen Oxide bilden mit der Kalkzugabe eine Schlacke auf der Schmelze. Bei der Oxidation und Verschlackung der Eisenbegleiter wird eine erhebliche Wärmemenge frei. Dadurch steigt die Temperatur im Tiegel von etwa 1250 °C auf mehr als 1600 °C. Diese Temperaturerhöhung ist unbedingt erforderlich, da die kohlenstoffarme Stahlschmelze einen Schmelzpunkt von ca. 1500 °C hat, im Gegensatz zu Roheisen, das etwa bei 1150 °C schmilzt.

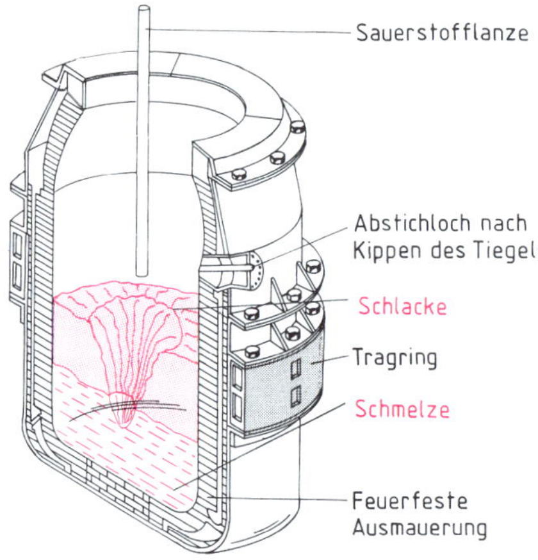

Tiegel für Sauerstoffaufblasverfahren

Die Eisenbegleiter reagieren mit dem aufgeblasenen Sauerstoff entsprechend folgenden Reaktionsgleichungen:

$$Si + O_2 \rightarrow SiO_2 + \text{Wärme} \qquad C + O_2 \rightarrow CO_2 + \text{Wärme}$$
$$2\,Mn + O_2 \rightarrow 2\,MnO + \text{Wärme} \qquad 4\,P + 5\,O_2 \rightarrow 2\,P_2O_5 + \text{Wärme}$$

Die bei der Oxidation freiwerdende Wärmemenge ist größer als erforderlich und würde zur Überhitzung der Schmelze führen. Deshalb gibt man zur Kühlung einen erheblichen Anteil an Stahlschrott in die Schmelze. Je nach gewünschter Zusammensetzung des Stahles werden am Ende des Blasvorganges oder beim Abfüllen in die Gießpfanne Legierungselemente zugesetzt.

Im Sauerstoffblasverfahren wird aus flüssigem Roheisen durch Oxidation der Eisenbegleiter mit aufgeblasenem Sauerstoff Stahl erzeugt.

- **Elektro-Verfahren**

Beim Elektrostahlverfahren wird Stahl veredelt. Der Elektroofen ist ein runder, schwenkbarer Ofen, der mit einem Deckel abgeschlossen wird. Der Ofen wird mit flüssigem oder festem Stahl und ausgesuchtem Stahlschrott beschickt. Der eingefüllte Stahl wird durch elektrische Lichtbögen aufgeschmolzen. Diese Lichtbögen brennen zwischen Kohleelektroden und dem Schmelzgut und erreichen Temperaturen bis zu 3500 °C. Durch diese hohen Temperaturen und den elektrischen Strom als sauberen Energieträger lassen sich Stähle hoher Reinheit herstellen. Zur Verbesserung der Eigenschaften werden Elektrostähle meist legiert. Im Elektroofen ist das Legieren auch mit hochschmelzenden Legierungselementen wie Chrom, Wolfram, Molybdän und anderen möglich. Man erzeugt im Elektroofen Edelstahl.

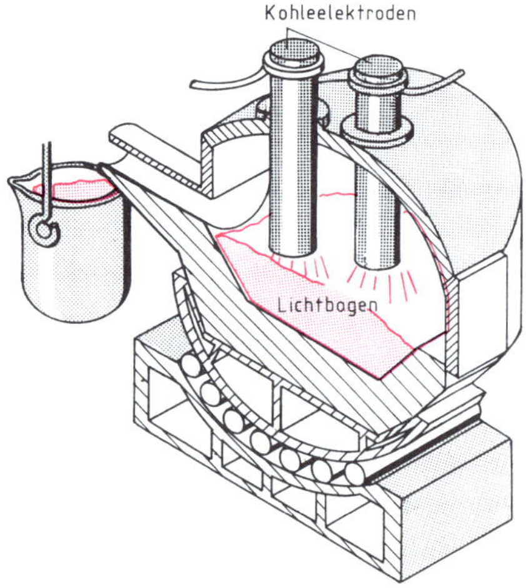

Lichtbogenofen für das Elektrostahlverfahren

Im Elektrostahlverfahren wird Edelstahl durch Umschmelzen, Raffinieren und Legieren von Stahl und Stahlschrott erzeugt!

Übungsaufgaben 3/6 bis 3/9

3.1.3 Entgasen und Vergießen von Stahl

• Entgasen von Stahl

Flüssiger Stahl kann bei seiner Herstellung neben anderen Gasen beachtliche Mengen Wasserstoff aufnehmen. Bei der Abkühlung des Stahles bis zur Erstarrung kann nur ein Teil des gelösten Wasserstoffes aus der Schmelze entweichen. Der im Stahl verbliebene Wasserstoff kann unter hohem Druck stehen und Risse – **Flockenrisse** genannt – verursachen. Diese Risse führen zu einer Schädigung des Werkstoffes. So kann z.B. ein Turbinenläufer, der mit Flockenrissen durchsetzt ist, bei hohen Drehzahlen explosionsartig zerspringen. Um Wasserstoff und andere gelöste Gase aus der Stahlschmelze zu entfernen, wird hochwertiger Stahl durch Vakuumbehandlung entgast.

Bei der Abstichentgasung wird das Gießmaterial über einen Einlauftrichter in eine dicht verschlossene, luftleer gepumpte Pfanne gegossen. Beim Eintritt in das Vakuum zerreißt der Gießstrahl in eine Vielzahl kleiner Bläschen und Tröpfchen. Das in den Tropfen befindliche Gas kann schnell an die Oberfläche der einzelnen Tropfen gelangen und wird abgesaugt.

Löslichkeit von Wasserstoff in Stahl

- Flüssiger Stahl löst bei 1600 °C 270 cm^3 H_2 in 1 kg Stahl
- Erstarrter Stahl löst bei 1500 °C 89 cm^3 H_2 in 1 kg Stahl

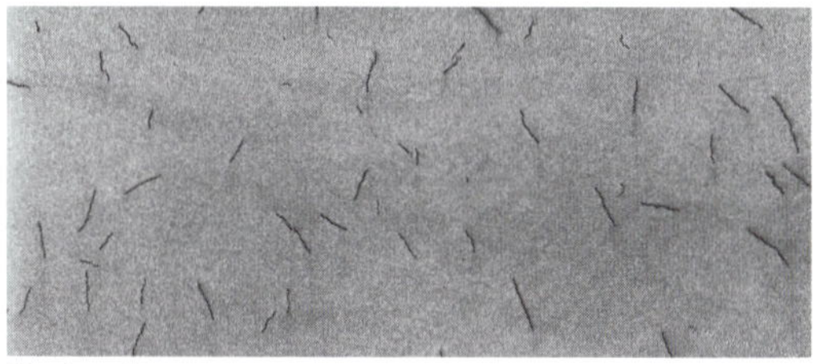

Flockenrisse

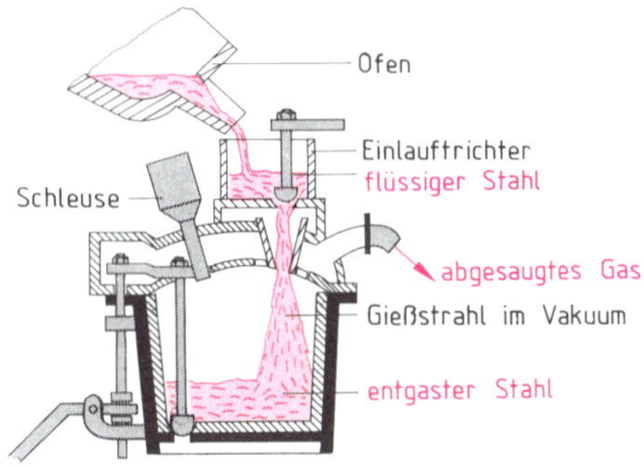

Abstichentgasung

Vakuumentgasung der Stahlschmelze wird angewendet, um Werkstoffehler durch Ansammlung von Gasen, besonders Wasserstoff, zu vermeiden.

• Vergießen von Stahl

Nur ein geringer Teil des erzeugten Stahles wird nach der Erzeugung unmittelbar in Formen zu Stahlgußstücken vergossen. Der größte Teil wird zu Blöcken oder Strängen vergossen, die dann durch Walzen oder Schmieden weiterverarbeitet werden.

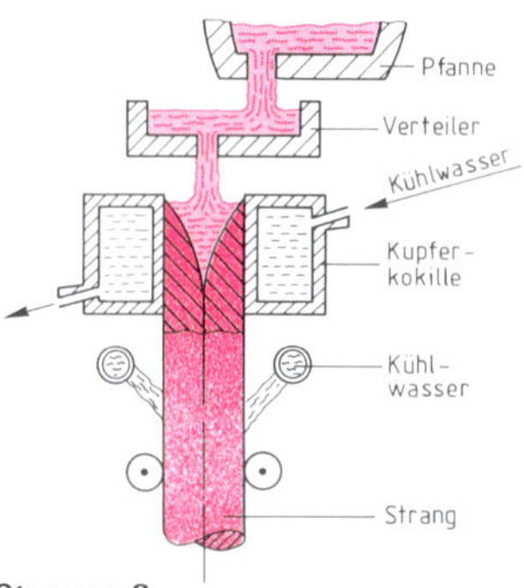

Strangguß

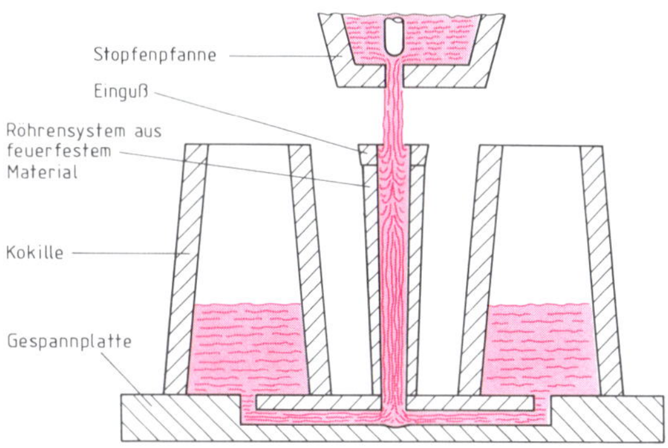

Blockguß

Beim Stranggießen wird der Stahl fortlaufend in nach unten geöffnete, wassergekühlte Hohlformen aus Kupfer gegossen. Dabei erstarrt der Stahl an den Wänden der Kokille und wird als Strang aus der Form gezogen. Außerhalb der Form wird der Strang zusätzlich mit Wasser gekühlt und durch Brenner auf gewünschte Längen geschnitten. Die Strangquerschnitte können so klein gewählt werden, daß die Walzarbeit im Blockwalzwerk entfällt. Das Gefüge eines Stranges ist zudem gleichmäßiger als das eines Blockes.

3.1.4 Einfluß der Legierungselemente

Die Eigenschaften von Stahl und Gußeisen hängen weitgehend von den metallischen und nichtmetallischen Eisenbegleitern (C, Si, Mn, P, S) und den absichtlich zugesetzten Legierungselementen ab. Gibt man die Elemente Silizium, Mangan, Phosphor und Schwefel bei besonderen Stählen und Gußwerkstoffen gezielt hinzu, so gelten sie ebenfalls als Legierungselemente.

Übersicht über die Wirkungen von Begleit- und Legierungslementen

	Name Symbol	Anteil in % als Begleitelement in Stahl	 in Gußeisen	Veränderung der Eigenschaften bei steigendem Anteil erhöht	 vermindert	Anwendung als Legierungselement
Begleitelemente	**Kohlenstoff C**	0,02 bis 2,06	2,5 bis 5,0	Festigkeit (stark) Härte Härtbarkeit	Dehnbarkeit Schweißbarkeit Schmiedbarkeit Zähigkeit Schmelzpunkt	
Begleitelemente	**Silizium Si**	0,03 bis 0,6	1,5 bis 4,0	Festigkeit Elastizität Härtetiefe Korrosionsbeständigkeit Graphitbildung	Umformbarkeit Schweißbarkeit	1,0 bis 3,0% Federstähle 2,0 bis 4,0% Elektrobleche 11,0 bis 13,0% säurebeständiger Guß
Begleitelemente	**Mangan Mn**	0,4 bis 0,8	0,4 bis 1,2	Festigkeit Zähigkeit Härtetiefe	Zerspanbarkeit Graphitbildung	0,6 bis 1,5% Mangan-Vergütungsstähle 1,0 bis 2,0% Federstähle 10,0% Manganhartstahl 12,0 bis 18,0% säure- u. hitzebeständiger Stahl
Begleitelemente	**Phosphor P**	0,03 bis 0,08	0,2 bis 1,0	Festigkeit	Dehnbarkeit Kaltumformbarkeit Zähigkeit Schweißbarkeit	1,0 bis 2,0% dünnwandiger Guß
Begleitelemente	**Schwefel S**	0,03 bis 0,06	0,08 bis 0,12	Zerspanbarkeit	Umformbarkeit bei hohen Temperaturen (Rot- und Heißbruch)	0,2 bis 0,25% Automatenstahl
Legierungselemente	**Chrom Cr**			Zugfestigkeit Härte Warmfestigkeit Härtetiefe Korrosionsbeständigkeit Schneidhaltigkeit Kornfeinheit	Dehnung (gering)	0,3 bis 1,2% Vergütungs- und Einsatz-Stähle (z.B. f. Wälzlager) 5,0 bis 9,0% warmfeste Stähle 8,0 bis 25,0% rost- und säurebeständige Chrom- und Chrom-Nickel-Stähle
Legierungselemente	**Nickel Ni**			Zugfestigkeit Härte Korrosionsbeständigkeit Härtetiefe	Wärmedehnung	7,0 bis 18,0% korrosionsbeständige Chrom-Nickel-Stähle bis 5,0% Vergütungsstähle 1,0 bis 2,0% Einsatzstähle 3,0 bis 5,0% verschleißfestes Gußeisen
Legierungselemente	**Vanadium V**			Zugfestigkeit Warmfestigkeit Härte Zähigkeit		0,6 bis 2,0% warmfeste Stähle bis 5,0% Schnellarbeitsstähle (mit Wolfram und Molybdän)
Legierungselemente	**Wolfram W**			Feinkörnigkeit Warmfestigkeit Härtetiefe Korrosionsbeständigkeit	Dehnung (gering)	0,4 bis 2,0% warmfeste Stähle 2,5 bis 4,0% Schnellarbeitsstähle (mit Vanadium und Molybdän)
Legierungselemente	**Molybdän Mo**			Zugfestigkeit Härte Warmfestigkeit	Schmiedbarkeit Dehnung	0,4 bis 0,9% warmfeste Stähle 3,0 bis 4,0% Schnellarbeitsstähle (mit Wolfram und Vanadium)

Bereich des unlegierten Stahls (farbig hinterlegt) — Bereich des legierten Stahls (weiß)

Übungsaufgabe 3/12

3.2 Gefüge und Eigenschaften von Stahl

3.2.1 Kohlenstoffgehalt von Stahl

Stähle sind **Eisen-Kohlenstoff-Legierungen**. Entstehung und Veränderung des Gefüges von Eisen-Kohlenstoff-Legierungen werden durch das Zustandsdiagramm Eisen-Kohlenstoff veranschaulicht. Stähle haben höchstens 2,06% Kohlenstoff. Deshalb bezeichnet man den Teil des Diagramms von 0,05 bis 2,06% Kohlenstoff als die Stahlseite des Zustandsdiagramms der Eisen-Kohlenstoff-Legierungen.

Das Eisen-Kohlenstoff-Diagramm beschreibt die Entstehung und Veränderung des Gefüges von Eisen-Kohlenstoff-Legierungen. Die Stahlseite reicht von 0,05 bis 2,06% Kohlenstoff.

3.2.2 Gefügebestandteile

Die vielseitige Verwendung von Stahl erfordert unterschiedliche Werkstoffeigenschaften. Durch die Wahl des Kohlenstoffgehaltes und eine entsprechende Behandlung können Stähle erzeugt werden, die den unterschiedlichsten Anforderungen genügen. Die Eigenschaften der Stähle und die Möglichkeiten, sie zu ändern, lassen sich am inneren Aufbau erklären.

- **Austenit**

Stahlschmelzen jeder Zusammensetzung erstarren zunächst als Mischkristalle. Die Kohlenstoffatome sind in Gitterlücken zwischen den Eisenatomen eingelagert. Die Eisenatome bilden bei der Erstarrung ein **kubisch-flächenzentriertes Gitter**. Man bezeichnet das Gefüge des Mischkristalls aus kubisch-flächenzentriertem Eisen- und eingelagerten Kohlenstoffatomen als **Austenit**.
Austenit ist zäh und gut umformbar.

Das Eisen-Kohlenstoff-Diagramm zeigt wegen der Mischkristallbildung im oberen Bereich den für Mischkristalle typischen Verlauf.

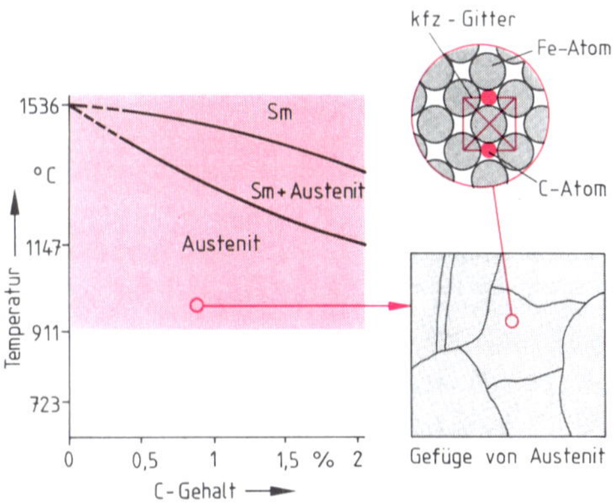

Austenit im Eisen-Kohlenstoff-Diagramm

Austenit ist das Gefüge von Mischkristallen aus kubisch-flächenzentriertem Eisen mit Kohlenstoffatomen in den Gitterlücken. Austenit ist zäh und gut umformbar.

- **Ferrit**

Kühlt man reines Eisen langsam ab, lagern sich die Eisenatome um. Aus dem kubisch-flächenzentrierten Gitter des Eisens entsteht ein kubisch-raumzentriertes Gitter. Dieses Eisen mit dem kubisch-raumzentrierten Gitter bezeichnet man als **Ferrit**. In den Gitterlücken des Ferrits haben die Kohlenstoffatome keinen Platz. Ferrit ist weich und leicht umformbar.

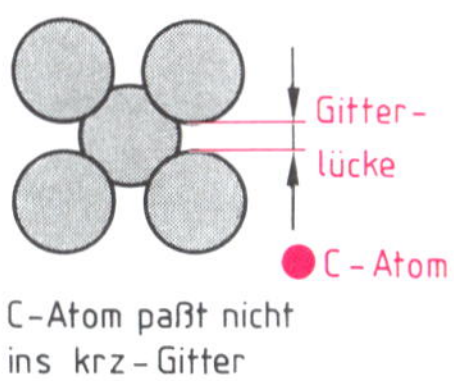

Gitterlücke im krz-Gitter

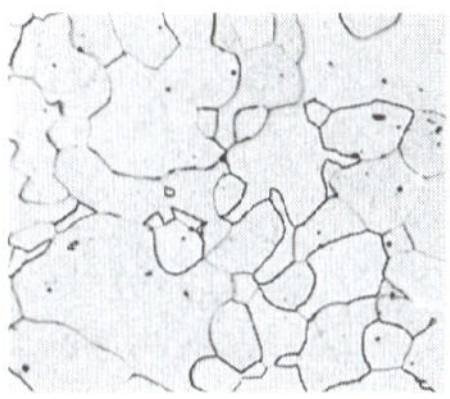

200fach vergrößert
Ferrit

Ferrit ist das Gefüge von nahezu reinem Eisen mit kubisch-raumzentriertem Gitteraufbau.
Ferrit ist weich und leicht umformbar.

- **Zementit**

Kohlenstoffatome können mit Eisenatomen die Verbindung Fe_3C bilden. Diese Verbindung Fe_3C nennt man **Zementit**. Zementit besitzt hohe Festigkeit, ist aber hart und spröde.

Zementit ist das Gefüge, das aus einer chemischen Verbindung des Eisens und des Kohlenstoffs mit der Formel Fe_3C besteht. Zementit ist hart und spröde.

Übungsaufgaben 3/13; 3/14

• Perlit

Kühlt man Austenit mit 0,8% Kohlenstoff ab, so bleibt bei 723 °C die Temperatur für eine gewisse Zeit konstant, weil ein neues Gefüge entsteht. Das Gitter des Eisens wandelt sich vom kubisch-flächenzentrierten in ein kubisch-raumzentriertes Gitter um. Weil die Gitterlücken im kubisch-raumzentrierten Gitter sehr klein sind, kann dieses Gitter keinen Kohlenstoff aufnehmen.
Die Kohlenstoffatome wandern darum geringe Strecken und bilden mit einem Teil des Eisens die Verbindung Fe_3C. Es entsteht so ein lamellenartiges Gefüge aus kubisch-raumzentriertem Eisen und Fe_3C. Man bezeichnet das Gefüge als **Perlit.**
Perlit entspricht einem eutektischen Gefüge. Weil es nicht aus der Schmelze, sondern aus Mischkristallen entsteht, spricht man von einem *eutektoidischen* Gefüge.

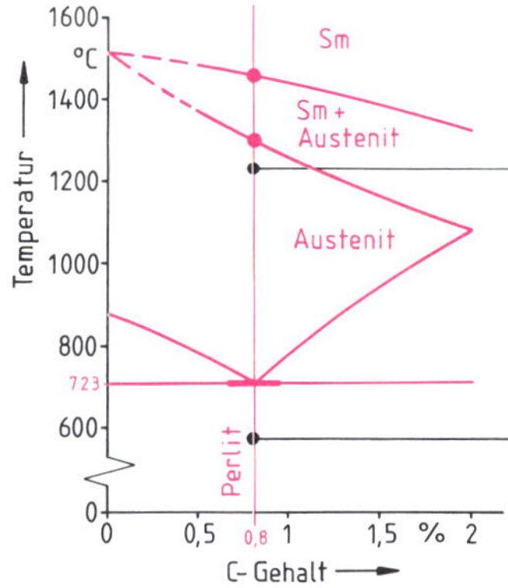

Stahlseite des Eisen-Kohlenstoff-Diagramms

Gefüge von Austenit

Gefüge von Perlit

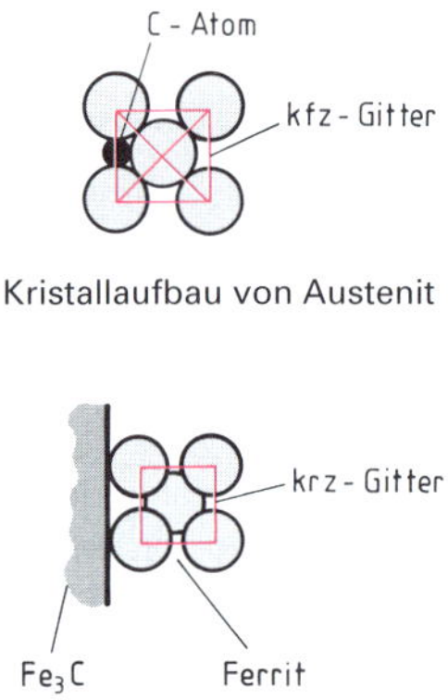

Kristallaufbau von Austenit

Kristallaufbau von Perlit

Entstehung von Perlit

Austenit mit 0,8% Kohlenstoff wandelt sich bei 723 °C in Perlit um.
Perlit besteht aus lamellenartig gelagertem Ferrit und Zementit.

• Gefüge untereutektoidischer Stähle

Legierungen mit weniger als 0,8% Kohlenstoff haben gegenüber dem Perlit zuviel Eisen. Das überschüssige Eisen wandelt sich bei der Abkühlung in einem Temperaturbereich in Ferrit um. Der Kohlenstoff aus diesem Eisen wandert von den Stellen, an denen der Ferrit entstanden ist, zu den noch vorhandenen Mischkristallen. Sobald diese Mischkristalle 0,8% Kohlenstoff erreicht haben, entsteht aus ihnen Perlit. Stähle mit weniger als 0,8% Kohlenstoff bestehen darum aus Ferritkörnern und Perlit.

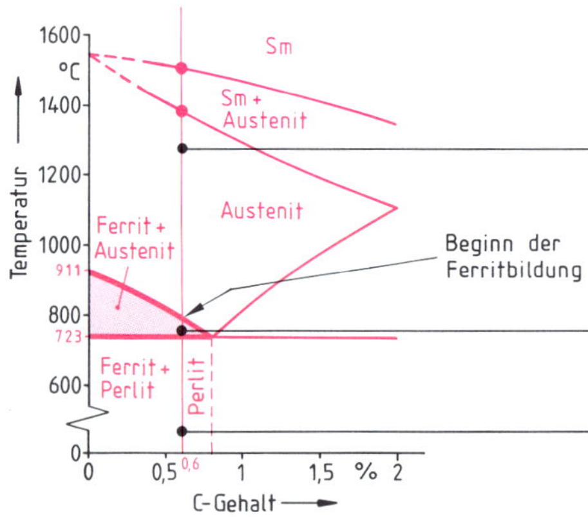

Stahlseite des Eisen-Kohlenstoff-Diagramms

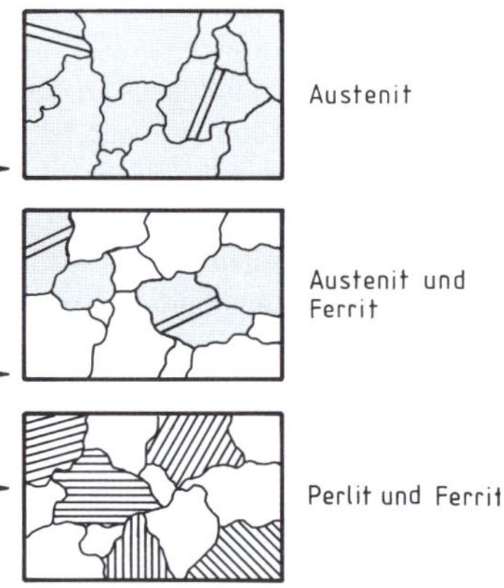

Gefüge von Stahl mit 0,6% C

Entstehung des Gefüges untereutektoidischer Stähle

Gefüge von unlegierten Stählen mit Kohlenstoffgehalten unter 0,8% bestehen bei Raumtemperatur aus Ferrit und Perlitkörnern. Je höher der Anteil an Kohlenstoff, desto mehr Perlitkörner.

Übungsaufgaben 3/15; 3/16

- **Gefüge übereutektoidischer Stähle**

Legierungen mit mehr als 0,8% Kohlenstoff haben gegenüber dem Perlit zuviel Kohlenstoff. Darum bildet sich bei diesen Legierungen während der Abkühlung in einem Temperaturbereich zunächst Zementit. Die Mischkristalle werden dadurch ärmer an Kohlenstoff. Sobald die noch vorhandenen Mischkristalle 0,8% Kohlenstoffgehalt erreicht haben, entsteht aus ihnen Perlit. Stähle mit mehr als 0,8% Kohlenstoff bestehen darum aus Zementit, der schalenförmig an den Korngrenzen vorliegt, und Perlit.

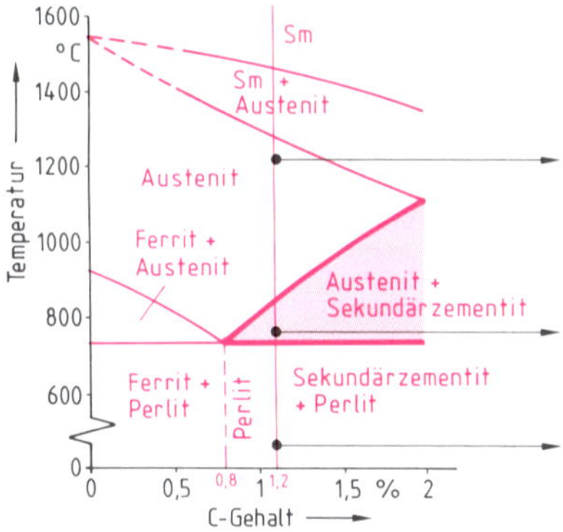

Stahlseite des Eisen-Kohlenstoff-Diagramms / Entstehung des Gefüges übereutektoidischer Stähle

Gefüge von Stahl mit 1,2% C

Gefüge von unlegierten Stählen mit Kohlenstoffgehalten über 0,8% bestehen bei Raumtemperatur aus Perlitkörnern und Sekundärzementit an den Korngrenzen.

- **Zusammenfassung wichtiger Begriffe zu Gefügen von Stählen**

Gefüge	Erklärung
Austenit	Mischkristalle mit einem kubisch-flächenzentrierten Gitter. Bei 1147 °C löst es bis zu 2,06% Kohlenstoff.
Ferrit	Eisen mit einem kubisch-raumzentrierten Gitter. Ferrit löst nahezu keinen Kohlenstoff.
Zementit	Eine chemische Verbindung zwischen Eisen und Kohlenstoff – Fe_3C. Fe_3C liegt bei Stählen mit mehr als 0,8% Kohlenstoff als Schalenzementit vor.
Perlit	Eutektoidisches Gefüge aus Ferrit und Zementit entsteht bei 723 °C.

3.2.3 Eigenschaften der Stähle in Abhängigkeit vom Gefüge

Aus der Kombination Ferrit/Zementit ergeben sich unterschiedliche Eigenschaften der Stähle.
Je höher der Gehalt an Zementit wird, desto härter und fester wird der Stahl. Seine Umformbarkeit und Zähigkeit sinken. Das Auftreten von Korngrenzenzementit (Sekundärzementit) führt zu besonders starkem Abfall der Zähigkeit. Die Härtbarkeit der Stähle steigt mit steigendem Kohlenstoffgehalt.

C-Gehalt	0%	0,4%	0,6%	0,8%	1,2%
Perlitanteil	0%	50%	75%	100%	93% (7% Sek.-Zem.)
Gefüge	 Ferrit	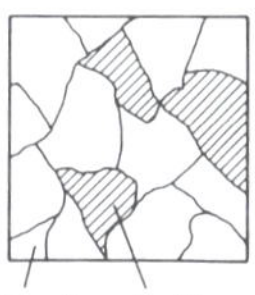 Ferrit Perlit	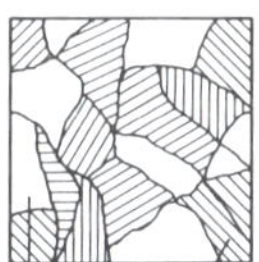 Ferrit Perlit	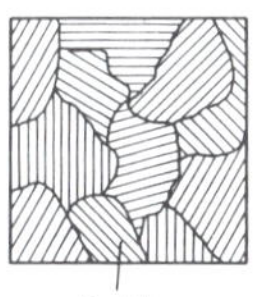 Perlit	 Perlit Sekundärzementit
Zugfestigkeit	ca. 200 N/mm²	ca. 700 N/mm²	ca. 850 N/mm²	ca. 950 N/mm²	ca. 1000 N/mm²
Härte	ca. 150 HB	ca. 180 HB	ca. 220 HB	ca. 240 HB	ca. 260 HB
Härtbarkeit	bis 0,35% nicht härtbar	steigende Härtbarkeit →			

Mit steigendem Gehalt eines Stahles an Zementit wachsen Härte, Festigkeit, Verschleißfestigkeit und Härtbarkeit. Die Zähigkeit und der Widerstand gegen Rißbildung sinken.

Übungsaufgabe 3/17

3.3 Stoffeigenschaftändern von Stahl

3.3.1 Glühen

3.3.1.1 Weichglühen

Ziel des Weichglühens ist ein Gefüge, das besser spanend bearbeitet werden kann als das Ausgangsgefüge. Im Perlit muß die Werkzeugschneide die Zementitlamellen zerbrechen und stumpft dabei schnell ab. Durch Weichglühen überführt man die Zementitlamellen des Perlits in Kugeln, die leicht vom Werkzeug aus der Ferritmasse herausgehoben oder zur Seite gedrängt werden können. Dadurch wird die Schneide weniger beansprucht.

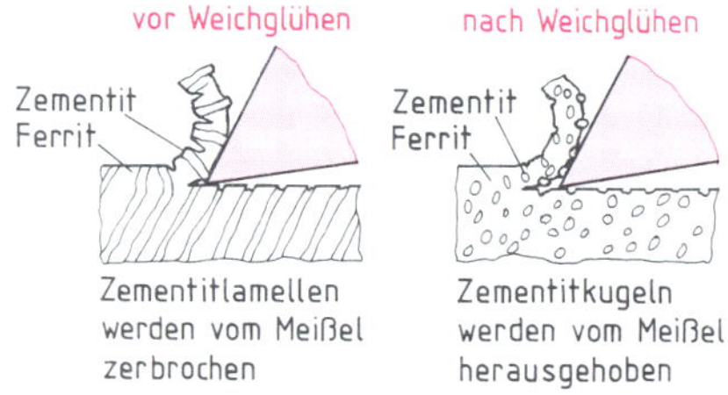

Spanen vor und nach dem Weichglühen

Bei untereutektoidischen Stählen glüht man viele Stunden lang unterhalb von 723 °C. Bei übereutektoidischen Stählen formt man zunächst durch eine mehrstündige Glühung bei etwa 750° bis 780 °C den schalenförmigen Zementit an den Korngrenzen zu Kugeln um. Danach glüht man unter 723 °C weiter, um Perlit mit kugelförmigem Zementit zu erhalten.

Beispiel **für Weichglühen**

Ausgangszustand → **Weichglühen** → **Endzustand**

Lamellarer Zementit des Perlits

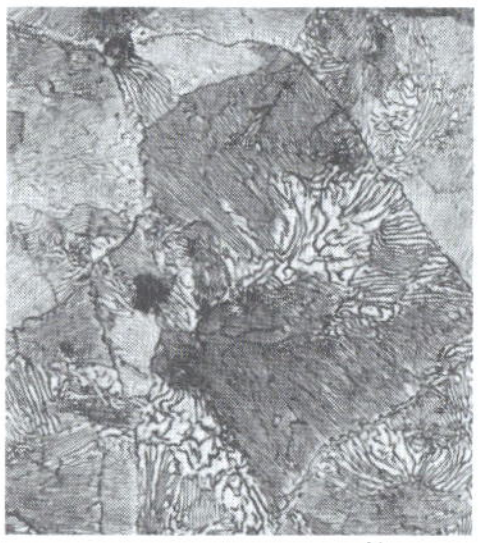

Zugfestigkeit: 950 $\frac{N}{mm^2}$
Bruchdehnung: 9%
Härte: 240 HB

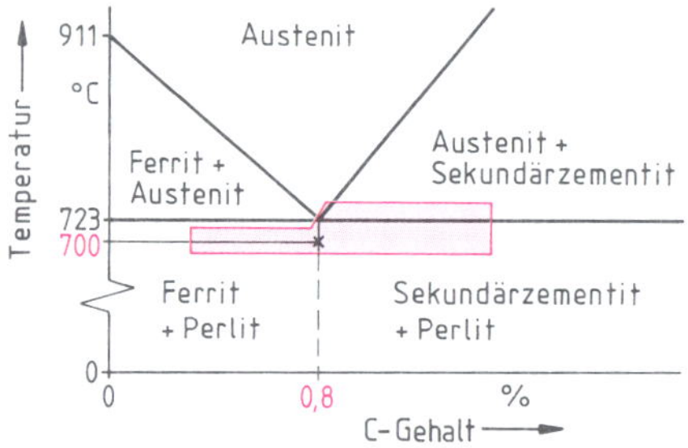

Glühtemperatur: 700 °C
Glühzeit: 5 Stunden
Abkühlung: im Ofen

Kugeliger Zementit des Perlits

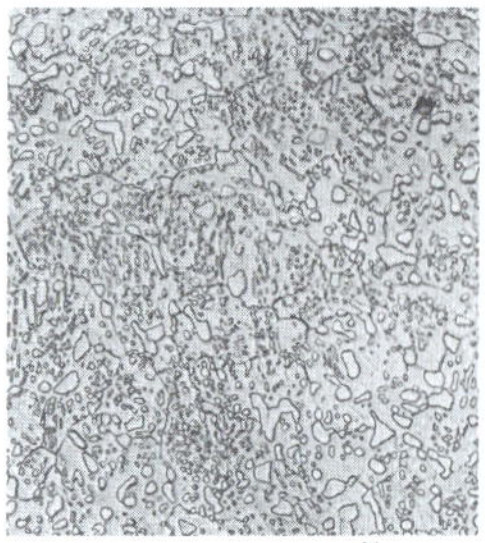

Zugfestigkeit: 520 $\frac{N}{mm^2}$
Bruchdehnung: 27%
Härte: 150 HB

Weichglühen dient zur Verbesserung der Zerspanbarkeit und Umformbarkeit.
Beim Weichglühen wird lamellarer Zementit in Kugelform überführt.

3.3.1.2 Spannungsarmglühen

Enthält ein Werkstück aus Stahl starke Eigenspannungen durch ungleichmäßiges Abkühlen beim Gießen, Schweißen, Schmieden oder anderen Verfahren, so können diese Spannungen durch Erwärmen abgebaut werden. Damit keine Gefügeänderungen und keine Verformung durch das Eigengewicht des Werkstückes eintreten, erfolgt das Spannungsarmglühen bei Temperaturen zwischen 500° und 600° Celsius. Beim Spannungsarmglühen muß das Werkstück über den ganzen Querschnitt die gleiche Temperatur aufweisen und anschließend sehr langsam abgekühlt werden. Deshalb zieht sich dieses Glühverfahren über mehrere Stunden hin.

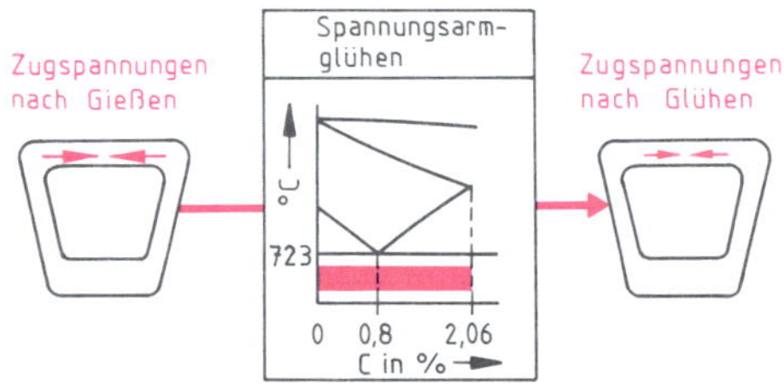

Spannungsarmglühen

Spannungsarmglühen geschieht bei Temperaturen zwischen 500° und 600° Celsius über mehrere Stunden. Spannungsarmglühen führt man durch, um Spannungen im Werkstück abzubauen.

Übungsaufgaben 3/18; 3/19; 3/20

3.3.1.3 Normalglühen

Häufig muß das Gefüge gehärteter oder geschweißter Bauteile wieder in den Zustand, den es nach dem Fe-Fe_3C-Diagramm haben müßte, zurückgeführt werden. Dies geschieht durch Normalglühen. Gleichzeitig wird beim Normalglühen ein feinkörniges und damit zähes Gefüge erzeugt.

Normalglühen geschieht dadurch, daß man die Stähle bis in den Austenitbereich erhitzt. Es entsteht ein neues Gefüge. Man glüht etwa 15 Minuten je 10 mm Wanddicke. Danach kühlt man an ruhender Luft ab. Bei übereutektiodischen Stählen glüht man den Stahl meist vorher weich, so daß der Sekundärzementit in Kugelform überführt wird. Danach führt man die Normalglühung bei etwa 750 °C durch.

Beispiel **für das Normalglühen einer 20 mm dicken Platte aus C35**

Ausgangszustand → **Normalglühen** → **Endzustand**

Gefüge nach der Reparaturschweißung an einem Werkstück
Plattendicke: 20 mm

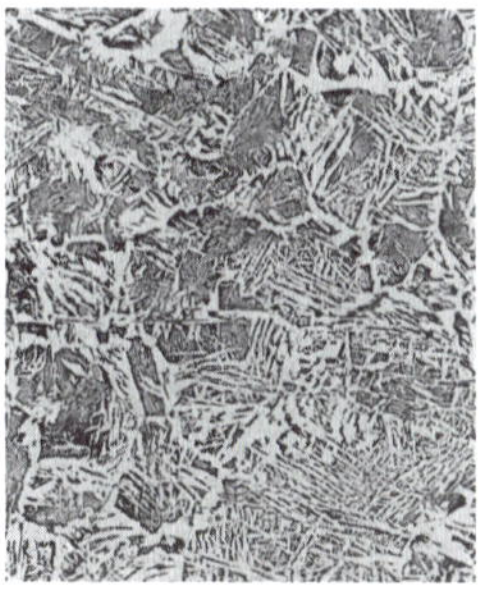

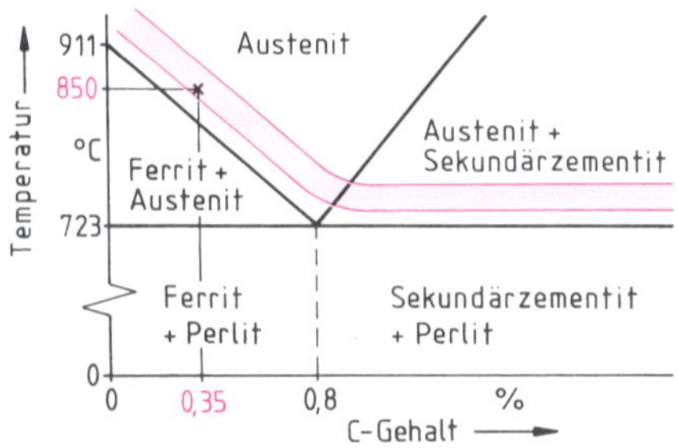

Glühtemperatur: 850 °C
Glühzeit: 30 Minuten
Abkühlung: an ruhender Luft

Ferrit-Perlit-Gefüge, feinkörnig

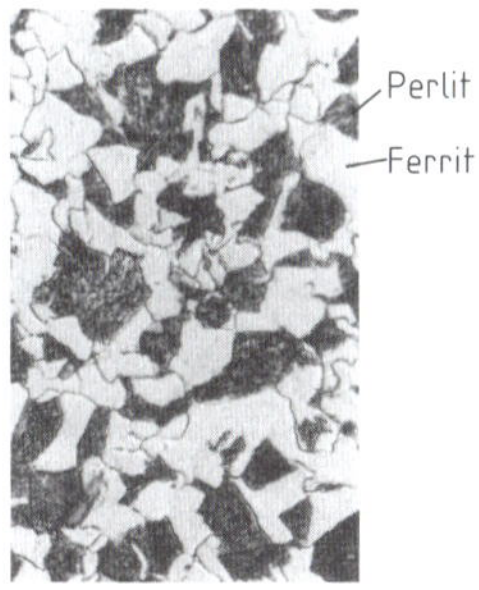

Beim Normalglühen erhitzt man den Stahl kurzzeitig in den Austenitbereich und kühlt anschließend an der Luft ab. Normalglühen geschieht zur Erzeugung eines feinkörnigen und gleichmäßigen Gefüges.

3.3.1.4 Rekristallisationsglühen

Beim Kaltumformen tritt durch die Streckung der Gefügekörner eine Kaltverfestigung ein, die den Werkstoff in seinen Eigenschaften verändert. Festigkeit und Härte nehmen zu, die Dehnbarkeit nimmt ab. Um Stähle nach einer Kaltumformung wieder umformbar zu machen, glüht man sie bei einer Temperatur um 700° Celsius. Dabei tritt eine Kornneubildung – eine Rekristallisation – ein. Das Gefüge läßt sich nun wieder umformen.

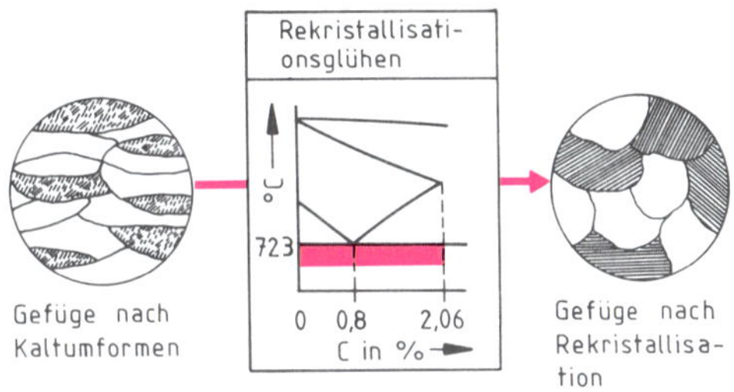

Rekristallisationsglühen

Rekristallisationsglühen geschieht zum Zweck der Kornneubildung nach Kaltumformen. Beim Rekristallisationsglühen wird ein kaltverfestigtes Gefüge durch Kornneubildung wieder umformbar.

3.3.2 Härten

Härte und Verschleißfestigkeit werden durch Abschreckhärten erhöht. Zum Abschreckhärten wird das Werkstück zunächst bis in den Austenitbereich erhitzt. Dabei geht aller Kohlenstoff in Lösung, d.h. er befindet sich dann in Gitterlücken des kubisch-flächenzentrierten Gitters.

Übereutektoidische Stähle werden vor dem Härten weichgeglüht, damit der Korngrenzenzementit in Kugelform überführt wird, und dann von einer Temperatur kurz über 723 °C gehärtet.

Übungsaufgaben 3/21; 3/22

Beim Abschrecken haben die Kohlenstoffatome keine Zeit zum Wandern und zur Bildung von Fe_3C. Das Gitter klappt vom kubisch-flächenzentrierten Gitter ins kubisch-raumzentrierte um. Die Kohlenstoffatome werden auf Zwischengitterplätzen eingeschlossen und verspannen das kubisch-raumzentrierte Gitter. Der Werkstoff wird hart und hochfest, aber spröder. Das Gefüge, welches sich nach dem Abschrecken einstellt, heißt **Martensit**.

Martensit

Beispiele **für Gefüge und Kristalländerung beim Härten eines C60**

äußerer Vorgang und Temperatur	**Raumtemperatur** → **Aufheizen**	**Halten bei Härtetemperatur** → **Abschrecken in Wasser**	**Raumtemperatur**
Gefüge	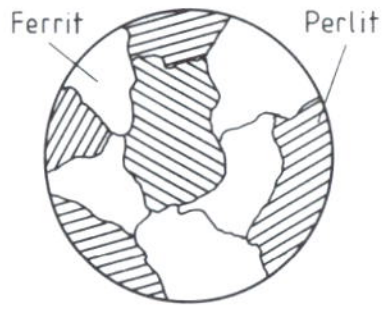 Ferrit und Perlit	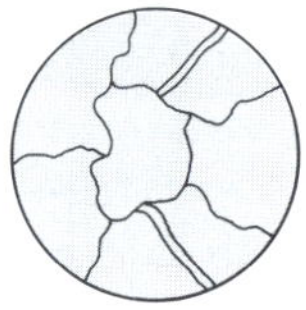 Austenit	 Martensit
Kristallaufbau	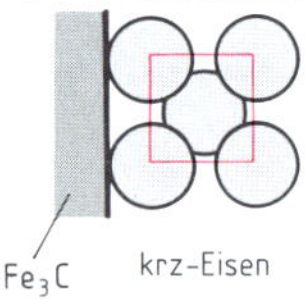 C bildet Fe_3C	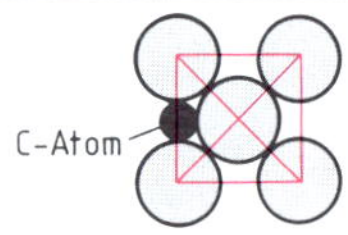 C in Gitterlücke	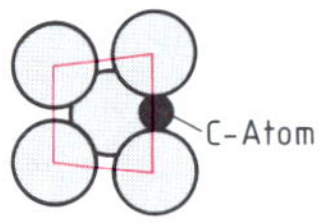 C verspannt das Gitter

Härten ist Erwärmen in den Austenitbereich mit anschließendem Abschrecken, damit die Kohlenstoffatome zwangsweise im Gitter gehalten werden. Das entstandene Gefüge ist Martensit.

Beim Abschrecken kühlt das Werkstück außen am schnellsten ab. Nach innen hin verringert sich die Abkühlungsgeschwindigkeit. Dicke Werkstücke härten daher nur bis zu der Tiefe, in der die notwendige Abkühlungsgeschwindigkeit erreicht wird.
Die Einhärtetiefe kann durch Legierungselemente vergrößert werden.

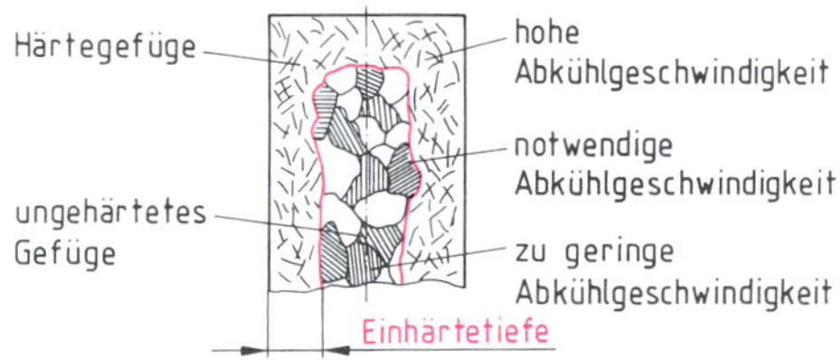

Einhärtetiefe eines Bolzens aus C60

Bei der Durchführung der Härtung ist folgendes zu beachten:

- **Aufheizen**
  Damit Wärmespannungen und Verzug in Werkzeugen gering bleiben, müssen die Werkstücke langsam aufgeheizt werden. Zweckmäßig geschieht dies in Stufen, z.B. zunächst bis 400 °C erhitzen und dort bis zur völligen Durchwärmung halten, danach weiteres Aufheizen auf Härtetemperatur. Die Haltezeit auf jeder Stufe ist 1/2 min je mm Wanddicke.

- **Halten bei Härtetemperatur (Austenitisieren)**
  Die Temperatur, auf die Stähle zu erhitzen sind, damit sie bei entsprechender Abkühlung Härtegefüge aufweisen, nennt man Härtetemperatur. Sie ist dem Fe-Fe_3C-Diagramm zu entnehmen.
  Für untereutektoidische Stähle liegt sie im Austenitbereich und bei übereutektoidischen Stählen bei etwa 780 °C.

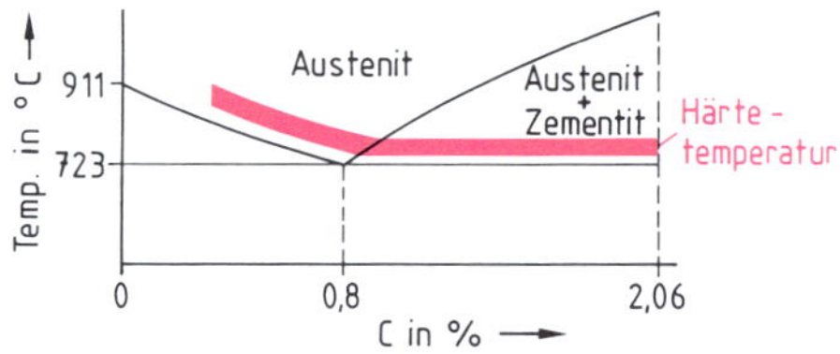

Härtetemperatur

Übungsaufgaben 3/23; 3/24; 3/25

Bei Härtetemperatur wird das Werkstück nach völliger Durchwärmung noch etwa 20 Minuten gehalten. Wenn an der Werkstückoberfläche die Härtetemperatur erreicht ist, dauert die Zeit bis zur völligen Durchwärmung nach einer „Faustformel" für Wanddicken ab 40 mm etwa:

Durchwärmzeit in min = 1/2 der größten Wanddicke in mm – 10 min

- **Abschrecken**

Nach dem Austenitisieren werden die Werkstücke abgeschreckt. Die erreichbare Härte wird durch die mögliche Abkühlungsgeschwindigkeit und das Abschreckmittel bestimmt. Darum können unlegierte Stähle nur in begrenzten Wanddicken durchgehärtet werden.

Die Abkühlungsgeschwindigkeit richtet sich nach dem Kohlenstoffgehalt der Stähle. Je höher der Kohlenstoffgehalt eines Stahles ist, desto mehr behindern sich die Kohlenstoffatome gegenseitig bei der Wanderung. Die Folge ist eine geringere Abkühlungsgeschwindigkeit für die Martensitbildung.

Die Atome der Legierungselemente Chrom, Mangan, Wolfram und Vanadium behindern ebenfalls die Wanderung der Kohlenstoffatome. Bei hohen Gehalten an diesen Elementen ist auch bei langsamer Abkühlung keine Wanderung der Kohlenstoffatome möglich. Darum bildet sich bei legierten Stählen auch bei geringer Abkühlungsgeschwindigkeit ein Härtegefüge.

Durch unterschiedliche Abschreckmittel erreicht man verschiedene Abkühlungsgeschwindigkeiten. Entsprechend den einsetzbaren Abschreckmitteln unterscheidet man:

- **Wasserhärter**: Unlegierte Stähle, z.B. C60;
- **Ölhärter**: Legierte Stähle, z.B. 34 Cr 4;
- **Lufthärter**: Speziell legierte Stähle, z.B. 60 CrNiMo 8.

Beim Abschrecken muß das Werkstück im Abschreckmittel so bewegt werden, daß es ständig vom Abschreckmittel umgeben ist, denn die Bildung isolierender Dampfblasen führt zu weichen Stellen. Sobald die zu härtenden Teile beim Abschrecken eine Oberflächentemperatur von 150 °C bis 100 °C erreicht haben, werden sie in einem Temperaturausgleichsofen solange gehalten, bis sich über den Querschnitt eine gleichmäßige Temperatur eingestellt hat. Dann erst wird auf Raumtemperatur abgekühlt. Anschließend erfolgt das Anlassen.

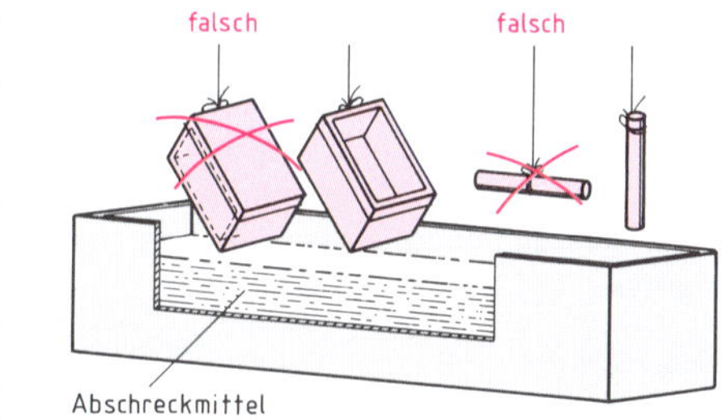

Richtiges und falsches Eintauchen der Werkstücke in ein Abschreckmittel

Beispiel **für eine Temperaturfolge für die Härtung eines C45**

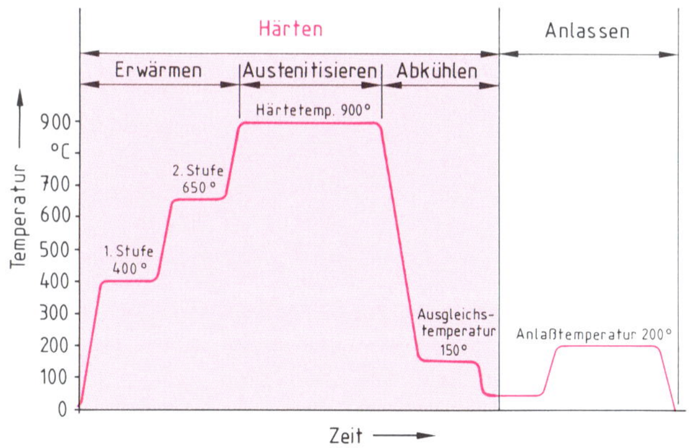

Arbeitsfolge beim Härten:	• Vorsichtiges Erwärmen, möglichst in Stufen auf Härtetemperatur. • Halten ca. 20 Minuten nach vollständiger Durchwärmung. • Abschrecken bis zur Ausgleichstemperatur

Übungsaufgaben 3/26 bis 3/29

- **Anlassen bei niederen Temperaturen**

Durch Erwärmen auf niedrige Temperaturen von etwa 180° bis 250 °C können Kohlenstoffatome auf günstigere Zwischengitterplätze umgelagert werden. Dieses Erwärmen bezeichnet man als **Anlassen** bei niederen Temperaturen. Es führt zu einer unbedeutenden Minderung der Härte. Die Neigung zu Spannungsrissen nimmt jedoch *erheblich* ab. Darum werden alle Werkzeuge nach dem Härten etwa 1 Stunde je 20 mm Wanddicke, mindestens aber 2 Stunden lang, angelassen. Das Anlassen geschieht in Öfen, Salz- oder Ölbädern. Die Abkühlung erfolgt an der Luft oder in Öl.

Anlassen bei niederen Temperaturen bewirkt
– geringen Abfall der Härte, – geringen Anstieg der Zähigkeit, – starke Minderung der Rißneigung.

Die Anlaßtemperatur wird dem notwendigen Widerstand gegen Rißneigung und der Stahlqualität angepaßt. Je geringer die Gefahr der Rißentstehung ist, desto geringer sind die Anlaßtemperaturen.

Beispiele für Anlaßtemperaturen

Meßzeuge, Lehren	100 bis 200 °C;	Bohrer, Gewindebohrer	bis 250 °C;
Drehmeißel, Fräser	bis 200 °C;	Messer, Äxte	bis 300 °C.

Je geringer die Gefahr der Rißbildung, desto niedriger die Anlaßtemperatur.

3.3.3 Vergüten

Bei hochbeanspruchten Bauelementen wie Drahtseilen, Schrauben und Wellen steigert man durch ein Wärmebehandlungsverfahren die Festigkeit und die Widerstandsfähigkeit gegen schlagartige Belastung (Zähigkeit). Die Veränderung dieser Eigenschaften erzielt man durch einen Härtevorgang mit nachfolgendem Anlassen bei Temperaturen zwischen 400–700 °C. Diese Wärmebehandlung durch Härten mit Anlassen bei hohen Temperaturen nennt man **Vergüten**.

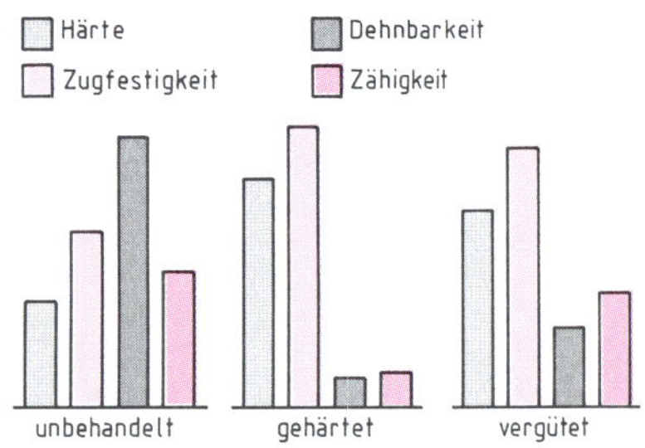

Vergleich von Festigkeitskennwerten eines Stahles nach Härten und Vergüten

Vergüten ist Härten mit nachfolgendem Anlassen bei Temperaturen zwischen 400° bis 700 °C.
Durch Vergüten erzielt man eine hohe Zugfestigkeit und hohe Widerstandsfähigkeit gegen schlagartige Belastung (Zähigkeit).

Beim Vergüten richtet sich die Temperatur für das Anlassen nach der Art des Stahles und der geforderten Zugfestigkeit. Stähle, die besonders zum Vergüten geeignet sind, heißen **Vergütungsstähle**. Sie sind in DIN EN 10083 genormt. Vergütungsstähle sind unlegierte Stähle mit einem Kohlenstoffgehalt von 0,22 bis 0,6% und niedriglegierte Stähle.

Für jeden Stahl hat man in Versuchen Diagramme aufgestellt, aus denen die erreichbaren Festigkeitskennwerte in Abhängigkeit von der Anlaßtemperatur abgelesen werden können. Diese Schaubilder heißen **Anlaßschaubilder**.

Beispiel für die Ermittlung der Anlaßtemperatur

Eine Kurbelwelle aus 34 Cr 4 soll auf eine Zugfestigkeit von 800 N/mm² vergütet werden. Im Anlaßschaubild für den Stahl 34 Cr 4 findet man dafür eine Anlaßtemperatur von 590 °C, eine Streckgrenze von 550 N/mm² und eine Bruchdehnung von 18%.

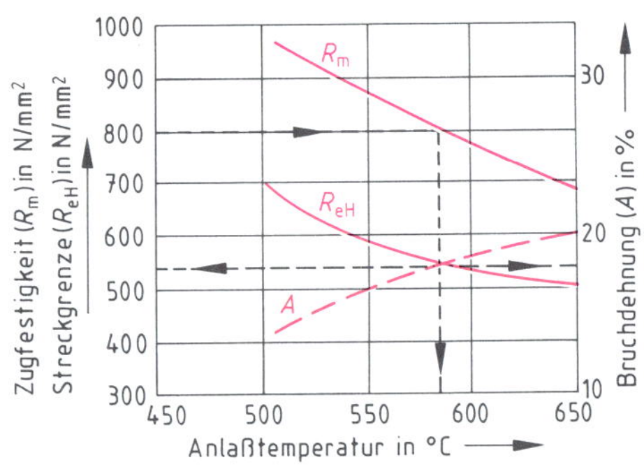

Anlaßschaubild von 34 Cr 4

Aus Anlaßschaubildern können die Anlaßtemperaturen für verschiedene Vergütungsstähle entnommen werden. Bei diesen Temperaturen werden bestimmte Festigkeitswerte erreicht.

Übungsaufgaben 3/30; 3/31

3.3.4 Härten der Randschicht

Werkstücke, welche stoßartiger oder ständig wechselnder Belastung ausgesetzt sind, werden nur in der Randschicht gehärtet. Dadurch erhalten die Bauelemente eine harte und verschleißfeste Randschicht, während der Kern zäh bleibt. So werden z.B. die Gleitflächen an Kurbelwellen oder an Nockenwellen, die Zahnflanken bei Zahnrädern und Meßflächen bei Meßwerkzeugen in der Randschicht gehärtet.

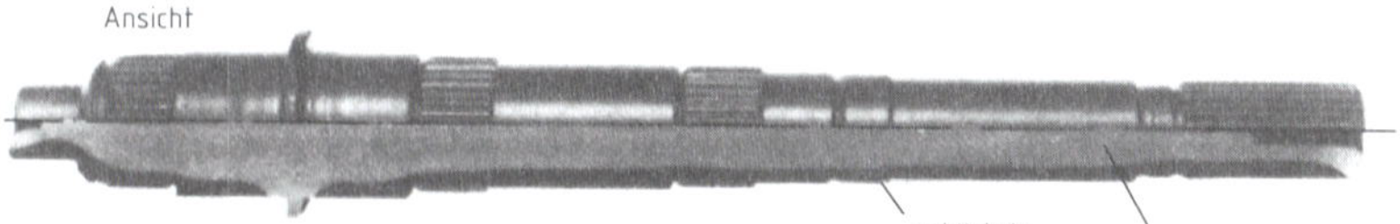

Getriebewelle

Härten der Randschicht zielt auf harte und verschleißfeste Randschicht bei zähem Kern ab.

3.3.4.1 Flamm- und Induktionshärten

Härtbare Stähle mit 0,3 bis 1,2% Kohlenstoff werden nur in der Randzone auf Härtetemperatur erwärmt und dann abgeschreckt.

Beim **Flammhärten** wird das Werkstück von einem Brenner schnell bis zur Härtetemperatur erwärmt und sofort mit einer Brause abgeschreckt.
Die Härtetiefe beträgt mindestens 1 mm und kann durch Verringerung der Vorschubgeschwindigkeit von Brenner und Brause vergrößert werden. Das Flammhärten kann bei jeder Werkstückgröße vorgenommen werden. Es wird vor allem für große Teile und für Teile mit komplizierter Form angewendet.

Beim **Induktionshärten** wird das Werkstück mit Hilfe von elektrischem Wechselstrom in der Randschicht erwärmt. Dazu wird das Werkstück in eine Spule eingeführt, durch die Wechselstrom mit hoher Frequenz fließt. Dadurch werden im Werkstück Wirbelströme induziert, die die Randzone schnell auf Härtetemperatur erwärmen. Mit einer Brause, die hinter der Spule angeordnet ist, wird das Werkstück abgeschreckt. Die Einhärtetiefe ist sehr gleichmäßig und kann gut gesteuert werden. Sie beträgt 0,1 bis 1 mm und wird mit höherer Frequenz des Stromes geringer.

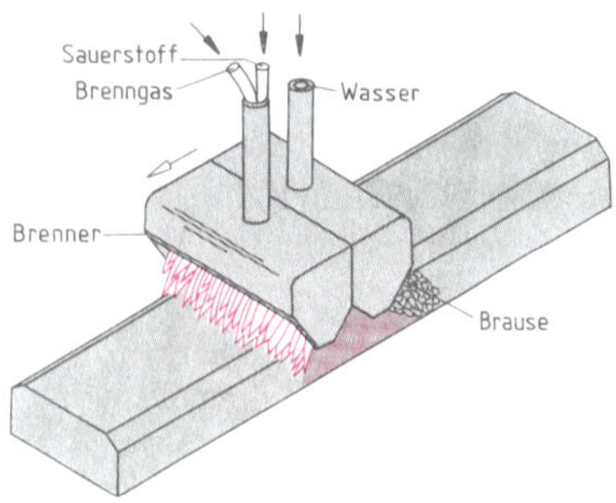

Flammhärten eines Gleitstücks

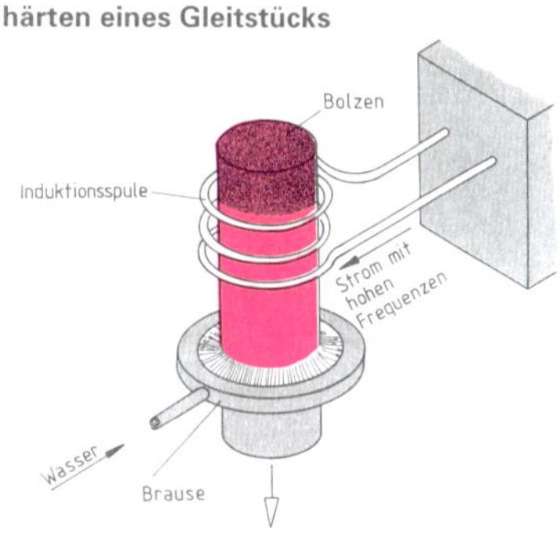

Induktionshärten eines Bolzens

Bauelemente aus härtbarem Stahl mit einem Kohlenstoffgehalt von 0,3 bis 1,2% werden in der Randschicht gehärtet, indem man die Randschicht hoch erhitzt und dann abschreckt. Nach der Art der Erwärmung unterscheidet man: • Flammhärten, • Induktionshärten.

3.3.4.2 Einsatzhärten

- **Übersicht über den Verfahrensablauf**

Bauteile aus kohlenstoffarmen Stählen ($C < 0{,}2\%$) sind gut bearbeitbar und sehr zäh. Sie können stoßartige und wechselnde Belastungen gut aufnehmen. Ihre Randschicht verschleißt jedoch sehr schnell. Zur Erzeugung einer harten und verschleißfesten Randschicht werden diese Stähle zunächst durch Einbringen von Kohlenstoff in die Randschicht aufgekohlt (eingesetzt) und danach abschreckgehärtet.

Beispiel **für Verfahrensablauf und Gefüge beim Einsatzhärten**

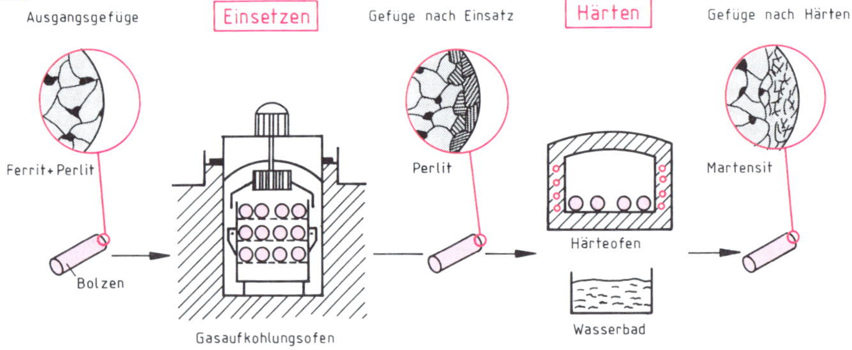

Beim Einsatzhärten werden kohlenstoffarme Stähle in der Randschicht aufgekohlt (eingesetzt) und anschließend abschreckgehärtet.

- **Aufkohlen (Einsetzen)**

Das Einsetzen geschieht in Öfen, in die man gleichzeitig Stoffe gibt, welche leicht Kohlenstoff abgeben. Dies sind häufig Gasgemische aus Kohlenmonoxid (CO), Methan (CH_4) u.a. Damit die Kohlenstoffatome in die Werkstückoberfläche eindringen können, erfolgt die Aufkohlung bei Temperaturen, bei denen das Eisen ein kubisch-flächenzentriertes Gitter hat. Dies ist im Austenitbereich der Fall. Das kfz-Gitter weist große Gitterlücken auf, in welche die Kohlenstoffatome leicht eindringen können. Je nach gewünschter Einhärtetiefe dauert dieser Glühprozeß mehrere Stunden.

Beispiel **für die Ermittlung von Glühtemperatur und Aufkohlungszeit**

Ein Bolzen aus C 15 für eine Fördereinrichtung soll 1 mm tief aufgekohlt (eingesetzt) werden. Glühtemperatur und Aufkohlungszeit sind zu bestimmen.

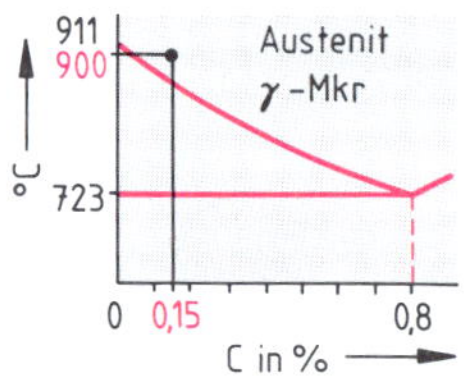

Glühtemperatur für das Einsetzen eines Bolzens aus C 15

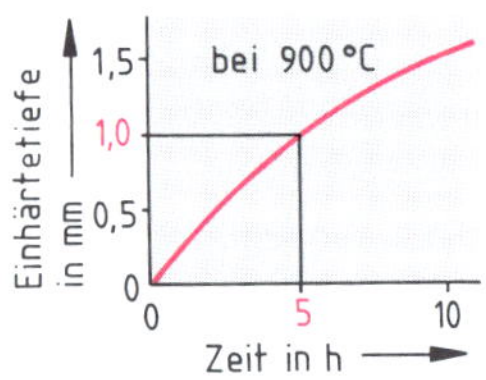

Einhärtetiefe in Abhängigkeit von der Aufkohlungszeit

- Nach dem Eisen-Kohlenstoff-Diagramm muß er zum Aufkohlen auf 900 °C erwärmt werden.
- Für die geforderte Einhärtetiefe 1 mm ist eine Aufkohlungszeit von 5 Stunden erforderlich.

Neben den Gasen verwendet man zum Aufkohlen auch Salzschmelzen, die leicht Kohlenstoff abgeben, wie z.B. KCN-Schmelzen. Diese Salzschmelzen sind sehr giftig. Darum wird auf dieses Verfahren weitgehend verzichtet.

Aufkohlen (Einsetzen) kann durch Gas-Aufkohlung oder Salzbad-Aufkohlung erfolgen.
Bei der Gas-Aufkohlung kann der Kohlenstoffgehalt der Randschicht durch Temperatur und Gaszusammensetzung exakt vorherbestimmt werden.

- **Härten nach dem Einsetzen**

Das Härten nach dem Einsetzen geschieht nach erneutem vorsichtigem Aufheizen in den Austenitbereich der Randschicht. Als Abschreckmittel werden je nach Zusammensetzung des Stahles Wasser, Öl oder besser das Warmbad mit ca. 200 °C verwendet.

Härten nach dem Einsatz geschieht nach Aufheizen in den Austenitbereich für die Randschicht.
Das anschließende Abschrecken erfolgt in Wasser, Öl oder dem Warmbad.

Übungsaufgaben 3/35; 3/36

3.3.4.3 Nitrieren

Beim Nitrieren dringen Stickstoffatome in die Randschicht der Werkstücke ein und bilden mit den metallischen Legierungszusätzen (Cr, V) chemische Verbindungen, die besonders hart sind. Ein Abschrecken erübrigt sich. Chemische Verbindungen von Metallen und Stickstoff bezeichnet man als **Nitride**. Die Dicke der Nitridschicht wird durch die Glühdauer bestimmt. Zum Beispiel benötigt man 20 Stunden für 0,3 mm Eindringtiefe.

Für das Randschichthärten durch Nitrieren sind Stähle mit 0,3 bis 0,5% Kohlenstoffgehalt und zusätzlichen Legierungsanteilen aus Aluminium, Chrom, Molybdän, Vanadium u.a. geeignet. Diese Stähle werden in stickstoffabgebenden Mitteln, meist in Ammoniakgas (NH_3), bei etwa 500 bis 580 °C geglüht. Zum Nitrieren werden in seltenen Fällen auch Zyansalzschmelzen wie z.B. NaCN und KCN verwendet.

Die geringe Glühtemperatur und das Fehlen des Abschreckens ermöglichen es, daß man fertig bearbeitete Werkstücke nitrieren kann. Es tritt kein Verzug auf. Die Nitride der Legierungszusätze Aluminium, Molybdän, Vanadium, Chrom u.a. haben neben der hohen Härte große Korrosionsbeständigkeit und Hitzebeständigkeit.

Nitriergehärtet werden Meßzeuge und Verschleißteile warmbeanspruchter Werkstücke, wie z.B. Ventile in Verbrennungsmotoren.

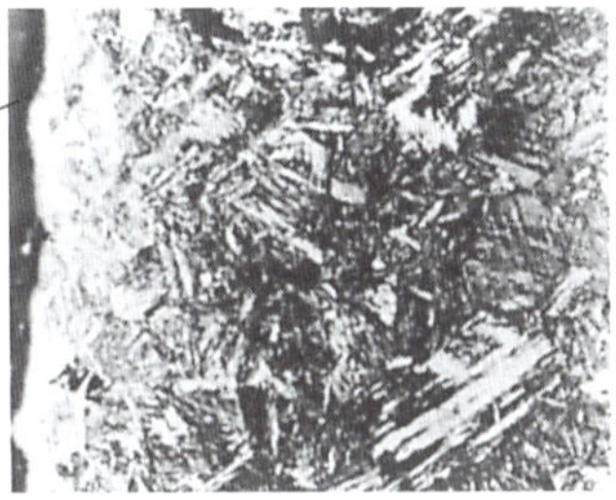

Gefüge eines nitrierten Stahles

Beim Nitrieren bilden die Legierungszusätze besonders legierter Stähle in der Randschicht der Werkstücke Nitride. Die Randschicht nitrierter Bauelemente ist sehr hart und verschleißfest, hitzebeständig und korrosionsbeständig.

3.4 Einteilung, Normung und Verwendung von Stählen

3.4.1 Einteilung von Stählen

Die in der Technik verwendeten Stähle werden nach DIN EN 10020 unter verschiedenen Gesichtspunkten geordnet. Ordnungsgesichtspunkte sind:
- der Gehalt an Legierungselementen sowie
- die Anforderungen und Gebrauchseigenschaften.

- **Unterteilung nach der chemischen Zusammensetzung**

Unlegierte Stähle dürfen bestimmte Gehalte an Begleitelementen nicht überschreiten, z.B. Mn 1,6%; Si 0,5%; Al 0,1%; Ti 0,05%; Cu 0,4%; Ni und Cr 0,3%.
In **legierten Stählen** überschreitet mindestens ein Element diese Grenzwerte.

- **Unterteilung nach Anforderungen und Gebrauchseigenschaften**

Nach den Anforderungen und Gebrauchseigenschaften gliedert man die Stähle in Grundstähle, Qualitätsstähle und Edelstähle.

Grundstähle sind unlegierte Stähle, die folgende Bedingungen erfüllen:
- Eine Wärmebehandlung ist nicht vorgesehen.
- Die Eigenschaften liegen innerhalb bestimmter, in der Norm festgelegter Grenzen.

Mindestzugfestigkeit	höchstens 690 N/mm²	Mindestbruchdehnung	höchstens 26%
Mindeststreckgrenze	höchstens 360 N/mm²	Rockwellhärte	höchstens 60HRB
Kohlenstoffgehalt	mindestens 0,1%		

Übungsaufgaben 3/37 bis 3/40

Qualitätsstähle können unlegiert oder legiert sein.
Unlegierte Qualitätsstähle gehen hinsichtlich ihrer Eigenschaften über die Grundstähle hinaus. Es sind auch keine Anforderungen an den Reinheitsgrad vorgesehen.

Legierte Qualitätsstähle sind im allgemeinen nicht für Oberflächenhärtung und Vergütung bestimmt. Zu ihnen zählen:

- Feinkornbaustähle mit Höchstgehalten an Mn 1,8%; Cr, Cu, Ni 0,5%; Ti, V, Mo 0,12%.
- schweißbare Feinkornbaustähle für Behälter und Rohrleitungsbau, für die Mindeswerte für die Streckgrenze (380 N/mm² bei Dicken bis 16 mm) und die Kerbschlagarbeit (KV < 27J bei –50 °C) garantiert werden.
- legierte Stähle für Rohrleitungsbau, Schienen und Spundwände.
- Stähle, die nur mit Cu legiert sind.

Edelstähle können unlegiert oder legiert sein.
Unlegierte Edelstähle sind meist zum Vergüten oder Oberflächenhärten bestimmt.
Zu den **unlegierten Edelstählen** zählen:

- Stähle, die besonders hohe Kerbschlagarbeit im vergüteten Zustand erreichen,
- Stähle, die besondere Anforderungen an Einhärtungstiefe und Oberflächenhärte erfüllen,
- Stähle mit geringen P- und S-Gehalten (< 0,02 %),
- Stähle mit hoher Kerbschlagarbeit (über 27J bis –50 °C).

Legierte Edelstähle sind alle bis hierher nicht einzuordnenden, legierten Stähle.
Dazu zählen besonders nichtrostende, mit Cr und Ni legierte Stähle,
Schnellarbeitsstähle, Wälzlagerstähle und legierte Werkzeugstähle.

Die Zuordnung eines Stahles zu den verschiedenen Gruppen ist am einfachsten anhand der Stahlgruppennummer der entsprechenden Werkstoffnummer vorzunehmen.

Stähle werden nach DIN EN in Grundstähle, Qualitäts- und Edelstähle gegliedert.
Qualitäts- und Edelstähle können legiert und unlegiert sein.

3.4.2 Normung von Stählen

3.4.2.1 Kurznamen von Stählen

- **Benennung nach den mechanischen Eigenschaften und Verwendung**

Für Stähle, die zu Konstruktionszwecken verwendet werden, gibt der Kurzname nach DIN EN 10027 Auskunft über die Festigkeitseigenschaften.

Aufbau des Kurznamens nach DIN EN 10027 entsprechend Eigenschaften und Verwendung

Hauptsymbole	
Kennzeichen für Verwendung	**Kennzahl für mechanische Eigenschaften bzw. Kennbuchstabe für Walzart**
S Stähle für den allgem. Stahlbau **P** Stähle für Druckbehälter **L** Stähle für Rohrleitungen **E** Stähle für Maschinenbau	Zahlenwert der Mindeststreckgrenze der kleinsten Erzeugnisdicke in N/mm²
H Kaltgewalzte Flacherzeugnisse	Zahlenwert der Mindeststreckgrenze in N/mm²
D Flacherzeugnisse zum Kaltumformen	**C** kaltgewalzt **D** warmgewalzt **X** ohne Angabe der Walzart

In der nur in Deutschland gültigen Ergänzung zu DIN EN 10027 werden Zusatzsymbole angegeben, die zur Kennzeichnung des Behandlungszustandes an das Hauptsymbol angehängt werden können.

Zusatzsymbole Gruppe 1	Zusatzsymbole Gruppe 2 (nur mit Gruppe 1)
M thermomechanisch gewalzt **N** normalisiert **Q** vergütet **G** sonstige Angaben	**C** mit besonderer Kaltumformbarkeit **F** zum Schmieden **L** für tiefe Temperaturen
J, **K**, **L** Hinweis auf Kerbschlagarbeit bei vorgegebener Temperatur	**M** thermomechanisch gewalzt **N** normalisiert **Q** vergütet **W** wetterfest

Hinweise auf Kerbschlagarbeit

Mindestwerte der Kerbschlagarbeit 27J	40J	60J	Prüftemperatur in °C
JR	KR	LR	20
J0	K0	L0	0
J2	K2	L2	–20
J3	K3	L3	–30
J4	K4	L4	–40
J5	K5	L5	–50
J6	K6	L6	–60

Beispiele für den Aufbau von Kurznamen mit Hinweisen auf Verwendung und mechanische Eigenschaften nach DIN EN 10027

S355J2W
- W – wetterfester Stahl
- J2 – Kerbschlagarbeit mind. 27 J bei –20 °C
- 355 – Streckgrenze 355 N/mm²
- S – Stahl für den allgemeinen Stahlbau

L360N
- N – normalisiert
- 360 – Streckgrenze 360 N/mm²
- L – Stahl für Rohrleitungen

S460Q
- Q – vergütet
- 460 – Streckgrenze 460 N/mm²
- S – Stahl für den allgemeinen Stahlbau

Häufig wird in der Praxis noch die ungültige DIN 17006 angewendet. In dieser Norm steht für allgemeine Baustähle **St**. Es folgt der ungefähre Bereich der Mindestzugfestigkeit, der durch einen Zahlenwert angegeben wird.

Beispiel für die Kennzeichnung der mechanischen Eigenschaften in einem Kurzzeichen nach DIN 17006

St 37
- 37 – Bereich der Mindestzugfestigkeit 340 bis 470 N/mm²
- St – Allgemeiner Baustahl

• Benennung unlegierter Stähle

Unlegierte Stähle, deren Eigenschaften durch eine Wärmebehandlung verändert werden können, werden nach der DIN EN 10027 durch das Symbol C für Kohlenstoff und eine angehängte Zahl, welche das 100fache des C-Gehaltes angibt, gekennzeichnet.

Beispiele für die Kurzbenennung unlegierter Stähle nach DIN EN 10027

C 35
- 35 – 0,35% C
- C – unlegierter Stahl

C 40
- 40 – 0,40% C
- C – unlegierter Stahl

Schema für den Aufbau einer Kurzbenennung unlegierter Stähle:

| C | Kennzahl für den C-Gehalt |

Übungsaufgabe 3/41

- **Benennung niedrig legierter Stähle**

Bei niedrig legierten Stählen hat jedes Legierungselement weniger als 5% Anteil an der Zusammensetzung. Nach DIN EN werden diese Stähle gekennzeichnet durch
- Kennzahlen für den C-Gehalt,
- Symbole für die Legierungselemente,
- Kennzahlen für die Legierungsanteile.

Für Stahlformguß wird dem Kurzzeichen der Buchstabe **G** vorangestellt.

Die Kennzahlen ergeben sich durch Multiplikation des %-Anteils des Legierungselementes mit dem Faktor *f* (siehe Tabelle).
Umgekehrt kann man aus der Kennzahl den prozentualen Anteil des einzelnen Legierungselementes ermitteln, indem man die Kennzahl durch den Faktor dividiert.

Faktoren für Legierungselemente

Faktor *f*	Legierungselement
100	C, P, S, N, Ce
10	Al, Cu, Mo, Ta, Ti, V
4	Si, Co, Cr, W, Ni, Mn

Beispiele für die Kurzbenennung niedrig legierter Stähle nach DIN EN 10027

20 Mn 5
- $\frac{5}{4}$ % Mn = 1,25% Mn
- $\frac{20}{100}$ % C = 0,2% C

G 90 Cr 4
- $\frac{4}{4}$ % Cr = 1% Cr
- $\frac{90}{100}$ % C = 0,9% C
- Stahlformguß

45 Cr Mo V 6–7
- Vanadium in wirksamen Anteilen
- $\frac{7}{10}$ % Mo = 0,7% Mo
- $\frac{6}{4}$ % Cr = 1,5% Cr
- $\frac{45}{100}$ % C = 0,45% C

Schema für den Aufbau einer Kurzbenennung niedrig legierter Stähle:

Kennzahl für C-Gehalt	Chem. Symbole der Leg.-Elemente	Kennzahlen für Leg.-Anteile

- **Benennung hochlegierter Stähle**

Stähle, bei denen mindestens ein Legierungselement mehr als 5% beträgt, sind hochlegiert. Alle hochlegierten Stähle sind Edelstähle. Bei diesen Stählen beginnt die Kurzbenennung mit dem großen Buchstaben **X**. Es folgen
- Kennzahl für den C-Gehalt,
- Symbole der Legierungselemente,
- Anteile der Legierungselemente in Prozent.

Beispiele für die Kurzbenennung hochlegierter Stähle nach DIN EN 10027

X 10 Cr 13
- 13% Cr
- 0,1% C
- hochlegierter Stahl

G X 15 Cr 13
- 13% Cr
- 0,15% C
- hochlegiert
- Stahlformguß

Schema für den Aufbau einer Kurzbenennung hochlegierter Stähle:

X	Kennzahl für C-Gehalt	Symbole der Leg.-Elemente	Leg.-Anteile in Prozent

Übungsaufgaben 3/42 bis 3/48

3.4.2.2 Werkstoffnummern von Stählen

Neben den systematischen Benennungen von Werkstoffen mit Buchstaben und Zahlenkombinationen besteht auch ein Nummernsystem für Werkstoffe aller Art. Diese Werkstoffnummern sind mit Hilfe der Datenverarbeitung besser auswertbar. Die Normung der Werkstoffnummern für Stähle ist in DIN EN 10027 erfaßt.

Die Werkstoffnummern für Stähle sind fünfstellig.
Mit der ersten Stelle wird die Werkstoffhauptgruppe gekennzeichnet. Die **Werkstoffhauptgruppe** Stahl hat die Nummer **1**. Nach einem Punkt folgt als zweistellige Zahl die **Stahlgruppennummer**. Sie läßt Rückschlüsse auf die Zusammensetzung bzw. Verwendung zu. Die folgenden zwei Zahlen sind **Zählnummern,** die keine Rückschlüsse auf Eigenschaften zulassen. Diese Ziffern werden vom jeweiligen Normenausschuß festgelegt.

- **Unlegierte Stähle**

Grundstähle, die allein wegen ihrer Festigkeitseigenschaften verwendet werden, tragen die Stahlgruppennummer 00 und 90.
Unlegierte Qualitätsstähle werden mit den Stahlgruppennummern 01 bis 07 und 91 bis 97 gekennzeichnet. Einer höheren Zahl entspricht höhere Festigkeit bzw. höherer Kohlenstoffgehalt.
Unlegierte Edelstähle sind mit den Stahlgruppennummern 10 bis 19 gekennzeichnet.
Darin sind mit 15 bis 18 die unlegierten Werkzeugstähle enthalten.

Beispiele **für Werkstoffnummern unlegierter Stähle**

1.00 60
- 60: Zählnummer für E 335 (St 60-2)
- 00: Grundstahl

1.01 16
- 16: Zählnummer für S 235 J2 G3 (St 37-3)
- 01: Qualitätsstahl R_m < 500 N/mm²

1.12 21
- 21: Zählnummer für C 60
- 12: Edelstahl ≥ 0,5% C

- **Legierte Stähle**

Legierte Qualitätsstähle sind mit den Stahlgruppennummern 08 bis 09, sowie 98 und 99 gekennzeichnet.
Legierte Edelstähle haben die Stahlgruppennummern von 20 bis 89. Davon sind

- 20 bis 29 Werkzeugstähle,
- 32 bis 33 sind Schnellarbeitsstähle, 35 ist Wälzlagerstahl,
- 40 bis 49 sind chemisch beständige Stähle,
- 50 bis 89 sind Stähle für den Maschinen- und Behälterbau.

Beispiele **für Werkstoffnummern legierter Stähle**

1.71 31
- 31: Zählnummer für 16 Mn Cr 5
- 71: Stahl für Maschinen- und Behälterbau Cr- und Mn-legiert

1.59 19
- 19: Zählnummer für 15 Cr Ni 6
- 59: Stahl für Maschinen- und Behälterbau Cr- und Ni-legiert 1,5 bis 2% Cr

1.23 16
- 16: Zählnummer für X36 Cr Mo 17
- 23: Werkzeugstahl mit Cr-Mo oder Cr-Mo-V oder Mo-V

Zur genauen Entschlüsselung benötigt man die Tabellen des Normblattes DIN EN 10027.

Übungsaufgabe 3/49

3.4.3 Stahlsorten

- **Unlegierte Baustähle**

Unlegierte Baustähle nach DIN EN 10025 sind Grund- und Qualitätsstähle, die vorwiegend aufgrund ihrer mechanischen Eigenschaften im Stahlbau und Maschinenbau eingesetzt werden.

Beispiele **für unlegierte Baustähle**

Kurznamen nach DIN EN 10027	frühere Bezeichnungen nach Euronorm 24–74	nach DIN 17006	Werkstoff-nummer	Gewährleistete mechanische Werte Proben 3-100 mm R_m N/mm²	Mittelwerte Proben 3-100 mm R_{eH} N/mm²	A %
S 185	Fe 310-0	St 33	1.0035	290	185 bis 175	–
S 235 J2 G3	Fe 360 D1	St 37-3	1.0116	470 bis 340	225 bis 175	25
S 235 J0	Fe 430 D1	St 44-3	1.0144	540 bis 410	275 bis 205	21
E 295	Fe 490-2	St 50-2	1.0050	610 bis 470	295 bis 225	19
E 335	Fe 590-2	St 60-2	1.0060	710 bis 570	335 bis 255	15
E 360	Fe 690-2	St 70-2	1.0070	830 bis 790	360 bis 285	10

- **Schweißgeeignete Feinkornbaustähle**

Schweißgeeignete Feinkornbaustähle nach DIN EN 10113 sind Qualitäts- und Edelstähle, die aufgrund ihres feinkörnigen Gefüges hohe Streckgrenze und gute Zähigkeit aufweisen. Sie werden besonders im Brückenbau und zum Bau von Druckbehältern eingesetzt.

Beispiele **für schweißgeeignete Feinkornbaustähle**

Kurznamen nach DIN EN 10027	Werk-stoff-nummer	frühere Bezeich-nung	Zug festigkeit Proben 16-40 mm N/mm²	Steckgrenze Proben 16-40 mm N/mm²	Proben 40-63 mm N/mm²	Bruch-dehnung %	Kerb-schlag-arbeit bei 20 °C J	chemische Zusammen-setzung maximal C %	Si %	Mn %
S275N	1.0490	StE 285	510-370	265	255	24		0,18	0,4	0,5-1,4
S355N	1.0545	StE 355	630-470	345	335	22	55	0,20	0,5	0,9-1,65
S420N	1.8902	StE 420	580-520	400	390	19		0,20	0,6	1,0-1,7

- **Vergütungsstähle**

Vergütungsstähle nach DIN EN 10083 sind Qualitäts- und Edelstähle, die nach dem Vergüten bei normalen Temperaturen im Maschinenbau verwendet werden.

Beispiele **für Vergütungsstähle**

Kurznamen nach DIN EN 10027	Werkstoff-nummer	frühere Bezeichnungen nach EURONORM 24-74	DIN 17006	Gewährleistete mechanische Werte über 16 bis 40 mm Durchmesser vergütet Zugfestigkeit N/mm²	Streckgrenze N/mm²	Bruchdehnung %
C 45	1.0503	1 C 45	C 45	800 bis 650	430	16
C 60	1.1221	2 C 60	Ck 60	950 bis 800	520	14
28 Mn 6	1.1170	28 Mn 6	28 Mn 6	840 bis 690	490	15
34 Cr 4	1.7033	34 Cr 4	34 Cr 4	950 bis 800	590	14
50 CrMo 4	1.7228	50 CrMo 4	50 CrMo 4	1200 bis 1000	780	10
30 CrNiMo 8	1.6580	30 CrNiMo 8	30 CrNiMo 8	1300 bis 1100	900	10
34 CrNiMo 6	1.6582	34 CrNiMo 6	34 CrNiMo 6	1300 bis 1100	900	10

- **Nitrierstähle**

Nitrierstähle nach DIN 17211 sind Stähle, die als Legierungselemente Cr, Al und V enthalten. Diese Legierungselemente bilden mit Stickstoff harte und verschleißfeste Nitride.
Typische Nitrierstähle sind 39 CrMoV 13-9 und 41 CrAlMo 7.

Übungsaufgaben 3/50; 3/51; 3/52

- **Einsatzstähle**

Einsatzstähle nach DIN 17210 sind Qualitäts- und Edelstähle, die nach Aufkohlen und Härten der Oberfläche vorwiegend im Maschinen- und Werkzeugbau verwendet werden.

Beispiele für Einsatzstähle

Kurznamen[1] nach DIN EN 10027	Werkstoff-nummer	frühere Bezeichnung nach EURONORM 24-74	Gewährleistete mechanische Werte Probestab 30 mm Durchmesser		
			Zugefestigkeit N/mm²	Streckgrenze N/mm²	Bruchdehnung %
	1.0301	1 C 10	500 bis 650	300	16
	1.1141	2 C 15	600 bis 800	350	14
	1.7027	20 Cr 4	700 bis 950	500	10
	1.7131	16 MnCr 5	800 bis 1100	600	10
	1.7147	20 MnCr 5	1000 bis 1300	680	8

- **Nichtrostende Stähle**

Nichtrostende Stähle nach DIN 17440 sind Edelstähle, die durch Zulegieren von mindestens 12% Cr hohe Beständigkeit gegen chemische Angriffe durch korrodierende Flüssigkeiten aufweisen.
Der bekannteste Stahl dieser Gruppe ist der X 10 CrNiMoTi 18-9.

- **Automatenstähle**

Automatenstähle nach DIN 1651 sind Stähle, die sich durch gute Zerspanbarkeit und gute Spanbrüchigkeit auszeichnen. Diese Eigenschaften werden durch Einschüsse von Schwefel im Grundgefüge erzielt. Bleizusätze erhöhen ebenfalls die Zerspanbarkeit.
Automatenstähle sind z.B. 10 S 20 und 9 SMnPb 36.

- **Federstähle**

Federstähle weisen in gehärtetem und angelassenem Zustand hohe Streckgrenze und damit eine gute Elastizität auf. Sie sind meist mit Chrom und mehr als 1% Silizium legiert.
Federstähle sind z.B. 36 Si 6, 60 SiMn 5 und 58 CrV 4.

- **Schnellarbeitsstähle**

Schnellarbeitsstähle werden zur Herstellung von Zerspanungs- und Schnittwerkzeugen eingesetzt. Sie erhalten ihre hohe Härte vorwiegend durch harte und warmfeste Karbide der Legierungselemente.
Schnellarbeitsstähle werden durch ein besonderes Bezeichnungssystem gekennzeichnet. Der Kurzname beginnt mit **HS,** es folgen in ganzen Zahlen die Gehalte an Wolfram, Molybdän, Vanadium und Cobalt. Der Kohlenstoffgehalt (0,6% bis 1,2%) und der Chromgehalt (meist 4%) werden nicht angegeben.

Beispiele für Schnellarbeitsstähle

Kurzname HS (W-Mo-V-Co)	Werkstoff-nummer	Chemische Zusammensetzung in % (Mittelwerte)						Härte nach dem Anlassen in HRC
		C	Cr	W	Mo	V	Co	
HS 3 - 3 - 2	1.3333	0,99	4,15	2,85	2,75	2,35	–	62 ... 64
HS 6 - 5 - 2	1.3343	0,88	4,15	6,35	4,95	1,85	–	64 ... 66
HS 10 - 4 - 3 - 10	1.3207	1,27	4,15	10,25	3,75	3,25	10,50	65 ... 67
HS 12 - 1 - 4 - 5	1.3202	1,37	4,15	12,00	0,85	3,75	4,75	65 ... 67

3.5 Eisen-Kohlenstoff-Gußwerkstoffe

- **Kohlenstoff in Fe-C-Gußwerkstoffen**

Fe-C-Gußwerkstoffe enthalten Kohlenstoff in verschiedener Konzentration und verschiedener Form. Sie haben deshalb sehr unterschiedliche Gefüge.
Stahlguß ist in Formen gegossener Stahl mit normalem Stahlgefüge. Der C-Gehalt beträgt höchstens 0,75% C.
Gußeisen enthält Kohlenstoff überwiegend in Form von Lamellen oder Kugeln, C-Gehalte 3 bis 5%.
Temperguß hat im Rohzustand allen Kohlenstoff als Fe_3C. Der C-Gehalt liegt zwischen 2,5% und 3,5%.
Sonderguß sind Hartguß und besonders legierte Gußeisensorten.

[1]) Kurznamen nach DIN EN 10 027 lagen für diese Stahlsorten zum Zeitpunkt der Drucklegung noch nicht vor.

Übungsaufgaben 3/53 bis 3/58

- **Gießeigenschaften**

Durch Gießen lassen sich Werkstücke in beliebiger Gestalt herstellen. Für Werkstücke mit komplizierten Formen ist Gießen das wirtschaftlichste Fertigungsverfahren. Gießen erfordert vom Werkstoff bestimmte Eigenschaften:

- **Gutes Formfüllungsvermögen und Dünnflüssigkeit,** damit der flüssige Gußwerkstoff die gesamte Gießform auch in kleinsten Querschnitten ausfüllt.
- **Niedriger Schmelzpunkt,** damit Energiekosten gespart werden und die Gießform nicht unnötig durch hohe Temperaturen belastet wird.
- **Geringe Schwindung,** damit beim Übergang vom flüssigen in den festen Zustand keine Schwindungshohlräume – Lunker – entstehen.

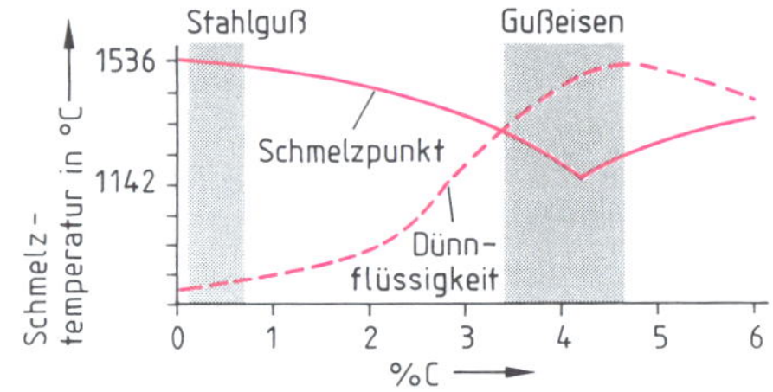

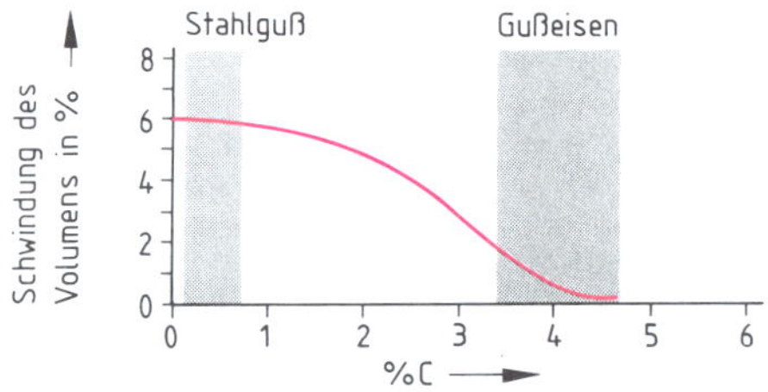

Vergleich der Gießeigenschaften von Stahlguß und Gußeisen

Die Gießeigenschaften entscheiden nicht allein über die Verwendung eines Werkstoffes als Gußwerkstoff. Wichtiger sind in vielen Fällen die Festigkeitseigenschaften.

Eisen-Kohlenstoff-Legierungen mit ungefähr 4% Kohlenstoff zeigen gute Gießeigenschaften. Nachteilig ist jedoch die gegenüber Stahl geringere Zugfestigkeit dieser Werkstoffe. Für Werkstücke mit hoher Beanspruchung wählt man darum Stahlguß, der zwar schlechtere Gießeigenschaften besitzt, jedoch hohe Festigkeit und Zähigkeit hat.

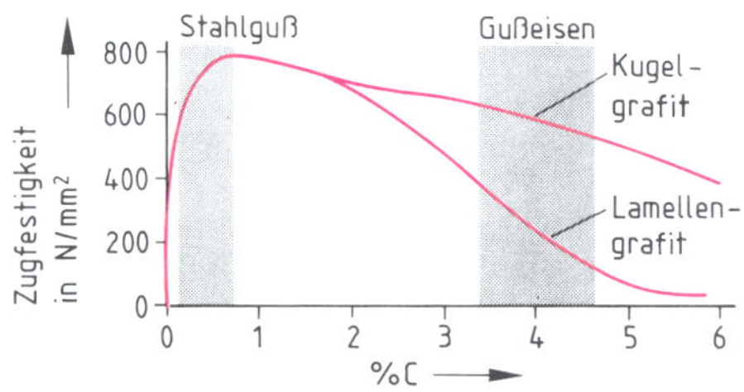

Zugfestigkeit von Stahlguß und Gußeisen

Fe-C-Gußlegierungen haben im Bereich von 3 bis 4% C beste Gießeigenschaften.
Stahlguß mit unter 1% C hat ungünstige Gießeigenschaften aber hohe Festigkeit.

3.5.1 Stahlguß

Stahlguß ist in Formen gegossener unlegierter und legierter Stahl mit einem Kohlenstoffgehalt meist um 0,25%. Wegen des geringen Kohlenstoffgehaltes hat Stahlguß eine Gießtemperatur von etwa 1600 °C, also um 300 °C höher als bei Gußeisen. Das Volumen von Stahlguß schwindet beim Erkalten bis zu achtmal so stark wie bei Gußeisen, die Festigkeit ist jedoch doppelt so hoch.

Stahlguß wird als Werkstoff etwa für hochfeste Werkstücke mit komplizierter Form verwendet. So werden Turbinengehäuse, Nähmaschinenteile u.a. aus Stahlguß hergestellt. Die Stückgewichte reichen von weniger als einem Gramm bis zu mehreren 100 Tonnen.

Verdichtergehäuse (3 500 kg)

Nähmaschinenteil (2g)

Stahlguß ist unlegierter und legierter Stahl, der in Formen unmittelbar zu Werkstücken vergossen wird. Der Stahlguß hat hohe Festigkeit und Zähigkeit.

Übungsaufgaben 3/59 bis 3/63

3.5.2 Gußeisen

3.5.2.1 Gefüge und Eigenschaften von Gußeisen

Gußeisen enthält 3 bis 5% Kohlenstoff. Bei diesen Kohlenstoffgehalten erhält man niedrige Schmelztemperaturen. Darüber hinaus sind die Gießeigenschaften wie Dünnflüssigkeit, geringe Schrumpfung, geringe Rißneigung u.a. besonders günstig. Darum können auch sehr dünnwandige Werkstücke aus Gußeisen hergestellt werden.
Im Gefüge der meisten Eisen-Kohlenstoff-Gußwerkstoffe mit höherem Kohlenstoffgehalt liegt der Kohlenstoff überwiegend als Graphit vor. Den Gefügebestandteil, der das Eisen enthält, bezeichnet man als Grundgefüge.

Gußeisen ist eine Eisen-Kohlenstoff-Legierung mit 3 bis 5% C. Gußeisen besteht aus einem Grundgefüge, das im wesentlichen vom Eisen gebildet wird und darin eingelagertem Graphit.

Dieses Grundgefüge kann wie beim Stahl nur aus Ferrit, aus Ferrit und Perlit oder ganz aus Perlit bestehen. Je höcher der Perlitanteil ist, desto größer sind Festigkeit und Härte des Gefüges. Festigkeit und Zähigkeit des Grundgefüges können bei besonderen Anforderungen durch Vergüten erhöht werden.

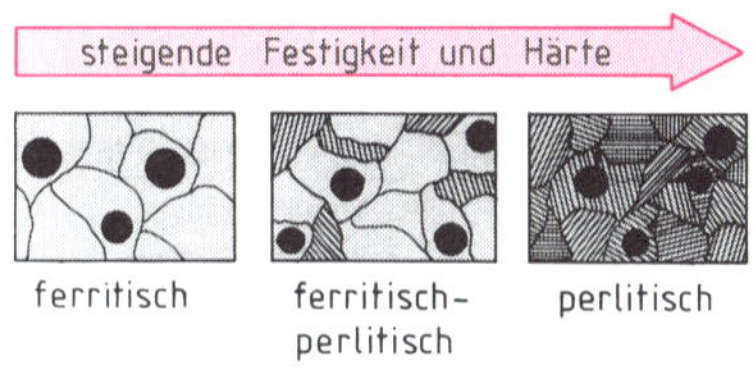

Grundgefüge in Gußeisen mit Kugelgraphit

Das Grundgefüge des Gußeisens kann bestehen aus:
- Ferrit,
- Perlit,
- Ferrit und Perlit,
- Vergütungsgefüge

Der im Grundgefüge eingelagerte Graphit hat nur sehr geringe Festigkeit und Härte und vermindert die Festigkeitseigenschaften des gesamten Gefüges. Dabei werden Festigkeit und Härte weniger durch die Menge des Graphits als vielmehr durch seine Form beeinflußt. Lamellenförmig eingelagerter Graphit schwächt das Grundgefüge stärker als flockenförmiger oder gar kugelförmiger Graphit, denn jede Graphitlamelle wirkt auf das Grundgefüge wie eine Kerbe, von der Risse ausgehen können.

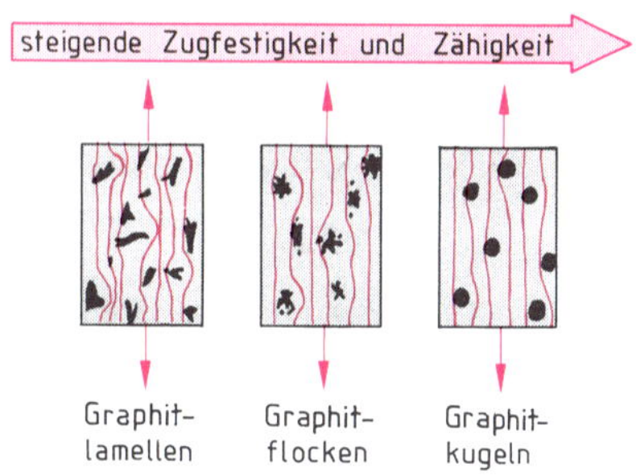

Einfluß der Graphitform

Die Graphitform beeinflußt entscheidend die Festigkeit und Zähigkeit von Gußeisen.

3.5.2.2 Gußeisen mit Lamellengraphit (GG)

Gußeisen mit Lamellengraphit nach DIN 1691 ist ein Eisen-Kohlenstoff-Gußwerkstoff, dessen Kohlenstoff im Gefüge überwiegend in Form von Graphitlamellen vorliegt. Er hat in der Regel Kohlenstoffgehalte von 2,5% bis 4,0% bei Siliziumgehalten um 2,0%. Dadurch ergeben sich gute Gießeigenschaften.

Getriebegehäuse aus Gußeisen mit Lamellengraphit

Gußeisen mit Lamellengraphit (GG) ist ein Eisen-Kohlenstoff-Gußwerkstoff, bei dem der Kohlenstoff überwiegend als Graphit in Lamellenform vorliegt.

Da jede Graphitlamelle eine Kerbe für das Grundgefüge darstellt, ist die Festigkeit des Gußeisens weit geringer als die von Stahlguß. Dabei weisen Gefüge von Gußeisen mit gleicher Zusammensetzung, aber mit kleineren Lamellen höhere Festigkeit auf als Gefüge mit großen Lamellen.
Weiterhin bestimmt die Art des Grundgefüges die Festigkeitseigenschaften.

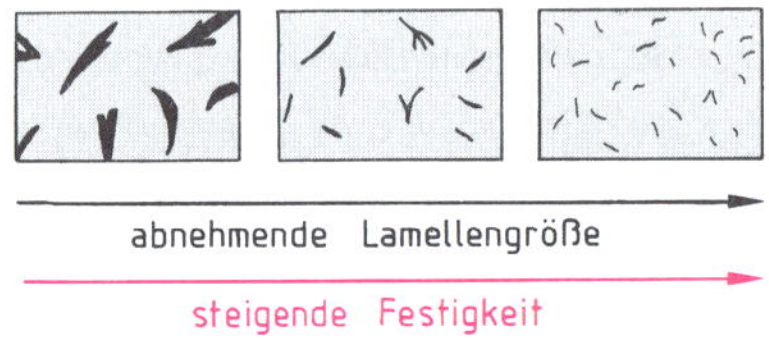

Einfluß der Lamellengröße auf die Festigkeit

Die Festigkeit von Gußeisen mit Lamellengraphit (GG) hängt von der Größe der Graphitlamelle und der Art des Grundgefüges ab.

Gußeisen dämpft Schwingungen. Diese Dämpfungseigenschaften des Gußeisens beruht darauf, daß die Graphitlamellen wie Polster das Übertragen der Schwingungen verhindern. Wegen seiner schwingungsdämpfenden Eigenschaft und seiner guten Gießbarkeit wird Gußeisen zur Herstellung von Ständern für Werkzeugmaschinen, Motorengehäuse u.a. verwendet.

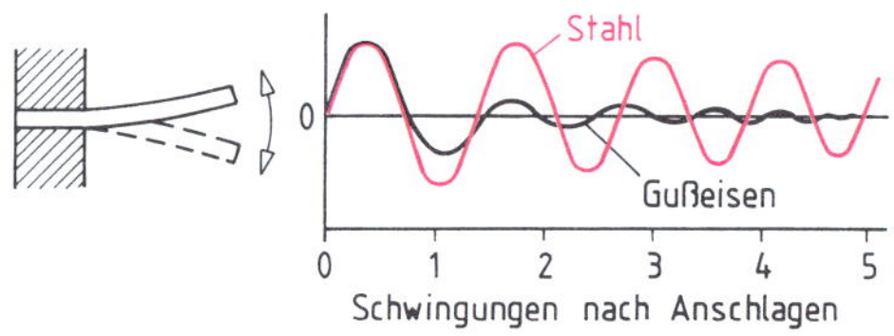

Schwingungsverlauf bei Stahl und Gußeisen

Gußeisen mit Lamellengraphit (GG)
- ist gut gießbar,
- wirkt schwingungsdämpfend,
- ist relativ korrosionsbeständig.

3.5.2.3 Gußeisen mit Kugelgraphit (GGG)

Gußeisen mit Kugelgraphit nach DIN 1692 ist ein Eisen-Kohlenstoff-Gußwerkstoff, dessen Kohlenstoff im Gefüge weitgehend kugelförmig vorliegt. Der Kohlenstoffgehalt liegt zwischen 3,5 und 4,5%. Die kugelförmige Ausbildung des Graphits im Gefüge entsteht durch Zugabe von Magnesium in die Schmelze. Da die Graphitkugeln nur geringe Kerbwirkung für das Grundgefüge haben, ist die Festigkeit von Gußeisen mit Kugelgraphit annähernd so hoch wie bei Stahlguß, ohne daß sich die Gießeigenschaften gegenüber Gußeisen mit Lamellengraphit verschlechtern.

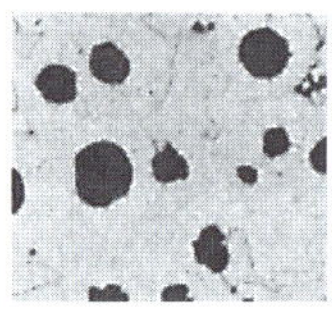

Gefüge eines ferritischen GGG

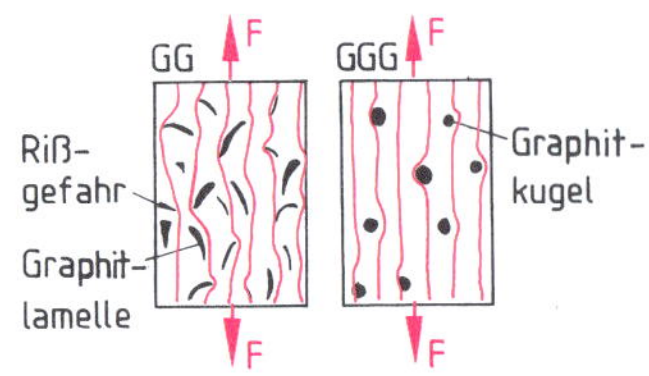

Kerbwirkung

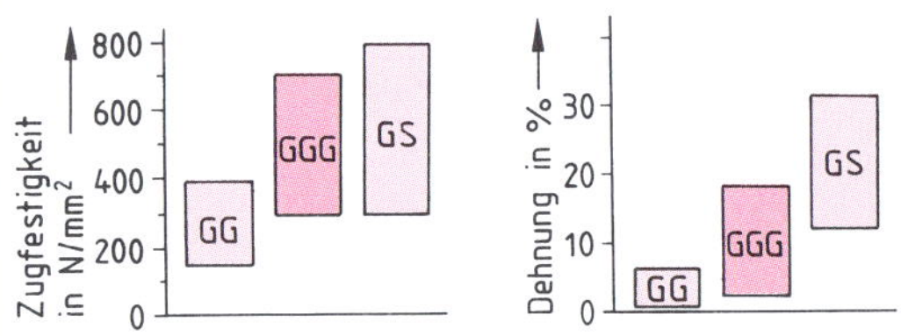

Festigkeitskenntwerte von Fe-C-Gußwerkstoffen

Gußeisen mit Kugelgraphit ist ein Eisen-Kohlenstoff-Gußwerkstoff, bei dem der Kohlenstoff überwiegend als Graphit in Kugelform vorliegt.

Gußeisen mit Kugelgraphit wird als Werkstoff für Automobilteile (Achsgehäuse, Getriebegehäuse, Bremstrommeln, Kurbelwellen u.a.), hochbeanspruchte Maschinenteile, Bauteile im Landmaschinenbau und Waggonbau verwendet.

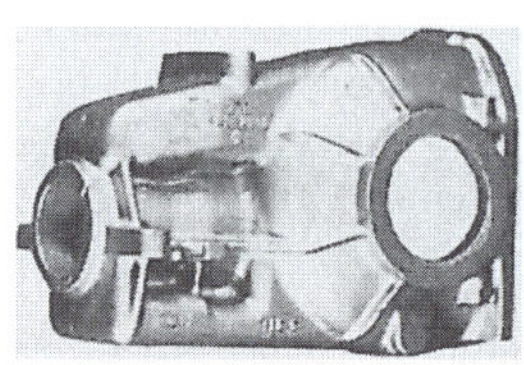

Achsgehäuse aus GGG

Gußeisen mit Kugelgraphit (GGG)
- ist fester und zäher als GG,
- ist gut gießbar,
- ist relativ korrosionsbeständig.

Übungsaufgaben 3/66; 3/67; 3/68

3.5.3 Normbezeichnung von Fe-C-Gußwerkstoffen

- **Kurzbenennung von Gußwerkstoffen**

Unlegierter Stahlformguß wird nach der DIN EN 10027 durch die Zeichen **G** und den angehängten Kennbuchstaben für Verwendung sowie den Zahlenwert der Mindeststreckgrenze gekennzeichnet.
Nach DIN 17006 (alt) wird er durch die Zeichen GS- und eine Kennzahl, die 1/10 der Mindestzugfestigkeit entspricht, gekennzeichnet.

Beispiele für die Kurzbenennung eines Stahlformgusses

DIN EN 10027

GP 240

- 240: Mindeststreckgrenze 240 N/mm²
- GP: Stahlguß für Druckbehälterbau

DIN 17006 (alt)

GS - 45

- 45: 450 N/mm² Mindestzugfestigkeit
- GS: Stahlformguß

Stahlformguß wird nach DIN EN 10027 mit G und dem Zahlenwert der Mindeststreckgrenze gekennzeichnet.

Gußeisen wird noch nach DIN 17006 benannt.[1)]
Gußeisen mit Lamellengraphit erhält das Kurzzeichen GG-, Gußeisen mit Kugelgraphit das Kurzzeichen **GGG-**. An das Kurzzeichen wird dann jeweils 1/10 des Zahlenwertes der Mindestzugfestigkeit angehängt.

Beispiele für die Kurzbenennung von Gußeisen

GG - 15

- 15: 150 N/mm² Mindestzugfestigkeit
- GG: Gußeisen mit Lamellengraphit

GGG - 70

- 70: 700 N/mm² Mindestzugfestigkeit
- GGG: Gußeisen mit Kugelgraphit

Gußeisen wird mit GG- beziehungsweise GGG- gekennzeichnet.
Nach dem Kurzzeichen folgt 1/10 des Zahlenwertes der Mindestzugfestigkeit.

- **Werkstoffnummern für Gußwerkstoffe**

In der Werkstoffhauptgruppe 0 sind die Fe-C-Gußwerkstoffe – außer Stahlguß – erfaßt.
Wichtig sind in der Sortennummer
- die Sortenklassen 60 bis 69 für Gußeisen mit Lamellengraphit und
- die Sortenklassen 70 bis 79 für Gußeisen mit Kugelgraphit.

Beispiele für Werkstoffnummern von Fe-C-Gußwerkstoffen außer Stahlguß

0.60 15

- 15: Zählnummer
  15 = GG-15
  (Anhängezahlen entfallen)
- 60: Sortenklasse
  60 = Gußeisen mit Lamellengraphit
- 0: Werkstoffhauptgruppe
  0 = Roheisen und Gußeisen

Kurzbenennung	Werkstoffnummer
GG - 25	0.60 25
GG - 40	0.60 40
GGG - 40	0.70 40
GGG - 70	0.70 70

Die Werkstoffhauptgruppe 0 weist auf Fe-C-Gußwerkstoffe (außer Stahlguß) hin.

1) Zur Zeit der Drucklegung lagen für Gußeisen noch keine Kurznamen nach DIN EN vor.

Übungsaufgaben 3/69; 3/70

4 Nichteisenmetalle

4.1 Aluminium und Aluminiumlegierungen

4.1.1 Aluminiumgewinnung

Aluminium wurde erst sehr spät zu einem Gebrauchsmetall. Der Grund liegt darin, daß in Aluminiumverbindungen das Aluminium sehr fest an Sauerstoff gebunden ist (hohe Affinität) und somit nur mit großem Energieaufwand gewonnen werden kann.

- **Übersicht über die Aluminiumgewinnung**

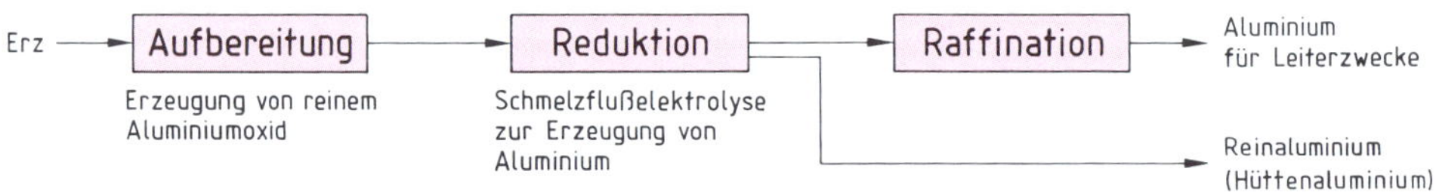

- **Aluminiumerze und ihre Aufbereitung**

Ausgangsmaterial für die Aluminiumerzeugung ist der **Bauxit**. Bauxit ist ein Gemenge von $Al_2O_3 \cdot nH_2O$, SiO_2, Fe_2O_3 und TiO_2 u.a.
Die Gewinnung des Aluminiums in der Schmelzflußelektrolyse erfordert hochreines Aluminiumoxid als Einsatz. Aus diesem Grunde zielen die Aufbereitungsverfahren von Aluminiumerzen auf die Erzeugung reinen Aluminiumoxids.

- **Reduktion von Aluminiumoxid**

Die Reduktion von Aluminiumoxid erfolgt in der **Schmelzflußelektrolyse**. Die Elektrolysezelle besteht dabei aus einer Graphitwanne. In diese Wanne reichen von oben Graphitblöcke, die an den positiven Pol einer Spannungsquelle angeschlossen sind. Die Graphitwanne dagegen ist an dem negativen Pol der Spannungsquelle angeschlossen.
Durch Anlegen einer Spannung von 4 bis 6 Volt wird das geschmolzene Al_2O_3, dem zur Herabsetzung des Schmelzpunktes Kryolith zugegeben wird, zersetzt. In der Schmelze befinden sich die positiv geladenen Aluminiumionen (Al^{3+}). Sie wandern in der Schmelze zum Minuspol. Dort nehmen sie Elektronen auf und werden zu Aluminiumatomen reduziert. Die negativen Sauerstoffionen (O^{2-}) wandern zum Pluspol. Dort geben sie ihre überschüssigen Elektronen ab. Sie werden zu Sauerstoffatomen. Diese Sauerstoffatome reagieren mit dem Kohlenstoff der Graphitanode zu Kohlenmonoxid und Kohlendioxid, die dann als Gase entweichen.

Vorgänge in der Schmelzflußelektrolyse (vereinfacht):

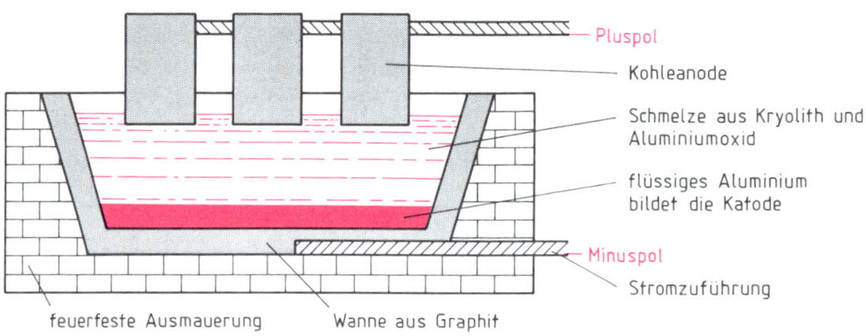

Aluminium-Elektrolysezelle

Anode:

$O^{2-} - 2e^- \rightarrow O$

$C + O \rightarrow CO$

$C + 2O \rightarrow CO_2$

Katode:

$Al^{3+} + 3e^- \rightarrow Al$

Das reduzierte Aluminium ist schwerer als die Schmelze aus Aluminiumoxid und Kryolith. Das Aluminium sammelt sich daher auf dem Boden der Kohlewanne. Von dort wird es mit einem Saugrohr abgezogen. Das so entstandene Reinaluminium, das auch als Hüttenaluminium bezeichnet wird, enthält noch etwa 0,1 bis 1% Verunreinigungen. Diese sind im wesentlichen Eisen, Silicium und Titan.

Übungsaufgaben 4/1; 4/2

4.1.2 Eigenschaften und Verwendung

• Reinaluminium

Aluminium wird im Gegensatz zu Eisen auch als reines Metall verwendet.
Der innere Aufbau des Aluminiums bestimmt seine besonderen Eigenschaften, die eine vielseitige Anwendung des Aluminiums und seiner Legierungen ergeben.

chem. Symbol:	**Al**
Schmelzpunkt:	660 °C
Dichte:	2,7 g/cm³
Gittertyp:	kubisch-flächenzentriert

Ursache	Eigenschaft	Verwendungsbeispiele
großer Abstand der Atome im Gitter kleine Masse eines Atoms	**geringe Dichte** **ϱ = 2,7 g/cm³**	Legierungen für Fahrzeugbau und Flugzeugbau
viele freie Elektronen	**gute elektrische Leitfähigkeit**	Reinaluminium für Stromschienen und Überlandleitungen
	gute Wärmeleitfähigkeit	Reinaluminium und Aluminiumlegierungen für Kochtöpfe und Heizkörper
kubisch-flächenzentriertes Gitter	**gute Umformbarkeit**	Reinaluminium für Folien und Tuben
Bildung einer festen und dichten Oxidhaut an der Luft	**Korrosionsbeständigkeit**	Reinaluminium und Aluminiumlegierungen für Nahrungsmittelbehälter und Rohrleitungen
	schweiß- und lötbar nur mit besonderen Verfahren	

• Aluminiumgußlegierungen

Aluminium bildet mit Silizium ein Kristallgemenge. Eine Aluminium-Silizium-Legierung mit etwa 12% Silizium schmilzt bereits bei etwa 600 °C, besitzt sehr gute Gießeigenschaften (Dünnflüssigkeit, geringe Schwindung) und hat hohe Festigkeit. Sie läßt sich im allgemeinen gut schweißen und ist korrosionsbeständig.

Anteile an Magnesium und Kupfer erhöhen die Festigkeit. Kupfer verringert jedoch die Korrosionsbeständigkeit. Aluminiumgußlegierungen mit diesen Elementen werden als Werkstoffe z.B. für Motorengehäuse und Getriebegehäuse im Fahrzeug- und Flugzeugbau verwendet.

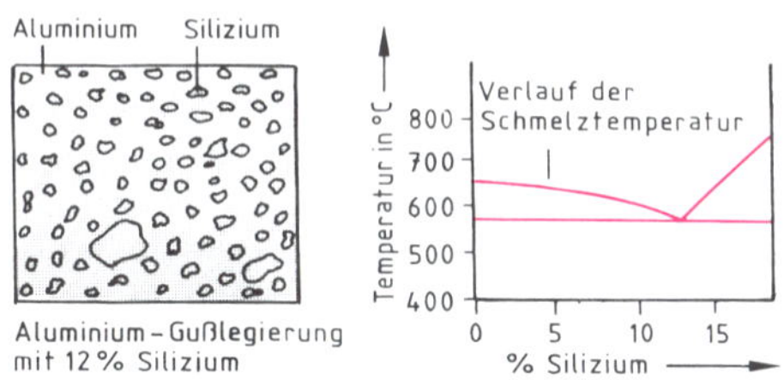

Gefüge und Schmelztemperatur von Al-Si-Legierungen

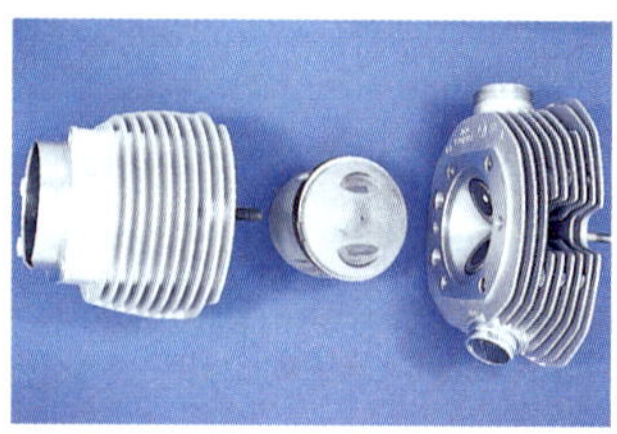

Zylinderkopf aus G-AlSiMg

Aluminium-Gußlegierungen sind Aluminiumlegierungen mit guten Gießeigenschaften. Sie enthalten in der Regel Silizium.

• Aluminiumknetlegierungen

Bereits geringe Zusätze der Legierungselemente Magnesium (Mg), Silizium (Si), Kupfer (Cu), Zink (Zn) und Mangan (Mn) ändern sehr stark die Eigenschaften des reinen Aluminiums. Insbesondere werden Festigkeit und Härte gesteigert, die elektrische Leitfähigkeit gesenkt, während die Umformbarkeit nur gering nachläßt. Diese Legierungen können durch Warmumformen (Walzen, Strangpresen) durchgeknetet werden, deshalb nennt man sie Aluminium-Knetlegierungen.

Übungsaufgaben 4/3; 4/4; 4/5

Aluminium-Knetlegierungen werden aufgrund ihrer hohen Festigkeit und geringen Dichte als Werkstoffe für Transportbehälter sowie Konstruktionsteile im Fahrzeug-, Flugzeug- und Schiffbau verwendet.

Transportbehälter aus Aluminium-Knetlegierungen

Aluminiumlegierungen mit Zusätzen von Magnesium, Silizium, Kupfer, Zink und Mangan sind gut umformbar und haben hohe Festigkeit. Man nennt sie Knetlegierungen.

- **Aushärtung von Aluminiumlegierungen**

Aluminium bildet mit bestimmten Legierungselementen (Kupfer, Magnesium, Zink) bei höheren Temperaturen (ca. 500 °C) Mischkristalle. Zum Aushärten erhitzt man die Werkstücke zunächst auf diese Temperatur. Man nennt dies **Lösungsglühen.** Werden Guß- oder Knetlegierungen, welche solche Legierungselemente enthalten, auf Raumtemperatur langsam abgekühlt, entstehen Kristallgemenge aus Aluminium und den Legierungselementen. Kühlt man solche Legierungen von höheren Temperaturen schnell ab, so bleibt das Mischkristallgefüge auch bei Raumtemperatur erhalten. Die Atome der Legierungselemente bleiben zwangsweise im Aluminiumgitter eingebaut.

Im Gegensatz zum Stahl sind diese Aluminium-Legierungen zunächst weich und leicht umformbar. Die Härtezunahme setzt erst ein, wenn die schnell abgekühlten Aluminiumlegierungen eine Zeitlang lagern. Erst während dieser Zeit tritt die Gitterverspannung ein. Sie bewirkt die Zunahme der Härte und der Festigkeit. Diesen Vorgang bezeichnet man als **Auslagerung.**

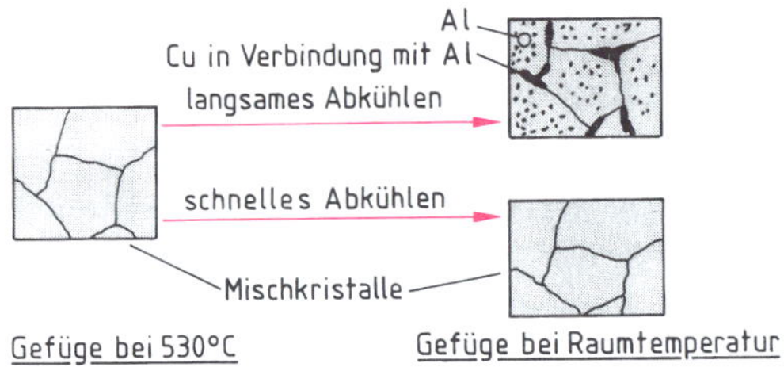

Gefüge aushärtbarer Al-Legierungen

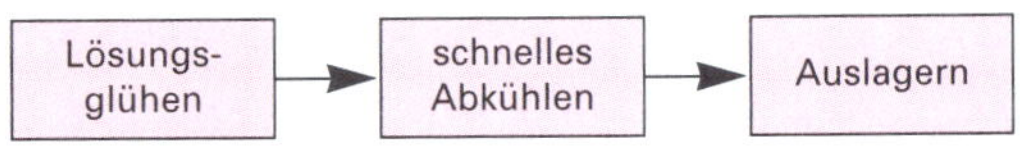

Arbeitsgänge zur Aushärtung

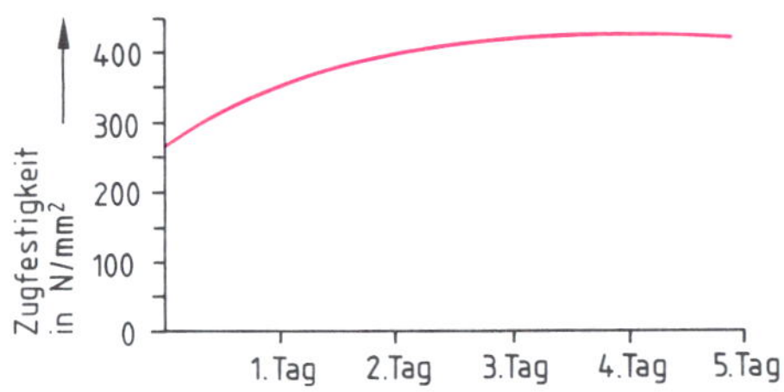

Einfluß der Lagerzeit auf die Zugfestigkeit

Die Aushärtung der Aluminiumlegierungen geschieht in drei Stufen:
Lösungsglühen, schnelles Abkühlen, Auslagern.

4.1.3 Normbezeichnungen

Entsprechend der Systematik der Kurzzeichen für Nichteisen-Metalle gliedern sich die Kurzzeichen für Aluminium und Aluminiumlegierungen in drei Teile.

Herstellung oder Verwendung

Bei Gußwerkstoffen die **Herstellung:**
G- für Guß (Sandguß)
GD- für Druckguß
GK- für Kokillenguß
GZ- für Schleuderguß

Bei Knetwerkstoffen die **Verwendung:**
E- für Leiterwerkstoff
S- für Schweißzusatz

Zusammensetzung

Symbol Al
angehängt werden Symbole der Legierungselemente mit Zahlenwert des Gehaltes

Behandlung oder Werkstoffzustand

Kennzeichen für die **Behandlung:**
ka für kalt ausgehärtet
wa für warm ausgehärtet

Bei Knetlegierungen den **Werkstoffzustand**
F für Herstellungszustand, z.B. gewalzt
W für weichgeglüht

Eine angehängte Kennzahl entspricht 1/10 der Mindestzugfestigkeit in N/mm²

Übungsaufgaben 4/6; 4/7; 4/8

Beispiele für Normbezeichnungen von Aluminiumlegierungen

G-Al Si8 Cu3 ka
- ka – kalt ausgehärtet
- Cu3 – 3% Kupfer
- Si8 – 8% Silizium
- Al – Aluminium als Grundmetall
- G – Gußlegierung

Al Mn F10
- F10 – durch Umformen oder Aushärten auf 100 N/mm² Mindestzugfestigkeit gebracht
- Mn – Mangan als Legierungselement
- Al – Aluminium als Grundmetall

4.2 Kupfer und Kupferlegierungen

4.2.1 Eigenschaften und Verwendung

Kupfer wird als reines Metall in der Technik verwendet. Die folgenden Eigenschaften bestimmen seine Verwendung.

chem. Symbol:	**Cu**
Schmelzpunkt:	1 083 °C
Dichte:	8,9 g/cm³
Gittertyp:	kfz

Ursache	Eigenschaft	Verwendungsbeispiele
Viele freie Elektronen	**sehr gute elektr. Leitfähigkeit**	Kabel, Stromschienen
	sehr gute Wärmeleitfähigkeit	Wärmetauscher, Lötkolben
Kubisch-flächenzentriertes Gitter	**gute Umformbarkeit**	Behälter, Kessel, Dichtungen, Kunstgegenstände
Bildung einer dichten und festen Oxidschicht an der Luft	**gute Korrosionsbeständigkeit**	Rohrleitungen, Dachabdeckungen, Plattierungen

4.2.2 Kupferlegierungen

Die wichtigsten Legierungselemente des Kupfers sind Zink (Zn), Zinn (Sn), Nickel (Ni), Aluminium (Al) und Blei (Pb).
Die Normenbezeichnung der Kupferlegierungen ist in gleicher Weise aufgebaut wie die der Al-Legierungen. Sie beginnt jedoch mit Cu.

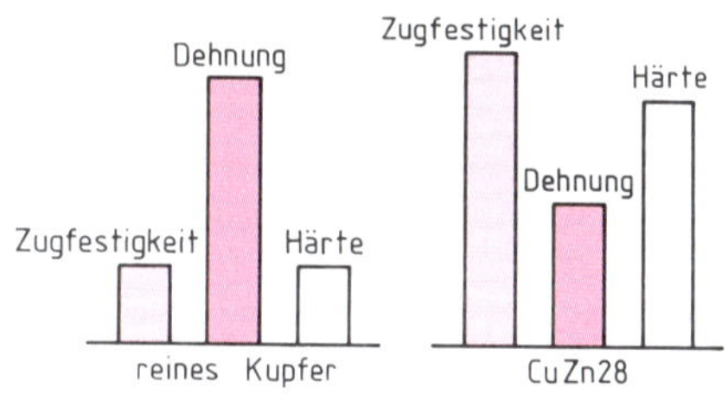

Mechanische Eigenschaften von reinem Kupfer und einer Kupfer-Zink-Legierung

- **Kupfer-Zink-Legierungen**

Kupfer-Zink-Legierungen mit einem Kupfergehalt von mindestens 50% und Zink als Hauptlegierungsbestandteil werden als **Messing** bezeichnet. Damit bei der spanenden Bearbeitung der Span besser bricht, kann Messing bis zu 3% Blei enthalten.
Beträgt der Zinkgehalt unter 38%, so besteht das Messing aus Mischkristallen mit kubisch-flächenzentriertem Gitteraufbau. Diese Messingsorten sind sehr gut umformbar. Sie werden als Kupfer-Zink-Knetlegierungen bezeichnet. Aus diesen Messingsorten werden Schrauben, Blattfedern, Kugelschreiberminen, Hülsen u.a. Bauteile durch Kaltumformen hergestellt.

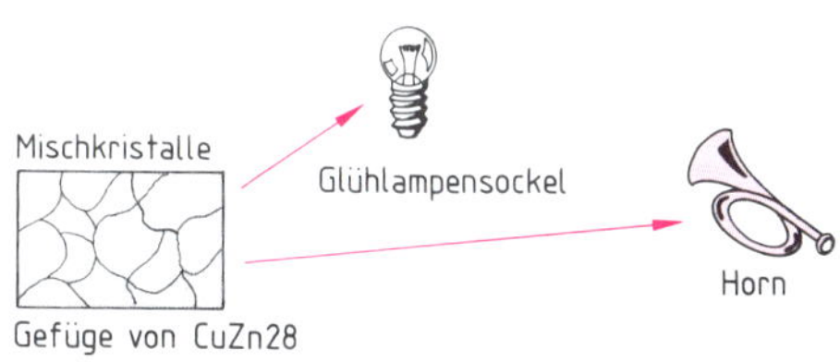

Gefüge und Beispiele für die Verwendung von Cu-Zn-Legierungen mit niedrigem Zn-Gehalt (Messing)

Übungsaufgaben 4/9; 4/10

Steigt der Zinkgehalt über 38%, bildet sich ein Kristallgemenge aus kubisch-flächenzentrierten und kubisch-raumzentrierten Mischkristallen. Diese Messingsorten sind schlecht umformbar, aber gut gießbar und zerspanbar. Aus diesen Messingsorten werden Armaturen, Ventile, Steuerungsbauteile und Formdrehteile aller Art hergestellt.

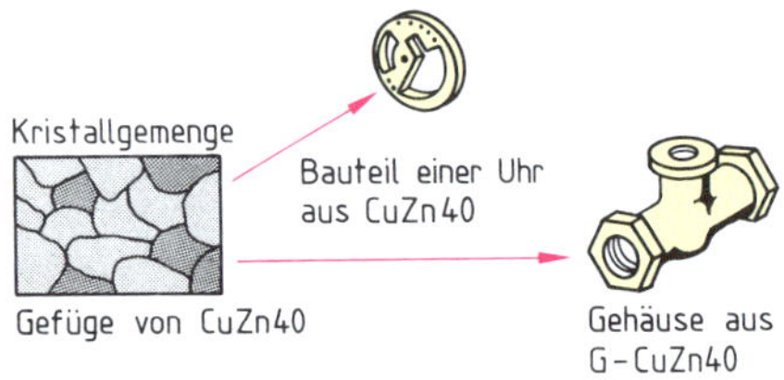

Gefüge und Beispiele für die Verwendung von Cu-Zn-Legierungen mit höheren Zn-Gehalten (Messing)

Messing ist eine Kupfer-Zink-Legierung. Messingsorten mit weniger als 38% Zinkgehalt sind gut umformbar. Messingsorten mit mehr als 38% Zinkgehalt sind gut gieß- und zerspanbar.

- **Kupfer-Zinn-Legierungen**

Kupfer-Zinn-Legierungen bezeichnet man als **Zinn-Bronzen**. Zinn-Bronzen werden in Knetlegierungen und Gußlegierungen unterteilt. Dabei werden die Zinn-Bronzen bis zu 9% Zinn als Knetlegierungen bezeichnet, da bis zu diesem Zinngehalt Mischkristalle gebildet werden. Diese Zinnbronzen sind gut umformbar. Es werden daraus Schrauben, Drähte, Bleche, Bänder und andere Bauteile hergestellt.
Steigt der Zinngehalt über 9%, entstehen Kristallgemenge. Es verschlechtert sich die Umformbarkeit. Die Gießeigenschaften verbessern sich. Darüber hinaus verbessern sich Korrosionsbeständigkeit und die Gleiteigenschaften. Aus Zinnbronzen stellt man Schneckenräder, Lager, Armaturen, Bauteile für Turbinen und Gleitschienen durch Gießen her.

CuSn6	94% Cu	6% Sn
CuSn8	92% Cu	8% Sn

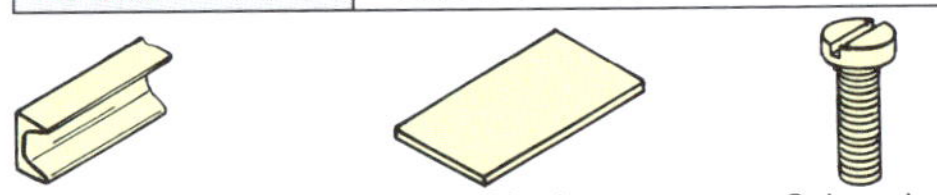

Verwendung von Cu-Sn-Knetlegierungen

G-CuSn 12	88% Cu	12% Sn
G-CuSn 14	86% Cu	14% Sn

Verwendung von Cu-Sn-Gußlegierungen

Bronzen sind Kupfer-Zinn-Legierungen. Bronzen mit weniger als 9% Zinn sind Knetlegierungen. Bronzen mit mehr als 9% Zinn werden vergossen.

- **Kupfer-Zink-Zinn-Legierungen**

Kupfer-Zink-Zinn-Legierungen bezeichnet man als **Rotguß**. Rotguß ist ein sehr gut gießbarer und korrosionsbeständiger Werkstoff. Er wird für dünnwandige verwickelte Werkstücke wie Pumpengehäuse, Schneckenräder, Heißdampfarmaturen verwendet.

G-CuSn5ZnPb	85% Cu 5% Sm; Zn u. Pb in Anteilen
G-CuSn 10Zn	88% Cu 10% Sn (2%) Zn

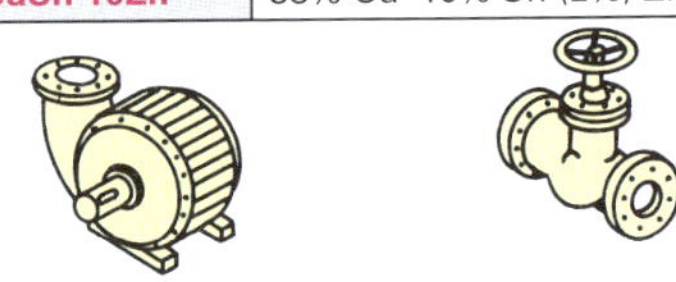

Verwendung von Cu-Zn-Sn-Legierungen

Rotguß sind Kupfer-Zink-Zinn-Legierungen.

- **Kupfer-Zink-Nickel-Legierungen**

Kupfer-Zink-Nickel-Legierungen bezeichnet man wegen ihres silbernen Glanzes als **Neusilber**. Es enthält zwischen 10 und 25% Nickel. Neusilber ist gut umformbar und sehr korrosionsbeständig. Es wird als Werkstoff in der Optik, in der Feinmechanik und im Kunstgewerbe verwendet.

CuZn 30 Ni 12 Pb	56 % Cu 30% Zn 12% Ni 2% Pb

Verwendung von Cu-Zn-Ni-Legierungen

Neusilber sind Kupfer-Zink-Nickel-Legierungen.

Übungsaufgaben 4/11 bis 4/14

4.3 Übersicht über weitere Metalle

	Physikalische und chemische Eigenschaften	Technologische Eigenschaften	Verwendung
Zink (Zn)	*Physikalische Eigenschaften:* Dichte: 7,14 g/cm^3 Schmelzpunkt: 419 °C Gitterstruktur: hexagonal Zugfestigkeit: 100 N/mm^2 Härte: 35 HB *Chemische Beständigkeit:* korrosionsbeständig an Luft, nicht korrosionsbeständig gegen Säuren und Laugen *Umweltbelastung:* keine, da ungiftig	gut gießbar, spröde unter 100 °C weich und gut umformbar zwischen 100 °C und 200 °C, spröde über 200 °C, gut schweißbar	*als reines Metall:* Bauteile für Dachentwässerung, Behälter für Trockenbatterien, Überzugsmetall als Korrosionsschutz *als Grundmetall von Legierungen in:* Zink-Gußlegierungen mit Al, Cu und Mg für Vergaser und Kleinmotorengehäuse *als Legierungsmetall in:* Weichloten und hochfesten Aluminium-Legierungen
Blei (Pb)	*Physikalische Eigenschaften:* Dichte: 11,4 g/cm^3 Schmelzpunkt: 327 °C Gitterstruktur: kfz-Gitter Zugfestigkeit: 10 bis 20 N/mm^2 Härte: 4 HB *Chemische Beständigkeit:* korrosionsbeständig an Luft und gegen verdünnte Säuren *Umweltbelastung:* Blei und Bleiverbindungen sind giftig	gut gießbar, gut umformbar, gut schweißbar und lötbar, schlecht spanbar, schirmt Röntgenstrahlen ab	*als reines Metall:* Auskleidung für Schwefelsäurebehälter, Dachabdichtungen, Strahlenschutz *als Grundmetall von Legierungen in:* Weichloten, Lagermetallen, Letternmetallen, Akkumulatorplatten *als Legierungsmetall in:* Zinn-Loten und Lagermetallen
Zinn (Sn)	*Physikalische Eigenschaften:* Dichte: 7,28 g/cm^3 Schmelzpunkt: 232 °C Gitterstruktur: tetragonal Zugfestigkeit: 35 N/mm^2 Härte: 12 HB *Chemische Beständigkeit:* korrosionsbeständig an Luft und gegen Wasser, nicht korrosionsbeständig gegen Säuren *Umweltbelastung:* keine, da ungiftig	gut gießbar, gut umformbar, spröde und brüchig über 200 °C, zerfällt in Pulver unter –20 °C (Zinnpest), gut lötbar	*als reines Metall:* Überzugsmetall in der Lebensmittelindustrie bei Konservendosen, Zinn-Geschirr *als Grundmetall in:* Zinnloten, Lagermetallen (Weißmetall) *als Legierungsmetall in:* Bronzen, Letternmetallen und zinnarmen Lagerweißmetallen
Nickel (Ni)	*Physikalische Eigenschaften:* Dichte: 8,9 g/cm^3 Schmelzpunkt: 1 455 °C Gitterstruktur: kfz-Gitter Zugfestigkeit: 300 bis 450 N/mm^2 Härte: 70 HB *Chemische Beständigkeit:* korrosionsbeständig an Luft, gegen Wasser, Säuren und Laugen *Umweltbelastung:* keine, da ungiftig	schlecht gießbar, gut umformbar, verfestigt sich beim Kaltumformen sehr schnell, gut schweißbar, gut spanbar	*als reines Metall:* Überzugsmetall zur Oberflächenveredelung, Akkumulatorplatten *als Grundmetall in:* Monelmetall für Bauteile in der chemischen Industrie *als Legierungsmetall in:* Vergütungsstählen, elektrischen Widerstandswerkstoffen, Gußeisen, Neusilber für Eßbestecke, Heizleiterwerkstoffe
Magnesium (Mg)	*Physikalische Eigenschaften:* Dichte: 1,7 g/cm^3 Schmelzpunkt: 650 °C Gitterstruktur: hexagonal Zugfestigkeit: 100 bis 180 N/mm^2 Härte: 13 HB *Chemische Beständigkeit:* nicht korrosionsbeständig gegen Säuren und Salzlösungen, kleine Späne entzünden sich bei höheren Temperaturen von selbst, brennend reagiert es heftig mit Wasser, nur mit Sand löschbar *Umweltbelastung:* keine, da ungiftig	gut gießbar, mäßig gut umformbar, sehr gut spanbar, die Brennbarkeit bei höheren Temperaturen ist hinderlich	*als reines Metall:* Feuerwerkstechnik, Blitzlichtlampen *als Grundmetall in:* Legierungen bei Bauteilen für Fahrzeug- und Flugzeugbau *als Legierungsmetall in:* Aluminium-Legierungen
Titan (Ti)	*Physikalische Eigenschaften:* Dichte: 4,5 g/cm^3 Schmelzpunkt: 1 660 °C Gitterstruktur: hexagonal Zugfestigkeit: 340 bis 860 N/mm^2 Härte: ca. 100 HB *Chemische Beständigkeit:* korrosionsbeständig an Luft und gegen Wasser, bei hohen Temperaturen starkes Oxidieren *Umweltbelastung:* keine, da ungiftig	gut umformbar im kalten Zustand, spröde über 950 °C, schlecht spanbar, schweißbar nur unter Schutzgas	*als reines Metall:* Bauteile in der Fahrzeug- und Flugzeugindustrie und Raketentechnik *als Legierungsmetall in:* Stählen

5 Sinterwerkstoffe

Aus pulverförmigen metallischen und nichtmetallischen Ausgangsstoffen stellt man in zunehmendem Maße Bauelemente her, an die hohe Anforderungen in bezug auf Maßhaltigkeit, Festigkeit und Belastbarkeit gestellt werden. Darüber hinaus lassen sich aus den zunächst pulverförmigen Stoffen neue Werkstoffe mit bisher unbekannten Eigenschaften herstellen. Sie erlauben, technische Lösungen, die vorher undenkbar waren.

So kann man aus pulverförmigen Ausgangsstoffen:

- Bauelemente herstellen, die aus Werkstoffen mit sehr hohen Schmelzpunkten bestehen, z.B. Glühfäden aus Wolfram für Glühlampen. Sie haben einen Schmelzpunkt von 3 380 °C.
- Werkstoffe herstellen, deren Bestandteile im schmelzflüssigen Zustand nicht mischbar sind, z.B. Graphit und Kupfer als Werkstoff für Stromabnehmer.
- poröse metallische Werkstoffe erzeugen, z.B. Bronzen für Gleitlager und Metallfilter.

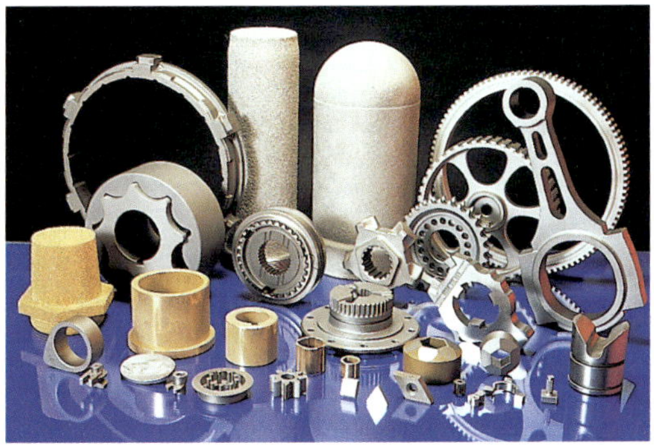

Gesinterte Bauteile

Nachteile bei der Herstellung von Sinterwerkstoffen und Sinterwerkstücken sind:

- Die Pulverherstellung ist oft sehr teuer.
- Die Preßwerkzeuge können erst bei Großserien wirtschaftlich eingesetzt werden.
- Bei der Herstellung von Werkstücken, die Hinterschneidungen und Hohlräume enthalten, treten erhebliche Schwierigkeiten auf.

5.1 Herstellung von Sinterteilen aus Metallpulvern

Die Herstellung der meisten Sinterteile aus Metallpulvern erfolgt nach einem dreistufigen Verfahren, an das sich bei Bedarf eine 4. Stufe, die Nachbearbeitung, anschließen kann.

Die pulverförmigen Ausgangsstoffe werden zunächst auf Pressen in Metallformen zu Formteilen gepreßt. Diese Formteile werden anschließend erhitzt. Dabei werden die einzelnen Pulverteilchen teilweise teigig und backen zusammen. Es entsteht ein neues, festes Gefüge. Den Glühvorgang, bei dem der Werkstoff seine endgültige Festigkeit erhält, bezeichnet man als **Sintern**.

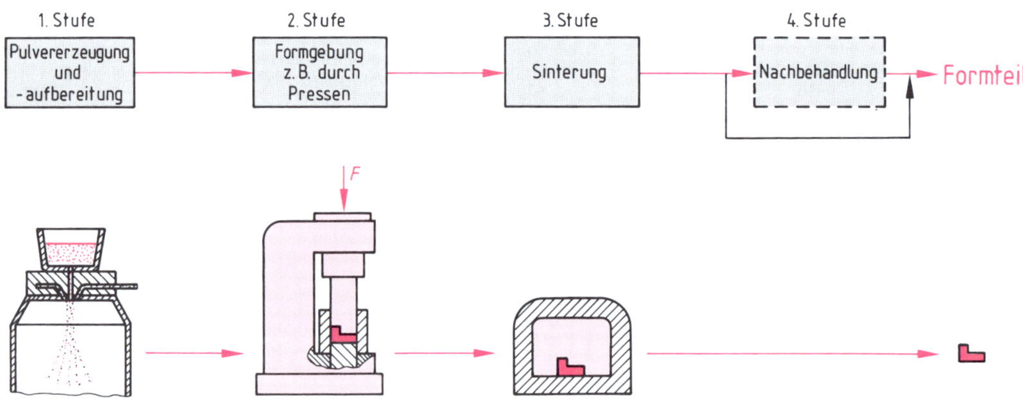

Stufen der Erzeugung von Sintermetallen

Übungsaufgaben 5/1 bis 5/4

5.2 Sintermetalle

Aus Pulvern von Reinsteisen, Stahl, Kupfer- und Aluminiumlegierungen werden durch Sintern Bauelemente hergestellt. Sintergefüge sind gleichmäßiger und feinkörniger als Gußgefüge und zeigen deshalb erhöhte Festigkeitseigenschaften. Durch Sintern hergestellte Bauelemente sind so maßgenau, daß sie unmittelbar eingebaut werden können. Die Herstellung von Bauelementen durch Sintern ist nur bei großen Serien wirtschaftlich.

Werkstoffe aus Sinterbronzen und Eisen-Kupfer-Graphit-Sinterwerkstoffe besitzen sehr gute Eigenschaften als **Lagerwerkstoffe**. Sie sind nahezu wartungsfrei, geräuscharm und besitzen wegen ihrer Porosität gutes Ölspeichervermögen. Durch den eingelagerten Kohlenstoff sind diese Lagerwerkstoffe im Notfall selbstschmierend. Sie haben dadurch gute **Notlaufeigenschaften.**

Hochporöse Werkstoffe wie Sinterkupfer, Sinterbronzen und Sinterstahl eignen sich besonders für die Herstellung von Filtern, Schalldämpfern und als Flammenschutz in der Autogentechnik.

Werkstücke aus Sintermetall

Filter aus Sinterkupfer

Als Ordnungsmerkmal für Sintermetalle dient der Porenraum zwischen den Pulverteilchen. Der Porenraum bestimmt Gebrauchseigenschaften und Einsatzgebiet.

steigende Dichte / steigende Festigkeit (von SINT A nach SINT F)

Klasse	Anteil des Porenraumes (Porenraum / Dichte)	Beispiele für Anwendung
SINT A	bis 60%	Filter
SINT B	bis 30%	ölgetränkte Gleitlager
SINT C	bis 20%	Bauteile für Maschinenbau, Fahrzeugbau, Waffentechnik
SINT D	bis 15%	
SINT E	bis 5%	
SINT F	unter 5%	

Die Kennzeichnung der Sintermetalle ist nach DIN festgelegt. Eine normgerechte Werkstoffbezeichnung enthält mindestens folgende Angaben:

Kennwort SINT für Verfahren

Kennbuchstabe für Werkstoffklasse

Werkstoffklasse	Raumausfüllung
AF	<73%
A	75%
B	80%
C	85%
D	90%
E	94%
F	>95%[1)]
G	>92%[2)]
S	>90%[3)]

Kennziffer für Werkstoff

Kennziffer	chemische Zusammensetzung
0	Eisen und Stahl, 0 bis 1% Cu
1	Eisen und Stahl, 1 bis 5% Cu
2	Eisen und Stahl, >5% Cu
3	Eisen und Stahl, <6% legiert[4)]
4	Eisen und Stahl, >6% legiert[4)]
5	legiert mit Cu >60%
6	Buntmetallegierung (außer Ziffer 5)
7	Leichtmetalle

1) warmgepreßte Formteile 2) infiltrierte Formteile 3) warmgepreßte Gleitlager 4) außer Cu

Übungsaufgaben 5/5; 5/6; 5/7

5.3 Hartmetalle

Die Ausgangsstoffe für die Hartmetalle sind chemische Verbindungen aus Metallen und Kohlenstoff. Diese Verbindungen bezeichnet man als **Metallkarbide.** Wolframkarbid (WC), Titankarbid (TiC), Borkarbid (B_4C) haben eine Härte, die um ein Vielfaches über der Härte von Stahl liegt. Gleichzeitig besitzen sie Schmelztemperaturen, die über 2 000 °C liegen.

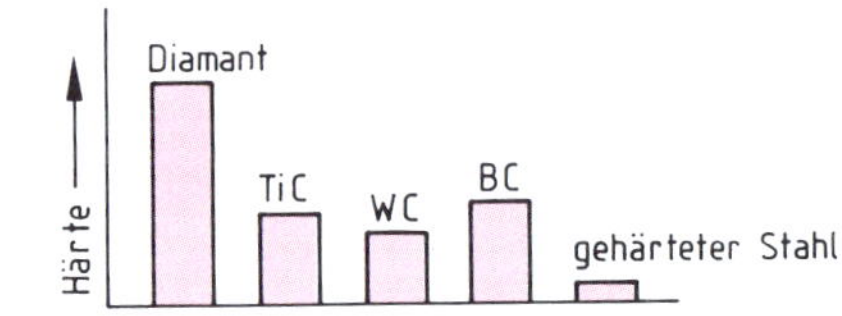

Härten von Diamant, Metallkarbiden und gehärtetem Stahl

Nach der Zusammensetzung unterscheidet man zwei Gruppen von Hartmetallen:
- Hartmetalle, in denen vorwiegend Wolframkarbid der Härteträger und Kobalt das Bindemittel ist, werden als **Hartmetalle HW** gekennzeichnet.
- Hartmetalle, in denen die Härteträger Mischungen aus Karbiden und Nitriden von Tantal, Titan u.a. sind, und ein Gemisch aus Nickel, Kobalt und Molybdän das Bindemittel ist, werden als **Hartmetalle HT** bezeichnet. Man nennt diese Hartmetalle auch **Cermets** (**cer**amics + **met**als).

Hartmetalle **HW**:	Härteträger: WC	Bindemittel: Co
Hartmetalle **HT**: (Cermets)	Härteträger: Karbide und Nitride von Ta, Ti, W, Nb	Bindemittel: Ni, Co, Mo

Hartmetalle werden als Schneidstoffe an Zerspanungswerkzeugen eingesetzt. In der Stanz- und Umformtechnik werden Stempel, Matrizen und stark verschleißbeanspruchte Teile von Werkzeugen aus Hartmetall gefertigt. Die Eigenschaften der verschiedenen Hartmetallsorten und die damit verbundenen Einsatzmöglichkeiten ergeben sich aus unterschiedlichen Anteilen an Bindemitteln und den Korngrößen der Härteträger.

Hartmetalle HW als Schneidstoffe sind in drei Gruppen genormt, die durch Buchstaben gekennzeichnet sind. Für die Einordnung ist die Spanlänge der zu bearbeitenden Werkstoffe maßgebend. Jede Gruppe ist in weitere Anwendungsgruppen unterteilt. Dabei sind Verschleißfestigkeit und Zähigkeit der Hartmetalle HW Merkmale für die Einordnung in die Anwendungsgruppen.

Anwendungsgruppe	Hauptgruppe	Kennfarbe	Anwendung
P 01 **P 05** **P 10** **P 20** … **P 50**	P für langspanende Werkstoffe	blau	*Zum Spanen von:* Stahl, Stahlguß, langspanendem Temperguß
M 10 **M 20** **M 30** **M 40**	M für lang oder kurzspanende Werkstoffe	gelb	*Zum Spanen von:* Stahl, Stahlguß, Manganhartstahl, austenitischen Stählen, legierten Gußeisen, Temperguß, Automatenstahl, Leicht- und Buntmetallen
K 01 **K 05** **K 10** … **K 40**	K für kurzspanende Werkstoffe	rot	*Zum Spanen von:* Gußeisen, Hartguß, kurzspanendem Temperguß, gehärtetem Stahl, Nichteisenmetallen, Kunststoffen, Werkzeuge für Umformtechnik

(↑ **zunehmende Verschleißfestigkeit** — ↓ **zunehmende Zähigkeit**)

Cermets besitzen wegen der erheblich geringeren Dichte der Härteträger nur etwa 50% der Dichte von Hartmetallen auf Wolframkarbid-Basis. Sie sind zudem härter und verschleißfester. Da Cermets erst bei höheren Temperaturen oxidieren, erlauben sie beim Einsatz als Schneidstoffe erheblich höhere Schnittgeschwindigkeiten. Cermets leiten gegenüber Hartmetallen HW Wärme schlechter und haben gleichzeitig hohe Wärmedehnung. Als Folge dieser Eigenschaften ist die Beständigkeit gegen schnelle Temperaturwechsel geringer als bei den Hartmetallen HW.

Übungsaufgaben 5/8; 5/9; 5/10

5.4 Keramische Werkstoffe

Keramische Werkstoffe sind Sinterwerkstoffe. Die meisten technischen Keramiken sind Verbindungen von Metallen und Halbmetallen mit Sauerstoff, Kohlenstoff oder Stickstoff. Man unterscheidet demnach *oxidische* und *nicht-oxidische* Keramiken. Die im Maschinenbau und in der Fertigungstechnik eingesetzten technischen Keramiken haben drei besondere Eigenschaften:

- Sie sind *nichtmetallisch* und unterscheiden sich dadurch von Metallen.
- Sie sind *anorganisch* und unterscheiden sich dadurch von den Kunststoffen.
- Sie sind zu mindestens *30% kristallin* und unterscheiden sich so von den Gläsern.

Werkstücke aus Keramik

Technische Keramiken sind Sinterwerkstoffe aus chemischen Verbindungen von Metallen mit Nichtmetallen. Sie sind nichtmetallisch, anorganisch und mindestens teilweise kristallin.

Für technische Keramiken setzt man vorwiegend Aluminiumoxid, Zirkonoxid, Siliziumkarbid, Siliziumnitrid und Gemenge aus diesen Werkstoffen ein.

Übersicht über Eigenschaften und Verwendung technischer Keramiken

Eigenschaften und Verwendung	Aluminiumoxid Al_2O_3	Zirkonoxid ZrO_2	Siliziumkarbid SiC	Siliziumnitrid Si_3N_4
Biegefestigkeit in N/mm²	bis 350	bis 800	kaltgepreßt 350 heißgepreßt 700	heißgepreßt 750
Druckfestigkeit in N/mm²	bis 3 500	bis 2 000	1 200	3 000
Härte in HV	3 000	2 800	3 500	4 200
Ausdehnungskoeffizient in 1/K	0,000 008	0,000 011	0,000 004	0,000 003
obere Verwendungstemperatur in °C	1 700	2 300	1 400	1 400
Verwendung im Maschinen- und Motorenbau und in der Fertigungstechnik	Armaturenteile Schneidplatten Ziehkonen Pumpenkolben	Ventilteile Lagerteile Ziehkonen	Gleitringe Lagerteile Wellenschutz-hülsen	Turboladerrotoren Düsen Motorenteile

6 Verbundwerkstoffe

Durch Kombination verschiedener Werkstoffe kann man optimale Werkstoffeigenschaften erreichen. Werkstoffe, die man durch das Verbinden mehrerer Werkstoffe erzielt, nennt man Verbundwerkstoffe.

Verbundwerkstoffe teilt man ein in

- **Durchdringungsverbundwerkstoffe,** bei denen fest zusammenhängende Teilchen, zwischen denen Hohlräume vorliegen, von einem zweiten Stoff durchdrungen werden. Die fest zusammenhängenden Teilchen (Grundwerkstoff) bezeichnet man als Matrix.
- **Teilchenverbundwerkstoffe,** bei denen in einem zusammenhängenden Stoff (Matrix), kleine Teilchen eines zweiten Stoffes eingelagert sind.
- **Faserverbundwerkstoffe,** bei denen Fasern in den Grundwerkstoff (Matrix) eingelagert sind.

Übungsaufgaben 5/11 bis 5/14

- **Schichtverbundwerkstoffe,** bei denen gleichartige oder verschiedenartige Materialschichten miteinander verbunden sind.
- **Oberflächenbeschichtungen,** bei denen nur die Oberfläche mit einer Schicht aus einem anderen Stoff versehen ist.

Beispiele für die Struktur und die Verwendung von Verbundwerkstoffen

Durchdringungsverbund

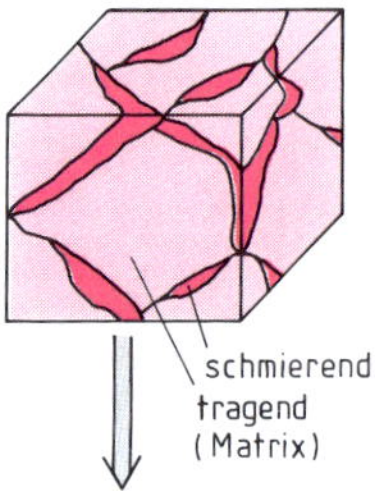

Tränkwerkstoffe
- getränkte Sinterwerkstoffe
- Lagerwerkstoffe

Teilchenverbund

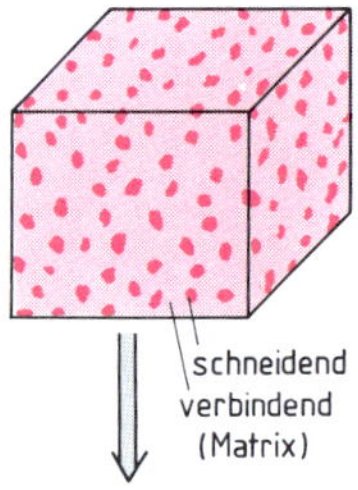

Schneidstoffe
- Hartmetalle
- Schleifscheiben

Faserverbund

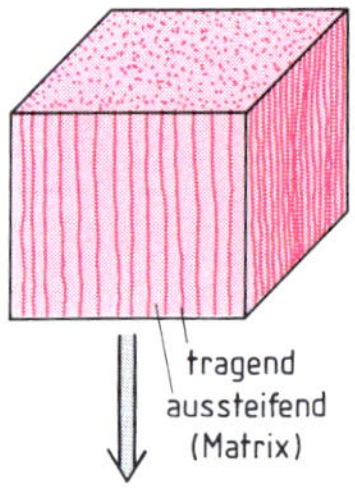

Konstruktionswerkstoffe
- Glasfaserverstärkte Werkstoffe
- Kohlenstoffaserverstärkte Werkstoffe
- Stahlbeton
- Drahtglas

Schichtverbund

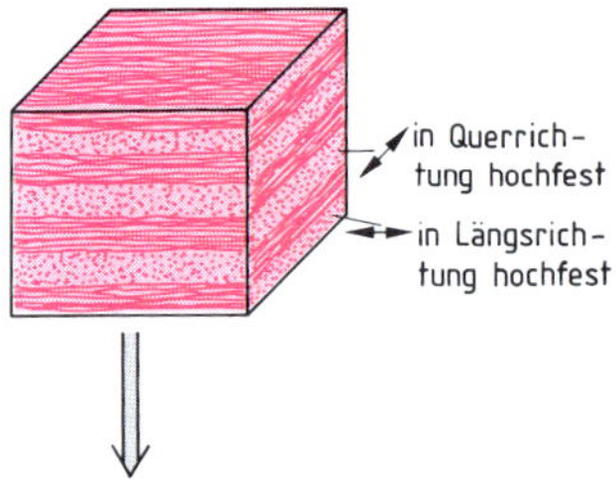

Platten (Halbzeug)
- Sperrholz
- Schichtpapier
- Damaszenerstahl

Verbundwerkstoffe kombinieren die Eigenschaften der Grundwerkstoffe.
Verbundwerkstoffe entstehen nicht aus einer gemeinsamen Schmelze.
Man unterscheidet:
- Durchdringungsverbundwerkstoffe,
- Teilchenverbundwerkstoffe,
- Faserverbundwerkstoffe,
- Schichtverbundwerkstoffe,
- Oberflächenbeschichtungen

7 Korrosion und Korrosionsschutz

7.1 Korrosion

Werkstoffe von Maschinen und Anlagen sind ständig äußeren Einflüssen durch chemisch wirksame Stoffe, z.B. Feuchtigkeit, Luftsauerstoff, Verbrennungsgase, ausgesetzt. Die Zerstörung metallischer Werkstoffe infolge chemischer Reaktionen mit den umgebenden Medien nennt man **Korrosion.**

Korrosion ist die von der Oberfläche ausgehende Zerstörung metallischer Werkstoffe durch chemische oder elektrochemische Reaktionen.

7.1.1 Chemische Korrosion

Trockene Gase, welche sich chemisch sehr leicht mit Metallen verbinden, wie z.B. Sauerstoff und Chlor, greifen die Oberfläche der Metalle an. Dabei bilden sich auf der Oberfläche chemische Verbindungen des Metalles mit dem Gas. Diese Art der Korrosion bezeichnet man als **chemische Korrosion**.
Chemische Korrosion tritt meist als Oxidation auf. Da diese Reaktion bei höherer Temperatur besonders intensiv verläuft, oxidieren Auspuffrohre von Kraftfahrzeugen, Ofenroste, Einsatzkästen und andere Bauelemente aus Eisen oder Stahl, die bei höheren Temperaturen verwendet werden, sehr schnell.

Chemische Korrosion wird vorwiegend durch trockene Gase verursacht.
Die Geschwindigkeit der Korrosion steigt mit steigender Temperatur.

Übungsaufgaben 6/1 bis 6/4; 7/1

7.1.2 Elektrochemische Korrosion

- **Grundlagen**

Taucht man zwei verschiedene Metalle in einen Elektrolyten und verbindet sie durch einen Leiter, so fließt ein elektrischer Strom. Man bezeichnet eine solche Spannungsquelle, bei der in einem Elektrolyten die beiden Pole aus zwei verschiedenen Metallen bestehen, als **galvanisches Element**.

Beispiel für ein galvanisches Element

Eine Kupfer- und eine Zinkplatte tauchen in eine schwache Schwefelsäurelösung ein. Schaltet man einen Spannungsmesser zwischen die Platten, so kann eine Spannung von etwa 1,1 Volt gemessen werden. Man erkennt ferner, daß das Zink den Minuspol und das Kupfer den Pluspol bildet. Verbindet man die Platten so, daß ein Strom fließen kann, so stellt man fest, daß das Zink aufgelöst wird.

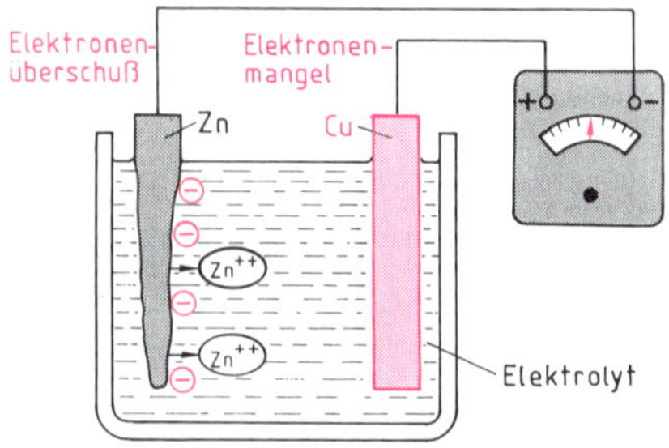

Ein galvanisches Element wird aus zwei unterschiedlichen Metallen in einem Elektrolyten gebildet. Das Metall am Minuspol wird stets aufgelöst und verbindet sich mit dem Elektrolyten.

Aus den verschiedenen Metallen lassen sich galvanische Elemente zusammenstellen, die unterschiedliche Spannungen liefern. Um einen Bezug zu erhalten, hat man eine Elektrode aus einem Platinblech, die von Wasserstoff umspült wird, geschaffen. Diese hat man mit den verschiedenen Metallen verbunden und die dabei gemessenen Spannungen aufgelistet. Die sich ergebende Reihe der Metalle nennt man die **elektrochemische Spannungsreihe der Metalle**.

Je weiter ein Metall in dieser Reihe rechts steht, desto geringer ist sein Bestreben Verbindungen zu bilden – es ist **edler**.

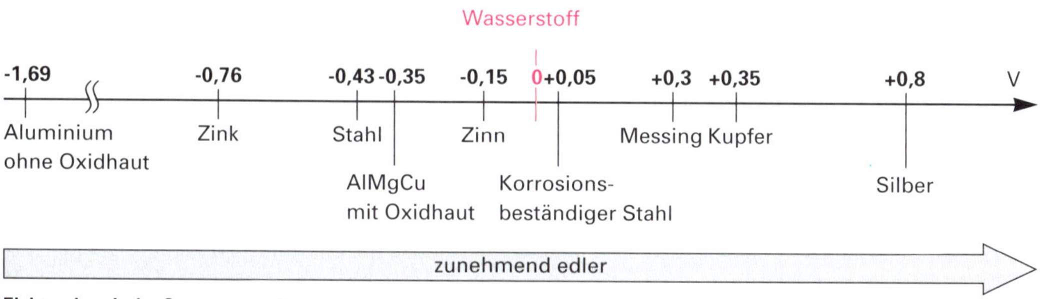

Elektrochemische Spannungsreihe

In der elektrochemischen Spannungsreihe sind die Metalle nach ihrer Spannung gegenüber einer Wasserstoffelektrode geordnet. Je größer der Spannungswert ist, desto edler ist ein Metall.

Fügt man Metalle, die in der elektrochemischen Spannungsreihe weit auseinander stehen, so ist die Gefahr groß, daß Bauelemente durch Korrosion beschädigt werden. Unter Zutritt einer elektrisch leitenden Flüssigkeit (Säure, Lauge oder Salzlösung) löst sich das unedlere Metall auf und verbindet sich mit dem Elektrolyten. Eine solche Zerstörung von Metallen, bei der sich über einen Elektrolyten ein Stromkreis bildet, ist **elektrochemische Korrosion**.

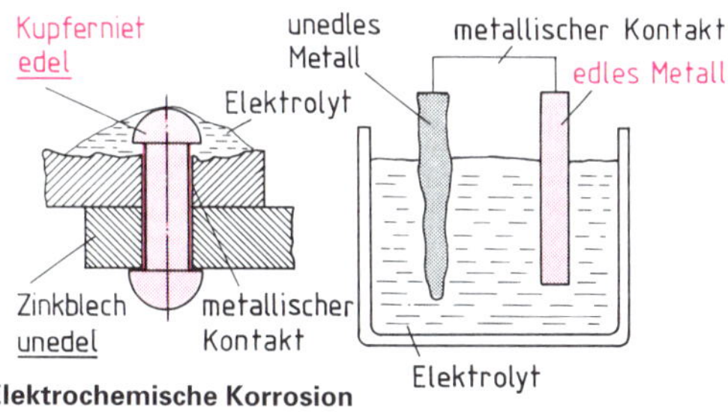

Elektrochemische Korrosion

Übungsaufgabe 7/2

- **Erscheinungsformen**

Tritt die elektrochemische Korrosion dadurch ein, daß in einem Bauelement oder in einer Konstruktion durch Fügen verschiedene Metalle zusammengebracht wurden, so spricht man von **Kontaktkorrosion.**

Beispiel **für Kontaktkorrosion an einem Aluminiumniet**

Werden Kupferplatten mit Aluminiumnieten gefügt, so werden die Aluminiumniete bei Anwesenheit eines Elektrolyten langsam aufgelöst, weil sie das unedlere Metall darstellen. Die Verbindung ist untauglich.

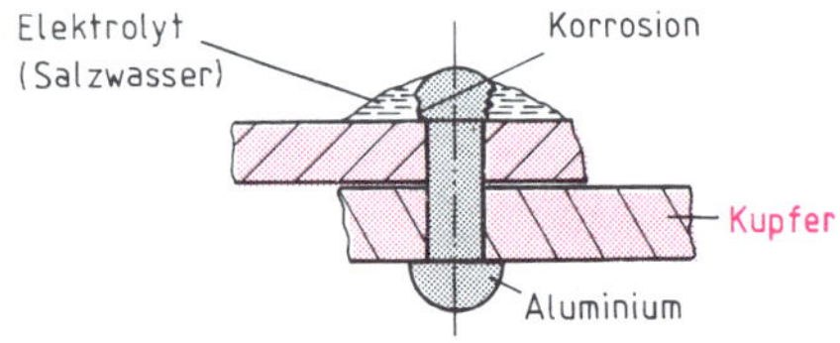

Kontaktkorrosion ist elektrochemische Korrosion, welche beim Zusammenbau verschiedener Metalle bei Anwesenheit eines Elektrolyten auftritt.

In Legierungen können die Bestandteile im festen Zustand Gemenge bilden. Zwischen den verschiedenartigen Körnern wirkt an den Korngrenzen bei Vorhandensein eines Elektrolyten eine elektrochemische Korrosion. Diese Zersetzung setzt sich entlang der Korngrenze fort, der Zusammenhalt der Körner wird weitgehend aufgehoben. Man spricht von **interkristalliner Korrosion.**

Beispiel **für interkristalline Korrosion an Cr-Ni-Stahl**

Beim Schweißen an korrosionsbeständigen Cr-Ni-Stählen verarmt der Bereich an der Korngrenze an Chrom, weil sich chromreiche Chromkarbide bilden. Dadurch besteht ein Konzentrationsunterschied zwischen Korngrenze und Kornmitte, und es kommt bei Zutritt eines Elektrolyten zur Korrosion.

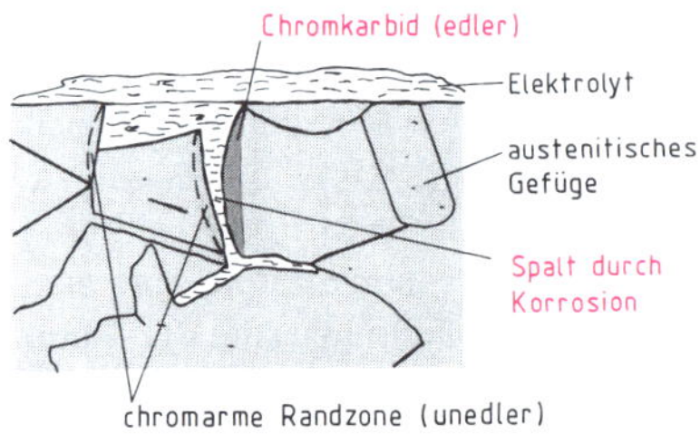

Interkristalline Korrosion ist elektrochemische Korrosion, welche bei Legierungen mit Konzentrationsunterschieden an Korngrenzen in Anwesenheit eines Elektrolyten auftritt.

7.2 Korrosionsschutz

Die jährlichen Verluste durch Korrosion sind in einer Volkswirtschaft sehr hoch – sie betragen z.B. in der Bundesrepublik Deutschland jährlich einige Milliarden D-Mark. Darum kommt dem Korrosionsschutz große Bedeutung zu. Es werden beträchtliche Mittel aufgewendet, um die Verluste durch Korrosion in erträglichen Grenzen zu halten.

7.2.1 Korrosionsschutz bei chemischer Korrosion

Die chemische Korrosion, die durch trockene und reaktionsfreudige Gase hervorgerufen wird, kann nur durch

- Einsatz korrosionsbeständigerer Werkstoffe oder
- Beschichten weitgehend unterbunden werden.

Als korrosionsbeständige Stähle werden meist Cr-Ni-Stähle, z.B. X 10 Cr Ni Mo Ti 18-7 eingesetzt.

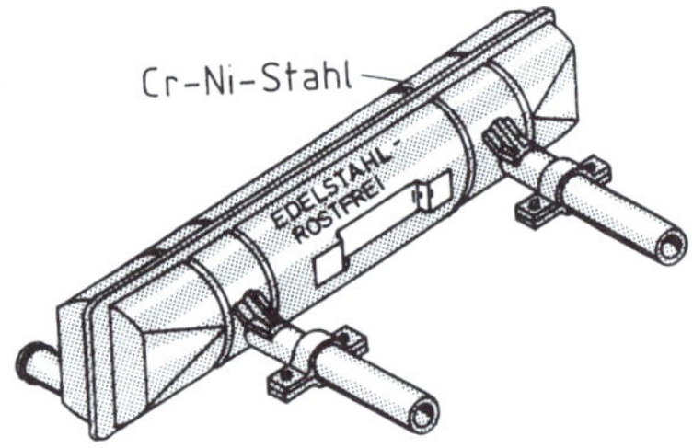

Gegen chemische Korrosion geschützter Auspuff

Chemische Korrosion kann durch Einsatz korrosionsbeständiger Werkstoffe oder Beschichten verhindert werden.

Übungsaufgabe 7/3

7.2.2 Korrosionsschutz bei elektrochemischer Korrosion

Elektrochemische Korrosion kann durch unterschiedliche Maßnahmen in erträglichen Grenzen gehalten werden:

- Man soll nach Möglichkeit nur Bauelemente aus gleichen Metallen miteinander verbinden.
- Bei der Werkstoffauswahl sollen Legierungen mit Mischkristallgefüge vorgezogen werden.
- Beim Fügen von Bauelementen aus unterschiedlichen Metallen kann der Stromfluß durch Isolierzwischenlagen verhindert werden.
- Durch Beschichten kann der Zutritt eines Elektrolyten verhindert werden.
- Durch das Anbringen von Zusatzteilen aus sehr unedlen Metallen können Konstruktionen ebenfalls vor elektrochemischer Korrosion geschützt werden. Bei diesem Verfahren wird die Korrosion von unedlen Konstruktionsteilen auf die noch unedleren Zusatzteile verlegt. Man bezeichnet die Zusatzteile darum als **Opferanoden** oder Schutzanoden.

Gefüge eines korrosionsbeständigen Stahles

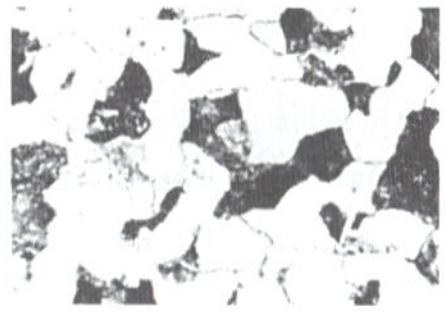

Gefüge eines nichtkorrosionsbeständigen unlegierten Stahles

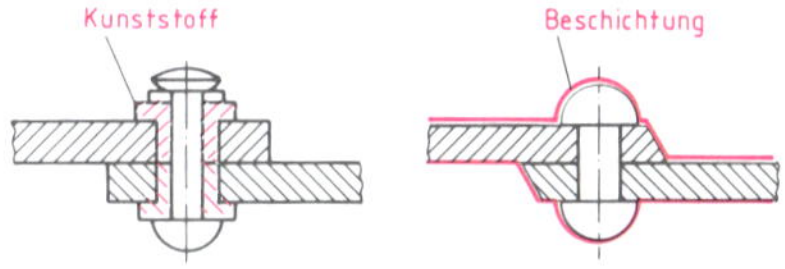

Korrosionsschutz durch Kunststoffzwischenlagen und Anstrich

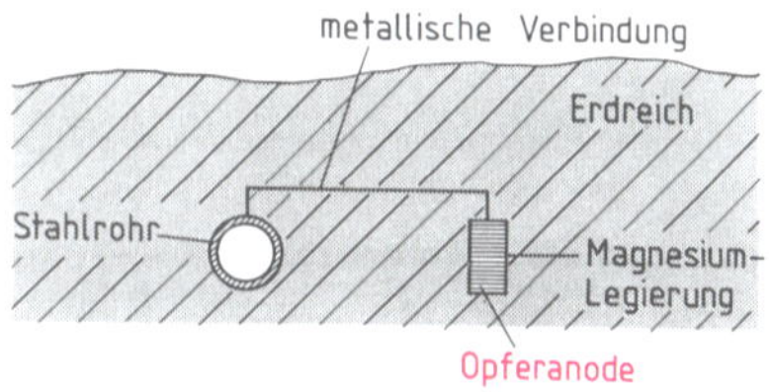

Korrosionsschutz durch Opferanode

Elektrochemische Korrosion kann verhindert werden durch:
- richtige Werkstoffauswahl
- Zwischenlagen aus Isolierstoffen
- Beschichtung
- Opferanoden.

8 Kunststoffe

Im Maschinenbau haben die Kunststoffe neben den Metallen als Konstruktionswerkstoffe Bedeutung gewonnen. Ihre Anwendung wächst ständig, da die Eigenschaften dieser Werkstoffgruppe sehr leicht den Erfordernissen angepaßt werden können.

Wichtige Anwendungen von Kunststoffen im Maschinenbau sind:
- Verkleidungen, Gehäuse,
- Rohrleitungen, Schläuche, Behälter,
- Zahnräder, Riemen, Kupplungen, Lager,
- Dichtungen, Isolierungen,
- Klebstoffe.

Alle Kunststoffe haben gemeinsame Eigenschaften, durch die sie sich von anderen Werkstoffen unterscheiden.

Bauteile aus Kunststoff für den Maschinenbau

Eigenschaft	Verwendung	Beispiele
geringe Dichte	Behälterwerkstoff	Flaschenkästen, Eimer, Öltanks
elektrisch nichtleitend	Isolierstoffe	Steckdosen, Handbohrmaschinengehäuse
schlecht wärmeleitend	Wärmedämmstoffe	Heizleitungsisolation, Kühlschrankisolation
schwingungsdämpfend	Schallschutzstoffe	Getriebeteile, Maschinenunterlagen
korrosionsbeständig	Korrosionsschutzwerkstoff	Rohrleitungen, Apparate, Beschichtungen

Übungsaufgaben 7/4 bis 7/6 und 8/1 bis 8/4

8.1 Einteilung der Kunststoffe nach Struktur und thermischem Verhalten

Kunststoffe bestehen aus langen, fadenförmigen Makromolekülen. Diese fadenförmigen Moleküle können in unterschiedlicher Anordnung zueinander vorliegen. Sie können ungeordnet und ohne jede Verknüpfung untereinander wie die einzelnen Fäden in einem Wattebausch vorliegen. Sie können aber auch untereinander verknüpft sein wie ein räumliches Netz.

Man spricht von:

- unvernetzten Makromolekülen,
- vernetzten Makromolekülen.

Dieser unterschiedliche Aufbau bestimmt wesentlich die Eigenschaften und die Verwendbarkeit der Kunststoffe.

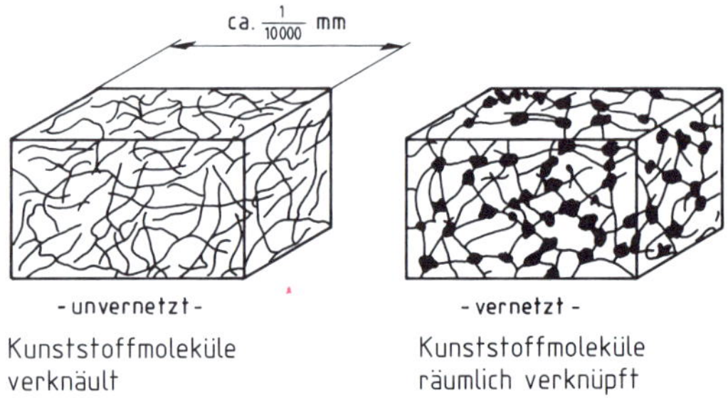

Innerer Aufbau von Kunststoffen

• Thermoplastische Kunststoffe

Kunststoffe, in denen die Makromoleküle unvernetzt vorliegen, sind bei Erwärmung auf Temperaturen über 100 °C weich und plastisch umformbar. Diese Kunststoffe bezeichnet man als **Thermoplaste**. Die Ursache für die gute Umformbarkeit liegt darin, daß sich die unvernetzten Makromoleküle bei höheren Temperaturen stärker bewegen und leichter gegeneinander abgleiten. Erwärmte Thermoplaste kann man unter Druck verschweißen. Dabei verknäulen sich die Moleküle beider Bauteile in der Grenzfläche miteinander.

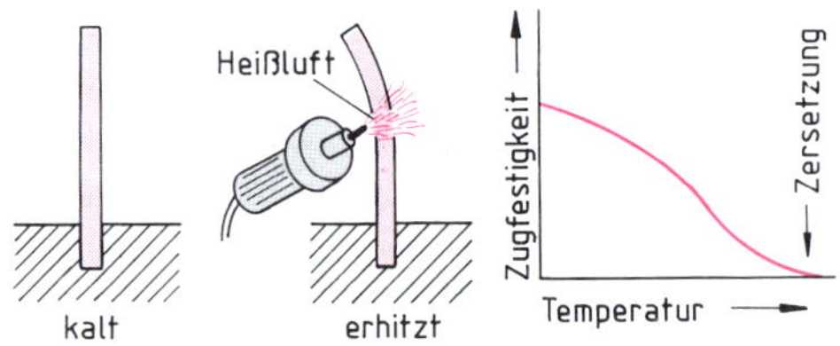

Verhalten eines Thermoplastes beim Erhitzen

• Duroplastische Kunststoffe

Kunststoffe, in denen die Makromoleküle vernetzt vorliegen, bleiben auch bei höheren Temperaturen hart und fest. Diese Kunststoffe bezeichnet man als **Duroplaste.** Bei den Duroplasten können sich die fadenförmigen Makromoleküle nicht gegeneinander verschieben, weil sie in kurzen Abständen miteinander verknüpft sind. Man kann Duroplaste auch nicht verschweißen. Zur Herstellung von Bauelementen liefert der chemische Betrieb diese Kunststoffe als unvernetzte Vorprodukte. Nach der endgültigen Formgebung leitet man die Vernetzung der Makromoleküle meist durch Wärme ein. Diesen Vernetzungsvorgang bezeichnet man auch als Aushärtung.

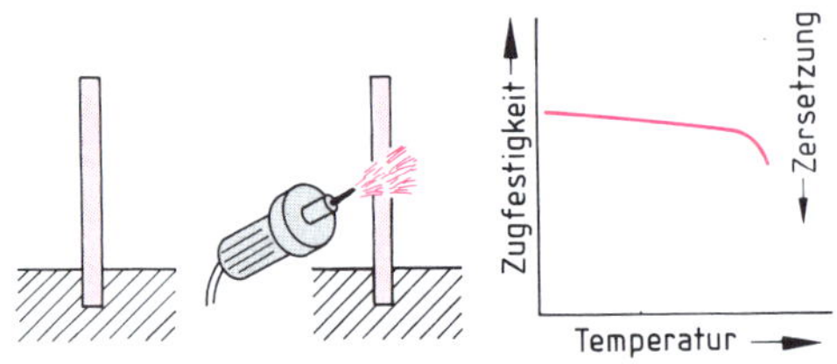

Verhalten eines Duroplastes beim Erhitzen

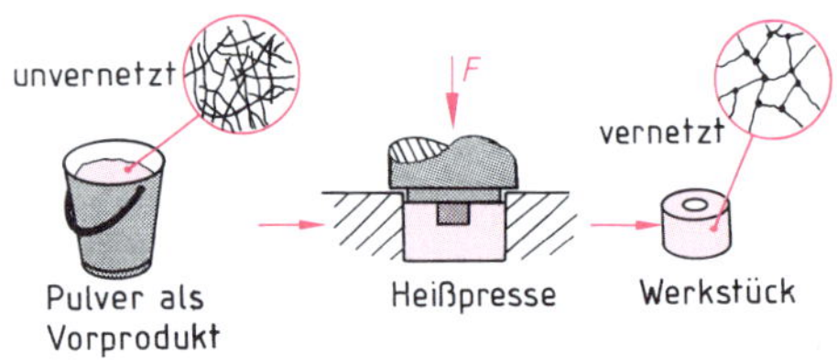

Verarbeitung eines Duroplastes

Duroplaste sind Kunststoffe, die aus vernetzten Makromolekülen bestehen.
Duroplaste sind nach der Aushärtung in der Wärme nicht umformbar und nicht schweißbar.

Übungsaufgaben 8/5; 8/6

- **Elastische Kunststoffe**

Kunststoffe, in denen die Makromoleküle in größeren Abständen voneinander vorliegen und dabei weitmaschig vernetzt sind, zeigen auch bei Raumtemperatur gummielastisches Verhalten. Diese Kunststoffe bezeichnet man als **Elaste**.

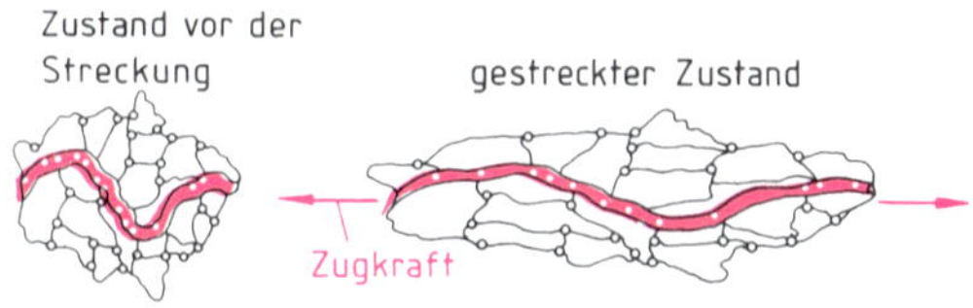

Gummielastisches Verhalten eines Elastes

Elaste sind Kunststoffe, die aus weitmaschig vernetzten Makromolekülen bestehen. Sie zeigen gummielastisches Verhalten.
Elaste sind nach der Aushärtung in der Wärme nicht umformbar und nicht schweißbar.

8.2 Erzeugung von Kunststoffen

- **Kunststofferzeugung durch Polymerisation**

Bei der Polymerisation werden Makromoleküle aus meist gleichartigen kleinen Molekülen aufgebaut. Diese kleinen Moleküle müssen zwischen zwei Kohlenstoffatomen eine Doppelbindung aufweisen.

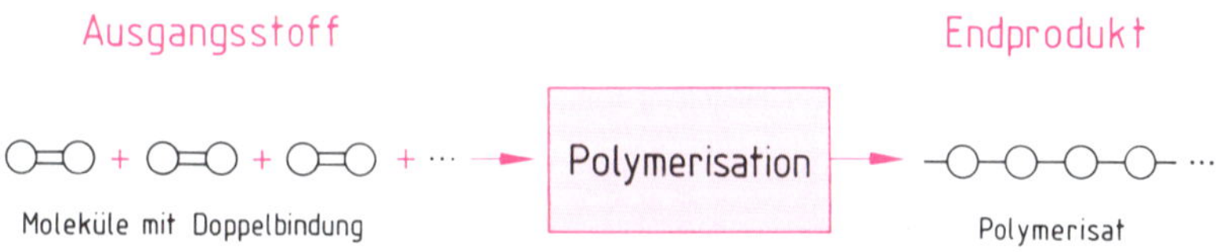

Kleine Moleküle mit Doppelbindungen zwischen zwei C-Atomen werden durch Polymerisation zu Großmolekülen verknüpft. Es entstehen Polymerisate.

- **Kunststofferzeugung durch Polykondensation**

Bei der Polykondensation werden Makromoleküle aus meist verschiedenartigen kleinen Molekülen aufgebaut. Die Bindung der einzelnen Moleküle erfolgt dadurch, daß sich ein Nebenprodukt (Kondensat) abspaltet. Dieses Nebenprodukt ist in vielen Fällen Wasser.

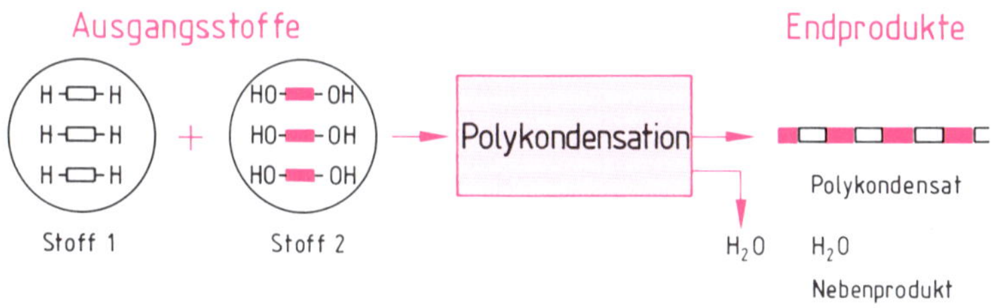

Kleine Moleküle von zwei verschiedenen Stoffen werden unter Ausscheidung von Wasser durch Polykondensation verknüpft. Es entstehen Polykondensate.

- **Kunststofferzeugung durch Polyaddition**

Bei der Polyaddition werden Makromoleküle aus meist verschiedenartigen kleinen Molekülen aufgebaut. Die Bindung der einzelnen Moleküle wird möglich durch Platzwechsel von Wasserstoffatomen von Stoff 1 zu Stoff 2.

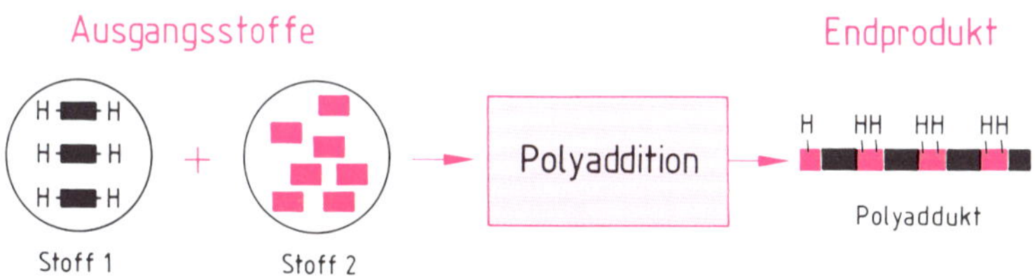

Kleine Moleküle von zwei verschiedenen Stoffen werden ohne Nebenprodukte zu Großmolekülen durch Polyaddition verknüpft. Es entstehen Polyaddukte.

Übungsaufgaben 8/7 bis 8/12

8.3 Übersicht über wichtige Kunststoffe

	Kunststoff Kurzzeichen	Typische Verwendungen	Weitere Anwendungen Handelsnamen	Eigenschaften	Erkennen des Kunststoffes am Verhalten eines Spanes in der Flamme eines Bunsenbrenners
Polymerisate	**Polyethylen PE**	 Eimer 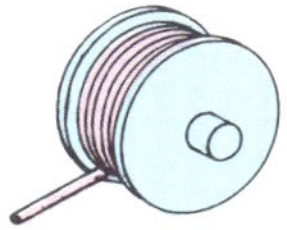 Druckrohre	Haushaltsartikel (Eimer, Wannen, Schüssel), Schutzhelme, Rohre, Verpackungsfolien, Kabelisolierungen, Hohlkörper, Folien *Handelsnamen:* Hostalen, Vestolen, Lupolen	Dichte: 0,9 g/cm³ Zugfestigkeit: 140 N/mm² Bruchdehnung: bis 500% chem. Beständigkeit: beständig gegen Säuren, Laugen und organische Lösungsmittel, unbeständig gegen heißes Öl	bläuliche Flamme Geruch nach brennender Kerze schmilzt brennende Tropfen fallen ab, dabei gelbe Flamme
	Polyvinylchlorid PVC	 Dachrinnen u. Abwasserrohre  Fensterrahmen u. Rolläden	Fußbodenbeläge, Kunstleder, Vorhänge, Stiefel, Rohre, Platten, Flaschen, Folien, Apparate *Handelsnamen:* Vestolit, Hostalit, Skai, Pegulan	Dichte: 1,4 g/cm³ Zugfestigkeit: 60 N/mm² Bruchdehnung: bis 100% chem. Beständigkeit: unbeständig gegen organische Lösungsmittel	grünliche Flamme brennt schlecht stechender Geruch nach Salzsäure erlischt außerhalb der Flamme
	Polystyrol PS	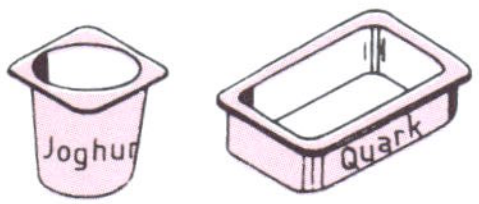 Behälter für Molkereiprodukte  Isolierplatten aus Hartschaum	Isolierteile für Elektrotechnik, Werkzeuggriffe, billige Haushaltsartikel, kleine Behälter, Einwegverpackungen, Isolierungen *Handelsnamen:* Luran, Hostyren, Vestyran, Styropor	Dichte: 1,05 g/cm³ Zugfestigkeit: 65 N/mm² Bruchdehnung: 3,5% chem. Beständigkeit: unbeständig gegen organische Lösungsmittel	gelbe Flamme süßlicher Geruch stark rußend schmilzt beim Brennen
Polyaddukte	**Polyurethan PU**	 Zweikomponentenlacke 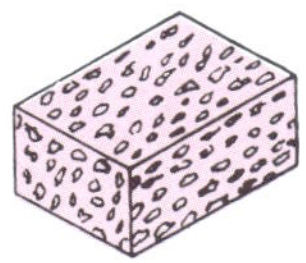 Polsterschäume	Kleber, Dichtungen, Zahnräder, Treibriemen, Textilfasern, Lacke *Handelsnamen:* Desmodur-Desmophen, Moltopren, Vulkollan	Dichte: 1,21 g/cm³ Zugfestigkeit: 50 N/mm² Bruchdehnung: 80% chem. Beständigkeit: unlöslich in organischen Lösungsmitteln	gelbliche Flamme stechender Geruch verkohlt an der Brennfläche
	Epoxidharz EP	 Zweikomponentenkleber  Leitwerk von Sportflugzeug (glasfaserverstärkt)	hochfeste, glasfaserverstärkte Konstruktionsteile, Gießereimodelle, abriebfeste Anstrichstoffe *Handelsnamen:* Lekutherm, Epoxin, Araldit, UHU-plus	Dichte: 1,3 g/cm³ Zugfestigkeit: 50 N/mm² Bruchdehnung: 0,7% chem. Beständigkeit: unlöslich in organischen Lösungsmitteln	hellorangefarbige, bläulich gesäumte Flamme rußend phenolartiger Geruch

	Kunststoff Kurzzeichen	Typische Verwendungen	Weitere Anwendungen Handelsnamen	Eigenschaften	Erkennen des Kunststoffes am Verhalten eines Spanes in der Flamme eines Bunsenbrenners
Polykondensate	**Polyester PETP**	 Seile  Textilfasern	Lagerschalen, Schaltergehäuse, Kontaktabdeckungen, Folien *Handelsnamen:* Diolen, Trevira, Dacron, Hostaphan	Dichte: 1,8 g/cm^3 Zugfestigkeit: 150 N/mm^2 Bruchdehnung: 40% chem. Beständigkeit: unlöslich in den meisten Lösungsmitteln	zusammenschmelzend süßlicher Geruch brennt außerhalb der Flamme weiter
	glasfaserverstärkter Polyester UP	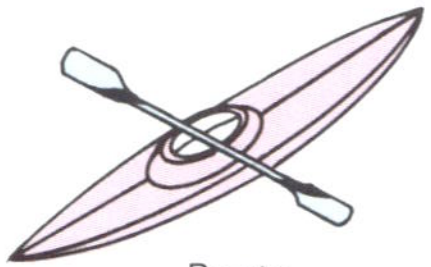 Boote 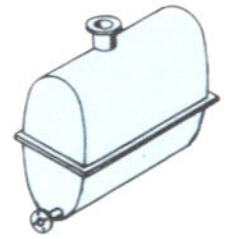 Behälter	Abdeckungen, lichtdurchlässige Verkleidungen, Angelruten *Handelsnamen:* Leguval, Palatal, Polyleit, Vestopal	Dichte: 1,9 g/cm^3 Zugfestigkeit: bis 800 N/mm^2 Bruchdehnung: 3% chem. Beständigkeit: unlöslich in organischen Lösungsmitteln	gelbliche Flamme süßlicher Geruch starke Rußentwicklung
	Polyamide PA	 Bohrmaschinengehäuse  Zahnräder	Füllhalter, Schutzhelme, Rollen, Bürsten, Angelschnüre, Textilfasern, Lagerschalen *Handelsnamen:* Supramid, Ultramid, Vestamid	Dichte: 1,15 g/cm^3 Zugfestigkeit: 85 N/mm^2 Bruchdehnung: bis 200% chem. Beständigkeit: unbeständig gegen starke Säuren und Laugen, beständig gegen Öl und Benzin	bläuliche Flamme Geruch nach Horn bräunlich anschmelzend zieht Tropfen
	Aminoplaste MF u.a.	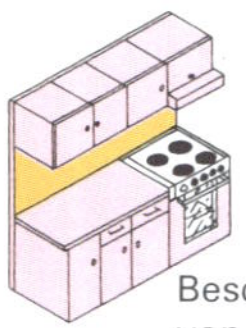 Beschichtungen von Küchenmöbeln 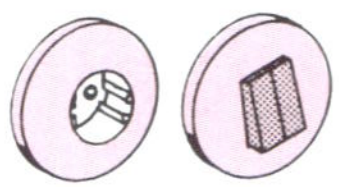 Steckdose Schalter Isolierteile	Telefongehäuse, Campinggeschirr, Küchenmaschinengehäuse, Toilettendeckel *Handelsnamen:* Albamit, Getalit, Resopal	Dichte: 1,5 g/cm^3 Zugfestigkeit: 40 N/mm^2 Bruchdehnung: 0,5% chem. Beständigkeit: beständig gegen schwache Säuren und Laugen sowie gegen organische Lösungsmittel	brennt schlecht Material verkohlt unter knackendem Geräusch fischartiger Geruch
	Phenoplaste PF	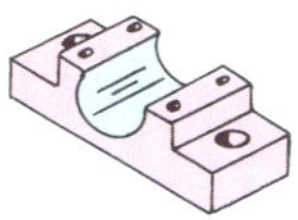 Lagerschale aus Schichtpreßstoffen 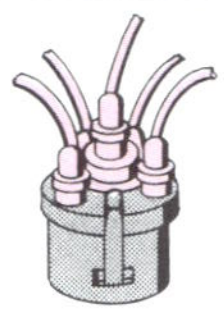 Zündverteiler im Kfz	Zahnräder, Schichtholz, Isolierplatten, Bedienungsknöpfe *Handelsnamen:* Bakelit, Pertinax	Dichte: 1,3 g/cm^3 Zugfestigkeit: bis 250 N/mm^2 Bruchdehnung: 1% chem. Beständigkeit: beständig gegen schwache Säuren und Laugen sowie organische Lösungsmittel	gelbe Flamme Material brennt schwer platzt knackend Phenolgeruch

9 Schmierstoffe

Schmierstoffe sollen Energieverluste, die durch Reibung auftreten, und Verschleiß an Maschinen und Geräten mindern. Jährlich müssen zur Zeit in der Bundesrepublik Deutschland 10 Mrd. DM für zusätzliche Energie- und Materialkosten, die durch Reibung und Verschleiß verursacht werden, aufgewendet werden.

Befindet sich Schmiermittel in genügender Menge zwischen Gleitflächen, so werden diese durch die Schmiermittelschicht voneinander getrennt. Diese Schmiermittelschicht bezeichnet man als **Schmierfilm**. Der Schmierfilm haftet fest an den Gleitflächen. Werden die Bauelemente gegeneinander bewegt, verschieben sich kleinste Schmiermittelteilchen innerhalb des Schmierfilms. Der Schmierfilm bleibt dabei erhalten, so daß sich die Bauelemente selbst nicht berühren. Reibung und Verschleiß sind sehr gering.

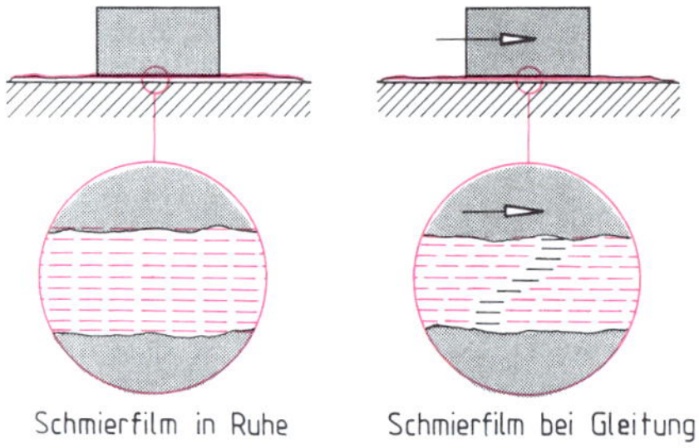

Wirkungsweise der Schmierung

9.1 Schmieröle

9.1.1 Anforderungen an Schmieröle

Schmieröle sollen stets gleichmäßig an den gleitenden Werkstückoberflächen haften und einen zusammenhängenden Schmierfilm bilden. Dieser Schmierfilm soll auch bei größerer Belastung nicht abreißen. Diese Anforderung an das Schmiermittel hängt in großem Maße von dessen Zähflüssigkeit ab.

Man bezeichnet die Zähflüssigkeit als **Viskosität**. Schmiermittel mit hoher Viskosität sind zähflüssig. Sie werden bei langsam laufenden Maschinen, großer Lagerbelastung und großem Lagerspiel eingesetzt. Schmiermittel mit niedriger Viskosität sind dünnflüssig. Sie eignen sich für schnellaufende und gering belastete Maschinen. Durch Temperaturänderungen verändert sich auch die Viskosität der Schmiermittel.

Öle unterschiedlicher Viskosität

Unter Viskosität versteht man die Zähigkeit eines flüssigen Schmiermittels.

Mit sinkender Temperatur nimmt die Viskosität eines flüssigen Schmiermittels zu, d.h. das Schmiermittel geht allmählich vom flüssigen Zustand in den festen Zustand über. Die Temperatur, bei der ein flüssiges Schmiermittel infolge zu hoher Viskosität unter genormten Bedingungen nicht mehr fließt, bezeichnet man als **Pourpoint** (früher Stockpunkt genannt). Die meisten Schmieröle haben einen Pourpoint, der unter 0° Celsius liegt. Für Maschinen und Geräte, die bei niedrigen Temperaturen arbeiten müssen, benutzt man Schmieröle mit besonders tiefem Pourpoint.

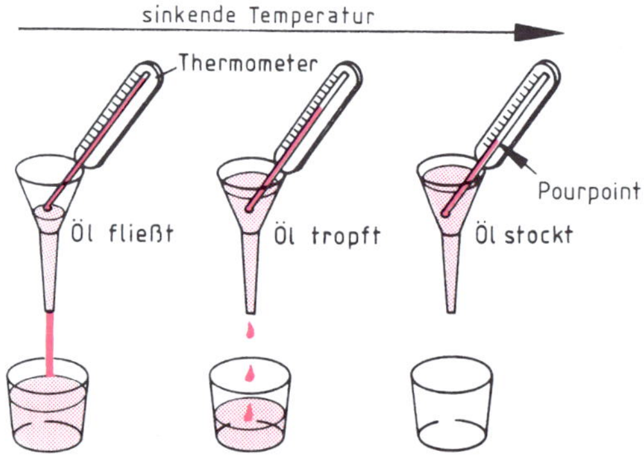

Verhalten eines Öles bei sinkender Temperatur

Als Pourpoint bezeichnet man die Temperatur, bei der ein flüssiges Schmiermittel seine Fließfähigkeit verliert.

Übungsaufgaben 9/1 bis 9/8

9.1.2 Erzeugung und Aufbau von Schmierölen

- **Mineralöle**

In Erdölraffinerien werden aus dem Erdöl verschiedene Produkte wie Benzin, Heizöl, Schmieröl, Bitumen gewonnen. Dies geschieht, indem das Erdöl zunächst verdampft wird. Die verschiedenen Kohlenstoff-Wasserstoff-Verbindungen des Dampfes verflüssigen sich wieder bei unterschiedlichen Temperaturen. Zu den Produkten, die man dabei gewinnt, gehören neben den verschiedenen Kraftstoffen die Mineralöle. Den Gesamtvorgang bezeichnet man als **Destillation**. In einem anschließenden Reinigungsverfahren entfernt man alle schädlichen Bestandteile aus dem Mineralöl. Diese Verunreinigungen können bei Gebrauch der Mineralöle Harze oder Säuren bilden und vermindern die Einsatzdauer der Schmiermittel.

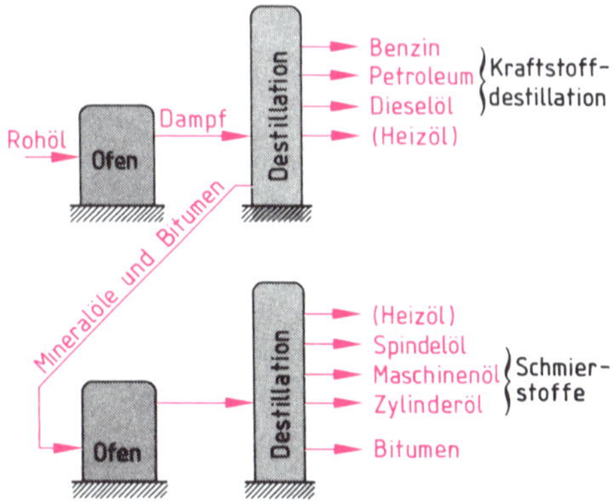

Vom Rohöl zu Kraft- und Schmierstoffen

Hochwertigen Mineralölen setzt man besondere Wirkstoffe zu. So verbessert man z.B. durch Zusätze die Tragfähigkeit des Schmierfilms oder erweitert die Wirksamkeit eines Schmieröls auf einen größeren Temperaturbereich.

Mineralöle gewinnt man aus Erdöl durch Destillation und anschließende Reinigung.

- **Synthetische Flüssigschmierstoffe**

Synthetische Flüssigschmierstoffe werden aus einfachen einheitlichen Kohlenstoff-Wasserstoff-Verbindungen oder Silizium-Verbindungen durch chemische Synthese aufgebaut. Deshalb sind diese Flüssigschmierstoffe in ihrem chemischen Aufbau besonders einheitlich und völlig frei von schädlichen Beimengungen. Synthetische Flüssigschmierstoffe zeichnen sich durch eine nahezu gleichbleibende Viskosität in einem großen Temperaturbereich aus. Darüber hinaus sind sie schwer entflammbar und beständig gegen Säuren und Laugen. Man verwendet sie außer zur Schmierung auch als hochwertige Hydrauliköle.

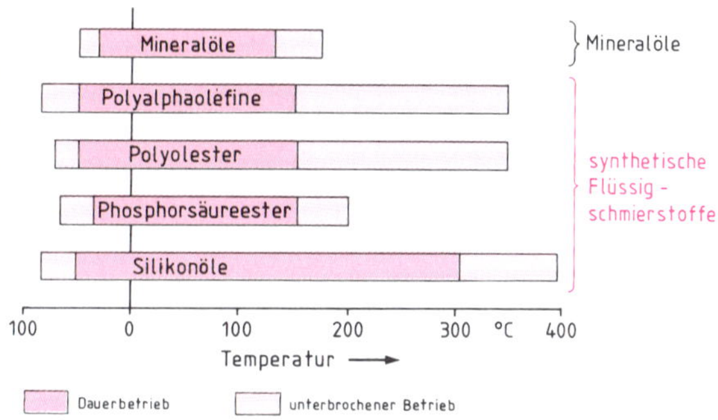

Temperatur-Einsatzgrenzen von Schmierstoffen

Neben den Flüssigschmierstoffen aus reinen Kohlenwasserstoffen werden auch phosphorhaltige Kohlenwasserstoffe und Silikone als synthetische Schmierstoffe verwendet.
Synthetische Flüssigschmierstoffe und Mineralöle dürfen nicht miteinander vermischt werden.

Synthetische Flüssigschmierstoffe werden aus einfachen Verbindungen synthetisch aufgebaut. Sie sind einheitlich im Aufbau und frei von schädlichen Beimengungen, aber teurer als Mineralöle.

- **Zweitraffinate**

Aus gebrauchten Schmierölen werden durch mehrstufige Aufbereitungsprozesse sogenannte Zweitraffinate gewonnen.

Übungsaufgaben 9/9 bis 9/13

9.2 Schmierfette

Für viele Anwendungsfälle sind flüssige Schmiermittel wenig geeignet, weil sie von der Schmierstelle wegfließen, z.B. bei freistehenden Lagern. Hier werden Schmierfette verwendet. Sie haften an der Schmierstelle und gewähren den geschmierten Lagerstellen guten Schutz gegen das Eindringen von Wasser und Verunreinigungen.

Der Verbrauch von Schmierfetten ist in der Bundesrepublik wegen verbesserter Ölschmiereinrichtungen erheblich zurückgegangen. Er beträgt nur etwa 2% des Mineralölverbrauchs.

Ausgangsstoffe für die Schmierfette sind Seifen und Mineralöle. Dabei wird Seife im Öl aufgelöst. Die Seifen bilden ein Gerüst, das dem Öl stärkeren Zusammenhang gibt. Je nach Art der Seife, die man im Mineralöl auflöst, wird das Verhalten der Schmierfette entscheidend bestimmt.

Aus Kalkseifen und Mineralölen stellt man **kalkverseifte Schmierfette** her. Diese Schmierfette sind wasserabweisend und wenig kälteempfindlich. Bei Temperaturen über 80 °C zerfallen sie jedoch in ihre Bestandteile. Das bekannteste unter diesen Fetten ist das **Staufferfett**.

Aus Natronseifen und Mineralölen stellt man **natronverseifte Schmierfette** her. Diese Fette sind wasseraufnehmend und verlieren in der Kälte weitgehend ihre Schmierwirkung. Sie sind jedoch für höhere Temperaturen gut geeignet.

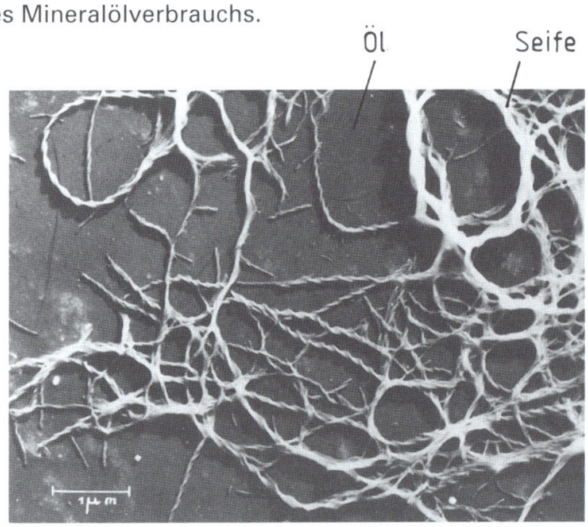

Elektronenmikroskopische Aufnahme eines Schmierfettes

Schmierfett = Mineralöl + Seife

9.3 Festschmierstoffe

Trockene Schmiermittel sind pulverförmige Stoffe, die aus besonders feinen Plättchen bestehen. Zu diesen Schmiermitteln gehört z.B. Graphit. Die Schmierwirkung trockener Schmiermittel entsteht dadurch, daß die sehr feinen Plättchen des Schmierstoffes im Schmierspalt wie Karten eines Kartenspiels aufeinander gleiten. Wichtige Trockenschmiermittel im Maschinenbau sind Graphit und Molybdänsulfid.

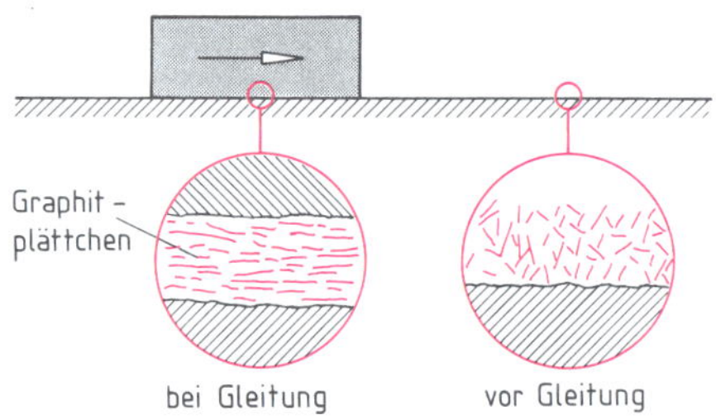

Trockenschmierung mit Graphit

Beispiele **für den Einsatz von Festschmierstoffen**

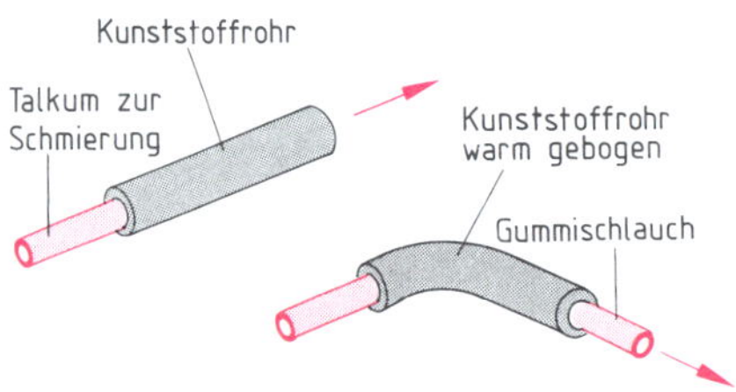

Einziehen einer Biegehilfe
Schmieren mit Talkum

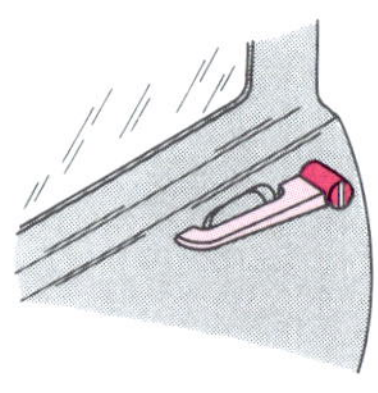

Zylinderschloß an Kfz-Tür
Schmieren mit Graphit

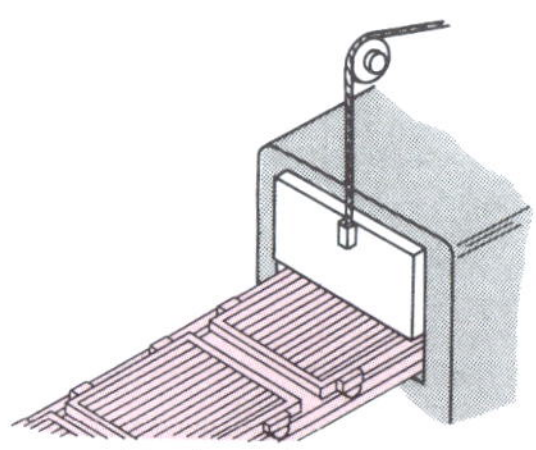

Wanderrost an
Durchlaufglühofen

Festschmierstoffe werden dann eingesetzt, wenn aufgrund der Bedingungen an der Schmierstelle keine Flüssigkeitsreibung erreicht werden kann.

Übungsaufgaben 9/14 bis 9/18

10 Kühlschmierstoffe

Bei Zerspannungsvorgängen entsteht an der Schnittstelle Wärme. Sie wird verursacht durch die Umformung der Werkstoffteilchen und durch die Reibung. Die Wärme muß von der Schneide abgeführt werden, da sonst ihre Härte erheblich gemindert wird. Dies wird mit Kühlschmierstoffen erreicht.

Anwendung von Kühlschmierstoffen

Zerspanungsart	bevorzugter Kühlschmierstoff	
	wasser-mischbar	nicht wasser-mischbar
Drehen	x	○
Bohren	x	○
Tieflochbohren	(x)	x
Fräsen	x	○
Räumen	x	x
Automatenarbeiten	(x)	x
Zahnradfräsen, -stoßen, -hobeln, -schaben	○	

Zerspanungsart	bevorzugter Kühlschmierstoff	
	wasser-mischbar	nicht wasser-mischbar
Rund- und Flachschleifen	x	○
Formschleifen mit profilierter Scheibe	○	x
Spitzenloses Außenrundschleifen	x	○
Hochgeschwindigkeits-schleifen	(x)	x
Honen, Läppen	(x)	x

x häufige Anwendung (x) weniger häufige Anwendung ○ seltene Anwendung

Es werden entsprechend der Norm zwei Gruppen von Kühlschmierstoffen unterschieden:

- **nichtwassermischbare Kühlschmierstoffe** und
- **wassermischbare Kühlschmierstoffe.**

Die Auswahl für einen bestimmten Fertigungsprozeß hängt davon ab, ob Kühlen oder Schmieren im Vordergrund steht. Weitere Gesichtspunkte, welche die Auswahl betreffen, sind:

- die *Wirtschaftlichkeit,* hier sind wassermischbare Kühlschmierstoffe erheblich preisgünstiger,
- der *Pflegeaufwand* und die *Entsorgung,* nichtwassermischbare Kühlschmierstoffe sind leichter zu pflegen und brauchen nur selten entsorgt zu werden.

10.1 Nichtwassermischbare Kühlschmierstoffe

Nichtwassermischbare Kühlschmierstoffe werden häufig auch als Metallbearbeitungsöle (Schneidöl, Honöl u.a.) bezeichnet. Sie bestehen aus Mineralöl mit Zusätzen und werden eingesetzt, wenn die Schmierung bei der Metallbearbeitung im Vordergrund steht. Ferner finden sie Verwendung auf Automaten, die mit einem **Einheitsöl** arbeiten, das gleichzeitig für die Hydraulik, die Maschinenschmierung und die Zerspanung eingesetzt wird.

Die wichtigste Eigenschaft von nichtwassermischbaren Kühlschmierstoffen ist die Viskosität. Je höher die Viskosität, desto zähflüssiger ist ein Öl. Für den Zerspanungsbereich liegt die Viskosität der Öle bei 40 °C etwa zwischen 2 mm^2/s (Honöle) bis 45 mm^2/s (für schwerste Zerspanungsarbeiten). Am häufigsten werden Öle im Viskositätsbereich von 20 bis 35 mm^2/s angewendet.

Die Erhöhung der Viskosität eines Kühlschmierstoffs ergibt folgende Eigenschaftsänderungen:

- Die Wärmeleitfähigkeit wird geringer.
- Die Nebelbildung beim Zerspanen nimmt ab.
- Der Austrag von Kühlschmierstoffen mit den Spänen nimmt zu.
- Der Spantransport wird durch Verkleben der Späne erschwert.
- Die Entflammbarkeit nimmt ab.

Man verwendet deshalb Kühlschmierstoffe mit hoher Viskosität

- bei großen Bauteilen,
- beim Zerspanen mit niedrigen Schnittgeschwindigkeiten,
- bei großen Spanquerschnitten,
- bei unterbrochenem Schnitt.

Übungsaufgaben 10/1 bis 10/4

10.2 Wassermischbare Kühlschmierstoffe

Wassermischbare Kühlschmierstoffe werden wegen der guten Kühlwirkung und vor allem wegen des günstigen Preises am häufigsten eingesetzt. Sie werden vom Hersteller als Konzentrat geliefert und vom Anwender mit Wasser entsprechend den Herstellerangaben verdünnt. Die meisten dieser wassermischbaren Kühlschmierstoffe sind Gemische von Öl, einem Emulgator, bakterien- und pilztötenden Zusätzen u.a., die als Konzentrat geliefert werden, und Ansetzwasser. Im fertigen Zustand enthalten Kühlschmierstoffe 2% bis 10% Konzentrat.

- **Emulgatoren**

Wichtigster Bestandteil der Konzentrate sind Stoffe, die dafür sorgen, daß die öligen Bestandteile in feinster Verteilung im Wasser gehalten werden können. Man nennt solche Stoffe **Emulgatoren**. Dies sind seifenartige chemische Verbindungen, die aus kettenförmigen Molekülen bestehen. Diese Moleküle weisen ein „fettliebendes" und ein „wasserliebendes" Ende auf. Im wassermischbaren Kühlschmierstoff lagern sich die Emulgatormoleküle um die Öltröpfchen und verhindern so eine Vereinigung der Tröpfchen zu größeren Öltropfen, die im Wasser aufsteigen und damit den Kühlschmierstoff entmischen können.

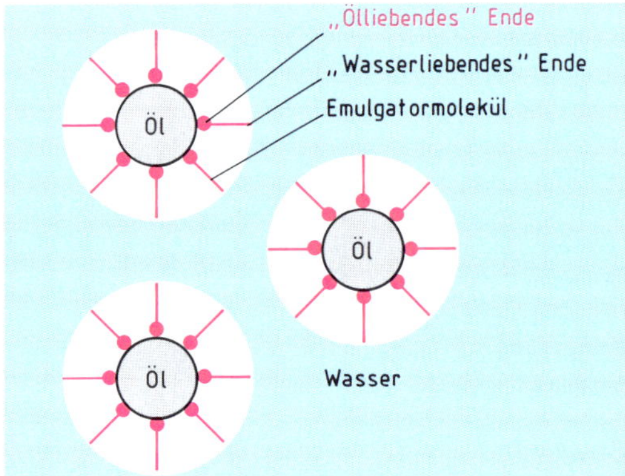

Wirkung des Emulgators

Öltröpfchendurchmesser und Aussehen der Lösung

Öltröpfchen	0,001 µm	0,01 µm	0,1 µm	1 µm
Aussehen der Lösung	wasserhell	trüb	undurch-sichtig	milchig

Die Art des Emulgators bestimmt entscheidend, wie stabil das Gemisch bleibt und welche Menge an Fremdöl, z.B. aus der Schmierung von Maschinenbetten, der wassermischbare Kühlschmierstoff aufnehmen kann.
Weitere Zusätze in Konzentraten für wassermischbare Kühlschmierstoffe sind korrosionshemmende Stoffe, Hochdruckzusätze (EP-Zusätze), Antischaummittel sowie bakterien- und pilztötende Zusätze (Biozide).

Wassermischbare Kühlschmierstoffe enthalten 2% bis 10% ölhaltiges Konzentrat und 90% bis 98% Wasser. Der Emulgator bestimmt besonders die Eigenschaften des Kühlschmierstoffes.

- **Ansetzwasser**

Beim Anwender des Kühlschmierstoffs wird zum Konzentrat Ansetzwasser gegeben. Die Qualität des Ansetzwassers kann die Eigenschaften des Kühlschmierstoffes beeinflussen. Ansetzwasser muß keimfrei und möglichst salzarm sein. Darum sind Brunnenwasser und Oberflächenwasser, z.B. aus Regenauffangbecken oder Bächen, meist ungeeignet. Mit dem Ansetzwasser eingetragene Bakterien- und Pilzstämme können den Kühlschmierstoff verderben und ihn gesundheitsschädlich werden lassen.
Beim Zerspanen verdampft im wassermischbaren Kühlschmierstoff ein Teil des Wassers, während die Salze zurückbleiben. Bei jeder Ergänzung des Wassers reichern sich darum die Salze im Kühlschmierstoff an. In der Praxis erreicht der Salzgehalt im Gebrauch das 4- bis 5-fache des Anfangsgehaltes. Durch chemische Reaktionen der Salze mit dem Emulgator werden Kühlschmierstoffe nach einiger Zeit ebenfalls unbrauchbar. Der Gehalt an Calcium- und Magnesiumsalzen in Wasser wird durch den Härtegrad angegeben. Je geringer die Wasserhärte ist, desto kleiner ist der Gehalt an diesen Salzen und desto besser ist das Wasser als Ansetzwasser geeignet. Wasser mit weniger als 13 Grad deutscher Härte (13° dH) gilt als weich, bei über 16 Grad deutscher Härte spricht man von hartem Wasser. Ansetzwasser soll höchstens 16° dH aufweisen und Trinkwasserqualität besitzen.

Ansetzwasser soll möglichst weich und keimfrei sein. Es ist mindestens Trinkwasserqualität gefordert.

Übungsaufgaben 10/5; 10/6; 10/7

10.3 Schutzmaßnahmen

Hautschäden durch Kontakt mit Kühlschmierstoffen gehören zu den häufigsten Berufskrankheiten in der metallverarbeitenden Industrie. Die Schutzmaßnahmen werden als Betriebsanweisung in den Firmen ausgehängt.

Beispiel für eine Betriebsanweisung

Maschinenbau GmbH 4000 Düsseldorf	BETRIEBSANWEISUNG GEM. § 20 GEFSTOFFV	D10 7/90
ARBEITSBEREICH: Dreherei	ARBEITSPLATZ: Drehautomat MAK 6 TÄTIGKEIT: Bedienen des Drehautomaten	

GEFAHRSTOFFBEZEICHNUNG

BG-Neutral 750
Wassergemischter Kühlschmierstoff

GEFAHREN FÜR MENSCH UND UMWELT

- Längerer Hautkontakt führen zu Entfettung, Erweichung und Erkrankung der Haut
- Eingeatmet können Kühlschmierstoffnebel zu Schleimhautreizungen führen.
- Emulsion darf nicht ins Erdreich, Grundwasser oder in die Kanalisation gelangen.

SCHUTZMASSNAHMEN UND VERHALTENSREGELN

- Emulsion darf nicht in die Augen gelangen.
- Hautkontakt weitgehend vermeiden.
- Durchnäßte Arbeitskleidung ablegen und im Magazin gegen saubere austauschen.
- Am Arbeitsplatz nicht essen, trinken, rauchen, keine Lebensmittel aufbewahren.
- Statt Putzlappen Einweg-Papiertücher verwenden.
- In dem KSS-Kreislauf keine Abfälle z. B. Zigarettenkippen werfen.
- Für die Werkstück- und Maschinenreinigung keine Druckluft benutzen.

Hautschutz:
- Vor Arbeitsaufnahme und nach Pausen: Hautschutzcreme „X“ auftragen Mat.-Nr. 11.36
- Vor Pausen und nach Arbeitsende : Hautreinigungsmittel „Y“ verwenden Mat.-Nr. 11.07
- Nach Arbeitsende und Reinigung : Hautpflegecreme „Z“ auftragen Mat.-Nr. 11.27

Hautschutz- und Reinigungsmittel sind im Magazin erhältlich.

VERHALTEN IM GEFAHRFALL

- Nach Verschütten oder Auslaufen der Emulsion mit Bindemittel (Mat.-Nr. 14.21) aufnehmen, dabei Schutzhandschuhe (Mat.-Nr. 14.15) tragen.
- Schichtmeister informieren.

ERSTE HILFE

- Verletzungen, auch geringen Umfangs, mit Hinweis auf KSS-Kontakt versorgen lassen.
- Nach Augenkontakt: Mehrere Minuten bei geöffnetem Lidspalt unter fließendem Wasser spülen. Gegebenfalls Facharzt aufsuchen.
- Bei Hautrötungen oder verdächtigen Hautreizungen Vorgesetzten informieren und Arbeitsmediziner aufsuchen.

Unfalltelefon: 333 Ersthelfer: Herr Schmitz

SACHGERECHTE ENTSORGUNG

- Benutzte Putztücher in Behälter 14 (blau) ablegen.
- Benutzte Ölbindemittel in Abfallbehälter 16 (rot) geben.

Übungsaufgaben 10/8; 109/9; 10/10

11 Werkstoffprüfung

Damit die verschiedenen Eigenschaften der Werkstoffe erfaßt werden können, sind viele Prüfverfahren entwickelt worden.

- **Mechanische Prüfverfahren** dienen der Ermittlung von Festigkeitskennwerten des Werkstoffs. Besonders wichtig unter diesen Prüfverfahren sind die Prüfung der Zugfestigkeit und der Härte.
- **Technologische Prüfverfahren** dienen zur Ermittlung des Werkstoffverhaltens bei der Verarbeitung. Wichtige technologische Prüfverfahren sind die Verfahren zur Prüfung der Umformbarkeit.
- **Metallographische Prüfverfahren** geben Auskunft über das Gefüge der Werkstoffe.
- **Zerstörungsfreie Prüfverfahren** dienen zur Fehlersuche an fertigen Werkstücken.

11.1 Mechanische Prüfverfahren

11.1.1 Zugversuch

Der Zugversuch nach DIN EN 10002 ist einer der wichtigsten Versuche zur Prüfung von Metallen. Man ermittelt im Zugversuch das Werkstoffverhalten unter Zugbeanspruchung. Dabei werden als wichtige Werkstoffkennwerte die Zugfestigkeit und die Dehnbarkeit des Werkstoffes festgestellt.

Als Proben für den Zugversuch werden genormte Rund- oder Flachproben verwendet. Ausschnitte aus dickwandigen Werkstücken und Gußteilchen werden zu Rundproben gedreht. Aus Blechen werden Flachproben gefertigt.

Für die Probenabmessung gilt:

- Rundproben $L_0 = 5 \cdot d_0$
- Flachproben $L_0 = 5 \cdot 1{,}13 \cdot \sqrt{S_0}$

d_0 Anfangsdurchmesser
L_0 Anfangsmeßlänge
S_0 Anfangsquerschnitt

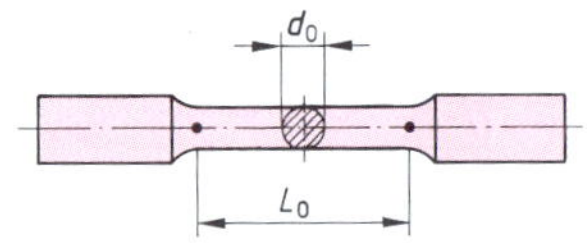

Rundprobe

Diese Werkstoffproben werden auf einer Zugprüfmaschine einer stetig wachsenden Belastung ausgesetzt. Als Prüfmaschinen verwendet man meist Universalprüfmaschinen, die neben dem Zugversuch auch die Durchführung von Biege-, Scher- und Druckversuchen erlauben.

Die Aufbringung der Prüfkraft auf die Zugprobe erfolgt hydraulisch, wobei die jeweils wirkende Kraft durch einen Kraftmesser angezeigt wird. Ein Schreibgerät zeichnet die Verlängerung der Probe in Abhängigkeit von der wirkenden Kraft auf. Es entsteht ein **Kraft-Verlängerung-Schaubild.**

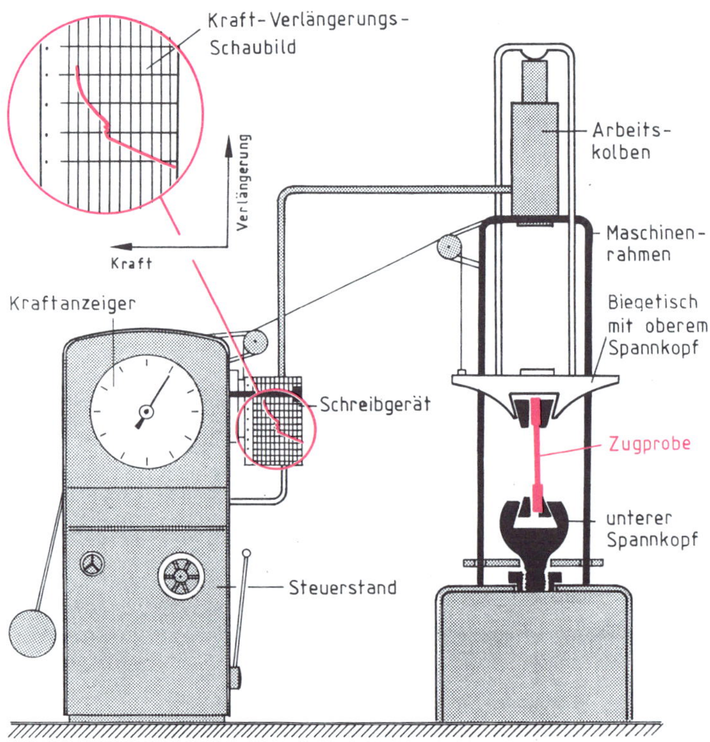

Zerreißmaschine mit Anzeige- und Schreibgerät

Übungsaufgabe 11/1

Durch die Umrechnung der Kraft- und Verlängerungswerte ergibt sich das Spannung-Dehnung-Schaubild des geprüften Werkstoffes. Dieses Diagramm zeigt das Verhalten eines Werkstoffes unter Zugbelastung. Aus dem **Spannung-Dehnung-Schaubild** können wichtige Kennwerte des Werkstoffes entnommen werden.

Im Zugversuch ist die **Spannung** (σ) das Verhältnis zwischen Zugkraft und Anfangsquerschnitt der Probe.

$\text{Spannung} = \dfrac{\text{Kraft}}{\text{Anfangsquerschnitt}}$	$\sigma = \dfrac{F}{S_0}$

Die **Dehnung** (ε) ist die prozentuale Längenänderung bezogen auf die Anfangsmeßlänge.

$\text{Dehnung} = \dfrac{\text{Verlängerung}}{\text{Anfangsmeßlänge}}$	$\varepsilon = \dfrac{L - L_0}{L_0} \cdot 100\%$

- **Spannung-Dehnung-Schaubild eines unlegierten Baustahls**

Unlegierte Baustähle werden in Konstruktionen verwendet. Sie werden nach ihrem Verhalten unter Zugbelastung beurteilt.

Die Spannung-Dehnung-Kurve eines unlegierten Baustahles zeigt folgenden Verlauf:

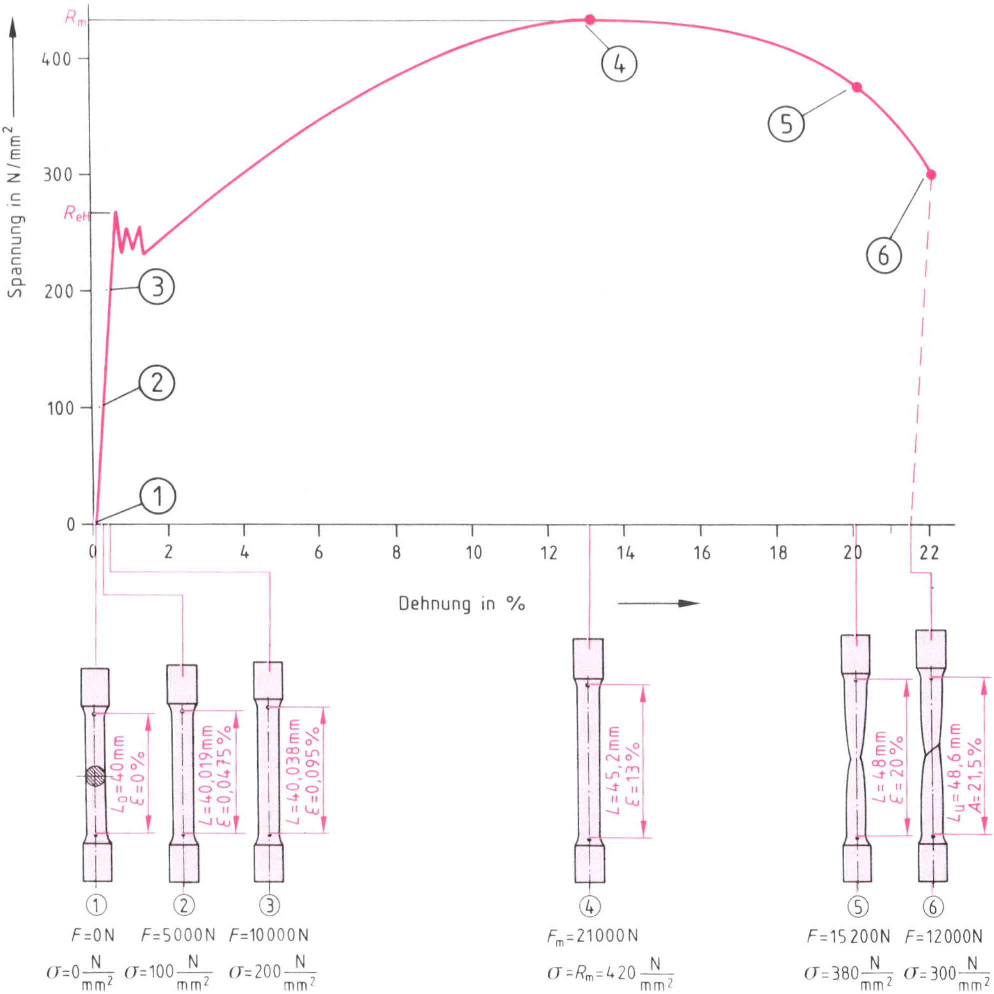

- **Wichtige Bereiche und Kennwerte**

Die zeichnerische Darstellung des Spannung-Dehnung-Verlaufs zeigt im Anfangsbereich eine ansteigende Gerade. Spannung und Dehnung sind hier einander proportional. Der Werkstoff verhält sich in diesem Bereich **elastisch**.

- Die **Streckgrenze** (R_{eH}) ist die Spannung, bei der erstmals eine plastische Verformung ohne Anstieg der Belastung auftritt. Bei gut dehnbaren Werkstoffen wird die in Bauteilen zulässige Spannung aus der Streckgrenze berechnet.
- Die **Zugfestigkeit** (R_m) ist die höchste Spannung, die der Werkstoff im Zugversuch ertragen hat. Bei spröden Werkstoffen wird die in Bauteilen zulässige Spannung aus der Zugfestigkeit berechnet.

$$\text{Zugfestigkeit} = \frac{\text{größte Zugkraft}}{\text{Anfangsquerschnitt}} \qquad R_m = \frac{F_m}{S_0}$$

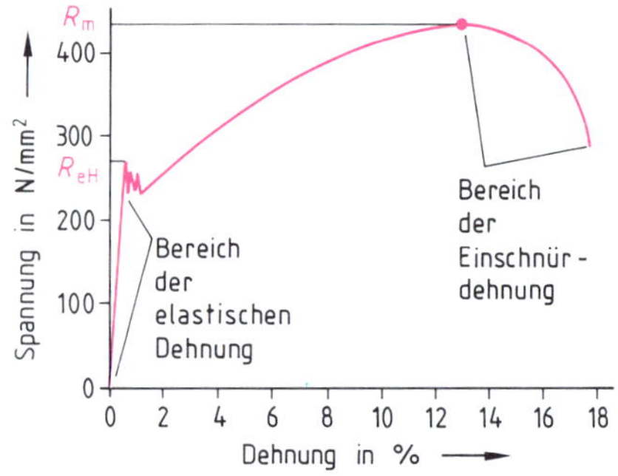

Spannung-Dehnung-Diagramm eines unlegierten Baustahls

Nach Erreichen der Zugfestigkeit schnürt die Probe an einer Stelle ein, dadurch fällt die Spannung bis zum Bruch ab.

- Die **Bruchdehnung** (A) ist die bleibende Längenänderung nach dem Bruch bezogen auf die Anfangsmeßlänge. Die Längenänderung wird nicht aus dem Diagramm entnommen, sondern an den zusammengelegten Probenteilen ermittelt.

$$\text{Bruchdehnung} = \frac{\text{Verlängerung}}{\text{Anfangsmeßlänge}} \cdot 100\%$$

$$A = \frac{L_u - L_0}{L_0} \cdot 100\%$$

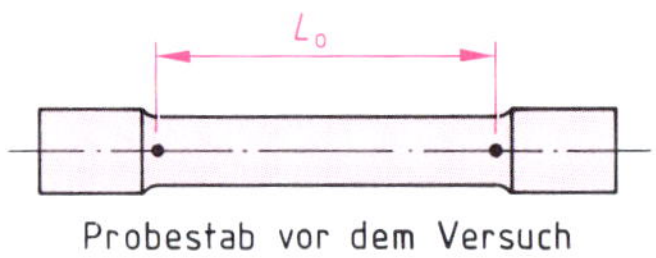

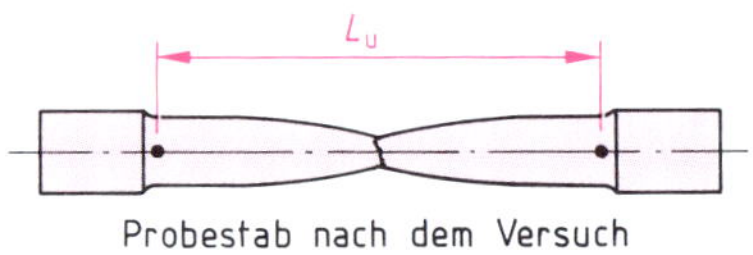

Die Bruchdehnung dient zur Beurteilung der Verformungsfähigkeit eines Werkstoffes.

Wichtige Kennwerte des Zugversuchs sind
- Streckgrenze,
- Zugfestigkeit,
- Bruchdehnung.

11.1.2 Härteprüfung

Neben dem Zugversuch ist die Prüfung der Werkstoffe auf ihre Härte ein wichtiges Prüfverfahren metallischer Werkstoffe.

Als Härte bezeichnet man den Widerstand, den ein Werkstoff dem Eindringen eines Körpers in seine Oberfläche entgegensetzt.

Die Ergebnisse von Härteprüfungen sind wichtig, um zum Beispiel:
- Anhaltswerte für die richtige Wahl des Werkstoffes von Werkzeugen für die spanende Bearbeitung zu finden,
- den Erfolg einer Wärmebehandlung an Werkstoffen zu kontrollieren,
- in der automatisierten Fertigung Werkstücke mit ungeeigneter Härte zu ermitteln und von der Weiterverarbeitung auszuschließen.

Bei der Härteprüfung erhält man Werte über die Härte eines Werkstoffes, die lediglich Vergleichswerte darstellen. Sie können nicht als Grundlage zur Berechnung von Konstruktionen verwendet werden. Die durch verschiedene Härteprüfverfahren erhaltenen Werte sind nur bedingt miteinander vergleichbar.

• Härteprüfung nach Brinell (DIN EN 10003)

Die Härteprüfung nach Brinell dient zur Bestimmung der Härte von
- weichen Werkstoffen, z.B. Unlegiertem Baustahl, Aluminiumlegierungen und
- Werkstoffen mit ungleichmäßigem Gefüge, z.B. Gußeisen.

Bei dem Härteprüfverfahren nach Brinell wird eine gehärtete Stahlkugel oder eine Hartmetallkugel mit einer festgelegten Prüfkraft in die Oberfläche des zu prüfenden Werkstückes gedrückt.
Nach einer Belastungszeit von mindestens zehn Sekunden wird der Durchmesser *d* des bleibenden Eindrucks im Werkstück gemessen. Aus diesem Durchmesser wird die Oberfläche des Eindrucks bestimmt.
Das Verhältnis von Prüfkraft zur Eindruckoberfläche multipliziert mit dem Faktor 0,102 bezeichnet man als die Brinellhärte.
Bei Einsatz einer Hartmetallkugel wird der Härtewert mit **HBW,** bei einer Stahlkugel mit **HBS** gekennzeichnet.

$$HB = 0{,}102 \cdot \frac{F}{A}$$

$$HB = 0{,}102 \cdot \frac{2\,F}{D \cdot \pi\,(D - \sqrt{D^2 - d^2})}$$

F Prüfkraft in N
A Oberfläche des bleibenden Eindruckes in mm²
D Durchmesser der Prüfkugel in mm
d Durchmesser des Eindruckes in mm
(In die Gleichungen werden nur die Zahlenwerte ohne Einheiten eingesetzt.)

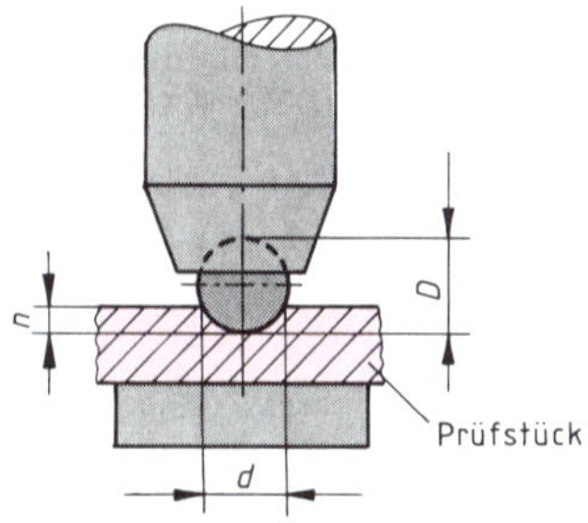

Härteprüfung nach Brinell (Schema)

Die Brinellhärte eines Werkstoffes ergibt sich aus dem Verhältnis von Prüfkraft zur Eindruckoberfläche, die von einer Prüfkugel erzeugt wurde.

Die Zugfestigkeit allgemeiner Baustähle läßt sich näherungsweise aus der Brinellhärte errechnen.

$$R_m \approx 3{,}5 \cdot HB \text{ in N/mm}^2$$

Beispiel **für die Berechnung der Zugfestigkeit aus dem HBS-Wert**

gemessene Härte: 200 HBS
Zugfestigkeit $R_m = 3{,}5 \cdot 200$ N/mm²
$\mathbf{R_m = 700 \cdot N/mm^2}$

• Härteprüfung nach Vickers (DIN 50 133)

Die Härteprüfung nach Vickers dient zur Prüfung harter und gleichmäßig aufgebauter Werkstoffe.
Dieses Verfahren wird auch zur Härteprüfung an dünnwandigen Werkstücken und Randzonen eingesetzt.
Bei der Härteprüfung nach Vickers wird eine Diamantpyramide mit einer festgelegten Prüfkraft in das Werkstück eingedrückt. Aus den Diagonalen *d* des bleibenden Eindrucks wird die Eindruckoberfläche errechnet. Das Verhältnis von Prüfkraft zur Eindruckoberfläche ergibt mit dem Faktor 0,102 multipliziert die Vickershärte (HV).

$$HV = \frac{0{,}102 \cdot F}{A} = \frac{0{,}1891 \cdot F}{d_2}$$

F Zahlenwert der Prüfkraft in N
A Zahlenwert der Oberfläche des bleibenden Eindrucks in mm²
d Zahlenwert der Länge der Eindruckdiagonale in mm

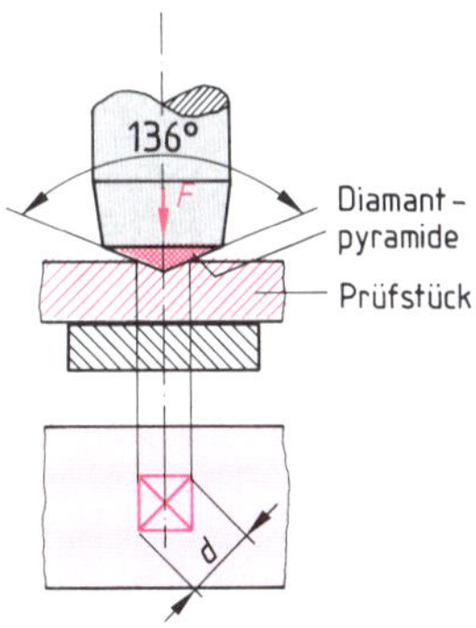

Härteprüfung nach Vickers (Schema)

Die Vickershärte ergibt sich aus dem Verhältnis von Prüfkraft zur Eindruckoberfläche, die durch einen pyramidenförmigen Prüfkörper aus Diamant erzeugt wurde.

Übungsaufgaben 11/8 bis 11/18

- **Härteprüfung nach Rockwell-C (DIN EN 10004)**

Die Härteprüfung nach dem Rockwell-C-Verfahren dient zur Bestimmung der Härte bei sehr harten Werkstoffen. Als Prüfkörper wird ein Diamantkegel verwendet. Mit einer festgelegten Prüfkraft wird dieser Kegel in die Oberfläche des zu prüfenden Werkstückes eingedrückt. Die Eindringtiefe des Diamantkegels ist ein Maß für die Härte des Werkstoffes. Eine Meßuhr, die mit dem Prüfgerät verbunden ist, mißt die Eindringtiefe. Auf der Skala der Uhr kann man die Härtewerte in Rockwelleinheiten (*HRC*) unmittelbar ablesen.

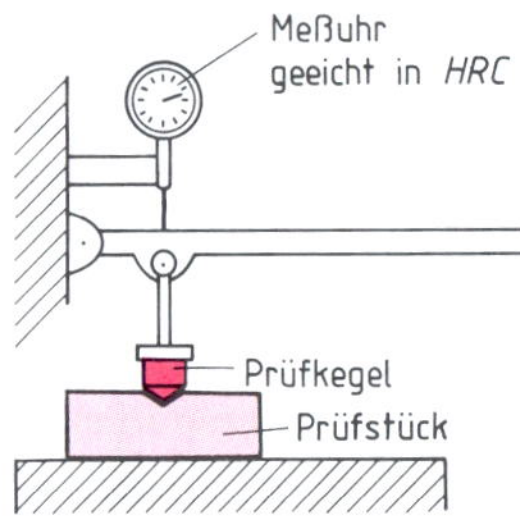

Schema der HRC-Prüfung

Die Rockwellhärte HRC eines Werkstoffes ergibt sich aus der Eindringtiefe eines kegelförmigen Prüfkörpers aus Diamant.

11.1.3 Kerbschlag-Biegeversuch

Der Kerbschlag-Biegeversuch nach DIN EN 10045 dient zur Beurteilung der Zähigkeit eines Werkstoffes. Der Versuch liefert keinen Kennwert für die Festigkeitsberechnung.
Beim Versuch wird eine sorgfältig gekerbte Probe, die zwischen zwei Widerlagern liegt, auf einem Pendelschlagwerk mit einem einzigen Schlag entweder durchgebrochen oder durch die Widerlager gezogen. Die dabei verbrauchte Schlagarbeit ist die **Kerbschlagarbeit**. Die Kerbschlagarbeit (*K*) in Joule, im Zusammenhang mit der Angabe der verwendeten Probe, ist der im Kerbschlag-Biegeversuch ermittelte Kennwert eines Werkstoffes.

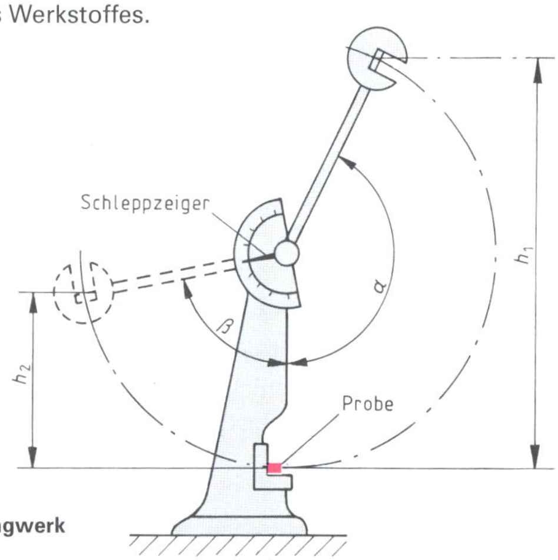

Pendelschlagwerk (Schema)

$$K = F_G \cdot (h_1 - h_2)$$

K Kerbschlagarbeit
F_G Gewichtskraft des Hammers
h_1 Fallhöhe
h_2 Steighöhe

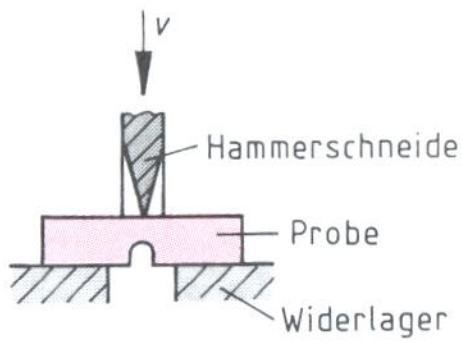

Auftreffen der Hammerschneide auf die Probe

Je nach Temperatur verhält sich ein Werkstoff zäh oder spröde. Mit Kerbschlagbiegeversuchen bei unterschiedlichen Temperaturen ermittelt man die Übergangstemperatur zwischen zähem und sprödem Verhalten unter den Versuchsbedingungen.

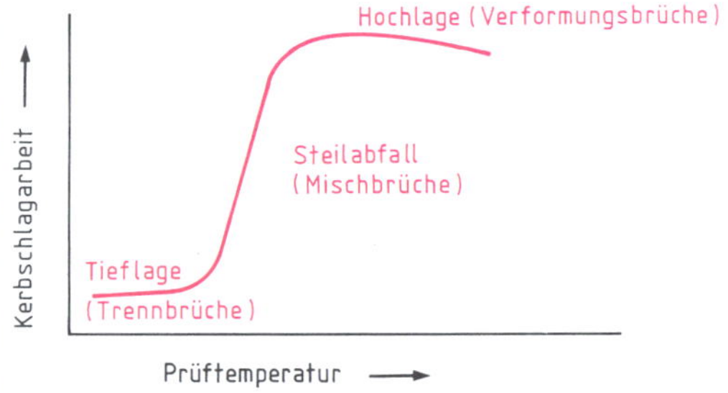

Kerbschlagarbeit in Abhängigkeit von der Prüftemperatur

Der Kerbschlag-Biegeversuch dient zur Beurteilung der Zähigkeit eines Werkstoffes.

Übungsaufgaben 11/19 bis 11/22

11.2 Technologische Prüfverfahren

Technologische Prüfverfahren untersuchen das Verhalten der Werkstoffe bei der Verarbeitung. Demzufolge sind die Prüfverfahren sehr zahlreich. Die entsprechenden Prüfverfahren sind meist genormt.

11.2.1 Ausbreitprobe

Die Ausbreitprobe dient zur Ermittlung der Schmiedbarkeit eines Werkstoffes. Ein Flachstab wird bei Schmiedetemperatur soweit ausgeschmiedet (ausgebreitet), bis Risse an den Kanten auftreten. Ein gut schmiedbarer Werkstoff soll auf das Doppelte bis Dreifache der Ausgangsbreite ausschmiedbar sein.

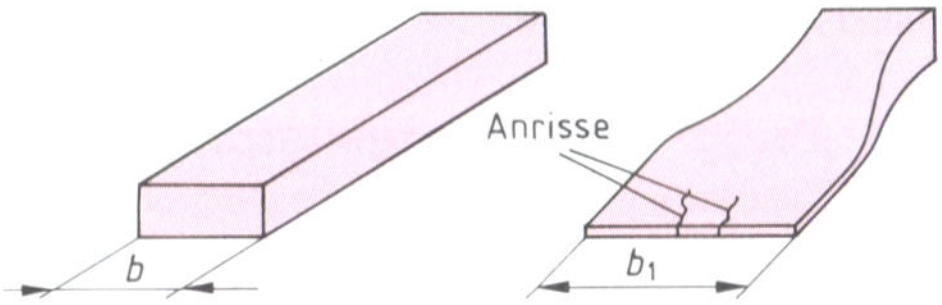

Ausbreitprobe

11.2.2 Faltversuch

Der Faltversuch nach DIN 50111 dient zur Ermittlung der Faltbarkeit eines Werkstoffes. Dabei wird eine Probe stetig bis zum Auftreten von Rissen gebogen. Der Winkel, bei dem die ersten Risse auf der Zugseite auftreten, ist ein Maß für die Faltbarkeit eines Werkstoffes. Gut faltbare Werkstoffe sollen sich ganz zusammenfalten lassen.

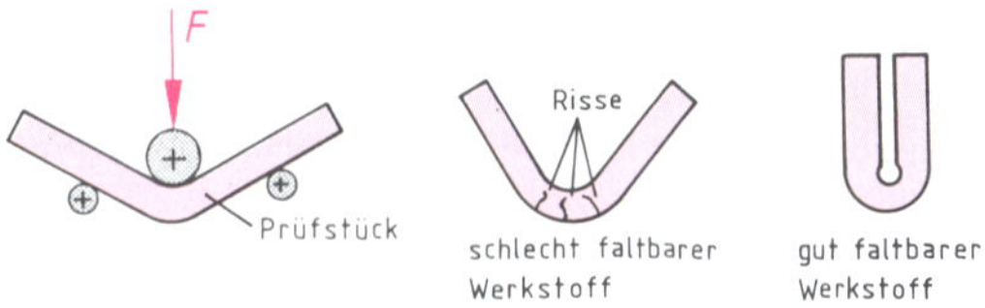

Faltversuch

11.2.3 Tiefungsversuch nach Erichsen

Der Tiefungsversuch nach DIN 50101 dient zur Ermittlung der Tiefziehfähigkeit von Blechen. Dabei wird das Probeblech mit Hilfe einer Stahlkugel von 20 mm Durchmesser in einer Matrize so lange getieft, bis der erste Riß auftritt. Die Tiefung bis zu diesem Anriß dient zur Beurteilung des Werkstoffes.

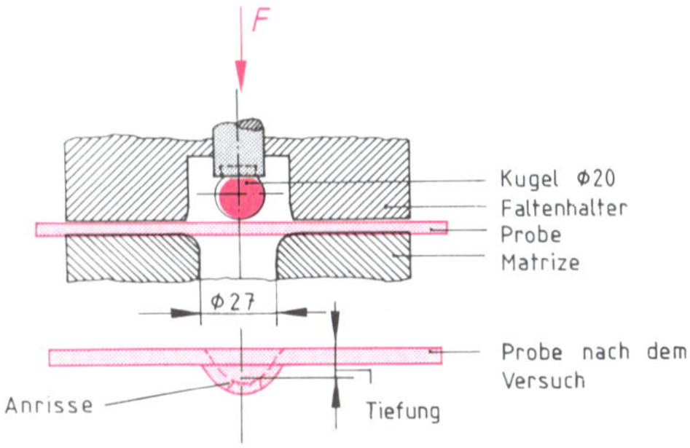

Tiefungsversuch nach Erichsen

In technologischen Prüfverfahren wird das Verhalten des Werkstoffes bei der Verarbeitung untersucht.

11.3 Mikroskopische Prüfverfahren

Durch die Metallmikroskopie ist es möglich, das Gefüge einer Werkstoffprobe insgesamt oder nur einzelne Gefügebestandteile sichtbar zu machen. Die Werkstoffprobe wird zunächst geschliffen und poliert. Um die für die Beurteilung des Gefüges wesentlichen Bestandteile untersuchen zu können, wird der Schliff geätzt. Je nach dem Ziel der Untersuchung verwendet man unterschiedliche Ätzmittel. Das Gefüge von Stählen und die Korngrenzen von reinen Metallen werden z.B. mit einer 1%igen Salpetersäure geätzt.
Einzelne Gefügebestandteile können auch durch entsprechende Beleuchtung, z.B. durch schräg einfallendes Licht oder durch farbiges Licht, hervorgehoben werden.

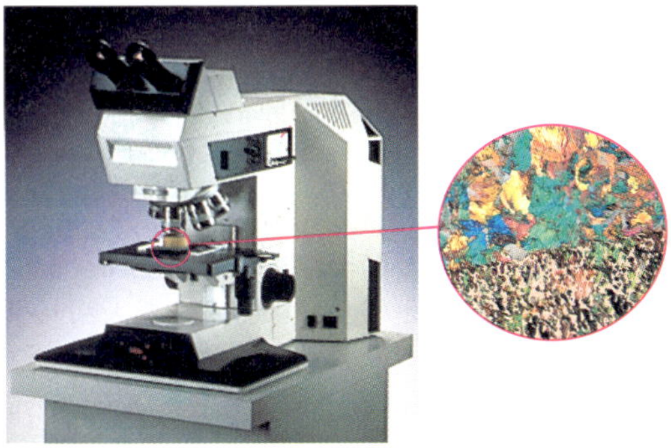
Lichtmikroskop zur Metalluntersuchung

Übungsaufgaben 11/23 bis 11/28

11.4 Zerstörungsfreie Prüfverfahren

Ein fertiges Werkstück kann versteckte Fehler wie Lunker, Risse oder Schlackeneinschlüsse aufweisen. Die Fehler können bei einer Verwendung des Werkstückes zu Gefahrenquellen für Menschen und Geräte werden. Es ist Aufgabe der zerstörungsfreien Werkstoffprüfung, solche Fehler ohne Beschädigung des Bauteils ausfindig zu machen.

11.4.1 Prüfung mit Röntgenstrahlen

Röntgenstrahlen sind wie das sichtbare Licht elektromagnetische Wellen. Die Wellenlänge der Röntgenstrahlen beträgt jedoch nur 1/10 000 der Wellenlänge des sichtbaren Lichtes. Deshalb sind Röntgenstrahlen unsichtbar. Sie durchdringen jedoch lichtundurchlässige Körper und schwärzen dahinter befindliche Filme. **Röntgenstrahlen sind sehr schädlich für den menschlichen Organismus.** Darum sind bei der Anwendung umfangreiche Sicherheitsbestimmungen zu beachten.

Mit Hilfe der Röntgenstrahlen werden in der zerstörungsfreien Werkstoffprüfung Schlackeneinschlüsse, Gasblasen, Lunker und andere größere Werkstoffehler sichtbar gemacht. Das zu prüfende Werkstück wird zwischen eine Röntgenröhre und einen Film gebracht. Die Röntgenstrahlen werden durch die Werkstoffehler weniger abgeschwächt als durch das fehlerfreie Metall. Die Strahlen schwärzen darum den Film hinter dem Fehler stärker als an den anderen Stellen. Damit werden die Werkstoffehler auf dem Film deutlich.

Ähnlich verfährt man bei der Werkstoffprüfung mit Gammastrahlen. Hier hat man jedoch statt einer Röhre einen radioaktiven Stoff, der ständig Strahlen aussendet.

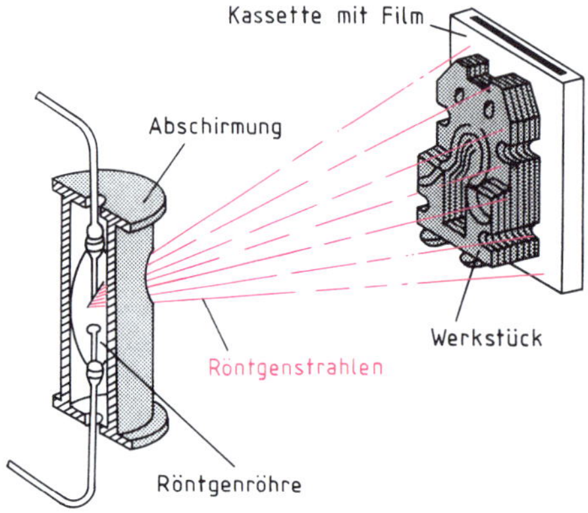

Prüfung eines Zylinderkopfs mit Röntgenstrahlen

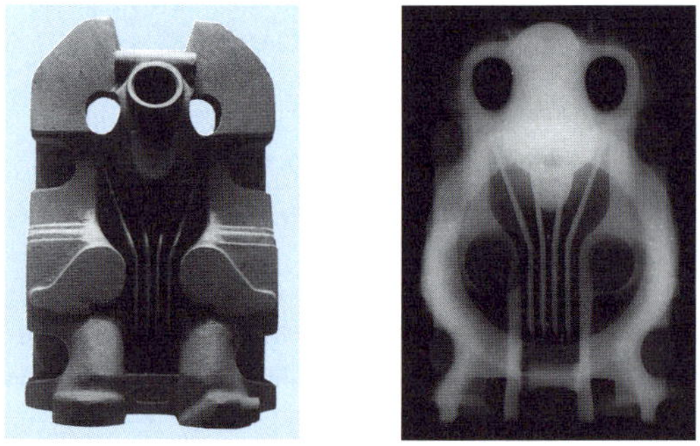

Foto und Röntgenbild eines Zylinderkopfs

Mit Hilfe von Röntgenstrahlen können Werkstoffehler wie Lunker, Schlackeneinschüsse u.a. in Werkstoffen aller Art aufgespürt werden.

11.4.2 Prüfung mit Magnetpulver

Mit dem Magnetpulver-Prüfverfahren können Risse, Lunker und andere Fehlerstellen, die dicht unter der Oberfläche von Werkstücken aus Stahl liegen, erkannt werden.

Bei diesem Verfahren wird das Werkstück durch einen Elektromagneten magnetisiert. Die magnetischen Feldlinien, welche das Werkstück durchdringen, stoßen an den Fehlerstellen auf einen Widerstand, den sie außerhalb des Werkstückes umgehen. Eisenpulver, das mit Petroleum auf das Prüfstück geschlämmt wird, haftet infolge der austretenden Feldlinien an der Fehlerstelle. Dadurch ist die Fehlerstelle erkennbar.

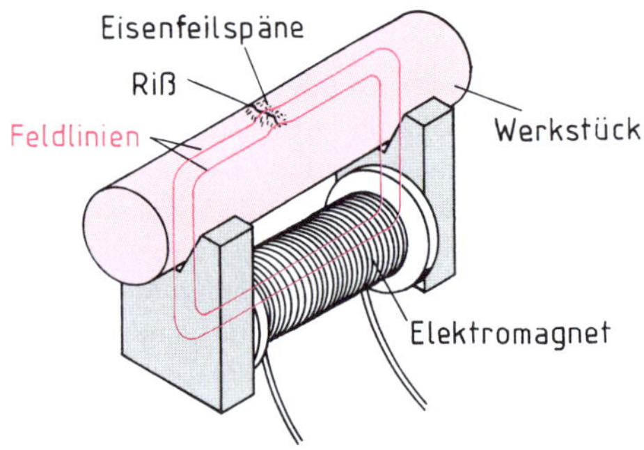

Magnetpulverprüfung

Mit Hilfe der Magnetpulverprüfung können Werkstoffehler in der Nähe der Oberfläche von feromagnetischen Werkstoffen aufgespürt werden.

Übungsaufgaben 11/29; 11/30; 11/31

11.4.3 Prüfung mit Kapillar-Verfahren

Viele Flüssigkeiten steigen aufgrund von Anhaftkräften (Adhäsionskräften) und Kräften in der Oberfläche (Oberflächenspannung) in engen Spalten hoch. Man nennt enge Röhren Harröhrchen oder Kapillare und spricht entsprechend von Kapillarwirkung.

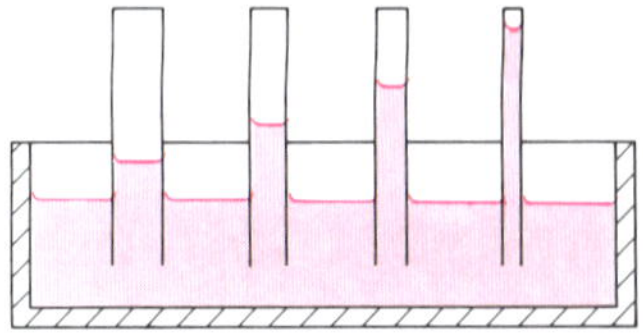

Kapillarwirkung

Bei allen Kapillarverfahren wird zunächst eine meist rote Kapillarflüssigkeit auf das Werkstück gesprüht. Diese Flüssigkeit dringt wegen ihrer Dünnflüssigkeit in die Fehlerstellen ein. Nach Abwischen der Werkstückoberfläche wird ein weißer Entwickler aufgesprüht. Die rote Flüssigkeit, die noch in den Fehlerstellen geblieben ist, färbt den Entwickler rot. Die Fehlerstellen sind so mit bloßem Auge erkennbar.

Beispiel **für die Arbeitsfolge bei einem Kapillar-Verfahren**

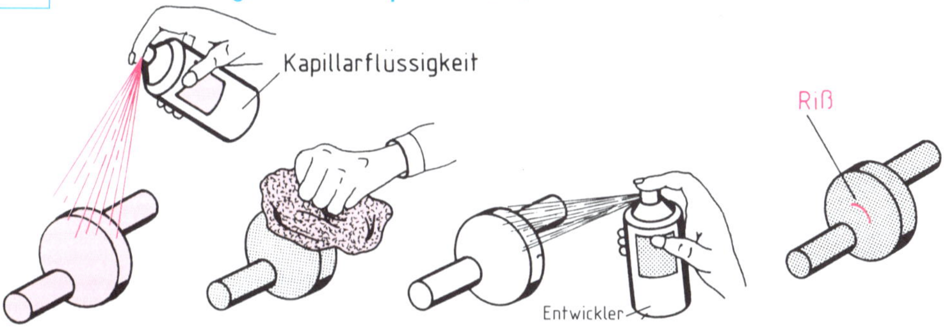

① **Aufsprühen der Kapillarflüssigkeit** ② **Säubern der Oberfläche von Kapillarflüssigkeit** ③ **Aufsprühen des Entwicklers** ④ **Betrachtung der Fehlerstellen**

Mit Hilfe von Kapillarverfahren können Werkstoffehler wie Risse, Lunker u.a. die mit der Oberfläche in Verbindung stehen, aufgesprüht werden.

11.4.4 Prüfung mit Ultraschall

Durch die Prüfung mit Ultraschall können Werkstücke bis zu mehreren Metern Dicke auf Fehler untersucht werden. Die Schallwellen zur Werkstoffprüfung führen 500 000 bis 10 000 000 Schwingungen in einer Sekunde aus.

Bei der Werkstoffprüfung mit Ultraschall wird ein Schallkopf, der als Sender und Empfänger arbeitet, auf das zu prüfende Werkstück gesetzt. Für eine sehr kurze Zeit (einige Mikrosekunden) sendet der Schallkopf Ultraschall. Er wird dann auf Empfang geschaltet. Der Schall durchläuft das Werkstück, wird an der gegenüberliegenden Werkstückoberfläche zurückgeworfen und kehrt als Echo zum Schallkopf zurück. Die Laufzeit des Schalles wird auf einem Bildschirm als Abstand zweier Zacken sichtbar gemacht. Befindet sich ein Fehler im Werkstück, so wird ein Teil des Schalles bereits von dort zum Schallkopf zurückgeworfen. Da dieses Echo früher im Empfänger ist als das Bodenecho, zeichnet sich der Fehler auf dem Bildschirm als zusätzliche Zacke zwischen Eingangs- und Bodenecho ab.

Fehlersuche mit Ultraschall

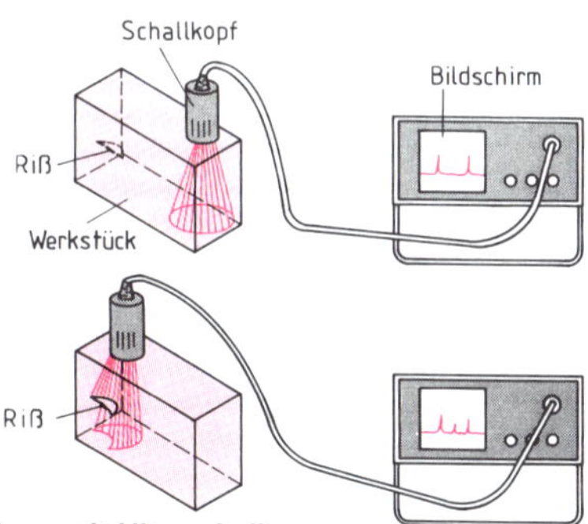

Prüfung mit Ultraschall

Mit Hilfe der Ultraschallprüfung können in metallischen Werkstoffen Fehler aller Art in beliebiger Tiefenlage im Werkstück aufgespürt werden.

Maschinen- und Gerätetechnik

1 Energie, Stoff, Information

1.1 Energie und Energieumsetzung

1.1.1 Arbeit

Eine Last kann auf verschiedene Art und Weise auf eine bestimmte Höhe befördert werden:

- die Last wird auf einer geneigten Ebene hochgetragen,
- die Last wird an einem Seil hochgezogen,
- die Last wird durch eine Hydraulikanlage hochgehoben.

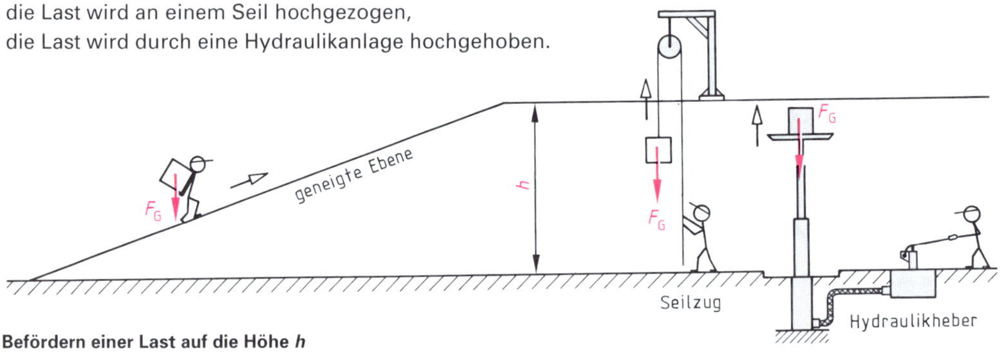

Befördern einer Last auf die Höhe *h*

In jedem Falle ist das Ergebnis gleich: Ein Gewicht wird um eine Höhe *h* gehoben; es wird jedesmal die gleiche Arbeit verrichtet. Physikalisch bezeichnet man eine solche Arbeit als Hubarbeit W_{Hub}. Sie ist das Produkt aus Kraft mal Höhe. Ganz allgemein gilt für die physikalische Arbeit:

Hubarbeit = Gewichtskraft · Höhe	Arbeit = Kraft · Weg
$W_{Hub} = F_G \cdot h$	$W = F \cdot s$

Bei der Ermittlung der Arbeit ist zu beachten, daß Weg und Kraft auf der *gleichen* Wirkungslinie liegen. Bei der Hubarbeit liegen Gewichtskraft und Hubhöhe auf gleicher Linie. Dabei ist die Gewichtskraft dem Hubweg genau entgegengerichtet.

Beim Ziehen eines Wagens wird der Weg in waagerechter Richtung zurückgelegt. Die Kraft, welche aufzubringen ist, damit der Wagen in Bewegung bleibt, entspricht nicht der Gewichtskraft, sondern lediglich der Reibungskraft des Wagens. Diese Reibungskraft ist der Bewegungsrichtung entgegengesetzt.

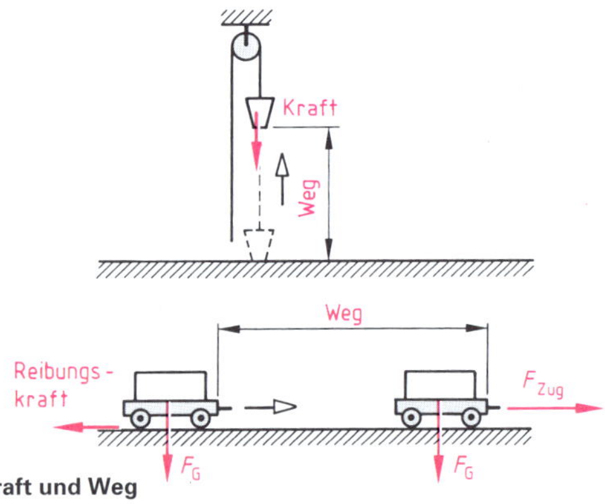

Kraft und Weg

Bei der Berechnung der Arbeit müssen die Kraftrichtung und Wegrichtung übereinstimmen.
Die Arbeit ist das Produkt aus Kraft mal Weg.

Die Einheit der Arbeit setzt sich zusammen aus dem Produkt der Krafteinheit und der Längeneinheit und ist demnach Nm. Die Einheit Nm bezeichnet man als J (Joule). Ein Joule entspricht der elektrischen Arbeit von einer Wattsekunde.

$$1\ \text{Nm} = 1\ \text{J} = 1\ \text{Ws}$$

Übungsaufgabe 1/1

Um eine bestimmte Arbeit zu verrichten, gibt es verschiedene Möglichkeiten:

- große Kraft auf einem kurzen Weg,
- kleine Kraft auf einem langen Weg.

Hebt man einen Gegenstand senkrecht auf eine bestimmte Höhe, so ist die Kraft groß und der Weg kurz. Befördert man jedoch diesen Gegenstand über eine geneigte Ebene auf die gleiche Höhe, so ist die Kraft klein, der Weg jedoch länger. Die Arbeit, als Produkt aus Kraft und Weg, ist immer gleich.

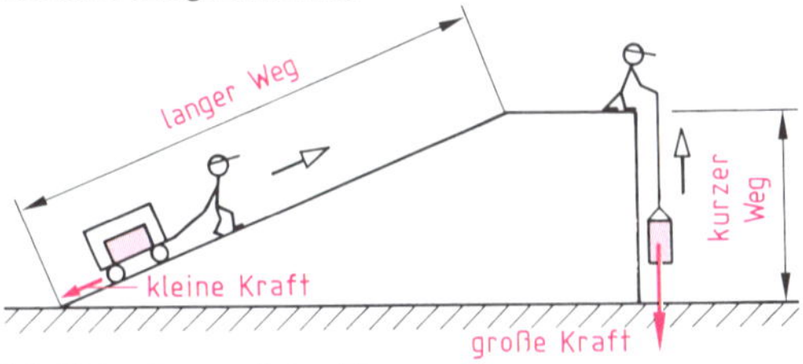

Arbeit an der geneigten Ebene

Bei mechanischer Arbeit kann die Kraft verringert werden, wenn entsprechend mehr Weg aufgewendet wird bzw. umgekehrt.

Beispiel **für die Berechnung einer mechanischen Arbeit**

Aufgabe

Ein Stahlträger mit 800 kg Masse wird durch einen Kran auf eine Höhe von 12,5 m gehoben. Welche Arbeit muß durch den Kran verrichtet werden?

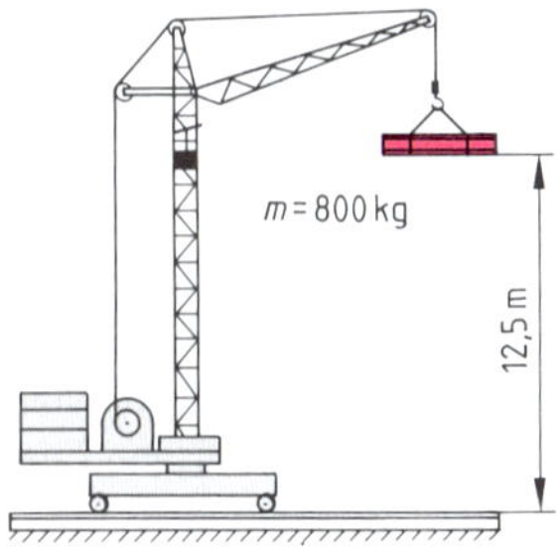

Gegeben
m = 800 kg ; F_G = 8 000 N; h = 12,5 m

Gesucht
W in Nm

Lösung

$W = F \cdot s$

W = 8 000 N · 12,5 m

W = **100 000 Nm**

1.1.2 Leistung

Die gleiche Arbeit W kann in unterschiedlicher Zeit t verrichtet werden. Man bezeichnet das Verhältnis von Arbeit zu der dafür benötigten Zeit als Leistung P. Die Einheit der Leistung ist $\frac{\text{Nm}}{\text{s}}$.

$$\text{Leistung} = \frac{\text{Arbeit}}{\text{Zeit}} \qquad P = \frac{W}{t} = \frac{F \cdot s}{t} = F \cdot v$$

Einheiten der Leistung $\quad 1\frac{\text{Nm}}{\text{s}} = 1\frac{\text{J}}{\text{s}} = 1\ \text{W}$

P Leistung in $\frac{\text{Nm}}{\text{s}}$
W Arbeit in Nm
t Zeit in s
F Kraft in N
s Weg in m
v Geschwindigkeit in $\frac{\text{m}}{\text{s}}$

Leistung ist das Verhältnis von Arbeit zur dafür benötigten Zeit. $P = \frac{W}{t}$

Beispiel **für die Berechnung einer mechanischen Leistung**

Aufgabe

Ein Stahlträger mit 800 kg Masse wird durch einen Kran in 8 Sekunden auf eine Höhe von 12,5 m gehoben. Welche Leistung wird durch den Kran erbracht?

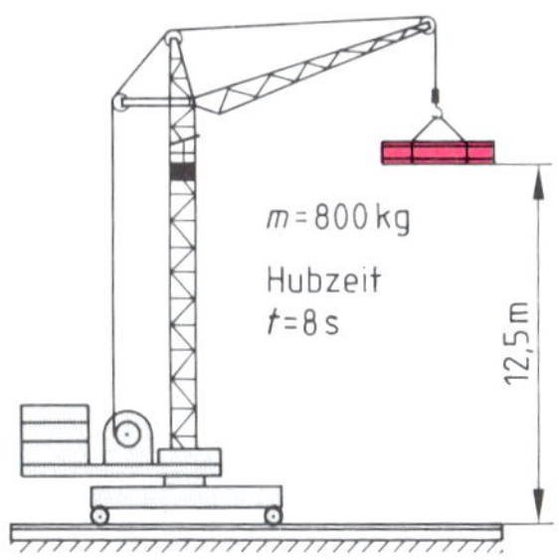

Gegeben m = 800 kg ≙ F_G = 8 000 N; h = 12,5 m; t = 8 s
Gesucht P in kW

Lösung

$P = \frac{F \cdot s}{t} \qquad P = \frac{8\,000\ \text{N} \cdot 12{,}5\ \text{m}}{8\ \text{s}} = 12\,500\ \frac{\text{Nm}}{\text{s}}$

P = 12 500 W = **12,5 kW**

Übungsaufgaben 1/2 bis 1/9

1.1.3 Energie

Gespeicherte Arbeit nennt man Arbeitsvermögen oder Energie. Man unterscheidet verschiedene Formen der Energie:

In einem Körper, der auf die Höhe h gebracht wurde, ist Hubarbeit gespeichert. Aufgrund seiner Lage in bestimmter Höhe besitzt der Körper Energie der Lage, auch **potentielle Energie** genannt. Ein hochgezogener Fallhammer besitzt potentielle Energie.

$$W_{pot} = F_G \cdot h$$

W_{pot} potentielle Energie in Nm
F_G Gewichtskraft in N
h Höhe in m

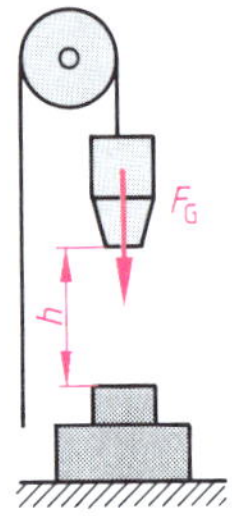

Einfacher Fallhammer

Potentielle Energie ist gespeicherte Hubarbeit.

In einem elektropneumatischen Bohrhammer schlägt der Hammerkolben auf die Bohrerwelle. Der Hammerkolben wird durch die Kraftwirkung komprimierter Luft auf seinem Weg beschleunigt. Die während der Beschleunigung verrichtete Arbeit ist in der Bewegung des Hammerkolbens gespeichert. Man nennt diese gespeicherte Arbeit Bewegungsenergie oder **kinetische Energie.** Die kinetische Energie wird beim Auftreffen des Hammerkolbens über die Welle an den Bohrer weitergegeben.

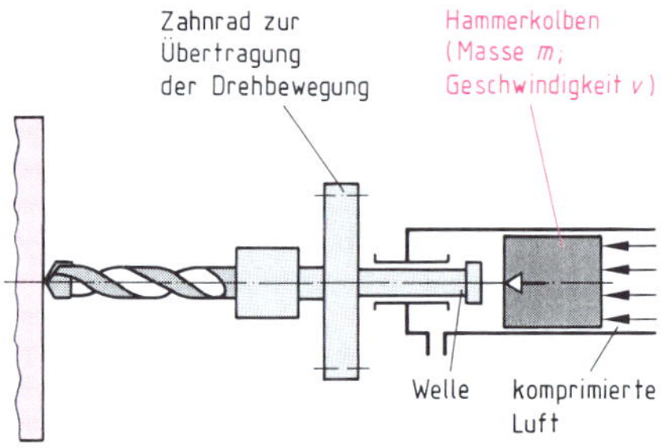

Schema eines elektropneumatischen Bohrhammers

$$W_{kin} = \frac{m \cdot v^2}{2}$$

W_{kin} kinetische Energie in kg m^2/s^2 (1 kg m^2/s^2 = 1 Nm)
m Masse in kg
v Geschwindigkeit in m/s

Auch strömende Flüssigkeiten und Gase besitzen Bewegungsenergie. So wird z.B. in einer Turbine die Bewegungsenergie der Teilchen genutzt, um die Turbine zu bewegen.

Kinetische Energie ist gespeicherte Beschleunigungsarbeit. Sie ist gespeichert in Massen, die sich bewegen.

Zum Komprimieren eines Gases muß man z.B. einen Kolben bewegen, der das Gas in einem Zylinder verdichtet. Dabei speichert das Gas Energie in Form von Druck. Man spricht in diesem Zusammenhang von **Druckenergie.**

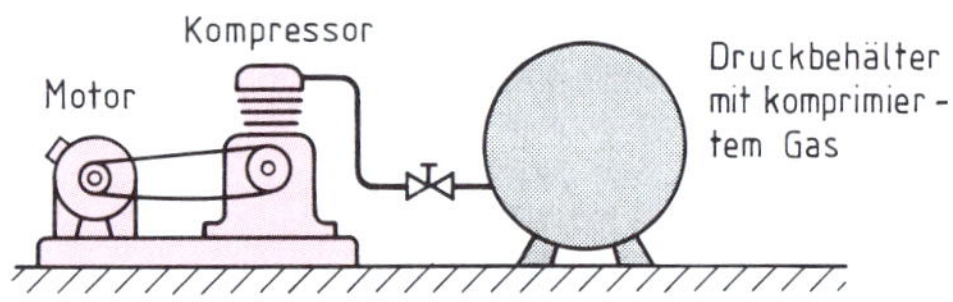

Erzeugung von Druckenergie

Druckenergie ist die beim Komprimieren in Gasen gespeicherte Arbeit.

In Brennstoffen ist Energie chemisch gespeichert. Beim Verbrennen wird diese Wärmemenge frei. Die in einem Stoff enthaltene Wärmemenge gibt der **Heizwert** an.

Er ist bei festen und flüssigen Brennstoffen auf 1 kg bezogen. Bei Gasen bezieht man ihn auf 1 m^3 bei 20° C und 1,013 bar.

Heizwerte von Brennstoffen (Auszug)

Stoff	Heizwert
Anthrazit (Kohle)	35 000 kJ/kg
Benzin	41 000 kJ/kg
Erdgas	36 000 kJ/m^3
Wasserstoff	11 000 kJ/m^3

Die in Brennstoffen chemisch gebundene Energie wird durch den Heizwert näher beschrieben.

1.1.4 Wirkungsgrad

Energie kann nie verloren gehen. Sie kann nur in andere Formen der Energie umgewandelt werden. Diesen grundlegenden Satz der Physik nennt man den **Energieerhaltungssatz**.

In technischen Systemen kann die eingegebene Energie nie vollständig in eine andere Energieform umgewandelt werden. Es ist stets ein gewisser Anteil der aufgewendeten Energie *nicht nutzbringend* einzusetzen. Bei mechanischen Systemen wird er meist in Reibungswärme umgewandelt. Bei Systemen zur Umwandlung von Wärmeenergie in mechanische Energie, z.B. bei Verbrennungsmotoren, treten erhebliche Verluste durch Abwärme auf.

Man nennt das Verhältnis von Nutzenergie W_e zur aufgewendeten Energie W_i den Wirkungsgrad η des Systems.

$$\eta = \frac{W_e}{W_i}$$

Auf die Leistung bezogen ist der Wirkungsgrad η das Verhältnis von Nutzleistung (effektiver Leistung) P_e zur aufgewendeten (induzierten) Leistung P_i.

$$\eta = \frac{P_e}{P_i}$$

Beispiele für die Energieausnutzung von Verbrennungsmotoren

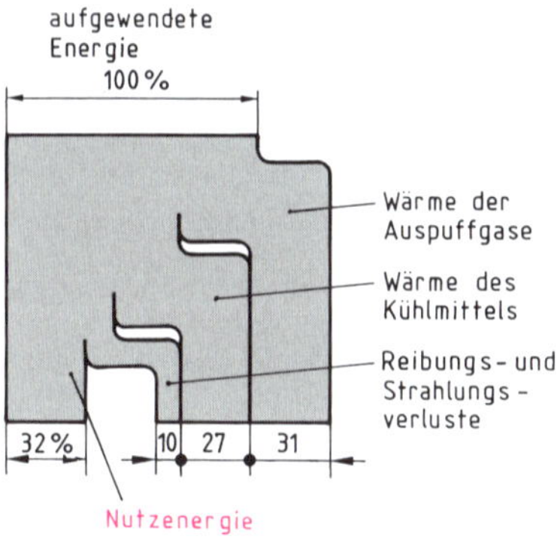

Viertakt-Otto-Motor

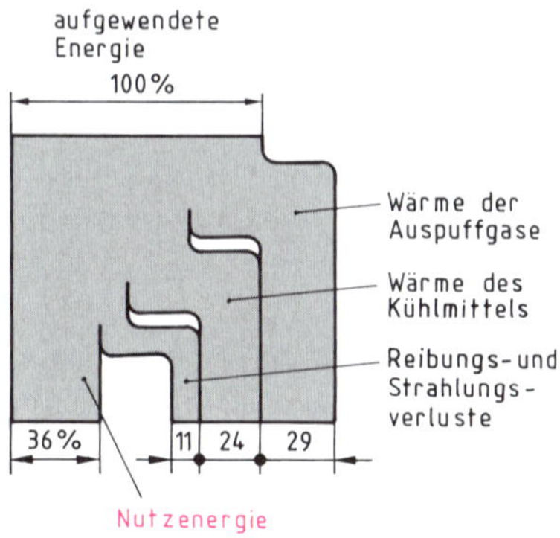

Viertakt-Diesel-Motor

Beispiel für die Berechnung eines Wirkungsgrades

Aufgabe

Ein Kran hebt in 6 Sekunden 3140 N Schrott auf eine Höhe von 4,8 m. Der Kranmotor nimmt 4,2 kW aus dem Stromnetz auf.

Wie groß ist der Wirkungsgrad der Hubeinrichtung?

Gegeben

$F = 3140\ \text{N}$

$s = 4{,}8\ \text{m}$

$t = 6{,}0\ \text{s}$

$P_i = 4{,}2\ \text{kW}$

Gesucht

η

Lösung

$$P_e = \frac{F \cdot s}{t}$$

$$P_e = \frac{3140\ \text{N} \cdot 4{,}8\ \text{m}}{6\ \text{s}} = 2512 \frac{\text{Nm}}{\text{s}} = \mathbf{2{,}5\ kW}$$

$$\eta = \frac{P_e}{P_i} = \frac{2{,}5\ \text{kW}}{4{,}2\ \text{kW}} = \mathbf{0{,}59}$$

Energie geht nicht verloren (Energieerhaltungssatz).

Technisch ist eine verlustfreie Umwandlung in eine andere Energieform nicht möglich.

$$\text{Wirkungsgrad} = \frac{\text{Nutzenergie}}{\text{aufgewendete Energie}} \qquad \eta = \frac{P_e}{P_i}$$

1.2 Stoff und Stoffumsetzung

1.2.1 Stoff

Allgemein gliedert man die Stoffe nach den *Aggregatzuständen* in feste, flüssige und gasförmige Stoffe. In der Technik hingegen gliedert man nach DIN 8580 die Stoffe nach *fertigungstechnischen Gesichtspunkten.*

Stoffe, denen zur Entstehung eines Werkstückes erst Zusammenhalt gegeben werden muß, bezeichnet man als **formlose Stoffe.** Solche Stoffe sind Gase, Flüssigkeiten, Pulver, Fasern, Granulate u.a.

Stoffe, welche bereits als Rohteile feste Körper bilden, heißen in der Technik **geometrisch bestimmte Körper.**
Halbzeuge (Profilstäbe, Bleche, Rohre), komplette Werkstücke und Maschinen zählen zu diesen geometrisch bestimmten Körpern.

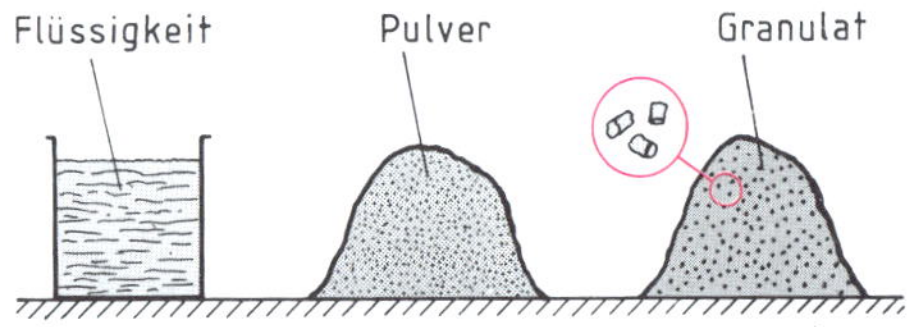

Formlose Stoffe

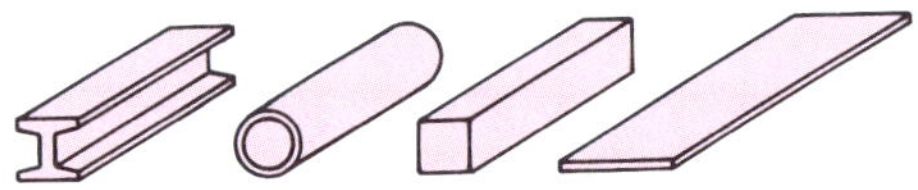
Halbzeuge

In der Technik unterscheidet man nach DIN die Stoffe nach dem Zusammenhalt in formlosen Stoff und geometrisch bestimmte Körper.

1.2.2 Stoffumsetzungen

Stoffumsetzungen sind Stofftransport, Stofformung und Stoffumwandlung. Von diesen Stoffumsetzungen haben der Stofftransport und die Stofformung im Bereich der Metalltechnik besondere Bedeutung.

- **Stofftransport**

Stofftransport geschieht mit Hilfe von Fördermitteln. Die Fördermittel unterscheidet man nach der Art des Bewegungsablaufes in stetige und unstetige Fördermittel.

Stetige Fördermittel bringen mit etwa gleichförmiger Geschwindigkeit das Fördergut von der Aufnahme- zur Abgabestelle.
Zu stetigen Fördermitteln gehören:
- *mechanische Fördermittel:* Förderbänder, Förderschnecken, Becherwerke u.a.
- *pneumatische Fördermittel:* Sandstrahlanlagen, Fördergebläse u.a.
- *hydraulische Fördermittel:* Spülrinnen, Saugbagger, Pipeline u.a.

Unstetige Fördermittel müssen die Transportbewegung zum Zweck der Aufnahme und Abgabe der Last unterbrechen, sowie eventuell eine Rücklaufbewegung durchführen. Zu unstetigen Fördermitteln gehören:
- *Hebezeuge:* Flaschenzüge, Kräne, Hebebühnen u.a.
- *Flurfördermittel:* Gabelstabler, Hubwagen, Kraftfahrzeuge u.a.

Beispiele für Fördermittel

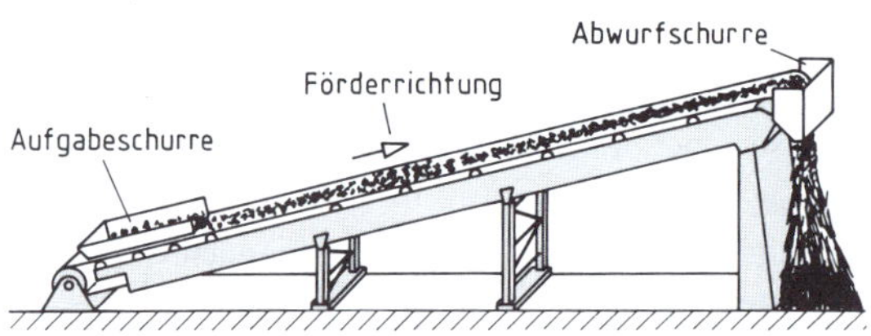

Stetiges Fördermittel

Unstetiges Fördermittel

Übungsaufgaben 1/16; 1/17

- **Berechnung zum Stofftransport**

Ein Fördergut legt auf einem Stetigförderer in gleichen Zeiten gleiche Wege zurück. Kennzeichnend für diesen Bewegungsvorgang ist das stets gleiche Verhältnis von zurückgelegtem Weg zur dafür benötigten Zeit t. Dieses Verhältnis ist die **Geschwindigkeit** v.

$$\text{Geschwindigkeit} = \frac{\text{Weg}}{\text{Zeit}} \qquad v = \frac{s}{t}$$

Für den Fall der konstanten Geschwindigkeit, die z.B. bei einem Förderband vorliegt, spricht man von einer gleichförmigen Bewegung.

Kenngröße eines Stetigförderers für Schüttgüter (Kohle, Sand, Zement u.a.) ist die je Zeiteinheit geförderte Masse m. Man nennt diese Masse je Zeiteinheit den **Massestrom** $\dot{m}$. Den Massestrom berechnet man aus der geförderten Masse und der dafür benötigten Zeit t.

$$\text{Massestrom} = \frac{\text{geförderte Masse}}{\text{benötigte Zeit}} \qquad \dot{m} = \frac{m}{t}$$

Beispiel für die Berechnung von Transportgeschwindigkeit und Massestrom

Aufgabe

Auf einem Förderband wird Kohle befördert. Das Band transportiert die Kohle in 20 Sekunden über einen Weg von 25 m. In einer 8 Stunden-Schicht werden 85 000 kg Kohle gefördert. Es sind Bandgeschwindigkeit und Massestrom zu berechnen.

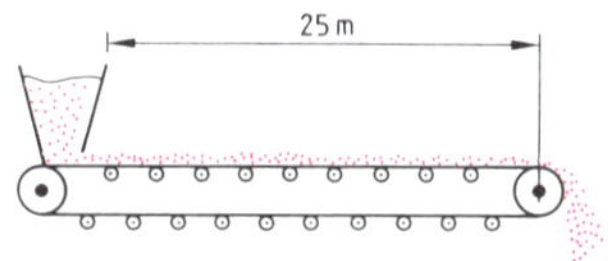

Gegeben	*Gesucht*	**Lösung**	
$s = 25\ \text{m}$	v in $\frac{\text{m}}{\text{s}}$	$v = \frac{s}{t}$	$\dot{m} = \frac{m}{t}$
$t = 20\ \text{s}$	$\dot{m}$ in $\frac{\text{kg}}{\text{s}}$	$v = \frac{25\ \text{m}}{20\text{s}}$	$\dot{m} = \frac{85\,000\ \text{kg}}{8\text{h}}$
$m = 85000\ \text{kg}$		$v = \mathbf{1{,}25\ \frac{m}{s}}$	$\dot{m} = 10625\ \frac{\text{kg}}{\text{h}} \triangleq \mathbf{2{,}95\ \frac{kg}{s}}$
$t_{ges} = 8\ \text{h}$			

Flüssige Stoffe und Aufschlämmungen werden in Rohren oder Rinnen gefördert. Kennzeichnend für diese Förderung ist der **Volumenstrom** q_V. Er ist das Verhältnis von gefördertem Volumen V zu der dafür benötigten Zeit t.

$$\text{Volumenstrom} = \frac{\text{gefördertes Volumen}}{\text{benötigte Zeit}} \qquad q_V = \frac{V}{t}$$

Das geförderte Volumen errechnet man aus dem gefüllten Querschnitt S des Rohres oder der Rinne und der Strecke s, die ein Teilchen in der Zeit t zurückgelegt hat.

Gefördertes Volumen = Querschnitt · Weg

$$V = S \cdot s$$

Damit ergibt sich für die Berechnung des Volumenstroms q_V die Gleichung:

$$q_V = \frac{S \cdot s}{t} = S \cdot v$$

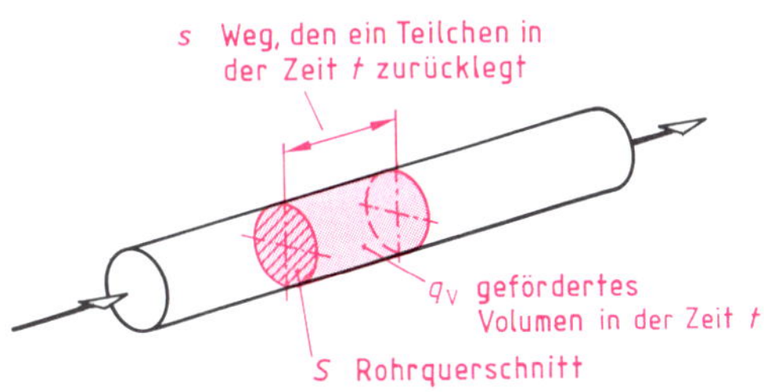

Gefördertes Volumen

$$\text{Volumenstrom} = \text{Leitungsquerschnitt} \cdot \text{Strömungsgeschwindigkeit.} \qquad q_V = S \cdot v$$

Bei Querschnittsänderungen ist der Volumenstrom vor und hinter der Querschnittsänderung gleich. Es gilt demnach:

$$q_{V1} = q_{V2}$$

$$\boxed{S_1 \cdot v_1 = S_2 \cdot v_2}$$

Diese Gleichung bezeichnet man als die **Kontinuitätsgleichung.**

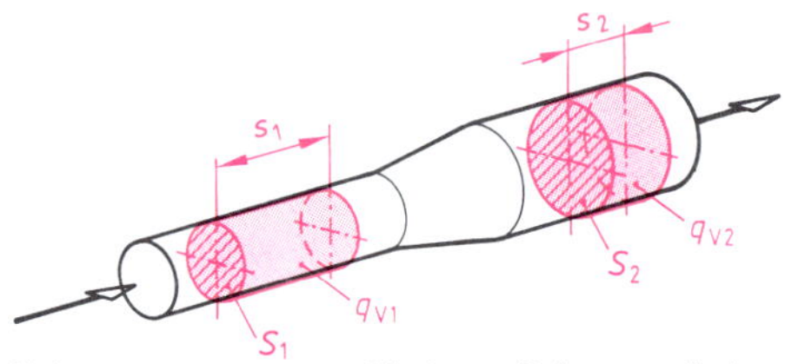

Volumenstrom an verschiedenen Rohrquerschnitten

In Rohrleitungen ist der Volumenstrom unabhängig vom Querschnitt an allen Stellen gleich.

Beispiel für die Berechnung eines Volumenstromes

Aufgabe

Eine Pumpanlage für Trinkwasser saugt durch ein Ansaugrohr mit 60 mm Durchmesser das Wasser an. In der Druckleitung von 28 mm Durchmesser strömt das Wasser mit einer Geschwindigkeit von 2 m/s. Es sind zu berechnen:

a) der Volumenstrom,

b) die Strömungsgeschwindigkeit im Saugrohr.

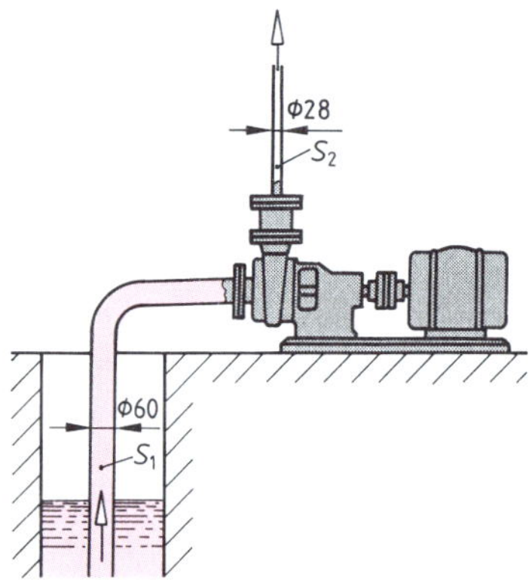

Gegeben	*Gesucht*
$d_1 = 60$ mm; $v_2 = 2 \frac{\text{m}}{\text{s}}$	q_V in $\frac{\text{dm}^3}{\text{s}}$; v_1 in $\frac{\text{m}}{\text{s}}$
$d_2 = 28$ mm	

Lösung

a) $q_V = S_2 \cdot v_2$

$$S_2 = \frac{28^2\ \text{mm}^2 \cdot 3{,}14}{4} = 615\ \text{mm}^2$$

$$q_V = 615\ \text{mm}^2 \cdot 2 \frac{\text{m}}{\text{s}} = 615\ \text{mm}^2 \cdot 2000 \frac{\text{mm}}{\text{s}}$$

$$q_V = 1\,230\,000 \frac{\text{mm}^3}{\text{s}} = \mathbf{1{,}23 \frac{dm^3}{s}}$$

b) $S_1 \cdot v_1 = S_2 \cdot v_2$

$$v_1 = \frac{S_2 \cdot v_2}{S_1}$$

$$v_1 = \frac{615\ \text{mm}^2 \cdot 2\ \text{m}}{2826\ \text{mm}^2 \cdot \text{s}}$$

$$v_1 = \mathbf{0{,}435 \frac{m}{s}}$$

- **Stofformung** siehe *„Fertigungstechnik"*
- **Stoffumwandlung** siehe *„Werkstofftechnik"*

1.3 Information und Informationsumsetzung

Informationen sind alle Mitteilungen, Nachrichten, Anweisungen, Hinweise u.a., die zwischen einem „Sender" über einen Übertragungskanal an einen „Empfänger" übertragen werden.

Im unmittelbaren Austausch von Informationen zwischen Menschen ist die akustische Übertragung durch die Sprache die wichtigste Form der Übermittlung. Neben der akustischen Übertragung durch die Sprache werden im zwischenmenschlichen Bereich auch optisch Informationen durch Mimik und Gestik übertragen. Der unmittelbare Informationsaustausch durch Gespräch zwischen Menschen zeigt die Grundelemente einer jeden Informationsübertragungskette oder **Kommunikationskette,** wie der Fachbegriff lautet.

Kommunikationskette: **Sender** → **Übertragungskanal** / **Information** → **Empfänger**

Ein Informationsübertragungssystem besteht aus Sender, Übertragungskanal und Empfänger.

Übungsaufgaben 1/18 bis 1/24

Als Partner, die als Sender und Empfänger in technischen Systemen auftreten können, kommen Mensch und Maschine in Frage. Damit ergeben sich 4 mögliche Beziehungen:

Sender	Informationsträger	Empfänger
Mensch	Sprache, Zeichnung, …	Mensch
Mensch	Handkurbel, NC-Code, …	Maschine
Maschine	Signalleuchte, Maßanzeige, …	Mensch
Maschine	analoge oder digitale Signale, …	Maschine

Die Beziehung Mensch-Maschine, in welcher der Mensch als Sender und die Maschine als Empfänger auftritt, hat in der Transport- und in der Fertigungstechnik besondere Bedeutung. Zur Fertigung eines Produktes gibt der Fachmann zwei Arten von Informationen an die Werkzeugmaschine. Informationen, welche die Maße des Werkstücks betreffen, nennt man **Weginformationen.** Informationen, welche Drehzahlen, Vorschübe, Kühlmittelzufuhr und andere Größen betreffen, die später am Produkt nicht wiederzufinden sind, nennt man **Schaltinformationen.**

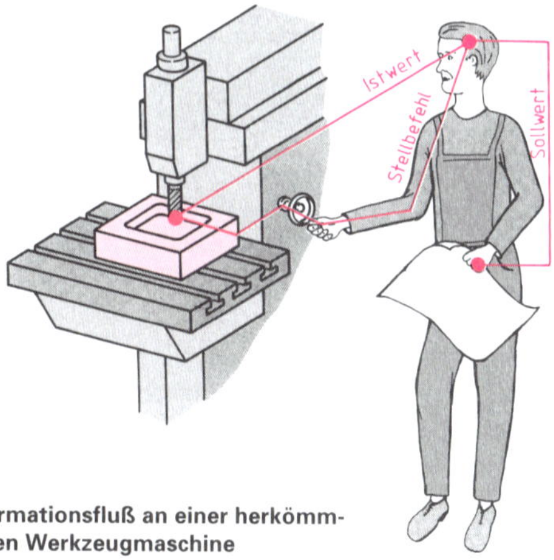

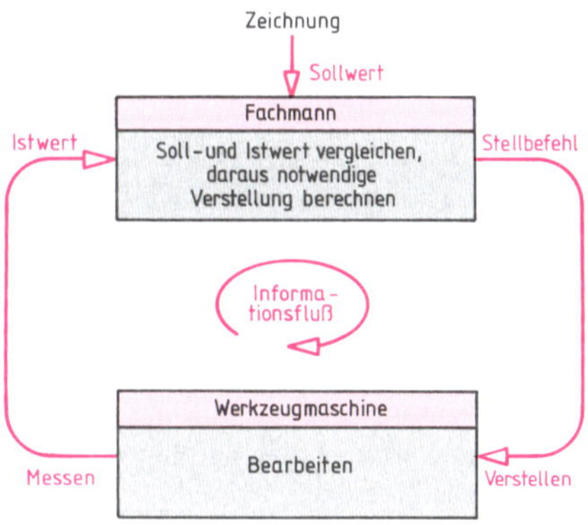

Informationsfluß an einer herkömmlichen Werkzeugmaschine

Im Kommunikationssystem Mensch-Maschine gibt der Mensch in der Fertigungstechnik Weg- und Schaltinformationen an die Maschine.

Die Art der Informationseingabe ist abhängig von der Maschinensteuerung. Gesteuert werden kann:

- **manuell**
- **mechanisch**
- **numerisch**

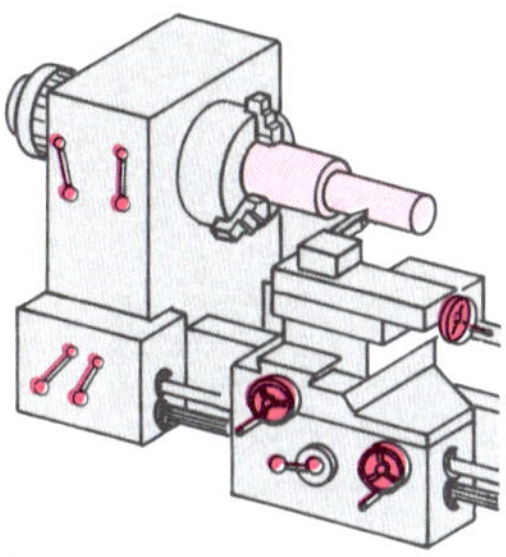

Informationseingabe durch Hebel, Kurbeln, …

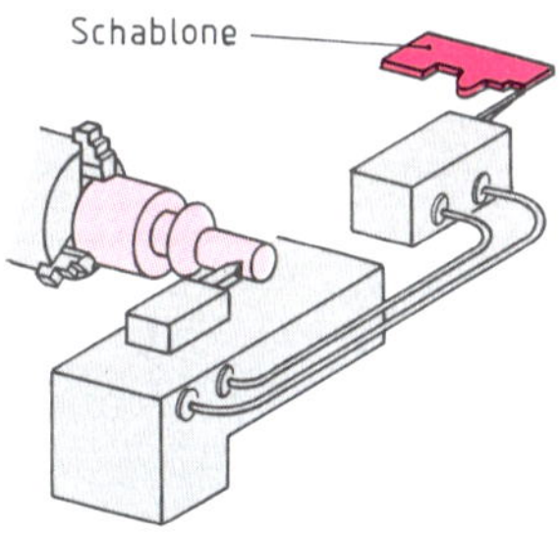

Informationseingabe durch Maß- und Formverkörperungen

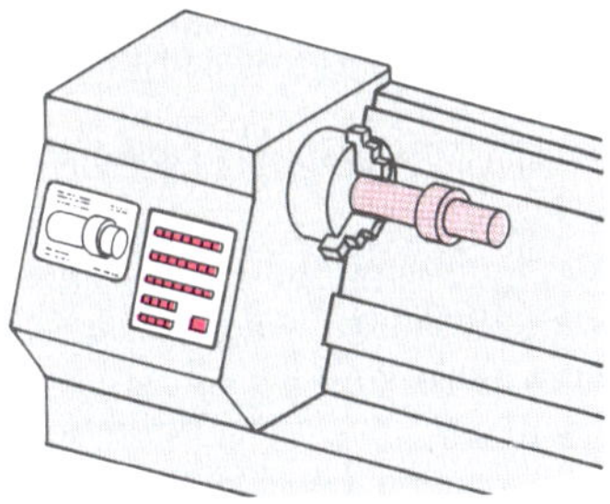

Informationseingabe durch Zeichen

Die Informationseingabe im Kommunikationssystem Mensch-Maschine kann manuell, mechanisch oder numerisch erfolgen.

Übungsaufgaben 1/25; 1/26

Die Kommunikationsbeziehung Maschine-Mensch beschränkte sich bei herkömmlichen Werkzeugmaschinen fast ausschließlich auf Warnungen und Ausführungsmeldungen, z.B. durch Signalleuchten, Signalhörner und Maßanzeigen.

An numerisch gesteuerten Werkzeugmaschinen kann die Steuerung der Maschine auch vorprogrammierte Anweisungen, Fragen und Entscheidungshilfen an den Bediener geben. In diesem Falle spricht man vom **Dialogbetrieb**.
Computerunterstütztes Zeichnen (CAD) geschieht ebenfalls im Dialogbetrieb.

Beispiel **für einen Dialog an einem CAD-Arbeitsplatz**

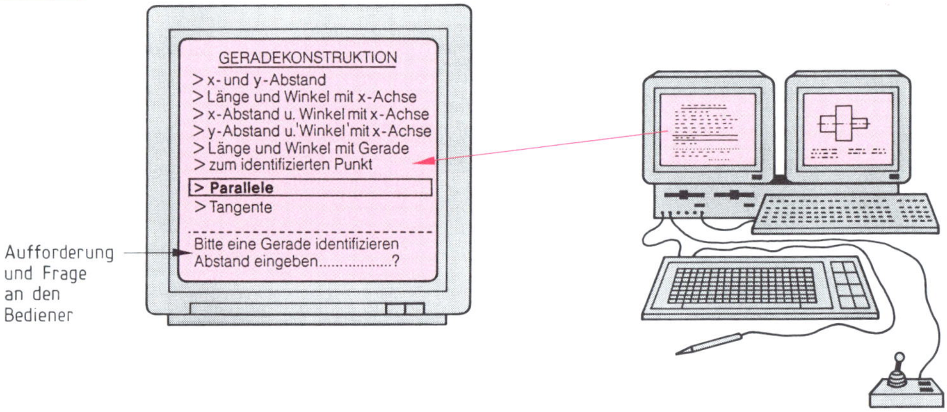

Eine Kommunikation Maschine-Mensch beschränkt sich auf Warnungen und Anzeigen.
Ein Dialog ist bei computergesteuerten Systemen möglich.

Im Kommunikationssystem Maschine – Maschine werden Informationen von Maschinen ermittelt, weitergeleitet, ausgewertet und in Befehle umgesetzt. *Steuer- und Regeleinrichtungen* stellen derartige Kommunikationssysteme dar.

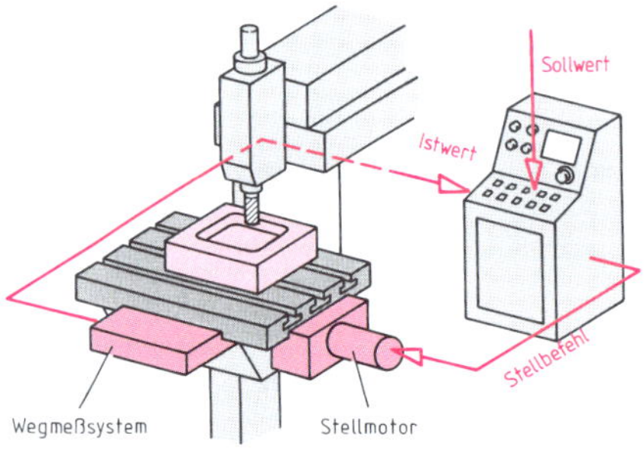

Informationsfluß an einer CNC-Maschine

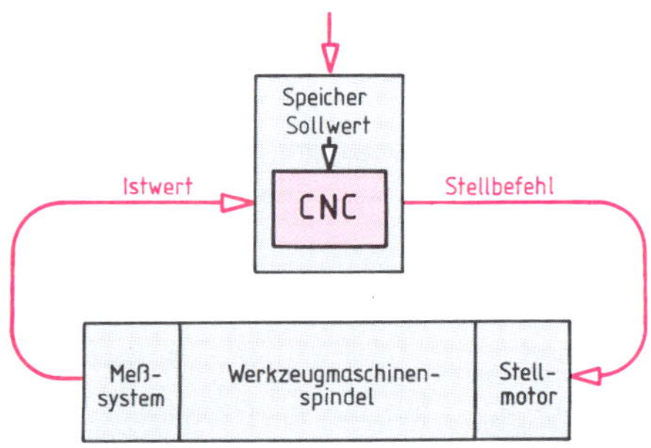

Die Kommunikation Maschine – Maschine geschieht in Steuer- und Regeleinrichtungen.

Die Kommunikation Maschine – Maschine ist am weitesten in der automatisierten Fertigung verwirklicht. Dabei müssen z.B. Computer, Roboter, Rundtischlager und Transportband sowie CNC-Maschinen miteinander kommunizieren, um einen reibungslosen Fertigungsablauf sicherzustellen.

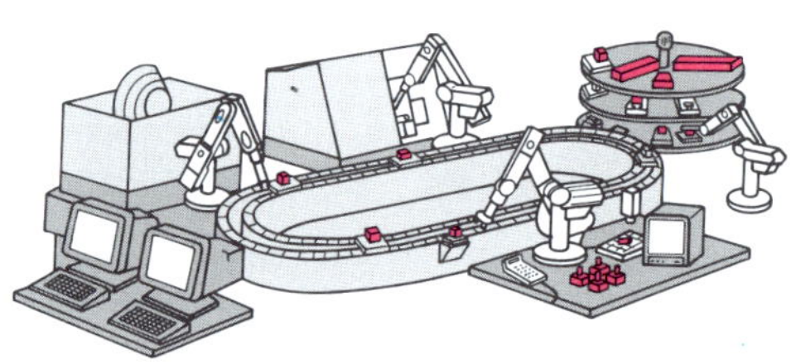

Automatisiertes Fertigungssystem

Die Kommunikation Maschine – Maschine geschieht in der automatisierten Fertigung.

Übungsaufgabe 1/27

2 Systeme zur Umsetzung von Energie, Stoff und Information

2.1 Systemtechnische Grundlagen

2.1.1 Technisches System

Maschinen, Geräte, Anlagen usw. sind häufig kaum überschaubar. Man versucht darum durch Zusammenfassung die Überschaubarkeit herzustellen.
In der Technik bezeichnet man alles, was in sich geschlossen eine Funktion erfüllen kann, als **technisches System**. Man spricht so z.B. vom Verkehrssystem, Informationssystem. Auch ein Walzwerk, eine Ölraffinerie oder eine Maschinenfabrik kann man ebenso wie ein Automobil oder eine Werkzeugmaschine als System bezeichnen. Ein technisches System hat folgende Eigenschaften:

- *Es ist nach außen abgegrenzt,*
- *es hat Eingang und Ausgang,*
- *es erfüllt eine Funktion, bei der Eingangs- und Ausgangsgrößen verknüpft werden,*
- *es interessiert nur die Gesamtaufgabe* – nicht die Einzelaufgaben, die innerhalb des Systems gelöst werden.

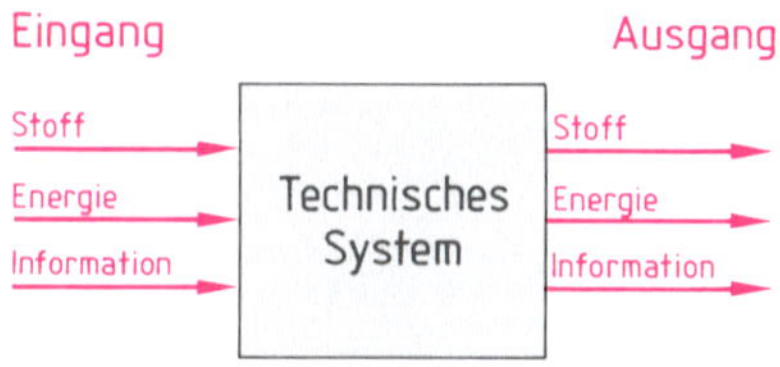

Allgemeine Systemdarstellung

Jedes technische System erfüllt eine Hauptfunktion wie z.B. Umwandlung von Energie, Produktion von Gütern. Stoff, Energie und Information fließen ein und gehen heraus.
Das technische System stellt man grafisch durch ein Rechteck dar. Die Eingangs- und Ausgangsgrößen kennzeichnet man durch Pfeile.

Beispiel **für ein technisches System**

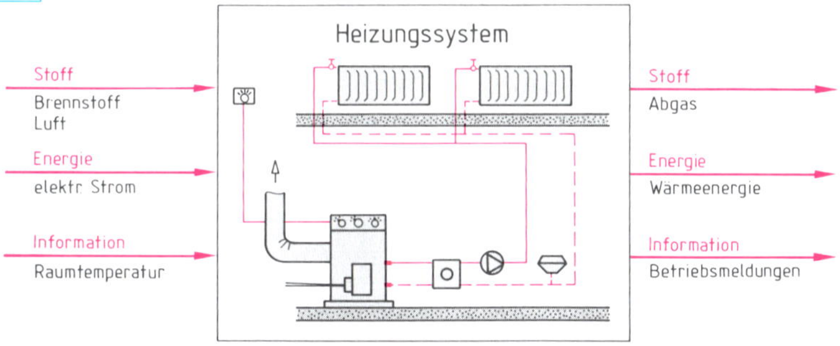

Ein technisches System ist in sich geschlossen und funktionsfähig. Eingangs- und Ausgangsgrößen werden miteinander verknüpft.
Ein- und Ausgangsgrößen können sein: • Stoff • Energie • Information.

An Stoff, Energie und Information können (in technischen Systemen) folgende Vorgänge ablaufen:
- **Transport,** • **Formung,** • **Umwandlung**

Von den genannten Vorgängen steht in technischen Systemen entsprechend ihrer Aufgabe meist nur einer im Vordergrund.
Systeme, die vorwiegend dem Transport dienen, sind **Transportsysteme**. Zu den Transportsystemen zählen auch Speicher, in denen Stoff, Energie oder Informationen auf dem Transport zwischengespeichert werden.
Systeme zur Formung verändern nur die Form von Stoff, Energie oder Information.
Werden in einem System diese Größen umgewandelt, so spricht man von **Umwandlungssystemen**.

In technischen Systemen können Stoff, Energie und Informationen transportiert, geformt und umgewandelt werden.

Übungsaufgaben 2/1 bis 2/4

2.1.2 Unterteilung innerhalb eines technischen Systems

Technische Systeme lassen sich nach DIN 40150 in Teilsysteme untergliedern. Dabei ergibt sich:

System → **Einrichtung** → **Gruppe** → **Element**

System	Einrichtung	Gruppe	Element
Gesamtheit der Einrichtungen zur Auftragserfüllung	selbständig verwendbare Einheit *innerhalb eines Systems*	noch nicht selbständig verwendbare Einheit *innerhalb einer Einrichtung*	kleinste, unteilbare Einheit *in einer Gruppe*

Beispiel für die Gliederung eines Systems

Das System Kraftfahrzeug besteht aus verschiedenen **Einrichtungen,** z.B. dem Triebwerk, dem Fahrgestell, der Karosserie.
Die Einrichtung Triebwerk besteht aus verschiedenen **Gruppen,** z.B. der Kupplung, dem Getriebe.
Die Gruppe Getriebe setzt sich aus **Elementen** zusammen, z.B. Zahnrädern, Wellen.

System

Einrichtungen aus dem System Kfz

Gruppen aus der Einrichtung Triebwerk

Elemente aus der Gruppe Getriebe

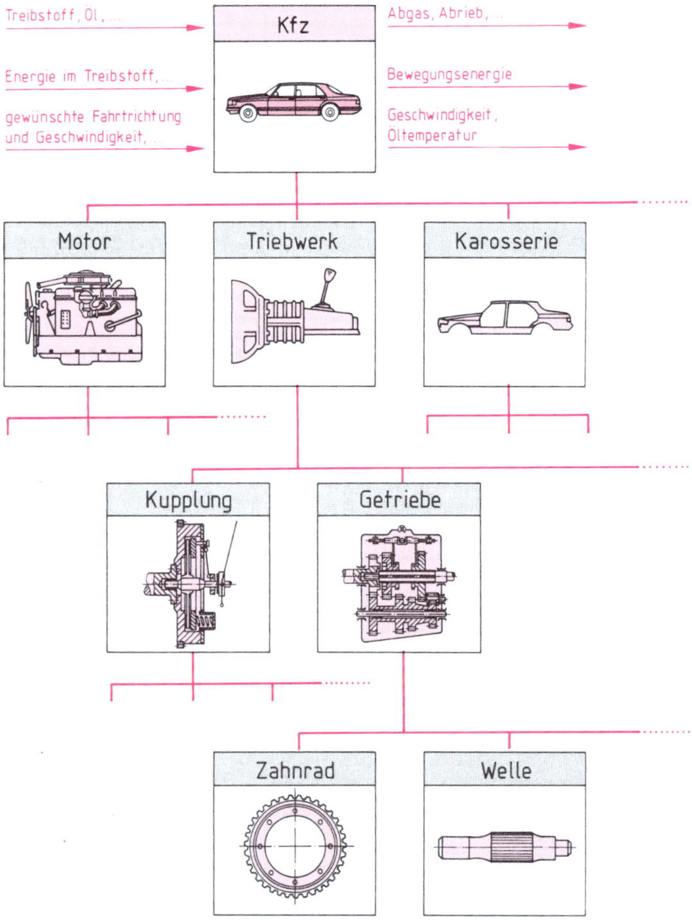

Ganz allgemein, ohne Rücksicht auf die Gliederung eines Systems, spricht man bei Einrichtungen und Gruppen auch von Einheiten. Was man als System bezeichnet, hängt vom Betrachter ab. So ist z.B. die Heizungsanlage eines Wohnhauses für den Architekten eine Einrichtung – ein Teilsystem. Der Heizungsbauer sieht die Heizungsanlage aber als ein System an, das von ihm installiert wird.

Systeme bestehen aus Einrichtungen (Teilsystemen).
Einrichtungen bestehen aus Gruppen. Gruppen bestehen aus Elementen.

Übungsaufgaben 2/5; 2/6

2.1.3 Funktionen von Einrichtungen

Ein technisches System erfüllt eine Hauptfunktion. Diese Hauptfunktion kann nur durch das Zusammenwirken von **Teilfunktionen** erreicht werden. Wichtige Teilfunktionen in technischen Systemen sind z.B. Antreiben, Steuern und Regeln, Tragen und Stützen.

Einrichtungen, welche Teilfunktionen erfüllen, bezeichnet man als **funktionale Einrichtungen**.

Neben dem Gesichtspunkt der Funktion ist der *Aufbau von Einrichtungen* von Bedeutung. Man spricht in diesem Zusammenhang dann von **Baueinrichtungen**. So kann z.B. die funktionale Einrichtung Antriebseinheit die Baueinrichtung Verbrennungsmotor sein.

Wichtige funktionale Einrichtungen und Beispiele für die entsprechenden Baueinrichtungen sind:

Antriebseinheiten	z.B. Turbine im Kraftwerk
Steuer- und Regeleinheiten	z.B. ABS-Bremsanlage im Auto
Energieübertragungseinheiten	z.B. Getriebe in einer Werkzeugmaschine
Speichereinheiten	z.B. Erzbunkeranlage im Hüttenwerk
Stütz- und Trageinheiten	z.B. Gestell einer Presse
Arbeits- und Umweltschutzeinheiten	z.B. Rauchgasentschwefelung eines Kraftwerkes

Beispiel **für die Funktionen von Einrichtungen und die entsprechenden Baueinrichtungen im technischen System Bohrmaschine**

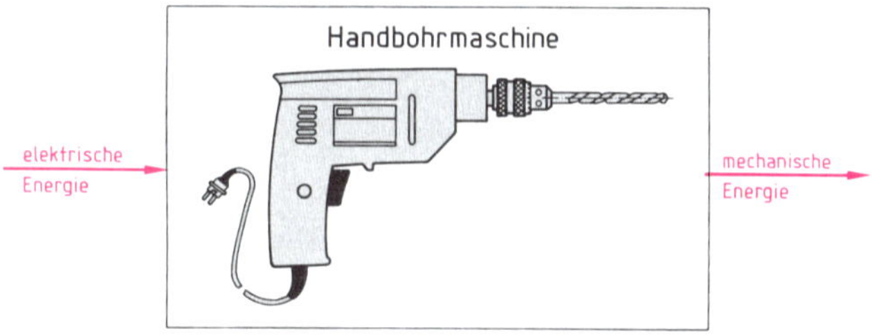

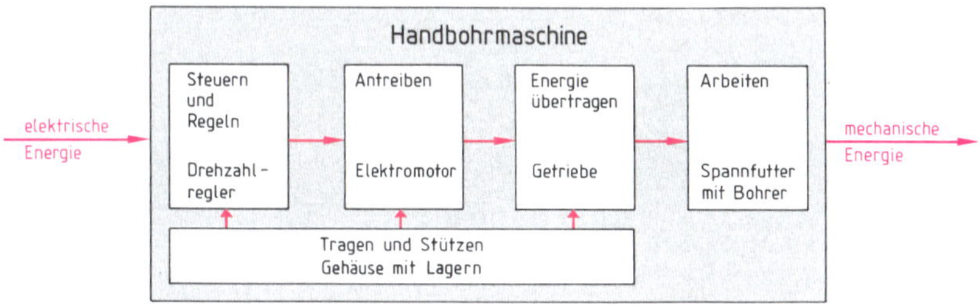

Funktionale Einrichtungen erfüllen Teilfunktionen, die erst in ihrer Gesamtheit die Hauptfunktion ermöglichen.

2.1.4 Funktionen von Gruppen

Innerhalb von Einrichtungen erfüllen **Funktionsgruppen** bestimmte **Grundfunktionen.** Solche Grundfunktionen sind z.B.

- Leiten und Isolieren,
- Sammeln und Verzweigen,
- Vergrößern und Verkleinern.

Funktionsgruppen erfüllen innerhalb einer Einrichtung Grundfunktionen.

In der Fertigungstechnik hat die Grundfunktion **Zusammenhaltändern** besondere Bedeutung, weil in nahezu allen Fertigungsverfahren der Zusammenhalt geändert wird. So werden z.B. beim Schweißen der Zusammenhalt vermehrt und beim Drehen der Zusammenhalt vermindert.

In Maschinen und Geräten der Fertigungstechnik hat die Funktionsgruppe, mit welcher der Zusammenhalt geändert wird, besondere Bedeutung.

Übungsaufgaben 2/7; 2/8

Beispiele für Grundfunktionen

Grundfunktionen	Beispiele aus der Mechanik	Beispiele aus der Elektrik	Weitere Beispiele
Leiten und Isolieren (Nichtleiten)	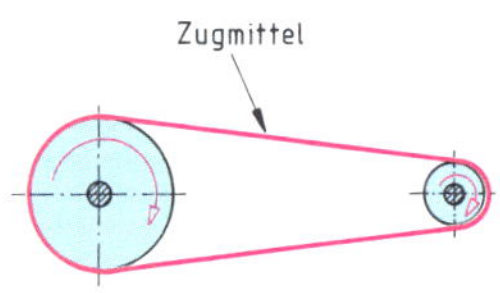 Leiten des Drehmoments in einem Riementrieb	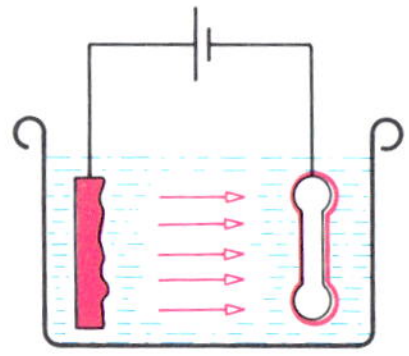 Leiten des elektrischen Stroms durch ein Versilberungsbad	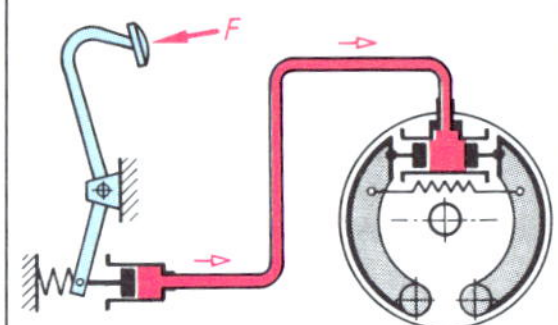 Leiten des Druckes durch die Bremsflüssigkeit
	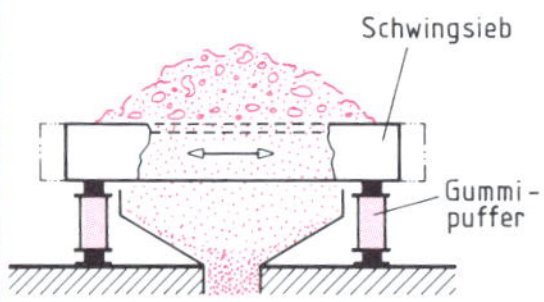 Isolieren des Unterbaus gegen mechanische Schwingungen	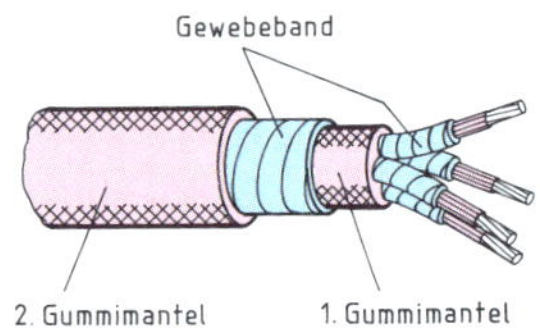 Elektrische Isolierung eines flexiblen Kabels	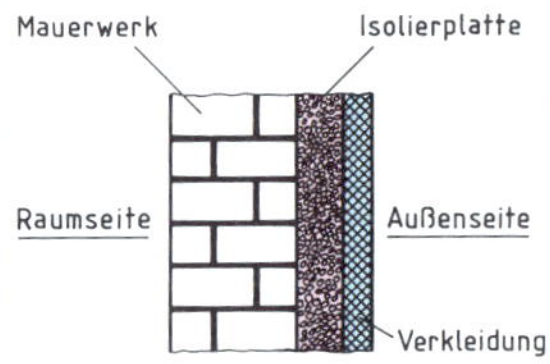 Isolieren einer Wand gegen Ableiten von Wärme
Sammeln und Verzweigen	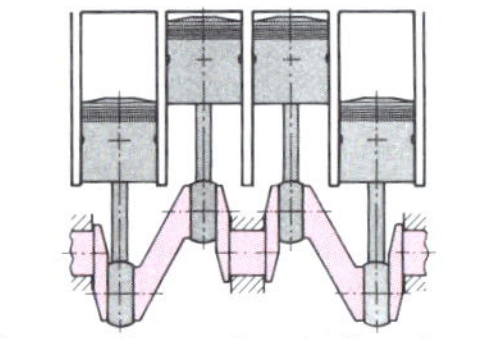 Sammeln mechanischer Energie auf einer Kurbelwelle eines Verbrennungsmotors	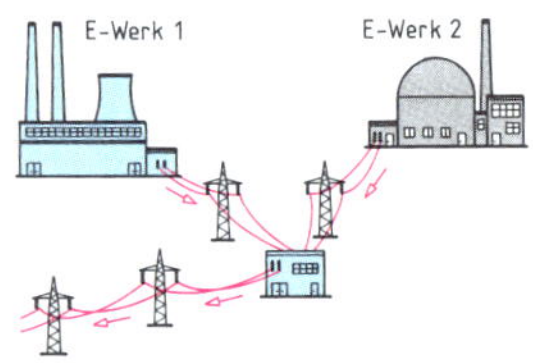 Sammeln elektrischer Energie von verschiedenen Erzeugern	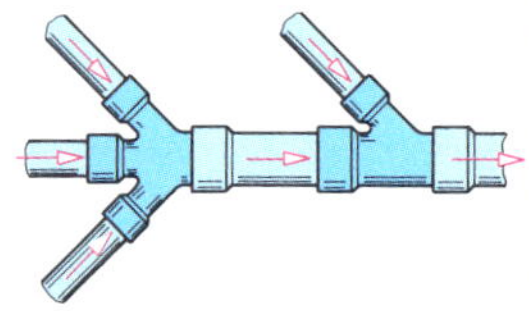 Sammeln von Abwasser in einem Rohrleitungssystem
	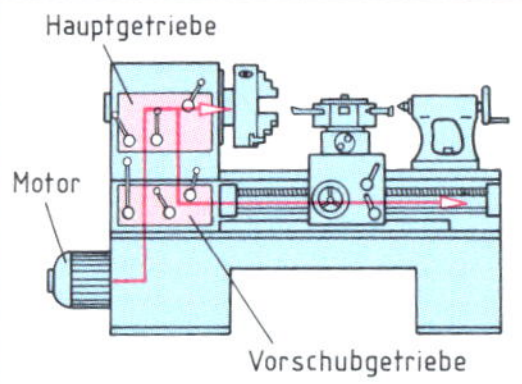 Verzweigen des Energieflusses an einer Drehmaschine	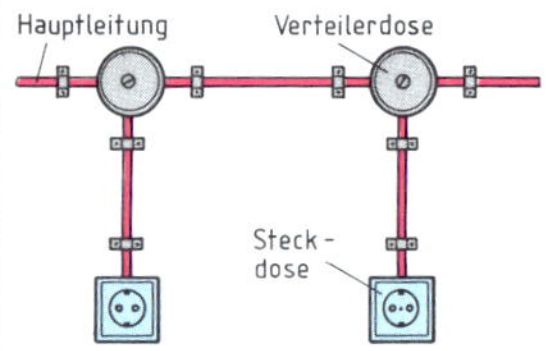 Verzweigen elektrischer Energie	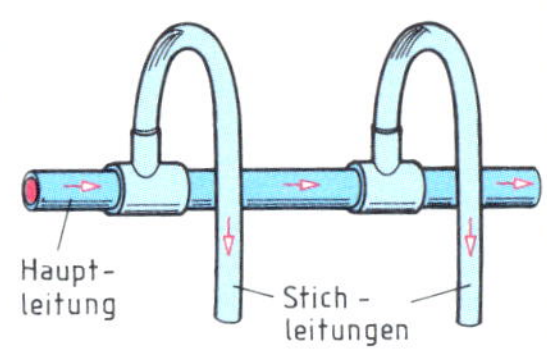 Verzweigen eines Druckluftstromes
Führen	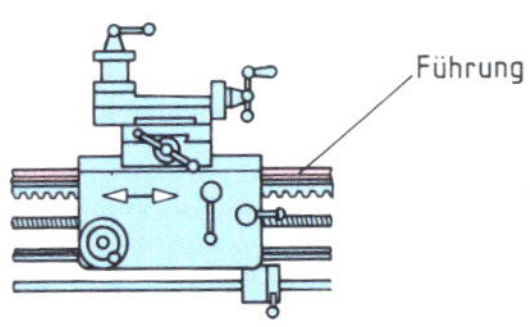 Führen des Werkzeugschlittens einer Drehmaschine	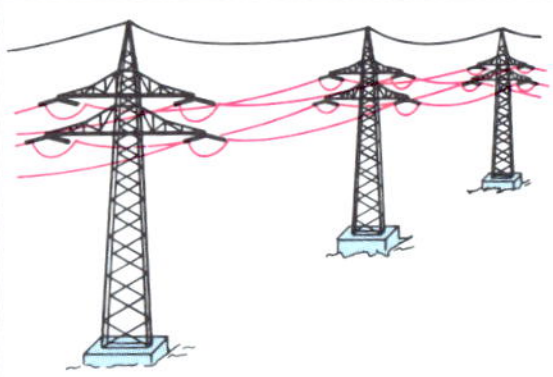 Führen elektrischen Stromes in einer Hochspannungsleitung	 Führen von Druckluft in einer Rohrleitung
Wandeln	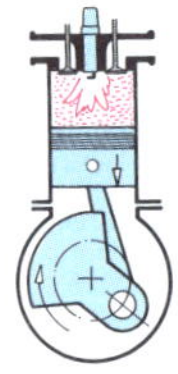 Wandeln von Wärmeenergie in mechanische Energie	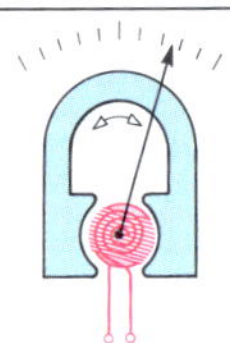 Wandeln von einem elektrischen Strom in ein mechanisches Signal	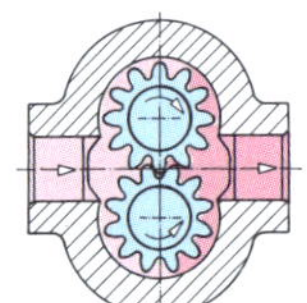 Wandeln mechanischer Energie in Energie eines Volumenstromes

Grundfunktionen	Beispiele aus der Mechanik	Beispiele aus der Elektrik	Weitere Beispiele
Vergrößern und Verkleinern	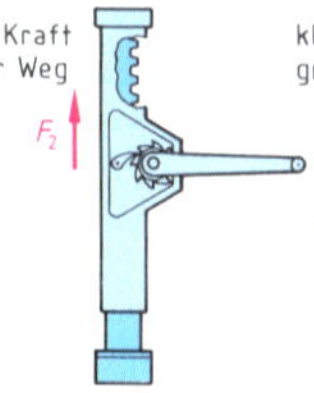 Vergrößern der Kraft – Verkleinern des Weges an einem Hebebock	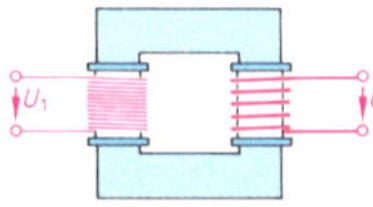 Verkleinern der Spannung und Vergrößern des Stromes in einem Transformator	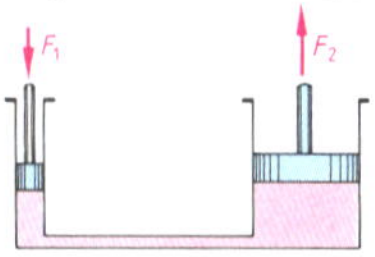 Vergrößern der Kraft und Verkleinern des Weges an einer hydraulischen Presse
Richten und Oszillieren	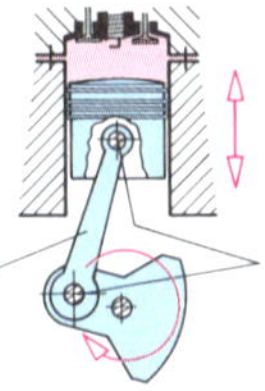 Richten einer hin- und hergehenden Bewegung in eine gleichmäßige Drehbewegung	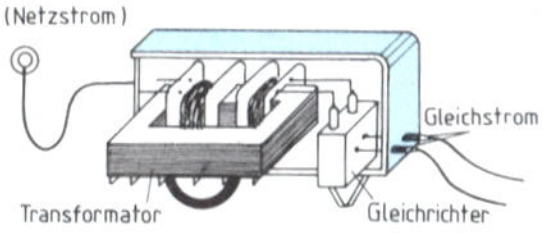 Richten eines Wechselstromes in einen Gleichstrom im Schweißgleichrichter	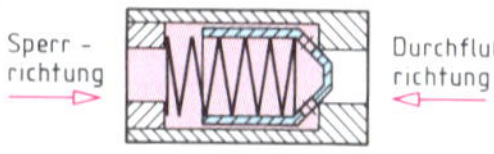 Richten eines Ölstroms durch ein Rückschlagventil
	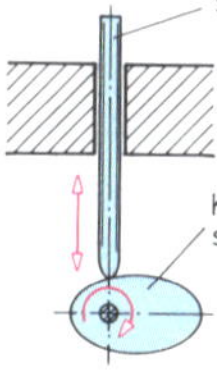 Formung einer gleichmäßigen Drehbewegung in eine oszillierende Bewegung	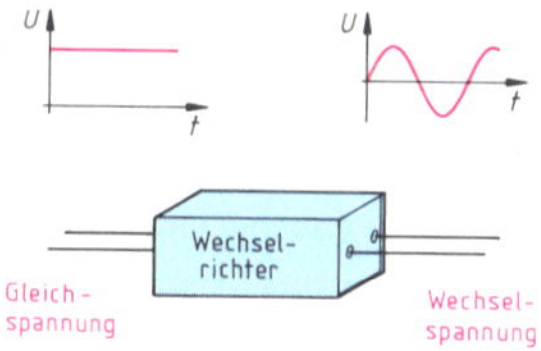 Erzeugung einer Wechselspannung aus einer Gleichspannung	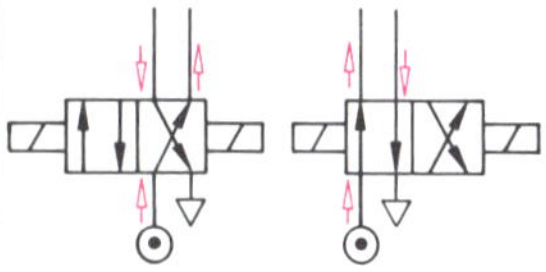 Erzeugung eines hin- und herströmenden Druckluftstroms durch fortwährendes Umschalten
Koppeln und Unterbrechen	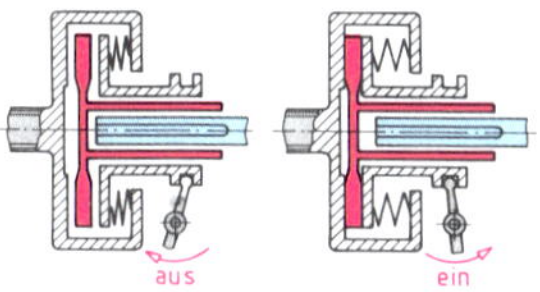 Koppeln und Unterbrechen des Energieflusses mit einer Scheibenkupplung	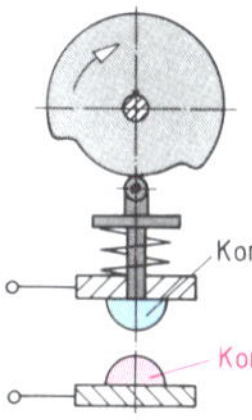 Koppeln und Unterbrechen mit einem Schalter	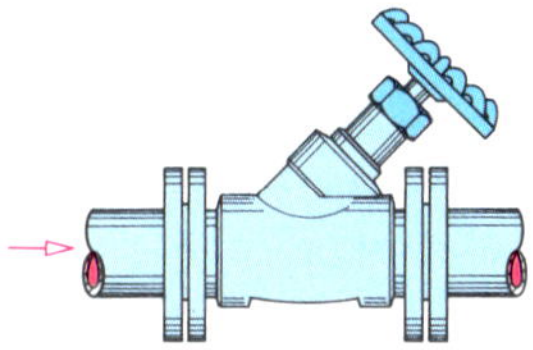 Koppeln und Unterbrechen mit einem Schieber
Verbinden (Mischen) **und Lösen** (Entmischen)	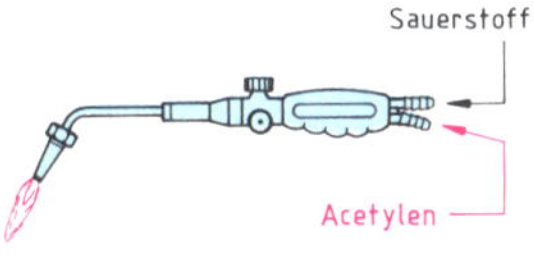 Mischen von Sauerstoff und Acetylen im Schweißbrenner		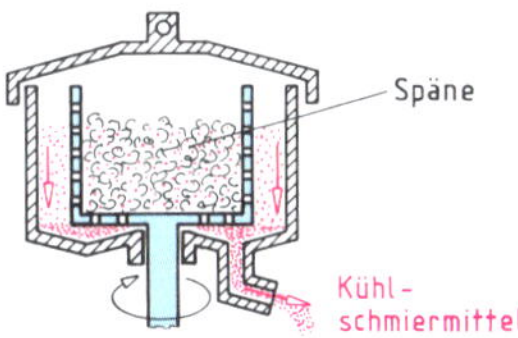 Zentrifugieren von Spänen zum Abtrennen von Kühl-Schmiermittel

2.2 Systeme zum Energieumsatz

Die Energie zum Betrieb von Maschinen und Anlagen liegt meist nicht in der gewünschten Form und an der gewünschten Einsatzstelle vor. Systeme mit der Hauptfunktion Energieumsatz besorgen die Wandlung, Formung und den Transport von Energie.

2.2.1 Kraftwerke

Kraftwerke liefern die elektrische Energie für Maschinen und Anlagen.

Beispiel **für den Energieumsatz in einem Wärmekraftwerk**

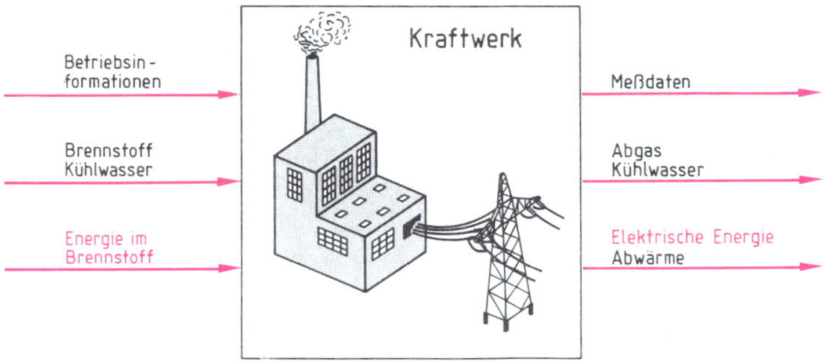

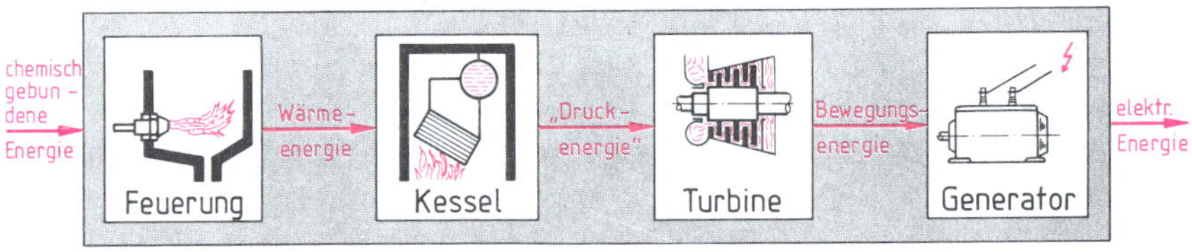

Energieumsatz im Wärmekraftwerk

Kraftwerke wandeln Energie von Brennstoff, Wasserströmung, Wind u.a. in elektrische Energie.

2.2.2 Kraftmaschinen

Kraftmaschinen haben die Hauptfunktion, mechanische Energie zum Antrieb von Maschinen, Fahrzeugen oder Geräten bereitzustellen. Man unterscheidet nach der Eingangsenergie zum Betrieb dieser Maschinen

- *Wärmekraftmaschinen* z.B. Verbrennungskraftmaschinen
- *Elektrische Antriebsmaschinen* z.B. Elektromotore
- *Strömungsmaschinen* z.B. Gasturbinen

- **Verbrennungskraftmaschinen**

Verbrennungskraftmaschinen wandeln chemisch gebundene Energie zumeist in Wärmeenergie eines Gases um. Die Energie des Gases wird anschließend unter Druck- und Temperaturabnahme (thermodynamische Umwandlung) in mechanische Energie umgewandelt. Diese Maschinen finden Verwendung als Antriebseinheiten z.B. in Kraftfahrzeugen, Schienenfahrzeugen, Baumaschinen und landwirtschaftlichen Maschinen.

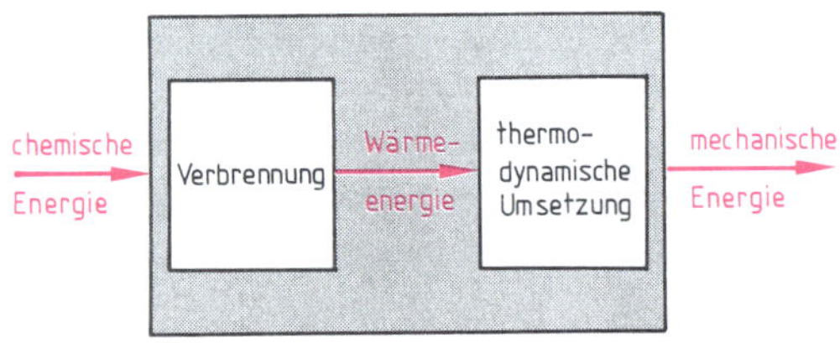

Energieumwandlung in Verbrennungsmotoren

Der Wirkungsgrad von Verbrennungskraftmaschinen liegt unter 40% und ist erheblich niedriger als der von elektrischen Maschinen.

Übungsaufgaben 2/9; 2/10

Beispiele für Verbrennungskraftmaschinen

Kolbenmaschinen mit		Strömungsmaschine
Hubkolben	Drehkolben	

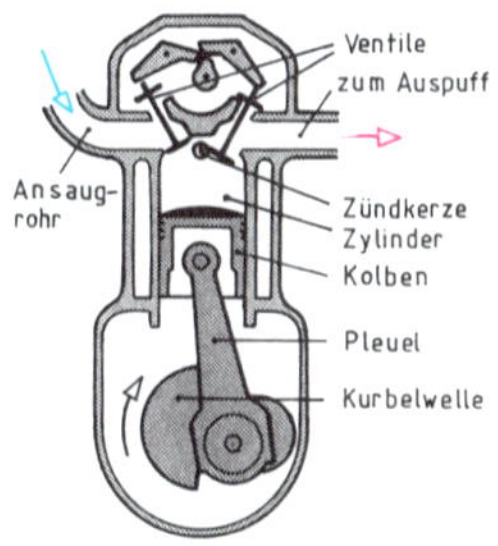

Viertakt-Otto-Motor

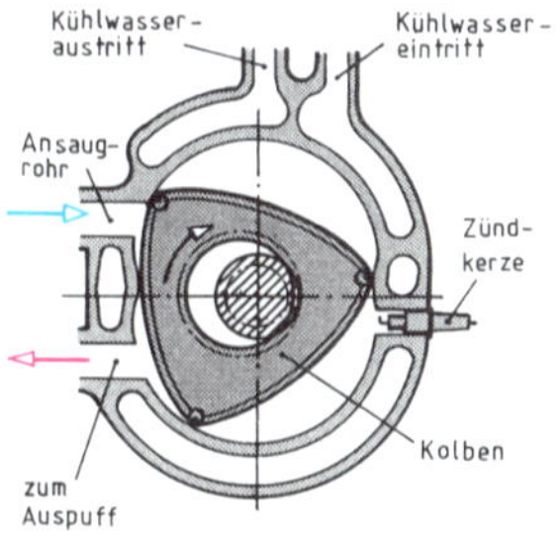

Wankel-Motor

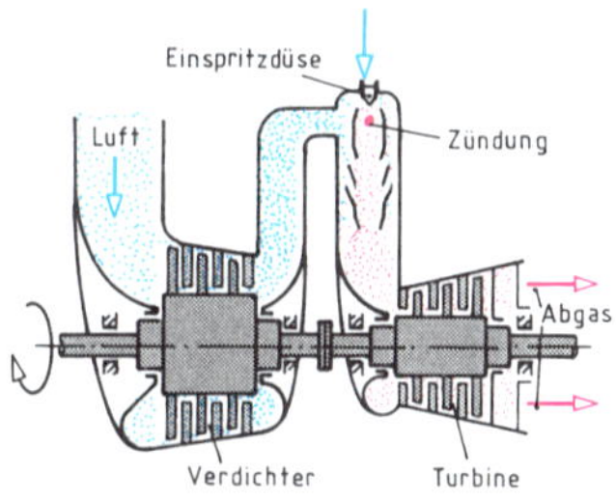

Gasturbine

Verbrennungskraftmaschinen wandeln chemische Energie in mechanische Energie.

Von den Verbrennungskraftmaschinen wird der Viertaktmotor besonders häufig eingesetzt. Viertaktmotoren arbeiten nach einem Rhythmus, der jeweils nach 2 Umdrehungen der Kurbelwelle neu beginnt. Der Motor arbeitet in 4 Schritten – Takte genannt.

Beispiel für die Takte eines 4-Takt-Otto-Motors

Takt 1
Der abwärts gehende Kolben bewirkt das **Ansaugen** von Kraftstoff und Luft.

Takt 2
Der aufwärtsgehende Kolben **verdichtet** das Kraftstoff-Luftgemisch.

Takt 3
Das verdichtete Gemisch wird gezündet. Die heißen Gase dehnen sich aus. Der Kolben bewegt sich nach unten. Es wird **Arbeit verrichtet**.

Takt 4
Die **Abgase** werden durch den aufwärts gehenden Kolben **ausgestoßen**.

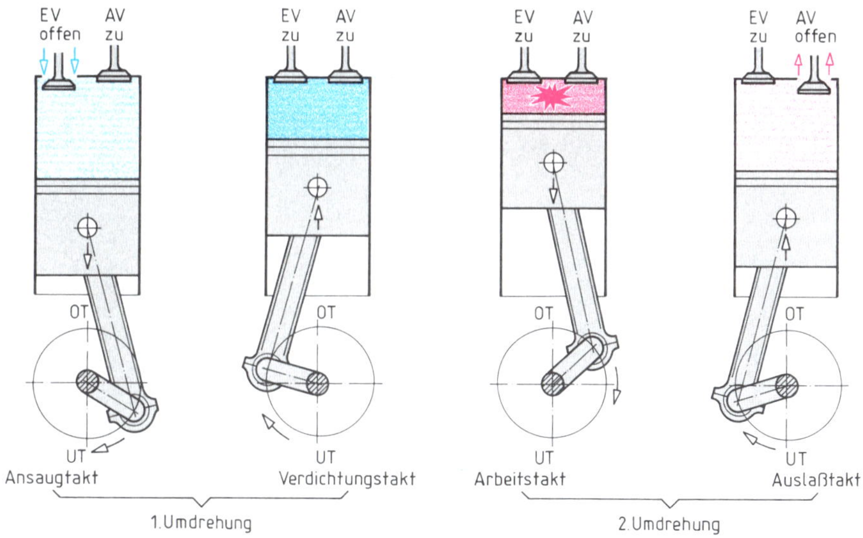

EV = Einlaßventil AV = Auslaßventil OT = Totpunkt UT = unterer Totpunkt

Takte des Viertaktmotors:
1. Ansaugen
2. Verdichten
3. Arbeiten
4. Ausstoßen

Übungsaufgaben 2/11; 2/12

Verbrennungskraftmaschinen bestehen aus mehreren Funktionseinheiten, die erst im Zusammenwirken die Hauptfunktion ergeben.

Beispiel **für Funktionseinheiten zum Betrieb eines Viertakt-Otto-Motors**

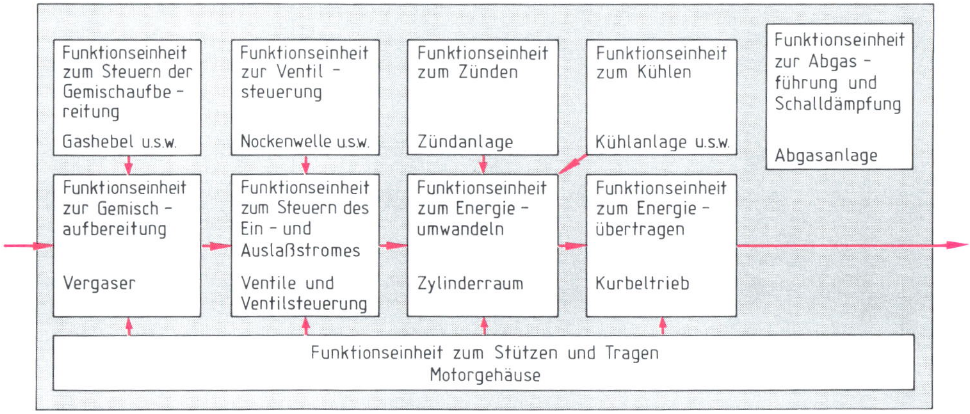

- **Elektrische Antriebsmaschinen**

Antriebsmaschinen, die elektrische Energie aufnehmen und diese in mechanische Energie wandeln, heißen Elektromotoren. Nach ihrer Arbeitsweise unterscheidet man **Rotations- und Linearmotoren.**

Für Werkzeugmaschinen, Aufzüge und Schienenfahrzeuge ist der Elektromotor als Rotationsmotor das bevorzugte Antriebselement. Bei ihm wird elektrische Energie als Eingangsgröße in mechanische Energie als Ausgangsgröße *umgewandelt.* Der Elektromotor hat einen besonders hohen Wirkungsgrad (über 90%), ist für nahezu alle Leistungen herstellbar und hat im Verhältnis zu seiner Leistungsfähigkeit nur geringe Masse. Bei größeren Leistungen ist er an das Energienetz gebunden.

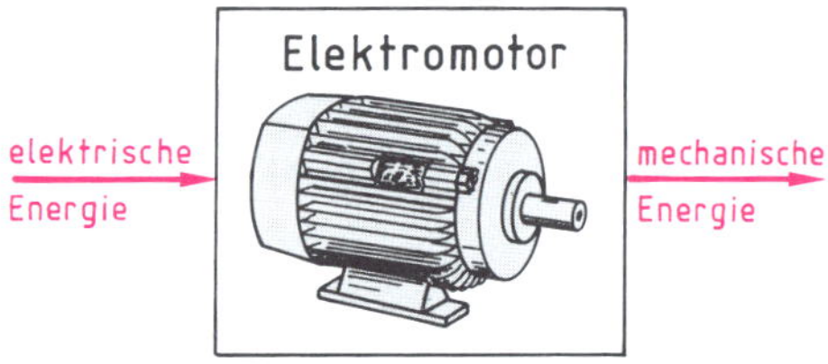

Elektromotor

Elektromotoren wandeln mit sehr hohem Wirkungsgrad elektrische Energie in mechanische Energie.

- **Strömungsmaschinen**

In Druckluft- und Hydraulikantrieben wird mechanische Energie von Gasen oder Flüssigkeiten in Bewegung mechanischer Bauteile *umgeformt.* Zu dieser Gruppe der Antriebsmaschinen gehören auch Wind- und Wasserräder. Man nennt alle Antriebsmaschinen, die durch die Bewegungsenergie von Gasen und Flüssigkeiten angetrieben werden, Fluidantriebe oder Strömungsmaschinen.

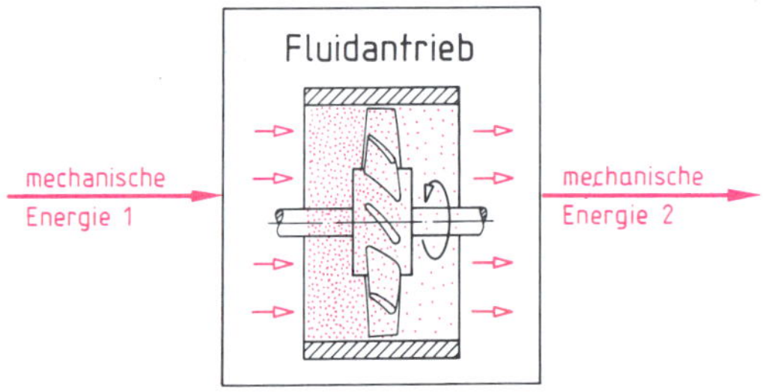

Strömungsmaschine

In Fluidantrieben wird die mechanische Energie von Gasen und Flüssigkeiten in Bewegung mechanischer Bauteile umgeformt.

2.3 Systeme zum Stoffumsatz

In Systemen zum Stoffumsatz werden Stoffe von einem Ort zum anderen Ort transportiert, oder ihre Form wird geändert, oder sie werden in andere Stoffe umgewandelt.
In der Metalltechnik sind die Formänderung mit Hilfe von Maschinen und der Stofftransport durch Fördermittel von besonderer Bedeutung.

2.3.1 Werkzeugmaschinen

Werkzeugmaschinen dienen zur Fertigung von Bauteilen und Fertigprodukten. Die Maschinen sind meist mit auswechselbaren Spannvorrichtungen und Werkzeugen ausgerüstet.
Werkzeugmaschinen werden entsprechend den Fertigungsverfahren in Maschinen zum Urformen, Umformen, Trennen usw. eingeteilt.

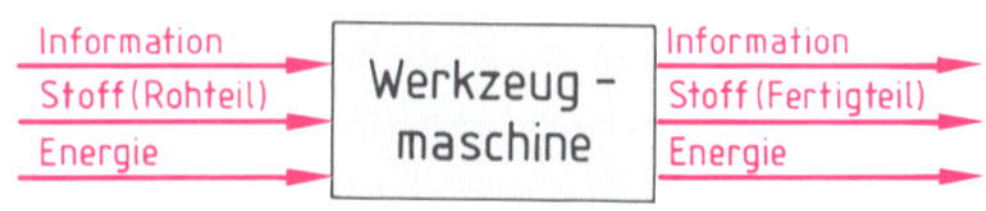

System Werkzeugmaschine

In der Metallverarbeitung werden häufig Werkzeugmaschinen zum Trennen, Umformen und Fügen eingesetzt.

Alle diese Maschinen sind aus Funktionseinheiten aufgebaut. Funktionseinheiten können bei gleicher Aufgabe unterschiedlich aufgebaut sein.

Funktionseinheiten von Werkzeugmaschinen sind
- Antriebseinheiten,
- Einheiten zur Energieleitung,
- Einheiten zur Verrichtung des Arbeitsauftrages,
- Steuer- und Regeleinheiten,
- Stütz- und Trageeinheiten,
- Einheiten zur Arbeitssicherheit und zum Umweltschutz.

- **Maschinen zum Trennen durch Spanen**

Von den Maschinen zum Trennen durch Spanen werden Bohr-, Dreh- und Fräsmaschinen am häufigsten angewendet. Diese Maschinen sind aus bestimmten Funktionseinheiten aufgebaut, die in allen anderen Maschinen zum Spanen ebenfalls vertreten sind. Je nach Art und Größe der Maschine können die Funktionseinheiten unterschiedlich aufgebaut sein.
Als Funktionseinheiten zum Arbeiten besitzen alle Maschinen zum Spanen eine Aufnahme für ein Zerspanungswerkzeug und eine Werkstückaufnahme.
Je nach Art der Maschine werden entweder das Werkzeug oder das Werkstück oder beide so gegeneinander bewegt, daß eine Spanabnahme erfolgen kann. Die Funktionseinheiten, die diese Bewegungen bewirken, sind das Hauptgetriebe und das Vorschubgetriebe.

Beispiel für Funktionseinheiten an einer Drehmaschine

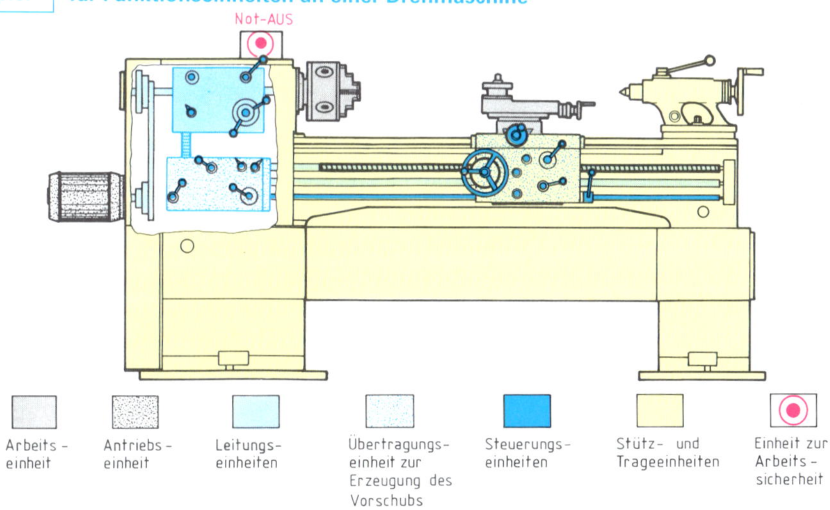

Übungsaufgabe 2/14

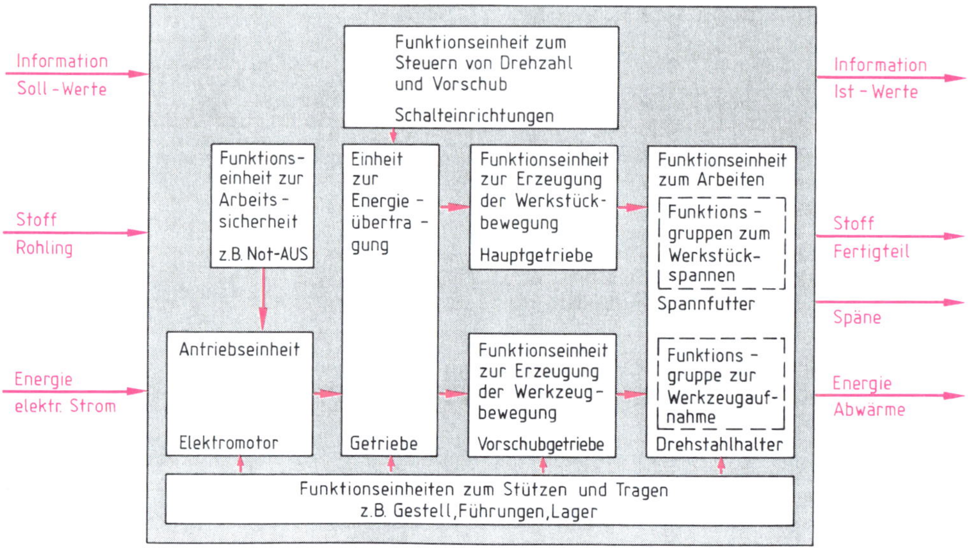

Wesentliche Funktionseinheiten an Maschinen zum Trennen durch Spanen sind Einheiten zur Erzeugung einer Bewegung
- zwischen Werkzeug und Werkstück – Schnittbewegung,
- für eine kontinuierliche Spanabnahme – Vorschubbewegung.

2.3.2 Pumpen und Verdichter

Pumpen dienen zum Transport von Flüssigkeiten und Gasen.
Verdichter, auch Kompressoren genannt, dienen zum Verdichten von Gasen. Sie transportieren dabei auch die Gase. Ihre Hauptfunktion ist jedoch die Gase durch Verkleinerung des Volumens auf einen höheren Druck zu bringen.
Pumpen und Verdichter können nach zwei Prinzipien arbeiten:
- **Verdrängerprinzip** oder • **Kreiselprinzip**

Bei Pumpen und Verdichtern nach dem *Verdrängerprinzip* verdrängen Kolben, Membranen, Flügel oder andere Körper das auf der Saugseite eingeströmte Medium und fördern es so in periodischer Folge zur Druckseite.

Beispiele **für Pumpen und Verdichter nach dem Verdrängerprinzip**

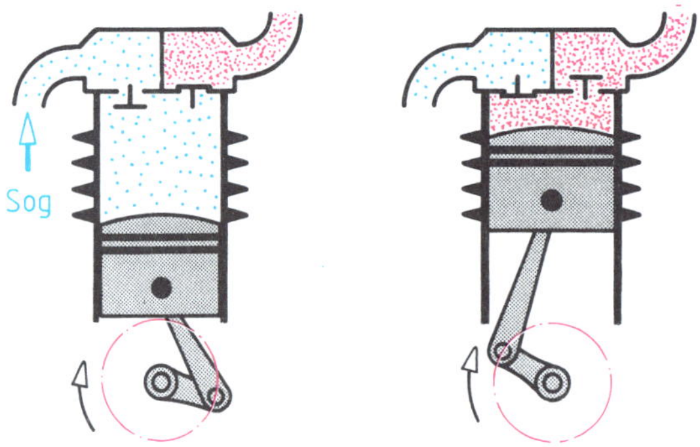

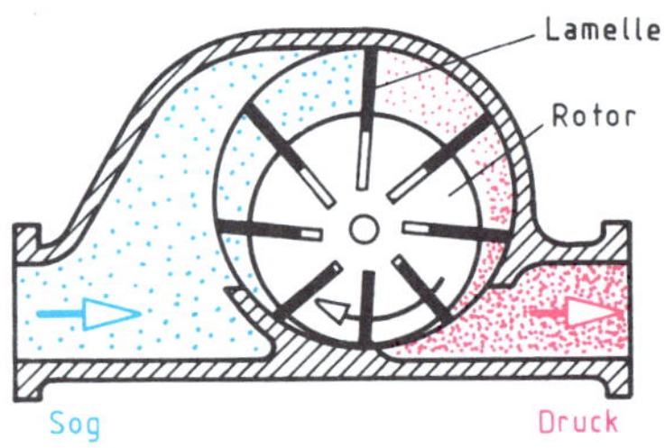

In Pumpen und Verdichtern nach dem Verdrängerprinzip geschieht der Transport des Mediums durch eine Volumenverkleinerung des Arbeitsraumes.

 Übungsaufgaben 2/15; 2/16; 2/17

Bei Pumpen und Verdichtern nach dem *Kreiselprinzip* wird dem strömenden Medium durch die Schaufeln rotierender Laufräder Energie zugeführt. Dieses bewirkt eine Beschleunigung der Strömung. Das Medium wird dadurch weitergefördert. Wird die Strömung gehemmt, dann steigt der Druck. Das ist in Verdichtern der Fall.

Axialverdichter

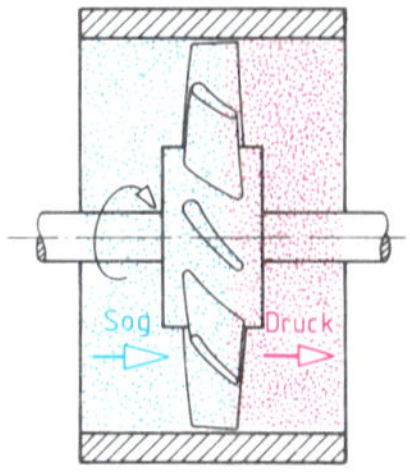

Kreiselpumpen und Verdichter arbeiten nach dem Strömungsprinzip. Das Volumen des Arbeitsraumes der Pumpe bleibt konstant.

2.4 Systeme zum Informationsumsatz

Systeme zum Informationsumsatz haben die Hauptfunktion Informationen zu transportieren, zu wandeln und umzuformen. Ohne Informationsumsatz sind technische Prozesse nicht möglich.

2.4.1 Informationsumsatz bei der industriellen Fertigung

Jeder Betrieb benötigt ein gut funktionierendes System des Informationsumsatzes, um Betriebsabläufe wirtschaftlich optimal zu gestalten. Das betriebliche Informationssystem gliedert sich für den Bereich der industriellen Fertigung in zwei Teilsysteme:

- **Planungs- und Steuerungssystem,** in ihm wird
  - konstruiert,
  - Maschinen- und Materialeinsatz geplant, und
  - Materialbeschaffung und Zeitplanung betrieben.
- **Kontrollsystem,** in ihm werden
  - Qualität,
  - Kosten und
  - Termine kontrolliert.

Die Informationen des Kontrollsystems werden zurück an das Planungs- und Steuerungssystem gegeben, damit Korrekturen im Ablauf vorgenommen werden können.

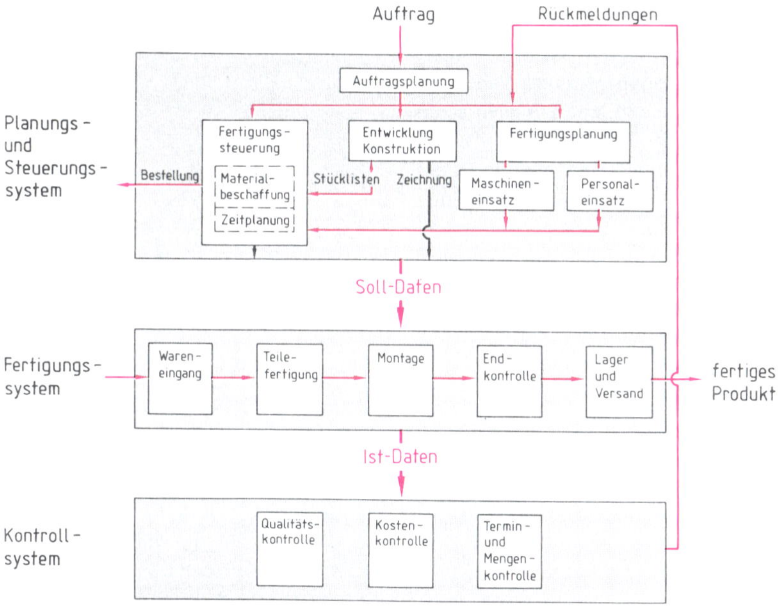

Informationsfluß bei industrieller Fertigung

Das betriebliche Informationssystem besteht bei der industriellen Fertigung aus:
- Planungs- und Steuerungssystem, – Kontrollsystem.

Übungsaufgaben 2/18; 2/19

2.4.2 Meßsysteme

Meßsysteme haben die Hauptfunktion, die **Meßgröße,** z.B. eine Länge, mit einer Maßeinheit, z.B. der Längeneinheit 1 Millimeter, zu vergleichen und das Ergebnis des Vergleiches als **Meßergebnis** auszugeben.

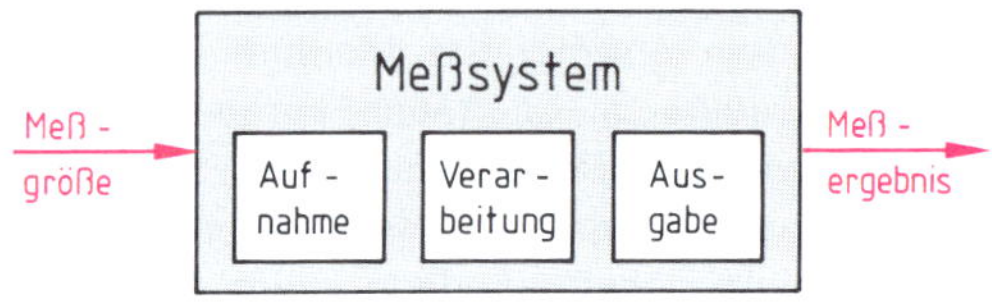

Hauptfunktion von Meßsystemen

Meßsysteme haben die Hauptfunktion, eine Meßgröße aufzunehmen, zu verarbeiten und das Meßergebnis auszugeben.

Meßsysteme bestehen aus Teilsystemen, die bestimmte Funktionen innerhalb des Gesamtsystems erfüllen:

- **Meßgrößenaufnehmer** erfassen zunächst die zu messende Größe.
- **Wandler** wandeln die aufgenommene Größe so um, daß sie in Rechengliedern verarbeitet und danach weitergeleitet werden kann.
- **Rechenglieder** verarbeiten die Ausgangsgröße des Wandlers. Meist sind die Rechenglieder Verstärker. Verstärken bedeutet vervielfachen, d.h. multiplizieren.
- **Übertragungsglieder** leiten die Ausgangsgröße der Rechenglieder weiter.
- **Anzeige- oder Registriereinheiten** bringen die Meßwerte zur Anzeige oder speichern sie.

Diese verschiedenen Teilsysteme sind nicht immer sichtbar voneinander getrennt. Die gedankliche Trennung in Teilsysteme erlaubt es jedoch, ein Meßsystem präziser zu analysieren. Auch müssen die Teilsysteme nicht immer insgesamt vorhanden sein, so kann z.B. eine Fernübertragung oder Rechnung entfallen.

Beispiel **für die Teilfunktionen eines Meßsystemes zur Druckmessung**

Der Meßgrößenaufnehmer ist eine Membran. Sie wird durch den Gasdruck mehr oder weniger durchgebogen und wandelt so die Meßgröße Druck in eine Längsverschiebung um.
Die Längsverschiebung wird auf ein Hebelsystem übertragen. Dadurch wird die Längsverschiebung verstärkt. Bei einem Hebel mit dem Längenverhältnis 5:1 wird der Ausschlag des Zeigers 5mal so groß wie die Längsverschiebung durch die Membran.
An der Skala wird der Druckwert als Meßergebnis angezeigt.

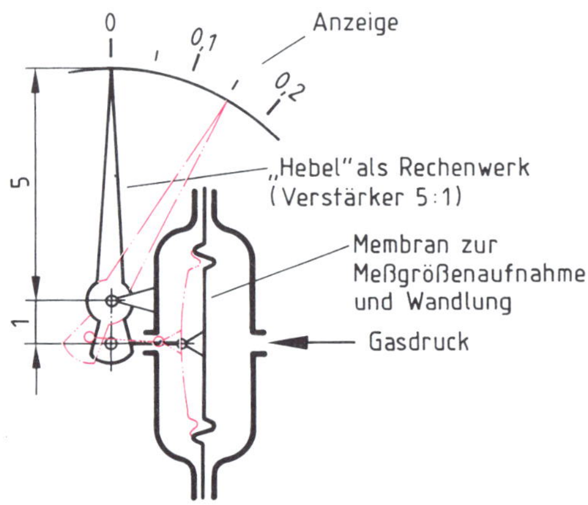

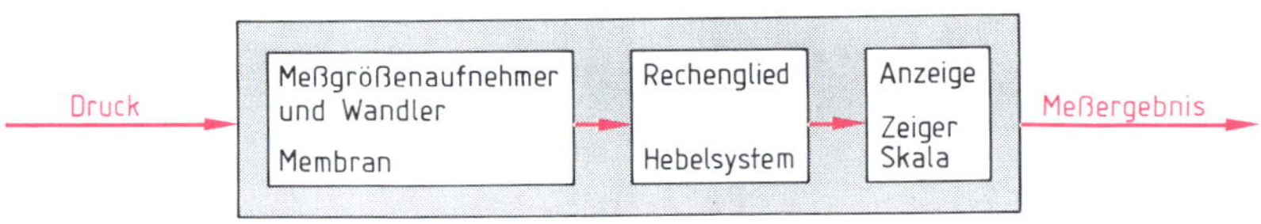

Meßsysteme bestehen aus:
Meßgrößenaufnehmer, Wandler, Rechenglied, Übertragungsglied, Anzeige und evtl. Registriersystem

Übungsaufgaben 2/20; 2/21

2.4.3 Steuerungs- und Regelungssysteme

Steuerungs- und Regelungssysteme haben die Aufgabe physikalische Größen, z.B. die Temperatur in einem Raum, in bestimmter Weise zu beeinflussen.

- **Steuerungssysteme**

In Steuerungssystemen wird eine physikalische Größe so beeinflußt, daß bei Abweichungen vom Sollwert die Steuereinrichtung nicht selbsttätig in den Informationsfluß eingreift und die Störung ausgleicht.

Beispiel **für die Steuerung der Raumtemperatur**

Der Raum wird durch ein elektrisches Heizgerät erwärmt. Es kann in drei Stufen geschaltet werden. Stufe zwei ist zur Zeit zur angenehmen Beheizung ausreichend.
Diese Information ist eingegeben. Einen plötzlichen Temperaturabfall, z.B. durch Öffnen des Fensters, kann die Heizung nicht selbsttätig korrigieren.

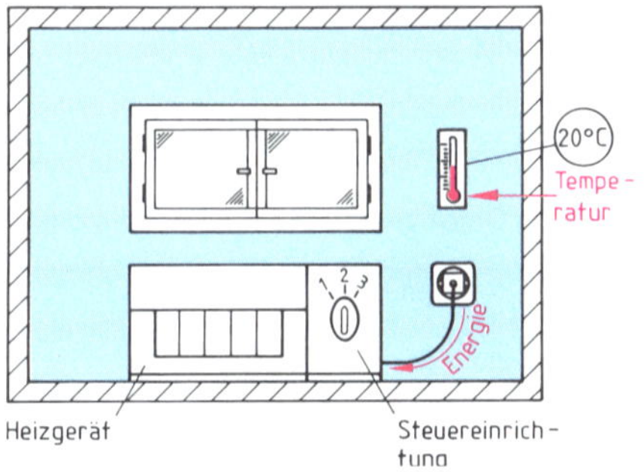

Schematische Darstellung

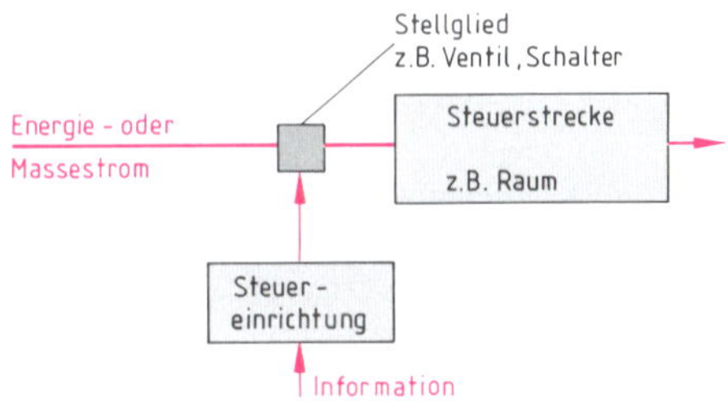

Systemdarstellung einer Steuerung

Steuerungssysteme greifen nicht selbsttätig in den Informationsfluß ein, um Störungen auszugleichen.

- **Regelungssysteme**

Regelungssysteme sind so konstruiert, daß sie bei Störungen selbsttätig die zu regelnde Größe auf den eingestellten Wert bringen.

Beispiel **für eine Regelung der Raumtemperatur**

Der Raum wird durch ein elektrisches Heizgerät erwärmt. Dieses wird durch einen Thermostaten als Regler geschaltet. Wenn die Raumtemperatur den am Regler eingestellten Sollwert überschreitet, schaltet der Regler das Heizgerät ab. Wenn die Raumtemperatur unter den eingestellten Sollwert fällt, schaltet der Regler das Heizgerät selbsttätig wieder ein.

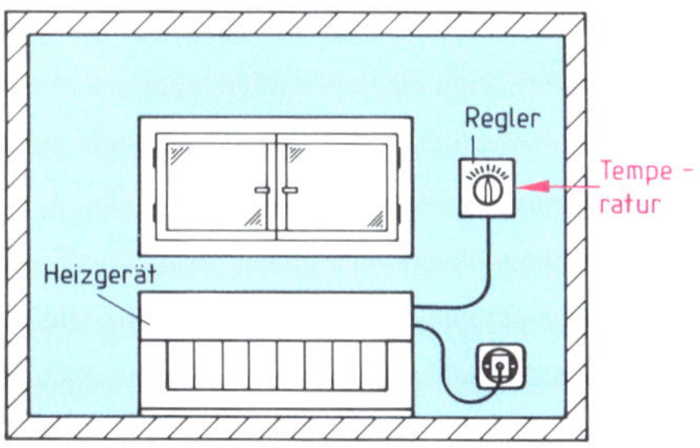

Schematische Darstellung

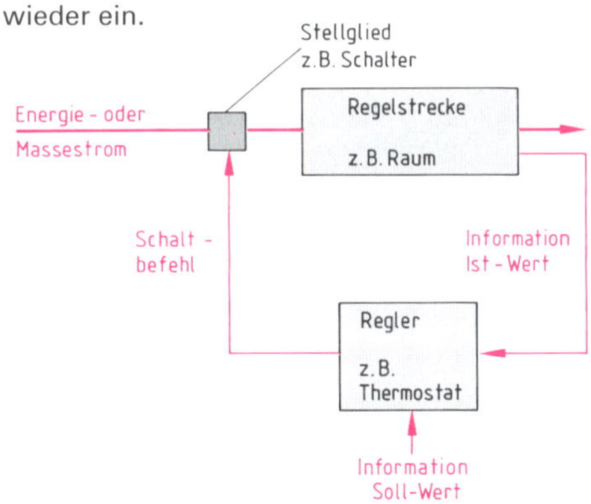

Systemdarstellung einer Regelung

Regelungssysteme greifen bei Störungen selbsttätig in den Informationsfluß ein.

Übungsaufgaben 2/22; 2/23; 2/24

2.4.4 Datenverarbeitungssysteme

Datenverarbeitungssysteme können in sehr kurzer Zeit aus gegebenen Daten nach bestimmten Bearbeitungsregeln Ergebnisse ermitteln. Die eingegebenen Daten sind **Eingangsinformationen,** die Bearbeitungsregeln sind das **Programm** und die Ergebnisse sind die **Ausgangsinformationen**.

Die heute gebräuchlichen Datenverarbeitungssysteme sind Computeranlagen.
Jede Datenverarbeitungsanlage besteht mindestens aus:
- der *Eingabeeinheit,*
- der *Zentraleinheit* (Verarbeitung, Speicherung)
- der *Ausgabeeinheit.*

Baueinheiten eines Datenverarbeitungssystemes

Die Baueinheiten des Datenverarbeitungssystems nennt man die **Hardware**. Die Bearbeitungsregeln, die Programme, sind die **Software.**

Datenverarbeitungssysteme bestehen mindestens aus:
- Eingabeeinheit, - Zentraleinheit, - Ausgabeeinheit.

Ein- und Ausgabeeinheiten werden durch die Hauptfunktion des Datenverarbeitungssystems bestimmt.

Eingabeeinheiten für Handeingabe	Hauptfunktion des Datenverarbeitungssystems	Ausgabeeinheit
Tastatur, evtl. zusätzlich Maus	Textverarbeitung	Bildschirm, Drucker
Tastatur, Menütablett, Maus	Computerunterstütztes Konstruieren und Zeichnen	Bildschirm, Plotter
Spezialtastatur	Maschinensteuerung, CNC	Bildschirm, Werkzeugmaschine

Beispiele **für Ein- und Ausgabeeinheiten**

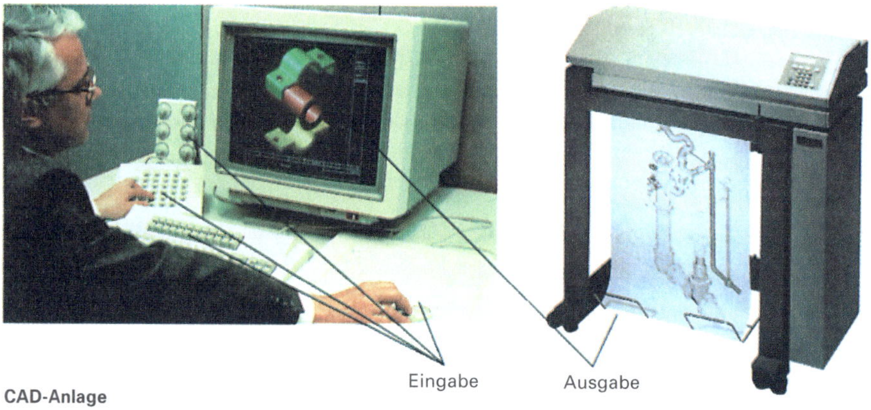

CAD-Anlage

Außer von Hand können Daten auch von Datenträgern in Datenverarbeitungssysteme eingegeben werden. Datenträger sind z.B. Lochstreifen, Magnetbänder und Disketten. Ferner dienen Lichtgriffel, Scanner (optische Lesegeräte) u.a. Geräte zur Dateneingabe.

Die Hauptfunktionen eines Datenverarbeitungssystems bestimmen die Art der Ein- und Ausgabeeinheiten.

 Übungsaufgabe 2/25

3 Funktionseinheiten des Maschinenbaus

3.1 Einteilung der Funktionseinheiten

Maschinen und Anlagen bestehen aus festen und beweglichen Elementen. Durch das Zusammenwirken der Elemente führen Maschinen vorbestimmte, regelmäßig wiederkehrende Bewegungen aus.
Es gibt Maschinen für die verschiedensten Aufgaben. In ihnen werden unabhängig von der Gesamtaufgabe gleiche Bauelemente für gleiche Einzelaufgaben verwendet. Darum sind diese Bauelemente zumeist in Abmessungen und im Werkstoff genormt. Die Normung führt zur Vereinfachung in Konstruktion und Montage und ermöglicht das Austauschen.

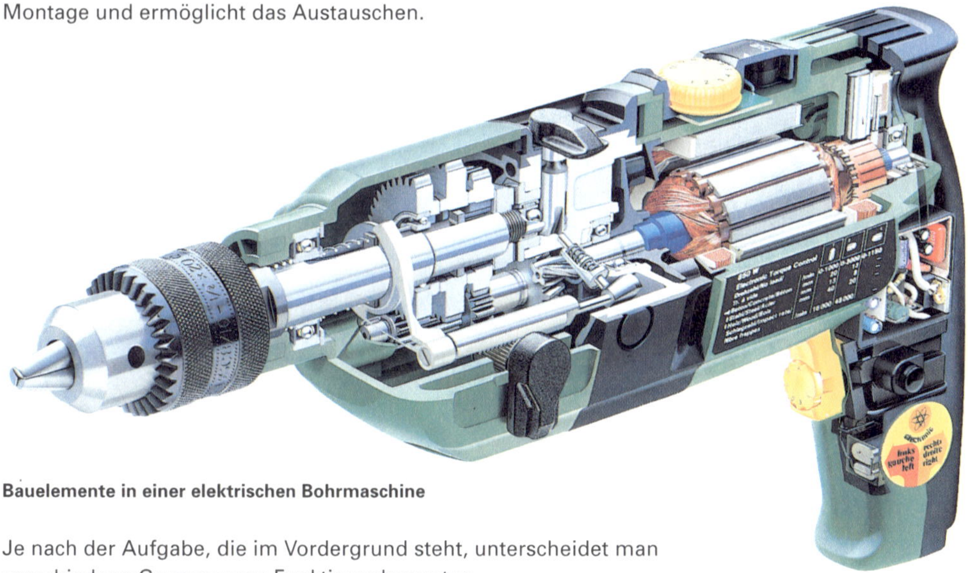

Bauelemente in einer elektrischen Bohrmaschine

Je nach der Aufgabe, die im Vordergrund steht, unterscheidet man verschiedene Gruppen von Funktionselementen.

Funktionselemente	Bauelemente	Funktion
Verbindungselemente	**Schraube** **Paßfeder**	verbindet Getriebegehäuse mit Motorgehäuse verbindet Zahnrad z_4 mit Bohrspindel
Stützelemente	**Gehäuse** **Wälzlager** **Nadellager**	trägt Lager und nimmt feststehende Bauteile auf trägt Bohrspindel und Vorgelegewelle
Leitungselemente für mechanische Energie	**Vorgelegewelle** **Bohrspindel**	überträgt Energie von Zahnrad z_2 auf Zahnrad z_3 überträgt Energie von Zahnrad z_4 auf Bohrfutter
Elemente zum Formen von Bewegungen	**Zahnräder z_1 bis z_4**	übertragen Drehmoment vom Motor auf die Bohrspindel und ändern Drehzahlen

3.2 Funktionseinheiten zum Stützen und Tragen

Alle Einheiten zum Abstützen beweglicher Baueinheiten gehören zu den Gruppen Lager und Führungen. Lager tragen Bauteile, die Drehbewegungen ausführen, z.B. Wellen und Achsen. Geradführungen tragen Baueinheiten, die geradlinige Bewegungen ausführen, z.B. Schlitten und Maschinentische.

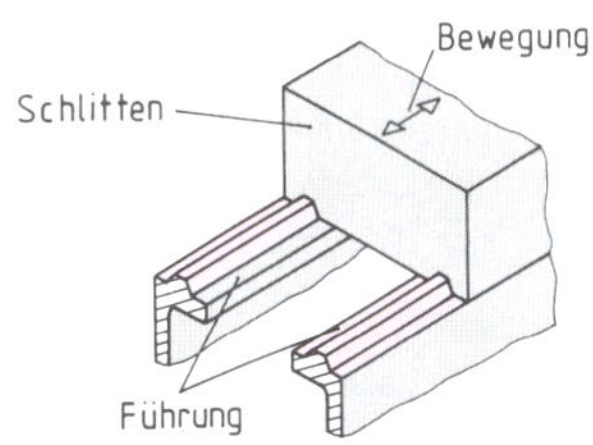

Geradführung

- **Auflagerkräfte**

Baueinheiten belasten durch ihr Eigengewicht und durch die von ihnen zu übertragenden Kräfte die Lager und Führungen.

Die Kräfte, mit denen Lager und Führungen die Baueinheiten abstützen, heißen **Auflagerkräfte**.
Sie halten den auf die Baueinheiten wirkenden Kräften das Gleichgewicht. Sie sind also den *angreifenden Kräften entgegengerichtet.* Je nach Größe der Auflagerkräfte bestimmt man den Werkstoff und die Abmessungen von Lagern und Führungen. Eine Berechnung dieser Kräfte ist daher notwendig.

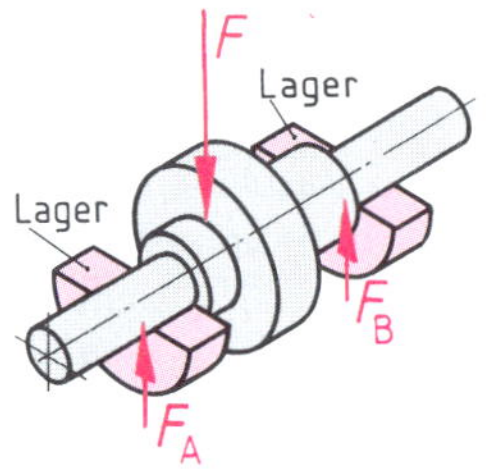

Auflagerkräfte F_A und F_B

Die Berechnung von Auflagerkräften geschieht mit Hilfe des Hebelgesetzes.

Beispiel **für die Berechnung von Auflagerkräften**

Aufgabe

Die Führungen einer Maschine sind durch eine Kraft von 8000 N belastet. Es sind die Auflagerkräfte zu berechnen.

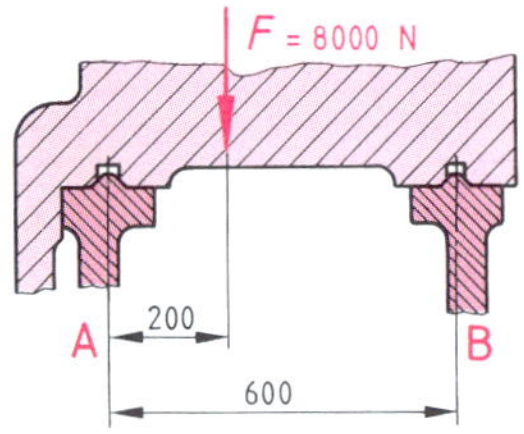

Lösung

1. Schritt
Man stellt das Bauelement durch eine Linie dar und trägt die am Bauelement angreifenden äußeren Kräfte durch Kraftpfeile in ihren Angriffspunkten an. Die Auflagerkräfte kennzeichnet man mit F_A und F_B.

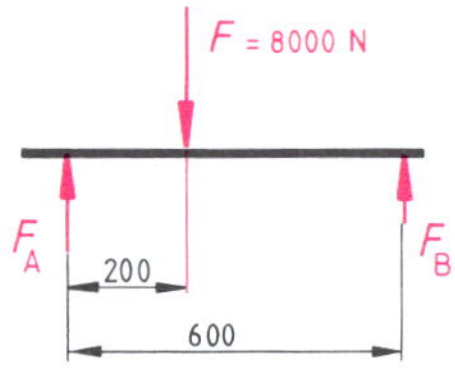

2. Schritt
Um das Hebelgesetz anwenden zu können, denkt man sich einen Auflagerpunkt als Drehpunkt.
Es gilt: Summe aller linksdrehenden Momente gleich Summe aller rechtsdrehenden Momente.

$$\Sigma M_l = \Sigma M_r$$

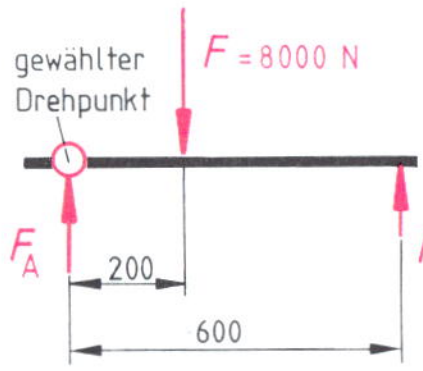

Man stellt die entsprechenden Gleichungen auf. Durch Lösung der Gleichungen wird eine Auflagerkraft errechnet.

Berechnung von F_B:

$$\Sigma M_l = \Sigma M_r$$

$$F_B \cdot 600 \text{ mm} = 8\,000 \text{ N} \cdot 200 \text{ mm}$$

$$F_B = \frac{8\,000 \text{ N} \cdot 200 \text{ mm}}{600 \text{ mm}}$$

$$F_B = \mathbf{2\,667\ N}$$

3. Schritt
Die zweite Auflagerkraft erhält man *entweder* durch Vertauschen des Drehpunktes und Berechnung wie unter Schritt 2 *oder* durch Anwendung der Bedingung: Summe der abwärts gerichteten Kräfte gleich Summe der aufwärts gerichteten Kräfte.

$$\Sigma F_{auf} = \Sigma F_{ab}$$

Berechnung von F_A:

$$\Sigma F_{auf} = \Sigma F_{ab}$$

$$F_A + F_B = F$$

$$F_A = F - F_B$$

$$F_A = 8\,000 \text{ N} - 2\,667 \text{ N}$$

$$F_A = \mathbf{5\,333\ N}$$

Auflagerkräfte in Lagern und Führungen stützen Baueinheiten. Sie werden nach dem Hebelgesetz berechnet, indem man ein Auflager als Drehpunkt wählt und die Beziehung $\Sigma M_l = \Sigma M_r$ bildet.

Übungsaufgaben 3/2; 3/3; 3/4

3.2.1 Lager

Nach der Richtung der *Lagerbelastung* unterteilt man die Lager in zwei Gruppen:

- **Radiallager**: Die zu tragende Kraft wirkt in Richtung des Radius.
- **Axial- oder Längslager**: Die zu tragende Kraft wirkt in Richtung der Längsachse.

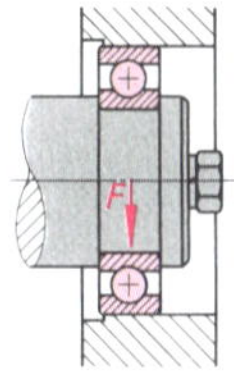

Radiallager

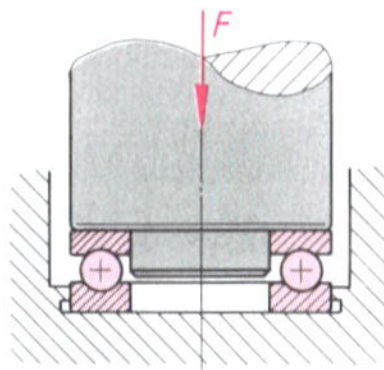

Axiallager

Nach der Richtung der Belastung unterscheidet man:
- Radiallager: Belastung in Richtung des Radius,
- Axiallager: Belastung in Längsrichtung der Achse.

Weiterhin unterscheidet man die Lager nach der Art der *Reibung* im Lager:

- **Gleitlager**: Der Wellenzapfen gleitet über die Lagerfläche, es entsteht *Gleitreibung*.
- **Wälzlager**: Im Lager sind zur Verringerung der Reibung Kugeln, Nadeln o.ä. eingebaut, es entsteht *Rollreibung*.

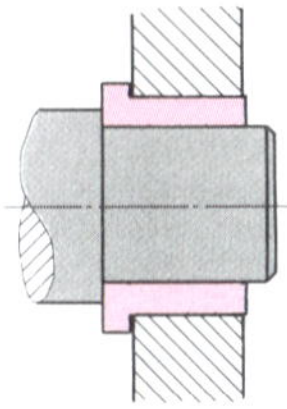

Gleitlager

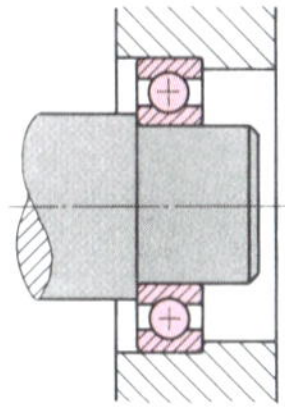

Wälzlager

Nach der Art der Reibung unterscheidet man:
- Gleitlager bei Gleitreibung
- Wälzlager bei Rollreibung

3.2.1.1 Gleitlager

Ein Gleitlager besteht meist aus
- Lagergehäuse,
- Lagerbuchse oder Lagerschalen,
- Schmiereinrichtung.

Lagergehäuse werden als genormte Bauelemente in Maschinen eingebaut. Sie sind meist gegossen oder geschmiedet. Um die Montage zu ermöglichen, bzw. zu erleichtern, sind die Lagergehäuse meist geteilt.

Flanschlager mit Lagerbuchse

In vielen Fällen, besonders bei Großmaschinen und Getrieben, sind die Lagergehäuse keine gesonderten Bauelemente, sondern fester Bestandteil der Maschinengehäuse.

Lagergehäuse sind genormte Bauelemente oder feste Bestandteile der Maschine.

- **Lagerwerkstoffe**

Lagerwerkstoffe können in verschiedener Weise in das Lagergehäuse eingebracht werden:

- als geteilte Buchse,
- als geteilte Schale,
- als gegossene Auflage auf Stützschalen,
- als geschlossene Buchse.

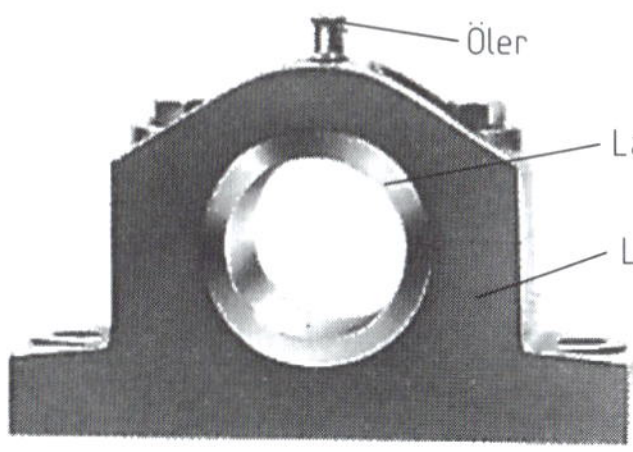

Deckellager mit Lagerschalen

Je nach Werkstoff des Lagers und Qualität der Ausführung wird das Lager eingepaßt oder der Lagerwerkstoff eingegossen. Eingegossene Lager werden spanend nachgearbeitet. Die Gleitfläche des Lagers muß eine hohe Oberflächengüte aufweisen. Die Rauhtiefe darf jedoch $R_z \approx 1\ \mu m$ nicht unterschreiten, da Flächen mit geringerer Rauhtiefe zum Ausreißen neigen.

Übungsaufgabe 3/5

Eigenschaften wichtiger Lagerwerkstoffe

notwendige Eigenschaft	Gußeisen	Sintermetalle	Bronzen und Pb-Sn-Legierungen	Kunststoff
Gleiteigenschaft	befriedigend	befriedigend	gut	sehr gut
Notlaufeigenschaft	befriedigend	sehr gut	gut	sehr gut
Verschleißfestigkeit	sehr gut	befriedigend	gut	befriedigend
Tragfähigkeit	sehr gut	befriedigend	Bronze gut; Pb-Sn ausreichend	mäßig
Wärmeleitfähigkeit	befriedigend	befriedigend	befriedigend	mangelhaft
geringe Wärmedehnung	sehr gut	sehr gut	gut	mangelhaft
Anwendungsbeispiel	GG20, für wenig belastete und billige Lager	Sint-B10 und Sint-B51, für Kleinmaschinen	G-CuPb10Sn, für hochwertige Lager an Motoren	Polyamid, für kleine und schwingungsfreie Lager

- **Lagerreibung**

Man unterscheidet bei Gleitlagern folgende Fälle der Reibung:

Trockenreibung

Es ist kein Schmiermittel vorhanden. Die Gleitflächen von Welle und Lager gleiten unmittelbar aufeinander. Trockenreibung führt zur starken Erwärmung und zur schnellen Zerstörung des Lagers.

Mischreibung

Zwischen den Gleitflächen von Lager und Welle ist kein zusammenhängender Schmierfilm vorhanden. Teilweise tritt Trockenreibung auf.

Flüssigkeitsreibung

Ein zusammenhängender Schmierfilm trennt die Gleitflächen voneinander. Dabei findet die Reibung im Schmiermittel statt. Es tritt kein Verschleiß auf, die Erwärmung bleibt niedrig.

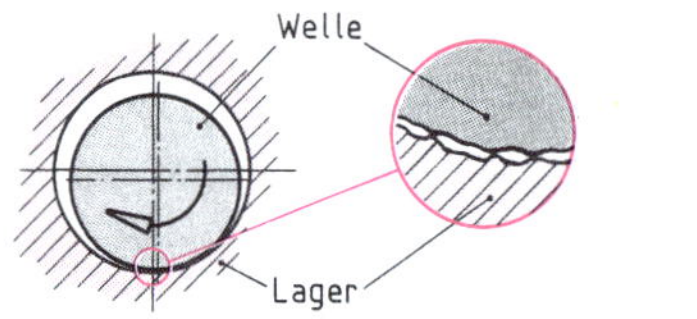

Trockenreibung

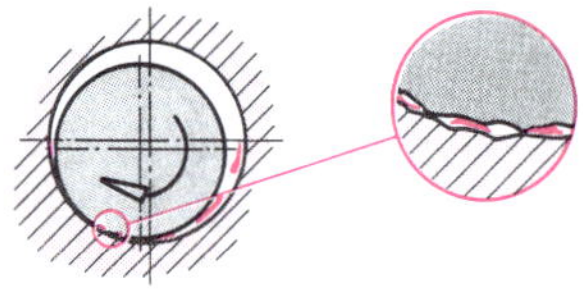
Mischreibung

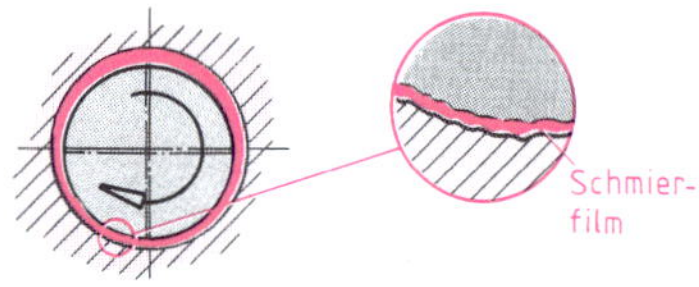

Flüssigkeitsreibung

Man unterscheidet hinsichtlich der Reibung bei Lagern
- Trockenreibung
- Mischreibung
- Flüssigkeitsreibung

- **Hydrodynamische Schmierung**

In Ruhestellung liegen Zapfen und Lager besonders nach längerem Stillstand unmittelbar aufeinander. Beim Anlauf tritt deshalb Mischreibung oder gar Trockenreibung auf. Durch die Gleitbewegung wird an der Welle anhaftender Schmierstoff mitgerissen und in den sich verengenden Spalt zwischen Welle und Lager gepreßt. Dadurch wird der Zapfen im Lager geringfügig angehoben, und es entsteht bei genügend großer Drehzahl ein zusammenhängender Schmierfilm, also Flüssigkeitsreibung. Dies ist die **hydrodynamische Schmierung.**

Die Lagerflächen so geschmierter Lager dürfen im Bereich des größten Drucks keine Schmiernute u.ä. aufweisen.

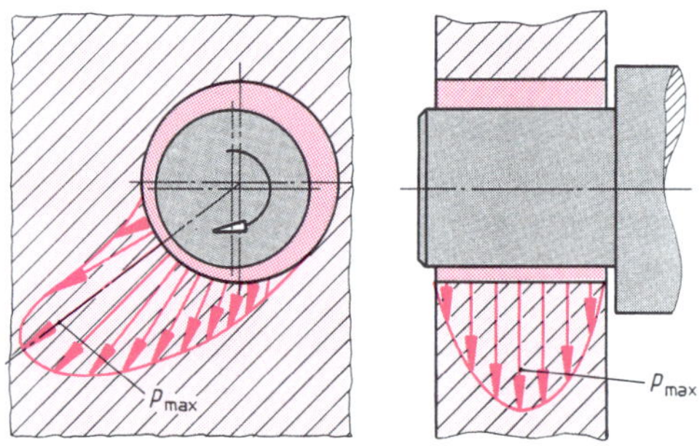

Druckverteilung bei hydrodynamischer Schmierung

Übungsaufgaben 3/6 bis 3/10

In Maschinen und Geräten, die stets nur kurzzeitig in Betrieb gesetzt werden, tritt bei jedem Anlauf Misch- bzw. Trockenreibung auf. Deshalb ist bei diesen Maschinen und Geräten der Verschleiß höher als bei Maschinen im Dauerbetrieb.
Bei Gleitführungen an Werkzeugmaschinen tritt während der Bewegung Mischreibung auf.

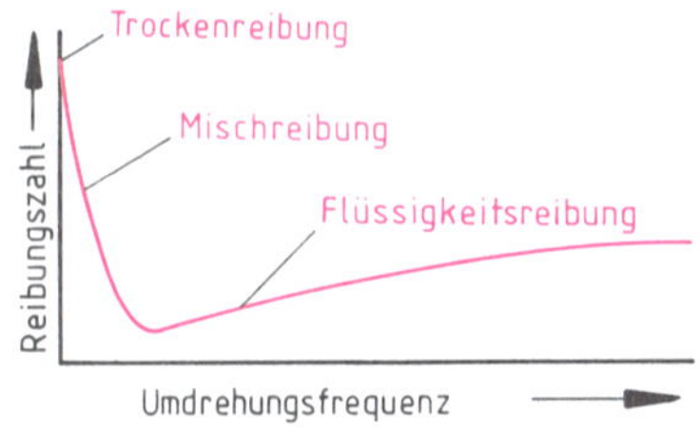

Abhängigkeit der Reibungszahl von der Umdrehungsfrequenz

Bei hydrodynamischer Schmierung wird der tragende Schmierfilm bei genügender Umdrehungsfrequenz durch mitgerissenen Schmierstoff aufgebaut

- **Hydrostatische Schmierung**

Im Werkzeugmaschinen- und Großmaschinenbau werden häufig Lager eingesetzt, bei denen ein Film aus eingepreßtem Drucköl die Wellenzapfen trägt. Durch das eingepreßte und damit unter Druck stehende Öl werden die Gleitflächen von Lager und Wellenzapfen schon vor Anlaufen der Maschine voneinander getrennt. Man bezeichnet diese Gleitlager wegen des konstanten Öldruckes im Lager, der unabhängig von der Umdrehungsfrequenz ist, als *hydrostatische Lager.*

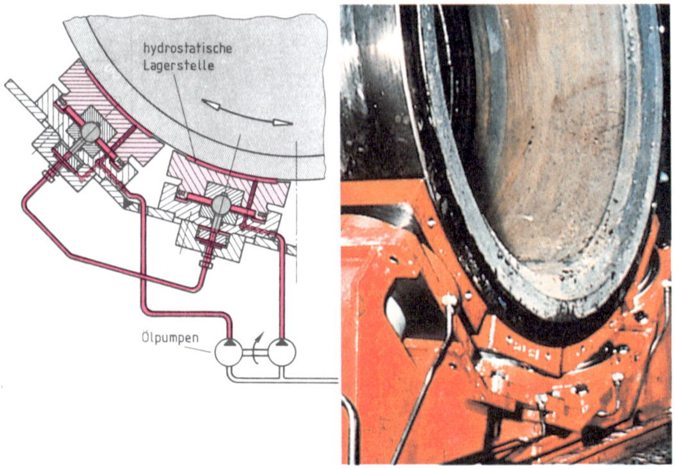

Hydrostatisch geschmiertes Segmentlager einer Erzmühle

Hydrostatische Lager haben gegenüber den herkömmlichen hydrodynamischen Lagern folgende Vorteile:
- auch bei hoher Lagerbelastung *kein Verschleiß im Lager,* weil bereits beim Anlauf Flüssigkeitsreibung besteht,
- *Eignung für geringe Umdrehungsfrequenzen,* da der Öldruck unabhängig von der Umdrehungsfrequenz ist,
- *hohe Laufgenauigkeit,* da die Welle durch den gleichmäßigen Öldruck zentriert wird,
- *Einsatz von Segmentlagern* für besonders große Lager, die hydrodynamisch nicht zu schmieren wären.

Von der Ölversorgung hydrostatisch geschmierter Lager werden folgende Sicherheiten gefordert:
- Die Maschine darf erst in Betrieb gesetzt werden, wenn der erforderliche Öldruck im Lager erreicht ist.
- Beim Nachlassen des Öldruckes muß der Antrieb der Maschine selbsttätig ausschalten.
- Beim Abschalten des Antriebs der Maschine muß die Ölpumpe noch solange vollen Öldruck liefern, bis die Welle still steht.

In hydrostatisch geschmierten Lagern wird von außen ein Schmiermitteldruck erzeugt.
Durch hydrostatische Schmierung ergeben sich folgende Vorteile:
- Flüssigkeitsreibung beim Anlauf der Maschine
- Von der Umdrehungsfrequenz unabhängiger Schmiermitteldruck
- Verschleißfreie Lager
- Möglicher Segmentlagereinsatz

Übungsaufgaben 3/11; 3/12

- **Ölschmierung**

Schmiermittel und Schmiermittelzuführung

Für die meisten Gleitlager aus Metall wird Öl als Schmiermittel verwendet. Dabei muß das Schmieröl dem Lager an einer *unbelasteten* Stelle zugeführt werden. Die Schmierölzuführung kann auf verschiedene Weise erfolgen:

Schmierung durch Umlauföl

Diese Art der Schmierung wird bei Einzellagern häufig verwendet. Hierbei gibt es folgende Möglichkeiten:

- Welle und Lager befinden sich im Ölbad.
- Durch einen Schmierring, der sich lose auf der Welle mitdreht, wird das Öl aus dem Bad hochbefördert.

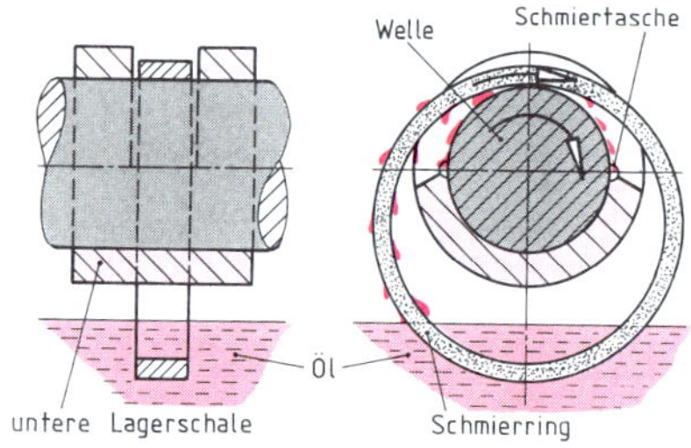

Schmierung durch Umlauföl mit Schmierring

Zentralschmierung

Hier werden alle Gleitlager einer Maschine von einer zentralen Schmieranlage mit Schmiermittel versorgt. Solche automatisch arbeitenden Zentralschmieranlagen bieten gegenüber Einzelschmierung folgende Vorteile:

- *genaue Dosierung des Schmiermittels,*
- *keine Stillstandzeiten wegen Schmierung,*
- *automatische Kontrolle jeder Schmierstelle.*

Ölschmierung erfolgt bei Gleitlagern mit kleinen bis sehr hohen Drehzahlen und Belastungen. Die Zuführung des Schmieröls kann erfolgen durch:
- Ölbäder ohne und mit Schmierring.
- Pumpen in Zentralschmieranlagen.

- **Fettschmierung**

Fettschmierung erfolgt bei Lagern mit geringen Drehzahlen und hoher Belastung sowie bei Lagern in Gelenken. Vorzugsweise wird eine Fettschmierung bei Sinterlagern verwendet. Das Fett kann auf unterschiedliche Weise ins Lager gebracht werden:

Handschmierung	selbsttätige Schmierung	Depotfettfüllung
Fett wird durch Schmiernippel oder Staufferbuchsen an die Schmierstelle gepreßt.	Fett wird durch Federdruck aus einer Fettbuchse in das Lager gepreßt.	Fett wird vom Lager aus einem Depot entnommen. Lager mit Depotfüllung sind wartungsfrei.
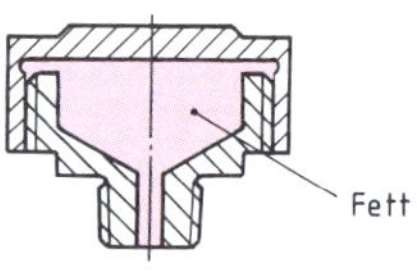 **Staufferbuchse**	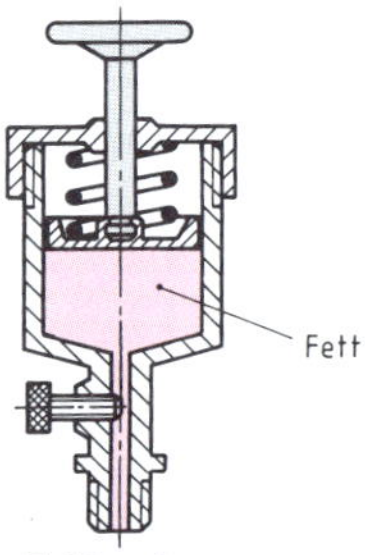 **Fettbuchse**	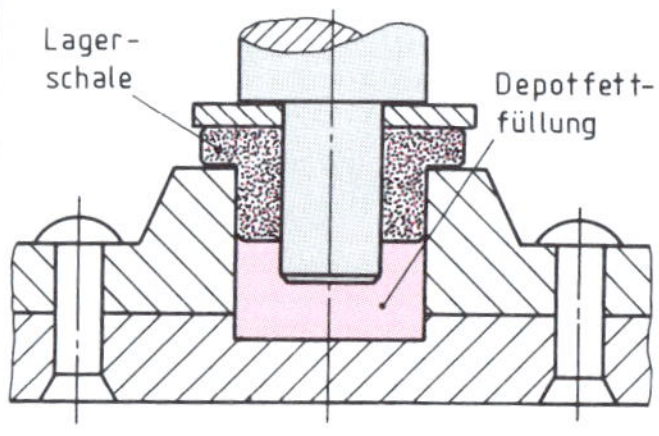 **Sinterlager mit Depotfettfüllung**

- **Einsatz von Gleitlagern**

Gleitlager werden als Axial- und Radiallager hergestellt und bevorzugt verwendet bei
- *zentralgeschmierten Großmaschinen, die ununterbrochen laufen,* z.B. Turbinen und Generatoren,
- *zentralgeschmierten Maschinen mit starker Stoßbelastung,* z.B. Walzen, Pressen und Stanzen,
- *Kleinmaschinen mit geringem Anspruch an die Lagerung,* z.B. Haushaltsmaschinen. Hier wird Depotfettfüllung verwendet.

Gleitlager werden außerdem immer verwendet, wenn auf Grund des Zusammenbaus mehrteilige Lager erforderlich sind, z.B. bei Kurbelwellen und Pleuelstangen.

Übungsaufgabe 3/13

3.2.1.2 Wälzlager

In Wälzlagern rollen zwischen der inneren und der äußeren Lauffläche Wälzkörper ab. Dabei entsteht **Rollreibung**. Sie ist wesentlich geringer als Gleitreibung.

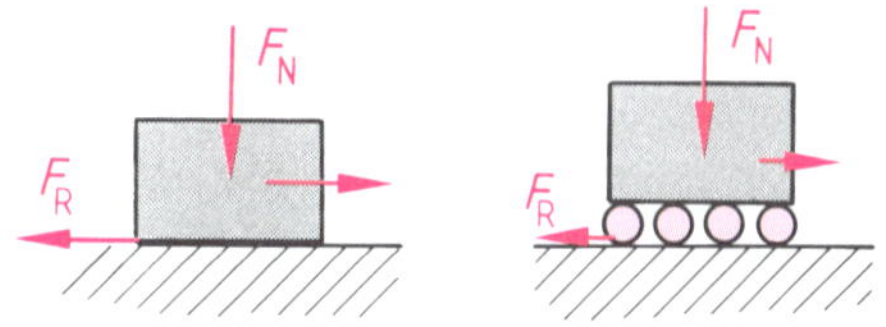

Gleitreibung $\mu = 0{,}1$ Rollreibung $\mu = 0{,}002$

(Stahl auf Stahl, ungeschmiert)
Gleit- und Rollreibung

In Wälzlagern rollen Wälzkörper auf Laufflächen ab. Die dabei entstehende Rollreibung ist wesentlich geringer als die Gleitreibung.

Wälzlager werden bevorzugt eingesetzt bei
- *wartungsfreien Lagern mit normaler Beanspruchung,* z.B. Getriebe, Motoren, Fördereinrichtungen,
- *Lagern mit kleinen Drehzahlen und hohen Belastungen,* z.B. Kranhaken und Drehgestellen,
- *Lagern, in denen Bewegungen „ruckfrei" ausgeführt werden müssen,* z.B. Werkzeugmaschinen.

- **Aufbau**

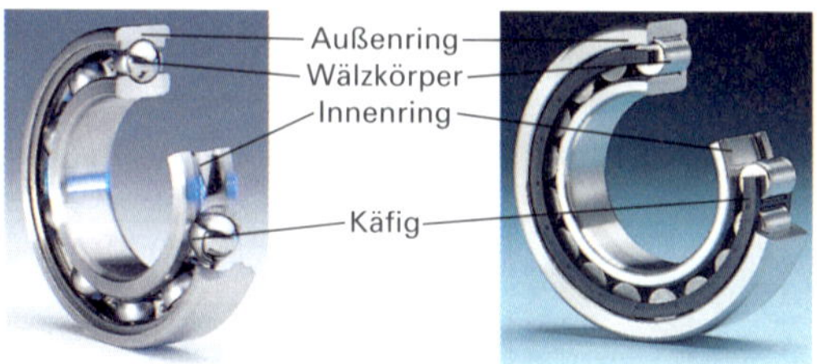

Teile eines Wälzlagers

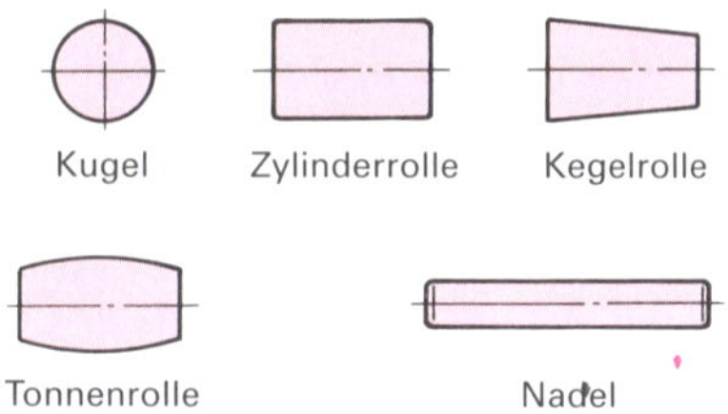

Bauformen von Wälzkörpern

Die Wälzkörper werden aus gehärtetem Chrom- oder Chrom-Nickel-Stahl gefertigt.
Ihre Oberfläche ist geschliffen und poliert.

In die **Laufringe** sind Bahnen eingearbeitet, auf denen die Wälzkörper abrollen. Die Laufringe werden ebenfalls aus gehärtetem Chrom- oder Chrom-Nickel-Stahl hergestellt. Die Laufbahnen sind geschliffen und poliert.

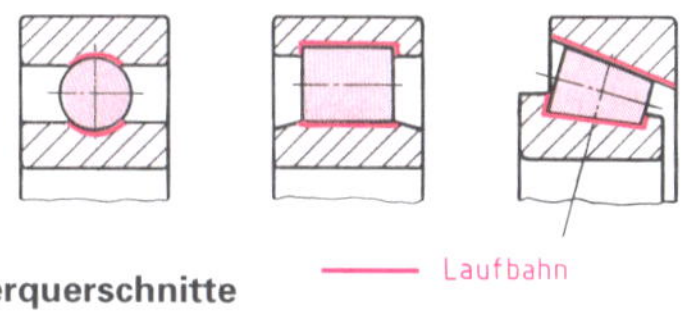

Wälzlagerquerschnitte

Die Wälzkörper werden meist in Käfige eingebaut. Wälzkörperkäfige haben folgende Aufgaben:
- Sie verteilen die Wälzkörper gleichmäßig auf dem Umfang des Lagers.
- Sie verhindern beim Lauf des Lagers die direkte Berührung der Wälzkörper untereinander. Damit werden Reibung, Erwärmung und Geräusche vermindert.

Die Wälzkörperkäfige sind aus Stahlblech, Leichtmetall, Kunststoff oder bei großen Lagern aus Messing.

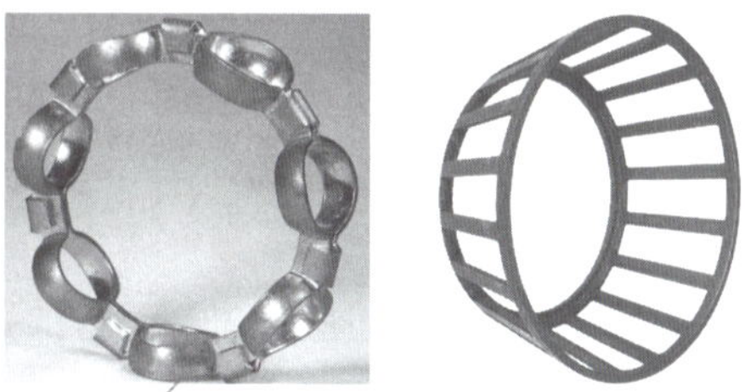

für Rillenkugellager für Kegelrollenlager
Wälzkörperkäfige aus Stahlblech

Falls der Lagerdurchmesser sehr klein werden muß, verwendet man käfiglose **Nadellager** ohne Innen- und ohne Außenring und läßt die Wälzkörper unmittelbar zwischen Gehäuse und Welle rollen.

Ein Wälzlager besteht meist aus Außenring, Innenring, Wälzkörpern und Wälzkörperkäfig. Als Wälzkörper werden Kugeln, Zylinder, Kegelstümpfe, Tonnen oder Nadeln verwendet.

• Ausführungsformen von Wälzlagern

Wälzlager werden in verschiedenen Ausführungen für den jeweiligen Verwendungszweck hergestellt. Die verschiedenen Ausführungsformen werden eingeteilt:

- nach der Hauptbelastungsrichtung in **Radiallager und Axiallager,**
- nach der Wälzkörperform in **Kugellager, Rollenlager** mit Zylinder- oder Kegelrollen, **Tonnenlager und Nadellager,**
- nach der Anzahl der Wälzkörperreihen in **einreihige und mehrreihige Lager.**

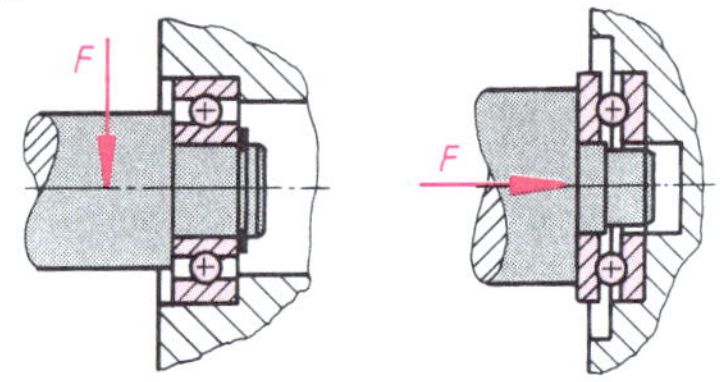

Radiallager **Axiallager**

Kugellager **Rollenlager** **Tonnenlager**

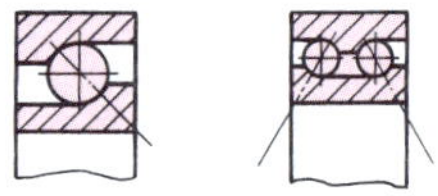

einreihig zweireihig
Schrägkugellager

Übersicht über wichtige Bauformen von Kugellagern

Bezeichnung der Bauform	Radiallager: Rillen-kugellager	Radiallager: Schrägkugellager einreihig	Radiallager: Schrägkugellager zweireihig	Radiallager: Vierpunkt-lager	Radiallager: Pendel-kugellager	**Axiallager, Axialrillenkugellager**
Belastbarkeit	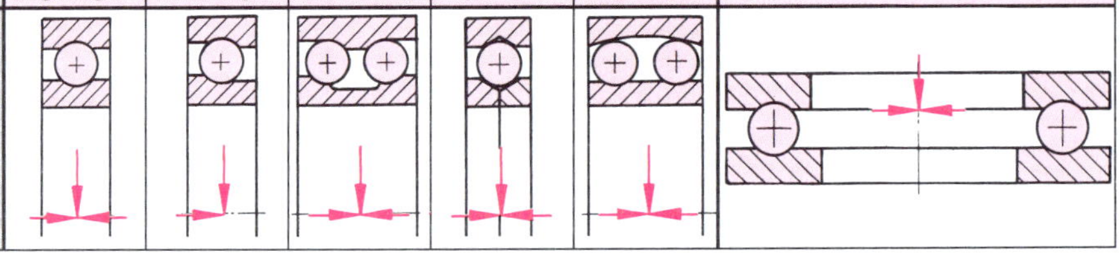					

Von den Kugellagern werden bevorzugt Rillenkugellager verwendet, weil sie gut in axialer und radialer Richtung belastbar sind. Darüber hinaus sind diese Lager preiswert.

Übersicht über wichtige Ausführungsformen von Rollen- und Nadellagern

Bezeichnung der Bauform	Radiallager: Zylinder-rollenlager	Radiallager: Nadellager	Radiallager: Kegelrollen-lager	Radiallager: Pendelrollen-lager	**Axiallager, Axialpendelrollenlager**
Belastbarkeit	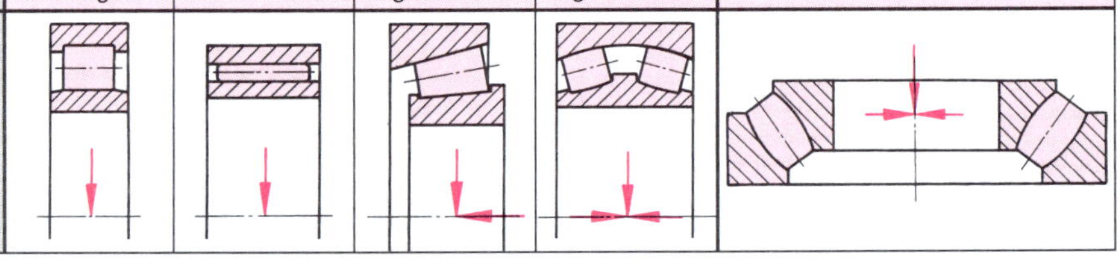				

• Auswahl der Passungen

Wälzlager müssen auf der Welle und im Gehäuse radial und axial festgelegt werden. Ferner darf sich der Innenring nicht auf der Welle und der Außenring nicht im Gehäuse drehen. Fehler in der Befestigung von Innen- und Außenring führen zu Beschädigungen der Wälzkörper. Durch die richtige Auswahl der Passung erreicht man eine einwandfreie Befestigung. Darüber hinaus richtet sich die Auswahl der Passung nach den Belastungsarten. Dabei unterscheidet man grundsätzlich für Innen- und Außenring getrennt *Punktlast* und *Umfangslast.*

Umfangslast

Wird der *ganze Umfang* des zu betrachtenden Lagerringes bei jeder Umdrehung nacheinander der Höchstbelastung ausgesetzt, so spricht man von Umfangslast.

Umfangslast liegt für einen Ring vor, wenn
der Ring stillsteht und die Last um ihn umläuft
oder
der Ring umläuft und die Last stillsteht.

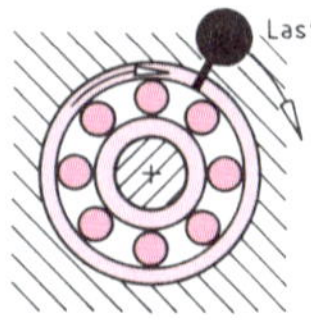

Innenring steht still
Lastrichtung rotiert mit dem Außenring

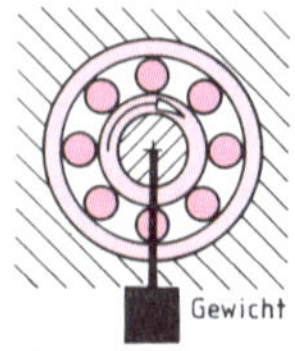

Innenring rotiert
Lastrichtung unveränderlich

Umfangslast für den Innenring

Punktlast

Wird immer *ein bestimmter Punkt* des Lagerumfanges der Höchstbelastung ausgesetzt, so spricht man von Punktlast.

Punktlast liegt für einen Ring vor, wenn
der Ring stillsteht und die Last stets auf die gleiche Stelle wirkt,
oder
Ring und Last mit gleicher Drehzahl umlaufen.

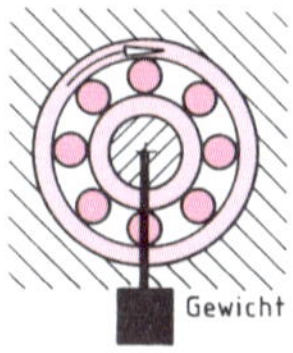

Innenring steht still
Lastrichtung unveränderlich

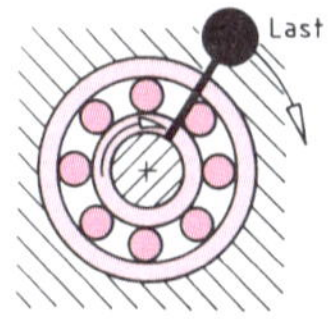

Innenring rotiert
Lastrichtung rotiert mit dem Innenring

Punktlast für den Innenring

In jedem Wälzlager hat jeweils der eine Ring Punktlast und der andere Ring Umfanglast.

Beispiele für Punkt- und Umfangslast

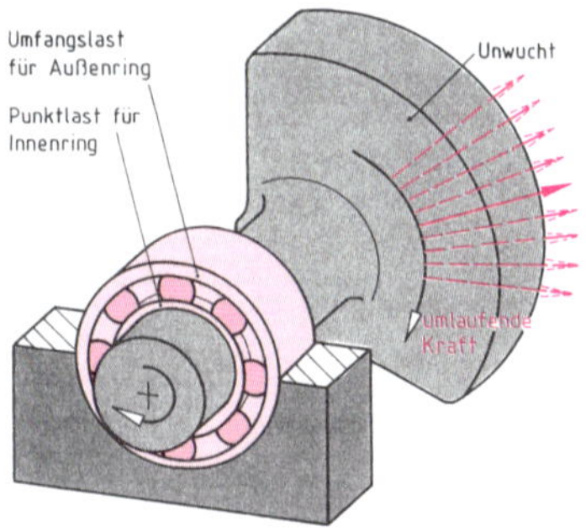

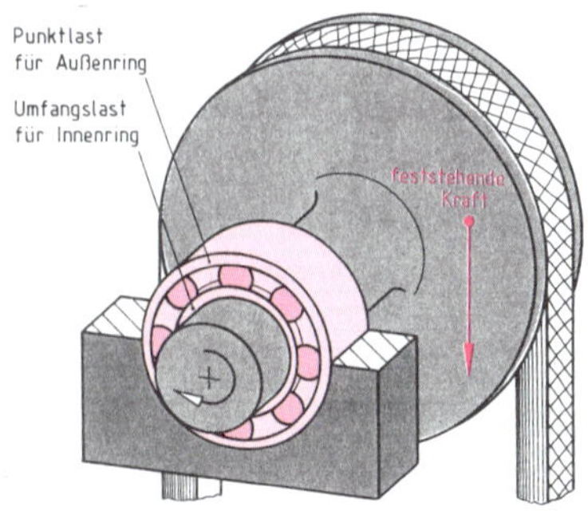

Bei der Auswahl der Toleranzen für Welle und Gehäuse müssen die aufgezeigten Belastungsfälle, die Größe der Belastung und die Größe des Lagers berücksichtigt werden. In den Empfehlungen der Kugellagerhersteller werden für häufig auftretende Betriebsfälle folgende ISO-Toleranzen angegeben:

ISO-Toleranzen für Gehäusebohrungen

Belastungsfall	Beispiele	Toleranz der Bohrung
Umfangslast	Seilrollen, Pleuellager, Radnaben (schwer belastet)	M 7 N 7 P 7
Punktlast	allgemeiner Maschinenbau, Elektromotoren	G 7 bis J 7

ISO-Toleranzen für Wellen

Belastungsfall	Beispiele	Toleranz der Bohrung
Umfangslast	Werkzeugmaschinen, allgemeiner Maschinenbau, Achslager für schwere Fahrzeuge	j 6 bis p 6
Punktlast	Seilrollen, Spannrollen	g 6 und h 6

Bei wachsender Belastung und zunehmender Lagergröße gelten folgende Richtlinien:
- Ringe mit Umfangslast erhalten ein enges Übergangs- bis mittleres Übermaßtoleranzfeld.
- Ringe mit Punktlast erhalten ein enges Spiel- bis Übergangstoleranzfeld.

Übungsaufgaben 3/18; 3/19

• Fest- und Loslager

Wärmedehnung und Einbautoleranzen der Wellen verlangen den Einbau von einem Festlager, das Kräfte in axialer Richtung aufnehmen kann und einem oder mehreren Loslagern, welche geringe Verschiebungen in der Längsachse zulassen.

Festlager sind mit beiden Lagerringen beidseitig in Längsrichtung festgelegt. Die Wälzkörper können sich nicht auf der Lauffläche verschieben.

Loslager können auf zwei verschiedene Arten gestaltet werden:
- durch entsprechende Auswahl von Wälzlagern, z.B. Nadellager oder Zylinderrollenlager mit einem bordlosen Ring, oder
- durch entsprechende Gestaltung der Aufnahmestelle für das Wälzlager – dabei ist entweder der Außenring oder der Innenring des Wälzlagers verschiebbar.

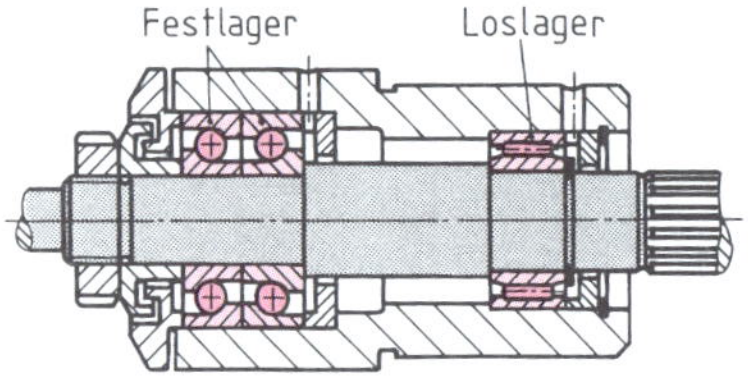

Nadellager als Loslager

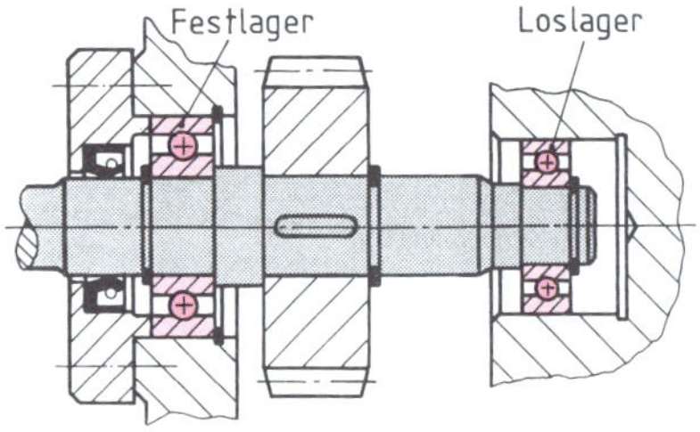

Loslager mit Axialbeweglichkeit im Gehäuse

Festlager nehmen Kräfte in axialer und radialer Richtung auf.
Loslager nehmen nur Kräfte in radialer Richtung auf.

• Lebensdauer von Wälzlagern

Da in einem Wälzlager die Wälzkörper auf den Laufflächen nur mit sehr kleinen Flächen abrollen, unterliegen Wälzlager auch bei bester Schmierung dem Verschleiß. Darum ist die Lebensdauer von Wälzlagern stets begrenzt. Wenn Kugel- oder Rollenlager unter Belastung umlaufen, stellt sich nach gewisser Zeit an irgendeiner Stelle eine Ermüdung des Werkstoffes ein. Sie beginnt im allgemeinen mit feinen Rissen unter der Oberfläche, die im weiteren Verlauf zur Schälung führen und dadurch früher oder später einen Lagerwechsel erforderlich machen. Bei den ersten Anzeichen einer Schälung hat das Lager seine Lebensdauer erreicht.

Große Lager mit niedriger Lagerbelastung und vielen Wälzkörpern halten bei niedriger Lagertemperatur und guter Schmierung sehr lange.

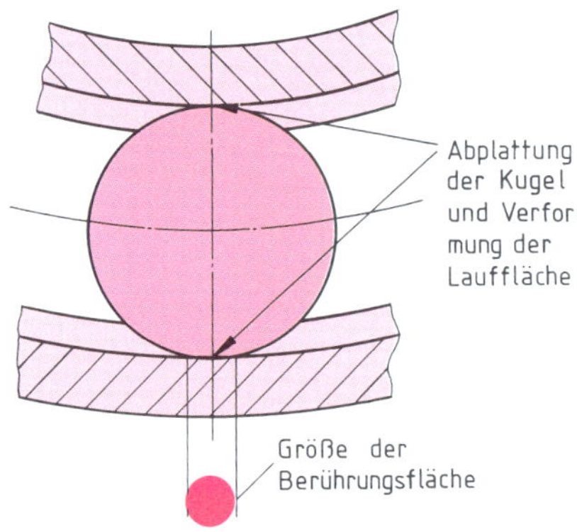

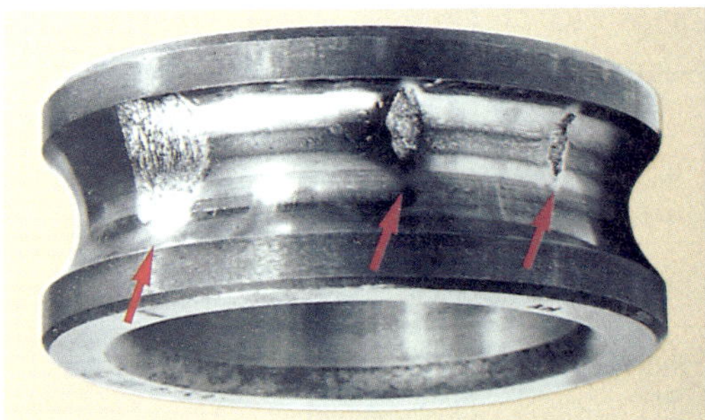
Innenring eines Rillenkugellagers mit fortgeschrittener Schälung

Die Lebensdauer von Wälzlagern ist begrenzt. Sie hängt ab von
- Größe der Lagerbelastung,
- Zahl der Umläufe,
- Lagertemperatur,
- Schmierung.

Übungsaufgaben 3/20; 3/21

3.2.1.3 Gegenüberstellung von Gleit- und Wälzlagern

	Gleitlager	Wälzlager
Reibung beim Anlauf	groß bei Trockenreibung, gering bei Flüssigkeitsreibung	gering
Empfindlichkeit gegen Stöße	unempfindlich, Stöße werden gedämpft	empfindlich, Stöße werden nicht gedämpft
Laufgeräusch	gering	höher
Drehzahl	unbegrenzt hoch, bei hydrodynamisch geschmierten Lagern nach unten begrenzt	nach unten unbegrenzt, nach oben begrenzt
Lebensdauer	bei ständiger Flüssigkeitsreibung unbegrenzt	begrenzt durch Materialermüdung
Schmierstoffverbrauch	hoch	gering
Wartung	ständige Wartung nötig	geringe Wartung
Abdichtung gegen Verunreinigung	gut	weniger gut
Austauschbau	aufwendig	einfach

3.2.2 Geradführungen

Bauelemente, welche geradlinig zu bewegende Maschinenteile, wie z.B. Tische und Schlitten, tragen und zwangsläufig führen, nennt man Geradführungen.
Nach der Art der Reibung in der Führung unterscheidet man
- **Gleitführungen** mit *Gleitreibung* und
- **Wälzführungen** mit *Rollreibung.*

3.2.2.1 Gleitführungen

Bei Gleitführungen bewegen sich die Gleitflächen der Baueinheiten aufeinander. Zur Verringerung der Reibung und zur genaueren Führung werden die Gleitflächen geschliffen oder geschabt. Gute Schmierung gewährleistet Flüssigkeitsreibung und vermindert den Verschleiß. Häufig sind die Gleitflächen gehärtet, wodurch der Verschleiß ebenfalls verringert wird.
Nach dem Querschnitt unterscheidet man folgende Grundformen von Gleitführungen:
- **Flachführungen**
  für schwere Maschinen
- **Schwalbenschwanzführungen**
  für mittelgroße Maschinen
- **V- und Dachführungen**
  für kleine bis mittelgroße Maschinen
- **Zylindrische Führungen**
  für Bohrspindeln, Säulenführungen, Zahnradführungen u.a.

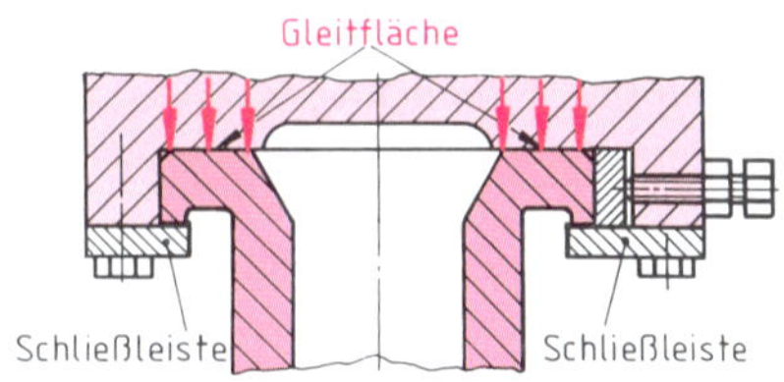

Flachführung

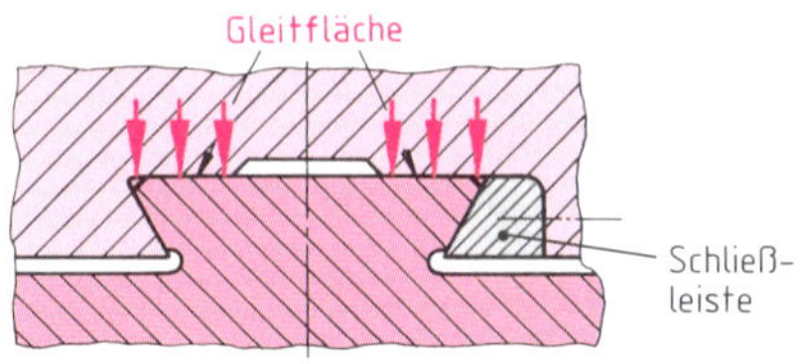

Schwalbenschwanzführung

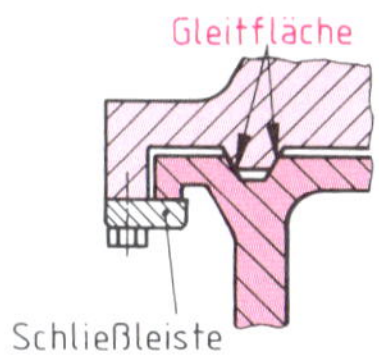

V-Führung

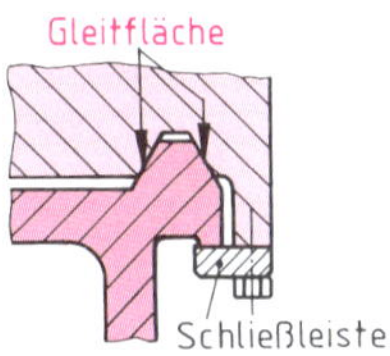

Dachführung

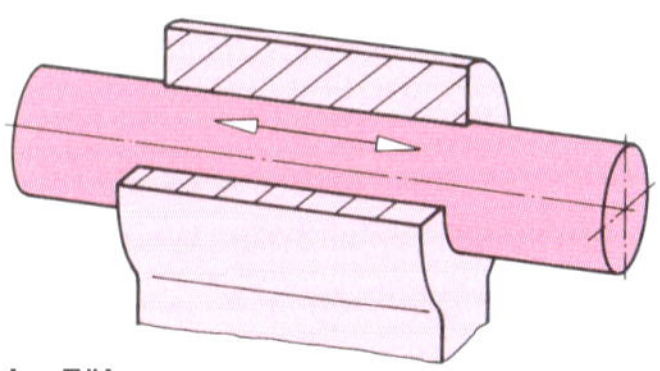
Zylindrische Führung

Grundformen von Gleitführungen sind:
- Flachführungen,
- Schwalbenschwanzführungen,
- V-Führungen und Dachführungen,
- zylindrische Führungen.

Gleitführungen sind leicht herzustellen und gut belastbar. Deshalb werden sie im Maschinenbau, Apparatebau und in vielen anderen Bereichen verwendet.

Gleitführungen haben jedoch folgende Nachteile:

- *unterschiedlicher Kraftbedarf:* Hoher Kraftaufwand beim Anfahren durch Haftreibung, geringerer Kraftaufwand beim Gleiten durch Gleitreibung. Die Folge ist ein nicht ruckfreies Anfahren des gleitenden Bauteils, Stick-Slip-Effekt genannt.
- *hoher Schmiermittelverbrauch:* Eine laufende Wartung ist erforderlich.
- *Verschleiß:* Eine ständige Flüssigkeitsreibung kann nicht aufrechterhalten werden.
- *schwieriger Austauschbau:* Die Teile der Führung müssen meist zueinander passend gefertigt werden.
- *Auftreten von Spiel:* Verschleiß führt zu Spiel. Die Folge ist ein ungenaues Führen. Deshalb müssen Gleitführungen von Zeit zu Zeit nachgestellt werden.

Vor- und Nachteile von Gleitführungen:

- einfache Herstellung,
- hohe Belastbarkeit,
- hoher Schmierstoffverbrauch,
- Verschleiß.
- Stick-Slip-Effekt,

3.2.2.2 Wälzführungen

In Wälzführungen rollen wie bei den Wälzlagern zwischen zwei Laufflächen Wälzkörper ab. Dabei entsteht Rollreibung, die wesentlich geringer ist als Gleitreibung. Wälzführungen sind im Gegensatz zu Gleitführungen Bauelemente, die komplett geliefert werden, wie dies auch bei den Wälzlagern der Fall ist. Insgesamt haben Wälzführungen gegenüber Gleitführungen folgende Vorteile:

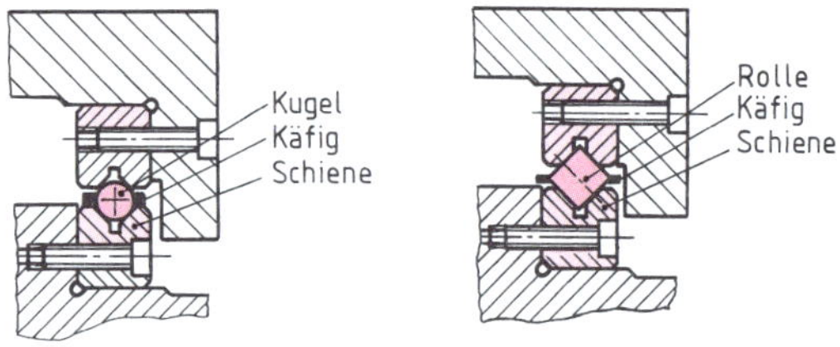

Wälzführungen

- *geringe Reibung,*
- *leichtes und spielfreies Führen,*
- *leichter Austauschbau,*
- *kein Stick-Slip-Effekt,*
- *geringer Schmiermittelverbrauch.*

- **Grundformen**

Man unterscheidet Wälzführungen meist nach der Form der Laufflächen.

Flache Laufflächen	V-förmige Laufflächen	Zylinderförmige Laufflächen
	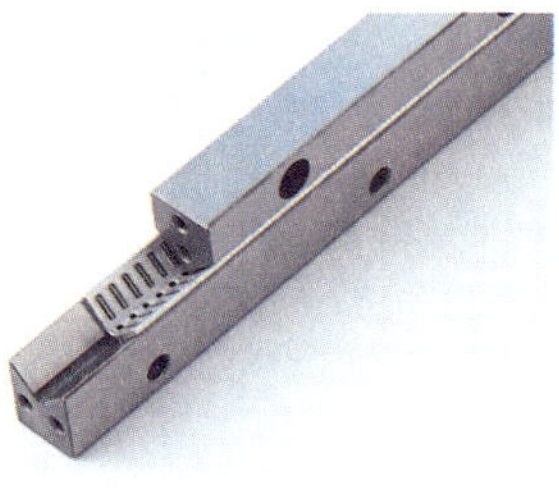	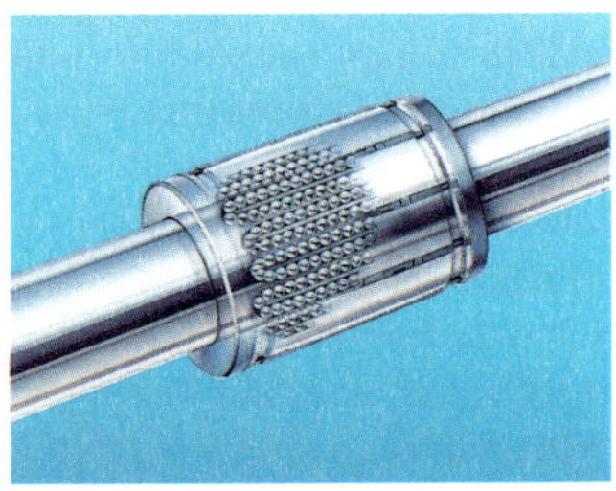

- **Hublängen**

Bei Wälzführungen mit *unbegrenztem Hub* müssen die durchgelaufenen Wälzkörper wieder an den Anfang der Führung zurückgeführt werden. Dies geschieht durch entsprechende Nuten in den Bauelementen oder durch kettenförmige Wälzkörperkäfige.

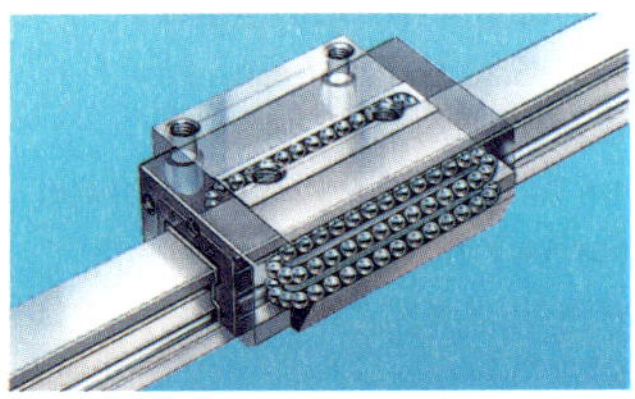

Längsführung mit unbegrenztem Hub

In Längsführungen mit unbegrenztem Hub müssen Wälzkörper zum Anfang des Gleitstücks zurückgeführt werden.

Übungsaufgabe 3/25

In Wälzführungen nehmen die Wälzkörper infolge des Kraftschlusses mit den Führungsschienen zwangsläufig an der Bewegung teil. Aus diesem Grunde bewegen sich Wälzkörperkäfig und Wälzkörper mit halber Geschwindigkeit gegenüber der Führung weiter. Der Hub des Wälzkörperkäfigs ist daher stets nur halb so groß wie der Hub der Führung.

Bei Wälzführungen, die nur einen begrenzten Hub ausführen, müssen die Käfige mit den Wälzkörpern um die Länge des *halben* Hubes gegenüber der Führungsschiene überstehen. Damit rollt die Führungsschiene stets auf der ganzen Länge auf Wälzkörpern.

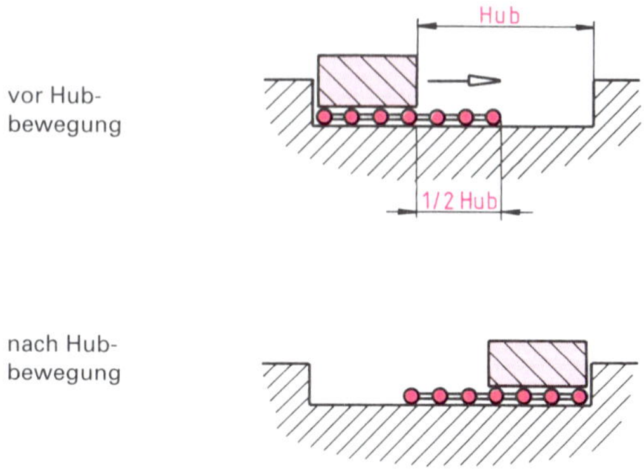

Bewegung von Führung und Käfig bei begrenztem Hub

Der Käfig von Wälzführungen mit begrenztem Hub muß um den halben Hub gegenüber der Führungsschiene vorstehen.

3.2.3 Achsen

Achsen tragen und stützen sich drehende Baueinheiten. Sie sind Funktionselemente zum Stützen. Achsen werden in der Hauptsache auf Biegung und nie auf Verdrehen beansprucht. Man unterscheidet feststehende Achsen und umlaufende Achsen. Kurze Achsen, welche feststehen, nennt man auch Bolzen. Sie sind zur wirtschaftlichen Verwendung in unterschiedlichen Formen genormt.

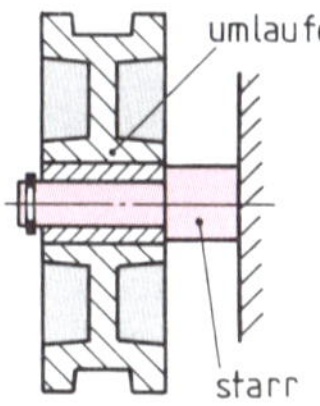

Starre Achse

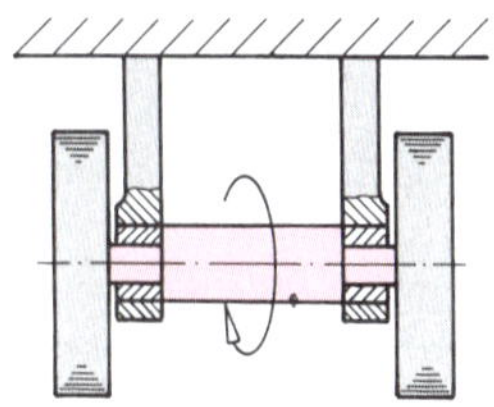
Umlaufende Achse

Achsen werden hauptsächlich auf Biegung und nie auf Verdrehung beansprucht.

• Biegebeanspruchung

Die Biegebeanspruchung bei Achsen entsteht dadurch, daß die Lagerung der Achse und der Kraftangriff der abgestützten Baueinheit an verschiedenen Stellen der Achse erfolgen.

Damit die Beanspruchung der Achse durch die zu stützende Baueinheit anschaulicher wird, zeichnet man die Achse als Strecke und trägt Größe und Richtung der angreifenden Biegekräfte als Pfeile entsprechend an. Nimmt die Biegekraft zu, so wächst im gleichen Verhältnis die Biegebeanspruchung.

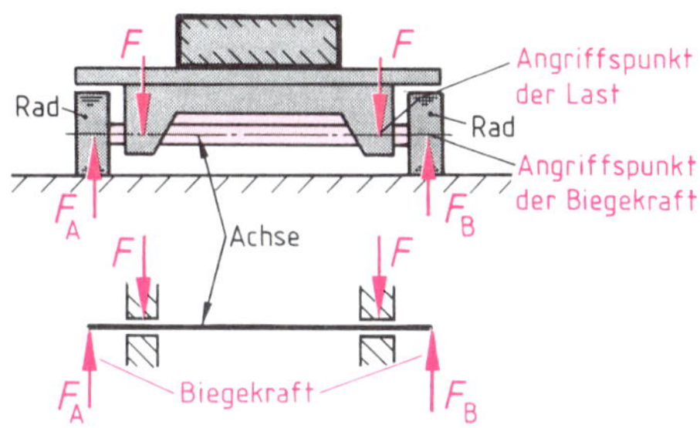

Kräfte an einer Achse

Bei gleicher Biegekraft wächst die Biegebeanspruchung mit größer werdendem Abstand zwischen Biegekraft und Lagerstelle. Die Biegewirkung für jede Stelle der Achse in diesem Bereich hängt ab:

- von der *Größe* der aufgebrachten Kraft,
- von dem *Abstand* zwischen Kraftangriff und Achslagerung.

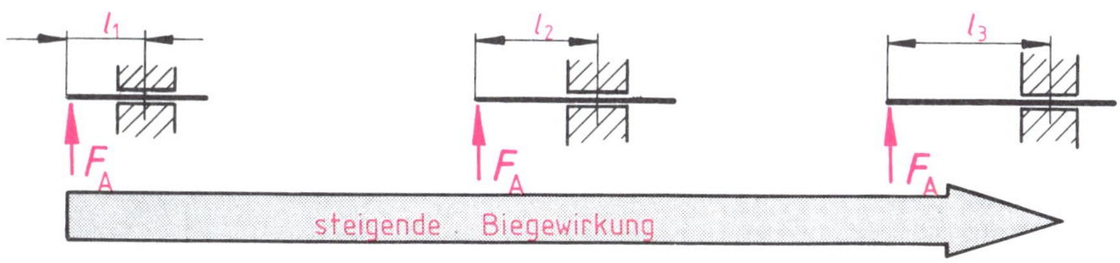

Übungsaufgaben 3/26; 3/27; 3/28

Die größte Biegewirkung tritt bei der skizzierten Achse an der Lagerstelle auf. Sie wird als Produkt aus Kraft und Abstand zwischen Kraftangriff und Lagerstelle berechnet und als **Biegemoment** bezeichnet. Das Biegemoment ist ein Maß für die Biegebeanspruchung.

Biegemoment	=	Kraft	·	Hebelarm
M_b	=	F	·	l

Beispiel **zur Bestimmung eines Biegemoments**

Aufgabe

Es ist das Biegemoment an der Lagerstelle zu ermitteln.
Der Anstieg des Biegemoments vom Kraftangriff zur Lagerstelle ist in einem Diagramm darzustellen.

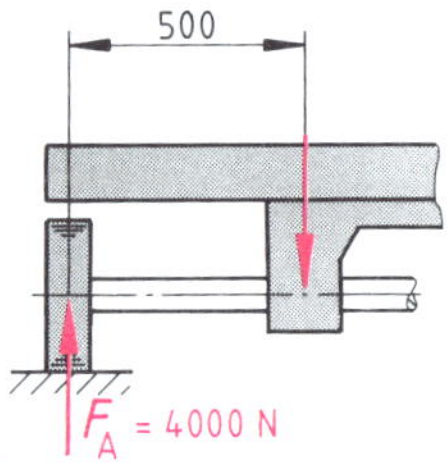

Lösung

$M_b = F_A \cdot l$

M_b = 4 000 Nm · 0,5 m

M_b = **2 000 Nm**

(Das Biegemoment wächst stetig vom Angriffspunkt der Kraft bis zur Lagerstelle.)

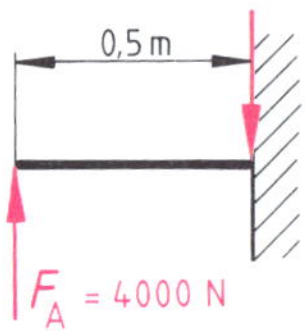

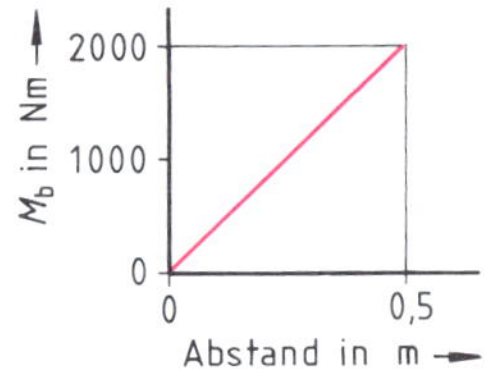

Das Biegemoment M_b ist das Produkt aus Kraft und Abstand zwischen Kraftangriff und Lagerstelle. Das Biegemoment ist ein Maß für die Biegebeanspruchung.

Durch das Biegemoment wird die Achse gebogen. Dabei wird der Werkstoff auf der einen Seite gestreckt, auf der anderen Seite verkürzt. In der Ebene dazwischen, der neutralen Faser, treten keine Längenänderungen ein.
Auf der gestreckten Seite der Achse entstehen Zugspannungen, die verkürzte Seite weist dagegen Druckspannungen auf. Zug- und Druckspannungen nehmen zur **neutralen Faser** hin ab.

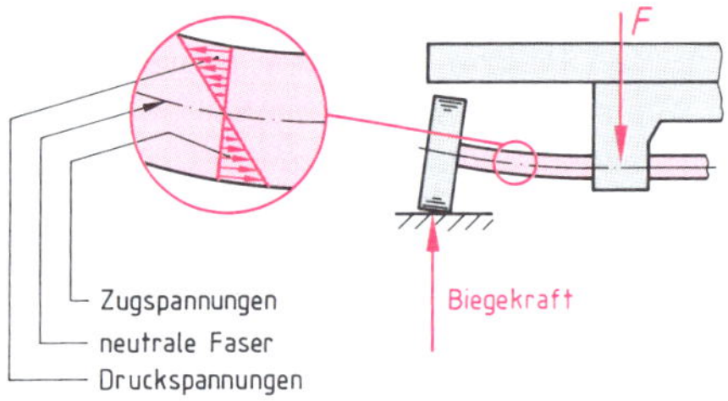

Spannungen in einer Achse

Als Folge der Biegebeanspruchung treten in der Achse auf der gestreckten Seite Zugspannungen und auf der gestauchten Seite Druckspannungen auf.
Die neutrale Faser ist frei von Spannungen

3.3 Elemente und Gruppen zur Energieübertragung

3.3.1 Wellen

Wellen haben die Aufgabe, mechanische Energie von der Antriebseinheit zum Antriebsort zu leiten. Sie laufen dabei um und übertragen Drehbewegungen. Diese werden durch Zahnräder, Kupplungen, Hebel u.a. in die Welle eingeleitet und auch wieder abgeleitet. Dadurch sind *Wellen auf Verdrehung* beansprucht. Gleichzeitig können Wellen durch Kräfte, die senkrecht zur Wellenachse wirken, auf Biegung beansprucht werden.

Weiterleiten mechanischer Energie über Wellen

Wellen sind Bauelemente, die mechanische Energie weiterleiten. Sie werden hauptsächlich auf Verdrehung beansprucht.

Übungsaufgaben 3/29; 3/30; 3/31

• Drehmoment

Beim Einleiten der Drehbewegung in eine Welle wirkt eine Kraft an einem Hebelarm, z.B. am Teilkreis eines Zahnrades. Dabei ist der Hebelarm der Abstand zwischen Angriffspunkt der Kraft und Drehpunkt.
Das Drehbestreben, welches eine Kraft an einem Hebel ausübt, nennt man Drehmoment (M_d). Das Drehmoment ist das Produkt aus Umfangskraft und Hebelarm. Eine Welle kann ein eingegebenes Drehmoment nur in gleicher Größe weiterleiten.

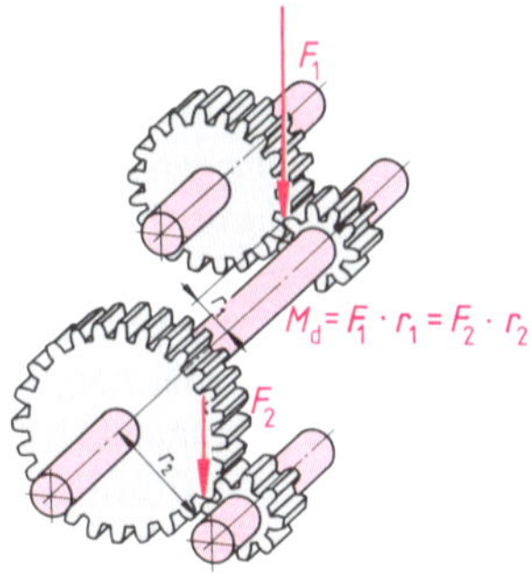

Drehmoment an einer Welle

Wellen übertragen Drehmomente. Ein Drehmoment ist das Produkt aus Umfangskraft und Hebelarm (Radius).

• Torsionsspannung

Durch das Drehmoment wird auf die Welle eine Verdrehbeanspruchung ausgeübt.
Dadurch entstehen im Werkstoff der Welle Torsionsspannungen (Verdrehspannungen). Die größten Spannungen entstehen außen am Wellenumfang. Sie nehmen stetig nach innen hin ab. In der Mittellinie der Welle sind sie gleich Null.

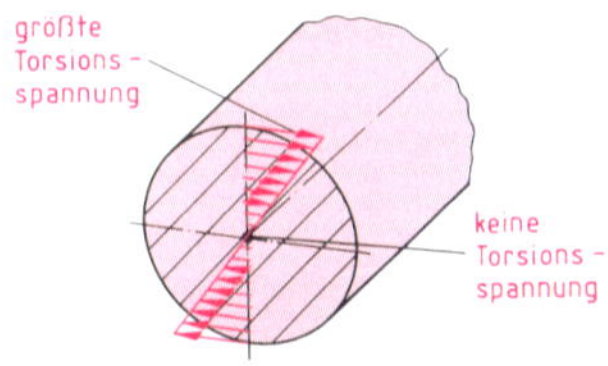

Torsionsspannungen in einer Welle

Das Drehmoment verursacht in der Welle Torsionsspannungen. Diese Torsionsspannungen sind am Umfang der Welle am größten und nehmen zur Mittellinie stetig ab.

• Aufbau von Achsen und Wellen

Achsen und Wellen müssen abgestützt werden. Zur Abstützung benutzt man Lager. Die Stützstelle an den Wellen und Achsen bezeichnet man als **Lagerzapfen**. Je nach Richtung der auftretenden Lagerkräfte unterscheidet man Tragzapfen und Stützzapfen.

Tragzapfen nehmen Kräfte in *radialer* Richtung auf. Je nach Abstand der Lagerstelle vom Achsen- oder Wellenende spricht man von Stirnzapfen oder Halszapfen.

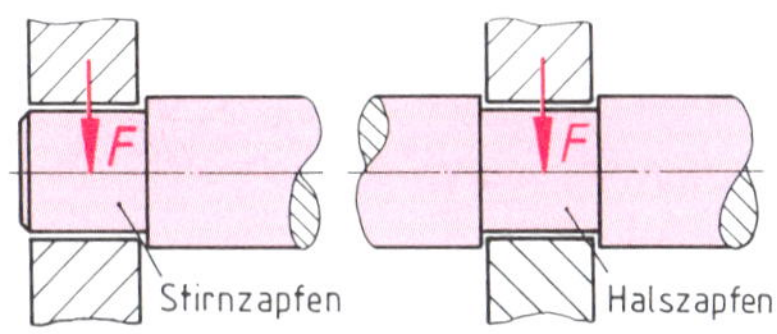

Tragzapfen

Stützzapfen nehmen Kräfte in *axialer* Richtung auf. Bei Verwendung von Gleitlagern benutzt man Ringzapfen. Soll die Lagerung gelenkartig beweglich sein, benutzt man Kugelzapfen.

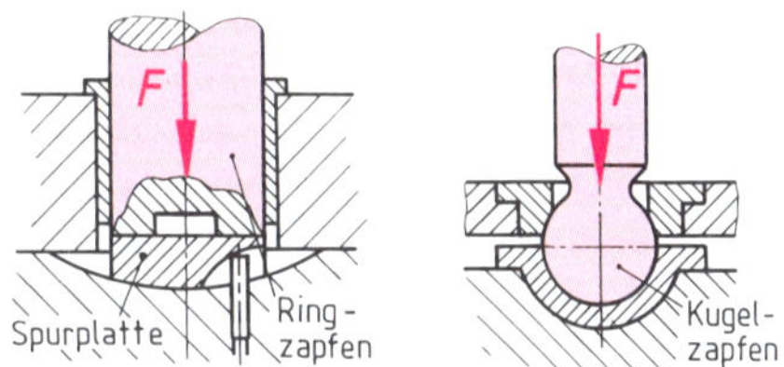

Stützzapfen

Der Übergang vom Zapfen zum übrigen Teil der Achse oder Welle ist gut abgerundet, um Kerbwirkung und damit verbundene Bruchgefahr zu vermindern.

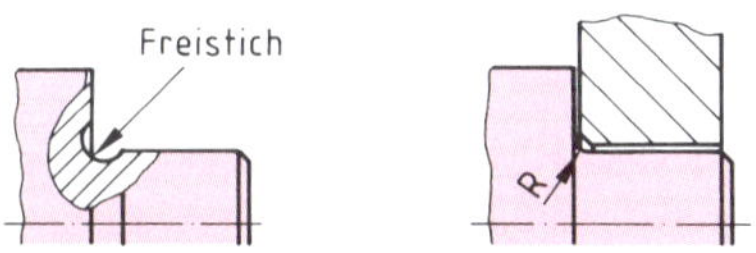

Zapfenübergänge

Achsen und Wellen werden an Zapfen in Lagern abgestützt.
Tragzapfen werden in radialer Richtung und Stützzapfen in axialer Richtung belastet.

• Befestigung von Bauteilen auf Wellen und Achsen

Auf umlaufenden Achsen müssen häufig die Naben von Rädern, Hebeln u.a. gegen axiales Verschieben gesichert werden. Da zwischen Achse und Nabe in axialer Richtung nur geringe Kräfte auftreten, genügen einfache Sicherungen durch Verbindungselemente wie Stifte, Splinte u.a. Auch kraftschlüssige Verbindungen, wie Aufschrumpfen, werden angewendet.

Welle und Nabe müssen wegen des zu übertragenden Drehmomentes sehr viel sorgfältiger gefügt werden. Die Art der Verbindung zwischen Welle und Nabe richtet sich nach der Größe des zu übertragenden Drehmomentes, der Umdrehungsfrequenz und der Qualität der Fügestelle. Dazu verwendet man Verbindungselemente wie Stifte, Keile, Paßfedern oder Profilformen, oder man verschweißt, verlötet oder verklebt Welle und Nabe.

Bei kleinen Wellen und raumsparender Gestaltung arbeitet man die Elemente zur Weiterleitung des Drehmomentes aus der Welle heraus.

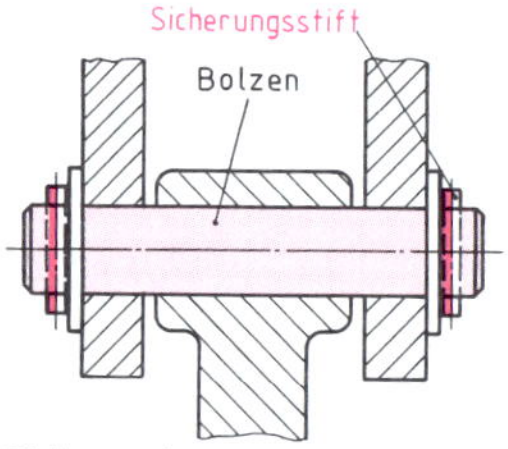

Sichern einer Bolzenverbindung

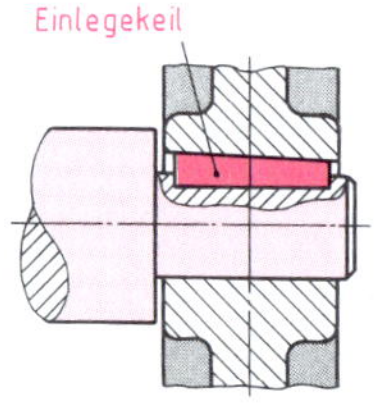

Verbindung durch Einlegekeil

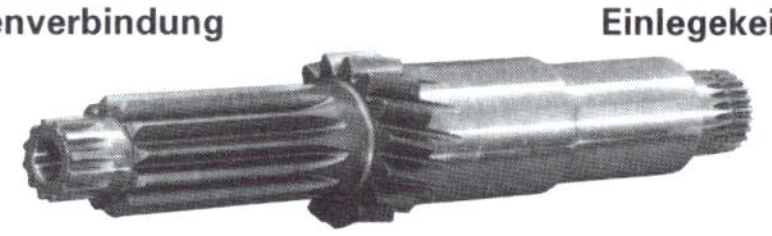

Welle mit Außenverzahnung und Zahnwellenprofil

In radialer Richtung werden Baueinheiten auf Wellen durch Stifte, Keile, Paßfedern oder Profilformen gegen Verdrehen gesichert.

Gegen axiales Verschieben der Baueinheiten auf den Wellen werden diese durch an die Wellen angedrehte Schultern, aufgesteckte Distanzhülsen, Sicherungsringe oder Gewinderinge gesichert. Sicherungsringe erfordern schmale, scharfkantige Nuten in der Welle. Wegen der Kerbwirkung durch diese Nuten sollen solche Sicherungen nur in dem Teil der Welle eingesetzt werden, der nicht durch ein Drehmoment oder ein Biegemoment beansprucht wird.

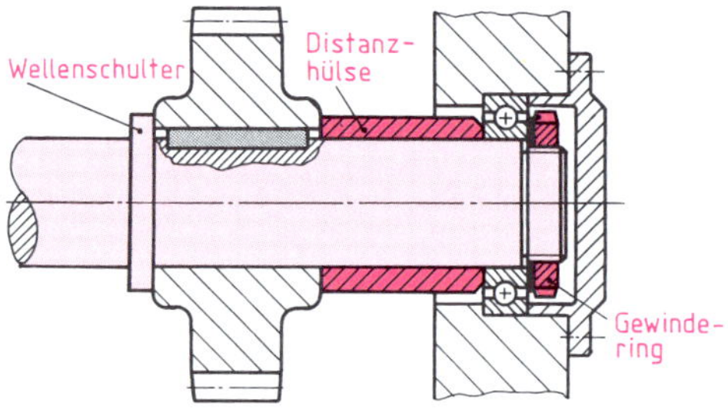

Sicherung gegen axiales Verschieben

In axialer Richtung werden Baueinheiten auf Wellen durch Wellenschultern, Distanzhülsen oder Gewinderinge gegen Verschieben gesichert.

• Sonderformen von Wellen

Gelenkwellen dienen zur Übertragung von Drehmomenten, wenn Höhenunterschiede und seitlicher Versatz von An- und Abtrieb zu überbrücken sind. Zum gleichförmigen Bewegungsablauf müssen An- und Abtrieb achsparallel liegen. Gelenkwellen bestehen darum aus beidseitigen Gelenken und einem zwischenliegenden Mittelteil mit Längsverschiebung. Bevorzugt werden Gelenkwellen in Kfz, Schienenfahrzeugen und Antrieben im Maschinenbau eingesetzt.

Gelenkwellen gleichen Höhenunterschiede und Versätze aus. Bedingung für gleichförmigen Lauf sind achsparalleler An- und Abtrieb.

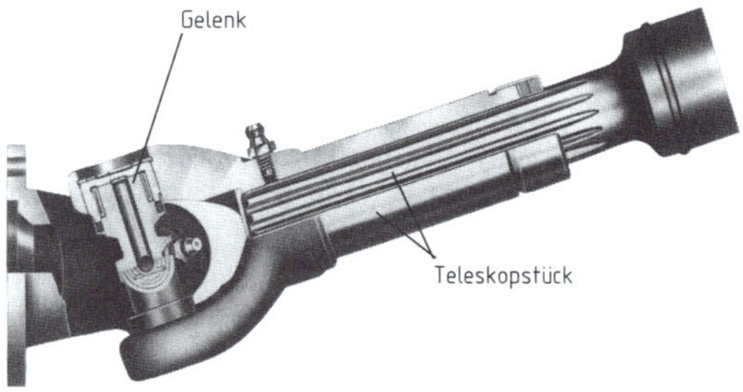

Gelenkwelle

Biegsame Wellen werden zum Übertragen kleiner Drehmomente eingesetzt. Man verwendet sie zum Weiterleiten mechanischer Energie bei Handfräsen, Tachometern u.a.

Biegsame Wellen bestehen aus gewundenen Drähten, die in Metallschläuchen geführt werden.

Biegsame Welle mit Antrieb

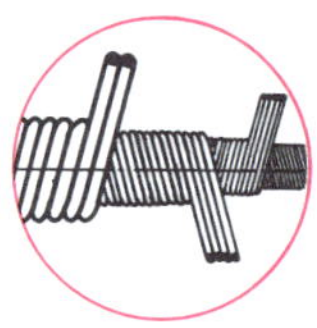

Wicklung der biegsamen Welle

Übungsaufgaben 3/38 bis 3/41

3.3.2 Kupplungen

3.3.2.1 Aufgaben und Einteilung von Kupplungen

Kupplungen sind Funktionseinheiten, die zur Übertragung von Drehmomenten von einer Welle auf die andere dienen. Eine Kupplung besteht darum aus zwei Hälften, die auf unterschiedliche Weise verbunden sind. Weitere Aufgaben können sein:

- *zeitweilige Trennung von laufendem Antriebselement und Getriebe,*
  z.B. schaltbare Kupplung im Auto und in Werkzeugmaschinen,
- *Schutz vor Überbelastung,*
  z.B. Rutschkupplung an Bohrmaschinen,
- *Trennen oder Zuschalten von Antrieb und Getriebe bei bestimmter vorgegebener Drehzahl oder Drehrichtung,*
  z.B. Freilauf beim Fahrrad,
- *Ausgleich von Querverlagerungen und Beugungswinkeln von Wellen,*
  z.B. Gelenkkupplungen an Kardanwellen,
- *Dämpfung von Stößen,*
  z.B. elastische Kupplungen bei Förderanlagen

Die Bauformen von Kupplungen lassen sich in zwei Gruppen einteilen:

- nicht schaltbare Kupplungen und
- schaltbare Kupplungen.

Elastische, nicht schaltbare Kupplungen an einer Fördereinrichtung

Kupplungen sind Baueinheiten, die Drehmomente von einer Welle auf die andere übertragen.

3.3.2.2 Nicht schaltbare Kupplungen

- **Starre, nicht schaltbare Kupplungen**

formschlüssige Kupplung	kraftschlüssige und formschlüssige Kupplung	kraftschlüssige Kupplung (mit Sicherung durch Paßfeder)
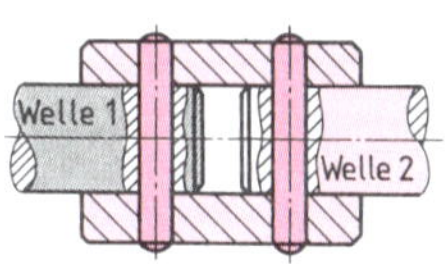	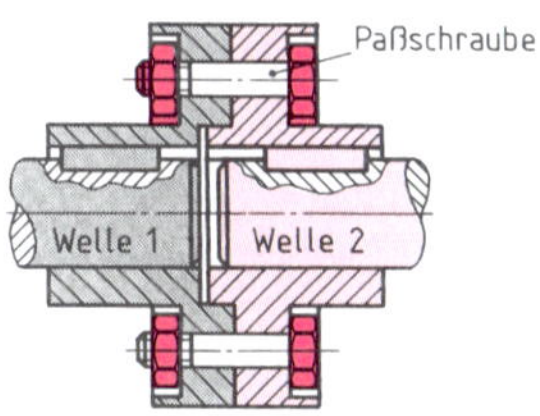	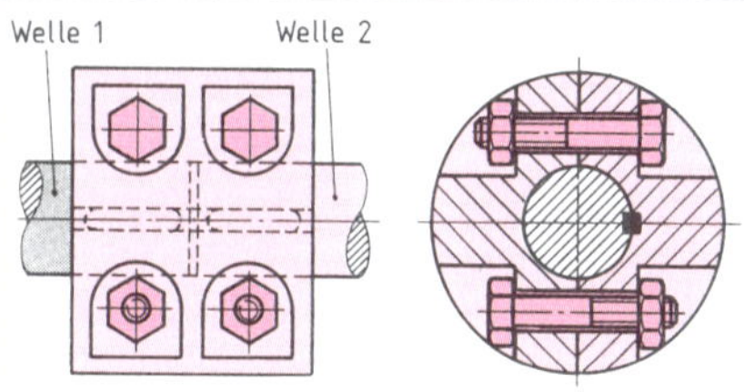
Stiftkupplung	**Scheibenkupplung**	**Schalenkupplung**
Vorteile: einfache Herstellung und Montage, platzsparend.	*Vorteile:* Übertragung großer und wechelseitiger Drehmomente.	*Vorteile:* leichter Ein- und Ausbau.
Nachteile: Übertragung geringer Drehmomente	*Nachteile:* schwieriger Ein- und Ausbau, geteilte Lager notwendig.	*Nachteile:* Übertragung kleinerer Drehmomente als bei Scheibenkupplungen

Starre nicht schaltbare Kupplungen verbinden Wellen dreh- und biegefest, so als bestünden die Wellen aus einem Stück. Abweichungen zwischen Wellen können nicht ausgeglichen werden.

Übungsaufgaben 3/42; 3/43

Nachgiebige, nicht schaltbare Kupplungen

Nachgiebige, nicht schaltbare Kupplungen, welche durch Formschluß Wellen miteinander verbinden, erlauben den Ausgleich von

- *Längenänderung,*
- *Winkelbeugung,*
- *Querverlagerung.*

Formschluß zwischen den Teilen der Kupplung auf den Wellenenden kann durch starre oder elastische Glieder erzielt werden.

Elastische Glieder aus Gummi, Kunststoff, Federstahl o.ä. dämpfen Stöße und erlauben in Grenzen den Ausgleich von Wellenverlagerungen aller Art.

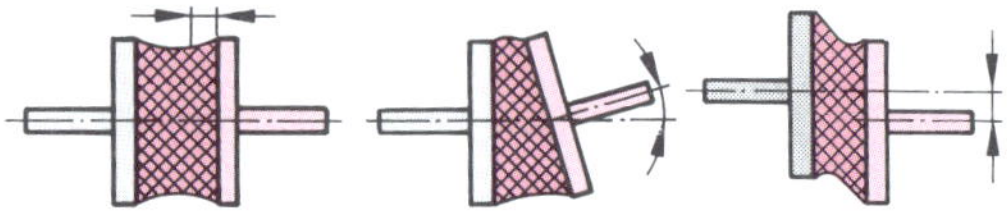

Längenänderung Winkelbeugung Querverlagerung

Verlagerung von Wellen zueinander

Nachgiebige, nicht schaltbare Kupplung

starre Verbindung	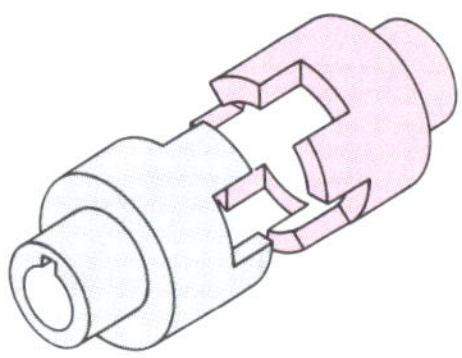 Klauenkupplung (erlaubt nur Längenänderung)	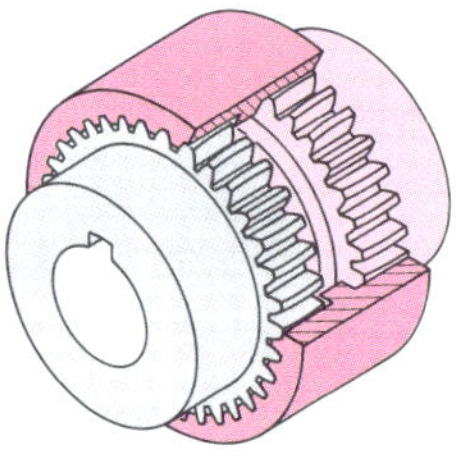 Balligzahn-Kupplung	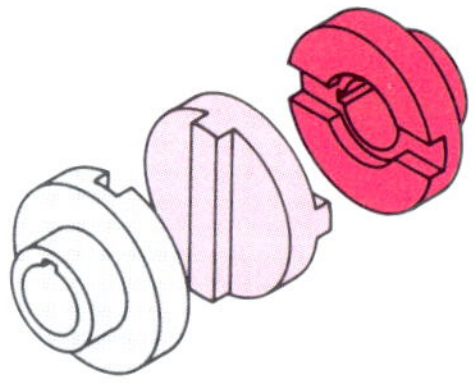 Kreuzscheiben-Kupplung
elastische Verbindung	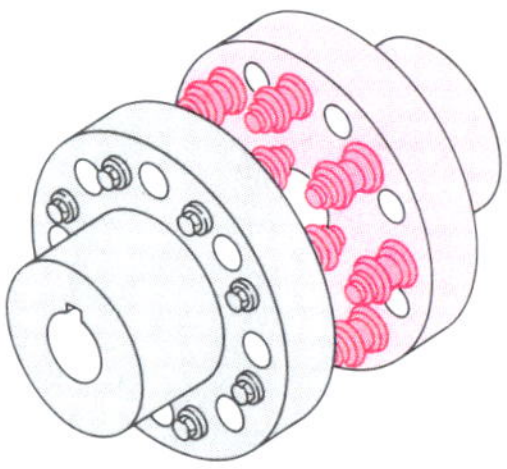 ELCO®-Kupplung mit gummierten Bolzen	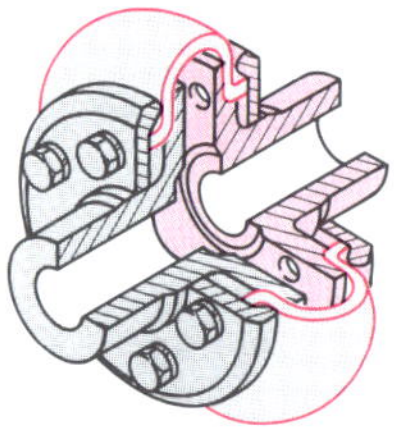 Periflex®-Kupplung mit Gummireifen	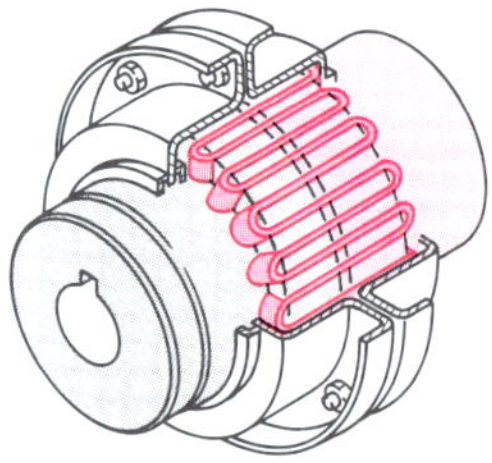 Winiflex®-Kupplung mit Stahlband

Nachgiebige, nicht schaltbare Kupplungen verbinden Wellen stoßdämpfend miteinander. Die Verbindungsglieder bestehen aus Gummi, Federstahl, Leder, Textilgewebe u.ä. Diese Verbindungsteile lassen folgende Verlagerungen zwischen den Wellen zu:

- Längenänderung
- Winkelbeugung
- Querverlagerung

Gelenkkupplung

Zur Übertragung von Drehmomenten zwischen Wellen, deren Mitten verlagert sind oder die ihre Lage zueinander im Betrieb ändern, verwendet man Gelenkwellen mit zwei Gelenkkupplungen. Zur Übertragung kleiner Drehmomente, z.B. an den Spindeln von Mehrspindelbohrmaschinen, eignen sich Kugelgelenke. Größere Drehmomente überträgt man durch Kreuzgelenke.

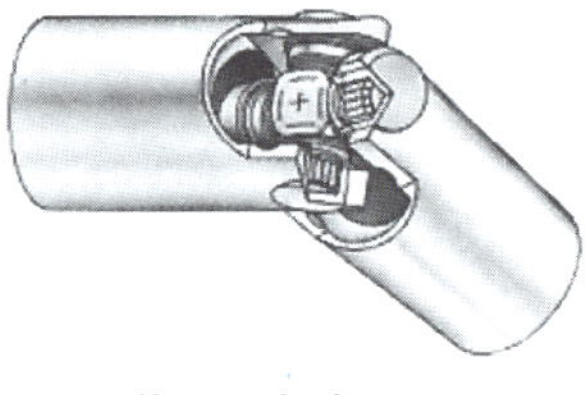

Nadelgelagertes Kreuzgelenk

Übungsaufgaben 3/44; 3/45

3.3.2.3 Schaltbare Kupplungen

Schaltbare Kupplungen erlauben es, die Verbindung zwischen treibenden und getriebenen Baueinheiten einer Maschine zu unterbrechen.

- **Im Stillstand schaltbare Kupplungen**

Nur im Stillstand (oder bei Gleichlauf) schaltbare Kupplungen sind in der Regel formschlüssige Kupplungen. Sie sind während des Betriebes bedingt ausrückbar. Bei formschlüssigen Schaltkupplungen muß eine Hälfte der Kupplung auf der Welle axial verschiebbar sein. Dadurch können die Verbindungselemente (Klauen, Zähne, Bolzen usw.) bei Schaltung ineinandergefügt werden. Die Verbindung zwischen dem beweglichen Teil der Kupplung und der Welle erfolgt durch Gleitfederverbindungen oder durch Profilwellen.

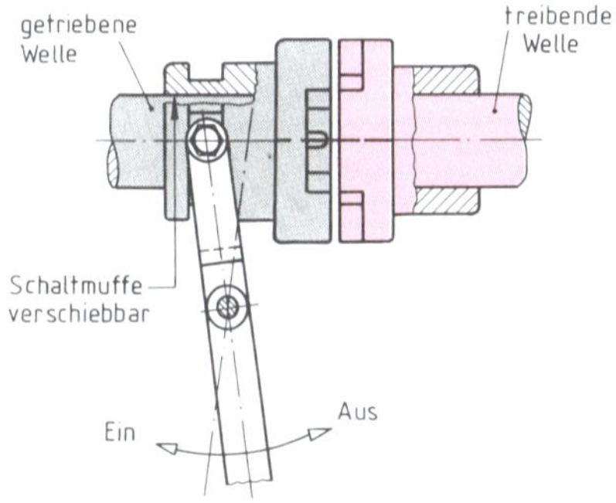

Klauenkupplung

Formschlüssige Schaltkupplungen sind nur im Stillstand (oder bei Gleichlauf) schaltbar.

- **Während des Betriebes schaltbare Kupplungen**

Diese Kupplungen übertragen die Drehmomente durch Kraftschluß. Dabei werden die Reibflächen der beiden Kupplungshälften durch eine Kraft gegeneinandergepreßt. Die Reibflächen können als Scheiben, Kegel oder als Backen konstruiert sein. Im Maschinenbau und Kraftfahrzeugbau verwendet man meist Scheibenkupplungen.

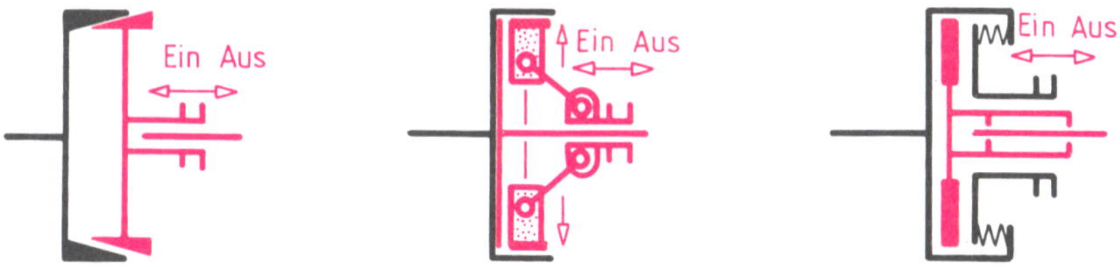

Wirkprinzipien kraftschlüssiger Schaltkupplung Kegelkupplung Backenkupplung Scheibenkupplung

Scheibenkupplungen

Scheibenkupplungen werden als Einscheibenkupplungen und Mehrscheibenkupplungen (Lamellenkupplungen) hergestellt.

Bei **Einscheibenkupplungen** wird durch Federkraft eine Druckplatte gegen eine axial verschiebbare Scheibe, die sich auf der getriebenen Welle befindet, gepreßt. Die Kupplungsscheibe drückt dadurch gegen das Kupplungsgehäuse auf der Antriebswelle. Die Kupplungsscheibe ist auf beiden Seiten mit einem besonderen Reibbelag versehen. Zum Entkuppeln wird die Druckplatte mit Hilfe von Ausrückhebeln gegen die Federkraft zurückgezogen.

Einscheibenkupplungen werden meist in Kraftfahrzeugen verwendet.

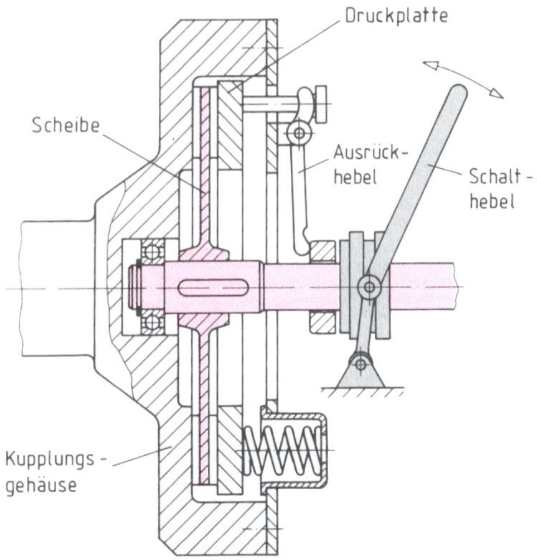

Einscheibenkupplung mit mechanischer Betätigung

Übungsaufgabe 3/46

Mehrscheibenkupplungen, Lamellenkupplungen genannt, haben mehrere Scheiben bzw. Lamellen. Mit der Anzahl der Lamellen und der Anpreßkraft erhöht sich das übertragbare Drehmoment. Dabei unterscheidet man Außen- und Innenlamellen, die abwechselnd angeordnet sind. Die Außenlamellen werden vom Kupplungsgehäuse, die Innenlamellen von der getriebenen Welle in Nuten mitgenommen. Beim Einschalten der Kupplung werden die Lamellen durch Hebel gegeneinander gepreßt.
Mehrscheibenkupplungen verwendet man in Werkzeugmaschinen und Getrieben.

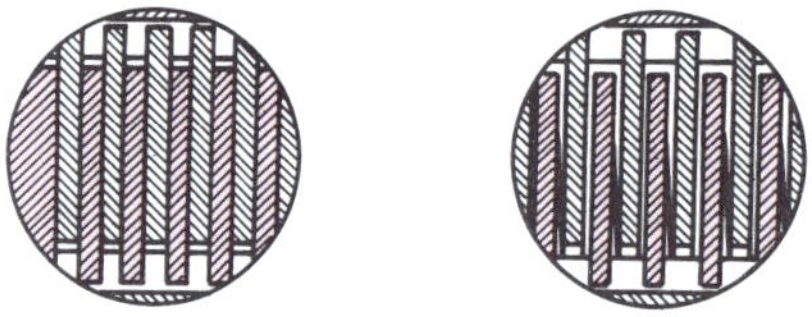

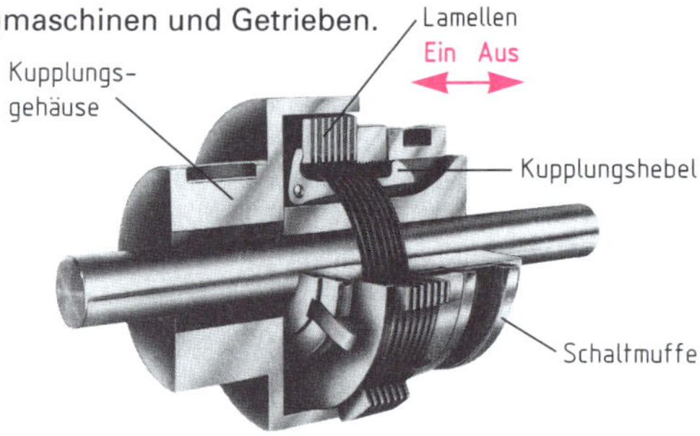

Lamellenkupplung mit mechanischer Betätigung

Zur **Ausführung der Schaltbewegung** bei Kupplungen benötigt man einen Schaltmechanismus. Dieser Schaltmechanismus kann auf verschiedene Weise betätigt werden:

- *mechanisch,*
- *hydraulisch bzw. pneumatisch,*
- *magnetisch.*

Verschiedene Arten der Schaltung einer Lamellenkupplung

mechanisch geschaltet	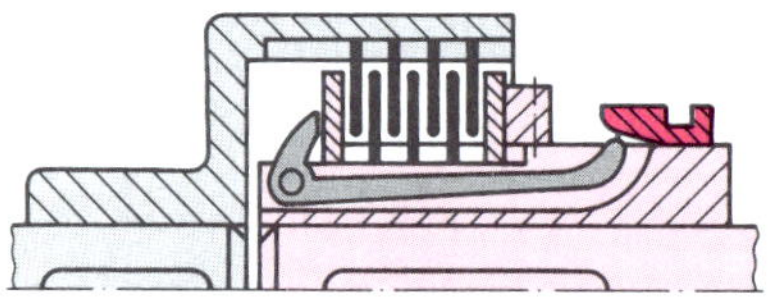	*besondere Merkmale:* feinfühliges Schalten, geringe Schaltgenauigkeit, ungeeignet für Fernbedienung und Programmsteuerung. *Einbaubeispiele:* Werkzeugmaschinen, Bootsgetriebe, Verladegeräte
hydraulisch geschaltet	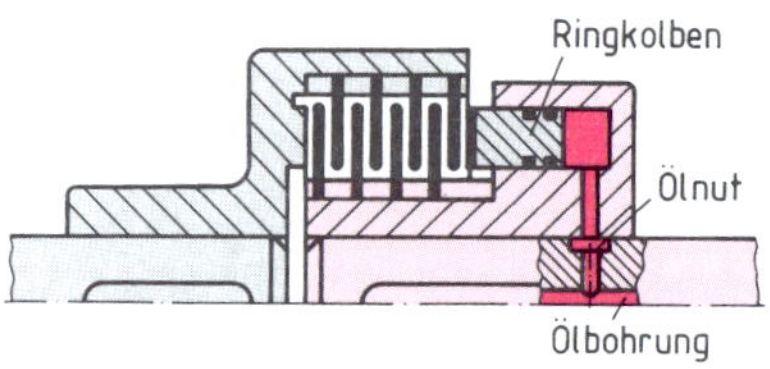	*besondere Merkmale:* sehr kleine und robuste Bauart, Übertragung großer Drehmomente, größere Schaltgenauigkeit als mechanische Schaltung, weitgehende Wartungsfreiheit. *Einbaubeispiele:* Maschinen mit eigener Hydraulik, z.B. Bagger, Baumaschinen, Werkzeugmaschinen
elektrisch geschaltet		*besondere Merkmale:* sehr hohe Schaltgenauigkeit, sehr gut geeignet für Fernbedienung und Programmsteuerung. *Einbaubeispiele:* fernbediente Förderanlagen, programmgesteuerte Maschinen.

Die **Auswahl der Schaltung,** ob mechanisch, hydraulisch, pneumatisch oder elektromagnetisch, richtet sich nach folgenden Gesichtspunkten:

- *Größe der zu übertragenden Drehmomente,*
- *Größe der Schaltkraft,*
- *geforderte Schaltzeit und Schaltgenauigkeit,*
- *Entfernung der Schaltstelle von der Kupplung,*
- *Baugröße,*
- *Medium, das an der Maschine vorliegt.*

Kraftschlüssige Kupplungen sind im Stillstand und in Betrieb schaltbar.
Der Schaltvorgang kann mechanisch, hydraulisch, pneumatisch oder elektromagnetisch erfolgen.

Übungsaufgaben 3/47; 3/48; 3/49

Strömungskupplung

Bei sehr großen zu bewegenden Massen und hohen Antriebsleistungen werden häufig Strömungskupplungen verwendet.

Eine Strömungskupplung besteht aus zwei Schalen. Dabei wirkt die treibende Schale wie eine *Pumpe*. Beim Lauf des Antriebs strömt das Öl in dieser Schale infolge der Fliehkraft nach außen. Das strömende Öl tritt in die Kupplungsschale auf der angetriebenen Welle ein. Diese getriebene Schale wirkt wie eine *Turbine*. Sie bremst das strömende Öl ab, wird aber dadurch in Bewegung gesetzt.

Je größer die Drehzahldifferenz und die Ölmenge ist, desto größer ist das übertragbare Drehmoment. Durch die Flüssigkeitsmenge werden in der Kupplung auch Drehzahl und Drehmoment verändert. Strömungskupplungen gleichen Unregelmäßigkeiten in der Belastung gut aus und schützen vor Überbelastung.

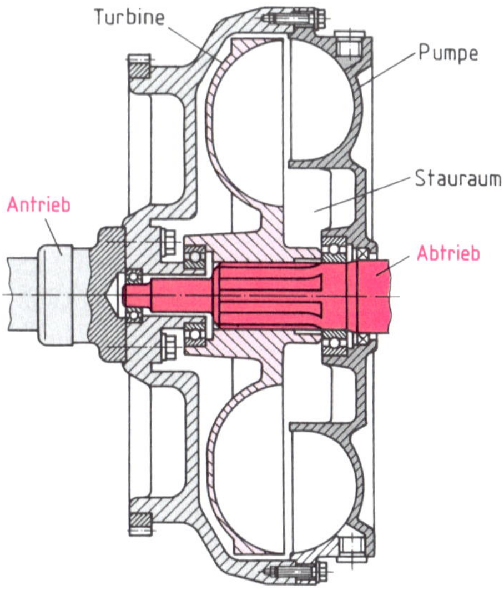

Schema einer Strömungskupplung

In Strömungskupplungen verleiht die treibende Schale – Pumpe – dem Öl kinetische Energie, die an die getriebene Schale – Turbine – auf der getriebenen Welle wieder abgegeben wird.

- **Selbsttätig schaltende Kupplungen**

Anlauf- und Überlastkupplung

Damit Motoren vorsichtig anlaufen können, setzt man Anlaufkupplungen ein, die mit steigender Drehzahl allmählich einkuppeln.

Überlastkupplungen werden als Sicherheitskupplungen eingesetzt. Sie sind meist als Rutschkupplung ausgeführt.

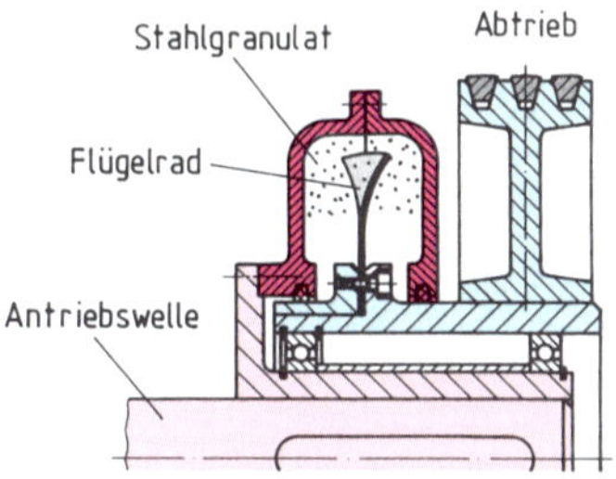

Anlaufkupplung

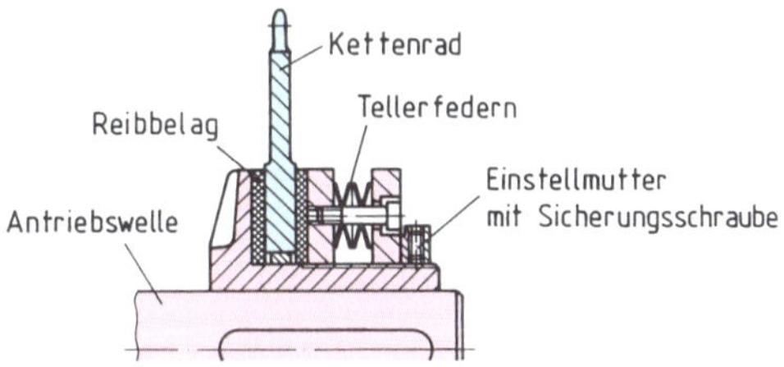

Überlastkupplung

Anlaufkupplungen bewirken „weichen" Anlauf.
Überlastkupplungen schützen durch Rutschen bei überhöhtem Drehmoment.

Richtungsbetätigte Schaltkupplungen

Freiläufe sind richtungsbetätigte Schaltkupplungen. Sie verbinden treibende und getriebene Wellen miteinander, sobald beide Kupplungsteile die gleiche Drehzahl haben. Sobald der treibende Teil langsamer läuft als der getriebene Teil, löst der Freilauf und hierdurch überholt das getriebene Teil das treibende. Deshalb verwendet man Freiläufe als Überholkupplungen und als Rücklaufsperren.

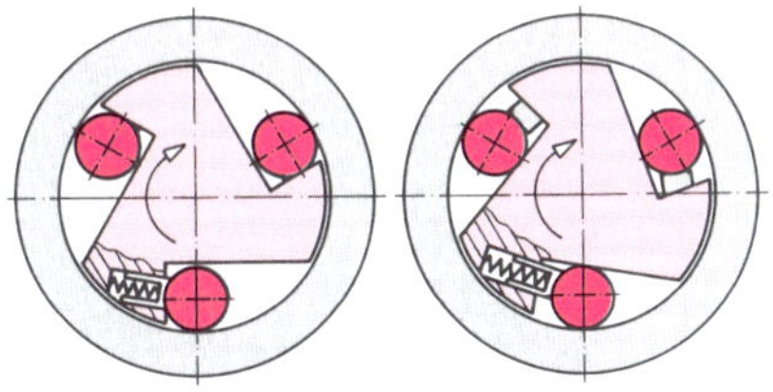

freilaufender Außenring — Mitnahme des Außenrings

Klemmrollen-Überholkupplung (Freilauf)

Freiläufe sind richtungsbetätigte Schaltkupplungen. Sie entkuppeln, wenn das getriebene Teil das treibende in der Drehzahl überholt.

Übungsaufgaben 3/50 bis 3/53

3.3.3 Getriebe

Getriebe sind Baueinheiten zwischen Antriebs- und Arbeitseinheit. Sie können die Funktionen haben:

- Bewegungsenergie weiterzuleiten,
- Drehzahlen zu ändern,
- Drehrichtung umzukehren,
- Bewegungsart umzuformen.

Antriebseinheit → **Getriebe** → **Arbeitseinheit**

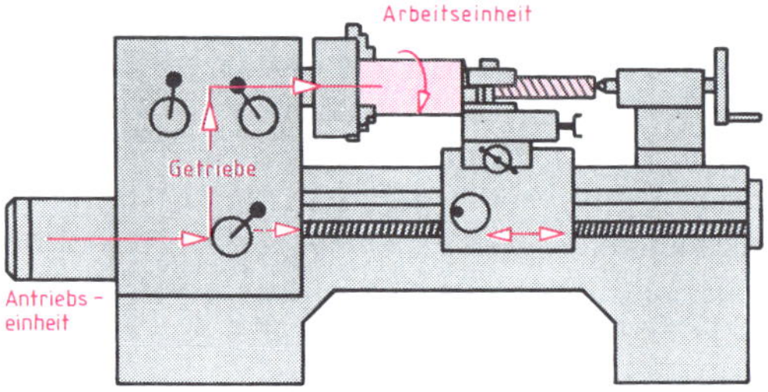

Weiterleiten der Energie von der Antriebseinheit zu der Arbeitseinheit

Getriebe werden für folgende Aufgaben verwendet:

- Weiterleiten der Bewegung von der Antriebseinheit zu der Arbeitseinheit,
- Anpassen der gegebenen Antriebsbewegung an die geforderte Arbeitsbewegung.

Entsprechend dem mechanischen Prinzip der Umformung lassen sich verschiedene Getriebearten unterscheiden (siehe Übersicht über mechanische Getriebe):

- **Zugmittelgetriebe** (z.B. Fahrradkette),
- **Zahnradgetriebe** (z.B. Drehmaschinengetriebe),
- **Schraubengetriebe** (z.B. Schloßmutter an Leitspindel),
- **Gelenkgetriebe** (z.B. Pleuelstange),
- **Kurvengetriebe** (z.B. Ventilsteuerung der Nockenwelle),
- **Sperrgetriebe** (z.B. Hemmgetriebe in Uhr),
- **Druckmittelgetriebe** (z.B. hydraulische Presse) siehe *„Steuerungstechnik* Kapitel *Pneumatik"*).

Übersicht über mechanische Getriebe

	Zugmittelgetriebe	**Zahnradgetriebe**	**Schraubengetriebe**
Aufgabe	Übertragung einer Drehbewegung von einer Welle auf eine andere, bei einem Achsabstand, der größer ist als die Summe der Radien von An- und Abtriebsrad, meist verbunden mit Änderung der Drehzahl.	Übertragung der Drehbewegung von einer Welle auf eine andere, verknüpft mit der Umkehrung der Drehrichtung, meist angewendet zur Änderung der Drehzahl.	Umwandlung einer Drehbewegung in eine geradlinige Bewegung, wobei die geradlinige Bewegung der Drehbewegung jederzeit proportional ist.
Beispiel	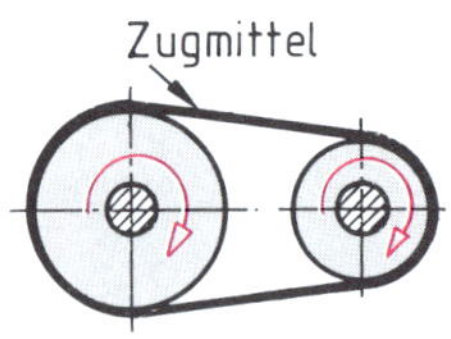 Übertragen der Drehbewegung der Pedalbewegung auf das Hinterrad eines Fahrrads.	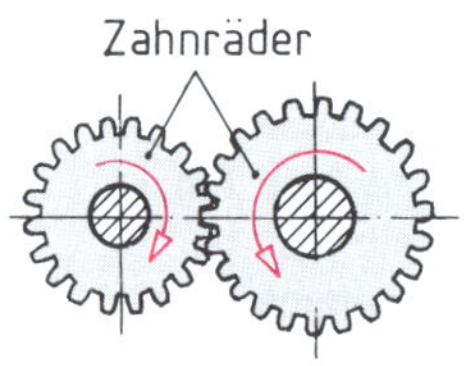 Umformung der Drehzahl und Drehrichtung von der Antriebseinheit auf die Arbeitseinheit in einem Drehmaschinengetriebe.	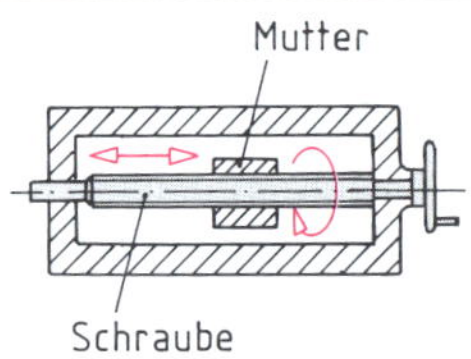 Schlittenbewegung an der Drehmaschine. Umformung der Drehbewegung an der Spindel in geradlinige Bewegung des Schlittens.

Übersicht über mechanische Getriebe (Fortsetzung)

	Gelenkgetriebe	Kurvengetriebe	Sperrgetriebe
Aufgabe	Umwandlung einer Drehbewegung in eine geradlinige Hin- und Herbewegung oder umgekehrt.	Umwandlung einer Drehbewegung in eine andere Bewegung nach bestimmter Gesetzmäßigkeit.	Sperren und Freigeben einer Bewegung in bestimmten Abständen.
Beispiel	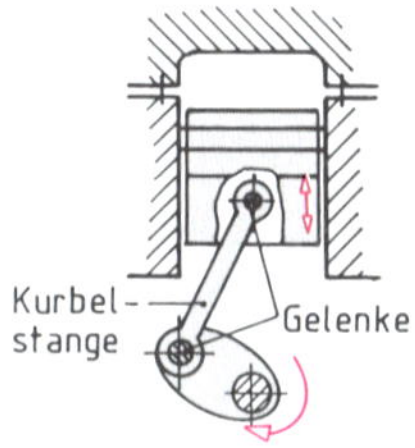 Umwandlung der geradlinigen Kolbenbewegung eines Verbrennungsmotors in die Drehbewegung der Kurbelwelle.	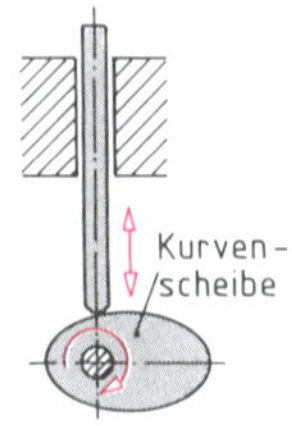 Umwandlung der Drehbewegung der Nockenwelle in geradlinige Hubbewegung der Ventilsteuerung im Kraftfahrzeug.	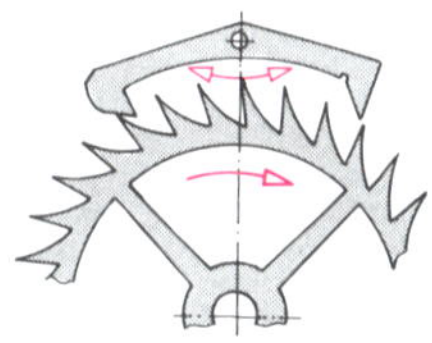 Sperrung der Drehbewegung des Uhrengetriebes in regelmäßigen Zeitabständen.

3.3.4 Berechnungsgrundlagen für Getriebe

- **Umdrehungsfrequenz und Umfangsgeschwindigkeit**

Die Zahl der Umdrehungen, die ein Rad eines Getriebes in einer Zeiteinheit (min oder s) ausführt, wird als Umdrehungsfrequenz (Drehzahl) bezeichnet. Meist wird die Drehzahl n mit der Einheit 1/min verwendet. Die Umfangsgeschwindigkeit für die kreisförmige Bewegung wird aus dem Durchmesser und der Drehzahl berechnet:

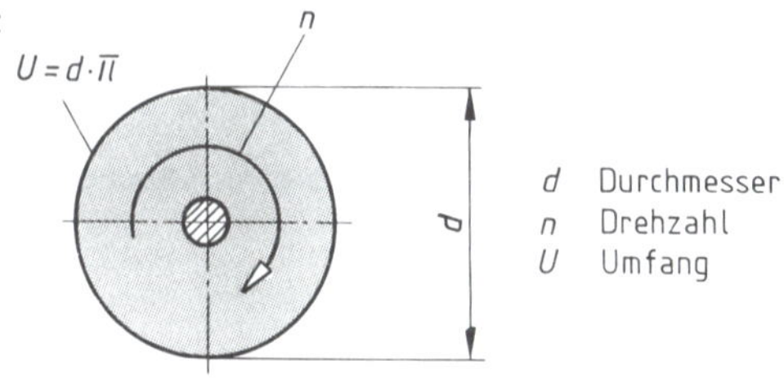

Umfangsgeschwindigkeit = Durchmesser · π · Umdrehungsfrequenz

$$v = d \cdot \pi \cdot n$$

- **Übersetzungsverhältnis**

Treibt ein Rad in einem Getriebe ein anderes Rad, ohne daß die Oberflächen aufeinander rutschen, so haben beide Räder die gleiche Umfangsgeschwindigkeit v, auch wenn die Räder unterschiedliche Durchmesser haben.

Es gilt dann die Beziehung:

$$v_1 = v_2$$

$$d_1 \cdot \pi \cdot n_1 = d_2 \cdot \pi \cdot n_2$$

Aus dieser Gleichung ergibt sich durch Umstellen und Kürzen von π das Verhältnis der Drehzahlen.

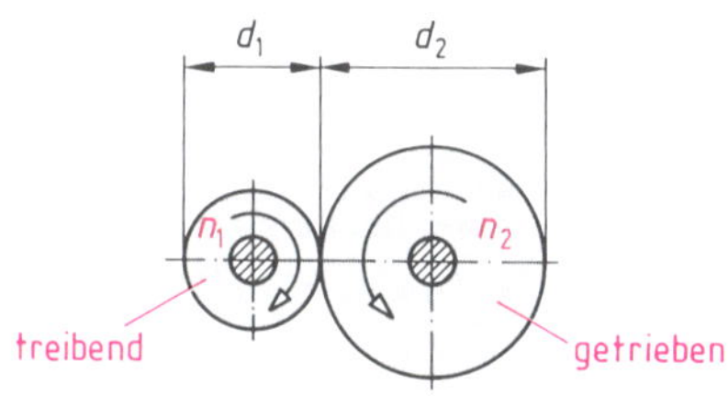

Einstufiges Getriebe

Das Verhältnis der Drehzahl des treibenden Rades zur Drehzahl des getriebenen Rades ist das **Übersetzungsverhältnis** i. Das Übersetzungsverhältnis wird als Bruch angegeben, z.B. i = 1:5.

$$i = \frac{n_1}{n_2} = \frac{d_2}{d_1}$$

$$\text{Übersetzungsverhältnis } i = \frac{\text{Drehzahl des treibenden Rades } n_1}{\text{Drehzahl des getriebenen Rades } n_2} = \frac{\text{Durchmesser des getriebenen Rades } d_2}{\text{Durchmesser des treibenden Rades } d_1}$$

$$i = \frac{n_1}{n_2} = \frac{d_2}{d_1}$$

Übungsaufgaben 3/54; 3/55

Will man die Drehzahl noch weiter verändern, bringt man auf die Welle des getriebenen Rades ein weiteres Rad, das ein viertes Rad auf einer dritten Welle treibt. Man hat nun ein zweistufiges Getriebe.
Kennzeichnung von Durchmessern und Drehzahlen:
– *treibende Räder ungerade Kennzahlen* (d_1; d_3; n_1...)
– *getriebene Räder geradzahlige Kennzahlen* (d_2; n_2;...)
Das Übersetzungsverhältnis eines Getriebes insgesamt (i_{ges}) ist das Verhältnis der Drehzahlen vom ersten treibenden zum letzten getriebenen Rad.

$$i_{ges} = \frac{n_A}{n_E}$$

n_A Drehzahl des ersten treibenden Rades
n_E Drehzahl des letzten getriebenen Rades

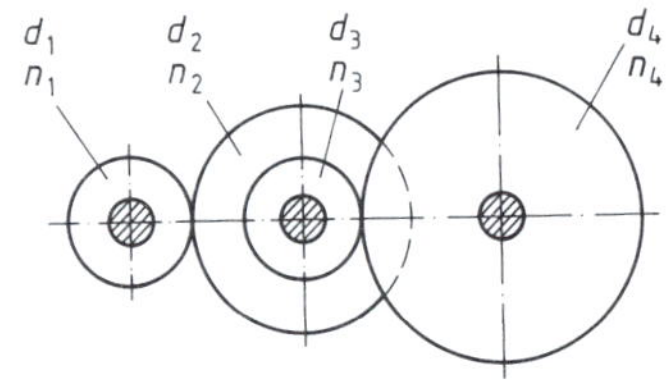

$$i_1 = \frac{n_1}{n_2} \qquad i_2 = \frac{n_3}{n_4}$$

$$n_2 = n_3$$

$$i_{ges} = \frac{n_1}{n_4} = \frac{n_A}{n_E}$$

Zweistufiges Getriebe

Das gesamte Übersetzungsverhältnis kann auch aus dem Produkt der Übersetzungsverhältnisse der einzelnen Stufen berechnet werden, $i_{ges} = i_1 \cdot i_2 \cdot ...$

Bei mehrstufigen Getrieben ist das Gesamtübersetzungsverhältnis das Produkt der Übersetzungsverhältnisse jeder Stufe. Das Gesamtübersetzungsverhältnis läßt sich auch aus dem Verhältnis der Drehzahl des ersten Rades n_A zur Drehzahl des letztes Rades n_E berechnen.

$$i_{ges} = i_1 \cdot i_2 \cdot ... \quad \text{oder} \quad i_{ges} = \frac{n_A}{n_E}$$

Beispiel für die Berechnung von Übersetzungen und Drehzahlen

Gegeben:
$d_1 = 80$ mm
$d_2 = 200$ mm
$d_3 = 60$ mm
$d_4 = 240$ mm
$n_1 = 200 \frac{1}{\text{min}}$

Gesucht:
i_1
i_2
i_{ges}
n_2
n_3
n_4

Lösung:

$$i_1 = \frac{d_2}{d_1} = \frac{200 \text{ mm}}{80 \text{ mm}} = \mathbf{2{,}5 : 1}$$

$$i_2 = \frac{d_4}{d_3} = \frac{240 \text{ mm}}{60 \text{ mm}} = \mathbf{4 : 1}$$

$$i_{ges} = i_1 \cdot i_2 = 2{,}5 \cdot 4 = \mathbf{10 : 1}$$

$$n_2 = \frac{n_1}{i_1} = \frac{200 \cdot 1}{2{,}5 \cdot \text{min}} = \mathbf{80 \frac{1}{min}}$$

$$n_3 = n_2 = \mathbf{80 \frac{1}{min}}$$

$$n_4 = \frac{n_3}{i_2} = \frac{80 \cdot 1}{4 \cdot \text{min}} = \mathbf{20 \frac{1}{min}}$$

- **Drehmoment**

Ein Drehmoment M_d an einer Welle oder einem Rad ist das Produkt aus Umfangskraft F und Radius r.

$$M_d = F \cdot r$$

Nach der Drehtrichtung unterscheidet man rechtsdrehende Momente M_r und linksdrehende Momente M_l.
Gleichgewicht herrscht an einem Bauelement, wenn die Summe der rechtsdrehenden Momente gleich der Summe der linksdrehenden Momente ist (Hebelgesetz).
Zur Berechnung der Drehmomente in Getrieben faßt man die Radien von Rädern und Wellen als Hebel auf, deren Drehpunkt die Mittellinie ist.
Die Bestimmung der Kräfte und Momente erfolgt über das Gleichgewicht am Hebel.

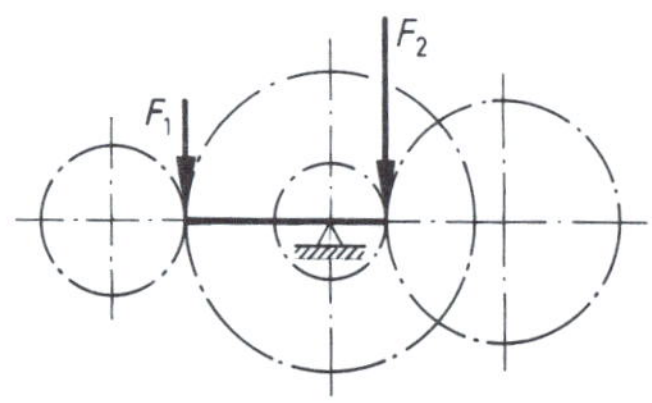

Hebelwirkung am Zahnrad

Gleichgewicht am Hebel:
Summe der rechtsdrehenden Momente = Summe der linksdrehenden Momente

Übungsaufgaben 3/56; 3/57; 3/58

Beispiel für die Berechnung der Umfangskraft an einem Wellrad

Aufgabe

Mit dem skizzierten Wellrad wird eine Last von 800 N gehoben.
Es ist die Handkraft zu berechnen.

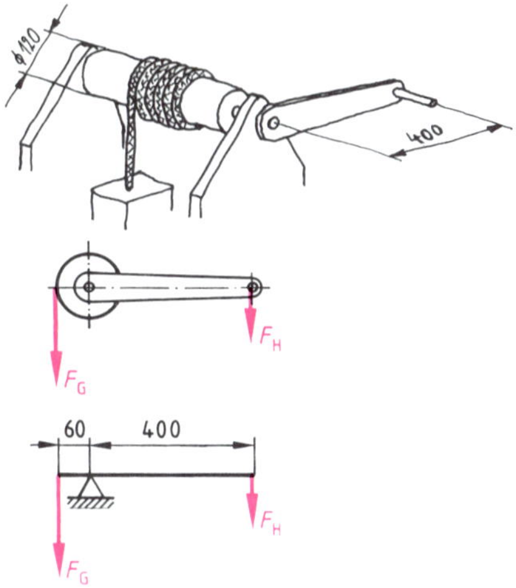

Gegeben		*Gesucht*
$F_G = 800$ N;	$l = 400$ mm	F_H in N
$r = 60$ mm		

Lösung

$M_r = M_l$

$F_G \cdot r = F_H \cdot l$

$$F_H = \frac{F_G \cdot r}{l}$$

$$F_H = \frac{800\ \text{N} \cdot 60\ \text{mm}}{400\ \text{mm}} = \mathbf{120\ N}$$

Bei Getriebewellen ist meist die Umfangskraft, welche an den Rädern angreift, nicht gegeben. Bekannt sind dagegen die zu übertragende Leistung und die Drehzahl. Aus diesen Größen kann das Drehmoment berechnet werden.

$P = F \cdot v$

$P = F \cdot 2r \cdot \pi \cdot n$

$M_d = F \cdot r$

$$M_d = \frac{P}{2\pi \cdot n}$$

M_d Drehmoment in Nm
P Leistung in W
n Drehzahl in 1/min
v Umfanggeschwindigkeit in m/s

Beispiel für die Berechnung des Drehmomentes aus Drehzahl und Leistung

Aufgabe

Eine Winde wird von einem Motor, der 3 kW abgibt und 1480 1/min Drehzahl hat, über eine eingängige Schnecke angetrieben. Das Schneckenrad hat 90 Zähne.
Die Seiltrommel hat einen Durchmesser von 150 mm.
Der Wirkungsgrad des Getriebes beträgt 78%.
Es sind zu berechnen:

a) das Drehmoment an der Motorwelle,
b) die Leistung an der Seiltrommel,
c) die Zugkraft der Winde.

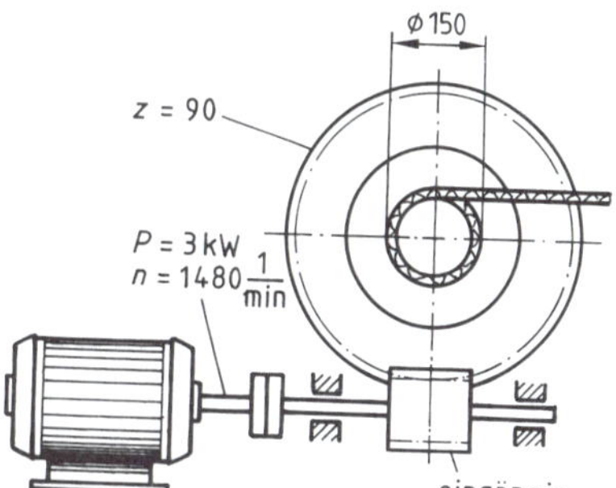

Gegeben

$P\text{i} = 3000\ \frac{\text{Nm}}{\text{s}}$

$i = 90 : 1$

$\eta = 0{,}78$

$d = 150$ mm

$n_A = 1480\ \frac{1}{\text{min}} = 24{,}66\ \frac{1}{2}$

Gesucht

$M_{d\ \text{Motor}}$ in Nm

P_{Trommel} (P_e) in kW

F in N

Lösung

a) $$M_d = \frac{P}{2 \cdot \pi \cdot n}$$

$$M_d = \frac{3000\ \text{Nm} \cdot \text{s}}{\text{s} \cdot 2 \cdot \pi \cdot 24{,}66}$$

$M_d = \mathbf{19{,}37\ Nm}$

b) $P_e = P_i \cdot \eta$

$P_e = 3\text{kW} \cdot 0{,}78 = \mathbf{2{,}340\ kW}$

c) $$M_d = \frac{P}{2 \cdot \pi \cdot n}$$

$$i = \frac{n_A}{n_E}$$

$$n_E = \frac{1480 \cdot 1}{90 \cdot \text{min}}$$

$$n_E = 16{,}44\ \frac{1}{\text{min}} = \mathbf{0{,}274}\ \frac{1}{\text{s}}$$

$$M_d = \frac{2340\ \text{Nm} \cdot \text{s}}{\text{s} \cdot 2 \cdot \pi \cdot 0{,}274}$$

$M_d = 1360$ Nm

$M_d = F \cdot r$

$$F = \frac{M_d}{\text{r}}$$

$$F = \frac{1360\ \text{Nm}}{0{,}075} = \mathbf{18130\ N}$$

Übungsaufgaben 3/59 bis 3/63

3.3.5 Zugmittelgetriebe

Bei Zugmittelgetrieben werden die Drehbewegungen vom Antriebsrad durch Riemen oder Ketten als Zugmittel auf das getriebene Rad übertragen. Diese Getriebe verwendet man, wenn große Achsabstände zu überbrücken sind.

3.3.5.1 Kraftschlüssige Riemengetriebe

In Riemengetrieben dient ein elastischer Riemen als Zugmittel zur Übertragung der Drehbewegung. Dabei besteht *Kraftschluß* zwischen Riemen und Riemenscheibe. Die Größe der übertragbaren Kraft hängt von der Reibungskraft ab, die zwischen Riemen und Riemenscheibe wirkt. Die Reibungskraft wird bestimmt durch:

- die Normalkraft F_N,
- die Reibungszahl μ,
- den Umschlingungswinkel α.

Die **Normalkraft** hängt wesentlich von der Vorspannung im Riemen ab. Zur Erhöhung der Normalkraft kann die Vorspannung im Riemen jedoch nicht beliebig erhöht werden, weil dadurch die Lagerbelastung zu groß wird.

Die **Haftreibungszahl** der Werkstoffpaarung Riemen-Riemenscheibe soll möglichst groß sein, um große Kräfte zu übertragen. Deshalb wählt man als Riemenwerkstoffe Leder, Gummi oder gewebeverstärkte Kunststoffe, und für die Scheiben Metalle bzw. Kunststoffe.

Der Riemen liegt innerhalb des **Umschlingungswinkels** auf der Riemenscheibe auf. Die Riemenscheibe mit dem geringeren Durchmesser in einem Riementrieb besitzt den kleineren Umschlingungswinkel. Je geringer der Umschlingungswinkel desto kleiner ist die übertragbare Kraft.

Ein Riemen wird im Betrieb auf der Zugseite **(Zugtrum oder Arbeitstrum)** stärker gedehnt als auf der gegenüberliegenden Seite **(Leertrum)**. Die Zugkraft im Riemen nimmt auf dem Umfang des treibenden Rades allmählich zu und später auf dem Umfang des getriebenen Rades allmählich ab. In gleicher Weise verhalten sich die Dehnungen im Riemen. Als Folge verringert sich die Umfangsgeschwindigkeit des getriebenen Rades ein wenig gegenüber dem treibenden – die Drehzahl des getriebenen Rades ist also kleiner als die theoretisch zu erwartende Drehzahl. Man bezeichnet dies als **Dehnungschlupf.** Er beträgt je nach Belastung bis etwa 2% der Drehzahl.

Teil eines Zugmittelgetriebes an einer Textilmaschine

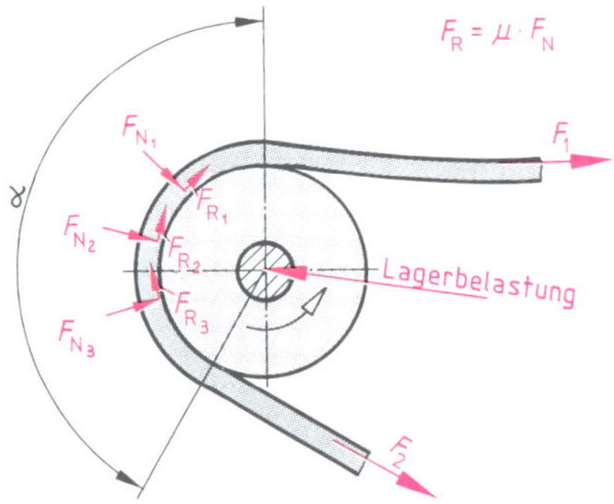

Kräfte beim Riementrieb

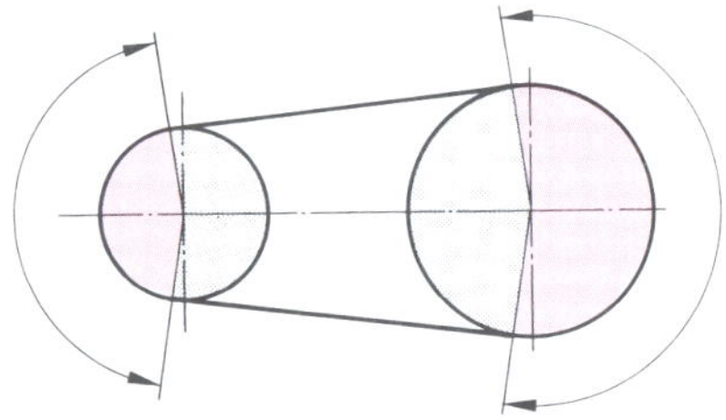

Umschlingungswinkel beim Riementrieb

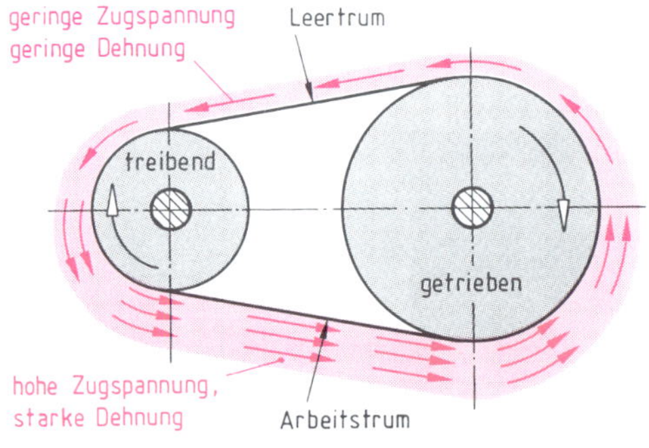

Spannung und Dehnung im Arbeits- und Leertrum

Bei kraftschlüssigen Riemengetrieben tritt immer ein Dehnungsschlupf auf. Dadurch vermindert sich die Umfangsgeschwindigkeit des getriebenen Rades gegenüber dem treibenden Rad.

Übungsaufgaben 3/64; 3/65; 3/66

Flachriemen werden aus Leder oder Textil mit Reibbelag hergestellt. Bei mehrschichtigem Aufbau besteht die Zugschicht aus einem Polyestergewebe und die Reibschicht aus Chromleder oder gummielastischem Kunststoff. Flachriemen werden bei großen Wellenabständen verwendet.

Keilriemen werden aus Gummi hergestellt. Sie werden wegen ihrer Höhe im wesentlichen auf der Oberseite auf Zug beansprucht und sind dort durch Gewebe verstärkt.

Keilriemen liegen an den Flanken der keilförmig ausgearbeiteten Riemenscheibe an. Dadurch wird die Kraft im Riemen in große Normalkräfte zerlegt, welche auf die Flanken wirken. Daher müssen Keilriemen den gleichen Flankenwinkel wie die Riemenscheiben haben und dürfen am Scheibengrund nicht aufliegen. Wegen der hohen Normalkräfte können große Umfangskräfte übertragen werden.

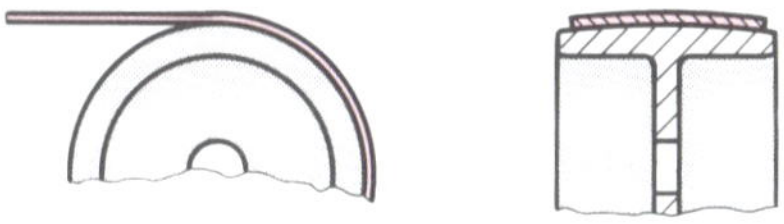

Flachriemen

Keilriemen

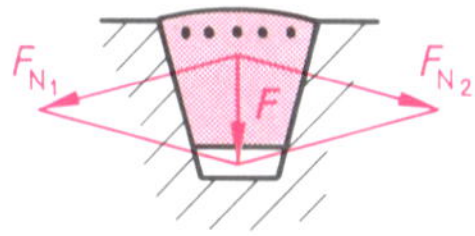

Normalkraft beim Keilriemen

Flachriemen haben Kraftschluß am Umfang der Riemenscheiben.
Keilriemen haben Kraftschluß an den Flanken der Riemenscheiben.

3.3.5.2 Formschlüssige Riemengetriebe

Zahnriemen werden aus Gummi oder Kunststoff hergestellt. Durch das Zahnprofil wird zwischen Riemen und Scheibe Formschluß erzeugt. Dadurch ist eine schlupffreie Übertragung der Drehbewegung möglich.

Zahnriemen werden eingesetzt, wenn die Vorteile der Riemengetriebe, z.B. großer Wellenabstand und Stoßminderung, genutzt werden sollen, und der Nachteil, der Schlupf, aber keinesfalls auftreten darf.

Zahnriemen

Zahnriemen übertragen die Drehbewegung durch Formschluß zwischen Riemen und Scheibe.

3.3.5.3 Kettengetriebe

In Kettengetrieben dienen Stahlketten als Zugmittel zur Übertragung der Bewegung. Diese Bewegung wird *formschlüssig* übertragen. Es entsteht daher kein Schlupf. Im Maschinenbau verwendet man am häufigsten die Rollenkette.

Rollenketten werden als Einfach- oder als Mehrfachketten mit bis zu zehn Rollen nebeneinander gefertigt.

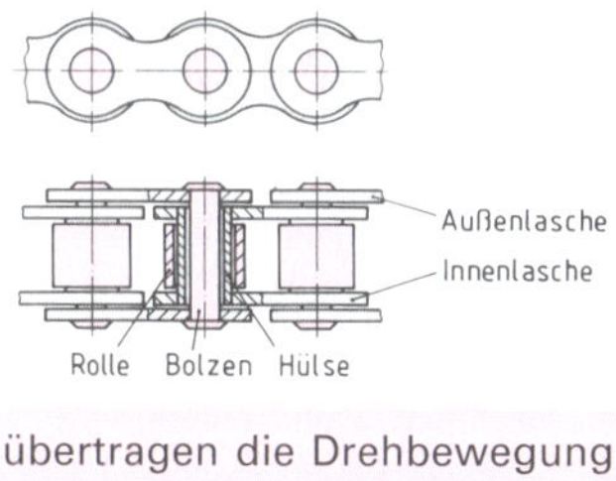

Kettengetriebe

Rollenketten übertragen die Drehbewegung durch Formschluß. Sie übertragen bei geringerer Baubreite größere Kräfte als Riemengetriebe.

Übungsaufgaben 3/67 bis 3/71

3.3.5.4 Vergleich der Zugmittelgetriebe

	Flachriemen-getriebe	Keilriemen-getriebe	Zahnriemen-getriebe	Ketten-getrieben
möglicher Achsenabstand	sehr groß	mittel	mittel	mittel
Drehrichtungsänderung durch gekreuztes Zugmittel	möglich	nicht möglich	nicht möglich	nicht möglich
Umfangskraft	mittel	sehr hoch	hoch	hoch
Umfangsgeschwindigkeit	bis 100 m/s	bis 50 m/s	bis 80 m/s	bis 40 m/s
mögl. Übersetzungsverhältnisse	max. 6 : 1	max. 10 : 1	bis 15 : 1	über 15 : 1
Übertragung der Drehbewegung	mit großem Schlupf	mit Schlupf	zwangsläufig	zwangsläufig
Schwingungsdämpfung	gut	gut	gut	gering
max. Einsatztemperatur	ca. 80 °c	ca. 70 °C	ca. 80 °C	ca. 180 °C
Einsatzbeispiele	Generator-antriebe, Mühlenbetriebe	Werkzeug-maschinen, Zusatzantriebe in Kfz	Textilmaschinen, Steuerantriebe	Fahrrad, Hebezeuge

3.3.6 Zahnradgetriebe

Mit Hilfe von Zahnrädern werden Drehbewegungen von einer Welle auf eine andere durch Formschluß und damit ohne Schlupf übertragen. Zahnradgetriebe eignen sich je nach Ausführung zur Übertragung von sehr niedrigen Leistungen, wie z.B. in der Uhrentechnik, bis zu sehr großen Leistungen, wie z.B. bei Walzenantrieben. Neben der Übertragung der Drehbewegung werden meist Drehzahl, Drehmoment oder auch Drehrichtung geändert.

Zahnradgetriebe

3.3.6.1 Zahnradmaße und ihre Berechnung

Als **Teilkreis** bezeichnet man die gedachte Linie auf dem Zahnrad, auf welcher der Abstand von Zahn zu Zahn bestimmt wird. Den Teilkreisdurchmesser bezeichnet man mit *d*.

Teilung nennt man den Abstand zweier Zähne auf dem Teilkreis. Sie hat das Kurzzeichen *p*.

Die **Zähnezahl** hat das Kurzzeichen *z*.

Die Zahnteilung läßt sich aus Umfang des Teilkreises ($U = d \cdot \pi$) und der Zähnezahl berechnen:

$$p = \frac{d \cdot \pi}{z}$$

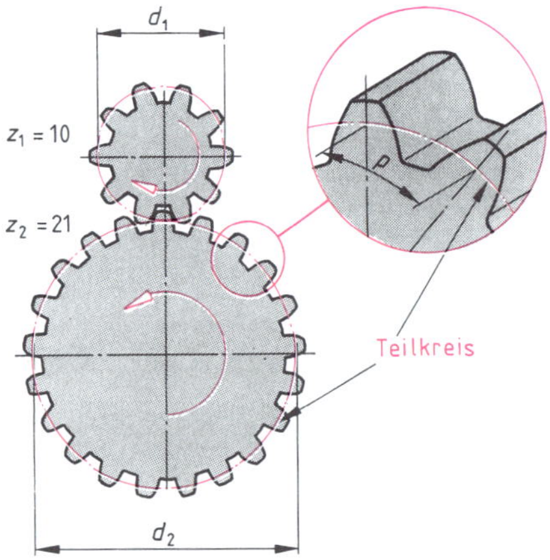

Teilkreisdurchmesser und Teilung

Die Zahnteilung *p* ist das Maß des Bogens von Zahnmitte zu Zahnmitte auf dem Teilkreis.

Als **Modul** *m* bezeichnet man das Verhältnis von Teilkreisdurchmesser *d* zur Zähnezahl *z*.

Damit ergibt sich für den Modul:

$$m = \frac{d}{z}$$

Für die Teilung gilt dann:

$$p = m \cdot \pi$$

Durch den Modul werden die meisten Maße eines Zahnrades bestimmt. Zahnräder mit gleichem Modul haben gleiche Zahnteilung und können darum bei gleicher Zahnform miteinander in Eingriff gebracht werden. Die Module sind genormt und in DIN 780 festgelegt, sie werden in mm angegeben, z.B. 0,4 mm, 1 mm.

Der Modul ist das Verhältnis von Teilkreisdurchmesser zu Zähnezahl. Er bestimmt die wichtigen Maße eines Zahnrades.

Geht man davon aus, daß sich bei einem Zahnradeingriff die beiden Teilkreise berühren, dann gilt

für den **Achsabstand** *a*: $a = \frac{d_1}{2} + \frac{d_2}{2}$

daraus folgt:

$$a = \frac{m \cdot (z_1 + z_2)}{2}$$

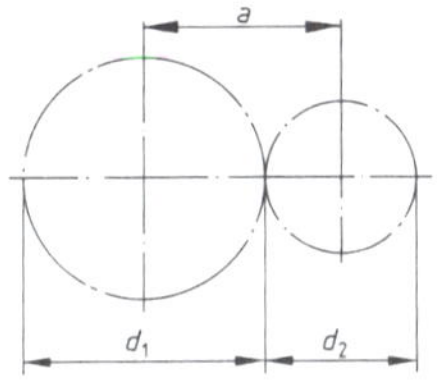

Achsabstand

Die **Kopfhöhe** h_a ist der Abstand vom Teilkreis bis zum Außendurchmesser. Die Kopfhöhe ist genau so groß wie der Modul. Damit ist der Außendurchmesser $d_a = d + 2 \cdot m$.
Der Außendurchmesser wird auch als Kopfkreisdurchmesser bezeichnet.
Die **Fußhöhe** h_f des Zahnes ist der Abstand vom Teilkreis bis zum Zahngrund. Die Fußhöhe beträgt $h_f = 1{,}2 \cdot m$.
Damit ergibt sich für den Fußkreisdurchmesser eines Zahnrades die Beziehung $d_f = d - 2{,}4 \cdot m$.

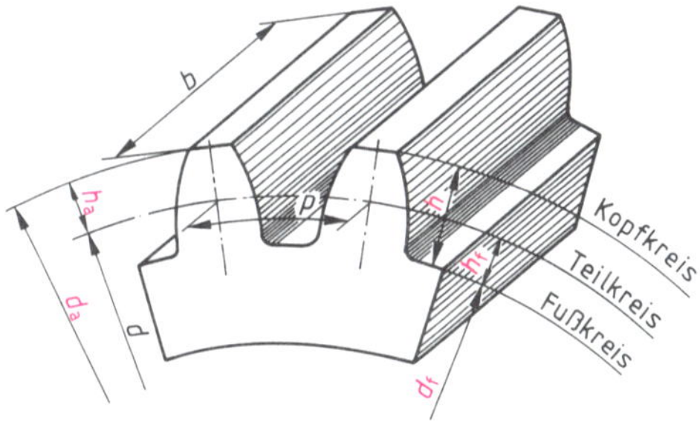

Abmessungen an Geradstirnrädern

Für den Kopfkreisdurchmesser gilt: $d_a = d + 2 \cdot m$, $d_a = m \cdot (z + 2)$
Für den Fußkreisdurchmesser gilt: $d_f = d - 2{,}4 \cdot m$, $d_f = m \cdot (z - 2{,}4)$

3.3.6.2 Zahnflankenformen

Die Übertragung der Drehbewegung durch Zahnräder soll gleichförmig, d.h. ruckfrei und kontinuierlich sowie reibungsarm erfolgen. Fertigungstechnisch müssen Zahnformen verwendet werden, die in Massenfertigung herzustellen sind. Bei der Montage auftretende geringe Achsabstandsfehler dürfen im Betrieb nicht zu Beschädigungen führen.

- **Evolventenverzahnung**

Zähne, welche die Zahnflanken als Evolventenkurve gestaltet haben, erfüllen die an eine Zahnflankenform gerichteten Bedingungen in bestmöglicher Weise.
Eine Evolvente entsteht als Bahnkurve, wenn ein Faden von einem Zylinder abgewickelt wird.
Von dieser Evolventenkurve wird lediglich der Beginn der Abwicklung als Bestandteil für die Zahnflanken verwendet.
Die Evolventenkurve wird im Maschinenbau und im Kfz-Bau als Zahnflankenform verwendet.

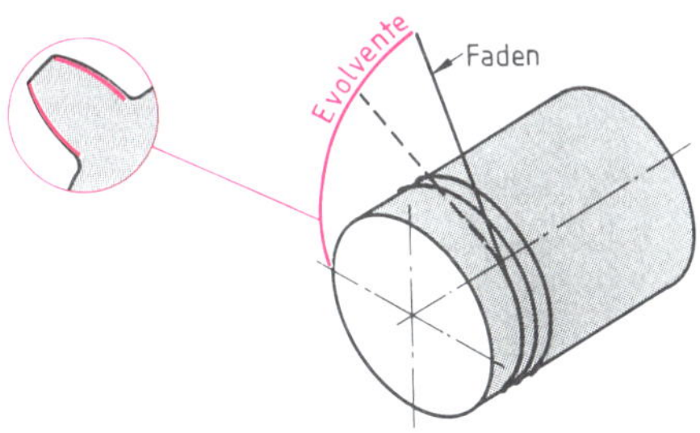

Entstehung einer Evolvente

Im Maschinenbau und im Kfz-Gewerbe verwendet man Zahnräder mit Evolventenverzahnung.

Die Form der Zahnflanke läßt sich am einfachsten erläutern, wenn eines von zwei im Eingriff befindlichen Zahnrädern durch eine Zahnstange ersetzt wird.

Bei der genormten Evolventenverzahnung wird eine Zahnstange verwendet, die einen Zahnflankenwinkel von 20° hat. Man bezeichnet ihn als **Eingriffswinkel**. Die Linie, welche auf der Zahnstange dem Teilkreis entspricht, bezeichnet man als **Profilmittellinie**.

Im Normalfall berührt diese Profilmittellinie den Teilkreis des zweiten Rades. Man spricht in diesem Fall von **Null-Rädern** (N-Räder).

Bedingt durch die Zahnflankenform tritt unterhalb der Grenzzähnezahl von 17 Zähnen bei Null-Rädern ein Unterschneiden der Zähne auf, d.h. die Zähne müssen im Zahngrund ausgearbeitet werden. Durch dieses Unterschneiden wird nicht nur der Zahn im Fuß geschwächt, sondern es werden auch die Eingriffsverhältnisse verschlechtert.

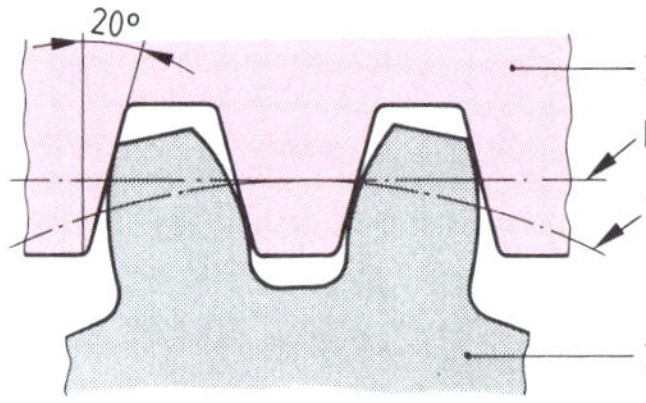

Zahnstange mit Nullrad

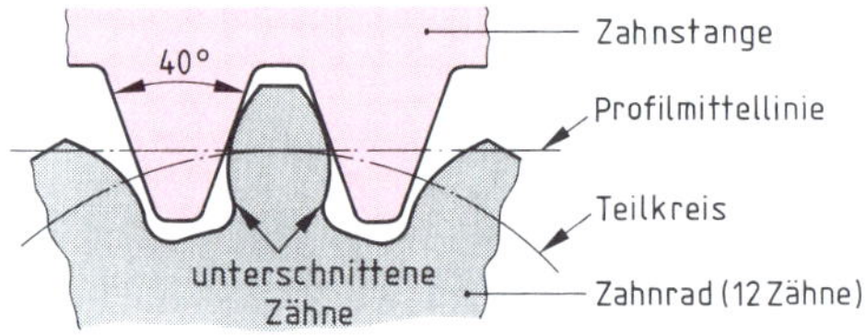

Unterschneidung

Bei Null-Rädern berührt die Profilmittellinie den Teilkreis.
Unterhalb von 17 Zähnen tritt Unterschnitt auf.

Meist verschiebt man die Profilmittellinie gegenüber dem Teilkreisdurchmesser. Dadurch erreicht man günstigste Laufeigenschaften und hohe Lebensdauer. Zahnräder, bei denen die Profilmittellinie verschoben ist, bezeichnet man als **V-Räder**. Bei der Paarung zweier Zahnräder, bei der ein V-Rad beteiligt ist, wälzen sich die Teilkreisdurchmesser nicht mehr aufeinander ab.

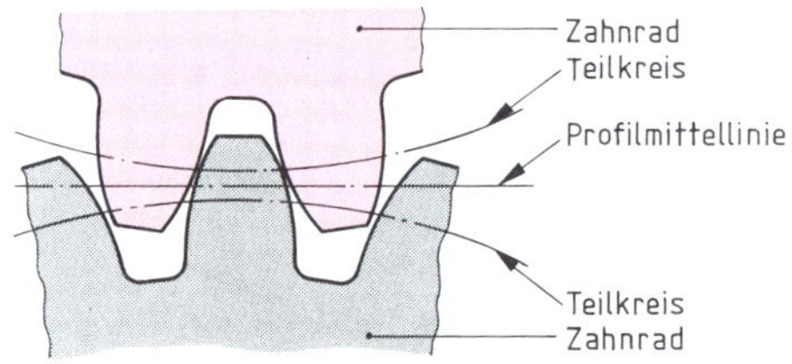

Positive Profilverschiebung (V-Plus-Räder)

Wird die Profilmittellinie von der Radmitte nach außen verschoben, so ist dies eine positive Profilverschiebung. Durch positive Profilverschiebung ist es außerdem möglich, bestimmte vorgegebene Achsenabstände zu erreichen, die Zähne zu verstärken und Unterschnitt zu vermeiden.
Man nennt Räder mit positiver Profilverschiebung **V-Plus-Räder**.

Positive Profilverschiebung bei Evolventenverzahnung wendet man an:
- zur Vermeidung des Unterschnitts bei kleinen Zähnezahlen (unter 17 Zähnen),
- um einen bestimmten Achsabstand zu erreichen,
- zur Verstärkung der Zähne.

- **Zykloidenverzahnung**

In der Feinwerktechnik, insbesondere in mechanischen Uhren, verwendet man die Zykloidenform als Zahnflankenform. Man spricht von Zykloidenverzahnung.

Eine **Zykloide** entsteht, wenn der Weg eines Punktes auf einer rollenden Scheibe betrachtet wird. Zahnräder mit Zykloidenverzahnungen weisen gutes Abrollverhalten auf und unterliegen deshalb einem geringen Verschleiß der Zahnflanken. Zykloidenverzahnungen sind jedoch schwieriger herzustellen als Evolventenverzahnungen.

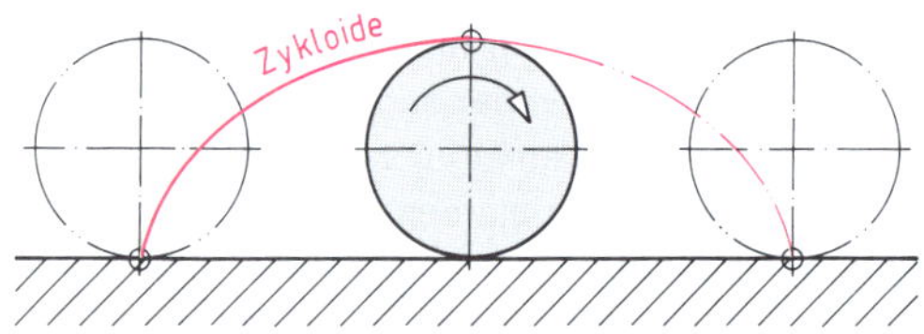

Entstehung einer Zykloide

Zahnräder mit Zykloidenverzahnung werden im Feinwerksbau eingesetzt.

Übungsaufgaben 3/82; 3/83; 3/84

3.3.6.3 Formen von Zahnradgetrieben

Man unterscheidet nach der Lage der Wellen verschiedene Grundformen von Zahnradgetrieben.

Wellen liegen parallel zueinander	Wellen schneiden sich	Wellen kreuzen sich	
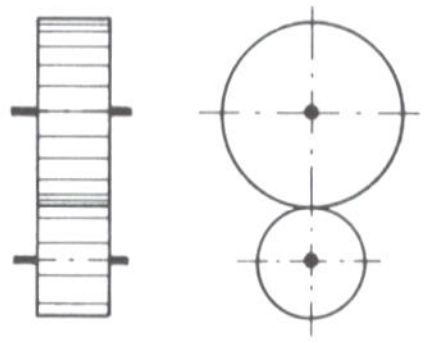 Stirnradtrieb	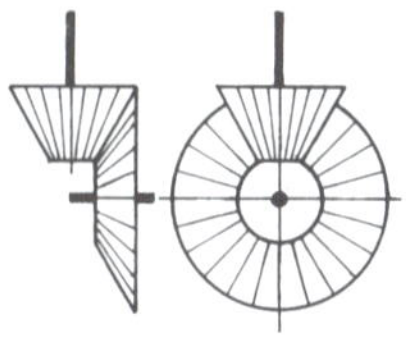 Kegelradtrieb	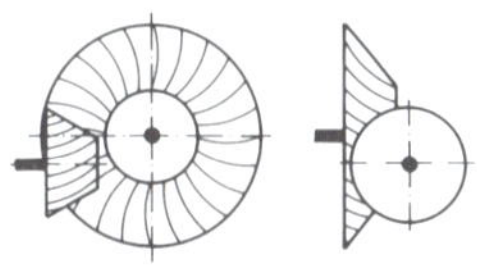 Schraubenrädertrieb	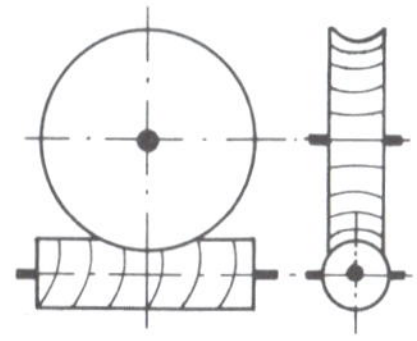 Schneckentrieb

- **Stirnradgetriebe**

Stirnradgetriebe werden zur Übertragung von Drehmomenten von einer Welle auf eine parallel dazu liegende andere Welle verwendet. Nach der Lage der Zähne zur Drehachse spricht man bei Stirnradgetrieben von Rädern mit Geradverzahnung und Schrägverzahnung.

Bei schrägverzahnten Stirnrädern sind stets mehrere Zähne im Eingriff. Dadurch laufen diese Getriebe ruhiger. Infolge der schrägen Verzahnung treten aber Kräfte in Achsrichtung auf, die von den Lagern aufgenommen werden müssen.

Stirnradgetriebe mit Schrägverzahnung

Geradstirnräder geradverzahnt	Schrägstirnräder schrägverzahnt	Schrägstirnräder pfeilverzahnt	Schrägstirnräder doppeltschräg verzahnt
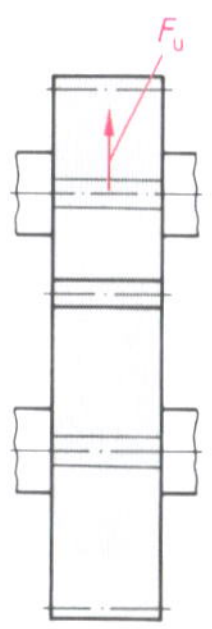	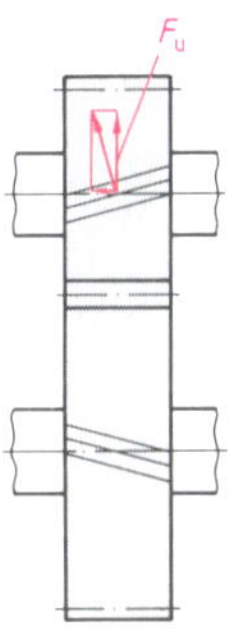	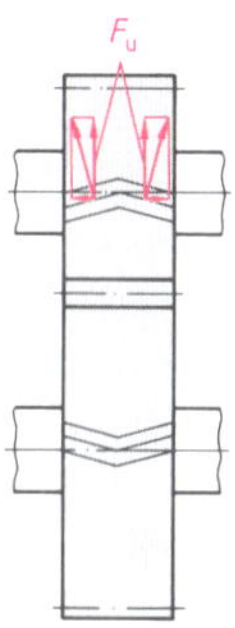	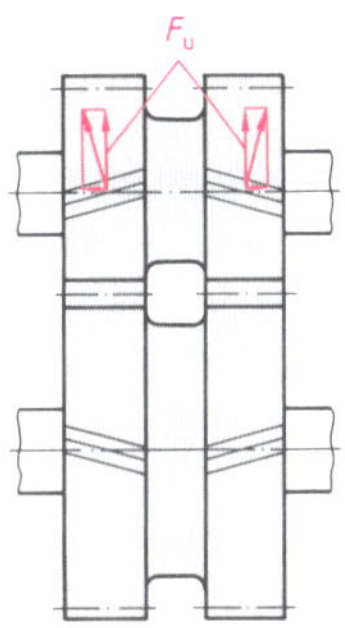
– geringe Reibungsverluste – hohe Geräuschentwicklung – empfindlich gegen Zahnformfehler	– höhere Laufruhe – bessere Eignung für hohe Drehzahlen – geringere Empfindlichkeit gegen Zahnformfehler – Axialkraft, wird durch Pfeil- oder Doppelschrägverzahnung kompensiert		

Einfache Schrägstirnräder haben gegenüber Geradstirnrädern:

- höhere Laufruhe,
- bessere Eignung für hohe Drehzahlen,
- geringe Empfindlichkeit gegen Zahnformfehler,
- geringeren Wirkungsgrad,
- Schubkraft in Axialrichtung, kann durch Doppelschräg- und Pfeilverzahnung aufgehoben werden.

Übungsaufgaben 3/85 bis 3/88

Neben der normalen Ausführung mit Außenverzahnung verwendet man Stirnradgetriebe mit Innenverzahnung. Durch die Innenverzahnung des großen Rades verringert sich der Achsabstand so, daß kleine Abmessungen erreicht werden. Der Drehsinn der Räder bleibt im Gegensatz zur Außenverzahnung gleich.

Innenverzahnung

Getriebe mit Innenverzahnung haben kleine Baumaße und gleichen Drehsinn der Räder.

- **Kegelradgetriebe**

Kegelradgetriebe dienen zur Übertragung von Drehmomenten von einer Welle auf eine andere Welle, die im rechten Winkel dazu steht. Nach der Lage der Zähne zur Kegelspitze unterscheidet man gerade-, schräg- und bogenverzahnte Kegelräder.

geradverzahnt	schrägverzahnt	bogenverzahnt

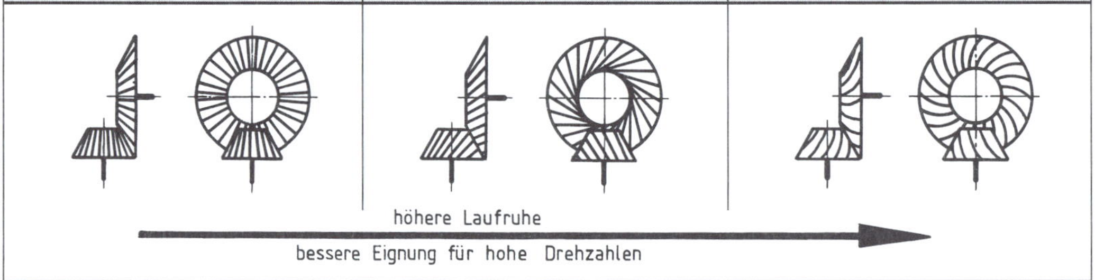

Kegelräder mit Bogenverzahnung erlauben eine geringe Verschiebung der Wellen, so daß auch zwischen Wellen, die nicht genau in einer Ebene liegen, die Drehbewegung übertragen werden kann.

Kegelradgetriebe dienen zur Übertragung von Drehbewegungen bei sich schneidenden Wellen. Man unterscheidet gerad-, schräg- und bogenverzahnte Kegelräder.

- **Schraubenradgetriebe**

Bringt man Schrägstirnräder mit verschiedenen Schrägungswinkeln zusammen, so kreuzen sich die Wellen. Dadurch schieben sich die Zähne wie bei einem Schraubengewinde aneinander vorbei und übertragen so die Drehbewegung. Wegen der geringen Berührungsfläche der Zähne und der starken Gleitreibung können diese Schraubenradgetriebe nur geringe Drehmomente übertragen und weisen hohen Verschleiß auf.

Schraubenradgetriebe

Schraubenradgetriebe dienen zur Übertragung von Drehbewegungen bei sich kreuzenden Wellen. Punktförmige Berührung der Zahnflanken hat zur Folge, daß nur geringe Drehmomente übertragen werden können.

- **Schneckengetriebe**

Wird bei einem Schraubenradgetriebe der Schrägungswinkel der Zähne so groß, daß nur ein Zahn auf dem Radzylinder umläuft, erhält man ein Schneckengetriebe. Dabei bewegt die Schnecke – gleich einem Bewegungsgewinde – bei einer Umdrehung das Schneckenrad um den Betrag der Steigung weiter. Dadurch sind extreme Übersetzungen bis max. 1:100 möglich.

Übungsaufgabe 3/89

Man unterscheidet (wie bei Schrauben) bei den Schnecken rechts- und linksgängige sowie ein- und mehrgängige Schnecken. Eingängige Schnecken besitzen kleinere Steigungswinkel als mehrgängige. Sie haben dadurch eine höhere Reibung und einen geringeren Wirkungsgrad als mehrgängige Schnecken. Bei kleinerwerdendem Steigungswinkel des Schneckenganges tritt bei etwa 5° infolge der Reibung Selbsthemmung ein. Der Schneckentrieb kann dann nur noch von der Schneckenseite angetrieben werden.

Schneckengetriebe

Schneckengetriebe laufen geräuscharm und können große Leistungen übertragen. Sie haben aber wegen der Gleitbewegung der Zahnflanken aufeinander einen hohen Verschleiß. Nachteilig sind ferner die hohen Axialkräfte, die in der Schnecke auftreten und von den Lagern aufgenommen werden müssen.

Schneckengetriebe dienen zur Übertragung von Drehbewegungen bei sich kreuzenden Wellen.
Mit Schneckengetrieben sind extreme Übersetzungen möglich.

3.3.6.4 Verstellbare Zahnradstufengetriebe

In verstellbaren Zahnradstufengetrieben sind mehrere Rädergetriebe vereinigt. Mit ihnen lassen sich mehr Drehzahlen, Drehmomente und Drehrichtungen einstellen als bei einfachen Rädergetrieben.

- **Schieberadgetriebe**

In Schieberadgetrieben werden geradverzahnte Zahnradpaare, Stirnradsätze oder Schiebeblöcke durch axiales Verschieben zum Eingriff gebracht. Die Schiebeblöcke werden meist auf Keilwellen geführt und durch Schaltgabeln in die jeweilige Eingriffsposition geschoben.

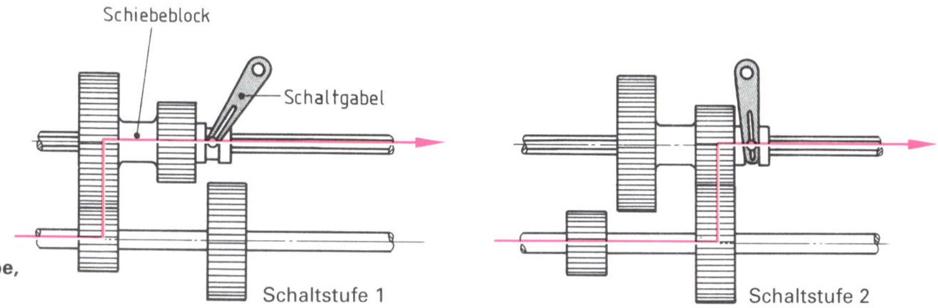

Schieberadgetriebe, (vereinfacht)

- **Kupplungsgetriebe**

Bei Kupplungsgetrieben sind stets alle Zahnräder im Eingriff. Die getriebenen Räder werden jedoch hier mit der Antriebswelle durch eine elektrisch oder mechanisch betätigte Kupplung verbunden. Müssen große Leistungen übertragen werden, verwendet man Lamellenkupplungen.

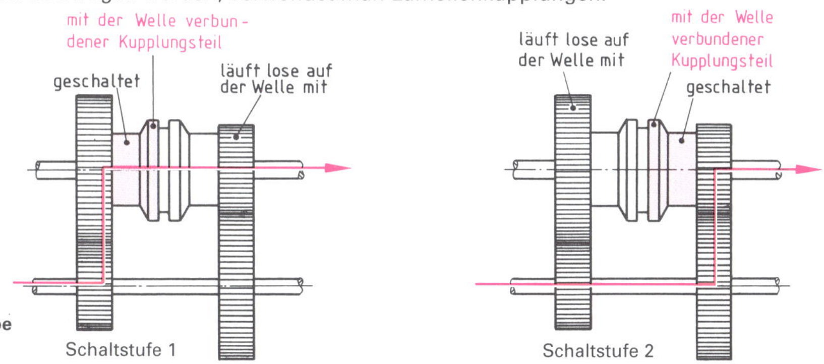

Kupplungsgetriebe (vereinfacht)

Übungsaufgabe 3/90

- **Schwenkrad- und Ziehkeilgetriebe**

In älteren Werkzeugmaschinen sind noch häufig Schwenkradgetriebe (Nortongetriebe) oder Ziehkeilgetriebe eingebaut. Beide Getriebe können nur geringe Drehmomente übertragen.

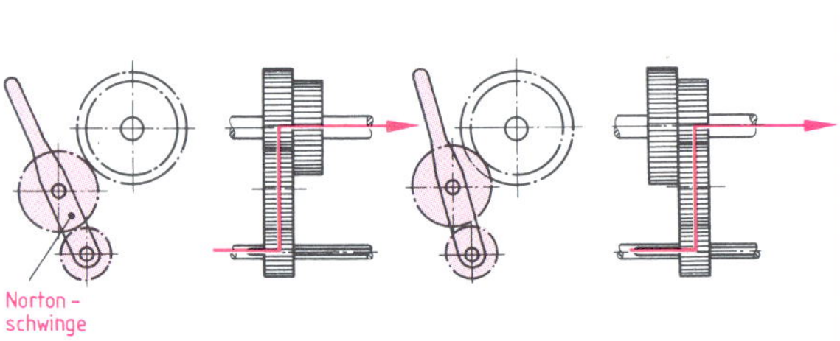

Schaltstufe 1 Schaltstufe 2

Schwenkradgetriebe (Nortongetriebe)

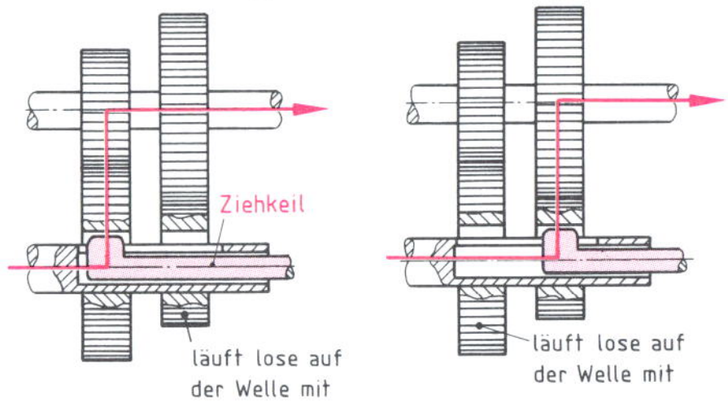

Schaltstufe 1 Schaltstufe 2

Ziehkeilgetriebe

3.3.7 Stufenlos verstellbare mechanische Getriebe

Mit stufenlos verstellbaren Getrieben ist in bestimmten Grenzen eine stetige Verstellbarkeit der Drehzahl gegeben. Die Verstellung kann sowohl im Stillstand als auch bei laufender Maschine erfolgen.

3.3.7.1 Reibradgetriebe

Im Reibradgetriebe werden Drehmomente vom treibenden Bauelement über Reibräder auf das Abtriebsrad kraftschlüssig übertragen.

Reibrad-getriebe	Ver-stellung	kleinere Drehzahl am Abtrieb	größere Drehzahl am Abtrieb
mit Tellerscheiben	Verschiebung des Reibrades	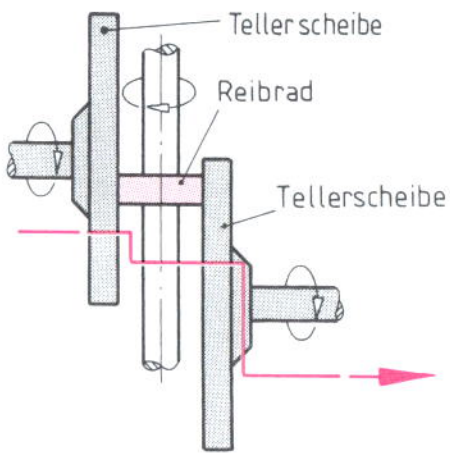	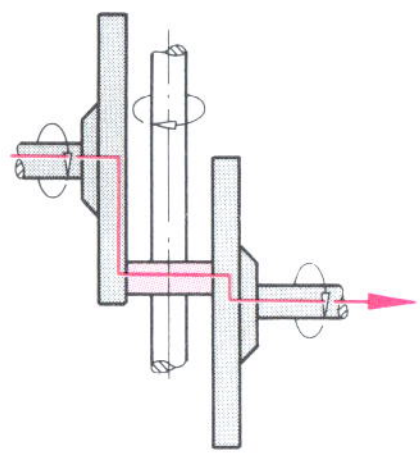
mit Innenkegel (PK-Getriebe)	Verschiebung des Reibkegels	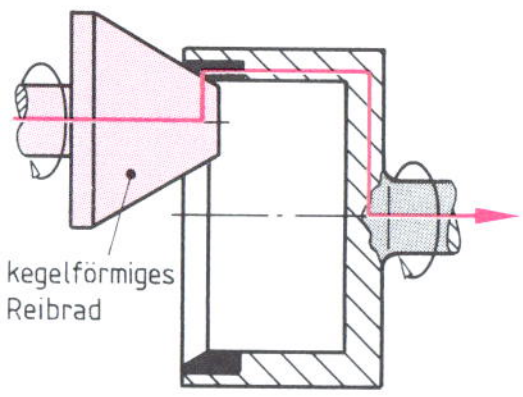	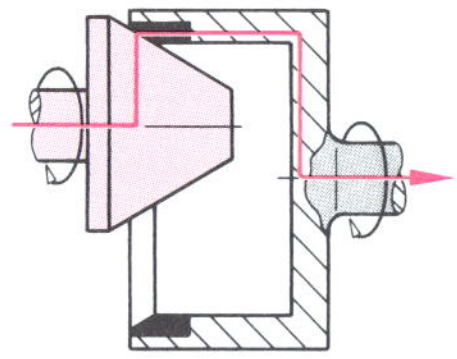
mit Kugeln	Schwenkung der Reibkugeln	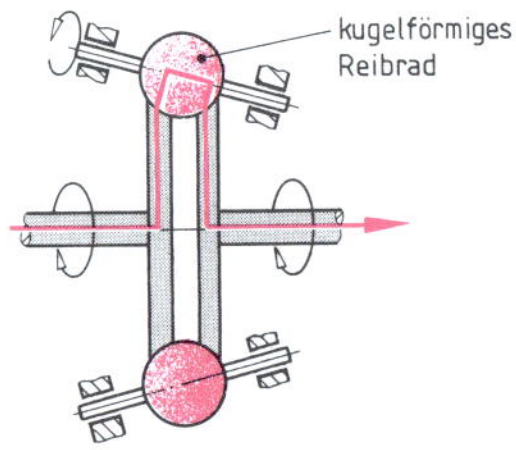	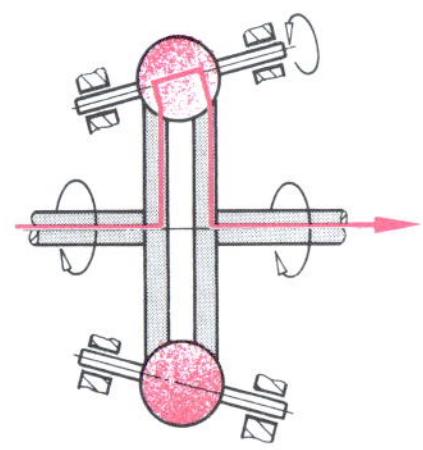

Mit Reibradgetrieben werden Drehbewegungen kraftschlüssig übertragen. In einem gegebenen Bereich ist die Drehzahl stufenlos einstellbar.

Übungsaufgabe 3/91

3.3.7.2 Umschlingungsgetriebe

Unter den mechanischen, stufenlos verstellbaren Getrieben sind die Umschlingungsgetriebe besonders im mittleren und oberen Leistungsbereich bis etwa 150 kW am stärksten vertreten.

Der Aufbau ist bei allen Umschlingungsgetrieben mit stufenloser Einstellbarkeit der Drehzahl grundsätzlich gleich. Zwei keglige Scheibenpaare lassen sich auf ihren Wellen axial so verschieben, daß die dadurch entstehenden Keilrillen mehr oder weniger geöffnet bzw. geschlossen werden können. Die so entstehenden unterschiedlichen Laufradien für das Zugmittel bewirken die Drehzahländerung. Diese Getriebe sind meist unter **PIV-Getriebe** bekannt.

Der Wirkungsgrad des Getriebes wird bestimmt von der Festigkeit des Zugstranges, von der Größe der Reibung zwischen Zugstrang und Scheibe sowie von der Anpreßkraft der Scheibe gegen den Zugstrang.

Die Anpreßkraft der Kegelscheibe gegen den Zugstrang wird durch mechanische oder hydraulische Stelleinrichtungen der zu übertragenden Leistung angepaßt. Die Drehzahländerung kann bei kraftschlüssigen Ausführungsformen im Stillstand und während des Laufs erfolgen. Bei formschlüssigen Ausführungsformen kann die Drehzahländerung nur während des Laufs vorgenommen werden.

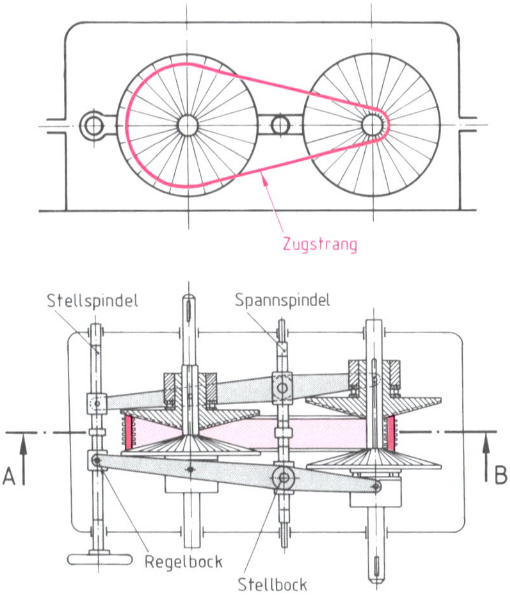

Stufenlos einstellbares Umschlingungsgetriebe mit Lamellenkette

Umschlingungsgetriebe arbeiten mit keilförmigen Zugmitteln, die auf unterschiedlich einstellbaren Durchmessern von Antriebs- und Abtriebsscheibe laufen können.

3.3.7.3 Kugelscheibengetriebe

Das Kugelscheibengetriebe (KS) ist ein stufenlos einstellbares Wälzgetriebe. Seine Vorzüge sind:

- Stellbereich bis Null – im Stillstand einstellbar,
- kleine Stellkräfte,
- sehr gleichförmiger ruhiger Lauf,
- stoßunempfindlich – ohne Schaden überlastbar.

Zwischen zwei versetzten glatten Stahlscheiben befinden sich, in einem Käfig gehalten, mehrere Stahlkugeln. Sie übertragen das Drehmoment kraftschlüssig von einer Scheibe zur anderen. Die Lage des Kugelkäfigs ist mit einer Stellspindel einstellbar. Befindet er sich achsengleich zur Antriebswelle, so können die Kugeln auf der Abtriebsscheibe abrollen, ohne diese zu bewegen (Abtriebsdrehzahl = Null). Wird der Kugelkäfig in Richtung Abtriebsscheibenmitte verschoben, so wird durch Reibungsschluß die Abtriebsscheibe mitgenommen.

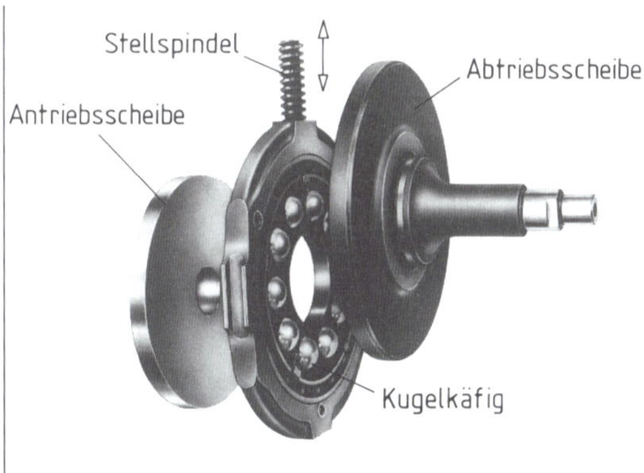

Kugelscheibengetriebe

Kugelscheibengetriebe arbeiten mit kugelförmigen Wälzkörpern, die in einem verschiebbaren Käfig zwischen Stahlscheiben laufen. An- und Abtriebsscheibe sind versetzt angeordnet.

4 Festigkeitsberechnungen von Bauelementen

4.1 Grundlagen zur Festigkeitsberechnung

4.1.1 Beanspruchungsarten

Jedes Werkstück wird beim Gebrauch durch Kräfte beansprucht. Die Beanspruchung der Werkstücke unterscheidet man nach Beanspruchungsarten: z.B. Zug-, Druck-, Biegebeanspruchung. Tritt an einem Bauelement nur eine dieser Beanspruchungsarten auf, so spricht man von einer *einfachen* Beanspruchung. Treten dagegen mehrere Beanspruchungsarten gleichzeitig auf, spricht man von einer *zusammengesetzten* Beanspruchung. Eine Welle wird z.B. auf Biegung und Verdrehung beansprucht.

Einfache Beanspruchungsarten

Beanspruchungsarten	Zug	Druck	Abscherung	Biegung	Verdrehung	Knickung
	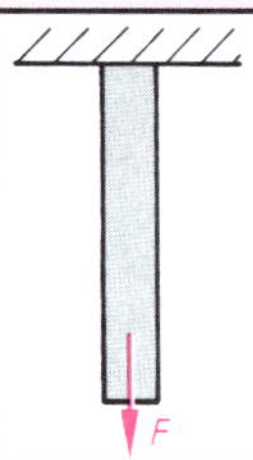	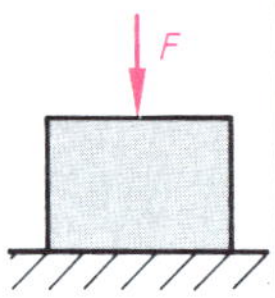	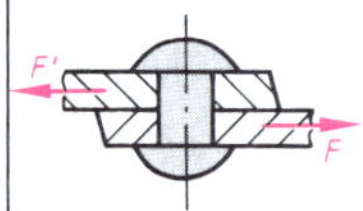	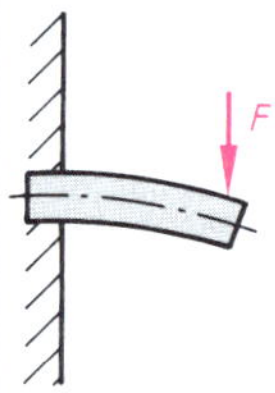	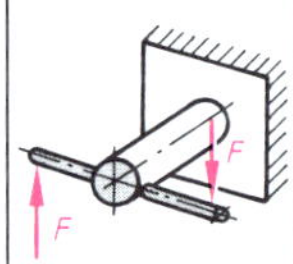	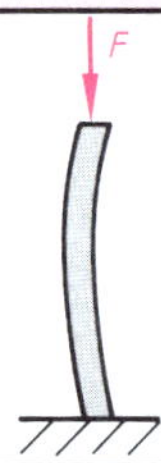
Beispiele	Kranseil Kette	Säule Maschinenständer	Niet Bolzen	Träger Achse	Welle Torsionsfederstab	Schubstange Gerüststange

Bei Beanspruchungsarten unterscheidet man einfache und zusammengesetzte Beanspruchung.
Einfache Beanspruchungsarten sind:

- Zug,
- Druck,
- Abscherung,
- Biegung,
- Verdrehung,
- Knickung.

4.1.2 Belastungsarten

Nach dem zeitlichen Verlauf der Belastung unterscheidet man statische und dynamische Belastungen.

Belastungsarten	statisch ruhend	dynamisch schwellend	dynamisch wechselnd
Zeitlicher Verlauf der Belastung	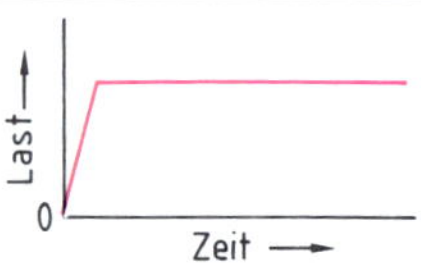 Last bleibt nach Aufbringen konstant	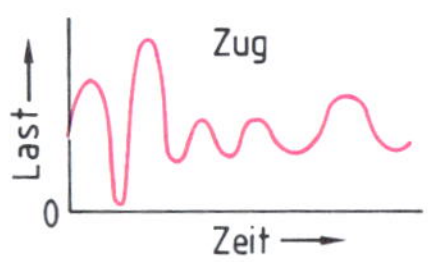 Last schwillt im Bereich zwischen Null und dem Höchstwert	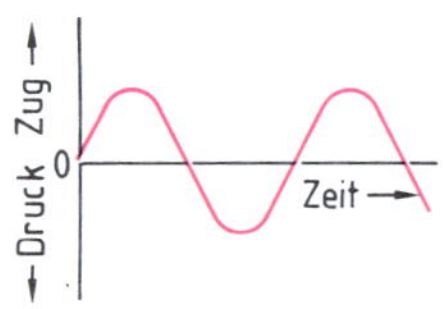 Last wechselt zwischen positivem und negativem Höchstwert
Belastungsfall	I	II	III
Beispiele	Säule, Gebäudefundament	Kranseil, feststehende Achse	Schraubendreher, umlaufende Achse

Übungsaufgaben 4/1; 4/2

4.1.3 Zugbeanspruchung

Wird ein Stab durch eine Zugkraft F beansprucht, so ruft diese Kraft im Inneren des Stabes, d.h. im Querschnitt S, Zugspannungen hervor, die senkrecht zum beanspruchten Querschnitt wirken. Sie werden auch als Normalspannungen bezeichnet.

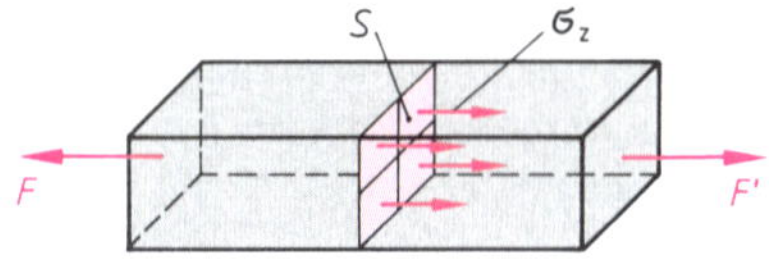

Zugspannungen im Zugstab

Aus der Bedingung, daß sich innere und äußere Kräfte das Gleichgewicht halten müssen, ergibt sich:

$$F = \sigma_z \cdot S$$

σ_z Zugspannung
F Zugkraft
S beanspruchter Querschnitt

Diese Zugspannung darf den Wert der zulässigen Spannung $\sigma_{z\,zul}$ nicht überschreiten. Es gilt also die Forderung: $\sigma_z \leq \sigma_{z\,zul}$

Die zulässige Zugspannung von spröden Werkstoffen, wie z.B. Gußeisen und Glas, berechnet man aus der Zugfestigkeit.

Da plastisch verformbare Werkstoffe, z.B. weicher Stahl und Aluminium, bereits bei Auftreten bleibender Verformungen zerstört sind, berechnet man die zulässige Spannung von diesen Werkstoffen aus der Streckgrenze. Damit die zulässige Spannung unter der Zugfestigkeit bzw. der Streckgrenze bleibt, fügt man eine Sicherheitszahl ν (nü) ein. Dabei gilt für plastisch verformbare Werkstoffe $\sigma_{z\,zul} = \frac{R_{eh}}{\nu}$ und für spröde Werkstoffe $\sigma_{z\,zul} = \frac{R_m}{\nu}$

Die Sicherheitszahl liegt je nach Anwendung zwischen 1,5 und 3.
In den meisten Fällen greift man zur Wahl der zulässigen Spannungen auf Tabellenwerte zurück, in denen bereits die Sicherheit enthalten ist.

Zulässige Zugspannungen für Werkstoffe bei verschiedenen Belastungsfällen

Werkstoffe	alt	St 37	St 50	St 70	GS-45	25CrMo4	G-AlSi 12	AlCuMg	Messing
	neu	S235	E295	E360					
zulässige Spannung $\sigma_{z\,zul}$ in N/mm²	ruhend I	125	175	260	125	325	40	135	150
	schwellend II	80	110	170	80	220	22	60	90
	wechselnd III	55	80	115	55	145	17	45	50

Die zulässige Spannung für Werkstoffe errechnet man entweder aus der Grenzspannung und der verlangten Sicherheit oder man benutzt Tabellenwerte.
Für spröde Werkstoffe ist die Zugfestigkeit die Grenzspannung. Für plastisch verformbare Werkstoffe ist die Streckgrenze die Grenzspannung.

Berechnung des erforderlichen Querschnitts: $S_{erf} = \frac{F_{max}}{\sigma_{z\,zul}}$ in mm²

Beispiel für die Berechnung eines zugbeanspruchten Querschnittes

Aufgabe

Eine runde Stange aus E 295 (St 50) wird schwellend durch eine Zugkraft von max. 120000 N belastet.
Der Durchmesser der Stange ist zu berechnen.

Lösung

$S_{erf} = \frac{F_{max}}{\sigma_{z\,zul}}$ $\quad S_{erf} = \frac{120\,000\ \text{N} \cdot \text{mm}^2}{110\ \text{N}} = 1090{,}9\ \text{mm}^2$ $\quad d = 37{,}2\ \text{mm}$ $\quad d_{gewählt} = \mathbf{38\ mm}$

Übungsaufgaben 4/3 bis 4/6

4.1.4 Druckbeanspruchung

Eine Druckkraft ruft im *Inneren* eines Werkstoffes bei einem beanspruchten Bauelement als Reaktion **Druckspannungen** σ_d hervor.

Die in der *Grenzfläche* zu einem anderen Werkstoff infolge Druck entstehenden Spannungen bezeichnet man als **Flächenpressung** p.

Entsprechend der Gleichgewichtsbedingung gilt für das Werkstoffinnere $F = \sigma_d \cdot S$, für die Grenzfläche $F = p \cdot A$.

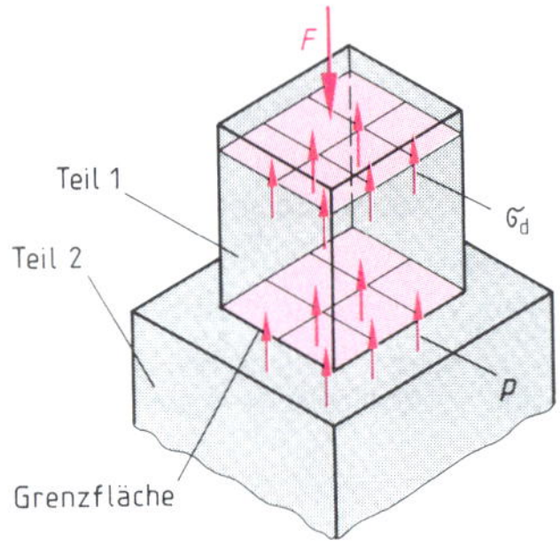

Druckspannungen und Flächenpressung

$$F = \sigma_d \cdot S \quad \text{bzw.} \quad F = p \cdot A$$

S Querschnittsfläche
A Berührungsfläche
σ_d Druckspannung
p Flächenpressung

Häufig sind die gepreßten Flächen nicht eben, wie zum Beispiel bei Wellen im Lager, Gewindegängen, Prismenführungen. Die gepreßte Fläche ist in solchen Fällen als Projektion der Berührungsfläche auf eine senkrecht zur Kraftrichtung liegende Ebene aufzufassen. Man spricht von *projizierter* Berührungsfläche.

Beispiele für projizierte Berührungsflächen

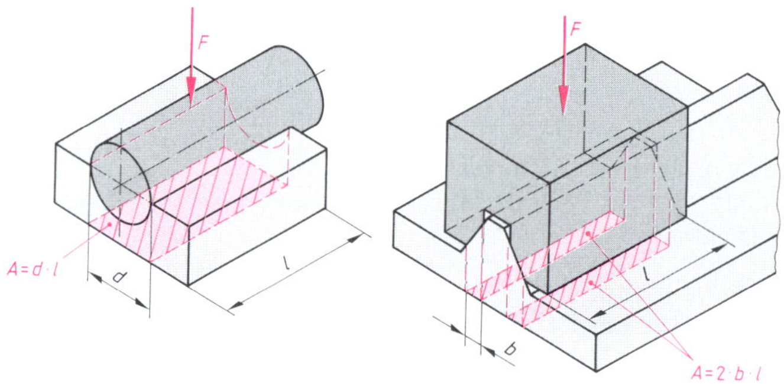

Für die Berechnung der erforderlichen Querschnitte gilt demnach:

$$S_{erf} = \frac{F_{max}}{\sigma_{d\,zul}} \quad \text{bzw.} \quad A_{erf} = \frac{F_{max}}{p_{zul}}$$

Bei der Flächenpressung ist darauf zu achten, daß die zulässige Flächenpressung des *schwächsten* Werkstoffes nicht überschritten werden darf.
Die zulässige Druckspannung entspricht bei Stählen und NE-Metallen der zulässigen Zugspannung. Bei sehr ungleichmäßig aufgebauten Werkstoffen, z.B. Gußeisen, ist die zulässige Druckspannung höher als die zulässige Zugspannung.

Die zulässige Flächenpressung ist besonderen Tabellen zu entnehmen.

Zulässige Flächenpressung für Werkstoffe bei verschiedenen Belastungsfällen

Werkstoffe	alt	St 37	St 50	St 70	GS-45	25CrMo4
	neu	S235	E 295	E 360		
zulässige Flächenpressung p_{zul} in N/mm^2	ruhend I	80	120	180	100	210
	schwellend II	50	70	90	70	105

Übungsaufgaben 4/7; 4/8

Beispiel **für die Berechnung eines druckbeanspruchten Bauelementes**

Aufgabe

Ein runder Maschinenfuß aus GS-45 wird mit 80 000 N schwellend belastet. Er steht auf einer Betonplatte, deren Werkstoff eine zulässige Flächenpressung von 12 N/mm² besitzt.

a) Es ist der Durchmesser d der Säule zu bestimmen.

b) Welchen Durchmesser D muß der Fuß haben?

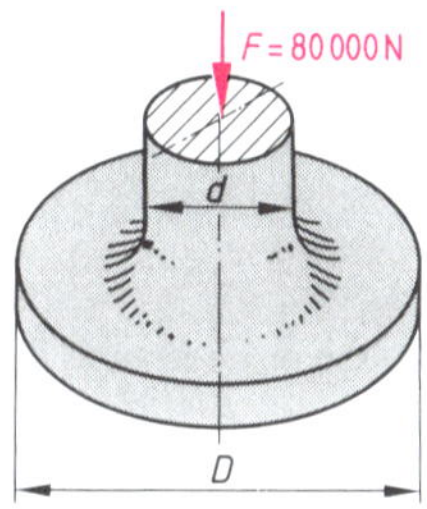

Gegeben

GS-45; $\sigma_{d\,zul}$ nach Tabelle 80 N/mm²

$F = 80\,000$ N

$p_{zul} = 12 \frac{\text{N}}{\text{mm}^2}$ (für Beton)

Gesucht

d in mm

D in mm

Lösung

a)

$$S_{erf} = \frac{F_{max}}{\sigma_{d\,zul}}$$

$$S_{erf} = \frac{80\,000 \text{ N} \cdot \text{mm}^2}{80 \text{ N}}$$

$$S_{erf} = \mathbf{1\,000\ mm^2}$$

$$d = \sqrt{\frac{4 \cdot S}{\pi}}$$

$$d = \sqrt{\frac{4 \cdot 1\,000 \text{ mm}^2}{3{,}14}}$$

$d = 35{,}69$ mm

$d_{gewählt} =$ **36 mm**

b)

$$A_{erf} = \frac{F_{max}}{p_{zul}}$$

$$A_{erf} = \frac{80\,000 \text{ N} \cdot \text{mm}^2}{12 \text{ N}}$$

$$A_{erf} = \mathbf{6\,666{,}66\ mm^2}$$

$$D = \sqrt{\frac{4 \cdot A}{\pi}}$$

$$D = \sqrt{\frac{4 \cdot 6\,666{,}66 \text{ mm}^2}{3{,}14}}$$

$D = 92{,}15$ mm

$D_{gewählt} =$ **94 mm**

4.1.5 Scherbeanspruchung

Im Gegensatz zu den Zug- und Druckspannungen, die als Normalspannungen senkrecht zum beanspruchten Querschnitt stehen, wirken Scherspannungen *im* beanspruchten Querschnitt.

Wird ein Werkstück durch eine Scherkraft beansprucht, so ruft diese Kraft im Inneren des Werkstoffes in der Scherfläche Scherspannungen τ_s hervor.

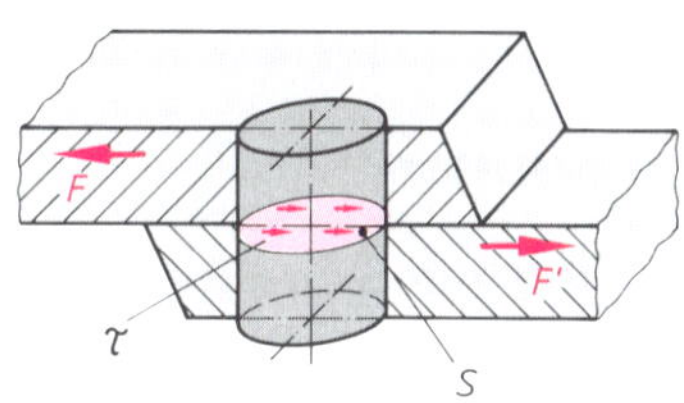

Scherspannungen

Gleichgewicht ergibt sich für:

$$F = \tau_s \cdot S$$

F Scherkraft

τ_s Scherspannung

S beanspruchter Querschnitt

Häufig wird bei der Beanspruchung auf Scherung ein Bauelement in *mehreren* Querschnitten gleichzeitig beansprucht.

Beispiel **für die Zahl der Scherquerschnitte**

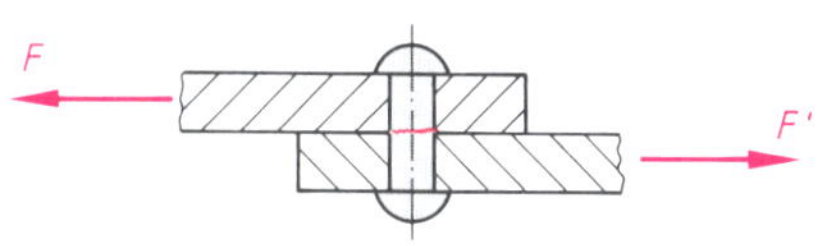

Einschnittig

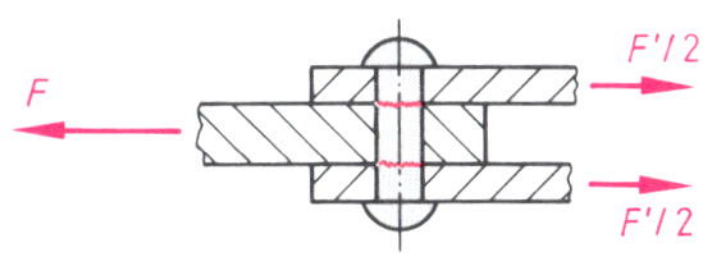

Zweischnittig

Übungsaufgaben 4/9 bis 4/12

Für die Berechnung des erforderlichen Querschnitts unter Berücksichtigung der Zahl der Scherquerschnitte ergibt sich somit die Gleichung:

$$S_{erf} = \frac{F_{max}}{N \cdot \tau_{s\,zul}}$$

N Zahl der beanspruchten Scherquerschnitte

Der Wert der zulässigen Scherspannung ist bei einer Scherbeanspruchung etwa $0{,}8 \cdot \sigma_{z\,zul}$ für Baustahl und etwa $1{,}1 \cdot \sigma_{z\,zul}$ für Gußeisen.

Beispiel **für die Berechnung eines durch Scherkräfte beanspruchten Bauelementes**

Aufgabe

Das dargestellte Gelenk soll eine Zugkraft von 40 000 N übertragen:

Es ist der Bolzendurchmesser zu berechnen. Die zulässige Scherspannung ist aus der Zugfestigkeit des Bolzenwerkstoffes E 295 (St 50) zu ermitteln.

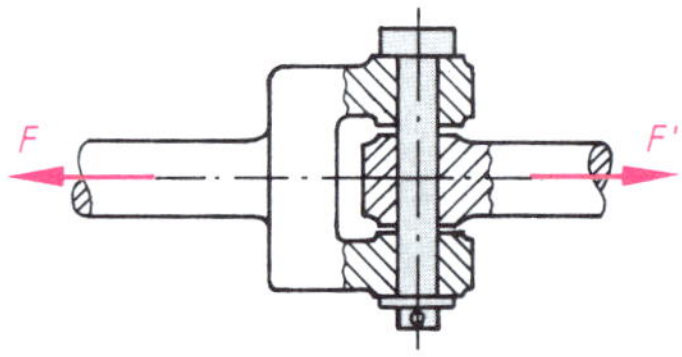

Gegeben

$F = 40\,000$ N

$N = 2$

E 295; $\sigma_{z\,zul}$ nach Tabelle $110 \frac{\text{N}}{\text{mm}^2}$

Gesucht

d in mm

Lösung

$$\tau_{s\,zul} = \sigma_{z\,zul} \cdot 0{,}8$$

$$\tau_{s\,zul} = 110 \frac{\text{N}}{\text{mm}^2} \cdot 0{,}8$$

$$\tau_{s\,zul} = \mathbf{88 \frac{N}{mm^2}}$$

$$S_{erf} = \frac{F_{max}}{N \cdot \tau_{s\,zul}}$$

$$S_{erf} = \frac{40\,000\ \text{N} \cdot \text{mm}^2}{2 \cdot 88\ \text{N}}$$

$$S_{erf} = \mathbf{227{,}2\ mm^2}$$

$$d = \sqrt{\frac{4 \cdot S_{erf}}{\pi}}$$

$$D = \sqrt{\frac{4 \cdot 227{,}2\ \text{mm}^2}{3{,}14}}$$

$$d = \mathbf{17\ mm}$$

4.2 Berechnungen

4.2.1 Berechnung von Schrauben

Schrauben als Verbindungselemente siehe *„Fertigungstechnik,* Kapitel *Fügen mit Schrauben".*

Schrauben werden durch die äußeren Kräfte auf Zug beansprucht. Als Reaktion auf die äußeren Kräfte treten im Kern der Schraube Zugspannungen auf. Im Gewinde entstehen Flächenpressung und Scherbeanspruchung. Die Auswahl von Schrauben erfolgt in zwei Schritten:

- Berechnung des erforderlichen Schraubendurchmessers, aus der Belastung und der Festigkeit des Schraubenwerkstoffs,
- Ermittlung der tragenden Gewindelänge (Einschraubtiefe nach Tabelle).

Nach der Art der Belastung unterscheidet man

- Schrauben ohne Vorlast und
- Schrauben mit Vorlast.

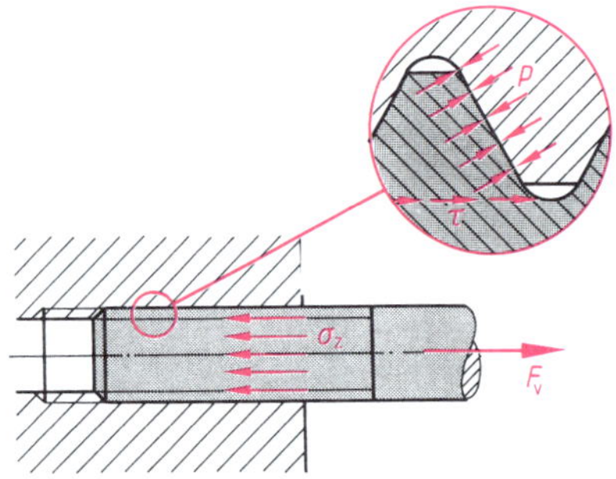

Spannungen in einer Schraubenverbindung

Übungsaufgaben 4/13; 4/14; 4/15

- **Berechnung von Schrauben ohne Vorlast**

Wird eine Schraube nur durch *eine* Kraft, z.B. die angehängte Last oder nur durch die Spannkraft infolge des Anziehens belastet, so spricht man von Schrauben ohne Vorlast. Schrauben ohne Vorlast sind z.B. die Schrauben in Spannschlössern.

Die zulässige Spannung $\sigma_{z\,zul}$ errechnet man aus der Streckgrenze des Schraubenwerkstoffs R_{eH} und der Sicherheit ν, die für Schrauben ohne Vorlast mit 2 angenommen wird.
Aus der Betriebskraft F_B und der zulässigen Spannung $\sigma_{z\,zul}$ berechnet man den Spannungsquerschnitt S_s der Schraube.

$$S_s = \frac{F_B}{\sigma_{z\,zul}}$$

$$\sigma_{z\,zul} = \frac{R_{eH}}{\nu}$$

F_B Betriebskraft
S_S Spannungsquerschnitt
$\sigma_{z\,zul}$ zulässige Spannung

Mit dem errechneten Spannungsquerschnitt wählt man aus Gewindetabellen den erforderlichen Gewindedurchmesser.

Beispiel für die Berechnung eines Gewindes

Aufgabe
Eine Schraube aus 5.6 soll eine Betriebskraft von 10 kN aufnehmen. ν = z
Das Gewinde der Schraube ist zu ermitteln.

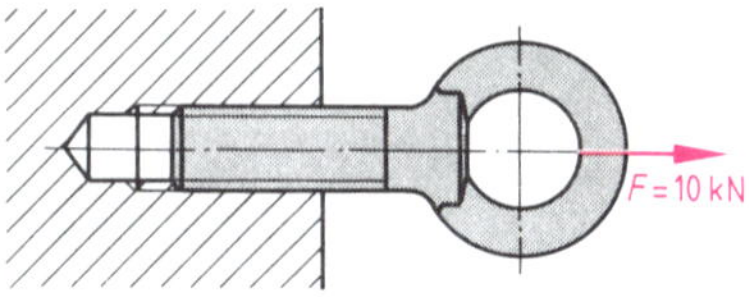

Gegeben
$R_{eH} = 300 \frac{N}{mm^2}$ (aus 5.6 ermittelt)
F = 10 000N

Gesucht
Gewindedurchmesser d

Lösungshilfe
Abmessungen metrischer ISO-Gewinde nach DIN 13 (Auszug)

d mm	P mm	d_2 mm	d_3 mm	S_s mm²	H_1 mm
10	1,5	9,026	8,160	58,0	0,812
12	1,75	10,863	9,853	84,3	0,947
16	2,0	14,701	13,546	157	1,083

Lösung

$$\sigma_{z\,zul} = \frac{R_{eH}}{2}$$

$$\sigma_{z\,zul} = \frac{300\ N}{mm^2 \cdot 2}$$

$$\sigma_{z\,zul} = 150\ \frac{N}{mm^2}$$

$$S_s = \frac{F_B}{\sigma_{z\,zul}}$$

$$S_s = \frac{10\,000\ N \cdot mm^2}{150\ N}$$

S_s = **66,6 mm**
Gewählt **M 12** (S_s = 84,3 mm²)

- **Berechnung von Schrauben mit Vorlast**

Werden Schrauben angezogen, so erhalten sie dadurch eine Vorlast. Bei anschließender Belastung durch die Betriebskraft F_B erhöht sich die Belastung der Schraube. Die Gesamtbelastung F_{max} ist in diesem Fall die Summe aus Vorlast und Betriebslast.
In Überschlagsrechnungen berücksichtigt man die Vorlast, indem man als Gesamtbelastung das 1,7fache der Betriebslast annimmt.

$$F_{max} = 1{,}7 \cdot F_B$$

Übungsaufgaben 4/16 bis 4/19

4.2.2 Berechnung von Stiften

Stifte als Verbindungselemente siehe *„Fertigungstechnik,* Kapitel *Fügen mit Stiften"*.
Stiftverbindungen sind lösbare Verbindungen, die ausschließlich Scherkräfte aufnehmen können. Die Berechnung der Stifte erfolgt auf Abscheren.
Die zulässige Scherspannung errechnet man aus der zulässigen Zugspannung und einem werkstoffabhängigen Faktor. Für Verbindungsstifte aus Stahl beträgt die zulässige Scherspannung $\tau_{s\,zul} = 0{,}8 \cdot \sigma_{z\,zul}$

Beispiel **für die Berechnung eines Verbindungsstiftes**

Aufgabe
Das dargestellte Gelenk einer Zugstange wird durch einen Knebelkerbstift zusammengehalten. Welchen Durchmesser muß ein Stift aus E 295 (St 50) haben, wenn eine schwellende Last von 45000 N übertragen wird?

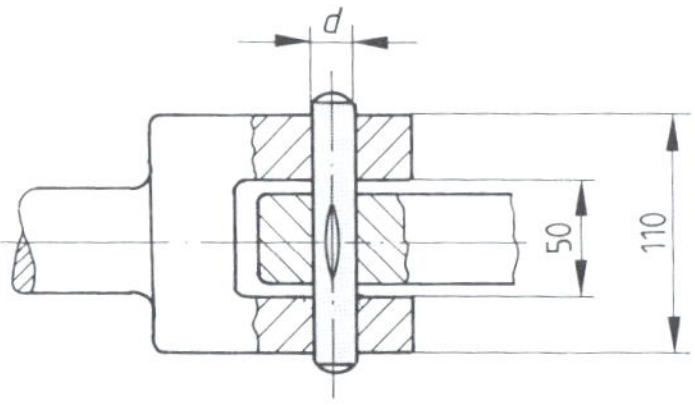

Gegeben

$F = 45\,000$ N $\quad N = 2$

E 295 $\Rightarrow \sigma_{z\,zul} = 110 \dfrac{N}{mm^2}$

Gesucht

d in mm

Lösung

$\tau_{s\,zul} = 0{,}8 \cdot \sigma_{z\,zul}$

$\tau_{s\,zul} = 0{,}8 \cdot 110 \dfrac{N}{mm^2}$

$\tau_{s\,zul} = \mathbf{88 \dfrac{N}{mm^2}}$

$S_{erf} = \dfrac{F_{max}}{N \cdot \tau_{s\,zul}}$

$S_{erf} = \dfrac{45\,000 \text{ N} \cdot \text{mm}^2}{2 \cdot 88 \text{ N}}$

$S_{erf} = \mathbf{255{,}6\ mm^2}$

$S = \dfrac{d^2 \cdot \pi}{4}$

$d = \sqrt{\dfrac{4 \cdot S}{\pi}}$

$d = \sqrt{\dfrac{4 \cdot 255{,}6 \text{ mm}^2}{3{,}14}}$

$d = \mathbf{18{,}0\ mm}$

Bei Stiftverbindungen tritt in den Grenzflächen zwischen Bohrung und Stift auch Flächenpressung auf. Es ist zu überprüfen, ob in den Lagerstellen die zulässige Flächenpressung nicht überschritten wird.

Beispiel **für die Überprüfung der Abmessungen einer Stiftverbindung auf zulässige Flächenpressung**

Aufgabe
Die Abmessungen der im vorherigen Beispiel dargestellten Gabel aus S 235 (St 37) sind auf Flächenpressung zu überprüfen.

Gegeben

$F = 45\,000$ N $\quad d = 18$ mm (aus vorherigem Beispiel)

S 235 (St 37) $\Rightarrow p_{z\,zul} = 50 \dfrac{N}{mm^2}$ $\quad l = 110 \text{ mm} - 50 \text{ mm} \Rightarrow 60$ mm (aus Skizze)

Gesucht

p

Lösung

$A = \dfrac{F}{p} \qquad A = d \cdot l$

$p = \dfrac{45\,000 \text{ N}}{18 \text{ mm} \cdot 60 \text{ mm}}$

$p = \mathbf{41{,}6 \dfrac{N}{mm^2}}$

Da p_{zul} für S 235 (St 37) = $50 \dfrac{N}{mm^2}$ beträgt, sind die Abmessungen ausreichend.

Übungsaufgaben 4/20; 4/21; 4/22

4.2.3 Berechnung von Federn

Federn als Verbindungselemente siehe *„Fertigungstechnik,* Kapitel *Fügen mit Paßfedern".*
Federn werden auf Abscheren und Flächenpressung beansprucht. Die Berechnung erfolgt jedoch nur auf Flächenpressung, da die Normmaße für Federn so gewählt sind, daß die zulässige Scherbeanspruchung nicht überschritten wird, wenn die zulässige Flächenpressung eingehalten wird. Für Federn sind die Maße b und h in Abhängigkeit vom Wellendurchmesser genormt.

$$M_d = F \cdot \frac{d}{2}$$

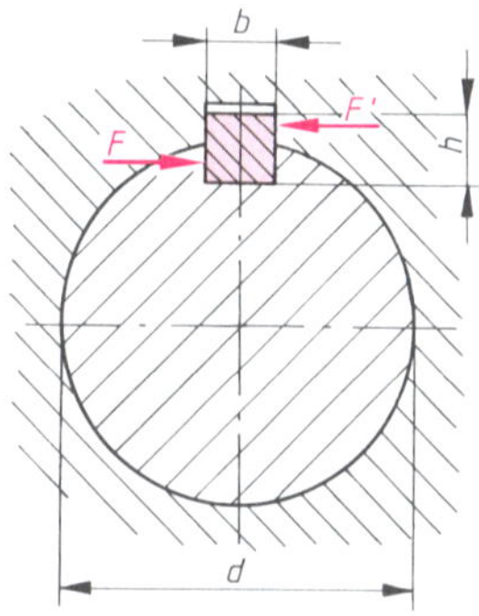

Beanspruchung einer Paßfeder

F Umfangskraft
b Breite der Feder
h Höhe der Feder
d Durchmesser der Welle
M_d Drehmoment

Aus der Forderung $p \leq p_{zul}$ des schwächsten Werkstoffs ergibt sich für die Länge der Feder:

bei geradstirnigen Federn
$$l_{erf} = \frac{4\,M_d}{d \cdot h \cdot p_{zul}}$$

bei rundstirnigen Federn
$$l_{erf} = \frac{4\,M_d}{d \cdot h \cdot p_{zul}} + b$$

Beispiel **für eine Federberechnung**

Aufgabe

Eine Welle soll ein Drehmoment von 90 Nm übertragen. Welle und Nabe werden mit einer Paßfeder Form A verbunden. p_{zul} des schwächsten Werkstoffes ist 70 N/mm². Der Wellendurchmesser beträgt 25 mm. Die Maße der Feder sind zu ermitteln.

Gegeben
d = 25 mm

Gesucht
l in mm

Lösungshilfe

Abmessung für Paßfedern nach DIN 6885 (Auszug)

Wellendurchmesser	10 bis 12	12 bis 17	17 bis 22	22 bis 30	30 bis 38	38 bis 44	44 bis 50	50 bis 58	58 bis 65	65 bis 75
Breite der Feder *b*	4	5	6	8	10	12	14	16	18	20
Höhe der Feder *h*	4	5	6	7	8	8	9	10	11	12
Paßfederlängen	6 8 10 12 14 16 18 20 22 25 28 32 36 40 45 50 56 63 70 80 90 100 110 125 140 160 180 200									

Lösung

Feder A 8 x 7 (nach Tabelle)

$$l_{erf} = \frac{4 \cdot M_d}{d \cdot h \cdot p_{zul}} + b$$

$$l_{erf} = \frac{4 \cdot 90\,000 \text{ Nmm} \cdot \text{mm}^2}{25 \text{ mm} \cdot 7 \text{ mm} \cdot 70 \text{ N}} + 8 \text{ mm}$$

$$l_{erf} = 37{,}3 \text{ mm}$$

$$l_{gew} = \mathbf{40\ mm}$$

Übungsaufgaben 4/23; 4/24; 4/25

4.2.4 Berechnung von Klebeverbindungen

Klebeverbindungen siehe *„Fertigungstechnik,* Kapitel *Fügen durch Kleben".*
Klebeverbindungen sollen ausschließlich auf Scherung beansprucht werden. Fachgerechte Klebeverbindungen werden daher als Überlappungen oder Schäftungen ausgeführt. Die notwendige Klebefläche *S* (Überlappungsfläche) wird aus der zulässigen Scherspannung des Klebers errechnet.

$$S = \frac{F}{\tau_{s\,zul}}$$

Die zulässige Scherspannung der Kleber kann aus den Verarbeitungsrichtlinien der Kleberhersteller entnommen werden. Für überschlägige Berechnungen kann man als zulässige Scherspannung annehmen:

- für Kaltkleber $\tau_{s\,zul} = 6$ bis $12\ N/mm^2$
- für Warmkleber $\tau_{s\,zul} = 10$ bis $20\ N/mm^2$

Die Überlappungslänge ergibt sich aus:

$$l_ü = \frac{F}{\tau_{s\,zul} \cdot b}$$

$l_ü$ Überlappungslänge
F Belastung
b Breite der Klebeverbindung
$\tau_{s\,zul}$ zulässige Scherspannung

Die Überlappungslänge soll das 15fache der Dicke des schwächsten zu verbindenden Teils nicht überschreiten.

Beispiel für die Berechnung einer Klebeverbindung

Aufgabe
An ein 1,5 mm dickes Aluminiumblech soll eine 4 mm dicke und 40 mm breite Lasche aus einer Phenolharz-Schichtplatte geklebt werden. Der Kleber hat lt. Herstellerangabe eine zulässige Scherfestigkeit von $12\ N/mm^2$ bei einer vorherigen Reinigung der Flächen mit Aceton.
Die Verbindung soll mit 8000 N belastet werden.
Berechnen Sie die mindesterforderliche Überlappungslänge $l_ü$.

Gegeben
$F = 8\,000\ N$
$b = 40\ mm$
$\tau_{s\,zul} = 12 \frac{N}{mm^2}$

Gesucht
$l_ü$ in mm

Lösung

$$l_ü = \frac{F}{\tau_{s\,zul} \cdot b}$$

$$l_ü = \frac{8\,000\ N \cdot mm^2}{12\ N \cdot 40\ mm}$$

$$l_ü = \mathbf{16{,}6\ mm}$$

4.2.5 Berechnung von Lötverbindungen

Lötverbindungen siehe *„Fertigungstechnik,* Kapitel *Fügen durch Löten".*
Lötverbindungen sollen ebenso wie Klebeverbindungen ausschließlich auf Scherung beansprucht werden. Entsprechend sind auch Lötverbindungen als Überlappungen oder Schäftungen auszuführen.
Die zulässige Scherspannung für Lote beträgt etwa:

- für Hartlote $\tau_{s\,zul} = 70\ N/mm^2$
- für Weichlote $\tau_{s\,zul} = 20\ N/mm^2$

Die zulässige Scherspannung der Weichlote ist stark von der Temperatur der Lötstelle abhängig, bei der das gelötete Werkstück benutzt wird.

Die Überlappungslänge ergibt sich aus:

$$l_ü = \frac{F}{\tau_{s\,zul} \cdot b}$$

$l_ü$ Überlappungslänge
F Belastung
b Breite der Lötverbindung
$\tau_{s\,zul}$ zulässige Scherspannung

Übungsaufgaben 4/26; 4/27; 4/28

1 Grundlagen der Datenverarbeitung

In der Berufswelt sind Datenverarbeitungsanlagen – Computer – in vielen Bereichen im Einsatz und nicht mehr wegzudenken. Computer entlasten den Menschen von zeitraubenden Rechnungen und Arbeiten. Computer sind hochentwickelte elektronische Rechenanlagen und Zahlenspeicher. Durch geschickte Zuordnungen setzt der Computer Buchstaben und Zeichen in Zahlenwerte um, so daß auch Texte und Bilder verarbeitet werden können.

Jeder Computer besteht aus mindestens:

- *der Eingabeeinheit,*
- *dem Verarbeitungs- und Speicherteil (Zentraleinheit genannt),*
- *der Ausgabeeinheit.*

EVA-Prinzip

Beispiel **für den Grundaufbau eines Computers**

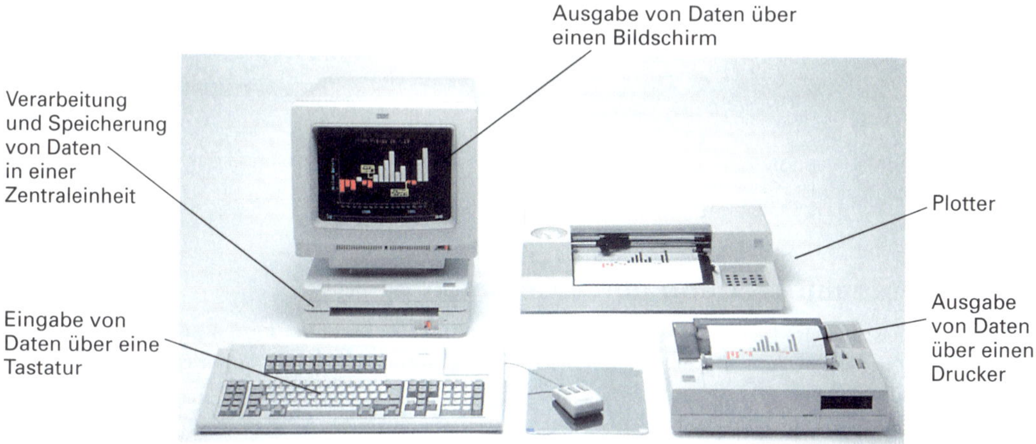

Computer sind Datenverarbeitungsanlagen. Sie bestehen mindestens aus: Eingabeeinheit, Zentraleinheit und Ausgabeeinheit.

Alle Baueinheiten einer Datenverarbeitungsanlage faßt man mit dem englischen Begriff **„Hardware"** – das heißt „harte Ware" – zusammen. Eine Datenverarbeitungsanlage für sich allein ist unfähig, eine Aufgabe auszuführen, wenn sie nicht Anweisungen erhält, nach denen sie arbeiten soll. Diese Anweisungen faßt man listenmäßig zusammen. Man nennt eine solche Liste von Anweisungen ein **Programm.** Für Programme gebraucht man den englischen Begriff **„Software"** – das heißt „weiche Ware" –. Anweisungen, die dem Computer schon vom Hersteller in fest eingebauten Speichern mitgegeben wurden, werden ebenfalls als Software bezeichnet.

Hardware – Bauteile einer Datenverarbeitungsanlage
Software – Anweisungen an eine Datenverarbeitungsanlage

Übungsaufgaben 1/1; 1/2; 1/3

2 Arbeitsweise eines Computers

2.1 Dateneingabe

Je nach Hauptaufgabe eines Computersystems benutzt man verschiedene Eingabeeinrichtungen:

- Die Dateneingabe erfolgt für die Textverarbeitung, Programmentwicklung u.a. über eine Tastatur. Diese Tastatur entspricht der Tastatur einer Schreibmaschine. Sie ist um eine Zahlentastatur und um weitere Sondertasten erweitert. Die Tastatur für einen Computer wird **Keyboard** (engl.) genannt.
- Bei **CAD**-Systemen benutzt man zusätzlich **Grafik-Tabletts** oder die **Maus** zur Eingabe von Daten.
- An Werkzeugmaschinen werden meist spezielle Tastaturen mit Funktionssymbolen auf den Tasten zur Eingabe verwendet.
- In Steuerungs- und Regelungsanlagen sind Meßfühler die Eingabeeinheiten.

Alle Eingabegeräte haben folgendes gemeinsam: Sie übersetzen die eingegebenen Informationen in elektrische Impulse.

Beispiele für Eingabeeinheiten

Tastatur

Maus

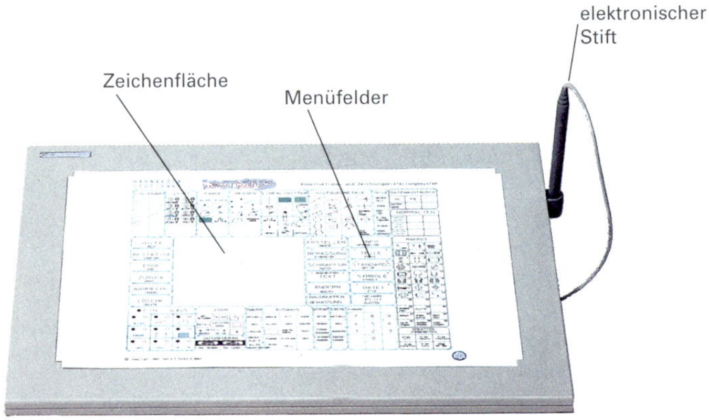

Grafiktablett

> Die Dateneingabe in einen Computer erfolgt durch Eingabegeräte. Diese wandeln die Informationen in elektrische Impulse um.

2.2 Datenaufbereitung durch Codieren

In der deutschen Sprache benötigen wir 26 Buchstaben, 10 Ziffern und eine Anzahl Sonderzeichen (z.B.: Punkt, Pluszeichen) mit denen wir durch unterschiedliche Kombinationen alle Begriffe und Rechnungen wiedergeben können.

Dem Computer stehen nur zwei Zeichen zur Verfügung, z.B. die Zustände EIN und AUS, die so kombiniert werden müssen, daß auch mit ihnen alle Informationen darzustellen sind. Man spricht von einer binären, d.h. auf einer auf zwei Zuständen aufbauenden Informationsdarstellung.

Man ordnet den beiden Zuständen die Ziffern „0" und „1" zu. Eine „1" deutet an, daß die Binärstelle belegt ist, eine „0" stellt demnach eine unbelegte Binärstelle dar. Diese kleinste Einheit der „Computersprache" nennt man ein **Bit** (Abkürzung von **engl. binary digit** = binärer Schritt).

> Elektronische Datenverarbeitungsanlagen arbeiten im Innern binär. Ein Bit ist die kleinste Informationseinheit, sie kann 1 oder 0 sein.

Mit einem Bit kann man zwei Zeichen darstellen. Faßt man aber 8 Bit zu einer Gruppe zusammen, so kann man 256 verschiedene Kombinationen der Zustände „0" und „1" bilden.

Damit besteht die Möglichkeit, mit Hilfe einer Gruppe von 8 Bit alle Buchstaben, Ziffern, Sonderzeichen und noch vieles andere darzustellen.

Die Zusammenfassung von 8 Bit nennt man ein **Byte** (von engl. Happen).

> Ein Byte ist eine Gruppe von 8 Bit. Ein Byte erlaubt 256 Bitkombinationen.

Übungsaufgaben 2/1; 2/2; 2/3

Jedem Buchstaben, jeder Ziffer und jedem Zeichen muß ein bestimmtes Bitmuster zugeordnet werden, d.h. sie müssen **codiert** werden. Das Bitmuster ist eine Zahl im Dualsystem. Sie kann in eine Dezimalzahl umgerechnet werden. In Datenverarbeitungsanlagen wird der „ASCII-Code" Zeichensatz benutzt (**ASCII** ist die Abkürzung für „**A**merican **S**tandard **C**ode for **I**nformation **I**nterchange). In diesem Zeichensatz werden die Buchstaben, Ziffern, Sonder- und Steuerzeichen als Zahlen verschlüsselt. Da der Computer auf recht einfache Weise mit Dualzahlen arbeiten kann, wird für jeden Tastendruck eine bestimmte Impulsfolge an die Zentraleinheit des Computers geschickt und dort in eine Dualzahl des ASCII-Codes umgewandelt.

Beispiele **für Codierung von Zeichen nach dem ASCII-Code**

Zeichen	ASCII-Code-Zahl als Dezimale	ASCII-Code-Zahl als Dualzahl
+	43	00101011
?	63	00111111
6	54	00110110
A	65	01000001
a	97	01100001
t	116	01110100
Z	90	01011010

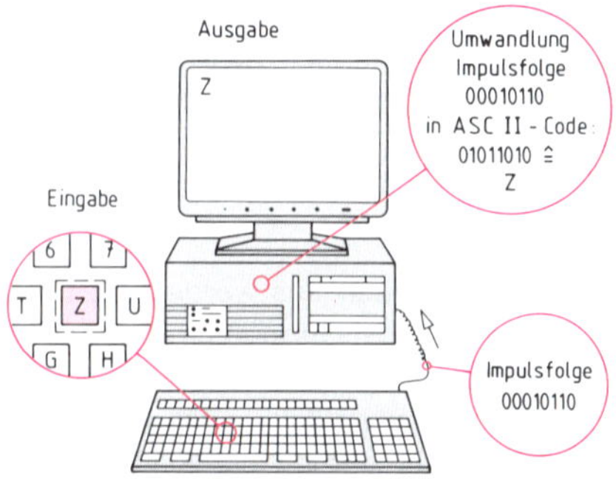

Die Codierung von Zeichen geschieht im Computer mit dem ASCII-Code.

2.3 Datentransport

Die binären Signale im Computer müssen im Innern des Computers transportiert werden, damit sie gedeutet, bearbeitet, gespeichert, in wieder lesbare Schriftzeichen umgewandelt und ausgegeben werden können. Die anfallenden Impulse können **nacheinander** über eine Leitung geschickt werden. In einem solchen Fall verwendet man einen seriellen Datentransport. Schickt man die Daten auf acht **nebeneinander** liegenden Leitungen gleichzeitig weiter, so geschieht der Datentransport parallel. Geräteeinheiten und Bauteile eines Computers können miteinander durch Stecker verbunden werden. Man benutzt entweder serielle oder parallele Verbindungen. In der Datenfachsprache heißen solche Verbindungsstellen je nach der Art der Datenleitungen entweder **serielle** oder **parallele Schnittstelle**.

Beispiele **für seriellen und parallelen Datentransport**

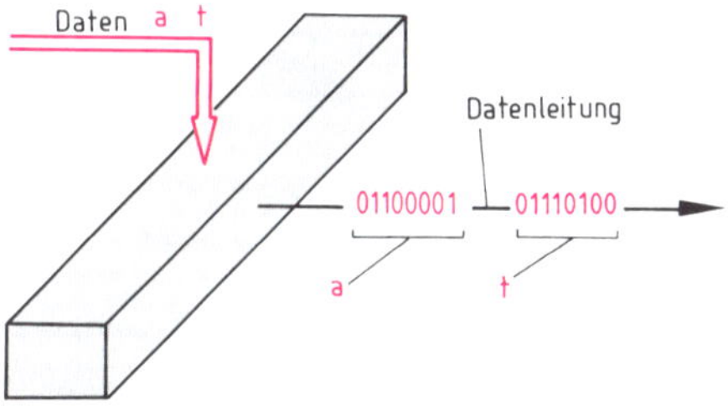

Serieller Datentransport

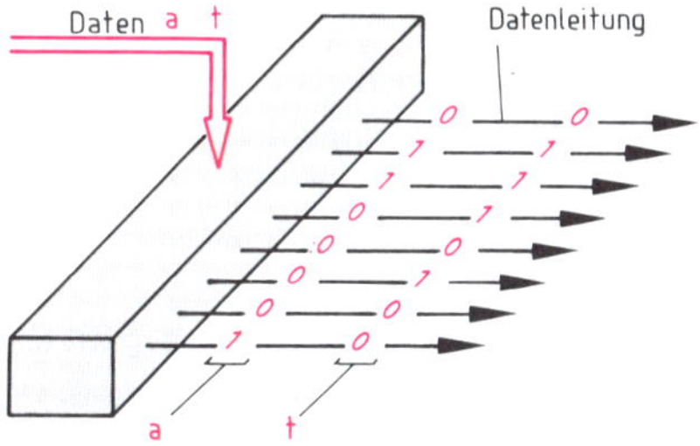

Paralleler Datentransport

Computer können elektrische Zeichen-Codes in serieller oder paralleler Zeichenfolge verarbeiten. Geräte werden mit der Zentraleinheit des Computers über serielle oder parallele Schnittstellen verbunden.

Übungsaufgaben 2/4 bis 2/9

2.4 Datenverarbeitung im Computer

Die Zentraleinheit einer elektronischen Datenverarbeitungsanlage besteht aus mehreren Teilsystemen. Diese sind
- der Prozessor (CPU), der die gesamte Anlage steuert (**CPU** = **C**entral **P**rocessing **U**nit),
- den Arbeitsspeichern, in denen die benötigten Daten und Anweisungen bereitgehalten werden,
- Ein- und Ausgabebausteine, an denen die Ein- und Ausgabegeräte angeschlossen werden.

Die Arbeitsspeicher können nicht alle Daten bereithalten, deshalb werden noch externe (außenliegende) Speichergeräte, wie Diskettenlaufwerke, Festplatten u.ä. angeschlossen.

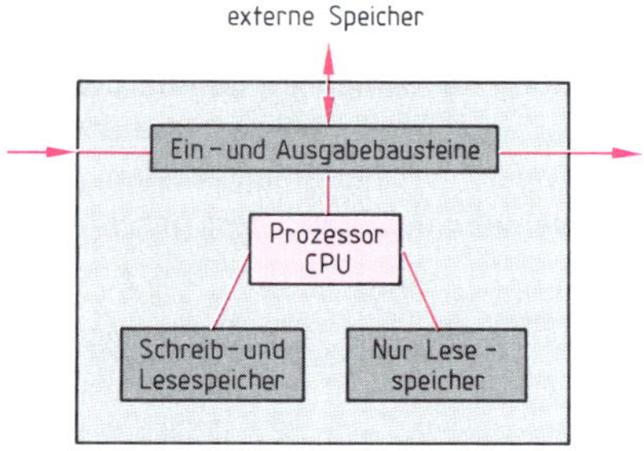

Teilsysteme einer Datenverarbeitungsanlage

• Mikroprozessor

Von der Eingabeeinheit aus werden die Daten in die Zentraleinheit des Computers über Leitungen geschickt. Hier müssen die Daten verarbeitet werden. Das geschieht vor allem im **Mikroprozessor**.
Der Mikroprozessor enthält ein Rechenwerk, die Steuerung und Register, in denen kurzzeitig Daten gespeichert werden.

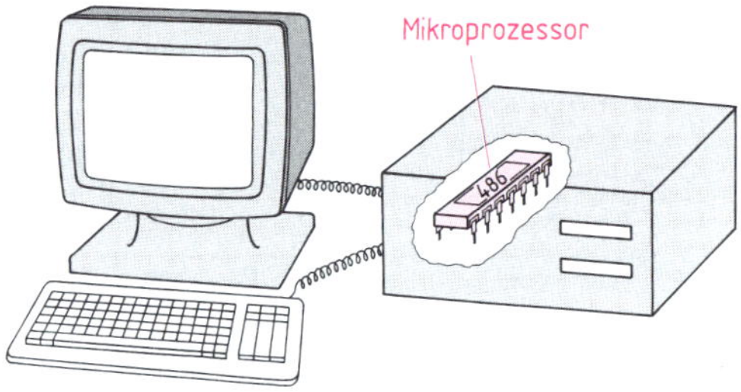

Mikroprozessor in Datenverarbeitungsanlagen

Der Mikroprozessor ist das Herz der Computeranlage. Je schneller er arbeitet, und je mehr Bits er nebeneinander verarbeiten kann, desto höher ist seine Leistungsfähigkeit.
Ein zusätzlicher Prozessor (Co-Prozessor) kann die Leistung des Computers erheblich steigern, indem er die Rechenoperationen vom Mikroprozessor übernimmt.
Zur Zeit werden meist Mikroprozessoren der Typen 386, 486 und 586 in PC's eingesetzt. Die 486er und 586er enthalten bereits den Co-Prozessor.

Im Mikroprozessor eines Computers werden die Programme abgearbeitet, die Berechnungen durchgeführt und die Belegungen der Speicher verwaltet.

• Schreib- und Lese-Speicher (RAM)

Ein wichtiger Speicher des Computers ist der Schreib-Lese-Speicher. Er dient als **Arbeitsspeicher,** in ihn kann sowohl etwas hineingeschrieben als auch wieder herausgelesen werden. In der Fachsprache heißt dieser Speicher **RAM** (RAM = **R**andom **A**ccess **M**emory).
Jedes RAM-Chip kann man sich als einen Schrank mit einer Menge Schubladen vorstellen. Wenn der Computer Daten in ein RAM-Chip schreibt, dann legt er die Daten in eine dieser Schubladen, die er mit einer Adresse versieht.

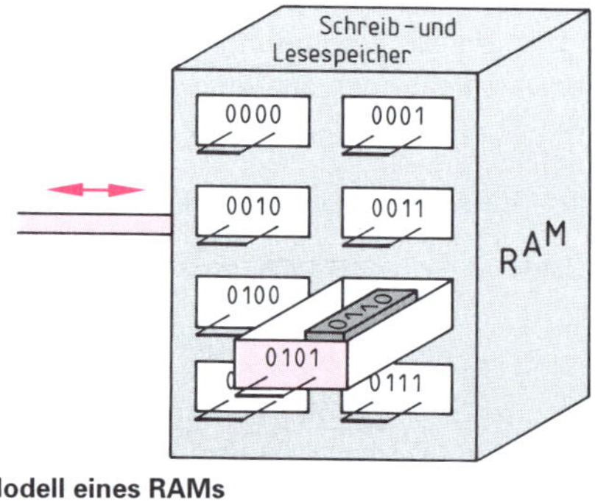

Modell eines RAMs

Wenn der Computer Daten herauslesen soll, geht er direkt zu der angegebenen Adresse, zieht die Schublade auf und liest die dort abgelegte Information. Wird der Computer ausgeschaltet, so sind keine Informationen mehr im RAM. Das RAM ist das Kurzzeitgedächtnis des Computers.

Der Arbeitsspeicher (RAM) des Computers ist ein Schreib-Lese-Speicher. Wird der Computer ausgeschaltet, so verliert der Arbeitsspeicher alle Informationen.

Übungsaufgaben 2/10; 2/11

• Festwertspeicher (ROM)

Festwertspeicher stellen das Langzeitgedächtnis eines Computers dar. In einem Festwertspeicher sind gewöhnlich die Befehle, die der Computer nach dem Einschalten gebraucht, abgelegt. Außerdem findet man in einem Festwertspeicher Programme, die dem Computer von vorneherein zur besseren Bedienung mitgegeben sind. Der Computer kann die Informationen auf dem Chip des Festwertspeichers zwar lesen, aber keine neuen Daten hinzuschreiben. Die Informationen bleiben auch nach dem Ausschalten erhalten. Solche Speicher heißen in der Fachsprache daher **ROM** – vom englischen **R**ead **O**nly **M**emory (Nur-Lese-Speicher).

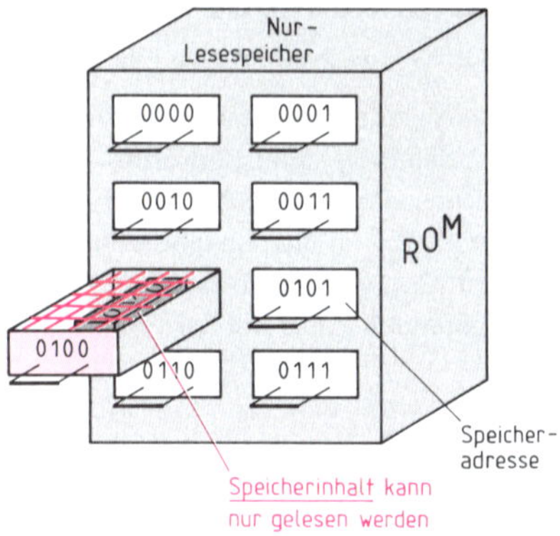

Modell eines ROMs

Im Festwertspeicher (ROM) des Computers stehen Daten und Anweisungen. Der Festwertspeicher ist ein Nur-Lese Speicher. Beim Ausschalten des Computers bleibt der Speicherinhalt erhalten.

• Ein- und Ausgabechips (I/O)

Neben dem Mikroprozessor und den Speichern hat ein Mikrocomputer noch Ein- und Ausgabebausteine. In der Computerfachsprache werden solche Chips „**I/O**"-Einheiten genannt; vom englischen „Input" für „hinein" und „Output" für „heraus".
Über diese Chips kann der Mikrocomputer mit der Umgebung zusammenarbeiten. So werden beispielsweise Daten von der Tastatur an den Input-Chip übergeben. Der Mikroprozessor verarbeitet diese Daten und schickt sie über den Output-Chip beispielsweise zu einem Bildschirm oder zu einem Drucker.

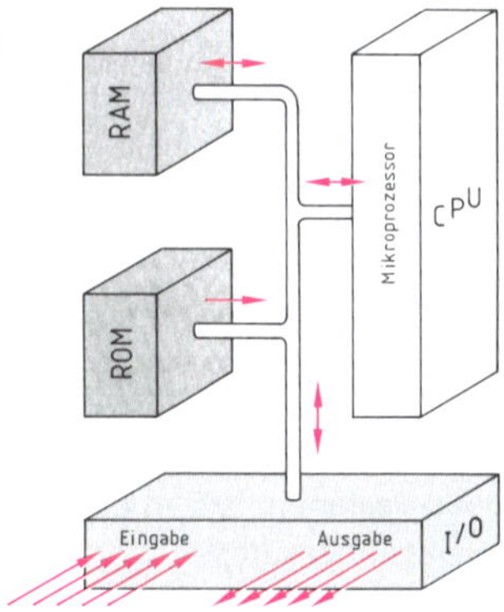

Ein- und Ausgabe-Baustein

Erhält der Mikrocomputer von außen falsche Befehle, kann er nicht arbeiten. Bei der Entwicklung von Programmen und bei der Bedienung von Computern kann man Fehler machen. Die häufigsten Fehler werden vom Computer erkannt und als Eingabe-Ausgabe Fehler (engl. Error) gemeldet.

Über die Input/Output-Bausteine arbeitet der Mikrocomputer mit seiner Umgebung. Falsche Befehle an den Mikrocomputer werden meist als I/O-Error mitgeteilt.

• Leitungen in einem Mikrocomputer (BUS-Technik)

Die Bausteine des Mikrocomputers sind untereinander über besondere Gruppen von Leitungen verbunden. Eine solche Leitungsgruppe nennt man einen Bus.

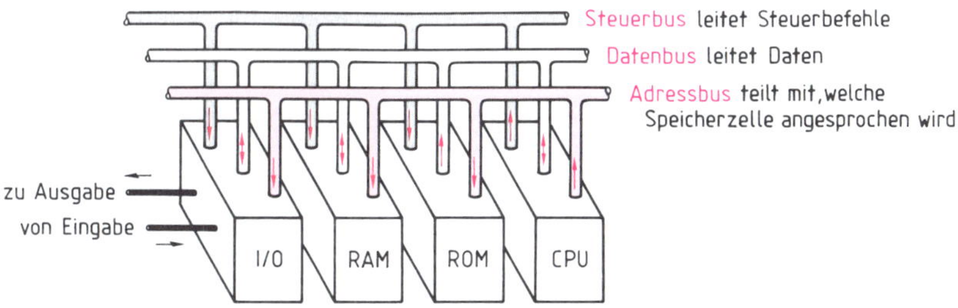

Bus-Leitungen im Mikrocomputer

Übungsaufgaben 2/12 bis 2/15

2.5 Datenausgabe

• Bildschirm

Das meist verwendete Ausgabegerät ist der Bildschirm. Er ist das Ende einer Bildröhre, die man mit Phosphorsalzen beschichtet hat. In der Röhre wird ein Elektronenstrahl auf die phosphorisierende Oberfläche gelenkt. Dort wo der Strahl hinfällt, hinterläßt er einen leuchtenden Punkt auf dem Bildschirm.

Der Elektronenstrahl wird von vier Ablenkplatten gesteuert, die ihn nach links, nach rechts, aufwärts und abwärts lenken können.

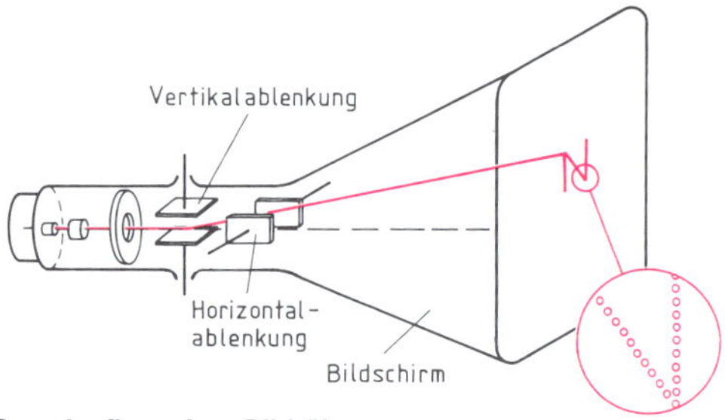

Grundaufbau einer Bildröhre

• Nadeldrucker

Nadeldrucker bauen Zahlen oder Buchstaben aus vielen kleinen Punkten auf. Der Druckkopf enthält einzeln ansteuerbare Nadeln. Das Punktmuster für jedes Zeichen ist im Drucker in einem ROM-Baustein gespeichert. Wenn der Drucker von der Zentraleinheit eine ASCII-Code-Zahl erhält, dann steuert das ROM die entsprechenden Nadeln des Druckkopfes, die dann auf das Farbband geschlagen werden; auf dem Papier entsteht ein lesbares Zeichen.

• Tintenstrahldrucker

Tintenstrahldrucker bauen ähnlich dem Nadeldrucker die Zeichen aus einzelnen Punkten auf. Die Punkte entstehen dadurch, daß ein feines Tintentröpfchen aus einer Düse auf das Papier gespritzt wird.

• Laserdrucker

Laserdrucker liefern besonders präzise Schriften und Bilder. Bei ihnen wird durch einen Laserstrahl das Bild der gesamten Seite auf eine speziell beschichtete Trommel übertragen. Die Trommel wird dann mit Farbpulver (Toner) versehen, das an den belichteten Stellen der Trommel haftet. Die Trommel druckt dann die komplette Seite auf das Papier. Dort wird der Druck wie beim Kopieren durch Wärme fixiert.

• Typenraddrucker

Typenraddrucker arbeiten langsamer als Nadeldrucker, drucken jedoch weitaus sauberer, weil Typen aus Metall verwendet werden. Wenn ein Typenraddrucker eine ASCII-Code-Zahl vom Computer erhält, dreht er das Typenrad solange, bis das gewünschte Zeichen richtig steht und schlägt es gegen das Farbband. Typenraddrucker haben nur einen beschränkten Zeichenvorrat. Sie können daher nicht soviele Zeichen und Sondertypen drucken wie Nadeldrucker.
Typenraddrucker sind zur Erstellung von Grafiken ungeeignet.

• Plotter

Ein Plotter kann mit Hilfe des Computers zeichnen. Der Plotter ist ebenfalls mit eigenen Speicher- und Befehlsbausteinen ausgerüstet. Er hat einen Arm und mehrere Farbstifte, die nach Bedarf selbständig ergriffen werden. Motoren schieben den Arm hin und her. Die Zeichnung wird nach den Steuerbefehlen des Computers Farbe für Farbe ausgeführt.

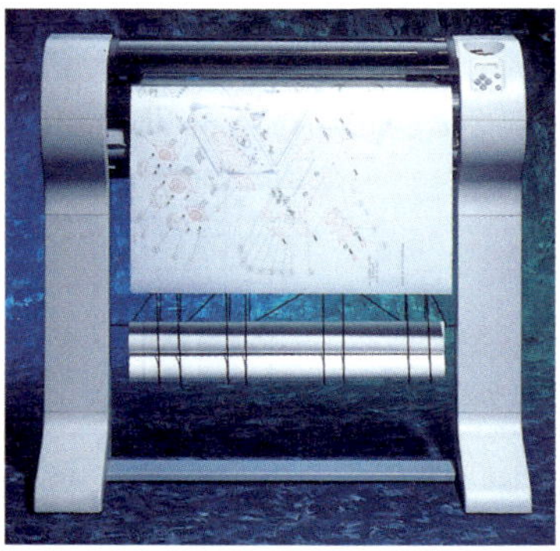
Plotter

Übungsaufgaben 2/16; 2/17; 2/18

2.6 Datensicherung auf Massenspeichern

Daten und Programme können auf Massenspeichern, wie z.B. Disketten, Festplatten oder Kassetten, gespeichert werden. Diese Daten bleiben erhalten, auch wenn der Computer abgeschaltet wird.

• Disketten

Disketten sind Kunststoffscheiben, die mit einer magnetisierbaren Schicht versehen sind. Die Speicherung der Daten geschieht durch magnetische Ausrichtung sehr kleiner Teilchen in dieser Beschichtung.
Zum Ablegen und späteren schnellen Wiederauffinden von Daten wird die Diskette in einem **Formatiervorgang** in kreisförmige Spuren und Sektoren eingeteilt. Auf einer Fläche von etwa 1x2 µm wird auf diesen Spuren ein Bit gespeichert. Die Zahl der Spuren und Sektoren und damit die Speicherkapazität hängen von der Diskettenart und dem verwendeten Laufwerk ab.
Man unterscheidet $5^1/_4$ Zoll und $3^1/_2$ Zoll Disketten für Personal-Computer.

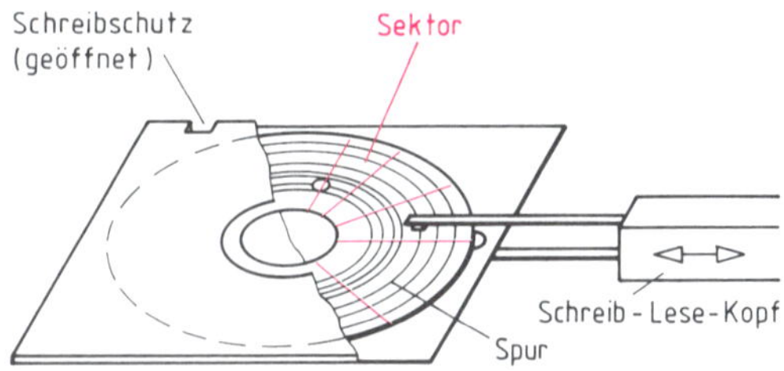

$5^1/_4$"-Diskette mit Schreib-Lese-Kopf

$3^1/_2$"-Diskette mit Schreibschutzmöglichkeit

• Festplatten

Festplattenlaufwerke enthalten in einem nach außen völlig abgeschlossenen Raum einen Plattenstapel aus Leichtmetallplatten, die mit einer magnetisierbaren Schicht versehen sind. Die Speicherung der Daten geschieht wie bei Disketten, auch der Formatiervorgang ist ähnlich.
Festplatten drehen sich mit hoher Drehzahl im Festplattenlaufwerk. Kammartig greift ein Träger mit Schreib-Leseköpfen zwischen die Platten. Die Schreib-Leseköpfe liegen dabei ca. 5 µm über der Platte. Wegen dieser geringen Abstände sind Festplatten im Betrieb gegen Erschütterungen sehr empfindlich. Festplatten können viele Millionen Bytes speichern.

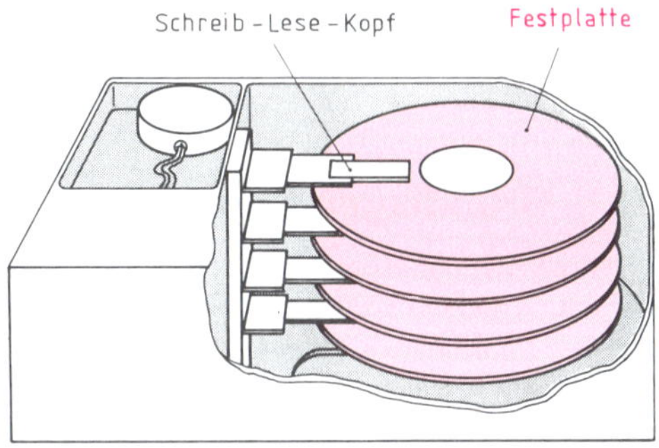

Festplatten (Hard Disks)

• CD-ROM

Compact-Disks, die mit eigenen Laufwerken ausgerüstet sind und nur gelesen werden können, werden mit CD-ROM bezeichnet (**ROM** = **R**ead **o**nly **m**emory). Sie enthalten außerordentlich hohe Datenmengen im Bereich von Milliarden Bytes. Man nutzt sie besonders als Speicher für lexikonartig zusammengestellte Daten.

• Magnetbänder

Auf Magnetbändern sind die Daten magnetisch auf der Bandlänge angeordnet. Dies erschwert den beliebigen Zugriff, da das Band dazu laufend umgespult werden muß. Deswegen benutzt man Magnetbänder häufig nur zur Sicherung von Daten und zum Datentransport z.B. zu CNC-Maschinen.

Übungsaufgaben 2/19 bis 2/23

3 Programmieren

3.1 Betriebssysteme und Programme

Computer gibt es in den verschiedensten Ausführungsformen und Größen. Neben den Taschenrechnern und Heimcomputern sind Großanlagen in Verwaltungen und Betrieben üblich. Durch die Entwicklung immer leistungsfähigerer Chips hat heute der sogenannte Personal-Computer – abgekürzt **„PC"** – eine immer größere Bedeutung gewonnen.

Ein Computer muß nicht nur leistungsfähig sein, sondern auch bedienerfreundlich. Für die verschiedenen Computertypen sind daher Programmpakete entwickelt worden, die die Arbeit mit dem Computer erleichtern. Ein solches Programmpaket ist jeweils auf einen bestimmten Computertyp abgestimmt und wird „Betriebssystem" genannt. Von dem benutzten Betriebssystem hängt es auch ab, inwieweit eine Anlage für bestimmte Problemlösungen einsetzbar ist.

Das bekannteste Betriebssystem für PC-Anlagen ist:

MS-DOS – **M**icro**s**oft (Name der Entwicklerfirma)
Disk **O**perating **S**ystem (Platte-Betriebssystem)

Ein Betriebssystem hat zwei wesentliche Aufgaben zu erfüllen:

- Das Betriebssystem soll dem *Benutzer* eines Computers praktische Befehle zur Bearbeitung und Verwaltung von Daten, Dateien, Disketten und Anwenderprogrammen bereitstellen.
- Das Betriebssystem soll dem *Programmierer* praktikable Hilfen bieten, damit er Programme ohne Zeitaufwand erstellen und testen kann.

Das Betriebssystem DOS kann nur einen sehr begrenzten Arbeitsspeicher verwalten. Darum – und auch wegen einfacherer – Bedienung wird sehr häufig für PC's die graphische Bedienungsoberfläche und Betriebssystemerweiterung WINDOWS genutzt.

Ein Betriebssystem ist ein Programmsystem zur Steuerung und Überwachung der EDV-Anlage.
Das Betriebssystem ermöglicht das Arbeiten mit Computern.

3.2 Grundlagen für die Programmerstellung

Die Hardware und das Betriebssystem einer Datenverarbeitungsanlage können von sich aus alleine nichts leisten. Sinnvolle Abläufe ergeben sich erst durch gezielte Anweisungen an den Computer im Rahmen eines Programmes.

Ein **Programm** ist eine Abfolge von Anweisungen, die nach bestimmten Regeln aufgestellt worden sind. Die Anweisungen des Programmes führt der Computer nur dann aus, wenn er sie verstehen kann. Der Ersteller eines Programmes – der Programmierer – muß daher die Programmiersprache richtig anwenden. Unabhängig von der Programmiersprache wird ein Programm jedoch erst nach allgemeinen Regeln entwickelt. Zunächst wird das anstehende Problem grundsätzlich gelöst, danach wird es in der ausgewählten Programmiersprache zu einem lauffähigen Programm umgeschrieben.

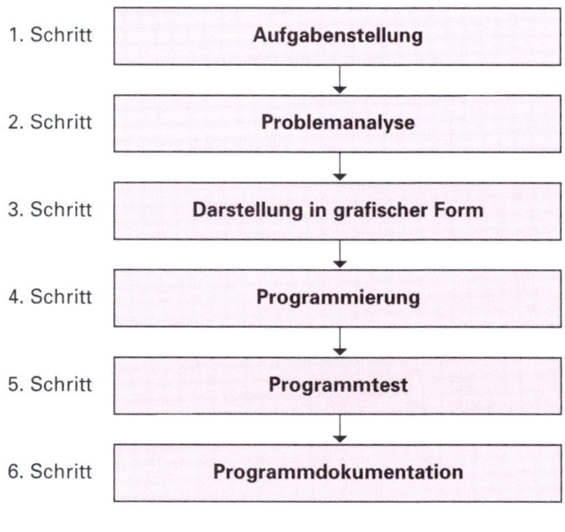

Schritte zur Erstellung von Programmen

Die Problemanalyse ist unabhängig von der Programmsprache; erst nach der allgemeinen Lösung wird das Programm in einer ausgewählten Programmiersprache erstellt.

3.2.1 Programmablaufplan und Struktogramm

Die Lösung von Aufgaben mit einem Computer-Programm setzen bei dem Programmierer die genaue Kenntnis der Aufgabenstellung und Erfahrungen in der Problemanalyse voraus. So wird beispielsweise ein Einzelhandelskaufmann schwerlich in der Lage sein, ein Programm für eine Fertigungssteuerung mit einer Werkzeugmaschine zu schreiben. Umgekehrt wird ein Industriemechaniker Schwierigkeiten haben, ein Programm für die Buchhaltung in einer Handelskette zu erstellen. Die Aufgabenstellung und die daraus abzuleitende Problemlösung werden nachfolgend an einigen Beispielen erläutert.

Eine wichtige Hilfe zur Problemanalyse und zur Erstellung von Programmen ist die übersichtliche Darstellung des Problemes und die grundsätzliche Lösung der Aufgabe mit Hilfe von graphischen Darstellungen.

Man unterscheidet zwei Formen der Darstellung:

- **Programmablaufplan,**
- **Struktogramm.**

Beide Darstellungsformen machen die gleiche Aussage – nur das Bild ist anders. Für umfangreiche Programme ist das Struktogramm übersichtlicher.

Grundlegende Bildzeichen für die Darstellung von Programmabläufen

Bedeutung	Bildzeichen im Programmablaufplan	Bildzeichen im Struktogramm
Programmbeginn **Programmende**	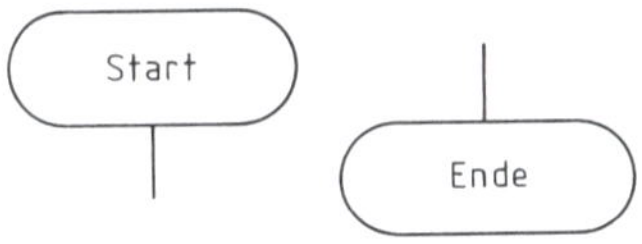	kein Bildzeichen
Eingabe **Ausgabe** **Verarbeitung**	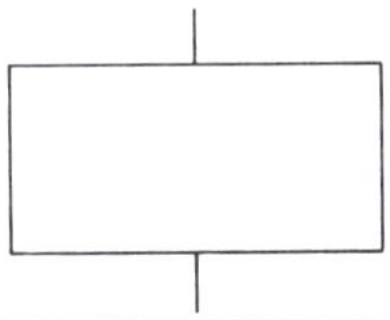	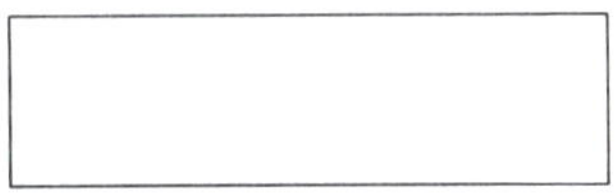
Verzweigung	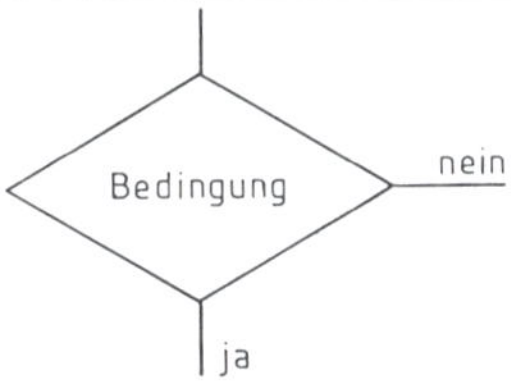	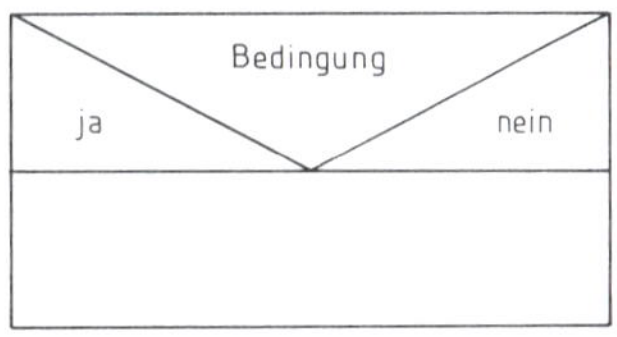
Mehrfachauswahl	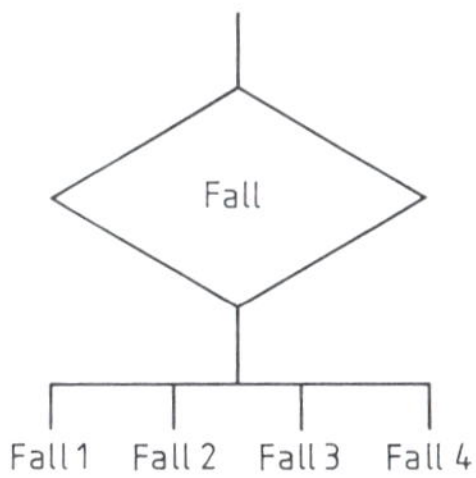	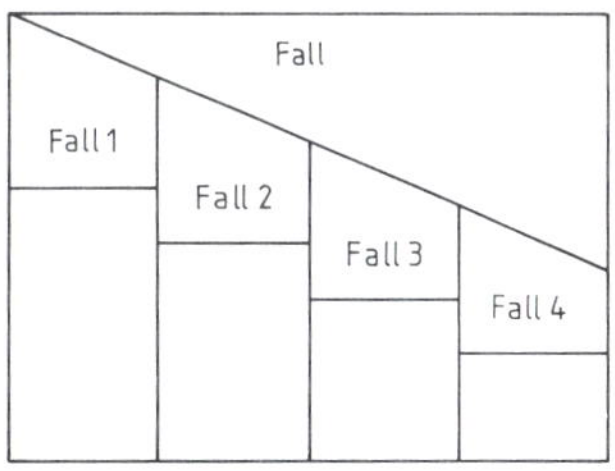
Verbindungen	Pfeile verbinden die Bildzeichen und weisen in die Ablaufrichtung des Programmes	Blöcke werden ohne Verbindungslinien aufeinandergesetzt. Das Programm läuft von oben nach unten ab. Seitliche Übergänge sind nicht möglich.

3.2.2 Darstellung von Programmabläufen

Beispiel 1 Berechnung der Umdrehungsfrequenz (Drehzahlberechnung)

1. Schritt: Aufgabenstellung

Ein Fachmann in der Arbeitsvorbereitung hat aus Tabellen die richtige Schnittgeschwindigkeit auszuwählen und daraus für verschiedene Durchmesser die Drehzahl an einer Werkzeugmaschine zu berechnen. Diese Rechenarbeit soll durch ein Programm übernommen werden.

2. Schritt: Problemanalyse

Über eine Tastatur sollen die Schnittgeschwindigkeit in m/min und der Durchmesser in mm eingegeben werden.

Gleichung: $$n = \frac{v_c \cdot 1\,000}{d \cdot \pi}$$

Nach der angegebenen Gleichung soll die Drehzahl berechnet werden. Das Ergebnis soll anschließend für n in 1/min auf dem Bildschirm sichtbar sein.

3. Schritt: Darstellung in graphischer Form

Programmablaufplan	Struktogramm

Programm: **Drehzahl-berechnung**

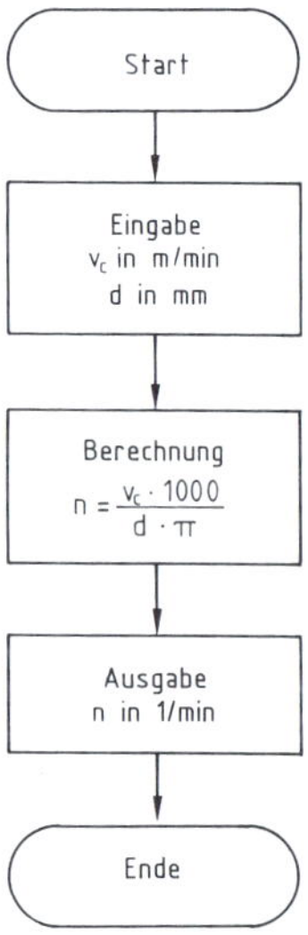

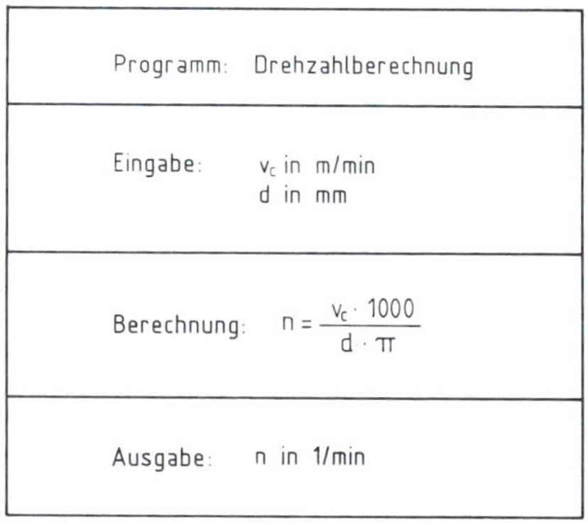

4. Schritt: Programmierung

Das Programm wird entsprechend der Diagrammdarstellung (Programmablaufplan bzw. Struktogramm) in der gewünschten Programmiersprache geschrieben. Mögliche Programmiersprachen für technische *Probleme* sind z.B. **BASIC** und **TURBO-Pascal**. (Beispielprogramme in beiden Programmiersprachen siehe 3.3.4 und 3.4.5)

5. Schritt: Programmtest

Bevor das Programm eingesetzt wird, erfolgt mit Testdaten der Probelauf. Werte für v_c und d werden vorgegeben; n wird berechnet und mit den Ergebnissen laut Computer verglichen. Das Programm wird auch mit der Eingabe von falschen Daten (z.B. Buchstaben statt Zahlen) getestet.

6. Schritt: Dokumentation

Die Unterlagen zur Programmerstellung werden archiviert und das Programm wird auf einen Datenträger (z.B. eine Diskette) übernommen. Auf dem Programmausdruck und auf den anderen Unterlagen notiert man, auf welcher Diskette und unter welchem Namen das Programm abgelegt ist.

Übungsaufgabe 3/5

Beispiel 2 Zugfestigkeitsberechnung

1. Schritt: Aufgabenstellung

Ein Werkstoffprüfer ermittelt mit Hilfe einer Zerreißmaschine die Zugfestigkeit von Proben mit rundem und rechteckigem Querschnitt.

Zur Feststellung der Zugfestigkeit muß er die höchste Kraft, welche die Probe erträgt, durch den Anfangsquerschnitt der Probe dividieren:

$$\text{Zugfestigkeit} = \frac{\text{Höchstkraft}}{\text{Anfangsquerschnitt}} \qquad R_m = \frac{F_m}{S_o}$$

Für die Berechnung der Zugfestigkeit soll ein Programm geschrieben werden.

2. Schritt. Problemanalyse

Über die Tastatur sollen die Höchstkraft, die Probenform und die Probenmaße eingegeben werden. Je nach Probenform muß der Rechner den Querschnitt der Probe errechnen:

runde Probe $S_o = \frac{d^2 \cdot \pi}{4}$ rechteckige Probe $S_o = a \cdot b$

Anschließend ist die Höchstkraft durch den Probenquerschnitt zu dividieren und das Ergebnis am Bildschirm auszugeben.

3. Schritt: Darstellung in graphischer Form

Programmablaufplan

Programm:
Zugfestigkeitsberechnung

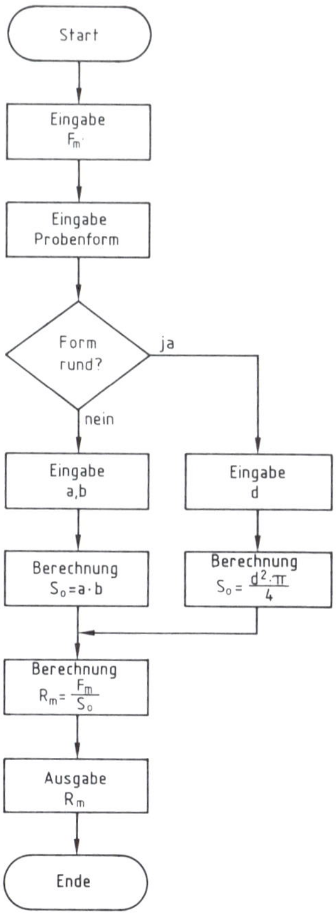

Die Schritte 4. bis 6. entsprechen Beispiel 1.

Struktogramm

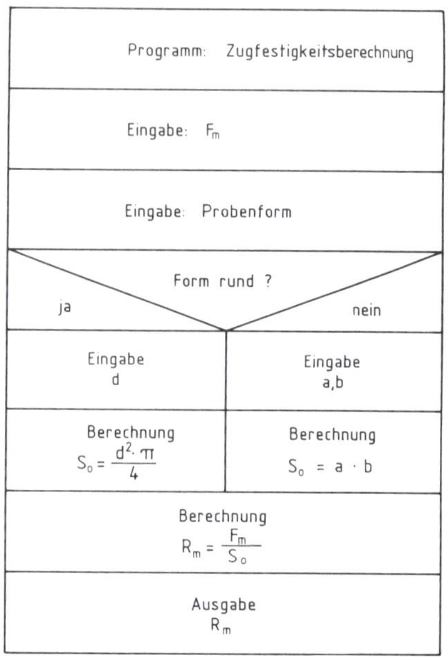

4. Schritt: Programmierung
- in BASIC sieh 3.3.4
- in TURBO-Pascal sieh 3.4.5

5. Schritt: Programmtest

6. Schritt: Dokumentation

Übungsaufgaben 3/6; 3/7

Beispiel 3 Berechnung der Umdrehungsfrequenz (Drehzahl) für Vollhartmetallbohrer

1. Schritt: Aufgabenstellung

In einerm Betrieb werden rost- und säurebeständige Stähle verarbeitet. Es sind sehr viele Bohrarbeiten durchzuführen, bei denen Vollhartmetallbohrer zwischen 5 mm und 22 mm Durchmesser eingesetzt werden. Der Bohrerhersteller macht für die Bohrer aus Hartmetall P 40 zum Bohren von hochlegierten Cr-Ni-Stählen folgende Angaben:

Bohrerdurchmesser in mm	Schnittgeschwindigkeit in m/min	Vorschub in mm
5 bis 9	100	0,04
9 bis 13	90	0,08
13 bis 17	90	0,10
17 bis 22	80	0,12

Für die Berechnung der einzustellenden Drehzahlen ist ein Programm zu schreiben.

2. Schritt: Problemanalyse

Nach Eingabe des Bohrerdurchmessers (in mm) über die Tastatur sollen die Schnittgeschwindigkeit und der Vorschub vom Rechner ausgewählt werden.
Der Rechner muß aus diesen Daten die Drehzahl in 1/min ermitteln.

Gleichung:

$$n = \frac{v_c \cdot 1000}{d \cdot \pi}$$

Anschließend sollen auf dem Bildschirm Drehzahl und Vorschub ausgegeben werden.

3. Schritt: Darstellung in grafischer Form

Programmablaufplan

Programm:
Bohren (Vollhartmetallbohrer)

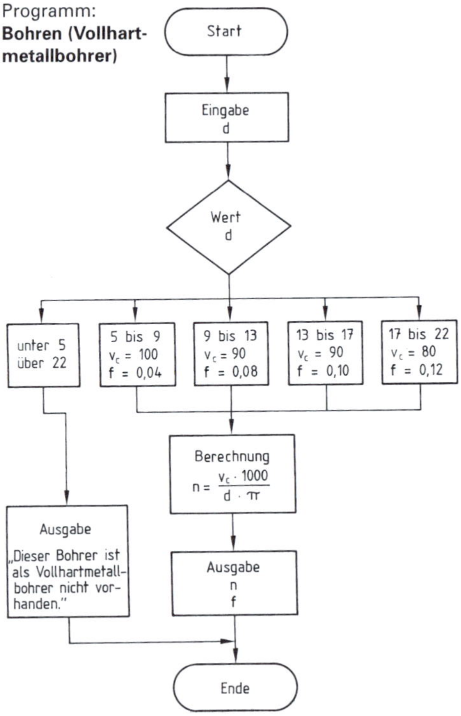

Struktogramm

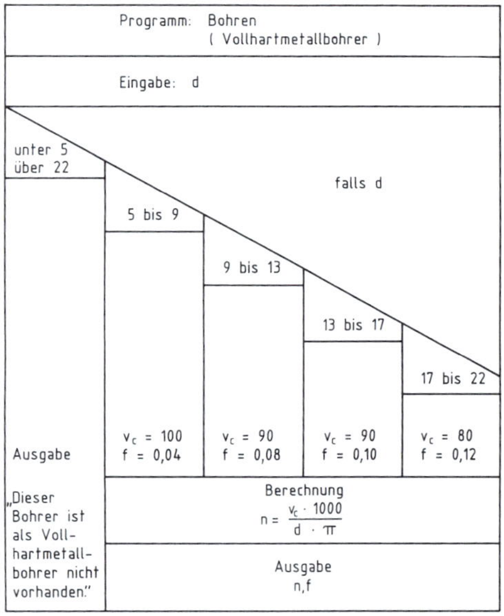

4. Schritt: Programmierung

in BASIC siehe 3.3.4,
in TURBO-Pascal 3.4.5.

5. Schritt: Programmtest

6. Schritt: Dokumentation

3.3 Programmieren in BASIC

Mit der grafischen Darstellung des Programmablaufes ist die wesentliche Vorarbeit zur Programmerstellung erledigt. Es folgt nun die Übersetzung in eine Programmiersprache. Für spezielle Aufgaben sind verschiedene Programmiersprachen geschaffen worden. Einfach – aber dennoch vielseitig einsetzbar – sind die Programmiersprachen BASIC und TURBO-Pascal.

BASIC wurde in den USA von den Professoren Kemeny und Kurtz am Dartmouth-College entwickelt. Bemerkenswert ist, daß wesentliche Teile der Entwicklungsarbeit von Studenten aus den Anfangssemestern geleistet wurden. Die Grundzüge von BASIC sind einfach und schnell erlernbar. Deswegen sind fast alle Kleincomputer in BASIC programmierbar.

3.3.1 Steuerkommandos

Zur Handhabung eines Computers, auf dem BASIC-Programme arbeiten sollen, muß man zunächst einige wichtige Steuerkommandos kennen, mit denen der Computer zu Tätigkeiten außerhalb des Programms angewiesen wird.

Beispiele für Steuerkommandos

Kommando	Bedeutung
NEW	Ein im Speicher befindliches Programm wird gelöscht. Es kann ein neues Programm eingegeben werden.
LIST	Auf dem Bildschirm wird das Programm aufgelistet.
SAVE „XX"	Das Programm mit dem Namen XX wird auf einem externen Speicher, z.B. einer Diskette, gespeichert.
LOAD „XX"	Das Programm mit dem Namen XX wird von einem externen Speicher, z.B. einer Diskette, in den Arbeitsspeicher geladen.
RUN	Das Programm wird ausgeführt.

Mit Hilfe von Steuerkommandos wird das Datenverarbeitungssystem außerhalb des Programms vom Benutzer gesteuert.

3.3.2 Variable

Eine Größe, die von Fall zu Fall – also bei jedem Programmdurchlauf – geändert werden kann, z.B. der Werkstückdurchmesser in einem Programm zur Drehzahlberechnung, nennt man **Variable.**

Numerische Variable sind Platzhalter für Zahlenwerte. Im Programm stehen für sie Großbuchstaben mit evtl. angefügten oder eingeschobenen Ziffern, z.B. D, D1, DURCHM.

Beispiele für Namen numerischer Variable

zulässig: D ; D1 ; DURCHM **unzulässig:** 1D ; ?D

Übungsaufgaben 3/9; 3/10

Alphanumerische Variable sind Platzhalter für Buchstaben und Ziffern. Für sie stehen im Programm Großbuchstaben mit evtl. angefügten oder eingeschobenen Ziffern. Die Namen der alphanumerischen Variablen müssen **immer** mit dem Dollarzeichen enden.

Beispiele für Namen alphanumerischer Variable

zulässig: A$; A1$; TEXT$ **unzulässig:** A1 ; $A ; 1A$

Variable sind Größen, denen bei verschiedenen Programmabläufen unterschiedliche Werte zugeordnet werden können.
numerische Variable → Zahlenwerte
alphanumerische Variable → Buchstaben und Ziffern

3.3.3 Anweisungen in BASIC

Ein BASIC-Programm besteht aus einer Folge von Anweisungen.

Beispiele für BASIC-Anweisungen

Anweisung	Bedeutung
REM	Kommentar im Programm, der beim Programmablauf überlesen wird.
CLS	Bildschirm wird gelöscht.
INPUT Y INPUT „XX“; Y	Programmablauf stoppt, es wird die Eingabe der numerischen Variablen Y erwartet. Auf dem Bildschirm erscheint der Text XX, der Programmablauf stoppt, es wird die Eingabe der numerischen Variablen Y erwartet.
PRINT Y	Ausgabe der numerischen Variablen Y auf dem Bildschirm.
IF ... THEN ...	Bedingung: „Wenn..., dann...“
GOTO Z	Anweisung, zur Zeile mit der Nummer Z weiterzugehen.
END	Programmende
+ – * / ^ SQR (Y)	Additon Subtraktion Multiplikation Division Potenzierung Quadratwurzel aus Y ziehen

Wie aus den folgenden Beispielen ersichtlich ist, beginnt jede Zeile mit einer Zeilennummer. In der Reihenfolge der Zeilennummern wird das Programm später ausgeführt. Es empfiehlt sich, die Zeilennumerierung in Zehnerschritten vorzunehmen, damit evtl. nachträglich noch Anweisungen eingebracht werden können.
(Neuere BASIC-Versionen, z.B. TURBO-BASIC, können auch ohne Zeilennumerierung eingegeben werden.)

3.3.4 BASIC-Programme

Mit Hilfe der vorgestellten Grundlagen können bereits einfache Programme zur Lösung von Problemen aus der Metalltechnik erarbeitet werden.

Beispiel 1 **Berechnung der Umdrehungsfrequenz (Drehzahlberechnung)**

Berechnung der Drehzahl aus der Schnittgeschwindigkeit und dem Werkstückdurchmesser. (Genaue Aufgabenstellung und Programmablauf siehe 3.2.2)

Programmablaufplan	BASIC-Programm

Programm:
Drehzahlberechnung

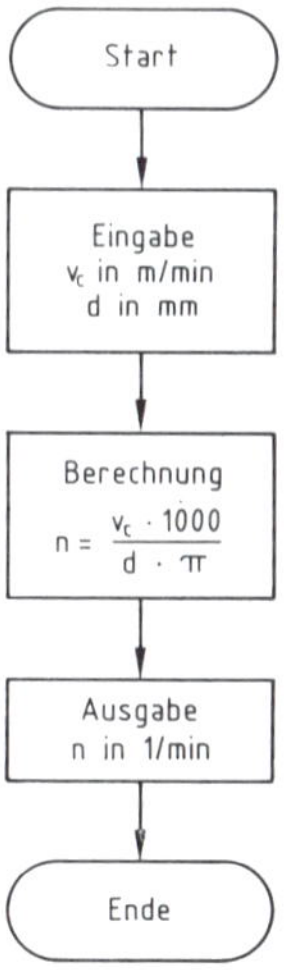


```
10 REM Drehzahlberechnung
20 CLS
30 INPUT "Schnittgeschwindigkeit in m/min v = ";VC
40 INPUT "Durchmesser in mm              d = ";D
50 N=VC*1000/(D*3.14)
60 PRINT "Drehzahl n = ";N;"  1/min"
70 END
```

Erläuterungen zu den Programmzeilen

10: Problembeschreibung, wird beim Programmablauf überlesen

20: Löschen des Bildschirms

30: Der Programmablauf stoppt. Es wird die Eingabe des Zahlenwertes der Schnittgeschwindigkeit verlangt. Nach Betätigung der RETURN-Taste geht das Programm zum nächsten Bearbeitungsschritt über.

Hinweis

*Der Text in Anführungsstrichen erscheint auf dem Bildschirm, hinter dem Semikolon steht die Variable, für die die Eingabe erwartet wird. Da auf dem Bildschirm keine Indices erscheinen können, steht im Text für die Schnittgeschwindigkeit nur **v**. Variable müssen als Großbuchstaben eingegeben werden. Für die Variable „Schnittgeschwindigkeit" wird VC gesetzt.*

40: Der Programmablauf stoppt. Es wird die Eingabe des Zahlenwertes des Durchmessers verlangt. Nach Betätigung der RETURN-Taste geht das Programm zum nächsten Bearbeitungsschritt über.

50: Die Drehzahl wird nach der angegebenen Gleichung berechnet.

60: Es wird der Text, der in Anführungsstrichen steht, angegeben. Der Zahlenwert für die Variable „N" wird dort eingefügt, wo „N" zwischen Semikolons steht.

Übungsaufgaben 3/11; 3/12

Beispiel 2 Zugfestigkeitsberechnung

Berechnung der Zugfestigkeit aus der Höchstkraft und den Maßen der Probe. (Genaue Aufgabenstellung und Programmablauf siehe 3.2.2)

Programmablaufplan	BASIC-Programm

Programm:
Zugfestigkeitsberechnung

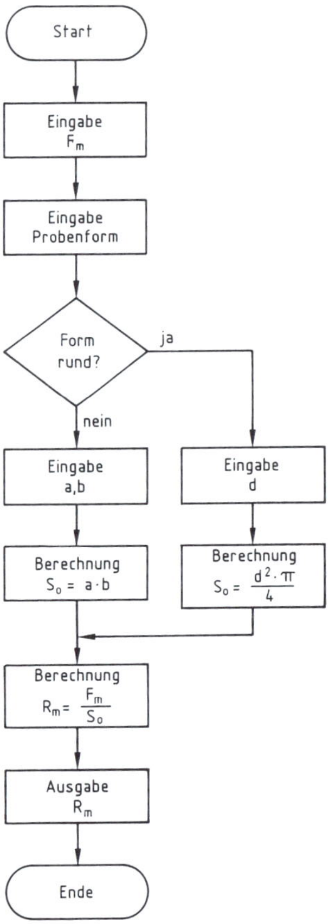


```
10 REM Zugfestigkeit
20 CLS
30 INPUT "Höchstkraft in N ";FM
40 PRINT "Bitte Kennzahl für Probenform eingeben:"
50 PRINT "      Rundprobe (1)"
60 PRINT "      Flachzugprobe  (andere Zahl)"
70 INPUT FORM
80 IF FORM=1 THEN GOTO 130
90 INPUT  "Probenbreite in mm ";B
100 INPUT "Probendicke  in mm ";A
110 S0=A*B
120 GOTO 150
130 INPUT "Probendurchmesser in mm ";D
140 S0=D*D*3.14/4
150 RM=FM/S0
160 PRINT "Zugfestigkeit:  ";RM;"N/mm^2"
170 END
```

Erläuterungen zu den Programmzeilen

70: Die Variable zur Kennzeichnung der Probenform hat den Namen FORM. Für sie wird die Eingabe 1 (Rundprobe) oder eine andere Zahl (Flachzugprobe) erwartet.

80: Falls die Eingabe für FORM „1“ ist, wird das Programm mit Zeile 130 fortgesetzt. Ist die Eingabe für FORM nicht „1“, so werden die Zeilen 90 bis 120 erledigt.

120: Damit nicht mit der Zeile 130 weitergearbeitet wird, die nur für Rundproben von Bedeutung ist, muß zu Zeile 150 weitergegangen werden.

Übungsaufgaben 3/13; 3/14; 3/15

Beispiel 3 Berechnung der Umdrehungsfrequenz (Drehzahl) für Vollhartmetallbohrer

Berechnung der Bohrerdrehzahl und Bestimmung des Vorschubes für Vollhartmetallbohrer. (Genaue Aufgabenstellung und Programmablauf siehe 3.2.2)

Programmablaufplan	BASIC-Programm

Programm:
Bohren
(Vollhartmetallbohrer)

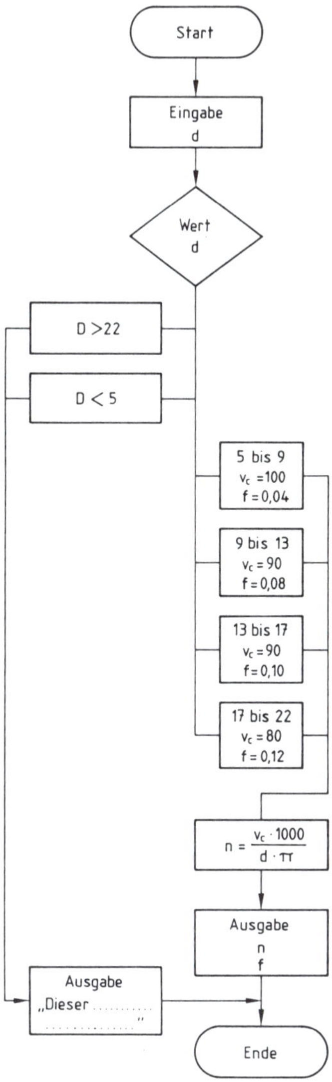


```
10 REM Vollhartmetallbohrer, Drehzahl und Vorschub
20 CLS
30 INPUT "Bohrerdurchmesser in mm ";D
40 IF D>22 THEN GOTO 140
50 IF D<5  THEN GOTO 140
60 IF D>=5  THEN VC=100: F= 0.04
70 IF D>=9  THEN VC=90:  F= 0.08
80 IF D>=13 THEN VC=90:  F= 0.1
90 IF D>=17 THEN VC=80:  F= 0.12
100 N=VC*1000/(D*3.14)
110 PRINT "Drehzahl  n = ";N;"  1/min"
120 PRINT "Vorschub  f = ";F;"  mm"
130 GOTO 160
140 PRINT "Dieser Bohrer ist als Vollhartmetallbohrer"
150 PRINT "nicht vorhanden !"
160 END
```

Übungsaufgaben 3/16 bis 3/20

3.4 Programmieren in TURBO-PASCAL

Die Programmiersprache PASCAL wurde von Professor Wirth an der Universität Zürich entwickelt und nach dem berühmten Mathematiker und Philosophen B. Pascal aus dem 17. Jahrhundert benannt und 1971 veröffentlicht.
TURBO-PASCAL ist eine Weiterentwicklung des PASCAL mit den Vorteilen sehr schneller Bearbeitungszeiten und einer sehr guten Unterstützung beim Erstellen von Programmen.

3.4.1 Steuerkommandos

Zur Handhabung von TURBO-PASCAL arbeitet man mit dem Betriebssystem MS-DOS. Ist der Computer für Eingabebefehle bereit, so kann man die Diskette mit dem TURBO-PASCAL einlegen und mit der Eingabe von TURBO und dem Drücken der RETURN-Taste das TURBO-System laden. Auf dem Bildschirm erscheint ein Menü, dessen Auswahlmöglichkeiten man durch Tippen der entsprechenden Tasten nutzen kann. Unterlegte Bereiche im aktuellen Fenster wählt man über die RETURN-Taste oder mit der Maus an.

Beispiel **für das Anwählen eines Programmes über Menü**

```
   File   Edit   Run   Compile   Options   Debug   Break/watch
                            Edit
    Load        F3  ol 1   Insert Indent        Unindent   A:NONAME.PAS
    Pick    Alt-F3
    New
    Save        F2
    Write to
    Directory
    Chan                     A:\*.PAS
    OS s   BOHRER 2.BAK   BOHRER2.PAS   DREHZAHL.BAK   DREHZAHL.PAS
    Quit   KREISFLA.BAK   EISFLA.PAS    ZUGFESTI.BAK   ZUGFESTI.PAS
```

Beispiel **für das Starten eines Programmes über Menü**

```
   File   Edit   Run   Compile   Options   Debug   Break/watch

     Line 1     C  Run             Ctrl-F9   Unindent   A:KREISFLA.PAS
PROGRAM  Kreisfla  Program reset   Ctrl-F2
                   Go to cursor         F4
USES   CRT;        Trace into           F7
                   Step over            F8
                   User screen      Alt-F5
CONST     PI = 3.14

VAR      r,A : REAL;


BEGIN
    WRITE     ('Radius:   ');
    READLN    (r);
    A := PI*r*r;
    WRITE     ('Fläche = ',A);
    READLN
END.

                            Watch

F1-Help  F5-Zoom  F6-Switch  F7-Trace  F8-Step  F9-Make  F10-Menu
```


Übungsaufgaben 3/21; 3/22; 3/23

3.4.2 Programmaufbau

In der Programmiersprache TURBO-PASCAL werden die Befehle immer in der beschriebenen Reihenfolge ausgeführt – eine Zeilennumerierung ist nicht erforderlich.

Ein Programm besteht aus drei Abschnitten:

- *Programmkopf/mit Verweis auf Hilfsprogramme (USES...),*
- *Deklarationsteil (Vereinbarungsteil),*
- *Hauptprogramm.*

Beispiel **für den Aufbau eines Programms in TURBO-PASCAL – Kreisflächenberechnung**

Programm	Erklärung des Programmaufbaus

`PROGRAM Kreisflaeche;`
 	
`USES CRT;`
	Programmkopf
	Der Programmkopf besteht aus dem reservierten Wort PROGRAM und dem Programmnamen Kreisflaeche (Umlaute sind nicht erlaubt). Alle PASCAL-Befehle werden durch ein Semikolon voneinander getrennt. CRT ist ein Hilfsprogramm für die Verwaltung des Bildschirms, und wird mit dem Befehl USES aufgerufen.

`CONST PI = 3.14;`
 	
`VAR r,A : REAL;`
	Deklarationsteil
	In diesem Teil des Programmes werden alle Vereinbarungen für das nachfolgende Programm getroffen. PI wird als Konstante mit dem Wert 3.14 festgelegt. Als Variable sind r und A deklariert, sie haben jeweils die Eigenschaft REAL – d.h. es sind Zahlen mit der Eigenschaft von Dezimalzahlen.

`BEGIN`
`WRITE ('Radius: ');`
`READLN (r);`
`A := PI*r*r;`
`WRITE ('Fläche = ',A);`
`READLN`
`END.`
	Hauptprogramm
	Das Hauptprogramm fängt immer mit dem Wort BEGIN an und hört mit END auf. Es besteht aus einzelnen Anweisungen oder aus Blöcken von Anweisungen, die jeweils zwischen BEGIN und END geschrieben werden. Nach END steht ein Punkt, wenn es das Ende des Hauptprogrammes ist.

3.4.3 Reservierte Wörter und Standardbezeichner

Neben den Vereinbarungen über den Aufbau eines Programmes in der Sprache TURBO-PASCAL sind weitere Vereinbarungen getroffen. Es gibt *reservierte* Wörter, die eine bestimmte Bedeutung haben und dem Computer eine richtige Übersetzung und Ausführung des Programmes erst erlauben. Es ist unerheblich, ob die Wörter groß, klein oder gemischt geschrieben werden. Aus Gründen der Übersichtlichkeit schreibt man sie jedoch meistens in Großbuchstaben.

Beispiele **für reservierte Wörter**

```
PROGRAM  USES  CONST  VAR  BEGIN  END
```

Außer den reservierten Wörtern gibt es noch *Standardbezeichner,* für die schon Festlegungen erfolgt sind. Standardbezeichner dürfen zwar verändert werden, als Anfänger sollte man das jedoch vermeiden. Im Beispiel ist der Bezeichner PI neu festgelegt worden. Normalerweise hat PI bzw. pi in TURBO-PASCAL den Wert 3.1415926536. Auch für Bezeichner ist es unerheblich, ob die Wörter groß oder klein geschrieben werden.

Beispiele **für Standardbezeichner**

```
WRITE  READLN  REAL  PI
```

Vom Benutzer festgelegte Bezeichner (Namen) dürfen niemals reservierte Wörter sein. Die Namen von Standardbezeichnern sollte man möglichst nicht mit neuen Inhalten festlegen.

Übungsaufgaben 3/24; 3/25

• Syntaxdiagramme

Eine Programmiersprache ist nach bestimmten Regeln aufgebaut, man spricht auch von einer Grammatik oder Syntax. Diese Regeln legen eindeutig fest, wie Bezeichnungen oder Anweisungen zu bilden sind. In Syntaxdiagrammen können diese Sprachregelungen veranschaulicht werden. Syntaxdiagramme werden gelesen, indem man dem oder den Pfeilen folgt. Meist sind mehrere Wege möglich.

Folgende Vereinbarungen gelten:

- *Definierte Symbole oder reservierte Wörter stehen in Kreisen oder abgerundeten Kästen.*

Beispiele für definierte Symbole und reservierte Wörter

- *Bezeichner stehen in eckigen Kästen, die wiederum durch weitere Syntaxdiagramme erklärt werden.*

Beispiele für Bezeichner

Die Syntaxdiagramme für Ziffer und Buchstabe lassen jeweils *nur einen Weg* zu. Eine Ziffer bzw. ein Buchstabe besteht also aus genau einem der angeführten Symbole. Als Buchstaben sind Groß- und Kleinbuchstaben erlaubt, jedoch keine Umlaute wie „Ä" und das „ß".

Das Syntaxdiagramm für einen Bezeichner, z.B. einen Programmnamen, erlaubt mehrere Möglichkeiten. *Nach einem Buchstaben* können noch ein oder mehrere Buchstaben, Ziffern oder Unterstreichungszeichen (_) *in beliebiger Reihenfolge* geschrieben werden.

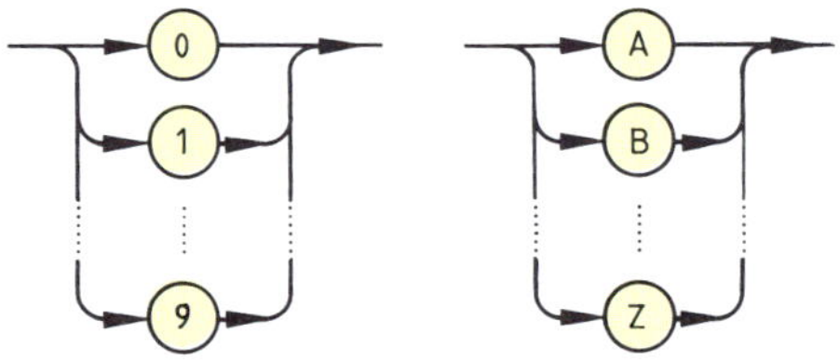

Syntaxdiagramme für Ziffer und Buchstabe

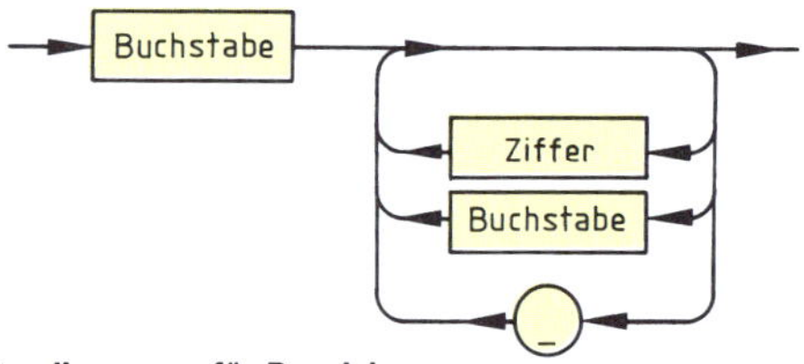

Syntaxdiagramm für Bezeichner

Beispiel für die Entwicklung des Bezeichners XA5b

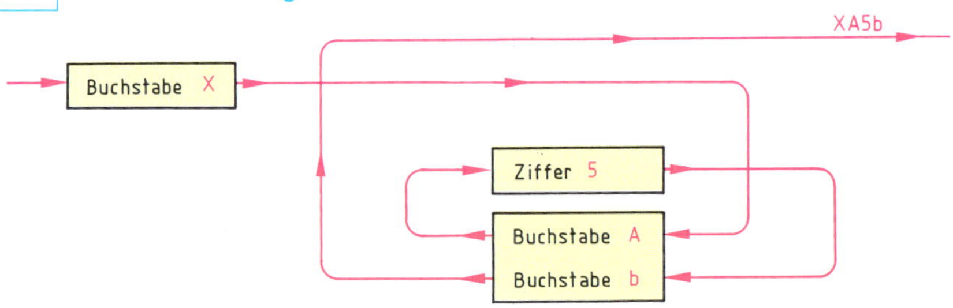

gültige Bezeichner:	V123a	**ungültige Festlegung:**	1V
	TEST_1		TEST-1
	Flaeche		Fläche

Übungsaufgabe 3/26

• Datentypen

Zwei wichtige einfache Datentypen, die in den folgenden Programmbeispielen benutzt werden, sind ganze Zahlen (INTEGER) und Dezimalzahlen (REAL).

INTEGER

Ganze Zahlen aus einer bestimmten Wertemenge sind als INTEGER festgelegt. Für TURBO-PASCAL gilt der Bereich für INTEGER von –32766 bis +32767.

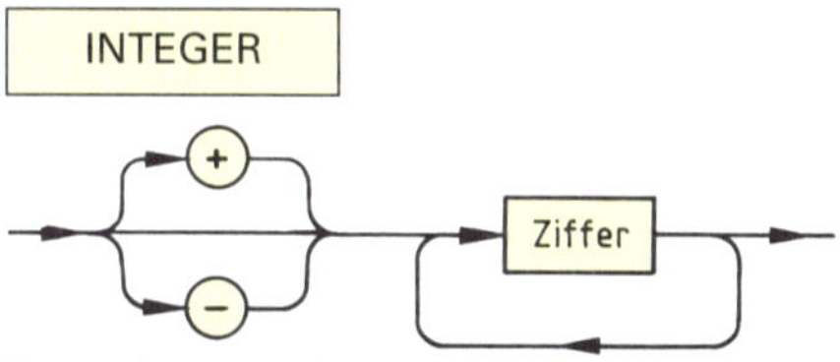

Syntaxdiagramm für INTEGER

Beispiele für INTEGER

gültige INTEGER:

```
12345
   -2
    0
  +34
```

ungültige Festlegung:

```
442.1
 8,10
  0.0
32768
```

REAL

Dezimalzahlen werden in TURBO-PASCAL als REAL festgelegt. Variable vom Datentyp REAL sind also z.B. von der Form:

0.0018 bzw. 18E–4

–5628.7 bzw. –5.6287E3 oder –5.6287E+3

Der Datentyp umfaßt den positiven und negativen Zahlenbereich von 1E–38 bis 1E+38.

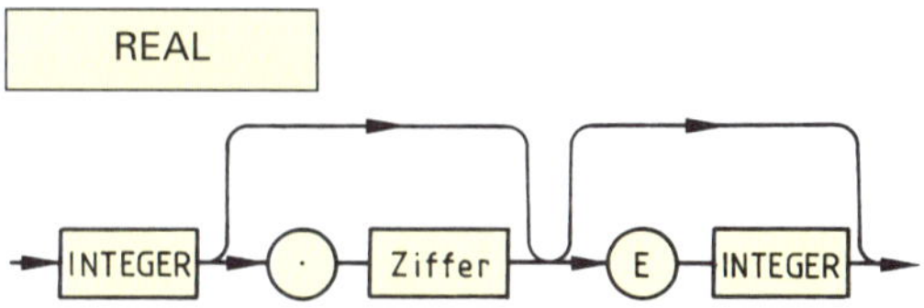

Syntaxdiagramm für REAL

Beispiele für REAL-Zahlen

gültige REAL:

```
18.00
-9.08
+0.33
 8.3E-2
```

ungültige Festlegung:

```
0.18A
4.2E+-3
10E38
8.3-E2
```

INTEGER = ganze Zahlen

REAL = Dezimalzahlen

• Formatierte Ausgabe von REAL-Zahlen

Soll eine Dezimalzahl mit einer bestimmten Stellenzahl und einer bestimmten Nachkommastellenzahl ausgegeben werden – das heißt formatiert werden –, so schreibt man WRITELN (N:5:2). Das bedeutet, daß der Wert von N mit insgesamt 5 Stellen (einschließlich Dezimalpunkt) ausgegeben wird, davon stehen zwei Stellen hinter dem Dezimalpunkt.

Beispiele für formatierte Ausgabe

Variable	Inhalt	Ausgabebefehl	Ausgabe
N	45.9	WRITELN (N:6:3);	45.900
d	128.3	WRITELN (d:4:0);	128
Flaeche	7245.16	WRITELN (Flaeche:8:1);	7245.2

Übungsaufgabe 3/27

• Konstante und Variable

Konstante (CONST) und Variable (VAR) sind Speicherplätze im Computer, die einen vom Programmierer festgelegten Namen haben. Diesen Speicherplätzen weist man entweder schon bei der Programmerstellung einen festen Inhalt zu (CONST), oder der Inhalt des Speicherplatzes ist während des Programmablaufes veränderbar (VAR). Der Datentyp wird ebenfalls vom Programmierer festgelegt.

CONST

Eine feststehende Zuweisung – also eine Konstante – hat z.B. folgende Form:

```
CONST Nr = 17 ;
```

Das bedeutet, daß dem Speicherplatz „Nr" der Dateninhalt „17" zugewiesen wird; der Datentyp liegt damit ebenfalls fest. Der Inhalt von „Nr" kann sich während des Programmablaufes *nicht ändern.*

Modell eines Speichers für Konstante

Die Vereinbarung von Konstanten beginnt mit dem reservierten Wort „CONST". Es folgt der Bezeichner, dem mit dem Gleichheitszeichen der konstante Wert zugewiesen wird. die Konstantenvereinbarung wird mit dem Semikolon abgeschlossen. Weitere Konstanten können folgen, ohne daß das reservierte Wort „CONST" anzugeben ist.

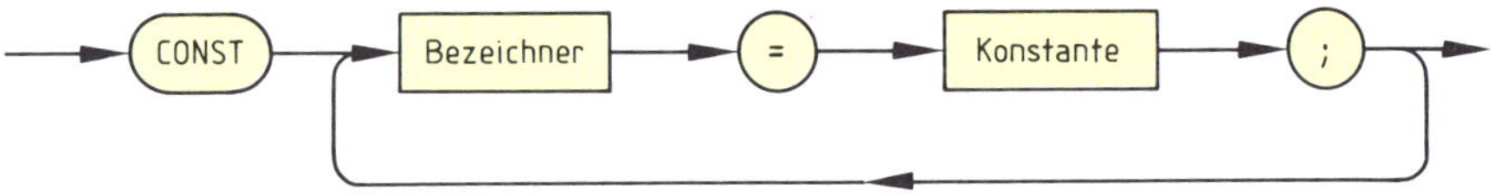

Syntaxdiagramm für CONST

VAR

Eine während des Programmablaufes veränderliche Zuweisung – eine Variable – hat z.B. folgende Form:

```
VAR    v : REAL ;
```

Dem Speicherplatz „v" wird der Datentyp REAL (eine Dezimalzahl) zugewiesen, der Inhalt von „v" wird erst im Programm bestimmt. Durch Zuweisung kann sich der Inhalt von „v" während des Programmablaufes *mehrfach ändern.*

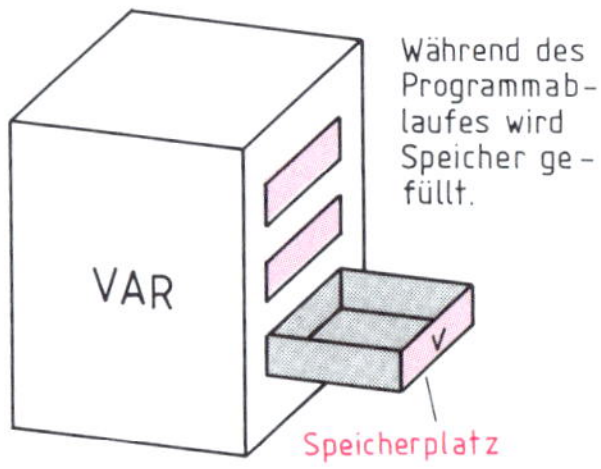

Modell eines Speichers für Variable

Die Vereinbarung von Variablen beginnt mit dem reservierten Wort „VAR". Es folgen ein oder mehrere Variablenbezeichner des gleichen Datentyps, die durch Kommata voneinander getrennt werden. Die Angabe des Datentyps wird mit einem Doppelpunkt eingeleitet und mit einem Semikolon abgeschlossen. Weitere Variable können folgen, ohne daß das reservierte Wort „VAR" anzugeben ist.

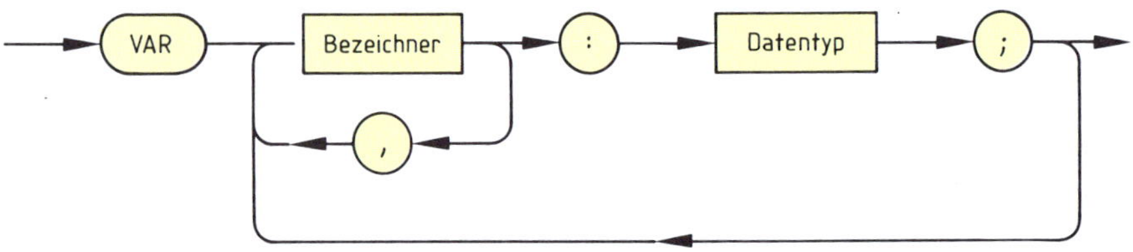

Syntaxdiagramm für VAR

Übungsaufgaben 3/28; 3/29; 3/30

3.4.4 Anweisungen in TURBO-PASCAL

Anweisung	Bedeutung
{ ... } oder (* ... *)	**Kommentar im Programm** Text zwischen diesen Klammern wird im Programmablauf überlesen.
CLRSCR;	**Bildschirmlöschung**
WRITE / WRITELN WRITE(A); WRITELN('Fläche'); WRITELN;	**Ausgabebefehle** schreibt den Dateninhalt von „A“ auf den Bildschirm, dadurch erfolgt kein Zeilenvorschub; schreibt „Fläche“ auf den Bildschirm, danach erfolgt ein Zeilenvorschub; das Nächstgeschriebene fängt in einer neuen Zeile an: steht WRITELN allein, so wird nur eine Leerzeile geschrieben.
READ / READLN READ(v); READLN(v);	**Eingabebefehle** übergibt der Variablen „v“ eine einzugebende Zahl, Bedingung ist jedoch, daß das Zeichen „v“ für eine Zahlenvariable im Deklarationsteil vereinbart wurde; wie zuvor, jedoch mit anschließendem Zeilenvorschub.
:= U:= 8; U:= 2+U;	**Zuweisungszeichen** der Wert „8“ wird der Variablen „U“ zugewiesen; neuer Wert von „U“ ist bisheriger Wert von „U“+2, der Wert von „U“ ist jetzt 10.
+ , - , * , / > , >= , = < , <= , <>	**Mathematische Zeichen** Addition, Subtraktion, Multiplikation, Division, größer als, größer oder gleich, gleich, kleiner als, kleiner oder gleich, ungleich.
AND , OR ...(d>=5) AND (d<9) ...	**Logische UND-Verknüpfung, logische ODER-Verknüpfung,** ... für d größer oder gleich 5 und d kleiner 9... (werden logische Ausdrücke verknüpft, so müssen sie geklammert werden).
IF...THEN...ELSE IF d>=5 THEN v:=10; IF d<3 THEN v:= 12 ELSE WRITE('Fehler');	**Bedingung: wenn..., dann..., andernfalls...** (die ELSE-Anweisung kann auch entfallen); wenn d größer oder gleich 5, dann ordne der Variablen „v“ den Wert 10 zu, wenn d kleiner 3 ist, dann ordne der Variablen „v“ den Wert 12 zu, andernfalls schreibe auf den Bildschirm „Fehler“ (vor ELSE darf kein Semikolon stehen).

Übungsaufgaben 3/31; 3/32; 3/33

3.4.5 TURBO-PASCAL-Programme

Mit Hilfe der vorgestellten Grundlagen können bereits einfache Programme zur Lösung von Problemen aus der Metalltechnik erarbeitet werden.

Beispiel 1 **Berechnung der Umdrehungsfrequenz (Drehzahlberechnung)**

Berechnung der Drehzahl aus Schnittgeschwindigkeit und Werkstückdurchmesser. (Genaue Aufgabenstellung und Programmablauf siehe 3.2.2.)

Programmablaufplan	TURBO-PASCAL-Programm

Programmablaufplan

Programm:
Drehzahlberechnung

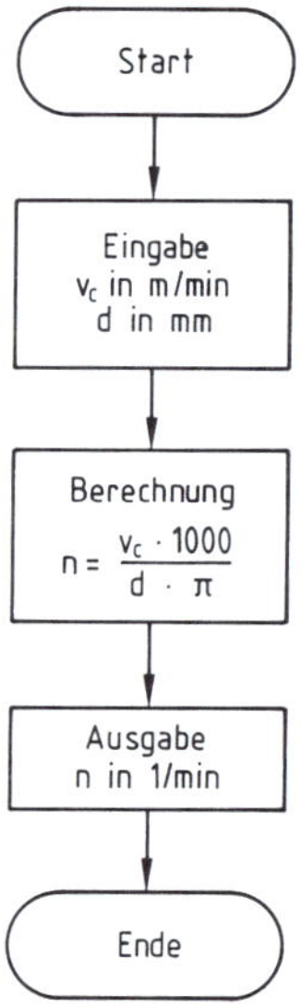

TURBO-PASCAL-Programm

```
PROGRAM  Drehzahlberechnung;

USES    CRT;
CONST   PI = 3.14;
VAR     vc,d,n  : REAL;

BEGIN     { Beginn des Hauptprogrammes }
  CLRSCR;
  WRITE ('Schnittgeschwindigkeit in m/min  vc =  ');
  READLN (vc);
  WRITE ('Durchmesser in mm   d =  ');
  READLN (d);

  n:= vc*1000/(d*PI);


  WRITELN ('Drehzahl  n =',n:6:0,' 1/min');

  WRITELN;
  WRITELN('Programm beenden mit Tastendruck');
  REPEAT UNTIL KEYPRESSED;

END.      { Ende des Hauptprogrammes }
```

Erläuterungen zum Programm

Für das Programm Drehzahlberechnung wird zunächst unter „USES" CRT ein Hilfsprogramm aufgerufen, das zur Verwaltung des Bildschirmes dient.

Die Konstante PI mit 3.14 und die Variablen vc, d, n, werden als Real-Typen vereinbart. Nach dem Beginn des Hauptprogrammes wird der Bildschirm gelöscht, und es erscheint der in Hochkommata gesetzte Text „Schnittgeschwindigkeit in m/min vc=" auf dem Bildschirm. Hinter dem Gleichheitszeichen blinkt der Cursor, der Computer wartet auf eine Eingabe. Die Dezimalzahl wird hinter das Gleichheitszeichen geschrieben; drückt man auf die RETURN-Taste, so erhält die Variable vc den geschriebenen Wert und in der nächsten Zeile auf dem Bildschirm wird nach dem Durchmesser gefragt. Die eingegebene Dezimalzahl wird der Variablen d zugewiesen. Aus den Werten für die Variablen vc und d und aus der Konstanten PI wird dann der Wert für die Drehzahl errechnet und der Variablen n zugewiesen. Auf dem Bildschirm erscheint nun der Text, der in Hochkommata steht, der Wert für die Variable und danach der Text, der anschließend in Hochkommata gesetzt ist. Die Ausgabe von n erfolgt formatiert.

Damit das Programm nicht sofort abgebrochen wird, baut man eine Warteschleife ein; hier in der einfachsten Form durch „REPEAT UNTIL KEYPRESSED" – was etwa bedeutet: wiederhole/warte bis Tastendruck.

Übungsaufgaben 3/34; 3/35; 3/36

Beispiel 2 Zugfestigkeitsberechnung

Berechnung der Zugfestigkeit aus der Höchstkraft und den Maßen der Probe. (Genaue Aufgabenstellung und Programmablauf siehe 3.2.2.)

Programmablaufplan	TURBO-PASCAL-Programm

Programm:
Zugfestigkeitsberechnung

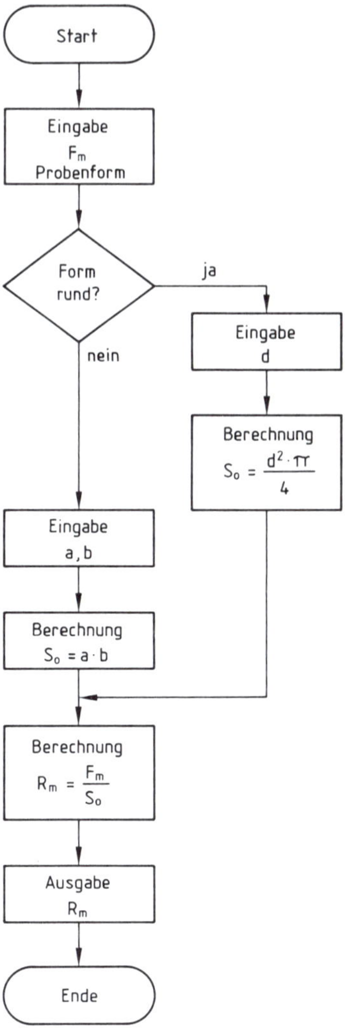


```
PROGRAM Zugfestigkeit;

USES     CRT;
VAR      a,b,So,d,Fm,Rm   :REAL;
         Form             :INTEGER;

BEGIN    { Hauptprogramm beginnt }
  CLRSCR;
  WRITE   ('Höchstkraft in N :  ');
  READLN  (Fm);
  WRITELN ('Bitte Kennzahl für  Probenform eingeben ,');
  WRITELN ('1  für Rundprobe,');
  WRITE   ('sonstige Zahl für Flachzugprobe :  ');
  READLN  (Form);
  WRITELN;

  If  1 = Form THEN  { 1 steht für Rundprobe }
       BEGIN
         WRITE   ('Probendurchmesser in  mm  =  ');
         READLN  (d);
         So:=d*d*PI/4
       END
  ElSE         { Zahl ungleich 1  steht für Flachprobe }
       BEGIN
         WRITE   ('Probenbreite in mm  =  ');
         READLN  (b);
         WRITE   ('Probendicke  in mm  =  ');
         READLN  (a);
         So:=a*b;
       END;
  BEGIN
    Rm:=Fm/So;
    WRITELN ('Zugfestigkeit  :',Rm:8:2,' N/mm^2 ')
  END;

  WRITELN;
  WRITELN('Programm beenden mit Tastendruck');
  REPEAT UNTIL KEYPRESSED;
END.     { Ende des Hauptprogrammes }
```

Erläuterungen zum Programm

Für das Programm Zugfestigkeit werden zunächst die Variablen a, b, So, d, Fm, Rm, als REAL-Typen vereinbart. Die Variable „Form" ist vom ganzzahligen Typ INTEGER. Nach dem Beginn des Hauptprogrammes werden die Werte für die Höchstkraft und die Kennzahl für die Probenform eingegeben. Bekommt die Variable „Form" die Zahl „1" zugeordnet, so ist der logische Ausdruck im Programm „wahr", denn 1 = Wert von „Form"; die Rundprobe wird abgefragt und anschließend berechnet. Wird bei der Abfrage nach der Probenform eine andere Zahl statt 1 eingegeben, so wird die Flachprobe berechnet.

Übungsaufgaben 3/37; 3/38; 3/39

Beispiel 3 Berechnung der Umdrehungsfrequenz (Drehzahl) für Vollhartmetallbohrer

Berechnung der Bohrerdrehzahl und Bestimmung des Vorschubes für Vollhartmetallbohrer. (Genaue Aufgabenstellung und Programmablauf siehe 3.2.2.)

Struktogramm

Programm:
Vollhartmetallbohrer

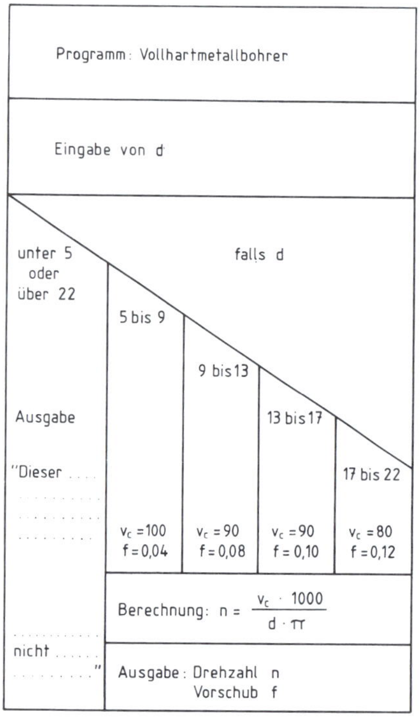

TURBO-PASCAL-Programm

```
PROGRAM  Vollhartmetallbohrer;

USES  CRT;
VAR   f,n,d,vc  : REAL;

BEGIN
   CLRSCR;
   WRITE  ('Bohrerdurchmesser in mm  ');
   READLN (d);
   WRITELN;
   IF (d<5) OR (d>22) THEN
     BEGIN
       WRITELN('Dieser Bohrer ist als Hartme-');
       WRITELN('tallbohrer  nicht  vorhanden')
     END
   ELSE
     BEGIN
       IF (d>=5) AND (d<9) THEN
         BEGIN vc:=100 ; f:=0.04  END;
       IF (d>=9) AND (d<13) THEN
         BEGIN vc:=90  ; f:=0.08  END;
       IF (d>=13) AND (d<17) THEN
         BEGIN vc:=90  ; f:=0.10  END;
       IF (d>=17) AND (d<=22) THEN
         BEGIN vc:=80  ; f:=0.12  END;
       n:=vc*1000/(d*PI);
       WRITELN('Drehzahl  n =',n:6:0,' 1/min,');
       WRITELN('Vorschub  f =',f:6:2,'  mm')
     END;
   WRITELN;
   WRITELN('Programm beenden mit Tastendruck');
   REPEAT UNTIL KEYPRESSED;
END.
```

Erläuterungen zum Programm

Für das Programm Vollhartmetallbohrer wird der Bohrerdurchmesser eingegeben. Im Programm selbst wird nun untersucht, welcher „Fall" vorliegt. Entweder erfolgt die Ausgabe: „Dieser Bohrer ist als Hartmetallbohrer nicht vorhanden" oder den Variablen vc und f werden Werte zugewiesen und die Berechnung von „n" erfolgt. Danach wird dann die berechnete Drehzahl und der gewählte Vorschub ausgegeben. Da Variable keine Indices tragen können, wird die Schnittgeschwindigkeit, Formelzeichen v_c, im Programm als Variable vc geführt.

Das Pascal-Programm ist aus Einzelanweisungen und aus Gruppen von Anweisungen aufgebaut, die als **Blöcke** bezeichnet werden. Die blockweise Gestaltung des gesamten Programmes erlaubt eine übersichtliche Lösung von Programmierproblemen. Im obigen Programm sind zur Verdeutlichung die umfangreicheren Blöcke mit roten Klammern kenntlich gemacht. Jeder Block wird von BEGIN und END begrenzt. Blöcke können ineinander geschachtelt werden.

Übungsaufgaben 3/40; 3/41; 3/42

Grundlagen der CNC-Technik

1 CNC-Werkzeugmaschinen

1.1 Datenfluß in CNC-Maschinen

Bei der Bearbeitung von Werkstücken auf Werkzeugmaschinen müssen der Werkstückrohling und das Werkzeug so geführt werden, daß ein Werkstück in der vorgegebenen Form entsteht.
In der herkömmlichen Fertigung werden vom Maschinenbediener die Wege gesteuert, Bewegungen (z.B. Vorschub, Umdrehungsfrequenz) geschaltet und der Ablauf überwacht. In moderne Werkzeugmaschinen werden all diese Informationen als Programm, bestehend aus Buchstaben und Zahlen, eingegeben.
Ein Computer verarbeitet dieses und gibt entsprechende Stellbefehle an die Steuerung der Maschinenantriebe. Gleichzeitig überwacht der Computer die Ausführung der Befehle. Man bezeichnet darum Maschinen mit solchen Steuerungen als „computerüberwacht und zahlenwertgesteuert" – engl. **c**omputerized **n**umerical **c**ontrol – als CNC-Maschinen.

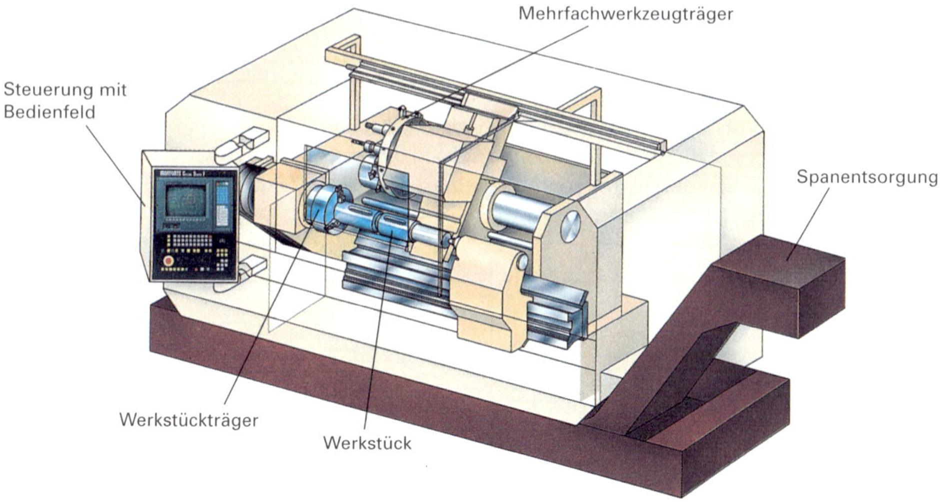

CNC-Drehmaschine

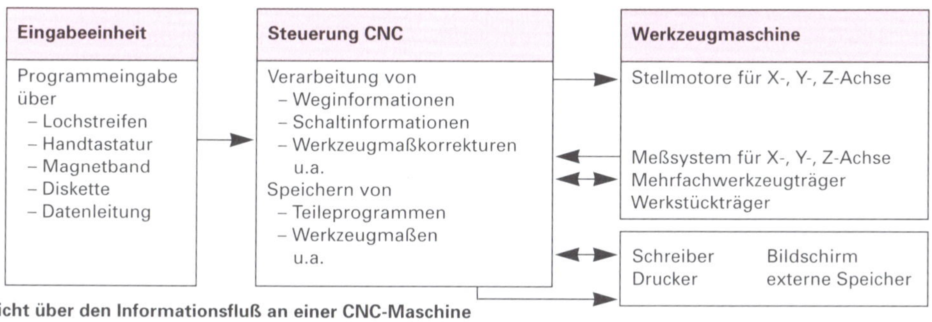

Übersicht über den Informationsfluß an einer CNC-Maschine

CNC-Maschinen sind Fertigungsmaschinen, die mit einer computergeführten Steuerung ausgestattet sind. Sie führen entsprechend einem aus Zahlen und Buchstaben bestehenden Programm einen selbständigen Fertigungsablauf durch.

Eine CNC-Maschine besteht aus der eigentlichen Werkzeugmaschine und der Steuerung. Die Steuerung erhält Informationen über Eingabeeinheiten und von dem Meßsystem der Maschine. Sie kann Befehle an die Werkzeugmaschine und Informationen an Anzeige- und Dokumentationseinrichtungen weitergeben.

Übungsaufgaben 1/1; 1/2

1.2 Konstruktive Merkmale von CNC-Maschinen

CNC-Maschinen wurden anfänglich auf der Grundlage von herkömmlichen Werkzeugmaschinen gebaut. Dabei blieb der konstruktive Grundaufbau erhalten; hinzu kamen eine Steuereinheit, getrennte Antriebe und Meßsysteme für alle Bewegungsrichtungen. Im Laufe der Entwicklung wurde zur Verbesserung des Fertigungsablaufs und der Arbeitsbedingungen die Konstruktion von CNC-Maschinen verändert.
Die konstruktiven Merkmale von CNC-Maschinen werden im Vergleich mit herkömmlichen Werkzeugmaschinen dargestellt.

- **Gestaltung des Maschinengestells**

Für CNC-Drehmaschinen wurde statt der waagerechten Bettführung ein Schrägbett konstruiert, damit die Späne ungehindert aus dem Arbeitsraum fallen und abtransportiert werden können.

<table>
<tr><th>Herkömmliche Werkzeugmaschinen</th><th>CNC-Maschine</th></tr>
<tr><td>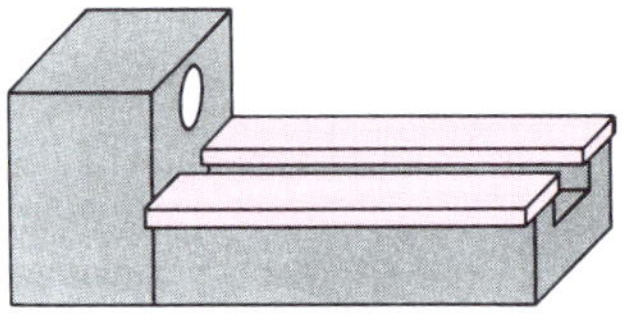
Flachbettführung</td><td>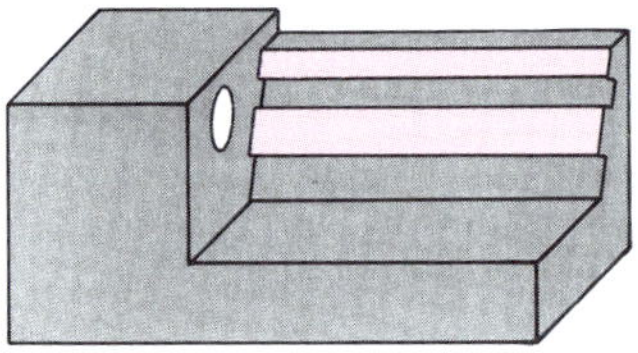
Schrägbettführung</td></tr>
</table>

- **Geschlossener Arbeitsraum**

Der Arbeitsraum der CNC-Maschinen ist geschlossen, da der Facharbeiter während der Fertigung nicht ständig einstellen und messen muß. Zudem arbeiten CNC-Maschinen bei extremen Schnittbedingungen, so daß der Bediener durch den geschlossenen Arbeitsraum gegen wegfliegende Späne und herumspritzendes Kühlmittel geschützt ist.

<table>
<tr><th>Herkömmliche Werkzeugmaschinen</th><th>CNC-Maschine</th></tr>
<tr><td>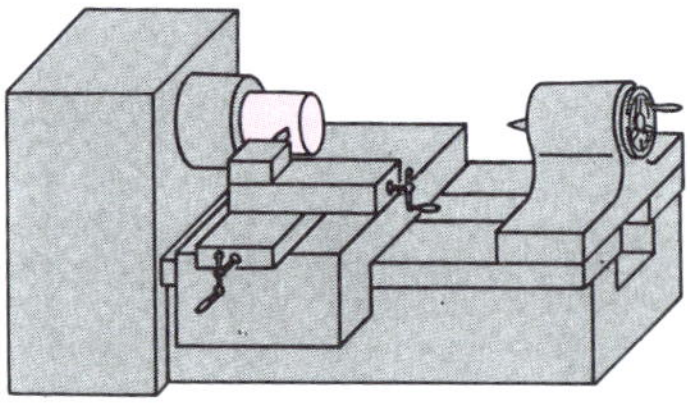
Offener Arbeitsraum</td><td>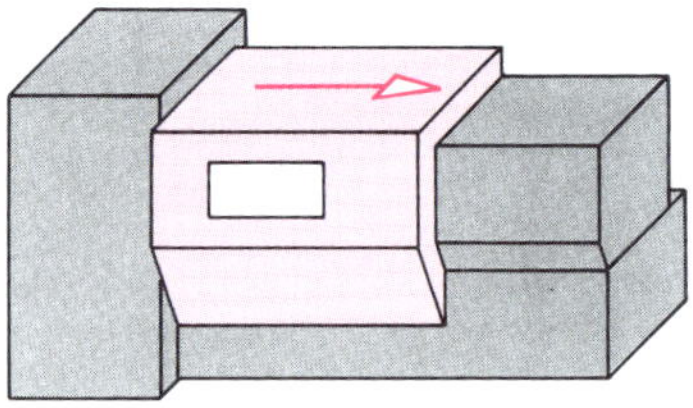
Abgedeckter Arbeitsraum</td></tr>
</table>

- **Antriebe der Arbeitsbewegungen**

Mechanische Getriebe haben für CNC-Maschinen weitgehend ihre Bedeutung verloren. So entfällt z.B. an einer Drehmaschine das Wechselrädergetriebe, das zur Koordination der Dreh- und Vorschubbewegung beim Gewindeschneiden erforderlich ist. Von der Steuerung der Maschine werden durch getrennte Gleichstrommotoren die Haupt- und Vorschubbewegung exakt aufeinander abgestimmt. Alle Antriebe werden durch je ein spezielles Meßsystem kontrolliert und geregelt.

<table>
<tr><th>Herkömmliche Werkzeugmaschinen</th><th>CNC-Maschine</th></tr>
<tr><td>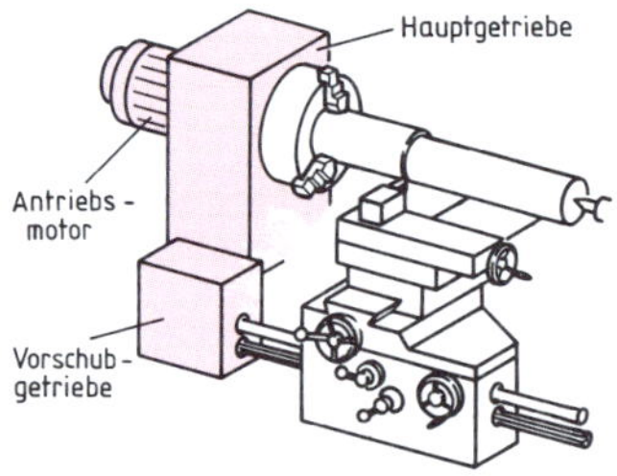
</td><td>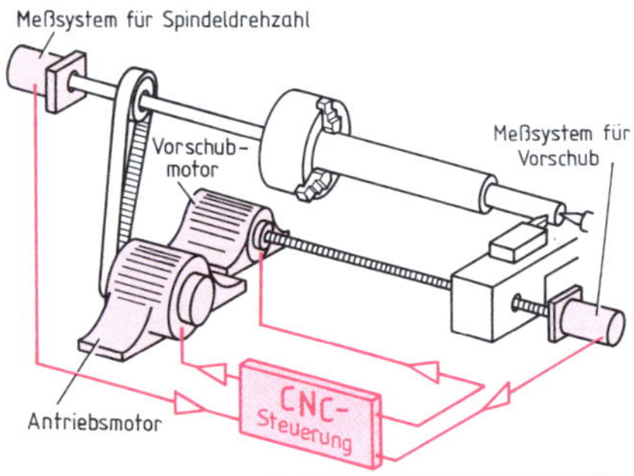
</td></tr>
</table>

Übungsaufgabe 1/3

Die Kurbeln zur Erzeugung der Arbeitsbewegungen entfallen weitgehend, da keine Einstellungen von Hand vorzunehmen sind. Die Bewegungen in den verschiedenen Achsrichtungen werden durch einzelne Stellmotoren erzeugt.

Herkömmliche Werkzeugmaschine	CNC-Maschine
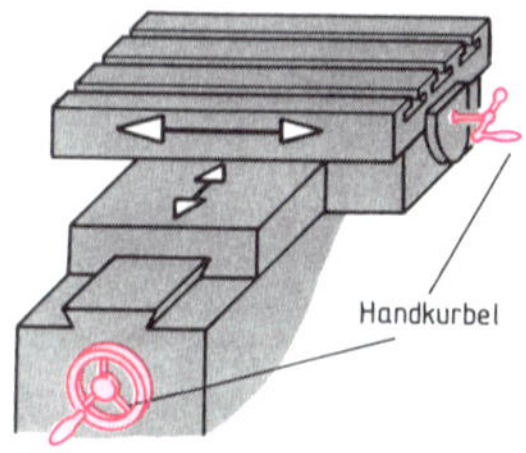	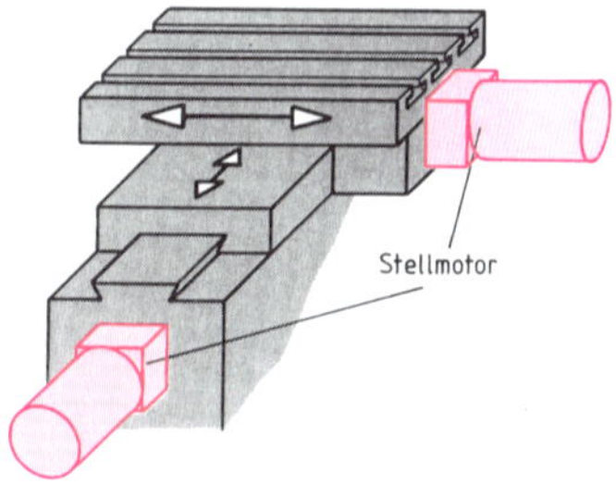
Handkurbeln an den Verstellspindeln	**Stellmotoren an den Verstellspindeln**

Statt mit einer Leit- und Zugspindel sind die CNC-Drehmaschinen mit einer einzigen Spindel mit Kugelumlaufführung ausgestattet. Diese Spindel arbeitet äußerst präzise und spielfrei, sie ist verschleißarm und wartungsfrei, so daß sie den Bettschlitten bei allen Arbeiten treibt.

Herkömmliche Werkzeugmaschine	CNC-Maschine
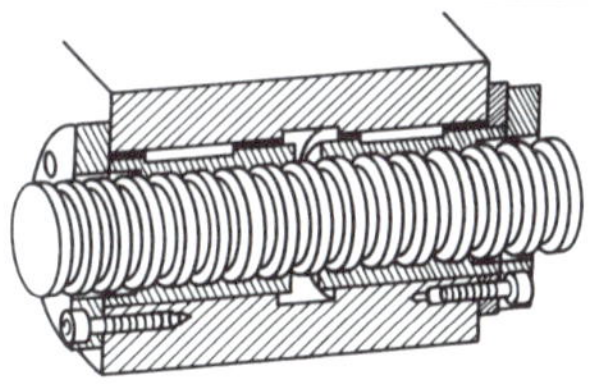	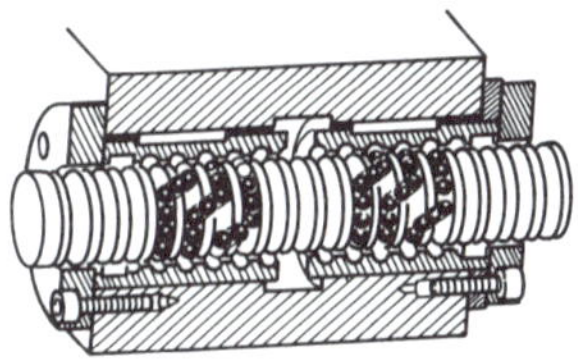
Gewindespindel für Supportantrieb	**Kugelumlaufspindel mit spielfreier Doppelmutter**

- **Meßsysteme**

Meß- und Prüfvorgänge verlangen an herkömmlichen Werkzeugmaschinen das Stillsetzen des laufenden Drehteils. An einer CNC-Maschine erfaßt ein besonderes Meßsystem bei laufender Maschine den augenblicklichen Istwert der Werkzeugposition und die zugehörigen Werkstückabmessungen. Auf einem Bildschirm oder einer Zahlenleiste werden die geometrischen Werte von Werkzeug bzw. Werkstück fortlaufend angezeigt. Ebenso können die technologischen Werte wie Drehzahl oder Schnittgeschwindigkeit und Vorschub angezeigt werden.

Herkömmliche Werkzeugmaschine	CNC-Maschine
	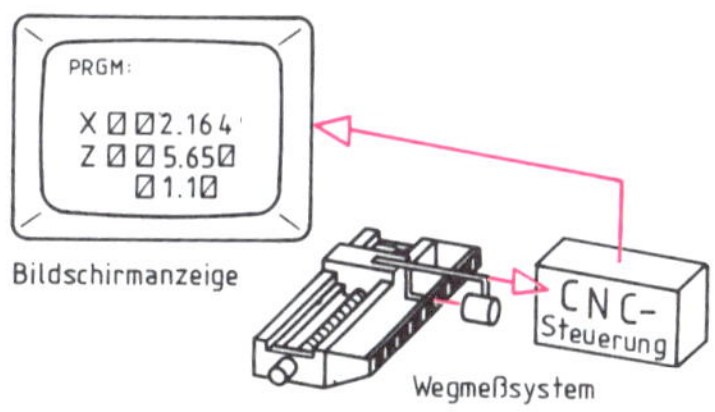

CNC-Maschinen unterscheiden sich von herkömmlichen Maschinen durch:
- stufenlos regelbare Gleichstrommotoren für den Hauptantrieb,
- Einzelantriebe für alle Arbeitsbewegungen mit zugehörigen Meßsystemen,
- besonders gestaltete Maschinengestelle mit abgeschlossenem Arbeitsraum.

Übungsaufgabe 1/4

1.3 Lageregelung an CNC-Maschinen

- **Lageregelkreis**

Die programmgemäße Bewegung von Werkstück und Werkzeug wird in einem **Lageregelkreis** geregelt. Dabei mißt das zu einer Bearbeitungsrichtung gehörende Meßsystem in jedem Augenblick den Istwert der Lage des Werkzeugs zum Werkstückträger. Eine elektronische Regeleinrichtung vergleicht ihn mit dem Sollwert und gibt einen entsprechenden Stellbefehl an den Stellmotor. Dies wird solange fortgeführt, bis der Istwert – innerhalb festgesetzter Grenzen – mit dem Sollwert übereinstimmt.

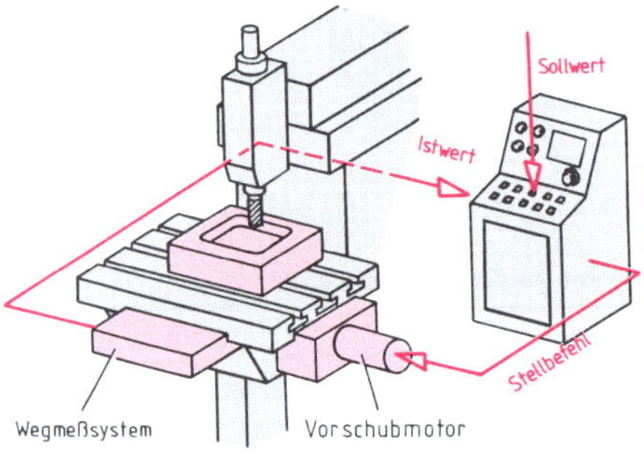

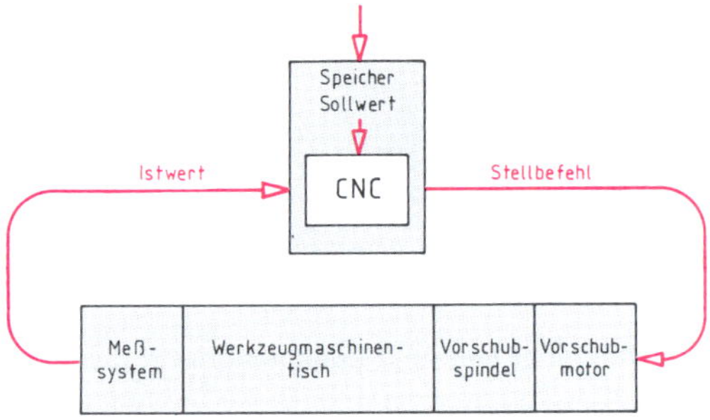

Lageregelung an einer CNC-Maschine

- **Meßverfahren zur Lageregelung**

Inkrementales Messen geschieht, wenn man einen neuen Standort jeweils vom letzten Standort aus bestimmt, z.B. 30 mm nach rechts, von dort 20 mm zurück nach links, dann von dort 40 mm nach links. Man verwendet an Werkzeug-Maschinen zum inkrementalen Messen in 0,001 mm geteilte Glaslineale, die von einer Lichtquelle beleuchtet werden. Eine Fotozelle zählt die bei einer Bewegung auftretenden Lichtreflexe und meldet ihre Zahl an den Rechner der Maschine. Dieser ermittelt dann aus dieser Zahl die Positionsänderung gegenüber dem letzten Standort.

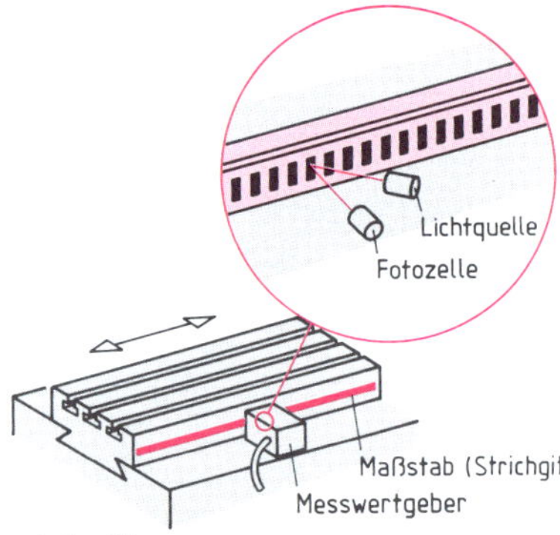

Inkrementales Messen

Inkrementale Meßverfahren erfassen den Meßwert in Schritten von einem wählbaren Nullpunkt aus.

Absolutes Messen liegt vor, wenn man alle Standorte von einem festen Nullpunkt aus mißt, z.B. nach rechts auf 120 mm vom Nullpunkt, zurück auf 80 mm vom Nullpunkt, wieder nach links auf 200 mm vom Nullpunkt.
Man verwendet zum absoluten Messen in 0,001 mm geteilte Code-Lineale, auf denen jeder Punkt ein ganz bestimmtes Hell-Dunkel-Muster aufweist.
Zur genauen Bestimmung der Maschinentischposition wird dieses Muster von Fotozellen aufgenommen und an den Rechner der Maschine weitergeleitet. Daraus ermittelt der Rechner die genaue Position auf dem Maschinentisch.

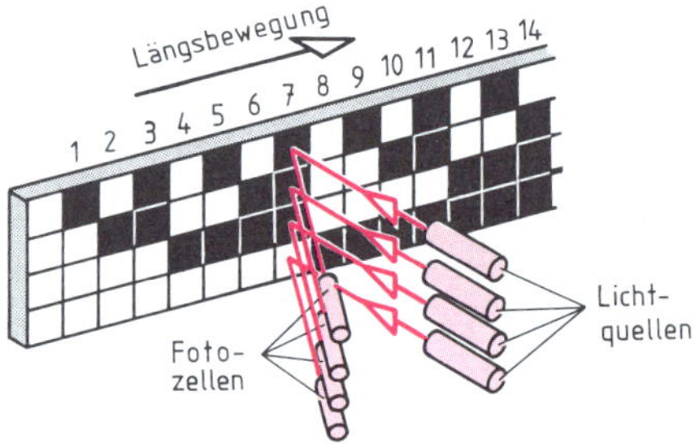

Direktes absolutes Messen mit Code-Lineal

Bei absoluten Meßverfahren kann jeder Punkt auf der Meßstrecke sofort zahlenmäßig bestimmt werden, weil er ein für die Meßstrecke nur einmal auftretendes Signal liefert.

Übungsaufgaben 1/5 bis 1/9

1.4 Steuerungsarten an CNC-Maschinen

An CNC-Maschinen werden die Positionen und Bewegungen von Werkzeug und Werkstückträger zueinander durch die Lageregelkreise geregelt. Es werden laufend Positionen gemessen und korrigiert. Ob dabei das Werkstück maßgerecht wird, kontrolliert die Steuerung der CNC-Maschine während der Bearbeitung nicht. Die Fertigung von Werkstücken auf CNC-Maschinen ist daher ein gesteuerter Vorgang.
Die Art der Bearbeitung von Werkstücken stellt unterschiedliche Anforderungen an die Steuerung einer CNC-Maschine; danach unterscheidet man drei Arten numerischer Steuerungen: *Punktsteuerung, Streckensteuerung, Bahnsteuerung.*

- **Punktsteuerung**

Die Punktsteuerung ist für Werkstücke anwendbar, bei denen nur an bestimmten Stellen Arbeitsgänge durchzuführen sind, z.B. für das Bearbeiten ebener Werkstücke auf Bohrmaschinen, Punktschweißmaschinen und Stanzmaschinen. Das Anfahren eines Punktes und das Verfahren von Punkt zu Punkt erfolgt im Eilgang. Die Zielpunkte werden exakt angesteuert. Die Bearbeitung beginnt nach dem Halt.

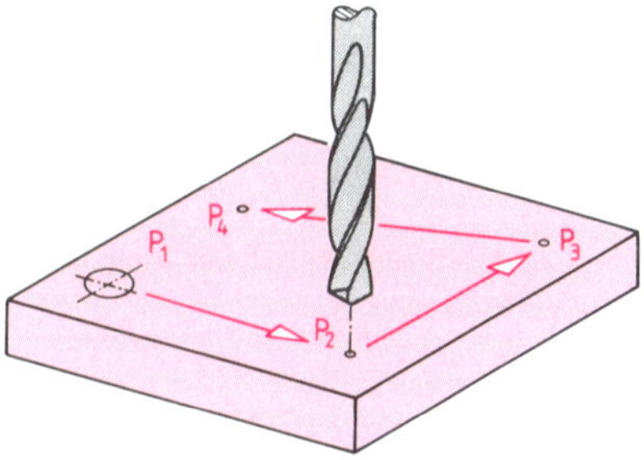

Punktsteuerung

Bei Punktsteuerungen wird im Eilgang ein Zielpunkt angesteuert, hier erfolgt eine Bearbeitung. Nacheinander können weitere Zielpunkte angefahren und bearbeitet werden.

- **Streckensteuerung**

Die Streckensteuerung ist für Werkstücke anwendbar, bei denen eine Bearbeitung nur in Ebenen parallel zu den Führungsbahnen der Maschine erforderlich ist, z.B. Fräsarbeiten in Längs- oder Querrichtung, reines Längs- oder Plandrehen, oder Fertigen von Durchbrüchen auf Senkrechterosionsmaschinen. Die Bearbeitung kann nur in einer Achsrichtung erfolgen.

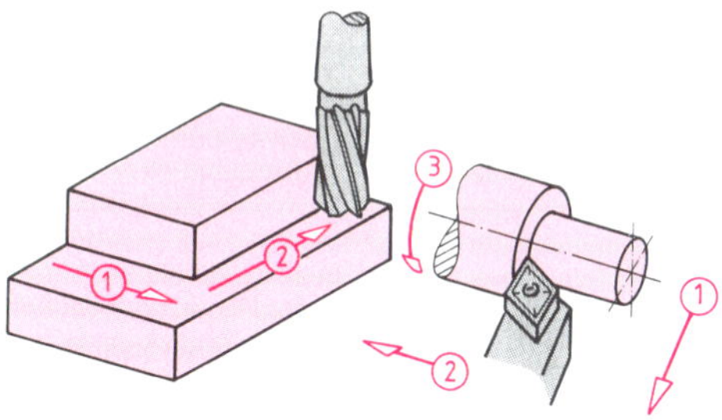

Streckensteuerung

Bei Streckensteuerungen erfolgt die Bearbeitung immer nur in einer achsparallelen Richtung zur Werkzeugmaschine.

- **Bahnsteuerung**

Mit einer Bahnsteuerung können in einer Ebene oder im Raum beliebige Schrägen oder Kurven gesteuert werden, das Werkzeug ist während der Bewegung im Eingriff. Beliebige Umrisse erreicht man durch das gleichzeitige Zusammenwirken von zwei oder mehreren Vorschubmotoren.
Bahnsteuerungen verwendet man bei Drehmaschinen, Fräsmaschinen, Brennschneidmaschinen und Drahterodiermaschinen zur Bearbeitung von Werkstücken mit schrägen oder kurvenförmigen Begrenzungsflächen.

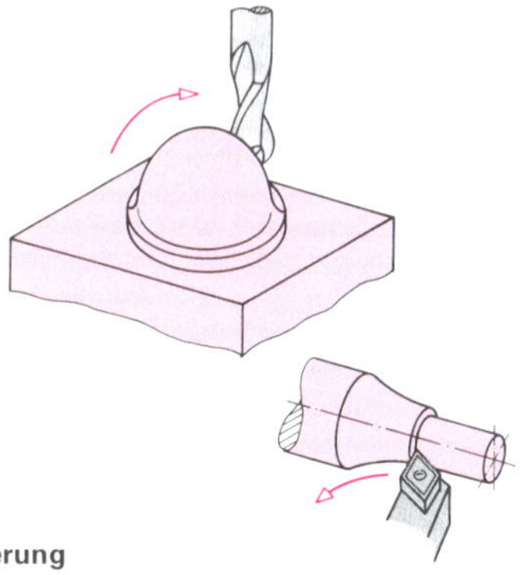
Bahnsteuerung

Bei Bahnsteuerungen erfolgt die Bearbeitung auf räumlichen Geraden oder Kurven, bei denen mehrere Achsen gleichzeitig mit voneinander unabhängigen Geschwindigkeiten gesteuert werden.

Übungsaufgaben 1/10; 1/11

2 Grundlagen zur manuellen Programmierung

2.1 Arbeitsablauf beim manuellen Programmieren

Alle Tätigkeiten, die ein Fachmann an einer herkömmlichen Werkzeugmaschine aufgrund seiner Erfahrung ausführt, müssen bei einer Fertigung auf CNC-Maschinen sorgfältig vorgeplant und als Befehle der Maschine eingegeben werden. Diese Befehle sind in Form von Buchstaben, Zahlen und Zeichen verschlüsselt; man bezeichnet sie als alphanumerische Zeichen. Die Auflistung der Befehle zur Fertigung eines Werkstücks nennt man das **Programm**.

Programme werden meist von Programmierern geschrieben und im Büro erstellt (externe Programmierung). Kleinere Programme und Programmänderungen dagegen werden häufig vom Fachmann an der Werkzeugmaschine geschrieben (Werkstattprogrammierung). Vor der Fertigung wird das Programm in die Maschine eingegeben.

Das Programm ist die Auflistung aller Befehle an die Steuerung einer Werkzeugmaschine zur Fertigung eines Werkstückes.

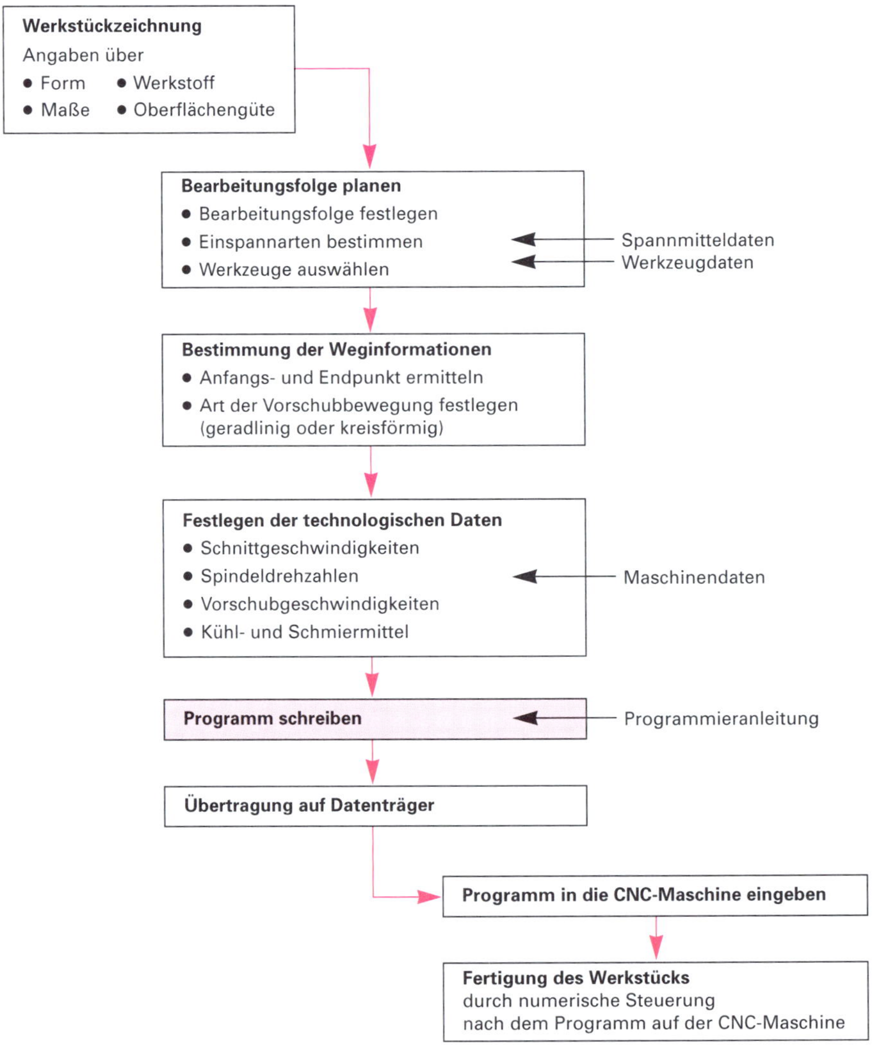

2.2 Koordinatensystem

Jeder Punkt eines Werkstücks, der bei der Bearbeitung auf einer Maschine angefahren wird, muß eindeutig festgelegt sein. Diese Festlegung geschieht im Sprachgebrauch z.B. durch die Angabe von Länge, Breite und Höhe. Für eine Bearbeitung auf CNC-Maschinen ist diese Angabe zu unpräzise, darum stellt man sich jedes Werkstück in einem rechtwinkligen Koordinatensystem vor und gibt die Abstände der Bearbeitungspunkte in X-, Y- und Z-Richtung an. Die Lage dieser Achsen zueinander ist in DIN 66217 festgelegt und wird durch die **„Rechte-Hand-Regel"** anschaulich gemacht.

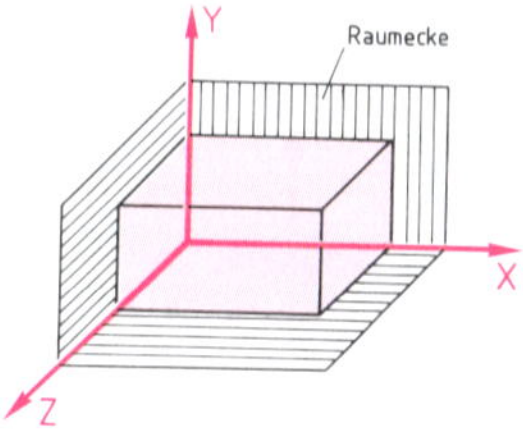

Dreiachsiges Koordinatensystem

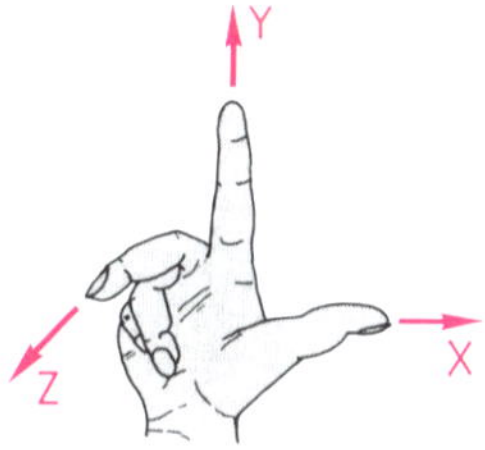

Rechte-Hand-Regel

Daumen in X-Richtung
Zeigefinger in Y-Richtung
Mittelfinger in Z-Richtung

Die Stellungen der drei Finger – entsprechend der „Rechten-Hand-Regel" – weisen auch jeweils in die positiven Achsrichtungen. (Z-Richtung liegt parallel zur Richtung der Arbeitsspindel)

In einem X- Y- Z-Koordinatensystem ist die Lage jedes Punktes im Raum eindeutig bestimmt.
Für die Lage der Achsen zueinander gilt die „Rechte-Hand-Regel".

Die richtige Lage des Koordinatensystems am Werkstück richtet sich nach dem Bearbeitungsvorgang und ist für jeden Werkzeugmaschinentyp genormt.

Beispiele **für die Achsrichtungen bei Werkzeugmaschinen nach DIN 66217**

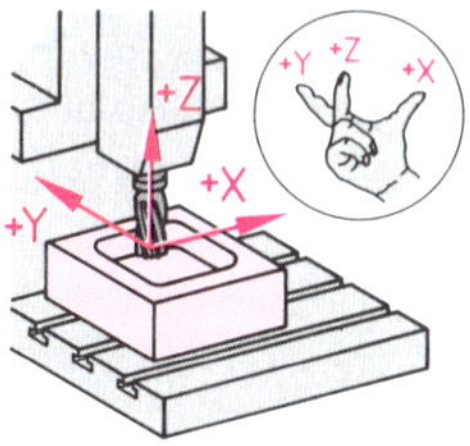

Senkrechtfräsmaschine

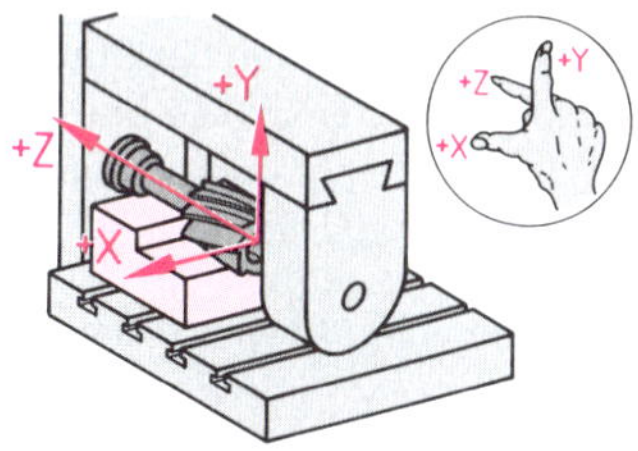

Waagerechtfräsmaschine

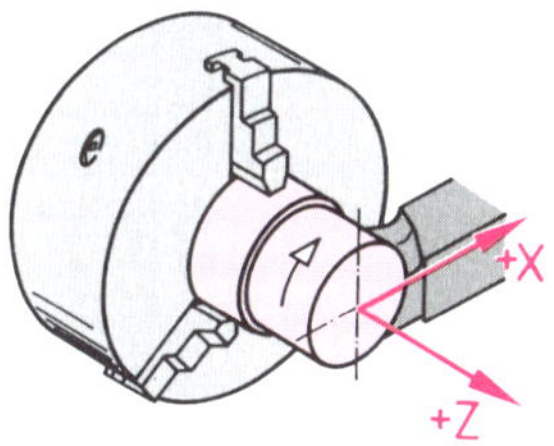

Meißel hinter der Drehmitte

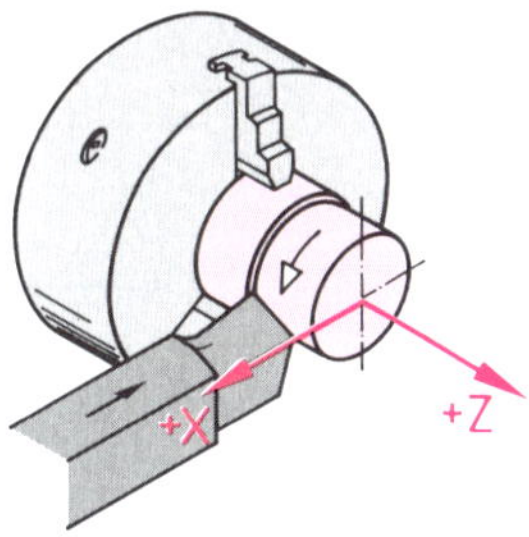

Meißel vor der Drehmitte

Die Festlegung der Achsrichtungen erfolgt immer parallel zu den Führungsbahnen der Maschine; sie ist jedoch stets im Zusammenhang mit dem aufgespannten Werkstück zu sehen.
Die Z-Richtung liegt immer parallel zur Arbeitsspindel. Ihre positive Richtung ist so festgelegt, daß mit zunehmendem Z-Wert der Abstand zwischen Werkzeug und Werkstück größer wird, wenn das Werkzeug nicht im Eingriff ist.

Die Achsrichtungen einer Werkzeugmaschine ergeben sich aus der Lage von Führungsbahnen und Werkzeugbewegung.
Sie sind auch im Handbuch der jeweiligen Werkzeugmaschine angegeben.

Übungsaufgaben 2/2; 2/3

2.3 Wahl des Werkstücknullpunktes

Bei der Programmierung werden die Werkstückabmessungen als Koordinaten erfaßt, um die erforderlichen Wegbeschreibungen programmieren zu können. Daher bezieht man das Koordinatensystem immer auf das Werkstück; als Nullpunkt des Systems wählt man einen charakteristischen Punkt des Werkstücks.

Diesen freigewählten Bezugspunkt bezeichnet man als Werkstücknullpunkt. In den Zeichnungen trägt man den Werkstücknullpunkt durch das abgebildete Symbol ein.

Bei *flachen unsymmetrischen Werkstücken* legt man den Werkstücknullpunkt an eine Ecke des Werkstücks.

Bei *flachen symmetrischen Werkstücken* wird der Werkstücknullpunkt in den Mittelpunkt bzw. auf die Symmetrieachse gelegt.

Bei Werkstücken mit dreidimensionaler Ausdehnung muß die Nullpunktfestlegung sich auf alle drei Achsen erstrecken.

Symbol für Werkstücknullpunkt

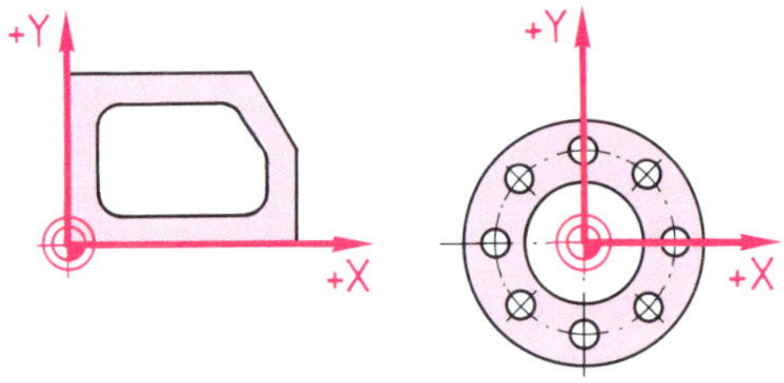

Lage von Werkstücknullpunkten

Als Ursprung des Koordinatensystems wählt man einen sinnvollen Punkt des Werkstücks als Werkstücknullpunkt. Der Werkstücknullpunkt wird in der Zeichnung durch ein Symbol angegeben.

2.4 Bemaßungsarten für die Programmierung

- **Absolutbemaßung**

In den meisten Fällen gibt man der Steuerung von CNC-Maschinen alle Maße so ein, daß sie sich auf den Werkstücknullpunkt beziehen. Die Maßangaben sind in einem solchen Falle Absolutmaße. Da der Werkstücknullpunkt jedoch nicht immer einem Eckpunkt entspricht, können sich Werkstückbereiche nach allen Seiten vom Nullpunkt aus erstrecken.

Beispiel für eine Konturbeschreibung durch Absolutmaße

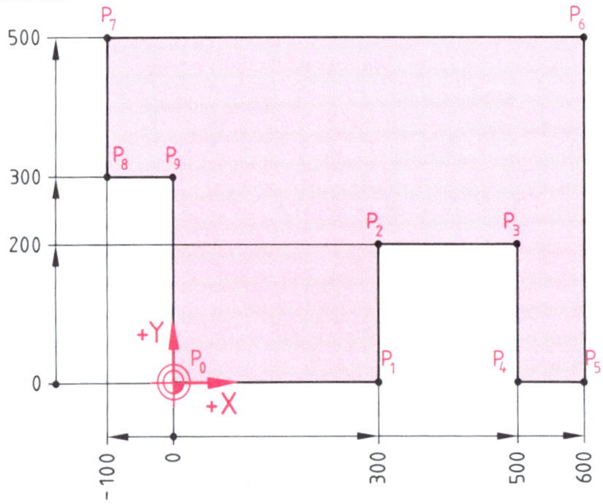

G90

	X	Y
P_0	X 0	Y 0
→ P_1	X + 300	Y 0
→ P_2	X + 300	Y + 200
→ P_3	X + 500	Y + 200
→ P_4	X + 500	Y 0
→ P_5	X + 600	Y 0
→ P_6	X + 600	Y + 500
→ P_7	X − 100	Y + 500
→ P_8	X − 100	Y + 300
→ P_9	X 0	Y + 300
→ P_0	X 0	Y 0

Normalerweise befinden sich CNC-Maschinen nach dem Einschalten in der **Absolutprogrammierung,** so daß kein zusätzlicher Befehl eingegeben werden muß. Wenn jedoch innerhalb eines Programmes von einer anderen Art der Maßangabe, z.B. von der Inkrementalprogrammierung, in die Absolutprogrammierung umgeschaltet werden soll, ist **G90** einzugeben.

Die Absolutmaßprogrammierung wird der Steuerung durch G90 eingegeben.
Absolutmaße sind die tatsächlichen Abstände zum Werkstücknullpunkt.

Übungsaufgaben 2/4; 2/5; 2/6

- **Inkrementalbemaßung**

Aus fertigungstechnischen Gründen kann es erforderlich sein, daß die Steuerung jeden angefahrenen Punkt als Startpunkt für die nachfolgende Bewegung ansieht. In diesem Falle muß die Entfernung und die Bewegungsrichtung von einem Punkt zum nächsten angegeben werden.
Die Abstände werden durch die Koordinaten in X-, Y- und Z-Richtung angegeben. Die Bewegungsrichtung wird entsprechend den Achsrichtungen des Koordinatensystems mit Vorzeichen gekennzeichnet. Das Pluszeichen braucht als Vorzeichen nicht geschrieben zu werden.
Die Bewegungen von Punkt zu Punkt erreicht man durch die erforderliche Anzahl von Verstellschritten. Da man den kleinsten Wegabschnitt (meist 1 µm) als Inkrement bezeichnet, nennt man diese Art, die Steuerung zu programmieren, die **Inkrementalmaßprogrammierung**.
Der Steuerung wird die Inkrementalmaßprogrammierung durch **G91** eingegeben.

Beispiel **für eine Konturbeschreibung durch Inkrementalmaße**

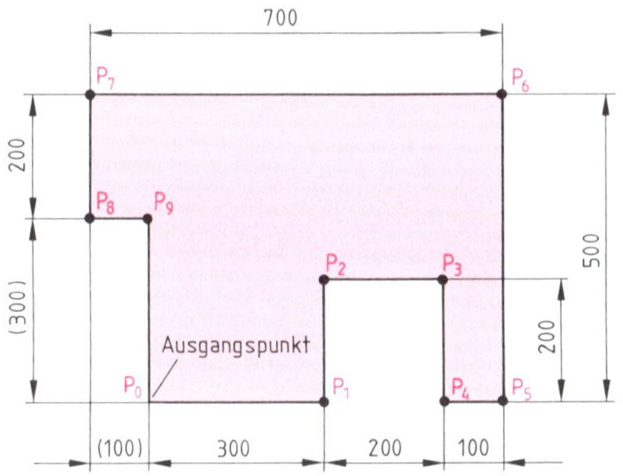

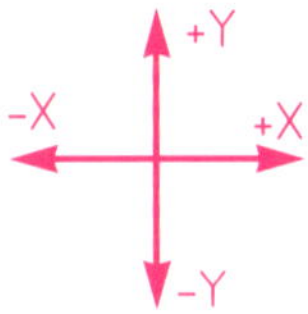

Bewegungsrichtungen

G91

	weiterzufahrende Strecke in **X**-Richtung	weiterzufahrende Strecke in **Y**-Richtung
P_0	Ausgangspunkt	
→ P_1	X + 300	Y 0
→ P_2	X 0	Y + 200
→ P_3	X + 200	Y 0
→ P_4	X 0	Y − 200
→ P_5	X + 100	Y 0
→ P_6	X 0	Y + 500
→ P_7	X − 700	Y 0
→ P_8	X 0	Y − 200
→ P_9	X + 100	Y 0
→ P_0	X 0	Y − 300

Die Inkrementalmaßprogrammierung wird der Steuerung durch G91 eingegeben.
Bei Inkrementalmaßprogrammierung gibt man die Entfernungen vom letzten bis zum nächsten Punkt in den jeweiligen Achsrichtungen an.

2.5 Programmierung von Bahnbewegungen

- **Bearbeitungsrichtung**

Bei der Fertigung können die Anfahr- und Bearbeitungswege vom Werkzeugträger oder vom Werkstückträger ausgeführt werden. Die Bearbeitungsrichtung ändert sich jedoch dadurch nicht. Man betrachtet nur die relative Bewegung des Werkzeugs gegenüber dem Werkstück. Um keine Mißverständnisse aufkommen zu lassen, hat man deshalb vereinbart, bei der Programmierung so vorzugehen, als stünde das Werkstück fest und es würde nur das Werkzeug bewegt.

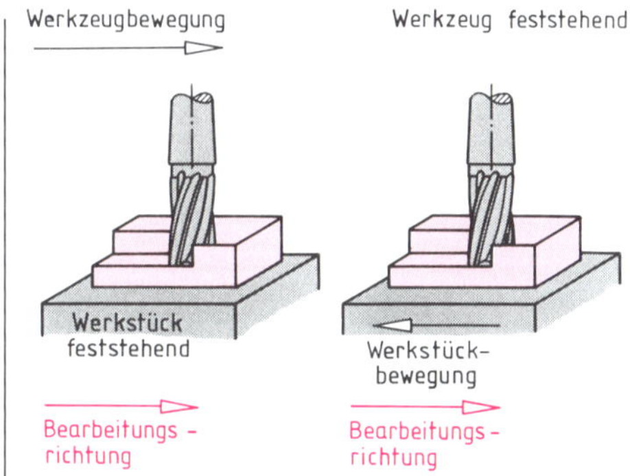

Bearbeitungsrichtung

Beim Programmieren geht man immer davon aus, daß sich das Werkzeug bewegt und das Werkstück stillsteht, auch wenn die Bearbeitung an der Maschine anders erfolgt.

- **Bewegungen im Eilgang**

Wenn ein Werkzeug, das nicht im Eingriff ist, von einem Punkt zu einem anderen verfahren werden soll, erwartet man, daß diese Bewegung möglichst schnell ausgeführt wird. Die Vorschubmotoren werden dann in jeder Achse den Werkzeug- oder Werkstückträger im Eilgang bewegen. Sobald das Werkzeug in die Nähe des anzufahrenden Punktes kommt, wird es abgebremst und am Zielpunkt genau gestoppt. Der Zielpunkt wird auf einer unbestimmten Bahn angefahren. Der Maschinensteuerung gibt man den Befehl, einen Punkt im Eilgang anzusteuern, durch **G00** (vereinfacht G0) ein, es folgen die Koordinaten des Zielpunktes.

Beispiel für die Beschreibung einer Eilgangbewegung bei Absolutmaßprogrammierung

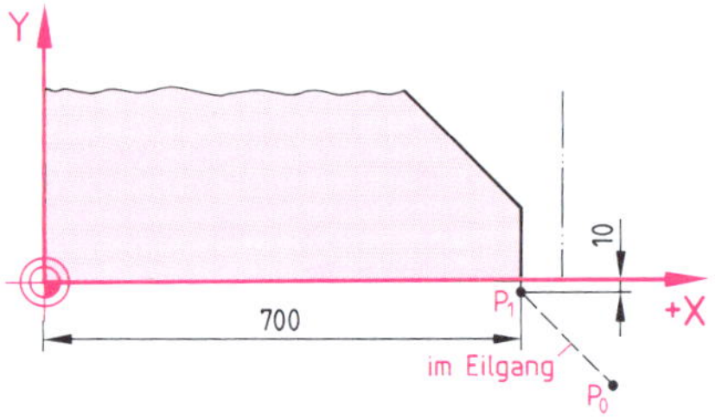

G00

	Wegbedingung	X	Y
	G 90		
→ P_1	G 00	X 700	Y – 10

Das exakte Ansteuern eines Punktes im Eilgang auf nicht vorgegebener Bahn wird durch G00 (auch G0) eingegeben.

- **Geradlinige Arbeitsbewegungen**

Soll die Steuerung von einem bestimmten Anfangspunkt aus eine geradlinige Arbeitsbewegung zu einem Endpunkt hin ausführen, so ist dazu **G01** (vereinfacht G1) erforderlich. Es ist gleichgültig, ob die Bewegungsrichtung achsparallel oder schräg verläuft. Hat man den Befehl zur geradlinigen Bewegung und die Koordinaten des Bewegungsendpunktes eingegeben, dann ermittelt der Rechner die erforderliche Bahn.

Beispiel für die Beschreibung geradliniger Arbeitsbewegungen bei Absolutmaßprogrammierung

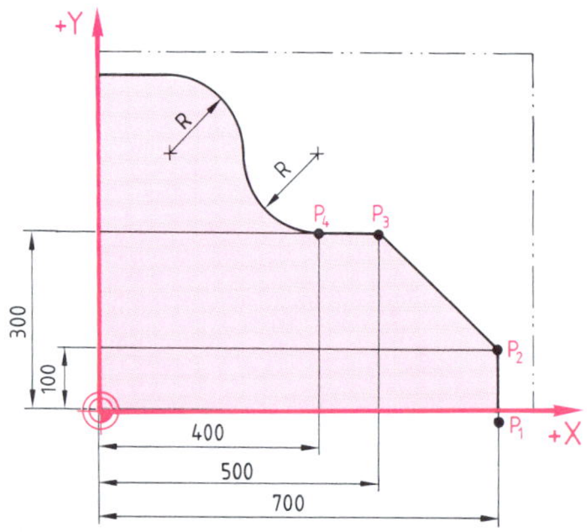

G01

	Wegbedingung	X	Y
	G 90		
→ P_1	G 00	X 700	Y – 10
→ P_2	G 01	X 700	Y 100
→ P_3	G 01	X 500	Y 300
→ P_4	G 01	X 400	Y 300

Der Wegbefehl G01 bleibt in der Steuerung so lange wirksam, bis er durch einen anderen Wegbefehl aufgehoben wird. Es genügt daher in einem Programm mit mehreren aufeinanderfolgenden geradlinigen Bewegungen G01 nur im ersten Satz einzugeben.

Geradlinige Arbeitsbewegungen mit vorgegebenem Vorschub werden auf G01 hin ausgeführt.

Übungsaufgabe 2/10

- **Kreisförmige Arbeitsbewegungen**

Zur eindeutigen Durchführung einer kreisförmigen Arbeitsbewegung sind neben den Zielkoordinaten auch Angaben zur Bewegungsrichtung und zur Lage des Kreismittelpunktes erforderlich.

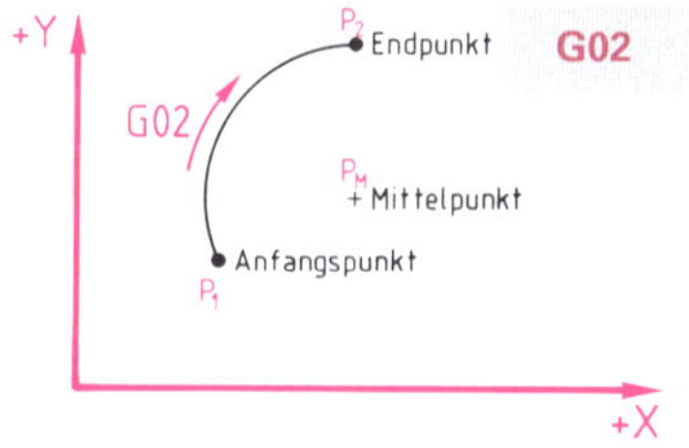

Kreisbewegung im Uhrzeigersinn

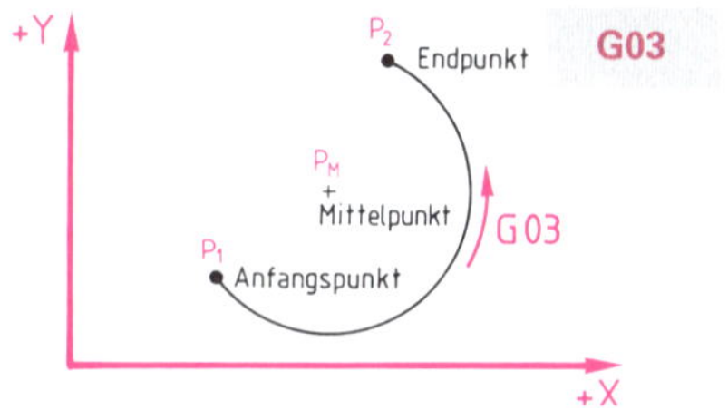

Kreisbewegung im Gegenuhrzeigersinn

Kreisförmige Arbeitsbewegungen im Uhrzeigersinn werden auf den Befehl G02 hin ausgeführt, kreisförmige Arbeitsbewegungen im Gegenuhrzeigersinn erfolgen auf den Befehl G03.

Bei einer Bahnbeschreibung ist der Kreismittelpunkt im Gegensatz zum Anfangs- und Endpunkt ein Punkt, der außerhalb der Bewegungsbahn liegt; er dient der Steuerung lediglich als Information über Lage und Größe des Kreises. Daher gibt man die Koordination des Kreismittelpunkts – meist auch bei Absolutmaßprogrammierung – inkremental als Abstand vom Anfangspunkt in das Programm. Nähere Angaben findet man im Handbuch der entsprechenden Steuerung.

Die Kreismittelpunktkoordinaten bekommen die Adreßbuchstaben:

I für den Abstand vom Anfangspunkt auf der **X-Achse**,
J für den Abstand vom Anfangspunkt auf der **Y-Achse**,
K für den Abstand vom Anfangspunkt auf der **Z-Achse**.

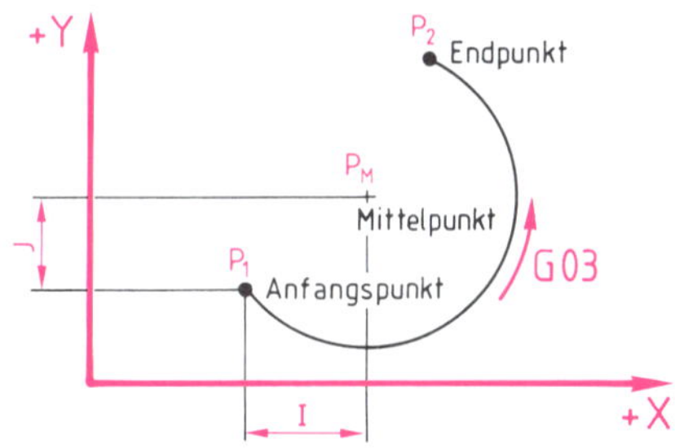

Inkrementale Mittelpunktbemaßung

Beispiel für die Beschreibung einer Kontur mit kreisförmiger Bewegung bei Absolutmaßprogrammierung

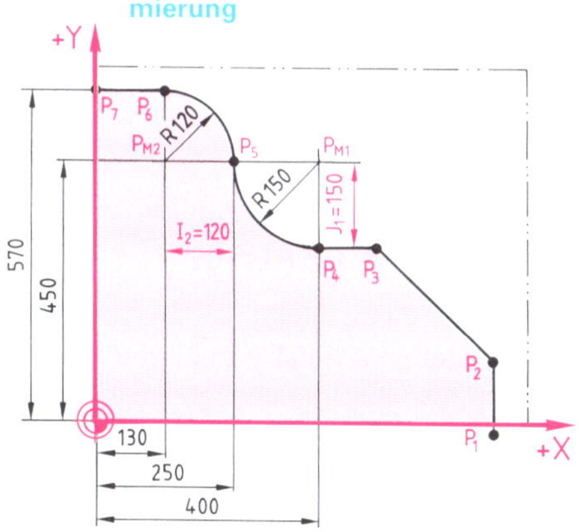

	Wegbedingung	X	Y	I	J
	G 90				
→ P_1	G 00	X 700	Y – 10		
→ P_2	G 01	X 700	Y 100		
→ P_3	G 01	X 500	Y 300		
→ P_4	G 01	X 400	Y 300		
→ P_5	G 02	X 250	Y 450	I - 0	J 150
→ P_6	G 03	X 130	Y 570	I - 120	J 0
→ P_7	G 01	X 000	Y 570		

Bei einer kreisförmigen Arbeitsbewegung werden die Koordinaten des Kreismittelpunkts häufig inkremental vom Anfangspunkt des Kreisbogens programmiert.

Übungsaufgaben 2/11 bis 2/14

2.6 Programmierung von Schaltinformationen

- **Schaltinformationen für die Vorschubbewegung**

Die Vorschubbewegung kann nach dem Adreßbuchstaben F als Vorschub in mm (je Umdrehung) oder als Vorschubgeschwindigkeit in mm/min eingegeben werden.

Vorschubbewegung	Befehl	Beispiel
in mm/min in mm	G94 G95	G94 F100 bedeutet v_f = 100 mm/min G95 F0,25 bedeutet f = 0,25 mm (je Umdrehung)

- **Schaltinformationen für die Schnittbewegung**

Die Schnittbewegung kann beim Drehen entweder mit konstanter Schnittgeschwindigkeit oder konstanter Umdrehungsfrequenz mit dem Adreßbuchstaben **S** eingegeben werden.

Schnittbewegung	Befehl	Beispiel
konstante Schnittgeschwindigkeit konstante Umdrehungsfrequenz	G96 G97	G96 S40 bedeutet v_c = 40 mm/min G97 S900 bedeutet n = 900 1/min

Beim Fräsen wird nur mit konstanter Umdrehungsfrequenz gearbeitet.

- **Schaltinformationen für den Werkzeugeinsatz**

Die benötigten Werkzeuge sind in einem Magazin abgelegt und durch Numerierung gekennzeichnet. Durch den Adreßbuchstaben **T** werden die Schaltbefehle zum Werkzeugeinsatz erteilt. Das **T-Wort** enthält als Zahlenwert die Nummer des verlangten Werkzeugs.

T03

Einsatzbefehl für Werkzeug Nr. 3

Werkzeugmagazin

- **Schaltinformationen für Zusatzfunktionen**

Zusatzfunktionen werden durch M-Wörter eingegeben.

M 00 Programmierter Halt
M 03 Spindel EIN, Rechtslauf
M 04 Spindel EIN, Linkslauf
M 06 Werkzeugwechsel
M 08 Kühlmittel EIN
M 09 Kühlmittel AUS
M 17 Unterprogrammende
M 30 Programmende mit Rücksprung auf Satz 1

2.7 Zusammenstellung von Programmdaten zu Sätzen

In das Programm werden alle Daten eingegeben, welche die Steuerung benötigt, um am Werkstück einen Arbeitsschritt ausführen zu können. Dabei werden zusammengehörige Befehle zu Sätzen zusammengefaßt. Die Sätze numeriert man nach der Abfolge der Arbeitsschritte in Einer- oder Zehnerstufen.

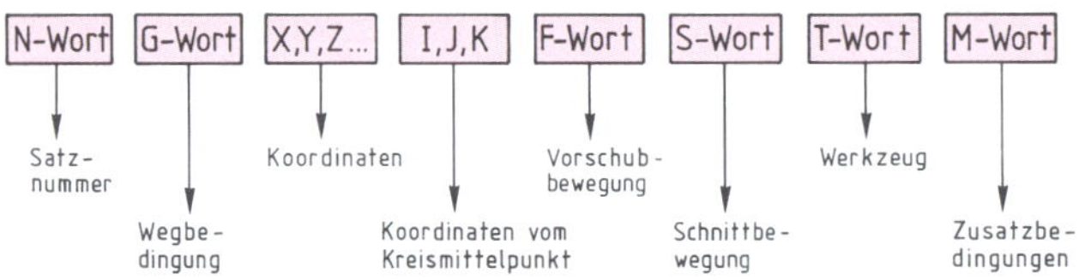

Übungsaufgaben 2/15; 2/16; 2/17

In einem Satz können Befehle und Wegangaben entfallen, die für den jeweiligen Arbeitsablauf nicht notwendig oder bereits wirksam sind. Man nennt solche Programmworte **modal** wirksam oder **selbsthaltend**.

Beispiel für die Programmierung eines ebenen Werkstücks

Aufgabe: Aus einer Blechplatte soll ein Blech auf einer Laserschneidmaschine mit einer Vorschubgeschwindigkeit von 2 m/min ausgeschnitten werden.

Zeichnung (NC-gerecht):

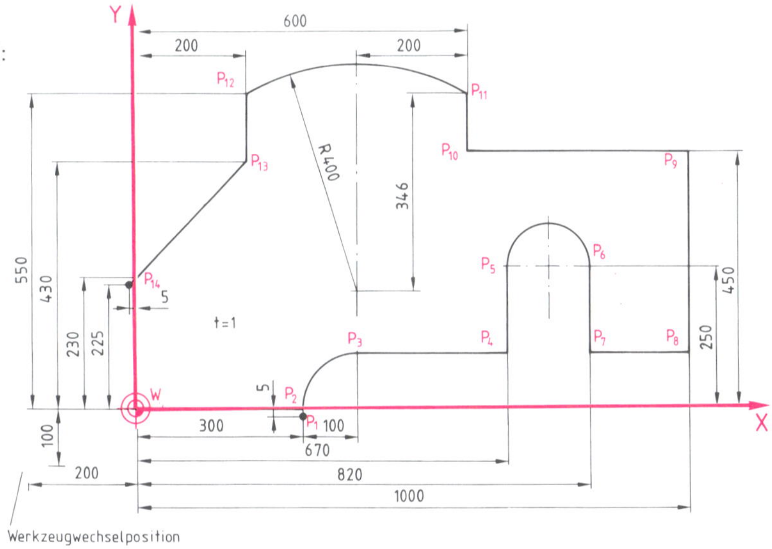

Arbeitsfolge:
1. Werkstücknullpunkt setzen
2. Anfahren im Eilgang vom Werkzeugwechselpunkt zum Punkt P_1
3. Laser in Betrieb nehmen
4. Umriß des Bleches mit eingegebener Vorschubgeschwindigkeit aus der Blechplatte von Punkt P_1 zu P_{14} ausschneiden.
5. Zurückfahren zum Werkzeugwechselpunkt, Programmende

Programmblatt:

	Benennung: Zwischenlageblech			Name: *Linn*	Zeichnungsnummer: 19-9-86-5				Blatt-Nr.: 1
	N	**G**	**X**	**Y**	**I**	**J**	**F**	**T**	**M**
	%	(19-9-86-5)							
	N 10	G 90 / G 54	(Werkstücknullpunkt setzen)						
→ P_1	N 20	G 00	X 300	Y–5					
	N 30						(Laser ein)		M 13
	N 40						(Schneidgas ein)		M 52
	N 50						(Laser zünden)		M 14
	N 60	G 94					F 2000		
→ P_2	N 70	G 01		Y 0					
→ P_3	N 80	G 02	X 400	Y 100	I 100	J 0			
→ P_4	N 90	G 01	X 670						
→ P_5	N 100			Y 250					
→ P_6	N 110	G 02	X 820		I 75	J 0			
→ P_7	N 120	G 01		Y 100					
→ P_8	N 130		X 1000						
→ P_9	N 140			Y 450					
→ P_{10}	N 150		X 600						
→ P_{11}	N 160			Y 550					
→ P_{12}	N 170	G 03	X 200	Y 550	I–200	J–346			
→ P_{13}	N 180	G 01		Y 430					
→ P_{14}	N 190		X–5	Y 225					
	N 200						(Laser aus)		M 16
	N 210	G 00	X–200	Y–100	Werkzeugwechselposition				M 00

3 Programmieren zur Fertigung von Drehteilen

3.1 Programmieren der Weginformationen beim Drehen

3.1.1 Koordinatensysteme

Drehmaschinen werden mit Werkzeugträgern gebaut, bei denen das Werkzeug von vorne gesehen vor oder hinter der Drehmitte angeordnet ist. Im Gegensatz zu herkömmlichen Drehmaschinen werden CNC-Maschinen bevorzugt mit Werkzeugträgern ausgerüstet, die sich hinter dem Werkstück befinden. Daher muß je nach Bauform der Maschine zum Programmieren eine andere Lage des Koordinatensystems berücksichtigt werden. In beiden Fällen entspricht die Werkstückachse der Z-Achse.
Die positive X-Achse weist immer vom Drehteil aus in radialer Richtung auf das Werkzeug. Damit ergibt sich für beide Werkzeuganordnungen, daß größere Z-Werte eine größere Werkstücklänge und größere X-Werte einen größeren Werkstückdurchmesser zur Folge haben.

Drehmeißel vor der Drehmitte	Drehmeißel hinter der Drehmitte
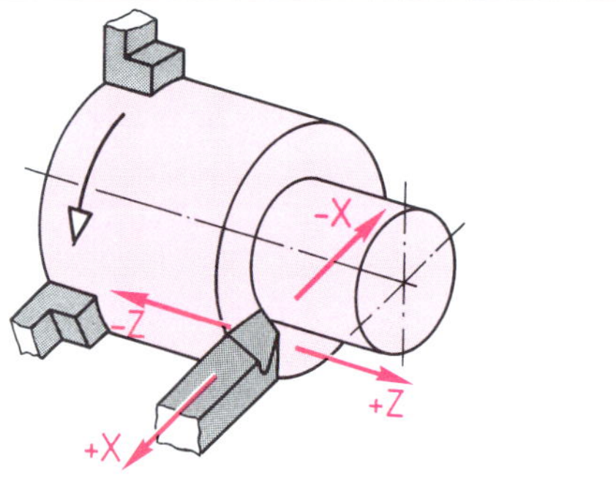	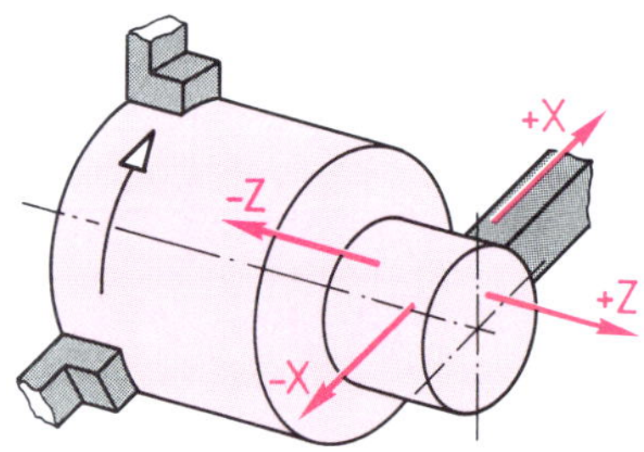

Die Z-Achse ist immer Drehachse des Werkstücks. Größerer Z-Wert bedeutet größere Werkstücklänge. Die X-Achse verläuft rechtwinklig zur Z-Achse auf das Drehwerkzeug zu. Größerer X-Wert bedeutet größerer Werkstückdurchmesser.

3.1.2 Nullpunkte und Bezugspunkte

- **Maschinennullpunkt, Referenzpunkt und Werkstücknullpunkt**

Nullpunkte legen für die Bearbeitung auf CNC-Maschinen das Koordinatensystem fest. Dabei unterscheidet man einen Maschinennullpunkt und einen Werkstücknullpunkt. Bezugspunkte – auch Referenzpunkte genannt – sind genau festgelegte Punkte, welche die Programmierung und das Bedienen der Maschine erleichtern.

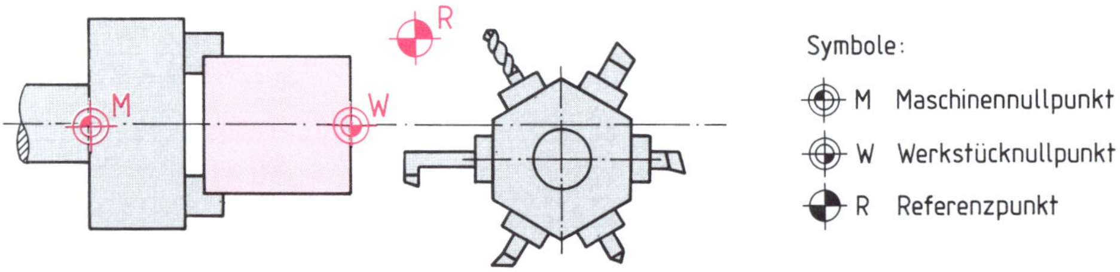

Nullpunkte und Bezugspunkte an einer Drehmaschine

Der **Maschinennullpunkt** ist der Ursprung des Maschinenkoordinatensystems. Er liegt bei CNC-Drehmaschinen im Schnittpunkt der Arbeitsspindelachse mit dem Werkstückträger.

Der **Referenzpunkt** ist ein festgelegter Punkt im Arbeitsbereich inkremental messender CNC-Drehmaschinen, welcher einen genau bestimmten Abstand zum Maschinennullpunkt hat. Der Referenzpunkt wird zum Nullsetzen des Meßsystems angefahren, da der Maschinennullpunkt meist nicht angefahren werden kann.

Übungsaufgaben 3/1; 3/2; 3/3

- **Wahl des Werkstücknullpunktes**

Für Dreharbeiten wird der Werkstücknullpunkt mit der Koordinate X = 0 auf die Drehmitte gelegt. Der Koordinatenpunkt Z = 0 kann an beliebige Stelle des Werkstückes gelegt werden. Zweckmäßig ist die Wahl auf der Ebene des Anschlags am Futter oder an einer Planfläche möglichst am Werkstückende.

Bei Drehteilen legt man den Werkstücknullpunkt auf die Drehmitte an die rechte oder linke Planfläche der Fertigkontur.

3.1.3 Drehteile mit geradliniger Kontur

Geradlinige Drehteilkonturen werden mit dem Wegbefehl G01 programmiert. Der anzufahrende Endpunkt wird in X-Richtung nicht mit dem Radius, sondern mit dem Durchmesser programmiert. Abstände in Z-Richtung werden auf den Werkstücknullpunkt bezogen.

Beispiel für die Konturbeschreibung eines Drehteils

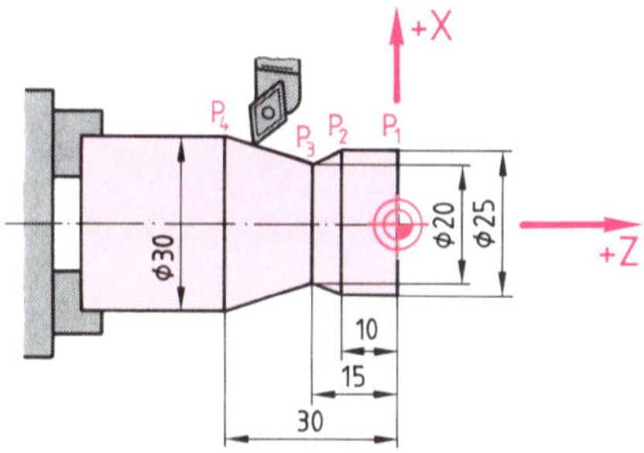

	Wegbedingung	X	Y
→ P_1	G 90		
→ P_2	G 01	X 25	Z – 10
→ P_3	G 01	X 20	Z – 15
→ P_4	G 01	X 30	Z – 30

Bei Drehteilen werden in X-Richtung Durchmesser und in Z-Richtung Längen programmiert.

3.1.4 Drehteile mit kreisförmiger Kontur

Zur Festlegung des Richtungssinns von kreisförmigen Bewegungen muß ein Betrachter immer in Richtung der negativen Y-Achse auf die X-Z-Ebene blicken. Soll sich – aus dieser Sicht – der Meißel in Vorschubrichtung im Uhrzeigersinn bewegen, so ist das durch einen G02-Befehl zu programmieren, soll er sich im Gegenuhrzeigersinn bewegen, so ist ein G03-Befehl zu programmieren.

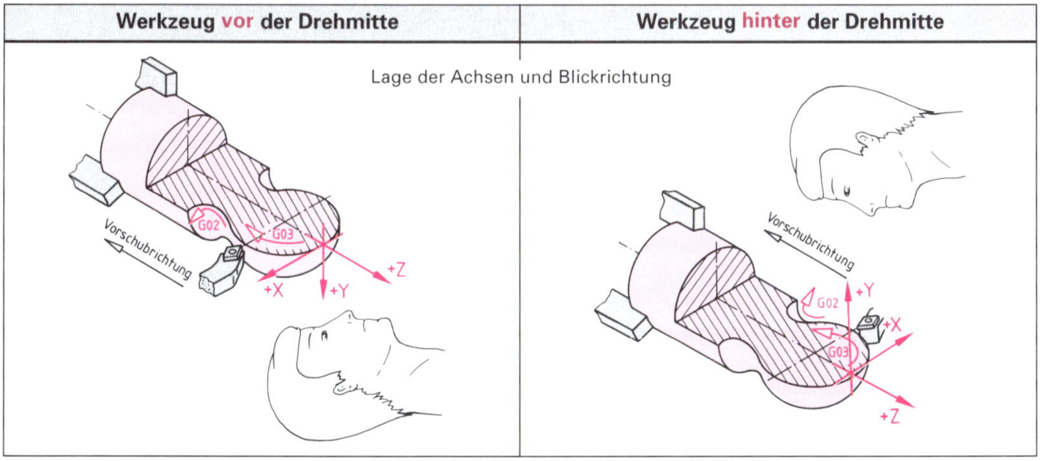

Zur Beurteilung des Richtungssinns für die Wegbedingungen G02 und G03 blickt man bei einer Stellung des Drehmeißels **vor** der Drehmitte **von unten** auf das Werkstück.
Stellung des Drehmeißels **hinter** der Drehmitte **von oben** auf das Werkstück.

Übungsaufgaben 3/4; 3/5; 3/6

• **Kreisprogrammierung mit Angabe der Mittelpunktkoordinaten**

Bei der Programmierung kreisförmiger Bahnbewegungen des Werkzeuges in der X-Z-Ebene werden die Koordinaten des Endpunktes und die Mittelpunktkoordinaten angegeben. Die Mittelpunktkoordinaten werden immer inkremental auf den Anfangspunkt der kreisförmigen Arbeitsbewegung des Werkzeuges bezogen. Der Abstand des Mittelpunktes in X-Richtung hat dabei den Adreßbuchstaben **I** und der Abstand in Z-Richtung den Adreßbuchstaben **K**.

Beispiele **für die Programmierung von Radien mit Mittelpunktkoordinaten**

Werkzeug vor der Drehmitte

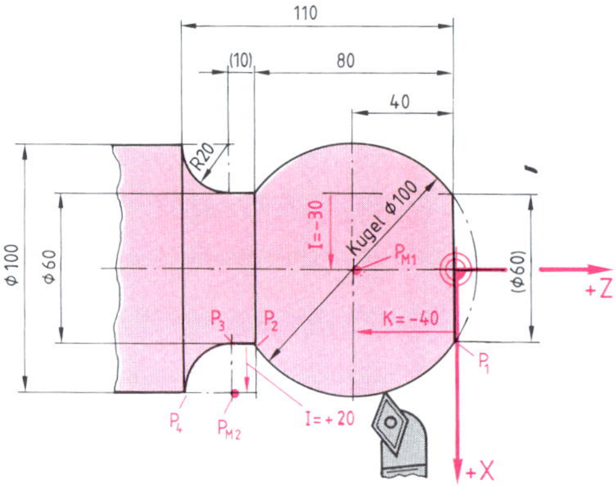

Werkzeug hinter der Drehmitte

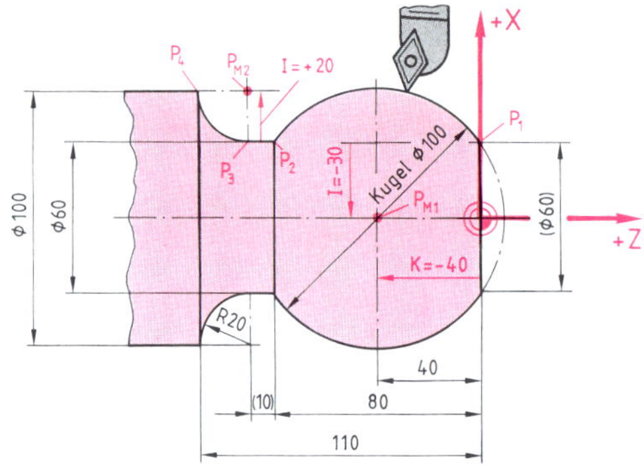

Die Beispiele zeigen, daß sowohl für den Werkzeugeinsatz „Drehmeißel vor der Drehmitte" als auch für den Werkzeugeinsatz „Drehmeißel hinter der Drehmitte" die Programme gleich sind. Das bedeutet, daß für gleiche Werkstücke gleiche Programme erstellt werden, wenn die vereinbarten Koordinatensysteme und Blickrichtungen beachtet werden.

Tabelle mit Weginformationen

	Wegbedingung	X	Z	I	K
	G 90				
→ P_1		X 60	Z 0		
→ P_2	**G 03**	X 60	Z – 80	I – 30	K – 40
→ P_3	G 01	X 60	Z – 90		
→ P_4	**G 02**	X 100	Z 110	I + 20	K 0

Angaben bei kreisförmiger Arbeitsbewegung mit Mittelpunktkoordinaten:
- Richtungssinn mit G02 im Uhrzeigersinn oder G03 im Gegenuhrzeigersinn,
- Endpunktkoordinaten der Kreisbewegung mit X; Z,
- Mittelpunktkoordinaten der Kreisbewegung mit I und K inkremental,
  I für den Abstand vom Anfangspunkt auf der X-Achse,
  K für den Abstand vom Anfangspunkt auf der Z-Achse.

• **Kreisprogrammierung mit Angabe des Radius**

Bei komplizierten Konturen ist es einfacher, statt der Mittelpunktkoordinaten den Radius der Werkzeugbewegung zu programmieren. Bei der Programmierung wird der Endpunkt mit seinen Koordinaten X und Z und der Radius mit der Adresse **R** in das Programm eingesetzt. Nicht alle CNC-Maschinensteuerungen bieten beide Möglichkeiten der Kreisprogrammierung.

Angaben bei kreisförmiger Arbeitsbewegung mit Radiusangabe:
- Richtungssinn mit G02 oder G03,
- Endpunktkoordinaten der Kreisbewegung,
- Radius der Kreisbewegung mit R.

Übungsaufgaben 3/7; 3/8

3.2 Programmieren von Werkzeugdaten

3.2.1 Werkzeuge und Werkzeugmaße

Auf CNC-Drehmaschinen setzt man ausschließlich Drehmeißel mit auswechselbaren Wendeschneidplatten ein. Der Drehmeißel wird in den Werkzeughalter eingesetzt. Werkzeughalter sind meist mit Schäften nach DIN 69880 ausgestattet, mit denen sie in entsprechend gestaltete Mehrfachwerkzeugträger eingesetzt werden. Die Mehrfachwerkzeugträger bezeichnet man auch als Revolver. Werkzeugrevolver mit 6 bis 20 Werkzeugpositionen oder mehr sind üblich.

Beispiel **für einen Werkzeughalter mit Schaft und einen Werkzeugrevolver einer CNC-Drehmaschine**

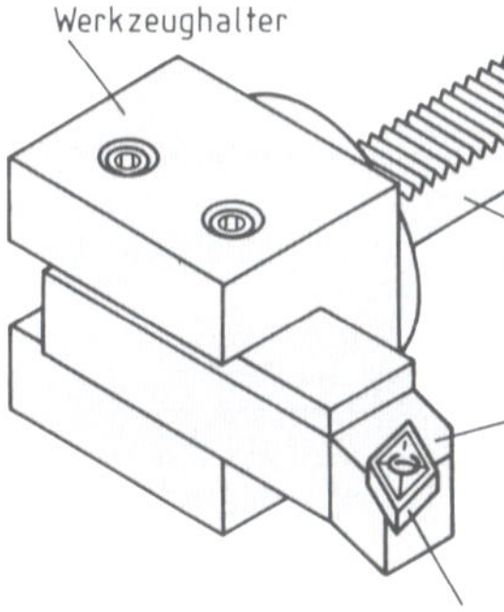

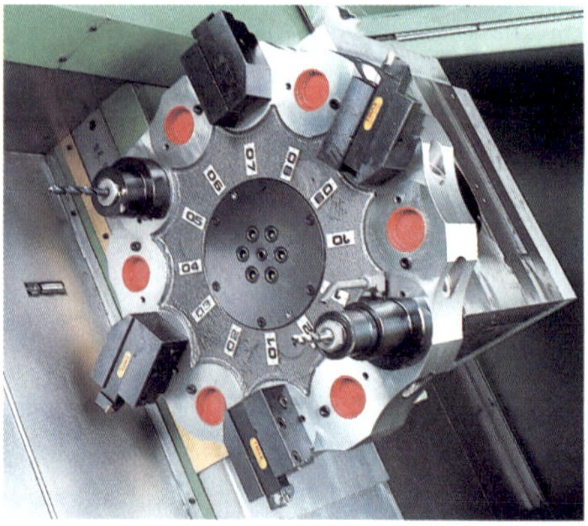

Der Steuerung müssen die Maße der eingesetzten Werkzeuge eingegeben werden. Bezugspunkt für die Ermittlung der Werkzeugmaße ist der sogenannte **Werkzeugeinstellpunkt**.
Der Werkzeugeinstellpunkt ist ein der Steuerung bekannter Punkt, der bei allen Werkzeugpositionen an der dem Futter zugewandten Seite des Revolvers liegt.

Zur Eingabe in den Werkzeugspeicher der Steuerung benötigt man folgende Daten des Werkzeugs:

- **Werkzeuglänge *L***
  Dies ist der Abstand der Schneidenspitze von Werkzeugeinstellpunkt in Z-Richtung.
- **Querablage *Q***
  Dies ist der Abstand der Schneidenspitze von Werkzeugeinstellpunkt in X-Richtung.
- **Schneidenradius *R***
  Dies ist die Rundung der Werkzeugschneide.

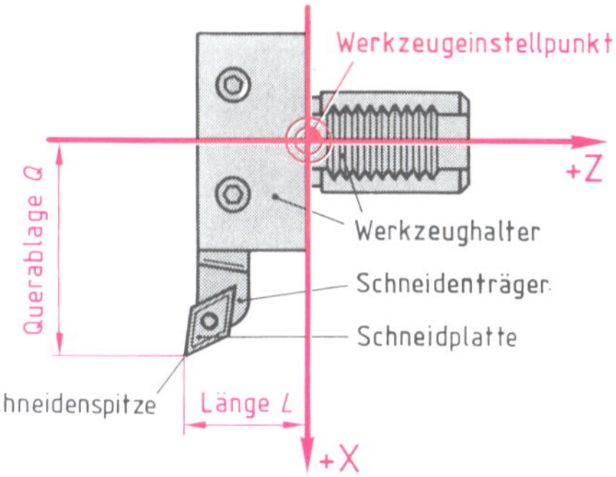

Die Ermittlung der Werkzeugmaße kann auf verschiedene Arten vorgenommen werden.
Vor Beginn der Bearbeitung „kratzt" man das Rohteil mit der Werkzeugschneide in jeder Achsrichtung an und übernimmt die Maße in den Werkzeugspeicher der Steuerung.
Man kann auch mit Hilfe von **Werkzeugeinstellgeräten** die Lage der Schneide zum Werkzeugeinstellpunkt genau bestimmen. Die Messungen dazu können an der Maschine selbst oder außerhalb auf speziellen Vorrichtungen durchgeführt werden. Durch diese Methode werden Stillstandzeiten der CNC-Maschine erheblich verkürzt.

Für den Einsatz der Werkzeuge werden folgende Daten in den Werkzeugspeicher eingegeben:
- die Länge *L* (Abstand der Schneidenspitze in Z-Richtung),
- die Querablage *Q* (Abstand der Schneidenspitze in X-Richtung),
- der Schneidenradius *R*.

Übungsaufgaben 3/9; 3/10

3.2.2 Schneidenradiuskompensation

Die Schneide eines Drehmeißels endet nie in einer punktförmigen Schneidenspitze, sondern ist stets mit einem kleinen Radius versehen. Dadurch erhöht sich die Standzeit des Werkzeugs und die Oberflächenqualität des Werkstücks verbessert sich. Die Schneidenradien betragen etwa 0,2 bis 2 mm. Beim Drehen zylindrischer Werkstücke verursacht ein Schneidenradius keinen Fehler. Beim Drehen konischer Werkstücke und beim Drehen größerer Radien muß der Schneidenradius berücksichtigt werden. Dabei ist der Weg, den ein Meißel mit *punktförmiger* Schneidenspitze zur Erzeugung der programmierten Kontur zurücklegen würde nicht gleich dem Weg einer *gerundeten* Schneidenecke. In der Praxis würde das gefertigte Werkstück nicht die vorbestimmte Form haben, sondern mehr oder weniger große Formabweichungen aufweisen.

Beispiele **für die Entstehung von Konturfehlern durch einen Schneidenradius**

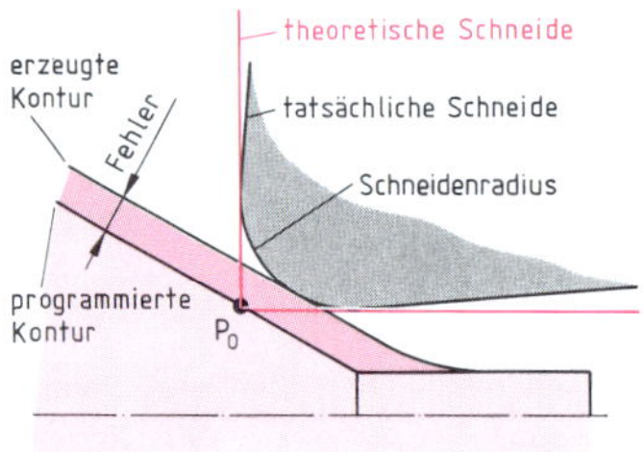

Fehler an Schrägen

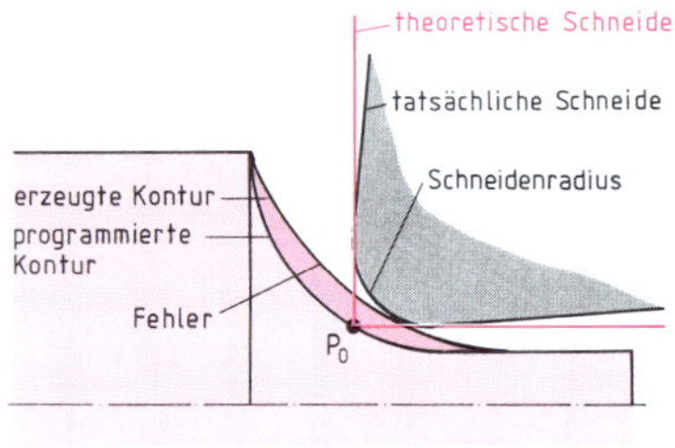

Radiusfehler

Beim Drehen mit Meißeln mit gerundeter Schneidenecke entstehen an Schrägen und in großen Radien Konturfehler, falls keine Korrekturen vorgenommen werden.

Um eine Schneidenradiuskompensation zutreffend zu berechnen, muß dem Rechner angegeben werden, in welcher Stellung sich die Schneide in Vorschubrichtung zum Werkstück befindet.

Bei dem Befehl **G41** erfolgt die Korrektur für ein Werkzeug, das links von der Kontur arbeitet – *betrachtet in Vorschubrichtung.*

Bei dem Befehl **G42** erfolgt die Korrektur für ein Werkzeug, das rechts von der Kontur arbeitet – *betrachtet in Vorschubrichtung.*

Die Schneidenradiuskompensation bleibt solange wirksam, bis mit dem Befehl **G40** die vorherige Anweisung zur Werkzeugkorrektur aufgehoben wird.

Beispiele **für eine Schneidenradiuskompensation bei Drehteilen**

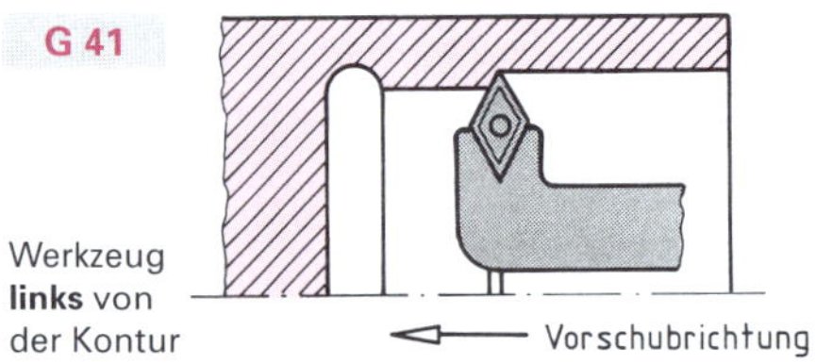

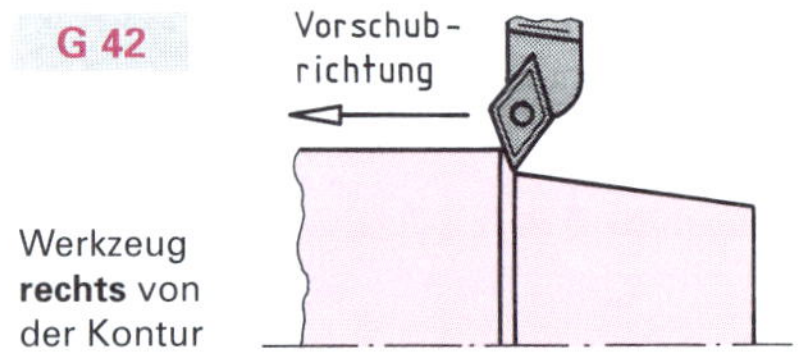

Schneidenradiuskompensation:
G41 Werkzeug in Vorschubrichtung links von der Kontur,
G42 Werkzeug in Vorschubrichtung rechts von der Kontur,
G40 für das Aufheben der Schneidenradiuskompensation.

Zusätzlich muß die Lage der theoretischen Schneidenspitze P_0 zum Schneidenradiusmittelpunkt S durch eine herstellerspezifische Kennzeichnung eingegeben werden.
Mögliche Positionen:

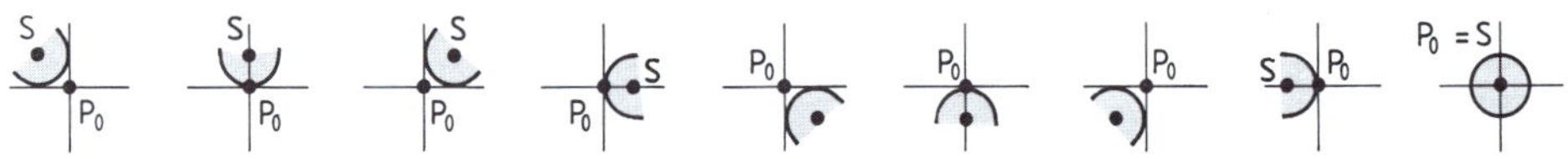

Übungsaufgabe 3/11

3.3 Drehzyklen

Bei vielen Dreharbeiten gibt es Arbeitsgänge, die sich häufig wiederholen, wie z.B. das Schruppen von einem großen Durchmesser in mehreren Schnitten auf einen kleineren Durchmesser. Eine solche Abfolge nahezu gleicher Schnitte beim Drehen nennt man Drehzyklus.
Die Programmierung von Drehzyklen geschieht bei den verschiedenen Steuerungsherstellern unterschiedlich.

Beispiele für Drehzyklen (nach PAL)

Abspanzyklus längs
Zustellung in X

G 81

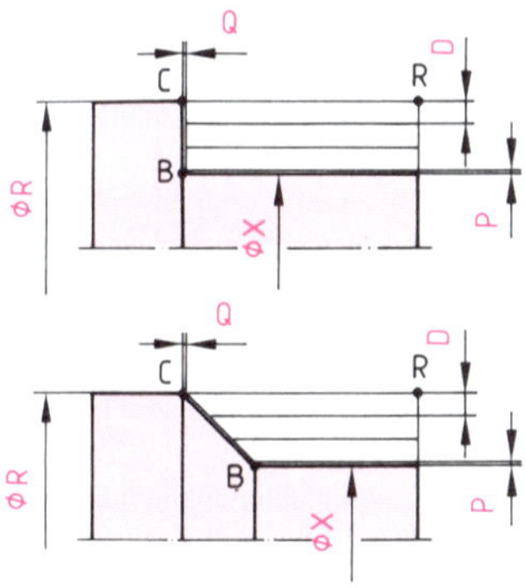

X Zielposition (Fertig-ø)
Z Zielposition (Länge Punkt B)
H Zielposition (Länge Punkt C)
R Startposition (Anfangs-ø)
D Zustellung pro Schnitt
P Bearbeitungszugabe in X
Q Bearbeitungszugabe in Z

Gewindezyklus längs
Zustellung in X

G 83

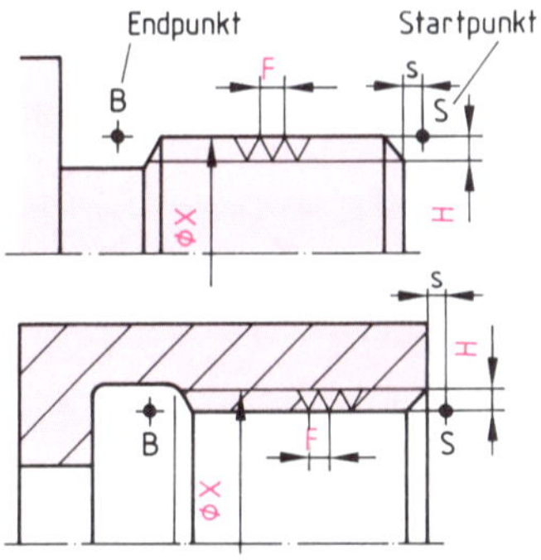

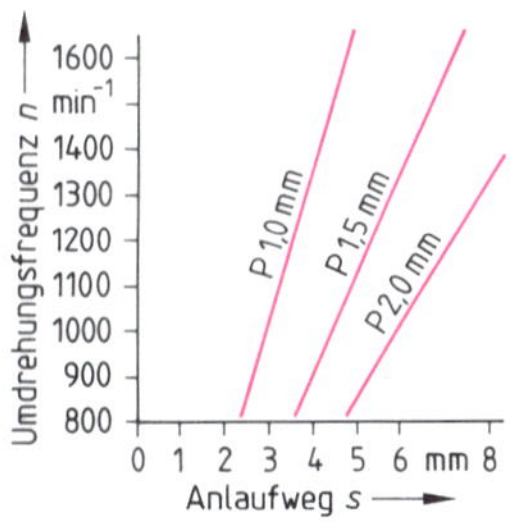

Diagramm zur Ermittlung des Anlaufweges *s*

X Gewinde-Außendurchmesser
Z Zielposition (Länge Punkt B)
F Gewindesteigung (P)
D Anzahl der Schnitte
H Gewindetiefe

Hinweis: Vor dem Zyklusaufruf ist das Werkzeug in eine Startposition kurz vor der Bearbeitungsstelle zu fahren. Alle Zyklen werden mit einem G-Wort aufgerufen und mit allen Parametern in einem Satz programmiert. In den Zyklen müssen alle Parameter belegt sein.

In den Steuerungen von CNC-Maschinen sind häufig verwendete Bearbeitungsprogramme fest als Zyklen enthalten. Zyklen werden durch ein G-Wort im Programm aufgerufen und durch Parameter mit Adreßbuchstaben in einem Satz programmiert.

Beispiel für das Programmieren eines Abspanzyklus längs (G81) nach PAL

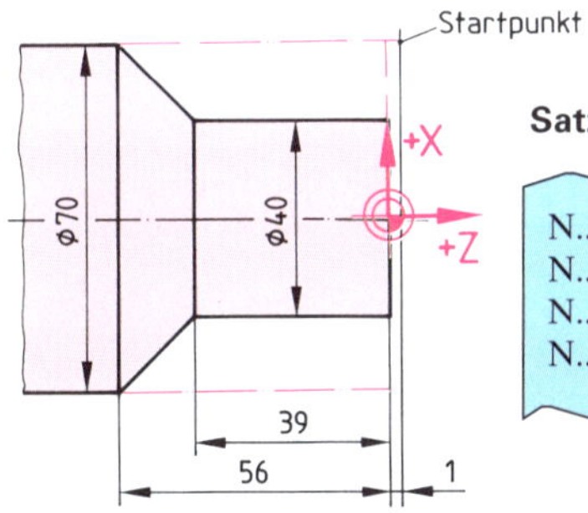

Satzformat:

```
N... G00  X70  Z1                            (Startpunkt)
N... G81  X40  Z-39  H-56  R70  D4  P2  Q2   (Zyklus)
N... G00  X..  Z..                           (nächster Zielpunkt)
N...
```

4 Programmieren zur Fertigung von Frästeilen

4.1 Programmieren von Weginformationen beim Fräsen

4.1.1 Achsrichtungen bei Fräsarbeiten

Bei Fräsmaschinen unterscheidet man nach der Lage der Arbeitsspindel Senkrechtfräsmaschinen und Waagerechtfräsmaschinen.

<table>
<tr><th>Senkrechtfräsmaschine</th><th>Waagerechtfräsmaschine</th></tr>
<tr><td>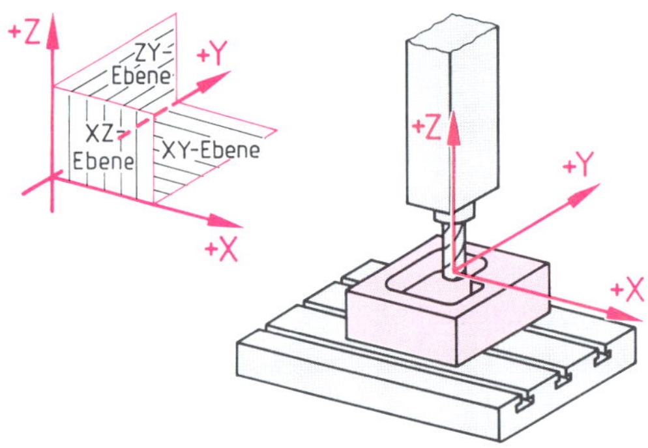
</td><td>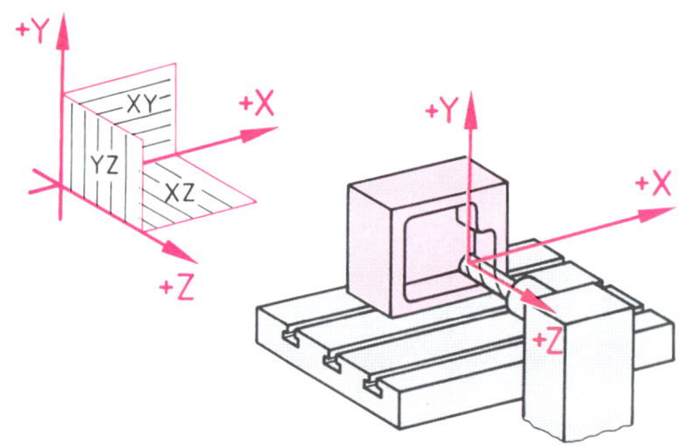
</td></tr>
</table>

Zur Fertigung komplizierter Werkstücke müssen Fräsmaschinen über zusätzliche Bewegungsrichtungen verfügen. Solche Maschinen bezeichnet man als Bearbeitungszentren.

Zum Programmieren der Schwenkbewegungen um die drei Achsen sind Adreßbuchstaben festgelegt, die durch Winkelangaben ergänzt werden.

Dabei bezeichnet der Buchstabe

A eine Schwenkbewegung um die **X-Achse,**
B eine Schwenkbewegung um die **Y-Achse,**
C eine Schwenkbewegung um die **Z-Achse.**

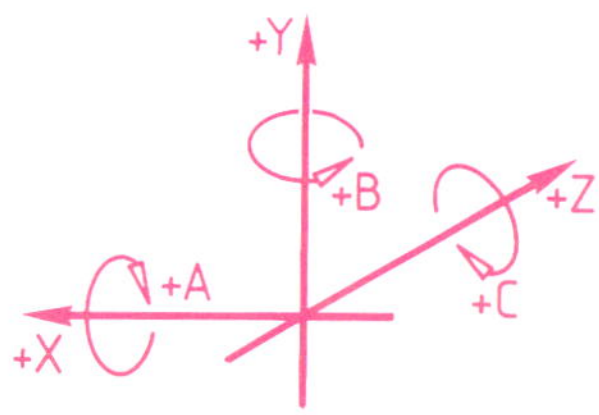

Die Bewegungen sind dann positiv, wenn sie in Richtung der positiven Achse gesehen im *Uhrzeigersinn* erfolgen.

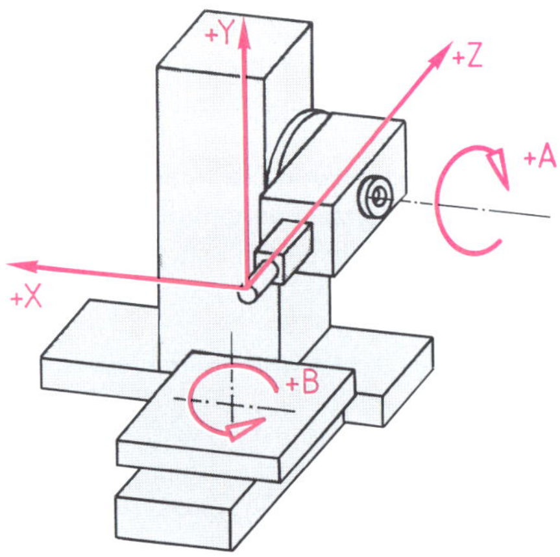

Waagerecht-Bohr-Fräsmaschine mit schwenkbarem Spindelkopf und Drehtisch

Programmgesteuerte Schwenkbewegungen um die X-, Y- und Z-Achse werden mit A, B und C bezeichnet. Die Bewegungen sind positiv, wenn sie sich in Richtung der positiven Achse gesehen im Uhrzeigersinn drehen.

Übungsaufgabe 4/1

4.1.2 Bahnsteuerungen beim Fräsen

Im Gegensatz zur Drehmaschine, die in einer Ebene zu steuern ist, muß eine Fräsmaschine in drei Achsrichtungen gesteuert werden. Das gleichzeitige Steuern von drei Achsen stellt hohe Anforderungen an den Computer der Steuerung, so daß man diese nur bei aufwendigen Fräsarbeiten einsetzt. Für einfache Fräsarbeiten kann die Steuerung weniger aufwendig sein. Man unterscheidet drei Arten von Bahnsteuerungen: *2D-Bahnsteuerung, $2^1/_2$D-Bahnsteuerung, 3D-Bahnsteuerung.*

- **2D-Bahnsteuerung**

Die Steuerung einer Senkrechtfräsmaschine, mit der nur in der X-Y-Ebene Geraden, Kreisbögen und beliebige Kurven gefahren werden, nennt man eine 2D-Bahnsteuerung. Dabei müssen Zustellbewegungen in Z-Richtung von Hand vorgenommen werden. Bei einer 2D-Bahnsteuerung werden nur die Bewegungen in X- und Y-Richtung programmiert.
An Fräsmaschinen werden 2D-Bahnsteuerungen nur an Maschinen zur Schriftgravur eingesetzt.

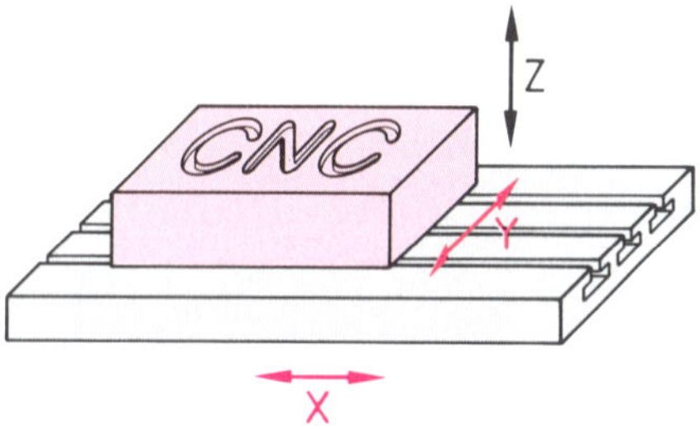

2D-Bahnsteuerung

Bei einer 2D-Bahnsteuerung erfolgt eine Steuerung nur in zwei Achsrichtungen.

- **$2^1/_2$ D-Bahnsteuerung**

Eine Steuerung, die zwar in jeder beliebigen Ebene Geraden, Kreisbögen und Kurven fahren kann, jedoch gleichzeitig immer nur in zwei Achsrichtungen, nennt man eine $2^1/_2$D-Bahnsteuerung. Die beiden steuerbaren Achsrichtungen sind in allen Ebenen möglich.
Eine $2^1/_2$D-Bahnsteuerung kann in einem Satz nur in zwei Achsrichtungen programmiert werden, z.B. in der X-Y-Ebene oder der X-Z-Ebene oder der Y-Z-Ebene.

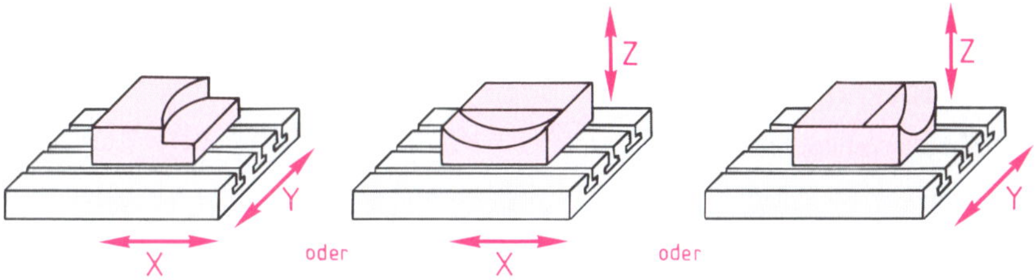

$2^1/_2$ D-Bahnsteuerung

Bei einer $2^1/_2$D-Bahnsteuerung sind die drei Achsen steuerbar, gleichzeitig können jedoch stets nur zwei Achsen gesteuert werden.

- **3D-Bahnsteuerung**

Die Steuerung einer Werkzeugmaschine, bei der alle drei Achsen gleichzeitig vom Computer aus steuerbar sind, nennt man eine 3D-Bahnsteuerung.
Bei einer 3D-Bahnsteuerung können in einem Satz gesteuerte Bewegungen in X-, Y- und Z-Richtung programmiert werden, d.h. es können beliebige räumliche Bewegungen ausgeführt werden.

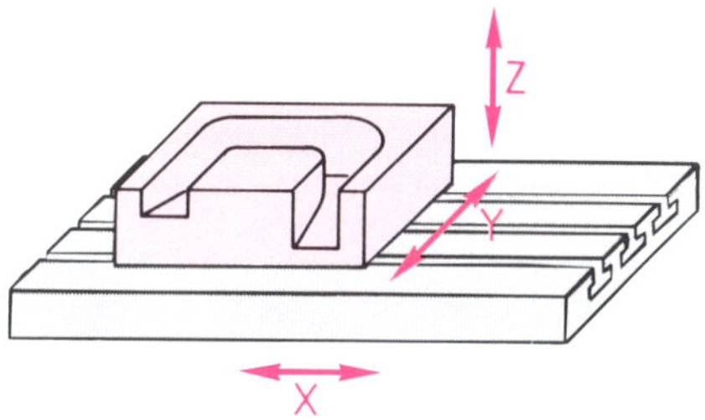

3D-Bahnsteuerung

Bei einer 3D-Bahnsteuerung können alle drei Achsen gleichzeitig gesteuert werden.

Übungsaufgabe 4/2

4.1.3 Maschinennullpunkt und Referenzpunkt

Der Maschinennullpunkt ist der Ursprung des Koordinatensystems. Er liegt bei CNC-Fräsmaschinen an der Grenze des Arbeitsbereiches. Bei Fräsmaschinen mit inkrementalen Meßsystemen muß beim Einschalten der Maschine ein Nullpunkt angefahren, und die Meßsysteme müssen dort in allen Achsrichtungen Null gesetzt werden. Einen solchen Punkt bezeichnet man als Referenzpunkt. An Fräsmaschinen sind der Referenzpunkt und der Maschinennullpunkt vielfach identisch. Zum Anfahren des Referenzpunktes sind auf allen Maßstäben der Bewegungsachsen Markierungen (Referenzmarken) vorhanden.
Kann bei einer Fräsmaschine der Maschinennullpunkt nicht angefahren werden, so wird ein Referenzpunkt ersatzweise an anderer Stelle im Arbeitsbereich festgelegt.

Beispiel für die Lage von Maschinennullpunkt und Referenzpunkt an Fräsmaschinen

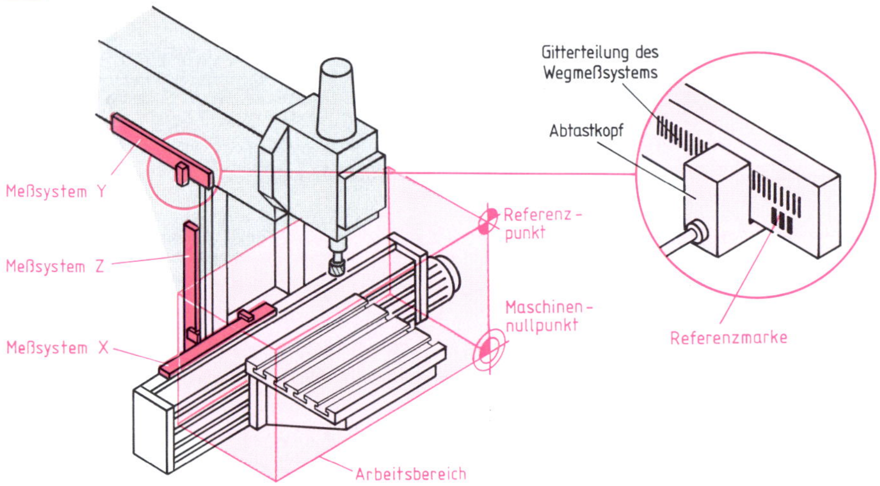

4.1.4 Werkstücknullpunkt

- **Wahl des Werkstücknullpunktes**

Der Werkstücknullpunkt wird vom Programmierer frei gewählt. Die Festlegung erfolgt jedoch so, daß alle Werkstückmaße leicht auf den Nullpunkt zurückgerechnet werden können. Ferner muß nach dem Aufspannen des Werkstückes eine einfache Lagebestimmung des Nullpunktes möglich sein. Zweckmäßig wählt man bei einfachen Frästeilen den Nullpunkt an einer Werkstückecke.
Bei symmetrischen Werkstücken legt man den Werkstücknullpunkt auf die Symmetrieachse, bei radialen Anordnungen in den Kreismittelpunkt.

Beispiele für Nullpunktslagen an einfachen Frästeilen

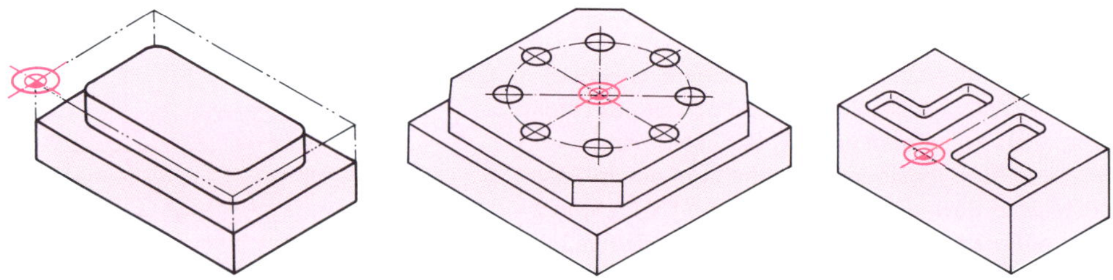

Werkstücknullpunkt an einem Werkstückeckpunkt

Werkstücknullpunkt in der Symmetrieachse

Den Werkstücknullpunkt legt man bei einfachen Werkstücken an einen Werkstückeckpunkt, bei symmetrischen Werkstücken auf die Symmetrieachse.

- **Verschiebung des Werkstücknullpunktes**

Für die Bearbeitung auf CNC-Maschinen kann es vorteilhaft sein, den Werkstücknullpunkt innerhalb eines längeren Fertigungsprozesses zu verlegen. Dies geschieht mit dem Befehl **G54.** Der Befehl **G53** hebt die Verschiebung wieder auf.

Beispiel **für eine Nullpunktverschiebung mit dem Befehl G54** (nach PAL)

Eine programmierte Grundkontur kann mit Hilfe einer Nullpunktverschiebung an die gewünschte Stelle übertragen werden. Die Verschiebung wird mit dem Befehl G54 aufgerufen und durch die Angabe der Absolutmaße für die Nullpunktverschiebung programmiert. Weitere Verschiebungen können mit der Absolutbemaßung auf den neuen Nullpunkt programmiert werden.

N... G54 X120 Y100

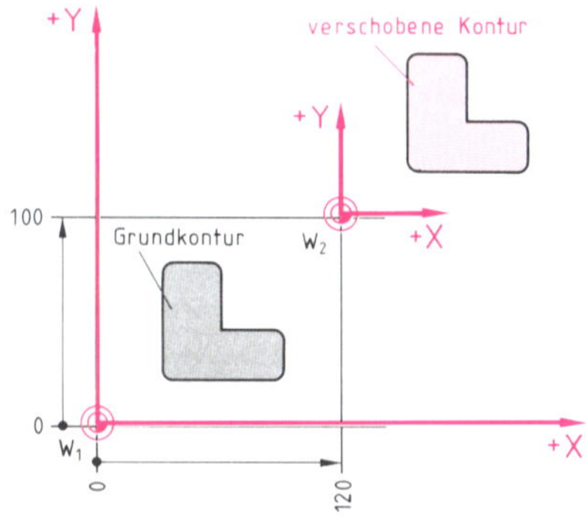

Für die Bearbeitung komplizierter Werkstücke können nacheinander mehrere Werkstücknullpunkte gesetzt werden. Die Verschiebung des Werkstücknullpunktes wird mit dem Befehl G54 programmiert. G53 hebt die Verschiebung wieder auf.

4.1.5 Werkzeugbahnkorrekturen

Die erforderliche Werkzeugbewegung für eine Fräsarbeit entspricht theoretisch der Bahn des Fräsermittelpunktes parallel zur zu fertigenden Werkstückkontur. Je nach Durchmesser des eingesetzten Fräsers muß die Bahn des Werkzeugmittelpunktes entlang der Werkstückkontur nach links oder rechts verlegt werden.

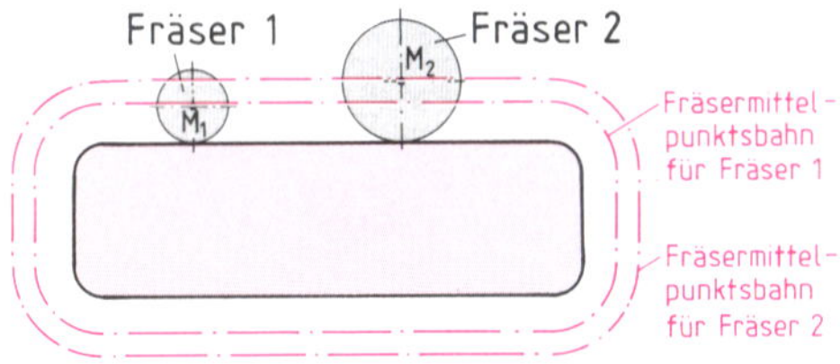

Lage der Fräsermittelpunktsbahn

Soll das Werkzeug in Vorschubrichtung links von der gewünschten Kontur arbeiten, dann ruft man die Korrektur durch den Wegbefehl **G41** auf.
Soll das Werkzeug in Vorschubrichtung rechts von der gewünschten Kontur arbeiten, dann ruft man die Korrektur durch den Wegbefehl **G42** auf.
Der Befehl **G40** hebt die Bahnkorrektur wieder auf.

Beispiel **zu Werkzeugbahnkorrekturen mit den Befehlen G41 und G42**

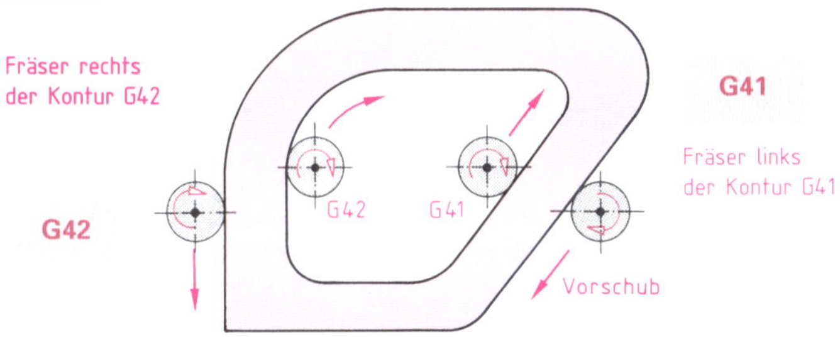

G41 korrigiert bei der Stellung des Werkzeugs in Vorschubrichtung links von der Kontur.
G42 korrigiert bei der Stellung des Werkzeugs in Vorschubrichtung rechts von der Kontur.
G40 hebt Korrekturen wieder auf.

Bei Fräsern mit der Schnittrichtung rechts führt G42 immer zu Gegenlauffräsen und G41 zu Gleichlauffräsen.

Übungsaufgaben 4/3 bis 4/6

4.2 Fräszyklen und Unterprogramme

4.2.1 Zyklen beim Fräsen

Häufig sind bei Arbeiten auf Fräsmaschinen sich wiederholende, gleichartige Arbeiten durchzuführen, die in sehr vielen Einzelfällen programmiert werden müßten. Man faßt diese Arbeiten in Zyklen zusammen. Diese können in einem Satz programmiert werden.

Wichtige Zyklen für die Fräsbearbeitung sind

- *Bohrzyklen:* Durchbohren, Tiefbohren, Gewindebohren, Lochmusterbohren (z.B. Teilkreise)
- *Konturzyklen:* Taschenfräsen, Zapfenfräsen, Fasenfräsen, Eckenrunden
- *An- und Ausfahrzyklen:* sanftes Anfahren an die Kontur

Beispiele für zyklisch zu programmierende Vorgänge:

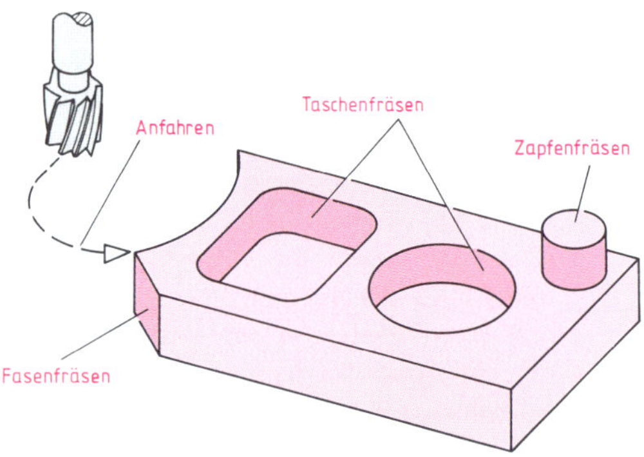

Bei Bohr- und Konturzyklen muß bei den meisten Steuerungen zunächst auf Teilkreis oder Taschenmitte mit einem geringen Sicherheitsabstand – meist 1 mm oder 2 mm – gefahren werden. Im nächsten Satz wird dann der Zyklus aufgerufen. Er muß mit allen vorgegebenen Parametern programmiert sein. Nach dem Abarbeiten des programmierten Zyklus fährt das Werkzeug wieder in die Startposition zurück.

Beispiele für Fräszyklen (nach PAL)

Teilkreisbohrzyklus

G85

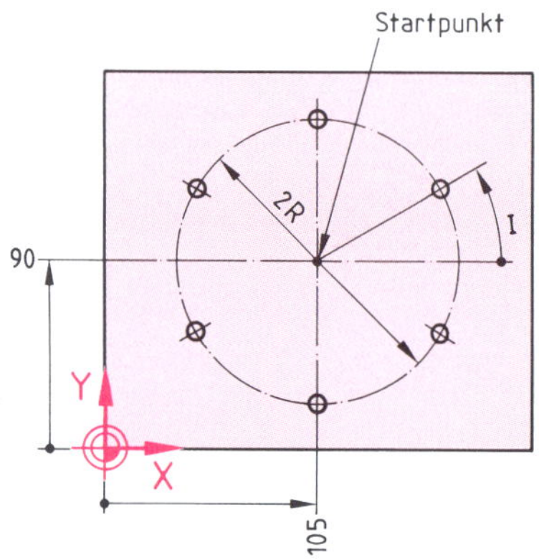

Satzformat für dieses Beispiel:

R	= 75 mm	(Teilkreisradius)
Z	= 15 mm	(Bohrungstiefe)
I	= 30°	(Startwinkel bezogen auf X-Achse)
J	= 6	(Anzahl der Bohrungen)

```
N... G00 X105 Y90 Z1        –(Startpunkt)
N... G85 R75 Z-15 I30 J6    –(Zyklus)
```

Taschenfräszyklus

G86

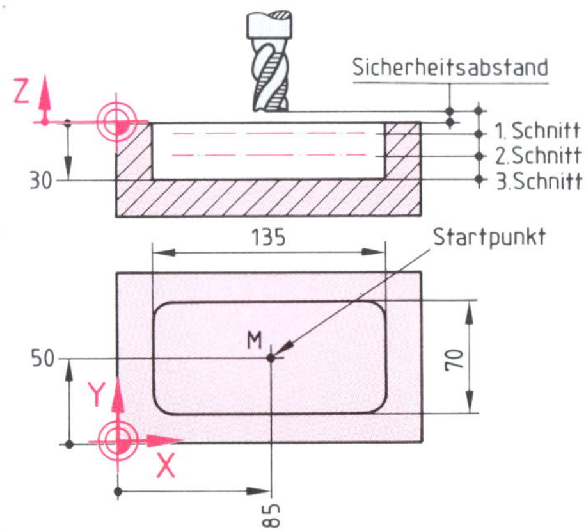

Satzformat für dieses Beispiel:

X	= 135 mm	(Taschenlänge)
Y	= 70 mm	(Taschenbreite)
Z	= 30 mm	(Taschentiefe)
D	= 10 mm	(Einzelschnittiefe)
I	= 0	(Drehwinkel)

```
N... G00 X85 Y50 Z1              –(Startpunkt)
N... G86 X135 Y70 Z-30 D10 IO    –(Zyklus)
```


Übungsaufgaben 4/7; 4/8; 4/9

4.2.2 Unterprogramme

Gleiche Bearbeitungsabläufe, die in der Fertigung an unterschiedlichen Stellen eingesetzt werden, werden als Unterprogramme geschrieben. Diese Unterprogramme können an jeder beliebigen Stelle eines Hauptprogramms aufgerufen werden.

Beispiel **für ein Unterprogramm mit festen Zahlenwerten** (nach PAL)

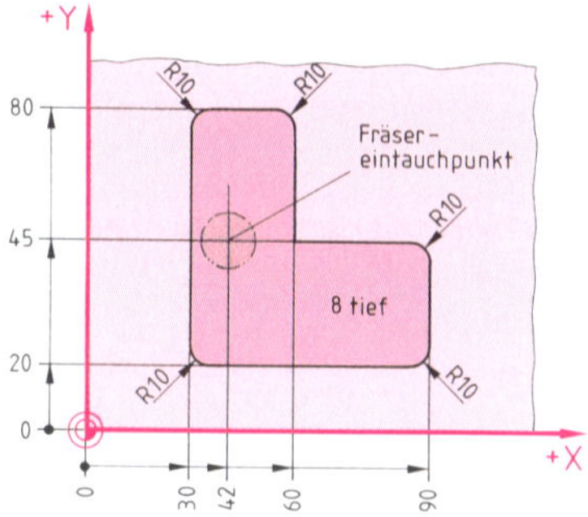

Fräserdurchmesser: d = 20 mm ≙ Eckenradius

L 2201		**Unterprogramm** Ausfräsung			
N1	G90			S220	T1
N2	G00	X42	Y45	Z2	M3
N3	G01			Z-8	F25
N4	G43	X30			F50
N5	G42		Y80		
N6		X60			
N7			Y45		
N8		X90			
N9			Y20		
N10		X30			
N11			Y45		
N12				Z2	
N13	G40				
N14	G00	X0	Y0	Z40	
N15	M17				

Erklärungen:

L 22 01

- 01 – Zahl der Durchläufe: 1
- 22 – Unterprogrammnummer: 22
- L – Unterprogrammaufruf

M17 Unterprogrammende

4.2.3 Einbau von Unterprogrammen und Zyklen in Hauptprogramme

In Hauptprogramme versucht man zur Verringerung des Programmieraufwandes, möglichst viele Zyklen oder bereits vorhandene Unterprogramme einzubauen. Im Verlauf des Hauptprogramms werden dem Fertigungsablauf entsprechend Unterprogramme mit Unterprogrammnummern, z.B. L3501 und Zyklen mit G-Worten, z.B. G84 aus dem Programmspeicher aufgerufen. Es ist möglich, eingearbeitete Unterprogramme und Zyklen mehrfach in einem Hauptprogramm zu verwenden.

Beispiel **für einen geschachtelten Aufbau eines Hauptprogramms** (PAL-Simulation)

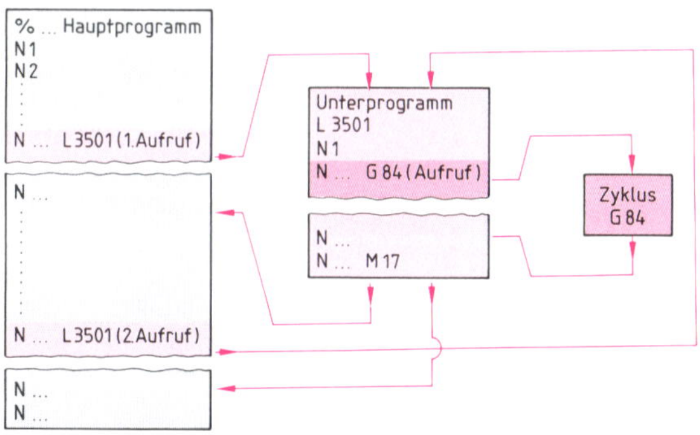

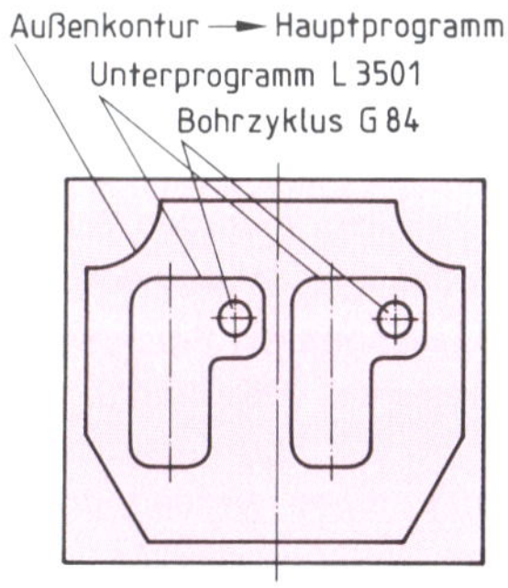

In Hauptprogrammen werden zur Verringerung des Programmieraufwands häufig Unterprogramme und Zyklen direkt oder geschachtelt eingearbeitet.

4.3 Programmieren von Schaltinformationen

4.3.1 Programmieren von Schnittdaten

Bei der Programmierung eines Frästeiles sind die folgenden Schnittdaten einzugeben:

- Umdrehungsfrequenz in 1/min mit den Adreßbuchstaben **S** und
- Vorschubgeschwindigkeit in mm/min mit **G94** und dem Adreßbuchstaben **F** oder
- Vorschub in mm mit **G95** und dem Adreßbuchstaben **F**.

Beispiel für die Ermittlung und Programmierung der technologischen Daten

Aufgabe

Ein Werkstück aus E 295 (früher St 50) soll mit einem Messerkopf mit Hartmetallschneiden P 30 bearbeitet werden. Der Fräser hat einen Durchmesser von 80 mm und 6 Schneiden.
Es sind die unter F und S zu programmierenden Daten zu ermitteln.

Lösung

Werkstoffe E 295 (normal zerspanbar) Schneidstoff P 30 } Schnittiefe $a_p = 5$ mm, Zahnvorschub $f_z = 0{,}2$ mm } Schnittgeschwindigkeit $v_c = 145$ m/min

Berechnung der Umdrehungsfrequenz: $n = \frac{v_c}{d \cdot \pi}$ $\quad n = \frac{145 \frac{\text{m}}{\text{min}}}{0{,}08\ \text{m} \cdot 3{,}14} = \mathbf{577\ \frac{1}{min}}$ → **S577**

Berechnung der Vorschubgeschwindigkeit: $v_f = f_z \cdot z \cdot n$ $\quad v_f = 0{,}2\ \text{mm} \cdot 6 \cdot 577\ \frac{1}{\text{min}} = \mathbf{692\ \frac{mm}{min}}$ → **F692**

Programmblatt:

N	G	X	Y	Z	I	J	K	F	S	T	M
⋮	⋮	⋮	⋮	⋮	⋮	⋮	⋮	⋮	⋮	⋮	⋮
...	G94	...	...	...				F692	S577		

4.3.2 Programmieren der Werkzeugdaten

Die Auswahl der Werkzeuge wird nach der Art und Form der Bearbeitung und dem Werkstoff des Werkstückes vorgenommen.

Die Ausführungsform und die Größe der Fräswerkzeuge bestimmen die Werkzeugeinspannart. Kleinere Werkzeuge werden in Werkzeugspannfutter eingespannt. Große Fräswerkzeuge werden direkt in die Frässpindel eingesetzt.

Die Planflächenebene der Frässpindel ist die Bezugsebene für die Angabe der Werkzeuglängen. In dieser Ebene legt man den Werkzeugeinstellpunkt auf die Drehachse der Spindel.

Als Abmessungen der Fräswerkzeuge werden Fräserdurchmesser, Fräserlänge und evtl. weitere Maße, z.B. bei Formfräsern erfaßt. Die Werkzeugabmessungen werden unter der Werkzeugadresse im Werkzeugspeicher abgelegt.

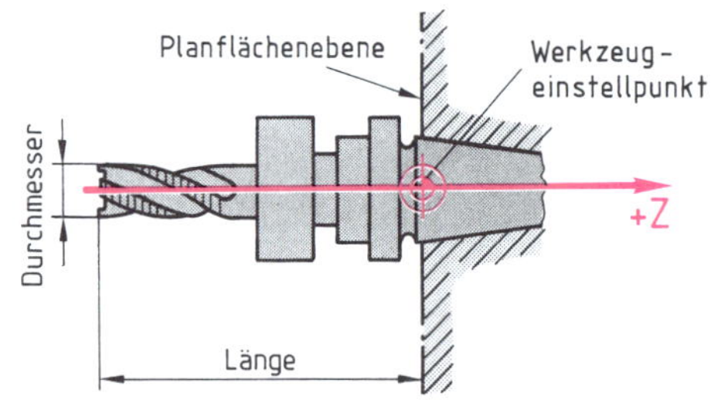

Werkzeugmaße am Fräser

Vor der CNC-Bearbeitung müssen die Werkzeugdaten in den Werkzeugspeicher der Steuerung eingegeben werden.

Übungsaufgaben 4/12 bis 4/16

5 Steuerung einer CNC-Maschine über das Bedienfeld

- **Aufbau des Bedienfeldes**

Alle außerhalb der Maschine erstellten Programme werden mit Magnetträgern, Lochstreifen oder Datenleitung in die CNC-Maschine eingegeben. Zudem können fertige Programme manuell über das Bedienfeld eingegeben werden.

Beim Programmieren in der Werkstatt werden Programme am Bedienfeld erstellt.
Die Fertigungssteuerung erfolgt in allen Fällen vom Bedienfeld der Maschine aus. Dazu kann der Bediener verschiedene Betriebsarten aufrufen:
- Simulation der Fertigung auf dem Bildschirm
- Probefertigung mit verminderter Vorschubgeschwindigkeit bzw. im Einzelsatzbetrieb
- Fertigung im Automatikbetrieb

Zudem können zur Optimierung der Bearbeitung über das Bedienfeld Programmteile, Werkzeug- und Schnittdaten verändert werden.

Die Bedientafel ist von den Steuerungsherstellern unterschiedlich gestaltet worden, jedoch sind die Bildzeichen an den Bedientasten zum großen Teil der DIN-Norm entnommen. Nur für nicht genormte Funktionen wurden firmeneigene Bildzeichen entwickelt.

Beispiel für die Gestaltung der Bedientafel einer CNC-Steuerung

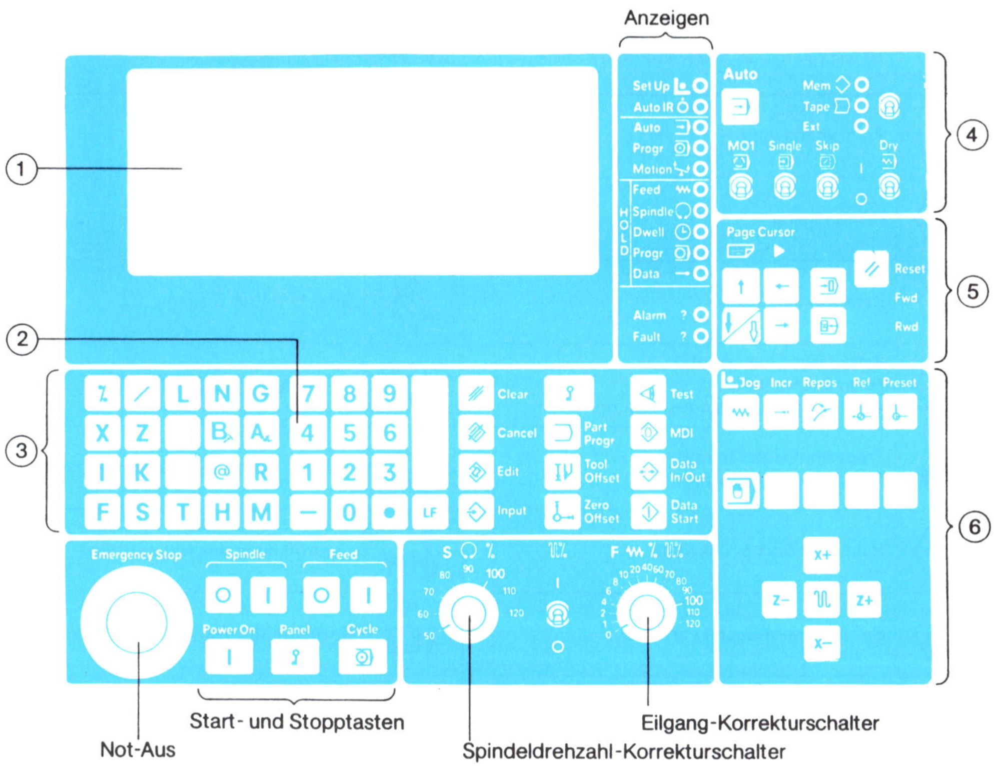

① Bildschirm mit Programmanzeige
② Zahlentastatur
③ Adreßbuchstabentastatur
④ Automatik-Betriebsart
⑤ Datensuchlauf
⑥ Einricht-Betriebsart

Übungsaufgabe 5/1

• Bildzeichen für CNC-Maschinen (DIN 55003)

Viele Bildzeichen an numerisch gesteuerten Werkzeugmaschinen werden aus mehreren Grundbildzeichen zusammengesetzt. Der Pfeil nimmt unter den Bildzeichen eine Sonderstellung ein. Er erscheint selten allein und wird benutzt, um einem Bildzeichen eine ergänzende Aussage zu geben.

Grundbildzeichen

 Richtungspfeil	 Funktionspfeil für Maschinenfunktion	 Datenträger	 Programm ohne Maschinenfunktion	 Programm mit Maschinenfunktion
 Bezugspunkt	 Korrektur oder Verschiebung	 Satz	 Speicher	 Wechsel

Bildzeichen für CNC-Werkzeugmaschinen (Auswahl)

Bildzeichen (Symbol)	**Bezeichnung und Anmerkungen**
	Programmanfang
	Handeingabe
	Dateneingabe extern
	Satzweises Einlesen ohne Maschinenfunktion Auslösung durch Handbetätigung
	Programm einlesen mit Maschinenfunktionenen
	Hauptsatz-Suche rückwärts
	Satznummern-Suche vorwärts
	Satzunterdrückung
	Rücklauf Datenträger (ohne Einlesen, ohne Maschinenfunktionen)
	Programmende; Datenträgerrücklauf zum Programmanfang (ohne Maschinenfunktionen)

Bildzeichen (Symbol)	**Bezeichnung und Anmerkungen**
	Dateneingabe in Speicher
	Daten im Speicher verändern
	Speicherinhalt löschen
	Absolute Maßangaben
	Relative (inkrementale) Maßangaben
	Verschiebung des Nullpunktes
	Korrektur der Werkzeuglänge
	Korrektur des Werkzeugradius
	Werkzeug-Korrektur
	Kompensation des Schneidenradius

6 Planung, Programmierung, Programmerprobung und Programmspeicherung

- **Organisation und Planung**

Die wirtschaftliche Fertigung mit CNC-Maschinen erfordert eine konsequente Organisation und Planung des Fertigungsablaufs. Planung und Lösung einer Fertigungsaufgabe erfolgen in Schritten:

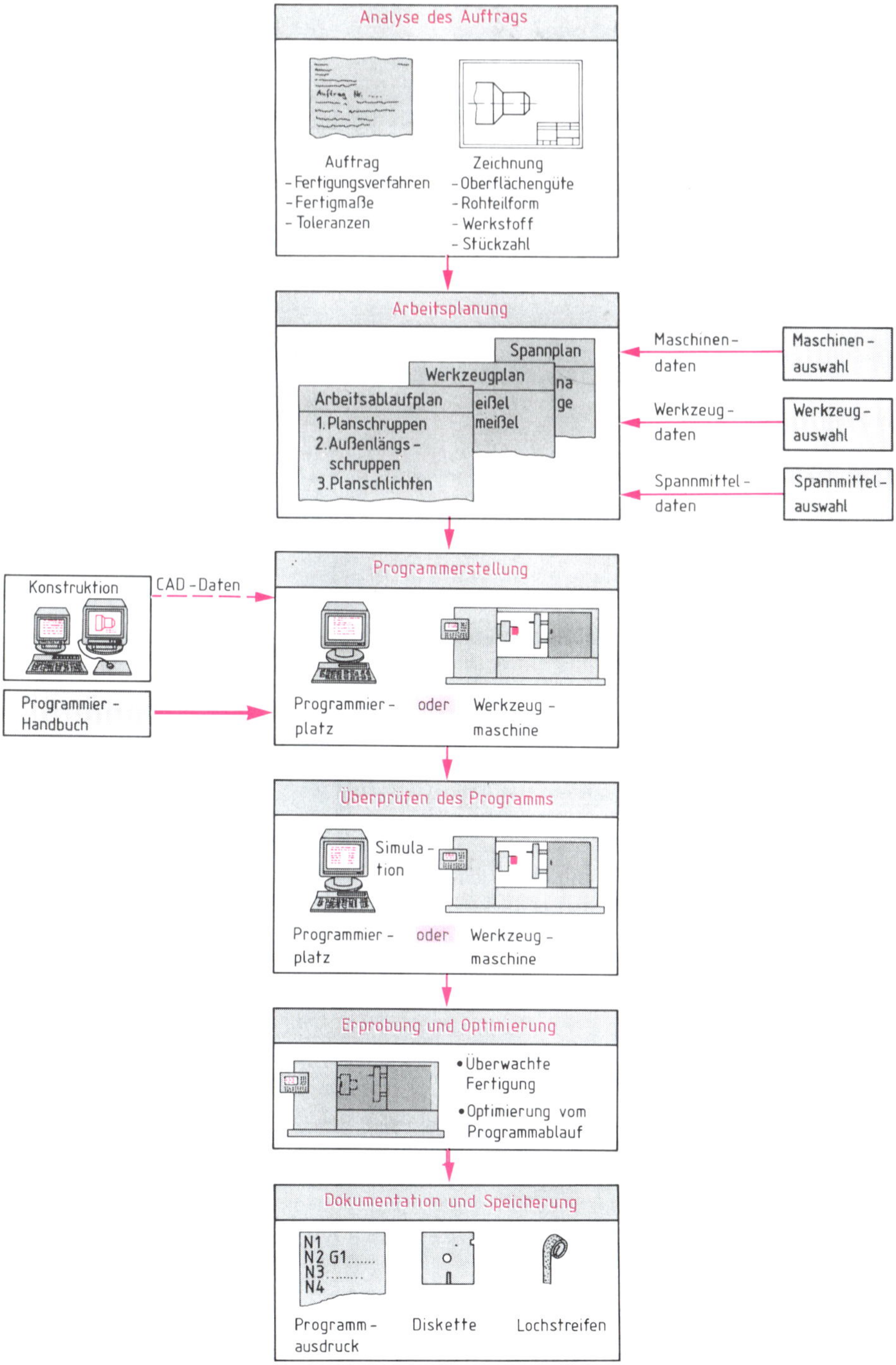

Übungsaufgabe 6/1

- **Simulation von NC-Programmen**

Nach Erstellung der NC-Programme erfolgt die Überprüfung durch Simulation am Bildschirm des Programmierplatzes bzw. der Werkzeugmaschine. Dabei werden die Werkstückform und eventuelle Kollisionen von Werkzeug mit Werkstück bzw. Werkstückeinspannung überprüft. Auf dem Bildschirm wird eine Kollision als „Crash“ bildlich dargestellt. Ein Crash ereignet sich, wenn z.B. ein Werkzeug in die Einspannung fährt oder das Werkzeug im Eilgang zum Schnitt kommt.
Gleichzeitig kann bereits mit der Simulation die tatsächliche Bearbeitungszeit (Echtzeit) ermittelt werden.

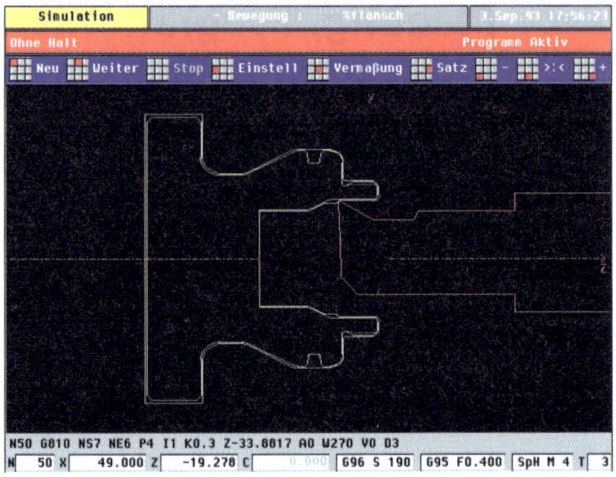

Simulation eines Drehvorgangs am Bildschirm

- **Überwachte Probefertigung**

Mit einem neuerstellten NC-Programm wird die erste Fertigung eines Werkstücks unter großen Vorsichtsmaßnahmen durchgeführt, weil Programmierfehler zu Kollisionen, Werkzeugbruch und zu falschen Werkstückabmessungen führen können.

Mögliche Vorsichtsmaßnahmen sind:

- *Verminderung der Vorschubgeschwindigkeit*
  Mit einem Vorschub-Korrekturschalter stellt man Prozentanteile des programmierten Vorschubwertes ein. Durch eine starke Vorschubbegrenzung erleichtert man dem Bediener die Beobachtung des Bearbeitungsvorgangs und ermöglicht ein schnelles Abschalten.

- *Programmabarbeitung im Einzelsatzbetrieb*
  Die Taste „Single“ der Betriebsartentastatur aktiviert die satzweise Bearbeitung eines Werkstücks. Der Bediener kontrolliert schrittweise den Arbeitsablauf. Der nachfolgende Satz wird erst nach einem Tastendruck abgearbeitet.

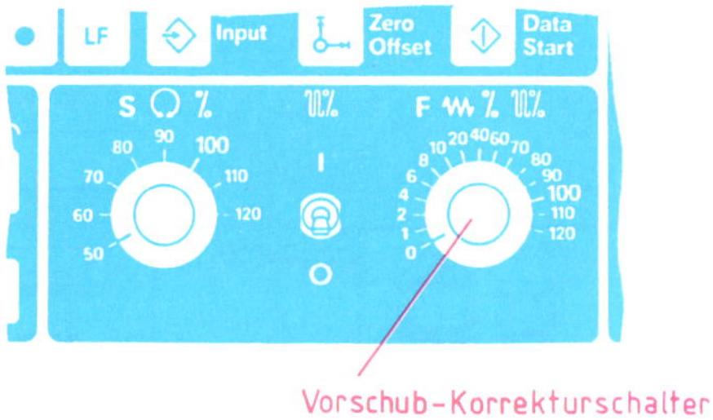

Prozentuale Schnittwertregulierung

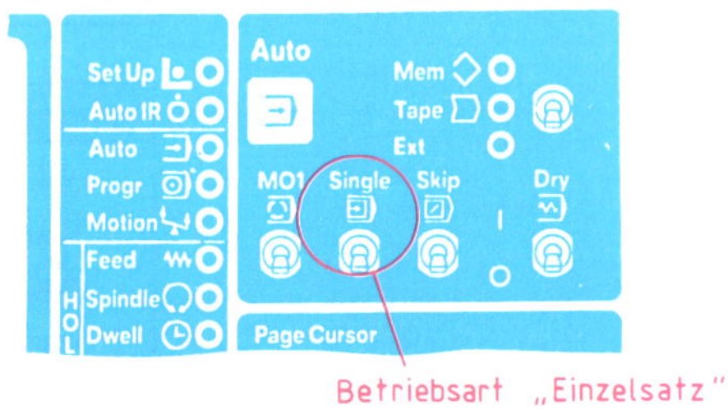

Betriebsartentastatur

- *Probefertigung eines Werkstückes aus einem Ersatzwerkstoff*
  Räumlich komplizierte, große Werkstücke können aus einem preiswerten, leicht zu bearbeitenden Werkstoff probeweise gefertigt werden. Der Ablauf der Arbeitsbewegungen eines Fertigungsvorgangs kann auch ohne Werkstück überprüft werden (Luftschnitte).

Nach der überwachten Probefertigung und erfolgten Programmkorrekturen kann die Fertigung erst nach einer abschließenden Probe erfolgen.

Eine Probeanfertigung führt man mit verminderter Vorschubgeschwindigkeit, im Einzelsatzbetrieb oder an Ersatzwerkstücken aus.

Übungsaufgabe 6/2

- **Optimierung von NC-Programmen**

Vielfach kann ein lauffähiges Programm weiter verbessert werden, um
- die Haupt- und Nebenzeiten zu verkürzen und
- die Oberflächengüte zu erhöhen.

Veränderungen an lauffähigen Programmen bezeichnet man als Programmoptimierung.

Programmänderungen in der Optimierungsphase werden vom Zerspanungsmechaniker aufgrund von Mängeln in der Werkstückausführung und im Fertigungsablauf an der CNC-Maschine vorgenommen.

Häufig können die Fertigungszeiten verkürzt werden durch:
- Erhöhung von Schnittgeschwindigkeit, Vorschub und Schnittiefe,
- Verbesserung der Einspannmöglichkeiten,
- Vermeidung von unnötigen Umspannarbeiten,
- Einsatz von Werkzeugen mit Mehrfachfunktionen, z.B. Dreh- und Bohrwerkzeuge statt mehrerer Einzelwerkzeuge,
- Vermeidung unnötiger Werkzeugwechsel,
- Verkürzung der Werkzeugwege durch günstigere Schnittaufteilung.

Beispiel **für die Optimierung einer Schnittaufteilung**

Die Bearbeitung eines Drehteils mit zwei Schruppzyklen kann mit unterschiedlicher Schnittaufteilung ausgeführt werden. Die programmierte Schnittaufteilung A erweist sich wegen der häufigen Schnittunterbrechungen als zeitaufwendiger.

Optimierung:
Änderung der Schnittaufteilung nach Vorschlag B senkt die Fertigungszeit.

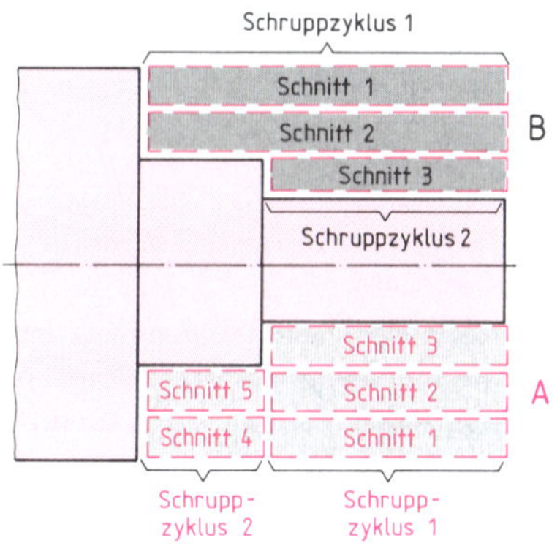

Bei der Erstbearbeitung eines Werkstückes stellt man häufig fest, daß die Oberflächenbeschaffenheit nicht den Anforderungen entspricht. Vielfach sind mehrere ungünstige Schnittbedingungen für Mängel in der Oberflächenbeschaffenheit verantwortlich.

Eine Optimierung der Oberflächenqualität ist möglich durch:

- Änderung von Schnittgeschwindigkeit, Vorschub und Schnittiefe,
- Änderung der Werkzeugform, der Schneidengeometrie und des Schneidstoffs,
- Änderung des Kühlschmiermitteleinsatzes, z.B. Schneidöl statt Kühlemulsion.

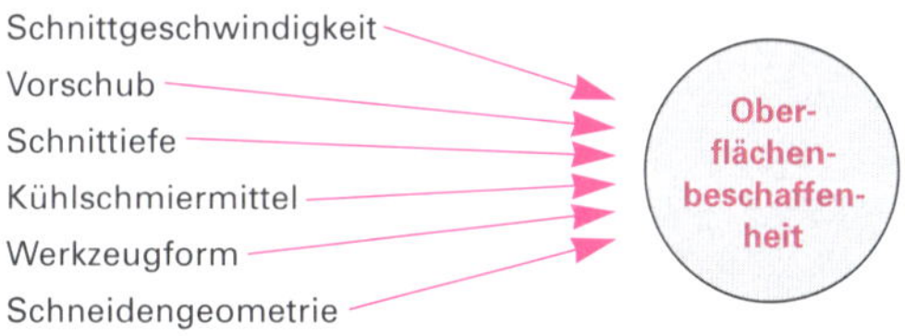

Optimierungsgrößen für die Oberflächenbeschaffenheit

Die Optimierung von Programmen für eine spanende Fertigung beinhaltet meist
- eine Verbesserung der Oberflächenbeschaffenheit durch Änderung der Schnittbedingungen und
- eine Verkürzung der Fertigungszeit durch Änderung des Arbeitsablaufes.

Übungsaufgabe 6/3

7 CNC-Technik im Rahmen moderner Fertigung

• CIM – eine industrielle Revolution

Die Fabrik der Zukunft wird durch den Einsatz von Rechnern in allen Bereichen des Betriebes bestimmt. Der Oberbegriff für einen solchen durchgehenden Einsatz von Computern, die untereinander verbunden sind, ist **CIM** (= **C**omputer **I**ntegrated **M**anufacturing).

CIM hat zum Ziel, durch Erfassung aller Bereiche des Unternehmens die Produktion schneller und effektiver zu machen, um die Marktchancen zu verbessern. Das bedeutet:

- Produkte werden mittels computerunterstützter Entwicklungs- und Konstruktionsverfahren schneller geplant, und Änderungen können in kürzester Zeit durchgeführt werden.
- Produkte werden auf computergesteuerten Maschinen und Anlagen schneller und qualitativ besser gefertigt.
- Die Fertigung wird so gesteuert, daß jegliche Form der Verschwendung von Material und Zeit entfällt.

Der letzte Punkt sagt aus, daß stets Sorge getragen wird, daß „das richtige Teil zur richtigen Zeit am richtigen Ort“ gefertigt bzw. bereitgestellt wird. Damit werden Materialläger verkleinert, und somit wird weniger Kapital gebunden.

> CIM = Computer Integrated Manufacturing
> CIM beschreibt den Einsatz von Rechnern, die miteinander gekoppelt sind, in allen mit der Produktion zusammenhängenden Betriebsbereichen.

• CAD/CAM-Konzept

Im Bereich der Produktion werden die Verknüpfung von computerunterstützter Konstruktion, Fertigungsplanung und Fertigung innerhalb CIM mit den Kürzeln CAD-CAP-CAM beschrieben. Häufig spricht man auch nur von CAD/CAM.

CAD = Computer Aided Design (Berechnen und Konstruieren mit Computern)
CAP = Computer Aided Planning (Erstellung von Fertigungsplänen mit Computern)
CAM = Computer Aided Manufacturing (Computeranwendung in der Fertigung mit Computern)

Man kann die Aufgaben in den einzelnen Bereichen CAD, CAP und CAM nicht genau trennen. So plant der Konstrukteur mittels CAD die Form, Abmessungen, Werkstoffe, Oberflächenqualität. Diese Daten übernimmt die Fertigungsplanung über Datenleitungen und setzt sie in CNC-Programme für Werkzeugmaschinen, Robotersteuerungen u.a. um. In der Fertigungsplanung werden auch Norm- und Lagerteile mit der Konstruktion abgestimmt. Im Bereich CAP und CAM entscheiden Fachleute beider Seiten über die einzusetzenden Maschinen und Einrichtungen zur Fertigung.

Zusammenwirken von CAD, CAP und CAM im Rahmen von CIM

Steuerungstechnik

1 Grundlagen für pneumatische und hydraulische Steuerungen

Moderne Maschinen und Anlagen zeichnen sich durch den Einsatz unterschiedlicher Technologien aus. Die Verbindung von mechanischen und elektronischen Bauteilen mit pneumatischen oder hydraulischen Systemen schafft die Voraussetzung für die Automatisierung.

Beispiel **für den Einsatz verschiedener Technologien in einem Laufroboter**

In dem sechsbeinigen Laufroboter für Erkundungen in gefährlicher Umgebung werden die Beinbewegungen durch pneumatische Zylinder erzeugt. Mit Hilfe von elektronischen Schaltungen und der Steuerung über einen Joystick kann der Roboter ferngesteuert werden.

Mit der eingebauten Kamera sieht der Roboter auch Hindernisse und kann diesen ausweichen.

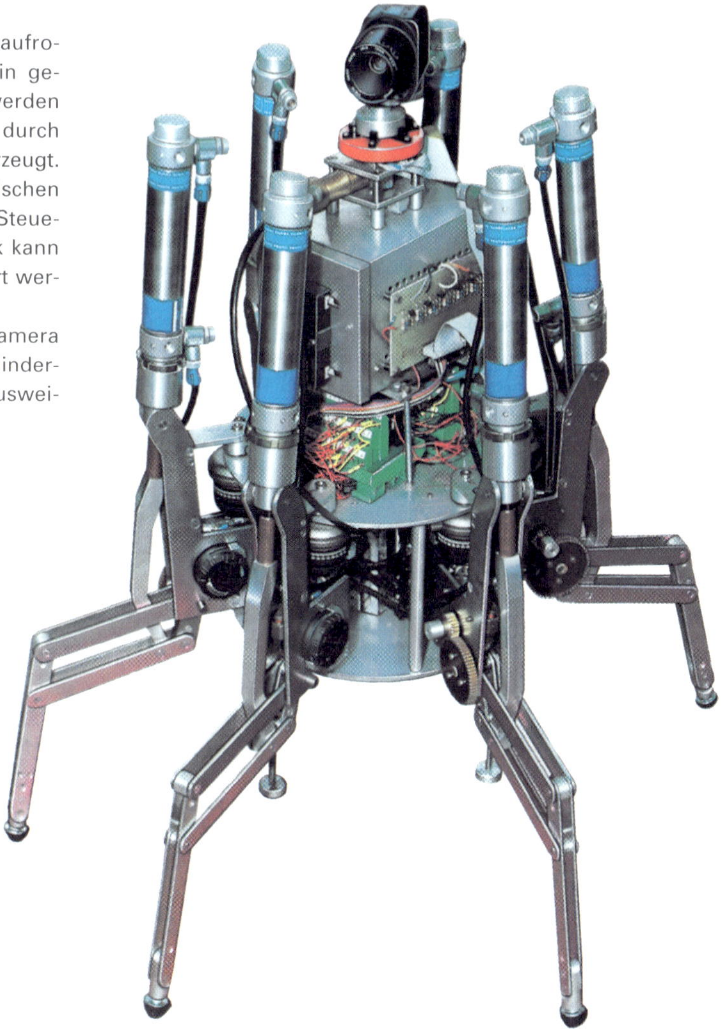

Die Technologien, die sich mit der Umformung, Übertragung und Steuerung von Kräften und Bewegungen befassen, nennt man nach den jeweiligen Informations- und Energieträgern:
- Elektrotechnik/Elektronik (Elektronen), – Pneumatik (Luft), – Hydraulik (Flüssigkeit).

Übungsaufgabe 1/1

Die Pneumatik und die Hydraulik werden auch unter dem Begriff Fluidtechnik zusammengefaßt. Die Informationstechnik in der Datentechnik benutzt durchweg elektronische Bauelemente.

1.1 Physikalische Grundlagen

1.1.1 Druck

Übt man über einen Kolben eine Kraft auf ein Gas oder eine Flüssigkeit aus, entsteht ein Druck. Der Druck p ist das Verhältnis der Kraft F zur Fläche A.
In Anlagen zur Druckerzeugung entsteht nur dann ein Druck, wenn dem geförderten Fluid ein Widerstand entgegengesetzt wird.

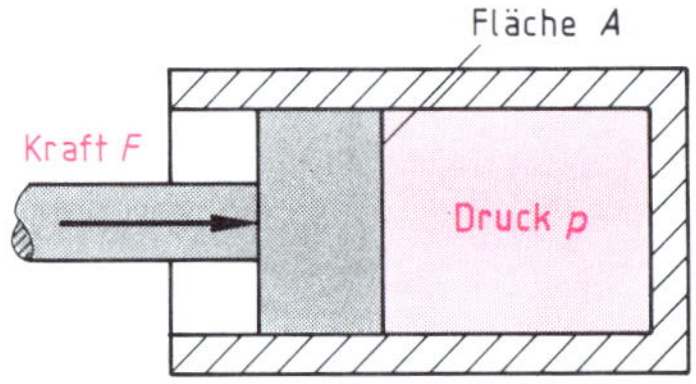

Druck, Kraft und Fläche

$$\text{Druck} = \frac{\text{Kraft}}{\text{Fläche}} \quad \text{bzw.} \quad p = \frac{F}{A}$$

- **Einheit des Druckes**

Der Druck ist durch die Beziehung Kraft je Fläche festgelegt. Im internationalen Einheitensystem (SI-Einheiten) ist die Einheit des Druckes deshalb Newton je Quadratmeter. Ein Newton je Quadratmeter ist ein Pascal (Einheitenzeichen: Pa).
Die Einheit Pa ist für Angaben in der Pneumatik und in der Hydraulik zu klein. Bei Drücken in technischen Anlagen müßte man vielstellige Zahlen schreiben. Deshalb wurde die Druckeinheit Bar (Einheitenzeichen: bar) eingeführt.

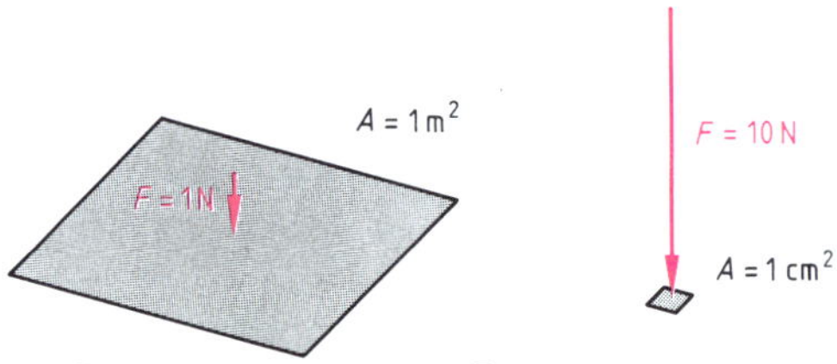

$p = \frac{F}{A}$ $\qquad$ $p = \frac{F}{A}$

$p = \frac{1\,\text{N}}{1\,\text{m}^2}$ $\qquad$ $p = \frac{10\,\text{N}}{1\,\text{cm}^2}$

$p = 1\,\text{Pa}$ $\qquad$ $p = 1\,\text{bar}$

Druckberechnung in Pa und bar

Im internationalen Einheitensystem sind als Druckeinheiten das Pascal und das Bar festgelegt.

$$1\,\text{Pa} = 1\frac{\text{N}}{\text{m}^2} \qquad 1\,\text{bar} = 100\,000\,\text{Pa} \qquad 1\,\text{bar} = 10\,\frac{\text{N}}{\text{cm}^2}$$

- **Atmosphärischer Druck**

Die Lufthülle der Erde erzeugt aufgrund ihres Eigengewichtes einen atmosphärischen Druck (Formelzeichen: p_{amb}).
Mit Hilfe eines Zylinders und eines Kolbens mit dem Querschnitt von 1 cm² läßt sich näherungsweise die Größe des atmosphärischen Druckes bestimmen. Zum Herausziehen des Kolbens ist eine Kraft von 10 N erforderlich. Es ergibt sich ein atmosphärischer Druck von p_{amb} = 1 bar.
Der atmosphärische Druck ändert sich mit der Höhe der Luftsäule. Als mittlerer atmosphärischer Jahresdruck wurden p_{amb} = 1,013 bar gemessen und festgelegt.

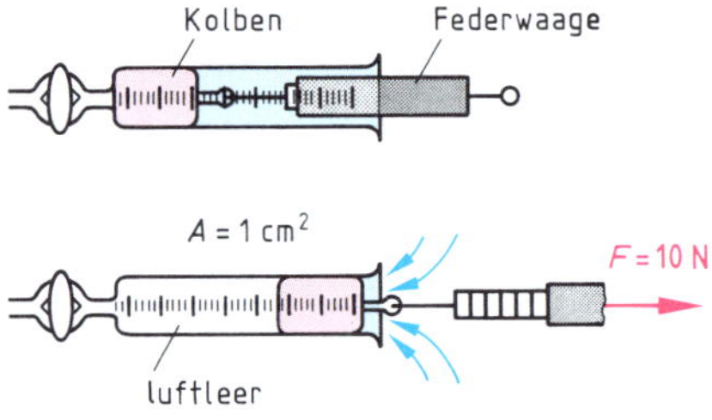

$p_{amb} = 10\,\frac{\text{N}}{\text{cm}^2}$ $\qquad$ $p_{amb} = 1\,\text{bar}$

Atmosphärischer Druck (p_{amb})

Als mittlerer atmosphärischer Jahresdruck wurden p_{amb} = 1,013 bar gemessen und festgelegt.

Übungsaufgaben 1/2; 1/3

- **Absoluter Druck und Überdruck**

In einem geöffneten Zylinder wird vor und hinter dem Kolben der atmosphärische Druck von p_{amb} = 1 bar gemessen. Schließt man den Raum vor dem Kolben ab und erhöht durch eine von außen wirkende Kraft den Druck in diesem Raum auf z.B. 3 bar, dann zeigen beide Meßgeräte den Druck gegenüber dem luftleeren Raum an. Deshalb nennt man den angezeigten Druck den absoluten Druck (Formelzeichen: p_{abs}).

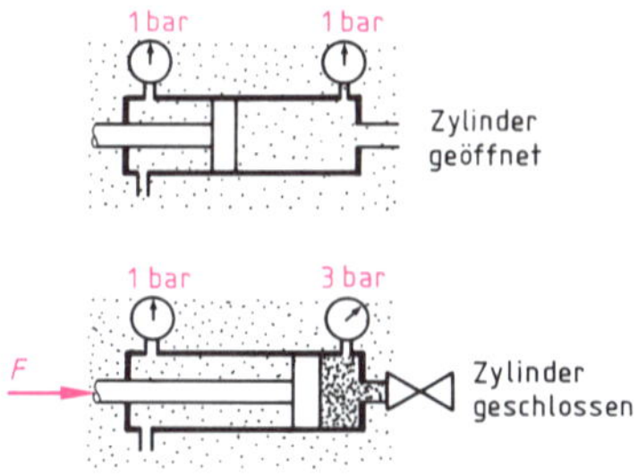

Absoluter Druck p_{abs}

Der absolute Druck p_{abs} ist der Druck gegenüber dem luftleeren Raum (Vakuum).

Schließt man z.B. einen Zylinder an eine Druckerzeugungsanlage an, so kann der absolute Druck der Druckluft technisch nicht voll genutzt werden. Der atmosphärische Druck (p_{amb}) wirkt am Arbeitskolben gegen den absoluten Druck. Daher ist nur der Druckunterschied wirksam, den man als Überdruck bezeichnet (Formelzeichen: p_e).

Herrscht in einer Anlage der absolute Druck p_{abs} = 3 bar und beträgt der atmosphärische Druck p_{amb} = 1 bar, dann wirkt auf der Arbeitsseite des Kolbens ein Überdruck p_e = 2 bar.

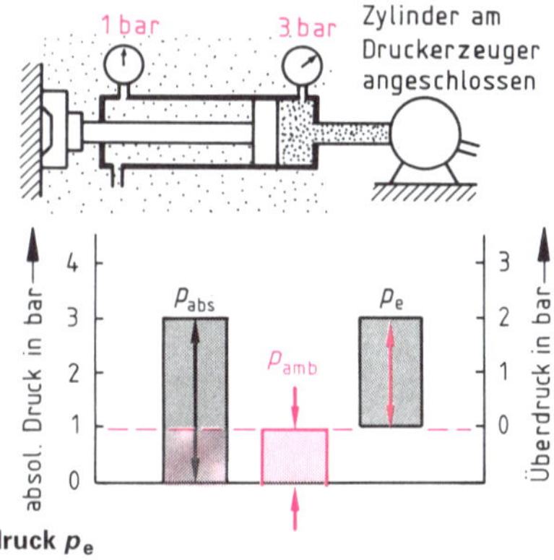

Überdruck p_e

Der Überdruck p_e ist der Druckunterschied zwischen dem absoluten Druck p_{abs} und dem atmosphärischen Druck p_{amb}. Meßgeräte für die Fluidtechnik zeigen den Überdruck an.

$$p_e = p_{abs} - p_{amb}$$

- **Druckausbreitung**

Wirkt in einem Gerät auf einen Kolben mit der Fläche A_1 die Kraft F_1 so entsteht in der Flüssigkeit der Überdruck p_e. Dieser Überdruck wirkt über ein Verbindungsrohr auf einen größeren Kolben mit der Fläche A_2. Angeschlossene Meßgeräte zeigen überall den gleichen Druck an. Wegen der größeren Fläche am großen Kolben wirkt dort auf ihn eine größere Kraft F_2 als auf den kleineren Kolben.

Es gilt folgende Beziehung:

kleine Fläche – kleine Kraft große Fläche – große Kraft

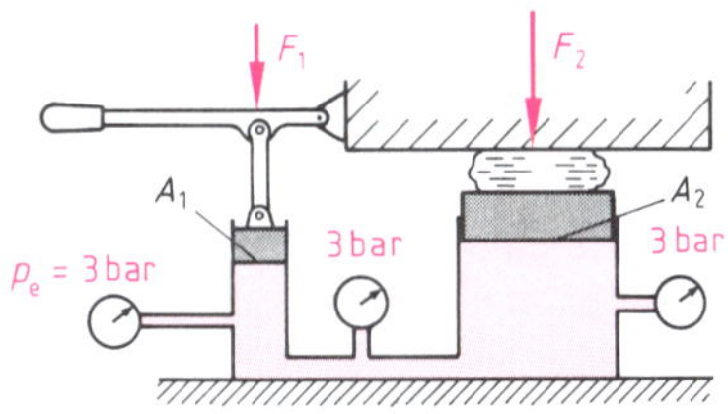

$$p_e = \frac{F_1}{A_1} \qquad p_e = \frac{F_2}{A_2} \qquad \boxed{\frac{F_1}{A_1} = \frac{F_2}{A_2}}$$

Druckausbreitung

Der Überdruck ist innerhalb eines geschlossenen Systems in allen Richtungen wirksam und überall gleich groß.

Übungsaufgaben 1/4; 1/5; 1/6

1.1.2 Kolbenkraft

Die Druckluft oder das Drucköl erzeugen im Zylinder auf den Kolben eine Kraft. Sie wird auch Kolbenkraft F genannt. Die Kolbenkraft ist abhängig von dem herrschenden Arbeitsdruck p_e und der Größe der beaufschlagten Kolbenfläche A.
Die rechnerisch ermittelte Kolbenkraft kann nicht voll wirksam werden. Vor allem Reibungsverluste vermindern diese Kraft.

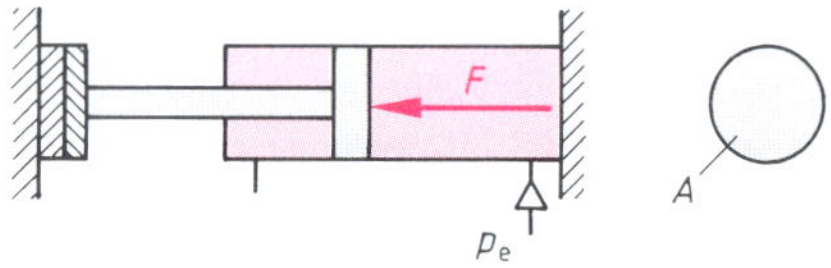

Kolbenkraft	$F = p_e \cdot A$
Wirksame Kolbenkraft	$F_w = F - F_{Verlust}$

Kolbenkraft

Die wirksame Kolbenkraft F_w ist stets kleiner als die theoretische Kolbenkraft F.

- **Kolbenkraft am einfachwirkenden Zylinder**

Bei einfachwirkenden Zylindern wird beim Vorschub die gesamte Kolbenfläche mit Druck beaufschlagt. Der Vorhub erfolgt gegen die Kraft der eingebauten Feder. Die wirksame Kolbenkraft F_w – auch effektive Kolbenkraft genannt – ergibt sich dann aus der Druckkraft, vermindert um die Reibungsverluste F_v und die Federkraft F_F. Für Überschlagsrechnungen können die Verluste durch Reibungs- und Federkraft bei Druckluftzylindern mit etwa 25% angesetzt werden.

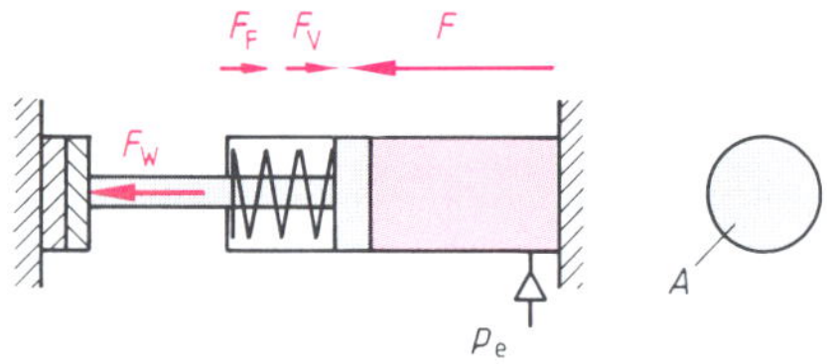

$$F_w = F - F_v - F_F$$
$$F_w \approx 0{,}75 \cdot F$$

Wirksame (effektive) Kolbenkraft

Beispiel für die Berechnung der wirksamen Kolbenkraft

Aufgabe
In einem einfachwirkenden Zylinder mit Federrückstellung herrscht ein Arbeitsdruck von 6 bar. Der Kolbendurchmesser beträgt 80 mm. Wie groß ist die Druckkraft F_w an der Kolbenstange bei Berücksichtigung von 25% Verlust?

Lösung

$$F_w \approx 0{,}75 \cdot F$$

$$F_w \approx 0{,}75 \cdot p_e \cdot \frac{d^2 \cdot \pi}{4}$$

$$F_w \approx \frac{0{,}75 \cdot 60\ \text{N} \cdot (8\ \text{cm})^2 \cdot 3{,}14}{\text{cm}^2 \cdot 4}$$

$F_w \approx$ **2,3 kN** (wirksame Kraft)

Die Kolbenkraft wird bei einfachwirkenden Zylindern durch die Reibungskraft und die Federkraft vermindert.

- **Kolbenkraft am dopppeltwirkenden Zylinder**

Kolbenkraft im Vorhub

Beim Ausfahren der Kolbenstange wird die volle Kolbenfläche von der Druckluft beaufschlagt. Die wirksame Kolbenkraft im Vorhub F_{vor} ergibt sich nach Abzug der Reibungskraft. Für Überschlagsrechnungen können die Reibungsverluste mit etwa 20% angesetzt werden.

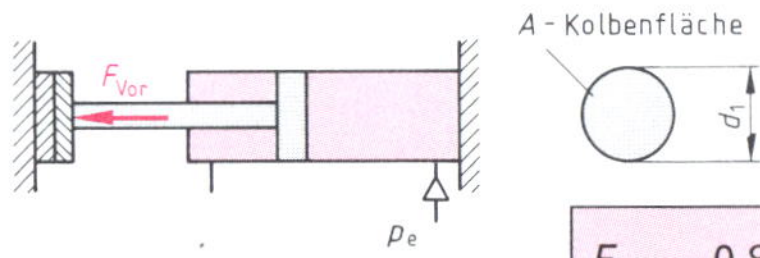

$$F_{vor} = 0{,}8 \cdot p_e \cdot d_1^2 \frac{\pi}{4}$$

Kolbenkraft beim Vorhub

Kolbenkraft im Rückhub

Beim Einfahren der Kolbenstange wird nun eine geringere Fläche mit Druckluft beaufschlagt. Denn diese Kolbenfläche ist um den Querschnitt der Kolbenstange kleiner. Für Berechnungen kann man daher nur die verbleibende Ringfläche berücksichtigen.

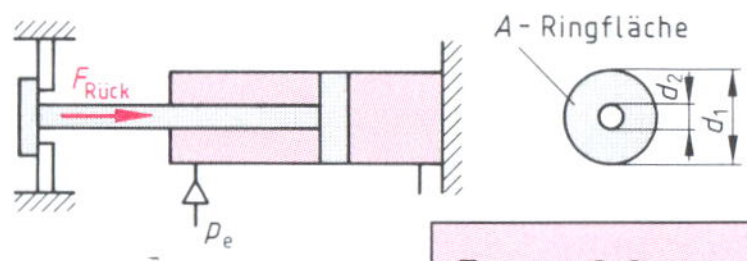

$$F_{rück} = 0{,}8 \cdot p_e \cdot \frac{\pi}{4}\,(d_1^2 - d_2^2)$$

Kolbenkraft im Rückhub

Wegen der unterschiedlichen Kolbenflächen ist beim doppelwirkenden Zylinder die Kolbenkraft im Vorhub größer als im Rückhub.

Übungsaufgaben 1/7 bis 1/13

1.2 Bildzeichen und Schaltpläne in der Fluidtechnik

Die Benennungen der Elemente und die Bildzeichen für Pneumatik- und Hydraulikanlagen sind in DIN ISO 1219 festgelegt worden. Jedes Bildzeichen kennzeichnet ein Bauteil und seine Funktion, jedoch nicht die Größe des Bauteils.

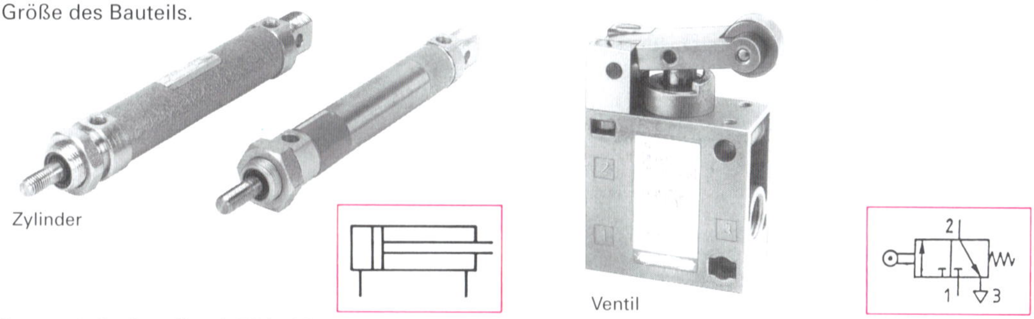

Pneumatische Bauteile mit Bildzeichen

In DIN ISO 1219 sind die Benennungen der Elemente und die Bildzeichen für Pneumatik- und Hydraulikanlagen festgelegt.

1.2.1 Zeichnerische Darstellung von Wegeventilen

Zeichnerisch werden die Wegeventile durch Quadrate dargestellt. Pfeile in den Quadraten kennzeichnen die Durchflußwege. Die Sperrung wird durch „T"-Zeichen gekennzeichnet. Bei Wegeventilen wird jede Schaltstellung durch ein eigenes Quadrat dargestellt. Die Schaltstellung kennzeichnet man durch Buchstaben oder Zahlen. Die Anzahl der Quadrate entspricht somit der Anzahl der Schaltstellungen. Die Rohranschlüsse zeichnet man nur an das Quadrat des Bildzeichens, welches die Ausgangsstellung zeigt. Den Anschluß ins Freie symbolisiert man durch ein Dreieck. Rechts und links trägt man an das Bildzeichen die Symbole für die Betätigung an.

Die einzelnen Schaltstellungen stellt man sich durch Verschieben der Quadrate vor. Im Beispiel ist das Ventil zunächst in der Ausgangsstellung gezeichnet – der Zylinder ist eingefahren. Durch Verschieben der Quadrate kommt man zur zweiten Schaltstellung des Ventils – der Zylinder fährt aus. Die Rohranschlüsse werden dabei nicht verschoben.

Man bezeichnet ein Ventil nach der Anzahl der Anschlüsse und der Zahl der möglichen Schaltstellungen. So hat z.B. ein 4/3-Wegeventil 4 Anschlüsse und 3 Schaltstellungen (1; 0; 2).

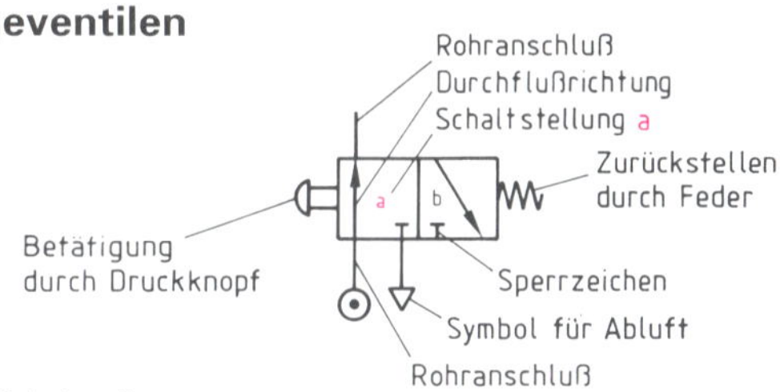

Schaltstellung a

Bildzeichenaufbau (3/2-Wegeventil)

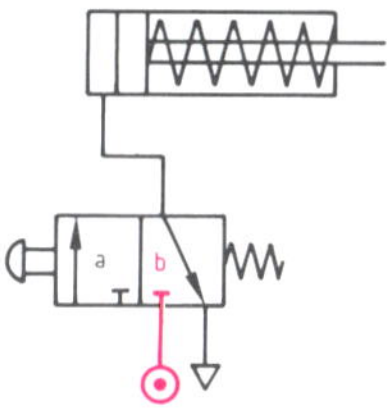

Ventil in Schaltstellung b (Ausgangsstellung)

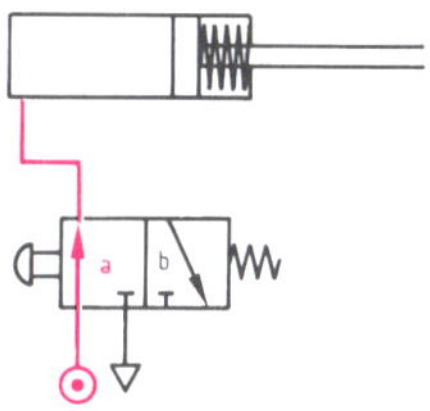

Ventil in Schaltstellung a (Verschoben)

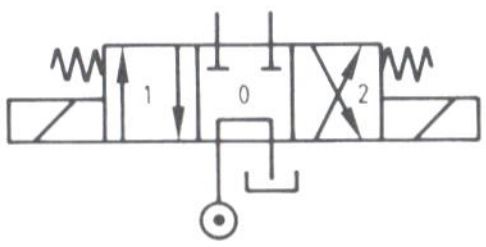

4/3-Wegeventil (Hydraulik)

Bildzeichen von Wegeventilen enthalten:

- für jede Schaltstellung ein Quadrat,
- Zeichen für die Anschlüsse an der Ausgangsstellung des Ventils,
- Kennzeichen für Durchflußwege und Sperrstellung.

Übungsaufgaben 1/14; 1/15; 1/16

1.2.2 Kennzeichnung der Anschlüsse von Ventilen

- **Ventile in der Pneumatik**

Die Anschlüsse an Ventile in der Pneumatik können durch Buchstaben oder durch Zahlen gekennzeichnet sein. Viele Ventile tragen noch die Kennzeichen durch Buchstaben, die gemäß DIN ISO 5559 in der Pneumatik durch Zahlen ersetzt werden können. Da noch über längere Zeit ältere Ventile im Einsatz sind, müssen beide Bezeichnungsarten bekannt sein.

Anschluß	alte Norm	Kennzeichnungen nach DIN ISO 5599		
		für 2/2-Wegeventil handbetätigt	für 3/2-Wegeventil pneumatisch betätigt	für 5/2-Wegeventil pneumatisch betätigt
Druckversorgung	P	1	1	1
Arbeitsleitung	A	2	2	4
Arbeitsleitung	B	–	–	2
Entlüftung	R	–	3	5
Entlüftung	S	–	–	3
Steueranschluß	Z	–	–	14
Steueranschluß	Y	–	12	12

Beispiele für die Kennzeichnung von Anschlüssen in der Pneumatik

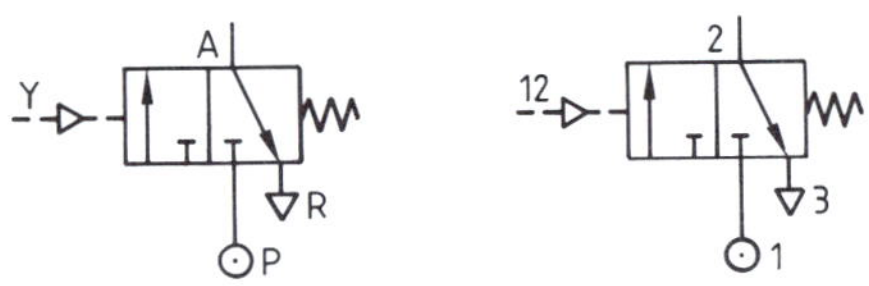

alte Norm DIN ISO 5599

3/2-Wegeventil

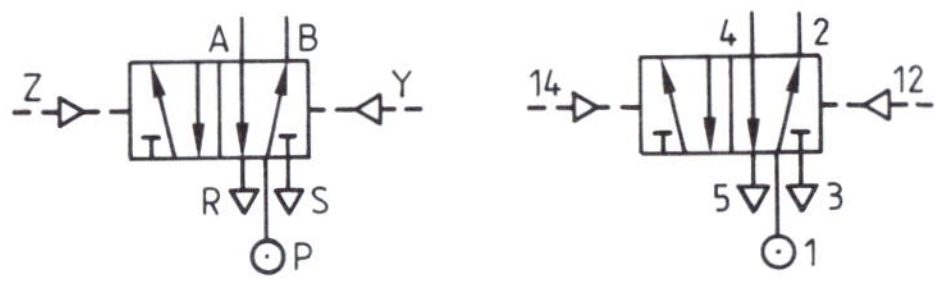

alte Norm DIN ISO 5599

5/2-Wegeventil

Erklärung der Kennzeichnung nach DIN ISO 5599

Der in Ausgangsstellung mit Druckluft versorgte Arbeitsanschluß bei 4/2- und 5/2-Wegeventilen erhält die Ziffer 2.

Signal an Steueranschluß 12 bedeutet: Druckleitung 1 wird mit Arbeitsleitung 2 verbunden.

Signal an Steueranschluß 14 bedeutet: Druckleitung 1 wird mit Arbeitsleitung 4 verbunden.

- **Ventile in der Hydraulik**

In der Hydraulik werden die Anschlüsse an Ventile für Druckleitung mit P; Arbeitsleitungen mit A, B, C; Rückleitungen mit T gekennzeichnet; Steuerleitungen mit X, Y, Z. Die Kennzeichnungen sind noch nicht genormt. Verbindlich sind die auf dem jeweiligen Ventil angegebenen Kennzeichen.

1.2.3 Aufbau von Schaltplänen in der Fluidtechnik

Im Schaltplan wird die geforderte Steuerung durch bestimmte Bauelemente, z.B. aus der Pneumatik, realisiert. Dabei werden die Elemente der Pneumatik ohne Rücksicht auf ihre räumliche Lage an der Maschine in der **Wirkrichtung** übereinander angeordnet. Demnach zeichnet man die Bildzeichen der Elemente von unten nach oben und ordnet sie waagerecht an. Weiterhin wird der Schaltplan in der **Ausgangsstellung** gezeichnet. Unter Ausgangsstellung versteht man den Schaltzustand, der bei Druckbeaufschlagung vor Betätigung des Startsignals vorliegen muß.

Übungsaufgaben 1/17; 1/18; 1/19

Die Numerierung der Elemente einer Steuerkette innerhalb eines Schaltplans beginnt mit der Nummer der Steuerkette. Es folgen ein Punkt mit Ziffern zur Kennzeichnung der einzelnen Elemente nach ihrer Funktion. Es wird häufig folgende Kennzeichnung angewendet:

.0 Arbeitselement
.1 Stellglied
.2 } Elemente, die den Vorlauf beeinflussen
.4 } **(gerade Zahlen)**

.3 } Elemente, die den Rücklauf beeinflussen
.5 } **(ungerade Zahlen)**

Beispiel **für den Aufbau eines Schaltplanes**

Aufgabe

In einer Bohrvorrichtung sollen Werkstücke pneumatisch gespannt werden. Der Spannvorgang muß durch Knopfdruck von zwei verschiedenen Stellen ausgelöst werden können. Das Lösen soll über einen Fußschalter vorgenommen werden. Aus Sicherheitsgründen muß gewährleistet sein, daß die Spannvorrichtung nur gelöst wird, wenn die Bohrspindel zurückgefahren ist.

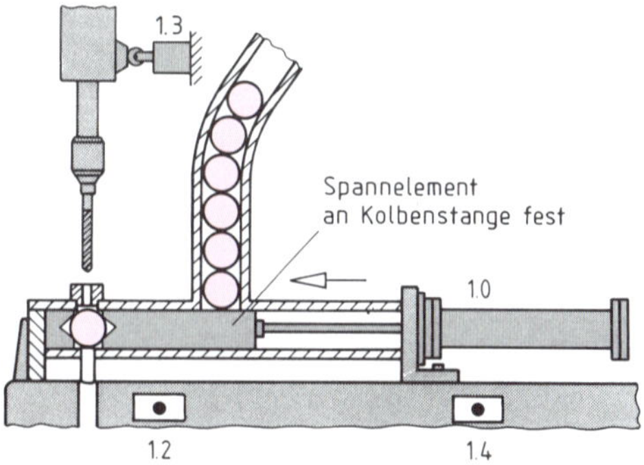

Bohrvorrichtung (gespannter Zustand)

Lösung

Steuerkette und Schaltplan

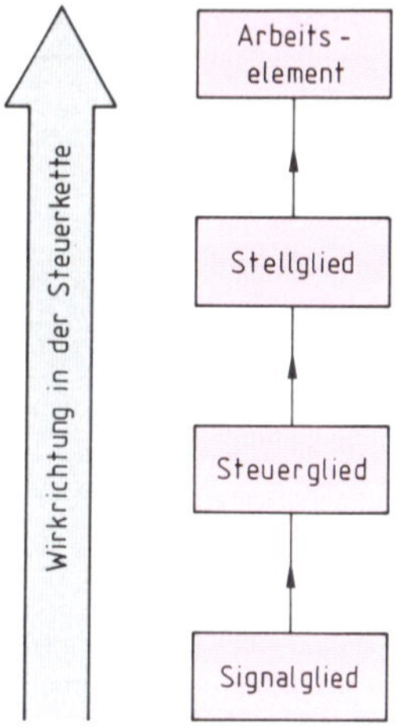

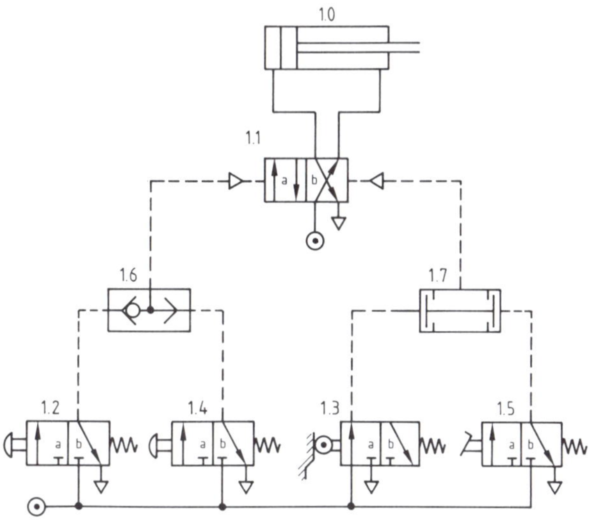

Funktionsbeschreibung

- Der Spannvorgang wird eingeleitet durch Bedienung von Handtaster 1.2 oder Handtaster 1.4.
- Über das Wechselventil 1.6 wird das Signal zum Umsteuern des Wegeventils 1.1 weitergeleitet.
- Die Kolbenstange von Zylinder 1.0 fährt in ihre Spannstellung vor.
- Der Spannvorgang wird gelöst durch Betätigung von Endschalter 1.3 und Fußschalter 1.5.
- Über das Zweidruckventil 1.7 wird das Signal zum Umsteuern des Wegeventils 1.1 weitergeleitet.
- Die Kolbenstange von Zylinder 1.0 fährt in ihre Ausgangslage zurück.

Ein pneumatischer und hydraulischer Schaltplan wird in der Wirkrichtung von unten nach oben gekennzeichnet. Die Anlage wird in Ausgangsstellung dargestellt: also unter Druck, jedoch vor dem Start.

1.2.4 Bildzeichen in der Fluidtechnik

- **Bildzeichen aus dem Bereich der Energieumformung (Auswahl)**

Bildzeichen	Benennung und Erklärung	Bildzeichen	Benennung und Erklärung
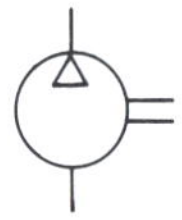	Verdichter (Kompressor)	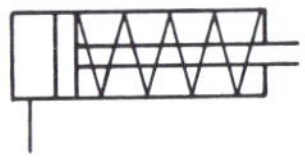	Einfachwirkender Zylinder Rückbewegung durch Feder
	Hydraulikpumpe, verstellbar	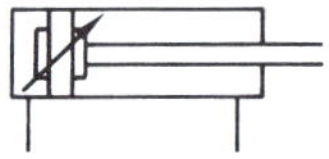	Doppeltwirkender Zylinder z.B. mit beidseitig verstellbarer Dämpfung
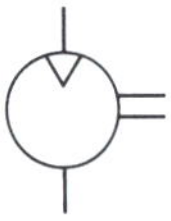	Pneumatikkonstantmotor mit einer Strömungsrichtung	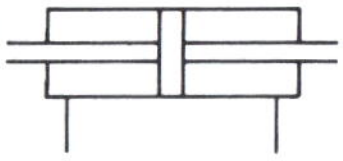	Doppeltwirkender Zylinder mit beidseitiger Kolbenstange
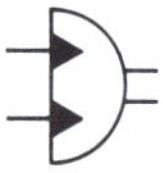	Hydraulikmotor mit begrenztem Schwenkbereich	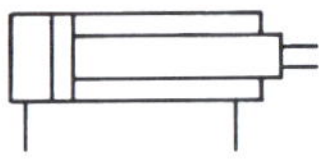	Differentialzylinder mit einseitiger Kolbenstange

- **Bildzeichen aus dem Bereich der Energieübertragung (Auswahl)**

Bildzeichen	Benennung und Erklärung	Bildzeichen	Benennung und Erklärung
	Druckquelle	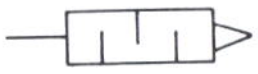	Schalldämpfer
— — —	Steuerleitung	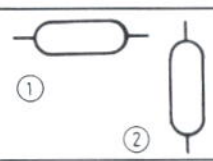	① Pneumatikspeicher ② Hydraulikspeicher
– – – – –	Entlüftungs- oder Leckleitung	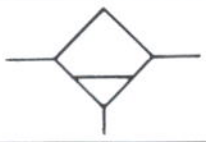	Wasserabscheider, handbetätigt
	biegsame Leitung	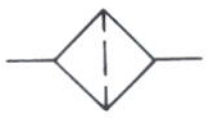	Filter oder Sieb
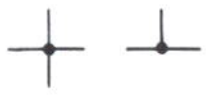	Leitungsverbindung (fest)		Öler
	Leitungskreuzung		Wartungseinheit (Filter, Druckregelventil, Öler und Manometer), vereinfachte Darstellung
	Auslaß ohne Rohranschluß bzw. mit Rohranschluß		
	Behälter mit Rohr (Abfluß zum Tank)		

- **Bildzeichen aus dem Bereich der Energiesteuerung (Auswahl)**

Bildzeichen	Benennung	Ausgangsstellung	Bildzeichen	Benennung	Ausgangsstellung
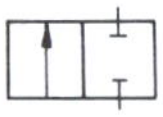	2/2-Wegeventil	geschlossen	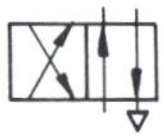	4/2-Wegeventil	1 Leitung belüftet 1 Leitung entlüftet
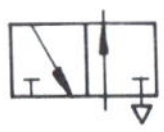	3/2-Wegeventil	geöffnet	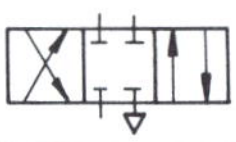	4/3-Wegeventil	Mittelstellung geschlossen
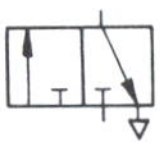	3/2-Wegeventil	geschlossen	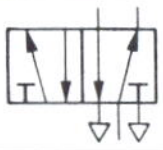	5/2-Wegeventil	1 Leitung belüftet 1 Leitung entlüftet

Betätigungen von Ventilen (Auswahl)

Muskelkraftbetätigung		Mechanische Betätigung	
	– allgemein		– durch Stößel
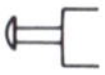	– durch Druckknopf		– durch Feder
	– durch Hebel	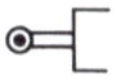	– durch Rolle
	– durch Pedal	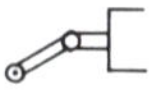	– durch Rolle, nur in einer Richtung arbeitend
	– allgemein, mit Raster	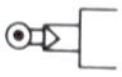	– durch Rolle, pneumatisch vorgesteuert

Im Ausgangszustand gedrückte Ventile kennzeichnet man durch das Betätigungsglied mit angesetztem Symbol für die Steuerschiene.

Beispiel für ein Ventil, das im Ausgangszustand gedrückt ist

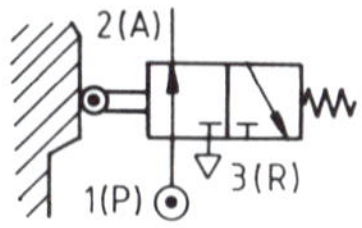

Elektrische Betätigung		Betätigung durch Druckbeaufschlagung oder Druckentlastung	
	– durch Elektromotor	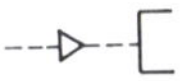	– durch Druckbeaufschlagung
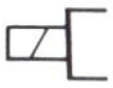	– durch Elektromagnet	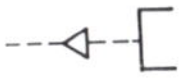	– durch Druckentlastung
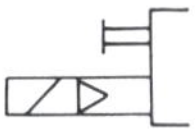	– kombiniert		– durch Druck über Steuerkanäle innerhalb der Einheit

Beispiele für Betätigungen von Wegeventilen

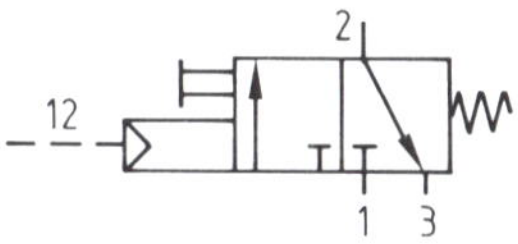

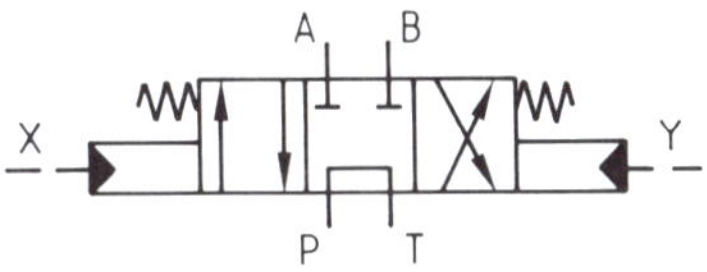

Stromventile (Auswahl)

Stromventile sind Ventile, welche den Durchfluß der Druckluft beeinflussen. Besonders wichtig ist in dieser Gruppe das Drosselventil.

Drosselventil

	Ventil, welches eine einstellbare Verengung aufweist, die in beide Richtungen wirksam ist.

Rückschlag-, Wechsel-, Schnellentlüftungsventile (Auswahl)

Diese Ventile werden häufig unter der Bezeichnung Sperrventile zusammengefaßt. Ventile dieser Bauart gestatten einen Durchfluß nur in *einer* Richtung.

Rückschlagventile

 – unbelastet	öffnet, wenn der Einlaßdruck höher ist als der Auslaßdruck
 – federbelastet	öffnet, wenn der Einlaßdruck höher ist als der Auslaßdruck einschließlich der Federanpreßkraft
 – mit Drosselung	Einheit erlaubt freien Durchfluß in einer Richtung und begrenzt den Durchfluß in der anderen.

Wechselventil (ODER-Glied)

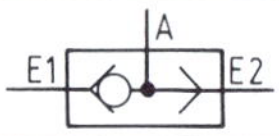	Die Einlaßöffnung mit dem höheren Druck ist automatisch mit der Auslaßöffnung verbunden, während die andere Einlaßöffnung verschlossen ist.

Schnellentlüftungsventil

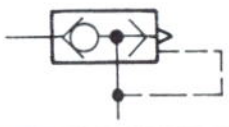	Wenn die Einlaßöffnung unbeaufschlagt ist, dann ist die Auslaßöffnung frei zur Atmosphäre entlüftet.

Zweidruckventil (UND-Glied)

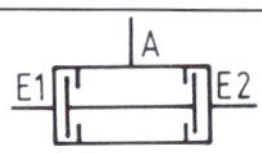	(Symbol nicht genormt)	Das Ventil hat nur dann Durchgang, wenn beide Seiten beaufschlagt sind.

Druckventile (Auswahl)

Druckventile sind Baueinheiten, die eine Steuerung des Druckes gewährleisten.

Druckbegrenzungsventil (Sicherheitsventil)

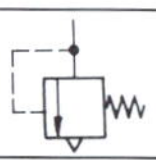	Der Einlaßdruck wird durch Öffnen der Ablaßöffnung zur Atmosphäre gegen eine Gegenkraft (z.B. eine Feder) gesteuert.

Folgeventil

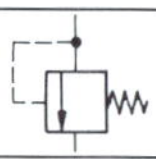	Wenn der Eingangsdruck größer als die Gegenkraft der Feder wird, dann öffnet das Ventil und gibt Durchfluß zum Auslaßanschluß frei.

Druckregelventil oder Druckreduzierventil (Druckminderer)

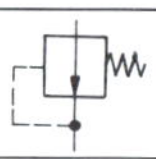	Einheit, mit einem veränderlichen Eingangsdruck, die im wesentlichen konstanten Ausgangsdruck liefert, vorausgesetzt, daß der Eingangsdruck höher als der erforderliche Ausgangsdruck ist.

Übungsaufgaben 1/20 bis 1/31

2 Pneumatik

Jede pneumatische Anlage besteht aus drei Teilsystemen:

- System zur *Druckluftbereitstellung,*
- System zur *Steuerung,*
- System zur *Arbeitsverrichtung.*

Beispiel **für die Teilsysteme einer Pneumatikanlage** (Schema)

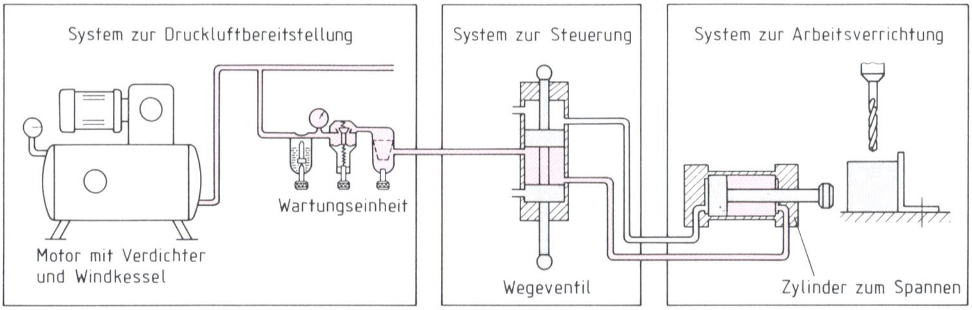

2.1 Einheiten zur Bereitstellung der Druckluft

2.1.1 Verdichter (Kompressoren)

- **Grundlagen**

Drückt man Luft zusammen, so spricht man von Verdichten bzw. Komprimieren. Entsprechende Geräte heißen Verdichter oder Kompressoren. Bei Verdichtungsvorgängen wird ein vorhandenes Ansaugvolumen V_1 mit dem Eingangsdruck p_1 zu einem kleineren Volumen V_2 zusammengepreßt. In dem kleineren Volumen V_2 herrscht ein erhöhter Druck p_2.

Für Verdichtungsvorgänge gilt bei konstant bleibender Temperatur das Boyle-Mariottesche Gesetz. Bei der Anwendung dieses Gesetzes ist darauf zu achten, daß p_1, und p_2 **absolute Drücke** sind.

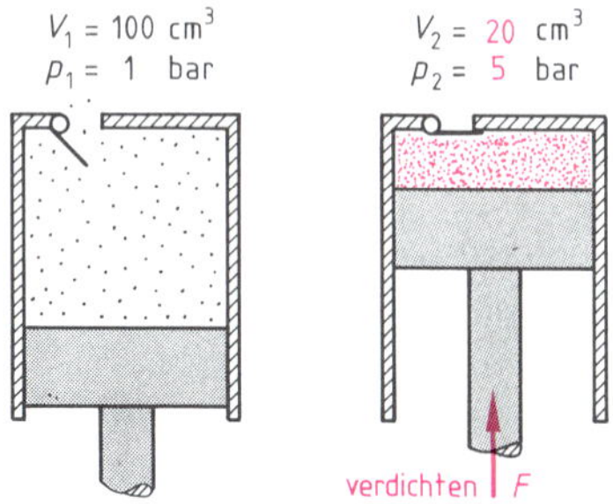

$100\ \text{cm}^3 \cdot 1\ \text{bar} = 20\ \text{cm}^3 \cdot 5\ \text{bar}$

allgemein gilt: $V_1 \cdot p_1 = V_2 \cdot p_2$

Gesetz von Boyle-Mariotte

Alle Druckangaben bei pneumatischen Anlagen beziehen sich jedoch auf den Überdruck p_e gegenüber dem atmosphärischen Druck. Andernfalls werden Druckangaben besonders gekennzeichnet.

Beispiel **für eine Druckberechnung**

Aufgabe

Ein Verdichter saugt je Hub 200 cm³ Luft an, die einen Druck von 1 bar hat. Er verdichtet auf ein Volumen von 50 cm³.

a) Auf welchen absoluten Druck wird die Luft verdichtet?

b) Welchen Druck zeigt das Meßgerät in der Druckleitung an?

Lösung

a) Druck im Verdichter

$$p_2 = \frac{p_1 \cdot V_1}{V_2} = \frac{1\ \text{bar} \cdot 200\ \text{cm}^3}{50\ \text{cm}^3}$$

$p_2 =$ **4 bar** (absoluter Druck im Verdichter)

b) $p_e =$ **3 bar** (angezeigter Druck vom Meßgerät)

Druckangaben in der Pneumatik beziehen sich auf Überdruck.
Druckmeßgeräte in der Pneumatik sind auf Überdruck eingestellt.

Übungsaufgaben 2/1; 2/2; 2/3

• Bauformen von Verdichtern

Verdichter unterscheidet man nach der Art der Drucklufterzeugung. Werden in einem Verdichter die Luftteilchen, z.B. durch einen Kolben, verdrängt und wird dabei das Luftvolumen verkleinert, so benutzt man das Verdrängungsprinzip zur Erzeugung der Druckluft. Im Hinblick auf den erreichbaren Druck und die gewünschte Liefermenge haben sich in der Pneumatik Verdichter nach dem Verdrängungsprinzip durchgesetzt.

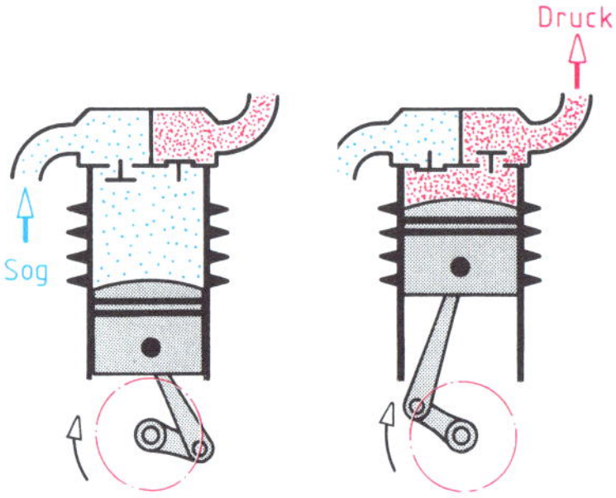

Hubkolbenverdichter

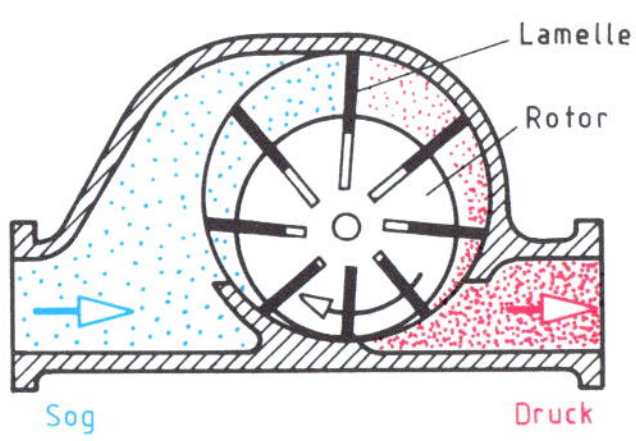

Lamellenverdichter

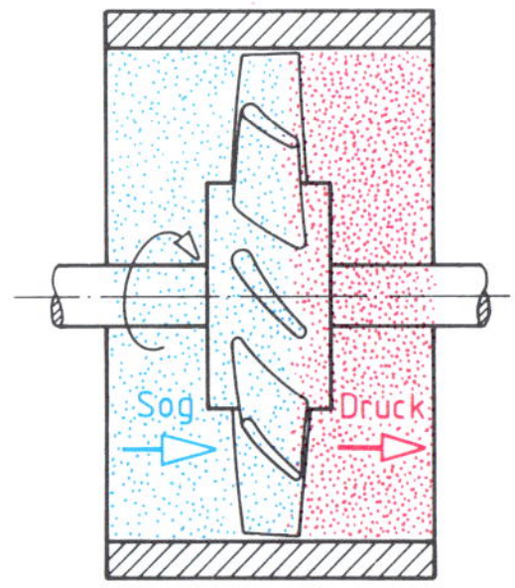

Axialverdichter

Hubkolbenverdichter und Lamellenverdichter arbeiten nach dem Verdrängerprinzip.
Axialverdichter arbeiten nach dem Strömungsprinzip.

• Liefermenge und Betriebsdruck

Stationäre Verdichter werden meist durch Elektromotoren angetrieben. Bei fahrbaren Anlagen benutzt man zum Antrieb häufig Verbrennungsmotoren.

Zur Kennzeichnung eines Verdichters dienen der erreichbare Druck und die Liefermenge. Die Liefermenge ist das je Zeiteinheit angegebene Luftvolumen; sie wird bei kleinen Anlagen in Liter/min, sonst in m^3/min angegeben.

Pneumatische Anlagen arbeiten in der Regel mit einem Druck von 6 bar; als untere Grenze werden 3 bar und als obere 15 bar angesehen.

Die Kenngrößen eines Verdichters sind:
- Liefermenge – Volumen der abgegebenen Luft je Zeiteinheit,
- Betriebsdruck – erreichbarer Überdruck.

2.1.2 Druckluft und Luftfeuchtigkeit

Luft ist in der Lage, Wasser in Form von Wasserdampf aufzunehmen. Die Fähigkeit, Wasser aufzunehmen, nimmt mit steigender Temperatur zu. Wird mit Wasserdampf gesättigte Luft abgekühlt, scheidet sich Wasser in Tröpfchenform aus der Luft aus. Die Wassertröpfchen kondensieren und schlagen sich an den Gefäßwänden nieder.

Die Luft hat für jede Temperatur eine bestimmte Sättigungsmenge. So kann 1 m^3 Luft von 10°C 9,41 g Wasser aufnehmen. Die gleiche Luftmenge von 1 m^3 nimmt bei 30 °C bis zu 30,38 g Wasser auf.

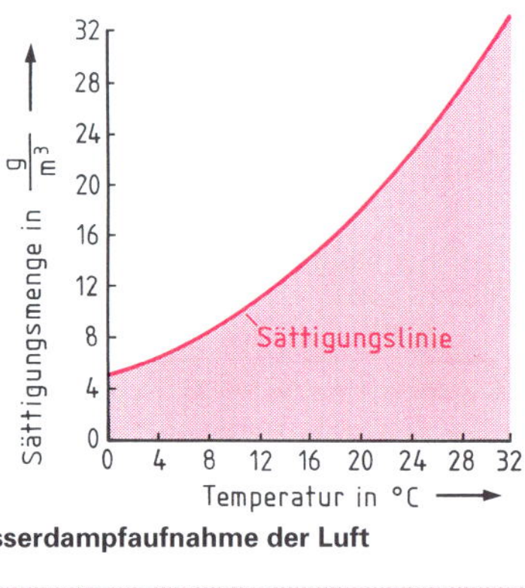

Wasserdampfaufnahme der Luft

Die Wasseraufnahme der Luft ist von der Temperatur abhängig, nicht jedoch vom Druck. Das bedeutet, daß Druckluft nicht mehr Wasser aufnehmen kann als normale Luft.

Übungsaufgaben 2/4 bis 2/10

2.1.3 Druckluftverteilung

- **Windkessel**

In Druckluftverteilungsanlagen wird die Luft aus dem Verdichter zunächst in einen Behälter geleitet, den man Windkessel nennt.

In Anlagen für den Betrieb pneumatischer Steuerungen werden nach dem Verdichter ein Nachkühler mit Wasserabscheider und danach ein Windkessel eingebaut. In kleineren Anlagen ist dem Verdichter der Windkessel direkt nachgeschaltet.

Die Aufgaben des Windkessels sind:

- *Ausgleich* der Druckstöße vom Verdichter,
- *Speicherung* von Druckluft für das angeschlossene Netz,
- *Abkühlung* der Druckluft mit Kondensatausscheidung.

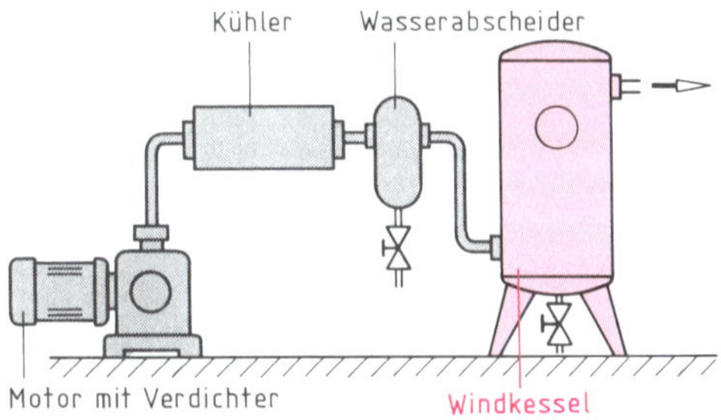

Windkessel in einer Druckluftanlage

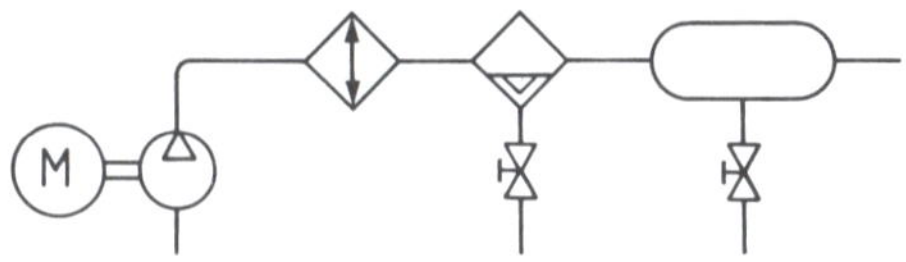

Drucklufterzeugung (Bildzeichen)

- **Speicher**

Innerhalb eines Druckluftnetzes werden nach Bedarf Speicher für Druckluft eingebaut.

Die Speicher haben folgende Aufgaben:

- *Ausgleich von Druckschwankungen* in größeren Netzen, dadurch Versorgung der Verbraucher mit gleichem Betriebsdruck.
- *Bereitstellung von Druckluft* in der unmittelbaren Nähe von Verbrauchern mit großem, plötzlichem Luftverbrauch,
- *Ausscheidung von anfallendem Kondensat.*

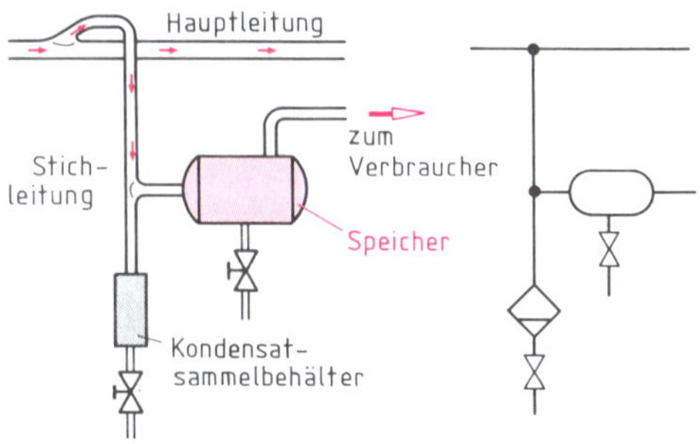

Speicher im Druckluftnetz

2.1.4 Aufbereitung der Druckluft

- **Aufgabe der Wartungseinheit**

Die Druckluft aus dem Rohrleitungsnetz darf nicht unmittelbar den Pneumatikelementen zugeführt werden. Sie wird wie folgt aufbereitet:

- *Reinigen* und *Ausscheiden* von Kondensat in einem Filter,
- *Regeln* durch einen Druckregler,
- *Anreichern mit Ölnebel* in einem Öler.

Diese drei Aufbereitungsvorgänge werden in einem kombinierten Gerät – der Wartungseinheit – durchgeführt.

Die Wartungseinheit gehört zu jeder vollständigen Pneumatikanlage und wird daher im Schaltplan direkt nach dem Absperrventil eingezeichnet. Das Bildzeichen für die ausführliche Darstellung wird immer mehr durch das Bildzeichen für die vereinfachte Darstellung abgelöst.

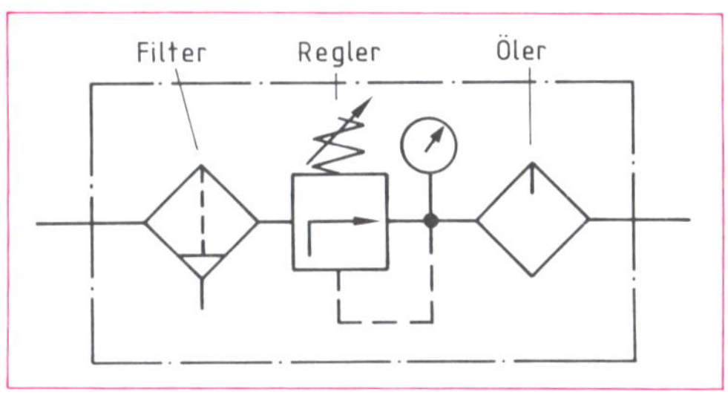

ausführliches Bildzeichen

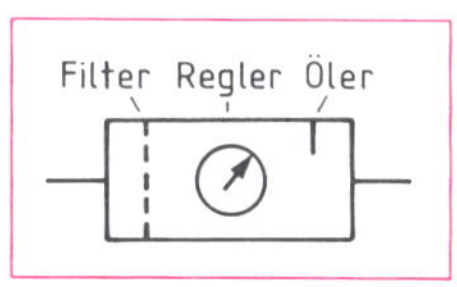

vereinfachtes Bildzeichen

Bildzeichen für Wartungseinheit

Die Wartungseinheit besteht aus Filter, Regler und Öler.

2.2 Arbeitseinheiten in der Pneumatik

Arbeitseinheiten in der Pneumatik sind vorwiegend Zylinder, die hin- und hergehende Bewegungen ausführen. In besonderen Fällen werden in Werkzeugen und Maschinen auch Pneumatikmotoren eingesetzt.

Beispiele für Arbeitseinheiten

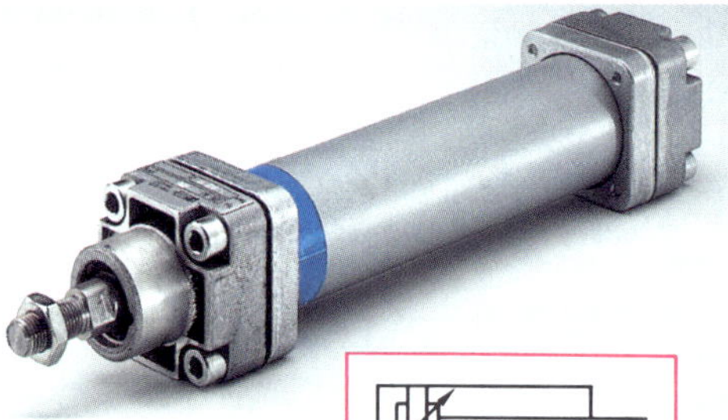

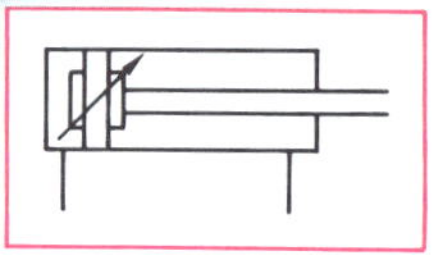

Pneumatikzylinder

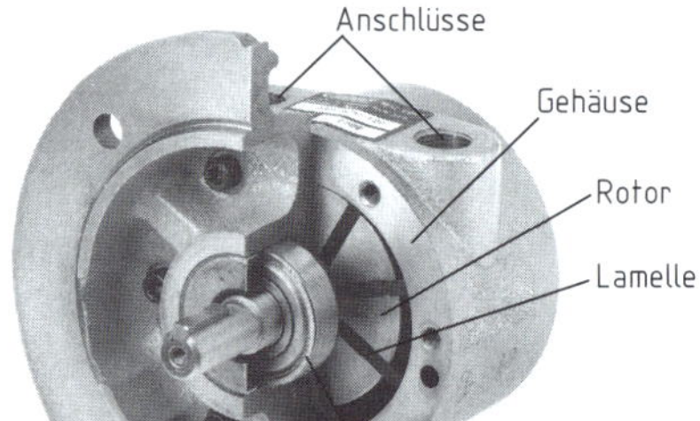

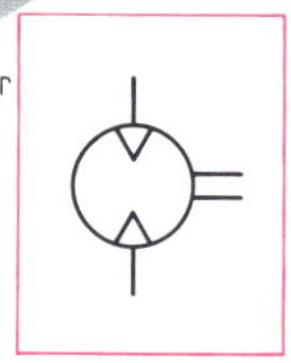

Pneumatikmotor

2.2.1 Aufbau von Pneumatikzylindern

- **Einfachwirkender Zylinder**

Wird ein Zylinder nur von einer Seite druckbeaufschlagt, so kann er nur in dieser einen Richtung Kräfte übertragen. Ein solcher Zylinder wird einfachwirkender Zylinder genannt. Bei einfachwirkenden Zylindern erfolgt der Rückhub durch eine eingebaute Feder, Membrane oder durch äußere Krafteinwirkung. Die Baulänge einfachwirkender Zylinder ist wegen der Rückholfeder in seiner Länge begrenzt.

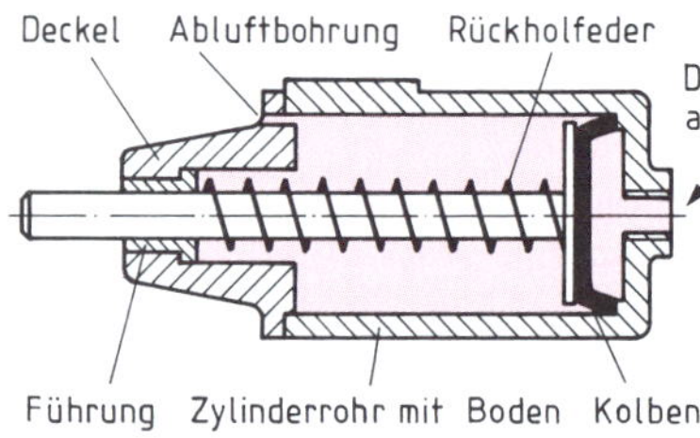

Einfachwirkender Zylinder

Einfachwirkende Zylinder benötigen nur für eine Bewegungsrichtung Druckluft. Sie können Kräfte nur in einer Richtung übertragen und haben begrenzte Baulängen.

- **Doppeltwirkender Zylinder**

Werden in einem Zylinder beide Kolbenseiten wechselweise mit Druckluft beaufschlagt, so ist in jede dieser Richtungen eine Kraftübertragung möglich.
Ein solcher doppeltwirkender Zylinder kann sowohl im Vorhub als auch im Rückhub gesteuert werden. Doppeltwirkende Zylinder können in großen Baulängen ausgeführt werden.

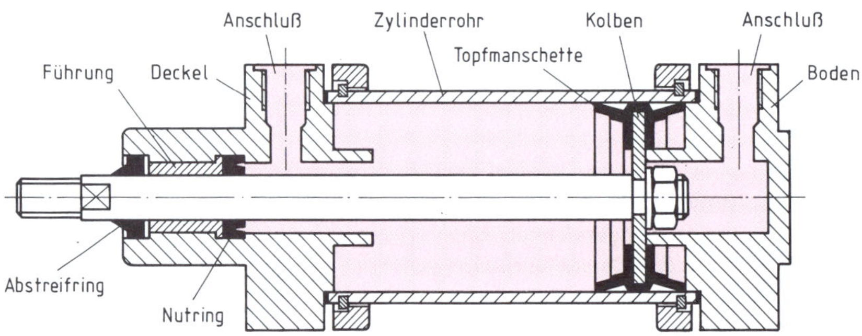

Doppeltwirkender Zylinder

Doppeltwirkende Zylinder benötigen für zwei Bewegungsrichtungen Druckluft. Sie übertragen Kräfte in beide Richtungen. Ihre Baulänge kann den gestellten Anforderungen weitgehend angepaßt werden.

Übungsaufgaben 2/19; 2/20

2.2.2 Dämpfung

Bewegt sich der Kolben in einem Druckluftzylinder mit hoher Geschwindigkeit, so trifft er mit großer Wucht auf den Deckel oder Boden des Zylinders auf. Damit bei größeren Massen keine Beschädigungen auftreten und die Geschwindigkeit des Kolbens allmählich abgebaut wird, haben Zylinder vielfach eine eingebaute Abbremsvorrichtung, die man als Dämpfung bezeichnet. Die Dämpfung kann konstant sein oder verändert werden.

Die einstellbare Dämpfung beruht darauf, daß das schnelle Ausströmen der Luft aus dem Zylinder in dem Augenblick behindert wird, in dem sich der Kolben kurz vor Erreichen einer Endlage befindet. Diese Drosselung der Abluft bewirkt man dadurch, daß der Kolben kurz vor Erreichen der Endlage mit einem Zapfen in eine Bohrung des Deckels bzw. des Bodens eintaucht und den Ausströmquerschnitt verringert. Vor dem Kolben baut sich dann ein Luftpolster auf und bremst den Kolben ab. Über ein verstellbares Drosselventil wird die Luft abgelassen, bis der Kolben die Endlage erreicht.

Soll der Kolben wieder in Gegenrichtung anfahren, so kann die zuströmende Druckluft die gesamte Kolbenfläche sofort beaufschlagen, weil ein Rückschlagventil durch die Druckluft geöffnet wird.

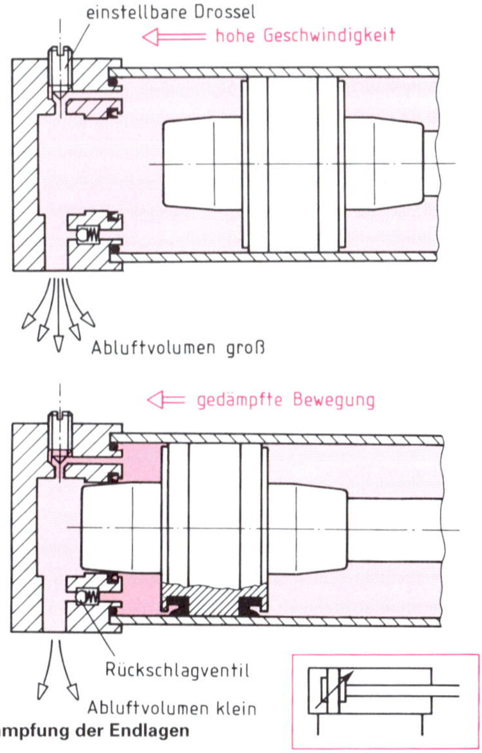

Dämpfung der Endlagen

Die Dämpfung bei Zylindern verhindert hartes Anschlagen des Kolbens in den Endlagen. Durch eine einstellbare Dämpfung wird das Bewegungsverhalten von Zylindern den Anforderungen angepaßt.

2.2.3 Befestigungsarten

Die Art der Befestigung eines Zylinders wird dadurch bestimmt, wie der Zylinder an der Maschine oder der Vorrichtung zum Einsatz kommt. Die auftretenden Kräfte und die Belastungsfälle beeinflussen ebenfalls die Auswahl der Befestigung.

Befestigungssysteme nach dem Baukastenprinzip sind vorteilhaft.

Befestigungsarten von Zylindern (Auswahl)		
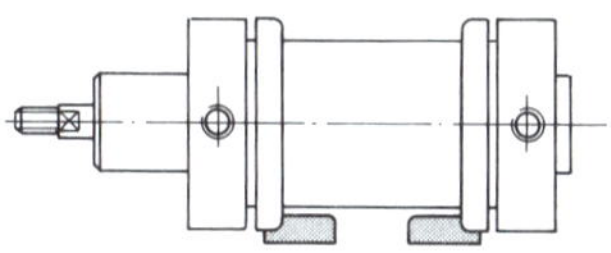 Fuß	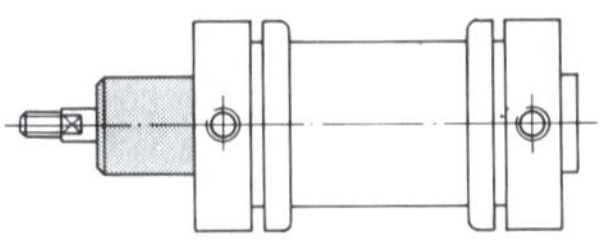 Gewinde, vorne	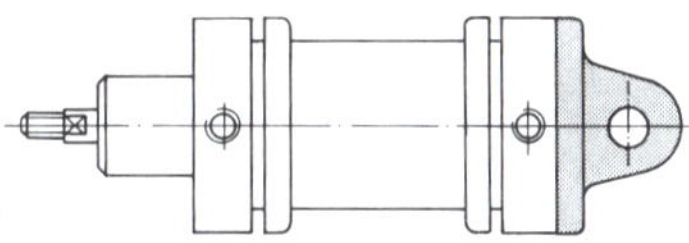 Flansch, schwenkbar – hinten
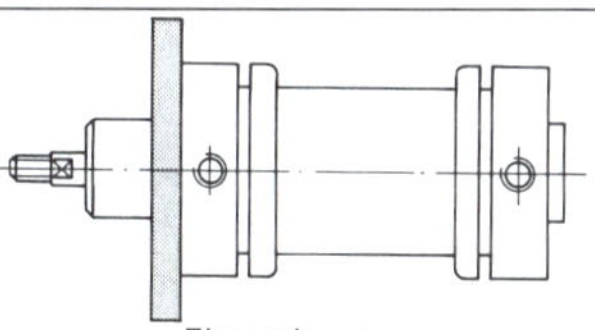 Flansch, vorne	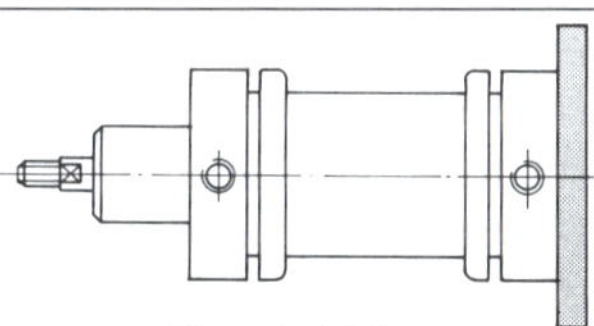 Flansch, hinten	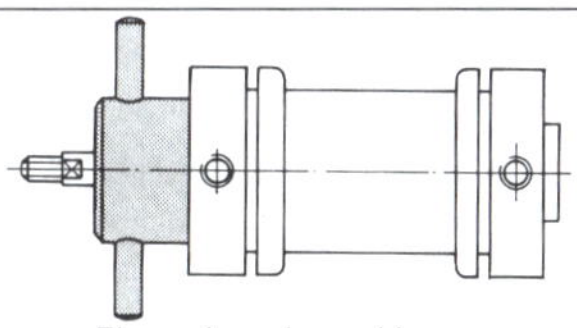 Flansch, schwenkbar – vorne

Übungsaufgaben 2/21; 2/22

2.2.4 Bauarten

Bezeichnung und Einsatz	Aufbau und Bildzeichen	Hinweise
Kolbenzylinder (einfachwirkend) zm Spannen, Auswerfen, Pressen, Zuführen	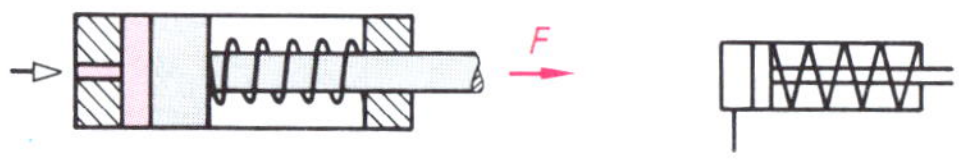	Einfachwirkende Zylinder können Arbeit nur in einer Richtung ausführen.
Kolbenzylinder (doppeltwirkend) zum Einsatz, wenn im Vorhub und im Rückhub Arbeit verrichtet wird	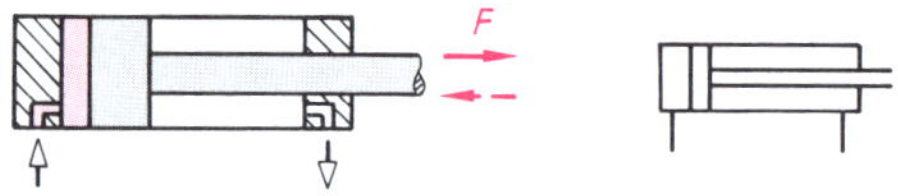	Doppeltwirkende Zylinder können Arbeit im Vorhub und im Rückhub ausführen.
Kolbenzylinder (doppeltwirkend mit zweiseitiger Kolbenstange) für Sonderaufgaben; Kraft ist in beiden Bewegungsrichtungen gleich groß	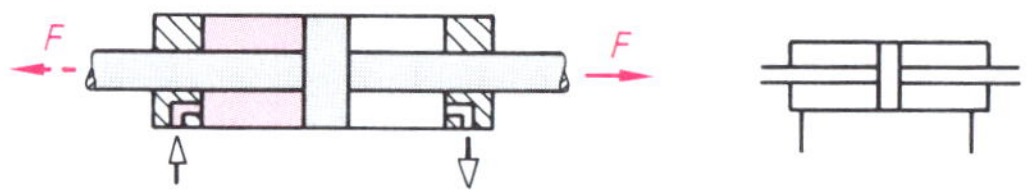	Die durchgehende Kolbenstange kann wegen der zwei Lagerstellen günstig geführt werden.
Tandemzylinder Verwendung dort, wo bei kleinem Zylinderdurchmesser eine große Kraft benötigt wird	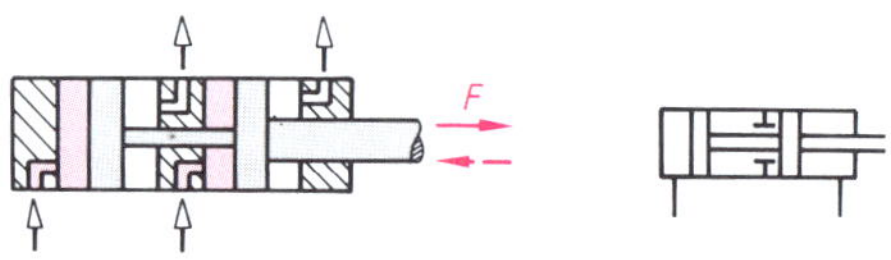	Zwei doppeltwirkende Zylinder sind zu einer Baueinheit zusammengesetzt; bei gemeinsamer Beaufschlagung verdoppelt sich nahezu die Kraft an der Kolbenstange.
Membranzylinder auch Druckluftdose oder Kraftdose genannt; Einsatz im Vorrichtungs- und Werkzeugbau; zum Prägen, Nieten und Spannen	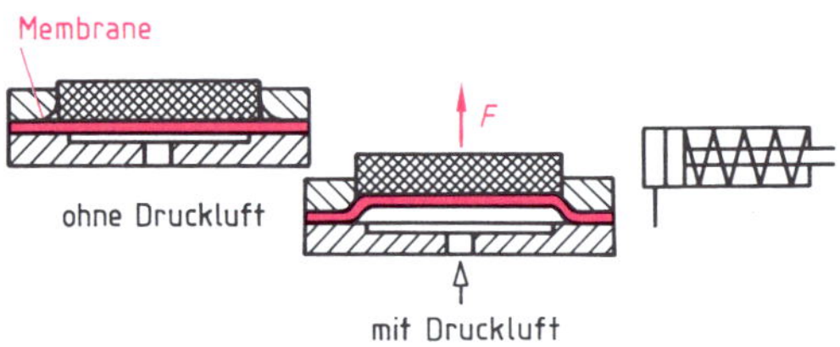	Die eingebaute Membrane – aus Gummi, Kunststoff oder auch Metall – übernimmt die Aufgabe eines Kolbens und einer Rückstellfeder.
Rollmembranzylinder ähnliches Einsatzgebiet wie beim Membranzylinder; hier jedoch wesentlich größere Hübe – etwa bis 80 mm – möglich	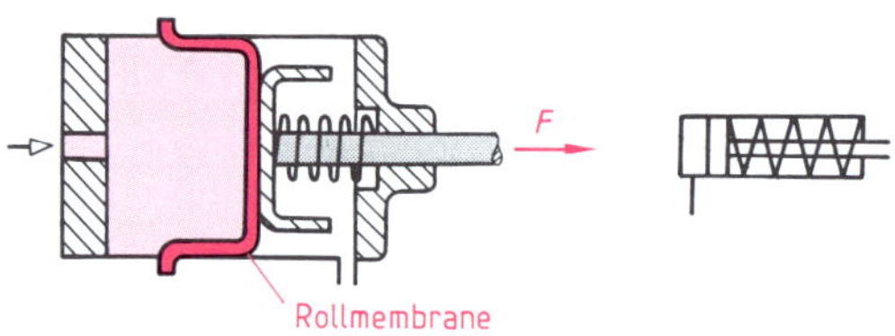	Die Rollmembrane rollt sich beim Einströmen der Druckluft an der Innenwand des Zylinders ab. Rückhub durch eingebaute Feder.
Drehzylinder Einsatz zum Wenden von Werkstücken, Biegen von Rohren, Betätigen von Klappventilen und Sperrschiebern	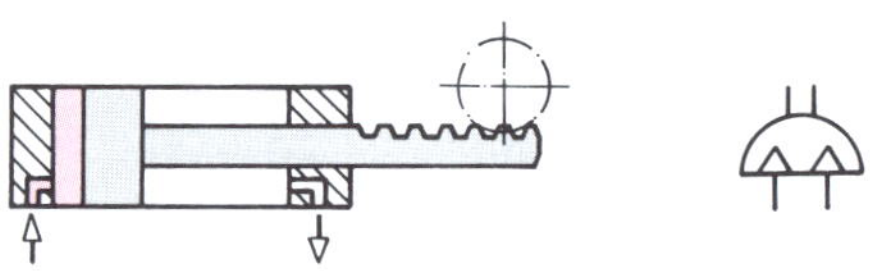	Der doppeltwirkende Zylinder treibt über eine Kolbenstange mit Zahnprofil ein Zahnrad an. Je nach Bauart schwankt der Schwenkbereich zwischen 45° und 720°.

Übungsaufgaben 2/23; 2/24; 2/25

2.2.5 Auswahl von Pneumatikzylindern

2.2.5.1 Kriterien für die Auswahl von Pneumatikzylindern

Kriterien	Beschreibung
Kolbenkräfte	Die Kolbenkräfte bestimmen den notwendigen Kolbendurchmesser. Je nach Zylinderart und Zylindergröße ergeben sich für die Schubkräfte und die Rückzugkräfte unterschiedliche Werte. Diese Werte sind in den Datenblättern der Zylinderhersteller verzeichnet.
Kolbenstangendurchmesser	Der Kolbenstangendurchmesser richtet sich bei genormten Zylindern nach dem Kolbendurchmesser. Lange, schlanke Kolbenstangen können knicken. Sie müssen daher nach einem aufwendigen Rechenverfahren auf Knickung berechnet werden.
Dämpfung, Hubbegrenzung	Die Hubbegrenzung der Kolbenstange kann man außerhalb des Zylinders durch Anschläge oder Endschalter erreichen. Innerhalb des Zylinders kann der Hub durch eine einstellbare Dämpfung begrenzt werden.
Hublänge	Die auszuwählende Hublänge des Zylinders richtet sich im wesentlichen nach dem Arbeitsweg. Dabei bevorzugt man genormte Hublängen. Die Hublänge entspricht entweder dem Arbeitsweg oder ist etwas größer. Maximale Hublänge: • bei einfachwirkenden Zylindern ca. 100 mm, • bei doppeltwirkenden Zylindern ca. 2 000 mm.
Gewindeanschlüsse	Mit der Auswahl des Zylinders liegt auch das Anschlußgewinde für die Rohrleitungen fest, üblich waren Rohr-Gewinde, es finden immer mehr metrische Gewinde Verwendung.
Befestigungsart	Die Befestigungsart wird nach den auftretenden maximalen Kräften und den Drehmomenten, die zu der Zylinderachse wirken, ausgewählt.
Einbaumaße	Es gibt viele verschiedenartige Zylindertypen. Je nach Kundenwunsch werden sie gesondert angefertigt. Für Standardaufgaben hat man die Zylinder und ihre Einbaumaße genormt. Beispiele für Normen: DIN 24 335, DIN ISO 6431 Das Europäische Komitee Ölhydraulik und Pneumatik (CETOP) hat ebenfalls Richtlinien herausgegeben. Beispiele: CETOP RP 43 P, CETOP RP 51 P, CETOP RP 53 P
Umweltbedingungen	Sind die Zylinder besondere Umweltbedingungen wie z.B. hohen Temperaturen, chemisch agressiven Medien ausgesetzt, so werden entsprechende Sonderausführungen gefertigt.

2.2.5.2 Grundlagen zur Ermittlung des Kolbendurchmessers

Die Durchmesser der Kolben werden entweder rechnerisch ermittelt oder nach Diagrammen der Hersteller ausgewählt. Falls der ermittelte Durchmesser nicht mit dem eines genormten Zylinders übereinstimmt, muß der Zylinder mit dem nächstgrößeren Kolbendurchmesser gewählt werden.

Bei **einfachwirkenden Zylindern** muß für Verluste durch Reibung sowie zur Überwindung der Federkraft für die Rückstellung ein Verlust von etwa 25% angesetzt werden.

Beispiel für die Auswahl des Kolbendurchmessers eines einfachwirkenden Zylinders

Aufgabe

Die Spannkraft eines einfachwirkenden Zylinders soll mindestens 1700 N bei einem Betriebsdruck von 6 bar betragen.

a) Der Kolbendurchmesser ist zu berechnen und ein entsprechender Normdurchmesser aus der Tabelle auszuwählen.

b) Der Kolbendurchmesser ist mit Hilfe einer Tabelle zu ermitteln.

Übungsaufgaben 2/26; 2/27

a) Rechnerische Lösung

Die Spannkraft von 1 700 N ist die effektive Kolbenkraft F_w.

$F_w = 0{,}75 \cdot F$

$F_w = 0{,}75 \cdot p_e \cdot A$

$F_w = 0{,}75\; p_e \cdot \dfrac{d^2 \cdot \pi}{4}$

$d = \sqrt{\dfrac{4 \cdot F_w}{0{,}75 \cdot p_e \cdot \pi}} \qquad d = \sqrt{\dfrac{4 \cdot 1\,700\ \text{N}}{0{,}75 \cdot 60 \dfrac{\text{N}}{\text{cm}^2} \cdot \pi}}$

d = 6,93 cm

Normdurchmesser gewählt nach Tabelle:

∅ **80 mm**

Effektive Kolbenkräfte in N bei einfachwirkenden Zylindern (Auszug)

genormter Kolbendurchmesser in mm	Betriebsdruck in bar						
	4	5	6	7	8	9	10
32	170	260	340	420	500	570	650
50	500	700	880	1 080	1 380	1 490	1 670
63	860	1140	1480	1750	2080	2360	2700
80	1500	2000	2500	3040	3540	4000	4560
100	2480	3250	4000	4650	5500	6250	7100

b) Lösung mit Tabelle

In der Tabelle ist der Wert 1700 N bei b bar nicht angegeben. Für den nächsthöheren Wert 2500 N ergibt sich ein Kolbendurchmesser von **80 mm**.

Bei **doppeltwirkenden Zylindern** beträgt der Verlust durch Reibung etwa 20%. Für die Kraft im Rückhub, die **Rückzugkraft,** muß die Verringerung der Kolbenfläche durch die Kolbenstange berücksichtigt werden.

Beispiel für die Auswahl des Kolbendurchmessers eines doppeltwirkenden Zylinders

Aufgabe

Ein doppeltwirkender Zylinder muß beim Ausfahren eine Hubkraft von 170 N überwinden. Der Betriebsdruck in der Anlage schwankt zwischen 5 bar und 6 bar.

a) der Kolbendurchmesser ist mit Hilfe des Diagramms zu bestimmen. Der genaue Durchmesser ist aus der folgenden Reihe auszuwählen:
20 mm, 25 mm, 32 mm, 40 mm, 50 mm

b) Die effektive Kolbenkraft ist rechnerisch zu überprüfen.

Lösung

a) Bestimmung des Kolbendurchmessers

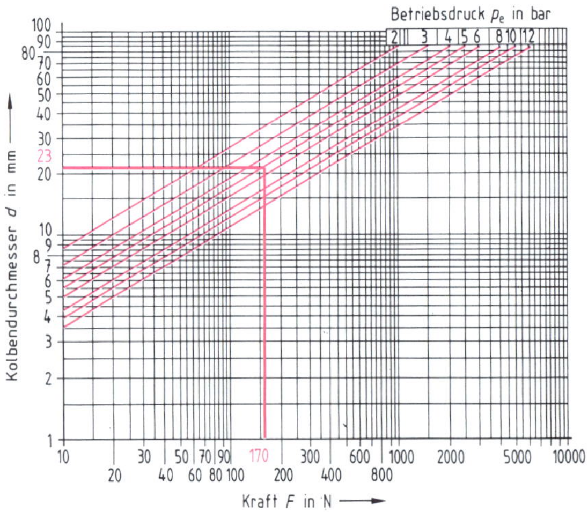

Der ermittelte Durchmesser beträgt **23 mm.** Aus der Reihe der genormten Zylinder ist der Zylinder mit 25 mm Durchmesser zu wählen.

b) Rechnerische Überprüfung des Kolbendurchmessers:

$F = p_e \cdot d^2 \cdot \dfrac{\pi}{4} \qquad F_w = 0{,}8 \cdot F$

$F = 50 \dfrac{\text{N}}{\text{cm}^2} \cdot (2{,}5\ \text{cm})^2 \cdot \dfrac{\pi}{4} \qquad F_w = 0{,}8 \cdot 245\ \text{N}$

$F = 245\ \text{N} \qquad F_w = \mathbf{196\ N}$

Die effektive Kolbenkraft soll mindestens 170 N betragen. Für den gewählten Kolbendurchmesser von 25 mm ergibt sich eine Kolbenkraft von 245 N bei einem Betriebsdruck von 5 bar. Die effektive Kolbenkraft würde bei 20% Verlust 196 N betragen und damit den Anforderungen genügen.

2.3 Einheiten zum Steuern der Druckluft

In einer pneumatischen Anlage benötigt man Bauteile, welche die Druckluft steuern. Solche Bauteile nennt man Ventile. Die Ventile unterteilt man nach ihrer Funktion wie folgt:

Ventile

- **Wegeventile**: Sie *öffnen* oder *schließen* Durchflußwege des Luftstromes.
- **Sperrventile**: Sie sperren den Luftdurchfluß vorzugsweise *in einer Richtung* und geben den Durchfluß in der entgegengesetzten Richtung frei.
- **Druckventile**: Sie *regeln* den Druck in einer Anlage oder werden durch einen vorgegebenen Druck betätigt.
- **Stromventile**: Sie beeinflussen die *Durchflußmenge* der Druckluft.

2.3.1 Bauformen pneumatischer Wegeventile

- **Sitzventile**

Bei Sitzventilen erfolgt die Abdichtung der Ventilsitze entweder durch Kugeln (Kugelsitzventile) oder durch Teller (Tellersitzventile).

Beispiel für ein Sitzventil

Kugelsitzventil

Im gezeigten 3/2-Wegeventil ist in der Ruhestellung die Arbeitsleitung 2(A) mit der Abluft 3(R) verbunden. Die Druckluft 1(P) ist abgesperrt. Wird der Ventilstößel betätigt, so schließt sich die Abluftleitung, die Kugel hebt ab und die Druckluft kann in die Arbeitsleitung strömen. Kugelsitzventile sind einfach aufgebaut, klein und preiswert; jedoch dichten sie nicht immer zuverlässig ab.

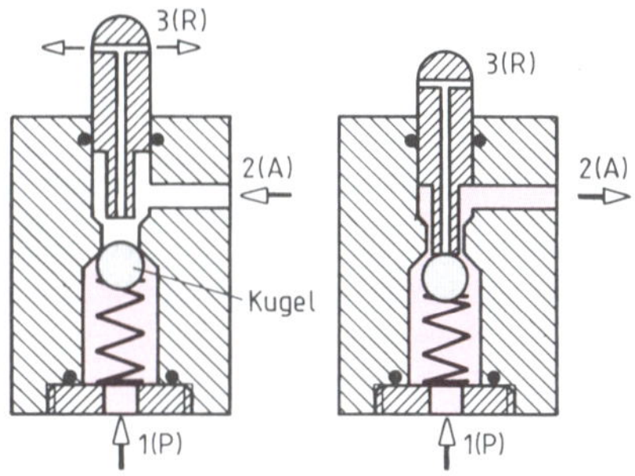

Kugelsitzventil

- **Schieberventile**

Bei Schieberventilen benutzt man zur Umsteuerung der Durchgänge für die Luft Kolben, die in Längsrichtung verschoben werden (Längsschieberventile) oder Schlitze in Platten, die durch Drehbewegungen gegenüber den Anschlüssen verstellt werden (Drehschieberventile).

Beispiel für ein Schieberventil

Längsschieberventil

In Längsschieberventilen werden die Anschlüsse zum Arbeitselement durch die Längsbewegung eines Steuerkolbens wechselseitig be- und entlüftet. Im gezeigten Beispiel geschieht die Betätigung durch Druckbeaufschlagung. Wird bei 12(Y) die Steuerluft betätigt und ist die Leitung bei 14(Z) entlüftet, schaltet das Ventil durch. Arbeitsluft strömt von 1(P) nach 2(B) und Rückluft von 4(A) nach 5(R).

Da zum Umschalten ein kurzfristiger, impulsartiger Druck genügt, wird ein solches Ventil auch Impulsventil genannt. In dem Impulsventil bleibt die Schaltstellung solange erhalten – sie wird gespeichert –, bis ein Gegenimpuls erfolgt.

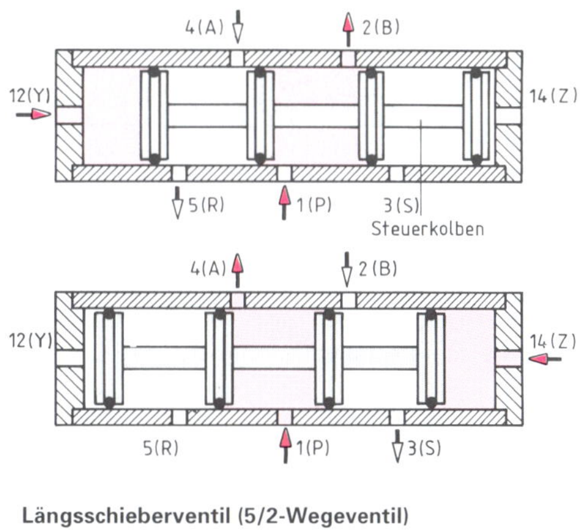

Längsschieberventil (5/2-Wegeventil)

Übungsaufgabe 2/32; 2/33; 2/34

Merkmale für Sitz- und Schieberventile	
Sitzventile – kleiner Betätigungsweg, kurze Ansprechzeit – unempfindlich gegen Schmutz, wenig Verschleiß – erforderliche Betätigungskraft groß	**Schieberventile** – großer Betätigungsweg, längere Ansprechzeit – empfindlich gegen Schmutz, mehr Verschleiß – erforderliche Betätigungskraft gering

2.3.1.1 Vorsteuerung von Ventilen

Ventile mit großen Nennweiten werden wegen der hohen Betätigungskräfte vorgesteuert. Dabei wird das Hauptventil mit Hilfe eines kleinen Vorsteuerventils betätigt. Das Vorsteuerventil ist mit dem Hauptventil zusammengebaut und wird von ihm mit Druckluft versorgt. Vorgesteuerte Ventile bezeichnet man als **indirekt betätigte Ventile**.
Die Betätigung durch ein Vorsteuerventil wird im Schaltplan vereinfacht dargestellt. Dabei wird das Bildzeichen für das Hauptventil mit einem besonderen Symbol für die indirekte Betätigung versehen.

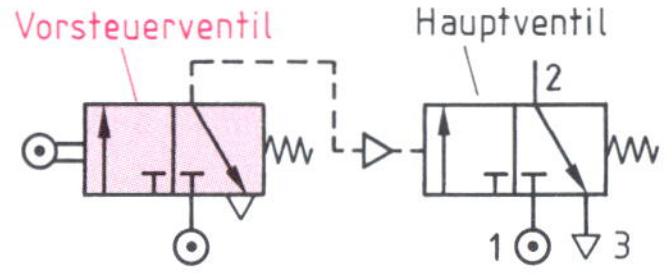

Vorgesteuertes Ventil (ausführliche Darstellung)

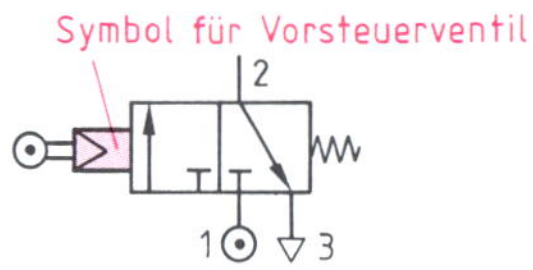

Vorgesteuertes Ventil (vereinfachtes Bildzeichen)

Beispiel **für ein vorgesteuertes 3/2-Wegeventil mit Rollenbetätigung**

Das Vorsteuerventil ist über eine kleine Bohrung mit dem Druckanschluß verbunden. Drückt man auf den Rollenhebel, so öffnet das Vorsteuerventil. Die anstehende Druckluft strömt zur Membrane und bewegt den Ventilteller des Hauptventils nach unten. Die Umsteuerung des Hauptventiles erfolgt dadurch, daß zunächst die Arbeitsleitung 2(A) nach der Abluftleitung 3(R) geschlossen wird. Anschließend wird die Druckleitung 1(P) mit der Arbeitsleitung **2** verbunden.

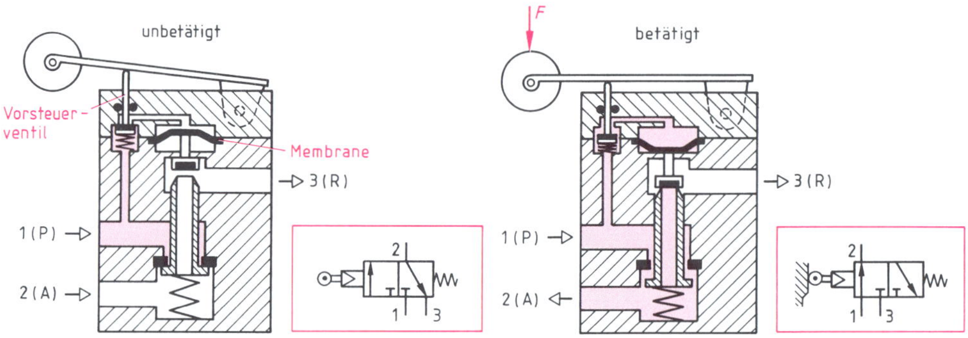

Die Rückstellung des Ventiles beginnt, wenn der Rollenhebel gelöst wird. Dadurch wird im Vorsteuerventil die Druckleitung zur Membrane geschlossen und die Membrane durch die Entlüftung druckentlastet. Die eingebaute Rückstellfeder im Hauptventil drückt den Steuerkolben in seine Ausgangslage. Dabei wird zunächst der Druckanschluß geschlossen und danach die Arbeitsleitung mit der Abluftseite verbunden.

Zur Verminderung der Betätigungskräfte werden indirekt betätigte Ventile eingesetzt. Durch die indirekte Betätigung werden die Schaltkräfte um 80% bis 90% verringert. Das Prinzip der Vorsteuerung läßt sich mit verschiedenen Betätigungsarten kombinieren.

Übungsaufgaben 2/35; 2/36

2.3.1.2 Betätigungsarten an pneumatischen Wegeventilen

- **Muskelkraftbetätigte Ventile**

Muskelkraftbetätigte Wegeventile dienen in Steuerungen zur Belüftung von Steuerungsanlagen. Weiterhin setzt man sie beispielsweise im Schaltschrank als Schloßschalter, Wahlschalter und Schlagtaster für Not-Aus ein.

In einfachen Vorrichtungen oder beim nachträglichen Ausrüsten von Maschinen verwendet man fuß- oder handbetätigte Schalter als Signalglieder.

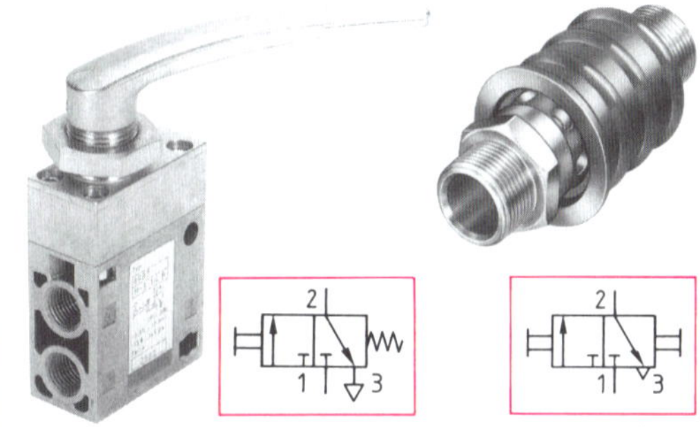

Muskelkraftbetätigte Ventile

- **Mechanisch betätigte Ventile**

Wegeventile mit mechanischer Betätigung dienen in Steuerungsanlagen zur Festlegung von Endlagen und zur Positionskontrolle. Da sie durchweg Signalglieder sind, setzt man hauptsächlich 3/2-Wegeventile ein.

Neben Stößelventilen benutzt man auch Rollenhebel- und Kipphebelventile.

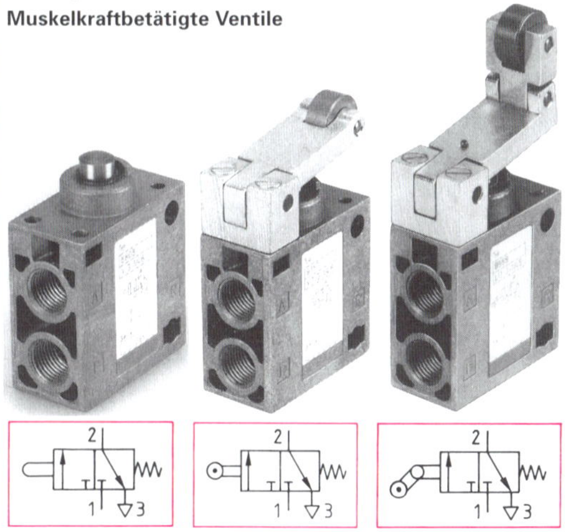

Mechanisch betätigte Ventile

Mechanisch betätigte Ventile sind fast ausnahmslos Ventile mit zwei Schaltstellungen, die ihre Ausgangsstellung meist über Federkräfte einnehmen.

- **Pneumatisch betätigte Ventile**

Pneumatisch betätigte Wegeventile verwendet man in pneumatischen Steuerungen zur Ansteuerung von Arbeitselementen. Dabei werden 3/2-Wegeventile als Stellglieder für einfachwirkende Zylinder oder Motoren eingesetzt.

Will man doppeltwirkende Zylinder oder Motoren ansteuern, so benutzt man 4/2-Wegeventile oder 5/2-Wegeventile als Stellglieder, die von beiden Seiten mit Druckluft angesteuert werden. Diese Impulsventile sind zusätzlich mit Handhilfsbetätigung ausgerüstet. Dadurch können die Arbeitselemente in die gewünschte Ausgangsstellung gebracht werden.

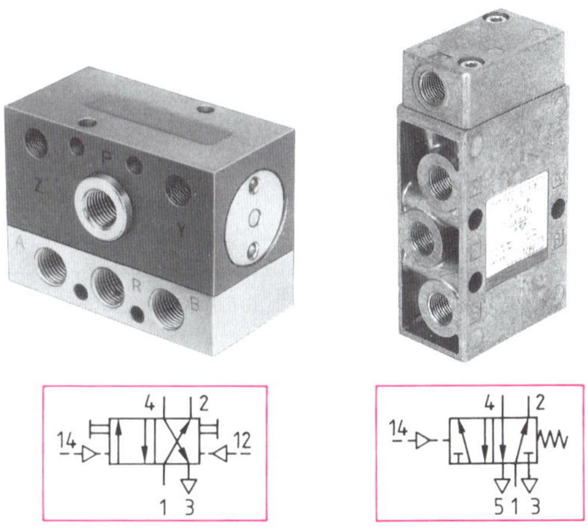

Pneumatisch betätigte Ventile

Aus Sicherheitsgründen werden alle einseitig pneumatisch betätigten Ventile über Federkräfte in ihre Ausgangsstellung gebracht. Zweiseitig pneumatisch betätigte Ventile sind mit Handhilfsbetätigung ausgerüstet.

Übungsaufgabe 2/37

2.3.1.3 Kriterien für die Auswahl von pneumatischen Wegeventilen

Wegeventile werden nach unterschiedlichen Gesichtspunkten ausgesucht. Die wichtigsten Merkmale für die Auswahl eines Ventiles sind seine *Funktion* und seine *Betätigungsart.*
Der Einsatz des Ventiles im Steuerungs- oder Leistungsteil einer Anlage bestimmt vor allem die *Baugröße.* Im Steuerungsteil setzt man durchweg wesentlich kleinere Ventile als im Leistungsteil ein. Wichtige Kenndaten für die Größe eines Ventiles sind **Nennweite** und **Normal-Nenndurchfluß.**

- **Nennweite**

Die Nennweite ist eine Angabe über den kleinsten Querschnitt eines Ventiles, durch den die Druckluft strömt. Dieser engste Querschnitt wird auf einen Kreisquerschnitt mit gleicher Fläche umgerechnet. Der entsprechende Durchmesser dieses Vergleichsquerschnittes wird als Nennweite **NW** angegeben. Die lichte Weite der Druckluftleitungen muß mindestens so groß wie die Nennweite sein.

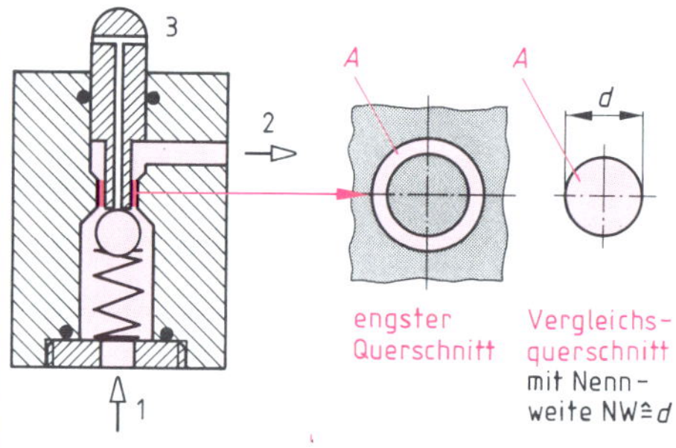

Nennweite bei Ventilen

- **Normal-Nenndurchfluß**

Der Normal-Nenndurchfluß bei pneumatischen Bauteilen ist das Luftvolumen, welches in einer Minute durch einen Querschnitt unter Normbedingungen strömt (Luftdruck 1,013 bar und Temperatur 0°C).

- **Weitere Gesichtspunkte für die Auswahl von Wegeventilen**

Kriterien	Beschreibung	Hinweise
Betriebsdruckbereich	Der Betriebsdruckbereich ist der Druckbereich, in dem ein Bauelement mit Sicherheit funktioniert.	**Beispiel** **für die Abhängigkeit des Steuerdruckes vom Betriebsdruck**
Steuerdruckbereich	Für pneumatisch betätigte Ventile muß ein Druckbereich eingehalten werden, in dem diese Ventile zuverlässig angesteuert werden können. Der Steuerdruckbereich ist abhängig vom jeweiligen Betriebsdruckbereich.	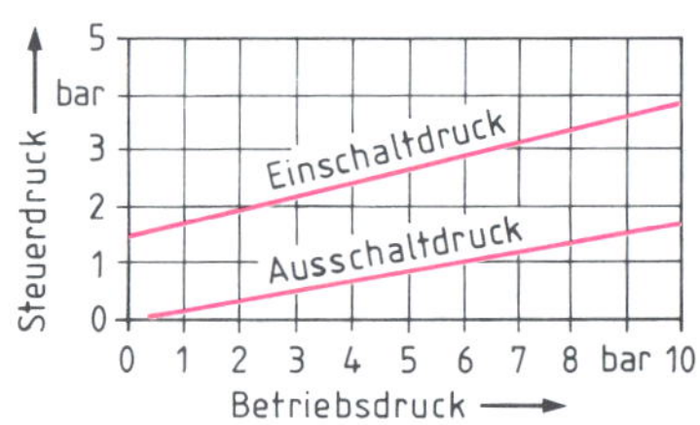
Betätigungskräfte	Die Kraft, mit der ein Ventil umgesteuert wird, bezeichnet man als Betätigungskraft. Sitzventile erfordern hohe Betätigungskräfte, Schieberventile benötigen geringe Betätigungskräfte. Bei indirekt angesteuerten Ventilen vermindert sich die Betätigungskraft weiter.	In den Katalogen für die Wegeventile sind die Betätigungskräfte aufgeführt; durch indirekte Betätigungen vermindern sich die Betätigungskräfte um 80 bis 90%.
Gewindeanschlüsse	Mit der Auswahl des Ventiles liegt auch das Anschlußgewinde fest. Üblich sind Rohrgewinde und metrische Gewinde.	Nach DIN ISO 228 werden Rohrgewinde für Pneumatikelemente mit **G** gekennzeichnet.
Temperaturbereich	Die Umgebungstemperatur für den Einsatz von Ventilen bestimmt den Werkstoff der Ventilkörper und der Dichtungselemente.	Preiswerte Ventile werden teilweise ganz aus Kunststoff hergestellt; der Einsatzbereich ist in den Katalogen angegeben.

Übungsaufgaben 2/38; 2/39

2.3.2 Bauformen pneumatischer Sperrventile und Stromventile

Ventile, die den Durchfluß der Druckluft richtungsmäßig beeinflussen, bezeichnet man als **Sperrventile**. Als Sperrventile werden das *Rückschlagventil,* das *Wechselventil* und das *Zweidruckventil* eingesetzt.
Ventile, die den Durchfluß der Druckluft mengenmäßig beeinflussen, nennt man **Stromventile**. Das wichtigste Stromventil ist das Drosselventil.
In Pneumatikanlagen benutzt man häufig Ventilkombinationen aus Sperr- und Stromventilen. Solche **Ventilkombinationen** sind *Drosselrückschlagventile, Verzögerungsventile* und *Schnellentlüftungsventile.*

- **Rückschlagventil**

Rückschlagventile sperren den Durchfluß in einer Richtung ab, in der entgegengesetzten Richtung kann die Druckluft mit geringen Druckverlusten frei durchströmen. In einem Rückschlagventil setzt man als Absperrelement entweder eine Kugel, Platte, Membrane oder einen Kegel ein. Die Elemente zum Abdichten können federbelastet oder unbelastet eingebaut werden.

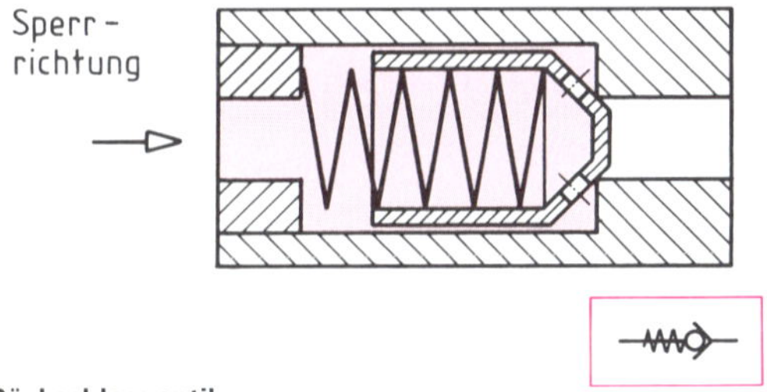

Rückschlagventil

Mit Rückschlagventilen wird der Durchfluß in einer Richtung vollständig gesperrt. In der entgegengesetzten Richtung strömt die Luft ungedrosselt durch.
Rückschlagventile werden eingesetzt, wenn verschiedene Elemente gegeneinander abgesichert werden müssen.

- **Wechselventil (ODER-Element)**

Ein Wechselventil hat zwei Eingänge. Der Eingang mit dem höheren Druck ist automatisch mit der Auslaßöffnung verbunden, während der andere Eingang verschlossen ist. Wird zum Beispiel E1 mit Druckluft beaufschlagt, so dichtet die Kugel E2 ab, und die Luft strömt von E1 zum Ausgang A.

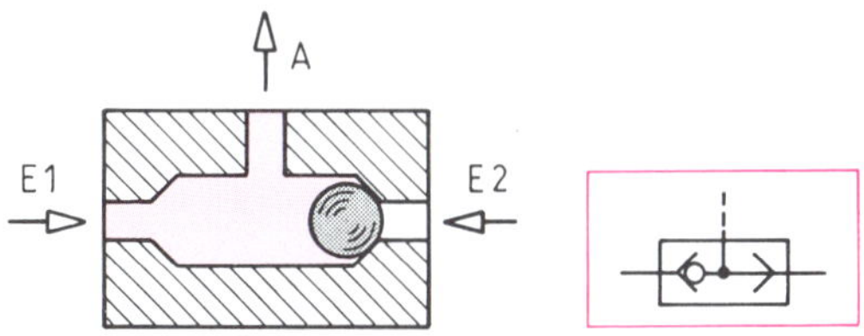

Wechselventil

In pneumatischen Steuerungen wird das Wechselventil als ODER-Element eingesetzt. Das Steuersignal kann entweder von dem einen oder dem anderen Eingang kommen.

- **Zweidruckventil (UND-Element)**

Ein Zweidruckventil hat zwei Eingänge **E1** und **E2**. Das Ausgangssignal bei A ist nur dann vorhanden, wenn an *beiden* Eingängen der Druck in *gleicher* Höhe ansteht. Wird nur von einer Seite ein Eingangssignal gegeben, so ist der Durchfluß nach A abgesperrt.

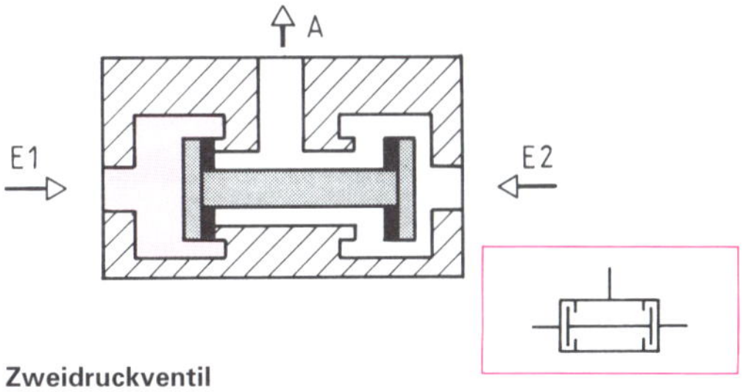

Zweidruckventil

In pneumatischen Steuerungen wird das Zweidruckventil als UND-Element eingesetzt. Ein Ausgangssignal ist nur dann vorhanden, wenn an beiden Eingängen Druck vorhanden ist.

Übungsaufgaben 2/40; 2/41; 2/42

- **Drosselventil**

In einem Drosselventil wird der Volumenstrom verändert. In der Pneumatik benutzt man hauptsächlich Drosselventile, die von Hand verstellt werden. Die Drosselstelle ist als Kegelsitz ausgeführt. Verstellt man die Regulierschraube, so ändert sich der Querschnitt am Kegelsitz und dadurch der Volumenstrom. Die Drosselwirkung erfolgt in beiden Strömungsrichtungen.

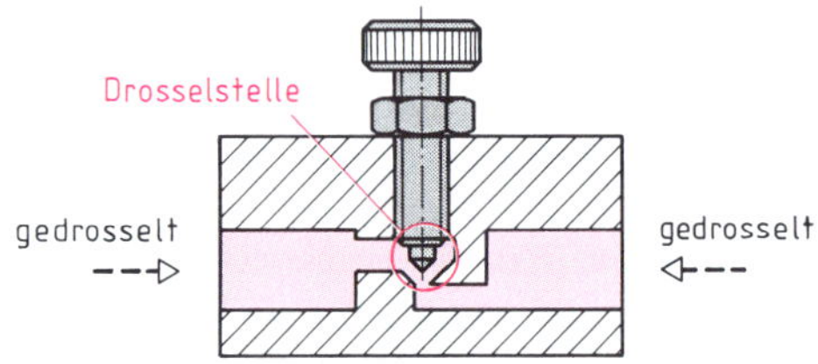

Drosselventil

Ein Drosselventil ist ein Stromventil und beeinflußt den Volumenstrom in beiden Richtungen.

- **Drosselrückschlagventil**

In einem Drosselrückschlagventil hat man in *einem* Bauelement ein Drosselventil mit einem Rückschlagventil kombiniert. Die Drosselung wirkt nur in einer Richtung. Es ist eine stufenlose Regelung des Durchflusses in dieser Richtung möglich. In der Gegenrichtung hat die Druckluft freien Durchgang über das geöffnete Rückschlagventil.

Drosselrückschlagventile werden vor allem zur Regulierung der Kolbengeschwindigkeiten eingesetzt.

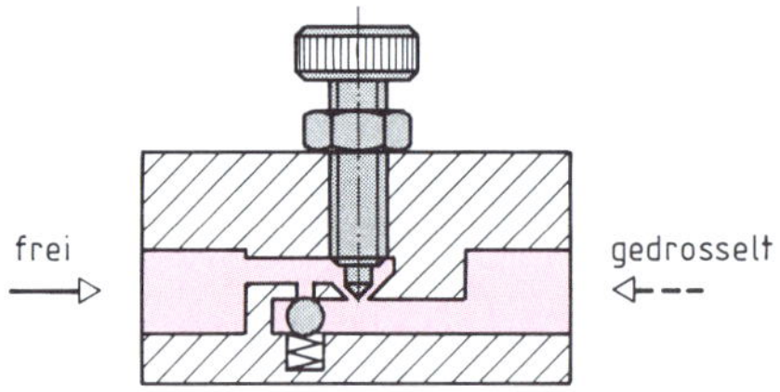

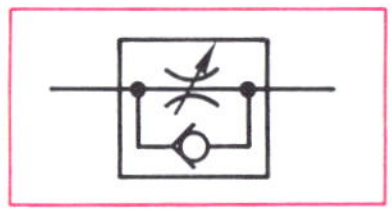

Rückschlagventil

Ein Drosselrückschlagventil begrenzt den Volumenstrom in einer Richtung, während der Durchfluß in der anderen Richtung nicht gedrosselt ist.

- **Verzögerungsventil**

Das Verzögerungsventil ist eine *Kombination* von Drosselrückschlagventil, Speicher und 3/2-Wegeventil. Die Druckluft liegt bei 1 an. Wird Steuerluft auf den Eingang 12 gegeben, so durchströmt die Druckluft ein Drosselrückschlagventil. Je nach Einstellung der Drossel füllt sich der nachgeschaltete Speicher mehr oder weniger schnell. Ist der notwendige Steuerdruck aufgebaut, so schaltet der Steuerkolben des 3/2-Wegeventiles den Durchgang von 2 nach 3 ab. Der Ventilteller wird vom Sitz gehoben und die Luft kann von 1 nach 2 strömen.

Die Zeit, in der sich im Speicher des Ventiles der Druck aufbaut, ist die *Zeitverzögerung* des Ventiles. Wird die Steuerleitung 12 entlüftet, so schaltet das 3/2-Wegeventil über die Rückstellfeder wieder in die Ausgangsstellung.

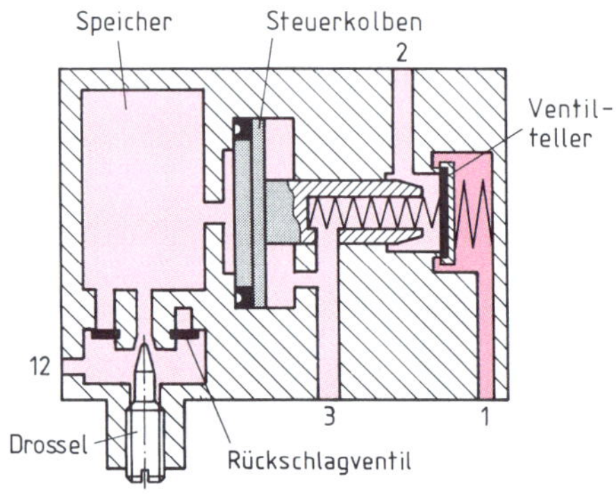

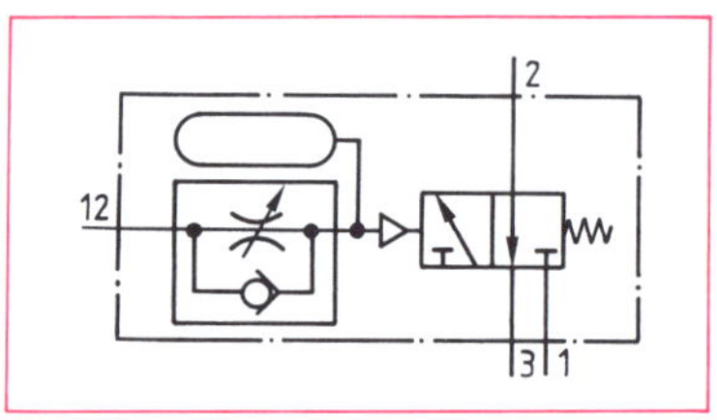

Verzögerungsventil

Verzögerungsventile geben Signale zeitlich verzögert weiter. Die Verzögerungszeit ist stufenlos einstellbar.

Übungsaufgaben 2/43; 2/44; 2/45

- **Schnellentlüftungsventil**

In einem Schnellentlüftungsventil strömt zunächst die Druckluft von 1 nach 2 zum Arbeitselement. Dabei verschließt eine Dichtmanschette die Abluftbohrung 3. Beim Entlüften liegt an 1 keine Druckluft mehr an. Die Dichtmanschette wird jetzt gegen die Bohrung 1 gepreßt. Die Abluft strömt dann von 2 nach 3.
Die Wirkung der Schnellentlüftung tritt dann auf, wenn die Abluftbohrung die größere Nennweite gegenüber der Druck- bzw. Arbeitsleitung hat.

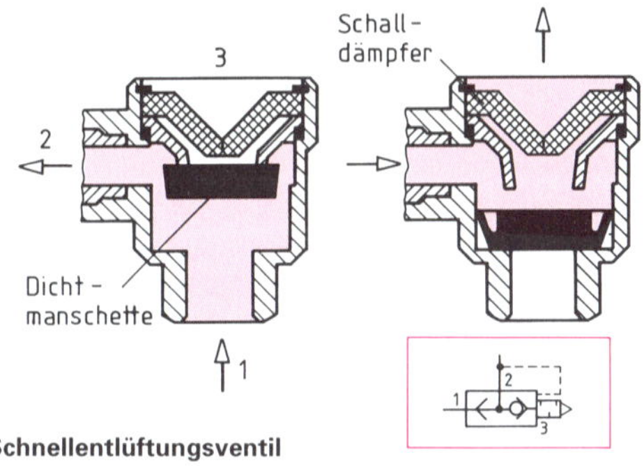

Schnellentlüftungsventil

Mit Schnellentlüftungsventilen werden erhöhte Kolbengeschwindigkeiten im Rücklauf erreicht.

2.3.3 Bauformen pneumatischer Druckventile

Mit Druckventilen kann man in Pneumatikanlagen den anstehenden Druck oder den Druck der durchströmenden Luft beeinflussen.

- **Druckbegrenzungsventil und Zuschaltventil**

Das Druckbegrenzungsventil hat einen Anschluß zur Druckseite 1 und eine Öffnung 3 als Abluftseite. Steigt auf der Druckseite der Druck und damit die Druckkraft so hoch an, daß die Federkraft überwunden wird, so öffnet sich das Ventil. Die Druckluft strömt solange ins Freie, bis die Federkraft wieder größer als die Druckkraft ist. Druckbegrenzungsventile sind verstellbar. Sie werden vor allem als *Sicherheitsventile* in Druckerzeugeranlagen eingebaut.
Das Zuschaltventil ist ähnlich aufgebaut wie das Druckbegrenzungsventil. Die Öffnung zur Arbeitsleitung 2 ist in diesem Fall jedoch an ein Arbeitselement oder Ventil angeschlossen. Zuschaltventile setzt man in der Pneumatik vor allem dort ein, wo ein bestimmter Mindestdruck für einen Schaltvorgang vorgesehen werden muß.

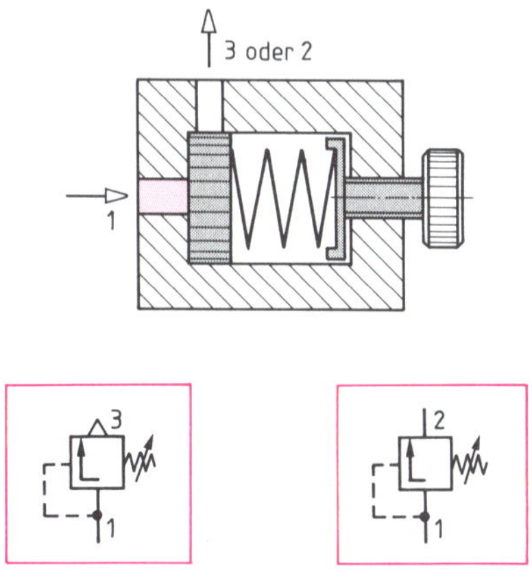

Druckbegrenzungventil

Zuschaltventil

Druckbegrenzungs-, Zuschaltventil

Das Druckbegrenzungsventil dient in Pneumatikanlagen als Sicherheitsventil.

- **Druckregelventil (Druckluftregler)**

Die Aufgabe von Druckregelventilen ist es, den gewünschten Arbeitsdruck 2 nach dem Ventil – den *Sekundärdruck* – konstant zu halten. Der Arbeitsdruck soll unabhängig vom Lieferdruck – dem *Primärdruck* – und unabhängig vom Verbrauch auf der Arbeitsseite sein. Die Regelung erfolgt über eine Membran, die durch eine Feder eingestellt wird. In jeder Wartungseinheit befindet sich ein Druckregelventil.

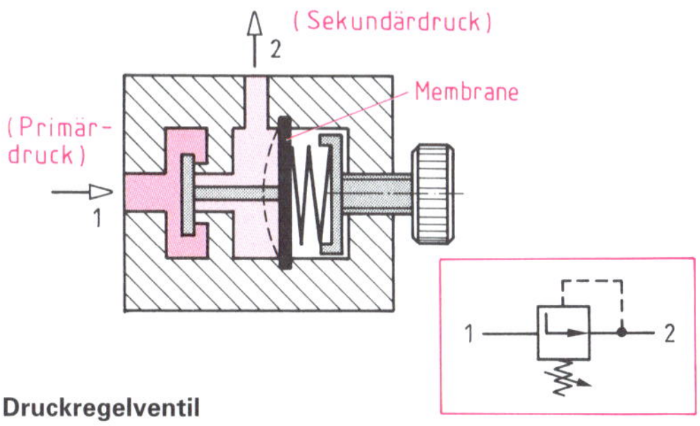

Druckregelventil

Das Druckregelventil hält den Sekundärdruck unabhängig vom Primärdruck und dem Verbrauch konstant.

2.4 Pneumatische Steuerungen

2.4.1 Grundschaltungen

Jede noch so umfangreiche und aufwendige pneumatische Steuerung setzt sich aus einzelnen Grundschaltungen zusammen, für die es nur wenige Veränderungsmöglichkeiten gibt.

- **Steuerung einfachwirkender Zylinder**

Einfachwirkende Zylinder werden unabhängig von der Betätigungsart und dem Umfang der Steuerung durchweg mit einem 3/2-Wegeventil als Stellglied kombiniert.
Zur Ansteuerung eines großvolumigen Zylinders benutzt man ein Stellglied mit großer Nennweite, das möglichst nahe am Zylinder montiert ist. Das Stellglied kann dann von einem Ventil mit kleiner Nennweite von einem entfernteren Betätigungsort bedient werden. Mit dieser Anordnung können Energiekosten verringert werden, da lange und großvolumige Steuerleitungen entfallen.

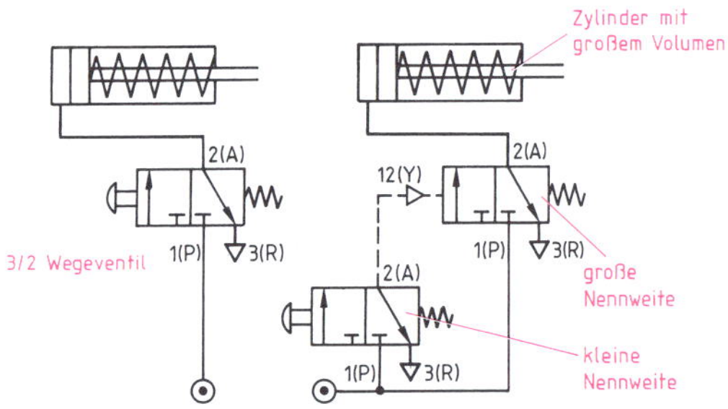

Steuerung einfachwirkender Zylinder

Ein einfachwirkender Zylinder wird meist über ein 3/2-Wegeventil als Stellglied gesteuert.

- **Steuerung doppeltwirkender Zylinder**

Doppeltwirkende Zylinder steuert man in der Pneumatik häufig mit 4/2-Wegeventilen. In umfangreichen Schaltungen werden diese Ventile fast immer impulsbetätigt ausgeführt. Mit 4/3-Wegeventilen und 5/2-Wegeventilen können doppeltwirkende Zylinder ebenfalls angesteuert werden. In der Mittelstellung des hier gezeigten Ventiles sind z.B. beide Zylinderanschlüsse entlüftet, der Kolben ist daher frei beweglich (Schwimmstellung). Auch bei einem doppeltwirkenden Zylinder wird das Stellglied möglichst nah an dem Zylinder montiert.

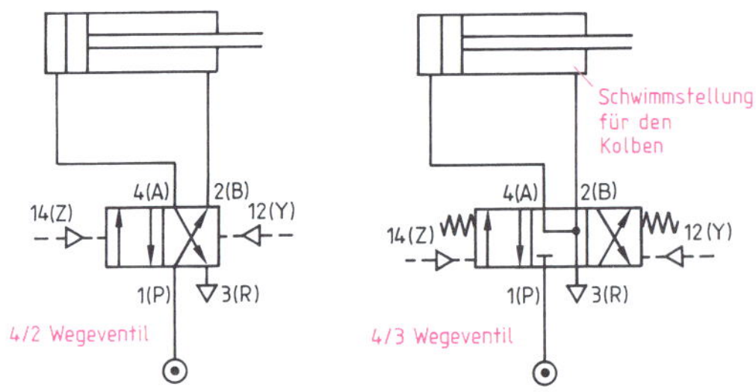

Steuerung doppeltwirkender Zylinder

Ein doppeltwirkender Zylinder wird meist über ein Wegeventil gesteuert, das mindestens zwei Schaltstellungen hat.

- **Steuerung der Kolbengeschwindigkeit**

Sehr oft ist es notwendig, die Kolbengeschwindigkeit zu beeinflussen. Soll die Geschwindigkeit ins Langsame gesteuert werden, so setzt man Drosselrückschlagventile ein. Möglich ist dabei die Drosselung der Zuluft oder der Abluft. Die Drosselung der Abluft ist günstiger, weil der Kolben zwischen zwei Luftpolstern gespannt ist und dadurch eine gleichmäßigere Bewegung erzielt werden kann.

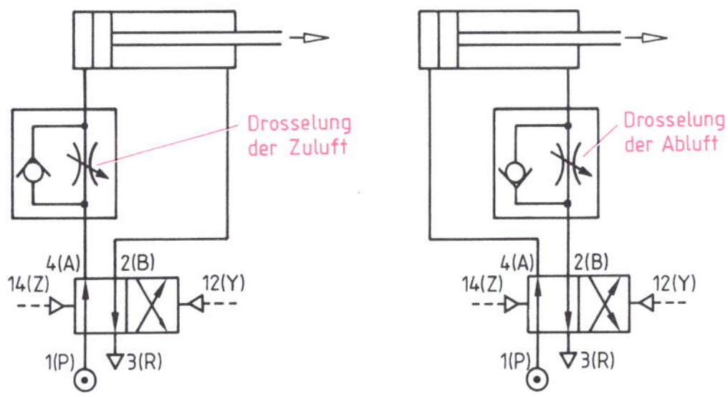

Steuerung der Kolbengeschwindigkeit beim Ausfahren

Die Kolbengeschwindigkeit wird meist am günstigsten durch die Abluftdrosselung gesteuert.

Übungsaufgaben 2/51; 2/52

Soll die Kolbengeschwindigkeit in beiden Richtungen ins Langsame beeinflußt werden, so kann die Steuerung mit Hilfe von zwei Drosselrückschlagventilen verwirklicht werden. Auch hier verwendet man am besten die Abluftdrosselung. Eine Beeinflussung ins Langsame beim Vorlauf und ins Schnelle beim Rücklauf ist ebenfalls möglich. Den Vorlauf steuert man über ein Drosselrückschlagventil in der Abluft, den Rücklauf über ein Schnellentlüftungsventil.

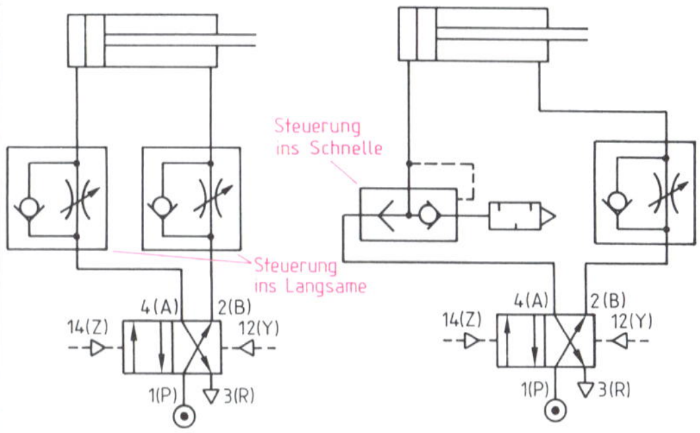

Steuerung der Kolbengeschwindigkeit bei Vor- und Rücklauf

Die Kolbengeschwindigkeit ins Langsame wird mit Drosselrückschlagventilen gesteuert.
Die Kolbengeschwindigkeit ins Schnelle wird mit Schnellentlüftungsventilen gesteuert.
Durch Drosselventile wird bei Druckluftmotoren die Drehzahl beeinflußt.

2.4.2 Grundsteuerungen

Der Steuerungsteil einer Anlage muß mit dem Arbeitsteil logisch verknüpft sein. Es werden entsprechend der Verknüpfung folgende Grundsteuerungen unterschieden:

- Willensabhängige Steuerungen,
- Wegeabhängige Steuerungen,
- Zeitabhängige Steuerungen,
- Kombinierte Steuerungen.

- **Willensabhängige Steuerungen**

Bei willensabhängigen Steuerungen werden alle Start- und Steuersignale von der Bedienungsperson eingegeben. Dabei wird der Vor- und Rücklauf der Zylinder, bzw. der Rechts- und Linkslauf der Motoren einzeln angesteuert. Soll das Antriebsglied nur solange angesteuert werden, wie das Signalglied betätigt wird, verwendet man als Stellglieder Ventile mit Federrückstellung; in diesen Ventilen wird das Signal nicht gespeichert.

Soll das Antriebsglied dagegen solange angesteuert bleiben, bis es durch ein entgegengesetztes Signal wieder die Ausgangsstellung einnimmt, so verwendet man als Stellglieder Ventile ohne Federrückstellung. Üblich sind hierbei entweder handgesteuerte 3-Stellungsventile oder über Impuls angesteuerte 2-Stellungsventile; in diesen Ventilen wird das Signal gespeichert.

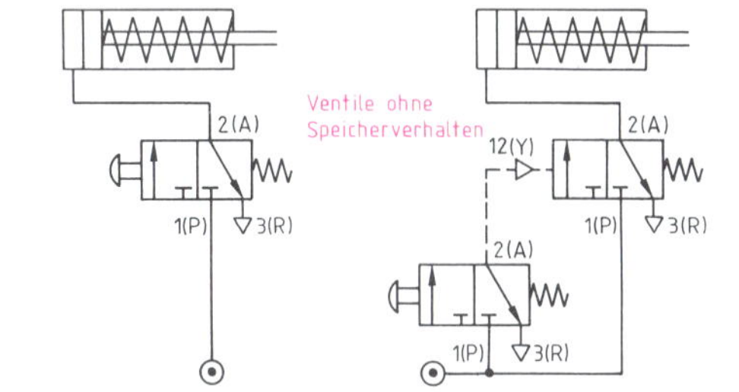

Willensabhängige Steuerungen ohne Speicherverhalten

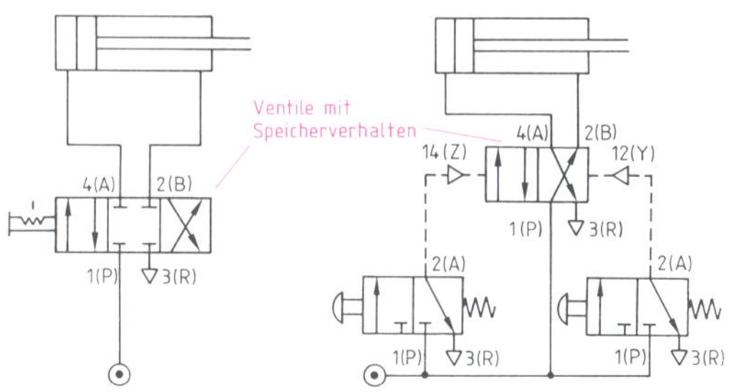

Willensabhängige Steuerungen mit Speicherverhalten

Willensabhängige Steuerungen sind nur für sehr einfache Aufgaben – etwa Spannvorgänge – geeignet. Bei umfangreichen pneumatischen Steuerungen ist die willensabhängige Steuerung jedoch insoweit notwendig, als sie zum ersten Einleiten jeder Maschinensteuerung erforderlich ist oder als Notbetätigung bei automatisierten Steuerungen unbedingt vorhanden sein muß.

Willensabhängige Steuerungen sind vom Menschen als Bedienungsperson abhängig.

Übungsaufgaben 2/53 bis 2/57

- **Wegeabhängige Steuerungen**

Bei wegeabhängigen Steuerungen werden die Signalglieder von dem Antriebsglied betätigt. Dabei schaltet ein Nocken an der Kolbenstange die Ventile in Abhängigkeit vom zurückgelegten Weg. Für die Signalglieder setzt man Ventile ein, die entweder über Taster und Tastrollen oder über Tastrollen mit Leerrücklauf betätigt werden. Taster und Tastrollen geben die Signale weiter, wenn die Ventile erreicht oder überfahren werden. Bei Tastrollen mit Leerrücklauf wird das Signal nur in einer Anfahrrichtung wirksam.

In pneumatischen Schaltplänen wird die Lage von wegeabhängig betätigten Ventilen jeweils durch einen Markierungsstrich beim zugehörigen Antriebsglied gekennzeichnet. Die Betätigungsrichtung wird, falls erforderlich, durch einen Richtungspfeil dargestellt. In Richtung der Pfeilspitze erfolgt die Betätigung, also entweder nur beim Vorhub oder nur beim Rückhub.

Durch die Lagekennzeichnung der Signalglieder kann man in Schaltplänen die Darstellungsform der Steuerkette beibehalten und dennoch erkennen, wie die Wegeabhängigkeit der Signale ist.

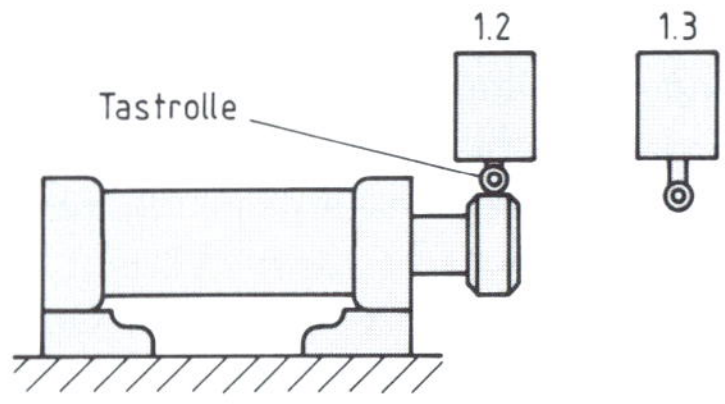

Einbaulage der 3/2-Wegeventile 1.2 und 1.3

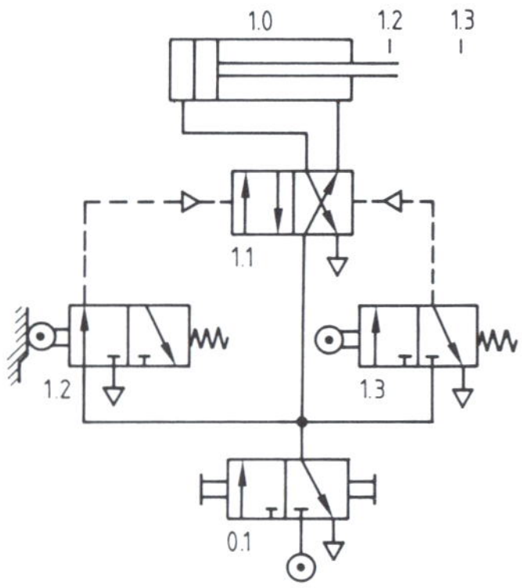

Schaltplan

Wegeabhängige Steuerungen werden durch die Bewegungen des Kolbens (des Antriebsgliedes) gesteuert.

- **Zeitabhängige Steuerungen**

In der Pneumatik kann man zeitabhängige Steuerungen mit Verzögerungsventilen verwirklichen. Die Verzögerungszeit zwischen dem Signaleingang und dem Auslösen der Steuerung (Signalausgang) kann über eine Drossel stufenlos eingestellt werden.

Durch den nachgeschalteten Speicher dauert es eine gewisse Zeit, bis sich der notwendige Schaltdruck für das 3/2-Wegeventil aufgebaut hat. Mit Drossel und Speicher lassen sich Verzögerungszeiten von mehreren Minuten erreichen.

Zeitverzögerte Druckversorgung

Nach Betätigung des Zeitgliedes durch das Eingangssignal erfolgt die Druckversorgung am Ausgang (Ausgangssignal) nach einer bestimmten einstellbaren Zeit.

Zeitverzögerte Druckabschaltung

Nach Betätigung des Zeitgliedes durch das Eingangssignal erfolgt die Druckabschaltung am Ausgang (Ausgangssignal) nach einer bestimmten einstellbaren Zeit.

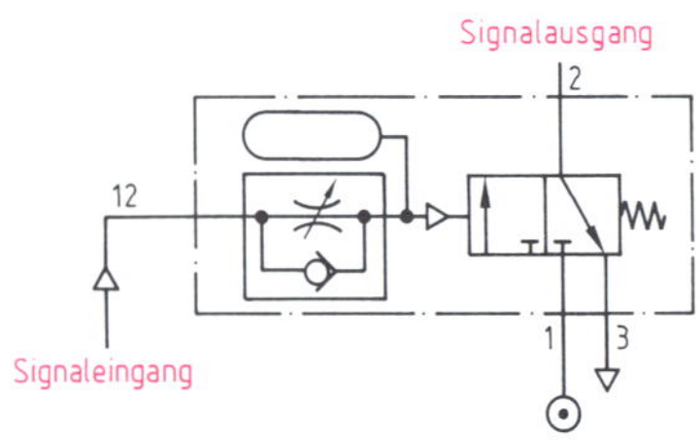

Zeitverzögerte Druckversorgung

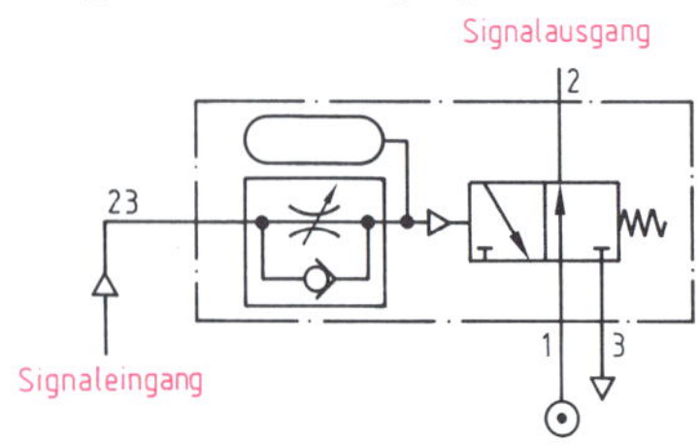

Zeitverzögerte Druckabschaltung

Für zeitabhängige Steuerungen verwendet man Verzögerungsventile.
Die Verzögerungszeit wird über eine Drossel eingestellt.

Übungsaufgaben 2/58 bis 2/62

2.4.3 Steuerungsplanung

Pneumatische Steuerungen für Maschinen und Anlagen setzen sich meist aus einer Kombination verschiedener Steuerungsarten zusammen. Je nach Aufgabenstellung lassen sich die Abläufe über willens-, wege- oder zeitabhängig beeinflußte Elemente verwirklichen.
In der Planungsphase für die Steuerung untersucht man die Aufgabe genau und erstellt folgende Planungsunterlagen:

- Aufgabenstellung und Technologieschema,
- Funktionsdiagramm,
- Schaltplan.

2.4.3.1 Aufgabenstellung und Technologieschema

Die Beschreibung der Steuerungsaufgabe muß möglichst eindeutig und vollständig sein. In der Aufgabenstellung werden die Teilfunktionen der Steuerung beschrieben. Der Ablauf der Steuerung wird schrittweise erfaßt. Das Technologieschema verdeutlicht die Lage der Elemente und Baugruppen zueinander in einer stark vereinfachten Form.

Beispiel **für Aufgabenstellung und Technologieschema**

In einer Biegevorrichtung werden Werkstücke pneumatisch gespannt und anschließend selbsttätig gebogen. Der Steuerungsablauf erfolgt in folgenden Schritten:

Schritt	Beschreibung des Ablaufes
1	Zylinder 1 fährt aus, spannt Biegeteil
2	Zylinder 2 fährt aus, biegt Werkstück vor
3	Zylinder 3 fährt aus, biegt Werkstück fertig
4	Zylinder 2 und 3 fahren ein
5	Zylinder 1 fährt ein, Werkstück wird gelöst und entnommen

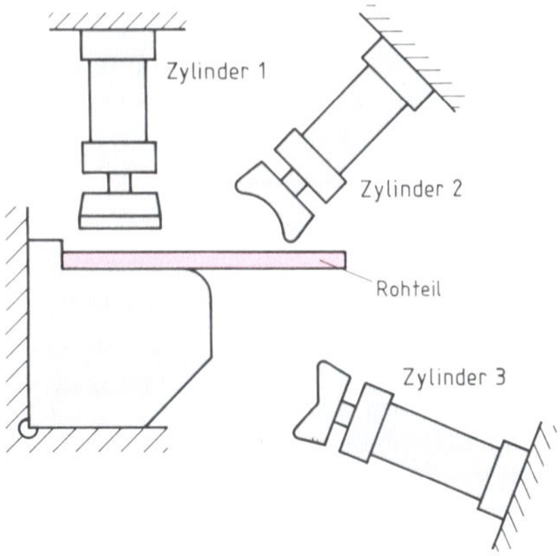

Technologieschema Biegevorrichtung

Anmerkungen:
Beim Start müssen alle Zylinder eingefahren sein, der Ablauf für die Rückstellung der Zylinder kann auch anders erfolgen. Statt der Aussage „die Kolbenstange des Zylinders 1 fährt aus“ wird abkürzend gesagt: „Zylinder 1 fährt aus“.

In der genauen Beschreibung der Steuerung wird die Gesamtaufgabe in Teilfunktionen zerlegt und in einzelnen Schritten beschrieben. Das Technologieschema verdeutlicht in einfacher Form die Lage der Bauteile zueinander.

2.4.3.2 Funktionsdiagramme

Die zeitlichen und funktionellen Abläufe in Steuerungen verdeutlicht man in Funktionsdiagrammen. Die Grundlage für den Aufbau der Diagramme bildet die Gliederung des zeitlichen Ablaufes der Steuerung in einzelne Schritte. Für die Untersuchung des Bewegungsablaufes der Antriebsglieder kennt man **Weg-Zeit-Diagramme** bzw. **Weg-Schritt-Diagramme.** Soll das Zusammenwirken zwischen den Antriebsgliedern und Schaltelementen einer Steuerung dargestellt werden, so zeichnet man **Zustands-Schritt-Diagramme**.

Übungsaufgabe 2/63

• Weg-Zeit-Diagramm

Im Weg-Zeit-Diagramm wird der Bewegungsablauf von Antriebsgliedern in Abhängigkeit von Weg und Zeit dargestellt. An dem Beispiel einer pneumatischen Bohrvorrichtung wird diese Darstellungsweise gezeigt.

1. Schritt: Zylinder ① fährt aus
– Spannen des Werkstückes
2. Schritt: Zylinder ② fährt schnell aus
– Eilzustellung des Bohrers
3. Schritt: Zylinder ② fährt langsam aus
– Bohrvorschub
4. Schritt: Zylinder ② fährt schnell ein
– Eilrückstellung des Bohrers
5. Schritt: Zylinder ① fährt ein
– Lösen des Werkstückes

Im Diagramm trägt man auf der senkrechten Achse den Weg auf, dabei kann auf eine maßstäbliche Darstellung verzichtet werden. Auf der waagerechten Achse wird die zeitliche Zuordnung der Schritte vorgenommen.

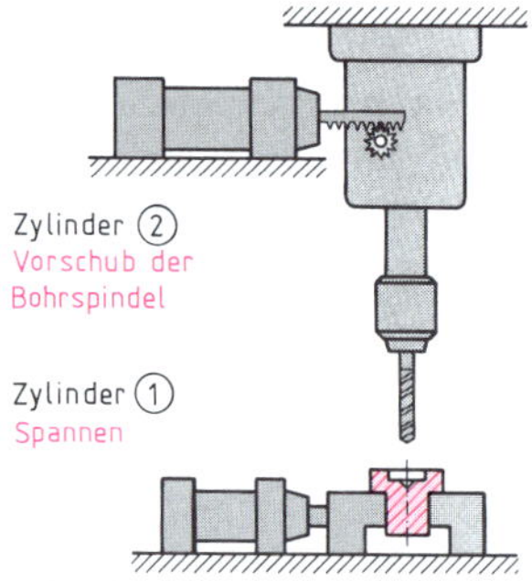

Technologieschema für eine Bohrvorrichtung

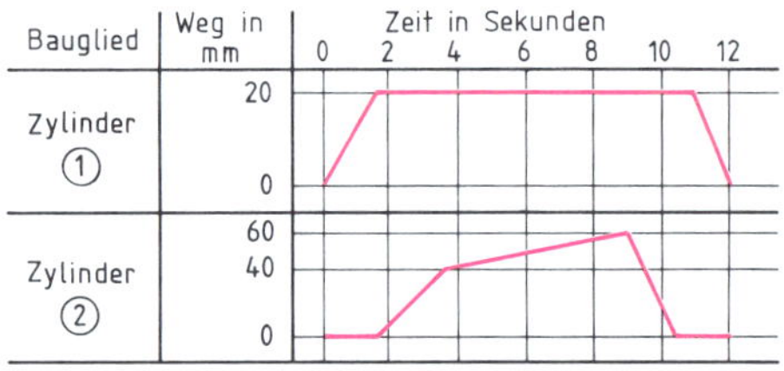

Weg-Zeit-Diagramm

Weg-Zeit-Diagramme dienen zur Untersuchung der Bewegungsabläufe von Antriebsgliedern.

• Weg-Schritt-Diagramm

Übersichtlicher und unabhängig von der Zeiteinteilung ist ein Weg-Schritt-Diagramm. In ihm werden auf der waagerechten Achse die Schaltschritte in zeitlicher Reihenfolge eingetragen. Für jeden Schaltschritt wird der gleiche Abstand gewählt. Will man in einem solchen Diagramm Zeiten kennzeichnen, so können diese Angaben zwischen den jeweiligen Schritten zusätzlich eingetragen werden. Auf der senkrechten Achse wird der Weg aufgetragen. Auch hier kann auf maßstäbliche Darstellung verzichtet werden.

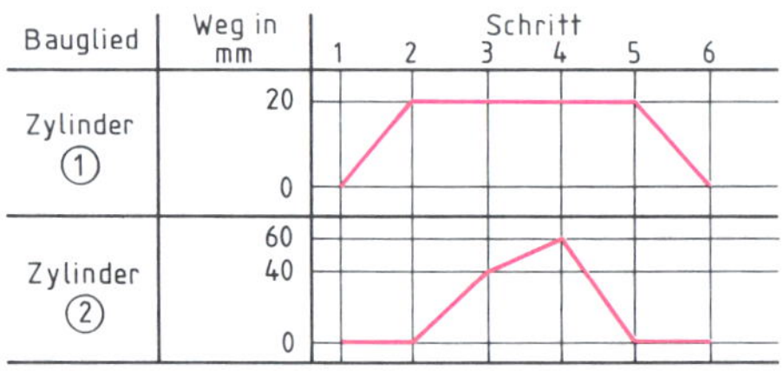

Weg-Schritt-Diagramm

Bei einfachen Steuerungen bilden Weg-Schritt-Diagramme in Verbindung mit den jeweiligen Schaltplänen die Grundlage für die Wartung und die Instandsetzung pneumatischer Steuerungen.

• Zustands-Schritt-Diagramm

Das Zusammenwirken zwischen den Antriebsgliedern und den Schaltelementen einer Steuerung kann am zweckmäßigsten im Zustands-Schritt-Diagramm erfaßt werden. Auch in diesem Funktionsdiagramm wird die Steuerung in ihren einzelnen aufeinanderfolgenden Schritten dargestellt. Auf der senkrechten Achse werden statt der Wege die Zustände der Elemente gekennzeichnet. Bei Zylindern kann man die beiden Zustände „eingefahren“ und „ausgefahren“ unterscheiden.
Den Steuer- und Stellgliedern ordnet man den jeweiligen Schaltzustand durch die Buchstaben **a, b** und **0** zu. Bei Ventilen mit zwei Schaltstellungen bedeutet **b** Ruhestellung und **a** Schaltstellung. Bei Ventilen mit drei Schaltstellungen bedeutet **0** Ruhestellung; **a** und **b** sind dann Schaltstellungen.

Übungsaufgaben 2/64; 2/65

- **Signallinien**

Eine zusätzliche Orientierungshilfe im Zustands-Schritt-Diagramm können **Signallinien** sein. Sie verdeutlichen, welche zeitliche und logische Verbindung zwischen den einzelnen Gliedern einer Steuerung besteht. Die Signallinien gehen von dem Element aus, von dem der Schaltschritt ausgelöst wird. Sie weisen mit ihrem Pfeil auf das Element, welches betätigt wird.

Beispiel für ein Zustands-Schritt-Diagramm mit Signallinien

Aufgabenstellung

Ein Rüttler soll das Sieb in Schwingungen halten, damit das Schüttgut durch das Sieb fällt. Der Rüttelvorgang soll so lange anhalten, wie das Ventil 0.1 betätigt ist.

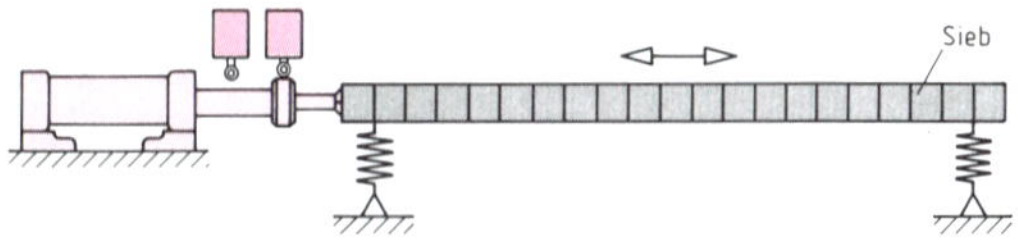

Technologieschema Rüttler

Lösung

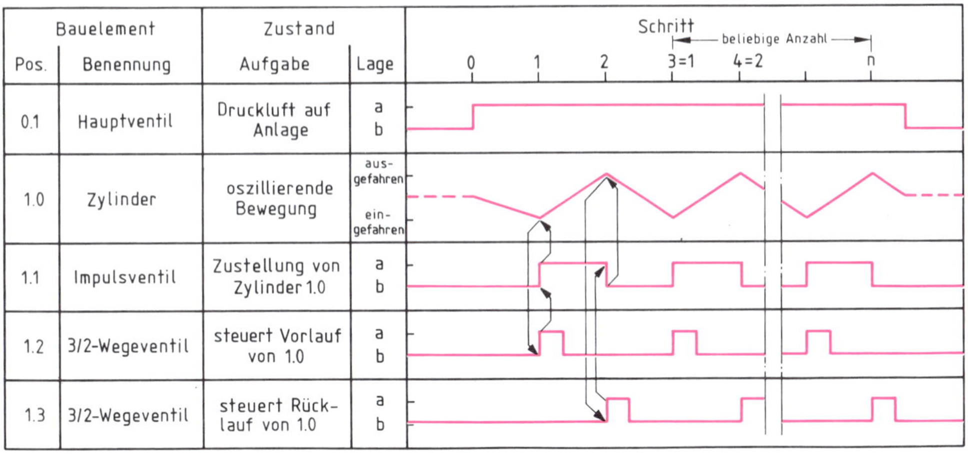

Zustands-Schritt-Diagramm

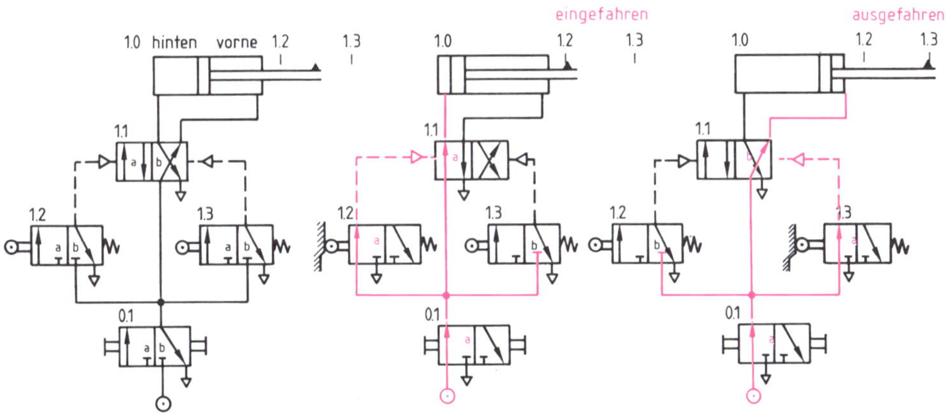

Ausgangszustand Schaltschritt 1 und 3 Schaltschritt 2 und 4

Schaltzustände

Zeichnerische Darstellung von Signalgliedern und Signallinien

Symbole für die Handbetätigung von Signalgliedern		
EIN AUS	Automatik EIN Tippen	Wahlschalter Not-AUS

Darstellung handbetätigter Signalglieder

Handbetätigungen werden durch einen Kreis gekennzeichnet und durch zusätzliche Symbole im Kreis voneinander unterschieden. Diese handbetätigten Signalglieder werden im Weg-Schritt-Diagramm oberhalb der Weg-Schritt-Linie eingezeichnet. Die Richtung des Signalflusses wird in einer Steuerung durch Pfeile an den Signallinien gekennzeichnet.

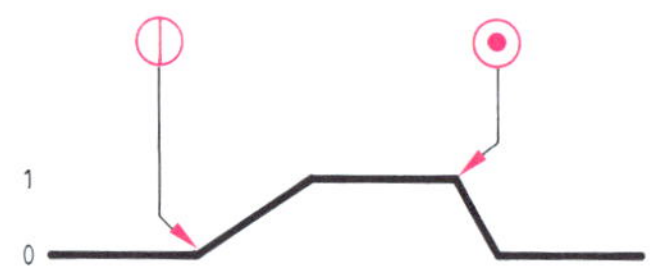

Darstellung mechanisch betätigter Signalglieder (keine Handbetätigung)

Mechanische Betätigungen werden durch einen Punkt auf der Weg-Schritt-Linie an der Stelle eingezeichnet, an der sie geschaltet werden. Mechanisch betätigte Signalglieder erhalten zusätzlich im Diagramm den Buchstaben S und werden durch angehängte Zahlen voneinander unterschieden, z.B. S1, S2. Signal S1 wird kurzzeitig beim Überfahren des Sensors betätigt; Signal S2 wird in Endlage betätigt und bleibt bestehen, solange der Aktor im Zustand 1 ist.
Eine NICHT-Betätigung eines Signalgliedes (vergleichbar einem Öffner) wird durch einen waagerechten Querstrich über der Kennzeichnung angegeben, z.B. S3.

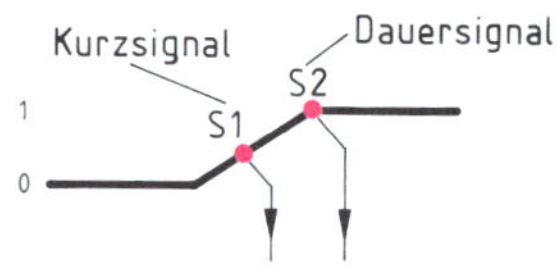

Darstellung von Verknüpfungen, Verzweigungen und Verzögerungen

Für **UND-Verknüpfungen** von Signalen werden die Signallinien zusammengeführt und durch einen breiten Querstrich unter 45° an der Verbindungsstelle dargestellt. Für **ODER-Verknüpfungen** führt man die Signallinien zusammen und kennzeichnet die Verbindungsstelle durch einen Punkt.

Wird von einem Sensor ein Signal an mehrere Aktoren geleitet, so tritt eine Verzweigung des Signales ein. **Signalverzweigungen** werden an den Verzweigungsstellen durch einen Punkt gekennzeichnet.

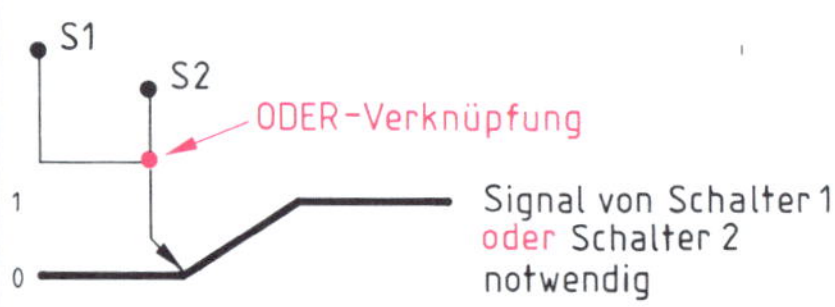

Zeitverzögerte Signale stellt man durch eine Linie dar, die parallel zu den Weg-Schritt-Linien verläuft. In diese Signallinie wird ein Rechteck mit dem Funktionszeichen *t* eingezeichnet. Verzögerungszeiten werden über das Rechteck geschrieben.

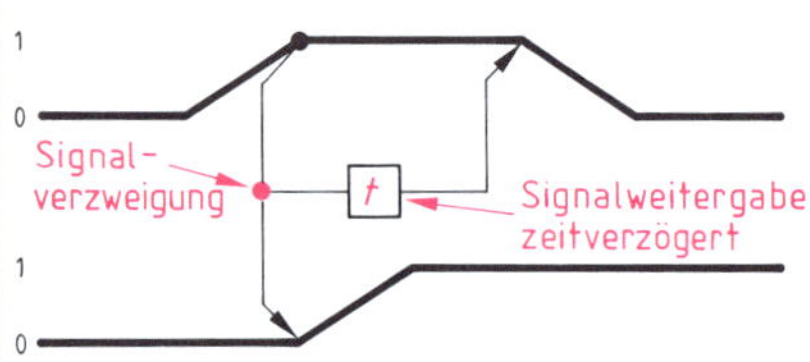

Übungsaufgaben 2/68; 2/69; 2/70

2.4.3.3 Signalverarbeitung in Steuerungen

Steuerungen kann man nach unterschiedlichen Merkmalen einteilen. In DIN 19237 (Steuerungstechnik) sind für die verschiedenen technischen Steuerungssysteme aus den Bereichen der Pneumatik, Hydraulik, Elektronik und Elektromechanik einheitliche Begriffe festgelegt.

Unterteilt man die Steuerungen nach dem Gesichtspunkt der Signalverarbeitung, so erhält man:

- Verknüpfungssteuerungen
- Ablaufsteuerungen

- **Verknüpfungssteuerungen**

Bei Verknüpfungssteuerungen werden den Eingangssignalen bestimmte Ausgangssignale durch Verknüpfungsglieder zugeordnet. Die dabei vorliegenden binären Signale werden durch logische Glieder wie UND, ODER, NICHT verarbeitet.

Beispiel **für eine Verknüpfungssteuerung**

Eine Presse soll erst dann arbeiten, wenn das Schutzgitter geschlossen ist und beide Handtaster am Ständer der Maschine betätigt werden (S1 UND S2 UND S3). Eine andere Möglichkeit für das Startsignal ist dann gegeben, wenn das Schutzgitter geschlossen ist und ein Handtaster am 2 Meter entfernten Steuerstand betätigt wird (S3 UND S4).

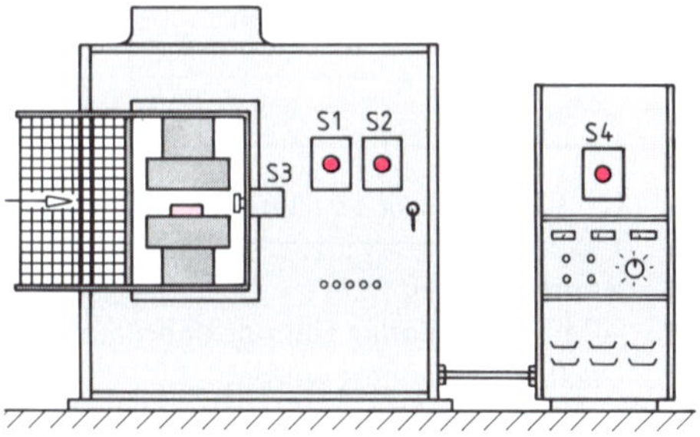

Eine Verknüpfungssteuerung liegt dann vor, wenn den Signalzuständen der Eingangssignale bestimmte Signalzustände der Ausgangssignale über logische Verknüpfungen zugeordnet sind.

- **Ablaufsteuerung**

Ablaufsteuerungen sind Steuerungen mit erzwungenem schrittweisem Ablauf. Der jeweils nächste Schaltschritt erfolgt erst, wenn von dem vorhergehenden Schritt ein Weiterschaltsignal vorliegt.

Beispiel **für eine Ablaufsteuerung**

In einer Bohrvorrichtung sollen Werkstücke pneumatisch gespannt und danach selbsttätig gebohrt werden.
Der Bohrvorgang darf erst dann erfolgen, wenn der Spannzylinder ① das Werkstück gespannt hat. Nach dem Bohrvorgang wird erst die Bohrspindel selbsttätig zurückgeführt und dann wird das Werkstück ausgespannt.

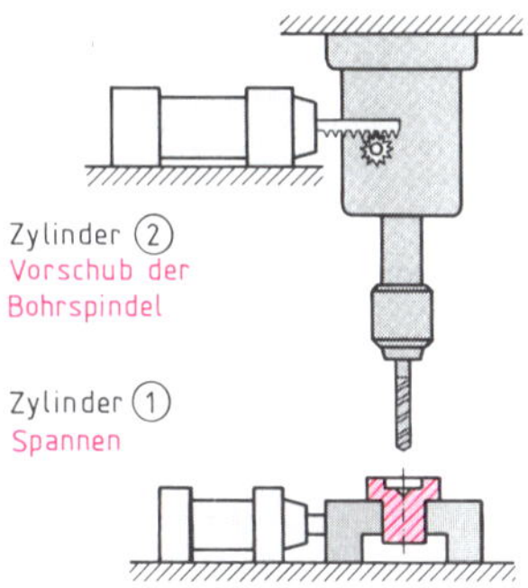

In einer Ablaufsteuerung folgen die Steuerschritte mit zwangsläufigem schrittweisem Ablauf. Das Weiterschalten von einem Schritt auf den programmgemäßen nächsten Schritt erfolgt durch festgelegte Bedingungen.

In den meisten Steuerungen findet man sowohl Verknüpfungssteuerungen als auch Ablaufsteuerungen. Startbedingungen, Betriebsartenwahl, Gefahrenabschaltungen erfolgen über Verknüpfungssteuerungen. Die Schrittfolge in einer Anlage oder Maschine wird als Ablaufsteuerung gestaltet.

Übungsaufgabe 2/71

2.4.4 Pneumatische Verknüpfungssteuerungen

2.4.4.1 UND-Verknüpfung

Bei einer UND-Verknüpfung werden mehrere eingegebene Signale mit einem besonderen Bauteil – dem **UND-Glied** – zu einem Ausgangssignal verknüpft. Am UND-Glied liegt nur dann ein Ausgangssignal vor, wenn die Signalglieder gleichzeitig betätigt werden. Eine UND-Verknüpfung kann man auch durch das Hintereinanderschalten von Signalgliedern erreichen.

Beispiel für eine Steuerung mit UND-Verknüpfung

Aufgabenstellung

Mit der dargestellten Vorrichtung werden Lagerbuchsen in Laufrollen eingepreßt. Die Laufrollen und die Lagerbuchsen werden von Hand in die Preßvorrichtung gelegt. Der Preßvorgang soll in folgenden Schritten ablaufen:

Schritt	Beschreibung des Ablaufes
1	Zylinder 1.0 fährt aus, Einpressen der Buchse
2	Zylinder 1.0 fährt ein, Preßvorgang beendet

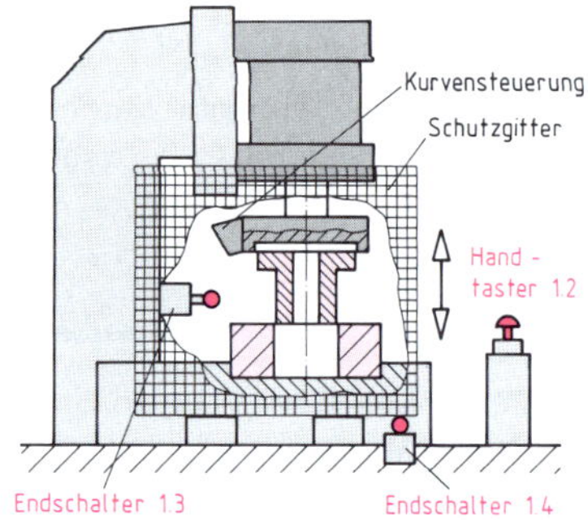

Technologieschema Presse

Anmerkungen:

- Der Preßzylinder soll nur dann ausfahren, wenn das Schutzgitter geschlossen ist und der Handtaster 1.2 betätigt wurde.
- Im ausgefahrenen Zustand betätigt der Zylinder den Endschalter 1.3 und soll das Stellglied so umschalten, daß der Zylinder einfährt.

Lösung

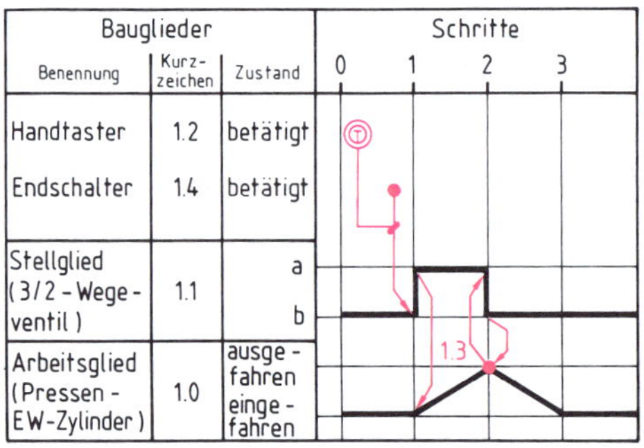

Funktionsdiagramm

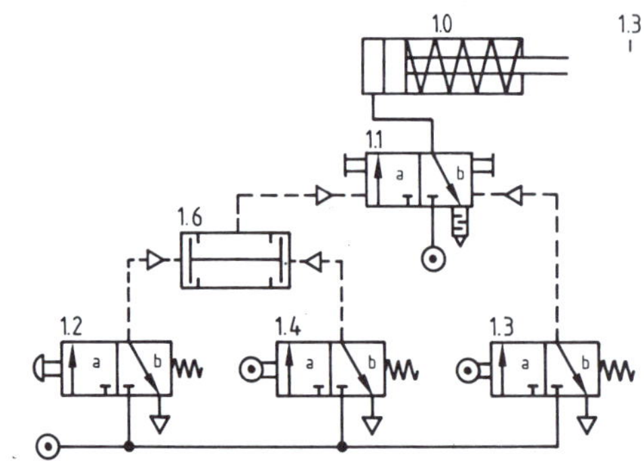

Pneumatikschaltplan

Bei einer Steuerung mit UND-Verknüpfung fährt der Zylinder nur dann aus, wenn zwei Signalglieder gleichzeitig betätigt werden. Im Funktionsdiagramm wird die UND-Verknüpfung durch einen Schrägstrich in den Signallinien gekennzeichnet.

2.4.4.2 ODER-Verknüpfung; NICHT-Verknüpfung

Bei einer ODER-Verknüpfung wird ein besonderes Bauteil – das **ODER-Glied** – von zwei Stellen aus angesteuert. Das Ausgangssignal ist vorhanden, wenn mindestens ein Signaleingang belegt ist.

Als **NICHT-Glieder** werden Wegeventile eingesetzt. Bei einer NICHT-Verknüpfung liegt dann ein Ausgangssignal vor, wenn kein Eingangssignal vorhanden ist. Ist jedoch ein Eingangssignal vorhanden, so liegt kein Ausgangssignal vor. Die Nicht-Verknüpfung ist vergleichbar mit der Aufgabe eines Schalters, der bei Betätigung öffnet.

Übungsaufgabe 2/72

Beispiel **für eine Steuerung mit UND-, ODER- und NICHT-Verknüpfung**

Aufgabenstellung

Mit der dargestellten Klebepresse werden zwei Bauteile aufeinandergepreßt. Die Bauteile werden von Hand in die Presse gelegt und justiert. Der Preßvorgang soll in folgenden Schritten ablaufen:

Schritt	Beschreibung des Ablaufes
1	Zylinder 1.0 fährt aus, Pressen der Bauteile
2	Preßvorgang dauert an, bis Gitter geöffnet wird
3	Zylinder 1.0 fährt ein, Preßvorgang beendet

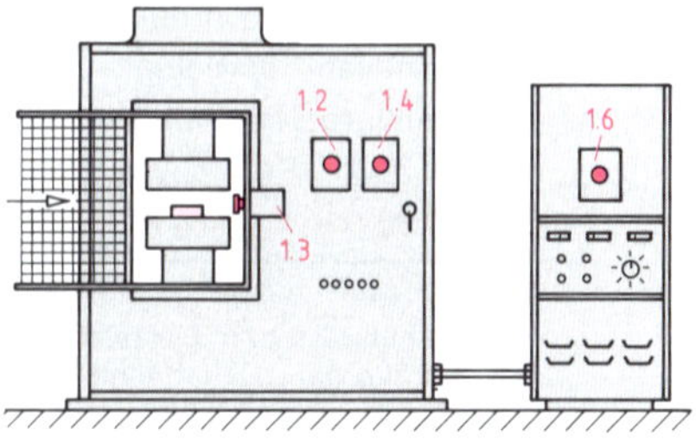

Technologieschema Klebepresse

Anmerkungen:

- Der Preßvorgang soll nur dann möglich sein, wenn das Schutzgitter geschlossen ist.
- Der Preßvorgang wird entweder über die Handtaster 1.2 und 1.4 an der Maschine eingeleitet oder über den etwas entfernt liegenden Taster 1.6 an der Steuersäule.
- Der Preßzylinder fährt immer dann ein, wenn das Schutzgitter geöffnet wird.

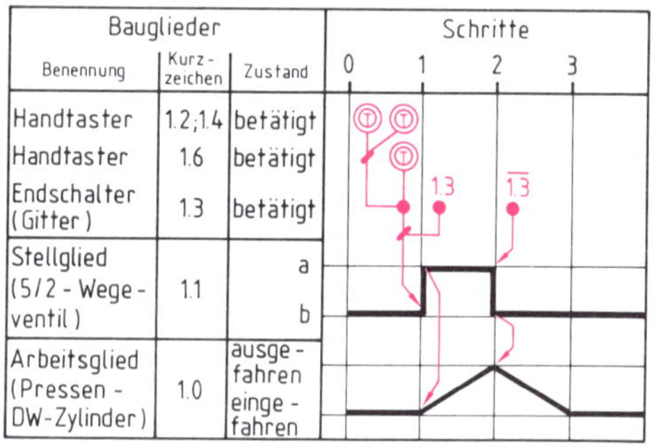

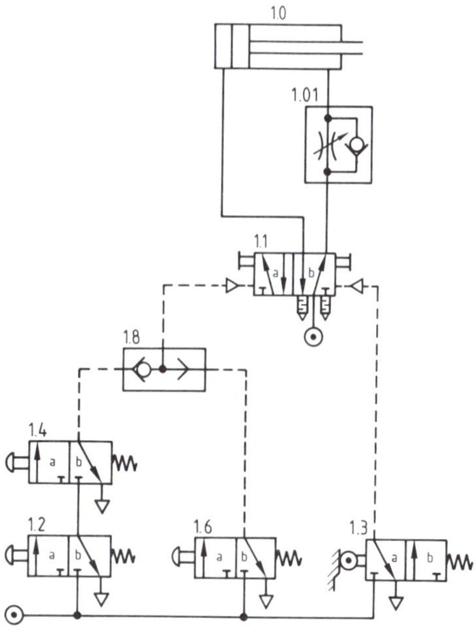

Funktionsdiagramm **Pneumatikschaltplan**

Bei einer ODER-Verknüpfung fährt der Zylinder aus, wenn das eine oder andere Signalglied betätigt wird. Im Funktionsdiagramm wird die ODER-Verknüpfung durch einen Punkt in den Signallinien gekennzeichnet.

2.4.4.3 Steuerung mit Zeitglied

In Steuerungen mit Zeitgliedern werden die eingegebenen Signale zeitlich verzögert weitergeleitet. Die Verzögerungszeit ist stufenlos einstellbar. Je nach dem Aufbau eines Verzögerungsventiles unterscheidet man Ventile, die den Druck zeitverzögert zuschalten oder den Druck zeitverzögert abschalten.

Übungsaufgabe 2/73

Beispiel für eine Steuerung mit Zeitglied

Aufgabenstellung

In einer Klebepresse drücken drei Pneumatikzylinder Kunststoffplatten aufeinander. Die Platten werden von Hand eingelegt. Der Preßvorgang soll mit einem Handtaster eingeleitet werden und eine einstellbare Zeit andauern.

Schritt	Beschreibung des Ablaufes
1	Zylinder 1.0 fährt aus, Anpressen der Platten
2	Zylinder 2.0 und 3.0 fahren aus, pressen
3	Preßvorgang dauert eine einstellbare Zeit an
4	Alle drei Zylinder fahren ein

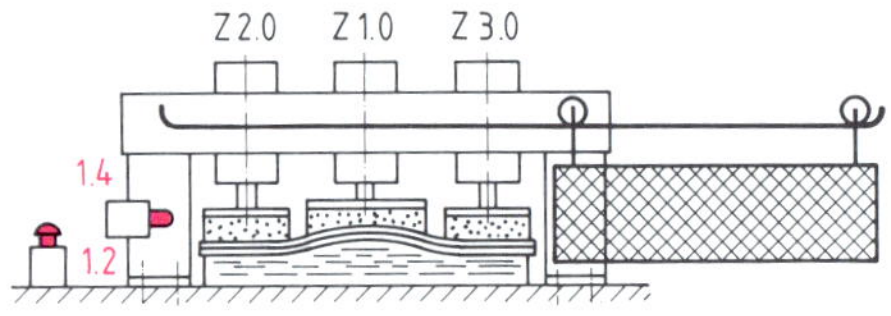

Technologieschema Kunststoffpresse

Anmerkungen:

- Die Anlage wird über ein Schutzgitter abgesichert; der Start ist nur möglich, wenn das Schutzgitter geschlossen ist (Endschalter 1.4).
- Der mittlere Preßzylinder 1.0 soll dann ausfahren, wenn der Starttaster 1.2 betätigt wurde.
- Erst wenn Zylinder 1.0 seine Endlage erreicht hat, sollen die beiden anderen Zylinder ausfahren.
- Alle drei Zylinder bleiben eine einstellbare Zeit ausgefahren und pressen die Platten. Danach sollen die Zylinder einfahren.

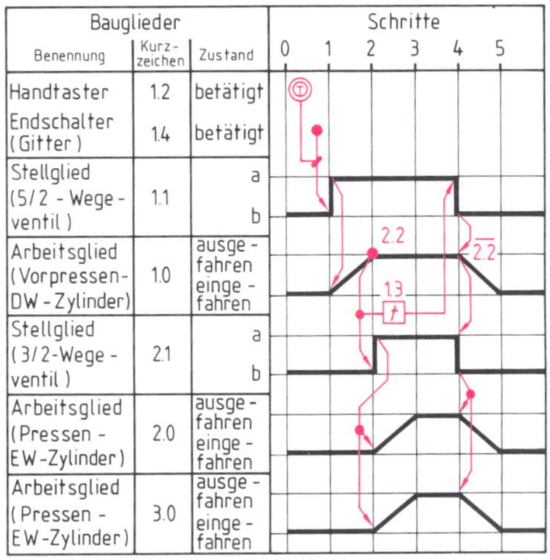

Funktionsdiagramm

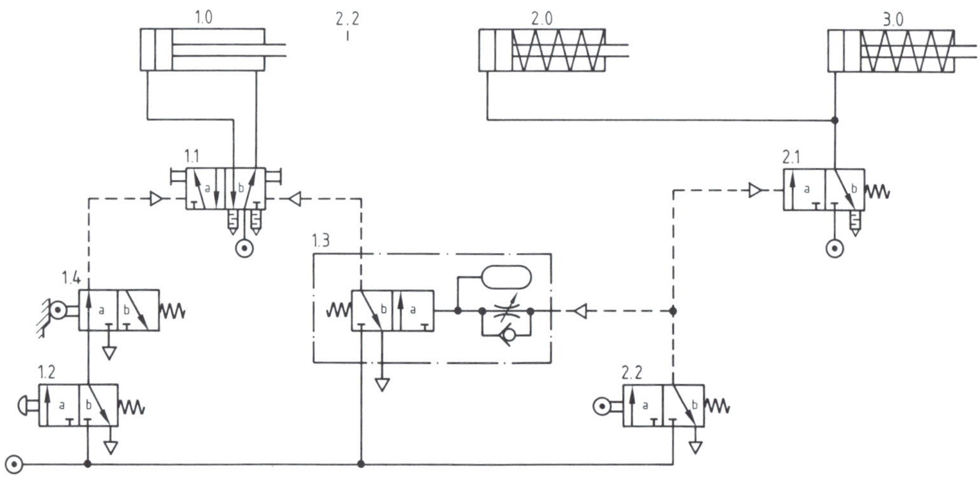

Pneumatikschaltplan

Als Zeitglieder verwendet man Verzögerungsventile. Durch das Verzögerungsventil wird ein Signal zeitverzögert wirksam. Im Funktionsdiagramm wird das Zeitglied durch ein Rechteck mit „*t*" oder Zeitangabe gekennzeichnet.

Übungsaufgabe 2/74

2.4.4.4 Steuerung mit Zweihand-Sicherung

Beispiel für eine Steuerung mit verschiedenen Steuergliedern (Zweihand-Sicherung)

Aufgabenstellung

In einer Vorrichtung sollen Lagerbuchsen in Laufrollen eingepreßt werden. Die Laufrollen werden von Hand eingelegt und gespannt. Der Arbeitshub der Preßmaschine darf aus Sicherheitsgründen nur durch die gleichzeitige Betätigung von zwei Handtastern eingeleitet werden. Nach dem Preßvorgang soll der Pressenstößel selbsttätig in die Ausgangslage zurückfahren. Die Geschwindigkeit für den Arbeitshub soll einstellbar sein.

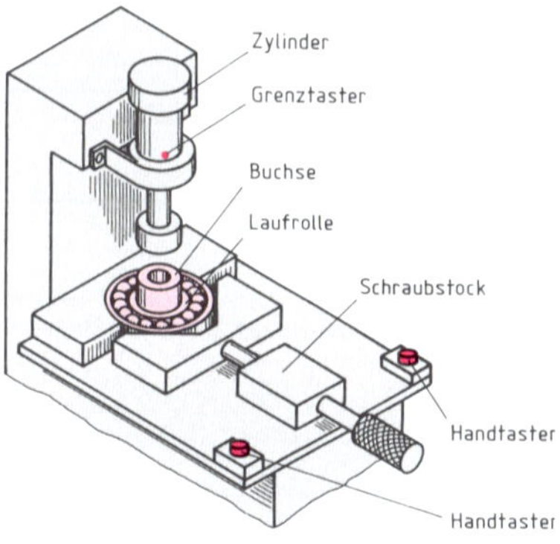

Technologieschema Presse

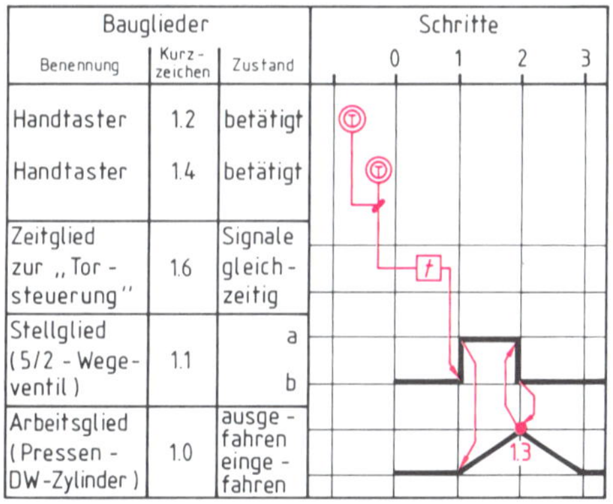

Funktionsdiagramm

Anmerkungen:

- Die Vorrichtung wird über eine Zwei-Hand-Schaltung abgesichert. Nur durch das fast gleichzeitige Drücken der Handtaster 1.2 und 1.4 beginnt der Preßvorgang.
- Werden beide Handtaster nicht innerhalb einer kurzen Zeit gedrückt, so schaltet das Zeitglied 1.6 die Steuerleitung zum Stellglied 1.1 ab.
- Eine Manipulation der Handtaster ist durch die Schaltung unterbunden.
- Der Zylinder fährt ein, sobald der Sensor 1.3 betätigt wurde.

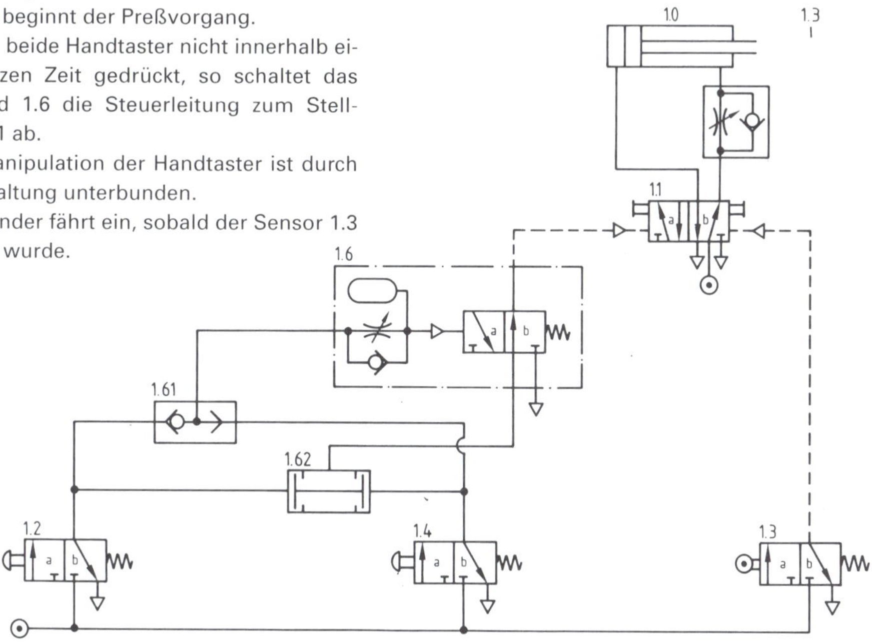

Pneumatikschaltplan

Eine Zweihand-Sicherheitsschaltung kann man durch die Kombination von UND-, ODER- und Verzögerungsventilen erreichen.

Übungsaufgabe 2/75

2.4.5 Pneumatische Ablaufsteuerungen

2.4.5.1 Signalüberschneidung

Ablaufsteuerungen sind Steuerungen mit erzwungenem schrittweisem Ablauf. Der jeweils nächste Schaltschritt erfolgt erst, wenn von dem vorhergehenden Schritt ein Weiterschaltsignal vorliegt. Damit man zu jedem Zeitpunkt der Steuerung den Ist-Zustand der Arbeitsglieder kennt, werden die Endlagen der Zylinder über Sensoren abgefragt.

- **Dauersignal**

Wird ein Endschalter oder anderer Sensor dauernd betätigt, so gibt er an das Stellglied ein Dauersignal weiter. In Steuerungen mit mehreren Steuerketten führen Dauersignale zu widersprüchlichen Signalfolgen.

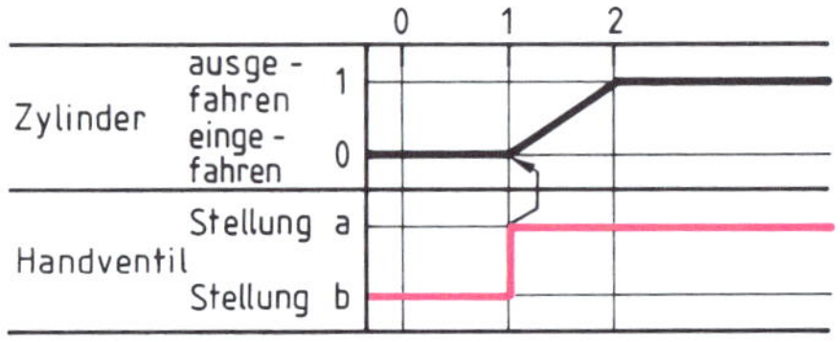

Dauersignal auf Betriebssystem

In pneumatischen Ablaufsteuerungen dürfen Signale am Stellglied nur von einer Seite anstehen. Deshalb müssen Dauersignale rechtzeitig abgeschaltet werden.

- **Signalüberschneidung**

Wird ein Stellglied gleichzeitig von beiden Seiten betätigt, so kann es nicht geschaltet werden, weil sich die Signale überschneiden. Signalüberschneidungen werden durch nicht abgeschaltete Dauersignale verursacht.

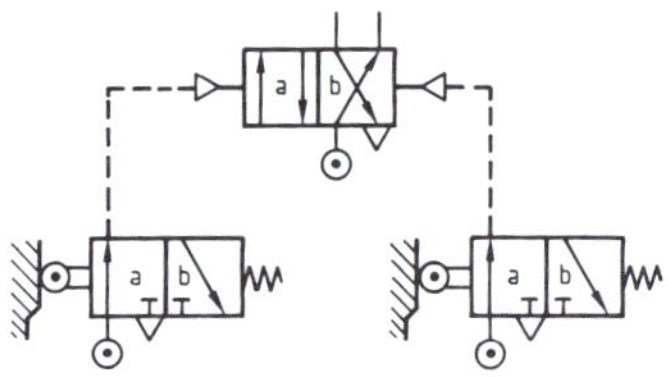

Signalüberschneidung

Signalüberschneidungen erkennt man im Funktionsdiagramm daran, daß Signalglieder, die die Stellung eines Stellgliedes verändern sollen, gleichen Signalzustand haben.

Beispiel für Signalüberschneidung

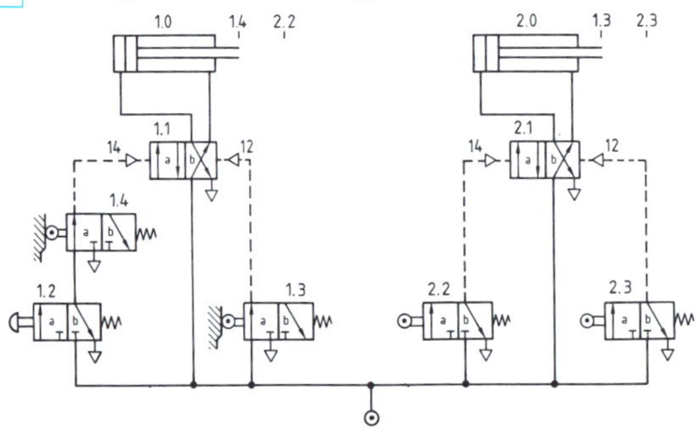

Zylinder 1.0 kann nicht ausfahren, denn das Stellglied 1.1 ist nach Betätigung von Ventil 1.2 auf beiden Seiten mit Druck beaufschlagt.

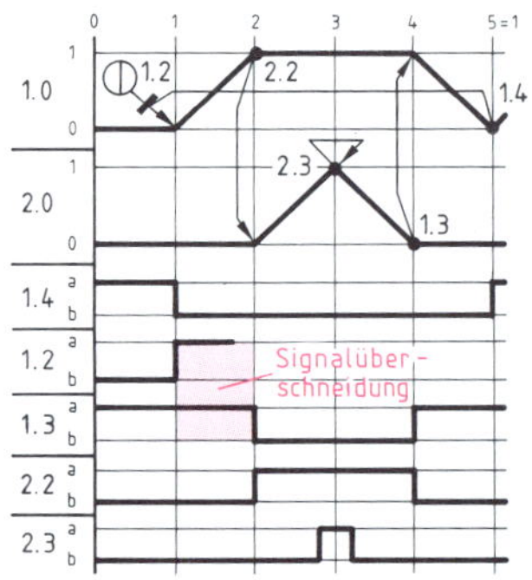

Ventil 1.2 und Ventil 1.3 haben zur gleichen Zeit gleichen Zustand.

Außer der beschriebenen Signalüberschneidung liegt in diesem Schaltplan noch eine Signalüberschneidung zwischen den Ventilen 2.2 und 2.3 vor.

Nicht abgeschaltete Dauersignale an beiden Eingängen eines Stellgliedes führen zu Signalüberschneidungen.

2.4.5.2 Signalabschaltung

Signalüberschneidungen werden dadurch vermieden, daß die entsprechenden Signale rechtzeitig abgeschaltet werden. Signalabschaltungen können auf unterschiedliche Weise erfolgen:

- durch Ventile mit Leerrücklaufrolle,
- über Verzögerungsventile,
- durch Umschaltventile.

Da Schaltungen mit Leerrücklaufrollen zu Unfällen führen können, sind sie möglichst zu vermeiden.

- **Signalabschaltung über Verzögerungsventile**

Bei der Signalabschaltung durch Verzögerungsventile wird die Luftzufuhr nach einer einstellbaren Zeit *automatisch* abgeschaltet.
Die Signalabschaltung mit Verzögerungsventilen erlaubt auch bei kurzen und schnellen Bewegungen einen genauen Ablauf der Steuerung. Die Verzögerungsventile sind jedoch teurer als andere Ventile.

Beispiel für eine Signalabschaltung über Verzögerungsventile

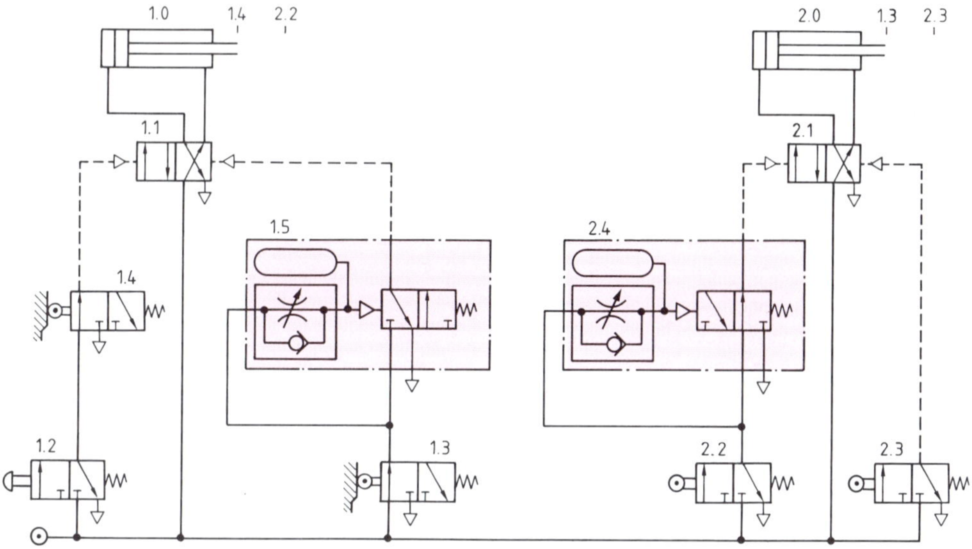

Funktionsbeschreibung

Zwischen dem Signalglied 1.3 und dem Stellglied 1.1 befindet sich in dieser Steuerung das Verzögerungsventil 1.5. In der Ausgangsstellung ist Ventil 1.3 betätigt, der anstehende Druck schaltet jedoch das Verzögerungsventil auf Entlüftung. Wird die Anlage gestartet, so kann das Signal von 1.2 über Ventil 1.4 auf das Stellglied 1.1 wirksam werden, weil dessen andere Seite entlüftet ist (Schritt 1).

In entsprechender Weise wird das Signal von Ventil 2.2 abgeschaltet.

Die Signalabschaltung mit Zeitgliedern erlaubt einen genauen Ablauf der Steuerung auch bei schnellen Bewegungen. Nachteilig ist der zusätzliche Einsatz verhältnismäßig teurer Pneumatikelemente.

Übungsaufgaben 2/79; 2/80; 2/81

Signalabschaltung durch Umschaltventile

Eine weitere Möglichkeit für die Abschaltung von Dauersignalen besteht darin, ein zusätzliches Umschaltventil einzubauen. Dieses Umschaltventil 0.2 ist vor die Signalglieder geschaltet, bei denen Dauersignale abgeschaltet werden müssen. Die Signalglieder sind dadurch im betätigten Zustand einmal an die Druckluft und einmal an die Abluft angeschlossen.

Im Schaltplan werden nach dem Umschaltventil **Verteilerstränge** gezeichnet, die dann jeweils mit den Signalgliedern verbunden werden, die vom Umschaltventil bedient werden müssen.

Beispiel für Signalabschaltung durch Umschaltventil

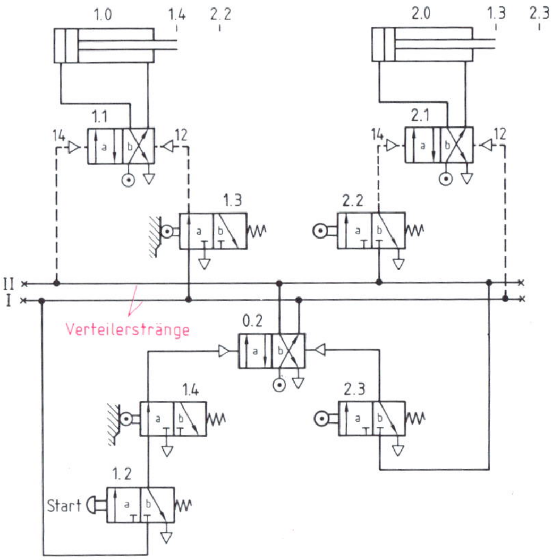

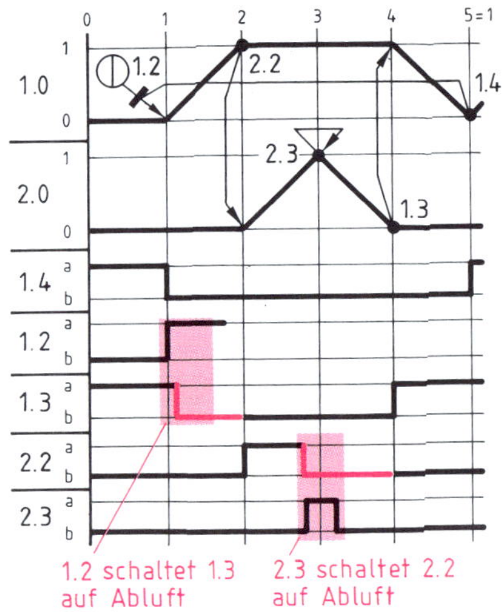

Funktionsbeschreibung

Startet man die Anlage über den Taster 1.2, so wird das zusätzliche Umschaltventil 0.2 über den betätigten Grenztaster 1.4 umgeschaltet. Leitung II führt jetzt Druckluft und Leitung I ist mit der Abluftseite verbunden. Dadurch kann Stellglied 1.1 umgeschaltet werden, weil Signalglied 1.3 mit der Leitung I, die auf Abluft steht, verbunden ist.

Der Zylinder 1.0 betätigt das Signalglied 2.2. Das Stellglied 2.1 wird umgeschaltet, weil Leitung II auf Druck geschaltet ist und Leitung I mit der Abluft verbunden ist.

Zylinder 2.0 fährt auf den Grenztaster 2.3 und leitet damit den Rückhub ein. Signalglied 2.3 schaltet das Umschaltventil 0.2 um. Die Umschaltung ist möglich, weil Ventil 1.4 nicht betätigt ist und auf Entlüftung steht. Durch diese Umschaltung von Ventil 0.2 wird die Leitung I nun Druckluftleitung und die Leitung II Abluftleitung.

Zylinder 2.0 fährt ein und betätigt Ventil 1.3. Dieses Signalglied kann nun Stellglied 1.1 deswegen umschalten, weil Leitung I Druckluft führt und die Steuerseite „14" von Stellglied 1.1 über Leitung II entlüftet ist. Zylinder 1.0 fährt in Ausgangsstellung zurück.

Signalabschaltungen mit zusätzlichen Umschaltventilen eignen sich besonders für umfangreiche Steuerungen und erlauben eine systematische Entwicklung von Schaltplänen mit mehreren Arbeitsgliedern.

Übungsaufgaben 2/82; 2/83; 2/84

3 Elektropneumatik

In der Elektropneumatik steuern elektrische Signale den Energiefluß in pneumatischen Systemen. Im Steuerteil wird elektrische Energie benutzt. Im Leistungsteil setzt man Druckluft als Energieträger ein. Durch geeignete Bauteile werden die beiden Energiekreise verknüpft.

3.1 Bauteile in elektropneumatischen Anlagen

3.1.1 Magnetventil

- **Wirkungsweise**

Die elektromagnetische Betätigung eines Ventils über ein elektrisches Signal stellt die Verknüpfung zwischen dem Stromkreis und dem Druckluftkreis dar. Magnetventile nennt man auch EP-Wandler.
Schaltet man den Strom ein, wird die Magnetspule erregt und der Anker in die Spule hineingezogen. Dadurch öffnet sich das Ventil und Druckluft kann von 1 (P) nach 2 (A) strömen.
Schaltet man den Strom ab, ist die magnetische Wirkung erloschen und die Federkraft schließt das Ventil. Die Abluft kann dann von 2 (A) über 3 (R) ausströmen.
Elektromagnetische Ventile können direkt angesteuert oder als vorgesteuerte Ventile betätigt werden.

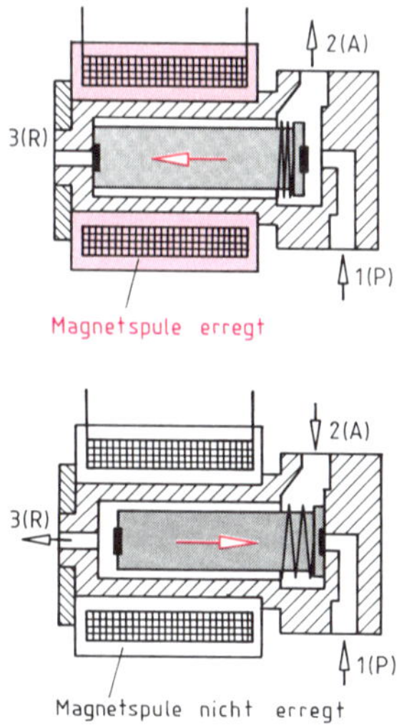

Elektropneumatisches Magnetventil

- **Bildzeichen für Ventile**

Das elektromagnetische Betätigungselement wird im Pneumatikschaltplan und im Stromlaufplan mit einem ähnlichen Bildzeichen dargestellt. In beiden Plänen erhält es die gleiche Ordnungsnummer (z.B. Y1).
Das Bildzeichen für das Ventil selbst wird in beiden Plänen unterschiedlich dargestellt. Für den Elektroschaltplan gilt DIN 40900 als Grundlage, für den Pneumatikschaltplan ist DIN ISO 1219 anzuwenden.

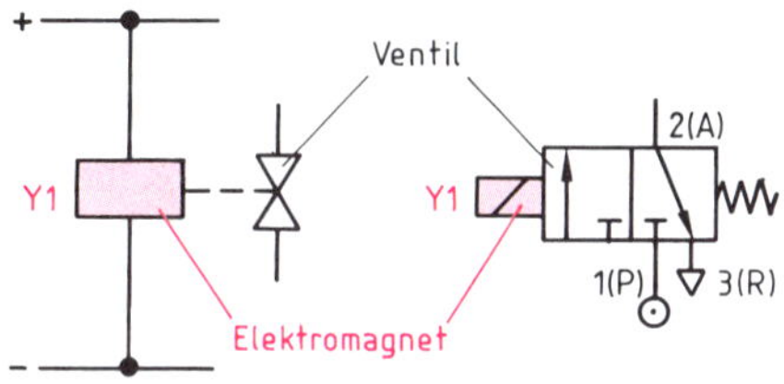

Bildzeichen für Schaltpläne der Elektropneumatik

- **Vorsteuerung und Handhilfsbetätigung von Magnetventilen**

Wird an die Magnetspule eines Magnetventils ein elektrisches Signal angelegt, so entsteht ein Magnetfeld. In diesem Feld wird auf einen Stößel eine Magnetkraft ausgeübt. Die Magnetkraft öffnet das Ventil gegen eine Federkraft und gibt den Durchfluß für die Druckluft frei. Aus der erforderlichen Magnetkraft ergibt sich die Leistung der Magnetspule.

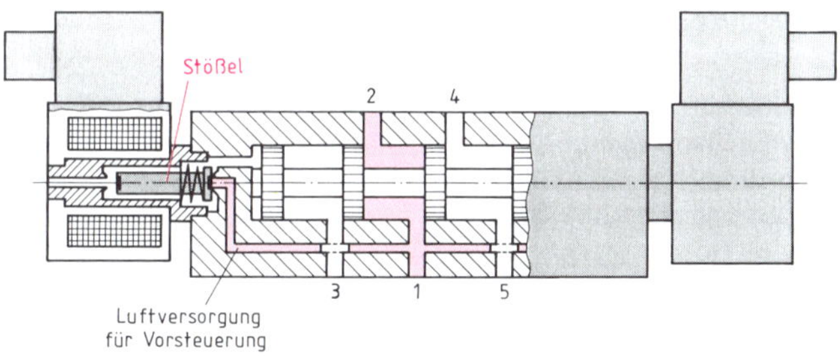

Magnetventil mit Vorsteuerung

Übungsaufgaben 3/1; 3/2

Das Bestreben nach niedrigen Leistungsdaten für Magnetspulen hat zum Vorsteuerprinzip bei diesen Ventilen geführt. So haben auch Ventile mit großen Nennweiten eine geringe Leistungsaufnahme. Es können beispielsweise Ventile mit 14 mm Nennweite und einem Normal-Nenndurchfluß von 4000 l/min mit Leistungen von unter 5 W geschaltet werden.

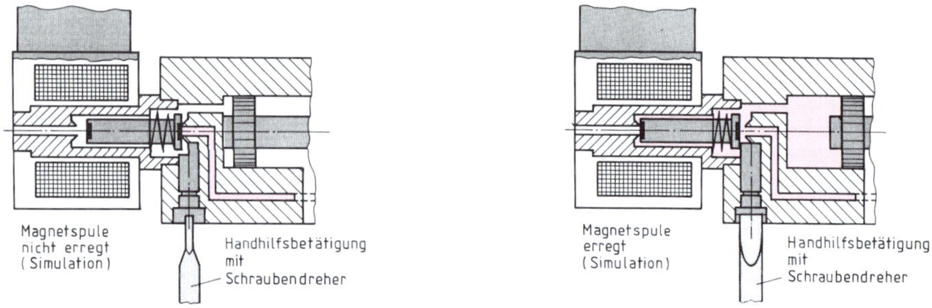

Magnetventil mit Handhilfsbetätigung

Auch bei Magnetventilen sind Handhilfsbetätigungen üblich. Die Handhilfsbetätigung dient zur Funktionskontrolle des Ventiles und zum Einrichten der Anlage.

Die elektromagnetische Betätigung im Magnetventil stellt das Verbindungsglied zwischen dem Stromkreis und dem Druckluftkreis dar.
In dieser Schnittstelle findet die Signalumwandlung von der Elektrik zur Pneumatik statt, deswegen nennt man Magnetventile auch EP-Wandler.

3.1.2 Druckschalter

Müssen in elektropneumatischen Steuerungen pneumatische Signale in elektrische Signale umgewandelt werden, so benutzt man **pneumatische Druckschalter,** die auf einen elektrischen Mikroschalter wirken.
Steigt der Druck in der Steuerleitung des Druckschalters, so wird über eine Membrane ein kleiner Stößel gegen eine Federkraft betätigt. Bei genügend großem Betätigungsdruck schaltet dieser Stößel über einen Hebel den angebauten elektrischen Schalter.
Sinkt der Steuerdruck unter den eingestellten Wert, so drückt die Feder den Stößel mit dem Hebel zurück und das elektrische Signal wird umgeschaltet.
In dieser *Schnittstelle* findet die Signalumwandlung von der Pneumatik zur Elektrik statt. Aus diesem Grunde nennt man pneumatisch-elektrische Druckschalter auch **PE-Wandler.**

Je nach Kontaktanordnung ist der elektrische Schalter ein Öffner, Schließer oder Wechsler. Für die Auswahl der elektrischen Kenngrößen von Druckschaltern sind die Hinweise, die bei den Magnetventilen gemacht werden, zu beachten.

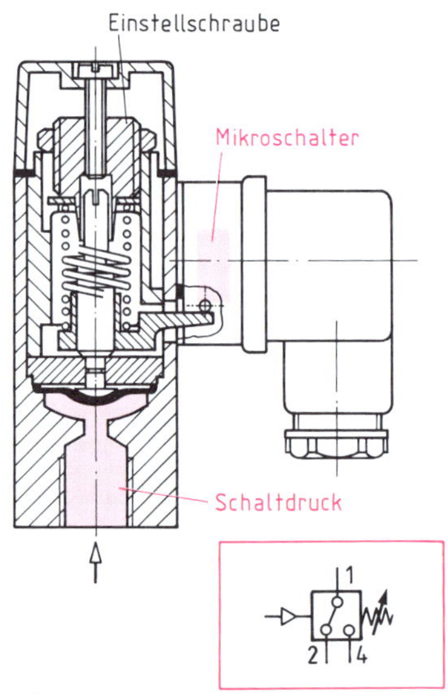

Druckschalter

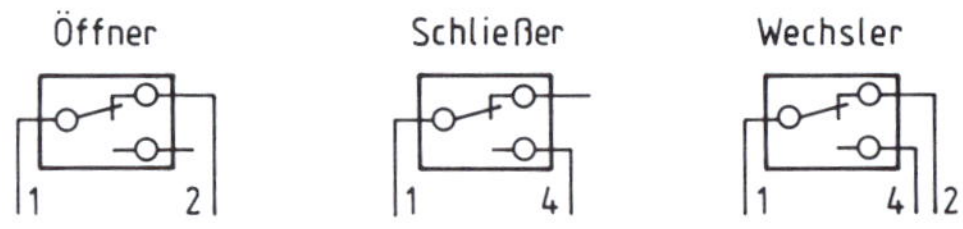

Mögliche Kontaktanordnungen eines Druckschalters

Der Druckschalter stellt ein Verbindungsglied zwischen dem Druckluftkreis und dem Stromkreis dar.
Pneumatisch-elektrische Druckschalter sind PE-Wandler.

Übungsaufgaben 3/3 bis 3/6

3.1.3 Schutzbeschaltung

Beim Abschalten einer Magnetspule bricht das bestehende Magnetfeld schlagartig zusammen. Ein sich änderndes Magnetfeld erzeugt durch Induktion eine Spannung. Diese Induktionsspannung ist wegen des kurzen Abschaltaugenblickes besonders hoch. Es entstehen somit Gefahren für den Bediener, und der Verschleiß der Kontakte wird erheblich erhöht.

Beispiel **für Schutzbeschaltung eines Magnetventiles**

Die einfachste Schutzmaßnahme ist die Parallelschaltung eines Kondensators, **C-Glied,** zum Schalter. Um zu vermeiden, daß sich die Kondensatorladung beim erneuten Einschalten voll über die Kontakte entlädt, ist ein Widerstand, **R-Glied,** erforderlich. Dieser Widerstand wird in Reihe geschaltet und hält den Entladestrom klein. Dieses Element wird auch als **RC-Glied** bezeichnet.

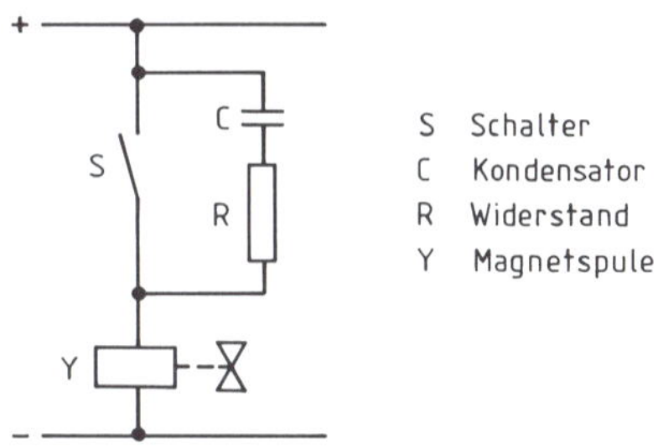

Schutzbeschaltung durch RC-Glied

3.1.4 Schutzarten

Magnetspulen sind elektrische Betriebsmittel, die wie alle elektrischen Betriebsmittel in Schutzarten eingeteilt werden. Dadurch werden dem Anwender die Einsatzmöglichkeiten und Einsatzgrenzen aufgezeigt. Die Norm DIN VDE 0470 umfaßt unter anderem den Schutz für:

- **Personen,**
- **Betriebsmittel.**

Die Schutzarten werden durch ein Kurzzeichen angegeben, das sich aus den zwei stets gleichbleibenden Kennbuchstaben IP und zwei Kennziffern für den Schutzgrad zusammensetzt. Die **Kennbuchstaben IP** kommen von **I**nternational **P**rotection und weisen so auf übernationale Vereinbarungen im Bereich der Schutzarten hin.

Die *erste Kennziffer* zwischen **0** und **6** kennzeichnet die Schutzgrade gegen Berühren und gegen Eindringen von Fremdkörpern. Damit wird der Schutz von Personen gegen Berühren von Teilen, die unter Spannung stehen, oder von Teilen, die sich bewegen, beschrieben. Zusätzlich beschreibt man den Schutz des Betriebsmittels gegen das Eindringen von festen Fremdkörpern.

Die *zweite Kennziffer* zwischen **0** und **8** bezeichnet die Schutzgerade gegen das Eindringen von Wasser in das Betriebsmittel.

Schutzart IP ... nach DIN VDE 0470			
erste Ziffer: Schutz gegen das Eindringen von festen Körpern		**zweite Ziffer:** Schutz gegen das Eindringen von Wasser	
0	nicht vorhanden	**0**	nicht vorhanden
1	größer 30 mm Durchmesser	**1**	Tropfwasser senkrecht
2	größer 12 mm Durchmesser	**2**	Tropfwasser 15° schräg
3	größer 2,5 mm Durchmesser	**3**	Sprühwasser 60° schräg
4	größer 1 mm Durchmesser	**4**	Spritzwasser von überall
5	gegen Staubablagerungen	**5**	Strahlwasser von überall
6	absolut staubdicht	**6**	starkes Strahlwasser
	–	**7**	kurzzeitiges Druckwasser
	–	**8**	dauerndes Druckwasser

Beispiel **für Schutzart an Magnetventilen**

IP 65 in nassen Räumen verwendbar, geschützt gegen Strahlwasser aus allen Richtungen, absolut staubdicht **(übliche Schutzart für Magnetventile)**

Übungsaufgaben 3/7; 3/8; 3/9

3.1.5 Auswahlkriterien für Magnetventile

Bei dem Einsatz von Magnetventilen muß man pneumatische und elektrische Gesichtspunkte beachten. Der Leistungsteil der Anlage bestimmt die Auswahlkriterien für die Wegeventile in bezug auf Bauart und Nennweite. Die Auswahlkriterien für die elektrischen Elemente werden wesentlich vom Einsatzbereich her festgelegt. Neben den Schutzarten sind noch weitere Gesichtspunkte zu beachten.

Kriterien	Beschreibung	Hinweise
Einschaltdauer	Die Zeit, die ein Gerät eingeschaltet ist, bezeichnet man als Einschaltdauer. Die heute übliche Einschaltdauer beträgt 100% und wird mit **ED 100%** angegeben. Dies bedeutet, das Gerät darf dauernd eingeschaltet sein.	Umgebungstemperatur für Magnetventile nach Europa-Norm bei ED 100% beträgt max. 50°C
Stromart	Magnetventile gibt es sowohl für Gleichstrom als auch für Wechselstrom.	Anlagen über 24 V dürfen nur von autorisiertem Fachpersonal montiert werden VDO 0113
Spannung	Übliche Spannungen sind 24 V Gleich- oder Wechselspannung bzw. 240 V Wechselspannung.	
Frequenz	Die übliche Frequenz beträgt 50 Hz, in Sonderfällen auch 60 Hz.	
Explosionsgefahr	Für besonders explosionsgefährdete Räume gibt man nach VDE den Schutz durch die Buchstaben Ex und die Angabe der Gefahrenklasse an.	VDE 0170/0171

3.1.6 Grenztaster

Mit Grenztastern werden Hubkolben, Werkzeugschlitten und andere Maschinenteile beim Erreichen von Endlagen ein bzw. ausgeschaltet. Dabei ist das genaue Einhalten der Position auch nach mehrmaligem Schalten sehr wichtig. In der Elektropneumatik stehen neben Grenzschaltern auch berührungslose Grenztaster zur Verfügung, die nach verschiedenen physikalischen Prinzipien arbeiten. In der Übersicht sind die im Handel erhältlichen Grenztaster aufgeführt.

Name des Grenztasters und Art des Schalters	Erklärung der Funktion	Bildzeichen
Grenzschalter mechanisch geschaltet	Der Hubkolben fährt gegen einen Rollenhebel, der einen vorgespannten Schalter betätigt. Dadurch erfolgt auch beim langsamen Anfahren des Rollenhebels der Schaltvorgang schnell.	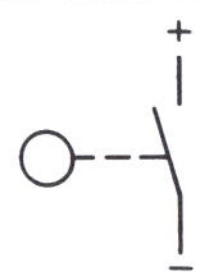
Magnet-Grenztaster mit Reedkontakt magnetisch geschaltet	Ein Permanentmagnet fährt mit der Hubbewegung über die Kontakte und öffnet bzw. schließt so den Stromkreis berührungslos über das Magnetfeld. Vorteilhaft ist, daß der Schaltmagnet in den Zylinder selbst eingebaut werden kann.	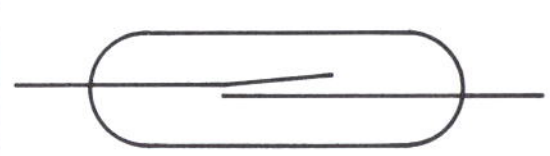
Fotoelektronische Grenztaster geschaltet über Lichtschranke	Bei fotoelektronischen Grenztastern ist der Stromkreis über eine Lichtschranke zwischen Sender und Empfänger geschlossen. Fährt der Hubkolben in seine Endlage, wird die Lichtschranke durchfahren und der Stromkreis ist unterbrochen.	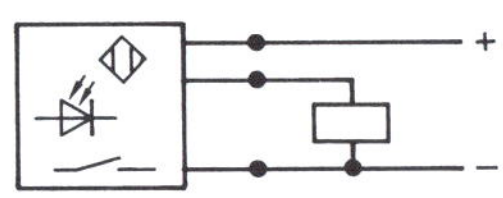
Nährungsschalter als Grenzschalter induktiv geschaltet	Beim induktiven Näherungsschalter wird durch den Metallstößel des Hubkolbens ein elektromagnetisches Wechselstromfeld gestört und so der Schaltvorgang ausgelöst.	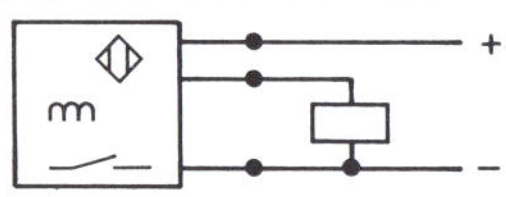
kapazitiv geschaltet	Beim kapazitiven Näherungsschalter wird durch die Hubbewegung die elektrische Kapazität von Kondensatoren gestört und dadurch ein Schaltvorgang ausgelöst. Kapazitive Näherungsschalter können durch jeden beliebigen Werkstoff geschaltet werden.	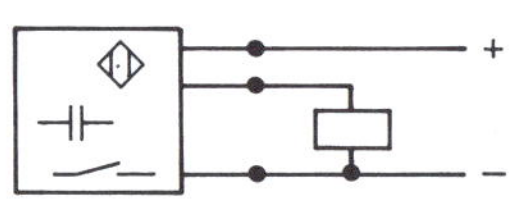

3.1.7 Schütz und Relais

Schütze und Relais sind Tastschalter, die durch Fernbetätigung elektromagnetisch schalten.
Wird z.B. eine Schützspule erregt, d.h. eingeschaltet, so wird der Anker mit den Kontakten in die Spule gezogen und die Kontakte werden geschaltet. Schütze und Relais schalten in der Regel mehrere Kontakte gleichzeitig. Der Unterschied zwischen Schütz und Relais liegt in der Schaltleistung.

- Schütze haben eine Schaltleistung von 1 kW bis 500 kW.
- Relais liegen mit der Schaltleistung wesentlich darunter – wenige mW bis 1 kW.

Zeitrelais schalten zeitverzögert. Ein ansprechverzögertes Zeitrelais schaltet verzögert ein, während ein rückfallverzögertes Zeitrelais verzögert ausschaltet.

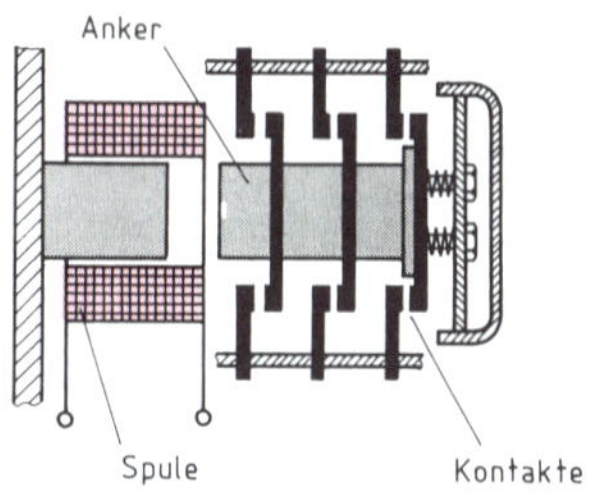

Schütz mit 3 Kontakten

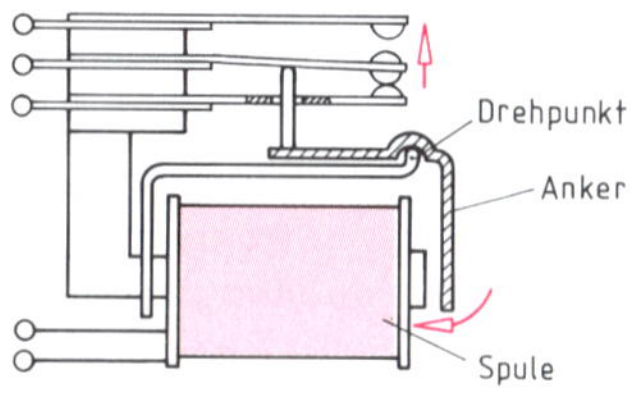

Relais als Wechsler

Schütz und Relais sind Schaltglieder, in denen durch die Magnetkräfte des Steuerstromes Kontakte im Laststromkreis betätigt werden.

3.1.8 Schaltzeichen für elektrische Bauteile

Schaltzeichen für wichtige elektrische Bauteile in elektropneumatischen Anlagen

elektrisches Bauteil	Erklärung	Schaltzeichen
Grenztaster (Wechsler)	Die Betätigung erfolgt über Kolbenhub mechanisch durch eine Rolle.	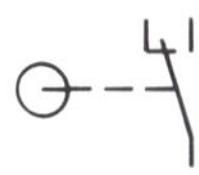
Zeitrelais (Schließer)	Nach Betätigung erfolgt der Schaltvorgang mit einstellbarer Verzögerung – hier Ansprechverzögerung.	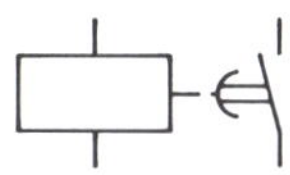
Zeitrelais (Öffner)	Nach Betätigung erfolgt der Schaltvorgang mit verstellbarer Verzögerung – hier Rückfallverzögerung.	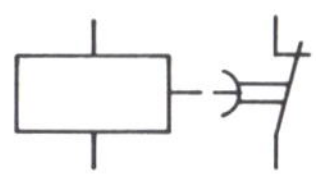
Schütz bzw. Relais (2 Schließer, 1 Öffner)	Die Betätigung mehrerer Schalter erfolgt elektromagnetisch, Fernbedienung und unterschiedliche Kombination von Schaltern sind möglich.	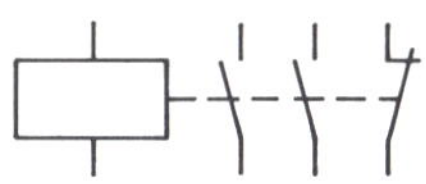
Elektromagnet (Ansprechverzögerung)	Nach Betätigung erfolgt der Schaltvorgang erst nach einer bestimmten einstellbaren Zeit. Über einen Widerstand und einen Kondensator wird die Schaltspannung zeitverzögert erreicht.	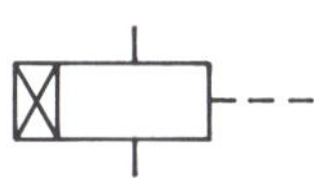
Elektromagnet (Rückfallverzögerung)	Wird das Eingangssignal gelöscht, d.h. ausgeschaltet, bleibt für eine einstellbare Zeit der Elektromagnet angezogen bzw. eingeschaltet.	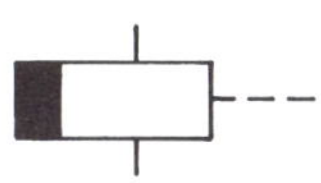

Übungsaufgaben 3/13; 3/14

3.2 Elektropneumatische Steuerungen

3.2.1 Pneumatikschaltplan und Stromlaufplan

In der Industrie hat sich zunehmend eine Verknüpfung von Pneumatik und Elektrik durchgesetzt. Dabei übernimmt die Elektrik die Signalgebung und Signalweiterleitung – **Signalfluß** –, während die Pneumatik die Druckluft als Energie für Maschinen und Vorrichtungen bereitstellt – **Energiefluß** –. In der zeichnerischen Darstellung elektropneumatischer Anlagen werden der Signalfluß durch Stromlaufpläne und der Energiefluß durch Pneumatikschaltpläne getrennt dargestellt.

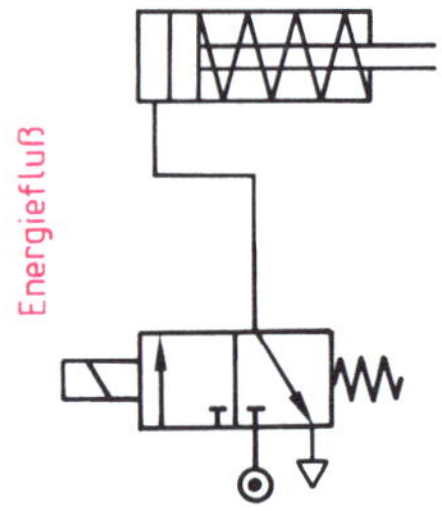

Auszug aus einem Pneumatikschaltplan

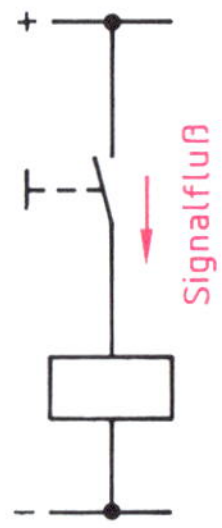

Auszug aus einem Stromlaufplan

Schaltpläne in der Elektropneumatik

Der Stromfluß wird im **Stromlaufplan** von oben (+) nach unten (–) angenommen. Die Bauteile sind durch genormte Schaltzeichen dargestellt und in der Reihenfolge des Stromdurchganges angeordnet. Die tatsächliche Lage der Bauteile in der Anlage oder in der Maschine ist aus dem Stromlaufplan nicht ersichtlich.

In der Elektropneumatik werden pneumatisch angetriebene Systeme durch elektrische Signale gesteuert. Als Schaltpläne dienen der Pneumatikschaltplan und der Stromlaufplan.

- **Kennzeichnung der Betriebsmittel**

Weil in der Elektropneumatik verschiedene Technologien ineinandergreifen, hat man aus jedem Teilgebiet die entsprechenden Normen zu beachten. Für die Darstellung des pneumatischen Teils ist vor allem die Norm DIN ISO 1219 anzuwenden, während für die Kennzeichnung elektrischer Betriebsmittel auch im Pneumatikschaltplan die DIN-Norm 40719 berücksichtigt werden muß. Die Kennzeichnung der Betriebsmittel muß im Pneumatikschaltplan und im Stromlaufplan einheitlich sein. Im Pneumatikschaltplan werden die Arbeitselemente mit den zugehörigen Stellgliedern dargestellt. Die lagemäßige Zuordnung der Sensoren zu den Arbeitselementen wird hier ebenfalls erfaßt. Durch entsprechende Betätigungssymbole kennzeichnet man die elektromagnetische Betätigung der Stellglieder.

Kennbuchstabe	Art des Betriebsmittels (Beispiele)
B	Umsetzer nichtelektrischer Größen auf elektrisiche Größen, PE-Wandler
F	Sicherungen, Schutzeinrichtungen, Druckwächter
H	Signalhorn, Lichthube
K	Schütz, Relais
M	Motor
R	Widerstand
S	Schalter, Grenztaster, Taster
Y	elektrisch betätigte mechanische Einrichtung, magnetisch betätigtes Druckluftventil
Z[1]	Zylinder
Z+[1]	ausfahrende Zylinder
Z–[1]	einfahrende Zylinder

[1]) Z noch nicht genormt

Beispiel für einen elektropneumatischen Schaltplan mit zwei Zylindern

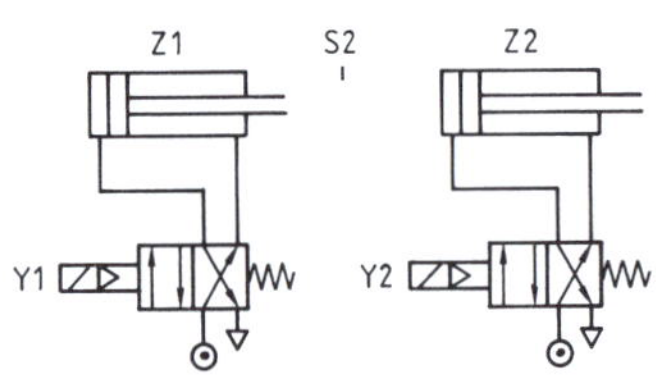

Pneumatikschaltplan

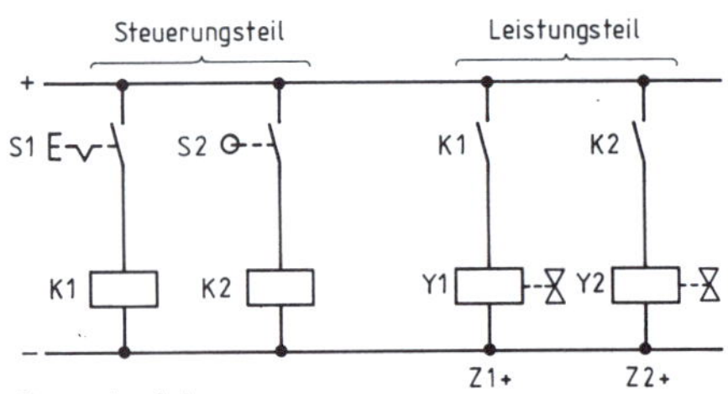

Stromlaufplan

Im elektropneumatischen Schaltplan wird die Kennzeichnung der elektrischen Betriebsmittel wie im Stromlaufplan vorgenommen.

Übungsaufgabe 3/15

- **Schaltgliedertabelle**

Weil in umfangreichen Steuerungen ein Schütz mehrere Schließer und Öffner in verschiedenen Strompfaden betätigt, erleichtert eine **Schaltgliedertabelle** die Übersicht. Schaltgliedertabellen zeichnet man unterhalb des Strompfades, in dem das entsprechende Schütz ist. Vereinbarungsgemäß stehen unter dem Buchstaben S die Pfadnummern, in denen sich Schließer befinden, und unter dem Buchstaben Ö die Pfadnummern mit Öffner.

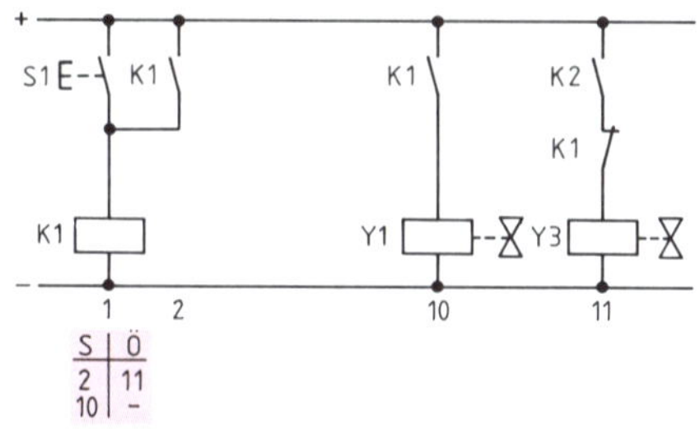

Schaltplanauszug mit Schaltgliedertabelle

Die Schaltgliedertabelle gibt darüber Aufschluß, in welchen Strompfaden sich Schließer bzw. Öffner des über der Tabelle gezeichneten Schützes befinden.

3.2.2 Signale in elektropneumatischen Steuerungen

Auch in elektropneumatischen Steuerungen hat man das Problem der Dauersignale. Mögliche Signalüberschneidungen müssen verhindert werden. Bei umfangreichen Steuerungen gewährleistet man einen sicheren Ablauf der Schritte, indem der jeweils betätigte Steuerschritt das Dauersignal des vorhergehenden Schrittes abschaltet und den nächsten Schritt vorbereitet.

Die Abschaltung geschieht dadurch, daß das betätigte Schütz einen „Öffner" im vorhergehenden Steuerschritt schaltet. Die Vorbereitung des nächsten Schrittes erfolgt, indem das betätigte Schütz einen „Schließer" im nachfolgenden Schritt setzt.

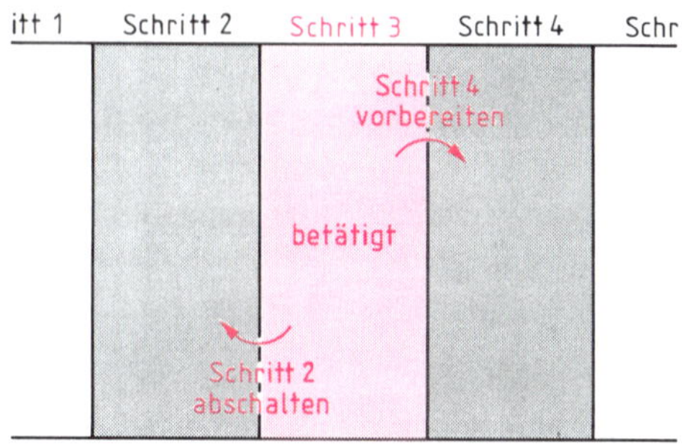

Signalaufbereitung in Steuerschritten

Die Signalabschaltung in elektropneumatischen Steuerungen erfolgt durch Schütze, die bei Betätigung den Strompfad des vorhergehenden Schrittes öffnen.

Beispiel für Signalabschaltung durch Schützsteuerung

Der betätigte Steuerschritt 3 befindet sich hier im Strompfad 5. In diesem Strompfad ist der Schließer K2 durch den vorhergehenden Schritt 2 aktiviert. Wird nun der Sensor S7 betätigt, so zieht Schütz K3 an. Über den Strompfad 6 erfolgt die Selbsthaltung des Schützes K3.

Im Strompfad 3 unterbricht Öffner K3 den Stromkreis. Dadurch wird das Dauersignal des Steuerschrittes 2 abgeschaltet.

Der Steuerschritt 4 wird gleichzeitig vorbereitet, weil im Strompfad 7 Schließer K3 anzieht. Dieses Aktivieren und Abschalten von Signalen erfolgt von Schritt zu Schritt. Bei automatischen Steuerungen, die sich wiederholen, bereitet der letzte Schritt den ersten Schritt vor. Der Zyklus beginnt aufs neue.

Wird eine Steuerung nach einem Durchlauf beendet, so muß von Hand neu gestartet werden. Dieser Start kann erst erfolgen, wenn zunächst ein Setzkontakt geschaltet wurde.

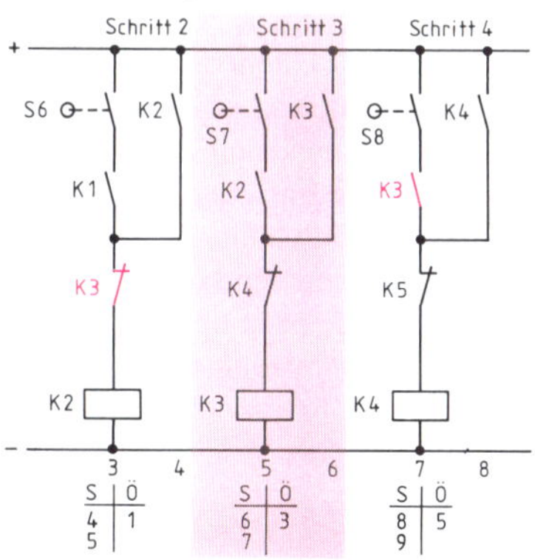

Signalabschaltung durch Schützsteuerung

Übungsaufgaben 3/16 bis 3/19

3.2.3 Elektropneumatische Grundsteuerungen

3.2.3.1 Reihen- und Parallelschaltung

Für die Ansteuerung von Ventilen können unterschiedliche Bedingungen gefordert sein. Einmal kann es nötig sein, ein Ventil von verschiedenen Stellen aus zu schalten; es kann aber auch erforderlich sein, daß erst mehrere Schalter bedient werden müssen, um ein Ventil zu betätigen. Im Hinblick auf die Ansteuerung unterscheidet man zwei Arten von Schaltungen.

Die **Reihenschaltung** ist eine **UND**-Schaltung. Ein Spannzylinder soll beispielsweise erst spannen, wenn das Werkstück eingelegt worden ist und die Schutzvorrichtung geschlossen wurde. Erst wenn **beide Bedingungen** erfüllt sind, darf das Magnetventil für den Spannzylinder betätigt werden. Schalter S1 und Schalter S2 sind also in Reihe geschaltet. In umfangreichen Schaltplänen wird die Darstellung durch Logikzeichen bevorzugt.

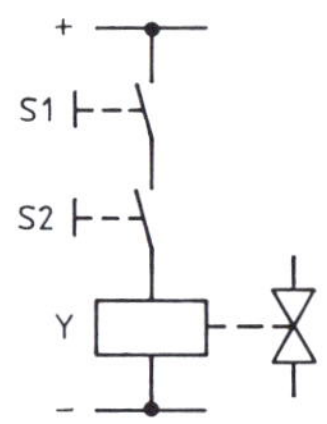

Stromlaufplan einer Reihenschaltung

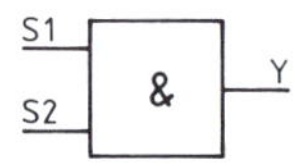

Logikzeichen einer UND-Schaltung

Die **Parallelschaltung** ist eine **ODER**-Schaltung. Mit einer solchen Schaltung kann man z.B. ein Ventil von verschiedenen Stellen aus schalten. **Entweder** wird der Stromkreis für die Ventilbetätigung über den Schalter S1 **oder** den Schalter S2 geschlossen. Die Schalter sind also parallel angeordnet. Im Stromlaufplan laufen die Stromwege (Strompfade) senkrecht. Sie werden von links nach rechts durchnumeriert.

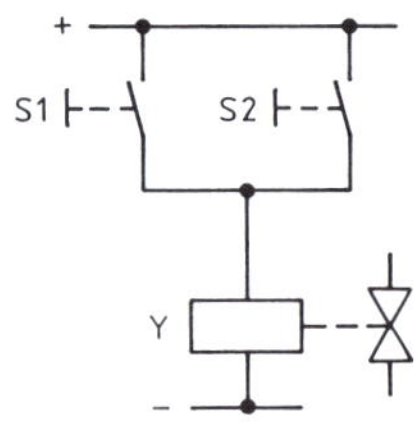

Stromlaufplan einer Parallelschaltung

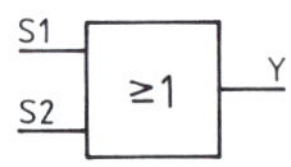

Logikzeichen einer ODER-Schaltung

Elektropneumatische Ventile können angesteuert werden durch:
- Reihenschaltung (UND-Schaltung)
- Parallelschaltung (ODER-Schaltung)

3.2.3.2 Ansteuerung eines 5/2-Wegeventils

- **Ventil mit Speicherverhalten**

Ist ein 5/2-Wegeventil von beiden Seiten ansteuerbar, so bleibt die geschaltete Stellung erhalten, bis das Gegensignal erfolgt, denn in den Endlagen des Ventils sind Permanentmagnete eingebaut, die die jeweilige Lage der Ventilstellung sichern. Wird das Ventil beispielsweise zum Ansteuern eines Spannzylinders eingesetzt, so bleibt das Werkstück nach dem Spannvorgang solange gespannt, bis der elektrische Taster zum Lösen betätigt wird.
Vorgesteuerte 5/2-Wegeventile lassen sich mit geringer elektrischer Energie schalten.

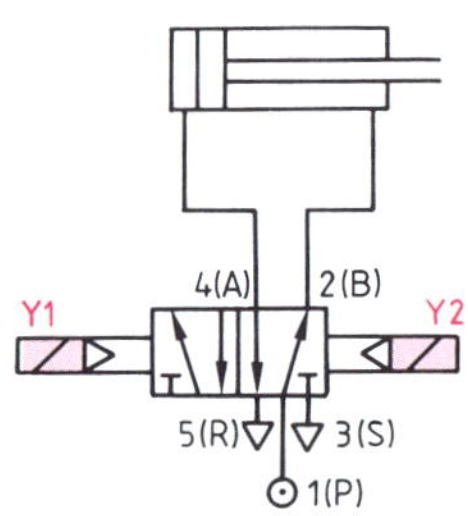

Pneumatikschaltplan

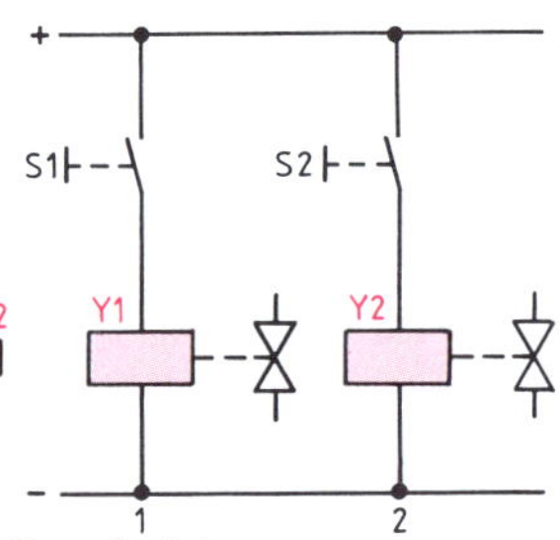

Stromlaufplan

Impulssignale bewirken in elektropneumatischen Wegeventilen mit Speicherverhalten eine andauernde Umschaltung des Ventiles.

Übungsaufgaben 3/20; 3/21; 3/22

- **Ventil mit Schützsteuerung**

Schütze und Relais sind fernbetätigte elektromagnetische Schalter, die als Schließer, Öffner oder Wechsler entsprechend der Gesamtaufgabe ausgebildet sind.
Die Ansteuerung eines 5/2-Wegeventiles mit Hilfe eines Schützes erlaubt eine Daueransteuerung des Ventiles, obwohl das Signalglied nur angetippt zu werden braucht (Taster).

Beispiel für ein schützgesteuertes Ventil

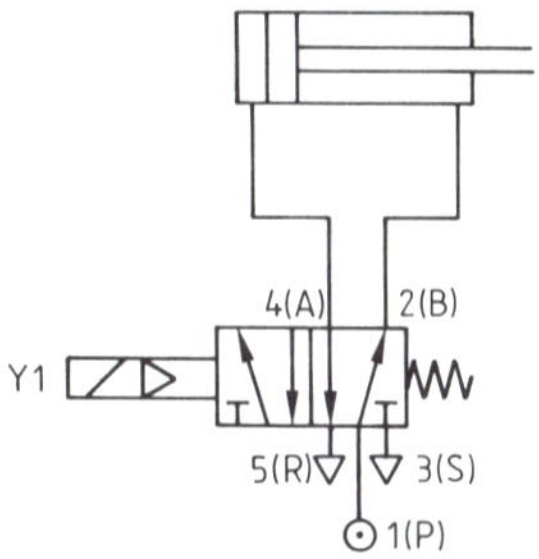

Pneumatikschaltplan

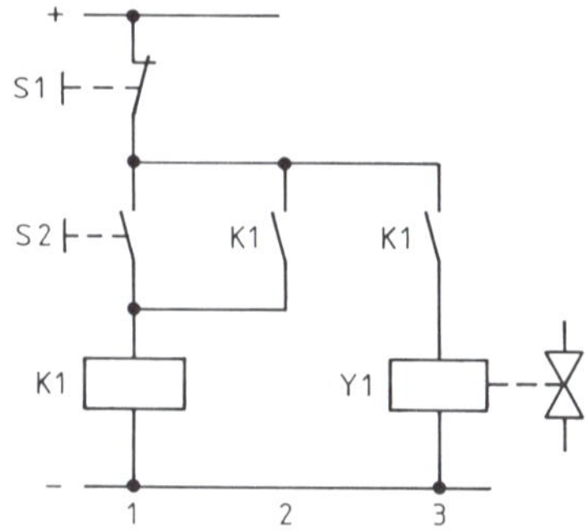

Stromlaufplan

Funktionsbeschreibung

Durch die Betätigung des Schließers S2 wird das Schütz an den Stromkreis geschlossen und schaltet seinerseits elektromagnetisch gleichzeitig zwei Schließer des Schützes K1 in den Strompfaden 2 und 3. Wird S2 durch Loslassen des Tasters wieder geöffnet, so bleibt das Schütz jedoch über K1 im Strompfad 2 an den Stromkreis angeschlossen. Das Schütz K1 fällt also nicht ab, sondern hält sich selbst (Selbsthaltung eines Schützes).
Der geschlossene Schalter K1 im Strompfad 3 bewirkt die elektromagnetische Betätigung des 5/2-Wegeventiles. Das Ventil schaltet durch, und die Kolbenstange fährt aus. Die Selbsthaltung des Schützes hat zur Folge, daß die Kolbenstange ausgefahren bleibt. Wird der Taster S1 betätigt, so ist der gesamte Stromkreis unterbrochen. Das Schütz fällt ab, und seine Kontakte K1 öffnen sich. Dadurch wird die Magnetspule Y1 stromlos, und das Ventil stellt sich durch die Feder in die Ausgangsstellung zurück. Der Weg von 1(P) nach 2(B) im Ventil öffnet sich und die Kolbenstange fährt ein.

Impulssignale lassen sich mit Hilfe von Schützschaltungen in Dauersignale umwandeln. Wegeventile werden dadurch solange angesteuert, bis die Spannung abgeschaltet wird.

3.2.3.3 Wegabhängige Steuerungen

In wegabhängigen Steuerungen werden die Bauelemente in Abhängigkeit vom zurückgelegten Kolbenweg geschaltet. Mit Grenztastern und Schützsteuerungen lassen sich solche Schaltungen elektropneumatisch einfach verwirklichen. Grenztaster können Sensoren oder Endschalter sein.

Beispiel für eine wegabhängige Steuerung

Aufgabenstellung

Ein doppeltwirkender Zylinder soll aus einem Magazin Bauteile zur weiteren Bearbeitung bereitstellen. Ist das Bauteil verschoben, so soll die ausgefahrene Kolbenstange einen Grenztaster betätigen, der das Einfahren bewirkt.

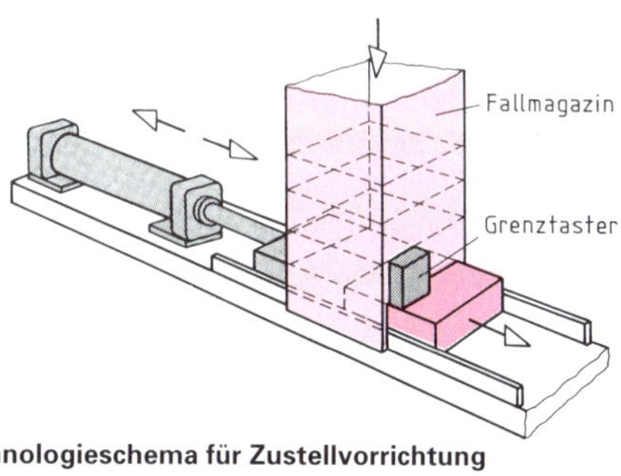

Technologieschema für Zustellvorrichtung

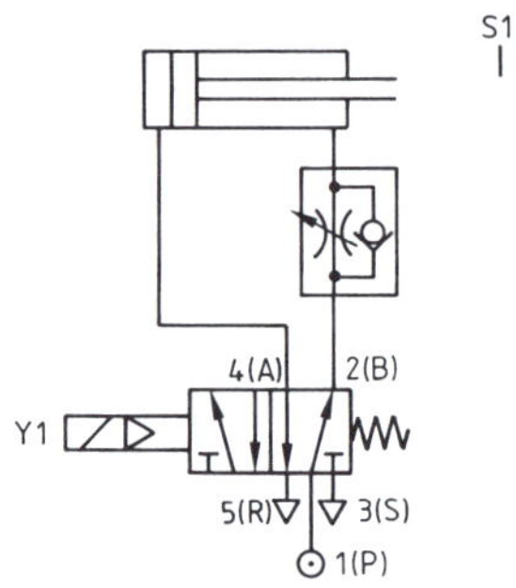

Pneumatikschaltplan

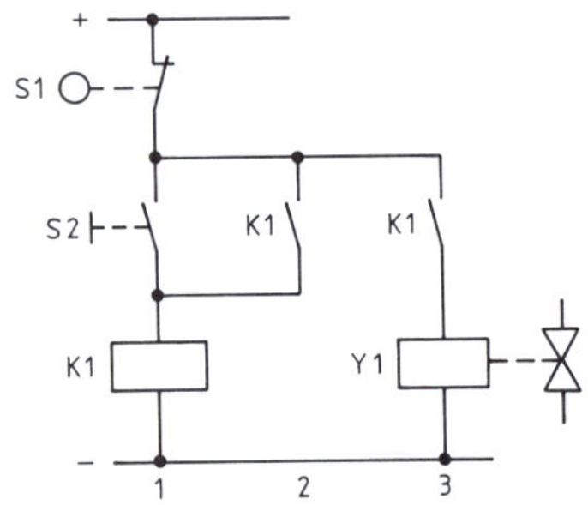

Stromlaufplan

Funktionsbeschreibung

Einschalttaster S2 gibt Strom auf Schütz K1; daraus folgt Selbsthaltung von K1 und Spannung auf Magnetspule Y1. Die Kolbenstange fährt aus und betätigt in der Endlage Taster S1. Schütz K1 und dadurch Spule Y1 werden spannungsfrei, das Ventil schaltet in die Ausgangsstellung, die Kolbenstange fährt ein.

Wegabhängige Steuerungen verwirklicht man in der Elektropneumatik vor allem über Grenztaster (Sensoren, Endschalter) mit Schützsteuerungen.

3.2.3.4 Weg- und zeitabhängige Steuerungen

Zeitabhängige Steuerungen können in der Elektropneumatik mit Hilfe von Zeitrelais verwirklicht werden. Im Zeitrelais wird über einen verstellbaren Widerstand ein Kondensator aufgeladen. Erst wenn der Kondensator aufgeladen ist, erfolgt der Schaltkontakt.

In einer Klebevorrichtung soll beispielsweise der Spannvorgang für eine bestimmte Zeit aufrechterhalten werden.

Beispiel **für eine weg- und zeitabhängige Steuerung**

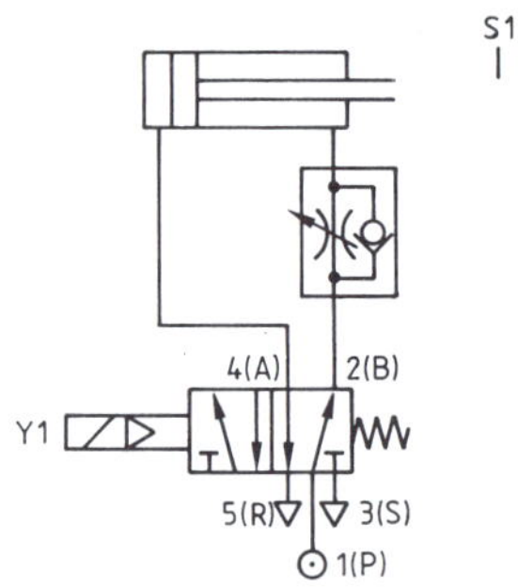

Pneumatikschaltplan

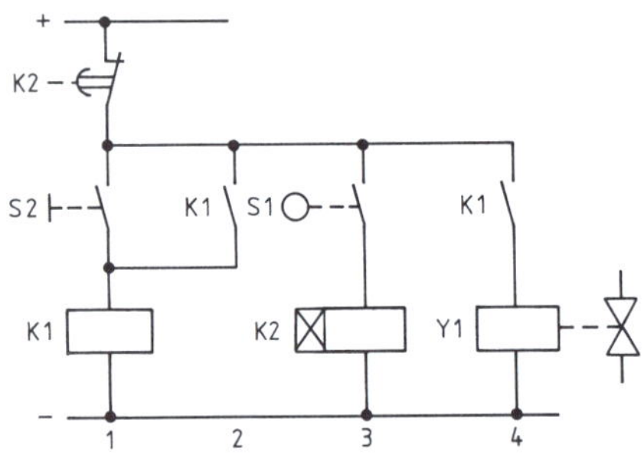

Stromlaufplan

Funktionsbeschreibung

Nach Betätigung von Taster S2 schaltet das Schütz die Kontakte K1 in den Strompfaden 2 und 4 und schließt den Stromkreis. Das Schütz K1 hält sich selbst. Das Ventil wird betätigt, und die Kolbenstange des Zylinders fährt aus. In der Endlage der Kolbenstange betätigt diese den Grenztaster S1, wodurch für das Schütz K2 der Stromkreis geschlossen wird. Dieses Schütz schaltet jedoch ansprechverzögert. Der Spannvorgang bleibt aufrechterhalten. Nach der eingestellten Zeitspanne öffnet Schütz K2 den Kontakt K2 im Strompfad 1. Alle Schütze in der Anlage werden stromlos, und die Magnetspule Y1 ist spannungsfrei. Die Feder schaltet das Ventil zurück, die Kolbenstange fährt ein.

Zeitabhängige Steuerungen verwirklicht man in der Elektropneumatik vor allem über Zeitrelais, die Signale ansprech- und rückfallverzögert weitergeben.

Übungsaufgaben 3/23; 3/24

3.2.4 Verknüpfungs- und Ablaufsteuerungen in der Elektropneumatik

Die Vorzüge von elektropneumatischen Steuerungen werden besonders deutlich, wenn mehrere Arbeitsglieder in einer Anlage vorhanden sind und voneinander abhängig gesteuert werden müssen.

Ein fehlerfreier Ablauf einer umfangreichen Steuerung ist nur dann gewährleistet, wenn die Ausführung eines jeden Schrittes geprüft wird, bevor der nächste Schritt eingeleitet wird.
Diese Prüfung erfolgt durch Sensoren, welche die Ausführung rückmelden. Diese Rückmeldung wird als Bedingung für den nächsten Schritt gesetzt. Rückmeldungen sind in der Elektropneumatik den Gegebenheiten leicht anzupassen, da sehr unterschiedliche Sensoren zur Verfügung stehen, deren Signale über Schützsteuerungen leicht verarbeitet werden können.

Beispiel **für eine Verknüpfungs- und Ablaufsteuerung**

Aufgabenstellung
In einer pneumatischen Schellen-Biegevorrichtung wird das Rohteil durch einen Zylinder gespannt. Ein zweiter Zylinder biegt die Schelle. Das Rohteil wird von Hand eingelegt.

Schritt	Beschreibung des Ablaufes
1	Zylinder Z1 fährt aus, Spannen des Rohteiles
2	Zylinder Z2 fährt aus, Biegen der Schelle
3	Zylinder Z2 fährt ein, Rücksetzen des Biegewerkzeuges
4	Zylinder Z1 fährt ein, Lösen des Werkstückes

Anmerkungen:
- Der Start der Steuerung darf nur möglich sein, wenn das Schutzgitter geschlossen ist (Endschalter S6) und beide Zylinder eingefahren sind (Sensoren S2 und S4).
- Der Biegevorgang darf nur möglich sein, wenn ein Rohteil in der Vorrichtung liegt (Endschalter S5) und das Rohteil gespannt ist (Sensor S1).
- Jeder folgende Steuerschritt kann nur durchgeführt werden, wenn vom vorhergehenden Schritt eine Rückmeldung erfolgt ist.

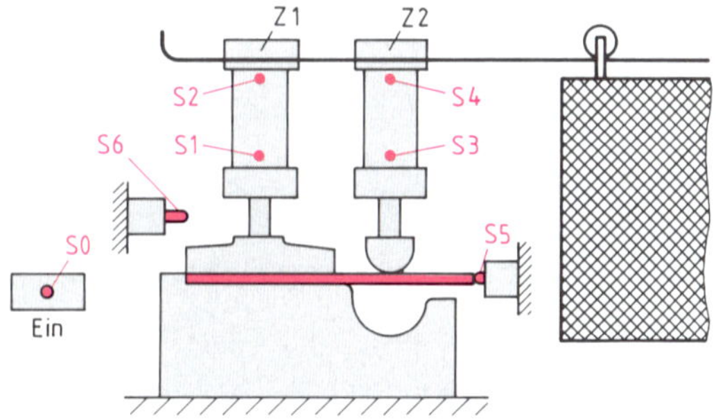

Technologieschema Schellen-Biegevorrichtung

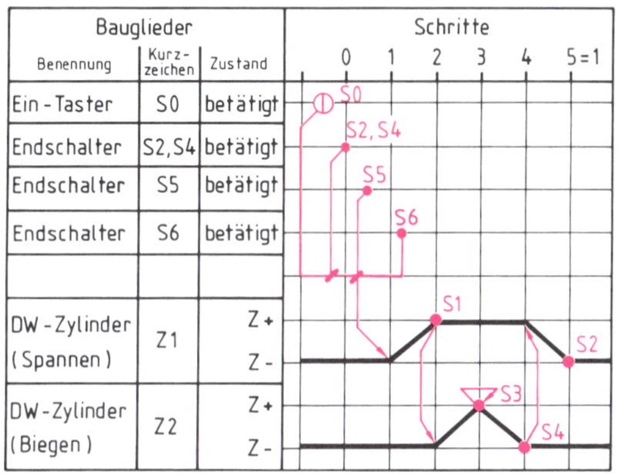

Funktionsdiagramm

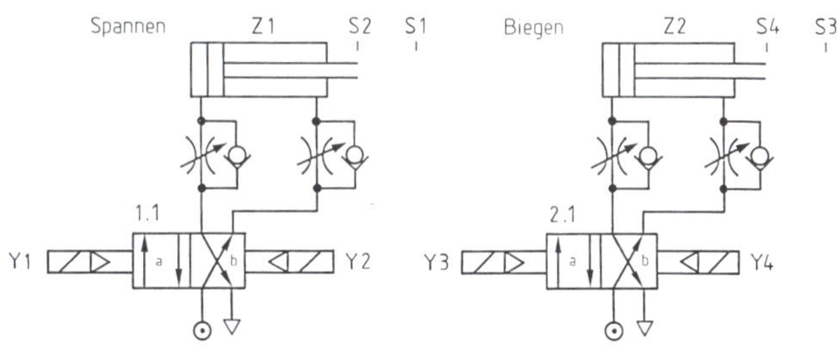

Pneumatikschaltplan

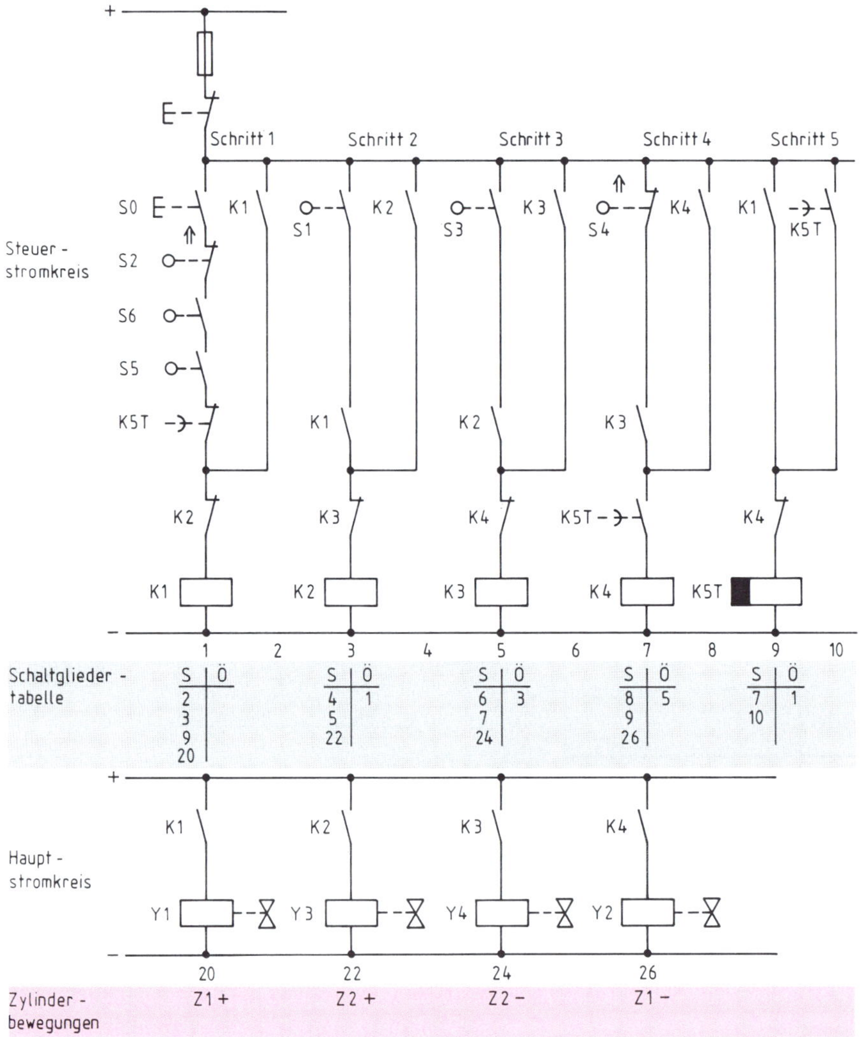

Stromlaufplan

Funktionsbeschreibung

- Die Anlage wird gestartet, wenn der Handtaster S0 betätigt wird, das Schutzgitter geschlossen ist (Endschalter S6) und das Rohteil in der Vorrichtung liegt (Endschalter S5).
- Schütz K1 zieht Kontakte in den Strompfaden 2, 3, 9 und 20 (Schließer).
- Im Strompfad 9 erhält nun Schütz K5T Spannung und zieht Kontakte in den Strompfaden 7 und 10 (Schließer) sowie im Strompfad 1 (Öffner).
- Das rückfallverzögerte Schütz K5T verriegelt die Anlage gegen eine Fehlbetätigung, weil im Strompfad 1 K5T öffnet und somit kein neuer Start beginnen kann.
- Die Schrittfolge der Ablaufsteuerung ist durch Schließer und Öffner so geschaltet, daß nur ein einzelner Schritt ausgeführt werden kann.
- Die Weiterschaltung erfolgt durch die Sensoren an den Zylindern: Nur wenn der jeweilige Sensor betätigt ist, kann der nächste Steuerschritt erfolgen.

Rückmeldungen von Zylinderpositionen über Sensoren gewährleisten einen schrittweisen und fehlerfreien Ablauf von Steuerungen.
Durch ein rückfallverzögertes Schütz wird eine Anlage gegen Fehlstart abgesichert.

4 Logikpläne von Steuerungen

Von der Funktion her ist es unwichtig, mit welcher Energieart eine Steuerung betrieben wird. Die Entscheidung darüber wird unter wirtschaftlichen und wartungstechnischen Aspekten gefällt. Unabhängig von dieser Entscheidung kann man Steuerungen auf ihre wesentlichen Zusammenhänge zwischen Eingangs- und Ausgangsgrößen – auf ihre Logik – untersuchen. Das Verständnis der Steuerungslogik ist notwendig für die Entwicklung und das Analysieren von Programmen für Steuerungen.

Zusammenfassung logischer Grundfunktionen

	Logiksymbol	Funktionstabelle	Beispiele für die Verwirklichung pneumatisch	elektrisch
Identität	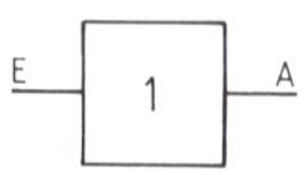	E A 0 0 1 1	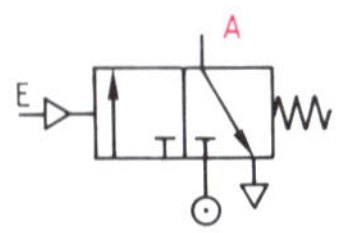	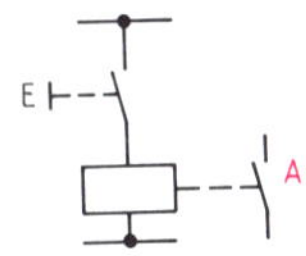
NICHT	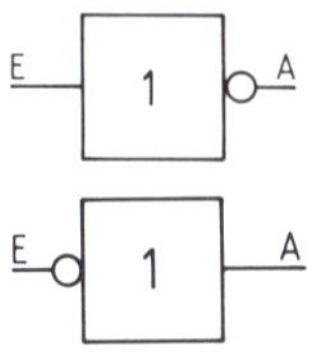	E A 0 1 1 0	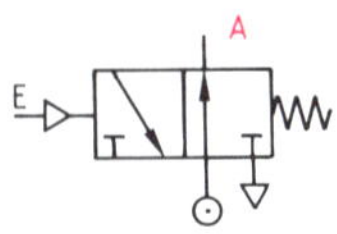	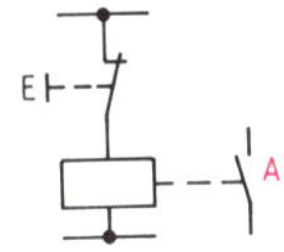
UND	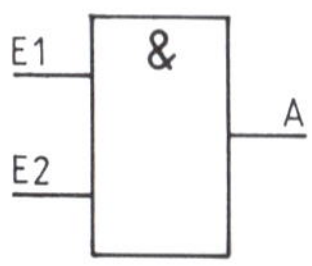	E1 E2 A 0 0 0 0 1 0 1 0 0 1 1 1	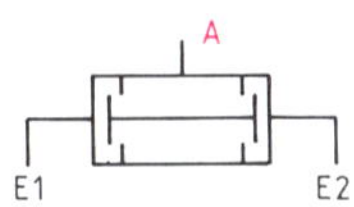	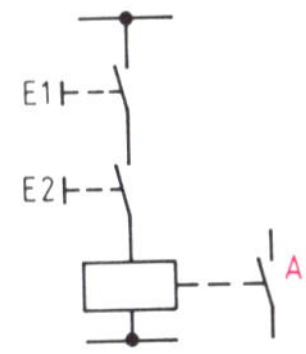
ODER	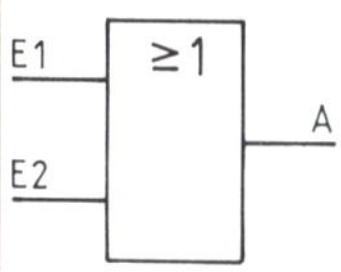	E1 E2 A 0 0 0 0 1 1 1 0 1 1 1 1	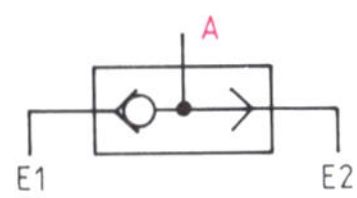	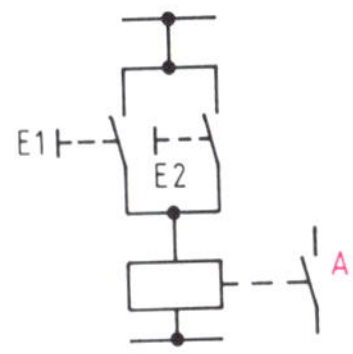
Speicher mit vorrangigem Rücksetzen	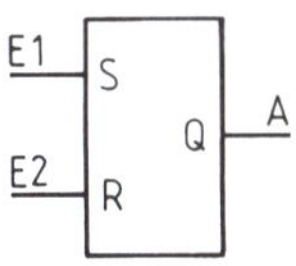 S – Setzen R – Rücksetzen Q – Quittieren	E1 E2 A 0 0 * 0 1 0 1 0 1 1 1 0 * bisheriger Zustand bleibt erhalten	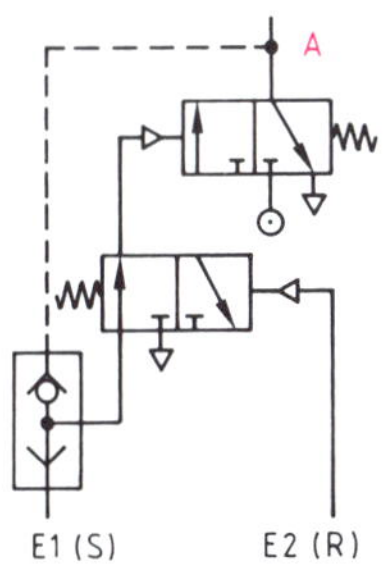	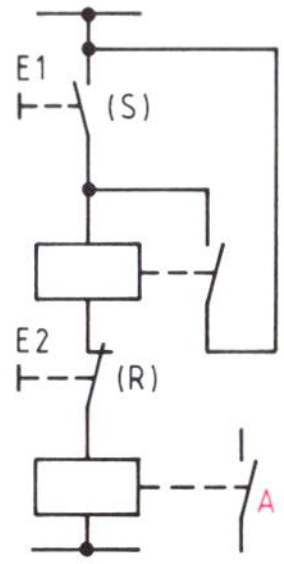

Übungsaufgaben 4/1 bis 4/6

Beispiel für die Darstellung von Steuerungsfunktionen mit Hilfe von Logiksymbolen

Aufgabenstellung

Mit der dargestellten Vorrichtung werden Lagerbuchsen in Laufrollen eingepreßt. Der Einpreßvorgang soll nur dann erfolgen, wenn

- mit den Händen die Handtaster S1 **und** S2 gleichzeitig gedrückt sind,

oder wenn

- der Fußtaster S3 gedrückt wird **und** der Taster S4 für das Schutzgitter **nicht** gedrückt ist, weil das Schutzgitter vollständig herabgelassen ist.

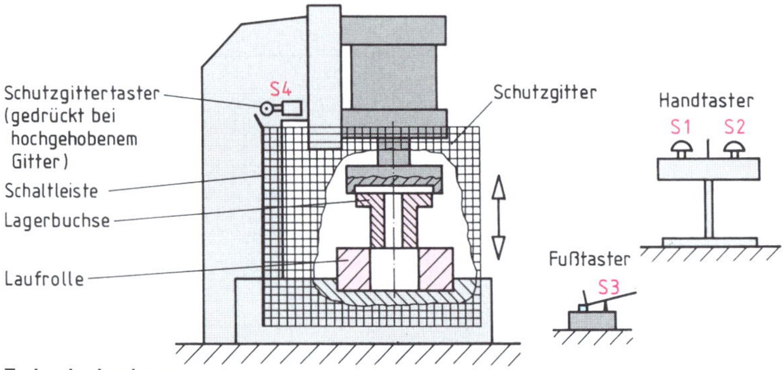

Technologieschema

Eingang	Taster S 1 gedrückt	E 1 = 1
	Taster S 2 gedrückt	E 2 = 1
	Taster S 3 gedrückt	E 3 = 1
	Taster S 4 gedrückt	E 4 = 1
Ausgang	Zylinder ausgefahren	A = 1

Zuordnungsliste

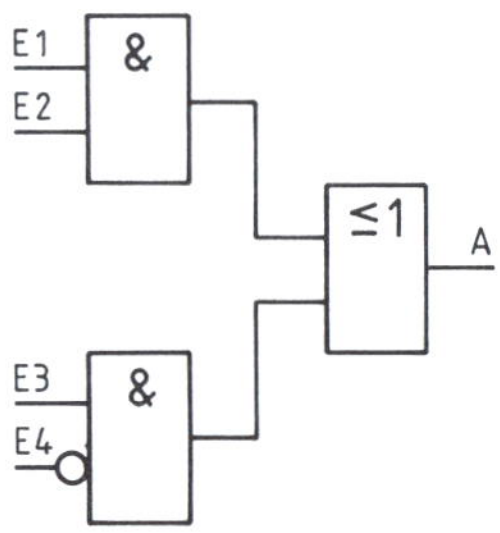

Logikplan

E 1	E 2	E 3	E 4	A
0	0	0	0	0
0	0	0	1	0
0	0	1	0	1
0	0	1	1	0
0	1	0	0	0
0	1	0	1	0
0	1	1	0	1
0	1	1	1	0
1	0	0	0	0
1	0	0	1	0
1	0	1	0	1
1	0	1	1	0
1	1	0	0	1
1	1	0	1	1
1	1	1	0	1
1	1	1	1	1

Funktionstabelle

Logische Funktionen werden durch Logiksymbole dargestellt. Mit ihrer Hilfe kann man unabhängig von der gewählten Technologie die Logik der Steuerung in Logikplänen erläutern. Funktionstabellen schaffen eine Übersicht über die Arbeitsbedingungen der Steuerung.

5 Inbetriebnahme, Wartung und Fehlersuche in Steuerungen

5.1 Inbetriebnahme von Steuerungen

Bei der Inbetriebnahme einer neuen, reparierten oder geänderten Anlage ist nicht auszuschließen, daß ein Arbeitsglied eine unvorhergesehene Bewegung ausführt. Dies kann zu Verletzungen führen oder die Zerstörung von Bauteilen und Werkzeugen zur Folge haben. Es ist daher wichtig, bei der Inbetriebnahme von Steuerungen besondere Sicherheitsmaßnahmen einzuhalten und in einer bestimmten Reihenfolge vorzugehen.

- **Sicherheitsmaßnahmen (Personenschutz) bei Inbetriebnahme**
  - Im Hubbereich von Zylinderbewegungen die Betätigungen von Sensoren nur mit Hilfsmitteln vornehmen
  - Druckleitungen nur lösen, wenn die Anlage drucklos ist
  - Leitungsenden beim Lösen festhalten – Restdruck
  - Änderungen im elektrischen Teil der Anlage nur im Niederspannungsbereich und nur im spannungslosen Zustand durchführen
  - Für sonstige Aufgaben im elektrischen Anlagenteil autorisiertes Fachpersonal anfordern

- **Reihenfolge der Schritte zur Inbetriebnahme**

1. Schritt: Anlage in Grundeinstellung bringen

- Anlage drucklos und spannungslos schalten
- Aktoren in Grundstellung bringen
- Ventile in Ausgangsstellung setzen
- Drosselventile schließen
- Sicherheitsventile auf niedrigst zulässigen Betriebsdruck einstellen

2. Schritt: Anlage anfahren

- Spannung anlegen und Arbeitsdruck langsam erhöhen
- Leckstellen und Undichtigkeiten in der Anlage beheben
- Ventile mit Speicherverhalten – eventuell über Handhilfsbetätigungen – einstellen
- Funktion der Anlage in Schritten prüfen und dabei Drosselventile nacheinander langsam öffnen
- Probelauf ohne Werkzeug und Werkstück durchführen

3. Schritt: Anlage hochfahren

- Probelauf mit Werkzeug und Werkstück vornehmen
- Druckeinstellungen und Geschwindigkeiten optimieren
- Testlauf mit allen geforderten Daten durchführen

Bei der Inbetriebnahme von Steuerungen treten erhöhte Gefährdungen auf. Die einschlägigen Vorschriften für den Personenschutz und die Schrittfolge der Inbetriebnahme sind einzuhalten.

Übungsaufgaben 5/1; 5/2

5.2 Wartung von pneumatischen Steuerungen

Steuerungsanlagen müssen in vorgeschriebenen Zeitintervallen systematisch gewartet werden, damit lange Betriebszeiten gewährleistet sind und die Anlage wirtschaftlich arbeitet. Die systematische Wartung und Kontrolle einer Steuerung wird erleichtert, indem man die Anlage so unterteilt, daß einzelne Teilbereiche unter besonderen Wartungsgesichtspunkten betrachtet werden können. Bei der Wartung kann man die Teilbereiche Druckversorgung, Leitungssystem und Bauelemente unterscheiden.

- **Wartung im Bereich der Druckversorgung**

Für Druckluft gilt, daß sie möglichst wasser-, staub- und schmutzfrei ist. Die Wartungseinheiten sind regelmäßig zu kontrollieren. Angesammeltes Kondensat muß abgelassen werden.
Die Filter in der Wartungseinheit halten Staubteilchen und Kondensat zurück. Deshalb müssen sie in bestimmten Zeitabständen gesäubert oder ausgewechselt werden.
Bei stark beanspruchten Anlagen soll die Druckluft nach Bedienungsvorschrift mit Öl angereichert werden. Branchenspezifische Vorschriften sind dabei zu beachten (z.B. die Hygienevorschriften in der Lebensmittelindustrie).

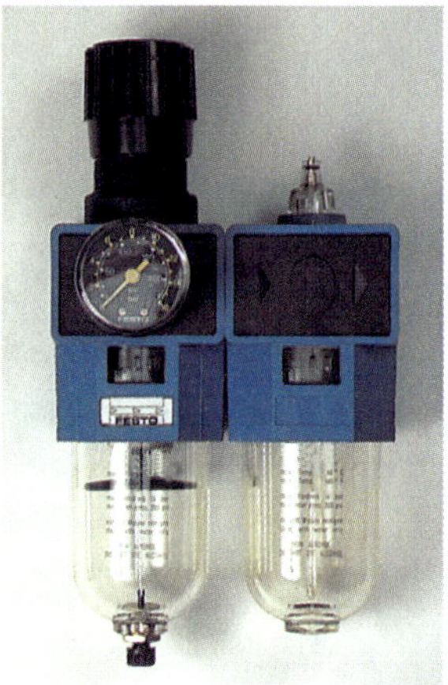

Wartungseinheit

- **Wartung im Bereich der Leitungssysteme**

Vorbeugende Maßnahmen verhindern Störungen in der Versorgung der Anlagen mit Druckluft. Hierzu gehört vor allem die richtige Verlegung des Rohrleitungsnetzes. Insbesondere ist darauf zu achten, daß Abzweigungen von der Hauptleitung zur Luftentnahme *nach oben* erfolgen und daß die Abzweigungen für die Kondensatenleerung nach unten angebracht werden.
Bei der Montage von Leitungen oder Anschlüssen ist unbedingt darauf zu achten, daß in den Rohren oder Schläuchen keine Schmutzteilchen oder Späne zurückbleiben.

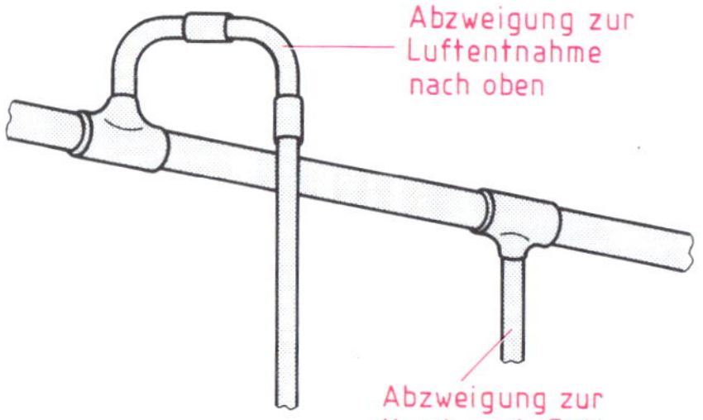

Montage von Druckluftleitungen

Während des Betriebes müssen die Druckluftleitungen und die Anschlüsse regelmäßig auf Dichtigkeit überprüft werden. Schadhafte Leitungen und undichte Anschlüsse in einer Anlage können Verluste von mehreren tausend Mark verursachen.

Beispiel für Betriebskosten durch Leckverluste

Leckgröße in mm	Luftverbrauch bei 6 bar in l/s	Verlustleistung in kW	Kosten bei 8 000 Betriebsstunden in DM
$d = 1$ •	1,3	0,32	512,00
$d = 5$ ●	30,9	8,3	13 280,00

Übungsaufgaben 5/3; 5/4

- **Wartung von pneumatischen Bauelementen**

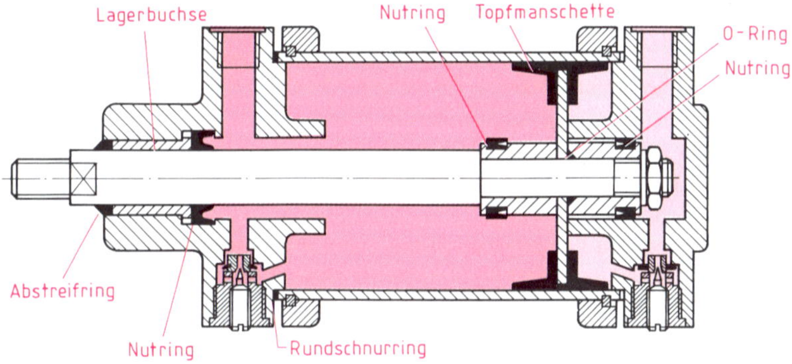

Verschleißteile am Zylinder

Die Wartung von pneumatischen Bauelementen erfolgt zunächst dadurch, daß Verschleißteile beobachtet und im Bedarfsfall ausgewechselt werden.
Verschleißerscheinungen von Dichtungen an Zylindern lassen sich durch den Abrieb an den Kolbenstangen beobachten. Bei Zylindern sind zusätzliche Abdeckungen einzubauen, wenn sehr hoher Schmutz- bzw. Staubanfall vorliegt.
Insbesondere in der Einlaufphase einer Anlage können Schmutzpartikel und Späne die Funktionen beeinträchtigen.
Verschleiß in Ventilen ist nicht vorbeugend zu erkennen. Verschleißerscheinungen in Ventilen werden erst deutlich, wenn Störungen im Steuerungsablauf auftreten.
Die Befestigungen der Bauteile müssen regelmäßig überprüft werden, weil sich durch Erschütterungen die Bauteile lockern und lösen können.
Ein wirkungsvolles Mittel zur vorbeugenden Schadensbekämpfung ist die systematische Erfassung von aufgetretenen Fehlern und Störungen in einer Anlage. Dazu benutzt man ein Protokollbuch mit entsprechenden Schadenslisten.

Die beste Wartung für die Funktion von Steuerungsanlagen ist die Bereitstellung von wasserfreier Luft, die sorgfältig gefiltert sein muß. Kondensat muß regelmäßig entfernt werden. Bauteile sind regelmäßig auf Verschleiß und auf festen Sitz zu überprüfen.

Für die verschiedenen Wartungsarbeiten sind bei Steuerungen unterschiedlich große Wartungsintervalle vorgeschrieben. Diese Zeitabstände richten sich nach der Betriebszeit der Anlage und den Einsatzbedingungen.

Wichtige regelmäßige Wartungsarbeiten für pneumatische Anlagen

Wartungsintervall	Maßnahmen
Täglich	Kondensat ablassen (bei nichtautomatischen Geräten) Öler in der Wartungseinheit kontrollieren
Wöchentlich	Funktion der Signalglieder überprüfen Druckmesser nachprüfen Ölmenge im Öler prüfen
Vierteljährlich	Leitungen und Anschlüsse auf Dichtigkeit prüfen Filterpatronen reinigen Funktionsprüfungen am automatischen Kondensatablaß Befestigungen der Bauteile überprüfen
Halbjährlich	Kolbenstangenführungen auf Verschleiß untersuchen Abstreifringe und Dichtungen gegebenenfalls erneuern

Übungsaufgaben 5/5; 5/6; 5/7

5.3 Fehlersuche in pneumatischen Steuerungen

In einer pneumatischen Steuerung können verschiedene Fehler auftreten. Diese Fehler haben sehr unterschiedliche Ursachen. Es ist daher nicht möglich, für jeden einzelnen Fall konkrete Hinweise zu geben. Die Fehlersuche wird durch sorgfältige Planung der Anlage, Auswahl der Bauelemente und Montage erleichtert.

- **Maßnahmen zur Vereinfachung der Fehlersuche**

Übersichtliche Planungsunterlagen

- Schaltpläne und Funktionsdiagramme müssen nach einheitlichen Gesichtspunkten aufgebaut sein.
- Bauteile, Rohrleitungen und Anschlüsse sollen sowohl in den Konstruktionsunterlagen als auch in der Anlage eindeutig und gleich gekennzeichnet sein.

Zweckmäßige Auswahl der Bauteile

- Bei elektrischen Bauteilen solche bevorzugen, die ihre Signalzustände durch Leuchtdioden anzeigen (LED-Anzeige).
- Pneumatische bzw. hydraulische Ventile mit Druckanzeigegeräten ausstatten, so daß die jeweilige Schaltstellung von außen ersichtlich ist.
- Bei größeren Anlagen Anzeigegeräte zur zentralen Überwachung von Prozeßdaten und Prozeßzuständen auf Schalttafeln vorsehen.

Übersichtliche Anordnung der Bauelemente

- Geräte mit gleicher Funktion sind möglichst nach dem gleichen Aufbauschema anzuordnen.
- Leitungen mit gleicher Funktion kennzeichnet man durch gleiche Farbgebung.
- Bauteile und ihre Anschlüsse so montieren, daß eine Demontage mit normalen Werkzeugen ohne großen Aufwand erfolgen kann.

Beispiele für Fehler in der Anlage und in den Bauteilen

Art der Störung	Fehlerursache	Fehlerfolge	Hinweise zur Behebung
Luftversorgung ist nicht ausreichend	Anlage ist zu klein ausgelegt, Querschnittsverringerung durch Schmutz, Luftverlust durch Undichtigkeiten in der Anlage	In der Taktfolge der Zylinder treten Störungen auf. Die Kräfte an den Arbeitselementen reichen zeitweise nicht aus.	Ist die Anlage erweitert worden? Leckstellen aufsuchen! Filter überprüfen! Korrodierte Leitungen austauschen!
Hoher Kondensatanfall oder feuchte Druckluft	Trockner arbeitet nicht, Kondensat ist nicht entfernt worden, Automatischer Kondensatablaß ist defekt, Anschlußleitungen sind falsch verlegt	Schaltfunktionen sind beeinträchtigt, Ventilteile sitzen fest, Korrosionsschäden treten auf, Schmierstoffe in der Anlage emulgieren und verharzen	Tägliche Kontrolle der Wartungseinheiten! Filter austauschen!
Zylinder führt vorgesehene Bewegungen nicht aus	Rückschlagventil ist undicht, Ringdüse am Stromregelventil ist verklebt, Stellglieder steuern nicht um, Rückstellfeder im Zylinder gebrochen	Kolbengeschwindigkeit läßt sich nicht mehr regeln, Kolben fährt nicht mehr ein oder aus, Kolben fährt ruckartig	Verschleißteile oder Federn in den Bauteilen auswechseln. Elektrischen Anlagenteil auf Spannung überprüfen
Ventile führen vorgesehene Funktionen nicht aus	Ventil ist verschmutzt, Feder im Ventil ist gebrochen, Dichtsitze in den Ventilen sind beschädigt, Dichtringe sind gequollen, Entlüftungsbohrungen sind verstopft, Magnetspule ist durchgebrannt	Taktfolge in der Anlage ist gestört, Kolben fahren nicht mehr ein oder aus, Elektrischer Anlagenteil ist ohne Spannung, an Ventilen treten Leckverluste auf	Verschleißteile oder Federn in den Bauteilen auswechseln. Elektrischen Anlagenteil auf Spannung überprüfen Ventile komplett austauschen.

Übungsaufgaben 5/8 bis 5/13

Elektrotechnik

1 Wirkungen und Einsätze elektrischer Energie

- **Wärmewirkung**

Elektrische Energie kann in Wärmeenergie umgewandelt werden. Dies geschieht z.B. im Elektroofen, beim Lichtbogenschweißen und beim Schmelzen einer Schmelzsicherung.

Beispiel für die Umwandlung von elektrischer Energie in Wärmeenergie

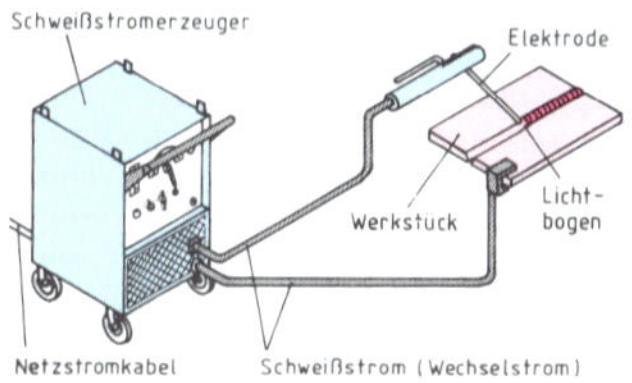

- **Magnetische Wirkung**

Elektrische Energie wird in Elektromagneten in Energie eines magnetischen Feldes umgewandelt. Dies geschieht z.B. in Hubmagneten und Elektromotoren.

Beispiel für die Umsetzung elektrischer Energie in Energie eines Magnetfeldes

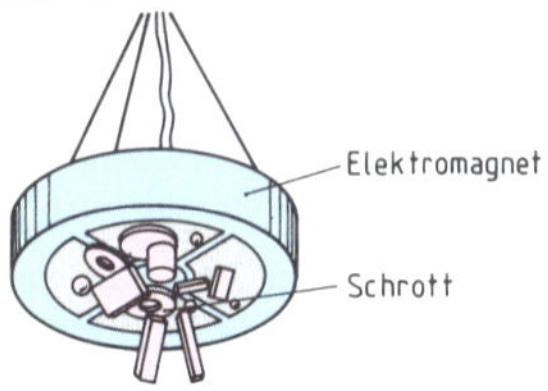

Die magnetische Wirkung des elektrischen Stromes wird in Elektromotoren ausgenutzt.

Beispiel für die Nutzung elektrischer Energie zur Erzeugung von Bewegungsenergie

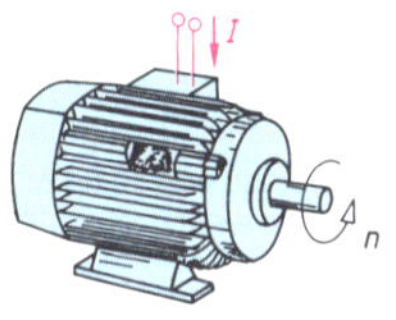

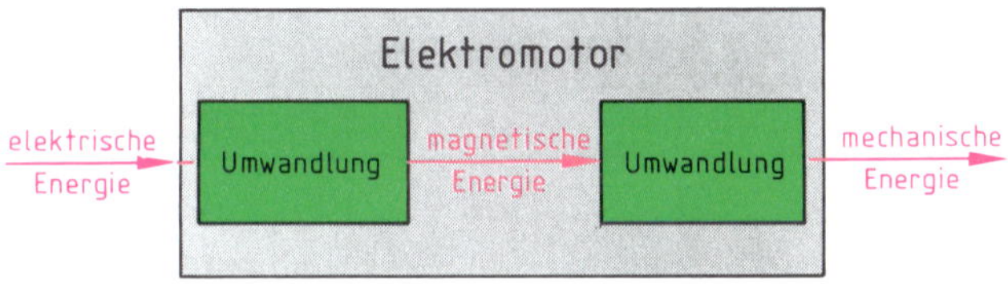

- **Chemische Wirkung**

Zur Auslösung und Fortführung vieler chemischer Reaktionen benötigt man Energie. Sie wird oft in Form elektrischer Energie zugeführt, z.B. in galvanischen Anlagen und zum Laden von Akkus.

Beispiel für die Nutzung elektrischer Energie bei chemischen Prozessen

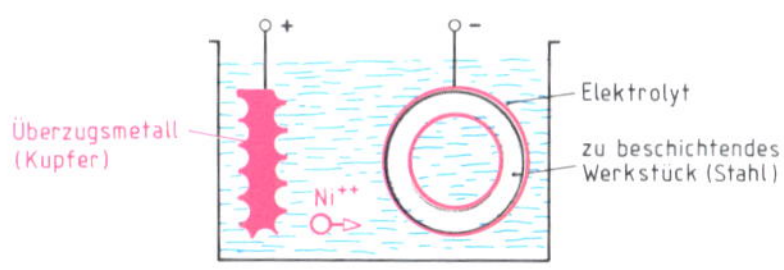

In der Metalltechnik werden folgende Wirkungen des elektrischen Stromes genutzt:

- Wärmewirkung,
- magnetische Wirkung,
- chemische Wirkung.

Übungsaufgaben 1/1; 1/2; 1/3

- **Einsatz elektrischer Energie**

In der Metalltechnik wird elektrische Energie als Arbeitsenergie zum Antrieb von Maschinen und Einrichtungen und als Hilfsenergie zum Steuern und Regeln verwendet.

Beispiel **für den Einsatz elektrischer Energie als Arbeits- und Hilfsenergie**

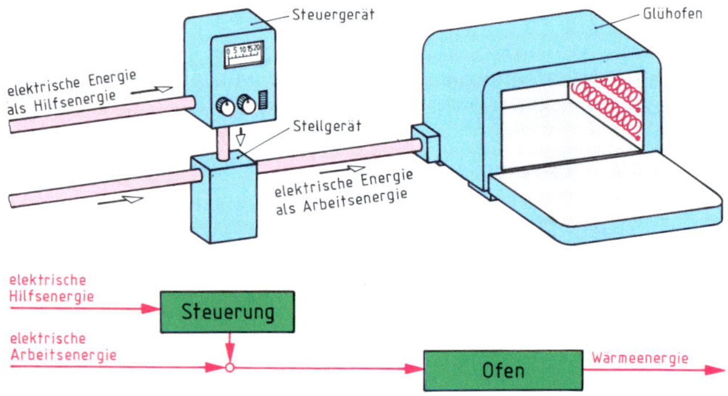

Elektrische Energie wird in Antrieben als Arbeitsenergie und in Steuer- und Regeleinrichtungen als Hilfsenergie verwendet.

2 Physikalische Grundlagen

2.1 Elektrische Ladung

- **Atomaufbau**

Die Atome aller Elemente haben einen Kern und eine Hülle. Der Atomkern enthält als wichtigste Bausteine die **Protonen** und die **Neutronen**. Protonen und Neutronen haben etwa die gleiche Masse.
Die Hülle wird von elektrisch negativ geladenen Teilchen, den **Elektronen,** gebildet. Diese Elektronen bewegen sich mit sehr hoher Geschwindigkeit um den Kern, so daß sich die Vorstellung einer Elektronenhülle ergibt. Elektronen haben nur etwa 1/2 000 der Masse eines Protons.
Protonen sind elektrisch positiv, Elektronen sind negativ geladen. Neutronen sind neutral.

Teilchenart	Symbol	Ladung	Masse	Massenverhältnis
Proton	p	positiv	$1{,}7 \cdot 10^{-24}$g	1
Neutron	n	neutral	$1{,}7 \cdot 10^{-24}$g	1
Elektron	e^-	negativ	$9{,}1 \cdot 10^{-28}$g	$\approx \frac{1}{2\,000}$

- **Elementarladung**

Die Ladung eines Elektrons ist die kleinste Ladungseinheit. Deshalb bezeichnet man diese Ladung als Elementarladung, und da das Elektron negativ geladen ist, als *negative Elementarladung.*
Die gleich große Ladung eines Protons bezeichnet man als positive *Elementarladung.*

Jedes Elektron besitzt eine negative Elementarladung.
Jedes Proton besitzt eine positive Elementarladung.

Die Ladung eines Elektrons ist zu klein, um mit ihr technische Berechnungen durchzuführen. Man faßt darum die Ladung von $6{,}25 \cdot 10^{18}$ Elektronen zu einem **Coulomb** (C) zusammen.

1 Coulomb ist die Ladungsmenge von $6{,}25 \cdot 10^{18}$ Elektronen.

Übungsaufgaben 2/1; 2/2

- **Kräfte zwischen Ladungen**

Unterschiedliche elektrische Ladungen können durch Einsatz von Energie getrennt werden.

Beispiel **für Ladungstrennung**

Beim Reiben eines Kunststoffstabes mit einem Wolltuch gehen Elektronen des Wolltuches auf den Kunststoffstab über, und es entsteht dort ein Elektronenüberschuß. Der Kunststoffstab erhält dadurch eine negative Ladung. Das Wolltuch weist hingegen Elektronenmangel auf und ist dadurch positiv geladen.

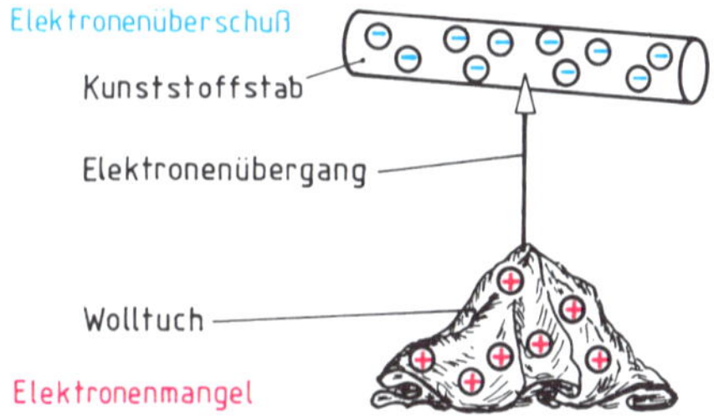

Zur Trennung elektrischer Ladungen ist Energie erforderlich.

Hat man unterschiedliche Ladungen voneinander getrennt, so bestehen zwischen Teilen mit unterschiedlicher elektrischer Ladung *anziehende* Kräfte und zwischen Teilen mit gleicher elektrischer Ladung *abstoßende* Kräfte.

Anziehung ungleicher Ladungen **Abstoßung gleicher Ladungen**

Teile mit unterschiedlicher elektrischer Ladung ziehen sich gegenseitig an.
Teile mit gleicher elektrischer Ladung stoßen sich gegenseitig ab.

2.2 Strom

In elektrischen Leitungen können Elektronen weiterbewegt werden. Diesen Fluß von Elektronen bezeichnet man als den elektrischen Strom. Wenn durch den Leiterquerschnitt in einer Sekunde $6{,}25 \cdot 10^{18}$ Elektronen strömen, so fließt ein Strom von **1 Ampere**.

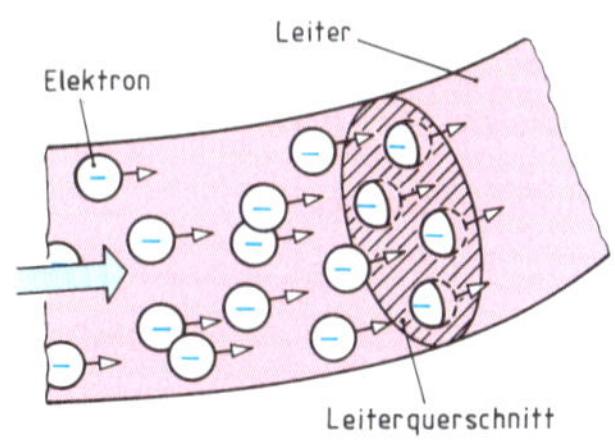

Elektronenstrom

Der elektrische Strom ist der Fluß von Elektronen.
1 Ampere entspricht einem Fluß von $6{,}25 \cdot 10^{18}$ Elektronen je Sekunde.

Bewegt sich der Elektronenstrom stets in die gleiche Richtung, so spricht man von **Gleichstrom**. Stellt man in einem Diagramm den Strom in Abhängigkeit von der Zeit dar, so zeigt das Diagramm eine parallele Linie zur Zeitachse. Batterien und Akkumulatoren liefern Gleichstrom.

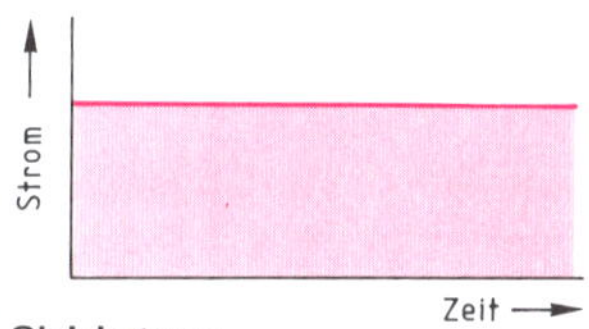

Gleichstrom

Symbol für Gleichstrom: – oder DC

Ein Strom, der stets in gleiche Richtung fließt, ist ein Gleichstrom.

Ändert der Elektronenstrom in regelmäßigen Zeitabständen (periodisch) seine Größe und seine Richtung, so nennt man diesen Strom **Wechselstrom**. Stellt man in einem Diagramm den Strom in Abhängigkeit von der Zeit dar, so zeigt das Diagramm eine Wellenlinie (Sinuskurve) um die Nulllinie. Die Elektroversorgungsunternehmen liefern einen Wechselstrom, der 100 mal in der Sekunde seine Richtung ändert.

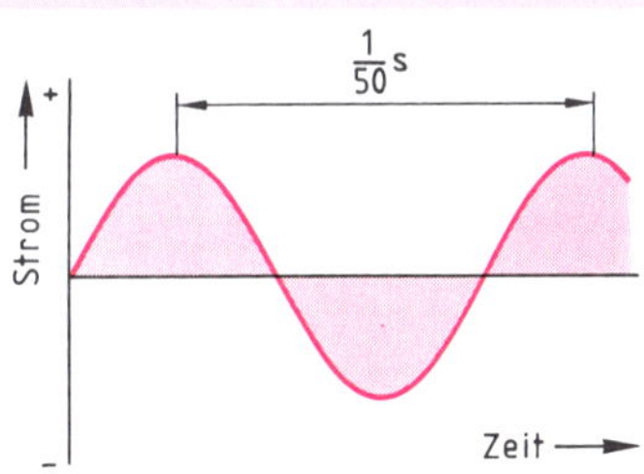

Wechselstrom

Symbol für Wechselstrom: ~ oder AC

Ein Strom, der periodisch seine Richtung und Größe ändert, ist ein Wechselstrom.

Übungsaufgaben 2/3 bis 2/8

2.3 Spannung

- **Prinzip der Spannungserzeugung**

Durch die Trennung elektrischer Ladungen erhält man Bereiche mit Elektronenüberschuß und solche mit Elektronenmangel.
Der Bereich mit *Elektronenüberschuß* ist der **Minuspol**, der Bereich mit dem *Elektronenmangel* der **Pluspol**.
Wegen der Anziehungskräfte zwischen den unterschiedlichen Ladungen besteht das Bestreben, einen Ausgleich zwischen den beiden Polen herzustellen. Dieses Ausgleichsbestreben nennt man die elektrische **Spannung**.

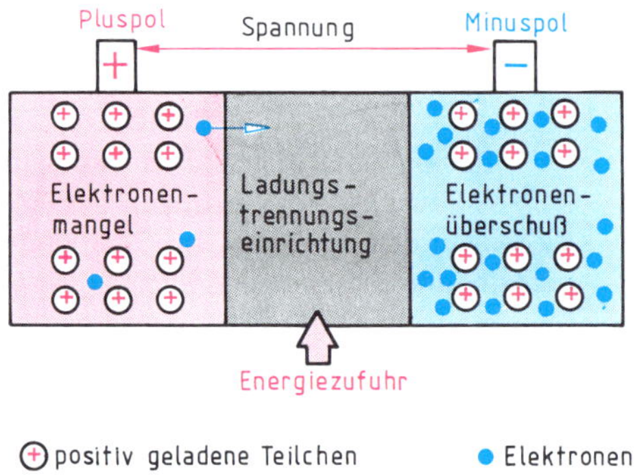

Prinzip einer Spannungsquelle

Spannung besteht zwischen getrennten elektrischen Ladungen.

Zur Spannungserzeugung muß Arbeit aufgewendet werden. Verrichtet man bei der Ladungstrennung an 1 Coulomb eine Arbeit von 1 Nm, so hat man eine Spannung von **1 Volt** erzeugt.

1 Nm Arbeit an 1 Coulomb verrichtet, ergibt die Spannung 1 Volt.

- **Spannungsquellen**

Generator

In Generatoren wird Spannung durch Aufwenden mechanischer Energie erzeugt.
Diese Art der Spannungserzeugung wird von den Elektroversorgungsunternehmen betrieben. Generatoren im kleineren Maßstab sind der Dynamo am Fahrrad und die „Lichtmaschine" im Kraftfahrzeug.

Batterie und Akkumulator

In Batterien und Akkumulatoren wird Spannung durch chemische Prozesse erzeugt.
Man verwendet diese Spannungsquellen zur Versorgung nicht ortsgebundener Maschinen und Geräte.

Solarzellen

In Solarzellen erfolgt, die Ladungstrennung durch Lichteinwirkung.
Die Anwendung von Solarzellen beschränkt sich in der Bundesrepublik Deutschland im wesentlichen auf die Spannungsversorgung nicht ortsgebundener Elektrogeräte mit geringem Energieumsatz (z.B. Taschenrechnern) und das Aufladen selten benutzter Akkumulatoren.

Thermoelemente

In Thermoelementen geschieht die Ladungstrennung unmittelbar durch Wärmeenergie.
Man verwendet Thermoelemente zum Speisen von Zündsicherungen in Erwärmungsanlagen und zur Temperaturmessung.

Beispiele für Spannungsquellen

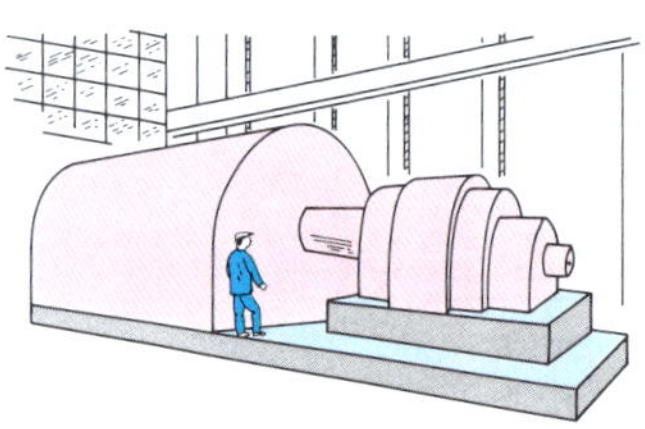
Generator

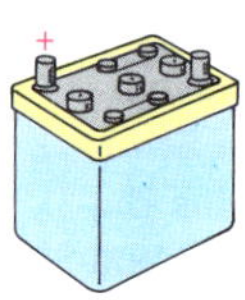

Akkumulator

Solarzelle

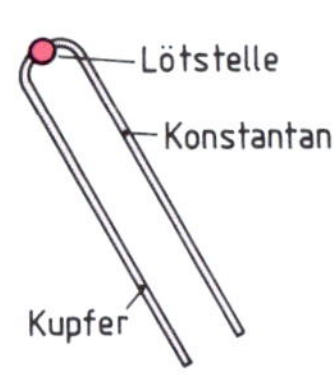

Thermoelement

Spannungserzeugung geschieht in:
- Generatoren,
- Batterien und Akkumulatoren,
- Solarzellen,
- Thermoelementen.

Übungsaufgaben 2/9 bis 2/12

2.4 Stromkreis

Verbindet man die Pole einer Spannungsquelle über eine elektrisch leitende Verbindung mit einem Verbraucher, so fließen Elektronen vom Minuspol (–) der Spannungsquelle über Leiter und Verbraucher zum Pluspol (+).

Die in sich geschlossene Anordnung von Spannungsquelle, Leiter und Verbraucher bezeichnet man als *elektrischen Stromkreis.*

Aus historischen Gründen hat man als Stromrichtung eine Bewegung vom Pluspol zum Minuspol festgelegt. Diese Festlegung wird als technische Stromrichtung bezeichnet.

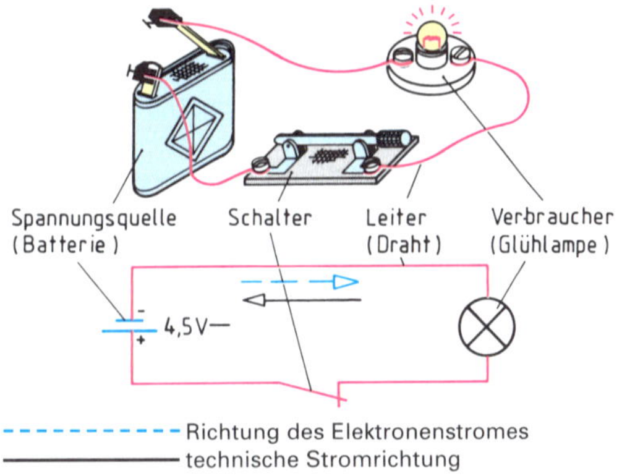

Stromkreis

Der geschlossene Stromkreis besteht aus Spannungsquelle, Leiter und Verbraucher.
Technische Stromrichtung: vom Pluspol zum Minuspol.

2.5 Messung von Strom und Spannung

- **Strommessung**

Strommessung ist Durchflußmessung, deshalb müssen **Strommeßgeräte** direkt in den Stromkreis eingesetzt werden. Sie stehen in einer Reihe mit dem Verbraucher – sie sind *in Reihe geschaltet.* Strommeßgeräte zeigen die Stromstärke in Ampere an, man nennt sie auch Amperemeter.

Strommeßgeräte dürfen nur zusammen mit einem Verbraucher zum Einsatz kommen, da sonst ein extrem hoher Strom fließt, den man in der Technik als **Kurzschlußstrom** bezeichnet.

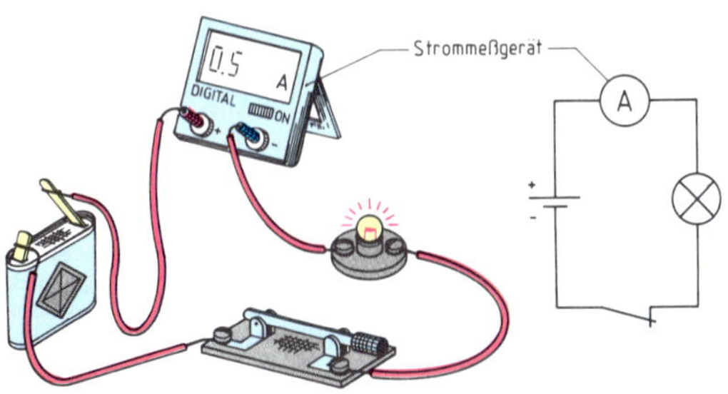

Strommessung

Der Strommesser wird immer mit dem Verbraucher in Reihe geschaltet.

- **Spannungsmessung**

Spannungsmessung ist die Messung eines Unterschiedes. Spannungen müssen immer zwischen zwei Punkten eines Stromkreises gemessen werden, z.B. zwischen den beiden Polen einer Spannungsquelle oder zwischen dem Eingangs- und Ausgangspunkt eines Verbrauchers.

Das **Spannungsmeßgerät** wird *parallel zum Verbraucher* angeschlossen. Spannungsmesser zeigen die Spannung in Volt an, man bezeichnet sie auch als Voltmeter.

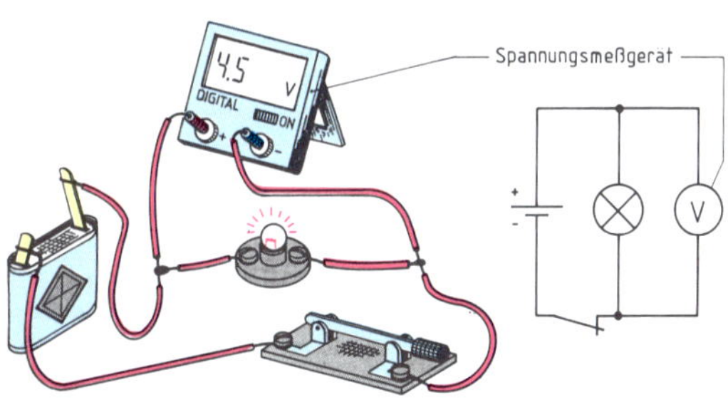

Spannungsmessung

Der Spannungsmesser wird immer mit dem Verbraucher parallel geschaltet.

Übungsaufgaben 2/13 bis 2/17

2.6 Leiter – Halbleiter – Nichtleiter

• Leiter

Metallische Leiter

Metalle sind gute elektrische Leiter. Die Ursache dafür sind frei bewegliche Elektronen im Metall. Sobald mit einem metallischen Leiter ein Stromkreis geschlossen wird, setzen sich diese in Richtung Pluspol in Bewegung.

Elektronen treten am Minuspol der Spannungsquelle in den Leiter ein, und am Pluspol treten dafür andere heraus. Obwohl sich die Elektronen nur mit sehr geringer Geschwindigkeit (ca. 0,3 m/h) im Leiter in Stromrichtung bewegen, pflanzt sich der „Stoß", der durch das Eintreten von Elektronen in den Leiter entsteht, mit hoher Geschwindigkeit fort.

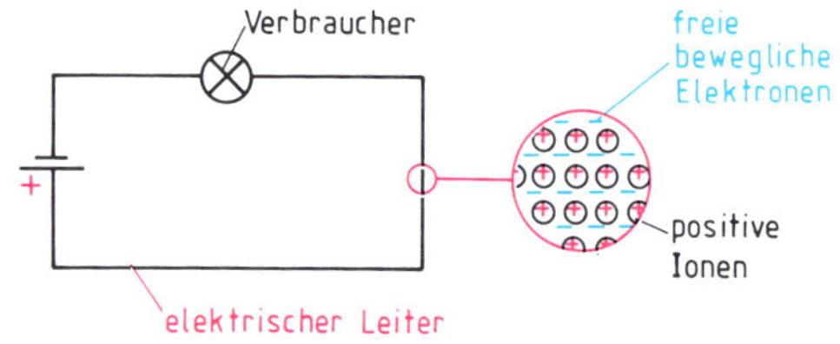

Metall als elektrischer Leiter

Quasifreie Elektronen sind die Ursache für die gute elektrische Leitfähigkeit eines Metalles.

Elektrolyte als Leiter

Wäßrige Lösungen von Säuren, Laugen und Salzen können ebenfalls elektrischen Strom leiten, denn in Wasser sind Säuren, Laugen und Salze in positive und negative Ionen aufgespalten. Unter Spannung wandern die Ionen zu den entgegengesetzt geladenen Polen und transportieren so elektrische Ladungen. An den Polen erfolgen dabei stets chemische Umsetzungen. Diese elektrisch leitenden Flüssigkeiten nennt man **Elektrolyte**.

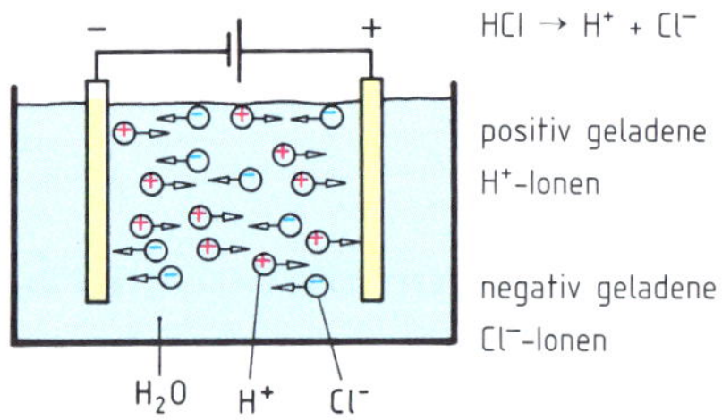

Stromleitung in verdünnter Salzsäure (HCl)

In Elektrolyten erfolgt der Ladungstransport über Ionen.

• Halbleiter

In Halbleiterwerkstoffen, z.B. in reinem Silizium und Germanium, erfolgt die Bindung zwischen den Nachbaratomen durch die Elektronen der Außenschale. Daher sind diese Elektronen nicht mehr frei beweglich wie bei den Metallen, sondern so fest gebunden, daß sie bei niedrigen Temperaturen nicht zur Leitung des elektrischen Stromes zur Verfügung stehen. Erst bei höheren Temperaturen können einige dieser Elektronen durch die Wärmebewegung freigesetzt werden und Ladungen transportieren. Reine Halbleiter leiten also den elektrischen Strom erst bei höheren Temperaturen.

Beispiel für das Verhalten eines Halbleiterwerkstoffes bei verschiedenen Temperaturen

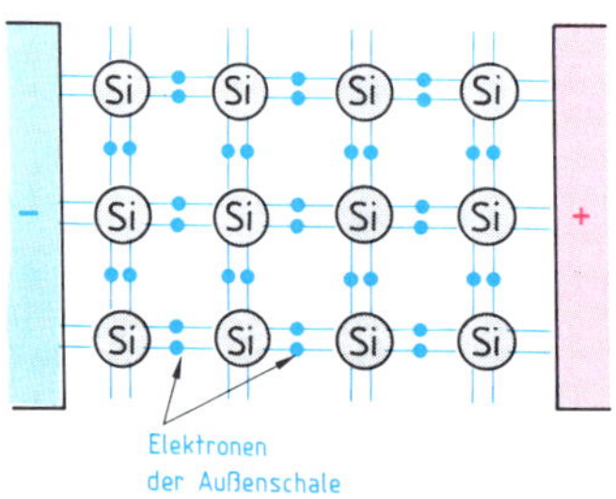

Niedrige Temperatur

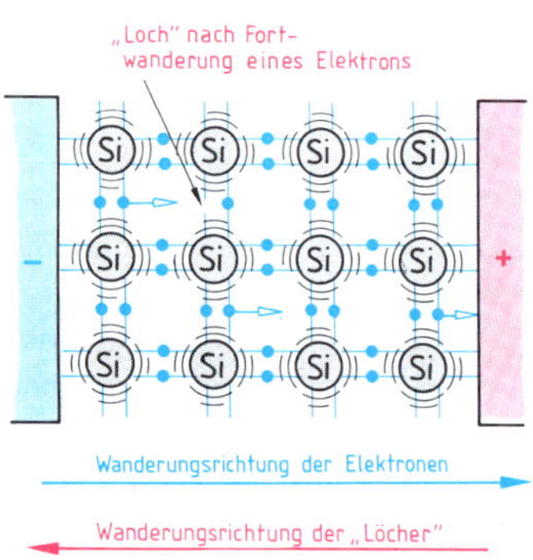

Hohe Temperatur

Reine Halbleiter leiten bei niedrigen Temperaturen keinen elektrischen Strom.
Bei hohen Temperaturen werden Halbleiter zu Leitern.

Übungsaufgaben 2/18 bis 2/22

Legiert man zu einem Halbleiterwerkstoff in sehr geringen Mengen Stoffe, deren Atome z.B. gegenüber Silizium oder Germanium ein Elektron mehr oder ein Elektron weniger auf der Außenschale haben, so kann man gezielt überschüssige (quasifreie) Elektronen oder Löcher erzeugen. Man nennt diese Halbleiterwerkstoffe **dotierte** Halbleiter. Halbleiterbauelemente der Elektronik (z.B. Dioden, Transistoren) sind Kombinationen verschieden dotierter Halbleiter.

Dotieren ist das Legieren eines Halbleiterwerkstoffes mit sehr wenigen Fremdatomen. Elektronische Halbleiterbauelemente bestehen aus dotierten Halbleiterwerkstoffen.

- **Nichtleiter**

Stoffe ohne bewegliche Ladungsträger leiten den elektrischen Strom nicht. Solche Stoffe sind z.B. Gummi, Kunststoffe, Glas, trockene Luft und chemisch reines Wasser. Man verwendet diese Stoffe zur Isolierung von elektrischen Leitern und Geräten. Deshalb bezeichnet man sie als **Isolierstoffe** oder **Nichtleiter**.

Querschnitt einer isolierten Kupferleitung

Stoffe, in denen Ladungen nicht bewegt werden können, werden als Nichtleiter oder Isolierstoffe bezeichnet.

2.7 Elektrischer Widerstand

Im Stromkreis wird der Fluß der Elektronen gehemmt. Diese Erscheinung bezeichnet man als **elektrischen Widerstand.** Er wird in **Ohm** (Ω) angegeben.

Der elektrische Widerstand eines Leiters ist abhängig von:

- Leiterlänge,
- Leiterquerschnitt,
- Leiterwerkstoff,
- Temperatur des Leiters.

In den meisten Fällen ist der Einfluß der Temperatur auf den Leiter unbedeutend. Daher wird bei Berechnungen die Temperatur mit 20°C als konstant angesetzt.

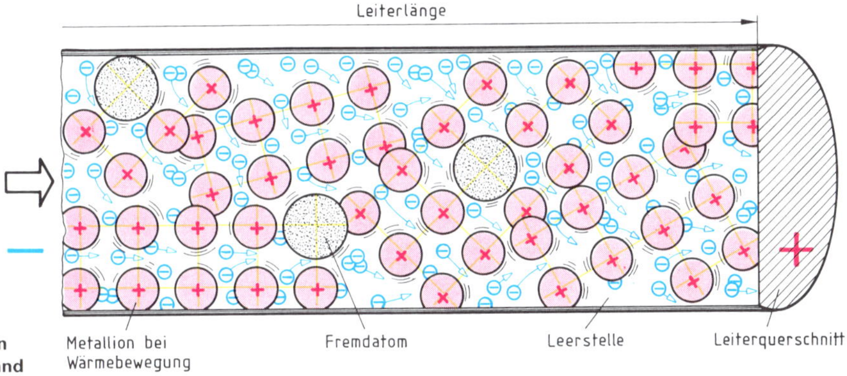

Einflußgrößen auf den elektrischen Widerstand

Die verschiedenen Einflußgrößen auf den elektrischen Widerstand haben folgende Auswirkungen:

- Mit *steigender Leiterlänge* wächst der Widerstand, weil die Elektronenbewegung auf dem längeren Weg stärker behindert wird.
- Mit *kleinerem Leiterquerschnitt* wird der Widerstand größer, weil die Durchtrittsfläche kleiner wird.
- Mit *sinkender Zahl* freier Elektronen und *stärkerer Behinderung durch Fremdatome* im Kristallgitter steigt der elektrische Widerstand. Diese Werkstoffabhängigkeit des Widerstandes drückt man durch den **spezifischen Widerstand** (Formelzeichen: ϱ) aus.

Übungsaufgaben 2/23; 2/24

Der Zusammenhang zwischen den Einflußgrößen und dem elektrischen Widerstand R bei 20° C wird in folgender Gleichung angegeben:

$$R = \frac{\varrho \cdot l}{S}$$

R Widerstand in Ω
l Leiterlänge in m
S Leiterquerschnitt in mm^2
ϱ spezifischer Widerstand in $\frac{\Omega\, mm^2}{m}$ bei 20°C

Werkstoff	Spezifischer Widerstand in $\frac{\Omega\, mm^2}{m}$ bei 20°C
Silber	0,0149
Kupfer	0,0178
Aluminium	0,0241
Eisen	0,1400

Beispiel für die Berechnung des elektrischen Widerstandes eines Leiters

Aufgabe

Ein aufgewickelter Kupferdraht mit 0,016 mm^2 Querschnitt ist 73,1 m lang.
Der elektrische Widerstand ist zu berechnen.

Lösung

$$R = \frac{\varrho \cdot l}{S} \qquad R = \frac{0{,}0178\ \Omega\, mm^2 \cdot 73{,}1\ m}{m \cdot 0{,}016\ mm^2} \qquad \boldsymbol{R = 80\ \Omega}$$

Der Widerstand eines Leiters hängt bei konstanter Temperatur ab von:

- Länge,
- Querschnitt,
- Werkstoff.

$$R = \frac{\varrho \cdot l}{S}$$

Weicht die Temperatur eines Widerstandes von 20° C ab, so muß der Widerstandswert neu errechnet werden. Diese Neuberechnung erfolgt über den *Temperaturbeiwert* α.

$$R = R_K \cdot (1 + \alpha \cdot \Delta\vartheta)$$

R_K Widerstand bei 20°C
α Temperaturbeiwert
$\Delta\vartheta$ Temperaturänderung gegenüber 20°C

Werkstoff	Temperaturbeiwert α in $\frac{1}{K}$
Kupfer	0,0039
Aluminium	0,0038
Eisen	0,0045

Beispiel für die Berechnung eines Widerstandes bei einer von 20° C abweichenden Temperatur

Aufgabe

Ein Stahldraht hat bei 20°C einen Widerstand von 60 Ω.
Auf welchen Wert steigt der Widerstand bei einer Temperaturerhöhung auf 70°C?
(α = 0,0045 1/K)

Lösung

$$R = R_K \cdot (1 + \alpha \cdot \Delta\vartheta)$$

$$R = 60\ \Omega \cdot \left(1 + 0{,}004\frac{1}{K} \cdot 50\ K\right)$$

$$R = \mathbf{73{,}5}\ \Omega$$

Der Widerstand von elektrischen Leitern ist temperaturabhängig. Bei metallischen Leitern steigt der Widerstand mit steigender Temperatur.

Übungsaufgaben 2/25 bis 2/32

2.8 Ohmsches Gesetz

Den gesetzmäßigen Zusammenhang der elektrischen Größen **Spannung, Stromstärke** und **Widerstand** in einem elektrischen Stromkreis erforschte Georg Simon Ohm.

Er stellte folgende Abhängigkeiten fest:

1. Steigert man die Spannung bei gleichbleibendem Widerstand, so steigt die Stromstärke im gleichen Verhältnis wie die Spannung.
2. Erhöht man den Widerstand bei gleichbleibender Spannung, so nimmt die Stromstärke im gleichen Verhältnis ab, wie der Widerstand zunimmt.

Aus diesen beiden Abhängigkeiten ergibt sich das **Ohmsche Gesetz**:

Spannung = Stromstärke · Widerstand

$$U = I \cdot R$$

Beispiel **für einen Versuch zum Nachweis des Ohmschen Gesetzes**

Man führt eine Versuchsreihe mit 0,98 m Konstantandraht mit einem Querschnitt von 1 mm² durch, indem man verschiedene Spannungen anlegt und dabei die verschiedenen Stromstärken mißt.

Versuchsaufbau:

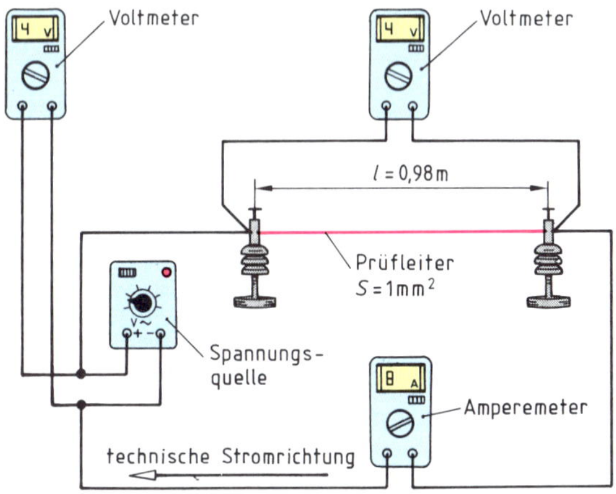

Meßergebnis:

Spannung U in Volt	Stromstärke I in Ampere
1	2
2	4
3	6
4	8

Versuchsauswertung:

Aus den Meßwerten und dem Verlauf des Graphen im Spannungs-Stromstärken-Schaubild ergibt sich, daß Spannung und Stromstärke stets in gleichem Verhältnis stehen. Das Verhältnis aus Spannung und Strom ist der Widerstand.

Der Versuch zeigt, daß z.B. eine Spannung von 1 V in einem Konstantandraht von 0,98 m Länge und 1 mm² Querschnitt einen Strom von 1 A fließen läßt. Der Widerstand des Drahtes ist demnach:

$$R = \frac{U}{I} = \frac{1\,\text{V}}{2\,\text{A}} = 0{,}5\,\Omega$$

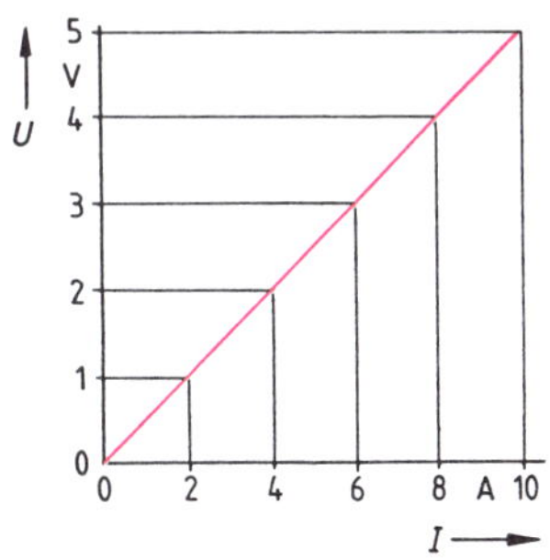

Das Spannungs-Stromstärken-Schaubild verdeutlicht die Abhängigkeit zwischen Spannung und Strom in einem Stromkreis.

Übungsaufgaben 2/33 bis 2/39

3 Grundschaltungen

3.1 Reihenschaltung

In einer Reihenschaltung liegen alle Verbraucher hintereinander im Stromkreis und werden vom gleichen Strom durchflossen. Die Reihenschaltung findet z.B. bei Lichterketten für Weihnachtsbäume Verwendung. Zudem stellt jede Zuleitung zu einem Verbraucher einen Widerstand dar, der mit dem Verbraucher in Reihe geschaltet ist.

Reihenschaltung von Glühlampen

Für die Reihenschaltung gilt:

1. Der Strom ist an allen Stellen gleich.
   $I_{ges} = I_1 = I_2 = I_3 = \dots$
2. Der Gesamtwiderstand ist gleich der Summe der Einzelwiderstände.
   $R_{ges} = R_1 + R_2 + R_3 + \dots$
3. Der Spannungsbetrag, der notwendig ist, um den Strom durch den einzelnen Widerstand zu treiben – Spannungsabfall am Widerstand – ist nach dem Ohmschen Gesetz:
   $U_1 = I \cdot R_1 \qquad U_2 = I \cdot R_2 \qquad U_3 = I \cdot R_3 \dots$
   Die Gesamtspannung ist gleich der Summe der Teilspannungen.
   $U_{ges} = U_1 + U_2 + U_3 + \dots$

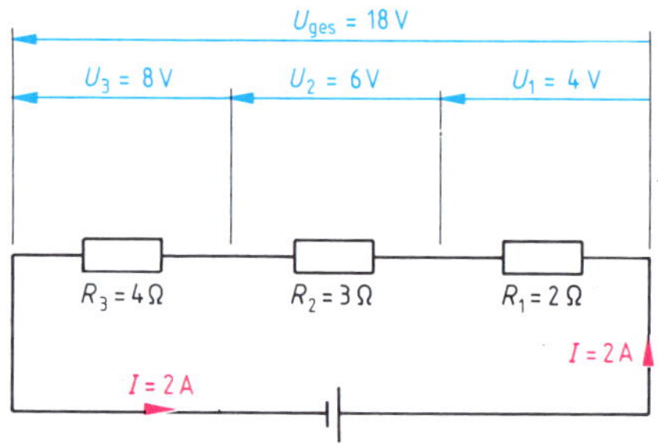

Reihenschaltung mit Widerständen

Beispiel **für die Berechnung von Spannungen und Strom in einer Reihenschaltung**

Aufgabe

In der skizzierten Reihenschaltung fließt ein Strom von 2,5 A.
Es sind die Spannungsabfälle an den Widerständen und die Gesamtspannung zu berechnen.

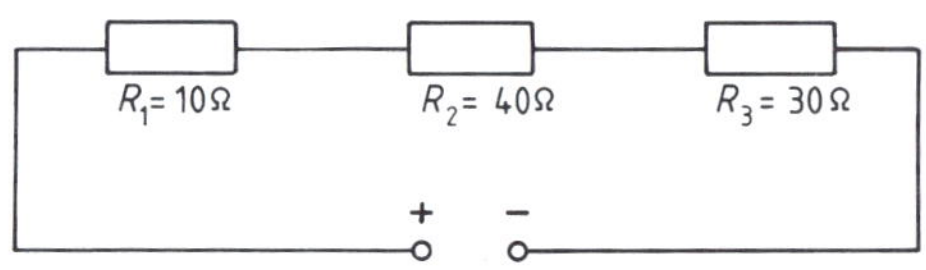

Lösung

$R_{ges} = R_1 + R_2 + R_3$	$U_{ges} = I \cdot R_{ges}$	$U_1 = I \cdot R_1$	$U_2 = I \cdot R_2$	$U_3 = I \cdot R_3$
$R_{ges} = 10\Omega + 40\Omega + 30\Omega$	$U_{ges} = 2{,}5\ \text{A} \cdot 80\ \Omega$	$U_1 = 2{,}5\ \text{A} \cdot 10\ \Omega$	$U_2 = 2{,}5\ \text{A} \cdot 40\ \Omega$	$U_3 = 2{,}5\ \text{A} \cdot 30\ \Omega$
$R_{ges} = \mathbf{80\ \Omega}$	$U_{ges} = \mathbf{200\ V}$	$U_1 = \mathbf{25\ V}$	$U_2 = \mathbf{100\ V}$	$U_3 = \mathbf{75\ V}$

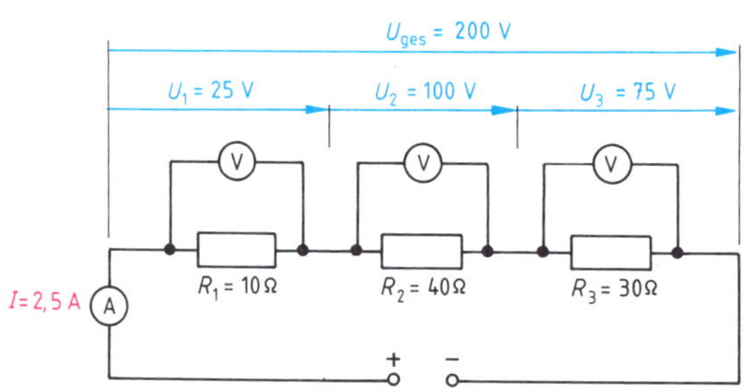

Reihenschaltung: $I_{ges} = I_1 = I_2 = I_3 = \dots \qquad R_{ges} = R_1 + R_2 + R_3 + \dots \qquad U_{ges} = U_1 + U_2 + U_3 + \dots$

Übungsaufgaben 3/1; 3/2; 3/3

3.2 Parallelschaltung

In einer Parallelschaltung liegen die Verbraucher parallel zueinander. An allen Verbrauchern liegt die gleiche Spannung an.
Die Geräte am Stromnetz sind parallel geschaltet.

Für die Parallelschaltung gilt:

1. Die Spannung ist an allen Verbrauchern gleich.
   $U_{ges} = U_1 = U_2 = U_3 = \ldots$
2. Der Strom, welcher durch den einzelnen Widerstand fließt, ist
   $I_1 = \frac{U}{R_1}$ $\quad I_2 = \frac{U}{R_2}$ $\quad I_3 = \frac{U}{R_3}$
   Der Gesamtstrom ist gleich der Summe der Teilströme.
   $I_{ges} = I_1 + I_2 + I_3 + \ldots$
3. Den Gesamtwiderstand errechnet man aus
   $\frac{U}{R_{ges}} = \frac{U}{R_1} + \frac{U}{R_2} + \frac{U}{R_3} + \ldots \quad | : U$
   $\frac{1}{R_{ges}} = \frac{1}{R_1} + \frac{1}{R_2} + \frac{1}{R_3} + \ldots$

Parallelschaltung von Glühlampen

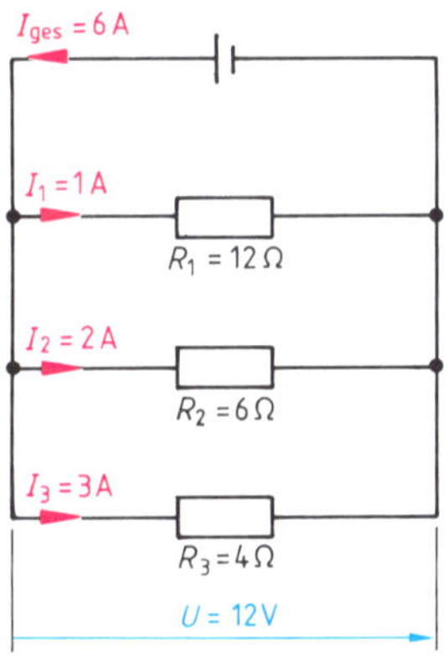

Parallelschaltung von Widerständen

Beispiel **für die Berechnung von Strom und Widerstand in einer Parallelschaltung**

Aufgabe
In der skizzierten Parallelschaltung liegen die Widerstände an einer Spannung von 60 V. Es sind die Teilströme und der Gesamtwiderstand zu berechnen.

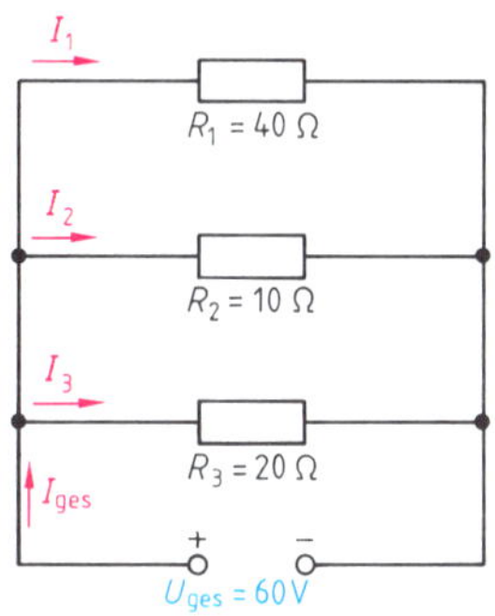

Lösung

$I_1 = \frac{U}{R_1} \qquad I_2 = \frac{U}{R_2} \qquad I_3 = \frac{U}{R_3}$

$I_1 = \frac{60\ \text{V}}{40\ \Omega} = \mathbf{1{,}5\ A} \qquad I_2 = \frac{60\ \text{V}}{10\ \Omega} = \mathbf{6\ A} \qquad I_3 = \frac{60\ \text{V}}{20\ \Omega} = \mathbf{3\ A}$

$\frac{1}{R_{ges}} = \frac{1}{R_1} + \frac{1}{R_2} + \frac{1}{R_3} + \ldots$

$\frac{1}{R_{ges}} = \frac{1}{40\ \Omega} + \frac{1}{10\ \Omega} + \frac{1}{20\ \Omega} = 0{,}175 \frac{1}{\Omega}$

$R_{ges} = \mathbf{5{,}7\ \Omega}$

$I_{ges} = \frac{U}{R_{ges}} = \frac{60\ \text{V}}{5{,}7\ \Omega} = \mathbf{10{,}5\ A}$

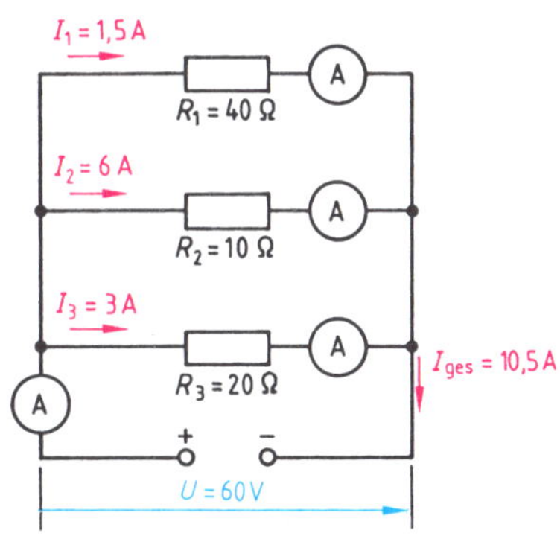

Parallelschaltung: $U_{ges} = U_1 = U_2 = U_3 = \ldots \quad I_{ges} = I_1 + I_2 + I_3 + \ldots \quad \frac{1}{R_{ges}} = \frac{1}{R_1} + \frac{1}{R_2} + \frac{1}{R_3} + \ldots$

Übungsaufgaben 3/4; 3/5; 3/6

4 Schaltzeichen für elektrische Bauelemente und Schaltpläne

4.1 Bauteile in der Elektrotechnik

Sehr viele elektrische Schaltungen bestehen im Prinzip aus folgenden Bauelementen:

Spannungsquelle **Schalter** **Verbraucher** (z.B. Lampe) **Leitungen**

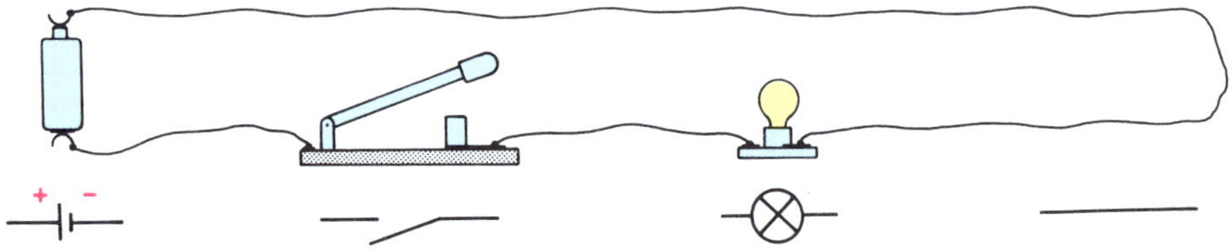

Diese Bauteile werden **Betriebsmittel** genannt. Betriebsmittel werden durch Symbole dargestellt. Die Symbole heißen **Schaltzeichen**. Schaltzeichen enthalten die allgemeinste Information über Art und Funktion des Betriebsmittels. Alle Schaltzeichen sind genormt.

Beispiele für Betriebsmittel und Schaltzeichen

Betriebsmittel	Beispiele für Bauformen	Schaltzeichen
chemische Spannungsquellen	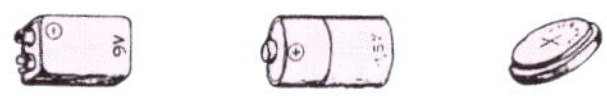	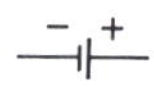
Schalter	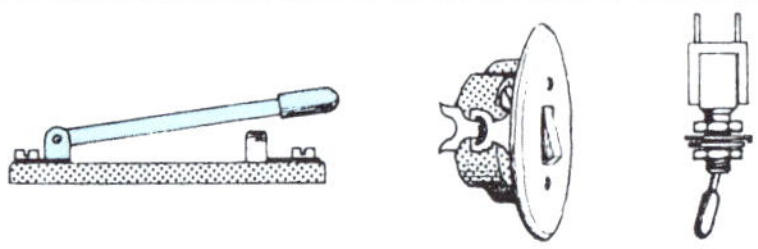	
Lampen		
Leitungen	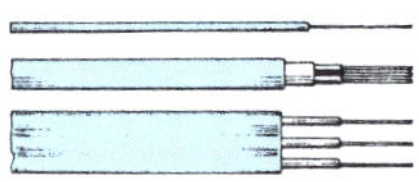	

Schaltzeichen enthalten die allgemeinste Information über Art und Funktion des elektrischen Bauelementes.

4.2 Schaltpläne

Schaltzeichen werden zu **Schaltplänen** zusammengefaßt. Verschiedene Schaltpläne (z.B. Stromlaufplan oder Installationsplan) sollen verschiedene Sachverhalte einer Schaltung deutlich machen. Damit keine Mißverständnisse entstehen, ist auch die Ausführung (die Darstellungsweise) der Schaltpläne genormt.
Schaltpläne enthalten Informationen über

- die Anordnung der Betriebsmittel in einer Schaltung,
- die elektrischen Verbindungen in einer Schaltung,
- die Wirkungsweise einer Schaltung.

In Stromlaufplänen kommt es ausschließlich auf die Wirkungsweise einer Schaltung an. Deshalb müssen in Stromlaufplänen die einzelnen Stromwege übersichtlich dargestellt werden.

Beispiele für Stromlaufpläne

1. Zusammenhängende Darstellung

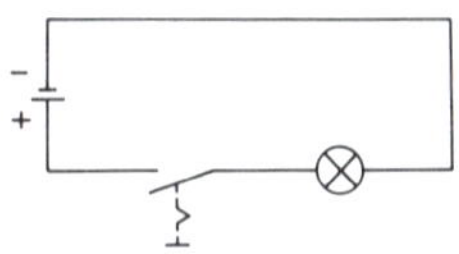

Bei der zusammenhängenden Darstellung werden alle Schaltzeichen der elektrischen Betriebsmittel **zusammenhängend** – als Einheit – gezeichnet.

2. Aufgelöste Darstellung

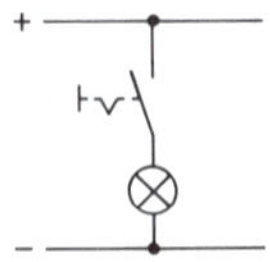

Bei der aufgelösten Darstellung werden die Schaltzeichen so angeordnet, daß geradlinige Stromwege entstehen.

In allen Stromlaufplänen werden die Verbindungslinien waagerecht oder senkrecht gezeichnet, ganz gleich, wie die Leitungen in der ausgeführten Schaltung tatsächlich liegen.

In Schaltplänen werden Schaltzeichen mit elektrischen Leitern verbunden dargestellt, sie zeigen die Arbeitsweise der elektrischen Schaltung.

4.3 Auswahl genormter Schaltzeichen

Spannungsquellen, Umrichter				
Primärelement Akkumulator	Primärelement mit Spannungsangabe (1,5 V)	Batterie von Primärelementen	Stromversorgungsgerät (Gleichrichter)	Stromversorgungsgerät (Transformator)

Meßgeräte	
Spannungsmesser	Strommesser

Schaltglieder			
Einschaltglied (Schließer)	Ausschaltglied (Öffner)	Umschaltglied (Wechsler)	Zweiwegschließer

Schaltglied ohne selbständigen Rückgang		Schaltglieder mit selbständigem Rückgang	
Schließer	Öffner	Wechsler	Zweiwegschließer

Antriebe für Schalter			
Handbetrieb		Kraftbetrieb	Elektromagnetischer Antrieb
allgemein	drücken	allgemein	allgemein

Betätigte Schalter	
betätigter Schließer	betätigter Öffner

Verbraucher					
Lampe, Leuchtmelder allgemein	Widerstand allgemein	veränderbarer Widerstand	Wechselstrommotor	Drehstrommotor	Gleichstrommotor

Leiter					
Leiter, allgemein	Leiter, bewegbar	Leiterverbindung	Leiterkreuzung	Erde	Masse

Sicherung
Sicherung allgemein

Übungsaufgaben 4/1 bis 4/4

5 Technische Nutzung des elektrischen Stromes

5.1 Elektrische Leistung und elektrische Arbeit

- **Elektrische Leistung**

Elektrische Maschinen und Geräte erbringen Leistungen, z.B. verrichtet ein Elektromotor eine bestimmte Arbeit je Sekunde oder ein Heizgerät liefert eine bestimmte Wärmemenge je Sekunde. Die elektrische Leistung hängt von der Stromstärke und der Spannung ab. Die Leistung steigt im gleichen Verhältnis wie Stromstärke und Spannung zunehmen.
Elektrische Leistung P ergibt sich als Produkt aus Spannung U und Stromstärke I:

$$P = U \cdot I$$

Die Einheit der elektrischen Leistung ist das Watt.

1 Watt = 1 Volt · 1 Ampere
1 W = 1 V · 1 A

Elektrische Leistung $P = U \cdot I$, Einheit: Watt

- **Elektrische Arbeit**

Arbeit W ist das Produkt aus Leistung P und der Zeit t, während der die Leistung erbracht wurde.
Elektrische Arbeit ist damit:

$$W = P \cdot t = U \cdot I \cdot t$$

Die Einheit der elektrischen Arbeit ist die Wattsekunde bzw. die Kilowattstunde.

1 Wattsekunde = 1 Volt · 1 Ampere · 1 Sekunde
1 Ws = 1 V · 1 A · 1 s
1 kWh = 3 600 000 Ws

Elektrische Arbeit: $W = U \cdot I \cdot t$ Einheit: Wattsekunde
Kilowattstunde

5.2 Wärmewirkung des elektrischen Stromes

5.2.1 Grundlagen

Fließt ein Strom eine gewisse Zeit lang durch einen Widerstand, so wird dabei die Arbeit W = $U \cdot I \cdot t$ verrichtet. Im Widerstand wird diese elektrische Arbeit in die **Wärmemenge** Q umgewandelt. Setzt man in diese Gleichung für die Spannung $U = R \cdot I$ ein, so erhält man:

$$Q = W = R \cdot I \cdot I \cdot t = R \cdot I^2 \cdot t$$

$$Q = R \cdot I^2 \cdot t$$

Diese Gleichung sagt aus, daß die Wärmemenge mit steigendem Widerstand verhältnisgleich steigt. Mit steigender Stromstärke wächst sie sogar quadratisch, d.h. bei einer Verdoppelung der Stromstärke steigt die Wärmemenge auf das 4fache.

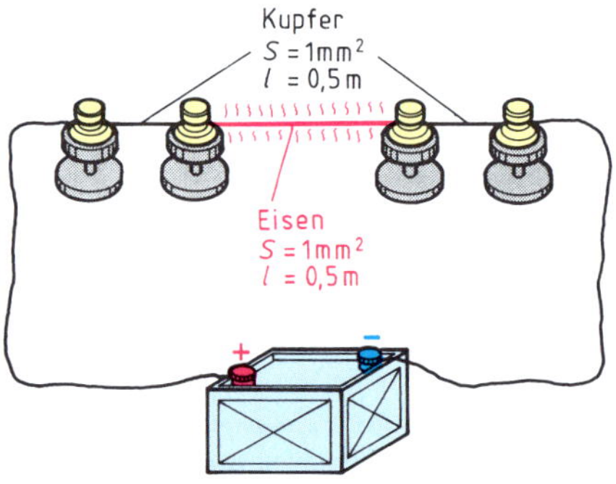

Nachweis der Abhängigkeit der Erwärmung vom Widerstand des Leitermaterials

Wegen dieses hohen Einflusses der Stromstärke erfordern die meisten Geräte zur Nutzung der Wärmewirkung des elektrischen Stromes hohe Stromstärken.

An elektrischen Widerständen wird elektrische Energie in Wärmeenergie umgewandelt.
Die entstehende Wärmemenge wächst mit dem Quadrat der Stromstärke.

Übungsaufgaben 5/1 bis 5/7

5.2.2 Anwendung der Wärmewirkung des elektrischen Stromes in der Metalltechnik

In Wärmebehandlungseinrichtungen, Elektroschweißgeräten, Heizgeräten u.a. wird elektrischer Strom zur Erwärmung genutzt.

- In Widerstandsöfen, Kunststoffschweißgeräten u.a. werden Heizdrähte (z.B. aus Fe-Cr-Ni-Legierungen) oder Heizstäbe aus Siliciumkarbid vom hindurchfließenden Strom zum Glühen gebracht.
- In Lichtbogenöfen und beim Elektroschweißen wird die Wärmewirkung des elektrischen Lichtbogens genutzt.
- In induktiven Erwärmungsanlagen, die mit Wechselstrom sehr hoher Frequenz gespeist werden (z.B. zum Induktionshärten), wird im Werkstück eine Spannung erzeugt, die dort einen Strom fließen läßt, der zur Erwärmung führt.

Die Wärmewirkung des elektrischen Stromes entsteht:
- in metallischen Leitern mit hohem Widerstand,
- im elektrischen Lichtbogen,
- im Werkstück als Leiter durch eine induzierte Spannung und dem so entstehenden Stromfluß.

5.3 Chemische Wirkung des elektrischen Stromes

5.3.1 Grundlagen der Galvanotechnik

In der Galvanotechnik werden in Metallsalzlösungen Werkstücke mit Hilfe des elektrischen Stromes beschichtet, z.B. verkupfert, verchromt, vernickelt.

Metallsalze bestehen aus positiven Metallionen und negativ geladenen Ionen eines Säurerestes. Beim Lösen eines Salzes in Wasser drängen die Wassermoleküle die Ionen des Salzes auseinander – die Ionen verteilen sich im Wasser – und können sich frei bewegen.
Leitet man über eingehängte Platten – die Elektroden – einen Strom durch die Salzlösung, so wandern die positiv geladenen Metallionen zur negativ geladenen Elektrode (Katode). Dort können die Metallionen Elektronen aufnehmen und sich als Metallbelag abscheiden. Bei vielen Metallen werden neben den Metallionen auch Wasserstoffionen des Wassers an der negativen Elektrode entladen. Der Wasserstoff perlt an der Elektrode auf. Er kann in galvanischen Anlagen unter sehr ungünstigen Umständen zu einer Explosionsgefährdung führen.

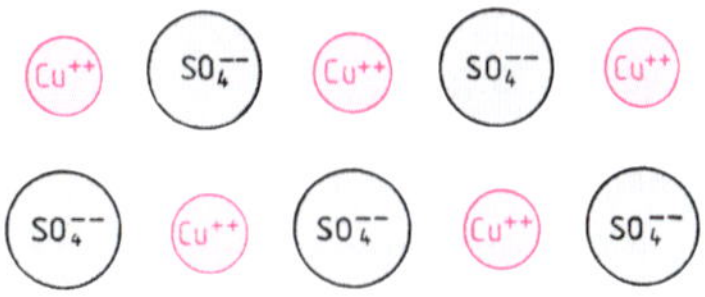

Ionen im Kupfersulfat ($CuSO_4$)

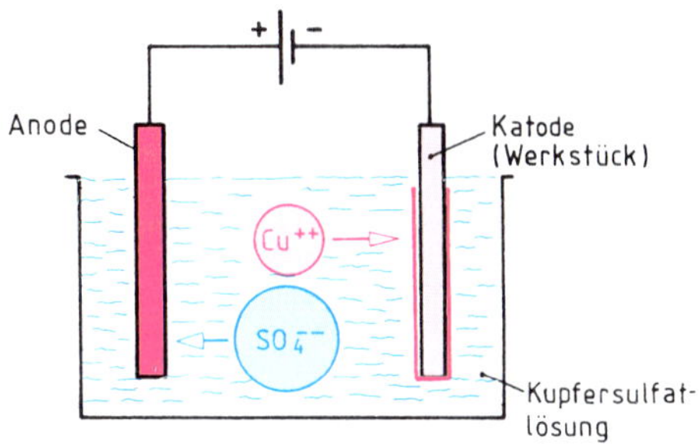

Elektrolyse von Kupfersulfat

edlere Metalle →

Na Mg Al	Zn Cr Ni	Cu Ag Au
aus wäßrigen Lösungen **nicht** abzuscheiden	aus wäßrigen Lösungen werden *Metallionen* und *Wasserstoffionen* entladen	aus wäßrigen Lösungen werden nur *Metallionen* entladen

Verhalten der Metallionen bei der Elektrolyse

In Metallsalzlösungen liegen positiv geladene Metallionen vor. Soweit das Metall nicht zu unedel ist, können die Metallionen durch elektrischen Strom an einer negativ geladenen Elektrode – der Katode entladen und als Metallbelag abgeschieden werden. Dieses Beschichten geschieht in der Galvanotechnik.

Übungsaufgaben 5/8 bis 5/11

5.3.2 Grundlagen chemischer Abtragverfahren

Wird ein Metall als positiv geladene Elektrode (Anode) geschaltet, so können dem Metall Elektronen entzogen werden. Das Metall löst sich unter Bildung von Metallionen von der Oberfläche her auf. Diese Fähigkeit des elektrischen Stromes, eine Auflösung eines Metalles an der Anode zu bewirken, wird in elektrochemischen Abtragverfahren genutzt.

Elektrochemische Abtragverfahren dienen zur Erzeugung von Werkstückkonturen entsprechend einer profilgebenden Katode.

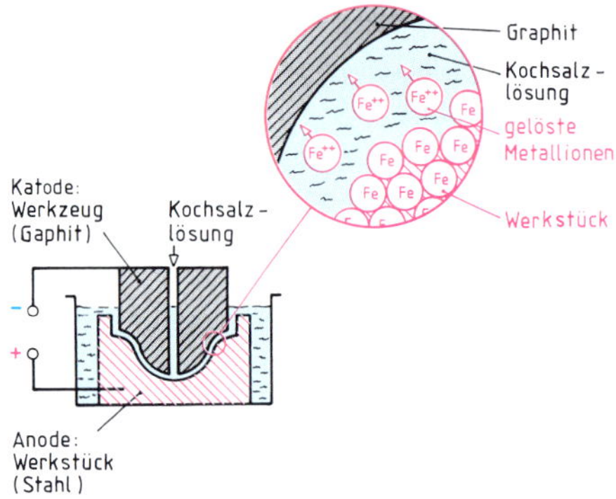

Auflösung eines Metalles beim elektrochemischen Abtragen

An einer Anode kann durch elektrischen Strom gezielt Metall zur Auflösung gebracht werden. Diese Wirkung des elektrischen Stromes ist die Grundlage elektrochemischer Abtragverfahren.

5.4 Magnetische Wirkung des elektrischen Stromes

5.4.1 Grundlagen

- **Dauermagnetismus**

Dauermagnete ziehen magnetisierbare Stoffe, wie z.B. Stahl, an. Die beiden Stellen eines Dauermagneten mit der stärksten Anziehungskraft nennt man die **Magnetpole**.

Hängt man einen Dauermagneten frei auf, so richtet er sich in Nord-Süd-Richtung der Erde aus. Den nach Norden weisenden Pol nennt man den *Nordpol* des Magneten, den anderen Pol den *Südpol*.

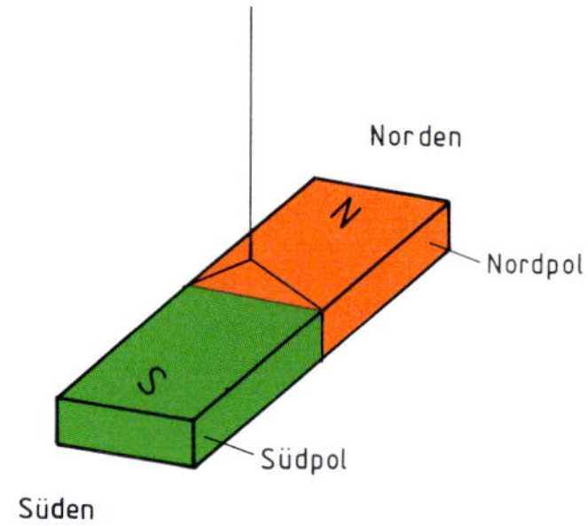

Ausrichtung eines drehbar aufgehängten Stabmagneten

Der Nordpol eines drehbar aufgehängten Dauermagneten zeigt nach Norden, der Südpol nach Süden.

In der Umgebung eines Magneten – dem *Magnetfeld* – wirken magnetische Kräfte. Die Richtung dieser Kräfte beschreibt man durch gedachte Linien – die **Feldlinien**.

Feldlinien sind in sich geschlossen und verlaufen außerhalb des Magneten vom Nordpol zum Südpol. Die Feldlinien beschreiben auch die Größe der magnetischen Kräfte im Magnetfeld. Je dichter die Feldlinien angeordnet sind, desto größer ist die Kraft im Feld.

Beispiele für die Bauformen und Felder von Dauermagneten

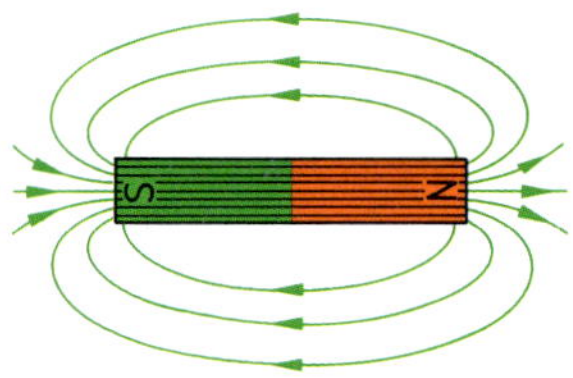

Stabmagnet

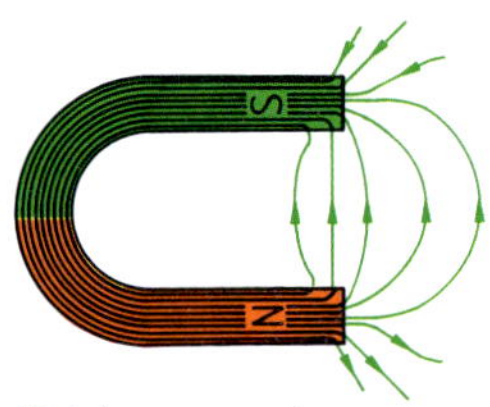

Hufeisenmagnet

Feldlinien verlaufen außerhalb des Magneten vom Nordpol zum Südpol.
Die Richtung der Feldlinien veranschaulicht die Kraftrichtungen im Magnetfeld.
Die Dichte der Feldlinien veranschaulicht die Stärke des Magnetfeldes.

Übungsaufgaben 5/12; 5/13

Zwischen den Polen verschiedener Magnete ergeben sich Wechselwirkungen.

Um gleichnamige Magnetpole gegeneinander zu führen, muß man Kraft aufwenden. Die gleichnamigen Magnetpole stoßen sich gegenseitig ab.

Nähert man ungleichnamige Magnetpole einander, so beobachtet man das Gegenteil. Ungleichnamige Magnetpole ziehen sich gegenseitig an.

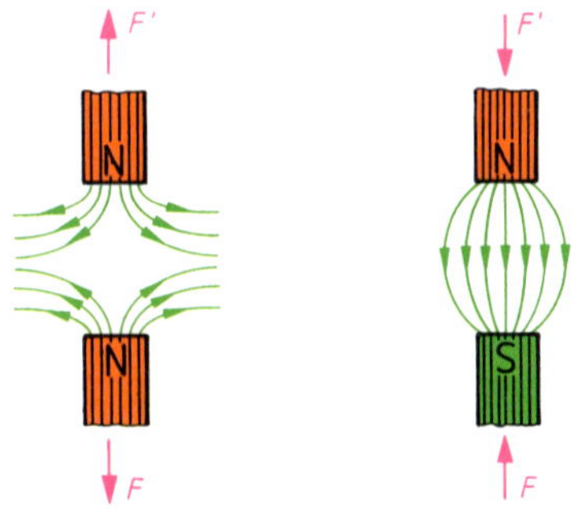

Abstoßung **Anziehung**

Gleichnamige Magnetpole stoßen sich ab.
Ungleichnamige Magnetpole ziehen sich an.

- **Elektromagnetismus**

Um einen stromdurchflossenen Leiter entsteht ein ringförmiges Magnetfeld, das mit Eisenfeilspänen sichtbar gemacht werden kann.
Die Richtung der Feldlinien dieses Feldes hängt von der Stromrichtung ab.

Man kann die Richtung der Feldlinien nach zwei verschiedenen Regeln feststellen:

Regel 1
Schaut man in der technischen Stromrichtung hinter dem Strom her, dann verlaufen die Feldlinien im Uhrzeigersinn.

oder

Regel 2
Hält man den abgespreizten Daumen der rechten Hand in die technische Stromrichtung, dann zeigen die den Leiter umfassenden Finger in Richtung der Feldlinien.

In gedachten Schnitten senkrecht zum Leiterquerschnitt stellt man den vom Betrachter fortfließenden technischen Strom durch das folgende Symbol dar: ⊗.

Den auf den Betrachter zufließenden Strom kennzeichnet man so: ⊙.

Man kann diese Symbole als Blick auf die Federn eines wegfliegenden Pfeiles beziehungsweise als Spitze eines auf den Betrachter zufliegenden Pfeiles deuten.

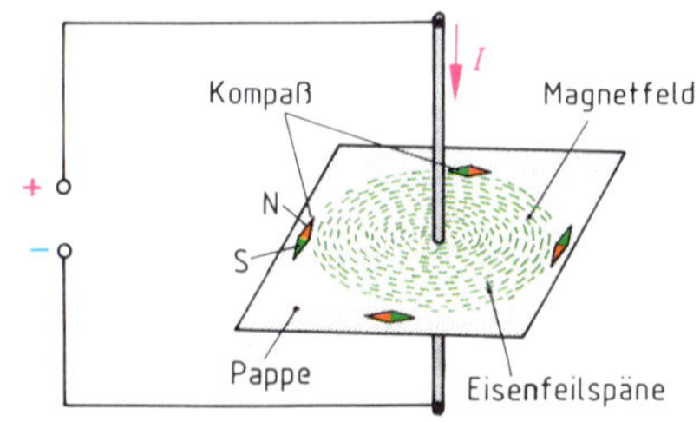

Magnetfeld um einen geraden Leiter

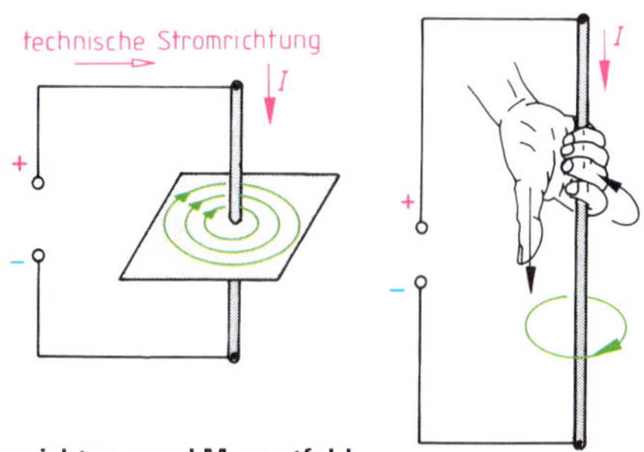

Stromrichtung und Magnetfeld

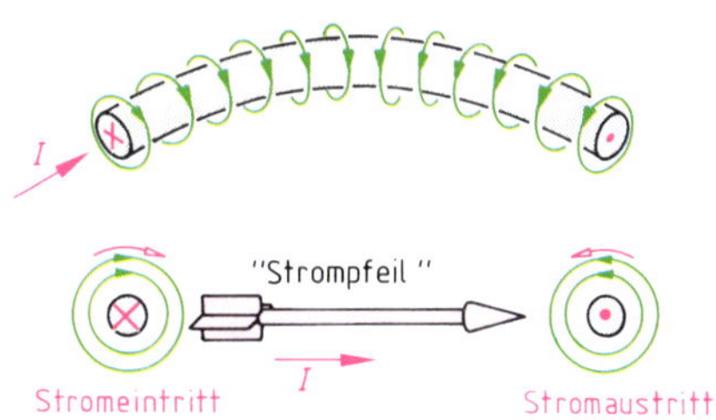

Symbole für Stromrichtung

Um einen stromdurchflossenen Leiter entsteht ein Magnetfeld.
In technische Stromrichtung gesehen verlaufen die Feldlinien rechts herum.

Formt man einen Leiter zu einer Windung, so entsteht auf beiden Seiten dieser Windung ein Magnetfeld mit Nord- und Südpol. Am Nordpol treten die Feldlinien aus der Schleife aus, am Südpol treten sie wieder in die Schleife ein. Eine Verstärkung der magnetischen Wirkung läßt sich durch Vergrößerung der Windungszahl und Erhöhung des Stromes erreichen. Eine weitere, sehr hohe Verstärkung des Magnetfeldes erreicht man durch einen Eisenkern in der Magnetspule.

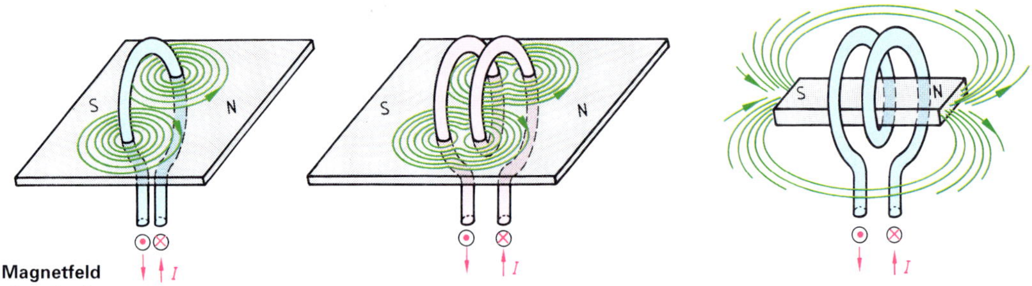

Magnetfeld einer Spule

Die Polarität einer Magnetspule kann man nach folgender Regel bestimmen:

Umfaßt man die Spule mit der rechten Hand in Wickelrichtung und technischer Stromrichtung, dann zeigt der abgespreizte Daumen den Nordpol an.

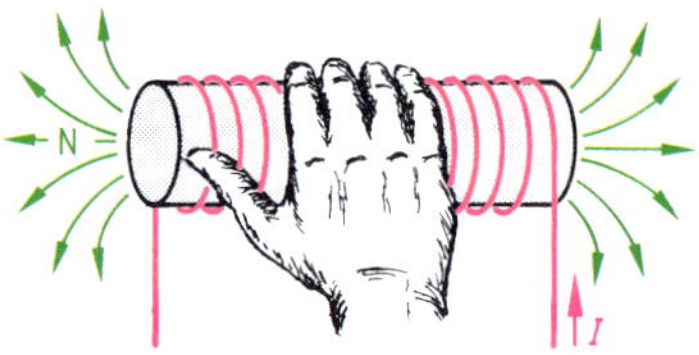

Polarität einer Magnetspule

Eine Magnetspule hat Nord- und Südpol.
Die Stärke des Feldes einer Magnetspule wächst mit steigender Windungszahl, steigender Stromstärke und kürzerer Baulänge.
Die Kraft einer Magnetspule wird durch einen Eisenkern erheblich verstärkt.

5.4.2 Anwendung des Elektromagnetismus

5.4.2.1 Elektromagnet

- **Hubmagnet**

Die Erzeugung eines Magnetfeldes mit Hilfe stromdurchflossener Spulen mit Eisenkern wird in Elektromagneten ausgenutzt. Solche Magnete werden als Hubmagnete in Stahlwerken und auf Schrottplätzen, sowie als Elektromagnetspanner in der Schleiftechnik und im Vorrichtungsbau eingesetzt.

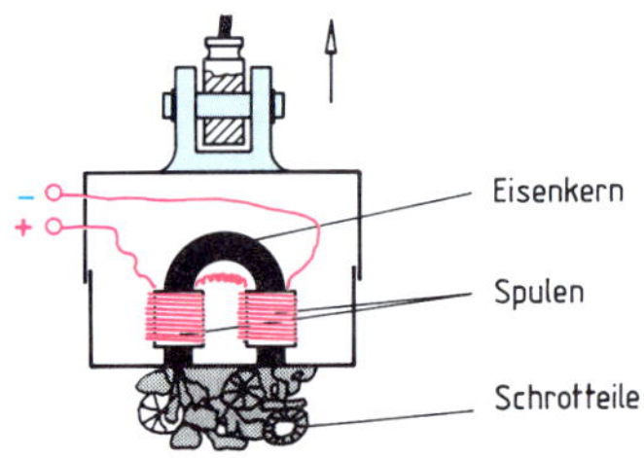

Hubmagnet (Schema)

Elektromagnete setzen die durch Elektrizität erzeugten magnetischen Kräfte zum Halten von Eisen- und Stahlteilen ein.

- **Relais**

Ein Elektrobauteil, in dem über eine Spule mit geringer Stromstärke ein schwaches Magnetfeld erzeugt wird, um mit der Magnetkraft einen Kontakt im Hauptstromkreis zu betätigen, heißt Relais. Ein Relais kann zum Öffnen oder Schließen des Laststromkreises eingesetzt werden. Der zum Betätigen benötigte Steuerstrom kann im Vergleich zum Laststrom sehr klein sein.

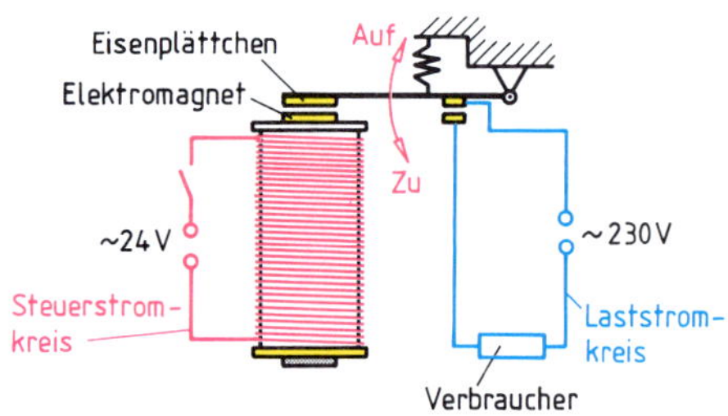

Aufbau eines Relais

Ein Relais ist ein Schaltglied, in dem durch Magnetkraft eines Steuerstroms ein Kontakt im Laststromkreis betätigt wird.

 Übungsaufgaben 5/17 bis 5/22

5.4.2.2 Elektromotor

• Prinzip des Elektromotors

Auf einen stromdurchflossenen Leiter wirken in einem Magnetfeld Kräfte ein. Bei freier Lagerung des Leiters können diese Kräfte eine Bewegung des Leiters verursachen. In Elektromotoren wird diese Bewegung ausgenutzt, um elektrische Energie in Bewegungsenergie umzuwandeln.

Hängt man in das Magnetfeld eines hufeisenförmigen Dauermagneten eine Leiterschaukel, so erfährt diese eine Ablenkung, sobald sie von einem Gleichstrom durchflossen wird. Ursache dieser Bewegung ist die Wechselwirkung zwischen dem Magnetfeld des Dauermagneten – dem äußeren Feld – und dem Magnetfeld um den stromdurchflossenen Leiter – dem inneren Magnetfeld.

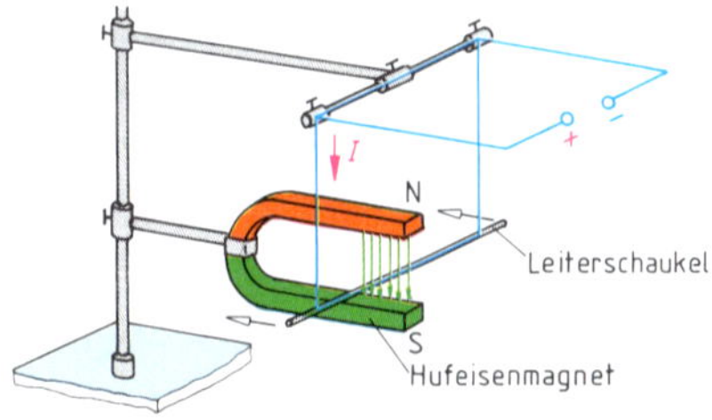

Bewegung durch Magnetkräfte

Betrachtet man den Feldlinienverlauf der beiden überlagerten Magnetfelder, dann stellt man fest, daß bei der angenommenen Stromrichtung im Bereich rechts vom Leiter die Feldlinien gleichgerichtet sind; hier verstärken sich die Magnetfelder. Links vom Leiter sind die Feldlinien entgegengesetzt gerichtet; äußeres und inneres Magnetfeld schwächen sich in ihrer Wirkung gegenseitig. Dies erklärt, warum die Leiterschaukel zur Seite der Magnetabschwächung ausweicht.

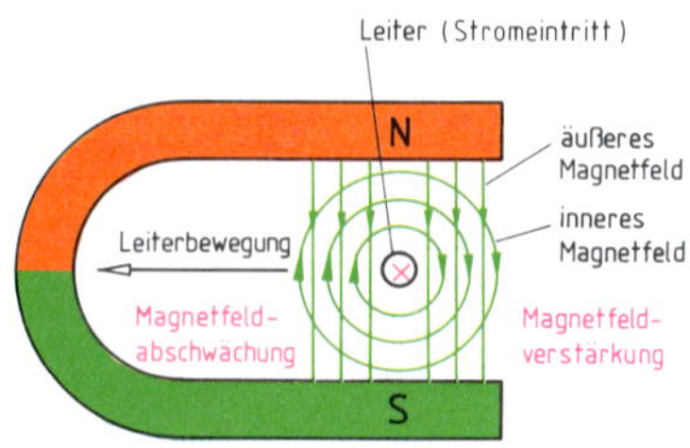

Leiterbewegung durch Magnetfeldüberlagerung

Ein stromdurchflossener Leiter erfährt in einem äußeren Magnetfeld eine Kraftwirkung, die senkrecht zu den Kraftlinien des äußeren Feldes gerichtet ist.

Setzt man in das Feld eines Dauermagneten statt einer Leiterschaukel eine leicht drehbare, stromdurchflossene Spule ein, so bilden sich an dieser Spule Nord- und Südpol aus. Die Spule stellt sich daraufhin mit einer Drehbewegung so ein, daß ihre Pole den Polen des äußeren Feldes entgegengerichtet sind.

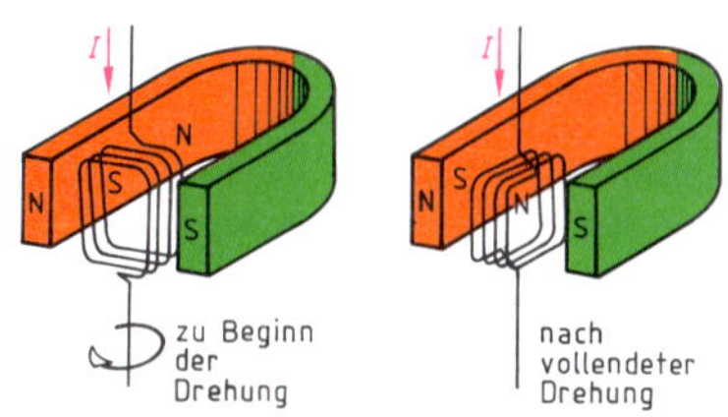

Halbdrehung einer Spule im Magnetfeld

Um eine dauernde Drehbewegung zu erhalten, kehrt man durch einen selbsttätigen Polwender, den **Kommutator,** die Stromrichtung – und damit die Polung der Magnetspule – um.

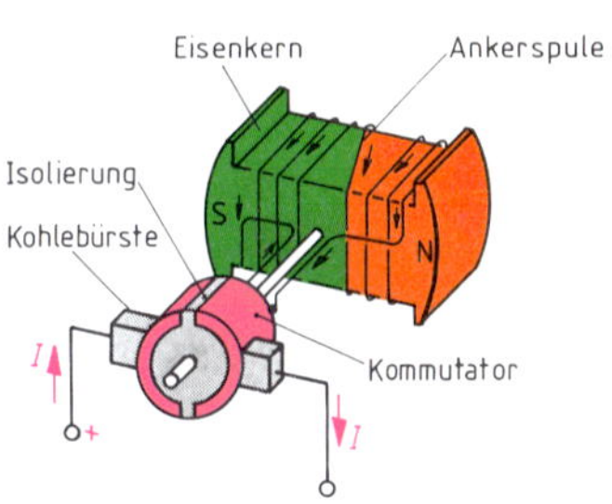

Stromzufuhr über Kommutator

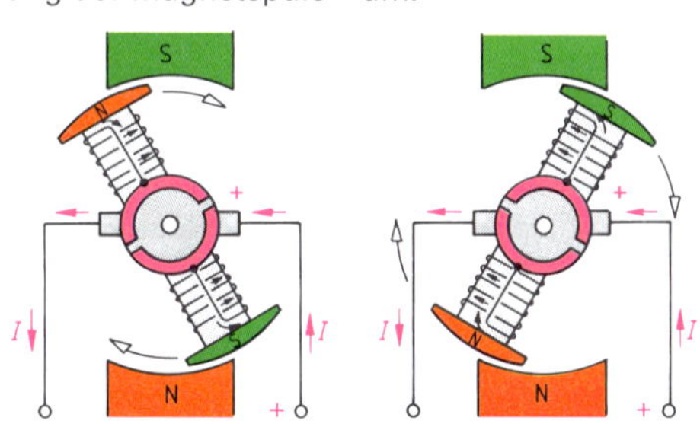

Umpolung durch Kommutator

Die Drehbewegung des Ankers ergibt sich durch die Anziehung bzw. Abstoßung der Pole. Durch die Umpolung des inneren Magnetfeldes wird die Drehbewegung aufrecht erhalten.

Übungsaufgaben 5/23 bis 5/27

- **Allstrommotor und seine Schaltung**

Soll der Motor mit Gleich- oder Wechselstrom angetrieben werden, so muß man Elektromagnete zur Erzeugung des äußeren Feldes einsetzen. Schaltet man die Feldwicklung parallel zum Anker, so erhält man einen **Nebenschlußmotor**. Dieser läuft im Leerlauf mit einer vorgegebenen Höchstdrehzahl. Er kann beim Anlauf nur kleine Kräfte entwickeln. Man baut diese Motoren in Kleinmaschinen mit geringem Anlaufwiderstand, z.B. Kaffeemühlen und Staubsauger, ein.

Schaltet man dagegen Feldwicklung und Ankerwicklung in Reihe, so erhält man einen **Reihenschlußmotor** (Hauptschlußmotor). Er entwickelt schon beim Anlauf hohe Drehkräfte. Unbelastet steigert er jedoch seine Drehzahl sehr stark. Diese Motoren werden in größeren Maschinen und als Anlasser in Kraftfahrzeugen verwendet.

Beide Motorentypen, Reihen- und Nebenschlußmotor, können mit Gleich- und Wechselstrom betrieben werden. Man nennt sie deshalb **Allstrommotore**.

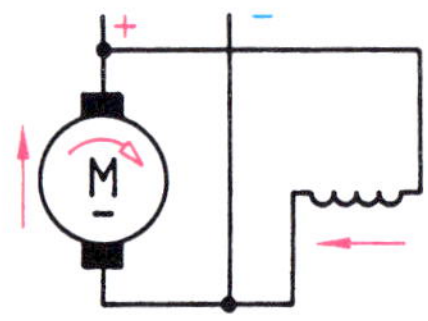

Grundschaltung: Nebenschlußmotor

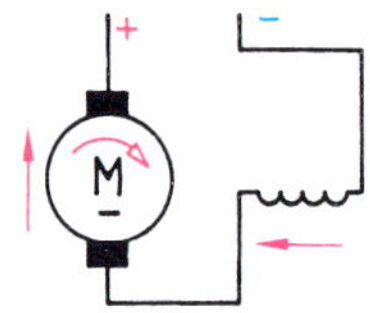

Grundschaltung: Reihenschlußmotor

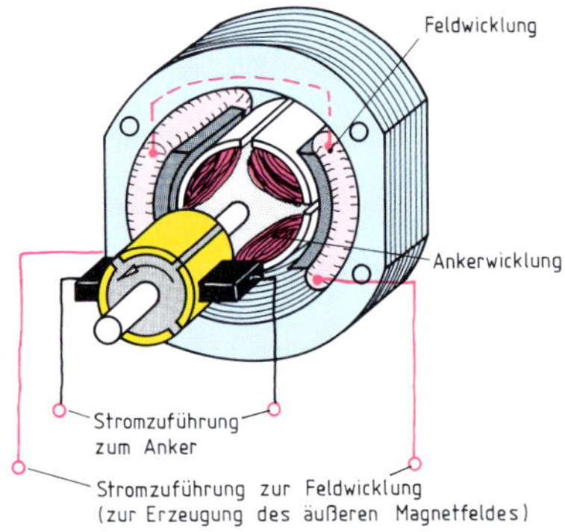

Allstrommotor

In Allstrommotoren werden das äußere und das innere Magnetfeld durch Elektromagnete erzeugt. Allstrommotore können im Reihen- und Nebenschluß geschaltet sein.

5.4.2.3 Generator

- **Elektromagnetische Induktion**

Bewegt man einen Leiter durch ein Magnetfeld, so daß er dabei Feldlinien „schneidet", dann wird in ihm eine Spannung erzeugt – induziert (inducere = lat. hereinführen).

Die Höhe der erzeugten Spannung hängt ab von

- der *Dichte der Feldlinien* (Stärke des Feldes),
- der *Länge des Leiters* im Magnetfeld,
- der *Geschwindigkeit der Bewegung.*

Vereinfacht kann man auch sagen:

- Die Spannung hängt von der Zahl der Feldlinien ab, die pro Zeiteinheit geschnitten werden.

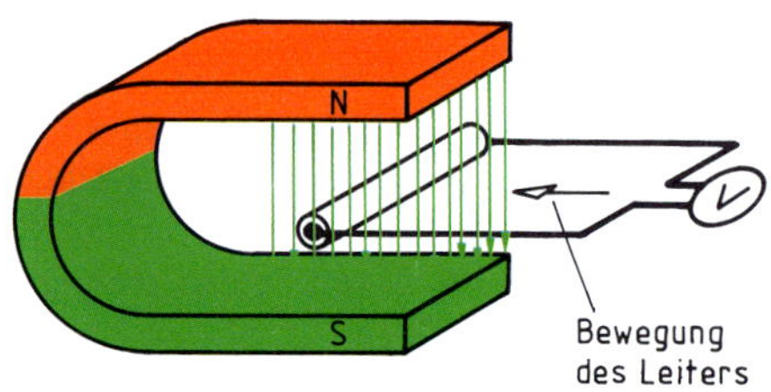

Entstehung einer Spannung in einem bewegten Leiter (Induktion)

In einem bewegten Leiter, der Feldlinien schneidet, wird eine Spannung induziert.

Die Richtung eines durch Induktion erzeugten Stromes kann einfach durch die „Rechte-Hand-Regel" bestimmt werden:

Hält man die rechte Hand so, daß die Feldlinien in die offene Handfläche eintreten, dann zeigen die gestreckten Finger in die Stromrichtung, wenn der abgespreizte Daumen in die Bewegungsrichtung weist.

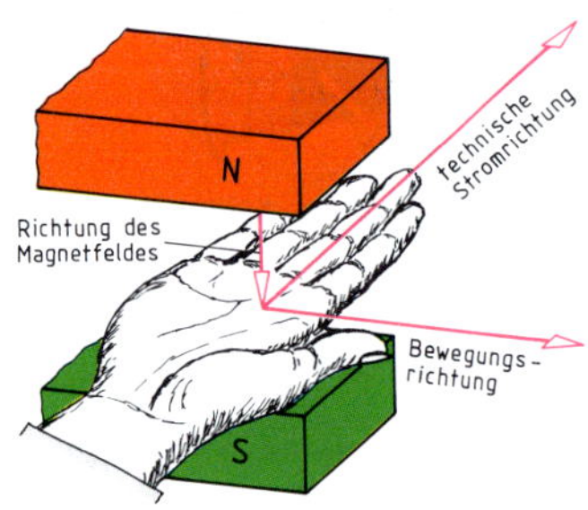

„Rechte-Hand-Regel"

Übungsaufgabe 5/28

- **Wechselstromgenerator**

Die einfachste Bauform eines Wechselstromgenerators ist eine Leiterschleife, die in einem Magnetfeld gedreht wird. Die dabei induzierte Spannung wird über zwei ringförmige Schleifkontakte abgegriffen.

Bei einer gleichförmigen Drehbewegung der Leiterschleife überstreicht diese in gleicher Zeit den gleichen Drehwinkel. Die Anzahl der magnetischen Feldlinien, die dabei von den parallel zur Drehachse liegenden Bereichen der Leiterschleife geschnitten werden, ist jedoch unterschiedlich. Da sich die induzierte Spannung aufgrund der Zahl der Feldlinien, welche pro Zeiteinheit geschnitten werden, ergibt, wird in den verschiedenen Stellungen der Leiterschleife eine unterschiedliche Spannung erzeugt. Bei waagerechter Lage der Schleife ist die Spannung Null. Im Verlauf einer Umdrehung entsteht eine Wechselspannung, die sich entsprechend einer Sinuskurve ändert. Die Wechselspannung bewirkt in einem Stromkreis einen Wechselstromfluß.

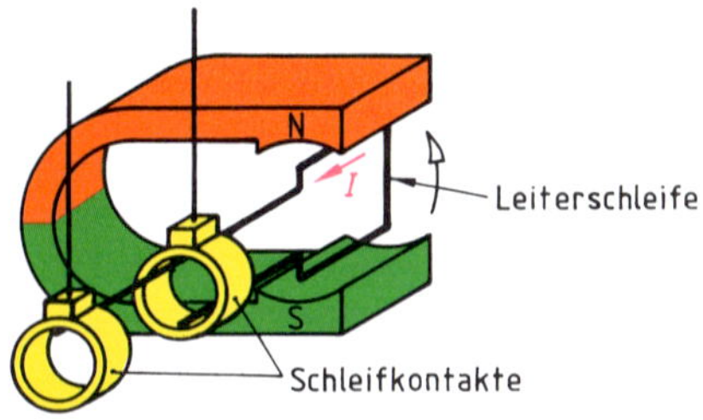

Prinzip des Wechselstromgenerators

Beispiel für den Verlauf der Spannung an einem Wechselstromgenerator

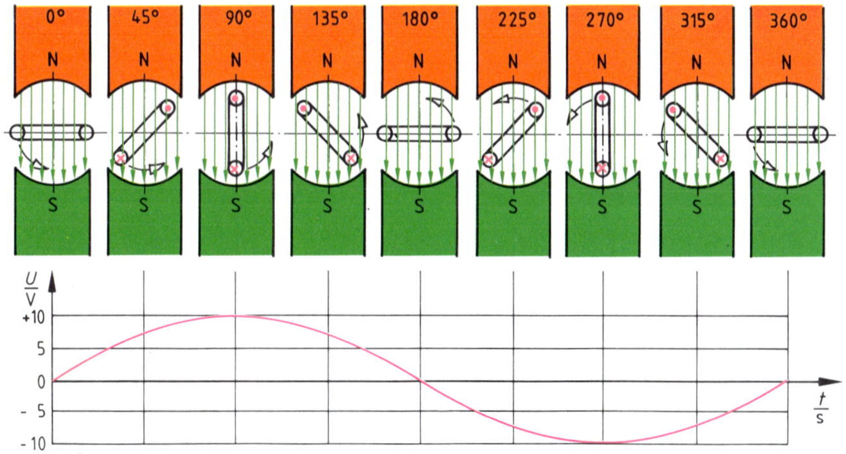

In einer Leiterschleife, die in einem Magnetfeld gedreht wird, werden je nach Lage der Schleife zu den Feldlinien unterschiedliche Spannungen induziert.
Ein Wechselstromgenerator erzeugt Spannung und Strom mit sinusförmigem Verlauf.

- **Kenndaten des Wechselstroms**

Periode
Sich wiederholender Verlauf der Spannung während einer bestimmten Zeit.

Periodendauer T
Zeit für eine Periode

Frequenz f
Anzahl der Perioden pro Sekunde
1 Hertz = 1 Hz = 1 Periode pro Sekunde

Scheitelwert U_s (Amplitude)
Größte Spannung während einer Periode. Dieser Maximalwert tritt während einer Periode im positiven und negativen Spannungsbereich auf.

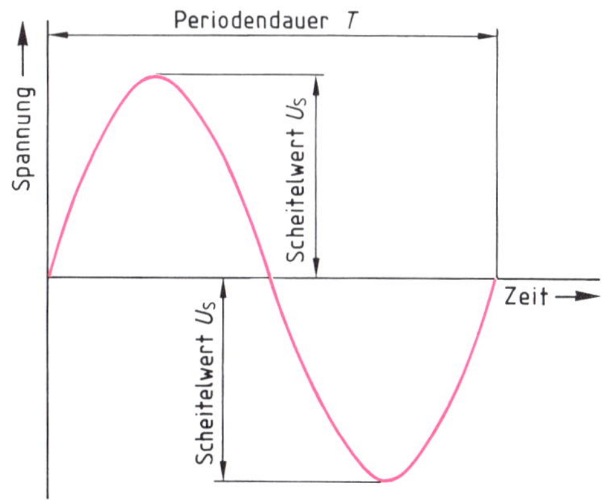

Spannung-Zeit-Schaubild des Wechselstroms

Übungsaufgaben 5/29 bis 5/34

Effektivwerte
Mit Spannungs- und Strommessern werden nicht die Scheitelwerte des Wechselstroms gemessen, sondern die Effektivwerte. Dieses sind Werte, die ein Gleichstrom haben müßte, um die gleiche Wärmewirkung zu erzielen wie der gemessene Wechselstrom. Die Effektivwerte einer Wechselspannung oder eines Wechselstromes betragen etwa 71% der Scheitelwerte.

$$U_{eff} = 0{,}707 \cdot U_s \qquad I_{eff} = 0{,}707 \cdot I_s$$

Auf Leistungsschildern von elektrischen Geräten werden stets die Effektivwerte angegeben.

Kennzeichnung:
Geräte, die mit Wechselstrom betrieben werden, sind durch das Zeichen ~ oder die Abkürzung **AC** (**a**lternating **c**urrent) gekennzeichnet.

• Technisch verwendete Frequenzen von Wechselstrom

Je nach Anforderungen werden in der Technik unterschiedliche Wechselstromfrequenzen verwendet.

Beispiele **für gebräuchliche Wechselstromfrequenzen**

$16^2/_3$ Hz	Versorgungsnetz der Bundesbahn
50 Hz	Versorgungsnetz der Elektro-Versorgungs-Unternehmen
0,5 bis 10 kHz	Mittelfrequenzanlagen zum Induktionshärten
0,05 bis 10 MHz	Hochfrequenzanlagen zum Induktionshärten

• Gleichstromgenerator

Soll mit einem Generator eine Gleichspannung erzeugt werden, dann muß die wechselnde Polung unterbunden werden. Nach jeder Halbdrehung der Leiterschleife müßte eine Umpolung erfolgen. Dies wird erreicht, wenn man die Schleifringe des Wechselstromgenerators durch den vom Elektromotor her bekannten Kommutator (Wandler) ersetzt.

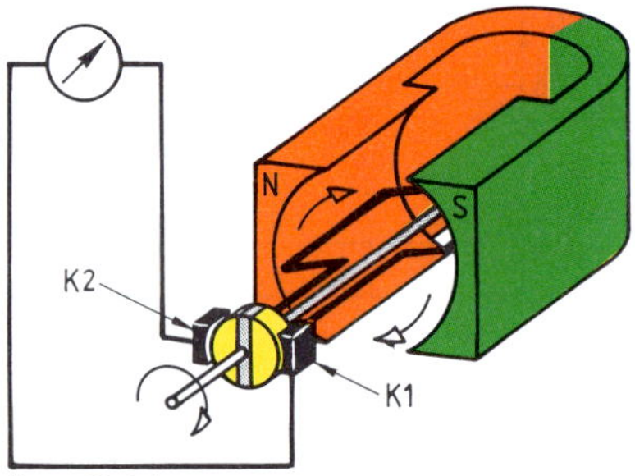

Prinzip eines Gleichstromgenerators

Die so erzeugte Gleichspannung verändert sich sinusförmig zwischen Null und dem Scheitelwert, man spricht von einer *pulsierenden Gleichspannung*. Den ebenfalls fließenden Strom nennt man **pulsierenden Gleichstrom**.

Pulsierende Gleichspannung bei zweiteiligem Kommutator

Das Pulsieren einer Gleichspannung ist unerwünscht. Daher verringert man die Schwankungen, indem man statt einer einfachen Leiterschleife mit mehreren Spulen auf dem Anker arbeitet. Der Kommutator muß dann mit einer entsprechenden Aufteilung versehen werden. So erhält man eine weitgehend geglättete pulsierende Gleichspannung.

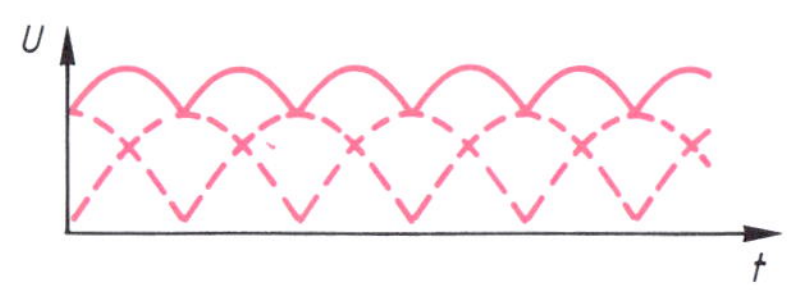

Pulsierende Gleichspannung bei vierteiligem Kommutator

Gleichstromgeneratoren liefern aufgrund geschickter Umpolung einen pulsierenden Gleichstrom.

Übungsaufgaben 5/35; 5/36

5.4.2.4 Transformator

Der Transformator dient zur Umformung von Wechselspannungen. Er wird z.B. in Schweißgeräten verwendet, um die Netzspannung von 230 V bzw. 400 V in die Schweißspannung von etwa 60 V umzuformen.

Ein Transformator besteht aus zwei Spulen, die einen gemeinsamen Eisenkern aus Transformatorblechen besitzen. Die Spule, welche an der umzuformenden Eingangsspannung liegt, ist die **Primärspule**. Die Spule, an der die gewünschte Ausgangsspannung abgegriffen werden kann, ist die **Sekundärspule**.

Die Funktion des Transformators ist so zu erklären: Die an die Primärspule angeschlossene Wechselspannung erzeugt ein sich ständig änderndes Magnetfeld. Dieses Magnetfeld induziert in der Sekundärspule eine Wechselspannung. Die Spannung am Ausgang der Sekundärspule hängt von der Spannung an der Primärspule und dem Verhältnis der Windungszahlen von Primärspule zur Windungszahl der Sekundärspule ab.

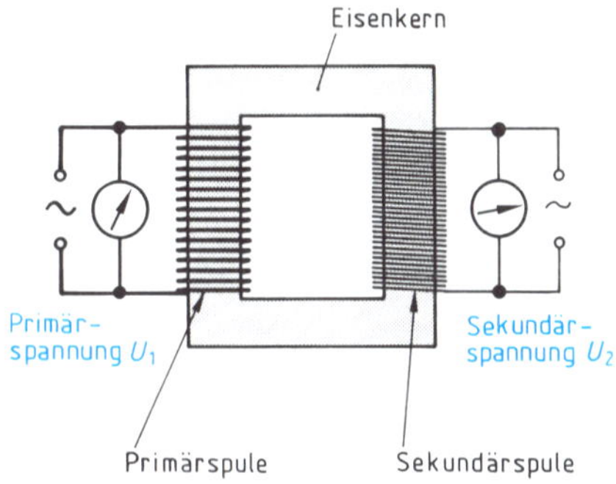

Schematischer Aufbau eines Transformators

$$\frac{\text{Primärspannung}}{\text{Sekundärspannung}} = \frac{\text{Windungszahl der Primärspule}}{\text{Windungszahl der Sekundärspule}}$$

$$\frac{U_1}{U_2} = \frac{N_1}{N_2} \qquad \frac{I_1}{I_2} = \frac{N_2}{N_1}$$

Verhältnisse am Transformator

Beispiele für Berechnungen am Transformator

Beispiel 1

Gegeben: Primärspannung $U_1 = 220$ Volt
Primärspule $N_1 = 100$ Windungen
Sekundärspule $N_2 = 500$ Windungen

Gesucht: Sekundärspannung U_2

Lösung: $\frac{U_1}{U_2} = \frac{N_1}{N_2}$

$$U_2 = \frac{U_1 \cdot N_2}{N_1} = \frac{220\text{ V} \cdot 500}{100}$$

$U_2 = \mathbf{1\,100\ V}$

Beispiel 2

Gegeben: Primärspannung $U_1 = 220$ V
Sekundärspannung $U_2 = 55$ V
Primärspule $N_1 = 100$ Windungen

Gesucht: Sekundärspule N_2

Lösung: $\frac{U_1}{U_2} = \frac{N_1}{N_2}$

$$N_2 = \frac{U_2 \cdot N_1}{U_1} = \frac{55\text{ V} \cdot 100}{220\text{ V}}$$

$N_2 = \mathbf{25\ Windungen}$

Bei einem Transformator verhält sich die Primär- zur Sekundärspannung wie die Windungszahl der Primär- zur Windungszahl der Sekundärspule.

6 Maßnahmen zur Unfallverhütung

Die Gefahren des elektrischen Stromes können mit den menschlichen Sinnen nicht wahrgenommen werden, so daß viele der Unfälle aus Unkenntnis, Unachtsamkeit oder auch aus Leichtsinn geschehen. Defekte elektrische Anlagen oder Geräte sind weitaus seltener Unfallursache.

Übungsaufgaben 5/37 bis 5/41

6.1 Gefährliche Wirkungen des elektrischen Stromes und allgemeine Schutzmaßnahmen

6.1.1 Gefährliche Wirkungen des elektrischen Stromes

Der menschliche Körper leitet den elektrischen Strom. Daher kann bei einer Berührung eines stromdurchflossenen Leiters durch den Menschen Strom fließen. Die Größe der Stromstärke ist abhängig von der anliegenden Spannung und dem Gesamtwiderstand des Menschen. Der Gesamtwiderstand setzt sich dabei zusammen aus

- dem Übergangswiderstand zwischen Leiter und Mensch,
- dem Körperinnenwiderstand,
- dem Übergangswiderstand zwischen Mensch und dem zweiten Leiter, bzw. zwischen Mensch und Erde.

Der Körperinnenwiderstand ist gegenüber dem Hautwiderstand vernachlässigbar klein. Feuchte Hände oder Feuchtigkeit zwischen Füßen und Boden verringern stark den Übergangswiderstand. Nach dem Ohmschen Gesetz steigt die Stromstärke mit abnehmendem Gesamtwiderstand. Daher besteht eine besondere Gefährdung in Feuchträumen, wo der Übergangswiderstand sehr gering sein kann.

Nach internationalen Sicherheitsvorschriften dürfen Menschen

- kurzzeitig einer Stromstärke von 30 mA und
- einer geringeren Spannung als 42 V ausgesetzt sein.

Beim Überschreiten dieser Grenzwerte können folgende **gefährliche Wirkungen** auftreten:

Fehlsteuerungen von Körperfunktionen

Viele Körperfunktionen werden elektrisch über Nervenbahnen gesteuert. So kann unter dem Einfluß eines durch den Körper fließenden Stroms eine Fehlsteuerung eintreten. Diese kann zur Muskelverkrampfung, zu Herzkammerflimmern oder zum Herzstillstand führen.

Schäden durch übermäßige Erwärmung

Bei großen Stromstärken führt die Wärmewirkung des elektrischen Stroms an den Ein- und Austrittsstellen zu Verbrennungen. Es kann zur Verkohlung von Körperteilen kommen, wenn an den Übergangsstellen ein Lichtbogen entsteht.

Zersetzen der Körperflüssigkeit

Bei längerer Einwirkung des elektrischen Stroms zersetzt sich die Körperflüssigkeit (Blut u.a.) elektrolytisch. Dies kann zu Vergiftungserscheinungen führen. Da diese Folgeerscheinungen erst nach einigen Tagen auftreten, sollte ein Arzt bei Unfällen mit Elektrizität aufgesucht werden, damit dieser vorbeugend das Unfallopfer behandeln kann.

ERSTE HILFE bei Unfällen mit Elektrizität
Eine gute und schnelle Hilfe bei Unfällen mit Elektrizität kann lebensrettend sein. Anleitungen zur ersten Hilfe bei Unfällen müssen in allen elektrischen Betriebsräumen aushängen.

Erste Maßnahmen sind:

- Stromkreis unterbrechen oder Verunglückten von Kontaktstelle entfernen, ohne ihn direkt zu berühren.
- Bewußtlosen in Seitenlage bringen und Atemwege freimachen.
- Wiederbelebung mit Atemspende und Herzmassage.
- Sofortige Benachrichtigung eines Arztes zur weiteren Versorgung veranlassen.

Sekundärunfälle

Zahlreiche Unfälle geschehen als Folgeerscheinung einer Berührung mit stromführenden Teilen. Das Unfallopfer erschrickt aufgrund des Stromschlags so heftig, daß es völlig falsch reagiert. Stürze von Leitern oder Verletzungen an Maschinen können Folgen von Stromschlägen sein.

Übungsaufgaben 6/1 bis 6/4

6.1.2 Allgemeine Schutzmaßnahmen

- Alle spannungsführenden Teile müssen mit Isolierungen oder Abdeckungen versehen sein.
- Alle Anlagen und Geräte mit einer Spannung über 50 Volt Wechselspannung bzw. 120 Volt Gleichspannung müssen mit Maßnahmen zum Schutz für den Bediener versehen sein, wenn ein Defekt an den Isolierungen auftreten sollte – **VDE-Bestimmungen.** Das *VDE-Zeichen* garantiert die Einhaltung der geltenden Schutzvorschriften für die Bauart dieses Gerätes.
- Arbeiten an unter Spannung stehenden Anlagen sind strengstens verboten.
- Arbeiten an elektrischen Anlagen sind nur von Fachkräften auszuführen.

VDE-Zeichen

Nur autorisierte Fachkräfte dürfen an elektrischen Anlagen arbeiten. Es besteht ein strenges Verbot, an Anlagen, die Spannung führen, zu arbeiten.

6.2 Leitungs- und Geräteschutzeinrichtungen

6.2.1 Leitungsquerschnitte nach DIN VDE 0100

Elektrogeräte und elektrische Leitungen können bei Überlastung durch eine zu hohe Stromstärke beschädigt oder zerstört werden, da sich die stromführenden Teile erwärmen.

In den DIN VDE-Bestimmungen ist festgelegt, daß sich Leitungen mit Gummi-Isolierung bis maximal 60°C und Leitungen mit PVC-Isolierung bis maximal 70°C erwärmen dürfen. Die Erwärmung eines Leiters wächst mit steigender Stromstärke und sinkendem Leiterquerschnitt. Aus diesem Grund ist für jeden Leiterquerschnitt die maximal zulässige Stromstärke in den DIN VDE-Bestimmungen festgelegt.

Leiterquerschnitt in mm²	Stromstärke in A
0,75	12
1,00	15
1,50	18
2,50	26
4,00	34

Auszug aus DIN VDE 0100 (Teil 523) für Mehraderleitungen aus Kupfer

6.2.2 Schmelzsicherungen

Schmelzsicherungen werden als schwächstes Glied am Anfang eines Stromkreises eingebaut. Die auswechselbare Sicherungspatrone ist mit einem dünnen Schmelzdraht im Sandbett versehen. Der Gesamtstrom fließt durch diesen Schmelzdraht, so daß dieser bei einer Überschreitung der zulässigen Stromstärke schmilzt. Damit wird der Stromfluß unterbrochen.

Schmelzsicherungen werden entsprechend dem vorhandenen Leiterquerschnitt eingebaut. Um eine Verwendung zu starker Sicherungen zu erschweren, hat der Fußkontakt der Sicherungspatrone einen festgelegten Durchmesser, der in einen Paßring des Sicherungssockels passen muß.

Ein farbiges Signalplättchen, welches von einer Feder herausgedrückt wird, zeigt an, ob der Schmelzdraht durchgebrannt ist. *Schmelzsicherungen dürfen nicht geflickt werden.*

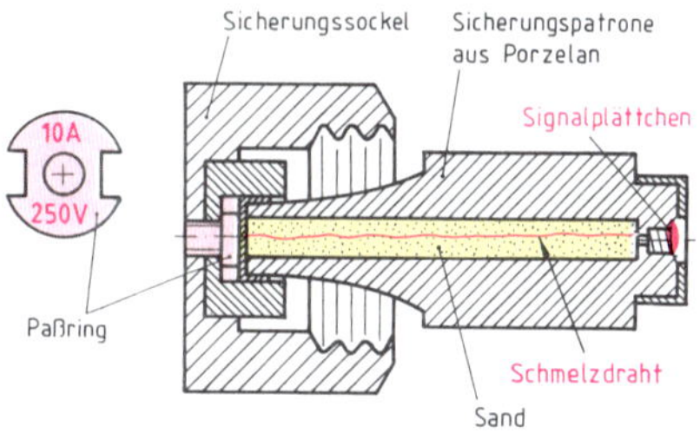

Sicherungspatrone im Sicherungssockel

Nennstrom ≙ Höchststrom	Kennfarbe für Sicherung u. Paßring
8 Ampere	grün
10 A	rot
16 A	grau
20 A	blau
25 A	gelb

Schmelzsicherungen und ihre Kennfarben

Schmelzsicherungen müssen auf den verwendeten Leiterquerschnitt abgestimmt sein. Schmelzsicherungen dürfen nicht überbrückt oder geflickt werden.

Übungsaufgaben 6/5; 6/6; 6/7

6.2.3 Schutzschalter

Ein Schalter, der bei zu hoher Stromaufnahme, bei Überhitzung als Folge längerer Überlastung oder bei Fehlerspannung selbsttätig öffnet, wird als Schutzschalter bezeichnet.

Schutzschalter können auf verschiedene Arten ausgelöst werden:

- durch Wärmewirkung des elektrischen Stromes – thermische Auslöser,
- durch magnetische Wirkung des elektrischen Stromes – elektromagnetische Auslöser.

Thermische Auslöser

Thermische Auslöser arbeiten mit Bimetallen. Das Bimetall besteht aus zwei miteinander fest verschweißten Metallstreifen. Die beiden Metalle dehnen sich bei Erwärmung unterschiedlich stark aus – so kommt es zur Krümmung. Diese Krümmung nutzt man zum Betätigen von Kontakten, die den Stromkreis unterbrechen. Da das Bimetall erst bei ausreichender Krümmung als Folge der Erwärmung die Kontakte öffnet, arbeitet es immer mit Zeitverzögerung.

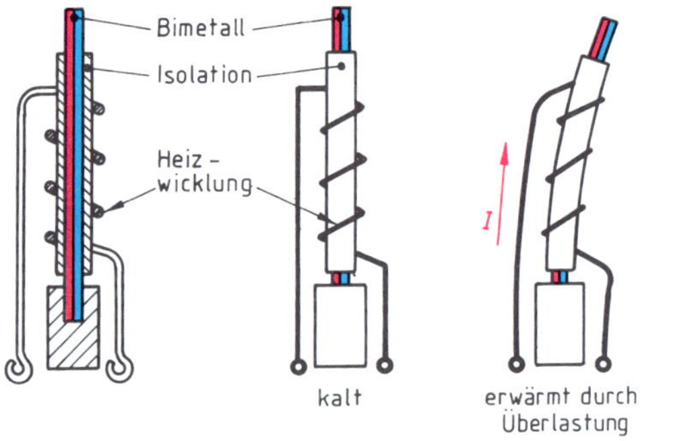

Auslösung durch Bimetall

Elektromagnetische Schnellauslöser

Beim Auftreten eines Kurzschlußstromstoßes wird der Schlaganker in die Magnetspule hineingezogen und der Stößel herausgeschlagen.

Elektromagnetische Schnellauslöser schalten sofort.

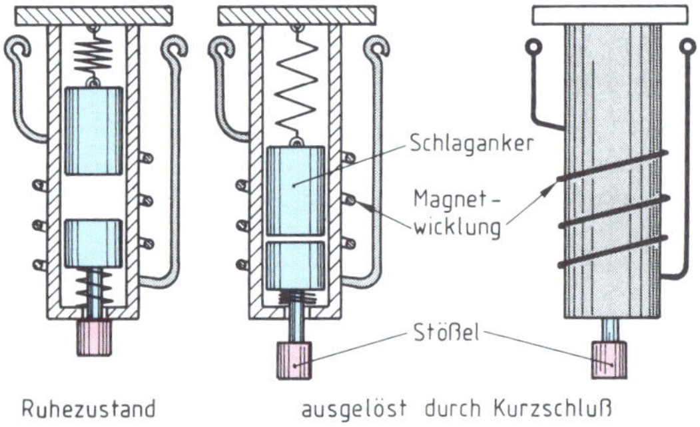

Auslösung durch Magnet

Beispiel **für einen Schutzschalter mit thermischer und magnetischer Auslösung**

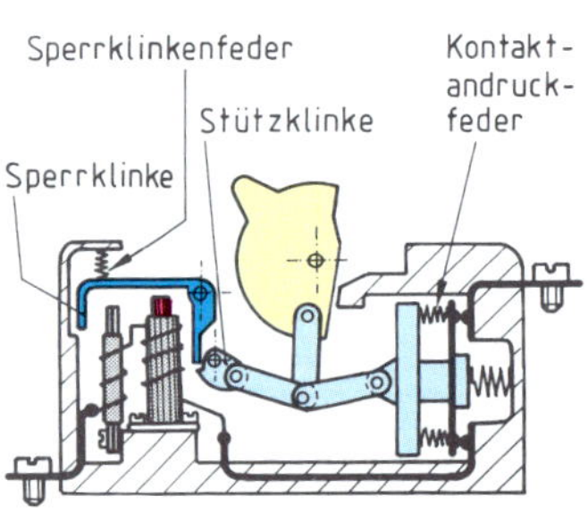

Eingeschaltet

Der Kniehebel ist gestreckt, die Kontaktandruckfedern halten den Schalter geschlossen.

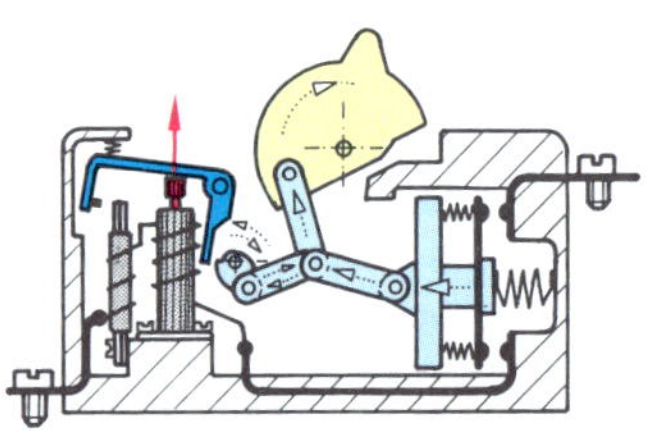

Schnellauslösung bei Kurzschluß

Der Stößel des Schnellauslösers „schlägt“ dem Kniehebel die Stütze weg. Die gespannten Federn lösen den Schalter aus.

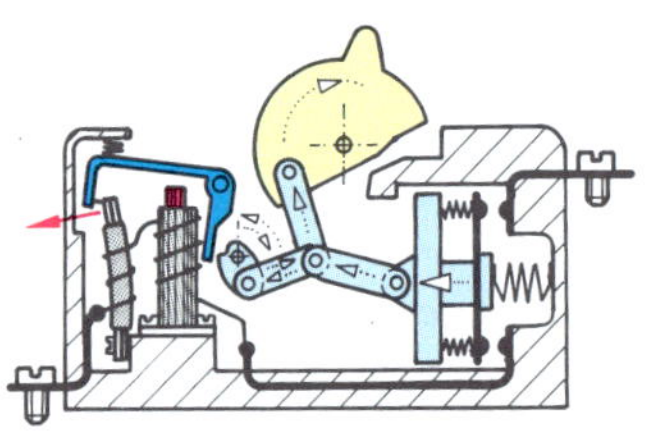

Verzögerte thermische Auslösung bei Überlastung

Das gekrümmte Bimetall drückt ebenfalls die Stütze des Kniehebels weg.

Übungsaufgaben 6/8 bis 6/12

6.3 Schutzmaßnahmen gegen gefährliche Körperströme

Die Schutzmaßnahmen, die den menschlichen Körper gegen gefährliche Ströme schützen sollen, lassen sich in zwei Gruppen unterteilen:

Arten von Schutzmaßnahmen

Netzunabhängige Schutzmaßnahmen

Der Schutz ergibt sich durch die Bauweise der Geräte (Verbraucher), z.B.

- Schutzisolierung
- Schutzkleinspannung

Netzabhängige Schutzmaßnahmen

Der Schutz ergibt sich durch einen Schutzleiter im Stromversorgungsnetz, z.B.

- Schutzerdung
- Fehlerstromschutzschalter

6.3.1 Schutzisolierung

Ortsveränderliche Betriebsmittel – z.B. eine Handbohrmaschine – sind mit einer Schutzisolierung versehen.

Eine Auskleidung des Maschinengehäuses mit einer Isolierschicht bzw. ein Gehäuse aus Kunststoff verhindert, daß im Falle eines Fehlers Gehäuseteile unter Spannung geraten.

Das Gerät muß bei dieser Isolierung mit einem Profilstecker ohne Schutzkontakt ausgestattet werden. Die Anschlußleitung ist mit dem Stecker fest verbunden. Schutzisolierung wird angewendet bei Elektrowerkzeugen (z.B. Handbohrmaschine), Haushaltsgeräten, Leuchten und Kleingeräten (z.B. Elektrorasierern).

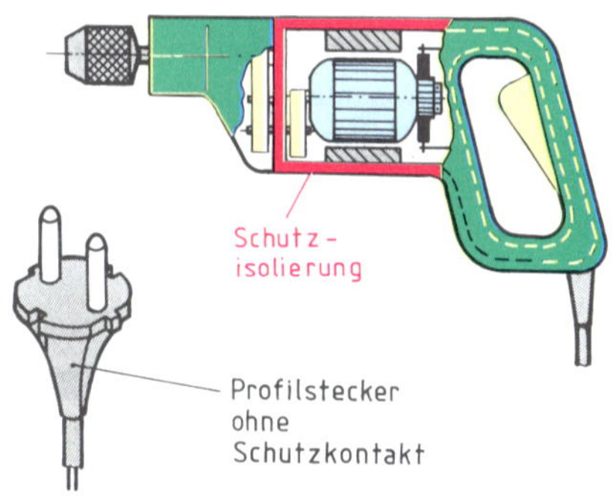

Handbohrmaschine mit Schutzisolierung

Schutzisolierung verhindert Fehlerspannung an Betriebsmitteln.
Betriebsmittel mit Schutzisolierung haben Profilstecker ohne Schutzkontakt.

6.3.2 Schutzkleinspannung

Als Schutzkleinspannung bezeichnet man Wechselspannungen bis 50 V. Einem Verbraucher wird ein Transformator vorgeschaltet, oder dieser ist ein festinstallierter Bestandteil des Gerätes.

Der Trafo formt die Netzspannung in die Kleinspannung um. Die Sekundärseite, an die der Verbraucher angeschlossen ist, hat keine leitende Verbindung zum Netz. Dies und die niedrige Spannung sind eine wirksame Schutzmaßnahme. Geräte mit Schutzkleinspannung dürfen auf der Sekundärseite keine Anschlußklemme für einen Schutzleiter besitzen.

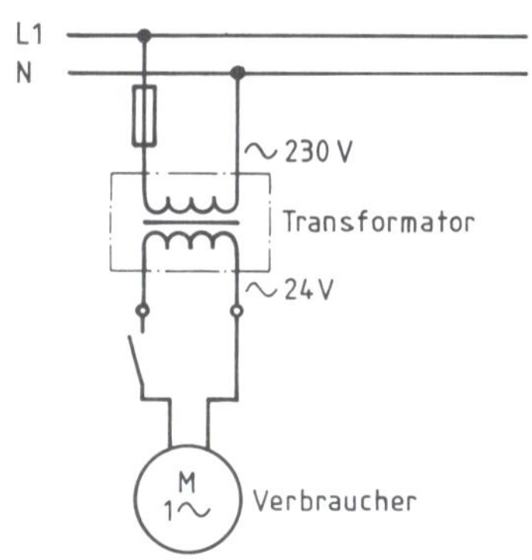

Schutzkleinspannung

Eine Schutzkleinspannung bis 50-V-Wechselspannung erzeugt man durch einen dem Verbraucher vorgeschalteten Transformator.
Die Kleinspannungsseite hat keine leitende Verbindung zum Stromnetz.

6.3.3 Schutzerdung

Von einer Schutzerdung spricht man, wenn die nicht stromführenden Teile von Betriebsmitteln (Verbraucher) über einen Schutzleiter mit einem **Erder** verbunden sind.
Erder sind großflächige leitende Metallteile, die in Oberflächennähe, in Fundamenten oder als Tiefenerder elektrische Ströme in das Erdreich ableiten. Erder dürfen nur einen begrenzten Übergangswiderstand zum Erdreich haben. Dadurch entstehen zwischen einer Person, die das wegen des Fehlers spannungsführende Bauteil berührt, und der Erde nur geringe Spannungsdifferenzen. Diese sind ungefährlich.

Benennung des Schutzleiters: **PE** (**p**rotection **e**arth [engl.] = Schutzerde)
Kennfarbe: grün/gelb

Symbol: 

Schutzerdung verhindert hohe Berührungsspannung.

6.3.4 Fehlerstromschutzschalter

Fehlerstromschutzschalter schützen den Menschen vor Schäden durch den elektrischen Strom. Sie schalten das angeschlossene Betriebsmittel innerhalb von 0,2 Sekunden ab, wenn ein Fehlerstrom wegen eines Isolationsfehlers fließt.
Solange die Ursache für die Abschaltung des Betriebsmittels *nicht* beseitigt ist, kann der Fehlerstromschutzschalter *nicht* wieder eingeschaltet werden.

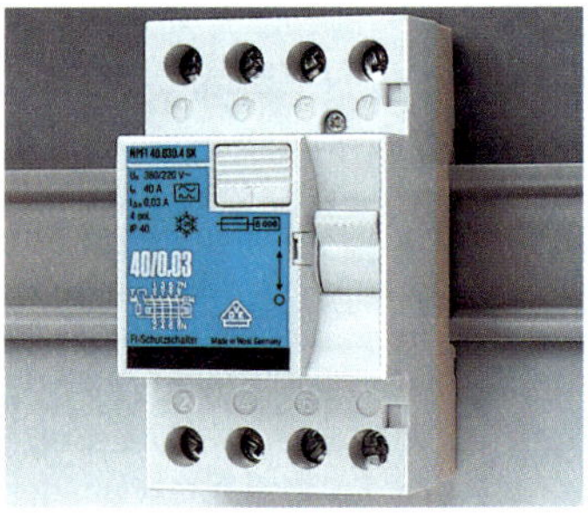

Fehlerstromschutzschalter

Fehlerstromschutzschalter dienen dem Personenschutz. Nach Abschalten durch einen Fehlerstromschutzschalter ist das Wiedereinschalten des Betriebsmittels nur nach Beseitigung der Störungsursache möglich.

6.4 Kennzeichnung elektrischer Geräte und Schutzsymbole

Die technischen Daten eines elektrischen Gerätes kann man dem Leistungsschild auf dem Gerät entnehmen. Die richtige Deutung der Kennzeichnung kann lebenswichtig sein, besonders, wenn das Gerät bei der Benutzung feucht werden kann. Manche Geräte sind auch nur für Kurzzeitbetrieb geeignet.

Schutzsymbole

Symbole	Bedeutung	Symbole	Bedeutung
	VDE-geprüft auf Sicherheit	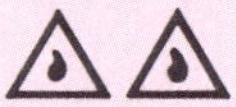	strahlwassergeschützt
	schutzisoliert		spritzwassergeschützt
	funkentstört		wasserdicht
		 h...	druckwasserdicht
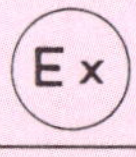	explosionsgeschützte Ausführung		staubgeschützt
	regengeschützt	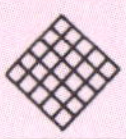	staubdicht

 Übungsaufgaben 6/16 bis 6/21

Übung 1

Prüfung eines Lagerbockes

In Einzelfertigung wurde ein Lagerbock für die Papierführungswalze einer Maschine hergestellt. In diesem Lagerbock wird die Walze in einem Wälzlager gelagert. Die freie Seite des Lagers wird durch einen aufgeschraubten Deckel verschlossen.
Nach der Fertigung sollen diejenigen Maße, die für die Montage wichtig sind, geprüft werden.

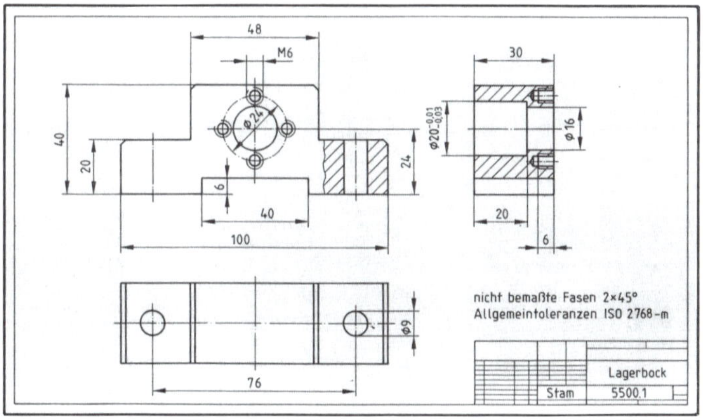

Zeichnung des Lagerbocks

Aufgaben

1. Diskutieren Sie für die in den Bildern 1.–4. angegebenen Prüfmaße die verschiedenen Möglichkeiten zur Durchführung der Prüfung.
2. Wählen Sie für jede der geforderten Prüfungen geeignete Prüfmittel aus, und begründen Sie die Auswahl.
3. Beschreiben Sie die Durchführung der folgenden 4 Prüfungen.

1. Kontrolle des Maßes $20^{-0,01}_{-0,03}$

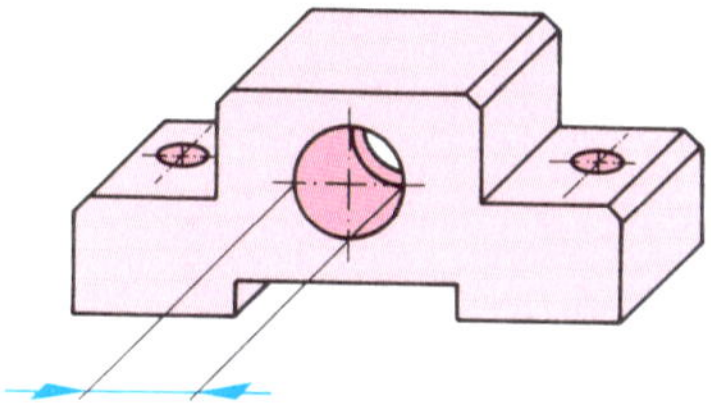

2. Kontrolle des Abstandes der Lagermitte von der Befestigungsebene

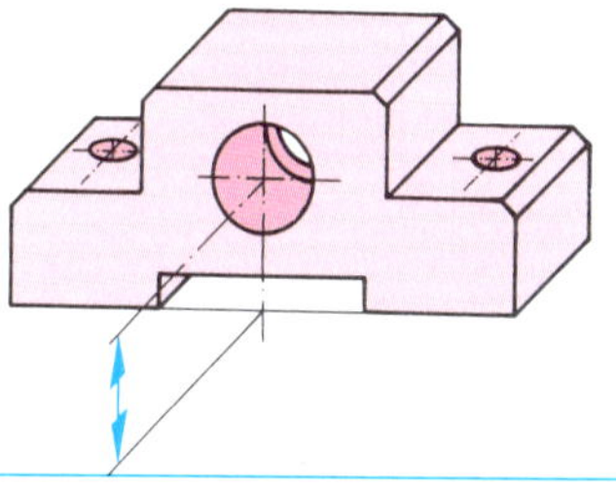

3. Kontrolle des Bohrungsabstandes

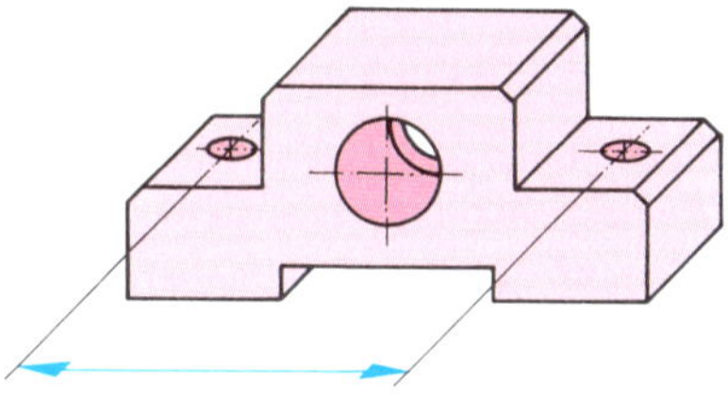

4. Kontrolle der Symmetrie der Bohrungen zur Lagermitte

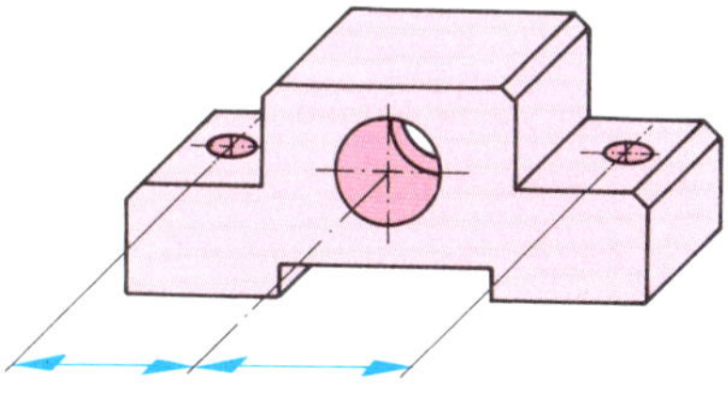

Ü

Übung **2**

Spanen mit vorwiegend handwerklichen Verfahren

Zum Spannen von kleinen Teilen soll eine Schraubzwinge aus E 295 (St50) gefertigt werden.

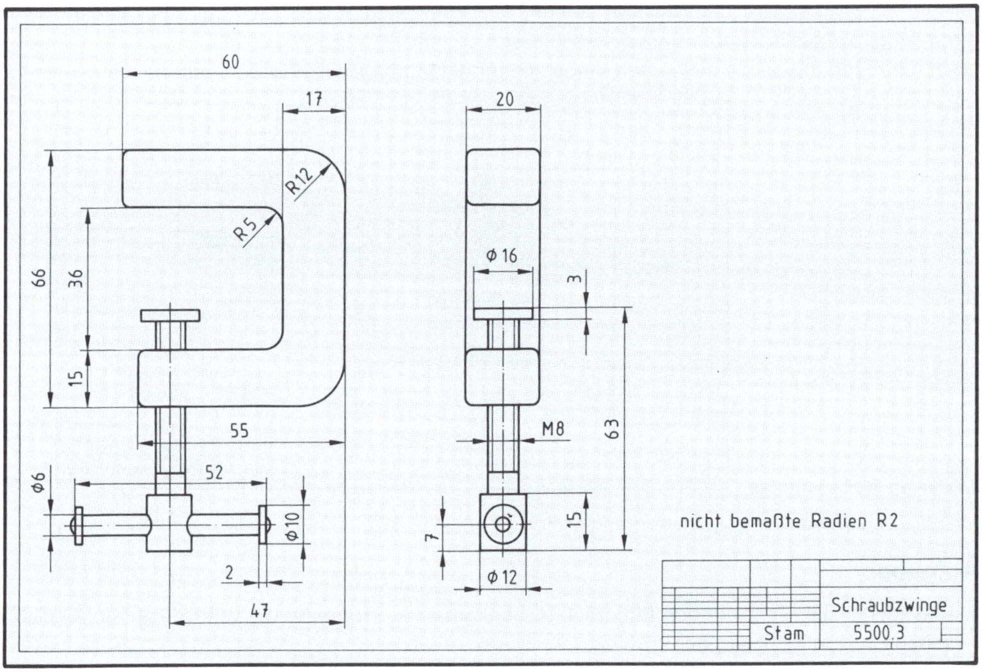

Zeichnung der Schraubzwinge

Die Rohlinge sind bereits vorbereitet, und ihre Maße sind überprüft worden.
Auf dem Rohling für den Bügel sind die Maße angerissen.
Beantworten Sie die folgenden Fragen im Rahmen eines Berichtes über die jeweilige Fertigung.

1. Bohren

a) Bestimmen Sie den Bohrerdurchmesser unter Berücksichtigung des späteren Meißelns.

b) Sollte in den Ecken ein anderer Bohrerdurchmesser gewählt werden?

c) In welchem Abstand von der fertigen Kante sind die Anrisse der Bohrungsmitten anzubringen?

d) In welchen Abständen ist zu Körnen?

e) Nennen Sie den Bohrerwerkstoff, den Bohrertyp und den Spitzenwinkel des Bohrers.

f) Wählen Sie die Schnittgeschwindigkeit zum Bohren aus.

g) Berechnen Sie die Drehzahl des Bohrers.

h) Geben Sie die einzustellenden Vorschübe an.

i) Sollte mit Kühlschmiermittel gearbeitet werden?

j) Wie ist das Werkstück zu spannen?

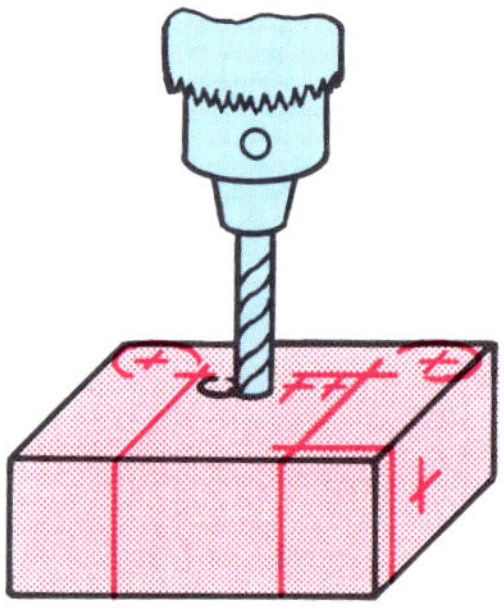

2. Meißeln

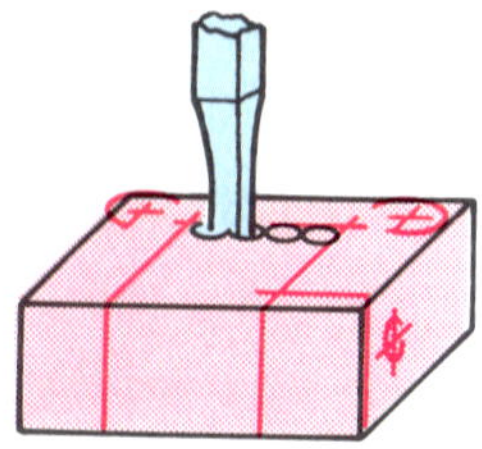

Nach dem Bohren wird der Zwingengrund ausgemeißelt.

a) Welchen Meißel werden Sie zum Aushauen verwenden?

b) Was kann man tun, um ein Ausreißen des Materials auf der Rückseite zu vermeiden?

3. Sägen

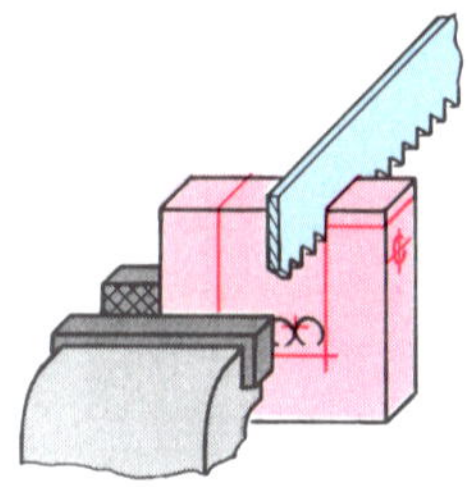

Die Seiten der Zwinge werden bis zu den Bohrungen im Zwingengrund eingesägt.

a) Geben Sie die Teilung des Handsägeblatts an.

b) Auf welche Art wird bei dem gewählten Sägeblatt der Freischnitt erzeugt?

c) Die gesägte Fläche soll sauber auf Maß gefeilt werden. In welchem Abstand vom Anriß sollte gesägt werden?

4. Feilen

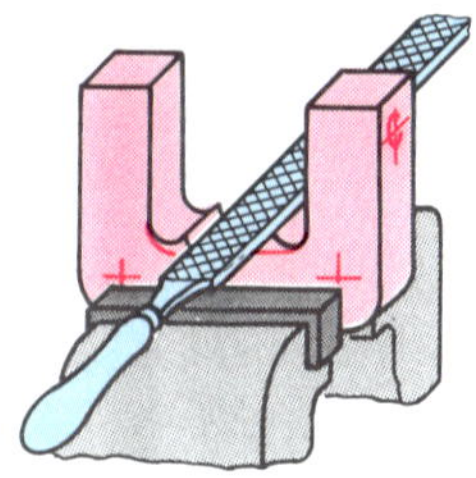

a) Welcher Art sollen die Feilen zum Bearbeiten des Zwingenbügels sein – gehauen oder gefräst?

b) Geben Sie Feilenform und Feilenhieb für die Schruppbearbeitung an.

c) Bestimmen Sie Feilenform und Feilenhieb für die Schlichtbearbeitung.

d) Welche Prüfmittel benötigen Sie, um den Zwingenbügel zu prüfen?

5. Innengewindeschneiden

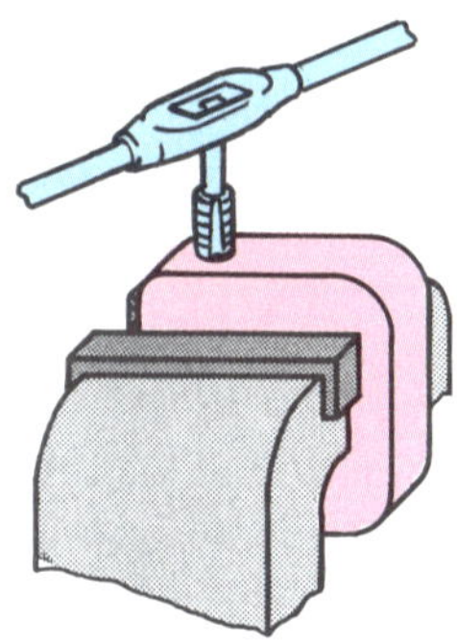

a) Bestimmen Sie den Bohrerdurchmesser zum Bohren des Kernloches.

b) Wie soll das Kernloch angesenkt werden?

c) Berichten Sie über den Ablauf des Gewindeschneidens.

d) Wie können Sie dafür sorgen, daß die Längsachse des Vorschneiders mit der Längsachse des Bohrloches übereinstimmt?

e) Sollte man schmieren?

6. Außengewindeschneiden

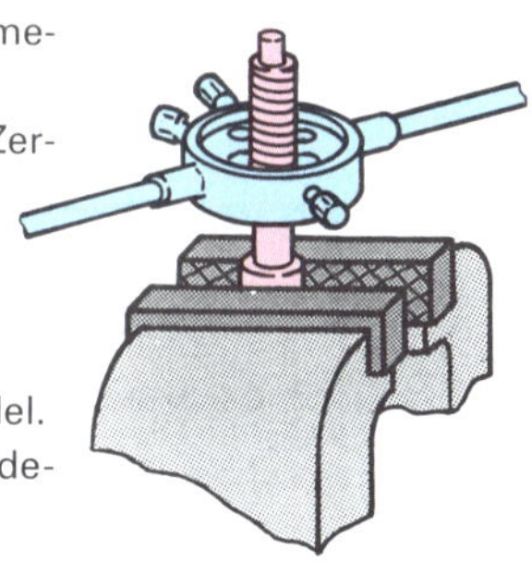

Das Rohteil für die Gewindespindel soll von einem Zerspanungsmechaniker gefertigt werden.

a) Erstellen und bemaßen Sie eine Skizze des Rohteiles für den Zerspanungsmechaniker.
Berücksichtigen Sie darin
– das Außenmaß des Gewindebolzens,
– die Anfasung des Bolzens,
– die Möglichkeit zur Befestigung der Druckplatte auf der Spindel.

b) Welche Möglichkeiten haben Sie zum Spannen beim Gewindeschneiden?

c) Berichten Sie über das Gewindeschneiden.

Übung 3

Fertigen auf Werkzeugmaschinen

Durch Kreuzscheibenkupplungen kann man Wellen, die in der Höhe gering versetzt sind, miteinander verbinden.

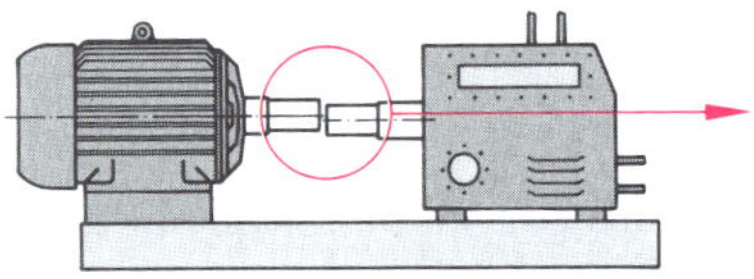

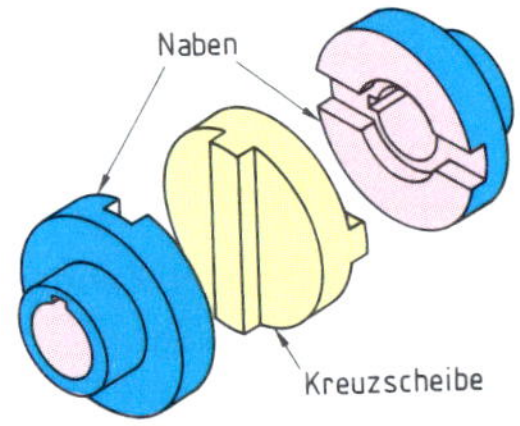

Es sollen die Naben für eine Kreuzscheibenkupplung aus E 295 (St50) hergestellt werden.

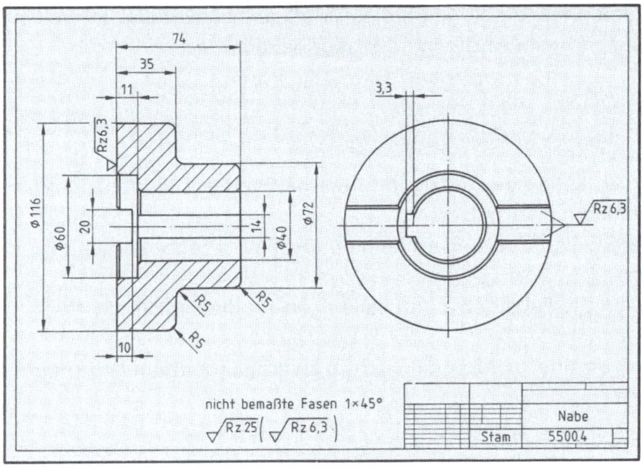

Zeichnung der Nabe

1. Analyse des Auftrags

a) Welcher Werkstoff ist vorgeschrieben? Erläutern Sie die Normbezeichnung.

b) Welche Oberflächenbeschaffenheiten müssen erreicht werden?

c) Legen Sie die Abfolge der Fertigungsverfahren zur Herstellung einer Nabe fest.

2. Planung der Rohteilfertigung

a) Wählen Sie aus Maßtabellen den Durchmesser für ein geeignetes Rundmaterial aus.

b) Wählen Sie ein geeignetes Verfahren zum Abtrennen des Rohlings aus.

c) Geben Sie die Länge des abzutrennenden Rohlings unter Berücksichtigung der Genauigkeit des Trennverfahrens an.

d) Es besteht die Gefahr, daß die Stirnflächen nicht rechtwinklig sind. Dadurch kann der Rohling trotz genügender Länge das Werkstück nicht mehr enthalten. Wählen Sie entsprechende Prüfverfahren und Prüfmittel zur Prüfung des Rohteils aus.

3. Planung vorbereitender Arbeiten

Überprüfen Sie, ob Anreißarbeiten vor der maschinellen Bearbeitung vorzunehmen sind.

4. Planung der Fertigungsschritte für jede erforderliche Werkzeugmaschine

4.1 Arbeiten auf der Drehmaschine

Es steht eine Leit- und Zugspindeldrehmaschine mit dem Werkzeug vor der Drehmitte zur Verfügung.

a) Planen Sie

- die Abfolge der Dreharbeiten, • die erforderlichen Maßkontrollen, • das Umspannen.

Legen Sie die Abfolge der einzelnen Arbeiten auf der Drehmaschine fest. Beschreiben Sie möglichst genau den jeweiligen Arbeitsschritt, z.B. in der Form „Plandrehen der Stirnfläche". Damit einheitliche Begriffe verwendet werden, benutzen Sie die nachfolgenden Beschreibungsbeispiele.

Beispiele **für die Beschreibung der Arbeitsschritte**

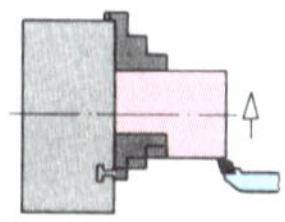

Plandrehen der Stirnfläche

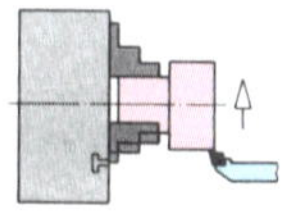

Plandrehen der Gleitfläche

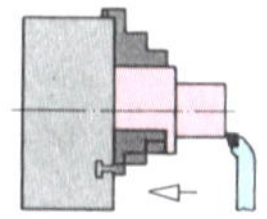

Längsdrehen des Nabenansatzes

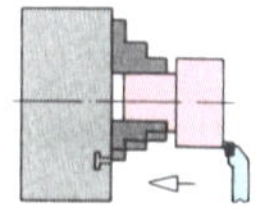

Längsdrehen des Nabenkopfes

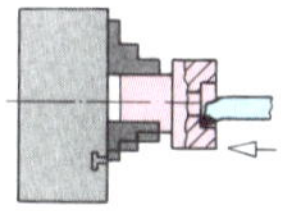

Ausdrehen der Bohrung

Legen Sie für die Dreharbeit eine Tabelle nach folgendem Muster an.

Fertigungsschritt	Werkzeug	Schnittgeschwindigkeit v_c m/min	Umdrehungsfrequenz n 1/min	Vorschub f mm	Schnittiefe a_p mm
Plandrehen der Stirnfläche Schruppen Schlichten	abgesetzter rechter Stirndrehmeißel, HSS	? ?	? ?	? ?	? ?

b) Welche Sicherheitsvorschriften sind besonders beim Drehen zu beachten?

4.2 Arbeiten auf der Fräsmaschine

Zum Fräsen der Nut für die Kreuzscheibe steht eine Senkrechtfräsmaschine zur Verfügung.

a) Geben Sie ein geeignetes Spannmittel an.

b) Beschreiben Sie die Fertigung der Nut.

c) Geben Sie für das Fräsen der Nut die wichtigen Größen tabellarisch an:

Fertigungsschritt	Werkzeug	Schnittgeschwindigkeit v_c m/min	Umdrehungsfrequenz n 1/min	Vorschub f mm	Schnittiefe a_p mm
Schruppen	Schaftfräser, HSS d = ?	?	?	?	?
Schlichten	Schaftfräser, HSS d = ?	?	?	?	?

d) Welche Sicherheitsvorschriften sind besonders beim Fräsen zu beachten.

e) Geben Sie an, wie die mittige Lage der Nut geprüft werden kann.

5. Herstellen der Nut für die Verbindung von Welle und Nabe

Nennen Sie geeignete Verfahren zur Herstellung der Nut

6. Kontrollmessungen am fertigen Werkstück

a) Welche Maße sind für den späteren Einbau besonders wichtig und müssen überprüft werden?

b) Geben Sie jeweils geeignete Prüfmittel an.

Übung

4

Fehlerquellenanalyse

Bevor eine Produktion anläuft, müssen alle möglichen Fehlerquellen herausgefunden und beseitigt werden.

Zur Unterstützung der systematischen Fehlerquellensuche verwendet man das Fischgräten-Diagramm (Ishikawa-Diagramm). Man trägt darin die Einflüsse der sogenannten „5 M" der Qualitätssicherung ein: **M**ensch, **M**ethode, **M**aterial, **M**itwelt (Umfeld), **M**aschine.

Stellen Sie mit der Klasse ein Ishikawa-Diagramm zur Fehlerquellenanalyse beim Bohren des Bolzens in der skizzierten Vorrichtung auf. Zur Maschine zählt auch die Vorrichtung.
Es sollen möglichst viele Ideen festgehalten werden.

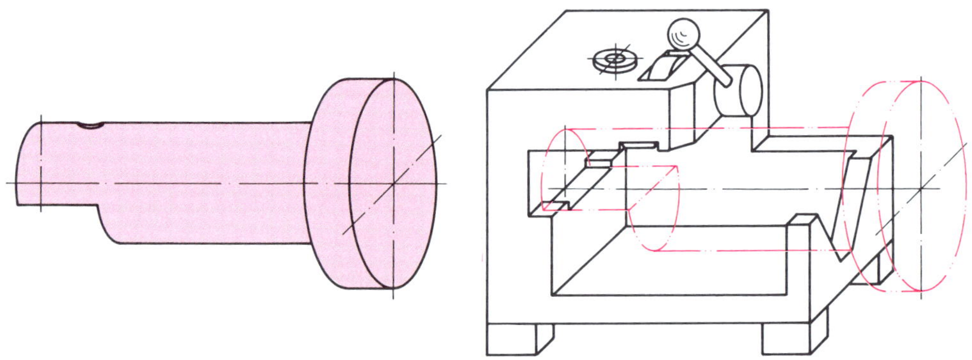

Verwenden Sie dazu folgendes Muster.

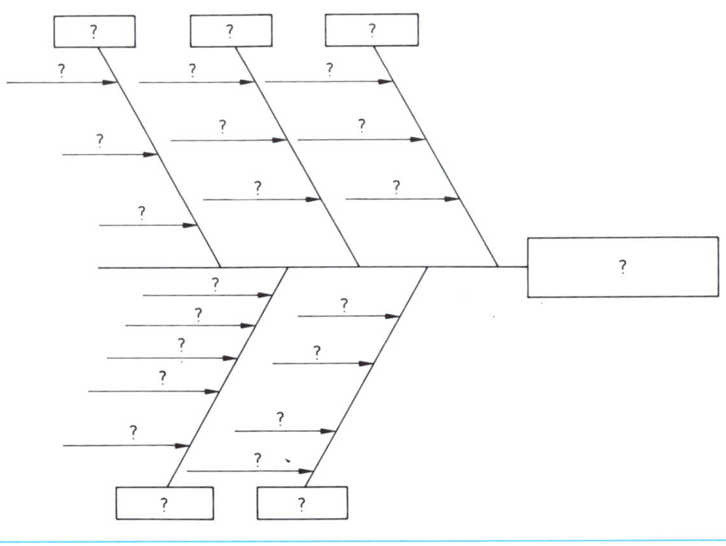

Übung

5

Biegen einer Rohrschelle

Zum Befestigen von Stahlrohren an einer gestuften Kante, werden speziell geformte Rohrschellen benötigt.

Zur Fertigung liegt nur eine Handskizze mit den wichtigsten Maßen vor.

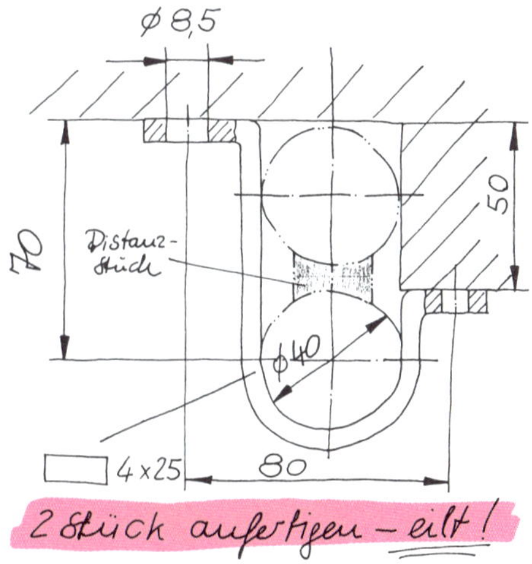

1. Analyse des Auftrags

a) Welcher Werkstoff kommt für die Fertigung in Frage?

b) Prüfen Sie, ob es genormten Bandstahl in den geforderten Maßen gibt.

c) Wählen Sie ein geeignetes Biegeverfahren.

d) Überlegen Sie, ob das Bohren der Löcher vor oder nach dem Biegen erfolgen soll.

2. Planung des Anrisses

a) Ermitteln Sie die Mindestbiegeradien.

b) Wählen Sie das Maß für die Schellenenden neben den Bohrungen.

c) Skizzieren Sie die nebenstehende Zeichnung ab. Tragen Sie die fehlenden Maße ein.

d) Ermitteln Sie die Maße l_1 bis l_7, und die Gesamtlänge l_{ges} des Zuschnitts.

e) Zeichnen Sie das Rohteil, und bemaßen Sie jeweils die Längen der einzelnen Teilstücke.

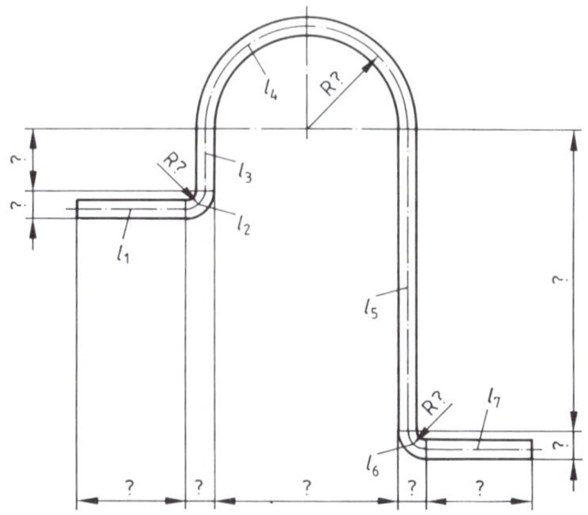

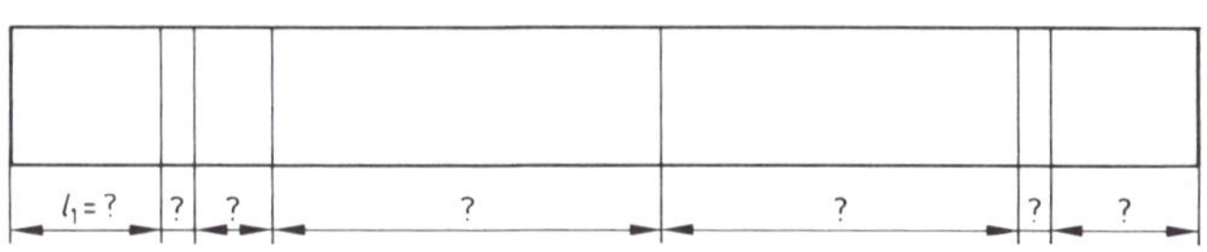

Rohteil

3. Planung des Biegens

Überlegen Sie, in welcher Reihenfolge die einzelnen Biegevorgänge vorzunehmen sind, damit keine Behinderungen beim Spannen und Biegen auftreten.

4. Kontrolle der fertigen Rohrschelle

a) Welche Maße sind für die Nutzung der Rohrschelle besonders wichtig?

b) Wie können diese Maße geprüft werden?

Übung 6

Fügen eines Schraubstockes

Der dargestellte Schraubstock soll aus den weitgehend vorgefertigten Teilen hergestellt werden.

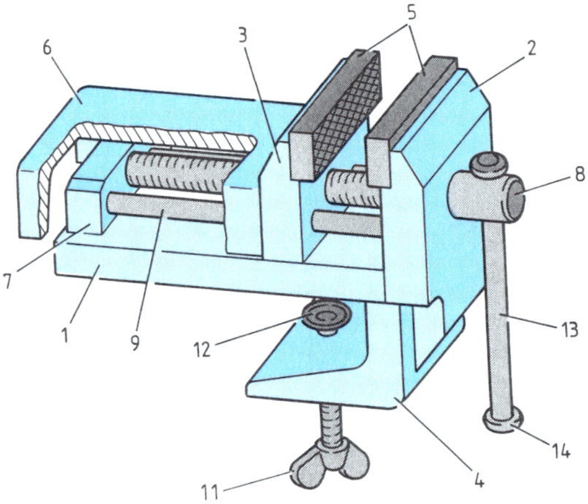

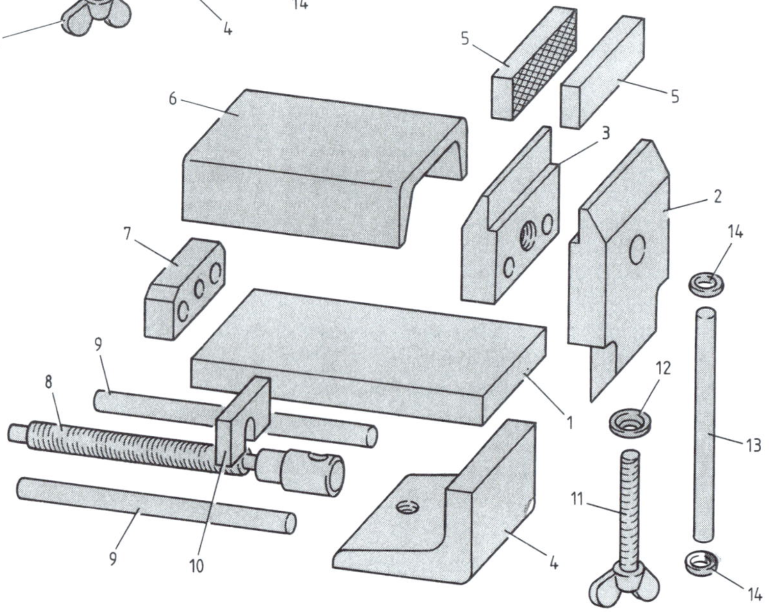

Aufgaben

1. Machen Sie Vorschläge zum Fügen der Teile. Erledigen Sie diese Aufgabe in tabellarischer Form gemäß folgendem Muster.
   Beachten Sie die Reihenfolge der einzelnen Fügearbeiten.

2. Geben Sie in der Spalte Bemerkungen an, welche Zusatzarbeiten an den einzelnen Teilen noch zu erledigen sind.

Arbeits-schritt	Fügen von Teil ... mit Teil ...	Verfahren	Bemerkungen

Übung 7

Prüfen von Werkstoffeigenschaften

Untersuchen Sie die 3 folgenden verschiedenen Werkstoffe hinsichtlich ihrer Eigenschaften. Verwenden Sie dazu Draht beziehungsweise Schnur aus folgendem Werkstoff:

- **Unlegierter Stahl** (Bindedraht) ca. 0,6 mm Durchmesser
- **Kupferdraht** (Spulendraht) ca. 0,6 mm Durchmesser
- **Polyamid** (Angelschnur) ca. 0,6 mm Durchmesser

1. Ermittlung der Dichte

a) Bestimmen Sie mit einer Waage die Masse von jeweils 5 m Draht bzw. Schnur.
b) Berechnen Sie das jeweilige Volumen dieser 5 m.
c) Berechnen Sie die Dichte der verschiedenen Werkstoffe aus der Masse und dem Volumen.
d) Geben Sie alle Daten in einer Tabelle nach folgendem Muster an.

Werkstoff	Probe				Dichte
	Durchmesser mm	Länge m	Gewicht g	Volumen mm^3	g/cm^3
Stahl	?	?	?	?	?
Kupfer	?	?	?	?	?
Polyamid	?	?	?	?	?

e) Vergleichen Sie ihre Ergebnisse mit Werten aus einem Tabellenbuch. Äußern Sie sich zu Abweichungen.

2. Ermittlung der Zugfestigkeit

a) Belasten Sie über eine Federwaage jeweils eine ca. 300 mm lange Probe. Lesen Sie die Kraft im Augenblick des Zerreißens ab.

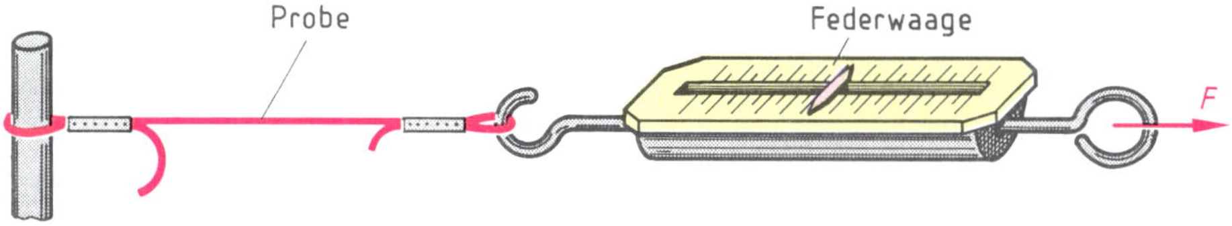

b) Bestimmen Sie die Zugfestigkeit. Geben Sie alle Daten tabellarisch an.

Werkstoff	Probe			Zugfestigkeit
	Durchmesser mm	Querschnitt mm^2	höchste Zugkraft N	N/mm^2
Stahl	?	?	?	?
Kupfer	?	?	?	?
Polyamid	?	?	?	?

3. Untersuchung des elastischen Verhaltens

Die verschiedenen Werkstoffe sind elastisch. Die Beträge, um welche die Werkstoffe durch Zugkraft elastisch verlängert werden können, sind jedoch klein und mit einfachen Mitteln schwer meßbar. Darum können Sie das elastische Verhalten nur etwa beobachten.

a) Ziehen Sie jeweils eine 4 m lange Probe ein wenig länger und beobachten Sie die Längenänderung beim Entlasten.
b) Berichten Sie über Ihre Beobachtung.

Ü

4. Ermittlung der Bruchdehnung

Die Bruchdehnung ist ein Kennwert für das plastische Verhalten eines Werkstoffes.

a) Ziehen Sie jeweils eine 4 m lange Probe so lang, bis sie zerreißt.

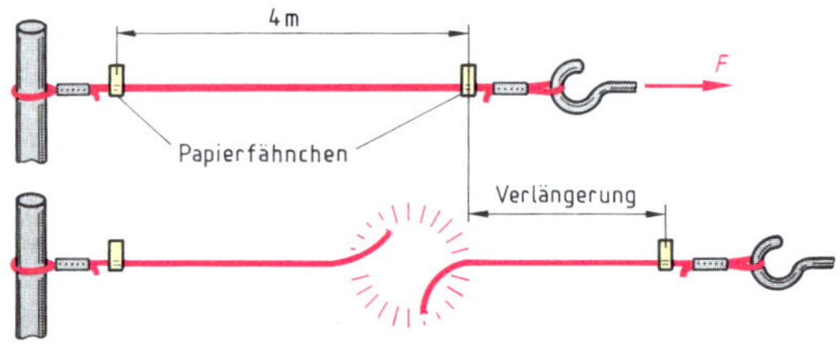

b) Berechnen Sie, um wieviel Prozent sich der Werkstoff gegenüber der Anfangslänge plastisch verlängert hat. Geben Sie alle Daten tabellarisch an:

Werkstoff	Probe Anfangslänge mm	Probe Verlängerung mm	Bruchdehnung %
Stahl	?	?	?
Kupfer	?	?	?
Polyamid	?	?	?

5. Beurteilung der Wärmeleitfähigkeit

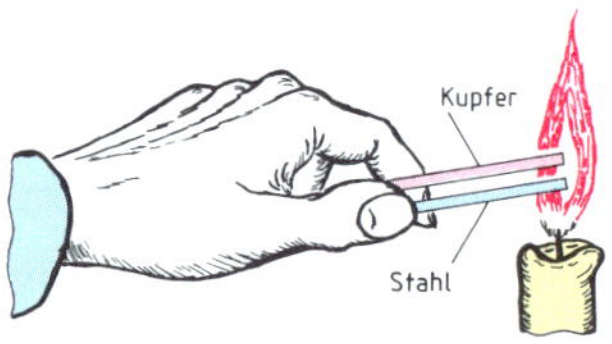

a) Halten Sie zwei ca. 40 mm lange Drahtstücke aus Stahl und Kupfer gleichzeitig in eine Flamme. Prüfen Sie, welcher Draht zuerst heiß wird.

b) Beurteilen Sie die Wärmeleitfähigkeit der Proben.

6. Prüfung der Beständigkeit gegen Säuren, Basen und Lösungsmittel[1]

Die Prüfung der Korrosionsbeständigkeit geschieht mit stark ätzenden Säuren und Basen. Es können sich dabei giftige Dämpfe entwickeln. Führen Sie deshalb diese Versuche nur nach entsprechender Einweisung in den Umgang mit diesen Stoffen aus.

a) Legen Sie jeweils eine gut entfettete Probe von ca. 150 mm Länge in Reagenzgläser, die jeweils zur Hälfte mit Salzsäure, Salpetersäure, Natronlauge oder Aceton gefüllt sind.

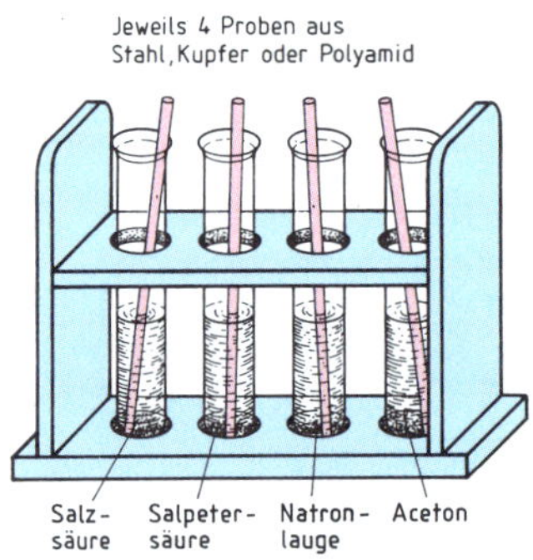

Aceton ist feuergefährlich.

Salpetersäure, Salzsäure und Natronlauge sind ätzend.

Bei Reaktionen mit Salpetersäure können giftige Dämpfe auftreten.

b) Schreiben Sie ihre Beobachtungen tabellarisch auf.

Werkstoff	Verhalten gegen Salzsäure	Salpetersäure	Natronlauge	Aceton
Stahl	?	?	?	?
Kupfer	?	?	?	?
Polyamid	?	?	?	?

[1] **Achtung:** Dieser Teil des Versuches sollte nur dann durchgeführt werden, wenn eine sachgerechte Einweisung und eine ordnungsgemäße Entsorgung durch einen Fachlehrer gewährleistet sind.

Übung 8

Auswahl von Werkstoffen

Die Zeichnung stellt einen Schnitt durch einen Wasserhahn dar.

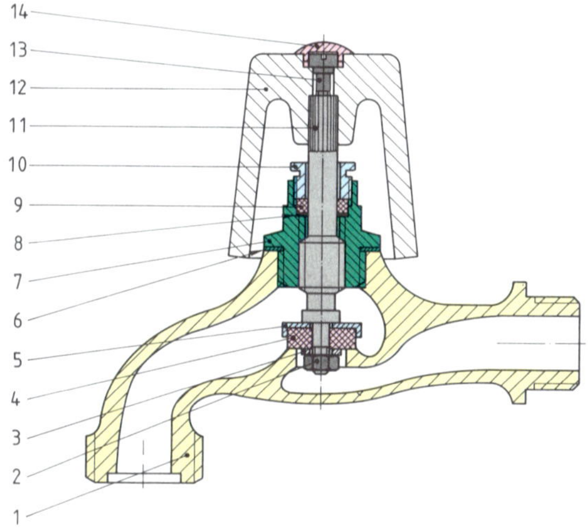

1. Legen Sie eine Tabelle entsprechend dem Muster auf einem DIN-A4-Blatt in Querformat an, und tragen Sie folgendes ein:
   - **a)** Bezeichnung des Bauelementes.
   - **b)** Funktion des Bauelementes, entsprechend den in der Maschinen- und Gerätetechnik angegebenen Grundfunktionen.
   - **c)** Fertigungsverfahren, nach dem das Bauelement herzustellen ist – bei mehreren Verfahren nennen Sie diese in der Reihenfolge der Fertigungsschritte.
   - **d)** Eigenschaften, welche von dem Werkstoff des Bauelementes aufgrund seiner Funktion und der Fertigung des Bauelementes gefordert werden.
   - **e)** Kurzzeichen des Werkstoffs, welchen Sie aus dem Angebot auswählen.
   - **f)** Werkstoffname.

   Die folgenden Werkstoffe stehen zur Verfügung:

   G-AlSi12; G-CuZn33Pb2; CuNi30; CuZn40Pb2
   AlMn5; E295 (St50); 6.8; Cu99,5; Al99,5;
   E335 (St60) gehärtet

   Sinterbronze; Sintersthal; Sintergraphit
   PMMA z.B. Plexiglas®; PE z.B. Hostalen®

	Bezeichnung des Bauteils	**Funktion**	**Fertigungsverfahren**	**geforderte Eigenschaften**	**Werkstoff**	
					Kurzzeichen	**Name**
1						
2						
3						
14						

2. Schreiben Sie eine ausführliche Begründung für die Auswahl der Werkstoffe für die Bauelemente 1 und 12.

Ü

Energieumsatz am technischen System Bohrmaschine

Ermitteln Sie den Wirkungsgrad einer elektronisch geregelten Handbohrmaschine bei unterschiedlichen Umdrehungsfrequenzen und Belastungen.
Ersetzen Sie im Versuch die Schnittkraft am Bohrer durch Gewichtskräfte von Wägemassen, die an einer dünnen Schnur gehoben werden.

Versuchsanordnung:

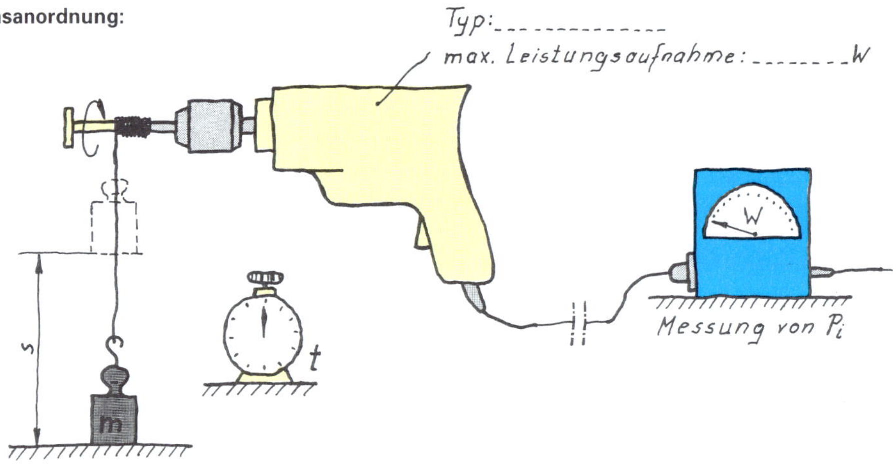

1. Planung der Versuchsdurchführung unter Berücksichtigung folgender Punkte:

a) Bericht über Grundlagen der Leistungs- und Wirkungsgradberechnung.
b) Aufstellung der zu messenden und zu protokollierenden Größen.
c) Entwurf eines Tabellenrasters zur Erfassung und Auswertung der Meßwerte.
d) Angabe der technischen Daten der zu untersuchenden Maschine lt. Leistungsschild und Angaben der Herstellerfirma.
e) Aufstellung der zu verwendenden Meßgeräte und Hilfsmittel (z.B. Einspannvorrichtung).
f) Erörterung von Möglichkeiten zur Ermittlung der Umdrehungsfrequenz.
g) Funktionsverteilung auf die am Versuch beteiligten Personen.
h) Beschreibung der Versuchsdurchführung.

2. Versuchsdurchführung

a) Ermitteln Sie die Leistungsaufnahme der Maschine im Leerlauf.
b) Ermitteln Sie die Leistungsaufnahme bei unterschiedlichen Lasten und unterschiedlichen Umdrehungsfrequenzen.

3. Versuchsauswertung

a) Berechnen Sie für jeden Einzelversuch den Wirkungsgrad.
b) Stellen Sie für eine konstante Umdrehungsfrequenz den Wirkungsgrad in Abhängigkeit von der effektiven Leistung in einem Schaubild dar.
c) Stellen Sie für eine konstante Last den Wirkungsgrad in Abhängigkeit von der Umdrehungsfrequenz in einem Schaubild dar.
d) Erläutern Sie die Aussagen der Schaubilder.

Übung 10

Erstellung eines Programms

Eine Firma stellt Wendelfedern her. Sie hat für einen bestimmten Typ folgende Maßvorgaben.

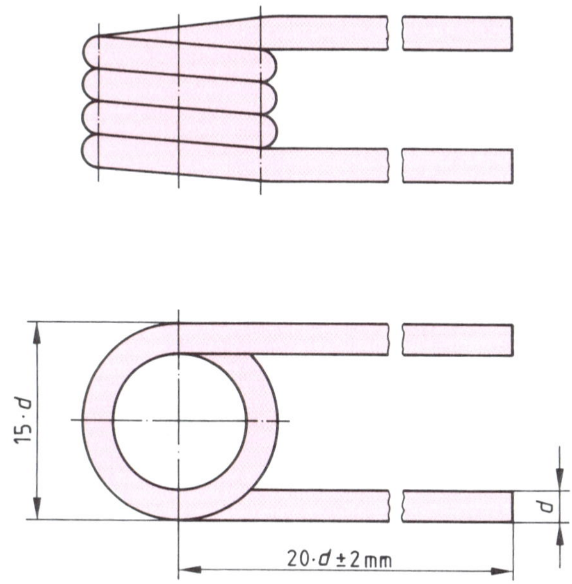

Es sollen Federn mit wenigstens dreieinhalb, höchstens zehneinhalb Windungen erzeugt werden.

1. Programmerstellung

Erstellen Sie ein Programm, mit dem auf Eingabe der Variablen und der Anzahl bestellter Federn die erforderliche Drahtlänge berechnet werden kann.
Bei der Aufstellung der Berechnungsgleichung können Sie den wendelförmigen Anstieg der Windungen vernachlässigen.

Gehen Sie bei der Programmerstellung nach folgendem System vor:

a) Analysieren Sie das Problem und erstellen Sie dabei die wesentliche Gleichung für die Berechnung der Rohlänge.
b) Stellen Sie den Ablauf des zu erstellenden Programms grafisch dar.
c) Schreiben Sie das Programm.
d) Testen Sie das Programm. Überprüfen Sie zwei Werte rechnerisch.

2. Programmergänzung

Ergänzen Sie das Programm so, daß auch das Gewicht des benötigten Drahtes für Stahl und Messing ausgerechnet werden kann.

Ü

Übung

Fertigungsplanung für die Fertigung auf CNC-Werkzeugmaschinen

Die dargestellten Werkstücke sollen auf CNC-Maschinen gefertigt werden.
Planen Sie für eines der beiden Werkstücke den Fertigungsablauf.

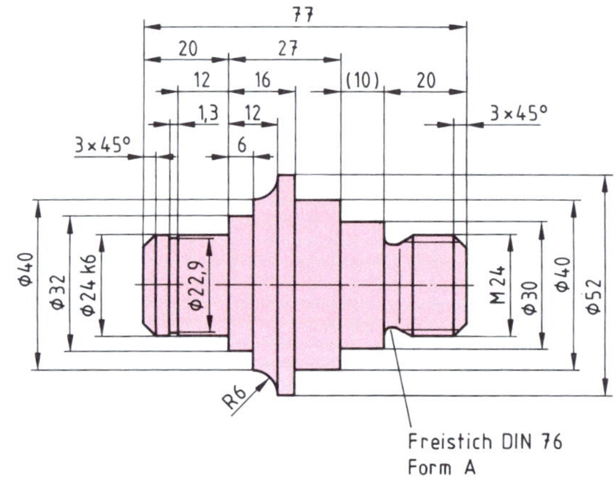

Werkstück 1

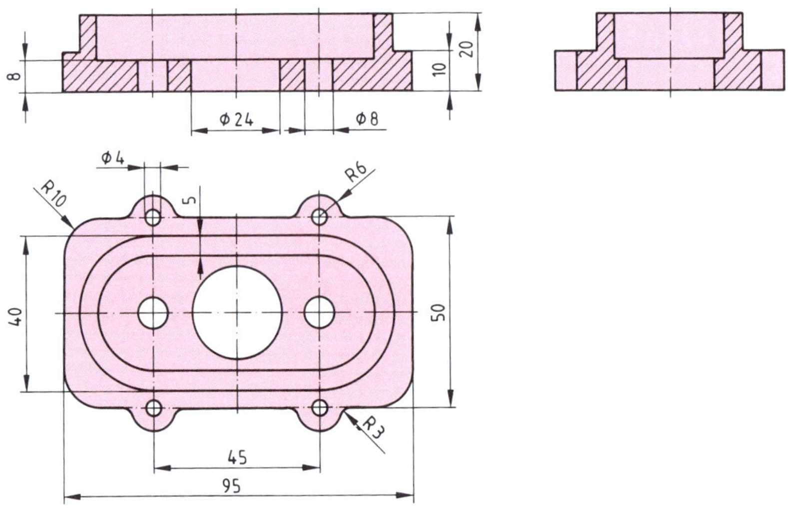

Werkstück 2

Aufgaben

1. Legen Sie die Bearbeitungsfolge fest. Berücksichtigen Sie dabei Spannen, Umspannen, Nullpunktlage(n) u.a.
2. Erstellen Sie – Ihrer Fertigungsplanung entsprechend – eine Zeichnung mit CNC-gerechter Bemaßung.
3. Legen Sie die zu verwendenden Werkzeuge fest.
4. Bestimmen Sie Schnittgeschwindigkeiten, Umdrehungsfrequenzen, Vorschübe, Zustellungen u.a.
5. Erstellen Sie das Programm bzw. Teilprogramme für die Fertigung.
6. Testen Sie das Programm durch Simulation.
7. Fertigen Sie ein Werkstück.

Übung 12

Entwurf und Test einer pneumatischen Steuerung

In einem Betrieb sollen Werkstücke in Serie gebohrt werden. Der Fertigungsablauf soll schrittweise von der reinen Handarbeit zum vollmechanisierten Ablauf durch pneumatisch betriebene Hilfsmittel verbessert werden.
Die Verbesserungen einer jeden Ausbaustufe bleiben in der Folge erhalten.

Ausbaustufe 1

Der Bediener legt ein Werkstück in die dargestellte Vorrichtung. Auf Knopfdruck wird das Werkstück pneumatisch durch einen doppeltwirkenden Zylinder gespannt.
Der Vorschub der Bohrmaschine wird von Hand betätigt.
Nach Drücken des Tasters Lösen fährt der Kolben des Spannzylinders in seine Ausgangslage zurück.

1. Zeichnen Sie den Schaltplan.

2. Stellen Sie eine Geräteliste auf.

3. Testen Sie die Steuerung.

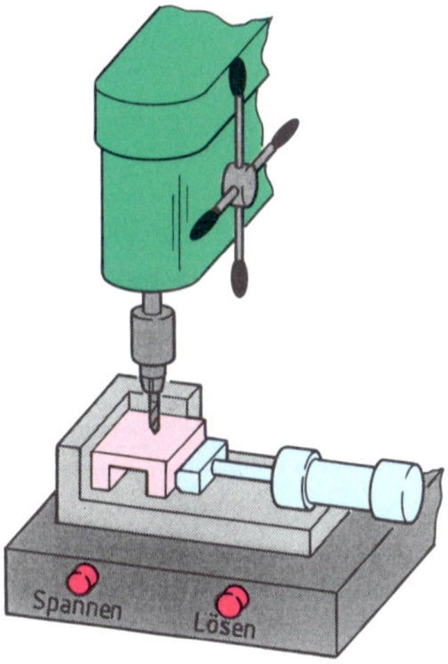

Ausbaustufe 2

Es wird ein Fallmagazin eingesetzt. Die Werkstücke werden auf Knopfdruck des Bedieners vorgeschoben und gespannt. Der Vorschub beim Bohren erfolgt von Hand.
Im Fallmagazin muß immer noch ein Werkstück vorhanden sein, da sonst der Hub des Kolbens zum Spannen zu klein ist. Der Zylinder darf erst dann lösen, wenn die Bohrspindel wieder oben ist.

1. Zeichnen Sie das Funktionsdiagramm.

2. Entwerfen Sie eine Schaltung, in der die vorgegebenen Bedingungen berücksichtigt werden.

3. Stellen Sie eine Geräteliste auf.

4. Testen Sie die erweiterte Steuerung.

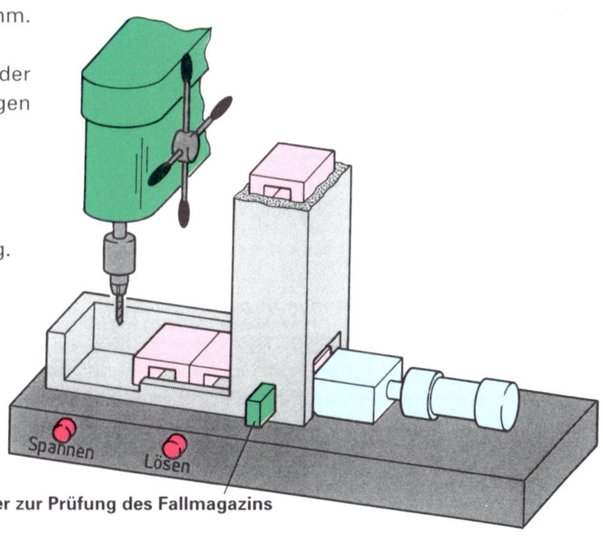

Taster zur Prüfung des Fallmagazins

Ü

Ausbaustufe 3

Zusätzlich zum Spannzylinder wird ein Auswerfzylinder eingesetzt. Dieser darf jedoch erst ausfahren, wenn der Bohrer oben ist und der Spannzylinder gelöst hat.

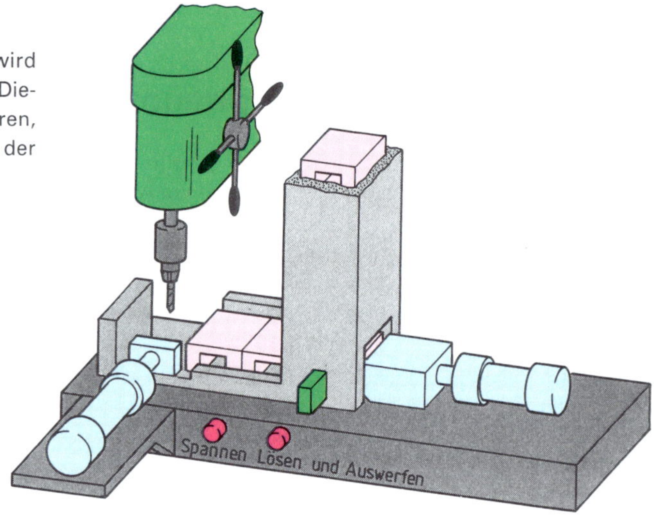

Zur Verwirklichung wird die folgende Schaltung vorgeschlagen:

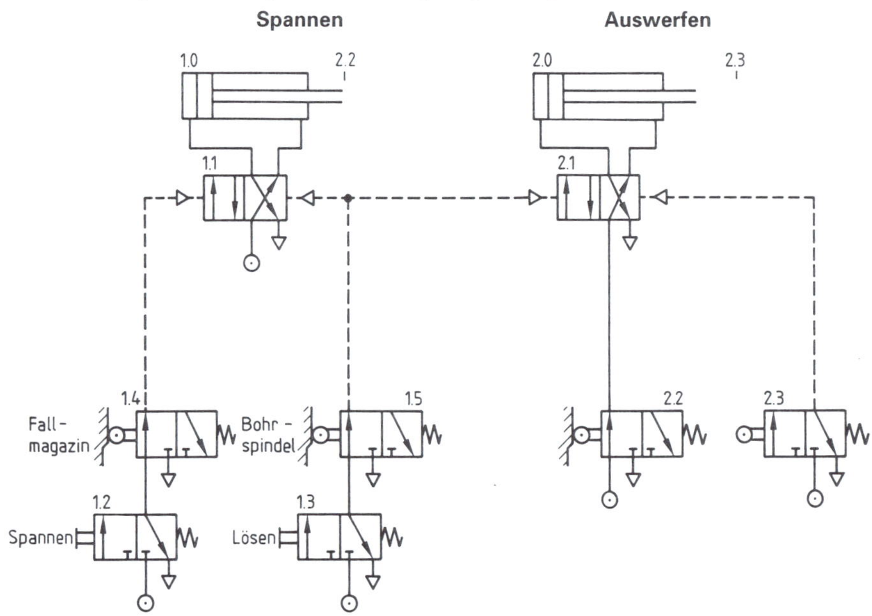

Aufgaben

1. Bauen Sie die Schaltung auf, und prüfen Sie die Funktion. Nehmen Sie ggf. Korrekturen vor.

2. Testen Sie, was bei folgenden Bedienungsfehlern geschieht:
   a) Ein Bediener drückt absichtlich „Spannen“ und „Lösen“ gleichzeitig.
   b) Der Bediener drückt den Taster „Spannen“ und hält ihn gedrückt.
   c) Versehentlich wird während des Bohrens Sensor 2.3 so berührt, daß er als gedrückt reagiert.
   d) Der Taster „Lösen“ (1.3) wird während der Bearbeitung gedrückt.

3. Machen Sie Vorschläge, wie auftretende Fehlschaltungen verhindert werden können. Überprüfen Sie Ihre Vorschläge.

Übung 13

Signalanlage

In einem Betrieb läuft das Abwasser in einem Schacht zusammen und wird von dort in die höher gelegene Kanalisation gepumpt. Bei Ausfall der Pumpe besteht für die unteren Betriebsräume Überschwemmungsgefahr. Eine Alarmklingel soll Signal geben, wenn bei Ausfall der Pumpe der Abwasserspiegel eine festgelegte Marke überschreitet.

Die Alarmklingel ist nach folgender Darstellung aufgebaut. Sie wird mit Gleichspannung aus einem Akku betrieben, damit auch bei Ausfall der Netzspannung Signal gegeben wird.

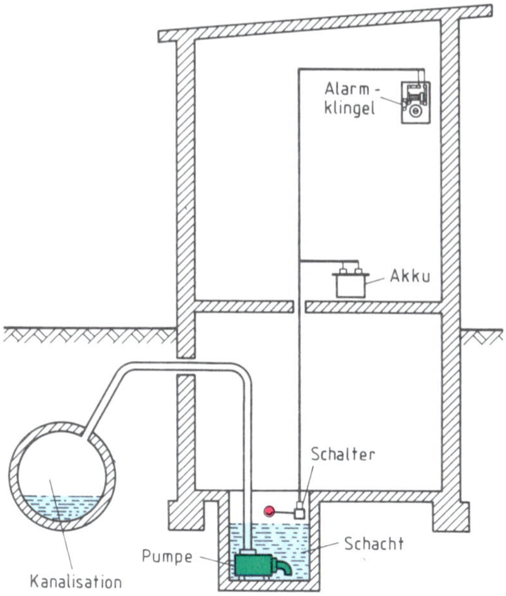

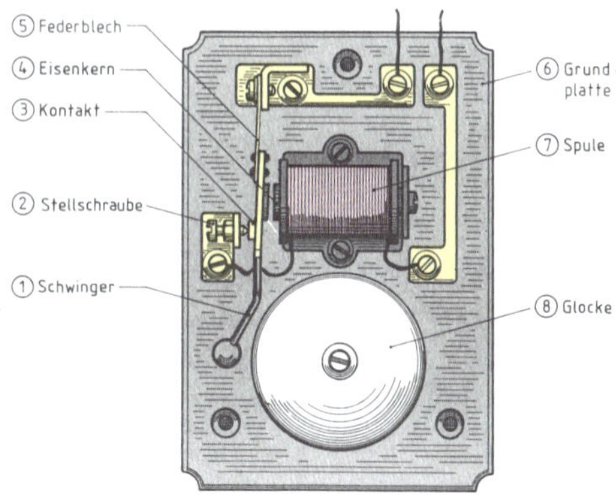

Aufgaben

1. Beschreiben Sie die Funktion der Klingel, wenn Gleichspannung anliegt und der Schalter betätigt ist.
2. Erläutern Sie die Teilfunktionen der Bauelemente 1 bis 5 mit den Begriffen aus der Maschinen- und Gerätetechnik.
3. Wählen Sie geeignete Werkstoffe für die einzelnen Bauelemente aus und begründen Sie Ihre Auswahl.
4. Entwerfen Sie einen Schalter, der bei zu hohem Abwasserstand die Alarmanlage einschalten kann.
5. Zeichnen Sie den Schaltplan der Signalanlage.
6. Listen Sie die für die Herstellung der Klingel erforderlichen Bauelemente auf.
7. Bauen und erproben Sie Ihre Klingel mit einer 20 m langen Leitung aus Klingeldraht. Messen Sie den Spannungsverlust der Leitung bei 6 V Spannung am Akku.
8. Ermitteln Sie die Stromstärke.
9. Berechnen Sie den Leitungswiderstand.
10. Wie hoch ist der Leistungsverlust in der Leitung?
11. Darf die Klingel in einem Raum betrieben werden, in dem unter Umständen leicht entzündliche Gase austreten können?

Sachwortverzeichnis

E

F

G

S

T

U

V

W

Z

Quellenverzeichnis

Den nachfolgend aufgeführten Firmen danken wir für die Zusendung von Informationsmaterial, Fotos und fachlicher Beratung.

AEG, Frankfurt, Essen
AEG-Elotherm, Remscheid
AEG-Zentrale, Essen
AGIE Industrielle Elektronik, Losone, Schweiz
Alberg, Remscheid
Alcan Aluminiumwerke, Berlin
Aluminium-Zentrale, Düsseldorf
Alzmetall, Altenmarkt
Amsler Otto Wolpert-Werke, Ludwigshafen
Arbeitsgemeinschaft der Eisen- und Metall-Berufsgenossenschaft, Mainz
Atlas-Copco, Essen

BASF, Ludwigshafen
Bauer & Schauerte Karcher, Neuss
Bayer, Leverkusen
Beratung Feuerverzinkung, Hagen
Black & Decker, Idstein
Blohm, Hamburg
Blümle, Stuttgart
BMW, München
Bosch, Leinfelden
Bosch, Stuttgart
Bundesanstalt für Arbeitsschutz, Dortmund

CalComp, Neuss
Cloos, Haiger
Continental, Hannover
Conitech, Hannover

Dalex-Werke, Wissen
Deckel, München
Desch Antriebstechnik, Arnsberg
Deutsche Shell, Hamburg
Deutsche Star Kugelhalter, Schweinfurt
Dick, Esslingen
Drumag, Bad Säckingen

Emco, Siegsdorf

FAG-Kugelfischer, Schweinfurt
Fanuc, Frankfurt
Feinprüf-, Feinmeß- und Prüfgeräte, Göttingen
Feldmühle, Plochingen
Festo, Esslingen
Fette, Schwarzenbek
Flender, Bocholt
Franken, Rückersdorf
Fraunhofer-Institut für Produktionstechnologie, Aachen
Fritz-Werner, Berlin

Gemo, Krefeld
Georg Fischer, Schaffhausen
Gildemeister, Bielefeld
GKN Walterscheid, Lohmar
Grundig-Gildemeister, Hannover
Gühring, Albstadt

Hahn & Kolb, Stuttgart
Heidenreich & Harbeck, Hamburg
Heller, Nürtingen
Hermle, Gosheim
Hertel, Fürth
Hewlett-Packard, Böblingen
Heyd, Bietigheim-Bissingen
Heyligenstaedt, Gießen
Hommelwerke GmbH, Schwenningen
Hommelwerke, Villingen-Schwenningen
Hüller Hille, Ludwigsburg
IBM Deutschland, Stuttgart
Ina-Wälzlager, Herzogenaurach
Informationstelle Schmiedestück-Verwendung, Hagen

Kelch, Schorndorf
Kemmler + Riehle, Reutlingen
Kern, Großmaischeid
Krautkrämer, Köln
Krebsöge Sinterwerkstücke, Remscheid
Krebsöge, Remscheid
Krupp Widia, Essen
KUKA, Augsburg
Kunzmann, Remchingen

Leica Mikroskopie & Systeme, Wetzlar
Leitz, Wetzlar
Lorch, Waldenbruch

Maho Hansen, Eppertshausen
Maho, Pfronten
Mahr, Esslingen
Mannesmann Demag, Wetter
Mauser, Oberndorf
Max-Planck-Institut für Eisenforschung, Düsseldorf
MBB, München
Mecatool, Flawil, Schweiz
Mennekes, Lennestadt
Messer Griesheim, Frankfurt
Messerschmitt-Bölkow-Blohm, Ottobrunn
Mingori, Schorndorf
Mitutoyo, Neuss
Monforts, Mönchengladbach
Mönninghoff, Bochum
Montanwerke Walter, Tübingen
Muhr und Bender, Attendorn

Nassovia Werkzeugmaschinen, Langen
Neumeyer-Fließpressen, Nürnberg

Oerlikon-Boeringer, Göppingen
OKU, Winterbach
Ortlinghaus-Werke, Wermelskirchen

P.I.V, Bad Homburg
P.I.V. Antriebe, Hamburg
Peddinghaus, Gevelsberg
Perthen, Göttingen
Primus-Sievert, Köln

Rexnord Kette, Betzdorf
RJ Lasertechnik, Übach-Palenberg
Röhm, Sontheim
RWTÜV, Essen

Schiess-Nassovia, Langen
Schleif Maschinenwerk, Chemnitz

Schupa, Schalksmühle
SEW-Eurodrive, Bruchsal
Sintermetallwerk Krebsöge, Radevormwald
SKF Kugellagerfabriken, Schweinfurt
Stahl-Informations-Zentrum, Düsseldorf
Stahlberatung, Düsseldorf
Stahlwille, Wuppertal
Strasmann, Remscheid
Stromag, Unna
Texas-Instruments, München
Thyssen Guss, Essen
Thyssen Henschel, Kassel
Tinsel, Schorndorf

Voith-Turbo, Crailsheim

Walter Hundhausen, Schwerte
Weinbrenner, Der berufliche Bildungsweg, 8.1987
Wera Werk Hermann Werner, Wuppertal
Werner und Kolb, Berlin
WKA, Heidenheim
Wolpert-Werke, Ludwigshafen

Zahnradfabrik, Friedrichshafen
Zarges, Weilheim
Zeiss, Oberkochen
Zentrale für Gußverwendung, Düsseldorf